2002年第十三届“中国图书奖”获奖作品

中央苏区史

（2017年修订版）

余伯流　凌步机　著

上

江西人民出版社
Jiangxi People's Publishing House
全国百佳出版社

红一方面军总政委、苏维埃中央政府主席　毛泽东

红一方面军总司令、中央革命军事委员会主席　朱德

中共苏区中央局书记、红一方面军总政委　周恩来

中共中央局组织部长　任弼时

苏维埃中央政府副主席　项英

红军总政治部主任　王稼祥

中央人民委员会主席　张闻天

中共中央政治局常委、中华全国总工会苏区中央执行局党团书记　陈云

会、寻、安中心县委书记　邓小平

中革军委副主席、红三军团军团长　彭德怀

江西军区司令员　陈毅

江西省苏维埃政府主席　曾山

福建省苏维埃政府主席　张鼎丞

苏维埃中央政府财政部长 邓子恢

中共临时中央政治局负责人 博古

1931年11月1日至5日，中国共产党苏区第一次代表大会(赣南会议)在瑞金叶坪召开。图为大会会场。箭头所指作报告者为毛泽东

中华苏维埃共和国中央政府驻地(瑞金叶坪谢氏宗祠)

瑞金群众及红军指战员庆祝全苏一大召开盛况

全苏一大选举情形

中华苏维埃共和国中央执行委员会第一次会议在瑞金叶坪树林中召开。站立者为毛泽东(1931 年 11 月下旬)

苏区女英在瑞金叶坪合影(1931 年 11 月 7 日)。后排四人（自左至右）为：康克清、钱希钧、周月林、贺子珍。前排二人（自左至右)为：曾碧漪、彭儒

长汀福音医院。1933年1月，该院迁至瑞金，改为中央红色医院（后称中央国家医院）

苏区中央局工作人员

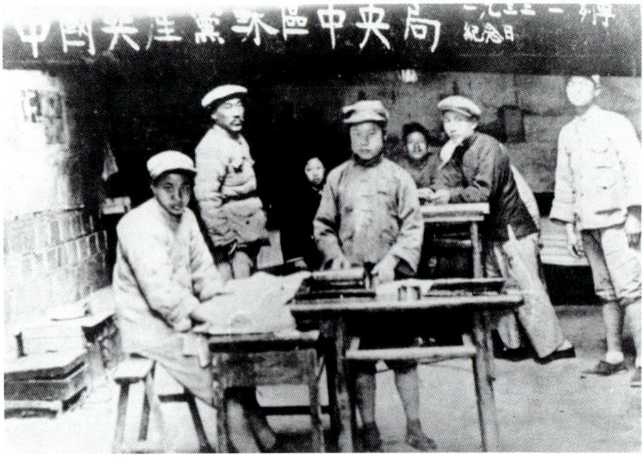

中共苏区中央局办公旧址（宁都县小布龚家祠）

上杭县城临江楼。毛泽东曾在此写下《采桑子·重阳》词

福建省苏维埃政府驻地长汀县城内)

红军总政治部第一期团政委训练班学员毕业留影(1932 年 5 月 15 日于长汀城)

漳州大捷中缴获的敌机。时红一军团军团长林彪（左）、军团政委聂荣臻(右)在机旁留影（1932 年 4 月 20 日于漳州）

红军总司令朱德向集训部队讲话(1932 年)

红一方面军总部领导人在建宁合影(1933 年 11 月)。左起:袁国平、滕代远、周恩来、李克农、张纯清、刘伯坚、彭德怀、杨尚昆、叶剑英

毛泽东(左三)、萧劲光(左一)、王稼祥(左二)与参加宁都起义的部分同志在延安合影

红三军团军团长彭德怀在江西苏区(1932 年 1 月)

宁都会议旧址（宁都县东山坝小源村榜山翁祠)

二苏大会全体代表合影(1934 年 1 月于瑞金沙洲坝)

中华苏维埃共和国临时中央政府大礼堂（坐落于瑞金沙洲坝）

中央革命军事委员会驻地(位于瑞金乌石垅)

中华苏维埃共和国国徽

中华苏维埃共和国中央政府大印

中革军委印章

苏维埃中央政府颁发的红星奖章

红井(瑞金沙洲坝)

红军烈士纪念塔（瑞金叶坪)

中央苏区红色报刊

苏区货币

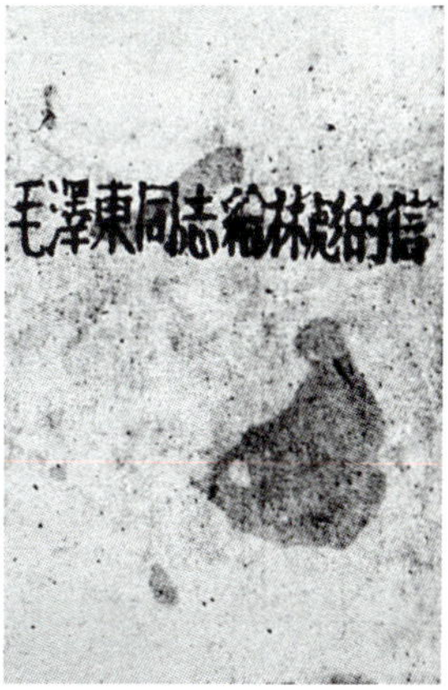

《毛泽东给林彪的信》油印单行本（1930 年 1 月）

苏区儿童唱歌集

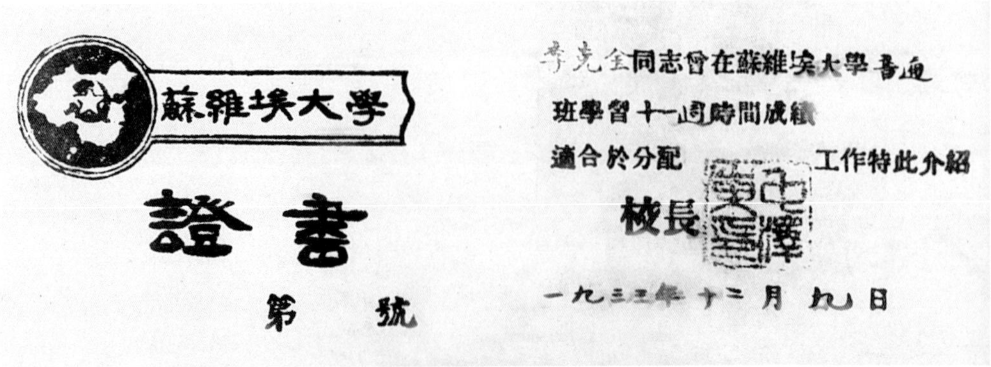

蘇維埃大學

證書

第 號

李克全同志曾在蘇維埃大學普通班學習十一週時間成績適合於分配 工作特此介紹

校長

一九三三年十二月九日

苏维埃大学 校长毛泽东签发的毕业证书

红军大学礼堂

中央造币厂钢模

中央印刷厂印刷机

第一次反“围剿”龙冈大捷中缴获的敌十八师师长张辉瓒的怀表

第四次反“围剿”黄陂大捷俘捉的敌五十九师师长陈时骥(左三)和另一名国民党军官(左四)

中华苏维埃共和国第一次运动大会运动员留影(1933 年 5 月 30 日于瑞金)

苏区反腐惩贪重要举措之一——工农检察部控告局设置的控告箱

中华苏维埃共和国中央执行委员会布告(1934 年 2 月全苏二大)

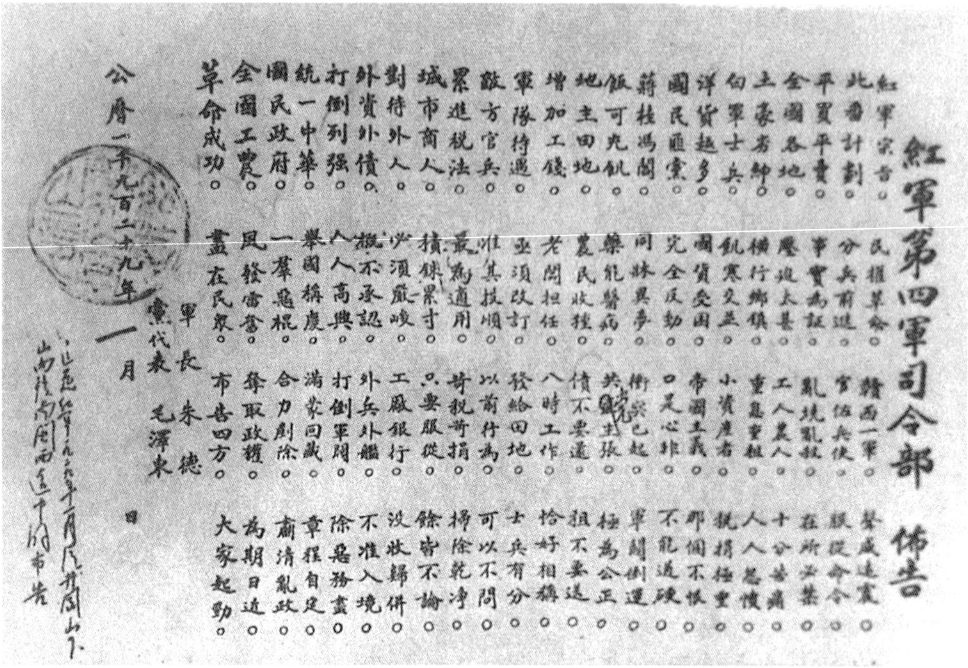

紅軍第四軍司令部佈告

紅軍宗旨。民權革命。贛西一軍。聲威遠震。
此番計劃。分兵前進。官佐兵伕。服從命令。
平買平賣。事實為証。亂燒亂殺。在所必禁。
全國各地。壓迫太甚。工人農人。十分苦痛。
土豪劣紳。橫行鄉鎮。重息重租。人人怨憤。
白軍士兵。飢寒交並。小資產者。捐稅極重。
洋貨越多。國貨受困。帝國主義。那個不恨。
國民政黨。完全反動。口是心非。不能過硬。
蔣桂馮閻。同牀異夢。衝突已起。軍閥倒運。
飯可充飢。藥能醫病。共黨主張。極為公正。
地主田地。農民耕種。債不要還。租不要送。
增加工錢。老闆担任。八時工作。恰好相稱。
軍隊待遇。亟須改訂。發給田地。士兵有分。
敵方官兵。准其投順。以前行為。可以不問。
累進稅法。最為適用。苛稅苛捐。掃除乾淨。
城市商人。積銖累寸。只要服從。餘者不論。
對待外人。必須嚴峻。工廠銀行。沒收歸併。
外資外債。概不承認。外兵外艦。不准入境。
打倒列強。人人高興。打倒軍閥。除惡務盡。
統一中華。舉國稱慶。滿蒙回藏。章程自定。
國民政府。一群惡棍。合力剷除。肅清亂政。
全國工農。風發雷奮。奪取政權。為期日近。
革命成功。盡在民衆。佈告四方。大家起勁。

軍長 朱德
黨代表 毛澤東

公曆一千九百二十九年一月 日

1929 年 1 月红四军从井冈山向赣南、闽西出击时沿途发布的司令部布告

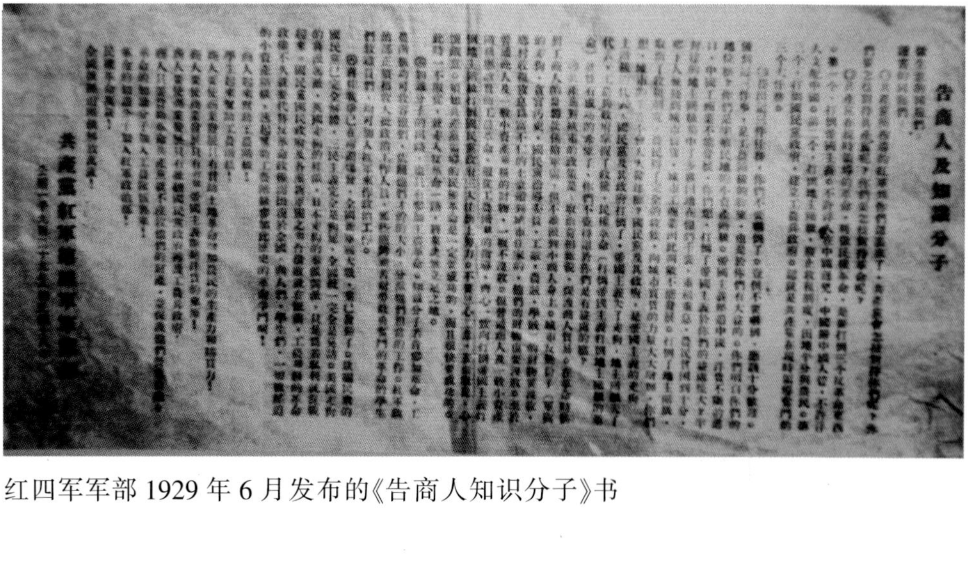

告商人及知識分子

红四军军部 1929 年 6 月发布的《告商人知识分子》书

中华苏维埃共和国区域图

湘鄂赣苏区
闽浙皖赣苏区
东江苏区
江西省
江西西
赣南省
粤赣省
闽赣省
福建省
福建
广东省
湘赣苏区
瑞金
宜丰
上高
高安
万载
丰城
清江
进贤
抚州
东乡
余江
贵溪
弋阳
横峰
上饶
广丰
铅山
分宜
新喻
宜春
新淦
峡江
安福
吉水
吉安
泰和
万安
遂川
永丰
乐安
崇仁
宜黄
南城
南丰
金溪
光泽
邵武
建阳
建瓯
南平
顺昌
将乐
沙县
三明
尤溪
永安
大田
德化
永春
安溪
漳平
华安
龙岩
永定
大埔
连城
长汀
汀州
上杭
武平
宁化
清流
明溪
归化
泉上
建宁
泰宁
黎川
兴国
赣县
赣州
雩都
会昌
寻乌
安远
信丰
南康
大庾
上犹
龙南
定南
虔南
和平
连平
思信
平远
蕉岭
梅县
石城
宁都
博生
广昌
康都
黎南
宁化
长胜
胜利
宽田
西江
寻安会
门岭
筠门岭
中华苏维埃共和国中央政府驻地
省苏维埃政府驻地
县苏维埃政府驻地
苏区区域
游击区域
苏区省界
省界

中央苏区区域图

目 录

上 册

第三章

第五章

中央苏区三次反“围剿”战争的胜利

下 册

第二十一章 中央苏区红军第五次反“围剿”的失败

第二十二章

第二十三章 中央苏区的三年游击战争 ——1369

总论

中央苏区即中央革命根据地，是第二次国内革命战争时期全国最大的革命根据地，是全国苏维埃运动的中心区域，是中华苏维埃共和国党、政、军首脑机关所在地。

1934 年 1 月，毛泽东在第二次全国苏维埃代表大会上曾指出："中国苏维埃区域是全中国反帝国主义的革命根据地，中国工农红军是全中国反帝国主义的主力军"，"至于中央苏区，这里是苏维埃中央政府的所在地，是全国苏维埃运动的大本营"①。这是毛泽东当年对中央苏区的看法和定位。

中共十一届六中全会通过的《关于建国以来党的若干历史问题的决议》指出："在土地革命战争中，毛泽东、朱德同志直接领导的红一方面军和中央革命根据地起了最重要的作用。"中共中央的这一科学论断，是对中央苏区历史地位和作用的客观评价。

一

中央苏区的历史，从 1927 年大革命失败后赣南、闽西农民武装暴动开始，到 1937 年抗日战争爆发后赣粤边、闽西等地红军三年游击战

---

① 毛泽东在第二次全国苏维埃代表大会上的报告，1934 年 1 月，见江西省档案馆、中共江西省委党校党史教研室编：《中央革命根据地资料选编》（下），江西人民出版社 1982 年版，第 296、297 页。

争结束，前后经历10年之久。中央苏区10年的历史，时间长，跨度大，风云激荡，岁月峥嵘，对敌斗争惊心动魄，党内纷争错综复杂，既有骄人的辉煌与伟大的胜利，也有沉郁的曲折与惨痛的教训。为全面、准确地叙述这段历史，我们拟划分若干阶段，概述如下：

奠基开创阶段：1927年8月至1929年12月。

中央苏区是毛泽东、朱德等直接领导苏区军民在赣西南、闽西小块红色割据区域的基础上开辟、打造出来的。

大革命时期，赣西、赣南和闽西地区就有袁玉冰、罗石冰、刘九峰、曾延生、陈赞贤、朱由铿、陈奇涵、邓子恢、郭滴人、朱积垒等一批共产党人，积极领导工农运动，创建党的组织。1927年大革命失败后，在中共八七会议精神的指引和各级党组织领导下，赣西、赣南相继爆发了万安、吉安东固和延福、泰和三十都、南康潭口、赣县大埠、信丰、于都、寻乌、兴国崇贤等地农民武装暴动，建立了工农革命军第七、九、十五、十六、二十一、二十六等纵队，1928年秋至1929年初先后组建了江西工农红军独立第二团和独立第四团；闽西在1928年3月至6月相继爆发了龙岩后田、平和、上杭蛟洋、永定等地农民武装暴动，建立了工农红军第七军第十九师；初创了吉安东固、于都桥头、信（丰）安（远）定（南）、寻乌阳天嶂、永定溪南里等小块"工农武装割据"的红色割据区域。赣西南、闽西的这些小块红色割据区域，奠定了中央苏区的基础。这就是中央苏区的"根基"。

1929年1月，毛泽东、朱德、陈毅等率领红四军下井冈山，转战赣南、闽西。红军部队占崇义，取大余，入寻乌，首战大柏地，击毙郭凤鸣，军心大振，威震闽西，建立了长汀县红色政权。3月20日，毛泽东在长汀县城辛耕别墅主持召开红四军前委扩大会议，决定"以赣南、闽西二十余县为范围从游击战术，从发动群众以至于公开苏维埃政权割据”,认为这是“前进的基础”[①]。这一战略方针的确定,揭开了创建中央苏维埃区域的序幕。此后,赣南、闽西的革命斗争如火如荼地向前发展。红军攻占于都、兴国、宁都县城,建立了3县红色政权;随后,红军第2次入闽,三克龙岩,攻占永定、上杭,建立了永定、龙岩、上杭等县红色政权。朱毛红军由此在赣南、闽西站稳脚跟,安营扎寨。尤为重要的是,毛泽东在经历了红四军党的“七大”风波后,在党中央和周恩来的支持下,重回红四军前委领导岗位,并于1929年12月主持召开古田会议,贯彻中央“九月来信”,总结红军初创经验,从而统一了党内认识,确定了建军纲领。中央苏区的定势、规模始露端倪。

初步形成阶段:1930年1月至1930年10月。

中央苏区的初步形成,是在1930年10月中共中央明确提出设立“中央苏区”和红军攻克吉安、江西省苏维埃政府成立之时。

1930年1月,毛泽东发表《星星之火,可以燎原》的党内通信,构建了武装斗争、土地革命、根据地建设“三位一体”的中国革命道路理论框架。“二七”陂头会议后,赣西南、闽西掀起了轰轰烈烈的土地革命高潮,广大贫苦农民获得土地,革命热情迸发,红色地方武装和革命根据地迅速扩大、发展。在此基础上,以曾山为主席的赣西南苏维埃政府和以邓子恢为主席的闽西苏维埃政府宣告成立。同年5月,毛泽东利用红军在赣南分兵开展群众工作机会,进行了寻乌调查,撰写和发表了《反对本本主义》(原题为《调查工作》)这一重要文献,首次提出了中国共产党理论与实际相结合、实事求是、一切从实际出发的思想路线的基本思想。1930年6、7月间,红一军团、红三军团相继成立。7月下旬,红三军团攻克长沙,一时名震全国。8月23日,毛泽东和朱

---

① 《红四军前委关于攻克汀州及四、五军江西红二、四团行动方针等问题向福建省委和中央的报告》,1929年3月20日,见江西省档案馆、中共江西省委党校党史教研室编:《中央革命根据地史料选编》(中),江西人民出版社1982年版,第67页。

德领导的红一军团和彭德怀、滕代远领导的红三军团在湖南浏阳县永和镇胜利会师，合编成立红军第一方面军（即中央红军），毛泽东任总前委书记兼总政委，朱德任总司令，全军发展到近4万人，占全国红军的1/3以上。9月，红一方面军二打长沙，久攻不克。毛泽东领导红一方面军抵制了“立三路线”，撤围长沙，挥师江西，10月4日攻克吉安重镇，10月7日成立以曾山为主席的江西省苏维埃政府。至此，赣西南苏区地跨赣江两岸，横断江西半壁。

在此基础上，中共中央政治局于1930年10月24日开会讨论全国苏维埃区域工作计划时，决定将全国现有苏区统一划分为赣西南、湘鄂赣、赣东北、湘鄂边、鄂皖边、闽粤赣边和左右江等七大特区，并确定以江西的赣西南苏区为中心区域，“要巩固和发展它成为苏区的中央根据地”，并称之为“中央苏区”、“中央区”①。同月，中共中央政治局还作出决定，在“苏区的中央根据地”立即成立中共苏区中央局（以周恩来为书记），并决定即将成立的中华苏维埃临时中央政府、中央革命军事委员会，都设在中央根据地内。这样，从江西省苏维埃政府成立的实体和中共中央在赣西南苏区设“中央苏区”的决策上，表明中央苏区已初具规模，并为中共中央所认可、确定。

正式建立阶段：1930年11月至1931年11月。

中央苏区正式建立的标志，是1931年11月7日“一苏大会”的召开和中华苏维埃共和国临时中央政府的成立。

红军和根据地的迅猛发展，引起了蒋介石国民党的恐惧和仇视。1930年10月底，蒋介石以10余万众的兵力向中央苏区发动了第一次“围剿”。是年11月间，红一方面军遵照毛泽东在罗坊会议期间确定的“诱敌深入”战略方针，东渡赣江，大步退却，集结在宁都县黄陂、小布一线。从1930年12月30日至1931年1月3日，红军5天之内两

① 《中共中央文件选集》第6册，中共中央党校出版社1990年版，第429页。

战两捷,俘敌逾万,活捉敌师长张辉瓒,粉碎了国民党军队的第一次“围剿”。1931 年 5 月中、下旬,红军在吉安县东固、富田和吉水县白沙、永丰县中村、广昌、建宁五战五捷,横扫七百里,16 天内歼敌 3 万余人,痛快淋漓地粉碎了国民党军队的第二次“围剿”。1931 年 7 月至 9 月,红军从赣闽边境地区千里回师赣南,在兴国县莲塘、良村、宁都县黄陂以及兴国县老营盘、高兴圩、方石岭等地,六战五捷,以 3 万兵力打败国民党军 30 万之众的进攻,击溃敌人 7 个师,歼敌 3 万余,取得了第三次反“围剿”的胜利。红一方面军在中央苏区连续三次粉碎国民党军队的第一、二、三次“围剿”的胜利,都是在毛泽东、朱德等直接领导、指挥和根据地人民大力支援、配合下取得的。

红军反“围剿”战争的辉煌胜利,迎来了根据地的迅速扩展和中央红色政权的诞生。至 1931 年 9 月,赣南、闽西革命根据地已连成一片,正式形成了以瑞金为中心的“苏区的中央根据地”。由于邓小平主政瑞金的出色工作和红军总部“居中指挥”的军事需要,中共苏区中央局研究决定定都瑞金。1931 年 11 月 7 日,中华苏维埃共和国的“开国大典”——中华工农兵苏维埃第一次全国代表大会在瑞金胜利召开。随即,中华苏维埃共和国临时中央政府宣告成立,毛泽东任苏维埃临时中央政府主席,项英、张国焘任副主席。苏维埃临时中央政府的行政机关为中央人民委员会,毛泽东兼任中央人民委员会主席,项英、张国焘兼任副主席。中央人民委员会下设外交、军事、劳动、财政、土地、教育、内务、司法、工农检察等人民委员部,以及国家政治保卫局等机构,朱德、王稼祥、瞿秋白、邓子恢、张鼎丞、何叔衡、周以栗等分任各部人民委员(部长),邓发任国家政治保卫局局长。11 月 25 日,中华苏维埃共和国中央革命军事委员会(简称“中革军委”),也在瑞金成立,以朱德为主席,彭德怀、王稼祥为副主席,还成立了中革军委总政治部(1932 年 2 月改为中国工农红军总政治部),王稼祥为主任。毛泽东、周恩来(1932 年 2 月后)先后为苏区党的最高领导机构——中共苏区中央局书记。中央苏区的红色首都瑞金改为“瑞京”。中华苏维埃共和国的党、政、军首脑机关统辖和领导全国苏维埃区域的斗争。中央苏区至此正式建立。

鼎盛发展阶段:1931年12月至1933年8月。

中央苏区的鼎盛时期,为中华苏维埃共和国临时中央政府成立后的巩固发展到第四次反“围剿”的胜利及其闽赣、粤赣省的成立。

中华苏维埃共和国临时中央政府成立后,在政权、武装、群团、法制、经济、文化、教育、卫生、体育等方面,积极开展了大规模的红红火火的建设活动,取得了一系列重大成就,从而有效地稳定了社会秩序,增强了经济实力,巩固了红色政权,改善了民众生活。苏维埃共和国中央政府成为历史上最精干、高效、廉洁的政府。1931年12月14日宁都起义爆发,国民党第二十六路军17000余人加入红军,组建了红五军团,壮大了红军的力量。1932年2月至3月上旬,红军攻打赣州,久攻不克。随后,根据毛泽东的建议,4月至8月,红军攻占漳州,恶战水口,连克乐安、宜黄、南丰、宁化4城,中央苏区得到巩固。

可是,1932年10月上旬在宁都县小源召开的苏区中央局会议(即宁都会议),为贯彻推行中共临时中央提出的“左”倾“进攻路线”,错误地批判了毛泽东的战略方针,随后撤销了毛泽东红一方面军总政委职务,毛泽东被迫离开红军领导岗位。总政委由周恩来继任。1933年1月,以博古为首的中共临时中央政治局由于在上海难以立足而迁入瑞金。博古等人抵达苏区后,为进一步扫清其推行“左”倾“进攻路线”的障碍,于是年2月在福建苏区开展了反对所谓“罗明路线”的斗争,错误地批判、处置了福建省委代理书记罗明;3月,又在江西苏区开展了反对所谓“江西罗明路线”的斗争,把坚持毛泽东正确主张、抵制过王明“左”倾错误的会、寻、安中心县委书记邓小平,以及毛泽覃、谢唯俊、古柏,打成“罗明路线在江西的创造者”,并进行了错误处置。

“左”倾领导者推行宗派政策在后方整人的同时,前方仍在打仗。

尽管“左”倾错误开始全面推行,但红一方面军在毛泽东军事思想的深刻影响和周恩来、朱德的卓越指挥下,抵制后方中共中央局领导人的多次错误指令和干扰,采用大兵团伏击战法,于1933年2、3月间,在宜黄县南部的黄陂、草台冈战役中,歼敌3个精锐之师,取得了第四次反“围剿”的重大胜利。1933年4月,苏区闽赣省成立。同年8月,苏区粤赣省成立。此时,中央红军辖有一、三、五、七军团,近10万人;中央苏区辖有江西、福建、闽赣、粤赣4个省级苏维埃政权,拥有60个行政县,红军和根据地发展到鼎盛时期。中央苏区由此成为全国最大的革命根据地。

受挫转移阶段:1933年9月至1934年10月。

中央苏区是在王明“左”倾错误全面推行并导致红军第五次反“围剿”失败情势下丧失的。

1933年9月,蒋介石调集50万重兵,对中央苏区发动了第五次大规模“围剿”。这时,共产国际派驻中共的军事顾问李德(奥托·布劳恩)从上海来到中央苏区。9月28日,敌军进占黎川。震惊于黎川一城之失的“左”倾领导人,急忙指令红军主力北上应敌,结果几经挫折,陷于被动。11月“闽变”发生,在共产国际错误指导下,中共领导处置失当,坐失打破“围剿”良机。在此期间,王明“左”倾错误在苏区的政治、经济、军事、组织等方面都得到了全面的贯彻,至中共六届五中全会发展到顶点,造成了恶劣影响。如“左”的劳动政策,“地主不分田,富农分坏田”的土地政策,“左”的肃反政策,“左”倾宗派主义,等等,都使根据地的社会经济受到破坏,干部群众受到伤害。

尤其严重的是,在中央苏区的军事斗争中,王明的“左”倾错误造成了令人痛心疾首的损失。博古和他特别倚重的共产国际驻上海的远东局领导人和军事顾问施特恩、李德等,在第五次反“围剿”中自始至终推行“左”倾冒险主义,指令红军同国民党强敌“以堡垒对堡垒”,拼消耗,“短促突击”,打正规战,致使中央红军遭受重大损失,根据地范围日益缩小。特别是广昌失守后，国民党军进入中央苏区腹地，中央红军已难以在内线打破敌军“围剿”，中共中央、中革军委开始部署红军战略转移。

1934 年 10 月，中央率中央苏区红军主力突围转移，开始长征。1935 年 10 月胜利抵达陕北，揭开了中国革命新的一页。

游击战争阶段：1934 年 10 月至 1937 年 10 月。

主力红军长征后，根据地广大军民在项英、陈毅、张鼎丞、邓子恢等领导下，坚持开展了三年艰苦卓绝的游击战争。

1934 年 10 月中旬，红军主力长征西去后，以项英为书记的中共中央分局和以陈毅为主任的苏维埃中央政府办事处以及中央军区，在瑞金梅坑宣布成立。1935 年 2 月，被敌军围困在中央苏区于都县南部的近万名红军部队和地方工作人员，分 9 路突围。项、陈辗转上了油山。在突围前后，何叔衡、瞿秋白、刘伯坚、毛泽覃、阮啸仙、贺昌、梁柏台等英勇牺牲。随后，项英、陈毅和蔡会文、李乐天、杨尚奎、陈丕显等在大余召开长岭会议，作出正确决策，领导赣粤边和湘粤赣边 1400 余名游击健儿开展一次又一次的反“清剿”斗争，经年累月鏖战在穷山绝岭，过着“野人般的生活”达 3 年之久。与此同时，赖昌祚、钟德胜、胡荣佳、彭胜标等领导汀瑞红军游击队，张鼎丞、邓子恢、谭震林、方方等领导闽西南红军游击队，都坚持了艰苦卓绝、机动灵活的群众游击战争。南方红军游击队的三年苦斗，有力地配合了主力红军的长征，保存和延续了党在南方的革命火种，牵制打击了敌人的有生力量，孕育形成了伟大的红军游击革命精神。党中央和毛泽东高度评价南方游击区的斗争，指出“这是我们和国民党十年血战的结果的一部分，是抗日民族革命战争在南方各省的战略支点”①。1937 年抗日战争爆发后，各红军游击队负责人根据党的指示，与国民党当局在大余、赣州、南昌、

① 《毛泽东选集》第二卷，人民出版社 1991 年版，第 393 页。

龙岩、瑞金等地进行合作抗日谈判,取得成功。1937 年 10 月下旬,红军游击队奉命下山整训,改编为新四军,开赴大江南北的敌后抗日战场。

二

中央苏区主要由以瑞金为中心的赣西南、闽西两块苏维埃区域组成。在不同的斗争历史时期,其区域范围不尽相同:

中央苏区初步形成时期辖有的区域,主要包括宁冈、永新、遂川、万安、泰和、吉安、吉水、永丰、新淦(干)、峡江、新余、分宜、宜春、安福、莲花、赣县、兴国、宁都、宜黄、乐安、南丰、广昌、石城、瑞金、会昌、寻乌、安远、于都、信丰、南康、大余、崇义、上犹、南雄(广东属,时受赣南指挥)、萍乡、万载、铜鼓、茶陵、攸县(时归湘东指挥)等县的全部或部分地区[①]。

1931 年夏秋间,中央苏区在江西范围内有"吉安、吉水、泰和、万安、永新、遂川、宁冈、安福、宜春、分宜、新余、清江、峡江、永丰、乐安、南丰、广昌、宁都、瑞金、石城、兴国、赣县、于都、安远、寻乌[②]、会昌、信丰、南康、上犹、崇义,等卅一县"[③]党组织和苏维埃政府;在闽粤赣边(闽粤赣省)包括有永定、上杭、杭武、龙岩、长汀、汀连、汀东、汀州、连城、平和、饶(平)(平)和(大)埔、宁化、清流、归化(今明溪)等县党组织和苏维埃政府。

1932 年,中央苏区辖江西、福建(闽粤赣)2 个省级苏维埃政府,设

① 江西省档案馆、中共江西省委党校党史教研室编:《中央革命根据地史料选编》(上),江西人民出版社 1982 年版,第 353 页。

② 寻乌县当时又称"蕉平寻县",其区域范围包括江西省寻乌县和广东省平远、蕉岭各一部分。

③ 江西省档案馆、中共江西省委党校党史教研室编:《中央革命根据地史料选编》(上),江西人民出版社 1982 年版,第 392 页。

有29个行政县。其中,江西省设有17个县,即瑞金、兴国、宁都、于都、胜利(以于都北区为基础,于都、兴国、宁都3县交界处)、赣县、南康、信丰、安远、寻乌、会昌、石城、南广(南丰、广昌两县合并)、乐安、永丰、万泰(万安、泰和两县河东苏区合并成立)、公略(由吉安、吉水、泰和3县赣江以东苏区组成)。福建省12个县,即长汀、汀东、宁化、清流、归化、上杭、龙岩、永定、连城、武平、新泉、饶(平)(平)和(大)埔诏(安)。

1933年秋,中央苏区进入鼎盛时期,其连成一片的范围扩展到最大,总面积为8.4万平方公里,总人口有453万,共设有江西、福建、闽赣、粤赣4个省60个行政县。其中:

中央苏区江西省设22个县,即兴国、博生(宁都)、胜利、瑞金、公略、永丰、万泰、新淦(干)、崇仁、宜黄、乐安、杨殷(兴国、万安两县边界)、南丰、广昌、康都(南丰、黎川和福建建宁3县交界处)、石城、洛口(由宁都北境和宜黄、广昌各一部组成)、长胜(宁都县南部和瑞金县北部部分区域)、赣县、龙冈(永丰县南境和兴国县北境)、赤水(广昌县南部以及石城、宁都县部分区域)、太雷(石城、瑞金和福建宁化县各一部)。

中央苏区福建省设15个县,即长汀、宁化、上杭、龙岩、永定、武平、兆征、汀东、连城、澎湃、泉上、代英、新泉、清流、归化等。

中央苏区闽赣省设16个县,即崇安、铅山、上铅(上〈饶〉铅〈山〉县苏维埃,辖上饶、铅山两县部分地区)、广丰、建阳、邵武、广浦、贵南(贵溪县南部,在原贵南特区委基础上成立)、黎川、建宁、泰宁、资溪、东方(江西黎川和福建光泽、邵武三县交界)、建东、金南(以原金〈溪〉南〈城〉特区革命委员会所属一、二分区为基础设立)等。

中央苏区粤赣省设7个县及游击区,粤赣省委、省苏政府辖有会昌、西江、门岭、寻乌、安远、于都、信康等7县,同时还领导游击区的兴(宁)龙(川)县委、县革命委员会和信康赣县委、武西工作委员会、会西工作委员会,其游击工作区延及赣粤边、粤东北各县。

中央苏区赣南省设8个县,即于都、登贤(于都县境内)、杨殷(兴国、万安两县边界)、赣县、寻安会(寻乌、安远、会昌交界处)、于西(于都县西部地区)、安南(安远、定南两县交界处)、兴龙寻安(广东兴宁、龙川和江西寻乌、安远县革命委员会)等。

还有三年游击战争时期的若干县,其游击区域范围扩展到赣、粤、湘边和闽西南地区。江西的大余、定南、全南、龙南等县,福建闽西南各县,广东南雄县,湖南汝城桂东、郴县、宜章、桂阳等县,都属中央苏区三年游击战争时期的主要区域之一。

中央苏区的区域范围,若以现行政区域按当年党、政、军组织的隶属关系来认定,现江西、福建、广东、湖南4省总共有86个县(市、区),属原中央苏区区域范围,其中含:

江西省54个,即瑞金、于都、兴国、宁都、会昌、寻乌、安远、信丰、石城、赣县、南康、广昌、黎川,上犹、崇义、大余、定南、龙南、全南、章贡、青原(2001年从原吉安县划设)、井冈山(含宁冈)、峡江、新干、吉州区(现辖区域在土地革命战争时期是吉安县城所在地,同时包括吉水县部分地区)、泰和、安福、遂川、吉安、吉水、永丰、万安、永新、渝水(所辖区域即土地革命战争时期之新余〈亦称新渝〉县)、分宜、莲花、袁州(即土地革命战争时期宜春县)、樟树(土地革命战争时期称清江县)、万载、乐安、宜黄、崇仁、南丰、南城、金溪、铅山、广丰、上饶、资溪、贵溪、安源、湘东、上栗、芦溪(安源区、湘东区、上栗县、芦溪县,在土地革命战争时期均属萍乡县)。

福建省有22个,即龙岩(今新罗区)、长汀、连城、上杭、永定、建宁、泰宁、宁化、清流、明溪(原归化)、武夷山(原崇安)、武平、漳平、平和、诏安、将乐、沙县、光泽、邵武、建阳、浦城、南靖。

广东省7个,即大埔、南雄、饶平、龙川、梅县、兴宁、平远。

湖南省3个,即炎陵(原酃县)、茶陵、攸县。

三

中央苏区波澜壮阔的英勇斗争,在中国共产党历史和中国革命史上有着极其重要的地位和作用。

第一,中央苏区是"全国苏维埃运动的大本营"和中心区域。

土地革命战争时期,中国共产党人在全国先后创建了井冈山、海陆丰、中央苏区、湘赣、湘鄂赣、闽浙赣(赣东北)、湘鄂西、鄂豫皖、琼崖、左右江、川陕西北、湘鄂川黔等10多块革命根据地。其中,影响最大的革命根据地首推中央苏区。中央苏区不仅地域面积最大,而且是中共中央、中共苏区中央局、苏维埃中央政府、中央革命军事委员会等党、政、军、群首脑机关所在地,是全国革命根据地和红军的领导中枢,是"全国苏维埃运动的大本营"和中心区域。红都瑞金为中华苏维埃共和国的首府,驻在红都的中央领导机关统辖全国苏维埃区域的斗争,一道道红色电令从这里发往全国各地苏区。中共第一、第二代领导核心毛泽东、邓小平等都是在中央苏区经受锻炼走向成熟的。

第二,中央苏区的红一方面军是土地革命战争的重要支柱。

红一方面军是毛泽东、朱德、周恩来等亲自创建、领导和指挥的中央红军,拥有第一、三、五、七、八、九共6个军团10余万人,是全国最强大的红军部队。这支部队经过三湾改编、赣南四整和古田会议的洗礼,有着优良的政治、军事素质,在中央苏区第一、二、三、四次反"围剿"中,先后粉碎了国民党近百万军队的进攻,大量地歼灭了国民党军的有生力量,战功卓著,军威显赫。这支部队不仅在中央苏区的斗争中起了重要的支柱作用,而且"朱毛红军的经验"还被推广到全国各地苏区,促进了许多根据地红军的建设和发展。中国共产党正是依靠这支部队,在极为艰苦的条件下,开展武装斗争,创建红色政权,巩固和扩大革命根据地。红军战争在实际上成为中国革命斗争的主要形式。红一方面军不仅成了中央苏区及其红色政权赖以维系的中流砥柱,而且在整个土地革命战争中发挥了最重要的支柱作用。

第三,中央苏区是中国革命实行农村包围城市、武装夺取政权道路的伟大阵地。

毛泽东在《中国革命和中国共产党》中指出:“如果革命的队伍要准备积蓄和锻炼自己的力量,并避免在力量不够的时候和强大的敌人作决定胜负的战斗,那就必须把落后的农村造成先进的巩固的根据地,造成军事上、政治上、经济上、文化上的伟大的革命阵地,借以反对利用城市进攻农村区域的凶恶敌人,借以在长期战斗中逐步地争取革命的全部胜利。”[①]中央苏区正是这样一块“军事上、政治上、经济上、文化上的伟大的革命阵地”。在中央苏区,中国共产党人领导取得了第一、二、三、四次反“围剿”斗争的胜利,经历了中共历史上最为复杂的政治斗争,开展了大规模的轰轰烈烈的土地革命,进行了卓有成效的经济建设以及文化教育等方面的建设,建立了中华苏维埃共和国中央政府以及江西、福建、闽赣、粤赣、赣南5个省级苏维埃政权。中央苏区这个“伟大的革命阵地”,正是夺取全国革命胜利的最为重要的战略基地。中国革命正是依靠这样一块块红色革命根据地,波浪式地向前推进,一片一片地发展壮大到全国基本区域,最后以农村包围城市、武装夺取政权,取得全国革命胜利的。这条中国式的武装夺取全国政权的新道路,发源于井冈山,形成于中央苏区。

第四,中央苏区是中国共产党人学会治国安民艺术和造就大批治国精英的实验基地。

中华苏维埃共和国是中华人民共和国的雏形和基石。中国共产党人在中央苏区和红都瑞金所掀起的革命风暴,是夺取全国政权的伟大预演。在这个过程中,“党开辟了人民政权的道路,因此也就学会了治国安民的艺术。党创造了坚强的武装部队,因此也就学会了战争的

① 《毛泽东选集》第二卷,人民出版社1991年版,第635页。

艺术。所有这些，都是党的重大进步和重大成功”。[1] 中国共产党人在中央苏区创造和积累了许多治党、治国、治军的丰富经验，初步学会了治国安民、治国安邦的领导艺术。在中央苏区，中国共产党不但造就了一大批会治党、治国的领导骨干，而且造就了一大批会治军的领导骨干。他们当中，不仅有毛泽东、朱德、周恩来、刘少奇、邓小平、陈云等一批政治领袖，还有张闻天、任弼时、王稼祥、项英、董必武、林伯渠、李富春、邓子恢、张鼎丞、谭震林、叶剑英、杨尚昆、胡耀邦等一大批治国精英。共和国的一代开国将帅中，“十大元帅”中的9位（朱德、彭德怀、刘伯承、贺龙、陈毅、罗荣桓、聂荣臻、叶剑英、林彪），“十大将”中的7位（粟裕、陈赓、黄克诚、谭政、萧劲光、张云逸、罗瑞卿），上将中的34位，中将中的106位，少将中的442位，都曾在中央苏区红土地上纵横驰骋，屡建奇功。此外，还有一大批新中国成立后在中央各部委和各省市担任主要领导工作的老同志。中央苏区不愧为中国共产党藏龙卧虎、精英荟萃的人才库，不愧为中华民族一大批有识之士和杰出英才的集结地。

第五，中央苏区是毛泽东思想的主要发祥地。

毛泽东思想形成于20世纪20年代后期和30年代前期。这是从时间上而言的。从空间上看，这个时期正是以毛泽东为主要代表的中国共产党人领导创建中央苏区的重要时期。在这一时期中，中共党内盛行的把马克思主义教条化、把共产国际决议和苏联经验神圣化的错误倾向，使中国革命几乎陷于绝境。毛泽东思想正是在同这种错误倾向作斗争并深刻总结这方面的历史经验的过程中逐渐形成发展起来的。毛泽东把马克思列宁主义的普遍真理同中国革命的具体实践相结合，从中央苏区的实际出发，集中全党的集体智慧，科学地总结了中国革命的独特经验，在党的思想路线、中国革命道路问题、土地革命路

① 《毛泽东选集》第二卷，人民出版社1991年版，第611页。

线和政策、革命根据地建设、党的建设、红军建设、经济文化建设、法制建设等方面,都作出了理论的概括,基本形成了毛泽东思想的初步框架。毛泽东在中央苏区撰写和发表的《关于纠正党内的错误思想》《星星之火,可以燎原》《反对本本主义》《必须注意经济工作》《怎样分析农村阶级》《我们的经济政策》《关心群众生活,注意工作方法》等科学著作,都是中国共产党人在中央苏区英勇奋斗实践经验的总结。毛泽东关于以武装斗争为主要形式、以土地革命为基本内容、以农村根据地为主要依托的,中国革命农村包围城市道路理论的形成和提出,是毛泽东思想形成的重要标志。毛泽东思想的活的灵魂——实事求是、群众路线、独立自主的思想,贯穿于中央苏区斗争的全过程。毛泽东在中央苏区的这些重大理论创造,不仅直接指导了中央苏区的革命斗争,而且为中国共产党和中国革命的胜利奠定了科学的理论基础,为马克思主义中国化的理论宝库增添了鲜活的内容。据此可以认定:毛泽东思想形成于中央苏区,成熟于陕北延安。

总之,中央苏区史诗般的历史是中国共产党历史上一幅雄壮绚丽的画卷。中国共产党人和苏区军民在中央苏区的斗争是英勇卓绝、可歌可泣的。中央苏区这片洒满革命先烈鲜血的红土地,将世代为党和人民所铭记。

四

中央苏区的斗争,不仅受中共中央统一领导,同时与共产国际密切联系,受共产国际的影响和制约。

中国共产党是共产国际的中国支部。这是中共"二大"决定的。按照共产国际的组织原则,共产国际的每一个组织成员,都必须无条件接受共产国际的领导,对共产国际决议、指示必须坚决贯彻执行;共产国际每个组织成员之中央最高领导机构和领导成员的产生和任命,都必须经共产国际批准和认可。中国共产党自加入共产国际起,对共产国际规定的组织原则和纪律必须严格遵守。这就必然使中国共产党的活动和所领导的革命运动受到共产国际的影响和制约。大革命失败后在中国轰轰烈烈开展的苏维埃革命运动，尤其是中央苏区的斗争，同样受到共产国际的影响和制约。毛泽东曾说过：共产国际“是两头好，中间差”。所谓“两头好”，是指大革命时期和土地革命后期及抗日战争时期；所谓“中间差”，是指土地革命斗争时期，主要是中央苏区斗争时期。这是毛泽东对共产国际、联共（布）中央指导中国革命功过所作的历史评价。周恩来则评价说：“两头好，也有一些问题；中间差，也不是一无是处。”[①]毛泽东、周恩来对共产国际、联共（布）中央指导中国革命功过的评价，都是从宏观上讲的，总体上是客观公正的。

共产国际、联共（布）中央对中国苏维埃运动、主要是中央苏区斗争的指导，具体说来，其功绩主要体现在：

1. 帮助和促使中共确立开展土地革命的正确方针

共产国际成立伊始，就确立了解决东方各落后国家农民土地问题的基本原则，这就是：在各国共产党领导下，发动和组织农民通过革命手段，没收大土地所有者所占有的土地，将其分配给无地和少地的农民耕种。中国大革命运动初期，共产国际就对国共两党明确提出，必须领导农民开展土地革命。国民党虽提出“平均地权”口号，又害怕触动地主豪绅利益，始终不愿发动农民开展土地革命、没收地主土地无偿分配给农民；而中共对于开展农民运动虽认识明确、行动积极，提出了解决农民土地问题的政纲草案，但由于陈独秀右倾错误指导，对发动农民开展土地革命持消极甚至反对态度。正是在这种形势下，共产国际、联共（布）中央采取措施，坚决阻止中共在土地革命问题上往后倒退，不遗余力地推动中国土地革命运动开展。1927年7月中旬，中共中央决定接受共产国际指示和建议，确立了开展土地革命的正确方

① 《周恩来选集》下卷，人民出版社1984年版，第300页。

针。在共产国际帮助下,党的八七会议最终确定“土地革命问题是中国资产阶级民权革命中的中心问题”,1927 年 11 月中共中央临时政治局又提出《中国共产党土地问题党纲草案》,中共六大对土地革命的路线、方针、政策更作了原则性的正确决定。六大以后,共产国际又帮助中共及时纠正了“联合富农”的错误。中共中央在确定土地革命正确方针时,共产国际和联共(布)中央是发挥了重要作用的。当然,中国共产党最终制定并实行的比较符合中国国情的马克思主义土地革命路线和方针、政策,主要是毛泽东、张鼎丞、邓子恢、曾山等以及彭湃、方志敏等中国共产党人,在领导井冈山根据地、中央苏区以及其他苏区斗争实践中,将共产国际的指示和中共中央的精神与苏区实际情况紧密结合,不断探索、总结开展土地革命的实践经验和教训而形成的。

2. 支持中共在大革命失败后武装反抗国民党反动派

当蒋介石、汪精卫发动四一二政变、七一五分共后,中国革命形势急剧逆转。严酷的现实不仅给了中国共产党人以血的教训,也使共产国际和联共(布)中央迅速从对蒋、汪的幻想中警醒过来。为挽救危局,共产国际执委会指示改组中共中央领导机构,成立了由张国焘、李维汉、李立三、周恩来、张太雷组成的中共“五人政治局”,商定了重大事宜。当中共中央决定发动南昌起义、以武装的革命反对武装的反革命时,在武汉的共产国际代表和刚来中国的罗明纳兹等对南昌起义计划给予了毫不犹豫的支持。在中共八七会议上,共产国际代表罗明纳兹作了《党的过去错误及新的路线》的报告,在会议报告和结论中,严厉批评了陈独秀的右倾退让错误,表示赞同中共关于土地革命、武装反抗国民党统治的正确方针。

3. 同意和支持中共开展苏维埃革命运动

大革命运动失败后,共产国际和联共(布)中央曾一度将挽救中国革命的希望寄托在国民党左派身上,但随着形势的变化,共产国际和斯大林很快同意中共放弃国民党左派旗帜,打出苏维埃红旗,支持在中国开展苏维埃革命运动,建立苏维埃红色政权,使中国苏维埃革命运动迅速兴起。正是由于共产国际和斯大林的支持和帮助,毛泽东、朱德等中国共产党人才能放开手脚领导开展苏维埃革命运动,创建井冈山和中央苏区等革命根据地。

4. 直接领导中共六大胜利召开

1928 年 7 月在莫斯科召开的中共六大,对于指导和推动中国苏维埃革命运动的深入开展和井冈山、中央苏区等革命根据地的创建和发展,发挥了极为重要的作用。正如周恩来所说:"'六大'关于革命的性质、动力、前途、形势和策略等问题的决定基本上是对的,所以说'六大'的路线基本上是对的。"[①]。毛泽东也说过:"中国革命运动,从此就有了正确的理论基础。"[②]而中共六大是在共产国际、联共(布)中央直接领导和帮助下成功召开的。

5. 关注和支持初创时期的朱毛红军和井冈山、海陆丰等红色区域斗争

早在 1928 年 1 月,红色工会国际驻华代表米特凯维奇就在上海向共产国际执委会报告了毛泽东率工农革命军在井冈山活动的信息。1929 年 1 月,共产国际执行委员会东方书记处远东局召开会议,认真研究了援助井冈山朱毛红军的措施。随后,联共(布)中央的《真理报》等报刊,不断刊登介绍朱毛红军和中国其他红军部队发展和活动情况,迅速扩大了朱毛红军和彭德怀、黄公略等在国际上的影响。

6. 帮助中共解决和确立了关于红军建设的一些重要原则问题

毛泽东、朱德等中国共产党人在领导建立井冈山、中央苏区的伟大斗争中,探索总结出一整套人民战争规律和人民军队建设经验。但中共中央对于如何领导和建设红军,缺乏经验,遇到许多问题不知如

① 《周恩来选集》上卷,人民出版社 1980 年版,第 186 页。
② 《毛泽东选集》第一卷,人民出版社 1991 年版,第 188 页。

何解决。1930 年春起，共产国际和联共（布）中央采取措施，加强了对中国红军建设的指导和帮助。斯大林及时建议中共应把红军问题放在中国革命的第一位。共产国际根据苏联红军建设的经验，就党在革命军队建设中的作用、红军政治工作、士兵委员会、红军兵员的补充、建立根据地、红军与苏维埃政权、敌军中的工作等问题，及时给中共中央发出指示信、指示电，并且向中共派出军事顾问小组，直接指导和帮助中共中央军事部开展和改进工作，帮助制定红军政治工作条例等等。所有这些，对于中央苏区红军的发展壮大和革命化、正规化建设，都提供了有力帮助。

7. 及时制止李立三“左”倾冒险错误

1930 年夏秋间，李立三“左”倾冒险错误在中共中央占据统治地位，对中国革命包括中央苏区的斗争，造成了严重危害。毛泽东、朱德等红军领导人，在被迫接受和贯彻执行李立三“左”倾冒险错误指令的同时，对李立三“左”倾冒险错误进行了巧妙的斗争和抵制。而最早发现并制止李立三错误的，是共产国际远东局，斯大林并严厉批评李立三等“简直是胡闹”。共产国际执行委员会迅速致电中共中央要求立即停止组织武汉暴动等冒险计划，并派周恩来、瞿秋白回国，传达贯彻共产国际有关决议精神，从而制止和纠正了李立三“左”倾冒险错误，使中国革命和中央苏区的斗争，免遭更大损失。

8. 积极建议和支持在苏区建立苏维埃中央政权和党的中央局，对苏维埃政权建设和党的建设提出了一些正确意见

共产国际远东局在 1930 年 1 月就建议中共中央在苏区召开全国苏维埃区域大会，讨论解决苏区斗争的一系列重大问题。米夫在 1930 年四五月间提出在苏区建立苏维埃中央政权。1930 年 6 月中旬，共产国际执行委员会和联共（布）中央主要领导人斯大林、莫洛托夫正式同意在中国成立苏维埃中央政府，同时建议中共在苏区设立党的中央局。此后，共产国际远东局不断督促中共中央加快筹备建立苏维埃中

央政府和苏区中央局的步伐,并且为中共中央起草了提交"一苏大会"讨论通过的《劳动法》《土地法》等5个法律文件。远东局还多次参与苏维埃中央政府和苏区中央局组成人员名单的讨论和确定,批准周恩来去中央苏区参加苏区中央局领导,批准毛泽东任中共苏区中央局书记;并且建议除在中央苏区成立党的中央局外,中共中央还需派人前往其他较大苏区建立党的中央局;规定中央苏区的中央局在必要时有权直接指导其他苏区中央局的工作。这就为中共中央加强和统一全国各苏区特别是中央苏区的领导,创造了条件。共产国际还对中央苏区政权建设和党的建设提出了一些正确的建设性意见。

9. 为中共制定和实行正确的苏区经济政策提出过许多建设性意见

共产国际为中共制定和实行苏区经济政策提出的建设性意见,主要体现在中共中央1930年11月15日收到的《共产国际东方部关于中国苏维埃政权的经济政策》文件,该文件提出的苏区经济政策,基本上是正确的,符合中国苏维埃区域的实际。1931年11月在一苏大会上讨论通过的苏维埃经济政策法令,基本上接受并贯彻了共产国际东方部的意见。当然,共产国际远东局在帮助起草提交一苏大会讨论通过的《劳动法》时,照抄照搬苏联的做法,在职工劳动保护和福利待遇方面作了许多严重脱离苏区实际的条文规定,影响和制约了苏区经济发展。共产国际东方书记处在1932年冬发现这一问题后,及时建议中共对相关政策和法规进行调整。根据共产国际指示,经过刘少奇、陈云和张闻天等的积极努力和细致工作,苏维埃中央政府组织力量对一苏大会通过的《劳动法》进行修改,1933年10月重新颁布。这对于促进苏区经济建设发挥了积极作用。

10. 重视、支持毛泽东

十年土地革命战争的前期和中期,即自1927年冬至1935年1月遵义会议召开之前,亦即在党内3次"左"倾错误统治时期,毛泽东在党内都受到“左”倾领导者的打压、排斥。然而,令人诧异和欣喜的是,偏偏在这期间,共产国际和联共(布)中央与中共党内“左”倾领导者的做法相左,始终注视着毛泽东的举动,对毛泽东及他领导的红军赞赏有加,对毛泽东给予了应有的重视和支持。即使当米夫和中共临时中央提出的“左”倾“进攻路线”遭到毛泽东坚决抵制,共产国际在赞同批评毛泽东的同时,也还是反复强调要团结和支持毛泽东,尤其在“宁都会议“前后,反对撤销毛泽东在红军的总政委领导职务。在筹备召开中共六届五中全会过程中,共产国际远东局始终将毛泽东列入中共中央政治局正式委员候选名单,使他得以进入中共中央核心领导层,为毛泽东后来在遵义会议上成为中央政治局常委、确立在中共的领导地位奠定了坚实的基础。

此外,还必须肯定,共产国际、联共(布)中央为支持中国革命,帮助中共开展苏维埃运动,长期向中共和中国革命提供了大量无私的经费和物资援助。对于中央苏区的第五次反“围剿”战争,共产国际执委会也给远东局和中共中央提出过正确的原则指导,对中央红军的战略转移和与国民党粤军谈判,提出了正确指导性意见。在苏维埃运动后期,指示中共建立抗日民族统一战线。尤为重要的是,共产国际总书记季米特洛夫指示王稼秤、任弼时强调,“中共要以毛泽东为首”,中共的政治路线是正确的,警告王明“不要争权”,这对确立毛泽东在中共的领袖地位起了重要作用。所有这些,都是必须充分肯定的。

共产国际、联共(布)中央在指导、帮助中国苏维埃运动和中央苏区斗争过程中,也存在着严重失误,甚至犯有严重错误。

正如周恩来所言:“共产国际对中国党的指导在中期是有很大错误的。中国党在这个时期犯了那么多错误,使中国革命受了那么大的损失,我们中国人当然要负责,但与共产国际有很大的关系。”①

① 《周恩来选集》下卷,人民出版社 1984 年版,第 310—311 页。

共产国际在这时期所犯的失误和错误主要表现在：

1. 对蒋介石、汪精卫妥协退让

大革命后期，共产国际和苏联政府驻华代表鲍罗廷、维经斯基、罗易等对蒋介石、汪精卫等国民党右派势力一味妥协退让，在国民党二大、中山舰事件、整理党务案上三次让步，放弃了无产阶级领导权，推行共产国际"联合战线高于一切"的方针。这种错误指导，严重助长了中共党内陈独秀右倾错误的形成，罗易甚至将共产国际对中共的秘密指示给汪精卫阅看，助长了蒋介石、汪精卫等国民党右派势力反革命的嚣张气焰，中共完全放弃了无产阶级领导权，最终导致中国大革命的失败。陈独秀路线，实质上就是共产国际路线。

2. 提出和宣扬斯大林的中国革命"三阶段论"

大革命失败后，斯大林提出了脱离中国革命实际的中国革命"三阶段论"。斯大林认为，中国革命的第一阶段，即广州时期，是全民族联合战线的革命；蒋介石叛变革命后，民族资产阶级转到反革命阵营，中国革命进入第二阶段，即武汉时期；汪精卫叛变革命后，小资产阶级离开革命阵营，中国革命进入第三阶段，即苏维埃革命阶段，这时无产阶级的同盟军是农民和城市贫民。根据这一理论，中国共产党在土地革命前期和中期，都将民族资产阶级和小资产阶级当成了革命对象，因而过重地打击了中间势力，这显然是错误的。共产国际代表罗明纳兹在中共八七会议上帮助中共纠正陈独秀右倾错误的同时，积极贯彻了斯大林的"三阶段论"，给中共带来了"左"倾思想理论。罗明纳兹还认为，中国应"不断革命"，中国从民主革命一直发展下去就是社会主义革命。1927 年 11 月中央临时政治局扩大会议接受了这种观点，"认为当时虽不是社会主义革命，但一直发展下去就是社会主义革命。罗明纳兹的意见，在我们党员中间是有影响的"。①

① 《周恩来选集》上卷，人民出版社 1980 年版，第 160 页。

3. 指导中国土地革命中的失误

在大革命前期,共产国际和联共(布)将在中国开展土地革命的希望过多地寄托于国民党。在蒋介石为代表的国民党右派叛变革命后,又将开展土地革命的希望过多地寄托于所谓国民党"左"派,而没有及早采取果断措施帮助中共独立开展土地革命,致使土地革命运动在中国迟迟不能真正开展。斯大林和共产国际、联共(布)中央超越中国革命现实,主张中国土地革命后应实行"土地国有"政策,并在纠正中共"联合富农"错误时又提出要"加紧反对富农"主张。这些都是共产国际和联共(布)指导中国土地革命的严重失误。

4. 对中共六大的指导也有错误

共产国际、联共(布)中央对中共六大的指导存在错误,主要表现在:对中国革命道路和革命策略,片面强调工人成分等方面,都存在着严重的原则性错误,为后来中共党内"左"倾错误的再度产生提供了思想理论基础。布哈林在指导中共六大召开时,也有一些错误。周恩来曾指出:"当时在'六大'做实际工作和做报告的是布哈林、米夫等人。布哈林是共产国际书记,米夫是共产国际东方部副部长……布哈林在大会上做报告骂张国焘和瞿秋白同志,说他们是大知识分子,要让工人干部来代替他们,这是一。二、布哈林对中国苏维埃、红军运动的估计是悲观的。他认为只能分散存在,如果集中,则会妨害老百姓利益,会把农村最后一只老母鸡吃掉,老百姓是不会满意的。他要高级干部离开红军,比方说,要调朱德、毛泽东同志去学习。"①因此,1929 年 2 月,中共中央在给红四军前委信中要"朱、毛离开部队",去上海隐蔽工作,并要朱、毛红军分成几股,"隐匿大的目标",这种对中国革命和红军的悲观举措,给红四军带来了很大负面影响。毛泽东在同年 4 月 5 日的瑞金前委扩大会议上复函中央,对中央二月来信提出了温和的

① 《周恩来选集》上卷,人民出版社 1980 年版,第 183—184 页。

批评。

5. 指令中共开展错误的"清党"、"肃反"运动

1929年开始,联共(布)在党内开展大反布哈林所谓"右倾机会主义"的斗争以及"清党"、"肃反"运动。共产国际执委会因而向中共发出指示,要求中国党亦要坚决反对"改组派"、"第三党",开展肃反斗争。这就成为中共后来在各苏区大反"AB团"、"社会民主党"和"改组派"的理论依据。由此,导致后来中央苏区出现了整肃"AB团"、肃"社党"、富田事变、红二十军解体等严重肃反悲剧,鄂豫皖、湘鄂西、湘赣、闽浙赣根据地,都出现许多错误的肃反事件,错杀了李文林、曾炳春、萧大鹏、许继慎、曾中生、段德昌、季振同、李明瑞、袁德生、吴先民等一大批优秀的党政军领导干部,导致苏区犯了肃反扩大化的严重错误,使党的队伍和革命力量遭受不应有的严重损失。尤其严重的是共产国际远东局于1931年3月18日在上海作出的《关于富田事变的决定》,将富田事变定性为"反革命活动",更属错误的判断。根据远东局的这一决定,10天后,中共中央于3月28日作出《关于富田事变的决议》,将富田事变正式定性为"反革命行动"。4月17日,苏区中央局据此又作出《关于富田事变的决议》,称富田事变是"AB团领导"的"反革命暴动"。正是有了这几个决议,才处决了富田事变的一批领导人,才导致了红二十军的解体和对其领导人的大逮捕和错杀。

6. 扶持王明上台统治中共全党

这是共产国际对中国革命犯下的最严重错误。王明是一位怀有政治野心的年青革命者,在苏联留学期间结识了共产国际东方部米夫等人并与他们交往甚笃。王明回国后,利用反"立三路线"之机向共产国际东方部米夫等告中共中央领导人黑状,捞取政治资本。共产国际执委会派周恩来、瞿秋白回国召开中共六届三中全会,制止并纠正了李立三"左"倾错误。不料,共产国际执行委员会却认为中共六届三中全会在与立三路线斗争时,犯了"调和主义"错误。王明等人抓住这个

机会,又向周恩来、瞿秋白等中央领导人发难,开展小组织活动等手段,反对六届三中全会继续向共产国际捞取政治资本,得到共产国际某些人的赏识。在共产国际远东局书记米夫帮助和扶持下,王明在1931年1月7日召开的中共六届四中全会上,补选为中共中央委员,还被选为中央政治局成员。会后,共产国际远东局还提名王明为中央政治局候补常委,遭到周恩来的抵制。但由于中央政治局常委会主席向忠发领导能力差,而中央政治局常委周恩来又不被共产国际真正信任等原因,因此六届四中全会后中共的一些大政方针主要由共产国际远东局主持制定,中共中央的领导权实际上由得到米夫全力支持的王明所操纵,使以王明为代表的"左"倾教条主义错误开始在中共中央占据统治地位,对中国革命包括中央苏区的斗争,造成了极为严重的危害。

7. 推行攻取中心城市的"左"倾"进攻路线"

王明"左"倾错误对中央苏区斗争影响和危害最大、造成的后果最严重,莫过于中共临时中央于1932年初提出和推行的"左"倾"进攻路线"。这条严重脱离中国革命实际的"左"倾"进攻路线"的提出与推行,与共产国际紧密相关。共产国际和联共(布)中央在反对和纠正李立三错误时,并没有一概反对红军进攻中心城市,始终没有跳出"城市中心论"的框框。从1930年夏到1931年春,共产国际始终主张中国红军在条件具备时应不失时机地进攻和夺取一二个经济的和政治的中心城市。中央苏区红军第三次反"围剿"胜利后,米夫极力主张红军应坚决向中心城市发起进攻。1931年11月20日,米夫为此事专门致信斯大林,具体阐述了中国红军必须进攻和占领中心城市的理由,得到斯大林的认同。米夫和联共(布)中央政治局的意见,自然成为王明、博古等人的"尚方宝剑"。1932年1月9日,中共临时中央通过的《中央关于争取革命在一省与数省首先胜利的决议》,成为"左"倾"进攻路线"正式提出与推行的标志。这条"左"倾"进攻路线"严重脱离中国革命和苏区实际,理所当然遭到毛泽东等的抵制。为强制推行“进攻路线”,中共临时中央“左”倾领导者对毛泽东等开展“坚决斗争”、“无情打击”,引发苏区中央局1932年3月江口扩大会议、5月和6月两次长汀会议、10月宁都会议乃至后来的反福建和江西“罗明路线”斗争、红军东方军和中央军“分离作战”等一系列重大事件发生,从而给中央苏区和中国革命造成的后果十分严重,教训极为深刻。

8. 片面和过分强调“苏联利益”

共产国际、联共(布)中央一贯奉行的是“苏联利益中心”论。从1929年的中东路事件开始,尤其是1931年“九一八”事变后,共产国际和联共(布)中央,从狭隘的民族利己主义出发,认为日本侵占中国东北不仅是反对中国革命,而且是向反苏战争前进了一步,要求中国革命斗争要服从苏联民族利益的需要,“武装保卫苏联”。中共临时中央根据共产国际指示,将帝国主义反苏战争的危险看成是当前最主要的危险,不仅把“武装保卫苏联”纳入中国抗日斗争的任务之列,还将这一口号在苏区广为宣传,严重脱离苏区斗争实际,有损于中国革命利益。中国共产党和中国革命因此而吃了苦头,成为后来遭受挫折的重要政治原因之一。当共产国际、联共(布)中央和斯大林的“苏联利益中心”与中国革命利益发生矛盾时,中共作了妥协和让步,中国革命利益服从了苏联民族利益,这是一种“哑巴吃黄连”的民族痛苦。

9. 对福建事变采取观望和不支持政策

驻福建的国民党第十九路军将领早在1933年夏就提议与中央苏区红军开展停战谈判,但遭到共产国际执委会拒绝。后来,中共中央局和中革军委指示前线红军指挥员彭德怀等与十九路军代表进行接触并开始谈判后,共产国际执委会和远东局又对谈判持观望态度,要求中共对十九路军的合作不要过于真诚认真;红军与十九路军代表谈判达成协议后,共产国际远东局又有意怂恿中共对协议的执行采取应付与火中取栗态度;当十九路军遭到蒋介石重兵镇压、亟需红军给予军事援助时,共产国际远东局军事总顾问曼弗雷德竟然为红军制定了一个南辕北辙的“西北计划”,致使十九路军孤立无援而很快失败,从而使红军失去了一个打破国民党军对中央苏区第五次“围剿”的极好时机。

10. 派驻中共的军事顾问曼弗雷德·施特恩和李德严重瞎指挥

1933 年,共产国际先后派出李德(瓦格纳,又名奥托·布劳恩)和曼弗雷德·施特恩,充当中共军事顾问。曼弗雷德·施特恩为军事总顾问,驻上海远东局;李德受曼弗雷德·施特恩节制,进入到红都瑞金。诚然,共产国际这两名军事顾问,皆系应中共中央强烈请求而派出,这一行为本身无可厚非。问题是,这两名军事顾问在履行职责时,皆严重脱离中国苏区实际,既不了解也轻视中国红军作战的特点和经验,只知纸上谈兵,图上作业,独断专横,颐指气使,特别是李德在红都瑞金俨然成为“太上皇”。由于他们的瞎指挥,致使中央苏区红军第五次反“围剿”遭到失败,中央红军主力和中央领导机关最终被迫撤离中央苏区,进行战略转移。无论是曼弗雷德·施特恩,还是李德,对此都应当承担严重责任。

共产国际和联共(布)中央在指导、帮助中国苏维埃运动过程中的上述失误和错误,是中共党内“左”倾错误屡屡发生的重要外部原因,曾对中国共产党和中国革命造成严重危害,尤其是对中央苏区斗争造成严重危害。这种情况所以发生,一方面源于共产国际、联共(布)中央本身高度集权的领导体制和运行机制,作为国际下属的中国党,在那种体制机制下很难对上峰共产国际的决议、指示说“不”;另一方面,中共成立时间不长,理论准备不足,党的领导层缺乏将马克思主义与中国革命实际情况相结合的水平和能力。外因与内因相比,外因通过内因才能生效,内因起主导作用。也就是说,中共党内“左”倾错误屡屡发生,除共产国际、联共(布)中央和斯大林的错误影响,根本原因还在于中国共产党本身及其领导人不够成熟,还在成长之中。直到 1935

年1月的遵义会议和12月的瓦窑堡会议后，在毛泽东、张闻天、周恩来等正确领导下，中共才依靠自身的力量，独立自主地解决了军事路线和政治路线问题，丢掉了“洋拐棍”，挺直了腰杆子，开始摆脱了共产国际和联共(布)中央的羁绊，真正走上马克思主义中国化的日趋成熟的道路。

总起来说，共产国际、联共(布)中央对中国苏维埃运动的指导、帮助，功绩是重大的，应予充分肯定；失误也是严重的，必须充分认识。功绩有10个方面，过错也有10个方面。由此可以推论：共产国际、联共(布)中央对中国苏维埃运动的指导，其功绩与过错相比，功过相半。毛泽东对共产国际“两头好，中间差”的评论，周恩来“两头好，也有一些问题；中间差，也不是一无是处”的评论，都是客观公正、符合历史事实的。

五

继承和弘扬苏区精神，是建设中国特色社会主义、实现中华民族伟大复兴的必然要求，是推进中央苏区乃至全国革命老区振兴发展的客观需求。

苏区精神，是以毛泽东为代表的中国共产党人在中央苏区时期创造和培育起来的宝贵精神财富。新中国成立以来，毛泽东和党中央对中央苏区一直念念不忘，把继承和发扬苏区时期的革命精神和光荣传统，视为建设有中国特色社会主义的强大思想武器。

1951年8月，毛泽东派出以谢觉哉为团长的中央慰问团来到原中央苏区，送来了“发扬革命传统，争取更大光荣”的亲笔题词。

1991年9月，邓小平满含深情地在北京为江西老区人民题词：“纪念中央革命根据地创建六十周年。”

1996年9月，江泽民在赣南老区视察时说：“我们要把老区的精神和传统世世代代传下去,永远发扬光大!”①

2003 年 8 月,胡锦涛在视察赣南老区时说:“革命前辈们在艰苦卓绝的革命斗争中培育起来的革命精神和优良传统,对我们坚定信念、鼓舞斗志、做好工作具有重大的现实意义,永远是我们在前进道路上战胜各种困难和风险、不断夺取新胜利的强大精神力量。”②

2011 年 11 月 4 日,习近平在纪念中央革命根据地创建暨中华苏维埃共和国成立 80 周年座谈会上深刻地指出:“在革命根据地的创建和发展中,在建立红色政权、探索革命道路的实践中,无数革命先辈用鲜血和生命铸就了以坚定信念、求真务实、一心为民、清正廉洁、艰苦奋斗、争创一流、无私奉献等为主要内涵的苏区精神。”③

习近平关于苏区精神的讲话,极为重要,极为精到。他在讲话中所概括的苏区精神主要内涵——“坚定信念、求真务实、一心为民、清正廉洁、艰苦奋斗、争创一流、无私奉献”,是马克思主义世界观、人生观、价值观在中国共产党人和苏区军民身上生动、具体的体现。

坚定信念。突出体现在坚信“星星之火可以燎原”。1927 年 10 月南昌起义军在广东潮汕地区失败后,朱德、陈毅等率起义军余部转移到赣南,在安远县天心圩整队时,朱德对大家说:今后这支队伍由我和陈毅领导,愿继续革命的跟我走。“如你们不愿继续奋斗的,可以走出,只有十支八支枪,我还是要革命的。”还说:俄国革命一九 O 五年失败后是黑暗的,但黑暗是暂时的,到一九一七年革命终于成功了。中国革命现在失败了,现在也是黑暗的,但黑暗遮不住光明,只要保持实

① 新华社记者:《任何时候不能忘了老区人民——江泽民考察京九沿线贫困地区和革命老区纪行》,见《人民日报》1996 年 10 月 24 日第 1 版。

② 新华社记者:《胡锦涛在江西考察工作时强调继承发扬党的优良传统加快全面建设小康社会步伐》,见《江西日报》2003 年 10 月 3 日第 1 版。

③ 习近平:《在纪念中央革命根据地创建暨中华苏维埃共和国成立 80 周年座谈会上的讲话》,《人民日报》2011 年 11 月 5 日,第 3 版。

力,革命就有办法,就能成功。[①] 正是朱德、陈毅等坚定的革命信念,鼓舞了起义军官兵的革命信心,保存了南昌起义军革命火种。毛泽东于1930年1月在中央苏区就针对中央1929年“二月来信”和党内悲观思潮,给林彪写了一封近8000字的党内通信,提出了“星星之火,可以燎原”的著名论断。这一论断不仅提出了红军初创时期建立革命根据地、武装夺取政权的战略构想,而且揭示了中国革命胜利发展的必然趋势和客观规律。毛泽东指出:“中国是全国都布满了干柴,很快就会燃成烈火。‘星火燎原’的话,正是时局发展的适当的描写。”“这个‘星星之火’,距‘燎原’的时期,毫无疑义地不远了。”[②]1年零10个月后,具有“燎原”意味的中华苏维埃共和国中央政府就在南方小城瑞金呱呱坠地了。毛泽东的远见和判断成为活生生的现实。毛泽东“星星之火,可以燎原”的论断,不仅坚定了中央苏区时期全党同志和全军将士的信念,而且对引领中国革命走向全国胜利建立新中国,都具有重大和深远的意义。苏区领导人和苏区广大军民为了坚守主义和信念,矢志不移,至死不渝。方志敏在就义前,大义凛然地说:“敌人只能砍下我们的头颅,决不能动摇我们的信仰!”瞿秋白含笑饮弹,刘伯坚戴镣长行,李美群“马前托孤”,江善忠“死到阴间不反水”等等,都是坚定信念的动人事例。坚定信念是苏区精神的灵魂所在。

求真务实。突出表现在“反对本本主义”。求真务实的本质是思想路线问题。中国共产党“思想路线”的理论概念和基本思想,是毛泽东在中央苏区提出的。早在1929年6月24日红四军党的七大前夕,毛泽东针对党和红军初创时期出现的重大原则问题争论和各种非无产阶级思想,就明确提出:“近日的问题(军委问题,但原则问题)只是

① 中共中央文献研究室编:《朱德年谱》,人民出版社1986年版,第54—55页。
② 《毛泽东选集》第一卷,人民出版社1991年版,第102页。

历史的结穴，历史上的一种错误的思想路线上的最后挣扎。”[①]这是毛泽东在中共历史上首次提出“思想路线”的概念。1930 年 5 月，毛泽东在《反对本本主义》一文中，更加鲜明地提出：“马克思主义的‘本本’是要学习的，但是必须同我国的实际情况相结合。我们需要‘本本’，但是一定要纠正脱离实际情况的本本主义。”[②]并提出了“共产党人从斗争中创造新局面的思想路线”。毛泽东在苏区时期提出的“思想路线”的概念及其基本思想，为中国共产党在延安时期乃至新中国成立以后我党形成实事求是、一切从实际出发的思想路线，奠定了坚实的理论基础。为了践行这一思想路线，毛泽东在中央苏区进行了大量的实际调查，发表了《寻乌调查》《兴国调查》《长冈乡调查》《才溪乡调查》等，开创了中国共产党实事求是、求真务实、注重调查研究的一代新风。张闻天、陈云、刘少奇从苏区实际出发，撰文批评苏区侵犯个体经济的错误，废除了从苏俄照搬而来的《劳动法》中过高福利待遇的“左”的条文，颁发了符合苏区实际的新的《劳动法》。邓小平在中央苏区担任会寻安中心县委书记期间，求真务实，坚守真理，忍辱负重，顾全大局，在遭受“左”倾错误打击的逆境中，主编《红星》报，勤勤恳恳地做好实际工作。他们都是苏区求真务实的典范。求真务实是苏区精神的核心内涵。

一心为民。突出体现在“真心实意地为群众谋利益”。全心全意为人民群众谋利益，是中国共产党的根本宗旨和执着追求。这一理念在中央苏区时期就已很明确。在“二苏大会”总结中央苏区经验时，毛泽东就郑重提出：要深刻地注意群众的生活问题，从土地问题、劳动问题，到柴米油盐问题。妇女群众要学习犁耙，找什么人去教她们呢？小孩子要求读书，小学办起了没有呢？对面的木桥太小会跌倒行人，

① 《毛泽东文集》第一卷，人民出版社 1993 年版，第 74 页。

② 《毛泽东选集》第一卷，人民出版社 1991 年版，第 111—112 页。

要不要修理一下呢？许多人生疮害病，想个什么办法呢？一切这些群众生活上的问题，都应该把它提到自己的议事日程上。毛泽东强调指出："要使广大群众认识我们是代表他们的利益的，是和他们呼吸相通的。""真心实意地为群众谋利益，解决群众的生产和生活的问题，盐的问题，米的问题，房子的问题，衣的问题，生小孩子的问题，解决群众的一切问题。我们是这样做了么，广大群众就必定拥护我们，把革命当作他们的生命，把革命当作他们无上光荣的旗帜。"①在这里，作为中华苏维埃共和国主席的毛泽东，实际上已经阐述了执政为民的思想，这是中国共产党的文献中关于这个问题最早的明确表述。广大苏区党政干部和红军指战员，牢记党的这一执政宗旨，努力为最广大的人民群众谋利益，开展土地革命，关心群众生活，受到全国苏区广大人民群众的真心拥护。苏区人民发自内心称赞说："共产党真正好，什么事情都替我们想到了。"毛泽东在兴国的一次讲话中强调："每个共产党员对争取群众的观念，要如和尚念'阿弥陀佛'一样深刻，时刻都要叨念'争取群众'。"②毛泽东自己身体力行，为房东"开天窗"照明，为沙洲坝人民掘井引水。周恩来在苏区曾说："共产党员就应当像牛一样努力奋斗，为人民服务而死。"③朱德在苏区为贫苦百姓送盐，张闻天为房东拉犁耕地等等。苏区干部效法俄共(布)革命者十月革命胜利后开展"星期六义务劳动"做法，实行礼拜六义务劳动帮助红军家属制度。他们堪称"一心为民"的楷模。"一心为民"是苏区精神的宗旨要求。

清正廉洁。突出体现在"自带干粮去办公"。在全国广大苏区，党和苏维埃干部密切联系群众，勤于政务，廉洁奉公，一身正气，两袖清

① 《毛泽东选集》第一卷，人民出版社 1991 年版，第 138—139 页。

② 陈奇涵：《赣南党的历史》，载《回忆中央苏区》，江西人民出版社 1981 年版，第 12 页。

③ 《福建党史月刊》，1998 年第 1 期。

风，铸就了血浓于水、鱼水相依的党群关系。“苏区干部好作风，自带干粮去办公。日着草鞋干革命，夜走山路打灯笼。”这首从兴国唱出的脍炙人口的山歌，就是当年苏区干部优良作风的真实写照。为了使苏区干部廉政清明、克己奉公，苏维埃中央政府规定，每个革命民众都有揭发苏维埃工作人员的错误缺点之权，如果发现了贪污腐化消极怠工以及官僚主义的分子，苏维埃则立即惩办他们绝不姑息。为此，苏维埃中央政府制定了许多法规法纪，建立了一套行之有效的监督机制，凡贪污腐败分子一经发现，立即予以严厉惩处。1932 年 5 月 9 日，苏维埃临时最高法庭复审判决，将犯有私吞公款、强奸妇女、滥杀无辜、公报私仇等罪行的瑞金县苏维埃政府工作人员谢步陞处以死刑，打响了中央苏区反腐惩贪的第一枪。1933 年 12 月 15 日，毛泽东代表苏维埃中央政府发布了中共历史上第一个反贪法规《关于惩治贪污浪费行为的第二十六号训令》，规定“贪污公款在五百元以上者，处以死刑”。时任中央政府总务厅基建工程处处长左祥云，以及瑞金县苏维埃政府会计科科长唐仁达、胜利县苏维埃政府主席钟铁青、于都县苏维埃政府军事部部长刘仕祥、瑞金县委组织部长陈景魁等 8 名贪污腐败分子，都被苏维埃法庭判处死刑，一时轰动苏区，大快人心。1934 年 4 月至 9 月，苏维埃中央审计委员会对中央政府各部进行普遍审计后宣布：“只有苏维埃是空前的真正的廉洁政府。”①江西省苏维埃政府主席刘启耀，在三年游击战争时期被敌打散，讨米度日，历尽艰辛，却腰缠金条（党的经费）分文未动，抗战爆发后将自己保管的经费如数交给党组织。苏区群众称他为“腰缠金条的讨米人”。方志敏的《清贫》更是脍炙人口。他严于律己，廉洁奉公，多次拒绝婶婶等亲友的借钱要求，却给中共中央捐献了近千两黄金的活动经费，仅 1933 年就提供

① 《红色中华》第 232 期，1934 年 9 月 11 日第 3 版。

650 两黄金[①]。清正廉洁是苏区精神的本质特征。

艰苦奋斗。突出表现在"创业艰难百战多"。艰苦朴素,廉洁奉公,是共产党人的政治本色。苏区时期,处于战争年代,加上国民党经济封锁,物质生活极为艰苦。苏区干部与群众一起,艰苦与共,患难相依,"有盐同咸,无盐同淡",经常以红薯、青菜充饥,节约粮食支援前线;布匹匮乏,衣着紧张,寒冬腊月,很多人身穿单衣;没有盐吃,只好发动群众收集老墙土、地脚泥,弄到锅头里熬硝盐,又苦又涩,难以下咽;长时间吃不到肉食品,菜碗里看不到油花。为了节约粮食和经费支援前线,苏区干部与广大人民群众一起,开展轰轰烈烈的节约运动。仅 1934 年 5 月至 9 月,中央各部、委机关就节约经费 130 万元以上。但是,艰苦难不倒共产党人,难不倒苏区军民。苏区的工农业生产、财政、金融、文化、教育、卫生、体育等各项事业,无不是在条件极差、基础极为薄弱的情况下,自力更生,艰苦奋斗,白手起家,从无到有、从小到大建立和发展起来的。面对如此菲薄的物质生活和艰苦的斗争,全体党员、干部,全体人民群众,没有怨言,没有灰心,而是时时保持着高昂的斗志和奋勇向前的革命精神。苏区艰苦卓绝的三年游击战争,更是苏区军民艰苦奋斗的绝唱。彭真曾经说过:中共党史上有 3 件最苦的事,红军长征,东北抗联,三年游击战争。项英、陈毅领导的赣粤边"油山苦斗",曾受到党中央的高度评价和称赞,称之为"全党的模范"。他们在深山老林过着"像野人一样的生活"。正如陈毅在《赣南游击词》中所述:"天将午,饥肠响如鼓。粮食封锁已三月,囊中存米清可数。野菜和水煮。""叹缺粮,三月肉不尝。夏吃杨梅冬剥笋,猎取野猪遍山忙。捉蛇二更长。"[②]红军游击队紧紧依靠人民,"创业艰难百战多",终于苦尽甘来,走出深山老林,奔赴抗日前线。艰苦奋斗是苏区

① 方志敏研究会:《方志敏年谱》,中央文献出版社 2009 年版,第 217 页。

② 《陈毅诗词选》,华夏出版社 1993 年版,第 40—41 页。

精神的基本要求。

争创一流。突出体现在创造“第一等的工作”。在苏区政权建设、经济建设、文化教育、扩红运动、推销公债、拥军优属、粮食动员等各项工作中,广大苏区干部努力拼搏、开拓创新、模范带头,都创造了“第一等的工作”。受到毛泽东和苏维埃中央政府表彰的赣东北省委、兴国县委、长冈乡和才溪乡苏维埃政府,就是这方面的先进模范。毛泽东在“二苏大会”期间,还亲笔为兴国县题写“模范兴国”四字,予以褒奖,并号召全苏区干部要向兴国县学习,造成“几十个兴国县”,“几千个长冈乡”,作为我们“巩固的阵地”。兴国县委书记谢名仁力倡“用冲锋的精神做好革命工作”,被群众称为“不知疲倦的人”。他和长冈乡苏政府主席谢昌宝一起在全苏二大登台,接受了毛泽东亲手授予的奖旗、奖匾,后两人都壮烈牺牲。争创一流是苏区精神的显著特点。

无私奉献。突出体现在“一切为了苏维埃”。在苏区血与火的峥嵘岁月里,广大军民无私奉献、不怕牺牲,涌现出许多可歌可泣的动人事迹。为了苏维埃,广大人民群众倾其所有,参军支前,积极支援红军作战。当时赣南 13 个苏区县人口约 240 万人,青壮年有 50 万,先后参加红军的有 33 万,支前的 60 余万,10.8 万余人为革命牺牲,兴国县苏区时 23 万人口,为革命牺牲 2.3 万余人,瑞金、于都、宁都等县的烈士都在 1.6 万以上。闽西有 10 万儿女参军支前,有 2.8 万人参加长征。红三十四师血战湘江后,全部牺牲。长征途中,每前进一公里就有一个兴国战士倒下。于都人民为支援红军主力准备战略转移,响应中央政府号召,在不到 5 个月时间内,就扩大红军 8.6 万人,征调挑夫 5000 余人,借谷 84 万担,筹款 150 余万元。为支援红军架桥渡过于都河,年逾七旬的曾大爷连自己的寿材都捐献了出来。苏区人民倾其所有,支援战争,为中国革命作出的巨大奉献和牺牲,在全国是罕见的、震撼人心的。瑞金县下霄区有一贫苦农民杨大爷,八子参军,死一个送一个,最后 8 个儿子全部参加红军并英勇牺牲。兴国县共产党员邱会培,一家有8位烈士。南康县的朱伯璜夫妇和3个儿子全为革命牺牲。定南县的胡传周带领3个儿子和一个弟弟参加革命,全部壮烈牺牲。闽西福音医院院长傅连暲是个基督教徒,放弃优厚的生活待遇参加革命,并将自己的整个医院器材、药品和多年的积蓄,全部搬到瑞金献给苏维埃政府,创办了中央红色医院,是苏区干部无私奉献的光辉典范。无私奉献是苏区精神的重要方面。

习近平对苏区精神丰富内涵的上述28字概括,非常全面、精当。苏区精神既是马克思列宁主义世界观、人生观、价值观在苏区共产党人和革命人民身上的光辉体现,又是中华民族精神血脉在革命战争年代的积淀,是具有原创意义的当代民族精神。它不仅是中央苏区的革命精神,而且是一个全国性的概念,是中国共产党伟大革命精神链条中不可或缺的重要组成部分,是中国共产党人革命精神史上的一座不朽丰碑,具有革命性、民族性、时代性相统一的品格,是一种能够与时俱进的人文精神。苏区精神是八一精神、井冈山精神的延伸和发展,也是长征精神、延安精神的先河和源泉。正如习近平所深刻指出的:“这一精神既蕴含中国共产党人革命精神的共性,又显示了苏区时期的特色和个性,是中国共产党人政治本色和精神特质的集中体现,是中华民族精神新的升华,也是我们今天正在建设的社会主义核心价值体系的重要来源。”①

中央苏区党员干部在毛泽东、朱德、周恩来等的影响和带领下,还在斗争和工作实践中培养形成了受到苏区人民广泛称赞的苏区干部好作风。其丰富内涵体现在“调查研究,求真务实;关心群众,一心为民;艰苦奋斗,廉洁奉公;模范带头,争创一流”等方面。这些丰富内涵,从本质上来说,是构成苏区精神的重要内容,是与苏区精神一脉相

① 习近平:《在纪念中央革命根据地创建暨中华苏维埃共和国成立80周年座谈会上的讲话》,《人民日报》2011年11月5日,第3版。

承的。苏区精神是从精神层面讲的,苏区干部好作风是从作风层面讲的。

苏区精神与苏区干部好作风,都是中国革命优良传统和中华民族优良传统的重要组成部分,是中华民族优秀人文道德和精神血脉的传承和发扬,是苏区广大党员、干部和无数革命先烈用鲜血和生命铸就的一座彪炳千秋的丰碑。

当前,继承和弘扬伟大的苏区精神和苏区干部好作风,最重要的就是要认真学习马克思主义、毛泽东思想和中国特色社会主义理论,结合党的历史方位和历史任务的新变化,结合改革开放和发展中国特色社会主义的新实践,不断赋予苏区精神以新的时代内涵,动员和激励广大干部群众在中共中央领导下,为实现党的“两个一百年”奋斗目标和中华民族伟大复兴的中国梦而不懈奋斗。

苏区斗争的丰功伟绩永载史册!

伟大的苏区精神永放光芒!

第一章

中央苏区的根基

第一节

大革命前后赣西南、闽西的社会经济状况

一、自然地理环境

中国江南地区有两大南北走向山脉,一为江西、湖南两省之交的罗霄山脉,一为江西、福建两省之交的武夷山脉。两大山脉中段和南段之间,夹着一个广阔的空间,就是江西省的赣西南、赣东南地区;而武夷山脉南麓,则是闽西地区。在中国土地革命战争时期,由中国共产党领导工农红军和广大劳苦群众创建的中央苏维埃区域,就神奇地坐落在赣西南(包括赣东南部分地区)和闽西这广袤、辽阔的地区。

这一相互连接的广阔地区,横跨赣、闽、湘、粤四省边界。境内多崇山峻岭和丘陵山地,密布的河溪间有众多小块盆地,地形复杂,沟壑纵横,道路崎岖。境内有两大水系:赣西南属赣江水系,闽西属汀江水系。赣江上游有两条支流:一为发源于罗霄山脉南端诸广山的章江,一为发源于武夷山脉南端西麓的贡江。赣南所辖18个县、市、区中有17个县、市、区属章、贡二江流域,各县、市、区间可通航运沟通联系。章、贡二江汇合于赣州形成赣江,奔腾北流,经赣西吉安和赣北南昌、

九江,入长江,归东海,使偏僻闭塞的赣南和赣西有便利的水运交通与外部世界联系。古时,赣南的章江可通航至赣粤边界的大庾(今大余)县城,唐朝宰相张九龄凿通大庾岭梅关驿道,沟通了赣、粤之间的陆路交通,赣南于是成为中原地区连接南粤的重要通道,赣州也成为这一通道中极为重要的交通枢纽和商贸重镇。闽西的汀江,发源于武夷山南段东麓的长汀县西北,经上杭、永定二县南入广东省大埔县三河坝,与粤东的梅江汇合为韩江至潮汕流入东海。韩江与汀江可通木船至长汀县城,而长汀县城与赣江水系的瑞金县城仅一山之隔。赣西南、闽西这一险峻、优越的山川地貌,为中国共产党在这一地区领导开展武装斗争、建立中央苏区,提供了天然屏障和发展空间。

这一广阔区域属中亚热带南缘,气候温和,雨量充沛,土壤肥沃,物产丰富。境内崇山连绵林木茂密,不少地方有原始森林,虎豹出没无常。境内生产稻谷、甘蔗、烟叶、白莲、木竹、茶油、香菇、土纸等产品,地表下还蕴藏着丰富的钨、锡、煤、铁、稀土、石灰石等百余种矿藏。尤其是赣南的钨,蕴藏量极为丰富,有"世界钨都"之称,自 20 世纪初即已大规模开采,产品远销世界各地。这一地区较强的自供自给能力,无疑为共产党实行工农武装割据、建立革命根据地提供了足够的经济给养和物质保障。

二、经济文化状况

尽管赣西南、闽西有着优越的自然地理条件和丰富的自然资源,但这一地区同全国其他区域一样,在封建统治下处于封闭、半封闭状态,经济、文化的发展,长期陷于迟缓的状态之中。

农业方面,这个地区农业生产条件恶劣,耕作技术落后,生产力水平低下,农作物产量很低。特别是偏僻山区,生产条件更加恶劣,有的甚至仍处于刀耕火种时代。农村中的封建生产关系——封建的土地占有制十分牢固,土地兼并现象严重,大量的土地集中在占人口少数的地主、富农手中。据毛泽东 1930 年 5 月和同年 10 月先后作的寻乌调查和兴国调查统计，寻乌县土地，地主占30%，公田（实为地主、富农把持）占40%，农民只占30%；而该县农村人口中，地主、富农仅占人口总数的7.445%，中农和贫农却占人口总数的88.255%。就是说占人口总数88%以上的贫农中农只占有全县30%的土地，而占人口总数7.4%的地主富农却占有全县70%的土地①。兴国县第十区（永丰区）地主、富农占人口总数的6%，却占有全区80%的土地（其中地主占有40%，公堂占有10%，富农占有30%，公堂占有的土地实为地主富农所共有）；而中农、贫农占人口总数的80%，他们只占有全区20%的土地②。

闽西地区，1929年7月《中共闽西第一次代表大会之政治决议案》记载："据龙岩、永定、上杭、连城、长汀、武平六县调查，田地平均百分之八十五在收租阶级手里，农民所有田地平均不过百分之十五。"③另据中共闽西第二次代表大会期间闽西特委工作报告称："全闽西的人口统计有二百五十万，其中百分之八十以上是农民，百分之十几是做工的。"④而闽西的土地占有情况，"有百分之六十五是地主的，百分之二十五是公堂的，农民所有的不过占有全土地的百分之十"⑤。土地高度集中在地主、富农手里，农民缺少赖以生存的土地，必然被迫向地主豪绅和公堂租地耕种，承受着地租和高利贷的残酷剥削。

赣西南和闽西地主富农对农民的地租剥削，包括实物地租和劳役地租两种。实物地租又有"分租制"和"定租制"（或称"量租制"）。

---

① 《毛泽东农村调查文集》，人民出版社1982年版，第105页。

② 《毛泽东农村调查文集》，人民出版社1982年版，第199—200页。

③ 江西省档案馆、江西省委党校党史研究室：《中央革命根据地史料选编》（中），江西人民出版社1982年版，第108页。

④ 江西省档案馆、江西省委党校党史研究室：《中央革命根据地史料选编》（上），江西人民出版社1982年版，第278页。

⑤ 江西省档案馆、江西省委党校党史研究室：《中央革命根据地史料选编》（上），江西人民出版社1982年版，第280页。

“分租制”是农民和地主当场对土地收获物进行分成,俗称“见面分割”。“见面分割”就是禾熟时地主与农民同往禾田,农民把谷子打下和地主对分,双方各半,地主部分由农民送到其家。有些地方分割之先,由地主先取一担,这一担不在对分数内,这种多半是肥田。这实际是级差地租的体现。“分租制”中也有四六分(农民四,地主六,下同)、三七分、甚至二八分的。这种“分租制”在赣南各县实行较多,闽西各县较少。“定租制”是按田亩面积固定租额,一般为5成、6成,有的高过7成、8成。闽西“田租各县最低百分之六十,长汀百分之七十,连城南乡高至百分之八十”①。“定租制”的租额不少地方都是“铁租”,即使在遭灾歉收年景也不能少。地主往往虚报田亩面积出租,以加重对农民的剥削。无论是“分租制”还是“定租制”,农民将土地耕种肥了,地主就要将土地收回租给别人(名曰“起耕”),以获取更多的地租。农民交租时,地主用的是大斗大秤,谷子用风车车了又车。

沉重的地租,逼得贫苦农民“禾头根下毛(没有)饭吃”。毛泽东在《寻乌调查》中说:“‘禾头根下毛(没有)饭吃’,说的是刚打下禾交过租就没有饭吃了,这种情形寻乌简直占百分之四十。为什么禾头根下毛饭吃呢?譬如耕了二十担谷田的,量去了十一担多租,剩下八担多。去年过年和今年青黄不接毛饭吃时借过地主谷子两三担,加上加五利,又要还去三担多至四担多。打禾了,要买好东西招扶地主。禾打过了,买上一点油盐,舂上一点米子,立秋刚到,一切都完。这就叫做‘禾头根下毛饭吃’,又叫做‘一年耕到又阿嘀’。”②除实物地租外,贫苦农民还要承担“劳役地租”,就是无偿地帮地主做工。地主家做红白喜事,农民都要前去帮工,农忙季节农民也要丢下自家的农活为地

① 江西省档案馆、江西省委党校党史研究室:《中央革命根据地史料选编》(中),江西人民出版社1982年版,第109页。

② 《毛泽东农村调查文集》,人民出版社1982年版,第137—138页。

主家干活。

高利贷是地主、富农对贫苦农民的又一种苛刻的剥削形式。赣西南、闽西地区的高利贷名目繁多，如钱利、谷利、猪利、牛利、油利、盐利、典当利等等。主要是钱利、谷利、典当利。钱利3分起码，也是普通利，占70%，加五利占20%。“通通要抵押，有田地的拿田地抵押，无田地的拿房屋、拿牛猪、拿木梓抵押，都要在‘借字’上写明。”“贫农无田可指，多半指房子，指牛猪。借主时时想吞并贫农的房屋牛猪，或他很小的一块田，或一个园子，察到贫农要钱用，就借给他，还不起，就没收抵押品。”①“谷利比钱利重得多，乃贫农及殷实中小地主剥削贫农的一种最毒辣的方法。十二月、三月两个期间借的最多。贫农为了过年，故十二月要借谷；为了莳田，故三月要借谷。不论十二月借，三月借，均六月早子收割时候要还他，利息均是加五，即借一石还一石半（三箩）。这种六个月乃至三个月算去百分之五十的利息的制度，乃是高利贷中很厉害的。”②农民到时还不起借的谷子，就要利加利，利滚利。赣南流传的民谣曰：“一担谷子借九年，九十九担到堂前。”就是说农民向地主借一担谷子，经过9年，就要还给地主99担谷子；借3担谷子，过10年要还160担谷子。宁都县眉村农民黄银清，因病借地主1担谷（75%的利率），7年半后连本带利，利上滚利，得还76担。地主逼他变卖家中所有财产，又卖了1个儿子，也未还清债务。吉安县敖城农民刘会章向地主刘达卿借1担谷，5年后本利相加要还13担谷，刘会章给地主做了8年长工才算还清。

工业方面，19世纪末20世纪初，由于外国资本主义的侵蚀和外国商品的输入，一方面，赣西南、闽西原先自给自足的自然经济受到破坏，不少传统手工业破产；另一方面，这一地区的商品经济逐渐发展，

① 《毛泽东农村调查文集》，人民出版社1982年版，第145—146页。

② 《毛泽东农村调查文集》，人民出版社1982年版，第147页。

资本主义生产关系缓慢地萌芽。境内一些较大的城镇如赣州、吉安、龙岩、汀州等地，也办起一些机器生产的小工厂，如碾米厂、纺织厂、发电厂等。赣南的西华山、仁风山、丰田等地钨矿，也大量开采。这就使雇佣工人和手工业作坊工人逐渐增多。据赣州总工会 1926 年底统计，仅赣州城和赣州郊区，雇佣工人和手工业者(含店员在内)就达 18000 余人。赣南几个钨矿采矿的民工总计约达万人。但由于缺乏资本、技术等原因，各地的工厂、作坊规模都很小，机器设备也较为落后。直到 20 世纪初，在赣西南、闽西，代表先进生产力的现代产业工人仍未产生。

尽管资本主义生产关系尚处萌芽、初始状态，赣西南、闽西的雇佣工人和手工业工人同样受到帝国主义、封建主义和官僚资本主义三座大山的沉重压迫和剥削。他们的劳动条件极差，每天劳动 12 小时甚至 16 小时以上，而收入却异常微薄，最低的每月只有 30 斤大米，多的也不过 1 石左右，根本无法养家糊口。尤其是钨矿矿工的命运更为悲惨。山上的矿井都是手工开凿，又低又窄，通风、光照条件极差，经常倒塌，生命安全受到严重威胁；更没有机械化运输工具，开采出的矿石全靠肩挑背驮运出井外，送到选场。选矿也是手工淘汰，又累又慢，效率极低。当时的矿场都是民窿开采，盘踞矿场的山霸、包工与外国资本家勾结在一起，用包棚场、收零砂、放恶债、压砂价等手段，残酷剥削工人，榨取工人血汗。不管哪个行业，工人职业都毫无保障。资本家可任意克扣工人工资，还可以任意辞退工人。有些人被辞退后，生活无着，度日艰难。赣州工人悲叹："佣值之人，三日无东则吊。"洋货大量输入后，当地传统的手工业产品受到严重冲击，"洋布战胜土布，洋纸打倒土纸，卷烟打倒了条烟"。1930 年 8 月召开的中共闽西第二次代表大会上，闽西特委报告说："烟厂倒闭，刨烟工人失业，他们跑到南洋去，南洋又不是个去路，跑到漳、厦、潮、汕大城市去，而漳、厦、潮、汕又消受不下，他们迫于生活无奈，不得不去当土匪，所以闽西首先有土匪的就是永定,因为永定产烟最多。”又说:“纸没有销路,纸业工人失业,于是长汀、连城的土匪也出来了。”“在长汀的河田,从前有五百多间商店,现在倒闭得只剩下二三十间了,所以影响沿途靠着担夫旅客吃饭的最少也有三万元(人),这些人那里去了,只得又去当土匪。”①

农村中的雇农即为雇佣工人,亦称长工。他们上无片瓦、下无立锥之地,一无所有,专门给地主富农干活。据1931年底统计,赣南的兴国全县共有雇农2162人;赣县仅7个区统计,就有雇农1027人。南康县的龙回乡,有的大地主一家雇工30余人。雇农们长年累月为地主干活,吃的是残汤剩菜,过的是牛马般生活。有首描绘雇农生活的民谣写道:五更起,半夜眠;风雨来,霜雪奔;无粮食,糠充饥;“豆角衫”,洞满身;无腰带,捆箩绳;烂布块,当脸巾;睡秆堆,盖蓑衣;水当镜,柴当枕。许多雇农穷得一辈子打光棍,没有家室。

赣西南、闽西的商业,由于资源物产的丰富和水运的便利,在明、清时期还算活跃。这个地区输出的主要是农畜产品和竹木产品。大宗的有稻米、烟叶、茶油、茶叶、香菇、土纸、土布、木竹、鸡、鸭、牛、猪等。据毛泽东对寻乌县调查统计,仅米、茶、纸、木、香菇、茶油6种产品,该县每年共输出约429750元,人平均约4元。到20世纪初叶,赣南的钨砂也是大宗出口商品之一,年出口量达2000余吨。赣西南的农林产品主要经赣江输向长江中下游城市,一部分经陆路输向闽粤沿海;闽西的农林产品则主要输向沿海。到了明末清初,大量的外国商品源源不断地涌进,仅一个小小的寻乌县城,出售的洋货品种(生活日用品)竟多达131种之多。

赣西南、闽西的商品流通,基本上被豪绅地主资本家控制。他们凭借雄厚的资本,控制金融、粮食、布匹、油盐、杂货、药材等等主要行

① 江西省档案馆、江西省委党校党史教研室:《中央革命根据地史料选编》(上),江西人民出版社1982年版,第278—279页。

业,垄断市场,囤积居奇,夏秋收获季节压价收购农民粮食,来年青黄不接时再高价抛出,牟取暴利。它们还霸占市场,强买强卖,利用各种手段非法聚敛钱财。有些地主从商业剥削中获得暴利后,一部分用于扩大商业资本,一部分用于在农村购置田产。于都县澄江大地主谭光道在于都、宁都、赣州等地开设20家商号,利用各种手段掠夺农民1万余亩土地,拥有百万家财。在闽西,"收租土地中城市商业资本占的成数极大,龙岩连城及永定的丰田区均占到全额土地百分之五十,长汀百分之三十,上杭百分之二十五,武平百分之二十。商业资本土地有两种形式:一种是城市资本家赚了钱进乡购买土地。龙岩、连城、永定商资土地之多,就是因为除本县商家购买土地外,还有一大批往南洋经商的华侨发了财拿钱回来购买土地。一种是乡村地主的商人化。他们一面在乡村是地主,一面却把剥来的孽钱投入城市经商"①。赣西南地区则是乡村地主商人化居多。

赣西南、闽西地区的苛捐杂税多如牛毛。北洋军阀统治时期,除田赋(包括地丁、米折、屯粮、芦课、湖课、余租等6种)、契税、营业税、厘金、船捐、烟酒牌照捐、牙当捐、屠宰捐、盐附捐等正税外,地方上还有自治捐、户籍捐、积谷捐、教育捐、产烟税、烟苗税、印花税、人口税等附加税种数十种。附加税超过正税几倍。闽西龙岩县"捐税有四十多种,每人的负担要二十八元"②。特别是层层剥皮的厘金税制度更为厉害,整个赣西南、闽西,到处税卡林立,如会昌县从筠门岭到西江180里路,就设有9道厘金卡,每道关卡均要抽税。此道是兴国、于都、宁都、瑞金与闽粤沿海通商的主要通道,过往商贩受尽关卡盘剥之苦。有些豪绅地主还私设关卡,刮民自肥。名目繁多的苛捐杂税,逼使贫

① 江西省档案馆、江西省委党校党史教研室:《中央革命根据地史料选编》(上),江西人民出版社1982年版,第110页。

② 江西省档案馆、江西省委党校党史教研室:《中央革命根据地史料选编》(上),江西人民出版社1982年版,第280页。

苦百姓负担沉重,而且严重阻碍了商品生产和流通的发展,弄得百业萧条,民怨沸腾。

经济是文化发展的基础。赣西南和闽西的社会经济如此凋敝衰败,文化教育之落后可想而知。赣州城是赣南政治、经济、文化中心,至大革命前仅办有两所中学、两所师范学堂,在校学生不满千人。曾长期作为南安府治所在的大余县城,仅有一所中学148名学生,其中地富子弟91名,资本家子弟48名,工农子弟仅9名。而许多县城甚至连一所中学也没有,只有屈指可数的几所小学校。如瑞金县至1920年全县只办有10余所小学校,学生不满千人。吉安城的教育比赣州发达,亦只办有1所师范学校和4所中学。无论赣西南还是闽西,民众90%以上都是文盲。至于科学技术的普及与运用,更无从谈起。赣南丰富的钨矿资源,还是德国传教士郛礼亨于1882年率先在大余县西华山发现的,直到郛礼亨非法盗采大量钨砂运回德国后,当地人士才知道,这种蕴藏丰富的乌黑"石头"竟是值钱的宝贝。

三、政治状况和社会组织

赣西南、闽西虽地处偏僻,却有着悠久的历史。

赣西南地区,早在四五千年前就有人类在此繁衍生息。春秋战国以后,这块神奇、秀丽的土地才逐渐开发。自秦开始,先后在赣南设"南壄"县,在赣西设庐陵县。汉高祖六年(公元前201年),赣南的南壄县又分设为南壄、雩都、赣县3县。此后,赣南、赣西便成为历朝统治者治理的重要区域之一。闽西的开发虽然比赣西南晚,也有近两千年历史,长汀在汉代始置县,唐代即已成为州治所在。

赣西南、闽西古时有少数土著居民。赣南最早的土著居民称"赣巨人",生活在春秋战国前期。史载秦始皇为统一中国,曾派出大军征伐南越,并派军在赣南梅关筑城戍守。这些远征将士中有些人后来留居赣南。秦始皇修建阿房宫时,又派出大批人员前来赣西南砍伐良木,不少伐木客亦留居下来。这些人后来成为开发赣西南的先锋。

从公元5世纪前后到唐末、五代十国时期及南宋时期，中原战乱频繁，黄河流域大批居民为避战乱，不断举家南徙。其中，许多人渡过长江，进入鄱阳湖区，然后顺赣江溯江而上，逐渐南迁至赣南，辟荒定居，建立家园，繁衍后代。据考，赣南的宁都县，是这些南迁居民最早的落脚地、聚居地和繁衍地之一。这些来自中原的南迁居民，不论是秦汉时期的军卒、木客，还是后来为避战乱南迁入赣者，通通被称为“客家人”。这些客家人随着后代繁衍不息，人口日渐增多，为寻辟新的家园，又继续南迁赣南和粤东北各地，还经过赣南石城县和福建宁化县等地向东南发展到闽粤沿海。明清时期，由于沿海战乱及自然灾害等原因，大批居住在闽粤沿海的客家居民又纷纷北返至赣南及闽、粤、赣边境地区。还有不少人为谋生计，南下向南洋、海外发展。这样就使赣南（包括赣西部分地区）、闽西、粤东北（主要是梅州地区）这一广阔地区成为客家人的主要聚居地。这一地区的居民，80%以上为客家民系。

大批南迁的中原居民入赣成为客家居民后，将中原地区较为先进的思想文化和生产技术、生产工具带到赣西南、闽西和粤东北，与这里丰富的资源和适宜的气候结合，有力地推动和促进了这一地区的开发和社会经济文化的进步。他们在避乱南迁、开辟家园的过程中，不仅要战胜和适应恶劣的自然条件和环境，还要解决好和赣、闽、粤土著居民的关系。为着生存和发展的需要，他们一般都聚族而居，保持着较为紧密的族群关系。在与大自然和与当地恶劣环境的长期斗争中，磨砺和形成了客家人不畏艰险、勇于开拓、勤劳俭朴、吃苦耐劳的优秀品质和认同宗亲、团结对外的传统。由于聚族而居，客家人较好地保留和发扬了中原祖先注重文化教育、崇尚尊老爱幼、热情好客、乐于助人和光宗耀祖等传统，形成了自己较为独特的文化生活习俗，诸如客家民居文化、客家饮食文化、客家服饰文化，等等。客家人的这些特点和优秀品质，为后来中国共产党和同属客家人的毛泽东、朱德等在这一地区领导开辟建立革命根据地，提供了便利条件。

正如马克思和恩格斯在《共产党宣言》中所说："在过去的各个历史时代，我们几乎到处都可以看到社会完全划分为各个不同的等级，看到由各种社会地位构成的多级的阶梯。""到目前为止的一切社会的历史都是阶级斗争的历史。"①客家人作为一个社会群体，也是由各个不同的社会阶级、阶层所组成。在封建社会和半封建、半殖民地社会，客家人中的少数人成为封建统治者和地主、富农等剥削阶级，而多数客家劳动人民则受三座大山的残酷压迫剥削，因此客家社会中阶级矛盾和阶级斗争同样十分尖锐。另一方面，由于客家人惯于聚族而居，宗族姓氏观念强烈，封建宗族统治尤为厉害。族长利用手中的族权和严厉的族规族法，对本村本乡同姓同胞施以严密控制和盘剥。到处可见的飞檐翘角，威严壮观的宗族祠堂，是宗族权力的象征。而能充任族长、掌握族权的，基本上都是有钱有势的封建官僚和豪绅地主。这就使封建政权与封建族权紧密地结合在一起。许多事情，封建政权机关必须利用族权的威严才能办到。这也就形成了这一地区各县往往由各大姓豪绅操纵本地政治、经济、文化、教育大权的奇特现象。如宁都县城的政治、经济、文化、教育大权，就分别操纵在温、李、蔡、卢四姓豪绅手里。各姓豪绅表面上是代表本姓本族共同利益，实质上是代表本阶级即豪绅地主阶级的利益。各姓豪绅地主之间既勾心斗角，又相互利用，共同欺压劳动人民。瑞金县的大小豪绅，就组织了"廉义社"，社里有"三虎、六豹、十二狼"，掌握着全县的公产、税收、诉讼，控制着全县政治、经济，压迫勒索人民。由于宗族观念严重，各姓豪绅地主为维护自己利益，经常制造姓氏、地区之间的矛盾和冲突，挑起械斗。械斗结果，无一不是豪绅地主从中得利，而生命财产遭受重大损失的都是普通百姓。各姓氏豪绅地主为准备械斗和对付打劫的土匪，还组织

① 《马克思恩格斯选集》第1卷，人民出版社1972年版，第251、250页。

修建大小不一但却比较坚固的土围、山寨,购买武器,组织民团。这些土围、山寨和民团,后来都被土豪劣绅所利用,成为对付红军和苏维埃政权的据点和工具。后来红军在这一地区开辟割据区域、建立红色政权的过程中之所以会出现剧烈的赤白拉锯斗争,红军和苏维埃政府之所以要花费大量精力在根据地内打"土围"、拔"白点",就是因为这个原因。

在赣、闽、粤边客家人聚居地区,绿林、帮会组织众多。影响较大的是洪门"三点会"。该组织起源于清初台湾和福建沿海,其宗旨初始是"反清复明",政治色彩浓厚。后来,该组织发展到长江流域各省及海外,并分化瓦解为"清"、"洪"、"理"3 支。在闽、粤、赣边地区仍称"洪门"或称"三点会"。清末民初,这一组织不再以"反清复明"为宗旨,已演变为"杀富济贫"、"互帮互助"为主要目的的民间绿林组织,经济和互助色彩浓厚。该组织在闽粤赣边区散布有多股。每股内部组织严密,等级森严。各股三点会之间无隶属关系,但有密语、暗号内部联络。不管何股三点会会员,只要能用密语、暗号对答无误,则视为兄弟,热情帮照。兴国、于都、永丰、瑞金、会昌、安远及闽西各县都有这种三点会组织。其中比较著名的有永丰县的段起凤(段月泉),兴国、于都边境的曾老四等。无论何股三点会,其成员多数都是生活无着的贫苦农民,仇恨豪绅地主。他们所谓"杀富济贫",所杀的富人主要是那些民愤较大的豪绅地主。所以这些三点会成员后来在各地共产党组织的引导和红军的帮助下,都成为土地革命初期各地革命武装斗争的骨干力量。这也是赣、闽、粤边客家人聚居地区能迅速成为红色割据区域的重要原因之一。在罗霄山脉中段的井冈山,还有袁文才、王佐领导的马刀会,也是专门杀富济贫,与土豪劣绅作对的农民绿林武装。

在封建主义统治下,赣西南和闽西长期处于封闭状态。这种情况随着清初外国传教士的到来开始发生了变化。

清顺治七年(公元1650年)法国天主教士刘迪我最先来到赣州，获得当地官员赠送的一块土地，建起一座天主堂。此后，西方文化侵略开始在赣南广泛扩展。至清康熙二年(1663年)，赣州天主教徒发展到2000余人。1700年，意大利教士来到赣州，建起两处教堂。19世纪，法国、德国传教士亦先后来到赣南，建立教堂，发展教徒。1904年，为培养天主教传教人才，在赣州建立修道院一所。后来，美国神父和若望于1921年在赣县的大湖江、沙地、江口等处建立教堂。至此，赣南18个县城和主要圩镇，都建有教堂。天主教和基督教势力渗透到赣南城乡各地。

赣西吉安地区，外国传教士也于19世纪80年代在吉安城和泰和县的冠朝、万安县良口、永新县埠前、遂川县的县城及草林、大汾、新干县城等地，建立教堂，发展教徒。至1920年，赣西各县都有教会势力活动，每个县的天主教徒和基督教徒都有二三千人。

外国教会势力侵入闽西的时间也是在19世纪中叶和下叶。长汀、上杭、龙岩等重要城镇，都建有教堂。据资料记载，截至1919年，福建全省共有教堂400所，有外国传教士464名，中国传教士3027名；有基督教徒29917人，天主教徒61712人。其中有相当部分教堂和教徒分布在闽西各县，仅上杭县就建有教堂10余座。

许多外国传教士以传教和兴办学校、医院、孤儿院、育婴堂、养老院等所谓“慈善”事业为幌子，大量收集政治、经济、军事情报，为其经济侵略和政治渗透服务。他们与封建势力和军阀势力勾结在一起，破坏人民的反抗，包揽诉讼，干预行政，倾销鸦片。不少教堂还霸占土地，收租纳粮，剥削人民。

辛亥革命虽然推翻了清朝统治，但自从1913年孙中山发起二次革命、江西李烈钧湖口讨袁失败后，北洋军阀势力乘机控制了江西、福建和浙江等省。此后，江西、福建等省沦于北洋军阀黑暗统治14年之久。

赣西南和闽西同样处于北洋军阀统治之下。北洋军阀与江西、福建封建势力相互勾结,沆瀣一气,对人民实行野蛮统治。他们在赣南、赣西和闽省设立道署、在各县设立知事衙门,还在各县建有警察队、别动队、保卫局等反动组织,加强对人民的控制。县以下基本保留清代建制,行坊、乡、都、图制。各坊、乡、都、图、堡等头目,均为豪绅地主轮流担任。军阀与封建势力结合,形成一个严密的统治网。

军阀统治最大特征之一,就是穷兵黩武、兵燹不绝。1918 年 4 月北洋军阀江西都督陈光远率第二、第九混成旅兵犯广东,赣南大余县为北洋军阀军队必经之地。北兵所到之处,鸡犬不留,抓夫拉差,大余县城十室九空,一片衰败惨景。1922 年 4 月,孙中山在广东韶关设立大本营,率广东军政府所属粤军、滇军和赣军大举北伐,攻占赣南南部 7 县。北洋军阀陈光远第九混成旅败退时纵火焚烧南康县城,200 余间店铺顷刻变成焦土,南康城居民损失近 1000 万元以上。1924 年 11 月间,北洋军阀驻赣南镇守使方本仁,与蔡成勋军在赣西吉安等地大战,蔡部不支,方本仁夺取江西统治大权。方本仁曾密与广东国民政府联系,许以待其驱蔡成功后即助广东北伐军取道赣西入湘。但方达到目的后,立即翻脸不认账,拒绝广东北伐军入赣。广东军政府代理大元帅谭延闿愤而命北伐军再次进入赣南,攻下赣州、吉安,并命孔绍尧为赣南善后委员会委员长,总理赣南民政事宜。方本仁不甘丢失赣南、赣西地盘,率部反攻,与北伐军大战赣西三曲滩。是时适逢陈炯明在广东叛变作乱,入赣北伐军奉命回师广东平叛。方本仁部遂得以乘机再占赣州、吉安。这几次战事,给赣西南人民带来了无穷灾难,其祸根皆在北洋军阀。故赣南人民称北洋兵为"瘟兵"。

福建闽西人民同样深受军阀之害。辛亥革命后,自 1913 年冬起,北洋军阀中的皖系李厚基部霸占福建地盘。到 1923 年 4 月,直系军阀孙传芳部又取代皖系统治福建。这期间,无论在闽的皖系还是直系,在互相倾轧的同时,为了巩固其自己的地盘和统治,不断地收编杂牌军和民团势力，使福建形成长期“官匪合一”军阀割据的混乱局面。盘踞闽西汀属8县的主要是李凤翔部福建陆军第三师。该师镇压民众之狠毒残忍、搜刮民财之苛刻为全省各部之冠。从1925年至1926年上半年，该部向所属8县征收的苛捐杂税达230余万元。1926年冬，该部被广东国民政府北伐军打败，收编为北伐军第十七军，移驻上杭县城，在长汀另成立闽西保安司令部。不久，武平土匪蓝田玉部袭占长汀城，打败保安司令部，取而代之。1927年9月，南昌起义军东进入闽，进占长汀。蓝田玉部逃遁。起义军离汀后，国民党福建省防军第二混成旅旅长郭凤鸣率部驻守长汀。郭部统辖3个团，约3000人马，是一支由土匪改编而成的土著军阀部队，占据长汀、上杭等县地盘。盘踞龙岩的国民党福建省防军第一混成旅旅长陈国辉及其所部，也同郭部一样，原属土匪武装，1927年初才摇身一变成为福建省防军。除郭凤鸣、陈国辉外，武平的蓝田玉、上杭的孔域、龙岩县的林尚轩、永定县的“五虎将”，都是当地称王称霸的土匪武装。在这些劣迹斑斑的土著小军阀和土匪武装割据下，闽西百姓岂有安宁之日！

赣西南、闽西地区社会黑暗腐败的又一表现是烟赌盛行，娼妓招摇。寻乌县城仅2700人，娼妓多达162人，竟占全城人口的6%。大余县城烟馆多达140多间，赌场50所，娼妓300多人。这种情况，几乎各县都差不多。

总之，20世纪初叶，赣西南、闽西与全国各地一样，充满着各种矛盾和斗争。正如毛泽东所指出的：“帝国主义和中华民族的矛盾，封建主义和人民大众的矛盾，这些就是近代中国社会的主要矛盾。当然还有别的矛盾，例如资产阶级和无产阶级的矛盾，反动统治阶级内部的矛盾。而帝国主义和中华民族的矛盾，乃是各种矛盾中的最主要的矛盾。这些矛盾的斗争及其尖锐化，就不能不造成日益发展的革命运动。伟大的近代和现代的中国革命，是在这些基本矛盾的基础上发生和发展起来的。”①赣西南和闽西地区的状况与毛泽东的分析完全一致。正是由于这些社会矛盾的存在，赣西南和闽西地区的人民大众，曾自发地与帝国主义、封建军阀展开过英勇不屈的斗争。波澜壮阔的太平天国运动曾在这个地区得到热烈响应，太平军曾在这个地区纵横驰骋，占领了赣南、闽西大部分地区。兴国等地在太平军支持下还组织过共耕共享的“农民公社”和“太平仓”。对外国帝国主义势力的侵入，广大人民群众也进行了多次激烈反抗。早在1665年，赣州民众就怒烧法国教堂，赶跑了外国传教士。18世纪上半叶至18世纪末，赣州民众再次焚烧教堂，捕捉神甫教徒，掀起“教难”风潮。20世纪初，赣南各县群众又组织义和拳，起“神坛”，练“神打”，高举“反清灭洋”旗帜，捕杀外国传教士。南康县拳民于1907年旧历八月愤怒冲进教堂，打死意大利神父江督烈及其走狗64人。赣州近郊拳民千余人还聚集一起，围攻赣州城，并派出数十人事先潜入城内搜寻外国神父，捣毁外国教堂，整个赣州城内外四处响彻捉拿神父的呐喊声。整个赣西南、闽西地区，已是四处布满干柴，只要有革命火种，很快就将燃起熊熊烈火。

第二节
工农革命运动的兴起

一、马克思主义的传播

中国现代革命运动，是由1919年爆发的五四运动拉开帷幕的。五四运动发生的消息传到南昌、福州等省会城市以及赣州、吉安、长汀及至各县城后，各地的爱国师生纷纷走上街头，集会游行，声援北京爱国学生。赣西南、闽西这些偏僻的山乡之地，响彻起爱国学子们的正

① 《毛泽东选集》第二卷，人民出版社1991年版，第631页。

义吼声。随后,反帝爱国斗争又在该地区得到持续发展。

五四运动之后,宣传民主、科学进步思想的新文化运动接踵而至。在江西,传播马克思主义的先驱人物是袁玉冰。袁玉冰等在1920年发起组织了江西第一个革命团体——江西改造社,并创办了《新江西》杂志。袁玉冰被公推为改造社主席,并任《新江西》主编。他在为《新江西》创刊号撰写的《本刊宣言》中阐明,“改造社”的宗旨是“改造社会”,目的是“使这个‘黑暗的江西’变成一个‘光明的新江西’”[①]。1922年8月,袁玉冰考入北京大学哲学系。在北京读书期间,袁玉冰经李大钊介绍,加入中国共产党,成为一名坚定的马克思主义者。他所主编的《新江西》,成为向江西民众宣传俄国革命经验、传播马克思主义的主要阵地。

在江西较早传播马克思主义的还有方志敏、赵醒侬等人。方志敏于1919年秋考入南昌省立甲种工业学校,1921年秋又考入九江南伟烈学校学习。在九江学习期间,他有机会阅读了《共产党宣言》《资本论》等马克思主义著作。1922年5月他离开九江赴上海与赵醒侬结识,经赵醒侬介绍加入中国社会主义青年团。同年9月,他回到南昌开办文化书社,专门经销马克思主义著作和其他革命书刊。该书社成为在江西传播马克思主义的前沿阵地。赵醒侬是江西最早接受马克思主义的劳动青年。五四运动后他在上海打工谋生期间,开始阅读马克思主义书籍,成为坚定的马克思主义者。1921年加入中国社会主义青年团,不久转入中国共产党。1922年7月与方志敏在上海相识后,共同筹办南昌文化书社,同年11月受党组织委派返回江西,从事传播马克思主义和建立革命组织活动。

五四运动后,新文化运动在赣西、赣南也迅速兴起。在吉安,自1919年冬起,《向导》《新青年》《新俄游记》等进步刊物在青年学生中

① 袁玉冰:《本刊宣言》,载《新江西》季刊第一卷第一号,1921年5月1日出版。

广泛传播，万安县的进步青年曾天宇、张世熙等组织青年学会，创办《青年》杂志，宣传新文化、新思想。1923 年秋到 1924 年春，吉安的进步学生罗石冰、刘九峰、曾延生等先后考入由中国共产党人和进步人士为主开办的上海大学社会学系学习。由于受到共产党人瞿秋白、恽代英等的教诲，罗石冰等对马克思主义的信仰更加坚定，加入了中国共产党组织。他们将大量的马克思主义书籍寄回吉安，供同学和亲朋好友阅读，使吉安七师宋大勋等一批进步学生逐渐接受马克思主义革命思想。1924 年春，宋大勋倡导成立了吉安青年学会等团体，创办了《吉光》《吉安青年》等刊物，还开办了吉光书店和平民夜校。

在赣州，五四运动后开展的新文化运动，使广大青年增长了知识，活跃了思想。许多青年不满足于在本地求学，纷纷前往北京、上海、广州、武汉、南昌等地求学，有些还设法赴外国留学。这些外出求学的青年，在外地很快接受了先进思想，不少人成为坚定的马克思主义者，加入了中国共产党。如兴国县在广州黄埔军校学习的陈奇涵、胡灿、鄢日新、萧以佐等，于都县在广州农民运动讲习所学习的邱倜和在黄埔军校学习的李英，赣县在上海工业专科学校学习的谢学琅，寻乌县在北京、上海、广东梅州等地学习的刘维锷、邝才诚、古柏等。他们在外地加入中国共产党后，纷纷将马克思主义书籍寄回本地，广为传播。寻乌的刘维锷等人还在北京创办《寻乌》杂志，针砭时弊，揭露封建军阀统治的黑暗腐败。宁都县的连政公等人在上海接受马克思主义后，回县创办《孤灯报》，宣传马克思主义和俄国十月革命经验。

较早在赣南传播马克思主义的还有邓子恢。他是福建龙岩县人，曾到日本留学一年半，因家境不济辍学回国，1918 年冬来到赣南崇义县杰坝墟其堂兄开设的庆昌和商号当店员学徒。他后来回忆说："1919 年'五四'运动前后，我看了《新思潮》《新青年》，思想才逐步前进……一直到 1920 年底 1921 年初看到了共产党宣言，我感到对症下药，解决问题，中国只有走这条路才行，这就放弃了资产阶级改良主义思想,确定了对共产主义的信仰。”[①]此后,他用自己的工钱买回《向导》等许多进步书刊,不仅自己如饥似渴地阅读,还积极介绍给别的青年阅读。1922年他曾向陈独秀写信,要求加入中国共产党,未得回音。他并未因此失去信心,而是更加认真地学习研究马克思主义理论。1926年12月,他终于在崇义县经陈赞雍介绍加入中国共产党。

马克思主义在闽西的传播始于1921年春。在赣南崇义县当学徒的邓子恢,将自己购买的进步书刊带回家乡龙岩,与陈明等人在龙岩县白土组织奇山书社,发展200多名进步师生为成员。《共产党宣言》《新青年》《向导》等进步书刊在书社成员中广泛传阅。书社还出版《岩声》月刊宣传革命思想,发行六七百份,遍及闽、赣、粤边35个县。1925年9月至同年冬,上杭县进步青年罗大准、郭尚屏、雷三明、邱天锦等人在上杭城关组织读书会;在广州求学并已加入中国共产党的武平县青年谢秉琼、长汀县青年胡轶寰(胡轶环)和吴炳若等人,筹建汀雷社,1926年3月25日出版了《汀雷》,宣传马克思主义和革命思想。在此时期,进步青年卢肇西、陈正、曾牧春等编辑的《钟声》,陈国华、张旭高、谢宝萱等创办的《到民间去》《新龙岩季刊》,谢鸣珂主编的《曙汀》,黄亚光等人创办的《长汀月刊》,李修森、罗玉章编辑的《莲钟月刊》,上杭县出版的《突击》《虹痕》《奋斗》《上杭评论》,永定县出版的《雷鸣》《赤花》,龙岩县出版的《改进》等刊物,都为马克思主义在闽西的传播作出了重要贡献。此外,一些在厦门集美学校读书的进步学生利用暑假回乡机会,在家乡举办平民学校。邓子恢、郭滴人、张鼎丞等也在家乡创办平民学校。这些平民学校在传播马克思主义方面都发挥了积极作用。[②]

① 邓子恢:《崇义初期革命斗争的回忆》,见《中央苏区风云录》,1991年内部印刷,第11页。

② 蒋伯英:《闽西革命根据地史》,华夏出版社1987年版,第8—10页。

二、共产党组织的建立

马克思主义的广泛传播，赣、闽两省一些进步青年在北京、上海、广州等地相继加入中国共产党组织，为赣、闽两省以及赣西南、闽西地方共产党组织的建立，奠定了扎实的思想基础和组织基础。

1922 年 11 月，原先在上海从事革命活动的赵醒侬受党、团中央委派回到南昌，负责建团、建党工作。他与先期回到南昌的方志敏一起，以文化书社为据点，宣传马克思主义，联络进步青年学生，于 1923 年 1 月成立中国社会主义青年团江西地方团。同年 10 月 21 日，正式成立中国社会主义青年团南昌地方委员会，赵醒侬任委员长。1924 年 5 月，中共南昌支部成立，赵醒侬任书记兼组织干事，邓鹤鸣任宣传干事，直属中共中央领导。中共南昌支部成立时，成立南昌小组为支部下属组织。1925 年 7 月和 1926 年 1 月，又先后在九江、吉安成立党小组。至 1926 年 4 月，先后在南昌、九江、吉安、新干、永修、德安、武宁、都昌、铜鼓、清江、景德镇、弋阳等 12 个县建立了党组织。1926 年 4 月，经中共中央批准，中共南昌支部升格为中共江西地委，赵醒侬任书记。

赣西最早的共产党员，是吉安青年知识分子刘九峰、罗石冰和曾延生。他们于 1924 年在上海加入中国共产党后，广泛在吉安知识界传播马列主义，为吉安共产党和青年团组织的建立打下了思想基础。1924 年 2 月，中国社会主义青年团南昌地委派万安籍青年团员曾宏毅到吉安，发展团员，成立中国社会主义青年团吉安临时支部，5 月正式成立中国社会主义青年团吉安特别支部。1926 年 1 月底，社会主义青年团团员发展到 56 人，其中一部分团的骨干，被吸收加入中国共产党，成立了中共吉安小组。同年 3 月，中共党员发展到 30 余人。3 月 24 日在成立中国共产主义青年团吉安地委的同时，正式成立了中共吉安特别支部，隶属于中共江西地委领导，先后由郭化非、罗石冰任特支书记。特支成立后，组织党员分赴赣西各县发展党员，建立党组织。

同年9月下旬北伐军攻克吉城后，党组织迅速发展壮大。至1926年底，全赣西共有吉安、永丰、万安、泰和、莲花、永新、吉水、安福等8个县建立起23个中共支部和4个中共小组。1927年初，中共吉安特别支部升格为中共吉安地委，受中共江西区委领导。至1927年7月，赣西除峡江县外，其余各县都建立了中共组织，共有吉安、万安、安福等3个正式县委、永新临时县委和吉水、宁冈等2个区委、1个特别支部、44个支部、3个小组。

赣南最先加入中国共产党的是兴国县（一说泰和县）的袁玉冰。他是1922年在北京大学读书时由李大钊介绍入党的。1924年至1926年，兴国县的陈奇涵、鄢日新，信丰县的肖凤鸣，南康县的朱由铿、陈赞贤，寻乌县的古柏等40余名在广州黄埔军校及在北京、武汉、南昌、梅县、南雄等地读书、工作的进步青年，先后加入中国共产党。1926年6月，为迎接北伐军进军江西，中共江西地委派朱由铿和万安籍共产党员曾天宇到赣州秘密开展革命活动，发展党员。半个月后，他们的活动被盘踞赣南的北洋军阀发现，曾天宇在赣州被逮捕入狱（后被营救获释），朱由铿被迫避往广东南雄县，与南雄县总工会委员长、南康籍共产党员陈赞贤会合。陈赞贤经请示全国总工会秘书长刘少奇同意，于8月间和朱由铿一起返回赣州，与在上海入党后奉命回乡开展革命活动的赣县籍青年学生谢学琅取得联系。3人在赣州城大新开路黄家祠开会，成立了中共赣州支部，朱由铿任支部书记，陈赞贤、谢学琅分任组织、宣传干事，隶属于中共江西地委领导。中共赣州支部成立后，很快发展赣州青年学生朱如红、谢家禧等人入党。9月初，北伐军第十四军进占赣州。在北伐军中工作的兴国籍共产党员陈奇涵、胡灿、萧以佐等及赣县籍共产党员钟友钎、吉安籍共产党员萧韶等14名共产党员，随军抵达赣州，与中共赣州支部党员会合，共同开展革命活动。陈赞贤被派回南康县任行政委员长（县长），发展党员成立了中共南康支部；陈奇涵等回到兴国县，成立了中共兴国支部。10

月上旬，正式成立了中共赣州特别支部，陈赞贤任特支书记。同月，广州农民运动讲习所第六期毕业后派回江西工作的邱倜、舒国藩、谢汉昌等23名共产党员，途径赣州时被中共赣州特支留下，分派到于都、信丰、上犹、大余、崇义等县，发展共产党员，帮助建立革命组织。中共赣州特支举办了赣南农工运动骨干训练班，又发展了一批共产党员。至1926年底，赣南的南康、兴国、信丰、大余、崇义、上犹、于都等7县，都建立了中共支部；宁都、安远两县建立了中共小组；中共在瑞金、石城、龙南等县也开展了革命活动。1927年1月，中共赣州特支升格为中共赣州地委，下辖7个支部、1个特支、1个中心支部，党员发展到200多人。

随着北伐军在江西的胜利进军，江西共产党组织也得到迅速发展。1926年12月，全省有党组织的县增至50余个，党员人数发展到八九百人。1927年1月，中共江西地委升为中共江西区委，书记罗石冰。1927年5月，中共江西区委又改为中共江西省委，书记罗亦农。

福建省也是先建立共青团组织，后建立中国共产党组织的。1925年3月，共青团中央派马念一到福州、仙游等地调查、指导建团工作。在他帮助下，福建青年社中有10位成员被吸收加入中国共产主义青年团，同年4月1日成立共青团福州支部。到7月上旬，团支部发展到3个，团员发展到30余人。7月19日，成立共青团福州地委。与此同时，在共青团广东区委帮助下，厦门地区也于1925年6月中旬建立共青团组织。莆田、漳州等地也先后建立团组织。在此基础上，经中共中央批准同意，福州有17名共青团员转为中共党员，1926年4月正式成立中共福州地委。同月，厦门也有4个团支部转为中共支部，并成立了中共厦门干事会。

1926年下半年，闽西各地开始建立中共组织。闽西的陈明、罗大准、谢秉琼、郭滴人、张鼎丞、阮山等人，都在外地先后加入中国共产党。1926年夏初，阮山、林心尧等从厦门返回家乡永定湖雷乡，在湖雷乡羊头村的万源楼,与赖实秋等建立了中共永定支部(又称中共湖雷支部)。同年11月,从厦门集美学校回乡的陈正等人,与从广州农讲所学习结业回乡的胡永东一起,建立了中共永定金丰支部。1926年12月,上杭、平和两县也分别建立了中共支部。龙岩县于1926年11月成立中共小组,1927年1月成立中共支部。长汀、武平、连城等县也于1927年冬建立了党的组织。闽西各县党组织建立后,都隶属于中共闽南特委(1927年1月成立)领导。

三、工农革命运动的初兴

赣西南和闽西地区的中共党组织,都是在迎接北伐军胜利进军的号角声中建立和发展起来的。他们一建立,就肩负起动员广大工农群众迎接和支援北伐军和开展工、农、商、学革命运动的重任。

赣南党组织建立后,将工作重点放在发动和领导工人、农民、学生、商民组织工会、农民协会、学生联合会和商民协会等革命团体方面。中共赣州特支在深入宣传发动的基础上,于1926年10月12日召集赣州城内外各业"神社"首事与学生、农民代表40多人,在八境台召开筹组工会会议,协商成立了赣州总工会筹备处。10月下旬,建立赣南第一个工会组织——赣南纺织工会。至1926年底,赣州城及郊区18000余名工人和手工业者,全部组织在54个行业工会组织内,各县也先后建立工会组织。是年11月初,在中共赣州特支领导下,赣州工人第一次代表大会在赣州西街(今西津路)豆豉坳广东会馆隆重召开,选举成立了赣州总工会,陈赞贤当选为赣州总工会委员长,钟友钎、萧韶当选为副委员长。同时宣布成立赣州工人纠察队,萧韶任总队长。总工会成立后,领导各行业工会和基层工会组织,与资本家和资方老板进行和平协商谈判,签订符合工人权益的劳资合同。但在合同签订过程中,遭到以商会会长刘甲第为首的资本家阻挠。赣州总工会决定发动和组织工人开展罢工斗争,并率先从赣州钱业工会开展。资本家和代表大地主、大资产阶级利益的国民党右派,面对罢工一片恐慌。他们采用威胁、利诱、请客送礼、软硬兼施等手段,企图分化瓦解工人队伍,破坏罢工。他们的阴谋诡计一一被陈赞贤等工会领导人识破。总工会领导全体工人团结一致,坚持斗争。支持资本家、破坏工人罢工的国民党右派、赣县县长徐鉴惧于工人斗争声威,逃离赣州。徐鉴逃走后,经各团体协商,成立了由国民党左派和共产党员组成的赣县临时政务委员会,推举陈铁(国民党赣县县党部筹备主任)、陈赞贤、张俊宰等为常务委员。临时政务委员会旗帜鲜明地支持工会要求,罢工取得了胜利。在赣州总工会统一领导下,赣州多数行业都通过和平谈判,劳资双方签订了合同,工人的劳动条件和生活条件得到明显改善。

在领导工人开展斗争的同时,中共赣州特支还十分重视领导开展农民运动。1926 年 9 月北伐军进占赣州不久,共产党员、国民党中央农民部特派员周冕受命来到赣州,指导开展赣南农民运动。周冕聘请钟友钎、朱由铿、陈昌湛、谢学琅、顾光理、李灿椿、宋文鹤、萧韶、刁友三、陈峰泉等人,成立赣南农民运动委员会,以周冕为主任;同时,周冕还聘请顾光理、谢学琅、李灿椿、宋文鹤、钟友钎等人为赣县农民协会筹备员,筹组成立赣县农民协会。同年 11 月,中共赣州特支召开了为期 4 天的赣南农工运动扩大会。会上决定成立赣南农工运动委员会,由每县推举一名委员以及各县农工运动特派员共同组成,选举陈赞贤、朱由铿、钟友钎、萧韶、周冕 5 人为常务委员,负责指导赣南各县工人运动和农民运动。从 1926 年 11 月起,赣南的赣县、南康、于都、瑞金、上犹、大余、兴国、宁都、龙南、定南、全南、会昌等县,先后成立县农民协会(或农民协会筹备处),开展了以"二五减租"为中心内容的反封建斗争,要求地主富农减免贫苦农民的租债。于都县农协成立了童子团,赣县、信丰农协组织了农民自卫军。

赣南的青年学生运动,除各中等学校都成立了学生会和赣州学生联合会外,还成立了共青团赣州特支及其外围组织赣州青年干社,发展青年干社成员600余人。赣州城和各县城小商小贩为保护自身利益,组织成立了商民协会。赣州和兴国、信丰等县还成立了妇女解放协会。

赣西吉安和各县的工农革命运动,在中共吉安特支和各县共产党组织领导下,也蓬勃开展起来。吉安城的工人早在1925年8月,就秘密成立了米业、染布业、纸业、烟业等4个行业工会。1925年9月20日,秘密成立吉安总工会,由共青团吉安特支书记郭化非任总工会委员长。到1926年1月,总工会下辖有8个行业工会,会员达7000余人。1926年9月24日北伐军进占吉安城后,吉安总工会开始公开活动。下辖的行业工会发展到10余个,工会会员发展到1万余人。赣西各县也先后成立总工会。为提高工人地位,改善生产生活条件,吉安总工会组织工人举行罢工,提出"反对做夜工,实行八小时工作制"的要求。各县县城工人在本县总工会带领下,也纷纷向资方老板提出一些合理要求。工人的斗争获得了胜利。

吉安的农民运动始于1925年秋冬间。是年12月24日,共青团吉安特支领导成立吉安城郊青华观菜园农民协会,有会员约200人,至1926年春,农民协会发展到4个,农协会员发展到700余人,创办农民夜校13所。1926年9月,中共吉安特支秘密成立吉安农民协会筹备处。北伐军攻占吉安后,农协筹备处转为公开活动。1926年10月29日至31日和1927年1月16日,先后两次召开吉安全县农民代表大会。1927年3月召开吉安全县第三次农民代表大会,正式成立吉安县农民协会。泰和、万安、遂川、宁冈、永新、莲花、安福、新干、峡江、吉水、永丰等县农民协会,都相继成立。万安县农民协会辖有300余个乡农民协会,有会员49200余人。遂川、宁冈、莲花、安福等县还建立了农民自卫军,其中遂川县农民协会有枪110余支,宁冈县农民协会有枪60余支,莲花县农民协会有枪60余支,安福县农民协会有枪200余支。吉安、安福、吉水、莲花等县农民组织清算委员会或财产清理委员会，对土豪劣绅把持的公共财产进行清算，追缴被他们贪污侵吞的公共财产。有的县组织平粜所，按农协规定统一粮价，对粮食市场进行调控，保护农民利益。

北伐军入闽后，闽西的工农革命运动也开展起来。1926 年 10 月 15 日北伐军东路军进占龙岩后，东路军政治部在龙岩设立中国国民党中央农民部福建汀漳办事处（龙）岩、（漳）平、宁（洋）分处，将广州农讲所毕业的闽西籍学员郭滴人等分派到闽西各县从事国民党党务或政治工作，开展农民运动。同年 12 月，在共产党员推动下，又在龙岩城设立岩平宁政治监察署，成立了长（汀）（上）杭武（平）永（定）政治监察署。长杭武永政治监察署于 1927 年 2 月 18 日改组，扩充为汀属政治监察署，负责领导原汀属 8 县（长汀、上杭、武平、永定、连城、宁化、清流、归化）社会运动。在中共闽西地方组织推动下，岩平宁政治监察署于 1927 年 2 月中旬在龙岩城召开各界代表会议；2 月 26 日至 3 月 1 日，长杭武永 4 县党部及民众团体代表联席会议也在上杭县城召开。这两个会议都决定要迅速在各县开展农民运动和工人运动。为培养工农运动骨干，两个会议都根据中共闽南临委扩大会议决定，分别作出在龙岩、上杭开办岩平宁宣传人员养成所和汀属八县社会运动人员养成所的决议。两个养成所，共为闽西各县培养 180 余名工农运动骨干人员。

在培养骨干的同时，先行回到闽西的广州农讲所闽西籍学员们，已经深入农村发动农民建立农民协会。1927 年 2 月初，龙岩县农民协会在龙岩文庙成立。上杭县于 1927 年初成立县临时农民协会。武平县有 8 个乡建立农民协会，10 个乡着手筹备。永定县农民运动发展更快，至 1927 年初已有 40 余个乡建立农民协会，县农协筹备处也已成立。长汀县的新桥、屈凹、江头、李屋等地，也已建立农协小组。各县农民协会成立后，都开展了以“二五减租”为主要内容的反对豪绅地主剥削农民的斗争。与此同时，闽西各县的工人运动也开展起来。1927

年初,上杭、龙岩、永定等县已分别成立了县总工会和各行业工会。

赣西南和闽西共产党组织的建立和工农革命运动的兴起,使这一地区开始发生深刻变化。

第三节
各地农民武装暴动

一、大革命失败

工农革命运动的广泛深入开展,本是国民革命深入发展的重要标志,完全符合孙中山为国民党制定的"联俄、联共、扶助农工"三大革命政策。但是,国民党内以蒋介石为代表的国民党右派,却十分害怕工农革命运动的深入开展,千方百计地对工农革命运动加以限制、破坏和镇压。

国民党右派对工农革命运动的破坏,首先从赣州开始。1926 年 12 月初,正当赣州工人罢工斗争获得胜利、劳资双方签订合同之时,由国民党右派把持的国民党江西省党部,派出国民党右派分子熊祯来赣州,企图阻挠赣州劳资双方签订合同。同时,蒋介石从南昌派遣国民革命军新编第一师进驻赣州。该师国民党师党部代表倪弼是蒋介石亲信,师政治部秘书胡启儒是国民党右派骨干。国民党赣县县长也改由 AB 团骨干分子郭巩充任。倪弼、郭巩等一到赣州,首先解散了左派色彩浓厚的赣县临时政务委员会。接着,他们大肆制造谣言,中伤赣州总工会委员长陈赞贤;并连续制造事端,蓄意制造工人与学生之间的矛盾,恶化劳资关系。他们甚至公开出动军队包围赣州总工会,图谋捉拿陈赞贤等工会领导人。当这些伎俩都失败后,蒋介石即授意倪弼,纠集郭巩、胡启儒等密谋,于 1927 年 3 月 6 日凌晨将赣州总工会委员长陈赞贤诱骗绑架到赣县县政府西花厅,乱枪杀害,制造了震惊全国的"三·六"惨案。国民党右派公开打响了反共反人民的第一枪。

“三·六”惨案发生后，赣州工人、农民、学生无比悲痛和愤慨。赣州总工会立即决定全城罢工3天，以示抗议。同时，总工会派出两个请愿团，带着陈赞贤烈士的血衣分赴汉口和南昌，向武汉国民政府和北伐军总司令部请愿，强烈要求严惩凶手，讨还血债，声讨国民党右派破坏工农运动的罪行。汉口和南昌各革命团体纷纷发表声明和宣言，组织革命群众上街游行示威，声援赣州工人的请愿斗争。赣州各界人民和各县工会、农协、学生会等革命团体，沉痛悼念陈赞贤，决心继承烈士遗志，前仆后继，坚决与国民党右派和豪绅地主资本家斗争到底。

蒋介石迫于全国上下愤怒抗议的强大声威和压力，不得不假惺惺地批准将倪弼免职查办，背地里却更加狰狞地举起屠刀杀向工农。同年3月17日，蒋介石授意九江国民党右派纠集帮会流氓捣毁坚持孙中山“三大政策”的国民党九江市党部和九江总工会；3月23日，又收买流氓及青红帮，捣毁拥护孙中山“三大政策”的安徽省党部、安庆市党部、安徽省总工会筹备处和省农民协会筹备处等革命团体。1927年4月12日，蒋介石公开发动反革命政变。武汉的汪精卫也撕下假面具，于1927年7月15日召开“分共”会议，叛变革命。

蒋介石为彻底扑灭赣西南工农革命运动，在上海接见和嘉奖倪弼，命他重返赣南继续镇压工农运动，并从广东派出国民党军钱大钧部第二十师由粤入赣“清党”。1927年5月18日，“清党军”进驻赣州。6月21日在赣州成立“中国国民党赣南特别委员会”，倪弼任主任委员；同时成立国民党“赣南清党运动委员会”（后改为“赣南清党委员会”），统一指挥赣南各县“清党”行动。接着，赣南各县均先后成立国民党“清党委员会”分会。“清党军”进驻赣州的当天，就惨杀了赣州理发工会主席邵道源。接着又逮捕杀害了中共赣州地委书记张世瞻、朱由铿等10余名共产党员和工农革命骨干。赣州及各县工会、农协等革命团体遭“清党军”封闭，许多共产党员和工农运动骨干遭逮捕关押，有的被杀害。中共赣州地委于1927年7月间被迫停止活动。

兴国、于都、上犹、崇义、大余、龙南、赣县、南康、信丰、宁都等县党组织,有的停止了活动,有的被迫转移到外地或农村,分散隐蔽。

赣西各县的国民党右派势力得到蒋介石和国民党江西省主席朱培德反共清共政策的支持,气焰也十分嚣张。1927 年 8 月 6 日,国民党军驻吉安第八师师长、吉安警备司令朱世贵,以召开"治安联席会议"为名,诱骗吉安共产党组织和各群众团体负责人到其司令部开会。会上,吉安总工会委员长梁一清、吉安商民协会会长晏燃、吉安人民自卫队队长钟翔卿等人被捕,8 月 12 日在吉安中山场被国民党军杀害。赣西各县与赣南一样,处于白色恐怖之中。

闽西的国民党右派和土著军阀军队也紧紧跟随蒋介石反共"清党"。1927 年 4 月 15 日,龙岩县反动分子杜连茹等人悍然制造事端,包围、捣毁由国民党左派掌握的国民党县党部和政治监察署。次日,又与驻军同谋,逮捕了陈国华、魏吾等革命分子,强行解散各革命团体和国民党各区区党部,通缉了邓子恢、郭滴人等共产党员。上杭县的国民党右派和反动分子不甘落后,他们沆瀣一气,与国民党驻军参谋长刘炳坤勾结,于 1927 年 5 月 7 日出动军队和警察,包围驻上杭县城的汀属政治监察署、县党部、总工会、县农协、汀属八县社会运动人员养成所等机关团体,搜捕共产党员和其他革命分子,先后杀害 4 人。随后,长汀、永定两县的国民党右派也猖狂进攻,控制了两县的党政大权。两县的共产党组织和革命团体被迫停止活动,或转移隐蔽。

二、毛泽东打出苏维埃和共产党旗帜

蒋介石叛变革命的行径和血腥的屠杀政策,给中国共产党人上了极为深刻的一课。绝大多数共产党人和党的领导者不仅认清了蒋介石为首的国民党右派的真实面目,而且也认识到陈独秀的右倾机会主义给革命带来的严重危害。在 1927 年 4 月 27 日至 5 月 9 日召开的中共第五次全国代表大会上,陈独秀的右倾机会主义受到批评,革命领导权问题开始引起全党的重视。在大会通过的《政治形势与党的任务

决议案》中,提出了党应在湖北、湖南、江西、广东、广西、福建、浙江诸省组织革命力量与反动势力作战,在这些地方“建立革命的民主政权”①。党内许多同志已认识到掌握革命武装的重要性。毛泽东多次强调党应保存武力,提出要组织农民武装“上山”。1927 年 7 月中旬,李立三、邓中夏、恽代英、谭平山等提出组织南昌暴动的建议,得到中共中央批准。1927 年 8 月 1 日,在以周恩来为首的中共前敌委员会领导下,贺龙、叶挺、朱德、刘伯承等率领由中国共产党直接掌握和影响的军队 2 万余人,在南昌举行起义,打响了武装反抗国民党反动派的第一枪。中共中央在决定举行南昌暴动的同时,还决定在农村领导农民开展土地革命斗争,争取建立乡村农民政权,并训令湘粤鄂赣四省应迅即发动和组织农民秋收暴动。1927 年 8 月 3 日,中共中央正式发出《中央关于湘粤鄂赣四省农民秋收暴动大纲》,对四省农民秋收暴动的行动计划和方针政策提出了明确而又具体的要求。

但是,此时无论是中共还是联共(布)、共产国际领导人,对国民党左派仍抱有幻想。蒋介石公开叛变革命后,联共(布)与共产国际领导人继续把希望寄托在武汉的汪精卫政权上。1927 年 5 月 18 日至 5 月 30 日,共产国际执行委员会召开第八次全会。会上通过的关于中国问题的决议案说:“共产国际执行委员会以为,看轻武汉政府的意义,因此实际上否认它极伟大的革命作用,这种见解是错误的。武汉政府及国民党左派领袖,就其阶级成分而言,不仅代表工农及手工业者,亦代表一部中产阶级。所以国民党左派的武汉政府还不是无产阶级和农民的专政,但它已经走到工农专政的路上;在阶级斗争中,如果无产阶级获得胜利,赶去了那些跟着资产阶级跑的人们,战胜了无数叛变之后,则武汉政府便必然发展到这个专政的方向去”。因此,“共产国际

① 中央档案馆:《中共中央文件选集》第 3 册,中共中央党校出版社 1989 年版,第 55 页。

执行委员会认为,中国共产党积极参加武汉'临时革命政府'的活动,是必要的。那个不主张参加,或对于此问题抱一种不定的怀疑的态度,他形式上很是'激进革命',但在实际上是重演一九〇五年俄国少数党的错误"[①]。共产国际执行委员会在决议案中明确表示,中共"在目前提出工农代表苏维埃的口号是不适宜的",因为"在中国革命进展目前的阶段中,即刻成立工农兵苏维埃,必然被认为是两个政府,是推翻武汉政府的路线,是越过国民党这个群众的组织及国家的政权,直接拿苏维埃政权作为中国无产阶级专政的国家政权"[②]。说明白一点,共产国际和斯大林此时反对在中国建立苏维埃政权,主要是担心与武汉国民政府及所谓国民党"左派"弄僵关系。

1927 年 7 月 15 日,汪精卫在武汉公开反共。事实证明,斯大林与共产国际对汪精卫武汉政府的判断和政策是错误的。面对这一新情况,斯大林不得不同意提出"打倒武汉国民党领导集团"的口号,但他仍极力主张中共只能在报纸上宣传苏维埃口号,而不赞成立即建立苏维埃政权。他强调,中国革命"不要冒进,不要立即成立苏维埃,要记住只有在强大的革命高涨的条件下苏维埃才能兴盛起来"[③]。因此,南昌起义胜利后成立的临时政权仍称"中国国民党革命委员会",其主要组成人员都是国民党左派成员。起义部队也沿用国民革命军第二方面军番号。

南昌起义后,在汉口召开的中共中央八七紧急会议上,彻底清算了陈独秀的右倾错误,确定了实行土地革命和武装反抗国民党反动统治的总方针。但是,在南昌起义和湘、鄂、粤、赣四省农民暴动中,党还没有彻底抛弃国民党的旗帜,仍以"左派国民党"相号召,建立的革命

---

① 《中共中央文件选集》第 4 册,中共中央党校出版社 1989 年版,第 606 页。

② 《中共中央文件选集》第 4 册,中共中央党校出版社 1989 年版,第 608 页。

③ 《共产国际、联共(布)与中国革命档案资料丛书》第 6 册,北京图书馆出版社 1998 年版,第 277 页。

政权也仍以"左派国民党"政权面目出现。[①] 根据共产国际指示意见，8 月 21 日，中共中央常委会通过的《中国共产党的政治任务与策略的决议案》决定："本党现时不提出组织苏维埃的口号——城市、乡村、军队之中都是如此。只有到了组织革命的国民党之计划，完全失败，同时，革命又确不[在]高涨之中，那时本党才应当实行建立苏维埃。"[②]

这引起以毛泽东为代表的部分中国共产党人的严重不满。1927 年 8 月 20 日，毛泽东代表中共湖南省委致信中共临时中央政治局，强调指出："中国客观上早已到了一九一七年，但从前总以为这是在一九〇五年，这是以前极大的错误。工农兵苏维埃完全与客观环境适合，我们此刻应有决心立即在粤湘鄂赣四省建立工农兵政权；此政权既建设，必且迅速的取得全国之胜利。……我们不应再打国民党的旗子了。我们应高高打出共产党的旗子以与蒋唐冯阎等军阀所打的国民党旗子相对，国民党旗子已成军阀的旗子，只有共产党旗子才是人民的旗子。"[③]

毛泽东等人的要求，引起中共临时中央政治局领导人的高度重视。1927 年 9 月 19 日，中共临时中央政治局召开会议，正式通过了《关于"左派国民党"及苏维埃口号问题决议案》，明确宣布："彻底的民权革命——扫除封建制度的土地革命，已经不用国民党做自己的旗帜。……现在的任务不仅宣传苏维埃的思想，并且在革命斗争新的高潮中应成立苏维埃。"[④]

---

① 见中共中央党史研究室第一研究部译：《共产国际、联共（布）与中国苏维埃运动（1927—1931）》第 7 卷，中央文献出版社 2002 年版，第 22 页。

② 中央档案馆：《中共中央文件选集》第 3 册，中共中央党校出版社 1989 年出版，第 339 页。

③ 《湖南致中央函》，1927 年 8 月 20 日。见《中共中央文件选集》第 3 册，中共中央党校出版社 1989 年出版，第 354 页。

④ 中央档案馆：《中共中央文件选集》第 3 册，中共中央党校出版社 1989 年出版，第 369—370 页。

此时，严酷的现实也使共产国际和联共（布）中央决策层认识到，在中国革命过程中，左派国民党再没有号召力了，表示同意中共作出的关于建立苏维埃的决议。1927年9月27日，斯大林在共产国际执委会和监委会联席会议讲话时，说："就让我们的中国同志自己去进行把苏维埃移植到中国的工作吧！"①

从此，在中国共产党领导下，一场以革命武装斗争为主要形式、以土地革命为主要内容、以建立各级工农兵苏维埃政权为主要目标的苏维埃运动，开始在中国大地上轰轰烈烈地开展起来。1927年9月9日，以毛泽东为书记的中共前敌委员会领导发动了声势浩大的湘赣边界秋收起义，随后又率秋收起义部队开辟创建了井冈山红色割据区域。中共东江特委和广东省委先后领导的海陆丰起义和广州起义，宣布成立海丰县苏维埃政府、陆丰县苏维埃政府和广州苏维埃政府，开始了中国苏维埃政权的最早尝试。

三、中共江西省委武装割据计划的提出

中共中央作出湘粤鄂赣四省农民秋收暴动指示和八七会议召开后，毛泽东受中共中央委派，即回湖南改组中共湖南省委，并协助省委制定了秋收起义的行动纲领和计划。

1927年9月9日，在以毛泽东为书记的中共前敌委员会领导下，湘赣边界秋收起义爆发。由于这次起义没有摆脱当时党内存在的"城市中心论"影响，起义军在向长沙推进时严重受挫，毛泽东果断决定停止执行进军长沙的计划，指挥起义部队沿湘赣边界向南转移。10月初，在袁文才农民自卫军的热情帮助下，起义军在宁冈站住了脚，开始了创建井冈山革命根据地的伟大斗争。

中共江西省委于1927年8月下旬得悉八七会议精神和中央关于

---

① 见中共中央党史研究室第一研究部译：《共产国际、联共（布）与中国苏维埃运动（1927—1931）》第7卷，中央文献出版社2002年版，第93页。

秋收暴动的指示。省委立即对全省农民秋收暴动作出了计划，规定暴动以“赣北的修水为起点，影响邻近各县与各县取联络，赣西以永新为起点，赣东以临川为起点”①。省委要求“在农军有相当力量的县份，如宁冈、安福、莲花等县须设法秘密集中实力收缴政府及所属各种反动武装，驱逐或捕反动官吏，解散或捕杀反动的国民党部伪农协及其他反动团体”；“在过去农运略有基础或有会匪的县份，如星子、德安、永修、余干、永新、万安、临川、乐安等县须进行部分的捕杀豪绅反动派，抢夺政府或反动派枪支，暗杀官吏及反动的党部或团体的负责人”②。省委还同时制定了《江西全省秋暴煽动大纲》、《江西省革命委员会行动政纲》和《江西省苏维埃临时政纲》。

但是，此时江西全省党组织从省委到各县委都很不健全，有许多党组织还处于分散隐蔽状态，尚未恢复活动，所以省委制定的秋收暴动计划未能实现。9 月下旬，中共中央派陈潭秋接任江西省委书记。为了更好地创造条件发动秋收暴动，省委加紧调整和恢复各地党的组织，10 月底将全省改划为东西南北四区，分别成立中共特委，并将特委工作范围扩大，为省委以下县委以上的中间一级组织，其职权亦扩大。中共赣西特委遂于 1927 年 10 月在赣西万安县罗塘圩成立，曾延生为特委负责人。同月下旬，省委又派汪群到赣州，成立了中共赣南特委，汪群任特委书记。

由于各地党组织尤其是几个特委建立较迟，除万安等少数几县外，党的八七会议精神未能及时传达到基层党组织和广大党员中，省委制定的秋收暴动计划未能如期实现，引起中共中央的不满。于是，江西省委重新研究了全省的形势，于 1927 年 11 月 30 日重新制定了

① 《中共江西省委秋收暴动计划》，1927 年 9 月。见中共江西省委党史资料征集委员会、中共江西省委党史研究室编：《江西党史资料》第 4 辑，1987 年内部版，第 30 页。

② 《中共江西省委秋收暴动计划》，1927 年 9 月。见中共江西省委党史资料征集委员会、中共江西省委党史研究室编：《江西党史资料》第 4 辑，1987 年内部版，第 31—32 页。

一个全省武装割据计划,提出“赣西南准备于最近造成一个大的割据局面,赣东北与赣东联络一会[气]亦形成一个割据局面”①。这个计划得到中共中央支持。1927 年 12 月 11 日,广州起义爆发。为配合广州暴动,中共中央于 1927 年 12 月 14 日发出第 23 号通告,要求湘鄂赣 3 省迅速暴动,“农民割据的局面要立即开始”;要求“在江西应集中党团的力量到赣南赣西发动,与湘南湘东联合造成割据的局面”,特别要求“赣南湘南须立即发动”,以便“直接声援广东”②。中共中央还于 1927 年 12 月 13 日专门发出《江西工作计划》指示,要求江西省委取消特委一级组织,由省委经常派人分区巡视,直接指挥各地武装暴动。

为执行中央指示,实现赣西南武装割计划,1928 年 1 月 10 日,江西省委召开常委临时会议,专门讨论武装割据赣西南问题,作出了《赣西南目前工作决议案》。决议案说:“为着集中统一增强西南目前暴动的指挥起见,西南两特委虽已取消,然应共同组织一西南特别委员会,为党在省委下指挥西南暴动的最高机关。”③省委规定赣西南特委委员 9 人,其中农民 4 人(赣州 1 人,万安 2 人,宁冈 1 人),工人 1 人,知识分子 4 人,并指定由万安 1 农民和另外两名委员为常委。赣西南特委领导赣西、赣南 30 余县。《决议案》作出后,江西省委立即派共青团江西省委书记王为宪到赣州任中共赣西南特委书记。王为宪于 1928 年 2 月上旬赴中央汇报工作后,江西省委又派宛希俨到赣州任中共赣西南特委书记。赣西南特委成立后,机关设在赣州古城巷 2 号。

---

① 《江西省委致中央信——目前军阀混战下江西工作的情形与最近的策略》,1927 年 11 月 30 日。见中共江西省委党史资料征集委员会、中共江西省委党史研究室编《江西党史资料》第 4 辑,1987 年内部版,第 48 页。

② 中央档案馆:《中共中央文件选集》第 3 册,中共中央党校出版社 1989 年版,第 571 页。

③ 中共江西省委:《赣西南目前工作决议案》,1928 年 1 月 19 日。见中共江西省委党史资料征集委员会、中共江西省委党史研究室编:《江西党史资料》第 4 辑,1987 年内部版,第 103 页。

1928 年 1 月下旬始,中共中央为实现湘粤鄂赣四省总暴动计划,连续给江西省委发出指示信,要求江西立即发动全省总暴动,夺取江西全省政权,并强调指出:“赣西南割据局面之发展与完成为江西全省总暴动之先决条件,这个区域现在要切实注意,真能造成一全赣西南割据的局面。”①

按照中央要求,江西省委于 1928 年 2 月上旬重新制定了全省总暴动的准备工作计划。计划中将全省划分为 5 个暴动区:(一)西南区;(二)西北区;(三)东北区;(四)赣东区;(五)南浔路区。西南区包括:吉安、万安、遂川、泰和、永新、宁冈、安福、吉水、永丰、乐安、新余、兴国、赣州、南康、崇义、于都、信丰等县。西南区为全省总暴动的爆发点,东北、西北两区继续响应,再次为赣东区的暴动。对赣西南的暴动程序和暴动后革命斗争的发展方向,江西省委在工作计划中都作了详尽规定。

四、赣西南农民武装暴动

根据党的八七会议精神和江西省委武装割据赣西南的计划,在江西省委、赣西特委、赣南特委和后来成立的赣西南特委领导下,从 1927 年 11 月至 1928 年夏,赣西、赣南爆发了一系列声势浩大、影响深远的农民武装暴动。

(一)赣西农民武装暴动

1. 万安暴动

赣西南最先爆发的农民武装暴动是万安暴动。

万安县地处江西省西南部。该县在 1926 年 7 月就建立了中共支部,1927 年 6 月成立中共万安县委,至 1927 年 10 月,全县已建立 5 个中共区委,有共产党员 500 余人。大革命时期,该县农民运动蓬勃发展,至武装暴动时全县有 3/4 的地区实际已为农协势力占据。大革命

① 中央档案馆保存件:《中央致江西省委信》,1928 年 2 月 2 日。

失败后，万安县委曾一度与江西省委失去联系。南昌起义后，万安县委负责人曾天宇和张世熙派人去南昌寻找省委并汇报工作。1927 年 9 月中旬，派去南昌的同志带回中共中央八七会议文件和省委制定的秋收暴动计划。县委立即在罗塘至善小学召开全县党的代表会议，传达中央八七会议精神和省委关于秋收暴动的计划，研究决定举行武装暴动，攻打万安县城。会后不久，中共赣西特委代表曾延生以及中共长江局代表余球、省委代表汪群、团省委书记吴季冰等，都来到万安，指导暴动。10 月，在罗塘村召开的全县党的活动分子会议上，组成了以曾天宇为书记，以曾天宇、张世熙、刘光万、陈正人、余球、汪群、曾延生等为成员的"万安行动委员会"，作为暴动的总指挥机关；并且决定由曾天宇、张世熙、肖素民 3 人组成参谋部，负责策划指挥攻城战斗。会后，行动委员会一方面加紧进行暴动的各项准备；一方面将全县青壮农协会员统一编组为万安工农革命军，下辖 5 个纵队，共 14000 余人。从 1927 年 11 月 19 日至 12 月 31 日，万安县委率领全县工农革命军曾先后 3 次攻打万安县城，但皆因武器简陋敌强我弱而受挫。

万安县工农革命军 3 次攻打万安城受挫的消息，很快传到井冈山毛泽东处。毛泽东立即派人给万安工农革命军送信，予以鼓励，并询问是否需要井冈山工农革命军前来支援。万安县委复信请毛泽东率兵前往攻打遂川县城，作为策应。毛泽东果真如约，于 1928 年 1 月 5 日指挥井冈山工农革命军一举攻占遂川县城。遂川城守敌一个工兵连向万安县城逃窜，途中遭万安工农革命军伏击，损失惨重，残敌逃入万安城内。万安县委决定集中全县工农革命军 4 万余人分成 4 路，于 1928 年 1 月 9 日向万安县城发起第 4 次攻击。此次攻城组织严密，行动一致。总攻令一下，4 路纵队同时发起攻击，声势浩大，炮火轰鸣。城内守敌惧怕被歼，慌忙弃城，分水陆两路逃向赣州。万安城破，暴动胜利，全县欢呼。1928 年 1 月 11 日，在万安县城东湖洲召开 5000 多人群众大会，庆祝暴动胜利，宣布成立江西省第一个县级苏维埃政府——万安县工农兵苏维埃人民委员会(县苏维埃政府),选举雇农出身的刘光万为县人民委员会主席。

万安暴动的胜利,江西省第一个县级苏维埃政府的成立,开创了"江西革命最光荣的一个新纪元","为江西革命开辟了一个新的局面——苏维埃革命的局面"①。也为实现江西省委武装割据赣西南的计划打响了第一炮。万安工农革命军在数次攻打县城及与国民党军斗争中创造和形成了"坚壁清野,敌来我退,敌走我追,敌驻我扰,敌少我攻"②的灵活机动的战略战术。后来,毛泽东、朱德将它应用到井冈山斗争中,并发展和概括为著名的"敌进我退,敌驻我扰,敌疲我打,敌退我追"十六字诀,为红军游击战术的形成构筑了思想框架。

万安县苏维埃政府成立后,国民党政府十分惊恐。1928 年 1 月,国民党军第二十七师派出第八十一团和第七十九团 1 个营,向万安县城进攻。驻赣州国民党军方鼎英师亦派出两团兵力向万安进攻。为保存革命力量,1928 年 1 月 23 日,万安工农革命军和县苏维埃政府从县城撤退,转入山区,坚持斗争。国民党军占领万安后,疯狂报复,全县共产党员和革命群众 600 余人遭杀害。万安暴动领导人曾天宇在率部突围转移时,于 1928 年 3 月 5 日被 1 营敌军包围,开枪自尽,壮烈牺牲。同年 9 月,康克清等 80 余名农军在刘光万、游必安带领下,跟随前来接应的陈毅部队上了井冈山。

2. 东固暴动

东固位于吉安县(今属吉安市青原区)南部,与泰和、兴国、吉水、

① 《江西工农革命的纪录——江西第一个苏维埃——万安暴动的胜利》,1928 年 1 月到 3 月。中共江西省委党史资料征集委员会、中共江西省委党史研究室编:《江西党史资料》第 5 辑,1988 年内部版,第 35 页。

② 张世熙:《万安工农斗争及 1927 年 10 月至 1928 年 3 月大暴动经过情形》,1928 年 7 月 12 日。中共江西省委党史资料征集委员会、中共江西省委党史研究室编:《江西党史资料》第 5 辑,1988 年内部版,第 71 页。

永丰4县交界,是个四面环山的小盆地,地势险要,物产丰富,民风淳厚,是个“山高皇帝远”、地理位置十分重要、利于屯兵设伏和开展武装割据的好地方。

东固有一批青年学生大革命时期在吉安城读书,并先后加入共产党和共青团组织,成为吉安革命斗争的火种。大革命失败后,曾在吉安县教育局任督学的共产党员赖经邦、吉安县总工会秘书长曾炳春、吉安县农民协会常务委员高克念、吉安县农民协会招待委员汪安国等先后潜回家乡东固,开展革命活动。1927年9月下旬,赖经邦在本村敖上村秘密召集曾炳春、高克念、刘经化、汪安国等12名党员开会,成立了中共东龙(东固和南龙)支部,选举赖经邦任书记;同时决定重建东固农民协会,收集原九区农协的9支枪,建立东龙游击队,赖经邦为队长。会议决定积极做好准备,实行武装暴动。会后,赖经邦通过亲戚关系,很快争取到永丰县芹菜坑三点会绿林武装段起风(段月泉)部30余人、14支枪参加游击队,段起风任游击队副队长。赖经邦领导党员和游击队员又夺取了南龙土豪的11支枪,加上赖经邦原有的两支短枪,至10月底游击队发展到有近100人和36支长短枪。

1927年11月12日,东龙党支部乘吉安城国民党军调防、兵力空虚之机,举行武装暴动。当日,赖经邦、段起风率领东龙游击队60余名队员和100余名农协骨干,出击邻近的吉安县富田区,捉拿大土豪王初曦。不料王初曦已闻风而逃,只抓获其弟王良照,缴获长枪6支、子弹数十发。王家财产被没收,粮食衣物就地分给贫苦群众。11月13日,游击队和暴动队员又开赴与吉安城仅一江之隔的永和圩打土豪,筹得现款上万银元。11月18日,再次出击吉水县水南圩反动自卫军,缴枪16支。19日,游击队和暴动队伍返回富田,筹集军需物资,制作军服数百套。当月下旬,游击队和暴动队伍返回东固。

东固暴动的胜利,不仅沉重打击了吉安县东南地区王初曦为首的土豪劣绅反动势力,而且极大地鼓舞了吉安及其邻近几县党组织和农民群众的革命斗志。在暴动中经受了锻炼和考验的东龙游击队,成为赣西南革命武装割据的一支重要力量。

3. 泰和三十都暴动

三十都地处泰和县赣江东边山区,与兴国、万安县交界,有10余个自然村、300余户人家,属泰和县第五区。1927年8月,共产党员康纯前往广州,找到了中共广东省委书记张太雷,得到党的八七会议精神,随后回到泰和县三十都,于10月初召开党支部书记会议,传达八七会议精神,决定组织三十都地区农民举行武装暴动。会议召开当晚,便派人烧毁心田大土豪刘训年的油槽,点燃了革命烈火。随后,加紧发展党的组织,建立泰和第五区秘密农协,成立第五区农民自卫大队,萧拔群任大队长,开展打土豪和抗租税债抗粮斗争。至11月底,农民自卫大队发展到1000余人。11月26日,经中共赣西特委和中共泰和区委周密部署,康纯、萧拔群指挥三十都农民自卫军,会同曾天宇、萧玉成等率领的工农革命军,装扮成国民党军队,联合一举攻入泰和县城,缴获泰和县靖卫团与公安局枪支70余支,子弹6箱,冲锋刀80余把,捕捉城内土豪劣绅数十人,打开监狱救出革命同志和无辜百姓百余人。国民党泰和县县长高本初一行狼狈逃出城外。为防反动派反扑,农军连夜撤出县城。第2天,康纯率农军一部复入城内,又缴获手枪1支,国民党县政府铜印1枚和一批银元,将县政府的钱粮账册和所有契约付之一炬,并将缴获的银元分发给入城的贫苦农民和城内贫民。当日,攻城农民与前来反扑的国民党军两个连及靖卫团200余人战斗数小时后,顺利撤回河东。

泰和县反动派不甘失败,勾结驻吉安的国民党军以重兵向泰万边界地区数次发起进攻。五区农民自卫军与敌军激战数次,终因弹药耗尽,伤亡日增,只好将队伍暂时解散隐蔽。暴动领导人康纯、翁德阶、萧拔群、胡运椿等在隐蔽期间,不幸被敌人杀害。

4. 吉安延福暴动

延福地区位于吉安县北部，赣江西岸，与吉水、安福、峡江、新余、分宜等县交界，地势险峻偏僻，远离吉安和邻近中心县城，是个武装割据的好地方。

1927年9月，延福地区油田的共产党员李锦云、曾椿萱、彭万生等先后从外地秘密回到家乡；原在湖南工作的郭承禄、郭家庆等也返回到延福活动。他们迅速成立了中共延福支部，并准备建立革命武装，开展武装斗争。正在此时，一位被裁减下来的北伐军连长李育青，带领20余人、19支枪，流落延福北部的九龙山活动。李锦云获悉后，立即与该部联络。经耐心宣传教育，李育青决心率部参加革命。10月，中共延福支部以这支队伍为基础，在油田乡七里村成立油田游击队，李育青任队长。同月，中共塘东支部购得14支枪，成立塘东游击队。不久，塘东游击队缴获贩卖鸦片的国民党军27支枪，罚得现洋1.4万元。游击队用这笔罚款及打土豪的筹款，陆续购回100余支枪。1927年12月，中共延福区委成立，郭承禄任书记。区委下辖18个党支部，党员发展到100余人。各村农民协会也陆续建立，游击队和农协力量大增。区委根据中共赣西特委指示，于1927年12月间将油田、塘东两支游击队合编，成立中国工农革命军第三师第九纵队，纵队长李育青，党代表金万邦，参谋长刘泽民。全纵队共有200余人，160余支枪，下辖3个中队。

1928年1月，第九纵队在中共延福区委领导下，公开开展武装斗争。他们发动部分农民，首先捣毁塘东枧口钱粮局，捕杀其头目曹植清。接着，于1月30日一举攻克邻近的吉水县埠田圩，全歼驻圩内的靖卫团1个排，缴枪32支。随后，第九纵队又乘胜向附近的反动势力出击，先在分宜县上山寺角战斗中俘获1个排守敌，缴枪10余支；继而于2月间攻打安福县城，俘敌保安队10余人，缴枪数十支，筹款400元。

延福暴动的胜利,为吉安县北部赤色区域的建立打下了扎实的基础。在战斗中成长的第九纵队,成为赣西南革命武装割据斗争的又一支重要力量。

5. 永丰、吉安等地暴动

永丰县在1926年10月建立了中共永丰支部。大革命失败后,中共永丰支部转入县境南部藤田山区活动。1927年10月,共产党员袁振亚受中共赣西特委派遣,返回家乡永丰县开展革命活动。11月,他与原中共永丰区委委员吴江、严如玉等取得联系,成立中共永丰区委,袁振亚任书记。区委决定建立工农武装,开展武装斗争。同年12月,在藤田成立由原县工人纠察队队员80余人组成的永丰县工农革命军,有枪近60支。1928年1月22日,工农革命军会合藤田附近农民300余人攻打县城,未克。工农革命军退至潭头,与吉水县游击队汇合,合编组成永吉游击队,匡新民任队长,吴江任指导员。全队110余人、60余支枪。从1928年2月到6月,中共永丰区委又先后领导永丰县南部的芹溪、沙溪、藤田、石马等地农民暴动,建立了芹溪赤卫队(后发展为潭头游击队)、沙溪赤卫队、田心赤卫队。在这些地区暴动基础上,1928年6月13日公开成立了永丰县革命委员会。

吉安县西部有个官田村,1926年建立了中共支部。1927年秋,中共吉安县委派曾山到这里组织发动农民暴动。曾山与从武汉学兵团回来的共产党员肖世梅、肖志锋取得联系,恢复党的活动,成立党支部。至1928年2月,先后建立党支部16个。曾山等人组织共产党员和农协骨干以学拳术为名培训暴动骨干,并积极筹集武器。1928年5月27日(农历四月初九),曾山、肖世梅等得悉有十余名国民党兵携带6支步枪、1支短枪在下罗村抢劫,便立即组织暴动骨干和革命群众700余人前往围攻,夺取枪支。经过激战,缴获步枪4支,活捉国民党兵4名。战斗胜利后,曾山等又因势利导,指挥暴动农民前往大地主刘玉山家打土豪,得手后即召开庆祝暴动胜利大会。大会结束后,因组织不严密,暴动队伍陆续解散,暴动领导人遂转移到其他地方开展活动。

(二)赣南农民武装暴动

大革命失败后,赣南的共产党人并没有停止斗争。他们或转移到外地,或隐蔽在农村,等待时机,准备再掀革命高潮。南昌起义的消息,给赣南的共产党人以极大的鼓舞。曾参加南昌起义的一些赣南籍共产党人,如于都县的丘倜、李英、朱学玖、钟声楼,信丰县的萧凤鸣,南康县的钟肇尧,兴国县的陈奇涵、胡灿等,都陆续返回本县,与当地隐蔽的共产党员取得联系,迅速恢复了这些县党的组织活动。南昌起义部队撤离南昌南下广东时,途经赣南的石城、宁都、瑞金、会昌等县,对这些县的革命斗争产生了很大影响。1927 年 10 月中旬至 11 月下旬,朱德、陈毅、王尔琢等又率领从三河坝战斗中撤退下来的起义军第十一军第二十五师余部 800 余人,经福建武平进入赣南游击,在赣南的安远县天心圩整顿队伍,在信丰县整顿纪律,在大余县城对部队进行整编,在崇义县文英、上堡进行整训(史称“赣南四整”),不仅为中国共产党保存了南昌起义军革命火种,并且给赣南各县革命斗争以积极的影响。

为更好地领导赣南各县的农民武装暴动,中共江西省委于 1927 年 10 月派汪群等到赣州,建立了中共赣南特委,汪群任书记。特委成立后,立即在赣州城南门外柴火坪农民王华荣家中召开各县党的负责人会议,传达贯彻党的八七会议精神和省委关于秋收暴动的决议。同时,特委派出特委委员萧韶、丘倜、丛允中等,到于都、南康、信丰、赣县等县,协助这些县党组织向广大党员传达贯彻八七会议精神。经过几个月的组织发动,按照江西省委武装割据赣西南计划和江西总暴动计划,赣南各地农民武装暴动于 1928 年 2 月中旬爆发了。

1. 南康潭口暴动

南康县潭口镇位于赣州与南康县城之间,距赣州仅 20 公里。南康县共产党员廖贵潭、兰广孚、陈铁生、易有珍、罗贵波等在这里开展了较长时间的革命活动。1927 年 10 月中共南康临时县委成立后，在潭口与凤岗、龙回等地建立党支部，秘密发展党员 100 余人，农协会员 1000 余人。1927 年 12 月，中共赣南特委派丛允中向南康临时县委传达了八七会议精神和江西省委关于武装割据赣西南计划，要求临时县委加紧做好武装暴动准备工作。临时县委决定率先在条件较为具备的潭口镇发动暴动。于是，成立了由廖贵潭、罗贵波、兰广孚、钟肇尧等 7 人组成的潭口工农武装暴动委员会；组织了用 4 支步枪、1 支短枪和梭镖、大刀、土枪、土炮等装备起来的 100 余人的暴动队伍。1928 年 2 月 16 日深夜，廖贵潭、罗贵波等率领暴动武装，一举击溃潭口警察队，打死打伤国民党警察各 1 名，缴枪 2 支，占领了潭口镇，宣布成立潭口工农革命委员会。2 月 17 日上午，暴动队伍将潭口镇几家土豪的财物没收分配给贫苦群众。下午，新成立的潭口工农革命委员会召开了有数百人参加的群众大会。正当大会召开之时，驻赣州的国民党军出动 1 个营的兵力向潭口进攻。暴动领导人立即率领暴动队掩护群众撤退疏散，来不及转移的部分暴动骨干和群众被国民党军捉去，遭到严刑拷打，一些同志被敌人杀害。当晚，暴动委员会决定暴动队伍暂时分散隐蔽，已暴露身份的暴动领导人转移到外地隐蔽，待局势缓和后再图发展。

2. 赣县大埠暴动

大埠位于赣州东南方，距赣州城约 40 公里。1927 年初，大埠在赣州读书的青年学生朱如红、赖传珠等，在赣州加入中国共产党，从事革命活动。1927 年 10 月下旬中共赣南特委成立后不久，又成立了中共赣州县委，曾延生任书记，专门领导赣县农村斗争。赣州县委适时向全县党员传达了八七会议精神和省委、特委关于武装暴动的部署。大埠地区的共产党员按照县委、特委要求，选择峰山的崆峒小学为活动据点，成立招生委员会，以招生办学为名，向山下四周开展革命活动，建立党的组织和农民协会。至1928年2月,在大埠地区先后建立起4个党支部,发展党员100余人,秘密农协会员900余人。为准备武装暴动,党组织设法购买、筹集到9支步枪。暴动前,中共赣南特委和赣州县委派了两名八一起义部队留在赣南的军事干部(一名刘传雅,共产党员;一名向汉城),对暴动骨干进行军事训练。中共赣州县委书记曾延生主持召开了两次第三区党的负责人扩大会议,对暴动作出周密、具体部署。2月18日,赖传珠、钟正泉、谢家禧、朱如红、刘传雅等指挥2000余名暴动农民,分两路攻打大埠附近的赖村和彭屋两个地主堡垒,获得胜利,没收了土豪的财物分给农民。当天,在大埠圩召开大会,成立赣县南区工农革命委员会,推选黄世秦为主席,赖传珠等6人为委员。为巩固暴动胜利,工农革命委员会建立了一支70多人的常备暴动武装。

3月22日,暴动武装按预定计划向荷村、云洲土豪劣绅和反动民团发起攻击。暴动武装与敌人展开激烈战斗,终因敌强我弱,装备较差,遭受重大损失,许多暴动队员在突围中英勇牺牲。暴动领导人赖传珠、钟正泉、谢家禧等突出重围后,化装前往赣州寻找赣南特委和赣州县委。因特委、县委机关已经被国民党军独立第七师破坏,赖传珠辗转湖南,寻找毛泽东部上了井冈山,谢家禧等则返回赣县坚持斗争。因暴动失败,大埠地区被杀害群众达900余人。

3. 信丰暴动

信丰县至1927年9月,已建立中共支部12个,有党员70多人,还成立了中共信丰特区委,建立农民协会20余个,农协会员有8000余人。1927年10月下旬,朱德、陈毅率南昌起义军余部在信丰县活动时,中共信丰区委与朱德、陈毅部取得了联系,得到起义军的支持。11月,曾参加南昌起义的南昌《贯彻日报》编辑部副主任、中共党员萧凤鸣回到信丰县,加强了党组织领导力量。1928年初,成立中共信丰县委,萧凤鸣任书记。此时,八七会议精神和江西省委、赣南特委关于武装暴动的计划已经传达到信丰县党组织。党组织领导农民开展年关斗争，攻打九渡、大小窝等地的国民党厘金卡，缴获十几支步枪；还捕杀了在黄泥排收税的4名税警，缴枪4支，为全县农民暴动筹集了一批武器。

1928年2月初，中共赣西南特委派丛允中到信丰，向县委传达了特委要求立即暴动的命令。2月18日，县委书记萧凤鸣主持召开县委全体会议，对暴动作出部署。2月21日晚，县委又召开扩大会议，对暴动作出具体部署，并决定成立信丰县暴动总指挥部，由郭一清任总指挥，黄达任副总指挥，丛允中、萧凤鸣任党代表；同时成立信丰县工农革命委员会，黄维汉为主席，郭同薪、曾人超等19人为委员。2月22日晚，信丰县四乡的20余个村庄，锣声四起，火把通明。暴动农民听到锣声，在各乡农协领导人率领下，迅速集合，分头捕杀土豪劣绅，焚烧各种契据，没收土豪财产。23日凌晨，各地暴动农民1万余人，开始分4路攻打信丰县城。暴动总指挥部组织敢死队员裹着浸湿的棉被，冒着敌人弹雨攀登城墙；用装满炸药的“棺材炮”爆破城墙。终因城墙高厚，守城敌军火力猛烈，而未能攻入城内。攻城战斗前后持续10天。

3月4日，被围困在信丰城内的国民党县长李枝萱、县保安队长王廷骥和正在城内祭拜祖庙的小河民团团总王覃勋一起策划，派人乘夜色出城，向小河、大塘、安息、古陂等乡土豪劣绅送信求救。这些地方的土豪劣绅们纠集反动武装和地痞流氓3000余人，打着“保城”旗号，从背后向攻城的暴动队伍发起进攻，并乘乱从东门入城增援。城内敌人势力大增，即向城外攻城农民反击。攻城的暴动农民与敌人反复拉锯厮杀4天。3月8日，驻赣州的国民党军独立第七师，亦派出1个营的兵力进入信丰，向暴动农民进攻。城内敌人乘机倾巢反扑。在腹背受敌的紧急时刻，暴动总指挥部下令撤退。参加暴动攻城的农民除少部分队伍随暴动总指挥郭一清等退入山区坚持游击斗争外，其余返回各乡分散隐蔽。

4. 于都暴动

信丰暴动农民正在大举攻城之时,声势浩大的于都农民武装暴动也爆发了。

1927 年 11 月,中共赣南特委派特委委员萧韶到于都,向从南昌回来的原省农协常务委员丘倜等传达了八七会议精神和省委、特委文件,宣布特委指定丘倜为中共于都中心支部书记。随后,于都中心支部连续召开几次全县党的活动分子会议,统一思想认识,作出了举行全县农民暴动的决议,开展了紧张的暴动准备工作。两个月后,南乡里仁、西乡步前、罗坳和北乡桥头等乡村,建立起 10 个党支部,发展党员近百人,并普遍建立了农民协会。中共于都中心支部于 1928 年 1 月间发展为中共于都临时县委。为使暴动成功更有把握,暴动后能更好地坚持斗争,临时县委领导人丘倜、李英秘密前往赣南崇义县和湖南等地,寻找朱德、陈毅领导的南昌起义队伍,企望获得枪支。为扩大暴动力量,丘倜还前往本县西乡,与当地三点会"龙头"接洽,动员三点会成员参加暴动队伍。

1928 年 2 月下旬,中共赣南特委向于都临时县委下达了"立即暴动"命令,要求暴动后立即向县城进攻,夺取县城,成立工农革命政府和工农革命军。临时县委立即在南乡里仁的水镜村寨子脑,召开了西、南两处及城郊党支部书记和活动分子会议。会上对全县暴动作出部署,成立由萧韶、丘倜和李英组成的于都暴动总指挥部,同时分片指派专人负责指挥。

2 月 29 日晚,于都南乡 4000 多名暴动农民在暴动总指挥部统一指挥下,分头向土豪劣绅家中进发,捕杀了大土豪陈洪礼、刘伯纯等人。土豪财产全部被没收,田契债约全部被焚。于都西乡暴动于 3 月 2 日凌晨分罗坳、步前、柑子下三片同时举行。参加暴动的 2000 余农民,捕杀了罗坳大土豪赖洪周、熊梦兰等人,没收了十几家土豪的财产。在里仁、罗坳、步前暴动胜利的基础上，暴动总指挥部随即组织西、南两乡暴动农民6000余人，分西、南两路围攻于都县城。城内驻有国民党军独立第七师两营兵力。暴动队员们勇猛冲锋，但每次都被城内敌军击退。最终，暴动农民牺牲十余人，二三百间房屋被出城反击的敌人烧毁，攻城战斗被迫停止，暴动受挫。

西、南两乡农民暴动受挫后，暴动领导人萧韶、丘倜、李骏、李晓峰、萧大鹏等，又相继转移到于都县北部的桥头乡，与钟声楼、朱学玖一起，领导桥头农民1000余人，于3月23日举行暴动，前往攻打邻近的马安乡土豪劣绅把持的上宝土围。东固工农革命军第七纵队应中共于都临时县委之请，专程前来协助暴动。暴动队伍久攻土围不克，只好大部转移到马安圩开展武装宣传。第3天，桥头土豪钟朝珍从于都县城搬来1个营国民党军队作救兵，向正在马安圩开展武装宣传的暴动队伍发起进攻。暴动领导人丘倜、钟声楼、朱学玖等率部分暴动队员，转移至兴国县樟木山，第七纵队也离开桥头返回东固。国民党军和土豪劣绅在桥头纵火焚毁农民房屋数十栋，劫走农民大批财物，还用毒烟熏死躲入桥头石山洞内的暴动农民十余人。

5. 寻乌暴动

寻乌县位于江西省最南端，与广东省平远、龙川两县及附件武平县接壤。1927年秋冬，寻乌县在外地读书加入共产党的古柏、刘维鈩、刘维锷等十余人陆续返回家乡，成立中共寻乌支部。他们创办了中山学校作为开展革命活动的据点，将招收入校读书的学员作为革命骨干进行培养，并建立了革命组织“中山社”，还与遍布全县的三点会组织建立了联系。党支部在这两种组织中物色对象，发展农协会员1万余人，在10余个乡建立了农民协会。寻乌县党组织也迅速发展起来，1928年初成立了中共寻乌特区委，潘丽任书记。特区委根据江西省委和赣南特委暴动计划，紧张地进行全县农民大暴动的发动准备工作。

1928年3月25日，寻乌全县5万余农民在中共寻乌特区委领导下，分为县城、留车、南桥（牛斗光）、皇乡（菖莆）、龙图（中和）、城东（吉潭）等6路，分别由刘维鈩、刘维锷、古柏、钟锡球、潘叶煌、潘丽指挥，同时暴动。潘叶煌、古柏指挥的县城一路暴动队伍，攻占了县城，赶跑了国民党县长，捣毁了国民党县政府机关，打开监狱放出了被关押的无辜百姓，还捕杀了县电报局局长顾仁轩。暴动当天，召开庆祝暴动胜利大会，宣布成立寻乌县革命委员会，推选刘维鈩任县革命委员会主席。其他5路暴动队伍，也分别在当地打土豪，分浮财。暴动农民占据县城3天后，逃出城外的国民党县长谢寅，从本县澄江请来国民党军独立第七师营长胡会汉率领的两个连，并纠集各区土豪劣绅武装及叶子崇的土匪武装潘满山部，向寻乌县城反扑。城内暴动武装不敌，被迫撤出县城，13名暴动骨干惨遭杀害。由于敌人反扑，各路暴动队伍原定到县城会合的计划无法实现，很快解散。古柏、刘维鈩等召开紧急会议，安排暴动领导人和骨干分5路转移到外地隐蔽。刘维鈩、刘维锷等暴动领导人在转移途中遇难牺牲。

6. 兴国崇贤暴动

八一南昌起义后，兴国籍共产党员陈奇涵、胡灿、萧以佐等回到兴国。1927年10月，他们联络在县内的共产党员黄家煌等召开羊山会议，决定在全县发动群众开展“五抗”（抗租、抗债、抗税、抗捐、抗息）斗争。会后，还派出共产党员胡灿等打入地主豪绅的靖卫团，控制靖卫团武装；同时加紧争取三点会武装力量。1928年4月，中共兴国区委在长冈乡的冰心洞召开扩大会议，讨论举行武装暴动的有关事宜。5月11日，在东固工农革命军第七纵队协助下，共产党员谢云龙等领导农民揭竿而起，在靠近吉安、永丰两县边界地区的崇贤圩举行暴动，镇压了崇贤靖卫团总曾文绚和恶霸地主罗爵高、罗廉扬，没收了地主邹瑞槐家产，缴获邹家15支步枪、1支短枪，当天宣布成立崇贤农民协会。同年10月25日，兴国县鼎龙靖卫团20余人在共产党员张汉超等领导下也举行起义，镇压了当地土劣，给贫苦农民分了谷物。

赣南除上述农民武装暴动外，安远县茶梓圩贫苦农民在中共茶梓支部领导下，也于1928年夏举行武装暴动，镇压了当地的土豪劣绅。

赣西南农民武装暴动此起彼伏，声势浩大，历时经年，揭开了中国共产党领导下的武装割据赣西南斗争序幕。

五、闽西农民武装暴动

党的八七会议精神于1927年秋冬间传达到中共闽南临委及其所辖各县党组织。1927年12月4日至5日，根据中共中央指示，福建各县党的负责人在漳州召开联席会议，选举成立了中共福建临时省委。会上决定坚决贯彻八七会议精神，迅速发动和组织全省农民举行武装暴动。闽西各县党组织按照福建临时省委的要求，加紧了农民武装暴动的宣传发动和准备工作。

1. 龙岩后田暴动

后田村位于龙岩县城南10公里，有181户居民。大革命失败后，龙岩县的农民运动，在邓子恢、郭滴人等领导下，不仅没有停止，反而处于高涨状态，全县参加农协的农民发展到10万人。1927年11月，中共龙岩临时县委在后田村成立，不久又成立了中共后田支部。后田村农民反对土豪劣绅的斗争，日趋猛烈地开展起来。

1928年春节后，后田村农民协会为平抑暴涨的粮价，采取行动，禁止地主富农多余的米谷出口。同年3月4日，村中土劣唆使走狗陈北瑞打死农民2人，还阴谋杀害农协负责人，激起农民公愤。当日黄昏，村党支部书记陈锦辉带领几个农协会员埋伏于后田店仔角边，一枪打死从地主家中出来的陈北瑞，后田农民暴动由此爆发。农协及时召开群众大会，宣布地主的阴谋和陈北瑞的罪行，限令全村地主当场将田契债据交出烧毁，并宣布废租废债，没收地主田地分配给无地农民。农协还收缴了村中地主的武装，缴获步枪4支，鸟铳10余支和一批刀矛。3月5日，暴动农民劈开地主粮仓，将粮食分给农民。3月7日晚，龙岩临时县委决定扩大暴动规模，以后田农协名义召集白土乡农民400多人举行联欢会，庆祝后田农民暴动胜利，推动全乡农民参加斗争。

受到打击的土豪劣绅不甘心失败，凑钱到龙岩县城请来国民党福建省防军混成第一旅陈国辉部1团兵力。3月9日凌晨，国民党军分3路向后田发起进攻。中共龙岩临时县委书记罗怀盛、县委军事部长陈品三率领100多名农军，与敌激战两个多小时。农军因武器简陋，兵力不足，抵抗不住进攻之敌，只得撤退上山开展游击斗争。国民党军占领后田后，全村60余名暴动骨干和农民惨遭杀害。

2. 平和暴动

闽南的平和县与广东省饶平、大埔两县接壤。1926年10月，朱积垒在平和县长乐建立中共组织和农民协会，1927年秋成立了中共平和临时县委，下辖5个中共支部，有1000余农户加入农民协会。1928年2月11日，第一区农民代表200余人前往平和县城开会成立区农协时，受到国民党县政府破坏，5位农民代表被捕入狱。中共平和临时县委当即召开紧急会议，决定乘此举行农民武装暴动，攻打县城。会上，成立了暴动委员会，由朱积垒任总指挥，并决定成立福建工农革命军独立第一团，还联系广东饶平、大埔农军前来支援暴动。

3月8日，平和全县农民暴动爆发。当日凌晨，千余暴动农民在朱积垒率领下，冒雨从长乐乡出发，浩浩荡荡向县城开进，早晨6时许向县城北门、西门同时发起进攻，一举攻入城内。城内国民党县政府官员和反动武装慌忙从南门逃走。不久，负责攻打东门、南门的农军亦赶到。各路农军入城后，打开县监狱，救出被捕农友20余人。县公署和几家豪绅房屋被农军烧毁。逃至城外山上的敌军，发现暴动农军入城后秩序混乱，战斗力不强，遂向县城猛烈反扑。暴动总指挥朱积垒因攻城时负伤，不能指挥农军应敌，加上农军火药大多被雨淋湿失效，城内农军抵挡了一阵之后，被迫撤出县城，回到各乡。驻漳州的国民党军独立第四师师长张贞，应平和国民党县长方日中之请，派出营长陈织率1个营的兵力前往镇压暴动。长乐乡农民百余人与进攻之敌激战数小时,终因寡不敌众,撤退上山。敌军在长乐乡大肆烧杀抢掠,暴动农民遭受重大损失。暴动失败后,朱积垒率领部分暴动骨干与广东饶平、大埔农军会合,在平和一带坚持游击斗争。

3. 上杭蛟洋暴动

蛟洋位于上杭县东北部,是一个有500余户、2000余人口的大乡村。该乡有个大地主家庭出身的青年知识分子傅柏翠,早年留学日本时参加同盟会和中华革命党,回国后曾任国民党上杭县党部秘书兼代理常委。1927年9月,傅柏翠加入中国共产党,并任上杭县北四区(即蛟洋所在区)支部书记。他积极在家乡蛟洋开展农民运动,组织农民协会。1928年3月龙岩后田暴动失败后调到上杭县委任宣传部长的邓子恢也来到蛟洋,与傅柏翠一起领导农民斗争。傅柏翠带头从自己家开始减租减息,迫使其他地主也跟着减租减息,被豪绅地主把持的公堂财产也得到清算。农协还筹集资金购买单响步枪100余支,建立了农民武装。

1928年3月间,闽西土著军阀郭凤鸣要蛟洋农民交纳数千元军费。党组织和农民协会领导农民坚决抵制。郭凤鸣恼羞成怒,于6月25日派出驻上杭县城的钟铭清团两个营和驻连城县的罗藻补充团,围攻蛟洋。面对来势汹汹之敌,中共上杭县委书记郭慕亮和傅柏翠指挥蛟洋农民武装奋起抵抗。他们埋伏在敌军来路的山上,待敌近前时突然开火,给敌人以杀伤。但因农民武装用的都是单响枪和其他简陋武器,最终不敌敌军进攻,只得撤退上山。当日,郭凤鸣部占领蛟洋,随后烧杀抢掠3天。

蛟洋农民暴动失败后,中共上杭县委和傅柏翠等组织暴动农民100多人,上山开展游击斗争。

4. 永定暴动

永定县在1926年夏建立中共组织,1927年10月25日成立中共永定县委，罗秋天任县委书记，张鼎丞等为委员。1928年3月全县党员发展到200余人。广大农民纷纷加入农民协会和铁血团，与豪绅地主对抗。革命力量的迅猛发展引起永定县反动政府和豪绅地主的恐慌。他们在全县范围内组织了清乡委员会，策划镇压农民革命运动。根据形势的发展和中共中央八七会议精神及中共福建临时省委部署，中共永定县委决定举行全县暴动，推举张鼎丞任暴动总指挥，阮山、卢肇西为副总指挥。

1928年6月29日，暴动首先从湖雷乡发起。暴动队伍500余人在乡间收缴民团武装，镇压地主豪绅11人，焚毁田契债据。接着，暴动队伍开赴附近各乡。30日，在金砂赤竹坳店边集合的暴动队伍4000余人，肩抗土枪、土炮、梭镖、鸟铳，分3路前往攻打永定县城。7月1日清晨，县城被农军攻下，暴动农民涌入城内，直捣县衙和监狱。城内敌军凭着精良武器与暴动农民对抗。暴动农民无法打败敌军，激战几小时后，撤出城外，继续围困县城，拉锯3天未果，暴动农民方撤回各乡村。

这次暴动虽未攻占县城，但极大地鼓舞了永定及邻县广大农民斗志，为溪南区苏维埃政权的创建奠定了基础。

第四节
小块红色割据区域的出现

一、东固红色割据区域

东固暴动胜利后，赖经邦等率领暴动队伍于1927年11月下旬由富田返回东固。附近的几支绿林武装纷纷前来投奔游击队。1928年2月，中共赣西特委决定将东龙游击队与永吉游击队合编，同时吸收吉安、吉水、永丰等县部分工农青年，组建成立江西工农革命军第三师第七纵队。纵队长吴江，党代表兼参谋长赖经邦。随后不久，纵队长改由段起凤担任,党代表詹天龙,秘书长曾炳春、柏金梧,参谋长赖经邦,军需长邓浩春、钟昌艾。全纵队共150余人,80余支枪,除纵队部48人外,下分4个区队:第一区队长梁人杰,指导员朱继武;第二区队长肖大鹏,指导员郭枚;第三区队暂缺;第四区队长杨金芳,指导员邓知非。

第七纵队的成立,使东固的红色割据斗争有了一支坚强可靠的武装力量。七纵队成立后,以东固养军山为中心,积极向外开展游击活动,并与吉安县北部延福地区的江西工农革命军第三师第九纵队南北呼应,互相配合,打击反动势力。1928年3月至4月间,“永丰、兴国、于都三县交界处已形成割据”[①]。

同年5月,江西省委为加强对赣西南革命斗争领导,决定在东固设立赣西南行动委员会,刘士奇任书记,萧韶、丘倜、詹天龙、赖经邦等为委员。同时赣西特委调第九纵队东渡赣江到东固,与第七纵队配合作战,随后成立了七、九纵队总指挥部,总指挥叶天雷,以加强对七、九纵队军事行动的统一指挥[②]。6月30日,第七纵队向兴国县枫边靖卫团进攻时,赖经邦不幸牺牲。

1928年7月间,吉安、吉水、永丰、泰和、兴国等县靖卫团武装联合向东固根据地发动“五县会剿”。中共东龙区委和七纵队领导认真分析敌我形势,决定以敌进我退战术,组织七纵队和革命群众隐蔽在养军山上,使敌军找不到目标,然后寻机歼敌。敌军侵占东固后,四处骚扰20多天,始终不见七纵队踪影,放出风声说要“招抚”七纵队下山。

---

① 《江西省委给中央的报告——目前政治形势与朱毛红军发展情况》,1928年4月25日,中共江西省委党史资料征集委员会、中共江西省委党史研究室编:《江西党史资料》第4辑,1987年内部版,第142页。

② 丘倜:《于都农民暴动始末记》,中共江西省委党史资料征集委员会、中共江西省委党史研究室编《江西党史资料》第4辑,1987年内部版,第213页;于都县委党史办:《丘倜回忆录》(未刊稿)。

七纵队领导人将计就计，在东固圩给列队欢迎七纵队下山“受编”的敌军以猛烈的突然袭击。敌军措手不及，被打得四处溃逃。指挥“会剿”的敌军头目除吉安县县长邹松和吉水县靖卫团长郭子高逃走外，其余全部被歼。七纵队乘粉碎敌军“五县会剿”之势，积极向外扩展割据区域。

1928 年 8 月，东固第七纵队奉中共赣西特委命令西渡赣江，前往吉安县北部延福地区，与第九纵队一起联合行动，游击分宜、安福、新余各县。9 月，中共赣西特委命七、九纵队开赴吉水阜田进行短期休整。为适应武装斗争需要，便于统一指挥，中共赣西特委秘书长李文林奉命主持将七、九纵队合编，正式成立江西红军独立第二团，李文林任团长兼政治委员，段起凤任副团长，刘泽民任团参谋长，曾炳春任团政治部主任兼宣传队队长。全团 300 多人，160 余支枪，下设 4 个连、1 个宣传队。红二团的成立，使赣西革命武装建设产生了一个质的飞跃，以东固为中心的红色区域割据开始进入一个新的发展阶段。

红二团成立后不久，驻吉安城的国民党军向红二团发起进攻。红二团避实就虚，留下小部兵力在延福、阜田一带与当地农民武装坚持斗争，主力东渡赣江，12 月 10 日攻占乐安县城，缴枪 57 支，毙敌 6 名，俘敌 17 名。随后经宁都、黄陂等地，抵达兴国县东村，与于都桥头的红十五纵队会合。在兴国县党组织密切配合下，红二团与红十五纵队联合作战，采用里应外合战术，于 12 月 20 日凌晨突然攻占兴国县城，俘敌 30 多人，缴枪 110 余支，逮捕了大批反动分子，释放了 100 余名被关押的革命群众。此战胜利后，红二团发展到有枪 400 余支。

随着革命武装的发展壮大，东固红色割据区域也迅速巩固发展。在党的建设方面，1928 年 2 月成立中共东龙区委，同年 8 月改为中共东固区委，建立起 20 多个党支部，党员发展到 300 余人。在政权管理方面，虽未正式成立革命委员会或苏维埃政府，但成立了 24 个村农民协会和东固区农民协会。农民协会代替了旧有的政权组织。在战火纷飞的硝烟中,割据区域内开展了成绩卓著的经济文化建设。主要项目有:办起了小铁矿和小瓷土矿,建起了小兵工厂、锅炉厂、工具厂、农具修理厂、油墨腊纸厂;创办了东固平民银行,红二团捐助现洋4000元,同时发动群众集资,以此为基础,先后发行一元、伍角、二百文、一百文4种面值的纸币在割据区域内流通,币值稳定,信誉很好;办起了东固消费合作社,有总社和南龙、东固两个分社,除经营军民生活用品如布匹、油盐、食糖、火柴、鞋袜、烟丝外,还经营生产资料,收购贩运山货,帮助农民发展生产;开展集市贸易,交易活跃,商品充足,物价稳定;创办了东固赤色邮政分局,邮路畅通,邮件投寄正常;兴办起一所平民小学,招收适龄儿童100余人入学,各村也陆续办起小学校,编写了《农民讲话》等课本,组织农民学文化,扫除文盲;1928年10月,红二团还在三彩山坑创办了红军医院,聘请当地草药郎中为红军伤病员看病治伤,1929年3月该医院迁至东固瑶下,后改为赣西第一后方医院。

经过一年多的艰苦斗争和探索,东固红色割据区域不仅成为赣西南人民革命斗争的一面旗帜,成为土地革命运动前期赣西南重要的革命大本营之一,是赣西南苏区的重要基础和核心区域,而且成为创建中央苏区的重要基础。东固共产党人在领导红色割据斗争中,还探索出了一些十分有益的红色割据经验。1929年4月13日红四军前委在于都县城给中共湘赣边特委写信时说:“依照两年的经验,在全国至少有一省用总暴动方法推翻统治阶级的政权以前,小区域苏维埃政权公开的割据是有害而无益的。如湘潭、醴陵、平江、永新、莲花、遂川不仅失掉群众,连党也几乎失掉完了,不仅不能摆脱群众若干的经济痛苦,农村城市的经济基础一齐毁败完了,即此问题即是使群众失掉而有余。这番我们到东固则另是一种形式,反动势力已驱逐了,权利完全是我们的,但公开的政权机关和固定的赤卫队都没有,邮路是照常的,商业贸易是照常的,边界所受的痛苦此地完全没有,敌军到来寻不到目标,党的组织和群众的组织(农民协会)完全秘密着,在接近总暴动之前,这种形式是最好的,因为这种形式取得群众不致失掉群众。"[①]

这封信,是红四军前委书记毛泽东写给留在井冈山坚持斗争的湘赣边界特委的。可以看出,毛泽东当时对东固红色割据的做法和经验是颇为赞赏和首肯的。1930 年 1 月 5 日毛泽东在上杭县古田写给林彪的信中,将东固红色割据区域的斗争模式称之为"李文林式",并将其与"朱毛式"、"贺龙式"、"方志敏式"之根据地模式相提并论。[②] 这足以证明,东固红色割据斗争曾为中国共产党人探索中国革命正确道路作出过重要贡献。

二、桥头等地的红色割据区域

1928 年 3 月于都县桥头农民武装暴动失败后,暴动领导人朱学玖、钟声楼率领部分暴动农民转移到兴国县樟木山活动。随后中共于都临时县委书记丘倜主持召开暴动领导人会议,总结暴动失败教训,对创建于都县的工农革命武装作出了部署。

是年 4 月初,朱学玖、钟声楼等人将桥头暴动农民组织起来,在兴国县党组织负责人黄家煌的指导配合下,在兴国县樟木山成立了桥头游击队。游击队设法向当地三点会租来 14 支枪,又动员兴国县东村三点会首领管开炳带领部属及 13 支枪参加游击队;还动员活跃在兴国、于都两县边界的三点会武装曾老四、李周宾、邱老七、宋开炳部加入游击队。5 月,于都县西乡、南乡暴动领导人李骏、张文焕也分别带领西乡、南乡部分暴动队员转移到兴国县樟木山。6 月,以桥头游击队为基础,正式组建成立了赣南第一支正规工农革命武装——赣南工农革命军第十五纵队(不久后改称赣南红军第十五纵队),由管开炳任纵

① 《中共湘赣边特委报告(第二号)》,1929 年 6 月 6 日,见《湘赣革命根据地史料选编》上册,江西人民出版社 1984 年版,第 22 页。

② 《毛泽东给林彪的信》,1930 年 1 月 5 日,载中央档案馆编:《中共中央文件选集》第 5 册,中共中央党校出版社 1989 年版,第 554 页。

队长，朱学玖任纵队党代表，钟声楼任纵队参谋长。全纵队有200余人，30支枪。十五纵队成立后，以桥头为中心据点，活跃在于都、兴国、宁都三县边界地区，积极开展游击战争，打击土豪劣绅和地主武装。

随着武装斗争的开展，桥头及其邻近地区的党组织和农民协会组织也迅速发展。为适应斗争需要，1928年8月初，在桥头木鱼塘成立了中共于北特区委，雷振东（李骏）为书记；同时在桥头盘螺石成立了于北特区工农兵革命委员会，谢芳圣为主席；还成立了于北特区革命军事委员会，钟声楼任主席。兴国、于都、宁都、瑞金、会昌等5县边界区域，均为中共于北特区委和于北特区工农兵革命委员会的管辖区域。

于北特区党、政、军领导机构的建立，标志着桥头红色割据区域的初步形成。特区委和特区工农兵革命委员会领导割据区域军民，为巩固、发展红色区域开展了英勇的斗争。

1928年12月中旬，江西红军独立第二团辗转来到兴国县东村，与红十五纵队会合。两支革命武装紧密配合，于12月20日一举攻占兴国城。5天后，红十五纵队与红二团又在桥头的黄田脑、固石坑、琵琶垅等地，击溃分3路向桥头"进剿"的敌人，缴枪28支，保卫了桥头红色区域。

1929年1月8日，中共于北特区委以红十五纵队缴获的28支枪为基础，在兴国县碌脑成立以桥头农民为主体的赣南红军第十六纵队。钟先桐任纵队长，张文焕任党代表。兴国县党组织动员东村三点会头领曾老四带领部属加入红十六纵队后，由曾老四任纵队长，钟先桐改任参谋长，张文焕仍为党代表。全纵队约七八十人，枪60余支。与此同时，兴国县崇贤、城冈、东村、莲塘等地，也先后组建起小规模游击队。

1929年2月上旬，江西红军独立第二团再次攻占兴国县城。2月12日，红二团与红十五、十六纵队在兴国县东村会合。2月13日，中共于北特区委书记李骏和红二团团长兼党代表李文林，共同主持3支红军部队和兴桥边界党员活动分子会议，讨论部队合编问题。2月15日，在红二团帮助下，红十五纵队、红十六纵队以及桥头、东村、城冈、莲塘等地游击队，合编成立江西红军独立第四团，红十五纵队编为第一连，红十六纵队编为第二连，兴国县城冈游击队编为第三连，桥头、东村、坝子上的部分游击队编为第四连。红二团调出100多名骨干充实红四团。全团400多人，300多支枪。红四团团长段起凤，党代表金万邦，政治部主任鄢日新，参谋长刘泽民，士兵委员会主席黄志道。

江西红军独立第四团是在桥头红色割据区域组建的红军部队。它与江西红军独立第二团一起，成为赣西南地区最早创建的地方红军主力部队，后来被毛泽东、朱德称赞为“钢军”，是中国人民军队早期的著名部队之一。乘红四团成立声威，桥头红色区域不断扩大，不久与东固红色区域连成了一片，“从桥头到东固约200里左右尽系赤色区域”①。

除桥头红色割据区域之外，从1928年秋到1929年初，赣南还开辟了信（丰）安（远）定（南）边和寻乌县南部阳天嶂山区两小块红色割据区域。

活跃在信安定边红色割据区域的，是赣南工农革命军第十九纵队和第二十六纵队。

赣南工农革命军第十九纵队成立于1928年下半年。这年春天赣南各县农民武装暴动受挫后，安远县成为赣南东南部革命斗争的中心区域。南康县潭口暴动领导人罗贵波、廖贵潭、兰广孚等，都曾转移到安远县领导革命活动，罗贵波任中共安远县委书记。他们领导在安远

① 陈毅：《关于赣南、闽西、粤东江情况的报告》，1929年9月1日。中共江西省委党史资料征集委员会、中共江西省委党史研究室编：《江西党史资料》第4辑，1987年内部版，第167页。

县一些区、乡建立了党的组织和农民赤卫武装。1928 年下半年，在中共安远县委领导下，安远版石的赤卫队员和信丰县金鸡、新田的赤卫队员联合，组建成立了赣南工农革命军第十九纵队（后改称赣南红军第十九纵队）。兰广孚任纵队长。1929 年初在新田的一次战斗中，兰广孚壮烈牺牲，红十九纵队被打散。

赣南红军第二十六纵队成立于 1928 年 11 月。这年 2 月信丰县农民武装暴动失败后，暴动领导人郭一清、丛允中、黄达等率领一部分暴动农民，转移到信（丰）安（远）定（南）3 县边界的龙塘、鹤子山区。这一带居民郭姓居多。郭一清利用郭姓身份开展活动，在这里建立了党的组织和农民协会。7 月，郭一清领导建立龙塘游击队和鹤子游击队，分别有队员 100 余人和 60 余人。两支游击队都筹措到一些经费和一批枪弹。11 月，根据中共赣南临时特委指示，郭一清从龙塘游击队和鹤子游击队分别抽调一批骨干，加上信丰县一部分暴动武装，在定南县龙塘墟组建了赣南红军第二十六纵队，郭一清任纵队长，黄达任纵队党代表。下辖 2 个中队，每中队各有 60 余人、枪。红二十六纵队组建后，在信、安、定 3 县边界积极开展游击战争，打击土豪劣绅，建立了 3 县边界红色割据区域。

活跃在寻乌县南部阳天嶂红色割据区域的，是赣南工农革命军第二十一纵队。1928 年 3 月寻乌县农民武装暴动失败后，领导暴动的共产党人并没有停止活动。在古柏等领导下，1928 年 7 月间组织起一支短枪游击小组，由朱家珍任组长，邝任农任副组长。8 月，成立中共寻乌县委，古柏任书记。9 月间，在寻乌县南部的黄沙西云庵正式成立了赣南工农革命军第二十一纵队（后改称赣南红军第二十一纵队），钟锡球任纵队长，古柏任党代表（后改称政治委员），受中共寻乌县委领导。全纵队共 37 人，有单响枪 17 支、短枪 10 支。纵队下设 2 个班和 1 个短枪小组。红二十一纵队成立后，以寻乌县南部阳天嶂山区为中心，积极开展活动，队伍不断壮大，还配合广东东江红军刘光夏部攻打罗浮,缴获敌枪7支、子弹七八十发。至同年11月,二十一纵队发展到80余人、四五十支枪,扩建为3个排,每排2个班,每班7~9人,另设有1个短枪队。

三、永定溪南里红色割据区域

1928年7月3日,永定县溪南里参加暴动的队伍攻打县城受挫撤回溪南里乡间时,遇上了从上杭县赶来联络的中共上杭县委宣传部长邓子恢。邓子恢找到永定县委书记罗秋天,了解情况后建议永定县委赶快趁群众革命热情高涨,在农村开展土地革命。

永定县委经研究,接受了邓子恢的建议,首先从参加暴动的队伍中挑选200余人,在金砂金谷寺成立了一个红军营,由张鼎丞任营长,邓子恢任营党代表。下设3个连。这是闽西最早建立的地方红军部队。永定县委还将溪南里各乡18岁至45岁男性青壮年贫苦农民编成13个赤卫队,共300余人。永定县上湖雷和金丰等地参加暴动的部分农民武装200余人,在中共金丰区委领导下,也整编成立了工农革命军永定农民自卫队,由熊振声任队长,卢肇西任党代表,江德贤任政治部主任。永定红军营和各地赤卫队积极开展活动,抗击国民党军队和反动民团对暴动地区的进攻和报复,保护暴动农民生命财产安全。同时捉拿土豪,收缴枪支,没收土劣财产,烧毁田契债据,召开群众大会,宣布"二废"(废租、废债)"三抗"(抗捐、抗粮、抗税),并着手准备分配土地,选举产生乡苏维埃政府。

1928年9月中旬,溪南区工农兵代表大会在金砂乡金谷寺召开。大会选举成立了溪南区苏维埃政府,廖德修为主席。大会通过并颁布了土地法、劳动法、肃反条例、婚姻条例等。在创建溪南红色区域的斗争中,邓子恢负责领导分田。他召集20多位生产、社会经验都较丰富的老农调查座谈,研究制定出了深受农民欢迎、切合闽西农村实际的分田政策和分田方法,这就是:除自耕农土地不动外,其余所有土地全部没收,然后以乡为单位,以原耕为基础,抽多补少,按人口平均分配;

同时规定所有山林归乡、村公有,不予分配。在制定出分田政策和方法后,邓子恢首先选择溪南区金谷乡进行试点,然后迅速在全区各乡推开。在不到1个月的时间内,溪南区13个乡两万余人全都分到了土地。

永定暴动后,中共福建临时省委加强了对闽西革命斗争的领导。1928年7月15日,中共福建临时省委特派员王海萍,在永定县金砂古木督崇德楼主持召开上杭、永定、平和、龙岩4县县委负责人会议,成立了中共闽西临时特委,郭慕亮任书记,张鼎丞任组织部长,邓子恢任宣传部长;同时成立了闽西暴动委员会,王海萍任总指挥,张鼎丞、邓子恢、傅柏翠任副总指挥。会议决定将上杭、永定、龙岩的暴动武装整编成立闽西红军第七军第十九师,下辖3个团:龙岩白土和上杭蛟洋的暴动武装编为第五十五团,团长傅柏翠,党代表陈锦辉;永定金丰、上湖雷的武装编为第五十六团,团长熊振声,党代表卢肇西;永定溪南里的武装编为第五十七团,团长张鼎丞,党代表邓子恢。

闽西红军第七军第十九师成立后,立即向四周的白色据点发起进攻。红五十五团由傅柏翠率领开赴永定坎市、高陂、培丰等地,帮助举行太平里农民武装暴动,8月5日又帮助举行龙岩白土暴动。8月6日,杭永岩边3县暴动武装600余人由王海萍、傅柏翠指挥,分两路进攻龙岩城;攻城受挫后于8月8日转向进攻驻坎市的国民党军陈国辉部,再次受挫,伤亡甚多,余部只得撤回永定金砂与张鼎丞、邓子恢部汇合。随后,张鼎丞、傅柏翠率红五十五团、五十七团开赴丰稔一带,帮助当地农民举行暴动。8月下旬,第五十六团、五十七团由张鼎丞、熊振声、卢肇西率领,攻打了古竹、岐岭、下洋等地反动民团,还向平和县五坎地区出击,开展革命宣传。

但是,由于红军集中行动又缺乏军事指挥人才和武器弹药,红军成员又都是初次组织起来的农民队伍,恋家心切,战斗力很弱,当敌军向暴动区域进攻时,难以抵挡。特别是溪南里红色割据区域距离永定县城只有二三里，敌军时常前来骚扰，而当地红色武装又被调离到外地行动，缺乏红军部队、游击队保卫红色区域，致使溪南里红色区域不断遭受损失。为此，中共闽西临时特委和永定县委决定暂时采取退却策略，停止大规模武装斗争，各县队伍开回本地坚持斗争。溪南里区、乡苏维埃政府也停止公开活动，已经暴露的共产党员和革命骨干，或转移到外地继续斗争，或就地隐蔽起来。闽西临时特委机关迁驻永定坎市，不久遭破坏，后又秘密迁往上杭县。张鼎丞到上杭县合溪工作，邓子恢回到龙岩开展工作。

第二章

中央苏区的开创

第一节
朱毛红军出击赣南

一、柏露会议的决策

中央苏区是毛泽东、朱德率领红四军武装开辟、打造出来的。

1927 年 10 月毛泽东率领秋收起义部队抵达宁冈后，很快就在井冈山扎下根来。经过 4 个多月的苦心经营，至 1928 年 2 月，井冈山革命根据地已初具规模。1928 年 4 月下旬，朱德、陈毅率领湘南起义部队和南昌起义军余部来到井冈山，与毛泽东率领的工农革命军胜利会师，成立以朱德为军长、毛泽东为军党代表、王尔琢为军参谋长、陈毅为军士兵委员会主任的中国工农红军第四军。革命武装力量的壮大和军事斗争的胜利，有力地推动了湘赣边界“工农武装割据”的发展。6 月 23 日龙源口大捷后，井冈山根据地已建立了宁冈、永新、遂川、酃县、莲花等 5 个中共县委和茶陵特别区委，茶陵、遂川、宁冈、酃县、莲花等县相继建立了工农兵政府。根据地红色割据区域拥有宁冈、永新、莲花 3 个全县，吉安、安福各一小部分，遂川县北部，酃县东南部，茶陵县西南部，总面积有 7200 平方公里，人口 50 余万，是为边界全盛时期。

1928 年 11 月 6 日，经历八月失败的挫折后，根据中央来信精神，边界重新组成了边界党的最高领导机关——中共前敌委员会，以毛泽东、朱德、谭震林、宋乔生、毛科文等 5 人为委员，毛泽东为前委书记。11 月 14 日，在中共红四军第六次代表大会上，选举成立了中共红四军军委，朱德任书记。1928 年 12 月 10 日，平江起义后成立的中国工农红军第五军第四、五两个纵队，在军长彭德怀、军党代表滕代远率领下，也来到宁冈县新城，与红四军主力胜利会师。井冈山根据地红军力量迅速壮大，发展到 6000 余人。

1928 年 12 月下旬，国民党江西省政府主席朱培德和湖南省主席鲁涤平，调集重兵 18 个团约 3 万兵力，以何键、金汉鼎为“会剿”军正副总指挥，气势汹汹地向井冈山根据地发动了第三次“会剿”。1929 年 1 月初，湖南国民党军王捷俊部进逼莲花，吴尚部分别向茶陵、酃县、桂东一线增兵；江西方面，国民党军第十二师三十四旅、三十五旅已进抵永新、宁冈一线，第二十一旅已抵遂川。此时的井冈山根据地，已被国民党军铁桶似四面包围。井冈山上的五六千红军部队，除遭受国民党军的重兵包围外，还面临严重的经济困难。粮食储备不多，给养发生困难，弹药缺乏，药品奇缺，经费告罄。数九寒冬，大雪封山，红军指战员不少人还只穿两件破烂单衣。

为研究和确定打破湘赣敌军“会剿”、解决经济给养困难的对策，1929 年 1 月 4 日至 6 日，边界前委书记毛泽东在宁冈县柏露村主持召开前委、特委、各县县委、团特委和红四军军委、红五军军委联席会议。会议首先由毛泽东传达中共六大会议文件，接着分析敌军“会剿”形势，研究应对策略。会上出现三种意见：

第一派以守为攻说：积极准备边界八县群众的力量，凭藉井冈天险，引敌人到山下来攻，俟其疲敝，然后由红军及群众夹击消灭敌人。

第二派死守主义：在军事观点上断定井冈天险敌人不能攻破。在政治分析上，决定在三全大会敌人破裂可期（蒋桂战争），因此主张红军死守井冈，准备两月时期即可得最后胜算。

第三派抛弃边界说：红军应打圈子，到别处可另图发展，不要在边界死守，红军一去敌人也要退去，如此红军才能保存边界党及群众组织。①

会上3种意见争论激烈。毛泽东和前委多数同志对上述三种意见都不赞同。他们认为，“第一派的意见所谓夹击，实在把群众的力量太估量得大了，结果是夹攻不成红军陷在重围中无出路”；“第二派死守主义之不对在战略上是讲不通的，战略上只有死守待援，若无援可待而主张守，只是守死而不是死守”，“在井冈死守，内无粮草，外无救兵怎能坚固军心，期望蒋桂战争爆发，来解井冈之围这当然是一个毫无把握的事”；“第三派抛弃边界说，是忽略了红军与群众不可分离的关系，红军脱离群众走到白色地方受敌人包围更易消灭。群众在敌人进攻看着红军逃脱，一定失望要怨恨红军，结果于红军群众都有损失，所以第三派是红军自了，脱离群众的意见”，所以“前委以为死守主义，硬拼主义，自了主义，都是不对的”。②

毛泽东主张：井冈山根据地一定要守，不能轻易放弃，但也不能死守，必须采取积极行动，以一部分兵力留在山上，坚持内线防御，大部分红军主力出击，钻敌人的空子，绕到敌人侧后作战，使敌人穷于应付，并求得在外线消灭敌人，打破敌人“会剿”。此即所谓“围魏救赵”之策，以解井冈之围。

这个意见为多数人所接受。然而红军主力向哪个方向出击呢？

---

① 陈毅：《关于朱毛红军的党务概况报告（二）》，1929年9月1日，见《中共中央文件选集》第5册，中共中央党校出版社1989年版，第780页。

② 陈毅：《关于朱毛红军的党务概况报告（二）》，1929年9月1日，见《中共中央文件选集》第5册，中共中央党校出版社1989年版，第781页。

大家分析认为：湘鄂赣距大城市较近，且地区狭小，敌人运动方便，而红军不易回旋；湖南敌人兵力强大，群众斗争基础尚未恢复，故也不宜去。最后只剩下赣南一个方向可供选择。

毛泽东原本是不主张红军向赣南发展的。此前，江西省委和中共中央曾多次来信，要求朱毛红军向赣南发展，他都没有执行。其中原因如他在1928年11月25日给中央的报告所言："我们对于'以赣南为退步'的话，非经济上到了绝路，非往赣南就无法维持时，决不走此一路。万不得已时也许要往赣南，但完全是为经济而不是政治的意义；政治意义上我们始终认为罗霄山脉中段政权之创造与扩大这个政策，是十分必要与十分正确的。"[①]现在红军已处于这种危险境地，毛泽东只好同意多数同志"向赣南出击的意见"。于是联席会议作出决定：以红四军主力二十八团、三十一团和军独立营、特务营，由前委和红四军军部率领，沿湘粤赣边界向赣南出击，"以迅速手段占领江西敌人后方，乘虚而入，使江西军队回兵救援"[②]，而后红四军主力再回师井冈山；同时，决定红五军与红四军合编，彭德怀和滕代远分任四军副军长和副党代表，原红五军第四、五纵队编为红四军第三十团，和熟悉井冈山地形的红四军第三十二团（原袁文才、王佐农军改编成），配以边界各县地方武装，由彭德怀、滕代远、何长工等统一指挥，坚持和保卫井冈山。

为加强留守红军的领导力量，还从红四军主力中调出一批在边界军民中有一定威信的军事、政治干部如张子清、何长工、陈毅安、徐彦刚、李克如、游雪程、陈伯钧等留在边界领导斗争，任命何长工任红三十二团党代表兼中共宁冈县委书记。鉴于湘赣边界土、客籍矛盾尖

---

① 《毛泽东选集》，1948年东北书店出版发行。

② 陈毅：《关于朱毛红军的党务概况报告（二）》，1929年9月1日，见《中共中央文件选集》第5册，中共中央党校出版社1989年版，第782页。

锐,为有利于坚守和保卫井冈山的斗争,决定将原红三十二团团长袁文才调任红四军参谋长,原中共宁冈县委书记刘辉霄调任前委秘书长,随红四军出发赣南。随红四军行动的边界前委,改为中共红四军前委,为红四军最高领导机关。前委设立了工农运动委员会,专门负责指导出击赣南途经各地的工农革命斗争。联席会议结束后,出击赣南的部队和留守井冈山的军民,分头展开紧张的准备工作。毛泽东还要陈毅主持起草印制了通俗易懂的四字文体《红军第四军司令部布告》和《共产党宣言》,供沿途张贴散发,宣传阐述共产党和红军的政策主张。

1929 年 1 月中旬,湘赣边界接连下了几场大雪,井冈山上下冰封雪冻,寒风刺骨。1 月 13 日,准备出击赣南的红四军各部在茨坪小行洲集结。14 日凌晨,全军 3600 余人携带 1500 余支枪,从小行洲出发,顺着通往遂川县大汾的羊肠小道,冒风踏雪,攀藤附葛,艰难地突围前进。15 日午后 3 时许,在大汾击溃遂川保安团阻击,部队折向赣南,1 月 17 日到达上犹县营前圩。当晚,毛泽东和朱德在象牙村陈屋召集上犹县党员开会,了解情况。前委工农运动委员会张贴了大量《红军第四军司令部布告》和《共产党宣言》以及其他革命标语。

二、大余受挫

1929 年 1 月 18 日,红四军进抵崇义县杰坝。晚上,毛泽东、朱德、陈毅等召集崇义县共产党员周然、陈必凯等十余人座谈调查,布置工作。19 日,红四军进占崇义县城,打开县监狱,救出被关押的工农群众。当晚,毛泽东与朱德一起在县城张家祠召集崇义部分党员和师训所进步青年座谈,讨论发动群众、开展革命斗争问题。20 日,军部工农运动委员会在崇义县城城隍庙背大坪召开军民大会。毛泽东在会上演讲,号召群众起来,打倒土豪劣绅,建立工农政权。

1 月 21 日,红四军离开崇义,按预定计划经崇义县铅厂、义安,向大余县城进发。驻大余县城的国民党保安团闻红军来攻,弃城逃跑。

23 日，红军顺利进占大余县城。入城后，红四军前委和军部机关驻县城老城天主堂内；二十八团布置在城东北金莲山下，警戒赣州方向敌人；三十一团占据城西高山监视崇义方向来的敌人；军独立营、特务营驻城内保卫军部机关。当天上午，前委在老城西街吕屋召开全军排以上干部会议，布置工作任务；下午在县城中山桥下游章江南岸的河坝上举行军民大会，毛泽东在会上讲话。当晚，红四军前委在老城天主堂召开连以上干部参加的军事会议，研究决定在大余、信丰、南康一带与追赶而来的国民党军作战，以消灭敌人，实现"围魏救赵"计划。会上与会者对应敌方案发表了很多意见。深夜举手表决，大家同意在大余应敌。但是，毛泽东和朱德对大家的意见未作最后决策，只作一般布置，便宣布散会。

其实，红四军从茨坪出发向赣南出击当天，敌人即已发现红四军主力行踪。敌"会剿"总指挥部急令进到遂川县城的第一路军第七师第二十一旅，并指挥驻赣州的国民党军第五师第十五旅（原独立第七师改编）第二十九团、第三十团，和第十二师第三十四旅第六十八团，追击红四军主力；命令第五路军先头部队第五十五旅，由湖南资兴直插桂东桥头进行截击和追击；并电请粤军出兵大余堵击。敌第七师第二十一旅曾在遂川与红军交战中获胜，敌旅长李文彬骄横狡诈，得令后率全旅抄近路向赣南追赶，1 月 23 日即已进至大余县新城、池江一线，当晚其先头部队悄然占据大余城东北的制高点天柱山、惜母岭，准备次日一早向城内红军发起突然袭击。

这时负责警戒赣州方向敌军的红二十八团团长林彪，23 日晚散会后未执行军部命令，向赣州方向的池江、新城一线派出警戒部队。待 24 日晨红二十八团集合开早饭时，早已在天柱山、惜母岭制高点架起机枪的敌军，突然向驻守金莲山的红二十八团三营十一连猛烈扫射。该连连长一边指挥部队抵抗，一边派人向林彪报告敌情。林彪断定进攻之敌是李文彬第二十一旅，组织红一连抵抗了一阵，发现敌人兵力数倍于己，火力强大，便命红十一连继续抵抗，自己返回团部，与党代表何挺颖商议，要组织全团撤退。何挺颖深知此战关系重大，坚决反对擅自撤退，亲自带领部队向敌军发起猛烈反击，刚打退敌人两次进攻就身负重伤，被几个战士抬了下来。部队一时失去指挥，纷纷后退。身为团长的林彪此时不仅未指挥部队反击，竟然跟着溃退的部队往后撤。

敌军向红二十八团部队发起攻击时，军部工农运动委员会成员和部分部队已分头出发，到城内街巷和城外西华山钨矿做群众工作，陈毅已去到街巷中，朱德已前往三十一团阵地。毛泽东向来有晚睡晚起的习惯，刚起床就听到东城外响枪。他急往城东赶去，正好碰上陈毅也朝城东赶来。他们出城没走多远，就发现二十八团已朝城内退来，林彪也在其中。毛泽东大怒，猛然喝道："林彪，你为什么不指挥部队抵抗，你跑到哪里去？"

林彪听到喝问，停下脚步，发现是毛泽东和陈毅到了跟前，面有难色，回答说："还有什么好抵抗的？"毛泽东说："你无论如何要抵抗啊，不抵抗，一下去就不好办，无论如何要打好！"林彪仍拒而不听，要往后退。陈毅见状，喝令林彪："你回来！你总要打几个反冲锋，把敌人压下去，不然收不住队伍！"林彪还是不听。毛泽东要陈毅想办法。陈毅发现有位排长就在附近，立即命令他带领全排坚决守住附近的一个小山包，保护毛泽东安全。①

在此危急时刻，朱德军长从三十一团赶回到军部，立即组织军独立营赶赴东门外向天柱山上的敌军反击。三十一团团长伍中豪也带领部队迅速控制县城东面制高点，掩护军部和辎重队伍向城南撤退。独立营和二十八团与敌激战至下午，虽未将敌打退，但为集合做群众工作的部队赢得了时间。战斗中，独立营营长张威牺牲。在三十一团

① 《陈毅同志"九·一三"以后的讲话》（内刊稿），1971 年 10 月下旬。

掩护下，军部和二十八团撤出城外，各部向预先指定的集合地点广东省南雄县乌迳镇转移。仓促慌乱中，军部工作人员跟随三十一团机炮连及二十八团被打散部队行动；毛泽东、朱德与前委机关及军部机关已失去联系，只得随三十一团撤退；三十一团与二十八团也失去联系。当晚转移途中，三十一团主力在南雄县平顶坳遭到追赶而来的国民党军第十五旅第二十九团和第三十团袭击，营长周舫牺牲，在大余县城筹得的1万余元现洋也丢失了。

1月25日傍晚，毛泽东、朱德在南雄县乌迳与军部机关及二十八团取得联络。可是当晚在乌迳宿营时刚刚入睡，就得到南雄县党组织派人送来的紧急情报，得知乌迳民团和国民党军第十五旅已追赶而至。半夜时分，毛泽东和朱德指挥部队紧急突围。突围时，军参谋长袁文才和前委秘书长刘辉霄等人竟不辞而别。后来，袁文才一行返回井冈山。

三、圳下之溃

乌迳突围后，红四军踏着积雪摸黑沿赣粤边境向信丰县方向前进，饿着肚子连续行军作战十几个小时，1月26日抵达信丰县崇仙，击退当地民团，停下休息。在此，前委得悉安远、定南、信丰3县边境有共产党领导的游击队活动。27日凌晨，部队遂经龙南县东坑向这一地区前进。沿途所经之地到处是地主豪绅的土围（当地人称之为“围龙屋”）和民团。红军不断遭到袭击，前有堵截，后有追兵，既找不到粮食，也找不到向导，寒冷彻骨，薄衣单衫，赤脚行军，鲜血淌地，到了最为困难的境地，却没有人叫苦脱逃，大家咬紧牙关，坚持斗争。毛泽东、朱德与大家一样饿着肚子行军，他们的马都让给伤病员骑乘。1月29日，红四军到达定南县月子岗，后卫部队与追击而来的国民党军第十五旅先头部队激战，掩护主力于30日赶到定南县龙塘圩，与在这一带活动的赣南红军第二十六纵队取得了联系。通过与红二十六纵队纵队长郭一清和纵队党代表黄达交谈，毛泽东、朱德初步了解到当地情况。为使疲惫已极的红军部队得到休息补充，以振军威，毛泽东、朱德决定攻打安远县城。红二十六纵队奉命牵制敌军，红四军当日向安远城方向前进，毛泽东以红四军前委名义去信中共安远县委书记罗贵波，要求县委立即组织群众武装暴动，配合红军攻城。

罗贵波接到毛泽东指示信后，连夜召开县委会议研究部署。县委一面派出人员将所有能组织的群众都武装起来，组成暴动队；一面派县委领导人魏宗周前往迎接红四军。魏宗周赶到安远县南部孔田圩时，得悉敌军几个团与当地地主民团已准备在孔田北面的太平圩夹击红四军。他立即找到红四军军部，将情况向毛泽东、朱德报告。红四军军部只得改变计划，由红二十六纵队党代表黄达带路，改道向寻乌县方向前进。

1929 年 1 月 31 日，红四军抵达寻乌县菖莆圩，与中共寻乌县委书记兼红二十一纵队党代表古柏取得联系。古柏等向毛泽东和朱德汇报寻乌和赣南革命斗争情况，建议红四军转向寻乌县项山罗福嶂，在闽粤赣 3 省交界的大山中找一个落脚点。根据古柏建议，2 月 1 日，毛泽东、朱德率领部队直奔罗福嶂，经留车、青龙、双茶亭，当夜宿营于吉潭圳下村。毛泽东与前委机关住在村中围上大屋，朱德与军部住在村中文昌阁，前卫红三十一团与后卫红二十八团相距约 4 公里。

2 月 2 日凌晨，前卫红三十一团已经出发，后卫红二十八团团长林彪违反规定，不等军部开拔就已撤哨，开始移动；住在前委和军部附近的特务营、独立营正整装待发；前委和军部机关刚开早饭，毛泽东还未起床。就在这时候，尾追而来的敌刘士毅第十五旅先头部队，乘着朦胧晨曦，绕过红二十八团驻地，突然向驻在圳下村中的红四军军部袭击。一时枪声骤起，红军还以为是村中百姓放鞭炮。待前委工农运动委员会副主任谭震林和前委秘书江华（原名黄春圃，原前委秘书长刘辉霄离队后任前委秘书）听清是枪声时，敌人已冲到离军部驻地仅几十米的地方。谭震林和江华一边抵抗，一边命警卫员赶紧叫醒毛党代表,并通知军长撤退。被枪声惊醒的毛泽东,由警卫班掩护从后门突围出去。村中一条小河,河上有座小桥,桥上桥下挤满了争相过桥的红军战士,一片混乱。毛泽东飞快上前,朝挤在桥头的红军大喊:“不要跑,要抵抗敌人!”但声音太小,无人理睬。这时,毛泽东夫人贺子珍赶到。毛泽东向贺子珍要过手枪,朝天开了一枪,大喊道:“不要跑!要抵抗敌人!”贺子珍也合着毛泽东声音大喊。警卫班跟了上来,大家齐声大喊:“不要跑!要抵抗敌人!”警卫班依托河沿向追来的敌军射击,这时混乱的战士们纷纷加入抵抗的行列。敌人被顶住了。毛泽东和贺子珍由警卫班掩护,涉水过河,突围上山。

此时,住在村中文昌阁的朱德军长,也手提冲锋枪与警卫排一起,杀开一条血路,突围出来。朱德军长夫人伍若兰与前委工农运动委员会妇女组组长曾志一起,跟在朱德后边一起突围。不料伍若兰在爬一个土坎时腿部中弹,负伤倒地,不幸被俘,后被押解至赣州。她坚贞不屈,2 月 12 日在赣州城卫府里被国民党军杀害。在大余战斗中身负重伤的二十八团党代表何挺颖,因团长林彪未派专人护卫而坠马牺牲。前委工农运动委员会宣传科长毛泽覃,身负重伤,幸而突围。军士兵委员会主任陈毅和谭震林、江华一起,冒着弹雨从前门冲出,机智脱险。担任前卫的三十一团听到后面枪声紧密,赶紧回头接应,只见到毛泽东等人,打回村中,既不见军长,也不知二十八团去向。他们一直等了两三个小时,才看见军长带着警卫排从一条小路赶了上来。中午时分,仍溃不成军。毛泽东和朱德只好和三十一团、军特务营和独立营部队,按预定目标,前往项山罗福嶂落脚。

从大余受挫到圳下溃败,红四军在转战赣南途中饥疲困顿,损兵折将,十分狼狈,原定“围魏救赵”计划亦无法实现。诚如毛泽东是年

3月20日给中央报告所言:“是为我军最困难的时候。”[①]造成这种局面的主要原因,一是红四军在大余县城时对敌情了解不够,前委的应敌部署欠周密;二是二十八团团长林彪连续两次疏忽失职,难辞其咎。

四、罗福嶂会议的应变举措

红四军自寻乌圳下村突围后,当日深夜才在项山罗福嶂会合聚首,相互间取得联络。

罗福嶂是一个有几十户人家的山村,四周几十里都是高山,中间一块峡长盆地。毛泽东、朱德会合在一起后,率领军部住在村中芹菜塘大庙中。红四军此时处于自井冈山下山以来最为困难的绝境之中。全军“在大余信丰寻乌损失约二百支枪,六百个人(多数是作战时失去联络)”[②]。部队早已断粮,官兵连续七八天半饥半饱;几次战斗加上寒冷饥饿,伤病员剧增,又无处安置,只得用担架抬着行军、转移;弹药损耗殆尽,屡次战败,又无缴获补充。一时,部队士气低落,埋怨情绪日增。

面对红四军所处困境,2月3日,毛泽东在罗福嶂主持召开前委扩大会议,研究对策。会议作出如下决定:(一)全军向吉安东固前进,设法与江西红军独立第二团联系,先休整补充,再寻机打回井冈山。(二)为便于机动应对局势,对部队进行整编,将团的建制改为纵队建制,原二十八团、三十一团分别改为第一、三纵队,军独立营和特务营编为第二纵队。(三)鉴于眼下局势严峻,部队随时有被敌打散的可能,决定军部领导人分别随3个纵队行动,分工是:陈毅与林彪带一纵队行动,朱德随二纵队行动,毛泽东随三纵队行动;行军时3个纵队分头行动,以便互相照应。(四)确定了应付最困难局面的办法,就是万

① 江西省档案馆、江西省委党校党史教研室编:《中央革命根据地史料选编》(中),江西人民出版社1982年版,第68页。

② 《红军第四军前委给中央的信》,1929年4月5日。中央档案馆编:《中共中央文件选集》第5册,中共中央党校出版社1989年版,第678页。

一部队被打散了，可以回大城市彼此用化名登报联系，并确定毛泽东化名为“杨子任”，朱德化名为“王楷”，其他领导人也都各自确定了自己的化名。（五）为减少层次，便于机断，决定撤销红四军军委，将一切权力集中于前委。毛泽东在会上一再强调，全军前进方向是经瑞金、宁都到吉安东固，不到万不得已时不实行分兵行动计划。[①]

会上有人提出：自下山以来几次战斗一再失利，部队不够精简、轻装是个重要原因，特别是女同志，有的怀孕，有的身体不好，不仅拖累了部队，还分散了指挥员的精力。有人提出：既然寻乌有党的地方组织，不如将体弱的女同志留下来，交给寻乌当地的党组织安排。林彪在会上不检讨自己的错误与失职，反过来也把责任推给女红军，他甚至主张将所有的女同志全部清除出红军。林彪的意见得到不少人的附和，却遭到前委妇女组组长曾志的坚决反对，毛泽东也明确表示不赞成林彪的错误主张。一番争议之后，这个意见未被通过。[②] 但是在后来的行军路上，林彪一直对女同志耿耿于怀，扬言要将跟随二十八团行动的女同志捉拿捆绑，移送地方，吓得不少女战士一路行军都只好躲躲藏藏，不敢露面。[③] 只是由于敌情急迫，这次在前委扩大会上作出的关于部队整编的决定，并未实施，部队仍按原编制、番号行动，毛泽东、朱德等军部领导人原拟定的分兵行动计划，实际上也未执行。每天行军，全军还是统一行动。

五、鏖战大柏地

前委罗福嶂会议将近结束时，中共寻乌县委书记古柏匆匆赶来报告：国民党军队已从四面合围过来。毛泽东和军部决定全军按此次会议决定立即向东固前进。

---

① 《陈毅同志“九·一三”以后的讲话》（内刊稿），1971 年 10 月下旬。

② 《一个革命的幸存者——曾志回忆实录》（上），广东人民出版社 1999 年版，第 85 页。

③ 江华：《追忆与思考》，浙江人民出版社 1991 年版，第 64—65 页。

1929年2月4日凌晨，红四军从罗福嶂出发，沿着赣闽边界崎岖山道前进。当晚，在寻乌县罗塘再遇国民党军刘士毅第十五旅阻击，遂折向福建武平县东留、太阳桥，然后转入江西会昌县东部的河头、半迳。2月7日红四军抵达瑞金县拔英、武阳一带，渡过绵江。2月8日下午，据守瑞金城的国民党福建省防军混成第二旅郭凤鸣部1个营闻风而逃，红二十八团绕过县城进抵瑞金县北大柏地，红三十一团进占瑞金城，军独立营、特务营宿营于黄柏圩。午后3时许，毛泽东派张宗逊带一个连保护贺子珍入瑞金城收集报纸。他和朱德、陈毅等和军直属队在距宿营地黄柏圩约4华里的一片小松林中等待。黄昏时，贺子珍、张宗逊等完成任务从城内出来，不料追敌刘士毅部先头部队已赶到城外并发现了他们。敌人一边开枪一边追赶。贺子珍不顾子弹嗖嗖从身边飞过，抱着报纸策马狂奔，张宗逊指挥部队顽强抵抗，边打边退。在小松林中等待贺子珍他们的毛泽东、朱德、陈毅等人再次处于危险境地。紧急时刻，朱德抽出手枪要亲自上阵阻击，被毛泽东拦住。陈毅见状，奋臂一呼："军直属队跟我来！"旋即带着军直属队30余人直扑追来的敌军，与张宗逊带领的连队一起，一举将敌人击退，掩护毛泽东和朱德向黄柏圩撤退。当晚毛泽东翻阅报纸，查明追赶而来的敌军系国民党军第十五旅刘士毅部第二十九团和三十团。

2月9日，毛泽东、朱德率军部和独立营、特务营进至大柏地王家祠宿营，红三十一团为右路从瑞金城出发绕道进抵大柏地王家祠北边为前卫，红二十八团宿营大柏地麻子坳为后卫。2月10日，正是农历除夕。按军部命令，当天全军应从大柏地出发向宁都县城方向前进。清晨，被敌人追得疲惫不堪的前卫红三十一团正要出发时，不料该团三营党代表和营长陈明代表全营向军部请战，誓与追敌刘士毅部"决一死战"。面对这突如其来的军情变故，毛泽东、朱德立即召开前委紧急扩大会议，商研对策。朱德已仔细观察过大柏地地形，发现大柏地麻子坳狭长10华里，两边峰峦叠嶂山林茂密，仅沟底一条小路向北可通宁都，是打伏击的好战场。毛泽东亦认为，追敌刘士毅第十五旅是红军的老对手，兵骄将傲，却不经打。红四军自下山以来被这股敌人追得精疲力尽，将士们对该敌恨得咬牙切齿，求战心切，斗志高昂，士气可用。

毛泽东、朱德顺应军心，果断作出决定：此仗必打，以振军威。会上当即部署，兵分3路：三十一团及军特务营占领麻子坳东侧山头设伏；二十八团三营在麻子坳西侧制高点占领阵地，一营从右翼向敌侧后迂回断敌退路，二营在敌来路上诱敌进入伏击圈，并占领有利阵地，阻击敌人前进，掩护主力展开；军独立营和直属队为预备队，随军部行动。当日上午，各部分头行动。此时，大柏地村中的老百姓因对红军不了解，已逃避一空。部队已经一天未吃饭，饥饿难耐。有人建议让部队先动用村中百姓的粮食和食品，算清价钱，留下欠条，待以后如数归还，得到毛泽东的批准。部队吃了一顿饱饭，精神抖擞。

2月10日下午2时许，追敌刘士毅部第十五旅先头部队与红二十八团二营接触，战斗打响。二营营长萧克和营党代表胡世俭，命令部队故意将行李摆放路头，与敌人打一阵，退一阵，佯装败退，将敌人大部队诱入预设伏击圈。随后，他们依托有利地形，顶住敌人前进。战斗中，营党代表胡世俭负重伤后牺牲。当晚，红军与刘士毅部在大柏地对峙。

2月11日，正值大年初一。上午9时许，敌人全部进入红军口袋。朱德见时机已到，一声令下，大柏地10里峡谷枪声大作，杀声震天。红军将士们向敌人猛烈冲击，展开肉搏，朱德和毛泽东亲自率部与敌搏斗，战斗之激烈前所未有。陈毅后来描绘这次战斗说："是役我军以屡败之余作最后一掷击破强敌，官兵在弹尽援绝之时，用树枝石块，空枪与敌在血泊中挣扎,始获最后胜利,为红军成立以来最有荣誉之战争。”[①]战斗至中午胜利结束。清点战果,追敌两个团全部被歼。红军共毙、伤敌300余人,俘敌800余人,缴枪800余支。敌军两团长肖致平、钟桓亦被俘,只是他们混在俘虏中未被认出获释而脱逃。敌第十五旅残部狼狈逃回赣州。另一部追敌李文彬第二十一旅闻讯惧歼,龟缩于会昌、于都一线,不敢再追。红军打扫战场,将缴获的好枪留下,坏枪统统丢入小河深潭中。

大柏地战斗获胜,彻底扭转了红四军自井冈下山转战赣南1个多月来的失败情绪,重振了四军雄风,扩大了红军影响。这次战斗的壮烈情景更让毛泽东难以忘怀。4年后的1933年6月,毛泽东尽管受到王明“左”倾领导者排斥打击,心情郁闷,可他从宁都开完中央局会议返回瑞金停宿大柏地时,不禁感慨万端,诗兴大发,吟出《菩萨蛮·大柏地》词一首:

赤橙黄绿青蓝紫,谁持彩练当空舞?雨后复斜阳,关山阵阵苍。

当年鏖战急,弹洞前村壁。装点此关山,今朝更好看。

大柏地战斗前红军借用群众的粮食、食品留下的欠条,也在1929年5月中旬红四军东进入闽重返该处时全部如数兑还给群众。大柏地群众无不称赞红军严明的军纪。

红四军在大柏地欢度新年后,1929年2月12日经宁都县对坊、长胜北进,13日上午进占宁都县城。驻守宁都城的地方军阀赖世琮团早已闻风而逃。此时宁都县已建立中共区委,党组织负责人彭澎、王俊等获悉红军已入县境,火速从乡下入城,带领县城各界代表赶往县城南面的石榴排村迎接红军。

---

① 《陈毅关于朱毛红军的历史及其状况报告(一)》,1929年9月1日。见中央档案馆编:《中共中央文件选集》第5册,中共中央党校出版社1989年版,第755页。

红四军入城后，前委和军部机关驻县城西面的温屋。毛泽东、朱德、陈毅等与宁都党组织负责人彭澎、王俊等一起商议，要他们发动群众协助红军筹款筹粮。宁都县城的商家、富户出于自保，也于红军入城当天临时成立商会招待处，接待红军。在宁都党组织密切配合下，红军在宁都县城筹得现洋5500元，草鞋、袜子7000余双，棉布300余疋。军部经理处给全军上下每人发了4角小洋和新草鞋、新袜子。红军还派人到城外打土豪，筹集了一批粮食，全军每个战士的粮袋都装得满满的。

红四军在宁都县城住宿一晚。1929年2月14日，全军由彭澎、王俊等引路，经宁都县北部的黄陂、小布，2月16日到达永丰县南部的龙冈圩。

六、东固会师

此时，江西红军独立第二团和刚刚成立的江西红军独立第四团还在兴国县东村整训。红二团团长兼团党代表李文林接到宁都党组织送来的消息，连夜带着红二团1个连，星夜赶往永丰县龙冈，迎接红四军。红二、四团也连夜从兴国县出发开往东固，准备与朱毛红军会师。

1929年2月17日，李文林引导红四军进抵东固的南垄宿营。18日上午，红四军在南垄河边召开军人大会，宣布了纪律，下午移师东固圩，受到东固根据地人民热烈欢迎。江西红军独立第二、四团也已赶到东固螺坑。2月20日下午，红四军与红二、四团在螺坑的石古丘河坝上举行盛大的会师大会①。李文林向红二、四团官兵逐一介绍红四军领导人，红二、四团官兵鸣号举枪致敬。毛泽东、朱德先后登上用四张八仙桌拼成的讲台，发表讲话。毛泽东说："我们从井冈山出发，天

① 关于红四军与红二、四团会师日期，有2月18日说、20日说、22日说。据笔者采访东固螺坑当地老同志回忆，红四军与红二、四团会师是1929年农历正月十一日，即公元1929年2月20日。这里采用此说。

天讲要到东固去见红二团。过去我们四军有同志还不相信有红二团呢，现在见到了，没有吹牛吧！”[①]他称赞说：“红四军是铁军，红二、四团是钢军。”朱德对红二、四团官兵说：“反动派天天喊打倒‘朱毛’，‘朱毛’却越打越多，现在你们也成了‘朱毛’了！”陈毅为庆贺两军会师，即兴赋诗一首：

东固山势高，峰峦如屏障。
此是东井冈，会师天下壮。

会师后，红二、四团向红四军赠送了一批银元和弹药；红四军向红二、四团赠送了2挺机枪、1门迫击炮。东固人民送粮送菜，送鱼送肉，热情慰问红四军。红四军在东固得到休整补充。毛泽覃、李天柱等300余名红四军伤病员被安置在东固三彩红军医院和桥头根据地治疗休养。中共红四军前委与中共赣南特委取得了联系。1929年2月23日，在东固螺坑的云汉堂，毛泽东主持召开红四军前委和赣西、赣南、红二、四团及兴国、于都、吉安等县党组织负责人联席会议，详细传达了中共六大会议精神，详细听取了东固革命斗争情况汇报，并对今后工作提出了要求。前委对全军整编问题，再次进行了研究。

“东固会师”在中央苏区斗争史乃至中国革命斗争史中具有重大意义。东固根据地成为红四军创建中央苏区征程中最重要的加油站。红四军在最困难的时候，不仅在这里得到一星期的休整和物资补充，消除了疲劳，恢复了战斗力；而且革命斗志因两军会师而受到极大鼓舞，对革命必胜的信心倍增。东固根据地的红色割据经验，更给毛泽东以启发，促使他对中国革命道路问题从更广阔的视野进行更深入地思考。

按原定计划，红四军在东固休整补充后就准备打回井冈山去。可是这期间毛泽东和朱德从赣西特委送来的情报中，得知井冈山已失

---

① 据东固南龙水西村老人谢祥海回忆。

守，彭德怀、滕代远已率守山的红五军从井冈山突围，前来赣南游击。同时，得悉驻吉安的国民党军第十二师第三十五旅张与仁部和从于都县追来的李文彬第二十一旅，已向东固逼近。前委认为，东固地形民情条件虽好，但红四军战斗力尚未完全恢复，红二、四团也未与大股敌军交过火，缺乏战斗经验，红军此时不宜与敌人大战。毛泽东已从东固根据地领导的汇报中了解到，东固红军实行秘密割据，经常采用"打圈子"策略与敌周旋。毛泽东从中受到启发，遂决定率红四军离开东固，向闽、赣边境敌人力量薄弱地区游击，相机寻找落脚点。江西红军独立第二、四团则留在东固地区活动，保卫根据地。

第二节
红四军进军闽西

一、红四军首次入闽

1929 年 2 月 25 日，红四军从东固出发，经永丰县藤田、乐安县招携，3 月 4 日进占广昌县城。然后经广昌县赤水、石城县观下，3 月 9 日抵达瑞金县壬田镇。当日得知尾追的国民党军第十二师第三十五旅忽然掉头西返。为免遭敌暗算，红四军于 3 月 11 日离开壬田镇挥师东进福建长汀县。

红四军离开东固后，红二、四团即返回兴国、于都游击，再次攻克兴国县城，镇压了自称县长的钟老槐。

红四军东进首次进入闽西，3 月 12 日抵达长汀县南部的四都。驻守长汀的国民党福建省防军第二混成旅旅长郭凤鸣，得悉红军已到四都，急忙派出 1 个团前往四都，企图将红军赶走；另派 1 个补充团驻守长岭寨，扼守四都通往长汀城之要地。

毛泽东、朱德于 3 月 12 日晚在四都驻地协和店召开军事会议，决定乘敌立足未稳，主动向敌出击。3 月 13 日上午 8 时许，红四军分 3

路向敌发起猛攻,在渔溪将敌1个团歼灭过半。残敌仓皇向长岭寨逃窜。红军乘胜追击至长岭寨下的陂溪村,才停下宿营。

3月13日下午,中共长汀临时县委书记段奋夫赶到陂溪村,向毛泽东、朱德等汇报了闽西各县革命斗争情况,介绍了郭凤鸣部现状,并告知长汀党组织已在郭部建立了秘密组织,可充作内应。毛泽东当即召开前委扩大会议,决定次日凌晨向据守长岭寨的郭凤鸣部发起攻击,歼敌夺占长汀城。

长岭寨距长汀城30华里。郭凤鸣派出1个团据守长岭寨主峰,自己带领1个团及机枪连、大炮营、盒子枪队驻守长岭寨下的梁屋头村。14日凌晨,红军分3路向长岭寨进发,上午8时发起总攻。据守山头的敌1个团很快被打得四散逃跑。敌旅长郭凤鸣和1团敌兵在山下梁屋头村闻听山上枪声大作,忙组织兵力向山上红军冲锋。红军居高临下,打得敌军抱头鼠窜,抓住时机向敌军发起全线冲杀。敌军两个团迅速被全歼。红军俘敌2000余人,缴获各种枪支500余支,迫击炮3门,炮弹100多发。郭凤鸣在指挥所部向红军攻击时左腿中弹负伤,由两名勤务兵搀扶着逃至牛头村栗树园中的茅坑内躲藏,后被打扫战场的红军战士搜出,红二十八团连长王良一枪将其击毙。

当日下午,红四军抬着敌旅长郭凤鸣的尸体,押解着俘虏群,浩浩荡荡进占长汀城。

二、长汀红色政权的建立

红四军进占长汀城后,前委和军部机关驻县城水东街汀江巷辛耕别墅,红二十八团、红三十一团及军独立营、特务营分驻城内及城郊各乡。

第2天,红四军前委工农运动委员会在县城南寨广场召开军民大会,欢庆长岭寨战斗胜利,号召工农群众积极参加革命斗争。会后,郭凤鸣的尸体被抬着游街示众。广大群众看了无不拍手称快。

为了调查了解长汀县的社会经济情况,毛泽东在连夜翻阅《汀州府志》《长汀县志》的基础上，于 3 月 16 日在辛耕别墅召开了有老佃农、老裁缝工人、老教书先生、老钱粮师爷、老衙役等人参加的座谈会，掌握了大量的第一手资料。毛泽东根据党的“六大”决议精神，针对赣南、闽西实际情况，亲自起草了《告商人知识分子书》文告，宣传党在民主革命阶段的任务和党对商人及知识分子的政策。

汀州城内有一家毛新铭印刷所，印刷条件较好。红四军前委工农运动委员会在此大量印发了《告商人及知识分子书》《告绿林弟兄书》《告全国士兵弟兄书》以及中共六大文件和红四军党部的《共产党宣言》。这些文告、宣言在汀州城乡，广为散发宣传。红四军各部队都以大队为单位，分散深入城乡广泛宣传发动群众，帮助群众打土豪、分财物，建立革命组织。红军在“长汀县城及新桥河田等地工作时，夺取土豪谷子的群众，一聚就有几千，在汀州组织了二十几个秘密农协，五个秘密工会，总工会也成立了。党的组织比前发展二倍”①。

红四军前委与工农运动委员会十分重视帮助长汀县发展党的组织和建立红色政权。为更好地领导全县革命斗争，红四军前委帮助中共长汀临时县委工作，正式成立了中共长汀县委，段奋夫任书记。前委又通过长汀县委，与上杭、武平、永定、平和等县委取得了联系。前委工农运动委员会还任命了长汀县临时革命委员会。随后，临时革命委员会召开了全县工农兵代表会议，正式选举“成立长汀县革命委员会，委员 9 人，民众代表 6 人，红军 3 人参加，主席邱潮保。革委会之下分设军事、宣传、财政等部，革命委员会成立后即布告废除一切厘捐，没收地主豪绅的土地及财产，严厉肃清反革命分子”②。长汀县革

① 《红军第四军前委给中央的报告》，1929 年 4 月 5 日于瑞金。见中央档案馆编：《中共中央文件选集》第 5 册，中共中央党校出版社 1989 年版，第 678 页。

② 攻石：《朱毛到了汀州》，1929 年 4 月 20 日，原载《红旗》第 20 期。见中共龙岩地委党史资料征集领导小组、龙岩地区行署文管会编：《闽西革命史文献资料》第二辑，1982 年内部版，第 64—65 页。

命委员会设在原商会云骧阁。

长汀县革命委员会是朱毛红军帮助地方在闽西创建的第一个县级红色政权。

红四军还帮助地方建立了长汀县赤卫大队,计 60 人。红四军拨给枪 20 支,并帮助开展军事训练。这支赤卫队后随红四军转战瑞金、于都两县。在于都县,红四军军长朱德、军党代表毛泽东任命红军干部林俊为该赤卫队副党代表,王庭英为该赤卫队队长,鼓励他们从于都返回长汀县开展革命武装斗争。

在长汀期间,红四军按照前委罗福嶂扩大会议决议,完成了全军整编任务。全军编为三个纵队:第一纵队由原二十八团第一、二营组成,纵队长(不久后改称司令员)林彪,党代表陈毅;第二纵队由原军部独立营、特务营和二十八团第三营编成,纵队长胡少海,党代表谭震林;第三纵队由原三十一团组成,纵队长伍中豪,党代表蔡协民。每纵队(相当于团)辖两个支队(相当于营),每支队辖 3 个大队(相当于连)。由于沿途吸收了部分俘虏兵并在长汀城招新兵 300 人,全军已恢复到 3600 人、1500 余支枪,每纵队约有 1200 人、500 支枪。“分兵游击时即以纵队为单位,分开出去,然后再分小支,分开集合,都很便利。”①军部领导机关得到健全,成立了军政治部,军党代表毛泽东兼任军政治部主任(1929 年 5 月改由军党委书记刘安恭兼任,同年 6 月又改由陈毅担任);各纵队也成立了政治部,从而大大加强了红军政治思想工作。由于原军参谋长袁文才和前委秘书长刘辉霄已离队,军参谋长改由朱云卿担任,前委秘书长改由江华(黄春圃)担任。

红军在长汀城没收了军阀郭凤鸣的一个小型军服厂,又筹集到军饷现洋 5 万元和一批布匹。经红四军前委讨论决定,给四军每人发了

① 《红军第四军前委给中央的报告》,1929 年 4 月 5 日于瑞金。见中央档案馆编《中共中央文件选集》第 5 册,中共中央党校出版社 1989 年版,第 678 页。

4 元零用钱，官长、士兵、俘虏兵一律平等待遇；赶制了 4000 套列宁装式样、佩有红领章的灰军装和红五星八角军帽、灰布绑腿，每人发了一套，使红四军自创建以来首次统一了着装。

全军整编和统一着装后，在长汀城南寨广场举行了建军以来首次阅兵式。全军各纵队、支队指战员迈着整齐的步伐，精神抖擞地依次走过检阅台，接受毛泽东、朱德等军领导检阅。女红军们还乘坐汀州城唯一的一辆老式木碳汽车，随着游行的红军队伍绕汀州城一周，让巾帼英雄们大开了眼界。①

长汀城内有一座英国传教士创办的福音医院。院长傅连暲是位同情革命、乐于救死扶伤、支持共产党和红军的正直医生。1927 年 9 月周恩来等率南昌起义军南下入粤到长汀城，傅连暲就曾带领医院全体人员为起义军医治伤病员 300 余人。此次红四军进占长汀后，他又对在长岭寨战斗中负伤的 30 余名红军重伤员给予精心治疗，还为毛泽东、朱德等检查了身体，为红四军全军指战员种了牛痘。傅连暲从此与毛泽东等红军领导人结下了革命情谊，福音医院也成为不挂牌的红军医院。

三、开创赣南、闽西红色割据区域方针的确定

汀州是闽西重镇。由于邮路畅通，毛泽东在长汀期间天天能看到国民党的报纸。从报纸中，毛泽东等红军领导人得悉蒋介石与桂系军阀之间冲突日益紧张，大战在即。同时查明：在江西尾追红军的国民党军第十二师第三十五旅所以突然掉头西返，就是回去参加蒋桂军阀混战。

面对这一局势和井冈山根据地已经失守的客观实际，红四军下一步该如何行动？向何方发展？这是一个必须尽快研究确定的事关全局的战略方针问题。

---

① 《康克清回忆录》，解放军出版社 1993 年版，第 52 页。

1929 年 3 月 20 日,毛泽东在长汀城辛耕别墅主持召开了前委扩大会议,对这一战略方针问题进行了研究。

会上,出现了两种意见:第一种意见主张红四军应趁蒋桂军阀大战之机,马上开回江西,接近蒋桂军阀战区,乘机夺取敌军辎重,并促使蒋派失败,红军改编他的军队,不如此错过了机会,在军阀混战中红军得不了什么好处是很可惜的。第二种意见认为,"所谓接近战区,是一个单纯军事阴谋,至多不过得些枪械"。因为"在敌人大的集团军事行动,不见得我们的部队就会有左右他们战局的能力,尤其在两个军阀混战的当儿,我们不能有帮助一个敌人来打倒一个敌人的昏想,这个思想是机会主义的遗留,最足混乱我们阶级的政治立场"①。这种意见认为蒋桂军阀混战客观上可以帮助革命势力的恢复与发展,但不能估量太过,只能说是为革命势力的发展提供了一个极好时机,"在此时期工作,党的主要任务是在发动群众斗争,揭穿国民党的黑幕,号召群众起来,以组织的力量争本身利益,并反对军阀混战"②。

毛泽东完全赞同第二种意见。他认为,在目前时局下,党"在全国范围内要猛烈的夺取群众,这时候无论什么派别欺骗群众都敌不过我们共产党的事实。除工农外,兵士群众的夺取,也是非常重要的工作。一般工作的重心,我们的意见:宜在江苏直隶,红军小区域苏维埃个数加多,这不仅在湘赣粤闽等地,江苏北皖鄂北豫南直隶,都应有红军及小区域苏维埃之创立"③。

---

① 《陈毅关于朱毛红军的党务概况报告》,1929 年 9 月 1 日。见中央档案馆编:《中共中央文件选集》第 5 册,中共中央党校出版社 1989 年版,第 783 页。

② 《陈毅关于朱毛红军的党务概况报告》,1929 年 9 月 1 日。见中央档案馆:《中共中央文件选集》第 5 册,中共中央党校出版社 1989 年版,第 783 页。

③ 《红四军前委关于攻克汀州及四、五军江西红二、四团行动方针等问题向福建省委和中央的报告》,1929 年 3 月 20 日,见江西省档案馆、江西省委党校党史教研室编;《中央革命根据地史料选编》(中),江西人民出版社 1982 年版,第 66—67 页。

经过热烈讨论,“前敌委员会决定四军五军及江西红军第二第四两团之行动,在国民党有战的初期,以赣南闽西二十余县为范围从游击战术,从发动群众以至于公开苏维埃政权割据,由此割据区域,以与湘赣边界之割据区域相连接”①。具体的行动计划是:“红军第四军大概十天内尚在闽边工作,十天外须赴赣边瑞金、宁都一带游击,那时须看湘赣战局的形势从有利于红军的发展及有利于工农群众发展的标准上去决定行动。或再回闽边或在赣南作较久时间的游击;或往吉安去接近国民党的战区。惟闽西赣南一区内之由发动群众到公开割据,这一计划是决须确立,无论如何,不能放弃,因为这是前进的基础。”②

红四军前委汀州扩大会议作出的关于以赣南闽西20余县为范围建立新的割据区域的决定,是一个具有十分重要意义的高瞻远瞩的战略决策。这个战略决策,确定了赣南、闽西20余县为红军和苏维埃发展“前进的基础”,勾画了未来中央苏区“与湘赣边界之割据区域相连接”的发展趋势和蓝图。后来的历史发展证明:正是由于毛泽东领导红四军前委作出了这一战略决策,红军才得以开辟和创建赣南、闽西根据地,“工农武装割据”才有了坚实的“前进的基础”,以瑞金为中心的中央苏维埃区域乃至中华苏维埃共和国,才得以在这个坚实基础上构筑和建立。

汀州前委扩大会议这一重大战略决策的作出,是毛泽东关于“工农武装割据”和红色政权的思想较之井冈山时期深化和升华的结果。这是因为:在井冈山时期以至从井冈山突围到赣南游击之初,直至红

① 《红四军前委关于攻克汀州及四、五军江西红二、四团行动方针等问题向福建省委和中央的报告》,1929年3月20日,见江西省档案馆、江西省委党校党史教研室编:《中央革命根据地史料选编》(中),江西人民出版社1982年版,第67页。

② 《红四军前委关于攻克汀州及四、五军江西红二、四团行动方针等问题向福建省委和中央的报告》,1929年3月20日。见江西省档案馆、江西省委党校党史教研室编:《中央革命根据地史料选编》(中),江西人民出版社1982年版,第67页。

四军与红二、四团东固会师之时,毛泽东都还不曾准备带领红四军在赣南建立根据地。他原来认为,红军如在赣南或湘南建立根据地,“只影响一省,且在一省的上游和僻地者”①,政治意义不大。可是只过了两三个月,毛泽东对赣南(包括闽西)的看法就发生了根本变化。是什么原因促使毛泽东作出在赣南闽西建立新的割据区域(即根据地)这一重大决策呢?分析原因有四:

第一,毛泽东通过不断阅读报纸获取信息,发现和确认蒋桂军阀混战在即,国内时局已发生了有利于红军建立更大规模割据区域的变化。

第二,通过二三个月来的武装活动和深入调查,毛泽东了解到赣南、闽西具备了建立红色割据区域的山势、地域、物产、民情、党政基础等方面的良好条件。

第三,毛泽东从东固红色割据的成功经验中得到启示:在敌我力量悬殊,群众又没有完全发动的情况下,不能像固守井冈山一样搞“固定区域的割据”,而应像东固根据地那样采取公开斗争与秘密割据相结合的方式,进行工农武装割据,特别要在大范围内进行灵活巧妙、飘忽不定的游击活动。

第四,在游击赣南、闽西的过程中,毛泽东已开始摆脱“城市中心论”的影响,对建立农村革命根据地的重要意义及其发展前景有了新的认识,他的关于“工农武装割据”的思想已向前迈进和深化了一大步。

大凡人们对于客观世界的认识,都必须经历一个实践——认识——再实践——再认识的不断深化、提高的过程。尤其是对领导中国革命这样一个改造客观世界的极其复杂的斗争,不可能一次就认识清楚,不可能一下子就能拿出一个符合客观实际的完美无缺的方案和

① 《毛泽东选集》第一卷,人民出版社 1991 年版,第 79 页。

办法。以毛泽东为代表的中国共产党人的高明之处，就在于能正确地应用马克思主义的普遍原理去分析、认识客观事物，一切从实际出发，不断地修正原来的不合时宜的认识，从而形成科学的判断和正确的决策。在赣南闽西建立新的割据区域这一战略决策的作出，正是以毛泽东为代表的中国共产党人不断深化对客观事物认识的结果，是毛泽东井冈山时期“工农武装割据”和红色政权思想在新的环境下的发展。

第三节
瑞金会合与赣南三县红色政权的建立

一、红五军井冈山突围与红四、五军瑞金会合

红四军原计划于1929年3月底或4月初返回“赣边瑞金、宁都一带游击”。恰在3月底的一天，毛泽东、朱德接到一位农民从瑞金送来的急信，得知从井冈山突围前来赣南游击的彭德怀率红五军已到了瑞金。于是，在长汀城工作了17天的红四军，按原计划于4月1日离开长汀，回师赣南。

红五军是1929年1月30日从井冈山突围后，一路征战，风尘仆仆来到瑞金的。

原来，按照红四军下山前柏露会议部署，红四军离开井冈山后，彭德怀、滕代远、何长工指挥留守井冈山的红五军（当时编为红四军三十团）和红四军三十二团（袁、王部队）对保卫井冈山作了周密部署。1月26日，湘赣两省敌军开始向井冈山发起猛攻。29日晚，湖南敌军爬小路上山攻破黄洋界哨口，30日晨又攻破八面山哨口。守山红军与敌展开浴血搏斗，虽毙伤敌100余人，自己亦伤亡七八十人，且弹药告罄。危急时刻，为保存红军有生力量，根据湘赣边界特委和红五军军委在井冈山联席会议的决定，“五井如被敌人攻破，五军冲出五井取道

敌人薄弱的地方往赣南与四军取联络”①,彭德怀、滕代远即于1月30日晚率领红五军四五百人、遂川县赤卫队与留在山上的赤卫军教导团及伤病员等共1000余人,从荆竹山冲出五井,向遂川方向突围。湘赣边界特委机关人员亦随红五军突围至遂川边境隐蔽,但很快被搜山敌军冲散;王佐率红三十二团转入深山,与敌周旋;何长工等则指挥边界地方武装分散各山区,与“会剿”敌军展开游击战争。

红五军下山后,在遂川大汾与敌激战,随军突围的赤卫队及伤病员全被打散。红五军500余人向赣南突围,2月6日在崇义县思顺与国民党湘军第五旅1个团再次发生激战,2月7日到达崇义县麟潭又与敌战,随后转入崇义县稳下,9日到达大余县新城周屋村。因连日昼夜征战,指战员们包括派出去的哨兵都已极度疲劳,晚餐后全部倒头昏睡,唯有彭德怀军长摸黑独自在村中巡察。2月10日凌晨,4个营的国民党追兵赶来,枪声夹杂着除夕的爆竹声响成一片。彭军长赶紧叫醒熟睡的哨兵紧急吹号,命令部队抵抗。激战3个多小时后,红五军且战且退,转移到南康县龙回。清点人数,只剩下283人,另有200余人不知去向(后来查明这200余人在混乱中与军部失去联系,由大队长李光带领转移到了广东省南雄县境,被敌击溃,李光也英勇牺牲)。当日,彭德怀、滕代远率领剩下的队伍从信丰县牛冈圩附近渡过桃江,继续东进。2月15日在信丰县石背圩与敌军1个团遭遇激战后,经安远县重石、会昌县乱石(今于都县靖石)、西江,2月底到达瑞金县瑞林寨,与中共于北特区委取得联系。于北特区委书记李骏闻知,立即前往迎接红五军到了桥头根据地。桥头军民热烈欢迎红五军到来,主动为红军侦察敌情,准备向导,还替红五军购买了近千发子

① 《中共湘赣边特委向中共江西省委并转中共湖南省委的综合报告》,1929年3月17日。见江西省档案馆、江西省委党校党史教研室编:《中央革命根据地史料选编》(上),江西人民出版社1982年版,第57页。

弹。因敌军追来,李骏等人又带领红五军转移到兴国县茶岭,继续休整。

彭德怀、滕代远和中共于北特区委领导人一起,召开会议,研究对策。彭德怀主张选择有利地形打击尾追之敌。刚从江西红军独立第四团调回于北特区委工作的钟声楼却认为,与尾追之敌交战,敌我双方力量悬殊较大,恐难取胜;而于都县城仅有国民党军独立第十五旅1个补充营驻守,不堪一击,不如奔袭于都县城,既可甩掉尾追之敌,又可筹得军饷,缴获武器弹药。彭德怀立即采纳了这一意见。3月5日晚,彭德怀、滕代远与钟声楼率领红五军与桥头地方武装500余人,急行军一昼夜,于6日深夜抵达于都城郊。于北特区委派出的先头部队已收集了登城的楼梯,并派人潜入城内。

3月7日凌晨3时,红军突击队分4路翻越城墙,打开县城北门,部队猛扑城内,经激战后全歼敌第十五旅1个补充营和县靖卫团、县警备队700余人,赶跑了国民党县长,击毙了县公安局长,放出了全部关押在狱中的革命群众;缴获步枪约400支、轻机枪2挺、子弹几十担,筹得现洋2000余元。这是红五军自井冈山突围以来取得的第一个胜仗。于都群众称赞红五军为从天而降的"天兵"。

红五军占领于都城后,为防敌人反扑,当日下午3时和于北地方武装押着俘虏,带着战利品,全部撤出县城,转移到城南15公里的小密村宿营。当地党组织发动群众热烈慰劳红军。彭德怀拨出100多支枪给当地党组织发展地方武装。红五军党代表滕代远在于都县城邮局收集报纸时因枪走火负重伤。彭德怀将他安置在小密村隐蔽治疗,同时留下的还有红五军参谋长邓萍等伤病员。

3月8日拂晓,彭德怀率红五军离开小密村,经于都县小溪到达赣县牛岭村。钟声楼率于北地方武装返回桥头根据地。红五军在牛岭村休整近10天,开展宣传工作,动员当地贫苦农民加入红军,随军行动的100余名俘虏经过教育后也加入了红军。

3月中旬末，红五军从牛岭出发，奔袭近200里，突然攻占安远县城。安远县靖卫团不甘失败，威迫近万名农民连续3天3面围城反扑。红军一面向围城农民宣传共产党和红军的政治主张，一面派出两个大队突击城外，打死靖卫团丁数十人，还故意让几百农民进城，将没收地方豪绅的财物发给他们。这样做了两三次后，围城农民提高觉悟，自动解散，有二三百人还自动报名参加了红军。红五军占领安远城10天，放出在狱“犯人”，赶制了军衣，筹措了经费。这期间，中共安远县委派杜隆奎入城，向彭德怀军长汇报了全县情况。彭军长了解到县委活动经费困难，全靠砍柴烧炭卖维持生活，便拨出现洋200元和一部分缴获的烟土给安远县委作活动经费。杜隆奎退回了银元，留下了烟土。他对彭军长说：我们砍柴烧炭卖可以维持生活，银元退回红军作军费，烟土我们收下变卖后，买一台油印机印刷宣传品。彭德怀深受感动，后来在湘赣、湘鄂赣苏区多次表扬安远县委艰苦奋斗的作风。

红五军原准备从安远县打回井冈山去。一日从缴获的国民党报纸中得知毛泽东、朱德率红四军已在福建长汀消灭了郭凤鸣旅，打死了郭凤鸣。这一消息被安远县地下党组织送来的情报证实。彭德怀喜出望外，立即率红五军进抵瑞金县城，并派一农民给长汀的红四军领导人毛泽东、朱德送去一信，告知红五军行踪，建议红四军速回瑞金，以期两军会合。

二、共产国际领导人的悲观估计与中央“二月来信”

1929年4月1日傍晚，红四军领导人毛泽东、朱德、朱云卿等，与红五军军长彭德怀等在瑞金城内一幢老祠堂内胜利会合。

彭德怀向毛泽东、朱德等汇报了井冈山保卫战和红五军从井冈山突围游击赣南的情况。毛泽东听完汇报后对彭德怀说：“这次很危险，不应该决定你们留守井冈山。”①

两军会合后，红四军前委决定将来到瑞金的红五军 600 余人、400 支枪编为红四军第五纵队，彭德怀仍以红四军副军长名义指挥该纵队。此时，国民党军第十二师金汉鼎部下有 500 多人、300 多支枪由田桂清带领反叛出来要求加入红四军，前委决定将其编为红四军第四纵队②；在广昌、宁都一带活动的一支土匪武装 300 多人、200 多支枪，也要求加入红四军，被编为红四军独立营，隶属江西红军独立第二团，营长胡竹笙③。

红四军和红五军根据前委决定，以 4 天为期分散到瑞金县城和壬田、西江、九堡等地开展群众工作。

1929 年 4 月 3 日，红四军前委在瑞金接到中央交通员区寿昌送来的中共中央 2 月 7 日发出的致红四军前委的信（即中央二月来信）。

1928 年以来，共产国际和联共（布）中央领导人，认为中国革命处于低潮，大规模开展武装斗争的条件尚不成熟。受共产国际、联共（布）中央影响，1928 年春至 1929 年春这一年多时间里，中共中央对军事工作和各地红军建设的关注也有所减弱。周恩来说，中共六大前后，“布哈林对中国苏维埃、红军运动的估计是悲观的。他认为只能分散存在，如果集中，则会伤害老百姓利益，会把他们最后一只老母鸡吃掉，老百姓是不会满意的。他要高级干部离开红军，比方说，要调朱德、毛泽东同志去学习”④。正是受布哈林影响，1929 年 2 月，中共中

---

① 《彭德怀自述》，人民出版社 1981 年版，第 127 页。

② 该部后来因故未加入红四军。两个月后，前委决定将闽西各县地方武装合编组建第四纵队。

③ 胡竹笙后来曾任红军第二十纵队纵队长、江西省苏维埃政府委员等职。他利用自己的身份和掌握的武装，以肃清“AB 团”分子为名杀害革命干部和群众近 300 人，激起公愤，1931 年 6 月在南丰县被红一方面军处决。

④ 《周恩来选集》上卷，人民出版社 1980 年版，第 184 页。

央发出了给红四军前委的这封指示信。指示信依据共产国际指示精神，对国内革命形势作了悲观的估计，主张"将红军的武装力量分成小部队的组织散入湘赣边境各乡村中进行和深入土地革命"，并且提出"部队的大小可依照条件的许可定为数十人至数百人，最多不要超过五百人（自然这不是太死板的数目）"；要求"这些分编的部队必须互有联络互相策应，且须尽可能地散在农民中间发动农民的日常斗争走入广大的土地革命"。中央强调所以采取这一措施为的是避免红军"目标的集中和便于给养与持久"①。

中央二月来信还要求朱德、毛泽东两人必须离开红四军。信中说："中央依据于目前的形势，决定朱毛两同志有离开部队来中央的需要。两同志在部队中工作年余，自然会有不愿即离的表示，只是中央从客观方面考察和主观的需要深信朱毛两同志在目前有离开部队的必要：一方朱毛两同志离开部队不仅不会有更大的损失且更利便于部队分编计划的进行，因为朱毛两同志留在部队中目标既大，徒惹敌人更多的注意分编更多不便，一方朱毛两同志于来到中央后更可将一年来万余武装群众斗争的宝贵经验贡献到全国以至整个的革命。两同志得到中央的决定后，不应囿于一时群众的依依而忽略了更重大的更艰苦的责任，应毅然地脱离部队速来中央。"②

三、毛泽东对中央"二月来信"的婉转批评

中央二月来信在部队中传达后，产生了很不好的影响。鉴于这封信涉及对形势的估量和中国革命道路等重大问题，毛泽东、朱德、彭德

① 《中央给润之、玉阶两同志并转湘赣边特委信——关于目前国际国内形势和党的军事策略》，1929年2月7日。见中央档案馆：《中共中央文件选集》第5册，中共中央党校出版社1989年版，第35页。

② 《中央给润之、玉阶两同志并转湘赣边特委信——关于目前国际国内形势和党的军事策略》，1929年2月7日。见中央档案馆：《中共中央文件选集》第5册，中共中央党校出版社1989年版，第37页。

怀等领导人不得不进行认真的思考。

1929年4月4日和4月5日,红四军前委在瑞金城一座大祠堂召开扩大会议,认真讨论中央二月来信。讨论后的意见,集中体现在4月5日毛泽东在瑞金以前委名义给中央写的一封回信中。毛泽东就目前局势和"分兵"等问题,谈了前委多数同志的意见。毛泽东的回信实际上对中央的消极精神提出了婉转批评。

毛泽东在信中首先极为坦诚而又尖锐地指出:"中央此信对客观形势和主观力量的估量,都太悲观了。国民党(三次)进剿井冈山,表示了反革命的最高潮。然至此为止,往后便是反革命高潮逐渐低落,革命高潮逐渐生涨。党的战斗力组织力虽然弱到如中央所云,但在反革命潮流逐渐低落的形势之下,恢复一定很快,党内干部分子的消极态度也会迅速消灭。群众是一定倾向我们的……群众对国民党的幻想一定很快地消灭。在将来的形势之下,什么党派都是不能和共产党争群众的。"毛泽东在信中指出:"在大混乱的现局之下,只有积极的口号积极的精神才能领导群众。党的战斗力的恢复也一定要在这种积极精神之下才能有可能……我们要反对盲动主义和命令主义的恶倾向,但取消主义和不动主义的倾向又要积极防止。"①

关于中央在来信中提出的"分兵"和朱毛离队问题,前委多数同志都持反对态度。毛泽东在信中说:"中央要我们将队伍分得很小,散向农村中,朱、毛离开队伍,隐匿大的目标,目的在于保存红军和发动群众。这是一种不切实际的想法。以'连'或'营'为单位单独行动,分散在农村中,用游击的战术发动群众,避免目标,我们从前年冬天就计划起,而且多次实行都是失败的。因为:(一)红军(多)不是本地人,与地方武装的赤卫队来说完全不同,湘赣边界宁冈各县的农民只愿在

① 中央档案馆:《中共中央文件选集》第5册,中共中央党校出版社1989年版,第73页。

本县赤卫队当兵，不愿入红军，因此红军简直寻不见几个湘赣边界的农民……（二）分开则领导机关不健全，恶劣环境中应付不来，容易失败。（三）容易被敌人各个击破……（四）愈是恶劣环境，部队愈须集中，领导者愈须坚强奋斗，方能〈团结内部〉应付敌人，只有在好的环境里才好分兵游击，领导者也不如在恶劣环境的时刻不能离。此次离开井冈山向赣南闽西，因为我们部队是集中（的），领导机关（前委）和负责人（朱毛）的态度是坚决奋斗的，所以不但敌人无奈我何，而且敌人的损失大于他们的胜利，我们的胜利则大于我们的损失。”①

当然，毛泽东和前委其他同志不是一概反对分兵。他们认为分兵是一种游击战术，必须讲究策略。毛泽东在给中央的信中，对红军建立3年来的游击斗争经验，第一次作了系统的总结与概括：

我们三年来从斗争中所得的战术真是与古今中外的战术都不同，用我们的战术，群众斗争的发展是一天天扩大的，任何强大的敌人是奈何我们不得的。我们用的战术就是游击的战术，大要说来是：“分兵以发动群众，集中以应付敌人。”“敌进我退，敌驻我扰，敌疲我打，敌退我追。”“固定区域的割据，用波浪式的推进政策”，“强敌跟追，用盘旋式的打圈子政策。”很短的时间，很好的方法发动群众。这种战术正如打网，要随时打开，又要随时收拢，打开以争取群众，收拢以应付敌人。三年来都用这种战术。②

毛泽东在信中还指出：“这时候的红军不是一个单纯打仗的东西，他的主要作用是发动群众，打仗仅是一种手段，并且打仗的时间与做群众工作的时间乃是一与十之比。现在的队伍，与叶贺时候的队伍大

① 中央档案馆：《中共中央文件选集》第5册，中共中央党校出版社1989年版，第674—675页。

② 中央档案馆：《中共中央文件选集》第5册，中共中央党校出版社1989年版，第675—676页。

不相同,叶贺的队伍是单纯打仗的,若在今日,决不能存在的。”①

最后,关于朱、毛离开队伍速去中央的问题,毛泽东从党内高度的组织纪律性出发,提出如中央坚持要朱、毛离开红军,就请速派刘伯承、恽代英二人前来接替。毛泽东写道:“中央若因别项需要朱毛二人改换工作,望即派得力人来。我们的意见,刘伯承同志可以任军事,恽代英同志可以任党及政治,两(人)如能派来,那是胜过我们的。”②

毛泽东的这个主意很有策略,有理、有利、有节。后来,中央放弃了要“朱、毛离队”的意见。

红五军军长彭德怀,也于4月4日在瑞金向中央写了报告。他在报告中简要汇报了平江起义和红五军成立以后的斗争过程,然后以自己亲身经历的体会对中央说:“在反革命高潮时不宜分兵,分则气虚胆小,以致卖枪变私(因红军不是本地人),又不全数是好党员。即平日是好党员,到危急时,也许多不坚决的。领导人能力亦大有关系,有些同志是忠实的,但到了紧急时想不出办法,以致消极,这是非常危险的,这种严重时期,只有领导者下决心与群众同辛苦,同生死,集中力量作盘旋式的游击,才能渡过难关,万万不能采藏匿躲避政策。”③显然,彭德怀是坚决反对中央所提出的红军“分兵”和“朱毛”离队主张的。

党中央收到前委4月5日来信后,于同年6月12日召开中央政治局会议进行讨论。周恩来在会上表示中央二月来信中让红军分散等问题“是有些毛病”;而对于红四军前委瑞金会议批评中央对形势估计

① 中央档案馆:《中共中央文件选集》第5册,中共中央党校出版社1989年版,第675—676页。

② 中央档案馆:《中共中央文件选集》第5册,中共中央党校出版社1989年版,第675—676页。

③《彭德怀同志给中央的信》,1919年4月4日于瑞金。见江西省档案馆、江西省委党校党史教研室编:《中央革命根据地史料选编》(中),江西人民出版社1982年版,第417页。

悲观,则认为"是不十分正确的,因为站在全国来分析不能如此"[①]。而对朱、毛离开部队前来中央一事,事实上中央在当年4月7日致毛泽东、朱德指示信中就说:"润之、玉阶两同志若一时还不能来,中央希望前委派一得力同志前来与中央讨论问题。"[②]这说明毛泽东代表前委给中央复信中的观点,对中央产生了积极影响。

四、前委"一年争取江西计划"的提出

在前委瑞金扩大会议上,毛泽东代表前委提出了"一年争取江西"的战略计划。

1929年3月下旬,毛泽东在长汀辛耕别墅召开前委扩大会议后写给福建省委并中央的信中,就曾经提出:"福建全省,浙江全省,赣东赣南两地,统治阶级的军力非常薄弱(在全国来比较),未知中央曾讨论以此三地方为目标,首先创造公开割据的计划否?三地统治势力既弱,又通海,只(这)是值得注意的。"[③]毛泽东的意思是在敌人统治力量较为薄弱的闽、浙、赣3省边界创造红色割据区域。

这次在瑞金前委扩大会议上,毛泽东再次提出在闽、浙、赣3省边界建立红色割据区域的问题。毛泽东在4月5日写给中央的信中,详细地分析了闽、浙、赣3省敌我力量形势,指出:在当前局势下,南方数省中,广东、湖南二省国民党军力太大,湖南则更因我党盲动主义错误,致使党内党外群众几乎尽失。而闽、浙、赣3省则不同。第一,3省国民党军力最弱。浙江只有蒋伯诚的少许省防军。福建地方军阀虽

---

① 中共中央文献研究室:《周恩来年谱(1898—1949)》,人民出版社、中央文献出版社1990年版,第161页。

② 中共中央文献研究室:《周恩来年谱(1898—1949)》,人民出版社、中央文献出版社1990年版,第158页。

③ 《红四军前委关于攻克汀州及四、五军江西红二、四团行动方针等问题向福建省委和中央的报告》,1929年3月20日。见江西省档案馆、江西省委党校党史教研室编:《中央革命根据地史料选编》(中),江西人民出版社1982年版,第67页。

共有 14 个团兵力,但郭凤鸣旅两个团已被消灭,陈国辉、卢兴邦二部均系土匪军,战斗力甚低;陆战队两个旅在沿海,以前从未打过仗,战斗力不大;只有闽南张贞比较能打,也只有两个团好一点;此外福建驻军 5 个部分之间四分五裂不能统一行动。江西朱培德、熊式辉二部共有 16 个团,比闽浙兵力为强,但比湖南则差得多,其中一大半都曾与红军交过战,除李文彬第二十一旅外,其余都被红军打败过。第二,闽浙赣 3 省党的错误比较少,江西、福建二省党及群众基础都比湖南好。赣北之德安、修水、铜鼓尚有相当基础,赣西宁冈、永新、莲花、遂川等县党及赤卫队势力仍然存在;赣南的希望更大,红军独立第二、四团有一天天发展之势;赣东方志敏的红军独立第三团并未消灭。这样就形成了向南昌包围之势。

因此,毛泽东在瑞金前委扩大会议上,提出了以一年为期争取建立江西红色政权的战略计划。他在给中央的信中说:"我们建议中央在国民党混乱的长期战争期间,我们要和蒋桂二派〈争取江西〉,同时兼及闽西浙西,在三省扩大红军的数量,造成以一年为期完成此计划。"①

对于这个"一年争取江西"计划,红四军前委多数同志都表示认同,认为切实可行。唯有红四军第一纵队纵队长林彪持反对意见。他说:"我根本不同意一年争取江西的计划。湖南你再说不行,湖南人他愿意当兵。我们这个队伍到湖南就扩大了队伍。我们队伍一到江西,没有一个江西老百姓愿意当兵。我们到福建,福建当然有苏区,但是也没有一个人愿意当红军,红军根本就不能扩大,怎么还说要夺取江西一省?不能有这个估计。我们有什么办法打南昌?敌人有一个旅,两个旅尾追,我们就要避免作战,搞得我们马不停蹄。我们还要去夺

① 中央档案馆:《中共中央文件选集》第 3 册,中共中央党校出版社 1989 年版,第 676—677 页。

取南昌，夺取江西？这是高调，我不同意。”[①]林彪极力主张将队伍分散打游击，名曰“争取群众，扩大声势”。

其实，林彪的这种观点的产生，是看不到江西群众的觉悟和力量，是对江西的客观实际情况缺乏正确的了解，也是不相信全国革命高潮快要到来的表现。毛泽东在后来写给林彪的信中曾告诫林彪说：

> 至于争取江西，除开江西本身的条件之外，还包含有全国革命高潮快要到来的条件。因为如果不相信革命高潮快要到来，便决不能得到一年争取江西的结论。那个建议的缺点就是不该规定为一年，因此，影响到革命高潮快要到来的所谓“快要”，也不免伴上了一些急躁性。至于江西的主客观条件是很值得注意的。除主观条件如给中央信上所说外，客观条件现在可以明白指出的有三点：一是江西的经济主要是封建的经济，商业资产阶级势力较小，而地主的武装在南方各省中又比哪一省都弱。二是江西没有本省的军队，向来都是外省军队来此驻防。外来军队“剿共”“剿匪”，情形不熟，又远非本省军队那样关系切身，往往不很热心。三是距离帝国主义的影响比较远一点，不比广东接近香港，差不多什么都受英国的支配。我们懂得了这三点，就可以解释为什么江西的农村起义比哪一省都要普遍，红军游击队比哪一省都要多了。[②]

林彪的观点理所当然地被前委多数同志所否定。于是，毛泽东代表红四军前委正式向中央提出“一年争取江西”的战略计划。

按照这一计划，红四军和红五军于 4 月 7 日离开瑞金向于都县推进。4 月 8 日，红四军军部和前委机关进驻于都县城，部队分驻周围农村开展群众工作。4 月 11 日，毛泽东在于都县城管屋主持召开红四军

① 《陈毅同志“九·一三”以后的讲话》(内刊稿)，1971 年 10 月下旬。

② 《星星之火，可以燎原》，见《毛泽东选集》第一卷，人民出版社 1991 年版，第 106 页。

前委和中共赣南特委、于都县委领导人和中央军委巡视员罗寿男参加的联席会议。会上，对“一年争取江西”战略计划正式作出决定，并讨论制定了实施这一计划的行动措施。

在前委于都联席会议上，彭德怀执意要率领红五军返回湘赣边，收复井冈山。会议同意了这一要求，并作出了若干具体部署。

1929 年 4 月 13 日，彭德怀携带毛泽东以前委名义写给湘赣边界特委的信，率领红五军离开于都县城，向井冈山挺进。部队再次经过于都城南小密村，接回了留在该村隐蔽养伤的军党代表滕代远和军参谋长邓萍等领导人。4 月 15 日，部队到达信丰县安息圩。赣南红军第二十六纵队由纵队长郭一清率领，全体加入红五军，编为军部政治保卫大队，由李寿轩任大队长，郭一清任党代表。信丰县当地近百名青年农民也报名参加红五军，使红五军扩大到近千人。随后，红五军经南康、大余、崇义等县和上犹县营前圩，4 月底抵达遂川县黄坳，打败遂川萧家璧为首的地主武装数百人。经 20 余天一路拼杀，红五军终于 5 月 2 日安全抵达宁冈县茅坪。彭德怀从红五军中拨出 2000 元现洋救济井冈山群众，男女老少每人分得两块银元。5 月 9 日，彭德怀率部到达砻市，先后与何长工、李灿、王佐及宁冈、永新、酃县等县党的负责人会面。5 月 10 日，在宁冈古城召开湘赣边界特委二届四次执委扩大会议。彭德怀传达了毛泽东以红四军前委写给湘赣边界特委的指示信精神，改编了部队，调整增补了特委执委成员和执委常委，讨论并明确了恢复和发展边界割据区域的任务、措施。

此后，彭德怀、滕代远领导红五军和湘赣边界各县革命武装，不仅恢复发展了湘赣革命根据地，而且还创建了湘鄂赣边革命根据地，红五军也发展成为红三军团。

五、于都红色政权的建立

虽然 1928 年二三月间爆发的于都农民武装暴动遭到失败，但于都县的革命斗争没有停止。当年 6 月，在南乡里仁正式成立中共于都县委，书记李常青（后为尹绍伦）。南乡共产党员张文焕以里仁棺材寨为据点，先后组织两支农民赤卫队，开展游击战争。西乡共产党员刘为美、杜子刚等先后秘密组建了5个党支部。东乡在原于都临时县委委员张浩和共产党员陈豪、黄剑峰等领导下建立了党支部和秘密农协，并建立了一支农民赤卫队。中共赣南特委领导机关自1928年12月开始，也秘密转移到于都县西乡步前岗活动，进一步加强了对于都革命斗争的领导。

1929年4月8日，红四军前委机关进驻于都县城后，次日便与中共于都县委书记尹绍伦及赣南特委负责人肖韶取得了联系。毛泽东指示他们要迅速建立革命武装和红色政权。9日下午，毛泽东在住地召开了于都县工人、贫雇农代表座谈会。4月10日，他又出席了在于都县城昌村中学召开的于都全县党员活动分子会议。会上，决定成立于都县革命委员会，推举张文焕、刘永和、易继天、赖森和、郭瑞麟等13人为委员，张文焕为主席，并决定将县革命委员会机关设在县城昭忠祠。在这次会上，根据毛泽东指示，还决定成立于都县赤卫大队，由红四军派出干部刘永和任大队长，张文焕兼任党代表，下设3个中队，队部驻县城朱家祠。

4月12日，红四军、红五军和于都县城乡工农群众近万人，在县城东门外河坝举行大会，热烈庆祝于都县革命委员会和县赤卫大队成立。毛泽东、朱德、彭德怀等都出席了大会，毛泽东在会上发表了鼓舞人心的讲话。

庆祝大会后第2天，红四军兵分两路帮助于都开展群众工作：一路由军长朱德率领第一、二纵队，从于都城郊出发向北行动，经于都县岭背、仙下、银坑等乡镇，向宁都县方向推进；一路由毛泽东率领第三纵队从于都县城出发，向西经于都罗坳、峡山和赣县的江口、南塘等乡镇，向兴国县方向推进。红军沿途打土豪，分发浮财，召开群众大会，宣传革命道理，帮助建立一些区、乡红色政权。

红四军、红五军离开于都县城后，在中共赣南特委、于都县委、于都县革命委员会领导下，于都全县革命力量得到壮大发展，经过残酷、激烈的赤白拉锯斗争，先后建立了于南、于西、于东、于北等4个区革命委员会或办事处，同时建立了一批乡村红色政权。革命武装力量也有发展。1930年4月，在于都县城南面的楂林召开了中共于都县第一次代表大会和全县第一次工农兵代表大会，正式选举成立了中共于都县委和于都县苏维埃政府。尹绍伦当选为县委书记，吴子喜当选为县苏维埃政府主席。

六、兴国红色政权的建立

兴国县在江西红军独立第二、四团帮助下，东乡、南乡和北乡等地的革命斗争发展很快。兴国县城也曾两次被红二、四团攻占过。1929年2月，成立了中共兴国临时县委，胡灿任书记。同年3月，正式成立中共兴国县委，李春华任书记。兴国县城亦已在革命力量掌握之下。

1929年4月中旬，毛泽东率红四军第三纵队进抵兴国县城。毛泽东安排三纵队分散在兴国县东北部农村发动群众。他自己和三纵队党代表蔡协民带少量部队住在兴国县城潋江书院魁星阁。

在毛泽东指导下，兴国县第一次工农兵代表大会于4月中旬在县城治平观召开，选举成立了兴国县革命委员会①。陈奇涵、段起凤、鄢日新、萧以佐、黄家煌、萧芳全等19人当选为兴国县革命委员会委员，萧芳全为主席。县革命委员会机关设在兴国县城孔庙（后迁背街萧宝春家）。

县革命委员会成立后，发布了《兴国县革命委员会政纲》，先为10条，毛泽东将其修订简化为5条：一、推翻国民党统治，成立区、乡工农兵代表会议（苏维埃）；二、没收豪绅地主土地、山林，并分配给无地少

① 有的史书说毛泽东此次到兴国县城之前，兴国县革命委员会即已成立。但陈奇涵和萧华的回忆录中均说兴国县革命委员会是毛泽东帮助指导成立的。此处采用陈、萧之说。

地的农民耕种，烧毁田契债约；三、取消国民党政府一切苛捐杂税，实行统一的累进税；四、建立地方武装——游击队和赤卫队；五、开展游击战争，打倒贪官污吏，肃清封建势力，保卫县、区、乡革命政权①。

毛泽东十分重视帮助兴国县开展土地革命，帮助制定、颁布了《兴国土地法》。这部土地法，在《井冈山土地法》的基础上作了重要修正，将《井冈山土地法》中“没收一切土地”改为“没收一切公共土地及地主阶级的土地”，其余各点均未改变。毛泽东说“这是一个原则的改正”②。

为了帮助兴国县开展土地革命斗争，毛泽东在文昌宫旁的崇圣祠，亲自主持举办了一期兴国县土地革命干部训练班。兴国县的革命骨干陈奇涵、萧华、鄢日新等48人参加了学习，时间为一星期。毛泽东和红四军三纵队党代表蔡协民都讲了课。毛泽东讲课的内容主要是中国共产党对解决农民土地问题的主张和方针政策，共讲了3天。蔡协民主要讲开展土地斗争的方法。参加学习的同志后来都成为赣南土地革命斗争的骨干。毛泽东对兴国的土地革命斗争一直很关心。1929年夏红四军到闽西后，他还写信给兴国县委，了解土地分配情况，后又就土地斗争问题专门作了著名的“兴国调查”。

毛泽东在兴国期间，受到兴国县干部群众的热情接待。陈奇涵和兴国县委的同志请他吃兴国特有的粉蒸鱼。当4个炒菜加一个盛满粉蒸鱼的小蒸笼放在桌上时，毛泽东风趣地给起了一个高雅的菜名：四星望月。

1929年4月26日，毛泽东和蔡协民带领前委警卫排经兴国县江背乡、梛木乡，到古龙冈会合三纵队主力。27日到达宁都县青塘乡，与

---

① 陈奇涵：《赣南党史》，载《回忆中央苏区》，江西人民出版社1981年9月第1版，第11页。

② 《毛泽东农村调查文集》，人民出版社1982年版，第40页。

朱德率领的红四军第一、二纵队会合,准备攻打宁都县城。

七、宁都红色政权的建立

1929年2月13日红四军第一次进占宁都城时,盘踞城内的赖世琮民团闻风而逃。红四军一离开宁都,赖世琮又卷土重来。毛泽东和朱德决定消灭这股敌人。

朱德率领的红四军第一、二纵队,于1929年4月25日进抵宁都县青塘圩。4月27日,毛泽东、蔡协民率领红四军第三纵队在青塘与朱德所率部队会合后,28日全军3个纵队即进占宁都县城西郊的虎陂、甑贝岭、背村、刘坑、土围一带。毛泽东、朱德、朱云卿等听取了宁都县党组织负责人彭澎、王俊等的汇报,察看了地形,研究制定了攻城方案。29日拂晓,红四军从西、北两处向宁都县城发起猛攻,同时组织宣传队向城内喊话宣传。赖世琮指挥民团负隅顽抗。主攻西门的红四军第一纵队第二支队支队长萧克,带领战士们穿过城墙下的民房,找到一个从城内通出的地下涵洞口。他立即命令几名战士从洞口钻进城内袭击敌人,自己带领部队攀登云梯翻越城墙。守城敌军在红军内外火力猛烈攻击下,迅速溃败。红军跃上城墙,攻入城内,全歼守敌赖世琮团,活捉敌民团团长赖世琮、副团长谢益生以下官兵500余人,缴枪数百支。

红四军攻占宁都城后,各纵队分头在县城四郊打土豪、分浮财,宣传发动群众。毛泽东、朱德在县城温屋主持召开县城党员代表大会,帮助成立了中共宁都临时县委,由赖金声任书记。

5月3日,在县城西“儒学”门前广场召开群众大会上宣布成立宁都县革命委员会,彭澎当选为主席;同时宣布成立宁都县赤卫大队,王俊任大队长,谢荫南任党代表。毛泽东和朱德都在会上讲了话。会后,处决了作恶多端的敌民团副团长谢益生和另一个民团头目。民团团长赖世琮为保性命,答应派自己的老婆回石城县老家筹集银元和弹药送给红军,请求红军宽恕。后来红四军押着赖世琮到了福建上杭县。不料狡猾的赖世琮趁红军疏漏逃走，回到石城县，继续组织民团与红军对抗。1930 年夏，赖世琮率石城民团向瑞金红二十四纵队进攻时，被瑞金红军击毙。

红四军政治部为推动宁都的革命斗争，帮助宁都临时县委举办了党员训练班，培养了一批革命骨干。宁都县革命委员会和县赤卫大队也积极配合红四军开展活动。红四军离开宁都城后，他们即转入宁都县北部的东韶、洛口、黄陂、小布等地坚持游击战争。

红四军分兵游击于都、兴国、宁都 3 县并帮助建立红色政权，为前委"一年争取江西"计划的实施开了个好头。在红四军的帮助影响下，赣西南革命斗争形势迅速发展。

第四节
红四军第二次入闽

一、首克龙岩

红四军第一次入闽时，在长汀县工作 17 天，对闽西各县的革命斗争鼓舞极大。中共福建省委得知红四军入闽消息后，于 1929 年 3 月 28 日作出《关于闽西斗争工作大纲草案》，认为在闽西有造成割据局面的可能，决定立即恢复上年因暴动失败而停止活动的中共闽西临时特委，指定邓子恢任特委书记；同时要求闽西临时特委和暴动委员会要特别注意上杭、长汀、龙岩、永定 4 县的工作；要加强军事工作，在暴动委员会之下设立军事委员会，集中各县革命武装组建有 1000 人左右的红军团；要在割据区域中自下而上地建立苏维埃政权。福建省委还派出特派员赶赴闽西，指导工作；并派陈昭礼、罗明赴上海向中央报告朱、毛红军和闽西斗争情况。

1929 年 5 月间，蒋桂军阀战争已趋结束，而粤桂军阀间又起内讧，大战在即。驻闽西龙岩的国民党省防军第一混成旅陈国辉部主力配属驻漳州的暂编第一师，南进广东潮汕地区，准备对依附桂系的粤军第五军开战。

中共闽西临时特委得悉以上情报，立即给远在江西的红四军前委书记毛泽东写信，告知闽西敌军力量空虚，请求红四军迅速入闽帮助开展斗争。

1929 年 5 月中旬，仍在宁都县领导红四军开展群众工作的毛泽东、朱德，收到邓子恢的信后，立即决定红四军第二次入闽游击。

1929 年 5 月 16 日，毛泽东、朱德率红四军离开宁都县城，17 日宿营瑞金大柏地一带，18 日到达瑞金县壬田镇。当晚，红四军前委在壬田召开扩大会议，商议入闽军事行动。5 月 19 日，全军从壬田出发向闽西前进，当日进抵闽西长汀县濯田。20 日，全军在水口安全渡过江水暴涨、水流湍急的汀江。21 日，红四军经涂坊、南岭、新泉进抵连城县南部的庙前。

5 月 19 日红四军在长汀濯田时，毛泽东和朱德分别致信中共闽西临时特委书记邓子恢和正在上杭蛟洋的闽西红军负责人傅柏翠、曾省吾、罗瑞卿，要求他们作好策应红四军入闽行动的各项准备工作。红四军进抵庙前当天，傅柏翠、曾省吾即赶到庙前。毛泽东和朱德立即接见两人，交给傅、曾 4 项任务：一、阻击尾追而来的赣敌李文彬部 4 个小时；二、侦察后方敌情，将敌军动静及时交龙岩县委转红四军前委；三、尽快集中地方武装组建闽西红军第五十九团，随红军行动；四、傅、曾二人于 5 月 23 日赶到龙岩。傅柏翠、曾省吾领受任务后，连夜赶回蛟洋，一方面发动群众欢迎慰问红军，一方面迅速集中地方武装。5 月 26 日，闽西红军第五十九团成立，傅柏翠任团长，曾省吾任党代表，罗瑞卿任参谋长，全团 300 余人，下辖 1 个营和 1 个特务连。邓子恢接到红四军前委干部宋裕和送来的信后，也立即在上杭县庐丰太古上塘村召开特委紧急会议，对配合红四军行动问题作出了布置。

5 月 22 日，红四军从庙前出发，经过古田镇时在当地农民配合下消灭了当地反动民团,活捉古田民团团总廖建熊,缴枪 36 支,成立了古田革命委员会。当晚,红军在龙岩县小池宿营。毛泽东、朱德等连夜在小池赞生店召开军事会议,听取闽西特委代表介绍龙岩敌情,得知:陈国辉主力尚在广东大埔,龙岩城只留有陈国辉旅部和特务连、机枪连防守;在龙岩县和漳平县,也只有该旅几个补充营分散驻守。据此情况,红四军军部当即作出攻打龙岩城部署:以一、三纵队沿通往龙岩的公路向龙岩城发起正面进攻,二纵队绕道从左翼占领龙岩城北门外的北山,对龙岩城实施包围夹击。

5 月 23 日凌晨,红四军经简短动员,即分头向龙岩城进发。上午 7 时许,一、三纵队以迅雷不及掩耳之势,一举攻占城外敌前哨阵地龙门圩。守敌第一补充营营长彭棠率残部仓皇向龙岩城逃窜。红军乘势追击,突破西门攻入城内。二纵队亦同时攻入北门,直插城内。城内守敌面对红军猛烈攻击,纷纷缴械投降。逃入城内的敌营长彭棠来不及喘气,带着姨太太由少数残兵护卫趁乱潜出东门,逃往漳平县永福。中午时分,战斗胜利结束。当天下午,红四军又乘胜进军龙岩城西 15 公里的永定县坎市,击溃陈国辉部 1 个营。龙岩战斗大获全胜,“陈国辉部第一营、补充营、特务连、机关枪连完全缴械,活捉营长一人,连排长九人,士兵三百二十四人,打死敌方官兵九十余人,缴得水机关枪二挺,驳壳枪二十三支,步枪五百四十九支,步枪子弹三十九担,迫击炮弹九担”①。当日,红四军拨给龙岩县委 200 支枪,给随军参战的连南农民武装三四十支枪。

龙岩为闽西重镇,是闽西政治、经济、文化中心。红四军首克龙岩,重创陈国辉所部,对进一步扩大红军声威,鼓舞闽西人民斗志,影

① 《红军捷报》,中国共产党永定县党部印发,1929 年 5 月 26 日。见中共龙岩地委党史资料征委会、龙岩地区行署文管局编《闽西革命史文献资料》第二辑,1982 年内部版,第 91 页。

响甚大。

二、永定红色政权的建立

龙岩战斗结束后，红四军在当日下午进占永定县坎市。当晚，毛泽东和前委机关住在坎市新街"德裕翔"店，朱德和军部机关住在"裕源店"。红军攻打坎市时，在上杭县蛟洋集训的永定县太平区游击队70余人，由林梅汀、简祥明率领，跟随红四军进占坎市。毛泽东在坎市新街"德裕翔"店住地召集林梅汀、简祥明、郑荣澜等人开会，了解永定县情况，并商议成立了永定县太平区革命委员会，林梅汀任主席。5月24日，红四军向永定城进发，当日攻占湖雷，帮助成立湖雷区革命委员会，阮山任主席。随后，红四军兵分两路：林彪率一纵队开赴永定城东南面的陈东、岐岭、古竹、下洋、中川一带，扫清当地反动势力，并警戒阻击广东方面敌人；第二、三纵队于5月25日一举攻占永定县城。驻永定县城的国民党黄月波团和永定县长余辉照收拾残部逃往峰市。红四军入城后，毛泽东住在城内赖家祠，朱德住在张家祠，陈毅住在崇华堂，第二、三纵队分住在吴家祠、江家祠、孔子庙等地。

25日当晚，毛泽东在永定城内赖家祠主持召开红四军前委和永定县委联席会议，作出3项决定：一、成立永定县革命委员会；二、动员群众拆毁永定城墙；三、召开万人群众大会。26日，红四军第二、三纵队分头深入永定城郊各乡开展群众工作。

1929年5月27日上午，永定县万人祝捷群众大会在县城南门坝召开。红四军和中共永定县委领导人都参加大会并在会上讲话。会上，毛泽东亲自宣布成立永定县革命委员会，主席张鼎丞，秘书长阮山。县革命委员会发布了《工农群众大会关于取消一切债务的决议》等文告，当众烧毁了缴获的田契债据，镇压了恶霸赖觉民。会后，毛泽东、朱德、陈毅、张鼎丞亲自带领到会军民动手拆毁城墙，到会群众各自带了一块城砖回家。

红四军在永定城工作两天。28日，红一、二、三纵队均回师湖雷宿营,并开展群众工作。29 日回驻坎市,一、二纵队在坎市及附近的培丰、高陂一带开展乡村工作一星期。三纵队进占龙岩县的龙门镇。毛泽东在湖雷时,代表前委给中央写出报告,详细汇报了红四军自离开井冈山以来的行动和赣南、闽西革命斗争及红四军内部情况。

永定县革命委员会,是红四军帮助建立的闽西第二个县级红色政权。

三、二克龙岩与龙岩红色政权的建立

1929 年 5 月 23 日红四军首克龙岩城的胜利消息,令龙岩全县民众精神为之大振。该县白土、湖邦、黄坊、西山、东山、马坑、内江山、大池等地的农民,在龙岩县党组织领导下,先后举行武装暴动,打土豪,烧田契,分浮财,组建地方武装,革命形势发展迅猛。

这时,从龙岩城败逃至漳平县永福镇的敌营长彭棠及其残部,得知红军于当日即已撤出龙岩开往永定,遂拼凑起 300 多人的队伍,在龙岩反动势力配合下窜回龙岩城。在广东的敌旅长陈国辉接彭棠告急电报,亦立即派出部分主力星夜赶回龙岩城,加强防守力量。

中共龙岩县委得知敌军回防龙岩城,闽西临时特委书记邓子恢和龙岩县党组织领导人郭滴人、张双铭等组织各地农民革命武装,对龙岩城守敌轮番攻击骚扰,使敌人成天惶恐不安。

毛泽东、朱德从龙岩县委领导人的汇报中了解到龙岩县的情况后,决定派驻龙岩县龙门镇的红四军第三纵队和闽西红五十九团一起,再次攻打龙岩城。6 月 2 日,红五十九团由傅柏翠、曾省吾率领从蒋武经柴坑赶到龙岩城东面的黄竹坑宿营。6 月 3 日一早,红五十九团占据城东东宫山。当日下午 3 时许,红四军第三纵队从龙门镇向龙岩城西门发起猛攻,五十九团同时从东宫山压下,经东门攻进城内,黄昏时分与三纵队在城内胜利会合。城内敌军惧怕被歼,红军攻城枪一响就弃城而逃。

红军二占龙岩城后,于 6 月 5 日在城内中山公园召开群众大会,宣告成立龙岩县革命委员会，邓子恢被推举为县革命委员会主席。这是红四军帮助建立的闽西第三个县级红色政权。

6月5日上午，正当龙岩县革命委员会成立之时，红四军在坎市得到从下洋方面哨兵送来的不确切的紧急报告，谓发现打着国民党旗号的大队人马从广东大埔方面向永定县开来，但不知是何部敌军。红四军军部领导疑为张贞、陈国辉二部回师闽西，企图合击红军。为避敌锋芒，前委决定向上杭、连城方向转移。红四军三纵队和五十九团遂于当日下午从龙岩城撤出，在龙门与红四军前委及二纵队会合后抵达龙岩县北部的大池。红四军一纵队从永定县虎岗、灌阳转移至大洋坝。

此时，国民党福建省防军暂编第二旅卢新铭所部钟铭清团驻守上杭县白砂镇，并在离白砂镇15公里的丘坊及10公里之丰年桥各布设1个连的兵力，企图堵截红军归路。毛泽东从上杭县蛟洋地方党组织处得知这一情报后，当即召开前委会议，决定集中兵力攻打白砂，消灭钟铭清团。

6月7日，红军分三路向白砂进击：一路由毛泽东、朱德亲自率领红四军二、三纵队及军直属队从大池出发，经吊钟岩、小禾坑向白砂正面进攻；一路由林彪率领一纵队从大洋坝向白砂攻击；一路由傅柏翠率领五十九团从大池出发进攻丘坊之敌。

白砂民众正好在这一天迎神打醮抬“定光古佛”，整条街道来往行人熙熙攘攘，敌军毫无戒备地在街上游逛。毛泽东、朱德指挥部队出敌不意首先解决驻守丰年桥的敌前哨连，接着直扑白砂犁头嘴，包围敌主力，迅速歼灭其大部，只有敌团长钟铭清带着20余名卫兵逃回上杭县城。驻守丘坊敌民团在五十九团攻击下也狼狈逃向旧县。此战，红军全歼钟铭清团主力，击毙敌军七八十人，俘敌100余人，缴枪100多支、小炮2门。战斗结束后，红军在白砂召开军民祝捷大会，宣布成立白砂革命委员会。

四、红四纵队的组建与三克龙岩

白砂战斗后，红四军为造成向江西退却的假象迷惑敌军，从白砂移至上杭旧县和连城县南部的新泉，一方面休整部队，一方面派出力量帮助发展和组织连南十三乡农民武装暴动，成立了连城县连南区革命委员会，同时分兵支持上杭县东部和北部地区开展斗争，建立红色政权。

为适应形势发展的需要，1929 年 6 月 9 日，红四军前委在上杭县旧县召开会议，决定将闽西地方武装合编组建红四军第四纵队。

红四军第四纵队由傅柏翠任司令员，李力一任党代表，谭震林任政治部主任，罗瑞卿任参谋长。第四纵队下辖第七、八两个支队：第七支队由原闽西红五十九团、连南十三乡暴动武装、长汀县赤卫队、永定县一部分地方武装合编组成，支队长陈紫峰；第八支队由永定县溪南、湖雷及龙岩县白土的地方武装和上杭县东五区农民武装合编组成，支队长卢肇西。半个月后，第四纵队正式编成，纵队司令部、政治部亦正式成立，但纵队领导人作了调整，纵队司令员改由胡少海担任，纵队党代表改由张鼎丞担任，纵队其他领导人未变。全纵队两个支队共 1000 余人。

此时，国民党福建省防军第一混成旅主力已从广东东江匆忙返回龙岩城。敌旅长陈国辉得知红四军已向新泉一线撤退，误以为红军胆怯欲退回江西，便在城内举行所谓“祝捷大会”，放假 3 天，日夜唱戏，怂恿士兵吃喝嫖赌。

红四军前委获悉上述情报，决心歼灭陈国辉旅。6 月 17 日，朱德、陈毅主持召开前委会议作出战斗部署：第一纵队和第四纵队在龙岩城外西山、下洋之间的新官岭集结，主攻南门；第二纵队和军部沿龙门大路直取龙岩西门；第三纵队兵分两路，一路埋伏于东面东宫山一带断敌退路，另一路攻打北门。闽西各县农民武装随红军行动，支援红军作战。按照这一部署，全军于 18 日从新泉等地出发，进抵离龙岩城 20

公里的小池宿营。

6 月 19 日凌晨,红四军各部按预定部署兵临龙岩城下。拂晓时分,攻城战斗打响。朱德亲自指挥二纵队率先攻破西门,冲进城内与敌展开激烈巷战。一、四纵队也很快从南门攻入城内,一部兵力与二纵队会合直捣陈国辉旅部,另一部兵力配合三纵队攻占城北制高点“最高亭”。敌旅长陈国辉毫无戒备,遭红军突然进攻后对部队失去指挥,惊慌失措地化装成老百姓,带着几名亲信卫兵悄悄潜逃出城。敌残部群龙无首,蜂拥着朝漳平方向溃逃,不料在东宫山下遭到红军猛烈阻击。仅半天时间,战斗胜利结束。红军全歼敌陈国辉旅主力 2000 余人,俘敌营长以上军官 9 人,缴获迫击炮 4 门、机枪 10 挺、步枪 900 余支、子弹无数。

红四军三克龙岩后,闽西红色割据局面大定。6 月 20 日,龙岩县革命委员会在龙岩城召开了有 3 万人参加的祝捷大会。红四军前委代理书记陈毅赋诗一首祝贺:

大军突敌围,关山度若飞。
今朝何处去,昨梦犹未归。
闽赣路千里,春花笑吐红。
铁军真是铁,一鼓下汀龙。

五、中共闽西“一大”的召开

红四军三克龙岩后,代理前委书记陈毅主持召开红四军前委会议,研究制定红四军近期行动计划。会议决定红四军各纵队抓住闽西无敌军主力之机,分兵在龙岩、永定、上杭、连城、长汀、武平等 6 县发动群众,开展土地革命,帮助建立红色政权。会后,红一纵队由永定县坎市、上杭县合溪等地沿汀江东岸向北发展至上杭县北部官庄、才溪;红二纵队由龙岩县雁石经大池、小池、古田往北,向连城发展;红三纵队在龙岩县城关附近活动;红四纵队一个支队在永定,一个支队在上杭县蛟洋、白砂等处工作整训。红四军前委和军部机关移驻连城县新泉。

红四军三打龙岩时,毛泽东已离开红四军前委领导岗位。他和前委、政治部工作人员一起随红四纵队第七支队行动。进入龙岩城后,中共闽西临时特委书记邓子恢安排他住在城内的新邱厝。他对邓子恢说:"闽西局面已经大定,特委对各地工作要有个纲领才好。"邓子恢根据毛泽东的意见,总结了闽西各地主要是永定溪南里的经验,起草了一个土地革命斗争纲领,其中包括取消租债,分配土地,分青苗,男女平等,自由结婚,保护商店,肃反,赤卫队,少先队,革命委员会,苏维埃组织等问题。这个纲领经毛泽东修改后,当即印发各县,对各地土地斗争和各项工作的开展,起了重要作用。

为了更好地指导闽西各县的斗争,中共闽西临时特委决定正式召开中共闽西第一次代表大会,并于 1929 年 6 月 27 日向各县发出召开这次代表大会的通知,要求各地选出代表,于 7 月 10 日前赶到上杭县蛟洋集中。毛泽东对召开这次大会非常重视,决定应邀前往指导大会召开。他在住地新邱厝请了龙岩城内外的一些农民、店员、裁缝、无业游民及革命积极分子开座谈会,详细了解闽西各方面情况,为指导中共闽西"一大"召开作准备。7 月 8 日,毛泽东与贺子珍和前委派往闽西特委工作的蔡协民、曾志、江华以及前往四纵队政治部上任的谭震林一起,由邓子恢陪同,离开龙岩城,于第 2 天傍晚抵达上杭县蛟洋文昌阁(途中,谭震林去了上杭县白砂红四纵队处)。这时,出席闽西"一大"的 50 余名代表已全部到达。毛泽东与一些代表们交谈中发现他们对闽西的整个革命形势、社会状况缺乏全面了解,便建议大会推迟开幕,让代表们回到各地用 1 个星期时间,对本地的土地、政治、党务、武装群众、政治组织、物价、洋货侵入、工农业破产等情况,作一详细调查,向大会逐项报告,然后在此基础上,根据实际情况制定出指导闽西革命斗争的各项方针政策。

1929 年 7 月 20 日至 29 日,中共闽西第一次代表大会在上杭县蛟洋文昌阁正式开幕。大会推举了主席团5名成员和由13人组成的大会决议起草委员会。龙岩、永定、上杭、平和等县代表首先向大会汇报了各县上一年暴动情况并总结了经验教训。随后由邓子恢代表中共闽西临时特委向大会作工作报告。到会代表还听取了各专题报告，进行了讨论。

大会期间，毛泽东以红四军前委代表身份向大会作政治报告。他赞扬了闽西革命斗争取得的成就，分析了中国革命的形势，阐明了建立革命根据地的重要性，指明闽西党组织今后的基本任务是巩固和发展闽西红色区域。他在报告中分析了闽西红色区域能得到巩固的6个有利条件："一、闽西根据地已有八十万群众，经过长期斗争，而且暴动起来了；二、闽西各县有了共产党，这个党与群众建立了亲密的联系；三、闽西各县已建立了人民武装——红军、赤卫队；四、闽西的粮食可以自给；五、闽西处于闽粤赣三省边沿，山岭重叠，地形险阻，便于与敌人作战；六、敌人内部有矛盾，可以利用。"①他在报告中还指明了巩固根据地的3条基本方针："一、深入进行土地革命；二、彻底消灭民团土匪，发展工农武装，有阵地波浪式地向外发展；三、发展党，建立政权，肃清反革命。"②毛泽东的报告大大提高了闽西党组织的政治水平，鼓舞了闽西共产党人的斗争信心。

为适应领导闽西斗争需要，大会提前于7月25日民主选举邓子恢、蔡协民、蓝鸿祥、雷时标、戴树兴、郭滴人、陈文兰、张鼎丞、卢其中、谭震林、张用心（张赤男）、苏阿德、邓海潮、官近玖、郑金文等15人为中共闽西特委委员，邓子恢、蔡协民、蓝鸿祥、雷时标、戴树兴5人为常委，推举邓子恢任特委书记，蔡协民任组织科长，蓝鸿祥任宣传科长，

① 邓子恢、张鼎丞：《闽西的春天》，载《星火燎原》第2辑，中国人民解放军战士出版社1983年版，第33页。

② 同上注。

江华任秘书长，张鼎丞任特委军委书记，谭震林、傅柏翠、卢肇西任特委军委委员。

大会讨论通过了《政治决议案》、《关于苏维埃政权决议案》、《关于土地问题决议案》、《关于共青团决议案》、《关于妇女问题决议案》。

时因闽、粤、赣3省国民党军对闽西苏区发动第一次"会剿"，为领导反"会剿"斗争，闽西党的"一大"提前于7月29日结束。这次大会对闽西革命斗争的兴起起到了极大的指导和推动作用。闽西各县党组织坚决贯彻"一大"制定的总路线，领导各地农民在红军帮助下举行暴动，建立红色政权和地方武装。原先斗争基础薄弱的地方，如永定县的湖雷、坎市，上杭县的蓝家渡、大洋坝、黄岗、白砂、旧县、才溪、象洞，连城县的新泉，长汀县的南阳等地，群众很快发动起来，打土豪，分田地，建立苏维埃政府。革命武装也迅速发展壮大。1929年秋，全闽西已分配土地的农民已达80余万人。当时正在闽西苏区养病的毛泽东，有感于闽西工农武装割据的一片大好形势，欣喜地填写了《清平乐·蒋桂战争》词一首：

风云突变，军阀重开战。洒向人间都是怨，一枕黄粱再现。
红旗跃过汀江，直下龙岩上杭。收拾金瓯一片，分田分地真忙。

第五节
红四军党的"七大"、"八大"的召开

一、红四军党内的纷争

红四军自1929年1月从井冈山突围游击赣南、闽西以来，连续三四个月游击奔波，鞍马劳顿，军情紧迫，环境艰苦，军部领导人的精力都集中于应付追敌和恶劣环境，较少顾及其他，因之红军中的思想政治工作有所放松。而红四军官兵来源于各个方面，既有从农民起义队伍中来的，又有从旧军队中来的，还有来自绿林武装和散兵游勇。他

们中原本就或多或少存在着单纯军事观点、个人主义、流寇思想、盲动主义等各种非无产阶级思想。由于红军处于初创时期,对许多问题的认识很不一致,部队的政治思想工作有所弱化,加上恶劣的游击环境,军中这些非无产阶级思想便有所滋长、蔓延。随着斗争的深入,红四军中党内的无产阶级思想和非无产阶级思想的分歧,亦愈来愈明朗化,并日益反映到党内以及部队领导机关中来,前委对此又未能取得统一认识,因此对一些问题出现了争论。

红四军党内争论的主要问题包括以下几个方面:

一、关于党对军队的领导问题。井冈山时期,红军中设置了党代表,并把支部建在连上,确定了党对红军的绝对领导原则。但是,在频繁的战争环境中,一些从旧军队中出身的干部感到约束,表示不满,认为"党代表的权力太大","前委包办代替了军委的工作",因而提出了"军事领导政治"的主张和"司令部对外"的口号。

二、关于民主集中制问题。有些同志认为党代表是"家长制",民主了半天,最后还是党代表说了算,主张实行"自下而上的民主",事无大小都要交下级讨论,然后上级再作决议,否则就是不民主。

三、关于反对军阀主义残余问题。有人认为"不打不骂是带不好军队的","城隍庙的鼓三天不打就上灰尘",主张"军人以服从为天职",提出取消士兵委员会。

四、关于建立根据地问题。一些持单纯军事观点的同志不愿做艰苦的群众工作,建立巩固的根据地,一味热衷于"走州过府"、"招兵买马"、"大块吃肉大碗喝酒"的流寇生活。

这些争论的焦点,后来集中到"要不要设立军委"的问题上。

井冈山时期,红军是设有军委的,毛泽东、朱德、陈毅都当过军委书记,但军中党的最高领导机关是前委。1929 年 1 月朱、毛红军下山游击赣南时,为了应付险恶局面,简化领导层次,在 1929 年 2 月 3 日寻乌县罗福嶂前委扩大会议上,决定取消军委,统由前委指挥。这种局面维持了近三个月，直到1929年5月初有个叫刘安恭的人到来，情况开始发生急促而微妙的变化。

刘安恭，四川人，早年入云南讲武堂，与朱德一起到德国留学。回国后，他与朱德、陈毅等都曾在四川军阀杨森部队中供职，策动杨森响应广东国民革命军北伐。1927年刘安恭加入中国共产党，并被派往苏联学习军事，1929年春回国后，5月间由党中央派来红四军军部工作。此时，毛泽东身任红四军前委书记、军党代表和军政治部主任等职，忙得不可开交。当时红军对留苏归来的人都很推崇，刘安恭初来乍到，红四军前委便很快任命他接替毛泽东出任军政治部主任。5月下旬，鉴于红四军前委既要管军队，又要管地方，工作繁忙，兼顾不过来，于是前委决定恢复2月初在罗福嶂会议上已撤销的中共红四军军委，指定刘安恭担任红四军临时军委书记兼政治部主任[①]。

毛泽东提议恢复临时军委，初衷是希望临时军委能协助前委，为加强军队建设做些事情。未料刘安恭主持临时军委会议作出的第一个决议，竟是限制前委权力，规定前委以后“只讨论行动问题”，就是只讨论红四军的作战行动，不要管红军的其他问题。如按这个决议实施，前委就被架空，无法领导全面工作。消息传到毛泽东处，毛泽东甚感惊讶，认为这是军委在与前委分权，部队中许多人亦感到临时军委决议不合适，认为临时军委作为下级，怎能限制自己的上级——前委的权力呢？对此，军中内部一时议论纷纷[②]。加上此时中央“二月来信”已在红四军党内传达，刘安恭到处宣传“中央精神”，中央要“朱、毛离开部队”的话在军中广为流传，更使红四军内部出现政治动荡和思想混乱，有些人甚至对党代表制度和党对军队的绝对领导等问题，

① 《红军第四军前委书记毛泽东给中央的报告》，1929年6月1日于永定湖雷。中央档案馆：《中共中央文件选集》第5册，中共中央党校出版社1989年版，第684页。

② 江华：《追忆与思考》，浙江人民出版社，1991年7月版，第87—89页；萧克：《朱毛红军侧记·关于红四军党的“七大”》，中共中央党校出版社，1993年版，第88—102页。

也产生怀疑和动摇。为解决这些问题，毛泽东利用战斗间隙，采取各种措施，做了许多工作，并几次在前委扩大会议上进行讨论、阐释，然而收效甚微。

1929年5月底，毛泽东在永定县湖雷主持召开的前委扩大会议上，对前委与军委的关系、党的工作范围、支部工作等问题，进行讨论。毛泽东认为，当前前委领导工作的重心仍在军队，而军队又是战斗频繁经常转移，需要前委给予集中而敏捷的指挥，以加强党对军队的领导；现在却在前委下硬生生地插进一个军委，人还是那些人，事还是那些事，不仅机构重叠，还限制前委权力，明显是与前委分权，是“分权主义”。他主张在前委之下不设军委，并提议撤销刘安恭的临时军委书记一职。刘安恭则在会上强调认为，既名四军，就要有军委，建立军委是完成党的组织系统云云。

问题的严重性在于：在要不要设立军委问题上，除毛泽东与刘安恭之间意见相左外，红四军领导层内部也出现严重分歧。前委成员谭震林、蔡协民以及一纵队司令员林彪等，支持毛泽东的意见；而军长朱德等一些同志则支持刘安恭的意见；一纵队党代表陈毅则居中调停。在会上争论时，刘安恭竟然指责“党管得太多了”、“权太集中前委了”，认为毛泽东犯有“家长制”错误，是“书记专政”。[①] 而支持刘安恭意见的同志“在辩论中论到支部工作，便有人说出支部只管教育同志的话，这亦是由于党的管辖范围一问题生出来的，因为他们主张党所过问的范围是要限制的，便不得不主张支部工作也是要有限制的了。因为党的意志伸张，个人意志减缩，一切问题都要在各级党的会议席上议决之后，才许党员个人依照决议去执行工作，使得个人没有英雄

---

① 中央文献研究室：《毛泽东年谱》（上），人民出版社、中央文献出版社，1993年版，第277页；萧克：《朱毛红军侧记》，中共中央党校出版社，1993年版，第88—102页；江华：《追忆与思考》，浙江人民出版社，1991年7月版，第87—89页；《毛泽东文集》第1卷，人民出版社，1993年12月版，第67页。

式的自由，于是从要有相当自由要求出来的‘一支枪也要问过党吗?’‘马夫没有饭吃也要党去管吗?’这就成他们嘲笑党部精密细小工作的口号了”。[①]

湖雷会议争论的结果，不仅没有解决问题，反而在会后双方争论日趋激烈。毛泽东对此深感忧虑，但对做好工作仍持有信心，1929 年 6 月 1 日他在湖雷代表前委给中央的报告中称：“党内现发生些毛病，正在改进中。”[②]

6 月 7 日红四军取得白砂战斗胜利后第二天，毛泽东决定当晚继续召开前委扩大会议，讨论要不要设立军委问题。当日下午在离前委扩大会召开前不到 3 小时，一纵队司令员林彪给毛泽东送来一封信。信中所述内容除支持毛泽东对军内错误思想作坚决斗争外，还污指朱德存有“封建关系”、“政客的手段”、“卑污的行为”等，极力挑拨毛泽东与朱德之间的关系。

白砂会议共有 41 人参加。会议开始后，毛泽东将自己事先准备好的一份书面意见交前委秘书长黄春圃(江华)在会上宣读。书面意见列举了红四军党内存在的 4 个主要问题：(1)前委、军委发生分权现象，前委不好放手工作，但领导责任又要担负，陷于不生不死的状态；(2)根本分歧在前委和军委；(3)反对党管一切(认为党管太多了，权太集中于前委)，反对一切归支部(主要主张支部只是教育同志的机关)，反对党员的个人自由受限制，要求党员有相当自由(反对一支枪也要问过党)，这 3 个最大的组织原则发生动摇，成了根本上的问题——个人主义与无产阶级组织性纪律性斗争的问题；(4)对于决议案没有服从的诚意，讨论时不充分发表意见，切实讨论，决议形成后又

---

① 毛泽东：《给林彪的信》，1929 年 6 月 14 日。《毛泽东文集》第 1 卷，人民出版社，1993 年 12 月版，第 67—68 页。

② 中央档案馆：《中共中央文件选集》第 5 册，中共中央党校出版社 1989 年版，第 684 页。

要反对,并把责任归咎于个人,因此前委在组织的指导原则根本发生问题(同时成了全党的问题),完全做不起来。① 毛泽东要大家对书面意见进行讨论,反复说明不能因为要成立军委而攻击前委,削弱党的领导,军委前委分权形式所以不能成在,理由就在这里。

白砂会议上风云骤起,发生激烈争论。刘安恭得寸进尺,肆意指责毛泽东"自创原则","不服从中央",建议用"完全选举制度及党内负责同志轮流更换来解决纠纷"。② 与会同志的态度,仍然是一部分支持毛泽东观点,一部分支持刘安恭意见。

毛泽东看到意见不仅得不到统一,反而愈争愈烈,便愤而提出辞职,说他不能担负这种不生不死的责任,请求马上调换书记,让他离开前委。会议快结束时,有人提议对设不设军委问题举手表决。表决结果,主张撤销临时军委、反对成立正式军委的有 36 票,只有 5 票赞成成立正式军委。③

于是,临时军委被撤销,刘安恭的临时军委书记自然被免除,他所担任的军政治部主任也被免去。前委将他调去担任红二纵队司令员。军政治部主任改由陈毅担任。

争论的焦点问题虽已解决,但刘安恭不服气,到处游说、煽动。"白砂会议后不到几天,问题已经在党内群众中热烈地讨论起来了。"④毛泽东认为在组织指导上的民主集中制原则实行不了,自己的工作完全做不起来,执意不肯收回辞职请求。为使红四军的工作不受

---

① 参见江华:《追忆与思考》,浙江人民出版社,1991 年 7 月版。

② 解放军军事学院党史资料征委会:《关于红四军第七次党代表大会的若干情况》。见中共中央党史资料征集委员会征集研究室编:《中共党史资料专题研究集·第二次国内革命战争时期(二)》。中共党史资料出版社 1988 年版,第 300—313 页。

③ 江华:《追忆与思考》,浙江人民出版社,1991 年 7 月版,第 88 页。

④ 毛泽东:《给林彪的信》,1929 年 6 月 14 日。《毛泽东文集》第 1 卷,人民出版社,1993 年 12 月版,第 64 页。

影响,前委只好决定暂由陈毅代理前委书记。前委还要求毛泽东和朱德各写一篇文章,阐述自己的理由,在《前委通讯》上发表,供党内讨论。

白砂会议结束的当天深夜,林彪又托前委秘书长江华转交一封信给毛泽东,信的内容主要是表示不赞成毛泽东离开前委,希望他有决心纠正党内的错误思想。[①] 6 月 14 日,毛泽东根据前委决定,以给林彪复信的形式,写了一篇长文,就全军党内争论的问题,详细阐述了自己的看法。

毛泽东在信中首先指出:"现在争论的问题,不是个人的和一时的问题,是整个四军党的和一年以来长期斗争的问题,不过从前因种种原因把它隐蔽了,到近日来才暴露出来。其实从前的隐蔽是错误了,现在的暴露才是对的,党内有争论问题发生是党的进步,不是退步。只有赶快调和敷衍了事,抹去了两方的界线,以归到庸俗的所谓大事化为小事才是退步。"[②]他相信四军的同志经过争论,"一定能选择并拥护一种利于党的团结和革命前进的意见。四军改造的工作由此可以完成,四军的党由此可以得到一极大的进步,这是绝对无疑的"[③]。

毛泽东在信中将红四军党内的争论,归纳为 14 个问题:(1)个人领导与党的领导;(2)军事观点与政治观点;(3)小团体主义与反小团体主义;(4)流寇思想与反流寇思想;(5)罗霄山脉中段政权问题;(6)地方武装问题;(7)城市政策与红军纪律问题;(8)对时局的估量;(9)湘南之失败;(10)科学化、规律化问题;(11)四军军事技术问题;(12)形式主义与需要主义;(13)分权主义与集权;(14)其他腐败思想。这 14 个问题,实际上又可分为两个大的方面:一是对建立罗霄山脉中段

① 江华:《追忆与思考》,浙江人民出版社,1991 年 7 月版,第 89 页。
② 《毛泽东文集》第一卷,人民出版社 1992 年版,第 64 页。
③ 《毛泽东文集》第一卷,人民出版社 1992 年版,第 64 页。

政权以及当时实行的若干政策、制度的争论；二是对设不设军委并由此涉及的若干组织原则的争论。毛泽东在信中特别指出："个人领导与党的领导，这是四军党的主要问题。"①"是四军历史问题的总线索。"②而反对党管一切，反对一切工作归支部，反对党员个人自由受限制，"就是个人领导和党的领导争雄的具体的表现"③。

毛泽东在信中还详细分析和批评了红四军党内存在的单纯军事观点、流寇思想、小团体主义、放任纪律等错误观念；否定红四军党内存在"家长作风"，分析了这次争论发生的原因，强调"凡事要从历史和环境两方面考察才能得到真相"④。毛泽东特别指出："四军党内现在显然有一种建立于农民、游民、小资产阶级之上的不正确的思想，这种思想是不利于党的团结和革命的前途的，是有离开无产阶级立场的危险。我们必须和这种思想（主要的是思想问题，其余是小节）奋斗，去克服这种思想，以求红军彻底改造，凡有障碍腐旧思想之铲除和红军之改造的，必须毫不犹豫地反对之，这是同志们今后奋斗的目标。"⑤

毛泽东在信的最后对其坚辞前委书记职务一事作了解释，说："至于我之请求离开前委，并不是消极，不参加这种斗争，乃有以下的理由：（一）对于党内错误思想奋斗，两年以来已经既竭吾力了，现在我又把问题的内容提出以后，使多数同志们作不断的奋斗才能得到最后的胜利。（二）我在四军的日子太久了，一种历史的地位发生出来的影响是很不好的，这是我要指出的中心理由。（三）我个人身体太弱，智识太贫，所以我希望经过中央送到莫斯科去留学兼休息一个时期。在没有得到中央允许以前，由前委派我到地方做些事，使我能因改环境而

① 《毛泽东文集》第一卷，人民出版社 1992 年版，第 65 页。
② 《毛泽东文集》第一卷，人民出版社 1992 年版，第 68 页。
③ 《毛泽东文集》第一卷，人民出版社 1992 年版，第 68 页。
④ 《毛泽东文集》第一卷，人民出版社 1992 年版，第 74 页。
⑤ 《毛泽东文集》第一卷，人民出版社 1992 年版，第 74—75 页。

得到相当的进步。(四)四军的党已经有了比较坚固的基础了,我去之后,决然没有不好的影响。党的思想上的分化和斗争既已经起来了,决不因我去而不达到胜利的目的……自然我的工作我只能提出意见,决定要在党部,我没有离开一天仍旧可以随大家作思想奋斗一天!"①

6月15日,朱德也根据前委决定,给林彪复信一封。他在信中表示了与毛泽东不同的看法:

第一,朱德认为"党管理一切为最高原则,共产主义中实在找不出来",党应该"经过无产阶级组织的各种机关(苏维埃)起核心作用去管理一切";并认为"出此口号是说我代表军官要争自由,与党分权",对此他表示不能接受。

第二,对于一切工作归支部,党员的行动要受党的纪律约束,他表示赞同,但认为过去前委代替了支部工作,实行的是由上而下的家长制,而不是由下而上的民主制。

第三,朱德认为,毛泽东强调党员的自由要受限制,但他自己的行为却是自由的,不服从调动。②

毛泽东和朱德分别给林彪的复信,以及林彪给毛泽东的信,刘安恭的意见等,都刊登在红四军当月出版的《前委通讯》第3期上。但是,这些信文发表后,毛泽东的意见并没有为军中多数人所接受。相反,争论更加激烈地延伸开来。由于毛泽东平时对干部、对下属要求甚严,批评一些团、营级干部常常令人难以接受,下不了台,因此许多干部对毛泽东有意见,认为毛泽东"不民主",确实存在"家长作风",更倾向于赞成朱德的观点。代理前委书记陈毅则急切希望朱毛之间的分歧意见早日消除,以增强党的团结和红军战斗力。然而,事与愿

① 《毛泽东文集》第1卷,人民出版社1992年版,第75页。

② 见解放军军事学院党史资料征委会编:《关于红四军第七次党代表大会的若干情况》。载《中共党史资料专题研究集·第二次国内革命战争时期(二)》,中共党史资料出版社1988年版,第308页。

违，红四军领导层之间的分歧与军中党内的纷争，并未因此消除而取得共识。

二、红四军党的“七大”的召开

1929 年 6 月 19 日，红四军第三次攻克龙岩城后，当日下午，红四军前委代理书记陈毅在军政治部驻地公民小学的兴学祠，主持召开红四军前委扩大会议，研究当前工作，并决定利用闽西局面已初步稳定的机会，召开红四军第七次党代表大会。毛泽东建议通过总结过去斗争经验的办法，讨论四军党内争论的问题，统一认识，解决红军建设的主要问题，以进一步提高红军的政治素质和战斗力，担负起发展农村革命根据地的斗争任务。但是，前委没有采纳毛泽东的意见[①]，只决定由代理前委书记陈毅负责向大会作政治报告。前委扩大会在陈毅主持下讨论修改并通过了准备在“七大”作的政治报告。[②]

1929 年 6 月 22 日，中共红四军第七次代表大会在龙岩城公民小学内的兴学祠召开。出席大会的代表有四五十人，除前委委员和全军大队以上的党代表到会外，还来了一些军事干部和士兵代表。[③]

大会由代理前委书记陈毅主持，主要议程为听取陈毅作政治报告。随后，朱德、毛泽东和其他一些代表在会上发言。朱德在发言中承认自己过去有些看法存在片面性，表示欢迎大家对他提出批评。毛泽东在发言中强调：现在还是要根据我们历来的实际斗争经验，加强政治领导，加强党对红军的领导，军队应该严格地在党的领导之下，军队要做群众工作，要打仗，要筹款，要讲三大纪律六项注意。至于会上

---

① 中央文献研究室编：《毛泽东年谱》（上），人民出版社、中央文献出版社 1993 年版，第 280—281 页。

② 《陈毅元帅生前的最后回忆——谈井冈山时期的林彪》，载孙伟编：《土地革命战争时期陈毅史料选编》，解放军出版社 2013 年版，第 226 页。胡石言等：《陈毅传》，当代中国出版社 1991 年第 1 版，第 101 页。

③ 据出席红四军七大代表萧克、傅柏翠回忆，确切的代表人数未见史料记载。

对他的批评，毛泽东表示现在不说，如果对他有好处，他会考虑的，不正确的，将来自然会证明是不正确的。[①] 由于争论的双方都作了让步，大会以举手表决方式通过了《红军第四军第七次代表大会决议案》。

《决议案》共分为"党内争论问题"和"分兵问题"两部分。因时间关系，"分兵问题"在会上没有讨论。关于"党内争论问题"，《决议案》讲了 7 个方面的内容：（一）过去工作的检阅；（二）这次争论的原因和性质；（三）党应不应该管理一切；（四）对前委通讯第 3 期的意见；（五）对朱、毛同志的意见；（六）关于前委组成人员；（七）口号。

关于"过去工作的检阅"。《决议案》列出了红四军党内军内长期争论不休或看法不一致的 12 个问题。这 12 个问题，大都是井冈山斗争时期的历史遗留问题：（1）罗霄山脉中段政权问题；（2）1928 年 5 月三十、三十三团回湘南问题；（3）1928 年 7 月二十八团、二十九团开往湘南问题；（4）1929 年 1 月四军出发赣南问题；（5）1929 年 5 月决定一年内争取江西问题；（6）政权形式问题；（7）经济政策；（8）地方武装问题；（9）军需制度问题；（10）边界时代行委制度问题；（11）宣传兵制度问题；（12）士委制度。这些问题中，有 5 个问题是毛泽东 6 月 14 日给林彪的复信中提到的。《决议案》对这 12 个问题都作出了结论。这些结论许多是正确的。例如，肯定 1928 年 7 月红军第二十八团、二十九团回湘南是不对的；肯定地方武装与红军武装应同样扩大；建立宣传兵制度和成立士兵委员会制度都是对的；1929 年 1 月四军出发赣南也是对的。当然，其中有些结论也有欠妥之处。例如，认为井冈山时期有段时间是不顾群众需要采取强迫手段建立红色政权；认为前委在瑞金、于都会议上作出"一年争取江西"的计划不对，等等。

---

① 《陈毅元帅生前的最后回忆——谈井冈山时期的林彪》，载孙伟编：《土地革命战争时期陈毅史料选编》，解放军出版社 2013 年版，第 226 页。胡石言等：《陈毅传》，当代中国出版社 1991 年第 1 版，第 101 页。

关于红四军是否存在“家长制”。《决议案》赞同一些人意见，说：过去四军党员群众对于党部，下级对上级，都有机械地服从而无活泼的党的生活，将一切工作推到一人身上，形成家长制度的倾向。但是，《决议案》也赞同毛泽东的意见，否定了一些人对四军党有代替群众组织、上级党包办支部工作的指责，认为这是失于武断，不合事实，明确肯定毛泽东不存在“书记专政”的现象。

关于“党应不应该管理一切”问题。《决议案》明显赞同毛泽东的意见，认为它符合党的章程；但又指出这个口号“在文字方面太简单”，会引起不正确的理解，主张这个口号以后不要再引用。

关于红四军发生党内争论的原因。《决议案》基本赞同毛泽东的分析，认为主要有五个方面：一是红四军党员成分复杂导致思想认识的歧义；二是领导成员间工作方式与态度不好，引起意见纠纷；三是组织不完备，如军党代表兼前委书记并兼军政治部主任，军长和军党代表对工作的责任心都重，都爱管事；四是新的理论批评旧的习惯的反响；五是过去党的批评精神缺乏。这些分析都是符合红四军实际的，是实事求是的。

关于红四军党内争论的性质。《决议案》虽然没有明确赞同毛泽东所说的是两种不同指导路线的斗争，但是指出这次争论不仅是朱、毛之间闹意见，不仅是组织原则的解释不同，而是红四军历史上各种不同主张、不同工作方式分歧的延续，指出这个争论虽对党有益处，若没有无产阶级意识的领导，必不能得着正确的解决。《决议案》对毛泽东在6月8日白砂会议上的书面发言和6月14日给林彪复信的内容，进行了评析，否定了毛泽东的大部分意见，并且对毛泽东在白砂会议后愤而辞职的行为提出了批评。而对朱德在6月15日给林彪的复信中指责毛泽东的内容，《决议案》也提出了批评。《决议案》还对刘安恭来到红四军后不调查研究、不顾客观事实胡乱发表意见、挑拨领导人之间关系、制造纠纷的错误，给予了严厉批评，指出：刘安恭把四军党分成派，说朱同志是拥护中央指示的，毛同志是自创原则、不服中央指示，这完全不是事实，是凭空臆断的；批评刘安恭主张用完全的选举制度和党内负责同志轮流更换担任前委书记的做法，是非常不对的。林彪在6月8日白砂会议前夕给毛泽东写信，《决议案》对此也给予了批评，认为他不应该将事关红四军前途的重大问题向个人写信，而应向党报告；更不应该在信中随意指责朱军长，挑拨朱、毛之间的关系。

关于朱、毛二人的缺点及其处分。《决议案》列专条分别对毛泽东和朱德的缺点进行了尖锐的批评，认为毛泽东存在“英雄思想”、“固执己见，过分自信”、“虚荣心重，不接受批评”、“惯用报复主义”等“严重缺点”；朱德有“迎合群众造成个人信仰的倾向”、“相信私人”、“工作不科学、无条理、无计划、马马虎虎”、“不注意维持军纪”等“严重缺点”。《决议案》说：朱、毛两同志在党内外负责重要工作，不能因某种政策和意见不同互相猜忌，又不提出来批评，交由党解决，以致造成这次党内出现严重争论，给党以不好的影响。朱、毛两同志都有同等的错误，但毛同志因负党代表与书记之工作，对此次争论应负较大的责任。代表大会为此决定：给毛泽东以严重警告处分，给朱德以书面警告处分。①

关于会议的口号，《决议案》在最后提出了“作为这次争论的结果及党员以后的工作标准”的13条口号：(1)拥护第七次代表大会决议案；(2)反对英雄思想；(3)反对形式主义；(4)增加批评精神；(5)闹个人意见的滚出党去；(6)反对不正确的理论与思想；(7)反对小团体主义；(8)实行民主集权制；(9)反对家长制及极端民主化的倾向；(10)反对一切非无产阶级的意识；(11)提高党员政治水平线；(12)做事科学化、规律化；(13)改进支部生活。②

---

① 中央档案馆保存件《红军第四军第七次代表大会决议案》，1929年6月22日。

② 中央档案馆保存件《红军第四军第七次代表大会决议案》，1929年6月22日。

大会最后讨论朱、毛去留问题和选举前委委员。关于朱、毛的去留,大会决定由中央处理,在中央未派人到四军来之前,他们两人可继续工作。关于前委委员,决定中央以前指定之前委委员毛泽东、朱德不变动,仍为委员;中央以前曾决定红四军所到之处地方党部派一名主要负责人参加为前委委员,此议亦不变动。余下的名额,由军直属队和第一、二、三、四纵队推选出陈毅、林彪、刘安恭、伍中豪、傅柏翠和5名士兵代表(军直属队和每个纵队各推选一人)。表决结果全部当选。前委委员共有13人。原前委委员谭震林落选(宋乔生、毛科文已牺牲)。前委书记也由大会选举产生,原由中央指定的前委书记毛泽东落选,陈毅当选。大会决定将选举结果报中央批准,在未批准前可负责开始工作。①

毛泽东在红四军党的"七大"落选前委书记,铸成历史上的一大曲折,实为一大憾事。但在当时的情形下,也是难以避免的。"七大"主持人陈毅从党的事业出发,以团结为重,曾做了必要的力所能及的调解工作。他认为:毛泽东的领导是正确的,但不太民主;朱德对红军有建树,但重用刘安恭是不对的。陈毅自己觉得夹在朱、毛之间,有难为之处。他曾诙谐地说:

> 一个晋国,一个楚国,你们两个大国天天在打架,我这个郑国在中间简直是不好办。我是晋楚之间,两大国之间,我站在哪一边?我还是希望你们两方面团结。②

红四军第七次党代表大会只开了一天,于当日深夜结束。纵观红四军党的"七大"前党内的纷争和"七大"召开全过程及其所通过的《决议案》,可以得出这样几点看法:

---

① 中央档案馆保存件《红军第四军第七次代表大会决议案》,1929年6月22日。

② 《陈毅同志"九·一三"以后的讲话》(内刊稿)。胡石言等:《陈毅传》,当代中国出版社1991年第1版,第101页。

第一,红四军党内发生的争论,并非偶然,有其复杂的历史原因,如毛泽东所言"是历史的结穴"。[①] 这场争论迟早要爆发,实属难免。此次因设立临时军委而引发争论,只是一个诱因。其发生的历史背景和原因,毛泽东在6月14日给林彪的复信中已作了深刻透彻的分析。总的看来,毛泽东的分析是颇为客观的,根本原因在于部队中非无产阶级思想日益滋长所致。

第二,红四军党内发生的争论,其性质不是所谓"两条路线"的斗争,而是红军初创时期党内不同意见的正常争论。当然这也是关系到党和红军建设中一些重大问题的原则性争论。由于这场争论的双方,都是坚定的共产主义者和坚决革命的同志,在贯彻执行党的总路线总任务方面都是完全一致的,不存在任何根本利益的冲突。正如毛泽东后来(1944年3月15日)在致华中局电文中所说:"关于内战时期在闽西区域的争论,属于若干个别问题的性质,并非总路线的争论,而且早已正确地解决了。"[②]然而,这场争论所涉及的大都是创建农村革命根据地过程中,党对军队领导以及建党、建军、建政的一系列基本原则和政策问题。这些问题解决得正确与否,将影响到根据地建设以及党及军队建设的方向和前途。这一点,毛泽东当时是清醒地认识到了的。然而,遗憾的是,争论的另一方以及支持毛泽东意见的不少同志,当时并没有认识到这一点,以至于红四军党的"七大"没有很好地解决问题。"七大"以后直至红四军党的"九大"(古田会议)召开以前,红四军党和军队建设的这些重大问题,仍然没有很好地得到解决。

第三,红四军党的"七大",是一次具有积极意义、同时又存在严重错误的会议。说其具有积极意义,是因为会议及其通过的决议,对红

① 《毛泽东文集》第1卷,人民出版社1993年版,第74页。

② 毛泽东:《陈毅在内战和抗战时期是有功劳的》,1944年3月15日。《毛泽东文集》第3卷,人民出版社1993年版,第104页。

四军过去的工作,作出了较为客观的评估,既肯定了成绩,又指出了缺点;对毛泽东、朱德两同志既有肯定,也有批评,对四军党内有争论的一些重大问题,也提出了应有的看法,这对于当时统一红四军党内的思想,停止党内争论,消除个人成见,增强红军团结,争取粉碎敌人对闽西苏区的"三省会剿"的胜利,都起了积极的作用。红四军前委在1929年10月18日给福建省委转中央的报告中说:"党内争论问题,自七次大会后,即告结束,另有少数同志仍留有成见,但正确的指示,大家很诚恳的接受,消除一切成见去对待敌人。"[①]红四军党的"七大"的积极意义,还表现在会议初步总结了红四军创建两年来党的建设和根据地建设的经验。大会通过的决议后来呈报党中央审查,为后来党中央解决红四军党内争论问题和红四军党的"九大"胜利召开提供了重要依据。说"七大"存在严重错误和不足,是如同中共中央在同年"九月来信"中所批评的那样:"前委对于朱毛两同志问题,没有引导群众注意对外斗争,自己不先提办法,而交下级自由讨论,客观上有放任内部斗争关门闹纠纷的精神,前委自己铸成这个错误,这是第一点。第二,没有从政治上指出正确路线,使同志们得到一个政治领导来判别谁是谁非,只是在组织来回答一些个人问题,这是第二个缺点。第三,这次扩大会及代表大会的办法是削弱了前委的权力,客观上助长极端民主化的发展。第四,对朱毛问题没有顾及他们在政治上的责任之重要,公开提到群众中没有指导的任意批评,使朱毛两同志在群众中的信仰发生影响。再则一般同志对朱毛的批评大半是一些唯心的推测,没有从政治上去检查他们的错误,这样不但不能解决纠纷而且只有使

① 《四军前委关于开往潮梅一带游击的报告》,1929年10月18日。中共龙岩地委党史资料征集委员会、龙岩地区行署文管会编:《闽西革命史文献资料》(二),1982年7月内部版,第258页。

纠纷加重。”[①]特别是会议在未报中央批准之前就擅自改选红四军前委，致使由中央指定的前委书记毛泽东落选离职，这大大地削弱了前委的领导，使前委“顿失领导中心”，是十分错误的。

第四，陈毅在毛泽东、朱德发生分歧、党内出现争论的情况下，本着“结束争论，增强团结”的宗旨主持召开了红四军党的“七大”，并通过了大会决议案，后来又亲赴上海向党中央如实作了汇报，使党中央得以及时、准确地了解到红四军的全面情况，并对红四军作出“九月来信”的正确指示，这是有贡献的。红四军党的“七大”存在的错误和缺点，作为代理前委书记和大会的主持者，虽然负有某种领导责任，但在当时特殊的历史条件下也是难以避免、可以理解的。陈毅的出发点和主观愿望是好的。他在“七大”会上被选为前委书记，乃党内民主选举的结果，况且陈毅本身是红四军的资深领导人，在朱、毛意见不能统一的特殊情况下，他出任前委书记也是无可非议的。

三、出击闽中与攻克上杭

红四军党的“七大”后，党内争论渐渐停止下来，但问题并没有从根本上得到解决。这不仅因为党内军内存在的各种非无产阶级思想，尤其是单纯军事观点、流寇思想等没有受到批评而加以纠正，还因为毛泽东在会上落选前委书记，使矛盾更加尖锐起来。会议结束前，毛泽东再次提出自己身体不太好，希望经过中央送到莫斯科去留学并休息一个时期，在未获中央批准之前，允许他离开红四军到闽西地方工作休养一段时间。鉴于毛泽东态度坚决，新前委同意了他的请求。原来支持毛泽东的一些同志，情绪有些低落。前委对谭震林、蔡协民、江华、曾志的工作都作了调整。谭震林调任第四纵队政治部主任，蔡协民、江华、曾志调闽西特委从事地方工作。有些军事领导干部，包括一

① 中央档案馆：《中共中央文件选集》第3册，中共中央党校出版社1989年版，第488页。

纵队司令员林彪、三纵队司令员伍中豪等在内，纷纷向中央写申请要求离开红四军，派往莫斯科学习。

1929年7月9日，陈毅将红四军党的“七大”决议案连同《前委通讯》第3期，以及他给中央写的关于红四军党内争论情况、闽西情况和红四军行动计划的报告，一起交福建省委交通员呈送中央。7月中旬，陈毅和朱德率红四军前委和军部机关撤出龙岩城，迁往连城县新泉。

此时，蒋介石已下令闽粤赣三省国民党军队对红四军和闽西红色区域实行“会剿”。这次“会剿”，以江西国民党军第十二师师长金汉鼎为总指挥，其部署为：江西国民党军第十二、第七师共4个团，由瑞金入长汀，向新泉、古田进攻；福建国民党军暂编第一师张贞部由漳州向龙岩进攻；广东国民党军第七旅一部由大埔、松口向永定进攻。7月下旬，三省“会剿”部队开始行动。7月30日，江西国民党军第十二师两个团进至长汀，第七师第二十一旅由长汀进至河田；福建国民党军暂编第一师进至龙岩县南部的适中；广东国民党军也在大埔、松口、梅县等处集结。

面对敌军的进攻，为研究确定应敌对策，同时因7月29日陈毅接到党中央要红四军火速派一二名同志赴上海参加中央政治局召开军事会议的通知，前委遂决定召开紧急会议。毛泽东此时已离开红四军在上杭县蛟洋指导召开中共闽西“一大”，且重病在身。陈毅决定前委紧急会议于7月29日晚在蛟洋文昌阁召开。会前陈毅将自己准备去上海向党中央汇报的打算告诉毛泽东并征求意见，得到毛泽东赞同。陈毅还提出自己离开前委赴上海期间，请毛泽东返回前委主持工作，毛泽东坚辞未受。

在当晚召开的讨论应敌策略的前委紧急会议上，有人主张集中兵力在闽西奋斗，有人主张打出去。结果多数同志认为红军留在闽西内线打破敌军“会剿”把握不大，遂决定集中红四军第二、三纵队向闽中出击；红四军第一纵队因远在回龙、官庄一线，受汀江阻隔，一时难以集中,决定留在闽西与红四军第四纵队一起,在永定、上杭、龙岩3县,坚持斗争,保卫红色区域。

会上决定陈毅走后,由朱德代理前委书记。会后,陈毅随福建省委交通员先到厦门,向福建省委汇报工作,然后乘轮船经香港前往上海。

8月2日,朱德率前委与军部机关和第二、三纵队在龙岩北部的白砂集中,当夜兼程开往宁洋,8日占领漳平县城。红军在漳平8天,并未迫使进攻之敌暂编第一师改变计划,调动兵力追赶红军。在此情况下,红四军第二、三纵队于8月15日分途从漳平出发,向大田、德化方向前进,进入闽中腹地,准备再向闽北出击。可是此时正值酷暑,红军病号增多,“沿途荒山峻岭,河水深入颈项,上山把脚走痛了,过河把小孩子淹死了,穷乡僻壤没有米吃,虽然有番薯等物,又因土匪太多,群众又不了解”①,革命基础薄弱,军阀卢兴邦部又调动兵力前来阻击,红四军行动遇到很大困难,减员严重。“大炮抬不起也丢了,步枪背不起只得送土匪,叫他帮我们安置伤兵,计算这一次要损失300多人,100多枪,士兵群众都不肯走了,于是不管三七二十一,决定击返闽西。”②

就在这时,随军行动的红四军前委收到闽西特委书记邓子恢派人送来的信,了解到进攻闽西敌军动态。闽西特委要求朱德军长率领部队击返闽西,保卫赤区。根据实际情况和闽西特委要求,朱德主持召开前委会议作出返回闽西的决定。8月29日,红四军第二、三纵队在漳平县东北的溪南,歼灭福建国民党军暂编第一师1个团。30日,红四军又进占漳平城,歼灭敌军1个营,并连夜占领龙岩县东南的永福

① 熊寿祺:《红军第四军状况(从1929年7月到1930年4月)》。见《党的文献》1999年第2期,第55页。

② 熊寿祺:《红军第四军状况(从1929年7月到1930年4月)》。见《党的文献》1999年第2期,第55页。

镇,迫使占领龙岩的敌暂编第一师杨逢年旅仓皇撤退。9月6日,红四军二、三纵队收复龙岩城。

朱德率领红四军二、三纵队出击闽中的军事行动,虽有所损失,但从决策到击返,基本上是正确的。

留在闽西的红四军第四纵队的3个支队和1个特务大队,面对敌军进攻,以支队为单位分散在上杭县北二、北三、北四、北五区,以古田、白砂、蛟洋等地赤区为中心,向汀南、连南(新泉)游击,对付赣敌第十二师第二十一旅的进攻,其中心工作是深入发动群众,与群众配合应敌。红四军第一纵队在林彪、熊寿祺率领下,进入龙岩、永定、上杭3县交界的大洋坝,改名为上杭永定赤卫队,以迷惑敌人。全纵队分为3部分:纵队司令员林彪率第一支队第二大队和特务大队,以上杭、永定两县交界的合溪为中心;第一支队支队长粟裕率第一、三大队和补充大队,以永定县金丰为中心,肩负保卫在永定金丰大山隐蔽养病的毛泽东、贺子珍安全重任;纵队党代表熊寿祺率第二支队及机炮大队以大洋坝为中心。各部分又以大队为单位将各中队分为若干中心,分散深入到群众中,开展宣传发动群众工作,帮助分配土地,建立政权,组织训练赤卫队,并建立递步哨、交通网,严密监视敌军动静。红军战士们还积极帮助群众收割稻子,搞好生产。在短短半个月时间内,岩、永、杭3县原来互相分隔的赤色区域迅速连成一片。红军与群众紧密配合,开展游击战争,打击进犯之敌,迫使赣敌撤退到长汀、连城两县,粤敌固守永定城和湖雷两地,不敢乱动。上杭县城之敌也被上杭县赤卫队和群众团团围住。

龙岩城重新回到红军手中,标志着闽粤赣国民党军三省"会剿"已土崩瓦解;岩、永、杭赤色区域连成一片,为红四军攻打上杭城创造了条件。9月中旬,红四军前委决定集中4个纵队兵力,攻打上杭县城。

上杭城建在汀江岸边,城墙高坚,易守难攻,素有"铁上杭"之称。盘踞城内的是以郭凤鸣残部扩编的国民党福建省防军暂编第二旅,旅长卢新铭原是郭凤鸣部的一名团长。全旅兵力加上城内地主武装共有2000余人。

9月19日，朱德率全军指挥员仔细察看地形后，作出攻城部署，决定：由一纵队用迫击炮猛攻西门，吸引城内敌军主力并乘势攻入城内；二、三纵队主攻北门；四纵队一部配合赤卫队攻打东门，另一部和地方赤卫队佯攻南门。19日夜，攻城战斗打响。二、三纵队率先攻破北门，朱德随部队进入城内；接着，一纵队也从西门攻入。红军各部在城内会合。20日拂晓全歼城内守敌，俘敌1000余人，缴枪1000余支，仅敌旅长卢新铭带领20余名随从逃脱。

上杭城胜利被红军攻占后，上杭县群众和红军于9月20日在县衙门前广场召开军民祝捷大会。10月2日，上杭县苏维埃政府在上杭县城宣告成立，李立民、伍步祥分别当选为正、副主席。

上杭县苏维埃政府是红四军帮助建立的闽西第4个县级红色政权，也是闽西第一个正式建立的县苏维埃政府。

红四军在上杭城休整了几天，将俘虏士兵补充各纵队，全军各纵队都扩充为3个支队，每个纵队有一千八九百人，全军扩充到7000余人。随后，前委决定一、三纵队向武平县进攻，准备与入闽赣敌第十二师作战；二纵队开至闽粤边境之峰市，监视已退回东江地区之粤敌陈维远部，四纵队留守上杭城附近巩固苏区。

9月底，朱德主持召开红四军前委扩大会议，决定召开红四军第八次党代表大会。

四、红四军党的“八大”召开

红四军党的“七大”后，由于毛泽东已离开前委去闽西特委帮助工作和养病，前委书记陈毅又去上海向中央汇报工作，主要领导同志中只有朱德一人，领导机关不健全，全军在政治上顿失重心。军中政治工作也有所放松。

这时，红四军党内军内原先存在的各种错误思想又泛滥起来，尤其是极端民主化思想十分严重。几个月来,“前委的指导路线都不是集体指导一切问题,一切问题都摆在会场上让大家来讨论,不管他政治分析也好,行动计划也好,请调工作也好,都毫不准备意见,到会场来争,往往争议终日得不到一个结论……前委为了请调工作问题(当时很多同志请调工作),常常讨论几个钟头,无法解决。每次开会都要各纵队负责同志到了才能解决问题。各纵队负责同志在会场上为了调人调枪这些问题,当然要为自己说话,于是争论起来了,没法解决。前委负责人,只有说些调和话,常常都是这个样子开会。当时有许多同志说,前委是各纵队联席会。但是前委的负责同志还以为要这样才对,才是由下而上的民主制……总之,当时前委什么事都是民主,大家要怎样干就怎样干”!①

红四军中许多干部战士都对这种状况不满。他们纷纷责问军部领导为什么不请毛委员回来主持工作?面对这种状况,1929 年 9 月底,代理前委书记朱德在上杭城主持召开红四军前委扩大会议,讨论两件事:一是召开红四军第八次党代表大会,希望通过召开全军党的“八大”尽快改变这种局面;二是讨论要不要请毛泽东回前委工作。对前一件事,大家举手表决通过;对后一个问题,两种意见争论不休。二纵队参谋长郭化若提议由他们找几个同志给毛泽东联名写封信,请他回前委主持召开红四军党的“八大”。众人都表示赞同。但是,仍在上杭县合溪养病的毛泽东收到郭化若等人的信后,却拒绝返回前委工作。他给郭化若等写了一封回信,信的内容大致是:陈毅要我做八面玲珑、四方讨好之人,我办不到。我不能随便回来。这个路线问题不

① 熊寿祺:《红军第四军状况(从 1929 年 7 月到 1930 年 4 月)》。见《党的文献》1999 年第 2 期,第 55 页。

解决,我不能回来。[1]

1929年10月上旬,红四军第八次党代表大会在上杭县城的太忠庙召开[2]。

大会由代理前委书记朱德主持。因未做充分准备,只是提出了几个问题交大会讨论解决。大会上"为了一个红军法规中的党代表权力问题,讨论了两天仍旧没法解决,结果还是决定请示中央。大会的选举为了要各纵队都要参加人,决定选举十七人,在大会上临时来推选,把新由中央派来四军工作的同志张恨秋、谭玺、郭化若(仁)等都一齐选为委员。谭玺当时尚在一纵队,还没有与大会上的人谋面,他的观念正不正确没有人知道,便当选为常委(这是因为提议他的同志说他好,提议了两次,最后一次才通过的)……前委事先对于选举没有丝毫意见,结果选出来的八届前委,又是同从前一样"。这次大会就这样"无组织状态的开了三天毫无结果"[3]。

许多代表对"八大"开成这个样子强烈不满。三纵队九支队党代表罗荣桓发言,再次要求请回毛泽东,得到许多代表支持。朱德也表示"朱离不开毛,朱离开了毛过不了冬",同意请回毛泽东。于是,二纵队党代表张恨秋即席执笔给毛泽东写了一封"敦请信"。信中写道:接此信后若再不回来,就要给以党内处分。会后,前委派四纵队八支队党代表赖连璋带着这封信赶到合溪"师俭楼",交给毛泽东。接到这封态度强硬的"敦请信",毛泽东只好服从组织决定,于1929年10月10

---

① 郭化若:《六十余年艰难曲折的回忆(续二)》。见《党的文献》1992年第4期,第92页;《陈毅元帅生前的最后回忆——谈井冈山时期的精神》,载孙伟编:《土地革命战争陈毅史料选编》,解放军出版社2013年版,第226页。

② 关于红四军党的"八大"召开时间,多数党史著述认为是1929年9月下旬。但时任红四军前委委员的傅柏翠回忆说:"红四军进入上杭十天左右,即九月底,先召开了一次前委会,随之决定召开红四军第八次党员代表大会。"据此推算"八大"应在10月上旬召开。

③ 熊寿祺:《红军第四军状况(从1929年7月到1930年4月)》。见《党的文献》1999年第2期,第55页。

日从合溪回到上杭县城,住在城南汀江边上的"临江楼"。但此时红四军党的"八大"已结束,前委和军部机关已随一、三纵队前往武平县象洞,二纵队也已离开上杭城。毛泽东只见到了第四纵队司令员胡少海、党代表傅柏翠和政治部主任谭震林等人。

红四军党的"八大"没有取得积极成果。但也有好的一面,就是促使了一部分人的觉醒。

第六节 古田会议的胜利召开

一、东江失利

红四军在上杭城召开党的"八大"期间,两广军阀陈济棠、陈铭枢与李宗仁、张发奎相互争夺广东地盘的军阀战争爆发,广东东江地区国民党军兵力比以前薄弱,只有广东军阀第三师的 3 个旅和地方反动武装约 6 个团;闽西局势却因国民党军刘和鼎部入龙岩和赣敌金汉鼎部由长汀南侵而紧张起来。1929 年 10 月 13 日,红四军前委接到中共福建省委于 10 月 6 日写来的指示信,信中转达中共中央指示,要红四军"全部立即开到东江去,帮助东江广大群众的斗争"①。根据这一指示精神,10 月 15 日开始,红四军一、二、三纵队陆续向闽粤边境进发。10 月 18 日,朱德召开红四军前委与闽西特委联席会议,讨论出击东江的行动计划,决定"取进攻策略,先占蕉平、梅□等区域,发动群众,夺取地方武装,武装农民,消灭一部分敌【人】,待机夺取大的城市,以影响粤桂战争"。"粤桂战争紧急时,再游击潮梅,深入东江。发展东江

① 《中共福建省委给闽西特委、四军前委的信》,1929 年 10 月 6 日。见江西省档案馆、江西省委党校党史教研室编:《中央革命根据地史料选编》(中),江西人民出版社 1982 年版,第 151 页。

群众游击战争,转变到东江的大部分赤色割据”①。

1929 年 10 月 19 日,红四军主力开始南下广东。当日,第二纵队在粤边石下坝击溃敌军两个营,战斗中纵队司令员刘安恭牺牲。同日,第一纵队进抵广东蕉岭县的松源,打败敌军 1 个营。第三纵队在闽边武平县岩前击溃闽西民团。10 月 22 日,红四军军部和二、三纵队开至松源集中。这一天,正好陈毅从上海回来抵达松源,与朱德等人会合。朱德、陈毅召开前委会议研究了东江敌军兵力分布情况后,决定向梅县进攻,24 日占领蕉岭县城,25 日乘虚一举占领梅县县城。

10 月 26 日午后,国民党粤军第十一师师长蒋光鼐率 3 个团兵力向梅县城反扑。梅县城无险可守,前委只得率部队仓猝撤出城外,退入丰顺县马图和梅县南坑一带休息。前委原计划将全军 3 个纵队分散到东江地区开展群众工作,但多数人认为东江反动势力太大,分散兵力恐被敌人各个击破,故不愿意分兵,讨论数日亦无定论。这时,探悉梅县城只有敌 1 个教导团防守,前委遂决定反攻梅县。10 月 31 日拂晓,朱德指挥部队乘敌不备包围了梅县县城,前锋进入街心。因敌人凭城死守,用手榴弹、冲锋枪向入城红军猛烈射击;加上红一纵队未能及时完成迂回攻击,战斗持续 7 个小时,至午后 4 时仍未夺占该城,红军官兵却大量伤亡,为避免遭敌援兵合围,保存有生力量,前委只得命令部队从梅县县城撤出战斗,经大坪、石正,北上进入江西寻乌县境。

此次攻打梅县之战,虽给敌以很大杀伤,但红军本身亦伤亡 200 余人。部队北移途中,由于前段时间思想政治工作的弱化,原先在上杭城编入部队的 600 多名俘虏兵全部逃跑。部队减员严重,精锐损失

---

① 《四军前委关于开往潮梅一带游击的报告》,1929 年 10 月 18 日。载中共江西省委党史研究室等编:《中央革命根据地历史资料文库・军事系统》第 9 册,中央文献出版社、江西人民出版社 2015 年联合版,第 124 页。

不少。于是,第一、二两个纵队只好由3个支队缩编为两个支队,第三纵队也缩减1个大队,全军合计减员1000余人。这是红四军自井冈山“八月失败”以来损失最为严重的一次。

红四军主力出击东江,执行的是中央和福建省委指示,主观愿望是想利用两广军阀混战之机发展和扩大根据地,因此红四军前委在决策上无大错。此次失利,教训也是深刻的。红四军前委后来总结这次出击东江失利的原因是:“(一)四军去东江正李、俞下台,两粤局势业已缓和;(二)四军在上杭解决卢新铭部,当时前委对卢部俘虏改编的政策不对,只图数量增加,表面上做了扩大,实质不充,经不起挫折;(三)四军八、九、十三个月中前委机关不健全,毛同志去地方养病,陈毅同志去中央,前委只余朱德同志一人,因此应付不开,政策上发现许多错误,党及红军组织皆松懈。”[①]前委的这一剖析是符合当时实际情况的。

二、陈毅上海之行与中央“九月来信”的贯彻

红四军出击东江进至蕉岭县松源这一天,即1929年10月22日,赴上海向党中央汇报工作的陈毅亦从上海返回红四军来到松源,与朱德等军部领导人会合。

陈毅是1929年8月下旬乘英轮经香港安全抵达上海的。在码头,他因事先与在上海做事的胞兄陈孟熙和堂兄陈修和取得联系,得到两位兄长的关照,并很快与党中央取得了联系。

在陈毅抵达上海前,中共中央曾两次专门讨论红四军问题。一次是1929年6月12日,中央政治局召开第39次会议,专门讨论4月5日毛泽东代表前委从瑞金写给中共中央的复信。会上政治局同志承

① 《四军报告》,1930年1月6日。载中共江西省委党史研究室等编:《中央革命根据地历史资料文库·军事系统》第9册,中央文献出版社,江西人民出版社2015年联合版,第206页。

认中央“二月指示信”中要朱毛离队、红四军分散发展“是有些毛病”。会后由周恩来执笔致信红四军前委，肯定毛泽东的意见是正确的。8月上旬，中共中央又收到了陈毅写的关于红四军党内争论和“七大”会议情况的报告，及“七大”的会议记录。中央政治局感到问题严重，遂于8月13日开会，依据陈毅的报告和大会会议记录，对红四军的问题进行了专题讨论。在讨论中，大家感到有些问题尚不清楚，要等陈毅到后再作定夺，决定由时任中共中央常委会秘书长兼组织部长的周恩来，代表中央先给红四军前委去一信，予以指示。

1929年8月21日，《中共中央给红四军前委的指示信》发出。这封信对红四军党的“七大”作了初步表态，指出：“七大”主要解决内部争论而不是着重讨论“与敌人的艰苦奋斗”，这是一个缺点；“刘安恭同志企图引起红军党内的派别斗争，前委同志号召‘大家努力来争论’，润之、玉阶同志亦特别重视个人的争论。尤其重要的是各方面都主张扩大军事中的党内民主化……对于集权制没有勇敢地回答它是在目前与敌人肉搏的环境中所绝对必需，而同时又没将‘党管一切’之不妥当的涵义与解释，给以恰当的批评。这些都证明你们在一切组织路线上还欠缺正确的认识与了解”。① 指示信还肯定红四军暂不设军委的决定是正确的。信中还阐明了红军建设的一些原则问题。这些意见与毛泽东历来的主张相似，有些还有发展。本来这封指示信对红四军前委来说是很有帮助的，谁知党中央机关负责收发文件的同志竟然写错信封，阴差阳错地将此信发给了鄂豫皖苏区去了，弄得鄂豫皖苏区的同志摸不着头脑，而红四军这边的问题又得不到解决。

陈毅抵达上海后，中共中央于8月29日召开临时政治局会议。总书记向忠发和政治局成员周恩来、李立三、项英、关向应等都出席会

① 中共中央文献研究室、中国人民解放军军事科学院编：《周恩来军事文选》第1卷，人民出版社1997年版，第83—84页。

议,听取陈毅关于红四军情况的报告。会上,要求陈毅就红四军和赣南闽西的情况,写成详尽的书面报告;同时决定由周恩来、李立三、陈毅组成三人委员会,周恩来为召集人,详细讨论红四军问题,起草决议提交政治局讨论。9 月 1 日,陈毅写完了给中央的报告,一共 5 份:(1)《关于朱毛军的历史及其状况的报告》;(2)《关于朱毛红军的党务概况报告》;(3)《关于朱毛争论问题的报告》;(4)《赣南、闽西、粤东江农运及党的发展情况的报告》;(5)《前委对中央提出的意见——对全国军事运动的意见及四军本身问题》。周恩来将其中的《关于朱毛军的历史及其状况的报告》登载在党中央的《军事通讯》创刊号上,向全国红军推荐红四军的丰富经验。

按照中央政治局要求,陈毅与周恩来、李立三围绕着红四军的问题多次进行深入讨论。谈话的内容很广泛,每次讨论一二个问题。周恩来发表的许多真知灼见,令陈毅耳目一新。陈毅自到上海后,阅读了毛泽东在瑞金给中央的"四五"复信和 8 月 21 日《中共中央给红四军前委的指示信》等材料,思想认识上有了很大的飞跃。他结合红四军的实际,对所讨论的问题谈了自己的看法。对周恩来、李立三的谈话,他认真记录,反复领会,有时对其中的一些问题与周恩来、李立三进行商榷。最后,三人委员会对所讨论的问题取得了一致的看法。在此基础上,陈毅受周恩来委托,就所讨论并取得共识的问题,代中共中央起草了一份致红四军前委的指示信。周恩来对这封指示信认真审阅修改后,于 1929 年 9 月 28 日以中共中央名义签发。

中共中央给红四军前委的指示信(史称"九月来信"),包括 9 个方面的内容;一、目前军阀混战的形势;二、红军的根本任务与其前途;三、红军发展方向及其战略;四、红军与群众;五、红军的组织与训练;六、红军给养与经济问题;七、红军中党的工作;八、朱毛问题;九、红军目前的行动问题。其核心要点是:

1. 强调要正确估量国内的政治形势,正确认识中国革命的特征。

红军要以坚决斗争的前进精神，去打破国民党敌军“会剿”，发展农村根据地。信中明确指出：“先有农村红军，后有城市政权，这是中国革命的特征，这是中国经济基础的产物。如有人怀疑红军的存在，他就是不懂得中国革命的实际，就是一种取消观念。如果红军中藏有这种取消观念，于红军有特殊的危险，前委应该坚决的予以斗争，以教育的方法肃清。”这是关于中国革命特征的一个极为重要的论断。

2. 明确规定了红军的基本任务。这就是：“一、发动群众斗争，实行土地革命，建立苏维埃政权；二、实行游击战争，武装农民，并扩大本身组织；三、扩大游击区域及政治影响于全国。”这个规定与毛泽东在井冈山时期提出的红军三大任务（打仗消灭敌人、筹款、发动群众）是完全一致并有新的发展，因为它赋予红军“扩大游击区域及政治影响于全国”的重大政治任务。

3. 对加强红军自身建设提出了明确要求。信中指出：必须依靠和发动群众扩大红军，对加入红军的农民必须“加强无产阶级意识的领导”，“使之减少农民意识”；红军的组织系统目前仍可由前委指挥，对外以军政治部号召，但形势发展、赤色区域扩大后，应成立几省边境苏维埃政权，公开指挥红军；将党代表制度改为政治委员制度，应建立与健全各级政治工作机构；红军应有严格军事训练，不断加强自己的战斗力；红军实行严明的纪律，但坚决废除肉刑。

4. 强调党应加强对红军的领导。信中明确指出红军中党的组织系统可保持现状，前委之下不设立军委。规定：“党对军队的指挥尽可能实现党团路线，不要直接指挥军队，经过军部指挥军事工作，经过政治部指挥政治工作。”并指出“党管一切这口号，在原则上事实上都是不通，党只能经过党团作用作政治的领导”，“一切工作归支部这个口号是对的，是作经过支部去工作的解释，但不是与党的民主集权制相对立”。

5. 强调必须反对军队中的极端民主化。指出：“党的一切权力集中于前委指导机关，这是正确的，绝不能动摇。不能机械地引用‘家长制’这个名词来削弱指导机关的权力，来作极端民主化的掩护。前委对于一切问题毫无疑义应先有决定后交下级讨论，决不能先征求下级同意或者不作决定俟下级发表意见后再定办法。”并且指出：“军队中民主化只能在集中指导下存在，并且实行的限度必须依据客观条件来决定伸缩，不应漫无限制，以妨碍军纪之巩固。”

6. 强调必须“纠正一切不正确倾向”。信中指出：对“红军中右倾思想，如取消观念，分家观念，离队观念，与缩小团体倾向，极端民主化，红军脱离生产即不能存在等观念，都非常错误，皆源于同志理论水平低落，党的教育缺乏。这些观念不肃清于红军前途有极大危险，前委应坚决以斗争的态度来肃清之。”

7. 明确表示了对朱毛争论问题的态度，指示毛泽东“仍为前委书记”。信中指出了红四军党的“七大”存在的不足，批评了朱毛各自工作中的缺点，要求前委“第一，应该团结全体同志努力向敌人斗争，实现红军所负的任务；第二，前委要加强指导机关的威信与一切非无产阶级意识作坚决的斗争；第三，前委应纠正朱毛两同志的错误，要恢复朱毛两同志在群众中的信仰；第四，朱毛两同志仍留前委工作。经过前委会议，朱毛两同志诚恳接受中央指示后，毛同志应仍为前委书记，并须使红军全体同志了解而接受”①。

中共中央的“九月来信”，对正确解决红四军党内争论的一系列根本问题，加强红军中党的建设与军队建设，具有极为深远而重大的意义。

陈毅顺利完成向中央汇报工作的任务后，谢绝了周恩来打算将其派往广西俞作豫部队从事党的工作或到鄂豫皖苏区去工作的建议，坚

① 以上均见《中共中央给红军第四军前委的指示信》，中央档案馆编：《中共中央文件选集》第5册，中共中央党校出版社1989年版，第447—489页。

决要求返回红四军工作，传达贯彻中央九月指示信精神，并表示要亲自将毛泽东请回前委工作。周恩来理解和支持陈毅这一要求，将中央指示信交由他带回红四军。

陈毅离开上海经香港返回红四军，10 月 22 日在东江的松源与朱德等会合后，当晚即召开前委会议，传达中央“九月来信”精神。会后，陈毅将中央“九月来信”和自己写给毛泽东的一封信，派专人快马送交毛泽东。随后，他与朱德一起率部攻打梅县。攻城失利后，他随前委和部队北上寻乌县，与朱德一起将 200 余名伤病员在寻乌苏区作了妥善安置。接着，前委率部到安远县工作了几天。11 月中旬，全军东进入闽，经广东平远县抵达上杭县。

1929 年 11 月 18 日，陈毅在上杭县官庄召开前委扩大会议，原原本本传达了中央“九月来信”。经陈毅提议，会议正式决定恢复毛泽东的前委书记职务。会议还决定红四军的当前任务是扩大闽西赤色区域，建立闽西赤色政权。陈毅在官庄又给毛泽东写去一信，诚恳地作了自我批评，希望毛泽东见信后立即回前委工作①。11 月 23 日红四军再占长汀县城，前委机关亦迁入长汀城。

三、毛泽东重返前委领导岗位

毛泽东自红四军党的“七大”离开前委领导岗位后，即应邀到上杭县蛟洋指导召开中共闽西“一大”。会未开完，他即病倒，疟疾发作，冷热无常。因闽粤赣 3 省敌军对闽西苏区发动“会剿”，红四军第二、三纵队出击闽中，毛泽东只好乘坐担架与夫人贺子珍一起，由红四军第一纵队第二支队粟裕率领的一个大队保护，以“教书先生”身份为掩护，化名杨子任，秘密前往永定县金丰大山隐蔽休养。中共闽西特委和永定县党政领导人邓子恢、张鼎丞、阮山等对毛泽东、贺子珍给予了

① 有些党史文章谓陈毅曾亲自前往上杭县苏家坡请毛泽东返回红四军前委工作，此说与历史事实不符。

精心关照,请阮山的姐夫、当地世医、经验丰富的吴修山老先生上山,为毛泽东精心诊治,使毛泽东的病日渐好转。9月下旬至10月上旬,毛泽东、贺子珍由永定县委安排,从金丰大山转移到永定县上湖"天后宫"、"兴福庵"和合溪的石塘里"师俭楼"。

1929年10月10日,因红四军党的"八大"代表"敦请",毛泽东与贺子珍回到上杭县城临江楼。在那里,他写下了脍炙人口的《采桑子·重阳》一词,抒表了"人生易老天难老"、"战地黄花分外香"的心绪。

10月21日,赣敌金汉鼎师、周志群旅从武平向上杭进攻,毛泽东和贺子珍随闽西特委和红四军第四纵队司令部撤出上杭县城,转移到上杭县蛟洋的苏家坡村,继续隐蔽休养。

11月下旬,毛泽东在苏家坡村收到陈毅从上杭县官庄写给他的来信,十分高兴。他与贺子珍由中共福建省委巡视员谢汉秋陪同,从苏家坡村出发,于11月26日抵达长汀城,回到红四军领导岗位,与朱德、陈毅等会合。

1929年11月28日,毛泽东主持召开红四军前委扩大会议。福建省委巡视员谢汉秋和中共东江特委代表先后到会。

会议同意前委官庄会议决议,深入分析了红四军现状,认为全军无论在军事上、政治上、党务上都亟需有一个时期的整理,否则难以胜任肩负的重任。会议讨论确定12月份的主要工作是:在抓好全军军事整训的同时,召开中共红四军第九次代表大会,建立红四军的政治领导,纠正红四军党内各种错误思想。

与此同时,毛泽东给中共中央写去一封信,报告说:

> 我病已好,十一月二十六日偕福建省委巡视员谢同志从蛟洋到达汀城与四军会合,遵照中央指示,在前委工作……四军党内的团结,在中央正确指导之下,完全不成问题。陈毅同志已到,中

央的意思已完全达到。唯党员理论常识太低,须赶急进行教育。①

同日,毛泽东还给李立三写去一信,叙述了自己的近况,并说:“我知识饥荒到十分,请你时常寄书报给我,能抽暇写信指导尤幸。”②

11月底,毛泽东与朱德、陈毅等一起,立即着手第九次党代表大会的准备工作。他们共同在长汀城召开工人座谈会,征求对红四军的意见。12月初,闽、粤、赣3省国民党军对闽西苏区发动第二次“会剿”。赣敌金汉鼎部由瑞金、会昌县向长汀县进犯。为使红四军有一个相对稳定的环境进行军政整训和筹备召开党的“九大”,12月3日,红四军主动从长汀退出南移,第三纵队前出龙岩方向,警戒漳州之敌;第四纵队进驻上杭县蛟洋、白砂之间;军部和第一、二纵队进驻连城县新泉。12月中旬,三省“会剿”敌军开始向红军逼近,为避敌锋芒,毛泽东和朱德、陈毅等率全军又开至上杭县古田集中,只派少数部队牵制和袭扰敌军,军部机关也转移到古田的八甲村。

在新泉期间,全军军政整训正式开始。朱德负责军事整训,毛泽东和陈毅负责政治整训,主要是为即将召开的党的“九大”起草和准备各种决议案。根据中央“九月来信”指示精神,毛泽东认为红四军党的“九大”需要解决的最主要问题,就是如何将红军建设成为一支党领导下的新型人民军队,如何将以农民、小资产阶级成分占多数的党组织建设成为坚强的无产阶级政党。他和陈毅在新泉的望云草室,连续几天召开各纵队、支队党代表和士兵代表调查会,详细了解部队当前存在的不正确思想及其表现与危害。毛泽东在新泉还请当地农民代表座谈,了解农民对红军的意见。部队在古田集中后,军长朱德和军参谋长朱云卿集中精力领导部队开展军事训练;毛泽东和陈毅则用了10多天时间召集各纵队、支队和一部分大队党代表及政治工作干部,举

① 《毛泽东书信选集》,人民出版社1983年版,第26页。
② 《毛泽东书信选集》,人民出版社1983年版,第28页。

行讨论会。他们将这次红四军党的“九大”需要讨论和亟待解决的问题，分成8个方面，并将党代表和政工干部们分成若干组，每个组集中讨论一个问题。在充分讨论的基础上，毛泽东夜以继日地亲自起草大会决议案，然后召开前委会议，对各决议案草案预先进行审查修改，以便提交大会讨论。

自从毛泽东重返红四军前委领导岗位后，部队军心稳定，军政整训有序进行，红四军党的“九大”准备工作逐渐就绪，召开大会的时机业已成熟。

四、古田会议的胜利召开

1929年12月28日，中共红四军第九次代表大会在上杭县古田镇曙光小学开幕。这次大会因在古田召开，史称“古田会议”。

曙光小学是古田溪背村的廖氏宗祠，原名万源祠，建于1848年，1917年在大修后改为和声小学，红军到后更名为曙光小学。它分为正厅和下厅，前有庭院，左右有厢房。红四军党的“九大”会场设在正厅，左右厢房为毛泽东和前委工作人员的临时办公室。

出席这次大会的有军直属队、各纵队、各支队和各大队党代表，士兵党代表，闽西地方党组织的代表，军中妇女党代表等，共120余人。

大会由陈毅主持。宣布开会后，他首先传达中央“九月来信”以及中央关于开除陈独秀等党籍的决议案。随后，毛泽东作政治报告，朱德作军事报告。

大会讨论了中央的指示，总结了红四军前委工作的经验教训，一致通过了毛泽东为大会起草的8个决议案。大会原定开3天，12月30日结束。因三省“会剿”敌军开始向古田推进，敌情变化，决定缩短一天。

12月29日，大会选举前委领导机构。“大会选举，也事先准备意见，提出要‘政治观念正确、工作积极、有斗争历史’三个条件的人才当选，反对从前那种分割式的以各纵队为条件的办法，并提出名单，贡献大会。”[①]选举结果,毛泽东、朱德、陈毅、李任予(李力一)、黄益善、罗荣桓、林彪、伍中豪、谭震林、宋裕和、田桂祥等11人当选为前委委员;杨岳彬、熊寿祺、李长寿等3人当选为前委候补委员;毛泽东当选为前委书记。

大会通过了8个决议案,分别是:

一、纠正党内非无产阶级意识的不正确倾向问题;

二、党的组织问题;

三、党内教育问题;

四、红军宣传工作问题;

五、士兵政治训练问题;

六、废止肉刑问题;

七、优待伤病兵问题;

八、红军军事系统与政治系统的关系问题。

这8个决议案总题为《中国共产党红军第四军第九次代表大会决议案》,集中体现了红四军“九大”基本精神。其中第一、二、三主要是关于红军党的建设问题;第四、五、八主要为红军思想政治工作及内部组织问题;第六、七为红军官兵关系问题。8个决议案的内容归纳起来,主旨要义是:

(一)规定了红军的性质、宗旨和任务。决议案严肃批评了红军中存在的单纯军事观点、流寇思想、盲动主义残余等错误思想,分析了其产生的原因,明确指出:“中国的红军是一个执行革命的政治任务的武装集团。特别是现在,红军绝不是单纯地打仗的,他除了打仗消灭敌人军事力量之外,还要负担宣传群众、组织群众、武装群众、帮助群众建立革命政权以至于建立共产党的组织等项重大的任务。红军的打

① 熊寿祺:《红军第四军状况(从1929年7月到1930年4月)》。见《党的文献》1999年第2期,第55页。

仗,不是单纯地为打仗而打仗,而是为了宣传群众、组织群众、武装群众,并帮助群众建设革命政权才去打仗的,离了对群众的宣传、组织、武装和建设革命政权等项目标,就是失去了打仗的意义,也就是失去了红军存在的意义。”①

(二)规定了党对红军实行绝对领导的原则。决议案强调:“党对于军事工作要有积极的注意和讨论。一切工作,在党的讨论和决议之后,再经过群众去执行。”②为此要“在组织上,厉行集中指导下的民主生活”;“党的领导机关要有正确的指导路线,遇事要拿出办法,以建立领导的中枢”;“党的各级机关解决问题,不要太随便。一成决议,就须坚决执行”;要坚持实行“少数服从多数”原则,少数人的意见被否决之后,必须拥护多数的决议,除在下一次会议再提出讨论外,“不得在行动上有任何反对的表示”③。决议重申每连建设一个支部,每班建设一个小组,这是红军中党的组织的重要原则之一;要求红军中各级党的领导机关必须健全,以充分发挥党的领导作用。

(三)强调必须加强党的思想建设。决议案指出:“红军第四军的共产党内存在着各种非无产阶级的思想,这对于执行党的正确路线,妨碍极大。若不彻底纠正,则中国伟大革命斗争给予红军第四军的任务,是必然担负不起来的。”④决议案分析了红四军党内各种错误思想产生的根源,自然是由于党的组织基础最大部分是建筑于农民及其小资产阶级成分之上,然党的指导机关对于这些不正确倾向缺乏一致的

① 毛泽东:《关于纠正党内的错误思想》,见《毛泽东选集》第一卷,人民出版社1991年版,第85页。

② 毛泽东:《关于纠正党内的错误思想》,见《毛泽东选集》第一卷,人民出版社1991年版,第88页。

③ 毛泽东:《关于纠正党内的错误思想》,见《毛泽东选集》第一卷,人民出版社1991年版,第89页。

④ 毛泽东:《关于纠正党内的错误思想》,见《毛泽东选集》第一卷,人民出版社1991年版,第85页。

坚决的斗争，缺乏对党员正确路线的教育，亦是使这些不正确倾向存在和发展的重大原因。为了有效地纠正党内各种错误思想，决议案指出了红四军党内的8种不正确倾向的表现，分析了产生的根源及其造成的危害，指出了纠正的方法，号召同志们起来彻底地加以肃清。为此，决议案规定了对党员进行政治教育的10种材料和18种切实可行的教育方法。

（四）规定了红军中政治机关和政治工作的重要地位。决议案严肃批评了忽视红军思想政治工作和将军事工作与政治工作对立起来的错误观念，特别指出那种认为“军事好，政治自然会好，军事不好，政治也不会好”的观点，以及把政治工作机关隶属于军事机关，提出“司令部对外”的口号，实质上是认为“军事是政治的领导”，“这种思想如果发展下去，便有走到脱离群众、以军队控制政权、离开无产阶级领导的危险，如像国民党军队所走的军阀主义的道路一样”。[①] 决议案规定红军的政治部和司令部在前委的指导之下，平行地执行工作。对各级政治机关的工作职责和职权范围，决议案作出了明确规定。

（五）规定了红军处理军内关系、军民关系和瓦解敌军的原则。决议指出：红军官兵平等，官兵之间只有职务的分别，没有阶级的分别，官长不是剥削阶级，士兵不是被剥削阶级；红军官长必须关心士兵的思想和生活，坚决废止打骂士兵，士兵要尊重官长，接受管理，克服平均主义和雇佣思想等错误倾向；要坚决执行三大纪律、六项注意，爱护人民利益，尊重地方政府；要坚决执行优待俘虏的政策。

红四军党的“九大”（即“古田会议”），是中国共产党和红军建设史上的一次具有里程碑意义和深远影响的重要会议。这次大会通过的决议案，是马克思主义普遍原理与中国革命实际紧密结合的光辉结

① 毛泽东：《关于纠正党内的错误思想》，见《毛泽东选集》第一卷，人民出版社1991年版，第86页。

晶，不仅是指导红军建设的纲领性文献，也是指导中国共产党建设的纲领性文献。

毛泽东为这次大会的召开和各种决议案的形成，作出了杰出贡献。大会通过的决议案，体现和发展了中共中央“九月来信”的指示精神，闪耀着毛泽东建军思想和建党思想的光辉。周恩来、朱德、陈毅以及红四军广大共产党人，都为大会的胜利召开和决议案的形成作出了重要贡献。大会决议案所蕴含的光辉思想，是中国共产党人集体创造和智慧的结晶。

红四军党的“九大”结束后，红四军党的建设和军队建设进入了一个新的发展阶段。大会的精神迅速地在红四军中传达，并且先后在赣西南和闽西革命根据地的其他红军部队，乃至全国许多革命根据地的红军部队中贯彻执行，产生了巨大影响。

第三章

中央苏区的初步形成

第一节
陂头联席会议的召开

一、《星星之火，可以燎原》的发表

红四军党的“九大”结束之后，正值1930年元旦。红四军全军上下喜气洋洋、热热闹闹地欢庆新年，同时也在准备打退闽、粤、赣3省国民党军对闽西苏区发动的第二次“三省会剿”。

正值此时，毛泽东又在思考着一个事关中国革命全局的问题。这个问题的直接提出者是红四军第一纵队司令员林彪。

林彪，毕业于黄埔军校（第四期），南昌起义时任连长，上井冈山后不久升任营长。1928年8月红四军二十八团团长王尔琢在崇义县思顺牺牲后，他接任二十八团团长。他能打仗，但是思想意识不够健康，本位主义思想较严重，有时不顾大局，曾造成红四军大余战斗失利、寻乌圳下军部遇险等严重恶果，受到过毛泽东的严厉批评和红军官兵的指责。他历来对做艰苦细致的建立根据地的工作不感兴趣，喜欢走州过府打大城市，缺乏建立红色政权的深刻观念，对时局的估量较为悲观，不相信革命高潮有迅速到来的可能。1929年5月18日在前委召

开的瑞金壬田扩大会议上，他不仅不愿将一纵队的人和枪调出支援别的纵队，还反对毛泽东提出的“一年争取江西”的计划。在红四军党的“七大”前后，他一方面支持毛泽东同红四军党内存在的错误思想作斗争，一方面又蓄意攻击军长朱德，挑拨朱毛关系，在“七大”会上与刘安恭一起，煽情起哄，受到陈毅等人的批评。陈毅从上海返回红四军传达中央“九月来信”，特别是红四军党的“九大”召开以后，林彪的思想有所震动，于是，他趁大家高高兴兴过新年之机，以“祝贺新年”为名分别给毛泽东和陈毅写了一封信。信中说：趁过年之机，我们举行一个会议，大家进行一点自我批评，对我个人有什么意见，希望提出批评。

陈毅对林彪的进步表示欢迎，很快给林彪复信一封，予以鼓励，并对林彪的主要缺点提出了中肯的批评。

毛泽东接到林彪的贺信后，引起了深思。他虽然在红四军党的“七大”前后的争论中得到了林彪的支持，但他对林彪不重视农村根据地建设的思想一直甚为忧虑。他知道林彪的想法非一人之念，具有一定的代表性，而这又是个事关全局的带根本性的问题。近一年来，毛泽东对建立农村根据地、实行工农武装割据的认识，与井冈山时期相比，又有新的深化和飞跃。特别是他阅读了中共中央《红旗日报》围绕中国革命道路问题展开讨论的文章和中央“九月来信”后，颇受启发，使他对中国革命道路问题的认识日趋成熟。现林彪来信征求意见，毛泽东便决定利用这一机会，以党内通讯的书面方式，将自己这方面的认识和想法写出后刊印出来，贡献给林彪，同时也贡献给红四军和全党同志，以求得某种共识，并借以教育全军将士。

毛泽东此时因忙于指挥红四军二纵队突袭龙岩小池的国民党军刘和鼎部，掩护一、三纵队向连城行动，1930 年 1 月 4 日回到古田后，他在赖坊村协成店住地连夜给林彪赶写回信。毛泽东写道：

林彪同志：新年已经到来几天了，你的信我还没有回答。一则因为有些事情忙着，二则也因为我到底写点什么给你呢？有点什么好一点的东西可以贡献给你呢？搜索我的枯肠，没有想出一点什么适当的东西来，因此也就拖延着。现在我想得一点东西了，虽然不知道到底于你的情况切合不切合，但我这点材料实是现今斗争中一个重要的问题，即使于你的个别情况不切合，仍是一般紧要的问题，所以我就把它提出来。①

接着，毛泽东笔锋一转，切中时弊地写道：

我要提出的是什么问题呢？就是对于时局的估量和伴随而来的我们的行动问题。我从前颇感觉，至今还有些感觉你对于时局的估量是比较的悲观。去年五月十八日晚上瑞金的会议席上，你这个观点最明显。我知道你相信革命高潮不可避免的要到来，但你不相信革命高潮有迅速到来的可能，因此在行动上你不赞成一年争取江西的计划，而只赞成闽粤赣交界三区域的游击；同时在三区域也没有建立赤色政权的深刻观念，因之也就没有由这种赤色政权的深入与扩大去促进全国革命高潮的深刻的观念……②

毛泽东在信中深刻分析了在半封建半殖民地的中国农村，红色政权能够存在和发展，星星之火、可以燎原的原因；批评了林彪等人认为应先在全国各地争取群众，然后来一个全国总暴动，再建立红色政权的理论，指出这“是于中国革命不适合的”；并指出“单纯的流动游击政策是不能达到促进全国革命高潮的任务，而朱毛式、贺龙式、李文林式、方志敏式之有根据地的，有计划地建设政权的，红军游击队与广大农民群众紧密地配合着组织着从斗争中训练着的，深入土地革命的，扩大武装组织从乡暴动队、区赤卫大队、县赤卫总队、地方红军以至于

① 中央档案馆：《中共中央文件选集》第6册，中共中央党校出版社1989年版，第553页。

② 中央档案馆：《中共中央文件选集》第6册，中共中央党校出版社1989年版，第553页。

超地方红军的，政权发展是波浪式向前扩大的政策，是无疑义地正确的”。[1]

毛泽东在信中明确提出，要将武装斗争、土地革命和政权建设“三位一体”紧密结合。也就是说，中国革命必须以武装斗争为主要形式，以土地革命为基本内容，以农村革命根据地为主要依托，由农村包围城市，最后夺取全国政权。舍此没有别的出路。他在信中预言：“中国是全国都布满了干柴，很快就会燃成烈火。‘星火燎原’的话，正是时局发展的适当的描写。”[2]

毛泽东在信中还系统地总结了两年来红军斗争的实践经验，最后针对林彪等人的思想写道：

> 我说你欲用流动游击方式去扩大政治影响，不是说你有单纯军事观点和流寇思想。你显然没有此二者，因为二者完全没有争取群众的观点，你则是主张“放手争取群众”的，你不但主张，而且是在实际做的。我所不赞成你的是指你缺乏建立政权的深刻的观念，因之对于争取群众促进革命高潮的任务，就必然不能如你心头所想的完满的达到。我这封信所要说的主要目的就在这一点。[3]

毛泽东写完这封信的当天下午，就将信交给红四军前委秘书冯文彬，要政治部尽快印发给全军党内领导同志传阅。

毛泽东的这篇党内通讯，是继《中国的红色政权为什么能够存在？》《井冈山的斗争》之后又一篇关于中国革命道路理论的马克思列宁主义的光辉著作。它的发表，标志着中国革命“以乡村为中心”，农

---

① 中央档案馆：《中共中央文件选集》第6册，中共中央党校出版社1989年版，第554页。

② 《毛泽东选集》第一卷，人民出版社1991年版，第102页。

③ 中央档案馆：《中共中央文件选集》第6册，中共中央党校出版社1989年版，第563页。

村包围城市、武装夺取全国政权道路理论的基本确立和形成。此文重大而深远的历史意义,已经为中国革命发展的历史进程和中国革命胜利的伟大实践所证明。

林彪一个月后读到这封回信,深受触动。1948 年中共中央东北局编辑出版《毛泽东选集》收录这封信时,林彪曾写信给毛泽东,要求在公开发表时将信中有关批评他的内容删去。毛泽东同意了林彪的请求,将信作了删改。后来在编辑出版《毛泽东选集》第一卷时,又将其改题为《星星之火,可以燎原》。"文化大革命"期间,林彪竟对毛泽东当年对他的批评翻脸不认账,赋诗称己"壮志坚信马列,岂疑星火燎原",无赖至极。此是后话。

红四军在古田召开"九大"时,全军给养已发生困难。会后,红四军前委根据敌军"三省会剿"态势,决定由朱德等率第一、三、四纵队出击连城筹款,留下第二纵队在龙岩方向掩护主力行动。1 月 5 日,朱德率部抵达连城。毛泽东于当日指挥第二纵队前往龙岩小池阻击敌人。

这时,江西"进剿"军已进到长汀县涂坊和上杭县旧县,企图向新泉、庙前进攻;福建"会剿"军由龙岩、坎市进到大池和小池,企图向古田进攻。江西"进剿"军发现红四军主力已到连城,遂向连城追来,并隔断了红四军主力与留在古田地区的红四军第二纵队的联系。朱德根据这一情况,遂于 1 月 7 日决定率部离开闽西进军江西,以吸引江西"会剿"军金汉鼎部离闽回赣。1 月 9 日,红四军第一、三、四纵队进抵宁化县,随后西越武夷山进入江西石城县境,16 日占领广昌县城,接着西入宁都县东韶地区,准备攻占乐安、永丰等县。

红四军第二纵队在龙岩县小池完成阻敌任务后,立即返回古田。毛泽东尚未得知敌情变化和红四军主力已改变行动方向,仍决定二纵队按原计划开向龙岩县梅村,以与在连城的红四军主力会合。就在这时,毛泽东在古田接到了中共闽西特委邓子恢派人送来的通报闽西苏区军民反"会剿"情况的急信。邓子恢在信中对红军主力离开后闽西苏区可能受损失表示了忧虑。毛泽东阅信后即在信封上写下"离开闽西,巩固闽西"8个大字,交来人带回,说明红军离开闽西将把敌"会剿"军引走,敌之"会剿"将不攻自破,以增强闽西苏区军民反"会剿"斗争胜利信心。后来的事实证明,毛泽东这个"八字方针"是完全正确的。

毛泽东率红四军二纵队向龙岩县梅村前进途中,得知朱德已率主力向宁化方向前进,便连夜追赶,经清流、归化(今明溪)、宁化,1月19日入广昌县境,20日在广昌县赤水击溃广昌县靖卫团,活捉国民党广昌县长。在行军翻越武夷山时,毛泽东豪迈地吟就《如梦令·元旦》词一首,描绘了武夷山下"风展红旗如画"的景象。

在广昌,毛泽东得知朱德率红四军主力已到宁都县东韶,立即率二纵队前往该处。1月23日,红四军一、二、三、四纵队在东韶胜利会合。行军途中,毛泽东又在马背上吟成《减字木兰花·广昌路上》词一首:

漫天皆白,雪里行军情更迫。头上高山,风卷红旗过大关。

此行何去?赣江风雪迷漫处。命令昨颁,十万工农下吉安。

二、"赣水那边红一角"

自1929年5月中旬毛泽东、朱德率红四军离开赣南再度入闽后,赣南和赣西的革命斗争形势发生了可喜的变化。

中共兴桥宁行委成立。1929年5月,原在兴国、桥头地区活动的红军独立第二、四团,奉中共赣西特委命令,开回东固整训。为加强对红二、四团的统一领导与指挥,中共赣西特委决定成立红二、四团行动委员会和政治委员会,李文林任书记兼政治委员。6月中旬,红二、四团将游击活动范围扩大到吉水、永丰、乐安等县,后在兴国、宁都交界的青塘与敌交战失利,遂转向广昌、南丰活动,以期与红四军会合。红二、四团离开兴、桥后,驻赣南的国民党军第十二师第三十五旅肖希贤团和第三十六旅周至群部,先后乘机进犯兴国、桥头、宁都红色区域,大肆烧杀抢掠，还强迫兴国县家家户户在自家门口张贴打倒“朱（德）毛（泽东）李（文林）段（起凤）”标语，妄图一举摧毁兴桥宁红色区域。面对敌军进攻，中共赣南特委决定成立中共兴桥宁行动委员会，以陈奇涵为书记，统一领导这一地区的党政组织和革命武装，开展对敌斗争，保卫红色区域。

赣南红军第二十五纵队的组建。1929 年 6 月间，中共兴桥宁行动委员会调集兴国高兴、崇贤、城岗、莲塘、东村、官田等地革命武装和桥头、宁都部分游击队，在兴国县城岗的回龙村，组建了赣南红军第二十五纵队，以邱超群任纵队长，萧以佐任纵队政治委员。全纵队辖 4 个大队，共 500 人、350 支枪。红二十五纵队与进犯之敌在兴国县境内周旋游击，打击敌人。期间，兴国县革命委员会机关人员在兴国县枫边遭敌包围，牺牲十余人。9 月 30 日，红二十五纵队和兴国赤卫队近 2000 人乘敌军退出兴国之机，围攻兴国县城数天，于 10 月 3 日攻入城内，击毙敌靖卫大队长陈太祥以下 40 余人，缴枪 30 余支。兴国县革命委员会也重新迁入城内。

赣南红军第二十七纵队的组建。桥头红色区域在中共于北区委和于北区革命委员会领导下，先后组建了于北游击队第四、第九、第十等大队，攻打古龙冈、上下谢、葛坳、大田、瑞林、银坑等地土豪劣绅盘踞的土围据点，保卫和扩大红色区域。1929 年 10 月中旬，红四团和红二十五纵队返回桥头。10 月 18 日，两支红军部队与于北地方武装紧密配合，在桥头伏击国民党军第三十四旅六十八团，毙伤敌 30 余人，俘敌数人，缴获步枪 60 多支、重机枪 1 挺、迫击炮 1 门。这次战斗后不久，于北地方革命武装合编组建了赣南红军第二十七纵队，纵队长甘霖，纵队政治委员朱学久，共 100 余人、枪。1929 年 12 月，在桥头成立了兴于边界革命委员会，谢振春任主席。

赣东办事处的设立。中共宁都临时县委、县革命委员会和县赤卫大队在红四军离开宁都后，因国民党军第十二师第三十六旅进攻而退出宁都县城,转入北部东韶、黄陂、小布、洛口地区活动。中共赣西特委这时在宁都东韶设立赣东办事处,以金万邦为主任,领导宁都、广昌、永丰、乐安、宜黄、南丰等县革命斗争。宁都县北部地区遂成为赣东革命斗争中心,使宁、广、宜、乐、南边境红色割据区域连成一片。到1929年12月,宁都县已建立5个红旗社(中共区委),县赤卫大队扩大到300余人、160余支枪。

赣西临时苏维埃政府的成立。1929年下半年,在中共赣西特委和湘赣边特委领导下,赣西和湘赣边界的革命斗争也得到较快发展。东固根据地于1929年秋正式开始分配土地,10月正式成立东固区苏维埃政府。吉安县北部的延福根据地也得到巩固发展。1929年8月,延福地区的赣西工农革命军第一大队和北路游击第二大队,在油田七里村合编成立工农革命军第三纵队,约500人、400支枪。同月成立延福区苏维埃政府。分宜、安福等县边界地区也相继建立区、乡苏维埃政府,并成立了安分区苏维埃政府。10月30日,湘赣边界永新、莲花、宁冈3县赤卫大队协同作战,重新攻占永新县城,12月成立了永新县苏维埃政府。至1929年11月,赣西工农红军发展到有枪2000余支,另外地方武装也有枪1000余支。赣西工农革命军第三纵队于同年底改编为江西工农红军独立第三团,刘铁超任团长,罗万任党委书记,陈伯钧任参谋长。赣西红色区域已扩大到赣西10县。1929年10月成立了赣西革命委员会,曾山任委员长,11月成立赣西临时苏维埃政府,曾山当选为主席。1929年11月,在中共赣西特委领导下,赣西10县红色区域代表共100余人聚集一起,召开赣西临时工农兵代表大会,选举成立了赣西临时苏维埃政府,曾山仍当选为主席。

罗炳辉起义加入红军。罗炳辉是云南省彝良县人,出身贫苦农民家庭,早年参加过讨袁护国军、北伐战争,1929年6月,他受同乡、吉安县县长冷照升举荐,出任五市联防吉安县靖卫大队大队长。他在率队驻守吉安值夏期间,耳闻目睹共产党领导的东固根据地的种种新鲜事

物,感受颇深,表现进步。中共赣西特委根据罗炳辉表现,通过中共中央和江西省委派他的同乡好友、共产党员赵醒吾,采用通信和见面交谈等方式,与他接触,对他晓以大义,指明出路。中共赣西特委常委、组织部长刘士奇和中共江西省委军事巡视员蔡申熙,也亲自与他谈话,对他进行教育。1929 年 7 月,他被批准正式秘密加入中国共产党。罗炳辉入党后,为党做了许多工作。1929 年 11 月 15 日,罗炳辉率领吉安靖卫大队 4 个中队 500 余人,随即携带 500 余支枪[①]和一批弹药、经费,从吉安值夏开往赤区新圩,起义加入红军,受到中共江西省委和赣西特委领导人蔡申熙、江汉波、刘士奇的热烈欢迎。起义部队在吉安县富田经短期整训,改编为江西工农红军独立第五团,罗炳辉任团长,匡一心任团政治委员,金万邦任团政治部主任。全团下辖 2 个营 6 个连。这次起义胜利,不仅沉重打击了江西国民党反动派当局,而且使赣西红军增加了一个独立团的武装力量,极大地鼓舞了赣西红色区域军民的革命斗志。

赣西革命武装还发动了攻打吉安城行动,并于 1930 年 1 月组建了中国工农红军第六军(军长黄公略,军党代表刘士奇)。

“赣水那边红一角”。赣西南红色武装的发展和红色区域的扩大,为红四军前委制定的“一年争取江西”计划的实现奠定了坚实的基础。

三、陂头联席会议的召开

1930 年 1 月 23 日红四军各纵队在宁都县东韶会合后,毛泽东即在东韶主持召开红四军前委会议,决定各纵队分散发动群众,开展土地斗争,扩大红色区域。具体部署是:第一纵队占取乐安县,第二纵队进占永丰县滕田,第三纵队占领永丰县城,第四纵队会同宁都赤卫队

① 以往史料记载参加起义人员 180 余人、150 余支枪。但罗炳辉 1937 年写的《我的经历》自传中说,他所在的吉安靖卫大队有 4 个中队,每队 140 余人、枪 120 支。这 4 个中队都参加了起义。这里采用罗说。

及赣南红军第二十五纵队进占宁都城。全军指挥中心设在永丰县滕田。预计各纵队工作时间为1个月。

这时,全国的形势发生了很大变化。蒋阎军阀混战爆发在即,两广军阀混战仍然相持不下,蒋介石政府危机加重。而江西方面,敌军力量相对较弱,原先统治江西的滇系军阀朱培德已离开江西,湖南军阀鲁涤平接任江西省主席,而仍滞留江西的滇系军队与湘系军队时有矛盾发生。在这种局势下,红四军前委认为"全国有一省或两省首先胜利夺取政权之可能,在南方各省中,我们以为首先胜利的省份便是江西,江西的主客观条件都有这种可能"①。于是,前委在永丰县滕田分别给赣西特委、赣南特委和红五军军委及红二、四团(前委尚不知已成立红六军)发出一长信,说明目前时局及应计划夺取江西的任务,提议于是年2月10日在吉安东固召开联席会议。

恰在这时,中共赣西特委和新成立的红六军军长黄公略得知红四军到了永丰县滕田,即派出代表前往红四军前委汇报赣西情况,并告知中共江西省委派来的巡视员江汉波(又名张怀万)与赣西党组织领导人,在指导赣西斗争的一些重大问题上产生歧见,请求前委帮助解决问题。

江汉波的不同意见包括:在"攻取吉安"问题上,认为打吉安条件不成熟,主张取消为攻吉安而组织的总行委及红军总司令部,并主张红军独立二、三团分开行动;在土地问题上,认为"土地革命不是目的,社会革命才是目的",反对没收一切土地平均分配;在红军建设问题上,虽然赞成组编第六军,但认为"六军可以编组,须省委及中央批准才可以'组编'";在政权建设问题上,认为赣西苏维埃临时政府是"草率成立"的,应该"先宣传后组织"、"要有很好的宣传才能组织";在赣

---

① 熊寿祺:《红军第四军状况(从1929年7月到1930年4月)》,见《党的文献》1999年第2期,第56页。

西特委和湘赣边特委合并问题上，认为他没到会就作出两特委合并决议不符合组织程序等。此外，江汉波对中央巡视员潘星元和中共赣西特委书记刘士奇亦有一些非政治的批评意见，影响一些干部对潘、刘两位领导的不满。[①] 这些问题的存在，影响了赣西革命斗争的发展。

红四军前委听取了赣西特委代表汇报后，决定将原定2月10日召开的赣西特委、赣南特委及红五军军委和红二、四团联席会议，改为赣西特委、赣南特委、红四军前委、红五军军委和红六军军委联席会议。会议报到时间定于2月6日，开会地点定在吉安陂头（今称渼陂）村。通知发出后，红四军前委派出由前委书记毛泽东和前委委员宋裕和、前委候补委员熊寿祺组成的前委代表团，前往陂头参加会议。与此同时，前委还决定派陈毅和宋裕和前往赣西协助黄公略组编红六军，并任命陈毅为红六军政治委员兼军党委书记。

1930年2月7日至9日，联席会议在陂头村正式召开。因此次会议于2月7日正式开幕，故史称“二七会议”，或称“二七陂头联席会议”。

出席会议的除红四军前委代表团外，有赣西特委代表刘士奇、曾山等5人；红六军军委代表黄公略等4人；红五军因赣江阻隔，代表不能过河与会，彭德怀、滕代远委托黄公略等代表五军参加会议；赣西各行委、县（区）委负责同志及红六军各纵队负责人等共50余人。江西省委巡视员江汉波也参加了会议。赣南代表因途中受阻未能赶上开会。

联席会议由红四军前委书记毛泽东主持。会上首先传达了中共中央第60号通告精神。毛泽东作关于目前政治形势及党的任务的报

① 《刘士奇同志给曾觉非同志信——党内斗争与开除江汉波的党籍》，1930年2月28日，见江西省档案馆、江西省委党校党史教研室编：《中央革命根据地史料选编》（上），江西人民出版社1982年版，第571—578页。

告。会议分析了全国和江西革命形势，认为“中国苏维埃将继俄国苏维埃而出现，成为世界苏维埃的有力支柱。而中国之内首先出现的将是江西苏维埃。因为江西的客观条件和主观力量都比各省要成熟”①。

联席会议取得的成果主要是：（一）明确提出了赣西南党当前的主要任务是：“（1）扩大苏维埃区域，特别提出夺取江西全省的口号；（2）深入土地革命；（3）扩大工农武装。”（二）确定了“攻打吉安”的总目标和行动部署；（三）讨论并制定了《赣西南土地法》（即《二七土地法》），“反对迟迟分配土地，指出不论何地凡暴动驱逐了豪绅之后，须立即没收土地分与农民”，提出了赣西南土地斗争“一要分，二要快”的要求；（四）会议还要求各武装割据区域都必须迅速建立县、区、乡苏维埃政府，大力发展壮大地方革命武装。②

联席会议在组织领导机构方面，也取得了重大成果。

为统一和加强对各红军部队和赣、闽、湘、鄂、粤各红色割据区域革命斗争的领导，联席会议决定将原中央任命的中共红四军前委，扩大为红四、五、六军及领导赣西南、闽西、东江、湘赣边等赤色区域斗争的共同前委（以下简称“红军前委”），由毛泽东、郭贞、曾珊（曾山）、王怀、方志敏、朱德、潘星元、黄公略、刘士奇、彭德怀、谭震林、陈毅、邓子恢、张鼎丞、袁国平、李文林、滕代远等17人组成；毛泽东、曾山、刘士奇、朱德、潘星元（潘心元）等5人为常委，黄公略、彭德怀为候补常委，毛泽东为书记。

会议决定重新成立中共红四军军委，领导全军工作，指定潘星元

① 《前委通告第一号——联席会议的结论并宣告前委成立》，1930年2月16日。见江西省档案馆、江西省委党校党史教研室编：《中央革命根据地史料选编》（中），江西人民出版社1982年版，第172页。

② 《前委通告第一号——联席会议的结论并宣告前委成立》，1930年2月16日。见江西省档案馆、江西省委党校党史教研室编：《中央革命根据地史料选编》（中），江西人民出版社1982年版，第172页。

为军委书记(未到职),军委委员有:朱德、潘星元、林彪、熊寿祺、伍中豪等和士兵代表数人。

会议还决定将原赣西、赣南、湘赣边3个中共特委合并,成立中共赣西南特委,刘士奇被指定为临时负责人;1个月后召开中共赣西南第一次党代表大会,正式选举产生中共赣西南特委。

因赣南特委代表团途中受阻未能参加会议,是年2月15日,在兴国县北部的城冈专门召开了赣南工作会议。中共赣南特委及赣南各县、区党的负责同志30余人,前委毛泽东、熊寿祺、宋裕和、黄公略,江西省委巡视员张怀万和中共赣西南特委全体常委等,共约40余人参加会议。会议主要内容是贯彻陂头联席会议精神,毛泽东代表前委作了政治报告。会上"除同意联席会议全部决议,关于赣南不同的情形亦有讨论"①。这次会议决定在于都成立中共南路行动委员会,其任务主要是将革命斗争推向会昌、瑞金,其次是向赣州、大余方向推进,将赣南梅花式的红色区域连成一片,打通与闽西和广东东江苏区的联系。

"二七"陂头联席会议的召开,具有十分重要的意义。它不仅正确分析了当前国际国内和赣西南的政治形势,明确提出了赣西南革命斗争的任务和目标,制定了一系列正确的方针、政策和措施,指明了赣西南党和人民斗争前进的方向,统一了党内对一些重大问题的认识;而且还建立了一个新的、坚强有力的、能适应革命斗争迅猛发展需要的党的领导机构。这对于推动赣西南地区革命斗争迅速开创新的局面,起到了十分重要而显著的作用。

这次联席会议也有不当之处。主要表现在对待党内持有不同意见和犯有错误者,滥施惩罚措施,严重地伤害了一些同志。如江西省

---

① 《张怀万巡视赣西南报告》,1930年4月5日,见江西省档案馆、江西省委党校党史教研室编:《中央革命根据地史料选编》(上),江西人民出版社1982年版,第201页。

委巡视员江汉波对赣西南革命斗争遇到的一些重大问题持有不同意见,纯属不同领导方法和工作上的分歧,是思想认识问题,有的意见也不无道理。但是联席会议却决定对其施以组织处分,前委于会后决定开除其党籍,请求中央和江西省委批准,这显然是不正确的。更为严重的是,原赣西地方革命武装的领导人郭士俊、罗万、刘秀启、郭象贤等 4 人,都是经过革命斗争考验的同志。他们在工作中确实犯有一些严重错误,完全可以通过批评教育(包括给予党纪处分)促使他们改正,但联席会议却将他们定罪名为"四大党官","并决定交苏维埃政府公开宣布其罪状,处以反革命的死刑"[①]。这种以极端手段处理党内矛盾的做法是极其错误的,开了恶劣的错误开展党内斗争的先河。

联席会议对赣西南党和干部队伍现状的估计,也是不正确的。联席会议认为:"赣西赣南党内有一严重的危机,即地主富农充塞党的各级地方指导机关,党的政策完全是机会主义的政策,若不彻底肃清,不但不能执行党的伟大的政治任务,而且革命根本要遭失败。"[②]这种估量,完全不符合赣西南党组织的实际情况。应该看到,在赣西南各级党组织中,确实有一些出身于地主、富农或其他富裕家庭的党员干部。这些同志大都为知识分子,自加入中国共产党、投身革命那一天起,就脱离了原有的家庭,将自己的一切包括身家性命都交给了党,交给了革命。他们中有不少人大义灭亲,带领群众闹革命,甚至冲击自己的家族,用土豪劣绅的话说,就是"六亲不认"。正是他们这种无私无畏的壮举,才赢得广大贫苦群众的信任和拥戴,他们才成为各地革命斗争的领头人。联席会议却无视这些事实,而将他们的家庭出身当作他

① 《张怀万巡视赣西南报告》,1930 年 4 月 5 日,见江西省档案馆、江西省委党校党史教研室编:《中央革命根据地史料选编》(上),江西人民出版社 1982 年版,第 200 页。

② 《前委通告第一号——联席会议的结论并宣告前委成立》,1930 年 2 月 16 日。见江西省档案馆、江西省委党校党史教研室编:《中央革命根据地史料选编》(中),江西人民出版社 1982 年版,第 173 页。

们的阶级成分,认为是“地主富农充塞党的各级地方指导机关”,这显然是极其错误的。

此外,自党的八七会议以来,赣西南地区党的各级组织,坚决领导广大贫苦农民举行武装暴动,建立革命武装,开展武装斗争,创建了许多大小不一的红色割据区域,开创了赣西南工农武装割据的大好局面。当然,在领导革命斗争过程中,赣西南各级党组织也有缺点错误,如迟迟未全面开展分配土地斗争;政权建设仍停留在革命委员会临时政权阶段;革命武装的发展速度还不快,等等。但这不是主要的,赣西南各级党组织主流是好的,是应该加以肯定的。而联席会议却将赣西南党组织工作中一些缺点错误,说成是“机会主义的政策”,并“号召党内革命同志起来,打倒机会主义的政治领导,开除地主富农出党”①。这种做法更是荒谬至极,以致为后来赣西南地区乱肃滥打 AB 团、错杀党内和革命队伍中的无辜干部群众种下了祸根。

联席会议尽管存在以上不当之处,但这次会议的重大历史意义却是必须充分肯定的。

四、歼灭唐云山旅

“二七”联席会议后,红四军根据会议确定的“占领吉安建立苏维埃政府”这一总目标,遂向吉水县推进,以对吉安城形成包围态势。

正当红军准备进攻吉水时,江西国民党军向赣西南苏区和红四军发动了新的进攻,其张辉瓒第十八师第五十四旅进到乐安,第五十二旅进到宜黄,第十二师主力由闽西返回到宁都。号称“铁军”的敌唐云山独立第十五旅更是骄狂,孤军深入到距富田苏区仅 20 公里之水南、富滩、值夏一线,企图进攻东固苏区。

---

① 《前委通告第一号——联席会议的结论并宣告前委成立》,1930 年 2 月 16 日。见江西省档案馆、江西省委党校党史教研室编:《中央革命根据地史料选编》(中),江西人民出版社 1982 年版,第 173 页。

此时,红四军主力和红六军二纵队正集中在吉安县富田休息。毛泽东和朱德经过多方商议,认为这是歼灭唐云山旅的好时机,遂果断决定暂停攻打吉水,作出了歼灭唐云山旅的战斗部署。

2 月 24 日凌晨 3 时,红四军与红六军第二纵队悄悄从富田出发,以一部牵制值夏、富滩之敌,主力直扑水南。晨 7 时,红军趁敌正开早饭之机向敌两个营突然发起猛烈攻击。毫无准备的敌军慌忙丢下碗筷,四处乱窜,拼命朝值夏、富滩方向逃跑。红军猛追逃敌,将蜂拥过桥的敌军扫落水中,仅半个小时,就将水南之敌两个营悉数全歼。25 日拂晓,红军以一部向敌侧后施家边迂回,抄敌后路;主力向值夏、富滩之敌发起猛攻。激战一整天,再歼敌两个营。残敌两个营在敌旅长唐云山带领下,仓皇从施家边附近抢渡赣江,逃回吉安。

这次战斗,红军歼灭唐云山独立第十五旅 4 个营,俘敌 1600 余人,缴获步枪近 2000 支、机枪 24 挺、迫击炮 8 门、子弹百余担。原红五军特务连负责人、1929 年 2 月初随红五军从井冈山突围向赣南游击时途中与部队失去联系、后为寻找党组织被迫到唐云山旅当兵的宋任穷,就在这次战斗中乘乱带领 10 余名残兵主动向红军缴枪,重新回到了红军队伍。

这次战斗胜利,不仅击退了江西国民党军对苏区的进攻,保卫了以东固为中心的赣西南红色区域,而且为红军后来实施“诱敌深入”方针提供了初步经验。

歼灭唐云山旅后,红四军和红六军第二纵队在值夏休息数日。红军前委决定红四军全部和红六军二纵队一齐乘胜北进,由吉水、新干直下樟树镇。到樟树后,如不能北入南昌即由樟树折回抚州,在赣东一带工作;同时以各县赤卫队进驻吉水、永丰,扩大赣西南苏维埃区域。但当红军北进到吉水乌江南岸时,却遇江水不能徒涉,同时发现敌第十八师两个旅和唐云山旅残部已集结于永丰、吉水一线,阻击红军北进。前委遂在乌江南岸召开扩大会议,调整部署,红军主力退回水南休息。

在水南,前委与赣西南特委召开联席会议,认真分析了当前敌我态势后,决定红军主力既不向北进,也不能向西,只能向东向南。向东有两个前途:一是到广昌入福建之建宁取得给养后,再入闽北或闽西;二是由乐安崇仁入南丰,然后或入抚州,或入横峰,再与方志敏部会合,到浙赣边界一带扩大红色区域;向南即去打赣州。讨论结果决定取由广昌入建宁路线。

1930 年 3 月 10 日,前委率红四军全部和红六军第二纵队开至东固集结休整,伺机行动。

第二节
赣西南苏维埃政府的诞生

一、中共赣西南“一大”的召开

根据二七陂头联席会议的决议,1930 年 3 月 22 日至 3 月 29 日,中共赣西南第一次代表大会在吉安县富田村召开。

出席会议的有赣西南 30 余县党组织选出的代表七八十人,代表党员 3 万余人(其中赣南党员 7000 余人,赣西党员 2 万余人)。大会首先由中共赣西南临时特委负责人刘士奇作长达 4 万余言的政治报告,然后进行讨论。大会组织了 10 余个决议起草委员会,各委员会成员为:

政治委员会:刘士奇、谭思聪、胡　品、谢汉昌、曾珊(曾山)、罗高远、陈正人

组织委员会:王　怀、刘士奇、饶希干、郭　真、任放贤、钟蛟球

宣传委员会:丛允中、曹云汉、赖玉珊、郭　枚、朱品昆、陈必德

职工委员会:郭　真、王玉成、萧道德、周茂生、黄真才

农民委员会:胡　品、张德辉、匡静吾、曾向松、邱达三、彭小贤

政权委员会:李文林、刘森林、赵少佳(赵世嘉)、颜兆行、钟再华、彭 先

武装委员会:郭铁强、李仲章、陈生发、陈赤贫、刘和谦

土地委员会:尹少伦、黄洋古、陈伯雄、钟声楼、刘凤鸣

士兵委员会:金万邦、张泽生、曾纪应、谢龚生、曾炳春

济难委员会:李白芳、凌甫东、李吕卿、晏品中、刘秉衡

妇女委员会:贺 懿、何 明、胡兰玉、胡书田、胡 品、蓝蔚天

经济委员会:何元凡、李文林、赖玉珊、汪安国、蓝蔚天

青年委员会:胡平田、刘文栋、丁季陶、王 怀、曾 珊①

提交大会讨论的提案和决议案共30余件,主要决议案有政治、组织、宣传、武装、政权、兵运、经济、济难、职工、农运、妇女、CY与青年等。

大会明确规定了赣西南党当前与今后的四大任务:

(一)夺取江西全省政权为总的行动目标。而当前赣西南党的重要任务是攻取吉安和赣州,这是夺取全省政权的重大步骤;"同时确定夺取赣河中段政权、巩固南段政权、开展北路政权、与邻省革命势力联系夺取五省政权(湘鄂赣粤闽)为奋斗总目标,争取江西党胜利的可能前途"②。

(二)彻底分配土地。大会重申了陂头联席会议在土地斗争方面提出的"一要分,二要快"的要求;明确指出按劳动力为标准分配土地利于富农,苏维埃留公田是违背群众意愿。"大会明确的指出所有的

---

① 此为吉安国民党"剿匪"总指挥部执法处于1930年4月16日搜获的出席赣西南党代表大会代表所带回的文件摘录名单,存南京第二历史档案馆。该件原文题为《最近共党在江西的组织及其阴谋》。其中,组织委员会的名单是另一历史资料记载的。

② 《赣西南特委向省委报告——一九二九年八月以后的赣西南》,1930年6月,见江西省档案馆、江西省委党校党史教研室编:《中央革命根据地史料选编》(中),江西人民出版社1982年版,第182页。

田地山林池塘房屋,只有农民要求分田以平分为唯一的原则。"[1]

(三)扩大苏维埃区域。大会批评了赣西南各县区"有了两三年的长期斗争和赤色割据,尚未建立苏维埃的政权"[2]的错误做法,明确指出"只求扩大不求深入巩固斗争的胜利是机会主义的倾向"[3]。大会肯定1929年11月成立赣西临时苏维埃政府是完全正确的,并指定赣西苏维埃政府党团负责召集全省工农兵代表会议,建立省苏维埃政府,指挥全省的工农斗争。

(四)武装工农,扩大红军。大会明确指出:"统一武装的编制与指挥,普遍赤卫队的组织,党应用大力注意军中的工作。"指出"过去地方党部忽视红军工作的错误,应迅速的纠正,如忽视红军中的工作,客观就是犯了忽视红军在中国革命中的作用的取消主义"[4]。同时要求做好国民党军队中的兵运工作。

大会对于党的经济政策、城市政策及对小资产阶级与游民无产阶级的政策,也进行了讨论,提出了意见。

大会最后选举成立中共赣西南特委会。经商议,大会选举萧道德、萧芳全、丘达三、李文林、刘士奇、胡炳田、胡品、胡益寿、王怀、龙超清、陈婉如、丛允中、郭贞、曾如柏、谭思聪、刘天干、郭承禄等17人为

---

① 《赣西南特委通知列字一号——赣西南第一次的总结精神并宣告特委成立》,1930年4月9日,见江西省档案馆、江西省委党校党史教研室编:《中央革命根据地史料选编》(中),江西人民出版社1982年版,第189页。

② 《赣西南特委通知列字一号——赣西南第一次的总结精神并宣告特委成立》,1930年4月9日,见江西省档案馆、江西省委党校党史教研室编:《中央革命根据地史料选编》(中),江西人民出版社1982年版,第189页。

③ 《赣西南特委通知列字一号——赣西南第一次的总结精神并宣告特委成立》,1930年4月9日,见江西省档案馆、江西省委党校党史教研室编:《中央革命根据地史料选编》(中),江西人民出版社1982年版,第189页。

④ 《赣西南特委通知列字一号——赣西南第一次的总结精神并宣告特委成立》,1930年4月9日,见江西省档案馆、江西省委党校党史教研室编:《中央革命根据地史料选编》(中),江西人民出版社1982年版,第190页。

特委委员；曾炳春、金万邦、钟蛟球、贺一（贺懿）、赵世嘉、周勉、谢汉昌、古柏、段起风（段起凤）、李白芳、彭桂峰等11人为特委候补委员；第一次全委会推选刘士奇、萧道德、李文林、王怀、丛允中5人为特委常委，刘士奇为特委书记。

赣西南第一次党代表大会的召开，对赣西南革命斗争的深入开展产生了重大而深远的影响，其历史功绩是毋庸置疑的。

但如同二七陂头联席会议一样，这次大会也有不足之处。表现在：

第一，大会认为赣西南党存在大量的"地主富农机会主义"，要求"开除党内的地主富农"，这种夸大事实的说法无形中在赣西南党内造成一种危机感，不利于党的团结。

第二，大会盲目拥护前委开除江汉波的党籍。

第三，大会批准西路行委枪决袁文才、王佐，更是错误的。

二、赣西南苏维埃政府的成立

赣西南第一次党代表大会召开期间，根据大会决议，将原赣西苏维埃政府改为赣西南苏维埃政府。随之，赣西南苏维埃政府宣告成立，仍以曾山为主席，机关驻吉安县陂头（今渼陂）街祠堂。1930年5月，赣西南苏维埃政府机关迁驻吉安县永阳圩。

中共赣西南特委和赣西南苏维埃政府的成立，标志着赣西南苏维埃区域业已形成。从此，赣西南革命斗争出现了蓬勃发展的新局面。主要表现在：

（一）党的领导体系进一步健全，党的队伍迅速发展壮大。赣西南党的"一大"之后，在中共赣西南特委领导之下，分别成立了中共西路、北路、东路、中路和赣南东河、西河等六路行动委员会，具体领导各地的革命斗争。

西路行委于1930年3月下旬在吉安县永阳成立。初辖永新、宁冈、莲花、茶陵、酃县（今炎陵县）等县委和遂川临时县委（后正式成立县委)、吉安西区区委等党组织。1930年8月起，酃县、茶陵、莲花等3县县委划属重建的中共湘东特委领导，西路行委辖有永新、宁冈、泰和、遂川、安福(从北路行委划来)等县委和吉安西区区委。西路行委书记为周高潮(1930.3—1930.5)、龙超清(1930.5—1930.10)。

北路行委早在1929年10月即已成立。当时是为了攻打吉安而将中共吉安北区区委改为北路行委的，原隶属中共赣西特委领导，1930年2月改为隶属赣西南特委领导。领导机关先驻吉水县埠田圩，1930年4月迁吉安县油田村，1930年8月迁分宜县檀溪村。下辖吉水、峡江、安福(8月后划归西路行委)、分宜、新喻(新余)、袁州(宜春)等县党组织和吉安县儒行、坊廓、延福等区委。行委书记为郭承禄(1930.3—1930.5)、陈正人(1930.5—1930.10)。

东路行委成立于1930年4月。机关驻宁都县北部的东韶圩天主堂。下辖宁都、乐安、永丰、南丰4县县委和宜黄县东陂、新丰等二区委及广昌县甘竹区委。行委书记金万邦(1930.4—1930.6)、胡×珍(1930.6—1930.10)。

中路行委于1930年5月由中共赣西南特委直属党部改称成立。机关驻吉安县东固。下辖泰和、万安等县委和吉安县儒林、富田、东固、纯化、水东等区委，吉水县的水南、白沙、中鹄等区委。1930年8月，中路行委复改称为赣西南特委直属党部。中路行委书记为毛泽覃(1930.5—1930.8)。

赣南东河行委成立于1930年3月下旬，机关先后设于都县步前冈、里仁圩、于都县城和赣县江口圩。下辖于都、赣县、兴国、瑞金、会昌、安远、寻乌等7个县委和于北特区委、安(远)于(都)会(昌)赣(县)四县边界特区委。同年8月，东河行委与西河行委合并成立中共南路行委。东河行委书记先后为黎日晖(1930.3—1930.6)、丛允中(1930.6—1930.7)、谢家禧(代，1930.4—1930.5)。

赣南西河行委，1930年4月3日在红四军前委帮助下宣布成立。

机关初设南康县龙回圩,7月迁至信丰县北境西牛圩真君庙。红四军前委赋予它的任务是:以信丰南康为中心,向大余、南雄发展,与广东北江取得联系;向上犹、崇义发展,与遂川、万安取得联系,打通与西路行委联系;并派专人做好赣州城内兵运工作和发动工人运动。西河行委组织上隶属于赣西南特委,工作上同时受东河行委指导。下辖信丰、南康、南雄、崇义、上犹等县委和大余西华山区委。同年8月,与东河行委合并为南路行委。行委书记罗寿男(1930.4—1930.8)。

在中共赣西南特委和各路行委领导下,赣西南各县党的县委、区委等领导机构也进一步健全,党的队伍不断扩大。至1930年秋,赣西南苏区党员人数发展到有35000余人。

(二)各级苏维埃政权纷纷建立和健全。赣西南苏维埃政府成立后,同年5月即下设东路、西路、北路和赣南东河、西河等5个办事处,作为派出机关,实施政权领导工作。

东路办事处:主任黄鉴,机关驻宁都县北部的东韶天主堂。下辖宁都、南丰、永丰、乐安等县革命委员会筹委会和广昌甘竹区革命委员会。

西路办事处:主任刘天干,机关驻吉安县西南边境永阳圩。下辖永新、莲花、茶陵、酃县等县苏维埃政府和吉安县西区苏维埃政府。

北路办事处:主任周鉴清,机关驻吉水县西北埠田圩。下辖吉水、分宜、新喻(新余)、峡江、宜春等县苏维埃政府和吉安县儒行、坊廓、延福等区苏维埃政府。

赣南东河办事处:主任萧大鹏,机关设于都县步前冈等地。下辖于都、兴国、赣县、瑞金、寻乌等县苏维埃政府,以及安远县革命委员会、于北特区苏维埃政府和安(远)于(都)会(昌)赣(县)边界苏维埃政府。

赣南西河办事处:主任邱达三,机关设南康县龙回等地。下辖信丰县苏维埃政府和南康、上犹等县革命委员会。

万安、泰和两县苏维埃政府和吉安县东固、富田、纯化、儒林及吉水县水南、白沙、中鹄等7区苏维埃政府，原直属赣西南苏维埃政府领导。1930年7月，因赣西南苏维埃政府由吉安县陂头村迁驻吉安县永阳村，遂成立赣西南苏维埃政府中路办事处，负责领导上述县、区苏维埃政府。

在赣南，因革命形势迅猛发展，红色区域扩大，为适应指挥攻打赣州需要，1930年6月经赣西南特委同意，将赣南东河办事处、西河办事处合并，成立赣南革命委员会，丛允中为主席。机关先后驻于都县昌村中学、赣县江口等地。原赣南东河办事处、西河办事处所辖各县、区苏维埃政府和革命委员会，统归其领导。

在赣西南党的"一大"召开和赣西南苏维埃政府成立以前，赣西南各县除宁冈、永新两县及东固、延福等区召开过工农兵代表大会，正式选举成立了苏维埃政府外，其余各县、区的红色政权，都还是临时政权性质的革命委员会。赣西南党的"一大"召开和赣西南苏维埃政府成立以后，各县、区都先后召开工农兵代表大会，正式选举成立县、区苏维埃政府，建立健全苏维埃政府各部门工作机构，结合本地实际制定和颁布有关政策、法令、条例，苏维埃政权的威力和作用充分得到发挥，使赣西南苏区革命政权建设跃上了一个新的台阶。

（三）红色区域迅速扩大连成一片。陂头联席会议和赣西南党的"一大"召开之前，赣西南地区虽建立了数十块红色区域，但除东固、延福、于北桥头等红色区域较大外，其余尚属小块红色割据区域，且互不相连，呈梅花状分布。二七陂头联席会议和赣西南党的"一大"召开后，各地党组织在主力红军帮助下，领导革命群众向地主豪绅和国民党反动政权发起猛烈进攻，展开了剧烈的赤白拉锯斗争。经激烈较量，各地小块红色割据区域迅速扩大，并逐步连成一片。

至1930年秋，赣西南苏维埃区域发展到吉安、吉水、泰和、安福、永新、莲花、宁冈、宜春、新喻（新余）、分宜、峡江、万安、永丰、乐安、宁都、南丰、兴国、于都、瑞金、赣县、会昌、信丰、南康、大余、上犹、崇义、寻乌、安远、南雄、萍乡、万载、遂川、石城、茶陵、攸县等30余县。其中泰和、安福、永新、莲花、宜春、新喻(新余)、万安、乐安、宁都、兴国、于都、瑞金、信丰、南康等14座县城,都曾被红军占领过或仍在红军手中。整个赣西南赤色区域"由南丰到永新,由寻乌到峡江,横断江西半壁;由赣州到吉(水)峡,围绕赣江流域纵横数千里,联系到闽西,东江,湘东,鄂南等几大块赤色政权,如综合赣东北(只隔着临川、金溪)赣西北之修铜武(可以联系)以面积计算,实占江西全省百分之八十左右"①。

三、赣西南红军和地方武装的发展壮大

自1930年春起,随着赣西南红色割据区域的扩大,赣西南的红军和地方革命武装也得到迅速发展壮大,先后组建了中国工农红军第六军、第二十军、第二十二军、第三十五军和众多的地方红军部队、地方游击队。

(一)中国工农红军第六军的组建

根据赣西南革命斗争的需要,1930年1月18日至21日,中共赣西特委、湘赣边界特委和彭德怀率领的红五军军委在遂川县雩田举行联席会议,决定将赣西和湘赣边界活动的江西红军独立第二、三、四、五团和各县赤卫队集中改编,成立中国工农红军第六军。军长黄公略,军党代表(后称军政治委员)刘士奇兼(陂头联席会议后改由陈毅担任),军参谋长曾昭汉,军政治部主任毛泽覃。全军初辖3个旅:第一旅由江西红军独立第二团、第三团组成,旅长(后称司令员)柯武东,党代表(后称政治委员)李文林;第二旅由江西红军独立第四团、第五

---

① 《赣西南(特委)刘士奇(给中央的综合)报告》,1930年10月7日。见江西省档案馆、江西省委党校党史教研室编:《中央革命根据地史料选编》(上),江西人民出版社1982年版,第353—354页。

团组成,旅长罗炳辉,党代表曾炳春;第三旅由永新、莲花、宁冈等县赤卫队组成,旅长徐彦刚,党代表刘作述。全军2000余人、枪。红六军编成后不久,旅改为纵队。1930年2月24日至25日,红六军第二纵队由黄公略、陈毅率领,配合红四军参加了歼灭国民党军唐云山独立第十五旅战斗。随后,红六军二纵队由军政治委员陈毅和纵队司令员罗炳辉率领,随红四军南下赣南,担负赤化兴国、于都、宁都、瑞金、会昌等县任务;红六军一、三纵队由军长黄公略率领留在赣西地区活动。1930年6月,红一军团成立,红六军划归红一军团建制。同年8月,红六军改称红三军,军长仍为黄公略,政治委员蔡会文。

(二)中国工农红军第二十军的组建

赣西南原有的地方革命武装,于1930年1月大部编入到红六军。为适应赤色割据和攻打吉安的需要,赣西南各县又积极组建新的革命武装。1930年6月间,中共赣西南特委决定,将赣西南红军第四、十一、二十、三十等纵队和赣西南赤卫军总指挥部下属之东、西、南、北4路纵队在吉安合编,成立中国工农红军第二十军。初定"以红军二十五纵队编为二十军第一纵队,有枪三百余支,北路五百余支地方武装编为第二纵队,西路三百余支为第三纵队,中路三百余支,编二百余支为第四纵队(各路还有少数武装编入)。赣南全部武装准备以一部来扩充二十军,以大部扩充四军的势力。军长是曾炳春,政治委员是陈东日……参谋长是陈伯钧"①。但当时并未向外宣布。1930年7月上旬,红二十军在吉安县陂头(今称渼陂)村正式成立。曾炳春任军长,刘士奇任军政治委员兼军委书记,谢汉昌任军政治部主任,刘泽民任军参谋长。该军成立后即担负第八次攻打吉安的主攻任务。1930年

---

① 《赣西南刘作抚同志(给中央的综合)报告》,1930年7月22日。见江西省档案馆、江西省委党校党史教研室编:《中央革命根据地史料选编》上册,江西人民出版社1982年版,第239—240页。

10月初配合红一军团攻克吉安后，红二十军军长改由刘铁超担任，曾炳春改任军政治委员，谢汉昌仍为军政治部主任，军参谋长改由钟效蔚担任。全军有枪2500余支。初编时下辖4个纵队，不久改为团的建制，设一七二、一七三两个团。1930年10月新编一七四团。一七二团由吉安、兴国、赣县、宁都、于都等县地方游击队组成，团长萧大鹏（后为杨念兰）；一七三团由永丰、吉水、安福、峡江等地游击队编成，团长刘承禄，政治委员陆松宜；一七四团由永新、莲花、宁冈等县游击队和安福、茶陵、攸县的部分游击队组成，团长李学俊，政治委员刘敌。军部直属教导队、卫生队和机枪连。1931年3月在赣江河西增编了一七五团。红二十军归红一军团建制，全军曾发展到有3000余人。1931年7月红二十军因"富田事变"被错误撤编解体。

（三）中国工农红军第二十二军的组建

赣南继1929年下半年在兴国、安远、桥头、寻乌等苏区先后建立红二十三纵队、红二十五纵队、红二十七纵队和红五十团后，1930年3月至6月间，又在安（远）于（都）会（昌）赣（县）边区建立了红二十二纵队，在瑞金县建立了红二十四纵队，在河西信丰、南康、大余、南雄等县共同建立了新编红二十六纵队，在赣县建立了红二十八纵队。全赣南赤色常备武装人数，1929年10月只有1960人、枪840支，到1930年5月即发展到有14320人、4550支枪。1930年7月，赣南革命武装斗争的区域扩大到13个县。赣南17个县除赣州、龙南、全南、定南等县外，"其他国民党政府都经过一次以上的推翻，消灭了两个国民党政府的县长、万数以上的地主豪绅一切反革命分子，收缴了3000以上的反动武装（红军收缴的不在其内）"①。

1930年6月，中共赣西南特委和红一军团前委决定，由原红六军

① 《黎日晖关于赣南工作的综合报告》，1931年10月6日。见江西省档案馆编：《江西革命历史文件汇集》（1931），第185页。

政治委员陈毅负责，将赣南地方红军第二十二、二十三、二十四、二十六、二十七、二十八等纵队合编，组建中国工农红军第二十二军。陈毅受命后，将随红四军到达汀州的赣南红军新编第二十六纵队和开赴长汀整训的瑞金红二十四纵队集中，先在长汀组建起红二十二军第一、二、四纵队。1930 年 6 月 23 日，陈毅率一、二、四纵队离开长汀返回赣南，完善建制，扩充队伍。7 月，陈毅到达于都县城，和中共东河行委一起，组建红二十二军军部，调集红二十二、二十三、二十七纵队归编。8 月 10 日，陈毅率军部和已集中的部队从于都县城出发，西渡桃江到达信丰县城。途经赣县时，将红二十八纵队归编。全军各纵队分驻信丰各地整训并做群众工作。9 月下旬，红二十二军组建基本完成，在信丰县城校场坝召开大会，正式宣告红二十二军组成。军长陈毅，副军长罗贵波，军政治委员邱达三，军政治部主任罗寿男，军参谋长钟效蔚，军特派员毛泽覃（未到职），军秘书长刘义顺（徐复祖）。全军辖有第一、二、三、四纵队：第一纵队纵队长陈紫峰，政治委员黄达；第二纵队纵队长唐天际，政治委员钟锡球；第三纵队纵队长杨斗文，政治委员谢芳湖（后罗贵波）；第四纵队纵队长张文焕，政治委员钟声楼。1930 年 10 月，驻赣州的国民党三十四旅六十八团二营 200 余名官兵，在中共地下党员彭加伦等领导下，在大余县新城起义，加入红二十二军，编为第五纵队，纵队长王透，副纵队长嵩新胜（后改任纵队长），政治委员彭加伦。至此，全军共有 2000 余人，枪 2000 余支。

红二十二军一边组建，一边担负起消灭赣南地主武装、赤化赣南的艰巨任务。1930 年 10 月初，奉赣西南苏维埃政府紧急命令，红二十二军离开赣南，前往吉安接替红二十军防务，掩护红一方面军主力和江西省党政机关向根据地中心撤退。在吉安，将第一、二、三、四纵队改设为两个师：第六十四师，师长唐天际，政治委员黄达，下辖第一九一团、一九二团；第六十五师，师长杨斗文，政治委员何开荣，下辖第一九三团、一九四团；第五纵队改为军部特务团，团长王透（后嵩新胜），政治委员彭加伦。军部机关未变。1930 年 11 月 22 日,红二十二军完成掩护任务,全军东渡赣江转移到宁都县黄陂集结,划归红十二军指挥,参加第一次反“围剿”战争。

(四)中国工农红军第三十五军的组建

红二十二军组建后,赣南各县还留下一批地方武装力量。1930 年 10 月底,为夺取赣州,赣南的地方武装又奉令“绝对集中”,编为第三十五军。11 月下旬,红三十五军在信丰县城正式编成。军部领导人为:军长邓毅刚(原闽西红二十一军军长),军政治委员罗贵波,副军长曾毅生,军参谋长鄢一心,军政治部主任谢家禧,军需长邝任农。红三十五军虚设 3 个师,暂不设师部,由军部直接指挥第三〇七、三〇八、三〇九、三一〇等 4 个团。后又改设为 5 个团:第一师第二团,由赣县、兴国地方武装编成,团长吕德贤,政治委员马荣澜;第一师第三团,由瑞金、于都和桥头(于北区)地方武装编成,团长谢桂荣,政治委员商辑伍;第二师第五团、第六团由安远、寻乌和闽粤赣赤卫军等地方武装编成。第五团团长谢荣蔚,政治委员孙亮恢;第六团团长邝佐,政治委员赵尚林;第三师第七团,由信丰、南康和赣粤边界地方武装编成,副军长曾毅生兼任团长,邝世叔任政治委员;军部特务营由寻乌县赤卫大队编成,营长陈必达。红三十五军编成后,全军编员不足,武器很少,战斗力不强,但士气旺盛,官兵斗志高昂,曾攻克大余、安远、瑞金等县城。

四、八打吉安与五打赣州

从 1929 年 11 月至 1930 年 9 月,赣西南地方红军和地方游击队、赤卫队与数十万革命群众紧密配合,曾先后组织发动了八打吉安与五打赣州的壮举,其规模之大、声势之雄,空前未有,惊天动地。

(一)八打吉安

“攻打吉安”的口号,是中共赣西特委于 1929 年 10 月底提出的。11 月初,开始发动第一次攻吉行动。赣西吉安、吉水、安(福)分(宜)

县和泰和等地群众在攻吉口号鼓舞下奋起暴动,5 万多农民以区为单位,组成 9 路农民纵队,配合江西红军独立第二、三、四、五团行动,扫清吉安外围之地主武装,赤化吉安周围广大区域。1929 年 12 月下旬,红五军一、三纵队从湘鄂赣边返回湘赣边与第四纵队会合,1930 年 1 月红六军组建。红五军、红六军分别在赣江东、西两侧向吉安逼近,形成对吉安城包围之势。这次围攻吉安城历时 3 个月,虽未奏效,却建立赣西 13 个县 50 多个区的苏维埃政府。

第二次攻吉行动在“二七”联席会议之后。当时,联席会议主席团于 1930 年 2 月 14 日发出了“关于占领吉安建立江西苏维埃政府”的第一号《通告》,对攻打吉安作出了部署。由于江西国民党省政府主席鲁涤平调集 7 个旅兵力“进剿”赣西南,红军前委指挥红四军和红六军第二纵队歼灭唐云山独立第十五旅后,敌情发生重大变化,攻吉计划未能实现。

第三次攻吉在 1930 年“五一”前夕。攻吉发起后,打败了吉水的封建反动武装“红黄学会”,恢复了水东、儒林的工作。

第四次攻吉在 1930 年 5 月 9 日。赣西南特委组织了以中央巡视员彭清泉为书记的攻吉前委,调集 10 万余群众武装包围吉安城 7 天。这次攻吉由于担负主攻的红六军一、三纵队未赶到,西、北两路群众武装没有如期行动,只是中路群众武装隔河向吉安城攻击,故毫无成效。

第五次攻吉在 1930 年 5 月下旬,由中路单独发动,也只是隔河打了一阵,牵制了进攻北路赤色区域之敌。

第六次攻吉在 1930 年 6 月底。是年 5 月中旬,中共赣西南特委总结第四次攻吉失败教训,决定将工作重点放在西、北两路,并将特委和赣西南苏维埃政府机关迁至赣江西岸的吉安县永阳镇。6 月中旬,赣西南特委探悉原驻吉安的国民党军成光耀旅已撤走,前来接防的国民党军新编第十三师邓英部尚在樟树,吉安城内只有第十二师的两个营,兵力空虚。特委立即抓住机会,以赣西红军第四、十一、二十等纵队和红军学校学员为主力,调集10万群众配合,分左、中、右三路,发动攻吉。总攻战斗从6月28日上午打响。左、右两路先后攻占城外真君山、天华山、螺子山,中路也强渡赣江打到了神岗山,攻击天华山的队伍还打进了城西郊赵公塘,但因敌人工事坚固,突击受阻。为减少伤亡,特委下令撤出战斗。这次攻吉,歼敌100余人。

第七次攻吉在1930年7月初。当第六次攻吉部队撤归途中,黄公略率红六军一、三纵队已经赶到。赣西南特委当即决定调回各路攻吉队伍,配合红六军再次发动攻吉。7月1日,红六军开始攻击。7月2日,各路攻吉群众武装赶到,投入战斗。城内敌军凭险固守,红军猛攻数次均未奏效,双方均伤亡400余人。7月5日,攻吉战斗宣告停止。

第八次攻吉发生在1930年8月25日至9月5日,前后历时10天。这次攻吉是受到红一军团打南昌、红三军团克长沙的鼓舞而实施的。攻吉前,成立了赣西南军事委员会和赤卫军总指挥部,并在东、南、西、北各设立赤卫军总指挥部。参加攻吉的红军部队有红二十军、红军学校和青年干部学校学员,还有吉安等数县10万工农群众配合作战。8月25日,攻吉战斗打响。红二十军在高沙歼敌1营,溃敌1团,俘敌400余人,缴枪400多支。9月5日发起总攻。但红二十军和北路赤卫队在攻打真君山敌阵地时遇到顽强抵抗,牺牲二三百人,因干部损失甚多,战斗无法继续下去。赣西南特委遂决定红二十军撤出战斗,留下独立团、冲锋队、破坏队等地方武装,继续取包围态势骚扰吉安城。

赣西南地方红军和革命群众8次攻打吉城的壮举,虽然均未能攻克吉安城,却对江西敌军以极大威慑和震动。第八次攻吉后,吉安已成一座孤城,这就为后来主力红军第九次攻打吉安的胜利创造了条件。

(二)五打赣州

在赣西南地方红军和群众8次攻吉的同时,中共赣南东河行委、南路行委也指挥革命武装和群众,从1930年5月起,先后5次围攻赣州城。

第一次攻赣在1930年5月9日。这一次主要是配合第四次攻打吉安,而不是直接攻打赣州。赣南东河行委动员兴国、赣县14万武装群众占据了赣县良口、储潭,扩大了兴国和赣县西北苏区,打通了与赣西的赤色联系。

第二次攻赣在1930年5月下旬。主要是为配合赣州城内国民党军第十二师第三十四旅六十八团地下党举行兵暴。但因六十八团兵暴组织不充分未能如期举行,同时赣县七坊和于都县马安靖卫团乘机进犯兴国县城,兴国参加攻赣的队伍不得不中途撤回保卫兴国城;加上红四军二纵队未按计划赶来攻城,结果未实际发起攻赣行动。

第三次攻赣是为直接配合赣州城内国民党军第三十四旅六十八团地下党领导举行兵暴。兵暴时间定在6月7日晚,兵暴的一切准备工作都已就绪,城外的攻城队伍也已调集并已进入阵地,不料参加兵暴的骨干在6月7日傍晚不慎泄露机密,兵暴计划被三十四旅旅长马崑察觉,16名领导兵暴的共产党员和进步士兵当晚被捕遇害,攻城未能如期举行。

第四次攻赣在7月底。这一次虽有所动作,但未成气候。

第五次攻赣在8月下旬至9月初。参加攻城的队伍有数万人,以红二十二军为主攻部队,"昼夜猛攻,退而复骤"[1]。后由于广东国民党军前来增援城内守敌,攻城部队腹背受敌,只得撤围而去。

赣南地区的五次攻赣与赣西地区的八次攻吉一样,虽未成功,却广泛地发动了群众,掀起了赣南群众武装斗争的热潮。

---

① 赣州市档案馆保存件《国民党赣州县党部给南京政府电》,1930年8月21日。

第三节
《反对本本主义》的发表

一、红四军回师赣南

红四军主力部队消灭国民党军唐云山旅后,于1930年3月10日军至吉安县东固集结休整。随即红军前委接到于北特区苏维埃政府要求红军前往帮助攻打马安石的上宝土围的来信,同时获悉兴国、于都没有国民党军驻守,毛泽东、朱德决定移师兴国。3月12日,红四军进抵兴国县城。

红军在兴国停留4天。期间,红军前委获悉驻赣州的国民党军第十二师已于3月9日离开赣州,入闽争夺地盘,与卢兴邦的国民党新编第二师交战,赣州城防空虚,遂决定红四军全部南下乘虚攻打赣州,只留红六军第二纵队由陈毅率领,由兴国南部东出于都,开展地方工作。

3月16日,红四军抵达赣州城郊,当日从东、西、南3面发起攻城战斗,遭到城内守敌顽强抵抗。经深入侦察,发现原先对守城敌军兵力判断的情报不准确,守敌不是1个营,实为1个旅2个团。加上战前未预先观察地形,各部未按时发起总攻,在战斗中部分指挥不当等原因,攻城未克。毛泽东从兴国赶到赣州红军前沿阵地,经仔细观察询问,觉得赣州易守难攻。红军前委决定放弃攻打赣州。红军部队当晚撤出战斗。

二、红军"三月分兵"

红四军撤出攻赣战斗后,分驻赣州城郊监视敌军,前委机关驻赣州城郊沙石埠村的楼梯岭。

1930年3月18日晚,毛泽东在楼梯岭主持召开红军前委会议,讨论当前形势和红军行动计划。会议认为:吉安、吉水、永丰一带现有国民党军 3 个旅以上兵力,红四军暂不宜北进;赣南仅赣州城驻有 1 旅敌军,闽西只有福建国民党军暂编第一师张贞部,广东东江也只有国民党 1 旅兵力。赣南、闽西、东江 3 地敌军兵力都较空虚,正是红军发展苏区的大好时机。于是会议作出决定,红四、五、六军以 3 个月为期,在赣南、赣西和闽、粤边境分兵游击。

当日,前委在楼梯岭发出关于"分兵争取群众的意义及工作路线"的《前委第三号通告》。

《通告》首先对红军各部队的分兵游击区域作了划分:"红军第四军的行动应该以三个月为期分路游击,其游击区域是:赣南之赣县、于都、瑞金、会昌、南康、信丰、安远、寻乌各县;东江之五华、兴宁、丰顺、梅县,平远、蕉岭、大埔各县;闽西之上杭、武平、长汀、宁化、连城各县。六军二纵队的游击区域三个月内应该是万安、赣县东乡、于都北乡、兴国东乡、宁都南乡和广昌、石城各县。六军一纵队的游击区域是吉安、安福、分宜、宜春、新喻、峡江、吉水、永丰、乐安、新淦各县。六军三纵队则是泰和西乡、遂川、万安各县。赤卫队的二十二纵队(引注:应为二十五纵队)应与六军二纵队的行动配合,担任兴国全县、于都北乡、宁都全县的红色区域的完成,宁南游击队则担任广昌、南丰、宜黄的红色区域完成。红军第五军,第一步与六军二、三纵队的行动配合,完成赣河上游的工作(泰和、遂川、上犹、万安等县),第二步应开返五军的根据地湘鄂赣边一带,推广湘东鄂南赣北的红色区域,并使赣北与赣西的道路打通起来。"

《通告》明确指出:此次"分兵的意义,是为了更能争取群众,更能分配土地和建设政权,更能扩大红军和地方武装。在现时这种环境之下,若采取大部队集中行动的策略,显然是单纯军事路线,违反了争取群众扩大苏维埃区域的伟大任务"。《通告》同时指出:"分兵游击一时期后,因为别一种环境的需要和夺取闽南发展赣东等地,便应该集中行动。所以我们要反对绝对集中主义，同时也要反对绝对分兵主义。”①

《通告》在系统总结历年来红军分兵游击发动群众的工作经验与教训后，还明确提出了此次分兵游击的要求。这就是：

第一，必须坚持“同时扩大同时深入”的方针。就是在一些原来革命基础较差的县，红军到后“自然只能做些宣传及分配豪绅谷物的工作，给群众以相当的影响，就可以开起来走”；但在一些革命基础较好的县，如宁都、于都、安远、寻乌、长汀、武平等县就完全不同，“红军到了这些县内，要有计划地帮助原有红色区域的党及群众去组织政权，建设武装，分配土地，加强党与团体的组织力和战斗力，将原有区域扩大到全县，并推广到邻县。比如在赣南就应该扩大宁都、于都、安远、寻乌四县整个的赤化，在闽西要往武平县、长汀各县整个赤化。这样就把瑞金、会昌、石城包在中间，再图发展闽赣的联系，就成功了”②。

第二，必须坚持“伴着发展（即波浪式向前发展——引者注）的工作路线”。《通告》指出：“伴着原有小块红色区域发展，及成立新的小块红色区域，再促进他去发展，这个观念要深刻地建立起来。”③因为过去的经验，如上年 7 月红四军一纵队和三纵队在闽西分兵，今年 2 月四纵队在宁都分兵，都是“伴着发展”，也即是历来所说的“波浪式的向前发展”，无疑义是应坚持的原则。《通告》还要求各红军部队对

---

① 以上引文见《前委通告第三号——分兵争取群众的意义及工作路线》，1930 年 3 月 18 日于赣州城郊楼梯岭。载江西省档案馆、江西省委党校党史教研室编：《中央革命根据地史料选编》（中），江西人民出版社 1982 年版，第 489—490 页。

② 《前委通告第三号——分兵争取群众的意义及工作路线》，1930 年 3 月 18 日于赣州城郊楼梯岭。载江西省档案馆、江西省委党校党史教研室编：《中央革命根据地史料选编》（中），江西人民出版社 1982 年版，第 491 页。

③ 《前委通告第三号——分兵争取群众的意义及工作路线》，1930 年 3 月 18 日于赣州城郊楼梯岭。载江西省档案馆、江西省委党校党史教研室编：《中央革命根据地史料选编》（中），江西人民出版社 1982 年版，第 491 页。

群众请兵帮助打反动派，要满腔热情给予支持，因为群众请兵是红军工作的极好机会，“群众做了主体，一切布置设计都是群众自己的，红军趁此帮他一手，斗争之发展是异常迅速的”[①]。

第三，必须武装农民，帮助建立和发展地方武装。《通告》指出：“谁不把武装地方看作十分迫切的工作，谁不看重地方武装，如同看重他自己的部队一样，谁就是抛弃群众的机会主义者。”[②]要求红军所到之处，不仅不能收缴地方武装枪支扩大红军，红军还要拨出枪支、子弹和军事人才，帮助建立和发展地方武装。

第四，必须大力训练地方干部。要按照“从前的经验”，开办短期党内训练班、群众领袖训练班等。

第五，必须做到地方党的行动要与红军的行动合拍。《通告》严肃批评了 1929 年 4 月、5 月间赣南特委不与红军行动配合的错误，要求地方党组织的工作要与红军的行动紧密配合，以免“使工作失去效力”。

第六，必须正确处理好红军党部与地方党部的关系。《通告》明确规定：“红军的军委与地方的特委开联席会，解决问题，对县委以下，军委可以直接地指导工作。红军的纵队委与县委开联席会解决问题，对区委以下可以指导工作。红军的支队委和地方的区委开联席会，解决问题，对地方的支部可以指导工作。红军的大队委与地方的支部，开联席会解决问题。特委对于纵队委可以指导他的工作，但在超地方性的红军各纵队，不能完全束缚他的行动。前委以纵队为单位，派遣的

① 《前委通告第三号——分兵争取群众的意义及工作路线》，1930 年 3 月 18 日于赣州城郊楼梯岭。载江西省档案馆、江西省委党校党史教研室编：《中央革命根据地史料选编》（中），江西人民出版社 1982 年版，第 492 页。

② 《前委通告第三号——分兵争取群众的意义及工作路线》，1930 年 3 月 18 日于赣州城郊楼梯岭。载江西省档案馆、江西省委党校党史教研室编：《中央革命根据地史料选编》（中），江西人民出版社 1982 年版，第 493 页。

巡视团与特委开联席会解决问题,对县委以下行使指导的职权。”①

红军此次“三月分兵”,由于任务明确,要求具体,方针正确,领导有力,因而进展顺利,秩序井然,不仅是红军创建以来时间最长、范围最广的一次分兵游击,也是历年来收效最大的一次分兵游击。

“三月分兵”的开展情况如下——

红四军

根据前委通告的决定,这次红四军的分兵路线是:一路由红四军第三纵队组成,3 月 19 日护送伤员从赣州城郊出发,向于都推进,3 月 20 日到达赣县江口,工作二三天,随后继续北进,经于都县峡山、罗坳、岭背、仙下,3 月下旬到达于北桥头根据地。这时红六军二纵队也从兴国出发,到达赣县田村、白鹭,发动群众打土豪,分田地,帮助建立了赣县革命委员会和白鹭区苏维埃政府。3 月下旬,红六军二纵队到达于北桥头,与红四军三纵队会合,在于北地方革命武装的紧密配合下,在桥头饭甑岽设下埋伏,给尾随红四军三纵队进犯桥头根据地的国民党军第十二师三十四旅第六十八团以重创。战斗中,敌六十八团中共地下支部和士兵委员会乘机鼓动该团二营几十人火线起义,拖枪加入红军。战斗结束后,红四军三纵队从于都北乡南下于都南乡,三纵队巡视团帮助召开了于都县第一次工农兵代表大会,成立于都县苏维埃政府。4 月中旬,三纵队经于都南部到达安远县境。红六军二纵队由陈毅、罗炳辉率领,按计划开赴宁都、瑞金、于都边界地区工作,在于都东乡的沙心帮助建立了于瑞会边区苏维埃政府,5 月间到达会昌县境。

红四军另一路由第一、二、四纵队组成,毛泽东、朱德亲自率领,3 月 20 日从赣州南郊出发,3 月 21 日其右路克南康县唐江镇,左路进占

① 《前委通告第三号——分兵争取群众的意义及工作路线》,1930 年 3 月 18 日于赣州城郊楼梯岭。载江西省档案馆、江西省委党校党史教研室编:《中央革命根据地史料选编》(中),江西人民出版社 1982 年版,第 494 页。

南康县龙回。3 月 22 日,打入龙回靖卫团任团总的共产党员朱佩隆,在红四军帮助下率靖卫团起义,编为南康县赤卫大队,随后在龙回宣布成立南康县革命委员会。23 日,红四军第二纵队由南康县赤卫队配合,攻占南康县城,打开监狱,放出了被关押的群众,接着恢复了中共南康县委,并帮助成立了 3 个区的区、乡红色政权。3 月 24 日,国民党军第三十四旅六十七团从赣州追来。红四军主动撤出南康县城,会合一、四纵队向大余县推进,26 日清晨进占大余县城。27 日,红军前委由毛泽东主持在大余召开了信丰、南康、南雄 3 县党的负责人会议。28 日,毛泽东又主持召开了有信丰、南康、大余、上犹、崇义、南雄 6 县党的活动分子和红四军部分党员干部参加的赣南西河第一次党代表大会,成立了中共西河行动委员会,对西河各县革命斗争作出了部署,并帮助组建了赣南红军新编第二十六纵队。

4 月 1 日凌晨,红四军由南雄县游击队作向导,经梅关向南雄县推进,在南雄县的新路口、石子岭连打两个胜仗,击溃国民党粤军吴文献部两个营,当日下午 5 时进占南雄县城。红四军在南雄休整 1 星期,教育处理了几百名俘虏,宣传发动群众,筹款 4 万元。

4 月 7 日,红四军按原计划经南雄县乌迳、信丰县九渡、禾秋、大小窝,在红二十六纵队和信丰群众配合下,4 月 11 日攻克信丰县城,活捉国民党信丰县长吴兆丰,击毙信丰县警察队长王覃勋,歼灭信丰、南雄、安远等县警察队、靖卫团近千人,缴枪 500 余支。接着,红四军继续向安远、会昌两县推进,4 月 15 日到达信丰县新田圩,帮助成立新田、金鸡两支赤卫队。随后红军分兵两路:前委机关和一纵队往会昌县;二、四纵队往安远县,消灭了安远县靖卫团,5 月 7 日帮助成立了安远县革命委员会。

4 月 17 日,一纵队攻克会昌县城。20 日召开会昌县城群众大会后,朱德率一纵队继续向寻乌方向开展工作;毛泽东和前委机关及一纵队纵队部留驻会昌城。毛泽东听取了中共盘古山特委书记徐复祖关于盘古山地区革命斗争情况汇报,接见了前来要求参加红军的300余名盘古山青年矿工和农民,帮助成立了中共安(远)于(都)会(昌)赣(县)边界特区委和赣南红军第二十二纵队。

4月22日,红四军前委书记毛泽东,在会昌城召开调查会,详细调查了解盘古山矿区及附近农村情况。参加座谈会的共有7人,他们是:中共盘古山特委书记刘义顺,矿工钟亮照,茶梓圩农民钟文亮,乱石知识分子钟元璋,乱石小学教员刘大训,爆竹工人潘云宾,乱石农会委员王海中。刘义顺等向毛泽东详细汇报了盘古山、丰田两个钨矿地理位置及交通状况、建矿开采历史、矿工情况、美英公司压迫剥削矿工情况、矿工们的自发反抗斗争、矿区附近农民土地占有状况和农民斗争情况、矿区党组织的建立发展和开展斗争情况。毛泽东认真地听取了刘义顺等汇报,并作了详细记录。毛泽东在调查会上还说,盘古山这个名字太古老,还是将盘古山改称仁风山好①。毛泽东将所获得的资料整理成一份调查报告,题为《仁风山及其附近》,全文约有1万字。这份调查报告很快由红四军政治部门印发给有关人员。中共赣西南特委也于1930年6月4日将这份调查报告内部印发。

5月4日,毛泽东又在寻乌县给中共安于会赣边界特区委书记刘义顺(徐复祖)写去一信,对4县边界地区的土地斗争作了指示。在毛泽东的直接指导下,4县边界红色区域很快形成。

红六军

根据前委三号通告的布置,红六军第一、三纵队在军长黄公略指挥下,分别在永新、泰和、万安和安福、新喻(新余)、峡江等县做群众工作,分配土地,建立政权和武装。5月16日,红六军一举攻下安源镇,动员安源煤矿400名矿工参加红军。随后攻打湖南浏阳县,缴获靖卫团枪支二三百支。在萍乡、宜春和醴陵等地,帮助建立了当地游击队。

① 徐复祖回忆录《一九三〇年的斗争》,油印未刊稿,藏于都县博物馆。

红五军

按前委第三号通告的要求，红五军第一、三、四纵队由军长彭德怀、军政治委员滕代远率领，3 月 23 日攻克袁州（宜春），俘敌 1000 余人。4 月初又攻占万载、铜鼓，4 月 4 日至 5 日，先后占领湖南浏阳县高平镇、东门市和文家市。5 月 3 日，全军第一、二、三、四纵队在湖南平江县长寿街胜利会师。至 5 月底，已初步打通了湘鄂赣苏区与赣西南苏区的联系。

红军此次“三月分兵”，达到了预期的效果。

三、毛泽东作寻乌调查

红军“三月分兵”期间，1930 年 5 月 2 日，红四军一纵队在寻乌红五十团配合下，攻克寻乌县城，5 月 6 日成立了寻乌县苏维埃政府。毛泽东闻讯红军攻占寻乌县城后，即率前委机关从会昌县前往寻乌县，住在县城西井巷天主堂。

这时，红四军各纵队已按计划分布在寻乌、安远、平远等县宣传发动群众。因闽粤赣边界敌军力量薄弱，战事较少，毛泽东决定利用这一相对安定的环境和时机，在寻乌城作一次全面深入的社会调查。

毛泽东一贯十分重视调查研究。他一直坚持认为，调查研究是了解社会、制定政策、指导中国革命的前提和基础。早在建党初期和大革命时期，他就身背雨伞，脚穿草鞋，深入于安源矿井之中，穿行于湘江两岸农村，倾心听取工人、农民的心声，向他们了解中国社会的实际情况，指导开展工农运动。在创建井冈山革命根据地斗争中，他又作了宁冈、永新两县调查。自率领红军出击赣南、闽西以来，虽然斗争艰苦激烈，他仍然十分注意了解各地的社会历史情况，走到哪里就调查到哪里。

1930 年春，毛泽东对自己从前的调查活动进行反思，发现有一个极大的缺点，就是只注重农村而忽视了城市，对争取城市的策略问题还没有真切的了解,“对于商业状况是完全的门外汉”[①]。他认为:“对于商业的内幕始终是门外汉的人,要决定对待商业资产阶级和争取城市贫民群众的策略,是非错不可的。”并说:“我是下决心要了解城市问题的一个人,总是没有让我了解这个问题的机会,就是找不到能充足地供给材料的人。”[②]这回到寻乌,终于有了这个机会。毛泽东很高兴,对人说:“寻乌这个县,介在闽粤赣三省的交界,明了这个县的情况,三省交界各县的情况大概相差不远。”[③]

毛泽东的调查活动首先从了解寻乌城的城貌开始。到寻乌县城的第2天,他就带着一名警卫员,由中共寻乌县委书记古柏领路,先绕县城四周城墙环视一圈,接着便穿行于城内大街小巷之间,与入城赶集和摆摊设点的商贩攀谈,还进入一些店铺向老板仔细询问商业情况。经古柏介绍,他结识了原寻乌县商会会长郭友梅等人,开始得到许多城市商业的情况。用毛泽东的话说,这叫“走马观花”。

接着,毛泽东准备召开座谈会。他与古柏一起商定了邀请参加调查会的人员名单。毛泽东提出,参加调查会的人,“要是能深切明了社会经济情况的人。以年龄说,老年人最好,因为他们有丰富的经验,不仅懂得现状,而且明白因果。有斗争经验的青年人也要,因为他们有进步的思想,有锐利的观察。以职业说,工人也要,农民也要,商人也要,知识分子也要,有时兵士也要,流氓也要”[④],调查哪个问题,就请那方面的人士参加。为便于召开调查会,古柏安排毛泽东住进了县城南门外的马蹄岗天主堂。

马蹄岗是一座小山岗,因状似马蹄而得名。1917年,英国基督教牧师包斯费德尔从广东梅县来到寻乌,买下这块山岗,兴建了一座“褆

---

① 《毛泽东农村调查文集》,人民出版社1982年版,第41页。

② 《毛泽东农村调查文集》,人民出版社1982年版,第56页。

③ 《毛泽东农村调查文集》,人民出版社1982年版,第42页。

④ 《毛泽东选集》第一卷,人民出版社1991年版,第116—117页。

民医院”和一座教堂，还兴建了一幢西洋式的两层石砌楼房。红军到来之前，包斯费德尔已逃离寻乌。红军到后，教会医院改作红军医院，毛泽东住进了包牧师的石砌楼房里。

调查会在楼上的大厅里举行。经常到会的是郭友梅(59岁，杂货店主，曾任县商会会长，本城人)、范大明(51岁，贫农，县苏维埃政府职员，城区人)、赵镜清(30岁，中农，做过铸铁工、小商，当过兵，现任县苏维埃委员，双桥区人)、刘亮凡(27岁，原国民党县署钱粮兼征柜办事员，现任城郊乡苏政府主席，城区人)等4人。其他还有李大顺、刘茂哉、刘星五、钟步赢、陈倬云、郭清如等6人间或到会。其中，有的是教师、秀才，有的是做过小生意的。古柏既是调查会的组织者与参与者，又兼做毛泽东的“翻译”。

调查会上，毛泽东像一名小学生，将参加调查会的干部、农民、秀才、狱吏、商人、钱粮师爷等当成“可敬爱的先生”，恭恭敬敬地向他们请教，调查了解的情况非常详细全面。例如为了了解寻乌县城到底是个什么样子，毛泽东一共询问了杂货、小货、油、盐等等甚至包括“娼妓”、“同善社”等25个方面的情况，通过各种货物的流通情况去解剖这个小县城的社会经济状况。为了解“寻乌旧有土地关系”和“寻乌的土地斗争”，毛泽东不仅调查了寻乌全县的农村人口成分、旧有田地分配和全县每户大地主的情况；还详细了解了地主剥削农民的各种手段及残酷程度；对全县土地革命斗争中的土地、房屋的分配方法、标准，以及各个阶级、阶层对土地革命的态度，一直到土地斗争中妇女地位的变化，无不问得清清楚楚。

调查会开了十几天，白天开，晚上也开。毛泽东还带着工作人员到城郊的田间地头，一边帮助农民耕田插秧，一边做调查工作。早晚散步时遇到行人，也聊上几句。最后开了一个总结调查会，请了四五十人到场。毛泽东将自己认为还不够清楚或把握不准的地方一一提出，请大家核实补充。

这次调查,毛泽东感到收获极大。最大的收获,是了解到城市商业到底是个什么样子。他说:“多谢两位先生(指郭友梅、范大明两人——引者注)的指点,使我像小学生发蒙一样开始懂得点城市商业情况,真是不胜欢喜。倘能因此引起同志们(尤其是做农村运动和红军工作的同志们)研究城市问题的兴味,于研究农村问题之外还加以去研究城市问题,那更是有益的事了。”①此外,对富农问题,毛泽东通过这次调查,也有较深刻的认识。他说:“我作了寻乌调查,才弄清了富农与地主的问题,提出解决富农问题的办法。”②这些丰富、宝贵的知识,对于后来毛泽东和党制订土地革命的政策和城市工商政策帮助极大。毛泽东也感到此次调查还“有个大缺点,就是没有分析中农、雇农与流氓。还有在‘旧有土地分配’上面,没有把富农、中农、贫农的土地分开来讲”③。这是毛泽东对自己提出的严格要求。这个缺憾,毛泽东后来在进行“兴国调查”时给予了弥补。

调查活动结束,红四军离开寻乌时,毛泽东将协助他开展调查研究的寻乌县委书记古柏及其夫人曾碧漪一起,调至红四军前委机关工作,古柏时任前委秘书长。1931 年 1 月上旬第一次反“围剿”一结束,毛泽东就在古柏的协助下,在宁都县小布的龚氏宗祠,将寻乌调查的笔记整理成一篇 8 万余字的调查报告,题为《寻乌调查》。只是限于当时的条件,这个调查报告直到 1937 年 10 月才与毛泽东的其他 8 个农村调查一起结集,在陕北出版。

《寻乌调查》是红军初创时期我党了解和认识我国南方中小城市的百科全书,也是毛泽东早年撰写的一本马克思主义社会学的重要著作。

① 《毛泽东农村调查文集》,人民出版社 1982 年版,第 56 页。
② 《毛泽东农村调查文集》,人民出版社 1982 年版,第 22 页。
③ 《毛泽东农村调查文集》,人民出版社 1982 年版,第 42—43 页。

四、《反对本本主义》的发表与党的思想路线的首次提出

土地革命初期，由于中国共产党处于幼年时期，革命理论准备不足，经验缺乏，加上中共作为共产国际组织成员必须执行共产国际的组织纪律等原因，中共党内较长时期教条主义盛行，将共产国际和苏俄经验神圣化、模式化。当时占据党内主要领导岗位的一些同志，对中国的实际情况尤其是对中国农村的情况缺乏充分的了解，却在那里发号施令。尤其是1930年春开始，以李立三为代表的"左"倾冒险主义逐渐在党中央占据领导地位，制定出了许多脱离实际的方针政策，诸如集中红军攻打中心城市、"消灭富农"、"集体农场"、"土地国有"等等，强令各地贯彻执行。

在中国农村根据地从事实际工作的毛泽东和他的战友们，对这些来自上级和中央的脱离实际的方针政策，十分不满，有的却又不得不贯彻执行，常常使革命受到不应有的损失。而在红军队伍中，"左"倾教条主义思想也很严重，经常有人不察实际情况，开口闭口"拿本本来"，以为上级的指示、决议就一定是正确的，一味盲目执行，结果弄出许多错误来，妨害根据地斗争，妨害中国革命。

毛泽东对这种上上下下都严重存在的"左"倾教条主义思潮，既深恶痛绝，又十分担忧。为了使大家对教条主义思想的危害有深刻认识，树立起深入实际、调查研究的风尚，毛泽东在进行寻乌调查期间，写下了《反对本本主义》（原题为《调查工作》）一文①。

这是一篇闪烁辩证唯物主义和历史唯物主义思想光辉的马克思主义重要文献。

"反对本本主义"，主旨是注重调查研究，强调理论联系实际，坚持马克思主义理论必须同中国革命的实际情况相结合。这是毛泽东在

① 《反对本本主义》，见《毛泽东选集》第一卷，人民出版社1991年版，第109—118页。下引该文时，不再注明出处。

文章中阐述的根本思想。毛泽东认为，书本上的东西不一定都对，上级的指示、决议，也不一定完全正确。书本上说的和上级的指示、决议，如果符合客观实际，且经过实践的检验，那末它是正确的；如果不符合客观实际，那末它就可能是错误的。他说，对待上级的指示、决议，如果“不根据实际情况进行讨论和审察，一味盲目执行，这种单纯建立在‘上级’观念上的形式主义的态度是很不对的。……盲目地表面上完全无异议地执行上级的指示，这不是真正在执行上级的指示，这是反对上级指示或者对上级指示怠工的最妙方法”。对于被实践证明是正确的马克思主义，在实际运用时同样要反对“本本主义”。毛泽东说：

马克思主义的‘本本’是要学习的，但是必须同我国的实际情况相结合。我们需要‘本本’，但是一定要纠正脱离实际情况的本本主义。

怎样纠正本本主义呢？毛泽东的经验是：“只有向实际情况作调查。”

“中国革命斗争的胜利要靠中国同志了解中国情况。”这是毛泽东对那种动辄搬用苏俄经验和做法、完全不顾中国国情的“左”倾教条主义的批评和否定。毛泽东说：

无产阶级要取得胜利，就完全要靠他的政党——共产党的斗争策略的正确和坚决。共产党的正确而不动摇的斗争策略，决不是少数人坐在房子里能够产生的，它是要在群众的斗争过程中才能产生的，这就是说要在实际经验中才能产生。因此，我们需要时时了解社会情况，时时进行实际调查。那些具有一成不变的保守的形式的空洞乐观的头脑的同志们，以为现在的斗争策略已经是再好没有了，党的第六次全国代表大会的‘本本’保障了永久的胜利，只要遵守既定办法就无往而不胜利。这些想法是完全错误的，完全不是共产党人从斗争中创造新局面的思想路线，完全是一种保守路线。

毛泽东早在1929年6月红四军召开党的“七大”前后，就提出了“思想路线”这一科学概念，对红四军党内存在的“形式主义”即唯心主义思想提出批评。在古田会议决议案中，毛泽东对红四军党内严重存在的主观主义思想作风，又提出了严厉批评，指出：“主观主义，在某些党员中浓厚地存在，这对分析政治形势和指导工作，都非常不利。因为对于政治形势的主观主义的分析和对于工作的主观主义的指导，其必然的结果，不是机会主义，便是盲动主义。”决议案指明了纠正主观主义的方法：“主要是教育党员使党员的思想和党内的生活都政治化、科学化。要达到这个目的，就要：（一）教育党员用马克思列宁主义的方法去作政治形势的分析和阶级势力的估量，以代替主观主义的分析和估量。（二）使党员注意社会经济的调查和研究，由此来决定斗争的策略和工作的方法，使同志们知道离开了实际情况的调查，就要堕入空想和盲动的深坑。”①

毛泽东在《反对本本主义》这篇文章中，再一次使用了“思想路线”这一科学概念，明确提出了中国共产党理论联系实际、实事求是，一切从实际出发的“思想路线”的基本思想。这既是对马克思列宁主义的重大贡献，也是中国共产党人将马克思主义中国化的重大理论成果。它标志着中国共产党人在思想、政治上已开始进入成熟阶段。毛泽东《反对本本主义》一文的产生与发表，不仅在当时具有十分重要的现实指导意义，而且在中国共产党的思想建设史、在中国革命和建设史上都具有极其深远的历史意义。

《反对本本主义》写出后，当时就由红四军政治部在寻乌城油印成小册子，发至红四军党内学习。同年8月21日，中共闽西特委又将其石印出版，在闽西苏区党内发行。

① 《毛泽东选集》第一卷，人民出版社1991年版，第91—92页。

可惜,因连年转战,毛泽东本人保存的这篇文章手稿和翻印的小册子丢失了。对此,他感到比失去自己的孩子还难过。值得庆幸的是,闽西特委石印版的小册子,竟然有两本在战火中保存下来。1957年2月,这两本小册子在上杭县东一区关山村被发现,是该村一位当年曾任乡苏维埃政府主席名叫赖茂基的苏区老同志,冒着生命危险保存下来的。中共龙岩地委很快将其送到中国革命历史博物馆。1961年,经毛泽东的秘书田家英鉴定、传递,这篇文章终于回到毛泽东手中。捧着失而复得的这篇珍爱文章,毛泽东欣喜异常,连说:找到了它,就像找到了我失去多年的孩子!他对这篇文章略作修改,将题目改为《反对本本主义》,打印了数十份,分发给正在广州开会的中央有关领导同志内部传阅,并写了如下一段话:

这是一篇老文章,是为了反对当时红军中的教条主义思想而写的。那时没有用"教条主义"这个名称,我们叫它做"本本主义"。写作时间大约在一九三〇年春季,已经三十年不见了。一九六一年一月,忽然从中央革命博物馆里找到,而中央革命博物馆是从龙岩地委找到的。看来还有些用处,印若干份供同志们参考。①

1964年经毛泽东本人同意,将此文收入《毛泽东著作选读(甲种本)》中首次公开发表。1991年纪念中国共产党成立70周年再版《毛泽东选集》时,新增加的唯一一篇文章,就是《反对本本主义》。可见此文之重要。

① 《毛泽东农村调查文集》,人民出版社1982年版,第355页。

第四节
闽西苏维埃政府的诞生

一、闽西工农兵“一大”与苏维埃政府成立

闽西地区自1929年7月下旬中共闽西“一大”召开后，各县的革命斗争迅速掀起高潮，红色区域不断扩大，县、区、乡苏维埃政权纷纷建立。龙岩、上杭、永定、武平等县，都先后在1929年9、10月间召开全县第一次工农兵代表大会，选举成立了苏维埃政府。1930年4月和6月，连城县和长汀县相继召开全县第一次工农兵代表大会，成立苏维埃政府。闽西的宁化、清流、归化及闽南的漳平、宁洋、平和等县，土地革命斗争也此起彼伏。1930年1月初，闽粤赣三省国民党军虽然对闽西红色区域发动第二次“会剿”，由于红四军采取“离开闽西，巩固闽西”的斗争策略，使侵犯闽西苏区的国民党军失去进攻目标；加上中共闽西特委领导苏区军民同进犯苏区的国民党军展开灵活的游击战争，迫使进攻闽西苏区的江西、广东国民党军队，各自退回江西、广东。闽西苏区由此得到进一步巩固。

在这一大好形势下，为统一和加强闽西苏维埃政权和各项工作的领导，中共闽西特委决定在1930年3月18日巴黎公社起义59周年之际，召开闽西第一次工农兵代表大会，选举成立闽西苏维埃政府。

为召开这次大会，专门成立了闽西苏维埃政府筹备处。筹备处于1930年2月6日颁发了《闽西工农兵代表会（苏维埃）代表选举条例》。条例对哪些人有、无选举权和被选举权，农民、工人、红军士兵、学生、教职员等方面的代表产生办法及选举程序、选举时间、代表任期等，都作出了明确规定。条例还规定：“本代表会除工农兵代表及学生教员照本选举法之规定选派代表外，中国共产党闽西特委得派代表二人，中国共产青年团闽西特委一人，各县政府各派代表一人，闽西医院

派代表一人,闽西红军学校派代表一人,四纵队司令部、政治部及第一、二、三、四、五各团各派代表一人,闽西总工会筹备处派代表一人,清流、归化、宁化、平和、漳平各县由秘密工农会选派代表三人参加。"①

1930年3月18日,闽西第一次工农兵代表大会在龙岩城隆重开幕。

大会共开了7天,3月24日胜利闭幕。大会民主选举产生了闽西苏维埃政府执行委员会。邓子恢、陈正、傅柏翠、林一株、李立民、郭滴人、张鼎丞、卢肇西、蓝维仁、蓝鸿翔、邓壹等35人被选为执行委员;张涤心、练宝祯等10人为候补执行委员。接着召开执行委员会第一次会议,选出:主席邓子恢(兼经济委员会主任),秘书长林一株,财政委员会主任蓝维仁,军事委员会主任邓壹,文化建设委员会主任陈正,裁判肃反委员会主任谢献球,土地委员会主任戴树兴,粮食委员会主任林延年,妇女部长张锡英。执行委员会第一次会议还决定创办闽西苏维埃政府机关报《红报》。闽西苏维埃政府从此宣告诞生。

大会还讨论通过了《闽西第一次工农兵代表会议宣言》和《军事问题决议案》、《经济问题决议案》、《财政问题决议案》、《文化问题决议案》、《建设问题决议案》;同时还讨论通过了《苏维埃政府组织法案》、《土地法案》等16个法案、条例。大会通过的决议案和各种法案条例,对实现大会提出的任务和目标的措施及其所涉及的方针、政策,作了具体明确的规定。这些法案和条例的制订、颁布,使闽西苏区的各项工作走上了正规,使政府工作朝着法制化规范化的方向迈出了可喜而又坚实的一步。它对巩固工农民主政权、发展闽西苏区,具有十分重要的意义。

---

① 中共龙岩地委党史资料征集委员会、龙岩地区行署文管会编:《闽西革命史文献资料》(三),1982年10月内部版,第49页。

二、闽西红军和地方武装的发展壮大

继1929年6月组建红四军第四纵队后,在中共闽西特委和各级党组织领导下,随着闽西土地革命斗争的深入开展,闽西的地方革命武装得到迅速发展长大。

从1929年秋到1930年春,闽西各县群众性的、不脱离生产的赤卫军、少先队等群众武装,极为普遍,凡16岁至45岁的男子和青年女子,都加入了赤卫队或少先队。区苏维埃政府则建立了脱离生产的游击队,人数由十几人到几十人不等。他们的武器,除土枪土炮外,还有些较好的步枪和手枪。长汀、龙岩、上杭、永定、连城5县,都建立了由县苏维埃政府(或县革命委员会)指挥的赤卫团或独立团,每团有三百人至五六百人,武器一般都是步枪,有相当的战斗力。据1929年统计,闽西地方武装已发展到有枪5000余支。这为闽西主力红军的组建和发展打下坚实的基础。闽西建立的红军部队主要有:

(一)中国工农红军第九军的组建

1930年1月红四军第四纵队随红四军主力转战江西后,中共闽西特委就用升级的办法,于1930年3月底将各县赤卫团升编为闽西红军,组建了中国工农红军第九军,军长邓伟,政治委员高静山,政治部主任陈正,参谋长邓壹。全军共组建6个团:龙岩红一团,上杭红二团,永定红三团,连城红四团,长汀红五团,以后上杭又编组了红六团。

1930年4月,中共中央指示闽西红军应编为第十二军。据此,中国工农红军第九军改番号为第十二军。军部领导人也作了调整:军长邓毅刚,政治委员邓子恢,政治部主任陈正,参谋长邓壹。全军仍下辖6个团,原红九军第一、二、三、四、五、六团依次改为第一〇〇、一〇一、一〇二、一〇三、一〇四、一〇五团。全军共3000余人,2000余支枪。

(二)中国工农红军第二十军的组建

1930年3月底闽西各县地方武装升编为红军团后,闽西各县又将各区的赤卫队抽调到县,成立了县赤卫军总队,每县尚有3~5个连。

同年5月中旬，奉中共中央和福建省委之命，红十二军全部向广东东江地区出击，闽西苏维埃政府又抽调各县赤卫军部分武装，组成中国工农红军第二十军。胡少海任军长，邓子恢（一说黄甦）为政治委员。全军初编3个纵队：龙岩一纵队，700人、400支枪；上杭二纵队，600人，400支枪；永定三纵队，700人，400支枪；后来又编了两个纵队：连城四纵队，300人，200支枪；长汀五纵队，900人，500支枪。此外，还有武平游击队200人、150支枪；平和游击队200人、150支枪，也编入红二十军序列。全军共3600人，2200支枪①。红二十军组建后，主要活动于闽西各县，扩大和巩固苏区。

（三）中国工农红军第二十一军的组建

1930年6月中旬，出击东江的红十二军返回闽西苏区，适逢红四军第四纵队也随红四军主力由江西返回闽西龙岩。根据闽西苏维埃政府建议和红军前委决定，红四纵队留守闽西，与红二十军第一纵队合编，组建中国工农红军第二十一军。以胡少海任军长，邓子恢任军政治委员，陈正任军政治部主任，邓毅刚任军参谋长。全军共辖5个纵队：原四纵队第七支队为第一纵队，第八支队为第二纵队，第九支队为第三纵队，原红二十军第一纵队改为第四纵队，一部分地方武装编为第五纵队。总兵力2000余人。红二十一军成立后，在闽西苏区扫除残余地主武装，巩固苏区内部，取得重大胜利。但在1930年8月5日攻打永福敌炮楼时，军长胡少海牺牲，伍中豪继任军长。此时，李立三"左"倾冒险主义在闽西的代表人物对红二十一军的行动予以严厉指责，邓子恢的军政治委员被撤销，改由李任予担任。从1930年8月至10月，红二十一军盲目执行中央指令，两次冒险出击东江，均遭惨

① 参见李炳钧、黄金隆：《闽西红二十军》，载中国人民解放军福建省龙岩军分区、中共龙岩地委党史资料征集研究委员会编：《闽西地方武装概略》，1986年10月内部版，第9—13页。

重损失。至同年11月,全军仅剩800余人。1930年11月,红二十一军与红二十军一起缩编为3个步兵团,改番号为中国工农红军第十二军(即新编红十二军)。

三、红四军第三次入闽与南阳会议的召开

1930年5月,毛泽东结束寻乌调查后,和朱德一起在寻乌马蹄岗召开红四军第一、二、四纵队大队以上干部会议,总结贯彻吉安二七陂头会议的经验,提出必须以革命军队的管理教育方法,代替旧军队的管教方法。

毛泽东将革命军队的管理教育方法归纳为七条原则:1. 干部要深入群众,要群众化;2. 干部要时刻关心战士,体贴战士;3. 干部要处处以身作则,作战士的表率;4. 干部要学会发动战士自己教育自己,管理自己,走群众路线;5. 说服教育重于惩罚;6. 宣传鼓动重于指派命令,反对命令主义;7. 赏罚要分明,应赏则赏,该罚则罚。这7条原则的提出,进一步深化了古田会议有关决议精神,使红军的管理教育进一步民主化、科学化。

按照前委第三号通告分兵游击的部署,1930年6月1日,毛泽东、朱德率红四军主力从寻乌县出发,经寻乌县吉潭、剑溪,越过闽赣边界大山,进入福建武平县境,在武平溪头圩击溃武平钟文才保商队,6月2日红四军与红六军二纵队会合进占武所,随即不费一枪一弹占领武平县城。

在武平期间,红四军第四纵队于6月1日发表了《红军第四军第四纵队回闽敬告闽西工农贫苦群众书》,欣喜而又自豪地介绍了他们随红四军主力离开闽西征战江西半年来取得的成绩,以及江西革命的大好形势,表示今后要和闽西父老兄弟一起,与闽西红十二军和红二十一军并肩作战,打破地方主义、保守观念,继续努力奋斗,向外扩大战果。6月4日,红四军政治部也发表《告武平劳苦群众》书,宣布红军此次重来武平"要做三件大的工作:(一)帮助武平农民彻底分配土地，废除债务，取消一切苛捐杂税，接触武平群众的痛苦。（二）帮助武平工农群众收缴反动武装，消灭反动势力，组织赤卫队，保障革命胜利。（三）帮助武平工人农民士兵推翻国民党政府，巩固自己的政权，自己出来管理自己的天下”①。在红军帮助下，早在1929年10月就已成立的武平县苏维埃政府也结束游击状态，迁回县城办公，并发布《武平县苏维埃政府布告》，宣布了县苏维埃政府政纲。红四军政治部还于6月5日在武平发布了《红军第四军各级政治工作纲领》，对军、纵队、支队政治部和大队政治委员的工作内容和工作方法作出了明确规定，使红军的政治工作机构和政治工作制度更趋完善。

红四军与红六军二纵队第3次入闽后，占据闽西长汀的赣敌金汉鼎第十二师调集兵力至汀江岸边的上杭县回龙、官庄一线，妄图阻挡红军向长汀前进。6月上旬末，红四军从武平出发，在上杭县官庄一举击溃金汉鼎部1个旅，并乘胜沿汀江北上，再度收复长汀县城。

在武平期间，毛泽东继续深入工人、农民中调查研究。红军在上杭官庄击溃金汉鼎部后，毛泽东又带领少数警卫人员经千家村来到上杭县才溪进行社会调查。他召开区、乡工作人员和耕田队长会议，号召群众组织起来搞生产。在妇女代表座谈会上，毛泽东要求苏维埃政府将妇女组织起来学习犁田、耙田、莳田技术，还要学会当家管家，以克服男子上前线后劳动力缺乏的困难；同时要求每个乡都要组织消费合作社，促进物资交流，解决农民生活必需品。随后，他从才溪到了长汀县的南阳（今属上杭县）。

1930年6月11日，毛泽东在南阳龙田书院主持召开了红军前委和中共闽西特委联席会议。毛泽东、朱德、陈毅、邓子恢、张鼎丞、谭震林、方方等60余人出席了会议。毛泽东主持会议并作报告，邓子恢代

① 中共龙岩地委党史资料征集委员会、龙岩地区行署文管会编：《闽西革命史文献资料》（三），1982年10月内部版，第314页。

表闽西特委汇报闽西革命斗争形势和各方面的工作经验与教训。会议讨论通过了《流氓问题》和《富农问题》两个决议案。

流氓问题,是土地革命战争初期党和红军不可回避和忽视的问题。所谓"流氓"是指那些不从事生产、无正当职业、专靠诈骗、抢掠、乞讨等手段谋生,居无定所,生活无保障的无业游民。在联席会议通过的《流氓问题》决议案中,列举了流氓的30种不正当职业,如:土匪、盗贼、娼妓、兵痞、赌棍、乞丐、卜卦算命的、耍把戏的、卖狗皮膏药的等等。土地革命初期,尤其是农民暴动时期,这些人中有一部分曾受共产党的影响参加过农民暴动,有的后来还加入了红军(如各地为数不少的"三点会"成员、无家可归的乞丐和兵痞等)。这些人往往作战勇敢,不怕死,但却不愿接受红军严明纪律的约束,有些人参加革命动机不纯,目的不明确。红军中许多错误观念和组织观念的产生和存在,与红军中有一定数量的流氓成分是分不开的。毛泽东对流氓问题十分重视。他一贯认为,既要充分利用一部分流氓中存在的有利于革命的一面,又要特别注意对这些人的教育与改造,警惕他们对革命可能产生的危害、破坏作用。1929年夏,中共红四军党部就发表了《告绿林弟兄书》,表示"欢迎绿林弟兄加入红军"、"欢迎绿林弟兄加入土地革命"。1930年4月下旬,中共盘古山特委书记徐复祖在会昌城向毛泽东汇报,谈到了盘古山有些挖钨砂的矿工流氓意识严重,诈骗党的活动经费。毛泽东听后当即指出:"必须肃清党内的流氓意识。"事后毛泽东专门写了《肃清党内流氓意识》一文,并油印成小册子分发党内阅读。①

南阳会议通过的《流氓问题》决议案,着重强调指出,随着斗争的发展,流氓问题成了地方尤其是红军中的一个严重问题,决议案分析

① 徐复祖:《毛泽东同志关怀边区武装》,见《回忆中央苏区》,江西人民出版社1981年版,第80页。

了产生流氓的社会根源,指出“半殖民地中国因帝国主义的残酷剥削,使得农民手工业者大为破产,造成巨大失业群众,又不能有大规模民族工业吸收他们,这个失业群众没有出路,因此造成大批的流氓”[①];确定了“党对流氓的总策略应该是:把流氓从统治阶级底下夺取过来,给以土地和工作,强迫其劳动,改变其社会条件,使之由流氓变为非流氓”[②];同时指出:“对于由流氓组织成分产生的流寇主义、单纯军事观点、逃跑主义、烧杀政策、肉刑制度、惩办制度、个人享乐主义、个人英雄主义、小团体主义、极端民主化等等错误的政治观念和组织观念,一定要用大力去排除,同时对于那些流氓习惯还少的人应该加以适当的教育。”[③]决议还强调:“在党内在群众一般底要提高反流氓的教育与宣传,造成反流氓的浓厚空气。特别在党内要洗刷流氓成分,克服流氓意识,要认清与流氓意识争取领导权,是现在红军中最严重的任务。必须如此才能保障红军这个工具为工农阶级所用,而不致被流氓领导了去走入歧路,使革命走向失败。”[④]以上这些分析和策略都是正确的。

但是,决议案中将“戏子”、“和尚”、“道士”、“教徒”等列入“流氓”范畴,显然是不合适的。决议案认为“他们在不得已时可以投机加入革命队伍,但他们始终是动摇的,随时有叛变作反革命走狗的可能”[⑤]。这种判断,有失偏颇。特别是认为“在流氓其有反革命阴谋

① 江西省档案馆、江西省委党校党史教研室编:《中央革命根据地史料选编》(中),江西人民出版社 1982 年版,第 512—513 页。

② 江西省档案馆、江西省委党校党史教研室编:《中央革命根据地史料选编》(中),江西人民出版社 1982 年版,第 513 页。

③ 江西省档案馆、江西省委党校党史教研室编:《中央革命根据地史料选编》(中),江西人民出版社 1982 年版,第 514 页。

④ 江西省档案馆、江西省委党校党史教研室编:《中央革命根据地史料选编》(中),江西人民出版社 1982 年版,第 515 页。

⑤ 江西省档案馆、江西省委党校党史教研室编:《中央革命根据地史料选编》(中),江西人民出版社 1982 年版,第 513 页。

时，或有反革命可能时，或妨碍群众斗争，非除掉他们群众斗争就不能起来时，或假借革命旗帜压迫群众时，或坚决的反革命帮助统治阶级和革命群众作对到底时，都必须毫不犹豫地消灭他们，不但消灭他们的首领，必要时还须消灭他们群众的一部以至全部”①。这种失之于教育改造，主张消灭流氓群众、流氓肉体的做法，更是不妥当的。这比党的“六大”提出的对土匪、绿林“只要群众，不要首领”的做法，显得更“左”，走得更远。

南阳会议对富农问题重点进行了讨论，通过了《富农问题》决议案。这是中国共产党从事土地革命斗争实际工作的同志，依据土地革命实践专门分析富农问题的一个重要文件。这个决议案的内容既有正确的方面，也有“左”的错误。

决议案的正确方面是：(一)充分肯定了闽西苏区在土地革命斗争中创造的“抽肥补瘦”这一限制富农的分田政策；(二)再次肯定应该按人口平均分配土地，而不应按劳动力为标准分配土地；(三)批判了在苏维埃区域办“苏维埃的模范农场和合作社式的集合生产”超越了现实，必然是拖延分配土地，妨碍土地革命的深入开展。

其“左”的错误是：(一)主张不论什么时候，什么地方都要叫出两个口号，即：“没收一切土地”，“废除一切债务”；(二)不加区别地认为富农“自始至终是反革命的”②，主张从革命一开始就要“把富农当作地主一样看待”③；(三)侵犯富裕中农的利益，将富裕中农当成是“初期的富农”而加以打击。这些判断、主张，显然是受到共产国际反对富

① 江西省档案馆、江西省委党校党史教研室编：《中央革命根据地史料选编》(中)，江西人民出版社1982年版，第513—514页。

② 江西省档案馆、江西省委党校党史教研室编：《中央革命根据地史料选编》(中)，江西人民出版社1982年版，第399页。

③ 江西省档案馆、江西省委党校党史教研室编：《中央革命根据地史料选编》(中)，江西人民出版社1982年版，第403页。

农指示和苏俄消灭富农经济政策的影响所致。

尽管《富农问题》决议案存在着一些"左"的错误，但其正确方面是主要的，它对闽西和赣西南苏区土地革命斗争深入开展所起的重大指导、推动作用是不可低估的。

第五节 红一、三军团的成立及其军事行动

一、共产国际和中共中央对形势的"左"倾估计

红四军第三次入闽游击时，正是李立三"左"倾冒险主义错误在党中央占据统治地位之时。

1928年4月，中共中央在共产国际的帮助下纠正了瞿秋白的"左"倾盲动主义错误。此后直至党的"六大"召开后一段时期，中共中央和共产国际都认为中国革命的形势"不是高潮，是低潮"，总的策略是退却，而不是进攻。唯独李立三在"六大"会上坚持认为中国革命"现在还是高潮，因为各地还存在工人、农民的斗争"。斯大林则认为："在低潮时也有几个浪花。"①

然而从1929年起，共产国际对国际形势和中国革命形势的看法却发生了变化，提出了"第三时期"理论和"左"倾"进攻路线"。特别是1929年10月26日共产国际执委会在致中共中央信中，更是认为中国革命已经渡过了低潮时期，"进到了深刻的全国危机的时期"②。信中说："我们固然不能够预言全国危机转变到直接革命形势的速度，然而，现在已经可以并且应当准备群众，去实行革命的推翻地主资产

① 周恩来：《关于党的"六大"的研究》，《周恩来选集》上卷，人民出版社1980年版，第175页。

② 中央档案馆：《中共中央文件选集》第5册，中共中央党校出版社1989年版，第791页。

阶级联盟的政权，而建立苏维埃形式的工农独裁。”[①]共产国际还特别提醒中共说：“党内主要的危险，现在是右倾机会主义情绪和倾向。”[②]

在中共领导层内，由于“六大”以后中国农村红色割据区域相继建立和红军的发展壮大，加上城市工作有所恢复，而国民党军阀混战又连绵不断，一些同志的头脑开始发热，对国内形势产生了过于乐观的估计，认为中国革命的高潮已经到来。1930 年 2 月 26 日，中共中央发出“目前政治形势与党的中心策略”的《中央通告第七十号》，提出党在当前的总任务是“争取群众动员群众组织群众以准备武装暴动”[③]；提出“在这一总路线下，党应集中力量积极进攻，确定组织工人政治罢工，组织地方暴动，组织兵变，扩大红军，为目前动员群众组织群众准备暴动的中心策略”[④]；党的工作重点应放在城市，像当年俄国革命一样，发动和组织中心城市工人市民举行武装起义，以推动全国斗争，夺取一省数省首先胜利，直至夺取全国胜利。

时任中共中央政治局常委、中央秘书长兼中央宣传部部长的李立三，更是头脑发热。他在“六大”时就已存在的“左”倾思想，此时由于得到共产国际的支持而更加膨胀。他连续在党中央机关刊物《布尔什维克》杂志上发表文章，鼓吹他的“左”倾观点和主张，认为红军应抛弃游击主义和农村割据，集中力量进攻中心城市。

二、李立三“左”倾领导者的错误指令

1930 年 3 月初，周恩来受中共中央委派从上海赴莫斯科向共产国

① 中央档案馆：《中共中央文件选集》第 5 册，中共中央党校出版社 1989 年版，第 792 页。

② 中央档案馆：《中共中央文件选集》第 5 册，中共中央党校出版社 1990 年版，第 799 页。

③ 中央档案馆：《中共中央文件选集》第 6 册，中共中央党校出版社 1989 年版，第 28 页。

④ 中央档案馆：《中共中央文件选集》第 6 册，中共中央党校出版社 1989 年版，第 28 页。

际汇报工作，而时任中共中央总书记的向忠发能力甚弱，李立三便成为党中央实际工作的主持者。周恩来刚离开上海，3月10日中央政治局开会时，李立三就在会上提出，要朱毛红军会合赣西南黄公略的红三军（即原红六军），去夺取吉安、南昌、九江，以配合武汉暴动。他认为，武汉的革命力量已很强大，可以发动工人市民暴动，夺取武汉，建立湖北省革命政权。中央政治局竟同意了李立三的意见。

此时，毛泽东和朱德正率领红四军主力在赣南分兵游击，发动群众。为促使毛泽东、朱德放弃"割据政策"，进攻中心城市，1930年4月3日，李立三以中共中央名义通过粤、赣、闽三省省委转发给红四军前委一封指示信，信中以严厉的口吻对红四军的行动提出了批评：

> "造成闽粤赣三省边境的红色割据"，或者是"争取江西一省的政权"，这是你们历来的观念，在目前这是极端错误的了！前者是割据政策，是保守观念，是没有以全国胜利为前提，在目前革命形势之下，自然是极端与党的总任务相冲突的，而且割据保守更是失败主义的表现，这在你们是已必然明白的了。至于"争取江西一省的政权"，不是没有可能，而是要争取湘鄂赣数省胜利前途下来实现的，在这一个前途与整个革命形势配合之下争取江西一省的政权，是武汉胜利的保障，是全国革命开始胜利的保障。①

指示信还不顾事实，批评红四军主张并坚持实行的先发展群众地方武装再通过升级扩大主力红军的正确策略，指责说："四军扩大红军的程度是极其微弱的，扩大的行程更是非常迟缓。这里的主要原因是：第一，你们还不自觉的受了保守观念的支配，没有猛烈扩大红军的决心；第二，你们错用了分散的去武装农民的策略；第三，没有从各方面来动员广大群众踊跃的加入红军。这是你们当前严重的问题。"指

① 中央档案馆：《中共中央文件选集》第6册，中共中央党校出版社1989年版，第59页。

示信要求红四军“立即纠正这一错误”，将“分散武装农民的策略而为集中武装农民建立红军的策略”[①]，以实现争取一省数省政权的任务。

因中共中央等单位已决定在1930年5月召开全国苏维埃区域代表大会，所以指示信中最后说：“中央决定毛泽东同志立即来参加苏维埃代表大会，务须执行中央这一决定。”[②]实际上，李立三要毛泽东离开红四军前往上海参加全国苏代会，是要他当面接受中央精神，转变观念，执行中央关于攻打南昌、九江、武汉的计划。

毛泽东对中央的上述错误决定表示拒绝执行。他没有去上海参加全国苏代会，而是留在赣南做“寻乌调查”，撰写《反对本本主义》一文，对党内盛行的主观主义、教条主义发出了挑战。

李立三对此十分不满。1930年6月9日，中共中央政治局召开会议，李立三在会议报告中严厉点名批评毛泽东说：“在全国军事会议中发现了妨害红军发展的两个障碍，一是苏维埃区域的保守观念，一是红军狭隘的游击战略，最明显的是四军毛泽东，他有他一贯的游击观念，这一路线完全与中央的路线不同。……他对红军的发展，则完全是游击战争的观念。这一问题必须要根本解决。”[③]

接着，1930年6月11日，李立三主持召开中共中央政治局会议，正式通过由他起草的《新的革命高潮与一省或几省首先胜利》决议案。决议案重申“中国新的革命高潮已经逼近到我们的前面”，强调：“注意促进全国革命高潮，注意武装暴动的组织上和技术上的准备，注意

① 中央档案馆：《中共中央文件选集》第6册，中共中央党校出版社1989年版，第59—60页。

② 中央档案馆：《中共中央文件选集》第6册，中共中央党校出版社1989年版，第60页。

③ 中央档案馆：《中共中央文件选集》第6册，中共中央党校出版社1989年版，第108—109页。

布置以武汉为中心的附近省区首先胜利，是目前党的策略总路线。”①

为了督促毛泽东、朱德尽快“转变观念”，李立三先委托蔡申熙向红四军前委口头传达中央指示。1930年6月15日，李立三又专门就执行新的中央路线问题，再次以中央名义致信红四军前委，对毛泽东进行严厉批评。信中说：

> 中央过去曾经屡次把新的路线传递给你们，写了几次信，同时又委托蔡申熙同志口头传达，虽然我们的信都比较简单，蔡同志口头传达又不充分，但完全都是根据中央的路线，可是这一个路线，直到现在你们还没有完全懂得，还是在固执你们过去的路线。

信中批评说：“你们过去的路线是对的，的确也获得了成功，但是你们在今天还固执过去的路线，完全是错误了！因为革命形势已经转变。同时你们过去也有错误，这些错误在今天表现着尤为严重：你们现在完全反映着农民意识，在政治上表现出来机会主义的错误。”指示信最后严厉指出：

> 你们应当深刻的了解自己的错误，按照中央的指示转变你们今后的路线。你们一定要坚决地猛烈的扩大红军，要决心歼灭军阀力量。……中央新的路线到达四军后，前委须坚决按照这个新的路线转变，四军的路线转变对于全国有极大的意义，希望四军能坚决的执行，如果前委有谁不同意的，应即来中央解决。②

这完全是一种非执行不可的最后通牒的口吻，不容毛泽东等前委领导置辩。

---

① 中央档案馆：《中共中央文件选集》第6册，中共中央党校出版社1989年版，第128页。

② 中央档案馆：《中共中央文件选集》第6册，中共中央党校出版社1989年版，第139—140页。

三、红一军团成立

中央除发信指令外，还派了一名代表来到苏区。1930 年 6 月中旬，正当红军前委与闽西特委在长汀县南阳龙田书院召开联席会议时，中共中央特派员涂振农衔命来到长汀城。为此，联席会议遂移到长汀城的汀州试院继续召开。

涂振农在会上传达了全国苏维埃区域代表大会和全国红军代表大会精神。关于全国红军代表大会精神，涂振农传达的内容主要有：

关于"扩大红军的策略与路线"，认为要"无条件扩大，在 8 月以前扩充到五十万"；要"打破群众保守主义、地方观念"，"打破红军中右倾观念，使同志明确革命高潮已经到来，有人就有给养，有群众就有干部"。这是一种脱离实际的冒险主张。

关于红军的"战略与战术"，提出要"进攻打破游击主义"，"打硬仗打破逃跑主义"；要使"官兵有决心提高作战牺牲的勇气"，"与群众配合集中力量统一指挥"。这就是要红军不顾敌强我弱的客观现实冒险进攻，死打硬拼。

关于"红军的编制"，提出"以前游击战争时代是短小精干，现在集中进攻时代，是强大充实"，"用三三制，一军三师，一师三团，一团三营，一营三连，一连三排"；"一师中除步兵团三个外，加教导团、炮兵团、补充团各一个"，"一连中三个排以外，加轻机关、重机关各一排"。这种规定虽好，但红军中每师配属一个炮兵团、每连配属轻重机关枪各一排，当时是脱离实际难以做到的。

关于"中央对四军的批评"，认为"四军是存在于群众拥护之中，四军执行了六次大会的政治路线，深入了土地革命，发动了广大工农群众，所以四军是中国红军主力的主力。但四军也有错误，是新右倾主义"，这种"新右倾主义"表现在："(1)否认突然的扩大；(2)逃跑主义，放松了大的敌人，放弃了大城市。"这显然是一种混淆是非的指责。

关于"四军发展路线"，中央要求"总的路线是夺取武汉。头一步打下吉安，发动赣西割据，再由赣西与八军攻下九江，一面屏蔽武汉，一面胁迫南京”[①]。这一发展路线，就是李立三“左”倾冒险主义的集中体现。

涂振农还传达了全国红军代表大会关于全国红军统一设置军区、统一编制及成立革命军事委员会的决定。

对涂振农传达的内容，红军前委与闽西特委联席会议进行了讨论。多数与会者对中央“夺取武汉”、“胁迫南京”的雄心勃勃的战略计划感到欢欣鼓舞。毛泽东、朱德等却对中央计划深感忧虑。

面对中共中央对红四军的指令，是执行，还是不执行？这是一个很难作出的决策。朱德在 1937 年回忆当时情况时，曾对美国作家史沫特莱说：“毛泽东和我对于整个方案都表示怀疑，但是我们久居山区多年，能够得到的有关国内和国际局势的情报很不全面。在这种情况下，我们不得不接受中央委员会的分析。”他说：“除了毛泽东和我之外，很少有人反对李立三路线。我们别无选择，只有接受。”[②]

毛泽东、朱德和红军前委接受“立三路线”，是当时特定的历史环境所决定的，是无可奈何、“别无选择”的结果。

但接受是有条件的。联席会议根据中央关于红军的统一编制，决定成立红军第一军团（开初为红军第一路军），但是不同意将每一支枪都编入主力红军，而是将相当数量的武装留在地方，用以巩固和保卫根据地。

1930 年 6 月 19 日，中国工农红军第一军团在长汀县城宣布成立。

红一军团由红军第四、六（后改第三）、十二军组成。朱德任军团总指挥，毛泽东任军团政治委员，朱云卿任军团参谋长，杨岳彬任军团

① 以上均据宁都县博物馆保存件：《中共中央特派员涂震（振）农同志报告纪要》（子恢记录）。

② （美）艾格尼丝 · 史沫特莱：《伟大的道路》，生活 · 读书 · 新知三联书店，1979 年版，第 316—317 页。

政治部主任。同时，将原中共红军前委改称为中共红一军团前委，仍以毛泽东任书记。军团总指挥部和军团政治部由原红四军司令部和原红四军政治部改称。

红一军团下辖3个军：

第四军，军长林彪，政治委员彭清泉（即潘心源，未到职），参谋长曾士峨，政治部主任李涛。全军辖3个纵队：第一、第二两个纵队分别由原红四军第一、二纵队编成，第一纵队纵队长王良，政治委员李赐凡；第二纵队纵队长曾士峨（兼），政治委员罗瑞卿；第三纵队由原红十二军第二、三纵队合编组成，纵队长萧克，政治委员张赤男。

第六军，军长黄公略，政治委员陈毅（后蔡会文），参谋长周子昆，政治部主任毛泽覃。辖3个纵队：第一纵队，柯武东任纵队长，李韶九任政治委员；第二纵队，罗炳辉（后龙芝道）任纵队长，王如痴任政治委员；第三纵队，徐彦刚任纵队长，刘作述任政治委员。

第十二军，军长伍中豪（1930年7月后为罗炳辉），政治委员谭震林，参谋长林野，政治部主任谭政。下辖2个纵队：第一纵队由原红四军第三纵队的1个支队扩编组成，周昆任纵队长，蔡会文任政治委员；第二纵队由原红四军第三纵队1个支队和赣南地方武装合编组成，龙普霖任纵队长，欧阳健任政治委员。

红四军、红六军、红十二军都分别新建立了军司令部、政治部。

为保卫和巩固闽西苏区和赣西南苏区，联席会议决定将原红四军第四纵队留在闽西，与闽西地方武装合编组建红军第二十一军；派陈毅赴赣南组建红军第二十二军。红军第二十二军和赣西南红军第二十军，均归红一军团指挥。

红一军团及所部兵力共2万余人。

在成立红一军团的同时，成立了中国革命军事委员会，统一指挥红军的军事行动和政权建设工作。毛泽东任中国革命军事委员会主席，委员有：朱德、曾山、李文林、刘士奇、邓子恢、黄公略、彭德怀、王怀、林彪、彭清泉、伍中豪、谭震林、陈毅、段月泉(段起凤)、方志敏、邵式平等。

红军第一军团的成立,为红军从游击战向带游击性的运动战转变,为中央红军与中央苏区的发展和形成,创造了条件,具有十分重要的意义。

四、红一军团向南昌推进

红一军团成立后,即根据中央"立三路线"指令,开始了向南昌推进的重大军事行动。

1930 年 6 月 21 日,长汀县苏维埃政府组织全县群众三四万人,在长汀县城南寨广场召开欢送红一军团北上大会。红一军团全体将士参加大会。毛泽东、朱德等 20 余人在大会上发表演说,致欢送词。毛泽东代表红一军团总指挥部向所辖各军授军旗。到会者高呼口号:"完成土地革命!""打到南昌武汉去!"

6 月 22 日,红一军团发布了《由闽西出发向广昌集中的命令》,指出:"本路军有配合江西工农群众夺取九江、南昌,以建设江西政权之任务,拟于 7 月 5 日以前全路军开赴广昌集中。"[①]准备攻打抚州。6 月 25 日,中国革命军事委员会由毛泽东领衔,发表《为进攻南昌会师武汉通电》,宣称:"本委员会为接受第一次全国苏维埃区域代表大会决议完成革命任务,统率红军第一军团向南昌进发,与红军第二、第三各军团会师武汉,夺取湘鄂赣数省首先胜利,以推动全国革命高潮。"[②]

红一军团虽下达了向广昌集中准备夺取南昌、九江的命令,但并未作进一步的具体部署,红六军也仍在赣西南未开来广昌集中。7 月上旬,毛泽东、朱德获悉国民党江西省主席鲁涤平下令在南昌、九江、

① 中共江西省委党史资料征集委员会、江西省委党史研究室编:《江西党史资料》第 6 辑,1988 年 4 月内部版,第 48 页。

② 中共江西省委党史资料征集委员会、江西省委党史研究室:《江西党史资料》第 6 辑,1988 年 4 月内部版,第 51 页。

吉安抢修工事,蒋介石也已下令参加军阀混战的第十八师第五十二、五十四旅返回江西,毅然取消攻打抚州计划,命令全军团西进,7月8日抵达兴国县。在兴国集结休整期间,红一军团总指挥部侦悉敌新编第十三师主力集结吉安,凭险死守待援,樟树只有新编第十三师一小部分,兵力单薄。毛泽东、朱德根据这一情况,决定进略樟树,窥袭南昌,并于7月11日在兴国发出了《红一军团由兴国出发进攻樟树的命令》。

毛泽东交代参谋长朱云卿和参谋处长郭化若:此次进军,重在“推进”。在下达行军命令时,措辞要谨慎,部队行军日程安排必须稳妥;未经他本人审查修改,不可发出任何行动命令。“推”者,唯求“稳”也。

于是,毛泽东、朱德率领红一军团,在“攻打南昌九江”的口号下,巧妙地做起了“推”字文章:7月12日,红一军团以第十二军为右纵队,第四军为左纵队,第六军二纵队为总预备队,从兴国出发,开始分3期向樟树推进。毛泽东与朱德于7月14日抵达吉安陂头,出席中央特派员涂振农召集的红一军团前委和赣西南特委联席会议,讨论红一军团行动方针。7月19日,红一军团按预定计划在新淦(干)县七琴击溃守敌七八百人,7月24日顺利占领樟树镇,击溃敌军两个营,缴枪约200支,俘敌100余人。红一军团总指挥部从七琴缴获的敌军作战文件中得知,敌在抚州地区有第十八师五十四旅,在峡江、新淦(干)地区有第十八师五十二旅,在南昌地区有第十八师五十三旅两个团。敌军这3个旅都可机动,另有驻吉安、赣州之敌不能机动。毛泽东、朱德在进占樟树当日召开团以上干部会。毛泽东提出,红军不能贸然前往白区攻打南昌,也不能坐等敌军前来围攻,而要向敌人力量薄弱处发展。会上一致决定:全军团西渡赣江,沿赣江西岸向湘赣边界转移,佯攻南昌。这样既可向中央交代,又可保存军事实力。7月26日晨,红一军团全部西渡赣江,27日到达高安、上高地区,7月30日推进到新建县的万寿宫、石子埂、生米街一线。

这时，毛泽东、朱德派出红十二军代理军长罗炳辉带领部队到前沿阵地侦察南昌敌情，发现南昌城内守敌早已加强守备，红军若进攻南昌城，没有胜利把握。

8 月 1 日，毛泽东、朱德命罗炳辉率红十二军两个纵队试探性进攻南昌城北牛行车站，向南昌敌人鸣枪示威，以纪念八一南昌起义 3 周年。南昌城内敌军听见枪声龟缩不出，也不还击。红一军团总指挥部遂下令部队撤退，转向安义、奉新地区待命，一边筹款，一边做群众工作。随后，部队向湖南浏阳县推进，以图发展湘鄂赣边赤色区域。

五、红三军团成立

在红一军团成立的前几天，红三军团在湖北大冶县刘仁八村宣告成立。

红三军团的由来要从红五军说起。由彭德怀、滕代远率领的红五军，根据红军前委 1930 年 3 月 18 日在赣州城郊楼梯岭发出的第三号通告部署，两月以来一直活动在湘鄂赣边区。1930 年 5 月 3 日，红五军第一、二、三、四、五纵队在湖南平江县长寿街胜利会师。随后，红五军除留 1 个纵队在平江县开展工作外，其余 4 个纵队由彭德怀率领，转战鄂南阳新、大冶、咸宁、崇阳等县，取得一连串战斗胜利。1930 年 6 月上旬，红五军第五纵队扩编为红军第八军，李灿任军长，何长工任政治委员。后李灿赴上海治伤，何长工任军长，邓乾元任政治委员。第五纵队原有的 3 个支队，分别扩编为第一、第二、第三纵队。不久，红八军又将南渡长江的鄂东游击队和广济游击大队扩编为第四纵队，将赣北游击队扩编为第五纵队。红五军、红八军在鄂南地区紧密配合，协同作战，使湘鄂赣边苏区得到进一步巩固扩大。1930 年 6 月 8 日至 17 日，中共湘鄂赣边第一次代表大会在平江县东乡召开。会议分析了形势，确定了边界党的斗争方针和任务，选举成立新一届中共湘鄂赣边特委，李宗白任书记。会上决定是年 7 月 20 日召开边界第一次苏维埃代表大会,成立边界苏维埃政府。

这时,赴上海出席全国苏维埃区域代表大会和全国红军代表大会的滕代远、何长工等,回到了湘鄂赣苏区。6 月 10 日,中共红五军军委扩大会议在湖北省大冶县刘仁八村召开。滕代远、何长工在会上传达了中央两会精神。扩大会议根据全国红军代表大会精神和中共中央指示,决定红五军、红八军合编成立中国工农红军第三军团。当天,红三军团正式宣告成立。

红三军团由彭德怀任总指挥,滕代远任政治委员,邓萍任参谋长,袁国平任政治部主任。同时成立中共红三军团前敌委员会,彭德怀任书记。红三军团下辖两个军:

第五军,彭德怀、滕代远分别兼任军长、军政治委员,邓萍、袁国平分别兼任军参谋长、政治部主任。辖第一、二、三、四等 4 个纵队(分别由原红五军第一、二、三、四纵队组成)。

第八军,何长工任军长,邓乾元任政治委员,卢匿才任参谋长,柯庆施任政治部主任。辖 3 个纵队:第一纵队,李锷(后何时达)任纵队长,郭一清任政治委员;第二纵队,谢振亚(后侯中英)任纵队长,石恒中(即石衡中)任政治委员;第三纵队,何时达(后谢振亚)任纵队长,徐策任政治委员。

红三军团总兵力近 1 万人。

红三军团的成立与红一军团成立一样,具有十分重要的意义。

六、红三军团克岳州、占长沙

红三军团成立当天,即 1930 年 6 月 10 日,中共中央军委长江办事处即给红五、八军前委来信,提出红五、八军的总任务是在最短时间内,迅速肃清鄂东南反动武装,然后截断长武铁路,再沿长武路、长江向武汉发展。

根据中央军委长江办事处的指令,彭德怀、滕代远率领红三军团所部先后攻占大冶、鄂城、通山、崇阳等县城,并控制咸宁大部地区,对武昌造成极大威胁,迫使国民党武汉行营急调驻守岳州的钱大钧部两个师12个团约4万人,星夜乘轮船赶赴武汉,加强武昌防务。岳州守敌仅剩王东原旅直属队和1个团兵力。7月3日,彭德怀指挥红三军团向岳州守敌发起猛攻,激战2小时,歼敌两个营。残敌在帝国主义军舰接应下乘船逃往洞庭湖中的君山。红军攻克岳州,缴获长短枪500余支,机关枪18挺,还缴获4门七五野战炮和12门山炮。

岳州被占,长武路即被截断,迫使敌军急调长沙、武汉兵力向岳阳反扑。7月6日,红三军团主动撤出岳阳,开向平江县苏区,进行整编。各军改纵队建制为师、团建制:第五军由邓萍兼军长,张纯清任政治委员,下辖第一师、第三师。第一师,李实行任师长,吴溉之任政治委员;第三师,郭炳生任师长,朱荣任政治委员。第八军仍由何长工、邓乾元分任军长、政治委员,下辖第四师、第六师。第四师,何时达任师长,石恒中任政治委员;第六师,陈毅安任师长,郭一清任政治委员。

红三军团在平江整编时得知湖南军阀何键的主力已调去广西攻打桂军,长沙敌军兵力空虚。彭德怀在长寿街召开红三军团前委、中共湘鄂赣边特委及各县负责人联席会议。会议鉴于目前尚不具备攻打武汉的条件,遂决定乘虚向长沙推进。就在这时,长沙守敌7个团已于7月19日从城内出发向平江推进,企图"进剿"红三军团。彭德怀发现前来进攻之敌呈一字长蛇阵,首尾难以相顾,即当机立断,决定在平江城外迎敌,各个歼灭敌军,然后伺机攻占长沙。

7月25日,彭德怀指挥红三军团向进至晋坑之敌先头部队第五十五旅发起攻击,歼敌约1个团。敌五十五旅残部向金井狼狈逃窜。红军乘胜追击,翌日向金井敌第十五师主力进行前后夹攻,歼敌第五十四旅大部。战斗中,红八军第四师师长何时达、第六师政治委员郭一清壮烈牺牲。敌第十五师残部仓皇向长沙逃窜。红军紧追不舍,在浏阳河东岸的郎梨与阻击之敌激战,击破敌军防线。7月26日下午,彭德怀率红三军团直扑长沙城下,攻破长沙守敌约5个团的城东防地,从小吴门、四十九标、韭菜园、浏阳门等处突入长沙城内，迅速占领了国民党湖南省政府及湖南省清乡督办署。国民党湖南省主席何键眼看大势已去，率领残兵败将逃出长沙，退向沅江、湘阴、宁乡、湘潭等地。

红三军团攻占长沙，获得空前胜利。是役俘敌4000余人，缴枪3000余支。红军占领长沙后，迅速肃清了城内残敌，一大批从各地逃进城来的土豪劣绅反革命，被一个个捉拿正法。长沙城内被何键关押的几千名"政治犯"全部放出，其中一部分共产党人和革命工农参加了红军。城内秩序井然，商店照常营业。红军按照党的政策筹款40万元，扩军7000余人；并以红五军第一纵队和湘鄂赣边红军独立师为主，加上各县赤卫军骨干共3000余人，编成红军第十六军，胡一鸣任军长，李楚屏任军政治委员，孔荷宠任副军长，下辖第七、九师，编入红三军团序列。红三军团政治部出版发行了对开4版的《红军日报》，报道红军攻占长沙的胜利。

7月30日，湖南省工农兵苏维埃政府宣告成立，李立三任主席，委员有何长工、杨幼麟、李宗白、彭德怀、王一芬、赖汝樵。省工农兵苏维埃政府出版了《苏维埃日报》。8月1日，长沙城10万劳苦工农和红军将士召开大会，庆祝红军胜利和湖南省苏维埃政府成立。

红三军团攻占长沙，是土地革命运动开展以来红军攻占的第一个也是唯一一个省会城市，一时震动全国，大壮红军声威。这一胜利的获得，主要是红三军团总指挥彭德怀在指挥红军取得平江金井战斗胜利之后，敏锐地抓住了长沙城内敌军兵力空虚这一难得战机，果断指挥红军乘势向长沙城发起猛攻，加上红军英勇作战、不畏牺牲的结果。但这一胜利的取得具有很大的偶然性，更不能证明"立三路线"有任何正确之处。

被红军逐出长沙的何键不甘失败，急速调集其第十九、第十六师和第十五师残部、独立第七旅等部，在帝国主义军舰掩护下，于8月5

日向长沙反扑。彭德怀审时度势，在指挥部队英勇抗击进攻之敌，歼敌1个团、毙伤敌1000余人后，掩护军团政治部和省苏维埃政府等机关人员和进城群众，从城内安全撤出，退向平江长寿街等地休整。整训期间，彭德怀召开全军团团以上干部会，批评了红八军政治委员邓乾元要求五、八军分家的错误思想，撤销了其红八军政治委员职务，改由袁国平兼任红八军政治委员。

湖南省工农兵苏维埃政府从长沙撤出后，并没有停止活动，其办公机关先后驻浏阳县东门、平江县长寿街和大口段，1930年12月迁至江西修水县上衫，1931年3月上旬再迁至湖南浏阳县东门锦绶堂。史料证明，湖南省工农兵苏维埃政府成立后存续至1931年夏秋间，直至1931年9月湘鄂赣省苏维埃政府成立。在这一年多时间里，湖南省工农兵苏维埃政府实际上成为湘鄂赣边苏区的最高政权机关，通过发布布告等形式，对所辖的范围进行了有效的管理。现江西省修水县党史工作部门收集保存的湖南省工农兵苏维埃政府发布的婚姻法布告、湖南省工农兵苏维埃政府宣传委员会编辑出版的《湖南省苏维埃公报》第九期（1930年11月2日出版）和《选举运动特刊》第八期（1931年6月22日出版）等珍贵文物，是这一历史的最好见证。①

七、共产国际对攻占和撤出长沙的态度

共产国际远东局大约是在1930年8月1日前后得知红三军团攻占长沙的消息。远东局认为："占领长沙具有重大意义。但我们应该善于保证并巩固这一胜利。这一点只有在如下条件下才能做到：立即成立工农苏维埃；实施我们的劳动法和有利于城市贫民的特殊措施；毫不妥协地实行土地革命；动员长沙附近的四百万农民群众；从肉体上消灭地主和资本家（如果扣押资本家以换取赎金确有其事的话——但是我们并不相信有这种事——那就必须立即纠正这个重大错误）；

① 以上史料由江西省修水县党史办涂开荣、刘烈根提供。

立即扩大红军,特别是吸收无产者参军。”远东局还认为:“如果我们能保住长沙并巩固我们的阵地,那么必须立即提出能否(根据共产国际的决议)在长沙成立苏维埃政府的问题。在中国目前形势下,这会有巨大的政治意义。必须让中央任命的由负责同志组成的特别委员会立即前往长沙。”[①]远东局所说的“在长沙成立苏维埃政府”,即成立苏维埃临时中央政府。远东局还于8月6日致信中共中央政治局,建议“在所有城市和乡村,尤其是在上海、武汉和南京组织工人、士兵和农民最广泛的大规模示威游行,目的是表示声援攻下长沙”[②]。应当指出,远东局是在得悉红三军团已经占领长沙既成事实之后作上述表态的。

不久,远东局很快获得红三军团撤出长沙的消息。远东局对红三军团的举动感到不可理解,8月13日致信中共中央提出质疑:“从军事角度来说,撤出长沙确实是必要的吗?确实我们应不经过激烈的战斗就撤出这个城市吗?对此我们持怀疑态度。”中共中央长江局书记项英也对红三军团撤出长沙有意见,他告诉远东局:红军撤出长沙城,“原因主要不是军事上的”,而是红三军团“采取了老的保守的游击方针。他们占领村镇、城市,在遇到较多兵力的情况下,就撤离,就退却,为了以后有可能在另一个地方再发起进攻”。为此远东局对红三军团撤出长沙的“怀疑更加深了”,认为“游击战在中国夺取政权的斗争中,现在和将来都会起很大的作用。但是,如果我们的红军在面临攻占一些重要的大城市的任务时,这种游击战习气在他们那里占主导地位,那么它就可能成为致命的祸根”。远东局要求中共中央“立即派负责同志到红军那里去,特别是到那些在长沙、南昌、九江和武汉周围作

① 《共产国际、联共(布)与中国革命档案资料丛书》第9卷,中央文献出版社2002年版,第249页。

② 《共产国际、联共(布)与中国革命档案资料丛书》第9卷,中央文献出版社2002年版,第263页。

战的红军那里去”,“立即获取有关长沙斗争的一切详细情况,以便把长沙的教训尽快传达给各红军”①。远东局对彭德怀的怀疑,一直到1931 年 1 月还没有消除,还在催促中共中央派出人员对彭德怀从长沙撤退一事进行调查。事实证明,远东局对红三军团撤出长沙的判断和处置是错误的。

第六节
红一方面军的组建与二打长沙

一、红一军团西取文家市

毛泽东、朱德等红一军团领导人于 1930 年 8 月 7 日得悉红三军团攻占长沙、随后又撤离长沙的消息,当即决定红一军团挥师西进,向红三军团靠拢。8 月 10 日,红一军团总指挥部在宜丰发出命令,规定所属各军于 8 月 15 日前到达万载县城集中。

8 月 18 日,毛泽东、朱德率领红一军团总部直属队到达万载县黄茅。此时,湖南国民党军何键部 15 个团编成左、中、右 3 个纵队,正在追击撤出长沙退至平江长寿街休整的红三军团。其右路第十六师四十七旅和独立第九旅两个团,由第十六师副师长兼四十七旅旅长戴斗垣指挥,已进至湘赣边界的文家市、孙家塅一线,孤军突出。毛泽东、朱德获得这一情报,立即于当晚 8 时下令消灭文家市之敌,援助红三军团。

20 日拂晓,红一军团各部分成 4 路,向文家市之敌发起突然猛攻。经 3 小时激战,全歼敌第三纵队 3 个团又 1 个营,击毙敌第十六师副师长兼四十七旅旅长戴斗垣,毙伤敌 1000 余人,俘敌 1000 余人,缴获

① 《共产国际、联共(布)与中国革命档案资料丛书》第 9 卷,中央文献出版社 2002 年版,第 302 页、303 页。

长短枪1500余支、手提机关枪10支、机关枪27挺、无线电台1部(后被毁坏)。文家市战斗为红一军团成立以来取得的最大一次胜利。但红一军团本身亦伤亡700余人。战斗结束后,红一军团乘胜发动群众,扩大红军。

二、永和会师与红一方面军的成立

当红一军团进至万载时,中共万载县委派出交通员迅速前往湖南平江县长寿街,向彭德怀通报了红一军团已到万载的消息。彭德怀得报,立即派红三军团政治部主任袁国平前往万载,与红一军团领导取得联系。随后,袁国平返回平江长寿街。

文家市战斗结束后,毛泽东、朱德等率红一军团进抵浏阳县东部的永和镇。彭德怀、滕代远也率红三军团从平江县长寿街南下进抵永和。1930年8月23日,红一、三军团的领导机关在永和镇胜利会师。

永和会师当日,红一军团前委与红三军团前委在永和举行联席会议。会议根据中共中央和中央军委关于统一红军编制和指挥的指示,决定红一、三军团合编,组建中国工农红军第一方面军。会上,共推朱德任红一方面军总司令,毛泽东任红一方面军总政治委员,彭德怀、滕代远分任红一方面军副总司令、副总政治委员,朱云卿任红一方面军参谋长,杨岳彬任红一方面军政治部主任。

红一方面军下辖第一、三军团。全方面军共3万余人。

红一军团总指挥部由红一方面军总指挥部兼理,朱德兼任总指挥,毛泽东兼任政治委员,朱云卿兼任参谋长,杨岳彬兼任政治部主任。红一军团下辖5个军:第三军,军长黄公略,政治委员蔡会文,参谋长周子昆,政治部主任毛泽覃;第四军,军长林彪,政治委员罗荣桓,参谋长曾士峨,政治部主任彭祜;第十二军,军长罗炳辉(代理),政治委员谭震林,参谋长林野,政治部主任谭政;第二十军,军长曾炳春,政治委员刘士奇,参谋长刘泽民,政治部主任萧以佐;第二十二军,军长陈毅,政治委员邱达三,参谋长钟效蔚,政治部主任罗寿男。

红三军团由彭德怀兼任总指挥，滕代远兼任政治委员，邓萍任参谋长，袁国平任政治部主任。下辖3个军和1个炮兵团：第五军，军长邓萍，政治委员张纯清，政治部主任吴溉之；第八军，军长何长工，政治委员袁国平兼任，参谋长卢匿才，政治部主任袁国平兼任；第十六军，军长孔荷宠，政治委员袁志竞，参谋长陈建军，政治部主任吴天翼。

在成立红一方面军总部的同时，成立了中共红一方面军总前敌委员会，以毛泽东、朱德、彭德怀、滕代远、黄公略、林彪、谭震林等为总前委委员，毛泽东任总前委书记。还宣布成立中国工农革命委员会，以毛泽东、朱德、彭德怀、滕代远、黄公略、林彪、谭震林等为委员，毛泽东任主席，统一领导红军和地方工作。红一方面军总前委秘书长为古柏。中国工农革命委员会设立办公厅为常设办事机构。

红一方面军后称中央红军。红一方面军的成立，是土地革命战争时期中国红军建设史上的一件大事。它的成立，使红军的兵力更加集中，指挥更加统一，不仅建立和完善了红军的组织指挥系统，而且大大增强了红军的战斗力，为红军实现从游击战为主向运动战为主的转变，歼灭更加强大的敌人创造了条件；并且成为中央苏区的擎天之柱，更加有力地推动和保障中央苏区土地革命的深入开展和红色区域的巩固发展。

三、李立三的“左”倾冒险新指令

红一、三军团成立和红一方面军组建之时，正值李立三“左”倾冒险主义错误发展到高峰时期。

李立三在1930年6月11日中共中央政治局会议通过《新的革命高潮与一省或几省首先胜利》决议案的第2天，即以中共中央名义，致电已在莫斯科向共产国际执委会汇报的周恩来，要求共产国际确认中共中央已定路线。几天后，共产国际远东局得到了中共中央上述决议的英译本。6月20日，远东局致信中共中央政治局，认为中共中央这一决议所提出的路线、方针、政策，与共产国际正在讨论的有关中国革命、中国党的决议内容严重分歧，存在“一些政治问题”，因而向政治局建议“决议在进一步澄清之前不在党内发表”，如果政治局不同意远东局的建议，那么就此问题请求共产国际执委会来解决。[1] 6月23日，远东局成员埃勒斯又致信共产国际执委会东方书记处，报告了远东局与中共中央政治局围绕决议等问题产生的分歧，建议东方书记处支持远东局作出的“停止发表决议的决定”。埃勒斯甚至在信中建议不应让李立三继续留在中共中央的领导岗位上[2]。

中共中央政治局丝毫不理会远东局的意见。接到远东局来信的第2天，即6月21日，中共中央政治局便复信远东局，坚持认为“中央的这一决议完全符合共产国际执委会、中国共产党第六次代表大会的指示”，对远东局关于暂不发表这一决议的建议“提出严肃的政治抗议”[3]。为争取共产国际执委会对6月11日决议的支持，中共中央总书记向忠发于6月25日给在莫斯科的周恩来写信，详细介绍中央政治局与共产国际远东局意见分歧后，指责“远东局的观点丝毫没有估计到全中国革命高潮到来的速度及其可能性，否定党有必要为争取中国革命胜利而斗争。这个观点接近右倾机会主义的观点，因为远东局只看到一省或几省，从而鼓吹地方割据的观点。这是极其错误的路线，不仅如此，还是一贯的右倾机会主义的路线”。信中要周恩来“就这一问题向共产国际执委会作详细的说明”，并要周恩来“以政治局的名义坚决要求解除罗伯特（即共产国际驻上海远东局代表埃勒斯——

① 《共产国际、联共（布）与中国革命档案资料丛书》第9卷，中央文献出版社2002年版，第177—178页。

② 《共产国际、联共（布）与中国革命档案资料丛书》第9卷，中央文献出版社2002年版，第193—194页。

③ 《共产国际、联共（布）与中国革命档案资料丛书》第9卷，中央文献出版社2002年版，第183页。

引注）在远东局的工作”[1]。李立三等中共中央领导人不顾共产国际远东局的坚决反对，不仅正式发表了6月11日决议案，而且竭力推动“会师武汉，饮马长江”计划的实施。

李立三不仅继续坚持要红一军团攻打南昌、九江，要红三军团攻打长沙、武汉，要鄂豫皖的红一军和湘鄂西的红二军、红六军分别向武汉进攻，最后形成全国红军“会攻武汉”态势；而且还要求广西右江苏区的红七军北上攻打桂林，要求广东东江红军和琼崖红军攻打广州、海口等。更有甚者，1930年7月13日，李立三在中央政治局会议上作《关于南京问题与全国工作布置的报告》，要求南京党组织立即组织南京兵暴，攻打南京国民党政府，推翻国民党最高统治机关，建立苏维埃政权。而中共在南京当时仅掌握1个学兵营和1个宪兵连。

李立三认为，红军打下长沙、武汉后，可直接出兵北上，进攻冯玉祥，然后沿陇海路东征，夺取整个中原，配合北平、天津起义，实现全国胜利。8月1日和3日，李立三在中央政治局会议上进一步部署南京兵暴。他甚至要求苏联必须积极准备战争；要蒙古在中国暴动胜利时发表政治宣言，承认自己是中国苏维埃联邦之一，并出兵进攻中国北方；要西伯利亚的10万中国工人迅速武装起来，准备与日本帝国主义作战。

为此，李立三要求实现“全党军事化”，将中共中央、共青团中央和中华全国总工会合并，成立中央总行动委员会，省、县、乡乃至支部各级也要按中央办法成立各级行动委员会，作为暴动的领导机关。8月6日，李立三以中共中央名义致信中共中央长江局，要求长江局迅速抽调大批干部准备到南昌去，以便红军攻下南昌后在那里成立中国工农革命委员会，待武汉攻下后再建立苏维埃临时中央政府。8月10日李

① 《共产国际、联共（布）与中国革命档案资料丛书》第9卷，中央文献出版社2002年版，第205—206页。

立三得到红三军团撤出长沙消息后,极为恼怒。他当日即以中共中央名义致信长江局,批评说:"长沙事件,你们没有迅速坚决的指导采取积极进攻,消灭何键力量,向武汉发展,反采取防御政策,固守长沙,这是最严重的错误。因此使何键还可能集中各方残余势力做最后的反攻,这不仅是军事上的失策,而且是政治上极大的损失。"李立三在信中指令:

> 五军仍须积极反攻长沙,猛烈的扑灭何键,采取进攻策略,迅占岳州,向武汉进迫。二、六军亦须向武汉进攻,在必要时,即使未下沙宜,亦应超沙宜攻汉阳,一军更应切断京汉线,进攻武汉,三四军如下南昌占九江,则应与八军取联络,逼武汉,以使在红军的进攻下取得与工人力量的汇合,在敌人忙于迎战时,武汉举行伟大的暴动,以夺取武汉。[①]

这完全是一种脱离客观实际、无视敌我力量对比的纸上谈兵。

四、红一方面军攻打长沙

红一、三军团在永和会师成立红一方面军后,两个军团的领导人在要不要再打长沙问题上,意见相左,发生了争执。

红三军团上上下下一致要求按中央指示精神再打长沙,进逼武汉。毛泽东和朱德却主张集中两个军团兵力寻找机会歼灭何键主力,先在湘赣两省边界建立和扩大红色区域,再相机行事。红三军团袁国平等部分领导人对此持坚决反对态度,有的军团领导人甚至责问毛泽东:"你们红一军团既不打南昌,又不打长沙,你们想干什么,怎么向中央交代?"彭德怀则默不作声,未予表态。

毛泽东、朱德知道如果红军贸然再去攻打何键重兵防守的长沙城,必难获胜。可是如果执意不同意三军团的请求,红三军团有可能

① 中央档案馆:《中共中央文件选集》第 6 册,中共中央党校出版社 1989 年版,第 247—248 页。

单独行动，这不仅会导致红三军团遭到更大的损失，更可能使刚刚组建起来的红一方面军出现裂痕，削弱红军的力量。

为避免红军分裂，毛泽东、朱德和总前委权衡再三，最终采纳了攻打长沙的意见。

1930 年 8 月 24 日 23 时，毛泽东、朱德在永和联名签发了方面军总部《向长沙推进的命令》，称“本方面军以消灭何键部队进占长沙之目的，决定三路向长沙推进”，并作了相应的部署。同日，毛泽东还致信中共赣西南特委、闽西特委并转中央，报告了红军在文家市的胜利，要求赣西南特委速送两万新兵到方面军来，并请求中央“指示夺取武汉”的意见。

红一方面军各部依照总部命令，从 8 月 25 日开始分头向长沙推进，29 日主力进抵长沙近郊，总部进至新桥。

当日，红军先头部队侦悉敌军主力已陆续向易家湾转移，企图以少数部队依长沙近郊猴子石、石马铺、栗塘、黄土岭、乌梅岭一带阵地工事牵制红军，而以主力利用铁道出易家湾向红军侧击。毛泽东、朱德等方面军首长认为长沙守敌有 6 个师另 1 个旅，工事坚固，强攻难以取胜，于是决定采取诱敌出工事外歼灭之而后乘胜攻入长沙的战法，并作出相应部署。但是，守敌惧怕被红军歼灭，依托工事顽强抵抗，不肯轻易向红军出击。

9 月 1 日午后 8 时，红一方面军总部在白田铺下达向长沙发起总攻击命令。9 月 2 日晚 7 时许，总攻长沙战斗打响。红三军团（缺第十六军）在乌梅岭右翼，红一军团（缺第四军）在乌梅岭左翼，同时向敌阵地发起猛烈攻击，红十六军则由东屯渡、湖绩渡沿新河向北关发起攻击。红一军团第四军为总预备队。是晚，大雨滂沱。红军各部冒雨向敌阵发起猛攻。敌在阵地上预先架设了铁丝网并通了电。红军攻势虽猛，却受阻于敌电网前，未能突破敌阵。

守敌见红军攻击受阻，以为反攻时机已到。9 月 3 日拂晓，何键令其所部向红军出击。上午10时许,由猴子石、新开铺等地出动的敌新编第三十一师第一、第二旅等部,进到横塘、石牌岭、石人冲、姚家湾一带,接着又向俞家垅、洞井铺、高桥、黄泥塘、燕子岭、许家冲、烂泥冲、石马铺等地进犯。

红一方面军总部抓住歼敌良机,及时调整部署,于上午11时命令红三军团监视正面之敌,红一军团第三军及第四、第十二军各一部由石马铺、洞井铺向敌新编第三十一师发起进攻,第四军主力在林家咀、陈家冲一带向敌独立第七旅发起进攻。激战至下午5时,两敌均被击退。红军获得胜利,共毙伤敌900余人,俘敌官兵1000余人。

五、"火牛阵"败北与长沙撤围

由猴子石、新开铺出击之敌被红军歼灭大部之后,狡猾的何键再也不敢派兵向红军出击了。一连几天,红军得不到诱歼敌军于工事外的机会。这时,一些红军干部求战心切,一再要求总部向长沙守敌发起强攻。9月10日上午9时,毛泽东、朱德发布《强攻长沙的命令》。具体部署为:红三军团(欠第十六军)进到栗塘附近,从右翼向二里牌敌阵地攻击前进;红一军团进到五马峰、圭塘、天际岭一线,从左翼向乌梅岭敌阵地攻击前进;红十六军经蠡斯港过河进至朗梨市附近,牵制雷公岭之敌。当晚8时,强攻战斗打响。

可是,阻碍红军前进的仍然是敌人架设的铁丝电网。为突破这一障碍,红军仿效战国时齐国大将田单使用的"火牛阵",从农家买来几百头水牛集中一处,在牛的犄角上捆上刀子,在牛尾巴上绑上油棉和鞭炮,点燃后驱赶牛群向敌阵冲去。一时间,只见阵地上火光一片,乱牛狂奔。由于田单的"火牛阵",是用木棍将两三头牛的颈项连捆在一起,使牛并列低头往前冲。而红军的"火牛阵",是一头一头牛单个地往前冲,遇到敌军枪弹射击和炮火轰击,受惊的牛群不仅不往前冲,反而改变方向乱跑,有些掉转头冲向红军阵地,大乱了红军阵脚。

"火牛阵"未奏效,红军战士又买来许多群众打禾的禾桶,将每只禾桶装上两只轱辘，用浸湿的棉被蒙在前面挡住子弹，红军战士在后面推着禾桶向敌阵冲去，战士们谓之“土坦克”。然而，这种“土坦克”仍然抵挡不住敌军火力的阻击，总攻战斗持续到9月12日凌晨，红军伤亡重大，可仍旧未能突破敌军阵地。

面对这种情况，毛泽东审时度势，认为攻打长沙的战斗不能再继续下去，当即在总指挥部召开紧急会议，果断决定停止攻城战斗。

为便于做好红三军团指战员工作，9月12日凌晨5时半，毛泽东、朱德在新桥总部以红一军团总司令、总政治委员名义，首先下达了红一军团撤出长沙的命令，命令说：“方面军以消灭张桂军及何键再夺取长沙进攻武汉之目的，拟占萍、攸、醴、株等处待机。”[①]当日，红一军团撤离长沙，随后，红三军团亦陆续撤出长沙。红一方面军遂向株洲、萍乡一带转移。红军“二打长沙”的军事行动宣告结束。

红军二打长沙，“是有红军以来第一次大战”，虽歼灭部分敌军，但久攻不克，红军遭受重大损失。“单以一军团说，高级干部有柯武东、刘作述两同志阵亡，死伤中级干部数十，下级干部一百以上，士兵一千六百左右”[②]。三军团损失亦不少，计伤亡1000余人。

红军二打长沙，显然是受李立三“左”倾冒险主义错误影响所致。红军总部领导人毛泽东、朱德开始对李立三“左”倾冒险主义曾有所察觉和抵制，但因中央有令，军内“会师武汉，饮马长江”呼声甚高，党内的组织纪律亦有所约束，在这种情势下，为维护一、三军团团结，避免红军分裂，总前委别无选择，只得破釜沉舟，决一死战。在实施战役计划时，毛泽东、朱德亦企图用灵活战术诱敌于城外予以歼灭，再相机攻

---

① 《红一军团拟占萍攸醴株等处待机的命令》，1930年9月12日。见中共江西省委党史资料征集委员会、江西省委党史研究室编：《江西党史资料》第6辑，1988年4月内部版，第125页。

② 毛泽东：《攻长沙不克的原因》，1930年9月17日。见《毛泽东军事文选》第1卷，军事科学出版社、中央文献出版社1993年版，第170页。

占长沙,在诱敌出城未果情况下,才下令向长沙城守敌发起强攻。当强攻未能奏效,毛泽东便当机立断,下令部队撤围长沙,以避免更大伤亡。这种处置,是颇为得当的。

1930 年 9 月 17 日毛泽东在向中央的报告中,分析了此次方面军攻打长沙不克的 3 点原因:“(一)未能消灭敌之主力于打工事之前。敌共有三十一团之众,我在文家市、猴子石两役已消灭敌兵在五团以上,但大部队尚未消灭即退入城壕,因此敌有余力守城。(二)群众条件不具备。城内无工人暴动、无士兵暴动以为响应,粤汉路、株萍路及对河群众没有起来,不能断绝敌人之水陆交通,不能封锁敌人之经济及军事运输。(三)技术条件不具备。敌之工事是欧式重层配置,铁丝网、壕沟等计八九层,我们只有肉搏,没有重炮破坏敌之工事,交通器具如无线电等我们也没有,以致两个军团联络不好,因而失机。以上三点是没有打进长沙去的原因,而以第一点为主要原因。”①

这些分析是正确的。实际上,这也是毛泽东对李立三“左”倾冒险主义错误提出的间接批评。

周恩来在 1930 年 9 月 30 日召开的中共中央军委扩大会议上分析说:“第二次进攻长沙,连破坏电网的方法也不知道,用土办法以千余火牛去冲电网,结果不但不能冲进,反被敌人机关枪扫射,使火牛倒冲自己的阵脚,这证明我们的战术是如何笨拙。”②这一批评当然是对的。

在红军二打长沙的激战中,广大红军指战员表现出了浴血奋战、英勇顽强、不怕牺牲的大无畏革命精神。虽攻城未克,红军却打出了声势,打出了影响,打出了军威。诚如毛泽东所言:“围困长沙十六天,

---

① 《毛泽东军事文选》第 1 卷,军事科学出版社、中央文献出版社 1993 年版,第 169 页。

② 中共中央文献研究室、中国人民解放军军事科学院编:《周恩来军事文选》第 1 卷,人民出版社 1997 年版,第 121 页。

大战数昼夜，战线延长三十余里。九月三日将敌之出击部队完全击溃，从此缩入战沟，不敢出来一步。到九月十日我军第二次总攻不得手，九月十二日始决议向萍醴撤退。把敌军三十团以上的威风完全打落，使之不敢正眼看我红军，同时给全国以颇大影响，则是这一次战争的胜利。"①

六、共产国际和斯大林对李立三"左"倾错误的制止

李立三无视共产国际的劝告执意实施"左"倾冒险军事行动的举动，共产国际感到十分担心和恼火，决心采取措施予以制止。1930年7月29日，共产国际执委会政治书记处政治委员会召开会议，听取周恩来和远东局成员雷利斯基关于中共中央政治局与远东局意见分歧情况汇报，专门作出决议，严厉批评中共中央"无视远东局的禁令发表自己的政治决议，从而破坏了共产国际的纪律"②。共产国际远东局为制止李立三的鲁莽决定，还致函在沪中共中央委员和中央政治局委员，对李立三提出严肃批评。8月6日，为进一步做好中央政治局的工作，远东局邀请李立三、向忠发、罗登贤和团中央书记袁炳辉4人，与远东局的4位同志一起召开联席会议，试图说服中央政治局接受共产国际意见。但是，李立三、向忠发等人坚持己见，根本听不进远东局的意见。8月8日，向忠发亲自给斯大林写信，请求斯大林对中共中央的冒险举动"给予支持"，说"这不仅对于中国革命，而且对于世界革命都是十分重要的问题"③。同日，向忠发还向共产国际执委会发出电报，指责共产国际不理解中国革命的具体形势，强烈要求共产国际同

① 《毛泽东军事文选》第1卷，军事科学出版社、中央文献出版社1993年版，第170页。

② 《共产国际、联共(布)与中国革命档案资料丛书》第9卷，中央文献出版社2002年版，第235—236页。

③ 《共产国际、联共(布)与中国革命档案资料丛书》第9卷，中央文献出版社2002年版，第284页。

意中共中央组织全国总暴动的决定,并请求共产国际动员各国保证给中共以"最大的支持。"①

基于李立三的固执态度,共产国际远东局代表埃勒斯,被迫致信共产国际东方书记处,提议"应该解除李立三的领导职务",说"我们越早这么做,带给我们的痛苦就越少"②。鉴于中国革命出现的紧急情况,共产国际和联共(布)中央果断决定,立即派周恩来、瞿秋白动身回国,传达贯彻共产国际指示精神。8 月 13 日,斯大林在索契致电苏联人民委员会议主席莫洛托夫,十分严厉、果敢地指示说:

> 中国人的倾向是荒诞的和危险的。在当前形势下,在中国举行总暴动,简直是胡闹。建立苏维埃政府就是实行暴动的方针。但不是在全中国,而是在有可能成功的地方。中国人急于攻占长沙,已经干了蠢事。现在他们想在全中国干蠢事。决不能容许这样做。③

8 月 25 日,联共(布)中央政治局根据斯大林指示,召开会议专门讨论并原则通过了共产国际执委会给中共中央的电报。电报严厉批评李立三"根本不想尊重事实",明确指出:"现在号召工人在汉口、上海、北京、奉天等大城市举行武装暴动(就像李立三所希望的那样)是最有害的冒险主义。"并说"我们已在建议政治局坚决放弃这样的计划。必须一天也不迟疑地集中一切力量去组建坚强的、装备精良的、清除了富农分子的和真正置于共产党领导下的红军,并在业已占领的地区为它建立哪怕一两个真正牢固的据点,而不要热衷于试图立即扩

① 《共产国际、联共(布)与中国革命档案资料丛书》第 9 卷,中央文献出版社 2002 年版,第 286 页。

② 《共产国际、联共(布)与中国革命档案资料丛书》第 9 卷,中央文献出版社 2002 年版,第 277 页。

③ 《共产国际、联共(布)与中国革命档案资料丛书》第 9 卷,中央文献出版社 2002 年版,第 300 页。

大苏维埃根据地”,“不要在上海、汉口等地进行冒险主义的盲动”。电报重申支持远东局的意见和所采取的行动,要求中共中央“立即恢复党、工会和共青团的正常领导机构”;要求将此电报和共产国际7月23日通过的《共产国际执委会政治秘书处关于中国问题的决议案》,及共产国际执委会7月23日给中共中央的电报内容,“传达到全体中央委员和区委会”。共产国际执委会在电报中要求“李立三同志务必尽快”到莫斯科去①。

1930年8月19日,周恩来回国抵达上海。随后不久,瞿秋白也从莫斯科回到上海。他们迅速向中共中央传达了共产国际相关指示精神,采取一系列果断措施,终于使李立三“左”倾冒险错误得到制止和纠正。但由于交通不畅等原因,毛泽东、朱德、彭德怀等红一方面军领导人还没有得到中央的这些最新指示精神,结果红一方面军还是发起了第二次攻打长沙战役。

就在红军第二次攻打长沙战役打响当天,共产国际远东局从国民党报纸中获悉“好像有近2万人的红军正在逼近长沙”②消息,断定红军没有接到中共中央关于停止进攻长沙的决定,遂写信告诫中共中央:“如果在目前形势下,我们明白我们只能短时间地占领长沙并且以重大牺牲为代价,那么我们就应该放弃重新攻占长沙的打算,因为攻占长沙的目的是应该是把它变成我们苏维埃根据地的中心。”③远东局支持向长沙派出一名中央政治局委员,传达中央关于停止进攻长沙、武汉等大城市的最新指示。可是由于通讯联络困难,远东局和中共中央的意见都未能及时传达到红一方面军。

---

① 《共产国际、联共(布)与中国革命档案资料丛书》第9卷,中央文献出版社2002年版,第330—332页。

② 1930年8月25日,刚刚组建成立的红一方面军发起第二次攻打长沙战役。

③ 《共产国际、联共(布)与中国革命档案资料丛书》第9卷,中央文献出版社2002年版,第344页。

第七节
江西省苏维埃政府的诞生与中央苏区初步形成

一、李立三"左"倾错误对赣西南、闽西的影响

李立三"左"倾冒险主义错误,不仅对全国红军的军事行动产生了不良后果,而且对赣西南、闽西乃至全国各苏维埃区域的斗争,也产生了不好的影响,使苏区斗争受到不同程度的损失。

(一)赣西南特委"二全会议"的召开及其错误影响

赣西南苏区出席1930年5月间在上海召开的全国苏维埃区域代表大会的代表曾山、李文林,于1930年7月间回到赣西南苏区。曾山口头向中共赣西南特委书记刘士奇传达了会议精神。此前,中共中央特派员涂振农也向赣西南特委传达了全国苏代会精神。刘士奇对他们传达的李立三"左"倾冒险主张,既未积极附和,也未及时贯彻,直到8月初才决定召开中共赣西南特委扩大会议,对中央指示加以详细讨论。后因到会人数太少,遂将特委扩大会议改为特委第二次全委会议。

二全会议于1930年8月5日开幕,8月11日结束,共开6天。到会的有特委委员10人和各中心县委及行委负责人共计37人。会议先由特委书记刘士奇作政治报告,第2天李文林传达全国苏代会精神后,因对刘士奇展开了批评,故后几天会议实际是李文林等主持。这次会议对赣西南的革命斗争产生了不好的影响。

第一,全会传达并接受了李立三"左"倾冒险主义错误。"当时李文林同志由中央回来,带回了中央的指示,指出赣西南政治路线的错误,农民意识特别浓厚,保守观念,武装不集中等错误。全会对中央这

一指示认为非常正确,并坚决的为[向]这些恶倾向[奋]斗【争】"。[1]全会附和李立三"左"倾错误主张,认为红军前委和赣西南特委过去提出并坚持的"夺取湘、鄂、赣、粤、闽,以江西为中心"的工作路线是错误的,中央提出的"夺取湘鄂赣以武汉为中心"的路线才是正确的。"二全会议坚决接受中央的正确政治指示,与农民意识保守割据观念的错误政治路线奋斗"[2]。

第二,完全否定赣西南特委过去的工作成绩。认为"过去赣西南在政治及工作上所犯的错误,如农民意识保守观念(武装不集中)一切工作都是布置往后退"[3];否认过去数次攻打吉安的积极意义,认为"攻吉安不是站在整个的政治意义,而是站在反对敌人来进攻赤色区域,所以当时攻吉的口号,第一是武装回答湘系军阀,保护分田胜利等口号。武装拥护苏联,武装反对二次大战,这些口号都很少有,又放到次后去了"[4]。

第三,对坚决支持毛泽东、积极工作的特委书记刘士奇进行了错误的批判斗争,不适当地改组了赣西南特委组织。赣西南特委自 1930 年 3 月正式成立后,特委书记刘士奇支持和拥护毛泽东为书记的红军前委的正确领导,在十分困难的情况下,坚决贯彻二七陂头联席会议

---

① 《中共赣西南特委朱昌偕给中央的工作报告——政治形势、经济、组织、政权、群运等问题》,1930 年 10 月。中央档案馆、江西省档案馆编:《江西革命历史文件汇集》,1930 年(二),1988 年 5 月内部版,第 133 页。

② 《赣西南特委二全会议决议案之二——党对政治斗争问题决议案》,1930 年 8 月 27 日。见江西省档案馆、江西省委党校党史教研室编:《中央革命根据地史料选编》(中),江西人民出版社 1982 年版,第 248 页。

③ 《中共赣西南特委朱昌偕给中央的工作报告——政治形势、经济、组织、政权、群运等问题》,1930 年 10 月。中央档案馆、江西省档案馆编:《江西革命历史文件汇集》,1930 年(二),1988 年 5 月内部版,第 135 页。

④ 《中共赣西南特委朱昌偕给中央的工作报告——政治形势、经济、组织、政权、群运等问题》,1930 年 10 月。中央档案馆、江西省档案馆编:《江西革命历史文件汇集》,1930 年(二),1988 年 5 月内部版,第 133 页。

和赣西南党的“一大”所确立的正确的工作路线和方针政策,使赣西南的土地革命斗争深入开展,革命武装迅猛发展,苏区日益巩固扩大。可是全会上一些人借口刘士奇脾气态度不好、工作作风粗暴等理由,对他开展批判,甚至借机对当年2月间召开的赣南工作会议进行翻案,进而否定红军前委和赣西南特委过去执行的正确的政治路线和方针、政策。刘士奇在申辩无效情况下,为避免矛盾激化,采取回避策略,退出会议。但是一些同志却认为他是故意对抗会议,对他的批评进一步上纲上线,最后撤销了他所任的中共赣西南特委书记职务,并开除他的党籍,交中央批准,甚至不允许他到中央去申诉①。会议最后改选了赣西南特委常委会,以王怀、曾山、李文林、郭承禄、萧道德为常务委员,郭贞、陈婉如为候补常务委员,曾山为特委书记。

二次全会接受了李立三“左”倾冒险主张,会后,赣西南特委将主要精力放在攻打赣州、吉安、南昌、九江等中心城市方面,而忽视了其他方面的工作。尤其是在武装方面,赣南在组建红军第三十五军时,几乎集中了赣南各县当时所有的地方武装和枪支,因而削弱了地方武装的力量,致使驻赣州的国民党军向南康、信丰、赣县等苏区进犯时,这些县都无力自卫,大片苏区被国民党军所侵占。

(二)李立三“左”倾冒险主义错误对闽西苏区的危害

早在1930年3、4月间,由李立三负责的中共中央就对闽西苏区有过一些“左”倾冒险的错误指示,要闽西苏区集中力量向广东东江发展并力争夺取广州等。

同年6月底,中共中央于6月11日通过的《新的革命高潮与一省或几省的首先胜利》决议案精神,传达到福建省委。福建省委表示完

① 二全会议后,刘士奇赴上海向党中央全面汇报了赣西南苏区情况。1931年5月,由党中央派到鄂豫皖苏区工作,先后任红四军和红四方面军政治部主任、红二十七军军长等职。1933年在鄂豫皖苏区被错杀。1945年中央为其平反昭雪。

全接受,省委军委正式作出决定,要闽西红军出击东江,与东江红十一军联系,准备夺取广州。福建省委还派出省委常委、省军委书记王海萍(卢畦利)前往闽西,贯彻中央路线和省军委决定。在此前后,出席全国苏维埃区域代表大会的闽西代表郭滴人,也回到了闽西苏区。

在福建省委代表王海萍指导下,1930 年 7 月 8 日至 24 日,中共闽西特委召开了第二次代表大会。大会第一天上午由王海萍致词,下午由郭滴人传达全国苏代会精神。王海萍在致词中大谈"全国全世界的革命高潮已经来到我们的面前",强调"在这一政治形势下,闽西党的总任务是:集中一切革命力量,扩大斗争到广东去,首先夺取闽粤桂三省政权,争取全国革命胜利"①;提出为实现这一总的任务,闽西党目前的中心工作是"猛烈扩大红军","加紧反富农斗争","发动工人政治斗争"等等。

在会议讨论时,邓子恢、张鼎丞等认为,闽西苏区目前尚有不少民团土匪,趁夏收之际想放火抢粮,而主力红十二军又奉命北上,远离苏区,所以应该先集中红二十一军消灭这些团匪,巩固苏区,然后逐步向漳州、厦门等附近的大城市发展。但这些正确意见都被一些立三"左"倾错误的拥护者扣上"新右倾"的帽子而遭断然拒绝。王海萍强调说:"闽粤桂三省总暴动,是中央的方针,是绝对正确的,闽西红军应坚决地迅速地向广东出击。我们胜利了,即使丢掉闽西苏区也没有关系。"②红十二军政治委员兼军委书记李力一(李任予),对王海萍的主张表示坚决拥护。大会通过的政治决议案等文件,完全接受了王海萍等人的意见。由于邓子恢对贯彻执行李立三"左"倾错误主张持消极态度,大会在选举新的特委领导机构时,邓子恢落选,郭滴人当选为中

---

① 中共龙岩地委党史资料征集委员会、龙岩地区行署文管会编:《闽西革命史文献资料》(三),1982 年 10 月内部版,第 370 页。

② 邓子恢、张鼎丞:《闽西暴动与红十二军》,见福建省龙岩军分区政治部、龙岩地委党史资料征委会编:《闽西地方武装概略》,1986 年 10 月内部版,第 162 页。

共闽西特委书记。

会后不久，根据中央总行委和福建总行委指示，将闽西党、团特委合并，成立闽西总行委。9月，闽西苏维埃政府召开第二次工农兵代表大会，也完全接受了中共闽西二大精神，选举产生了闽西苏维埃政府第二届执委会，原由邓子恢担任的闽西苏维埃政府主席一职，改由张鼎丞担任。邓子恢被变相撤去中共闽西特委书记和闽西苏维埃政府主席职务后，改任闽西红军学校第一分校政治委员，后又被福建省委调往闽东做白区工作。

根据中共闽西特委二大决议，1930年8月5日，闽西红二十一军停止攻打团匪的行动，开回龙岩集中。8月9日，全军3000余人由军政治委员兼军委书记李力一和军参谋长邓毅刚率领，从龙岩城出发，向广东省东江进发。由于红军兵力不足，装备较差，又缺乏作战经验，沿途未做群众工作，只是单纯军事行动，而东江地区国民党军力已得到加强，地主豪绅武装也较前强大，所以红二十一军刚入广东，在大埔县高陂一战就遭失败，随后又仓皇撤退，秩序混乱，9月中旬退回闽西苏区时，士兵情绪低落，干部悲观失望，官兵逃亡日多。面对失败，李力一听不进别人苦心劝阻，不去总结经验教训，改变斗争策略和方针，而是顽固坚持李立三"左"倾冒险错误，叫嚷说："你们特委不执行中央命令，我可要执行！部队跑光了，我李力一一个人也要拿支红旗打到东江去！"[①]他甚至认为向东江进攻比巩固闽西苏区更重要，说："打(下)汕头等重要城市，失去了一个龙岩有什么要紧！"[②]为解决给养、鼓舞士气，以便再打东江，9月下旬，他指挥红二十一军攻打上杭县城，

① 邓子恢、张鼎丞：《闽西暴动与红十二军》，见福建省龙岩军分区政治部、龙岩地委党史资料征委会编《闽西地方武装概略》，1986年10月内部版，第162页。

② 《红二十一军军委书记李任予给中央军委南方办事处、广东总行委的报告——进攻东江经过及最近内部情形》，1930年9月21日于上杭。见中共龙岩地委党史资料征集委员会、龙岩地区行署文管会编：《闽西革命史文献资料》(四)，1983年5月内部版。

虽攻入城去,却遭城内敌军伏击,全军再遭重创,只得退往连城。这一仗后,全军更是军心动摇,溃不成军,原先3000多人的部队只剩400多人、800支枪。

1930年10月初,施简受中央派遣来到闽西,于10月7日主持召开闽西总行委、红二十一军军委和闽西红军学校校委联席会议。会议根据闽西和东江的实际情况,决定暂停执行进攻东江的方针,改向闽南漳州方向发展。会议决定将红二十一军和红二十军合编,改番号为新十二军,辖3个团,3000余人。10月上旬,新十二军由军长左权、政治委员黄甦率领,又冒险向闽南出击,攻打平和,先胜后败,最后全军仅剩600余人。

由于李立三"左"倾冒险主义的危害,闽西的革命斗争不仅不能巩固地向外发展,反而使红军遭受重大损失,极大地削弱了保卫苏区的武装力量。当1930年底国民党军张贞等部向闽西苏区大举进攻时,闽西红军已无力保卫苏区。12月15日,闽西苏区首府龙岩城被国民党军张贞部占领。

自此至1931年秋,闽西苏区一直处于困境之中。闽西广大军民热切地盼望远征而去的朱毛红军能再回闽西苏区。

二、红一方面军回师江西

红一方面军从长沙撤围,表明毛泽东等对李立三"左"倾冒险错误,已由怀疑进而开始自觉地抵制和反对。

1930年9月13日,毛泽东在湖南株洲主持召开总前委会议,讨论部队行动方针。此时,部队经费告罄,同时发现江西吉安敌军兵力较为空虚。根据这一实际情况,遂作出全军向吉安推进、沿途工作筹款17天的决定。

红军虽然已从长沙撤退,但部队中大多数指战员包括不少高级干部,对李立三"左"倾冒险错误的危害还认识不清,仍主张不打长沙就去打南昌、九江等城市,且呼声甚高。针对部队中存在的这种盲目要求继续攻打中心城市的情绪，他们只得循循善诱，因势利导，期望通过耐心细致的说服教育，逐步引导全军官兵抛弃“左”倾错误观念，回到正确的战略战术轨道上来。

毛泽东尤其关注红三军团的情绪。当部队撤退到萍乡安源时，他即深入到红三军团驻地同领导干部谈话，做说服解释工作。9 月 28 日在袁州召开的红一方面军总前委会议上，又有一部分干部提出要攻打南昌、九江。毛泽东坚持说服大家同意先打吉安再说。会议经过一番辩论，终于同意毛泽东的意见，决定红一军团按原计划先攻取吉安，红三军团进攻樟树并担任警戒任务。9 月 29 日，毛泽东和朱德在袁州签发了红一军团向吉安前进的命令。

不料，一波未平一波又起。周恩来虽然衔共产国际执委会之命从莫斯科回国于 8 月 19 日抵达上海，并立即向李立三、向忠发等传达共产国际指示精神，但还来不及采取措施从组织上纠正李立三“左”倾错误，仍然掌管中共中央实际领导权力的李立三，表面接受共产国际指示，实际仍继续坚持其冒险进攻中心城市的错误。1930 年 8 月 29 日，他再一次以中共中央名义致信中共中央长江局，发出紧急指示，说“据报载，三、四、五、八军已取得联络，并已逼近长沙”，“我们预料你们既然取得联络，必然有过会议，讨论再度占领长沙问题。如果你们是决定以三、四、五、八军的主力，集中进攻长沙，而以小部队留守赣省牵制南昌、九江之敌，并通知二、六军逼近武长线，以切断敌人联络线为任务，这一战略无疑是正确的。望你们坚决照此战略执行”；并要求“占领长沙后便须立刻召集广大的群众大会，宣告成立‘中国苏维埃共和国中央工农革命委员会’，（这是中央临时政权）宣布委员会名单，经群众通过（名单录于后）并以临时政府名义，宣布劳动法、土地法、经济政策等等法令（最要紧的是以布告式的宣布主要法令、条文，贴于通衢及登于政府机关报上），并须积极准备全国苏维埃代表大会，在一个月内召集，以成立‘中国苏维埃共和国’的中央正式政府”[①]。

中共中央长江局收到中央紧急指示信后，丝毫不敢怠慢，立即派长江局军事部负责人周以栗携带着中央这封信和长江局要红一方面军返回湖南再打长沙的严厉指示，赶赴红一方面军。9月29日，周以栗来到袁州找到总前委，当即向毛泽东、朱德等传达了中共中央和长江局指示，要求红军必须坚决再攻长沙。

当晚，毛泽东与周以栗进行彻夜长谈。毛泽东耐心地说明不能再冒险攻打长沙的理由，细述了攻打吉安的3个有利条件：第一，吉安已处于红色区域包围之中，是座孤城，况且城中只有国民党驻军邓英1个旅，敌军兵力空虚；第二，红军攻打吉安，南昌、抚州、赣州的敌军都不易增援；第三，打下了吉安，可以将整个赣西南苏区连成一片，使其成为巩固的后方，红军得到充分的补充和休整，就可以逐步沿赣江流域向南昌、九江推进，形成包围南昌的态势，以期建立江西全省苏维埃政权。

周以栗权衡利弊，思虑再三，终于被毛泽东说服。9月30日，周以栗在总前委会议上公开表示放弃再打长沙的主张，同意先攻取吉安的军事部署。

随即，红一军团按照总部命令，于10月2日赶到吉安以北埠田等地集结待命。10月3日午后2时，毛泽东、朱德于山前总部签发了《红一军团总攻吉安的命令》，对攻吉战斗作出具体部署。

三、攻克吉安重镇

吉安为赣江中游重镇，是赣西南地区政治、经济、文化、交通中心。驻守吉安的国民党军邓英第十三师一部约3个团兵力，驻防城外螺子山、真君山、天华山、神冈岭等阵地。自1930年9月5日赣西工农和

① 《中央革命根据地历史资料文库·党的系统》(2)，中央文献出版社、江西人民出版社2010年联合版，第1049—1050页。

红二十军第八次攻打吉安以来,城内守敌至今惊魂未定。

红一军团攻打吉安的战斗部署是:以第四军为左翼,向螺子山、真君山之敌攻击,以大校场至潘塘之道路为界线,线以左归第四军,线以右为第十二军;以二十军为正面向真君山、天华山之敌佯攻,左与第四军右与第三军确取联络,由第四军军长林彪指挥;以第三军(缺1个纵队)与第十二军共为右翼,向神冈岭、天华山之敌攻击,以太平桥、江边之道路为界线,线以左归第三军,线以右归十二军,三军右与十二军左与二十军确取联络,十二军左与三军取联络。各军攻击敌阵得手后,应以少数兵力监视炮楼内之敌,以主力攻城,并尽力截断城内与阵地上之敌联系。赣西南特委和苏维埃政府动员了赣西各县10万工农群众和地方武装,协助红军攻打吉安。

总攻时间定在10月4日拂晓。10月3日晚,担任左翼攻击任务的红四军攻城心切,不等三军还未完全进入阵地、十二军尚差一天路程,就急忙发起攻击。随后,红二十军和红三军也按预定方案打响。红四军攻占了城北雷公桥,1个连打进了北城门。因红十二军未赶到,红三军未全部集中投入战斗,对城西南敌阵地攻击不力,使得邓英得以从城西南抽调兵力增援城北。打进北城门的红四军1个连被迫退回城外。红二十军也攻占了真君山,与敌展开激烈的争夺战。10月4日下午2时,红十二军赶到,投入战斗。当晚9时,红一军团总部指挥各部乘夜向敌人再次发起总攻,首先从城西突破敌阵地,直插城中心中山路大街。城内守敌惧怕被歼,邓英早已令城内保安团、警察队接替了东门、北门防守阵地,并偷偷将船只集中在白鹭洲待命。当红军攻进城内时,邓英已率所部从白鹭洲登船,顺赣江向清江、南昌方向逃窜,红军发现敌军乘船逃跑,立即沿岸追击,截获小船4艘,俘敌220余人。因红三军团远在清江,未在峡江设防,逃窜之敌得以在新淦(干)登岸逃脱。

10月4日午夜,吉安全城为红军占领。10月5日,红三军团也攻占清江县城临江镇。

红军攻占吉安重镇，是在二打长沙失利后，“反对了立三路线的主张”所取得的一个重大胜利。“这次占领吉安，是有极大的政治意义”，对于中央苏区的建立和红军取得第一次反“围剿”的胜利，也是“有直接意义的”。①

四、江西省苏维埃政府的成立

1930年10月5日清晨，红一方面军总部暨红一军团总部、中国工农革命委员会及中共赣西南特委、赣西南苏维埃政府等领导机关，全部进驻吉安城。

乘着攻占吉安的声威，红军乘胜占领了吉安附近的吉水、峡江、新淦（干）等县城。从此，赣西南赤色区域连成一片，从寻乌到峡江，由南丰到永新，纵横700余里，人口400余万，横断江西半壁。

红军攻占吉安城后，中国工农革命委员会立即发布《告江西工农兵群众书》的布告，号召全江西的工农劳苦群众武装暴动起来，将革命推向前进。红一军团总部也发布《告商人书》，宣布红军的城市政策。中共赣西南特委、赣西南苏维埃政府在吉安城内设立“赣西南办事处”等机关，维持城内秩序，迅速肃清从赣西各县逃亡进城的豪绅地主与反动分子。

以毛泽东为书记的红四军前委，早在1929年4月初召开的瑞金会议上，就提出了“一年争取江西”的计划；并在半年前召开的二七陂头联席会议上，再次提出“夺取江西全省政权”的口号。现在吉安已被红军占领，江西全省近70%的区域已经赤化，成立江西省苏维埃政府的条件业已成熟。

1930年10月6日，红一方面军总前委与赣西南特委联合召开扩大会议，商研筹备成立江西省苏维埃政府，确定了省苏维埃政府委员

① 子任：《吉安的占领》，《红星报》第3期，1933年8月13日。

名单。中共赣西南特委还发布了《庆祝赣西南暴动胜利并成立江西省苏维埃群众大会宣传大纲》。

是年 10 月 7 日,有 13 万工农群众和红军将士参加的“庆祝吉安暴动胜利大会”,在吉安城中山场隆重召开。毛泽东、朱德等红军领导人出席大会并发表了热情洋溢的讲话。在这次大会上,正式宣布江西省苏维埃政府成立。

江西省苏维埃政府委员共 53 人,他们是:曾山、方志敏、萧韶、郭贞、刘其凡、陈正人、张国焘、毛泽东、刘仁、王桂生、欧阳五桂、李文林、邵式平、罗寿南、刘文甫、王伯年、陈婉如、刘九峰、彭德怀、袁德生、袁德熬、曾炳春、王怀、刘铁超、丛允中、龙超清、周鉴清、杜隆奎、罗炳辉、滕代远、萧道德、宋坤如、周高潮、朱昌偕、陈毅、李茂生、刘天干、许细毛、胡竹笙、黄公略、杨岳彬、左兰、龚桃兰、段起凤、邱达三、古柏、刘光万、金万邦、郭承禄、朱德、涂振农、王申选、刘门金。

江西省苏维埃主席:曾山。

江西省苏维埃政府内设秘书处、军事、财政、土地、教育、内务、外交、劳动、建设、司法等各专门委员会(亦称部),行使政府各部职权。

在庆祝大会上,发布了江西省工农兵苏维埃政府《宣布本府成立及政纲》的布告。布告宣布:“本府为代表江西劳苦群众的利益和要求,完成全省总暴动,争取江西首先胜利,于庆祝赣西南暴动胜利,万众欢腾的盛会当中,宣告成立,公布法令政纲,及对内对外宣言,本府为应付斗争需要,担负完成全省总暴动的一切任务,系临时组织性质,当于最短期间,召集全省工农兵代表大会,正式成立。”①

布告公布了江西省苏维埃政府的 13 条政纲:

1. 驱逐帝国主义的势力,收回九江庐山租界,取消教会外人所办

① 见中共江西省委党史资料征集委员会、江西省委党史研究室编:《江西党史资料》第 7 辑,1988 年内部版,第 199—200 页。

的学校,外国侨民仅只有在承认本政府一切法令的条件之下,方能准许他们有通商居住自由。

2. 消灭军阀制度,完成全省总暴动,争取武汉及其附近各省首先胜利,完成苏维埃的胜利。

3. 消灭军阀豪绅地主及一切反动派的武装,武装革命工农群众,扩大红军到一百万,优待红军家属,分给士兵土地,派人帮助家属耕田,改善士兵生活。

4. 执行全国苏维埃区域代表(大会)所颁布的土地暂行法,完成江西全省土地没收与分配,各县苏维埃凡按照多数贫农利益平分了田地的一律有效。

5. 政府帮助贫苦农民,组织生产合作社,贩卖合作社,借贷合作社,改良农田水利,增进农业生产。

6. 执行全国苏维埃区域代表大会所颁布的劳动保护法,实行八小时工作制。增加工资,失业救济,社会保险及工人监督生产等。

7. 取消国民政府、江西政府及各县政府、国民党党部、警察队等所抽收的一切苛捐杂税,实行为工农劳苦群众谋利益的统一的累进税。

8. 承认妇女在政治上经济上与男子有同等权利,离婚结婚有绝对自由。

9. 保障青年的利益,实行青年工作六小时制,同等工作同等待遇。

10. 除军阀官僚及反革命分子所经营的商店工厂一律没收外,凡是确遵苏维埃政府一切法令的私人资本,准许其自由经营商业。

11. 在城市及农村中普遍设立劳动学校,儿童青年工农失学的工农群众一律免费入学。

12. 一切革命群众有集会结社言论出版的绝对自由。

13. 联络苏联及全世界无产阶级。①

在庆祝大会上,还通过了《坚决进攻南昌、九江》等决议案,宣读了《致全世界无产阶级书》《致全国工农兵劳苦群众书》等文告。

与此同时,红一方面军总前委还召集赣西南各县党的负责人扩大会议,根据中央关于合并党、团、工会领导机构,建立各级行动委员会的指示,决定成立江西省行动委员会,以李文林等 13 人组成,李文林为书记,陈正人为宣传部长,丛允中为组织部长,李白芳为代理秘书长。省行委之下,分别设立赣西、赣南、赣东、赣东北、赣西北行动委员会。

江西省苏维埃政府所辖的区域有:"峡江、清江、新干、新喻(余)、分宜、吉水、永丰、安福、莲花、永新、遂川、泰和、万安、兴国、于都、信丰、安远、寻乌、南康等县,均同时占领着,其他宁都、乐安、广昌、南丰、瑞金、石城,都曾占领一时期,整个赣西南及赣东一部分都完全赤化。"②

江西省苏维埃政府的成立,使江西红色区域的革命斗争有了统一的领导机关,并为中央苏维埃区域的形成创造了条件,奠定了基础。可以说,毛泽东在 1929 年 4 月提出的"一年争取江西"的计划,至此已基本实现。

五、中央苏区的初步形成

江西省苏维埃政府,是继湖南省苏维埃政府之后,在全国公开宣布成立的第二个省级苏维埃红色政权。只是湖南省苏维埃政府宣布

---

① 参见《江西省工农兵苏维埃政府布告——宣布本府成立及政纲》,1930 年 10 月 7 日。载中共江西省委党史资料征集委员会、江西省委党史研究室编:《江西党史资料》第 7 辑,1988 年内部版,第 200—201 页。

② 赣西南特委:《赣西南的(综合)工作报告》,1931 年 9 月 20 日。见江西省档案馆、江西省委党校党史教研室编:《中央革命根据地史料选编》(上),江西人民出版社 1982 年版,第 405 页。

成立后没几天，就随红三军团撤出了长沙城，以后基本没有实际行使过职权。江西省苏维埃政府成立后，立即建立起各部门工作机构，对全省各地苏维埃区域有序地行使其领导职权。在江西省苏维埃政府和各级党组织的领导下，江西苏区得到进一步的巩固扩大，拥有 31 个县的“纵约四百里，自赣县至永丰；横约三百里，由万安至瑞金”的广阔地域，“终于形成了一片总的有联系的苏区，成为中国苏维埃（中央）临时政府的胎盘”。①

“中国苏维埃（中央）临时政府的胎盘”源于江西中央苏区，而对此作出重大贡献的是中共中央，尤其是周恩来的不懈努力。

1930 年 8 月 26 日，中央总行委在上海召开主席团会议时，周恩来在发言中就最早提出要巩固统一苏维埃区域，提议在苏区成立党的中央局。这次会议决定在湘、鄂、赣 3 省苏区成立中央分局，称湘、鄂、赣苏区中央局。这就是说，中共中央在这时就有意将湘、鄂、赣三省苏区建设成为中央苏维埃区域的筹划。

1930 年 10 月 3 日，中共中央政治局会议初步确定了中共苏区中央局组成人员。10 月 17 日，中共中央政治局会议最终确定了中共苏区中央局成员名单，并讨论决定了苏维埃区域中央军事委员会组成人员名单。

鉴于江西省苏维埃政府已于 1930 年 10 月 7 日宣告成立，赣西南苏区已成为全国最大最为巩固的一块革命根据地，湘鄂赣边苏区与赣西南苏区紧紧相连，也较为巩固，1930 年 10 月 24 日，中央政治局在讨论通过的《关于苏维埃区域目前工作计划》便明确作出决定：

我们现在确定湘鄂赣联接到赣西南为一大区域，要巩固和发

① 《江西的中央苏区》（特约通讯），1931 年 9 月 3 日自江西瑞金发，见江西省档案馆、江西省委党校党史教研室编：《中央革命根据地史料选编》（上），江西人民出版社 1982 年版，第 392 页。

展它成为苏区的中央根据地。环绕着它的首先是赣东北与湘鄂边两个苏区根据地，再则，鄂东北与闽粤赣两个苏区也很重要。广西的苏维埃隔离中央苏区太远，必须向着湘南发展，才能打通这一区域。①

这个计划还指出：

> 为要巩固各苏区根据地而向外发展，必须首先注意于各苏区的联系配合与一致的行动。在中央苏区中，湘鄂赣与赣西南的主要联系在樟萍线与株萍线……中央区与赣东北的联系亦须打通，经过抚州南城这一线不过两三县之隔，西南与东北便可贯通……中央区与湘鄂边的直接联系较为困难，但平浏鄂南的发展与鄂西的行动，必须有沿江沿铁道的配合……闽粤赣这一苏区，无论如何总要保持它与赣西南可以打成一片的联系……广西苏区的发展，只有向着湘南北江才能与中央苏区直接的联系起来。这些根据地的配合与联系的实现，要决定于各地党部的指导与军事行动能否完全一致；因此，中央政治局便决定在中央苏区立即设立中央局，目前在指导整个苏维埃区域之党的组织，同时，并在苏区成立军事委员会以统一各苏区的军事指挥。②

这是中共中央文件中最早正式提出“中央根据地”、“中央苏区”、“中央局”、“中央区”的概念定位与区域范围。

在这个文件中，中央已经明确指出了“中央苏区”的重要地位、作用以及它与全国各苏区的联系和发展方向。

据此可以认为：尽管统一领导全国各苏区党的组织和军事工作的中共苏区中央局和苏维埃中央军委，暂时尚未在中央苏区内正式成

---

① 中央档案馆：《中共中央文件选集》第 6 册，中共中央党校出版社 1989 年版，第 429 页。

② 中央档案馆：《中共中央文件选集》第 6 册，中共中央党校出版社 1989 年版，第 431—432 页。

立,但中共中央在1930年10月正式认定“中央苏区”的区域定位已是不争的事实,“中央苏区”已在实际上初步形成。

由于形势发展的变化,湘鄂赣苏区与赣西南苏区后来一直未能连成一片,因此湘鄂赣苏区未能成为中央苏区的组成部分。

1931年4月,中共中央对中央苏区的区域范围作了调整,将闽粤赣(即闽西)苏区划入中央苏区的范围,指出:“闽粤赣是整个中央区的一部分,他应当巩固这一根据地打通中央区的联系。”同时指出,闽粤赣苏区在目前情况下可先不急于打通与中央苏区的联系,而应该首先巩固闽粤赣苏区,使之成为中央苏区的巩固后防。[①] 闽粤赣(闽西)苏区与江西中央苏区真正连成一片,是在中央苏区红军取得第三次反“围剿”战争胜利以后的1931年秋。

综上所述,我们可以认定:中央苏区的初步形成时间是在1930年10月。

持此看法的主要依据有二:

一是当时中共中央的定位。1930年10月24日,中共中央政治局在发往全国各苏区的《关于苏维埃区域目前工作计划》的文件中,就把赣西南苏区确定为“苏区的中央根据地”,称之为“中央苏区”、“中央区”,并“决定在中央苏区立即设立中央局”。尽管这时赣西南苏区与闽西苏区尚未连成一片,但中央认为这是完全可以打通而“先不急于打通”的,几个月后,中央即把闽西苏区划入中央区的范围了。可见,在当时的中央看来,赣西南苏维埃区域的连成一片,已为中央苏区的初步形成奠定了框架基础。

二是当时江西省苏维埃政府的成立。这是中国共产党领导创建

---

① 《中央给闽粤赣特委信——闽粤赣目前形势和任务》,1931年4月4日。见中共龙岩地委党史资料征集领导小组、龙岩地区行署文管会编:《闽西革命史文献资料》第五辑,1984年内部版,第133—135页。

的与国民党当局白色统治相抗衡的省级苏维埃红色政权，其所统辖的范围有江西 19 个红军“全占县”和 6 个“曾占县”，换言之，这 25 个县都曾经和正在为共产党和红军所占领，表明“整个赣西南及赣东部分都完全赤化”。这横断江西半壁的赣西南苏区实体的存在，明显标志着中央苏区业已初步形成。

第四章 中央苏区的土地革命

第一节 土地革命的兴起

一、中共成立后重视农民问题和农民运动

半封建、半殖民地的旧中国，全国人口总数的80%是农民。而旧中国的土地制度是封建主义的土地私有制，土地总数的70%以上被占人口总数比例极小的地主、富农（包括公共地主）和寺庙占有，而占人口总数70%以上的贫苦农民仅占有土地总数的20%～30%。

> 中央苏区在土地革命以前和一切中国农村一样，被束缚在封建的压榨关系之下。据调查，此区土地全部百分之八十集中于地主阶级手里（祠堂寺庙富农也在内），尤其肥沃的土地是完全为地主富农所有。但人口的阶级比例，则以贫农为最多，占全人口百分之七十以上。地主富农经过地租与高利贷的剥削形式，使一般贫苦农民与工人过着奴隶一样痛苦的生活。①

---

① 《江西的中央苏区》，1931年9月3日。见江西省档案馆、江西省委党校党史教研室编：《中央革命根据地史料选编》（上），江西人民出版社1982年版，第394页。

中国农村广大无地和少地的农民，为了生存，不得不向拥有大量土地的地主豪绅和公堂寺庙租地耕种，承受着封建地主阶级残酷的经济剥削和政治压迫。这种封建主义的土地所有制，严重阻碍近代中国社会生产力的发展。封建地主阶级还是外国帝国主义侵略和统治中国的最主要的依靠力量。因此，近代中国民族、民主革命的主要任务，就是对外推翻帝国主义的欺凌和压迫，对内推翻封建地主阶级的统治和压迫。而占中国人口多数的广大贫苦农民，正是中国民族、民主革命最广大的动力，正是中国革命的主力军。

中国共产党成立后，对于中国农民问题的严重性和开展农民运动的重要性，在认识上一开始就很明确。早在1921年4月，中共第一个党刊《共产党》月刊第3号，就发表《告中国的农民》一文，以马克思主义的阶级分析方法，分析中国农民状况，指出："中国农民占全人口的大多数，无论在革命的预备时期，和革命的实行时期，他们都是占重要位置的。设若他们有了阶级的觉悟，可以起来进行阶级斗争，我们底社会革命，共产主义，就有了十分的可能了。"①同年6月，出席共产国际第三次代表大会的中共代表张太雷，在向大会提交的书面报告中，也分析了中国农村情况，认为中国是一个农业国，农民是全国劳动人口中的主要成分。中国无地和少地的农民，长期遭受地主的残酷剥削，生活越来越困难。但"农民几乎全是文盲，他们没有任何组织，缺乏阶级自我意识。他们俯首听命，简直令人吃惊……然而中国共产党知道，这种俯首听命只是暂时的，不管中国农民多么愚昧和不觉悟，他们必将同工人群众一道为争取自由和土地而同帝国主义者和农场主展开斗争"②。张太雷的报告，对于共产国际领导人了解中国农村情

① 《共产党月刊》第3号，1921年4月7日出版，第3页。

② 《共产国际、联共(布)与中国革命档案资料丛书》第2卷，北京图书馆出版社1997年版，第170页。

况起到了帮助作用。

陈独秀于1923年7月1日在《前锋》发表《中国农民问题》一文。他认为在中国"不可忽视了农民的力量","农民占中国全人口之大多数,自然是国民革命之伟大的势力,中国之国民革命若不得农民之加入,终不能成功一个大的民众革命"。他在文章中根据中国农民的经济地位,对农民的阶级性进行分析,进而指出中国共产党在农民问题上应该采取的策略和应注意的问题。

邓中夏对中国农民问题也较早开始重视。1923年10月31日,他在《团刊》第2号发表《本团应注意农民运动》文章,说:"现在中国社会的经济基础,谁也承认还是农业……农民至少占全国人口三分之二以上,中国不革命则已,欲革命我们不教育,煽动,领导这占人口大多数之农民积极的参加,那有希望。所以我们现在要积极分出精力来做农民运动,是不该有疑问的,是必须充分了解的"①。同年12月29日,邓中夏在《论农民运动》一文中,明确认定农民与工人、兵士是中国革命的三大主力军。他从浙江萧山、江西萍乡及马家村、青岛盐田、广东海丰、湖南衡山等地兴起的农民运动中,看到了农民积极参加革命的希望。由此他断定:"中国农民已到了要革命觉醒时期了"②。1924年1月5日,他又在《中国青年》第13期发表《中国农民状况及我们运动的方针》一文,进一步认为"中国农民的觉悟是到了要农会的程度,能力是到了敢于反抗压迫阶级的时候"③。

毛泽东在建党初期首先关注的是工人运动,但他对农民问题并没有完全忽视。1923年6月,毛泽东在中共三大会上就农民问题作了重要发言。他认为:任何革命,农民问题都是最重要的,"如果中共也注

① 《邓中夏文集》,人民出版社1982年版,第32页。
② 《邓中夏文集》,人民出版社1982年版,第51页。
③ 《邓中夏文集》,人民出版社1982年版,第57页。

重农民运动，把农民发动起来，也不难形成像广东这类的局面”①。中共三大通过的《农民问题决议案》，就是由毛泽东和谭平山起草的。

李大钊也撰写了《土地与农民》一文，于1925年12月在《政治生活》第62期至67期连载发表。他在文章中首先考察了中国历代推行的土地制度，然后指出：“在经济落后沦为半殖民的中国，农民约占总人口百分之七十以上，在全人口中占主要的位置，农业尚为其国民经济之基础。故当估量革命动力时，不能不注意到农民是其重要的成分。”并说：“中国的浩大的农民群众，如果能够组织起来，参加国民革命，中国国民革命的应功就不远了。”②

瞿秋白、阮啸仙等都在1926年先后撰写文章，阐述必须重视农民问题的理由。

中共对于开展农民运动，在行动上是积极的。早在1921年9月，经过中共早期党员沈玄庐等宣传发动，浙江萧山就成立了衙前农民协会，随后发展到绍兴、曹娥等县的几十个村庄，先后建立农民协会80余个。1922年，从日本留学回国后加入中国社会主义青年团的彭湃，也在自己的家乡广东海丰县开展农民运动。1923年1月，中国第一个县级农民组织——海丰县总农会宣告成立。在彭湃的领导下，广东东江地区农民运动蓬勃发展起来。湖南衡山岳北地区的农民运动，也在湖南共产党组织领导下开展起来，1923年9月成立了湖南第一个农运组织——岳北农工会。国共合作关系建立后，中共认真贯彻共产国际指示，积极帮助国民党开展农民运动。1924年夏建立的国民党中央农民部，主要是共产党人在那里领导；各期农民运动讲习所的学员，大部分是共产党人和共产党组织推荐的革命青年；广东、湖南、湖北、江西等地轰轰烈烈开展的农民运动，主要也是共产党人在那些地方努力工

① 张国焘：《我的回忆》第1册，现代史料编刊社1980年版，第294页。
② 《李大钊选集》，人民出版社1959年版，第510页、520页。

作的结果。

二、共产国际与中共土地革命方针的确立

然而,中共成立后虽然重视农民问题,重视发动农民参加民主革命,却不重视发动农民开展土地革命,帮助农民解决土地问题。中国的土地革命运动,是在共产国际直接帮助和指导下开展起来的。

共产国际(第三国际)在1919年3月成立伊始,就对各国农民问题非常重视。1920年8月4日,在俄国彼德格勒召开的共产国际第二次代表大会上,通过了列宁亲自为大会起草的《土地问题提纲》。该提纲虽然主要是根据欧美等发达资本主义国家农村和农民现状,提出了无产阶级对各阶层农民应取的态度与策略,但同时强调:"在那些大规模农业只占相对极小的比重,而大量小农又希望得到土地的国家和地区内,将大业主的土地分配给他们,乃是争取农民拥护革命的最可靠的办法。"①这里所说的"大规模农业只占相对极小的比重,而大量小农又希望得到土地的国家和地区",主要是指包括中国在内的东方各落后国家和地区。1922年11月5日至12月5日,共产国际召开第四次代表大会。大会通过的《关于东方问题的总提纲》中,确立了解决东方各落后国家农民土地问题的基本原则,这就是:在各国共产党领导下,发动和组织农民通过革命手段,没收大土地所有者所占有的土地,将其分配给无地和少地的农民耕种。中国大革命运动初期,共产国际就对国共两党明确提出,必须领导农民开展土地革命,没收地主土地分配给贫苦农民,认为只有这样才能使中国民族和民主革命真正获得胜利。

毫无疑义,共产国际执委会要求中国共产党在开展反帝反封建革命运动中,必须领导农民开展土地革命的指示,符合中国实际情况,是

① 《共产国际、联共(布)与中国革命档案资料丛书》第2卷,北京图书馆出版社1997年版,第157页。

正确的。由于共产国际正在积极促成中国共产党与中国国民党合作开展革命运动，而孙中山很早就提出了“平均地权”口号，因此共产国际将中国开展土地革命的希望更多地寄托在国民党身上。

可是，孙中山提出“平均地权”，其实质内容并不是要真正实现“耕者有其田”。在1924年1月召开的国民党第一次全国代表大会发表的宣言中，孙中山“平均地权”主张的主要内容得到了充分表述。这就是：(一)国家规定土地法，土地使用法、土地征收法及地价税法，由政府进行土地管理及征税事宜；(二)私地由地主报价，国家就价征税，必要时依价收买；(三)国家当给佃农以土地，资其耕种。显然，这是一种意图通过“和平赎买”地主土地然后由国家对土地进行调剂来实现“平均地权”的办法，而不是像共产国际所提出的通过发动农民开展土地革命、没收地主土地无偿分配给农民来实现“平均地权”的办法。共产国际驻中国代表、国民党中央执委会总政治顾问鲍罗廷，认为这种办法不现实，在中国当时行不通。鲍罗廷试图以更现实更具体的形式提出土地问题，却遭到了孙中山本人的反对。孙中山对鲍罗廷说：“我完全同意您的意见，土地改革是必要的，但我们不能贯彻执行，因为我们的农民没有文化没有组织起来，在我们和农民之间有豪绅，如果我们颁布法令，那么这个法令会首先落到豪绅手里(如果法令能传到农村的话)，豪绅就会利用法令来反对我们，并且他们不仅把军阀而且也把农民发动起来反对我们。”①

显然，孙中山不赞成共产国际关于通过发动农民开展土地革命、没收地主土地无偿分配给农民的办法来实现他的“平均地权”思想。后来的事实证明，国民党不想也不可能、更无能力在中国开展土地革命，帮助农民解决土地问题。

---

① 《共产国际、联共(布)与中国革命档案资料丛书》第3卷，北京图书馆出版社1998年版，第127—128页。

中共对于共产国际要求在中国开展土地革命、没收大土地所有者土地分配给贫苦农民的指示，初始态度并不明朗，甚至持反对态度。1923 年 6 月中共第三次代表大会通过的《农民问题决议案》，区区只有 250 余字，只是说到："我党第三次大会决议认为有结合小农佃户及雇工以反抗牵〔宰〕制中国的帝国主义者，打倒军阀及贪官污吏，反抗地痞劣绅，以保护农民之利益而促进国民革命运动之必要。"①对于开展土地革命、没收地主土地分配给农民，决议中只字未提。1924 年 1 月 18 日，中共出席国民党第一次全国代表大会的 20 名代表开会，讨论国民党第一次全国代表大会宣言等文件。在谈到土地问题时，共产国际代表鲍罗廷介绍了他向国民党方面提出的建立"土地储备"制度建议。鲍罗廷的建议，实际上就是对大土地所有者的土地以及那些占有却自己又不耕种者的土地，进行"赎买"或者无偿剥夺，集中到国家手中作为土地储备，然后将其分配给贫苦农民。对鲍罗廷的建议，李大钊认为："关于土地储备问题也可以不坚持，因为如果我们反对赎买的人太少，那么我们现在公开反对土地所有者合适吗？我们谈到大土地所有者，但这在我们的定义中是指很大的土地所有者，但在中国总的说来这样的土地所有者不多。当然可以坚持这一点，但在中国的条件下，这样的土地所有者往往是不大的。我们可以坚持让农民得到土地，而不指出其来源。"②谭平山发言表示支持李大钊的意见。毛泽东发言时也认为：中国社会分化还没有达到能够动员和组织农民公开反抗富裕土地所有者的程度，"所以，只要我们还不确信我们在农村拥有强有力的基层组织，只要我们在很长时期内没有进行宣传，我们就不

① 《中共中央文件选集》第 1 册，中共中央党校出版社 1989 年版，第 151 页。

② 《共产国际、联共(布)与中国革命档案资料丛书》第 1 卷，北京图书馆出版社 1997 年版，第 469 页。

能下决心采取激进的步骤反对较富裕的土地所有者"①。

这表明,李大钊、谭平山和毛泽东,这时都不赞成共产国际关于在中国开展土地革命、没收大土地所有者土地分配给农民的主张。

为什么中共积极开展农民运动,却又不赞成开展土地革命、没收地主土地分配给农民呢?是因为中共认为中国农民觉悟还没有达到起来公开反对地主阶级的程度。毛泽东对此曾解释说:"我们凭经验知道,当我们还不能组织无地的农民去反对大土地所有者时,我们必然要遭到失败。例如,在湖南省长沙、浙江省杭州、湖南省衡山、广东省惠州就发生过这种情况。在这些地方我们起先组织不识字的农民,然后领导他们同较富裕的、较大的土地所有者进行斗争。结果怎么样呢?我们的组织立刻遭到破坏,被查封,而所有这些农民不仅未认识到我们是在为他们的利益而斗争,甚至还仇视我们,他们说:如果不把我们组织起来,就不会发生任何灾难,任何不幸。"②这可以视为是一种务实的态度。

共产国际领导人对中共的态度感到不满,他们力促中共开展土地革命。共产国际东方部远东处代表维经斯基,在帮助中共中央筹备召开四届二次扩大会议时,就对中共领导层强调,"如果我们不提出直至没收土地的更激进的要求",就不能把农民"吸引到革命方面来"③。在维经斯基的帮助和促使下,1925 年 10 月,在中共中央四届二次扩大会议通过的《中国现时的政局与共产党的职任议决案》中,才明确决定:"中国共产党对于农民的要求,应当列成一种农民问题政纲,其最

① 《共产国际、联共(布)与中国革命档案资料丛书》第 1 卷,北京图书馆出版社 1997 年版,第 470 页。

② 《共产国际、联共(布)与中国革命档案资料丛书》第 1 卷,北京图书馆出版社 1997 年版,第 470 页。

③ 《共产国际、联共(布)与中国革命档案资料丛书》第 1 卷,北京图书馆出版社 1997 年版,第 692 页。

终的目标,应当没收大地主军阀官僚庙宇的田地交给农民。中国共产党应当使一般民主派知道没收土地是不可免的政策,是完成辛亥革命的一种重要职任。"①

这是中共第一次在党内提出解决农民土地问题。作出这个决定具有重要意义,它表明中共在解决农民土地方面向前迈进了一大步。

一年以后,根据中共中央四届二次扩大会议通过的上述决议,中共中央政治局与共产国际远东局代表于1926年11月4日至5日召开联席会议,拟定了《中国共产党关于农民政纲草案》,准备提到国际执委会第七次全会审查和提交中共五大讨论。政纲草案内容包括9条:"(一)推翻农村中劣绅的政权,并要由革命的农民建立平民的政权。(二)革命的农民参加县政府组织。(三)武装农民,乡村中一切武装势力受乡村的革命民众政权所指挥。(四)没收大地主,军阀,劣绅及国家,宗祠的土地归给农民。(五)保证佃户在其所耕种地上有无限期租佃的权利,并由农会合同革命政权的代表规定租课额。(六)禁止一切欺压迫的契约,包农转租契约亦包含在内。(七)取消以前关于租佃的欺压的契约和欠账,禁止重利盘剥。(八)规定整个一定的农业税,取消苛捐杂税,废除陋规。(九)国家经过农村革命政权机关之手以帮助农民和农村经济。"②1926年11月6日,维经斯基将这一政纲草案报请共产国际执委会批准。

上述政纲草案中关于土地没收和分配一项,只提出"没收大地主,军阀,劣绅及国家,宗祠的土地归给农民",而对于中、小地主的土地如何处置、给农民分配土地采何种具体办法等问题没有涉及,显得不足。虽如此,仍可说这是一个较为完整的农民问题政纲。这个政纲草案得以制定,共产国际远东局代表功不可没。

---

① 《中共中央文件选集》第1册,中共中央党校出版社1989年版,第462页。

② 《中共中央文件选集》第2册,中共中央党校出版社1989年版,第436—437页。

随着国共合作领导的国民革命运动深入开展，中共党内对农民运动和土地革命的认识也在发生着深刻变化，其中以毛泽东和陈独秀最为突出。

毛泽东在1924年春不赞成发动农民开展土地斗争、没收地主土地。然而1年后，毛泽东的这一认识就发生了很大变化。1925年2月至同年8月，毛泽东在湖南韶山养病期间，深入调查家乡农民和农村现状，指导建立中共韶山支部，创办农民夜校和农民协会，开展农民运动。半年的农民运动实践，使毛泽东对农民问题和开展土地革命的认识有了深刻的变化，开始对共产国际关于在中国开展土地革命的主张，表示明确支持。他在1925年12月1日发表的《中国社会各阶级分析》一文中，将农民中的自耕农列为小资产阶级，将半自耕农、贫农，都列为半无产阶级，认为“一切半无产阶级、小资产阶级，是我们最接近的朋友”①。1926年1月1日，他又写了《中国农民中各阶级的分析及其对于革命的态度》一文，在国民党中央农民部机关刊物《中国农民》上发表。同年3月开始，他担任广州农民运动讲习所所长，倾全力培养农民运动领导骨干。1926年9月1日，他为农讲所主编的《农民问题丛刊》写了一篇序言，题为《国民革命与农民运动》。毛泽东认定：

> 农民问题乃国民革命的中心问题，农民不起来参加并拥护国民革命，国民革命不会成功；农民运动不赶速地做起来，农民问题不会解决；农民问题不在现在的革命运动中得到相当的解决，农民不会拥护这个革命。②

1926年11月，毛泽东受命担任中共中央农民运动委员会书记，负责筹划推动全国农民运动的开展。1927年初，为了答复党内党外对于农民革命斗争的种种责难，他回湖南做了32天的农民运动考察，随后

① 《毛泽东选集》第一卷，人民出版社1991年版，第9页。
② 《毛泽东文集》第一卷，人民出版社1993年版，第37页。

写出了著名的《湖南农民运动考察报告》,为湖南农民运动蓬勃发展的大好形势和巨大成就大声叫好,对革命农民的革命行动给予坚决支持。他在结束湖南农民运动调查回到武汉后给中央的报告中,鲜明地提出:“农民问题只是一个贫农问题,而贫农的问题有二个,即资本问题与土地问题。这两个都已经不是宣传的问题而是要立即实行的问题了。”[①]1927年4月,他在出席国民党中央土地委员会发言时,对于解决农民土地问题,进一步提出应明确解决土地问题的意义,确定没收土地的标准和分配的办法、以何机关名义去没收土地,土地没收分配以后是否禁止买卖,如何征收土地税等问题。这表明此时毛泽东对开展土地革命,不仅是极力赞成和支持,而且在深入思考如何具体实施了。

而作为中共领导人的陈独秀,却随着国民党内的右派势力越来越嚣张,特别是“中山舰事件”后,蒋介石的反共面目逐渐暴露,国民党内一些地主资产阶级代表人物对各地农民运动的指责甚嚣尘上,国共合作局面随时有可能遭到破坏的局势发展,他的右倾错误也逐渐发展,十分担心农民运动继续深入开展,会破坏国共合作局面,因此对农民运动和土地革命由赞成、支持转变为指责、反对。1926年7月12日至18日,中共中央在上海召开中央执行委员会第三次全体(扩大)会议。陈独秀在会上作政治报告时,指责“农民运动在各地均发生左倾的毛病,或提出口号过高,或行动过左,往往敌人尚未打着而自己已受很大的损失”[②]。会上“讨论农民问题时曾发生意见分歧。有人建议提出‘土地归农民’的口号和在农村成立农民委员会。中央反对这些建议”[③]。结果会议通过的《农民问题决议案》,没有提及解决农民土地

① 转引自金冲及主编《毛泽东传》上册,中央文献出版社1996年版,第126页。

② 《中共中央文件选集》第2册,中共中央党校出版社1989年版,第172页。

③ 《共产国际、联共(布)与中国革命档案资料丛书》第3卷,北京图书馆出版社1998年版,第582页。

问题,认为“不可简单的提出打倒地主口号”[①],并且提出不能放任农民无组织的自由行动,规定了一系列限制农民革命斗争的办法。1926年11月5日至6日,共产国际执委会远东地区局委员与中共中央执委会委员在上海召开联席会议,讨论农民问题。陈独秀在会上发言,强调:“在农民问题上同国民党的关系问题是很复杂的。现在我们无论如何必须保持同国民党左派的联盟。”还说:“从同帝国主义作斗争的角度来说,越是左,无产阶级和农民在其斗争中就越是孤立。”[②]可见,陈独秀十分害怕农民运动“过左”会破坏与国民党左派的联盟。

1926年12月,陈独秀的右倾错误有了新的发展,不仅更加系统化,而且更加完备。表现在农民运动和土地革命方面,他在1926年12月中旬召开的中共中央汉口特别会议上所作政治报告中,公开批评共产国际代表鲍罗廷提出只有“赞成解决土地问题的,才是真正左派,现在国民党中无左派”的观点,说鲍罗廷的观点“这是一种新奇的逻辑”;认为“鲍同志这种错误见解的原因:一是所定左派的标准太高;二是忽略了中国目前争斗的问题”[③]。陈独秀还在政治报告中指责党内那些主张解决农民土地问题的同志说:“目前中国大多数农民群众所争的还是减租减息,组织自由,武装自卫,反抗土豪劣绅,反抗苛捐杂税这些问题,而不是根本的土地问题,他们都还未能直接了解到这个根本问题……若是马上拿农民群众还未能直接了解的土地问题做争斗口号,便是停止争斗;若是拿赞否解决土地问题做国民党左派标准,自然是没有左派。”他主观地认为:现实的情况是,农民群众对减租减息比解决土地问题希望更迫切;赞助减租减息国民党左派的存在,比赞助农民解决土地问题国民党左派的出现更能让农民满意,“想象未

① 《中共中央文件选集》第2册,中共中央党校出版社1989年版,第210页。

② 《共产国际、联共(布)与中国革命档案资料丛书》第3卷,北京图书馆出版社1998年版,第611—612页。

③ 《中共中央文件选集》第2册,中共中央党校出版社1989年版,第563页。

来更左的一派而否认现在的左派,便等于专候下礼拜吃鱼肉,把今天吃豆腐白菜维持生活看做不必要”①。

陈独秀关于农民运动和土地革命的右倾错误,不仅表现在理论上,也表现在行动上。根据陈独秀旨意,中共中央汉口特别会议通过《关于湘鄂赣三省农运决议案》,决定撤换担任湖南、湖北两省国民党省党部农民部长的共产党员,“改用国民党左派分子,以免 C. P. 因包办而孤立当中的危险”②。1927 年春武汉汪精卫领导的国民政府出台限制各地农民运动和土地革命文告,陈独秀不仅不反对,甚至表示支持。当蒋介石已公开叛变革命、武汉国民政府与蒋介石已公开决裂之时,陈独秀仍认为“不能为了削弱反动派的基础来加剧农村的阶级斗争”③。他在中共五大上作报告时,虽然认为目前“农民运动已经到了解决土地问题的时刻”,承认“过去,我们党限制了农民运动,而现在必须没收大地主和中等地主的土地”,但他仍然认为“根据我们的纲领,我们应没收一切地主的土地,可是目前需要与小资产阶级建立联盟,因而,尽管我觉得过去我们在这个问题上的策略太右了,但是,目前就没收一切地主的土地,毕竟是太激进了”④。

中共五大召开前夕,毛泽东邀集彭湃、方志敏等各省农协负责人开会,议定出一个广泛地重新分配土地的方案,提交给这次大会讨论,却被大会拒绝,陈独秀甚至没有把它拿出来讨论。对共产国际关于开展土地革命的指示,陈独秀也一再拒绝接受。正因为如此,共产国际出席中共五大代表团罗易等人提出建议,“应在代表大会后立即将陈

① 《中共中央文件选集》第 2 册,中共中央党校出版社 1989 年版,第 564 页。

② 《中共中央文件选集》第 2 册,中共中央党校出版社 1989 年版,第 580 页。

③ 《共产国际、联共(布)与中国革命档案资料丛书》第 3 卷,北京图书馆出版社 1998 年版,第 203 页。

④ 《共产国际、联共(布)与中国革命档案资料丛书》第 3 卷,北京图书馆出版社 1998 年版,第 352—353 页。

独秀作为党的代表召到莫斯科"[①],让他离开中共领导岗位。

鉴于中共领导人陈独秀的右倾主义错误逐渐发展并日益严重,对发动农民开展土地革命持消极甚至反对态度,共产国际、联共(布)中央采取了一系列措施,坚决阻止中共在土地革命问题上往后倒退,积极地推动中国土地革命运动开展。

大革命运动失败的残酷现实,使中国共产党认识到,要真正解决农民问题,必须开展土地革命,必须建立真正代表工农根本利益的工农革命政权。1927 年 7 月中旬,中共中央决定完全接受共产国际指示和建议,不仅确立了开展土地革命的正确方针,而且开始了实际行动。1927 年 8 月 7 日,在共产国际新派驻中国代表罗明纳兹帮助下,中共中央在汉口召开紧急会议,全面纠正陈独秀右倾机会主义错误,最终确定"土地革命问题是中国资产阶级民权革命中的中心问题"。会议所确立的实行土地革命和武装反抗国民党反动派的总方针,就是力图通过武装斗争手段,达到建立工农革命政权,实行土地革命,满足农民土地要求之目的。

但是,由于受苏俄革命经验的影响,党将武装斗争的重点放在城市,结果屡屡失败。幸而毛泽东在领导湘赣边界秋收起义受挫后及时引兵井冈,创建了中国共产党领导的第一个农村革命根据地,将武装斗争与土地革命、根据地建设紧密结合来,开辟和创造了一条建立农村革命根据地,以农村包围城市,最后夺取全国胜利的道路,从而为彻底解决中国农民的土地问题找到了一条正确的途径。

三、中共早期土地政策

然而,要彻底解决中国农民的土地问题,党还必须制定出符合中国国情和农村实际的土地革命的路线、方针和政策。在这方面,中国

---

① 《共产国际、联共(布)与中国革命档案资料丛书》第 4 卷,北京图书馆出版社 1998 年版,第 210 页。

共产党经历了一个曲折的探索过程。

中国共产党在第五次全国代表大会之前,尚未对农民土地问题作过专门的决议。中共“五大”首次作出了一个《土地问题决议案》,提出了农民革命政纲,制定了相应的斗争策略,规定“没收一切所谓公有的田地以及祠堂、学校、寺庙、外国教堂及农业公司的土地,交诸耕种的农民”;“无代价的没收地主租与农民的土地,经过土地委员会,将此等土地交诸耕种的农民”;并且规定小地主土地不没收,革命军人现时已有的土地不没收;取消地主政权,建立农民自治政府;解除乡村中的反动武装,建立农民自卫军[①];等等。但是,由于陈独秀一味推行右倾机会主义,这些政纲和规定并未付诸实施。

党的八七会议前进了一大步。在其作出的《最近农民斗争决议案》,对土地改革的政策作出了若干原则规定:1. 没收大地主中地主及祠族庙宇等土地,分给无地的农民;2. 小地主的土地不没收,实行减租;3. 没收高利贷者财产,取消高利贷者的债务;4. 乡村政权属于农民协会;5. 解除乡村中地主武装而武装农民;6. 实行抗租抗税;7. 农民运动的主要力量是贫农。这些规定当然是很不具体很不全面的,尤其是对中、小地主的界限不好掌握、实施。

为此,毛泽东在会议上提出了4条意见:“1. 大中地主标准一定要定,不定则不知何为大地主中地主。我意可以五十亩为限,五十亩以上不管肥田瘦田通通没收。2. 小地主问题是土地问题的中心问题。困难的是在不没收小地主土地,如此,则有许多没有大地主的地方,农协则要停止工作。所以要根本取消地主制,对小地主应有一定的办法。现在应解决小地主问题,如此方可以安民。3. 自耕农问题。富农中农的地权不同。农民要向富农进攻了,所以要确定方向。4. 土匪问

① 参见中央档案馆:《中共中央文件选集》第3册,中共中央党校出版社1989年版,第70—71页。

题是非常大的问题。因此种会党土匪非常之多,我们应有策略。"①

由于共产国际代表罗明纳兹坚持认为土地问题的根本在于实行"土地国有",毛泽东提出的上述四条意见未能在会上深入讨论。土地政策没有明确,致使一些地方如江西万安县,虽然举行了农民暴动,建立了苏维埃政权,土地革命的工作却没有进行,"甚至江西党部对此还有一种解释,说万安自耕农占农民百分之八十不便没收土地"②。

1927 年 11 月召开的中共中央临时政治局扩大会议,制定了一个《中国共产党土地问题党纲草案》,发给全党讨论。这个草案提出了"一切私有土地完全归组织成苏维埃国家的劳动平民所公有"③的主张,这实际上是"没收一切土地归国有"的"左"倾错误主张,完全是受共产国际代表罗明纳兹的影响所致,使中共土地政策的制定出现曲折。

1928 年 3 月 10 日,中共中央发出《关于没收土地和建立苏维埃》的第三十七号通告,第一次对土地没收和分配问题作出了一些具体的政策规定。主要内容有:

1. 没收一切地主祠庙等土地,一切土地归苏维埃政府公有,分配给能耕种的人耕种;

2. 土地重新分配后,由县苏维埃政府发给土地使用证,旧时田契佃约一概废除,土地不能买卖,分配土地时要打破以原耕为基础的观念;

3. 分配土地以乡为单位,主要以劳动力(年满 16 岁能自耕种)为

---

① 中共党史资料征集委员会、中央档案馆编:《八七会议》,中共党史资料出版社 1986 年版,第 73 页。

② 中央档案馆:《中共中央文件选集》第 4 册,中共中央党校出版社 1989 年版,第 150 页。

③ 中央档案馆:《中共中央文件选集》第 3 册,中共中央党校出版社 1989 年版,第 501 页。

标准分配,剩余土地按4岁以上人口数量分配;

4. 土地没收后,凡无依靠之老弱残废孤儿寡妇而不能从事劳动者,由乡苏维埃政府维持其生活。

这些政策规定,虽有所前进,但仍然脱离了中国国情和中国农村实际,是一种难以在中国行得通的“左”倾土地政策。

1928年6月18日至7月11日,在共产国际和联共(布)中央帮助和指导下,中国共产党在莫斯科召开了第六次全国代表大会。这次大会通过的《政治决议案》《土地问题决议案》和《农民问题决议案》,对土地革命的路线、方针、政策都有涉及,并作了些原则性的正确决定,使党在探索土地革命政策的道路上又前进了一大步。

“六大”的土地政策主要有:

第一,改正了“没收一切土地”的错误政策,明确规定“没收一切地主阶级的土地,耕地归农”①;同时规定“祠堂庙宇教堂的地产及其他的公产官荒或无主的荒地沙田,都归农民代表会议(苏维埃)处理,分配给农民使用”②。

第二,明确指出“无产阶级在乡村中的基本力量是贫农,中农是巩固的同盟者,故意加紧反对富农的斗争是不对的”③。

第三,“应赞助平分土地的口号同时应加以批评”,“使农民完全了解,在现在资本主义制度之下,决没有真正平等的可能,只有在无产阶级革命胜利之后,才能走上真正社会主义的建设”;“在中农占多数

---

① 中央档案馆:《中共中央文件选集》第4册,中共中央党校出版社1989年版,第300页。

② 中央档案馆:《中共中央文件选集》第4册,中共中央党校出版社1989年版,第352页。

③ 中央档案馆:《中共中央文件选集》第4册,中共中央党校出版社1989年版,第321—322页。

的地方尤不能强施‘平分土地’”[1]。

第四，保护商业，反对均分小资产阶级（小商人小手工业等）财产，“因为这种办法，可以加重经济破坏而动摇苏维埃政权”[2]。

第五，必须以“苏维埃的根据地，夺取新的区域巩固新的区域”，“最大限度的发展正式的工农革命军——红军”，建立和巩固苏维埃政权[3]。

第六，苏维埃政权巩固、革命完全胜利之后，党应引导农民“消灭土地私有权，把一切土地变为社会的共有财产”[4]，走社会主义道路。

六大在土地问题上的政策也有缺点、错误，主要就是主张“土地国有”，在经济上如何对待富农也没有明确规定。上述正确的土地政策，也只是原则的规定。

蓬勃开展的土地革命斗争实际，迫切要求制订出一部具有可操作性的土地法规。1928 年 12 月，毛泽东在井冈山根据中共中央指示精神和井冈山斗争实际经验，主持制定了中国共产党历史上具有可操作性的第一部土地法——《井冈山土地法》。但这个土地法同样存在几个原则错误：（1）主张没收一切土地而不只是没收地主土地；（2）规定土地所有权属于政府而不是属于农民；（3）禁止土地买卖。这样规定，不仅打击了地主、富农，也必然给贫农、中农以打击。因此可以认为，中国共产党的正确而完备的土地革命路线、方针、政策，还远未完成。

---

① 中央档案馆：《中共中央文件选集》第 4 册，中共中央党校出版社 1989 年版，第 357 页。

② 中央档案馆：《中共中央文件选集》第 4 册，中共中央党校出版社 1989 年版，第 323 页。

③ 中央档案馆：《中共中央文件选集》第 4 册，中共中央党校出版社 1989 年版，第 322—323 页。

④ 中央档案馆：《中共中央文件选集》第 4 册，中共中央党校出版社 1989 年版，第 353 页。

四、赣西南、闽西割据区域的初期土地斗争

赣西南割据区域的土地斗争：

1927年冬至1928年春，赣西南的万安县、信丰县、寻乌县、南康县的潭口、赣县大埠及兴国崇贤等地，都爆发过规模不等的农民武装暴动，有些地方还在暴动后建立过工农革命委员会红色政权。但当时仅是开展打土豪、烧田契、分浮财斗争，并没有进行土地没收、分配工作。

到1929年，除湘赣边的宁冈、永新、莲花3县外，仅吉安县东固、延福和于都县桥头等红色区域进行过分田斗争，但分田工作都较为粗糙。

桥头分田时，仅只由农民协会在农民租佃的土地上，插上一块牌子，写上租佃者的姓名，就算分了田，既没有确定分田标准，也没有出榜公布，更没有做划分阶级的工作。结果，分了也等于没分。

东固、延福的分田工作，相比之下做得好一些。1929年8月，在东固、延福两区工农革命委员会领导下，两区农民进行了土地分配工作。其基本做法是：农民自动提出没收一切土地平均分配。由于赣西的公田比地主多，农民受私有观念的影响，谁也想多得，而且农村的工人也热烈的要土地，结果就来个“平均分配”，方“解决土地问题”。具体分田方法为：

1.“在决定平分土地以后，革命委员会之土地委员会，即从事土地数量、瘠肥、人口数目之调查统计，在苏维埃区域内之人民，无分性别，自三岁以上，概为一个单位，以人口为标准，酌量瘠肥，分配耕种。”

2.“土地所有权，则概属之苏维埃政府；其他较为耕种容易之茶油、竹林、森林等土地，则归苏维埃管理，每年号召农民作一次修山工作（无代价的）；收获之茶油，在苏维埃区域内之人口，在自己所需限度内，可向苏维埃廉价购买。”

3.“孤儿寡妇以及长期服务苏维埃政权或红军兵士，均不分配土地；孤儿寡妇，即由所在乡苏维埃负其生活全责，但寡妇年在三十以下

者，令其择配，五十以下者令其学习工业。”①

1929 年 4 月，红四军第三纵队进抵兴国县分兵发动群众时，毛泽东帮助兴国县革命委员会制定并颁布了著名的《兴国土地法》，与此同时，毛泽东还帮助举办了兴国县土地革命干部训练班，准备着手进行分田工作。但由于兴国县党政领导人对土地分配工作认识不足，加上当时红色政权尚不巩固，故整整过了 1 年时间，这个县始终没有开展分田工作。

1930 年“二七”陂头联席会议前，赣西南的土地斗争尚处初始阶段。赣西南最早开始土地斗争的东固、延福割据区域，虽然土地分配工作比较粗糙，政策还不够明细，却也摸索和积累了一些宝贵的分田经验。

闽西割据区域的土地斗争：

闽西的土地斗争比赣西南开展得更早，经验也更丰富。

1928 年 7 月永定县农民武装暴动后不久，中共闽西临时特委宣传部长邓子恢，和永定县农民暴动总指挥张鼎丞等，就在成立了区、乡苏维埃政府的永定县溪南区进行了分田试点。当时，没收、分配土地是一项尝试性的工作，谁都没有经验。邓子恢具体负责这项工作，就找到一些有经验的、熟悉土地状况的老农，一起开会讨论，调查研究，逐步琢磨出一些政策、办法，然后提交苏维埃政府正式讨论、决定。具体政策、办法是：“以乡为单位，即以本乡人民现有亲自耕种的土地，作为本乡的土地所有权，归本乡按人口（除反革命分子外）平均分配土地；又用抽多补少的办法（根据现耕的土地多少，按全乡每人平均应收的亩数为依据，有多的抽出来，不足的补给他）去进行分配。”依据这个政

① 克珍：《赣西苏维埃区域的现状》，1930 年 2 月 19 日，《红旗》第 77 期，见江西省档案馆、江西省委党校党史教研室编：《中央革命根据地史料选编》（上），江西人民出版社 1982 年版，第 175—176 页。

策、办法，首先在金砂乡作试点，取得经验后，即在溪南全区开展土地的没收和分配工作，在很短的时间内，溪南区13个乡就完成了土地分配工作，使2万余人获得了土地。①

1929年5月红四军第二次入闽攻克龙岩，成立龙岩县革命委员会后，邓子恢又领导在龙岩县的白土后田进行分田试点，取得了经验。

闽西初期土地斗争中“抽多补少”的原则，是邓子恢的首创。

第二节
土地革命的深入开展

一、赣西南苏区的分田运动

赣西南苏区土地革命的深入开展，是在1930年“二七”陂头联席会议之后进行的。

“二七”会议前，由于地方领导人对土地分配的具体做法存有分歧以及割据区域还不稳固等原因，赣西、赣南等地都存在“迟迟不分田”的状况，广大贫苦农民甚为不满。

1930年2月，毛泽东在主持召开陂头联席会议和赣南工作会议时，对赣西南割据区域迟迟不分配土地的错误，给予了严厉批评。陈奇涵后来回忆说：

> 1930年初春，前委派代表张鼎丞到禾石召开赣南特委会议，在会上张转达前委意见，批评赣南分田太迟了……3月，毛泽东同志来兴，批评兴国建政一年还没有分配土地。我对毛泽东同志解释说：敌人张与仁一个师几团人马在屁股后头打我们。县委和革委赶到兴国城岗陈家寨开会，讨论贯彻《兴国土地法》与政纲，着手分田，遭到农民土地部长钟祥元的极力反对，说现在不好分，要

① 张鼎丞：《中国共产党创建闽西革命根据地》，1943年于延安。

到春节后才分。客观上处于动荡的游击战斗环境。毛泽东同志对我批评说：我们在井冈山离开敌人五十米的地方，转一个弯，就可以坐下来分田。至今看来，毛泽东同志对土地革命的意见是完全对的。[①]

1930年2月在前委和赣西南特委主持召开的赣南工作会议上，兴国县党组织的几位负责人因为迟迟不分田以及工作上的其他错误，而受到严厉批评，有6位党员被开除党籍，另有十几人受到其他党内处分。

陂头联席会议对土地斗争提出了“一要分，二要快”的要求，并且颁布了《赣西南土地法》。会后，赣西南各地很快掀起了土地革命高潮。

赣西南苏区土地分配的程序，大致分为五步：

第一步，成立村、乡红色政权，设立政府的办事机构，有些地方成立分田委员会，并各负其责，开展工作。

第二步，召开群众大会，宣传开展土地斗争的重大意义和苏维埃政府关于分配工作的方针政策和方法要求。

第三步，以乡（村）为单位，逐户进行土地调查登记，摸清全村土地实有面积和人口数；然后算出全村每人平均分得土地面积数。

第四步，乡（村）政府再次召开群众大会，当众报告调查土地结果。然后，由分田委员会按照以原耕为基础、“抽多补少”的原则，算出每户要“进”（补）要“出”（抽）的数量，并落实“进”“出”田块的具体地点，造册登记。

第五步，将每户分田数量、田块地点及需抽出或补进的田亩数量、地点悬榜公布，接受群众监督；并在各户土地上插上分田牌，分田

① 陈奇涵：《赣南党的历史》，载《回忆中央苏区》，江西人民出版社1981年版，第12页。

结束。

这次分田，尚未向农民发放土地证。

由于陂头联席会议要求分田要快，这次分田一般的乡(村)7天至10天即告完成，少数乡(村)用去半个月左右时间。到1930年5月间，赣西南苏区大部分县都分配了全部或一半以上的土地。

中共中央机关报《红旗》1930年6月对赣西南苏区的土地斗争报道说："各地的农民，自动的将本村居的人口及土地数目调查，报告到乡政府，并将一切契约田据，概行烧毁；不分日夜开群众大会，解决土地问题，所以不到半月之久，将赣西南的土地分了廿二县。在这种分配土地当中，有些富农不愿意，或公开来反对；那末大多数贫农，就自动起来捉他以反革命治罪；农村的斗争，又深入一层了。"①

《上海报》也于1930年6月10日载文报道说："奇怪！一般人以为分配土地要研究。然素无经验的土地问题，研究无从着手。及农民自己动手来分，很快的分完了。吉水的水南农民漏夜开会，三天就分好了——因为急于要下种，现在土地完全分好的：吉安全县(除县城)吉水全县(除县城及近郊)，永丰南半县，乐安南半县，南丰西乡一大块，广昌西边一支角，宁都北半县及西乡一大块，于都北半县及西乡一大块(于都全县快赤化)，兴国全县，泰和赣江东岸全部，万安东北角，永新、宁冈、莲花、安福四县全县。袁州、分宜、新余、峡江各一部分(吉安、安福境)。上述这些县，合起来是整个的一块，现正向四周发展。"②

赣西南苏区在分配土地的同时，各地对山林、池塘等也进行了分配。

① 江虞：《赣西南工农群众的斗争》，1930年6月28日至7月2日，见江西省档案馆、江西省委党校党史教研室编：《中央革命根据地史料选编》(上)，江西人民出版社1982年版，第218页。

② 《赣西南的土地革命彻底实行的有二十县》，载《上海报》1930年6月10日。

这次分田时,有些地方划分了阶级成分,有些地方则没有划分阶级成分。划分了阶级成分的地方,其划分成分的标准不完全统一。宁都县苏区执行的标准是:不劳动,靠收租、放高利贷、雇长工、管公堂等剥削他人为生的划为地主(土豪);横行霸道的宗族头子、欺压愚弄百姓的划为劣绅;土地革命前3年破了产的地主划为破产地主;自己参加部分劳动兼放高利贷,出租土地(指超过应分土地50%)或者兼雇长工、兼管公堂者划为富农;烟鬼(吸鸦片烟者)、赌棍、嫖客等不务正业的"浪子"划为流氓;按人口平均分配土地,如原有土地超过应得份地的45%~50%,群众不反对则不划为富农,不剥削别人,也不被人剥削的划为中农;自己有很少土地,很简陋的农具和房屋,靠租别人土地耕种的划为贫农;一无所有,靠做长工,受人剥削的划为雇农;手工业的师傅、帮工、学徒划为工人;自己不劳动,靠剥削工人而生活的划为包工头①。

赣西南苏区1930年春夏间在分配土地时,由于强调"要分""要快",又缺乏实践经验,工作粗糙,遗留问题较多,主要是对阶级成分的划分缺少客观统一标准,工作不过细,阶级成分定得不够准确;分田时只"抽多补少",注意一个"平"字,未"抽肥补瘦"。也有不少地方(主要是五六月间分田的地方)分青苗。在土地分配过程中,由于革命形势高涨,地主豪绅是不敢肆意反抗的,只能将自己的土地乖乖交出由农民平分。而一些富农便钻了空子,尽量将瘦田、远田、山坑冷浸田划出给别人,近田、好田、肥田则留给自己。贫雇农当然不满意。这就有了分田时激烈的"肥瘦斗争"。

对此,毛泽东在《寻乌调查》中记载道:

双桥区枫山乡有个姓刘的小地主,霸耕自己的肥田不肯拿出去,拿出的只是些坏田。当群众强迫他拿出的时候,他愤然说:

① 参见《宁都人民革命史》,中央文献出版社1993年版,第56—57页。

“遭人命也不拿！”乡政府不能解决。县政府派人到枫山，才把他压下去，肥田拿了出来。南八区牛斗光也有富农小地主不肯拿出好田。乡政府怕他们，不敢作主，县政府去的人召集群众大会，才强迫富农小地主照办。双桥区大田乡小地主梅元坤是被反动派烧了房子的，自以为有功于革命。当地群众要分他的田的时候，他恶声说：“分田呀！头脑壳生硬下子来！”群众告知县政府，县政府要区政府去捉他。区政府负责人梅立三是个共产党员，因与梅元坤同族，把这件事弥缝下去。梅元坤否认说过那句话，田仍分出来，就此了事。①

毛泽东分析说：

以上几个例子，除梅元坤一家是反对没收他的田地外，其余都不是没收问题，而是肥瘦分配问题，所以没收富农与否，群众认为是不成问题的。群众中成为问题的，就是一个肥瘦分配的斗争，这是土地斗争的中心，也即是富农与贫农的斗争。②

1930年6月中旬毛泽东主持召开的南阳会议作出《富农问题》决议案后，从1930年秋开始，赣西南苏区在分田时也开始实行“抽肥补瘦”。

同年10月19日和10月底，中共红一方面军总前委和江西省行动委员会先后联合召开峡江会议和新余罗坊会议，在通过的决议案中，要求赣西南苏区推广闽西苏区“抽肥补瘦”、限制富农的经验和做法，“在那富农把持肥田的区域，要迅速的再来一个质量上的平分土地，实行抽肥补瘦……‘分得公平的不动，分得不公平的再分’”。③

① 《毛泽东农村调查文集》，人民出版社1982年版，第173页。

② 《毛泽东农村调查文集》，人民出版社1982年版，第174页。

③ 红一方面军总前委、江西省行委：《目前政治形势与一方面军及江西党的任务》，1930年10月26日付印。见中共江西省委党史资料征集委员会、江西省委党史研究室编：《江西党史资料》第6辑，1988年内部版，第199页。

于是，赣西南苏区又进行了第二次分田。

这次分田除对土地和人口重新进行调查登记外，着重按“抽多补少，抽肥补瘦”原则对原先分配的土地进行重新调整分配，并由苏维埃政府给分得了土地的农民发放了土地证。至1930年底，第二次分田工作基本结束。少数地方如瑞金、会昌、安远、石城、上犹、崇义等县及南康县北部横市等地，因苏维埃政府建立较迟等原因，至1931年秋冬甚至到1932年春才完成分田工作。1932年后，一些新扩大的苏维埃区域也随着红色政权的建立分配了土地。到1933年秋，全中央苏区有400余万人口分得了土地。

农民对第二次分田比较满意。中共赣西南特委书记刘士奇1930年10月7日向中央汇报说：“赣西南有三十余县分了田地，都是没收一切土地，男女老幼平均分配，‘以原耕为原则’‘抽多补少’‘抽肥补瘦’……平均每人可分至少三担谷，至多十二担谷，五六担谷占大多数，二担的地方多半靠山，山上有出产，如茶、油、竹、木、柴火等类，少分点也不要紧，同时采取移民政策，如甲地乡田多，乙地乡田少，可将乙乡的人移到甲乡去。”①

二、闽西苏区的分田运动

闽西苏区土地革命的深入开展，是在1929年7月中共闽西“一大”以后，比赣西南更早。1930年“二七”陂头会议后，闽西又深入进行了土地分配中“抽肥补瘦”的工作。

1929年7月下旬，在毛泽东指导下，中共闽西“一大”贯彻中共“六大”决议精神，尤其是对“六大”规定的土地革命政策进行了认真的研究，并结合闽西的土地占有状况，总结了永定溪南里等地的分田

① 《赣西南（特委）刘士奇（给中央的综合）报告》，1930年10月7日。见江西省档案馆、江西省委党校党史教研室编：《中央革命根据地史料选编》（上），江西人民出版社1982年版，第352页。这里所说的几“担”谷，是指土地面积单位。当时赣西南地区农民将能收1担（100斤）谷子的土地面积称为“一担”。同是“一担”，肥田面积较小，瘦田面积较大。

经验，讨论通过了《土地问题决议案》。

会后，闽西各县党组织坚决贯彻大会精神，积极领导广大农民深入开展轰轰烈烈的土地斗争。尤其是1929年9月、10月间龙岩、永定、上杭、武平等县苏维埃政府建立后，土地斗争更是如火如荼开展起来。上杭县在1929年七八月间，全县除中都、官庄等一些地方外，其余大部分地区都分配了土地，共有18万农民获得了土地。永定县在1929年10月也完成了分田工作，全县38196户、146200人，分得土地297723亩，占全县土地总面积35万亩的85%以上，人均分得土地2.03亩。龙岩县的分田工作基本上在1929年9月结束。长汀、连城等县建立苏维埃政府较晚，至1930年夏也基本完成分田工作。

中共闽西"一大"后，"由于党的政策的正确，广大群众的积极拥护，所以在很短的时间内，就在长汀、连城、上杭、龙岩、永定纵横三百多里的地区内，解决了五十多个区五百多个乡的土地问题。约有六十多万人得到了土地，积极从事生产，提高了生产，改善了生活"①。

闽西的土地没收、分配工作是怎样进行的呢？

分田的步骤。"依闽西的经验，第一要根据土地政纲定出条规（章程），发到各级政府或农会张贴，这个条规要非常具体，通俗简明，使农人一看就懂；第二要根据当地社会阶级成分，决定没收与分配的方法，才会合于群众的需要；第三土地政纲与条规要向群众作普遍的宣传鼓动，使群众深刻了解而拥护之；第四没收分配方法，要在这群众大会表决通过，使群众认识没收土地是自己的事，才能引起农民为土地而斗争的决心；第五宣布土地政纲与没收土地要非常迅速，乘群众热情高涨时使群众得到土地，更增高其斗争勇气"②。

---

① 张鼎丞：《中国共产党创建闽西革命根据地》，1943年2月于延安。

② 定龙：《闽西的土地革命》，闽西通讯，1930年3月25日。见江西省档案馆、江西省委党校党史教研室编：《中央革命根据地史料选编》（下），江西人民出版社1982年版，第382页。

分田的标准。当时有两种：一是以劳动力为标准，二是以人口为标准。“这两种方式，各有坏处，也各有好处”，权衡比较的结果，“百分之九十以上的群众”要求以人口为标准平均分配，于是照此办法实行。但为了避免此办法“失掉鼓励劳动，奖励生产的意义”，闽西党和政府采取了3条补救措施：“一、由苏维埃政府布告，田地不准私相授受给人代耕；二、荒芜田地，收获减少者，由苏维埃收回其多余田地，给有劳力者耕种；三、举行农产品展览会，好的予以奖励，鼓励生产。”①

分田的办法。闽西是“以乡村为单位，统计全乡人口与田亩平均分配；但是有的乡，人多，田少，原来本乡田土不够，还耕种有别乡的田地的。仍以原来所耕种的田地为标准分配”，即以乡为单位，以原耕为基础。在分田中，如发现有不实报数隐瞒田亩的，“闽西对这个问题的经验是：在群众大会中通过，政府出布告，谁隐瞒田亩几多，就少分几多田给谁”，以此作为“惩罚”②。

山林的分配。“闽西对山林问题是这样的办法（这是大约的情形）：第一，一切山林所有权归苏维埃分配给原来以山林为业的人经营，归政府征收土地税；第二，杉、竹等山当作田样分配外，柴山及一切荒山不分配，由群众自由砍伐；第三，杉松两种木山，群众需要可以砍伐，但要得到政府的许可。”③

土地税问题。闽西的做法是：“土地税按累进法分三等征收。有田三担以下的不收；三担以上者征收百分之五的土地税，五担以上者

① 江西省档案馆、江西省委党校党史教研室编：《中央革命根据地史料选编》（下），江西人民出版社1982年版，第384页。

② 江西省档案馆、江西省委党校党史教研室编：《中央革命根据地史料选编》（下），江西人民出版社1982年版，第385页。

③ 江西省档案馆、江西省委党校党史教研室编：《中央革命根据地史料选编》（下），江西人民出版社1982年版，第385页。

征收百分之十，十担以上者征收百分之十五。”[①]

富农把持肥田问题。这个问题，闽西苏区较早就注意到了，并出台了相应的政策。1930 年 3 月闽西苏维埃政府成立后，“第一件事，就是贯彻土地革命，并检查土地政策执行的结果。当时发现一般地区都实现了土地改革，没收了地主的土地财产，取消了地租债务，富农的多余土地也拿出来平均分配了。但比较普遍的缺点，是在分田时只是‘抽多补少’，而没有注意‘抽肥补瘦’，因此地主富农所留土地虽然在数量上与雇贫农相等，但质量上比雇农好得多，这样对占农村人口大多数的雇贫农基本群众当然不利，他们的情绪也就受到影响。我们发觉了这个缺点，便于五六月间提出‘抽肥补瘦’的口号，重新调整土地。这个口号立刻得到广大雇贫农的拥护，而变成他们的实际行动，从而加强了党在农村中的阶级基础，同时也就削弱了富农经济及其在农村的影响作用”。[②]

闽西土地斗争中所创造的丰富经验，为中央苏区土地革命全面、深入地开展，提供了借鉴的榜样和力量。

第三节
毛泽东土地革命路线、方针、政策的形成

一、井冈山时期的创造

在中国共产党内，最先正确制定党的土地革命路线、方针、政策并付诸实施的，当首推毛泽东。

毛泽东早在井冈山时期就已着手土地革命实践。1928 年 3 月，他

---

① 江西省档案馆、江西省委党校党史教研室编：《中央革命根据地史料选编》（下），江西人民出版社 1982 年版，第 386 页。

② 邓子恢、张鼎丞：《闽西暴动与红十二军》，见福建省龙岩军分区政治部、龙岩地委党史资料征委会编：《闽西地方武装概略》，1986 年 10 月内部版，第 159—160 页。

率兵至湖南桂东县的沙田时，曾进行过分田试点。4 月至 6 月，他在井冈山根据地内全面开展了土地分配工作。分田的政策和方法是：没收一切土地，以乡为单位，以原耕为基础，按人口平均分配；山多田少地方，如永新县小江区，以三四乡为一单位分配的也有，但极少。分田标准，后来按中央规定，又改为以劳动力为标准，能劳动的比不能劳动的多分 1 倍。

1928 年 12 月，毛泽东根据中共中央指示精神和井冈山根据地土地斗争的实践经验，主持起草了中国共产党历史上的第一部土地法——《井冈山土地法》。这部土地法共有九条，主要内容为：

（一）没收一切土地归苏维埃政府所有。

（二）分田对象和方法有 3 种：(1) 分配农民个别耕种；(2) 分配农民共同耕种；(3) 由苏维埃政府组织模范农场耕种。3 种方法中以第 1 种为主，或特别情形或苏维埃政府有能力时，兼用第二、三两种。

（三）一切土地没收分配后，禁止买卖。

（四）农民分得土地后，除老幼病弱没有耕种能力及服务公众勤务者外，其余的人须强制劳动。

（五）分配土地数量的标准：(1) 以人口为标准，男女老幼平均分配；(2) 以劳动力为标准，能劳动者比不能劳动者多分土地 1 倍。以上两个标准，以第 1 个为主。

（六）分配土地的区域标准：(1) 以乡为单位分配；(2) 以几乡为单位分配；(3) 以区为单位分配。以上 3 种标准，以第 1 种为主。

（七）山林分配法：(1) 油茶山、柴山照分田方法，以乡为单位按人口平均分配；(2) 竹木山归苏维埃政府所有，农民需用竹木必须经苏维埃政府批准砍伐。

（八）土地税按 15%、10%、5% 等 3 种税率征收，以第 1 种为主题。

（九）乡村手工业工人如愿分田，可分得每个农民一半的土地；红军（含地方武装）官兵及苏维埃工作人员可分得农民同等数量的土地，由苏维埃政府请人代耕。

毛泽东后来说："这个土地法有几个错误：(一)没收一切土地而不是只没收地主土地；(二)土地所有权属政府而不是属农民，农民只有使用权；(三)禁止土地买卖。这些都是原则错误，后来都改正了。"①

尽管如此，井冈山时期的分田实践和《井冈山土地法》的制定颁布，都不失为伟大的创造。以毛泽东为主要代表的中国共产党人，正是从这时起，开始实际接触和解决中国革命中农民的土地问题，开始思考和构建中国土地革命中应该实行什么样的路线、方针、政策。

二、中央苏区时期土地政策的变更与完善

毛泽东土地革命路线、方针、政策的形成，不是一蹴而就的，而是经历了一个不断发展和渐进深化的过程。

在红四军下山到开创中央苏区的过程中，随着中央土地政策的变化和苏区土地革命的兴起与深入开展，毛泽东根据赣西南、闽西土地斗争的实践经验，对土地革命路线、方针、政策的思考，较井冈山时期就更为周密、深刻，所出台的土地法规、政策也日趋成熟、完备了。

中央苏区土地政策的变化与发展，主要表现在：

(一)土地没收对象的改正

井冈山时期，为什么会在土地法的制定中出现三个原则错误呢？一是党的"六大"精神尚未传达到井冈山；二是缺乏没收和分配土地的经验。1929年1月初，党的"六大"文件传达到了井冈山前委，毛泽东得悉"六大"关于土地问题的原则规定。于是，1929年4月红四军出击赣南游击至兴国时，毛泽东就帮助制定和颁布了《兴国土地法》。这个土地法在没收对象上，把"没收一切土地"，改为"没收一切公共土地及地主阶级土地"。没收后的土地"归兴国工农兵代表会议政府所

① 《毛泽东农村调查文集》，人民出版社1982年版，第37页。

有，分给无田地及少田地的农民耕种使用”。毛泽东说：“这是一个原则的改正。”但其余各点仍如同《井冈山土地法》，均未改变。毛泽东还说：“这两个土地法，存之以见我们对于土地斗争认识之发展。”①

（二）“抽多补少”、分青苗等分田原则的提出

1929 年 7 月，毛泽东在指导中共闽西临时特委召开中共闽西“一大”时，总结和吸收了邓子恢、张鼎丞等在永定溪南里创造的土地革命经验，以《井冈山土地法》和《兴国土地法》作基础，为闽西党的“一大”制定了《土地问题决议案》，使党的土地革命的路线、方针、政策向前迈进了一大步。其主要表现在：

第一，规定“暴动推翻地主阶级政权后，须立刻没收一切地主土地及福会[公]堂等田地（不论典当卖绝一概没收），归农民代表会或农民协会分配”②。

第二，规定“自耕农田地不没收，但所耕田地除自食外尚有多余，经当地多数农民要求，得县、区政府批准者，得没收其多余的部分”③。这一点有利于团结中农，在井冈山和兴国土地法中都未提及。

第三，分配对象方面，《井冈山土地法》和《兴国土地法》都只规定将没收的土地分配给农民耕种；而闽西决议案则明确规定：“凡土豪地主反动派携家眷外逃者，其自耕田地由政府没收分与农民，但家属在家，并不反动，经当地群众及政府准其在乡居住者，别又无他种方法维持生活者，得酌量分与田地。”④这体现了共产党“地主也分田”、给地

① 《毛泽东农村调查文集》，人民出版社 1982 年版，第 40 页。

② 江西省档案馆、江西省委党校党史教研室编：《中央革命根据地史料选编》（下），江西人民出版社 1982 年版，第 368 页。

③ 江西省档案馆、江西省委党校党史教研室编：《中央革命根据地史料选编》（下），江西人民出版社 1982 年版，第 368 页。

④ 江西省档案馆、江西省委党校党史教研室编：《中央革命根据地史料选编》（下），江西人民出版社 1982 年版，第 369 页。

主及其家属以生活出路的政策。

第四,关于分田的方法,《井冈山土地法》和《兴国土地法》均未作详细规定,而永定县溪南里却创造了“以原耕为基础,抽多补少”的原则。采用这种方法,可以在军事斗争紧张激烈时期迅速分好田,快捷简便。毛泽东对此十分赞赏。闽西决议案充分肯定了这一点。

第五,关于土地税的分配问题,《井冈山土地法》和《兴国土地法》只规定土地税由苏维埃政府征收,交上级苏维埃政府支配使用,而未考虑区乡苏维埃的财政需要。闽西决议案具体规定:“土地税之分配,乡政府收六成,县区政府各收二成。”[1]这较前两个土地法更为合理,兼顾了区、乡苏维埃政府的利益。

第六,关于债务问题,《井冈山土地法》和《兴国土地法》均未涉及。闽西决议案对此作了具体规定:“A、工农穷人欠土豪地主之债不还,债券借约限期缴交苏维埃政府或农会焚毁。B、工农穷人自己来往账目及商家交易之账,仍旧要还,但民国十六年底以前的旧债及非本身之债务不还。……E、商家土豪地主欠众堂、农民,或小资产阶级之债务,不论新旧都要还。”[2]

闽西决议案还对高利贷作出规定:“目前社会还需要金融之周转,利息不能取消,但需禁止高利贷。……凡超过各地普通利息以上高利债务,本利不还,其超过新定利率,而未超过以前普通利率者,还本不还利。”[3]

第七,关于青苗问题,《井冈山土地法》和《兴国土地法》也未涉及

① 江西省档案馆、江西省委党校党史教研室编:《中央革命根据地史料选编》(下),江西人民出版社1982年版,第371页。

② 江西省档案馆、江西省委党校党史教研室编:《中央革命根据地史料选编》(下),江西人民出版社1982年版,第370—371页。

③ 江西省档案馆、江西省委党校党史教研室编:《中央革命根据地史料选编》(下),江西人民出版社1982年版,第371页。

及。闽西土地决议案则明确规定：在未分田的地方，田中庄稼谁种谁收，地主不许强收租谷，农民也不许私自向地主交租谷。违者枪决。自己不种田而乱割别人禾稻者，也要严办。这一规定，有利于保护贫农和自耕农利益，以团结全体农民集中攻击目标于地主。

上述各点，都是党在土地革命政策方面的进步。1929 年 11 月 5 日，在毛泽东指导下，中共闽西特委第一次扩大会议又对土地斗争中涉及的若干问题进行了讨论，并作出了新的规定：

第一，关于分地主粮仓里的谷子问题。闽西分谷时有两种方法：一是抢夺式，就是由红军、游击队破开地主粮仓，任由农民一抢而空；二是平分式，就是在苏维埃政权比较稳定的乡村，由群众选举成立粮食委员会或分谷委员会，先调查土豪谷子及人口数量，然后再组织平分。这两种方式各有利弊。闽西特委认为应视情况研究采用何种分谷方式。如果乡村间政权比较稳定，应采取平分式。分谷子也有标准，如 200 担或 100 担谷子以下者不没收平分，超过部分则没收平分。确定这一标准主要是为了保护自耕农利益。

第二，在分田斗争实践中发现：按人口平分土地利于发动群众，却不利于发展生产，因为有些缺乏耕种能力的人分到田地后，要么请人耕种，出现新的剥削；要么荒芜田地。闽西特委认为：为夺取群众，应坚持按人口平分政策；为防止农业衰落，应采取对应措施：一是对荒芜田地者，由政府收回所分田地交由政府自耕或交由耕田进步者耕种，以示惩戒；二是对积极耕种增产显著者予以奖励；三是各级政府时常开农业展览会交流耕种经验。这三条措施都是有利于发展生产的。

第三，对农业税率作了调整，改变了以前不论分田数量多少只按一种税率纳税的做法，规定实行累进税率：每人分田 3 担以下者收半成；分 5 担以下者收一成；分 5 担以上者收一成半。以上 3 等均以双季为标准，单季者折半折算。这样规定税负比较合理。对土地税的分配使用，规定乡政府得 5 成，区、县两级各 2 成，闽西政府得 1 成。这较前又更合理。

(三)“以人口为标准”等分田原则的进一步确立

1930年2月6日至9日在吉安陂头村由毛泽东主持召开的红四军前委、红五、六军军委和赣西特委联席会议上,又通过并颁布了一部土地法,称之为《二七土地法》或《赣西南土地法》。这个土地法在总结吸收《井冈山土地法》、《兴国土地法》和闽西特委《土地问题决议案》正确内容的基础上,在一些问题上又有新的发展,使党的土地改革政策更趋完善。这些新发展是:

第一,除规定没收一切豪绅地主阶级及祠堂庙宇会社的土地外,他们所有的山林、池塘、房屋也没收归苏维埃所有,分给农民。

第二,重申并强调分田的数量标准以人口为标准,“男女老幼平均分配”,以满足多数贫苦农民的土地要求。对有特殊情形的地方,经区苏维埃政府批准也可以执行以劳动力为标准,以利于发展生产。

第三,对土地税的征收,规定须在群众已经得到实际利益之后,经高级苏维埃政府批准后才可征收。对土地税税率,根据赣西南苏区实际情况,又作了调整:每人分田收谷5担以下的免收土地税;每人分田收谷6担的,收税1%;每人分田收谷7担的,收税1.5%;每人分田收谷8担的,收税2.5%;每人分田收谷9担的,收税4%;每人分田收谷10担的,收税5.5%;每人分田收谷11担的,收税7%;每人分田收谷12担的,收税8.5%;以后每加收谷一担,加收土地税1.5%。这一税率较闽西为轻,且较合理。

至此,除农民土地所有权及限制富农这两方面的政策未作出外,党和毛泽东关于土地革命的路线、方针、政策,大体都已制定出来了。

(四)“抽肥补瘦”分田政策的提出和实行

1930年5月,毛泽东在进行“寻乌调查”时发现,土地分配中富农常常把持肥田,而将瘦田分与别人,贫农与富农之间有个土地肥瘦之争问题。而闽西苏区在进行土地分配时,为解决富农把持肥田问题,创造了分田时“抽肥补瘦”办法，即将富农把持的肥田抽出分给贫雇农，而给富农补回同等数量的瘦田。同年6月中旬，毛泽东在主持召开“南阳会议”时，肯定了闽西苏区平分土地时采取“抽肥补瘦”办法解决富农把持肥田、在经济上限制富农的做法。同时为了限制富农，毛泽东一再主张分田应以人口为标准平均分配，而反对以劳动力为标准分配，因为“以劳动力为标准分配土地，劳力多的多分，劳力少的少分，这只于富农有利”①；强调向富农作斗争，目的是争取群众，因为“这时候决定一切策略的标准是争取群众，而不是什么发展生产”②。

赣西南的兴国县、于都县等苏区也创造了一种限制富农的办法，就是不以土地实有面积，而是以土地的实际收获量为标准分配土地，计量单位为“担”或“石”。因为同等面积的土地，如是肥田好田，产量就高；如是瘦田坏田，产量就低。以收获量为标准分配，分得肥田的实际面积自然就小一些，分得瘦田坏田的实际面积自然就大一些。这实际是级差地租的体现。当地农民对每块田地的收获量都清清楚楚，按这一方法分起田来又快又均，农民都较为满意。

（五）一部较为完备的土地法——《苏维埃土地法》的颁布

1930年8月，由中共中央指定在中央苏区成立的、以毛泽东为主席的中国革命军事委员会，在《兴国土地法》《二七土地法》的基础上，正式颁布了一部《苏维埃土地法》。这部土地法，纠正了立三路线《土地暂行法》中的某些“左”倾错误，总结了中央苏区土地斗争的丰富经验，再次重申和肯定了按人口平分土地、“抽多补少，抽肥补瘦”、分青苗等重要原则和政策，是一部比以前的各个土地法都更为完备的土地法。

---

① 江西省档案馆、江西省委党校党史教研室编：《中央革命根据地史料选编》（下），江西人民出版社1982年版，第405页。

② 江西省档案馆、江西省委党校党史教研室编：《中央革命根据地史料选编》（下），江西人民出版社1982年版，第405页。

这部《苏维埃土地法》共分4章31条。其要点有：

1. 没收一切地主富农的土地。“暴动推翻豪绅地主阶级政权后，须立即没收一切私人的或团体的——豪绅、地主、祠堂、庙宇、会社、富农——田地、山林、池塘、房屋，归苏维埃政府公有，分配给无地、少地的农民及其他需要的贫民使用”。

2. 地主也可分田。“豪绅地主及反动派的家属，经苏维埃审查，准其在乡居住，又无他种方法维持生活的，得酌量分予田地”。

3. 以乡为单位。“分田一乡为单位”，如有三、四乡毗连、分田易导致田少之乡不能维持生活的，“则以三、四乡合为一个单位分配”。

4. 按人口平均分配。“为满足多数人的要求，并使农人迅速得到田地起见，应以乡村总合数目，男女老幼平均分配，不采以劳动力为标准的分配方法”。

5. 抽多补少，抽肥补瘦。“为求迅速破坏封建势力并打击富农起见，分田须按抽多补少、抽肥补瘦的原则，不准地主富农瞒田不报及把持肥田”。

6. 废除债务。“工农穷人欠豪绅地主之债，一律不还”，“工农贫民在暴动前，欠商家交易之老账，无论是否商业高利贷的，或是否本身之账，一概不还”。但是，“豪绅地主及商人，欠公家或工农贫民之债，不论新旧，都要清还”，“钱会谷会概行取消”，“苏维埃政权之下，禁止高利借贷”。

7. 征收土地税。为了革命战争和公益事业的需要，“苏维埃得向农民征收土地税”。但征收土地税，“以保护贫农、联络中农、打击富农为原则，须在苏维埃建立之后，而且群众已经得到实际利益，经高级苏维埃批准时，才可征收”，征收时，“按照农民分田每年收谷数量，分等征税”,并规定了相应的税率。[①]

应该说,这部《苏维埃土地法》所规定的各项原则、政策,基本上是正确的,比较完备的。不足之处有两点:一是对地主、富农未加区别,二是没有明确农民的土地所有权。

(六)农民土地所有权的解决

关于农民土地所有权的问题,在1930年底以前,毛泽东虽然一贯反对“土地国有”、“模范农场”等“左”倾政策,但并没有明确确定分田后农民对土地的所有权,一直还是主张禁止土地买卖的。1931年2月8日,以项英为代理书记的中共苏区中央局,在宁都县小布发出《土地问题与反富农策略》第九号通告,认为“农民是小私有者,保守私有是他们的天性”,“他们热烈地起来参加土地革命,他们的目的,不仅要取得土地的使用权,主要的还要取得土地的所有权”。因此,“必须使广大农民在革命中取得了他们惟一热望的土地所有权,才能加强他们对于土地革命和争取全国苏维埃胜利的热烈情绪,才能使土地革命更加深入”。[②] 通告进而批判了“没收一切土地”的错误主张,提出“没收一切土地”实质上即是“土地国有”。

1931年2月28日,毛泽东依据苏区中央局的这一通告精神,在宁都县黄陂以中央革命军事委员会总政治部主任名义,写了一封题为《关于加强春耕工作的意见》的信,给江西省苏维埃政府主席曾山,并转省苏维埃政府。

信中说:过去已经分好的田(按抽多补少、抽肥补瘦的原则分的),“即算分定,得田的人,即由他管所分得的田,这田由他私有,别人不得侵犯。以后一家的田,一家定业,生的不补,死的不退,租借买卖,由他

① 以上引自江西省档案馆、江西省委党校党史教研室编:《中央革命根据地史料选编》(下),江西人民出版社1982年版,第415—418页。

② 原件复印件,存中共赣州市委党史工作办公室资料室。

自主。田中出产,除交土地税于政府外,均归农民所有。吃不完的,任凭自由出卖,得了钱来供给零用,用不完的由他储蓄起来,或改田地,或经营商业,政府不得借词罚款,民众团体也不得勒捐"[①]。信中还将解决农民的土地私有权问题,提到"民权革命"的理论高度进行分析,指出这"是民权革命时代应该有的过程,共产主义不是一天做得起来的,苏联革命也经过许多阶段,然后才达到现在社会主义的胜利","只有实行现在民权革命时代所必要的政策,才是真正走向共产主义的良好办法"。[②]

毛泽东的这封信,真正从实践和理论上解决了中国民主革命中农民的土地所有权问题,即土地归苏维埃公有还是归农民私有的问题。这是一个重大的突破。这一突破,在实践上对当时乃至以后的土地革命产生了重要的指导作用,在理论上使毛泽东土地革命路线、方针、政策的形成日臻完善。

根据毛泽东指示信精神,1931 年 3 月,江西省苏维埃政府发布了《为督促分配土地及宣布土地所有权之布告》《土地是我们的,耕种起来啊!》等文告,宣布"土地一经分定,土地使用权、所有权通通归农民","任其出租买卖,生的不补,死的不退","省苏维埃更要号召所有农友,努力耕种:(一)大家互相帮助,解决耕牛、农具、种子等问题!(二)赶紧犁田,下种插禾"! 省苏维埃政府的文告颁布后,广大农民吃了定心丸,兴高采烈,立即投入耕种,江西苏区顷刻掀起了春耕生产的热潮。

随后,整个中央苏区都执行了"农民土地私有"这一政策规定。同年 4 月 20 日,闽西苏维埃政府也颁发《土地委员扩大会议决议》,宣布:"农民领得田地即为自己所有,有权转租或变卖抵押,苏维埃不禁

① 《毛泽东文集》第 1 卷,人民出版社 1993 年版,第 256 页。

② 《毛泽东文集》第 1 卷,人民出版社 1993 年版,第 257 页。

止”，“田地山林分配给农民之后，死亡的不收回，新生的不再补”①。

至此，经过三年多土地革命的实践，党和毛泽东明确、透彻地解决了农民土地私有权问题。

三、一条马克思列宁主义的土地革命路线

经过毛泽东、邓子恢以及赣西南、闽西共产党人和中国共产党全党的共同努力和探索，到1931年春，在中央苏区基本上形成了一条符合中国革命实际的、马克思列宁主义的土地革命路线。

这条土地革命路线的核心内容是：依靠贫农、雇农，联合中农，限制富农，消灭地主阶级，变封建半封建的土地所有制为农民的土地所有制。其土地分配的基本政策是：没收地主阶级土地和一切公共土地，以乡为单位，以原耕为基础，按人口平均分配土地，实行“抽多补少，抽肥补瘦”的原则。

毛泽东在1934年第二次全国苏维埃代表大会上作报告时，曾概述了土地革命的路线，说：

> 土地斗争的阶级路线，是依靠贫农雇农，联合中农，剥削富农，与消灭地主。这一路线的正确运用是保证土地斗争胜利发展的关键，是苏维埃每一对于农村的具体政策的基础。②

这条土地革命的路线及其基本政策，不仅贯彻了中共“六大”确定的土地政策的正确方面，而且在理论和实践上解决了许多中共“六大”以来未曾解决的问题。特别是1933年10月，毛泽东主持制定了《怎样划分农村阶级》这一重要文件，为土地革命中划分农村阶级制定了科学准确的标准，解决了土地革命中长期没有解决的又一个重要问

---

① 江西省档案馆、江西省委党校党史教研室编：《中央革命根据地史料选编》（下），江西人民出版社1982年版，第437页。

② 毛泽东：《中华苏维埃共和国中央执行委员会与人民委员会对第二次全国苏维埃代表大会的报告》，1934年1月，见江西省档案馆、江西省委党校党史教研室编：《中央革命根据地史料选编》（下），江西人民出版社1982年版，第320页。

题,使党的土地革命路线、方针、政策更趋完善。这是以毛泽东为代表的中国共产党人将马克思列宁主义普遍原理与中国革命实际相结合的产物。中国革命中这一根本性问题的解决,为民主革命的成功和胜利奠定了坚实的基础。

必须指出的是,除中央苏区毛泽东、邓子恢等人的探索以外,赣东北苏区的方志敏、邵式平等人,以及全国其他苏区的共产党人,都依据党的“六大”精神,结合当地实际,制定出了各具本地特色的土地革命路线、方针、政策。而中央苏区毛泽东等人制定的土地革命路线、方针、政策,对湘赣、湘鄂赣、赣东北、湘鄂西等苏区土地革命的影响,尤为显著和深远。

四、正确对待富农问题的最终解决

在土地革命中如何对待富农,是个重要而不可回避的问题。在中央苏区,毛泽东等中国共产党人虽然制定了一条马克思主义的土地革命路线,但党和苏维埃政府对待富农的政策,因受共产国际的影响,却一直没有很好解决。

中国农村的富农,一方面雇工经营土地,具有农村资本主义性质;另方面又将多余土地出租给无地农民收取地租并放高利贷剥削农民。鉴于富农的半地主半资产阶级两重性,中共六大决议提出,民主革命阶段,对富农在政治上应采取区别对待的政策,只要不反革命,就不应给予过重打击,不要“故意加紧反对富农的斗争”①,而应争取“富农中立”②。但是由于六大文件关于富农政策的文字表述不够准确、明晰,六大以后,中共中央在一些文件中就将不要“故意加紧反对富农的斗争”和中立富农政策,变成了“联合富农”政策。

共产国际执委会认为中共提出“联合富农”政治口号是错误的。

① 《中共中央文件选集》第4册,中共中央党校出版社1989年版,第322页。

② 《中共中央文件选集》第4册,中共中央党校出版社1989年版,第356页。

1929年6月7日,共产国际执委会政治书记处发出《就农民问题给中国共产党中央委员会的信》,对中共中央“联合富农”政策提出批评。信中认为,中共出现“联合富农”错误,源于中共六大决议,因为六大“在政治决议上之不要故意加紧反对富农的语句,在解决农民问题的时候并没有将其真正的意义表现出来,而反离开了原来的意义而变成了独立的口号,做成不正确的政治结论的基础。同时,可以使人在解释六次大会之没收地主阶级土地的时候,以为这是因为不要摇动富农的财产,其实这是不正确的”;还说六大在《农民问题决议案》中,提出“要使富农中立,甚至于说到对于还没有消失革命可能性的富农,要吸收他到反军阀反帝国主义的战〔斗〕争中,这些语句,都可以使人以机会主义的精神去了解六次大会的决议以为必要联合富农”①。信中批评说:“党的总路线明明是以贫农为基础而联合中农,在这里便以机会主义的‘联合富农’来代替了他”,“这种错误特别在现在中国革命运动的条件之下,有非常严重的危险”。② 信中指示说:“目前在全党之当前的任务是要发展农村无产阶级运动与联合农村贫民群众。这个任务的解决,必要‘不顾虑’富农,不要畏惧‘他离开革命’。在现在的环境之下,当着不少的富农已经被国民党利用以压迫农民运动的时候,这种畏惧是完全不正确的。”③

1929年8月17日,中共中央政治局开会,讨论共产国际执委会关于农民问题的来信。尽管周恩来在会上对共产国际关于反富农意见持保留态度,但会议还是作出了《关于接受共产国际对于农民问题之

① 以上引自中共中央党史研究室第一研究部编:《共产国际、联共(布)与中国革命文献资料选辑》第11卷,中央文献出版社2002年版,第523页。

② 《共产国际、联共(布)与中国革命文献资料选辑》第11卷,中央文献出版社2002年版,第523—524页。

③ 《共产国际、联共(布)与中国革命文献资料选辑》第11卷,中央文献出版社2002年版,第525页。

指示的决议》,承认过去“把富农的资本主义与半封建的两个性质,机械的分划,于是得出了反对他的半封建性而不反对他的资本主义性之奇怪的结论”,“因此,党对富农的策略发生极大的动摇,或认为‘不要故意加紧反对富农’(六次大会政治决议案)或认为‘无条件的反对富农是不对的’(二中全会的总结通告);或使党的策略路线受富农态度的支配(六次大会农民决议案)。甚至提出联合富农的口号(如中央对朱毛的指导信),尤其错误的是因联合富农而牺牲雇农的利益(如江苏淮阳恐怕富农反革命而要雇农减低要求)。这些错误,尤其是联合富农的错误,可以妨害党领导农民斗争完成土地革命之急迫的任务,而走上机会主义的道路”①。决议接受了共产国际执委会政治书记处关于反对富农的政策,要求各地党在目前农村斗争中应坚定地执行“贫农是土地革命的主要动力,中农是巩固的同盟者,雇农是党在农村中的基础”的阶级路线,而“决不应企图联合富农在反封建势力的战线之内,而应坚决的反对富农”②。中共中央作出接受共产国际关于反富农指示决议之后,各革命根据地都坚决贯彻执行了中央指示,加紧了反富农斗争。

毛泽东和中央苏区党组织对富农政策也经历了一个不断调整过程,期间正确与错误曾交替出现。

毛泽东主持制定《井冈山土地法》时,提出“没收一切土地”,包括没收富农和中农的土地,这显然不妥。1929 年 4 月制定《兴国土地法》时,只提没收地主和一切公共土地,而对富农多余的土地未提出没收,这又失之过宽。1929 年 7 月,毛泽东指导召开的中共闽西一大和 1930 年 2 月颁布的《赣西南土地法》,规定对自耕农土地不没收,但对

---

① 《共产国际、联共(布)与中国革命文献资料选辑》第 11 卷,中央文献出版社 2002 年版,第 537—538 页。

② 《共产国际、联共(布)与中国革命文献资料选辑》第 11 卷,中央文献出版社 2002 年版,第 534 页。

其多余土地只要当地农民有要求并经县、区政府批准亦得没收平分。这一规定在经济上限制了富农,但又侵犯了中农利益。而在政治上,由于受共产国际和中共中央《关于接受共产国际对于农民问题之指示的决议》影响,毛泽东领导中共红四军前委在"二七会议"上坚决开展了反富农斗争。1930 年 2 月 16 日发出的《前委通告第一号》,错误地认为"赣西南党内有一严重的危机,即地主富农充塞党的各级地方指导机关,党的政策完全是机会主义的政策,若不彻底肃清,不但不能执行党的伟大的政治任务,而且革命根本要遭失败"。通告号召"党内革命同志起来,打倒机会主义的政治领导,开除地主富农出党,使党迅速的布尔塞维克化"①。此后,赣西南苏区开展了反对"富农路线"的斗争,许多党员干部因此受到伤害。

然而,南阳会议通过的《富农问题》决议案,虽然正确地解决了经济上限制富农问题,在政治上却表现出一种对待富农的"左"的错误,认为富农"自始至终是反革命的"②,强调"我们的策略便应一起始就宣布富农的罪恶,把富农当地主一样看待,绝不应该模糊富农与其他农民的阶级界限,让富农得一投机取巧的机会,应该让他一起始就现出本来面目,使群众认识他的反革命"③。更为错误的是,这次会议还把拥有较多土地、既不收租、也不剥削雇佣劳动,只放一些高利贷或高价出卖剩余粮食的富裕中农,当成是"初期性的富农",认定他们"也是一个剥削阶级",主张对于他们的土地也要没收,债务要废除④。这无疑扩大了打击面。南阳会议还强调:"为了争取广大贫农雇农群众坚决地进攻富农,建立贫农雇农在农村中的领导权,保障农村中土地革命胜利,首先就要肃清党内的富农成分,特别是农村中的党,这一工

① 《中央革命根据地史料选编》(中),江西人民出版社 1982 年版,第 173 页。
② 《中央革命根据地史料选编》(下),江西人民出版社 1982 年版,第 399 页。
③ 《中央革命根据地史料选编》(下),江西人民出版社 1982 年版,第 403—404 页。
④ 《中央革命根据地史料选编》(下),江西人民出版社 1982 年版,第 399—400 页。

作十分重要。”要“无条件的开除富农及一切富农路线的人出党”。“怎样洗刷富农？从各种斗争过程中去观察那些表现富农路线的，就马上给他洗刷出去”。会议还决定在苏维埃选举中要“剥夺富农的选举权”①。这种不加区别地打击富农的过“左”政策，显然是受了共产国际加紧反富农指示的影响。

1931年2月8日，项英主持中共苏区中央局发出关于“土地问题与反富农策略”的第九号通告，明确提出“反富农不是消灭富农”，批评了对待富农的过“左”政策。这是正确的。但王明“左”倾领导者上台后，又提出并且在苏区强制推行“地主不分田，富农分坏田”的“左”倾土地政策。后来博古等领导者强令在中央苏区开展查田运动，目的主要就是贯彻落实这一“左”倾土地政策。毛泽东对此坚决反对。他说：“假如对地主一点土地也不分，叫他们去喝西北风，对富农也只给一些坏田，使他们半饥半饱，逼得富农造反，贫农、雇农一定陷于孤立。”②

中共正确对待富农政策的制定和完善，是在中央红军长征到达陕北后。1935年11月20日，张闻天主持召开中共中央政治局会议，讨论陕北土地问题，12月6日正式作出了《关于改变对富农策略的决定》。

《决定》虽然继续肯定1929年6月共产国际关于加紧反富农的指示，以及中共六届四中全会后“党在各个苏区内所实行的消灭地主，反对富农，联合中农，依靠贫农雇农的路线”③是正确的；但认为目前已进入民族革命战争时期，随着民族矛盾的上升，国内阶级关系开始发生变化，“在这种情形之下，富农也开始参加反对帝国主义侵掠及豪绅地主军阀官僚的革命斗争，或采取同情与善意的中立态度，不论是富

① 《中央革命根据地史料选编》（下），江西人民出版社1982年版，第413—414页。

② 《毛泽东农村调查文集》，人民出版社1982年版，第22页。

③ 《中共中央文件选集》第10册，人民出版社1991年版，第583页、584页。

农自己参加革命斗争,或采取同情甚至中立态度,对于我们现在不是可怕的,而是有利的”。相反,如果仍然执行“加紧反对富农的策略,是在把富农推到反革命的怀抱中去,是在加强反革命同我们斗争的力量。因此这种策略现在已经不适当了”①。《决定》还指出:“长期的苏维埃革命运动的经验更告诉我们在加紧反对富农的斗争中,常常造成消灭富农的倾向,以致影响到中农群众,使他们不安,他们对于发展生产力减少兴趣。这不但会推动富农积极起来同豪绅地主联合反对苏维埃政权,而且给他们造成了附和他们的中农群众。这种策略也不能使白色区域的群众了解到:苏维埃政权不但在政治上比国民党政府要进步千百万倍,而且也只有在苏维埃政权下面,生产力才能够大大的提高,人民才可以安居乐业。而且在目前民主资产阶级革命的阶段上,资本主义必然要相当发展,这种发展,不是可怕的。因此从这些方面来讲,加紧反对富农的策略,也已经不适当了。”②为此,决定明确指出:在白区开展抗日反蒋反苛捐杂税反军阀的斗争中,“故意排斥富农(甚至一部分小地主)参加革命斗争是错误的”;在苏区,“对于富农我们只取消其封建式剥削的部分,即没收其出租的土地,并取消其高利贷。富农所经营的(包括雇工经营的)土地,商业,以及其他财产则不没收。苏维埃政府并应保障富农扩大生产(如租佃土地,开辟荒地,雇用工人等)与发展工商业的自由。如某一乡村大多数农民要求平分一切土地时,富农应照普通农民一样,平均分得土地”,“除统一的累进税外,苏维埃地方政府不能加富农以特别的捐款或征发”。《决定》认为,“这样的改变,可以使富农对苏维埃政府采取善意中立的态度”③。在政治上,《决定》仍然规定:“富农无权参加红军及一切武装部队,并

① 《中共中央文件选集》第10册,人民出版社1991年版,第585页。
② 《中共中央文件选集》第10册,人民出版社1991年版,第585页。
③ 《中共中央文件选集》第10册,人民出版社1991年版,第586—587页。

无选举权，但可以参加反帝拥苏与互济会等群众的社会团体。"对过去处理过的富农不应翻案，但可从多余土地中给富农以相当的补偿；"富农在违反苏维埃法令时，或进行反革命时，则依照苏维埃法律来解决"①。

上述对富农政策的调整是正确的。毛泽东对这些政策调整表示同意。至此，土地革命战争时期中共关于土地革命的正确路线、方针、政策，已臻于完善。中共中央能在中央红军长征刚一结束就作出这样的政策调整，表明中共在经历"左"倾错误严重折腾之后，对中国国情有了更进一步深刻认识，在政治上、理论上、斗争策略上各方面都有了显著进步，并进一步摆脱共产国际的控制和影响。

第四节
土地革命对农民的深刻影响

一、土地斗争使农民得到了利益

中央苏区掀起的土地革命红色风暴，彻底摧毁了农村封建主义的经济基础，对农民的政治地位和经济生活产生了极大的影响。

1930 年 10 月，毛泽东通过对兴国县永丰区 8 位当红军的翻身农民家庭进行详细调查，总结了土地革命给贫农带来的 12 项利益：

第一，分了田。这是根本利益所在。

第二，分了山。过去贫农是少有山的，既柴火不足，又没有油吃，而且不能砍柴到集市换油盐。现在分了山，且和分田一样照人口分，每家每人都有山了，解决了贫农柴、油方面的困难，收入也大大地增多了。

第三，分了谷。革命初起时，就分了地主及反革命富农的谷子，贫

① 《中共中央文件选集》第 10 册，人民出版社 1991 年版，第 587 页。

农不出钱就挑了地主的谷子吃。有些大地主集中的地方,还按人口平分谷子,贫农吃到割禾时还吃不完。

第四,废除了债务。革命以前的债一概不还,就连贫农欠商家的账,起会的账,都可以不还了。

第五,吃便宜米。谷贱,在贫农分了田已经耕种收割以后,自然有相当的不利,但在革命开始而稻子又未收割前这段时间,谷贱于贫农是有利的。

第六,是"由"了老婆("由"即婚姻自由之意)。过去讨老婆非钱不行,因此许多贫农讨老婆不到,即讨,不是带童养媳,就是要到好大年纪。若是讨了老婆又死了,再讨就非常困难。现在完全没有这个困难了。

第七,死了人不要用钱了,埋了就是。

第八,牛价便宜。没有牛容易买回。贫农的牛力是很缺乏的,在这种情形下,牛价便宜是贫农的利益。

第九,应酬废弃,迷信破除,两项的费用也不要了。

第十,没有烟赌,也没有盗贼,夜不闭户,也不会失掉东西。

第十一,家家能供(养)猪,不专为卖钱供别人吃,自己也可以吃肉了。过去屠坊中,贫农买肉吃的很少,现在买肉吃的多起来了。

第十二,取得了政权,这是最主要的。贫农是农村政权的主干,成了农村中的指导阶级。[①]

中农在土地革命中也得到了利益,表现在:

第一,中农在土地上不但不受损失,而且多数在分田时是平进了的;

第二,同贫农一样,讨老婆婚姻自由,一个钱也不要,是很大的利益;

第三,丧葬节俭简单,牛价便宜,礼节废弃,迷信破除,节省费用;

① 参见《毛泽东农村调查文集》,人民出版社1982年版,第216—221页。

第四,政治上同贫雇农一样,有说话的权利,不少中农在乡、区苏维埃工作,这是最重大的利益。过去,中农在地主富农统治之下,没有说话权,事事听人家处置。①

以上是赣西南苏区土地革命后农民获得实惠的情况。

再看闽西苏区。

福建上杭县才溪区农民在土地革命前后比照生活改善的情况,很能说明问题:

米:暴动前,贫农雇农平均每年只有3个月吃米饭,其余9个月均是吃杂粮,青黄不接时要吃"羊蹄子"(注:山上的一种野生植物茎块),更有吃糠的。现在,有了6个月的米饭吃,配合6个月的杂粮,一年就够了(本地产米本来很少,故还需一半依靠杂粮,现在杂粮的生产也比前多了)。以每餐说,暴动前不能吃饱,现在能吃饱了。并且自己吃外,还可卖给红军,完土地税,买公债票与兑换油盐。总之,吃饭改善了百分之一百。

肉:暴动前贫农雇农平均每人每年吃肉约一元(大洋),现在为二元,增加百分之一百。暴动前百家只有60家养猪,现在百家有95家养猪。

衣:暴动前平均每人每两年才能做一套衫裤,暴动后平均每人每年能做一套半,增加了百分之二百。

盐:暴动前每人平均每月吃盐一斤,暴动后因国民党封锁(1933年11月),每人每月只吃3两2钱。

油:暴动前平均每人每月吃油(从江西来的木油,本地的猪油)6两,现在未减少也未加多。②

对于土地革命给农民带来的好处,毛泽东在第二次全苏大会的报

---

① 参见《毛泽东农村调查文集》,人民出版社1982年版,第216—221页。

② 参见《毛泽东农村调查文集》,人民出版社1982年版,第348—349页。

告中，还作了如下的概括和总结：土地革命后，“生产结果落在了自己的手里，因此现在农民的生活比较国民党时代是至少改良了一倍。农民的大多数，过去一年中有许多时候吃不饱饭，困难的时候有些竟要吃树皮，吃糠秕，现在则一般不但没有饥饿的事，而且生活一年比一年丰足了。过去大多数农民每年很少吃肉的时候，现在吃肉的时候多起来了。过去大多数农民衣服着得很烂，现在一般改良，有些好了一倍，有些竟好了两倍”。①

二、农民革命热情的空前高涨

摆脱了封建地主残酷压迫剥削、获得了土地、政治上经济上翻了身的广大农民，革命热情为之空前高涨。他们都亲切地称苏维埃为“老苏”、“老埃”、“埃政府”。他们深切地知道，只有保障革命战争胜利，保住苏维埃政权长在，才能维护土地革命的胜利果实，维护农民的翻身解放与自由幸福。因之，苏区广大贫苦农民将自己的前途命运与苏维埃政权的前途命运紧紧地联系在一起，倾其所有，全力支持革命，支持苏维埃政府。

苏区农民的空前革命热情表现在：

踊跃报名参军参战。据统计，赣南苏区（含游击区）当时仅有人口240余万人，其中参加主力红军和地方红军的人数就达32万余人；参加赤卫队、担架队、慰劳队、洗衣队等支前作战的达60余万人。兴国县长冈乡每100个青壮年中有80个当红军和参加革命工作。上杭县才溪乡每100个青壮年中有88个当了红军和外出参加革命工作。兴国第十区（永丰区）贫农雷汉香3兄弟，加一位母亲，一位大嫂，全家共5人，革命后分了田，3兄弟先参加赤卫队，后又当了红军。瑞金县下霄区杨大爷“八子参军”等等。这样的事例不胜枚举。

① 江西省档案馆、江西省委党校党史教研室编：《中央革命根据地史料选编》（下），江西人民出版社1982年版，第322页。

积极支持革命战争。苏区翻身农民除积极报名参加红军外，还在物质上积极支持革命战争。当时，中央苏区平均每15个农业人口就要负担1个红军和工作人员的费用开支，此外还要负担庞大的红军战费。苏区的翻身农民为了支援革命战争、保卫苏维埃政权，不惜一切，倾其所有，奉献出自己的物资和钱财。尤其是反"围剿"战争最紧张时期，苏区人民除完成应交的土地税、公债款外，还要另外节约大量的粮食，捐助大量的经费给前线，每次支前运输的劳力、人工数量更是成千上万，无法统计。

努力发展生产，多打粮食确保军需。"兵马未动，粮草先行"。在战争中，军粮的供给是十分重要的问题。土地革命极大地解放了生产力，农民的积极性空前高涨。在党和苏维埃政府领导下，翻身农民在大量青壮年劳力外出当红军参加革命工作的情况下，克服劳力不足、耕牛缺乏等困难，组织起互助合作社、帮工组、耕田队，动员妇女参加生产，想方设法办起犁牛站、犁牛合作社，解决耕牛不足的困难。各地农民还大力兴修水利，开垦荒田荒山，推广良种，广积肥料，努力提高单位面积产量，使苏区农业生产连年喜获丰收，不仅确保了军需民食，而且每年还有大宗粮食出口到白区，换回苏区急需的物资。

参加苏维埃国家管理，努力建设苏维埃政权。中央苏区省、县、区、乡各级干部，绝大多数都是翻身后的贫苦农民。他们与其他工人干部、知识分子干部团结在一起，为苏维埃事业努力工作，英勇奋斗，贡献了自己的一切甚至生命。其中有许多人后来都成长为党和国家各级领导骨干。广大农民群众充分运用苏维埃国家给予自己的民主权利，积极参加苏区的历次选举运动，支持和监督苏维埃干部的工作，使各级苏维埃政府都成为真正为工农劳苦大众谋利益的机关，使广大苏区干部成为人民的公仆。

这些都是土地革命给农民带来的利益驱动和深刻变化。

第五章

中央苏区三次反“围剿”战争的胜利

第一节 反“围剿”前的敌我态势

一、蒋介石发动第一次军事“围剿”

朱毛红军攻打长沙和攻克吉安，引起蒋介石和国民党军政当局的惊恐不安。

蒋介石自 1927 年发动四一二反革命政变以来，一直视共产党和红军为“共匪”，处心积虑要加以“剿灭”。只是因共产党和红军的势力尚未发展到威胁其统治的地步，同时国民党内部各派军阀之间战事不停，特别是 1930 年春夏以来晋军阎锡山联合西北军冯玉祥、桂系李宗仁、白崇禧，以及汪精卫等，结成反蒋联合战线，拉起 70 万大军，在北京另立国民政府，要“驱蒋下台”。蒋介石被迫集中精力和兵力对付阎、冯、桂、汪联盟。自 1930 年 5 月至 10 月，他亲赴徐州、郑州、济南等地，调遣大军，展开中原大战。混乱的局面弄得蒋介石焦头烂额，无暇顾及“剿共”之事，只得将“剿共”的希望寄托于各省地方政府和军队。直到南线何应钦、何键打败桂系之后,蒋介石才于7月24日任命何键为湘、鄂、赣三省"剿共"总指挥,要何键加速"剿共"。

不料,是年7月27日,彭德怀率红三军团攻克长沙,令蒋介石十分震惊。8月2日蒋介石急电陆海空军总司令武汉行营主任何应钦并让何转告何键:"速集各部,克期进剿,俾得早日恢复长沙,以挽危局。"①

8月5日红三军团主动退出长沙,二何(何应钦、何键)松了口气。蒋介石深知红军主力尚未被消灭,遂于8月22日经南京国民党中央发出战报,通报中原战事,同时提出要把兵力重点放在对付红军方面。根据蒋介石旨意,是年8月27日至29日,何应钦在武汉行营召集湘鄂赣3省绥靖会议,策划"清剿"红军事宜,讨论通过了"湘鄂赣三省剿匪实施大纲"计15条,并具体商定了军事行动计划及联防办法、军队配备、经费筹措等问题。这次会议强调3省所有"剿匪"部队均由武汉行营指挥,要求被命担任"剿匪"之部队应"不分畛域,力剿穷追,无论如何非达到歼灭目的不止"②。

1930年10月初,蒋、冯、阎中原混战接近尾声,蒋介石于10月9日匆匆返回南京,10月10日在国民党《中央日报》发表《告父老文告》,将"肃清共匪"列为其治理国政"五项政治措施"之首。他加紧从中原抽调兵力南下湘鄂赣3省,并且委派了鄂豫皖边区、豫陕边区、江苏、湘鄂赣边区、湘鄂川边区、江西、赣西、赣南、赣北、福建、鄂东、鄂南、鄂北、豫东等"绥靖区"督办、司令或总指挥。10月23日,蒋介石又偕夫人宋美龄赶赴汉口,亲自主持召开湘鄂赣三省"剿共"会议,部署对朱、毛、彭、黄红军的"进剿"。

① 李勇、张仲田:《蒋介石年谱》,中共党史出版社1995年版,第185页。

② 《何应钦呈送湘鄂赣绥靖会议议决案》,1930年9月5日。见中共江西省委党史征集委员会、江西省委党史研究室编:《江西党史资料》第17辑,1990年内部版,第182页。

至10月下旬，蒋介石将其第七十七师、新编第五师、第五十师、第六路军第二十四、第八师分别由湖南、河南调入江西境内。加上原驻江西的第十八师、新编第十三师、独立第十四旅，云集江西的国民党军已达7个师又一个旅。此外，国民党第十九路军第六十、六十一师，也按蒋介石命令由武汉准备进入江西，使“进剿”江西的国民党军达10万之众。蒋介石指令国民党江西省政府主席、第九路军总指挥鲁涤平统辖指挥以上各部军队。

1930年11月2日，鲁涤平将已入江西境内的国民党军7个师又1个旅，组成3个纵队：第一纵队司令张辉瓒，指挥第十八、二十四、新编第十三等3个师，位于樟树、丰城、临川及其周围地区；第二纵队司令谭道源指挥第十四旅和第五十师，位于南昌万寿宫及靖安地区；第三纵队司令罗霖指挥第七十七师和新编第五师，位于上高、高安及其周围地区。鲁涤平限令在11月5日前后各部在上述地域集中完毕，作好进攻红军准备，限期收复吉安和景德镇，消灭红军于樟树（清江）至分宜段的袁水两岸地区。

二、共产国际对红军第一次反“围剿”的指导

1930年10月，蒋介石调集军队，对中央苏区发动第一次大规模军事“围剿”时，共产国际远东局向中共派有一个军事顾问小组。但中共中央与中央苏区红军之间的交通联系非常困难，共产国际远东局与中央苏区红军更没有直接联系。因此，共产国际远东局对中央苏区红军的反“围剿”作战无法直接干预，有些指导性意见，也只能提供给中共中央参考。

对中央苏区红军第一次反“围剿”，共产国际远东局提出过什么指导性意见呢？

共产国际派驻远东局以盖利斯为首的苏军三人军事顾问小组，在1930年10月中旬发现，蒋介石和南京政府开始组织和调动兵力向红一方面军活动地区靠拢。这引起了远东局高度警觉。10月15日，远东局致信中共中央政治局，提醒说："根据我们最近的一次谈话，我们认为有必要采取措施以防范对苏区和红军进行有预谋的进攻。"信中建议中共中央在"保卫苏区、保卫红军免遭国民党进攻"口号下，开展广泛的声援红军、反对国民党军进攻苏区的活动，设法阻滞国民党军队推进速度，做好瓦解敌军工作；同时要求中共中央寻找机会将军事顾问小组人员送到苏区，安排好与红军的经常联系，加快建立无线电台，并提议召开联席会议共同讨论制定具体实施计划[①]。

根据远东局的提议，中共中央于1930年10月28日发出《中央通告第九十二号——为发动全国的反抗帝国主义国民党军阀进攻红军苏维埃区域运动，以纪念十月革命和广州暴动》。通告提出，中国共产党"当前最中心的任务，正是调动全国劳动群众和红军，打破敌人的进攻，就是一方面红军和苏维埃区域的群众，有组织的进行革命战争，发动广大的各区域的斗争，并且互相配合联系起来，别方面，政治工业的中心城市，发动广大的工人群众，领导起一般劳动群众的反抗进攻红军的伟大运动"[②]。10月29日，中共中央又发出《中央关于对付敌人"围剿"的策略问题给一、三两集团军前委诸同志的指示》，除了传达中央制止、纠正立三"左"倾错误后的一系列最新决议精神外，特别指出："这次敌人'围剿'红军的计划，是不限于一、三两集团军的所在地域，不过一、三两集团军是敌人进攻的最主要的目标。因此，我们在反抗进攻红军冲破敌人'围剿'的中心任务下，必须使各地红军都能依照总的进攻策略，在各地进行自己适当的配合，使各地的行动都能牵制敌人的调动和援助，而收到我们自己相互策应之效。这一原则，中央已具体化了指示红军，当着你们与其他红军发生联系时，亦应依此原

① 《共产国际、联共(布)与中国革命档案资料丛书》第9卷，中央文献出版社2002年版，第376—377页。

② 《中央革命根据地历史资料文库·党的系统》第2卷，中央文献出版社、江西人民出版社2010年版，第1202—1203页。

则指导各部队。(具体的办法参看苏区工作计划第三部分)。”①中共中央发出的这两份文件,远在江西苏区的红一方面军领导人在数个月以后才收到。

为应对蒋介石对中央苏区的“围剿”,远东局主张在军事上“把赣南变成以吉安为中心的连成一片的苏区的方针。在这个地区的四周要开展游击活动。它四周的要冲应由我们各个军守卫”。远东局还认为,“当然,不排除这样的可能,即在敌人优势兵力的压力下,我们将暂时撤离这个地区。如果要问:是保卫苏区直到最后一个红军战士,还是挽救红军?那么,比较合适的做法,当然是后者。同时很清楚,我们应该根据自己现有的兵力来进行斗争,但是我们还应做最好打算,要考虑到这样一个问题:我们撤退到什么地方为好,在这种情况下,选择什么样的地区作为新的根据地,并继续解决组建红军的问题”。远东局的意见是保卫好红军所在的原有开阔的地区,“至少,我们要尽一切努力不撤离这个地区”②。

共产国际执委会政治书记处政治委员会采纳了远东局的意见。1931年1月11日,共产国际执委会致电远东局和中共中央,指示说:“宜将各军(特别第1、2军和第3军)的主要核心撤到较为安全的地区,从中组织有坚固根据地的正规军骨干力量,无论如何要将其保护好,使其不至于在敌人集中优势兵力‘围剿’时所进行的冒险行动中遭到被歼灭的危险。关于根据地问题,同意必须进行顽强的斗争,把赣南基本的最主要的根据地保持在我们手里。但考虑到军队的主要核心力量在敌人压迫下有暂时被迫撤退的可能性,我们认为,现在采取措施在湘西南和黔桂交界地区筹建辅助区是适宜的。同时务必更加

① 《中央革命根据地历史资料文库·党的系统》第2卷,中央文献出版社、江西人民出版社2010年版,第1210—1211页。

② 以上引自《共产国际、联共(布)与中国革命档案资料丛书》第9卷,中央文献出版社2002年版,第500—501页。

重视在鄂湘川交界地区建立第二个主要根据地。”①

遗憾的是，由于交通、电讯不畅等原因，共产国际执委会的指示发出时，中央苏区第一次反“围剿”早已结束。

三、红一方面军总前委峡江、罗坊会议的召开

1930年10月4日红军攻克吉安以后，红一军团各部即在吉安县城周围地区开展了45天的群众工作。红三军团也分布在清江、上高、高安等地做群众工作。

此时，党中央已于1930年9月24日至28日在上海召开了中共六届三中全会。李立三的“左”倾冒险错误受到共产国际的严厉批评。周恩来、瞿秋白回国后采取果断措施，已经停止执行李立三的“左”倾冒险计划。六届三中全会对李立三的“左”倾冒险主义错误进行了严肃的批评。李立三在会上承认了自己的错误。全会决定恢复党、团、工会的独立组织和经常工作，改选了中央领导机构。

由于与党中央的交通联系一时中断，中共六届三中全会精神未能及时传达到红一方面军和赣西南苏区。红军中不少官兵尤其是红三军团官兵仍然热衷于进攻南昌、九江、武汉等大城市。江西省行委书记李文林等人，对攻打南昌九江的态度甚为积极，在红军攻吉前夕就向中央状告红一方面军总前委，认为红军先打吉安的决策是错误的，强烈要求红军早日攻打南昌、九江，并且已派黎日晖等人前往南昌筹建江西省委，以备配合红军的行动。

毛泽东、朱德等领导人在攻打吉安前已经表示过，打下吉安补充兵员后再打南昌、九江，并且江西省苏维埃政府有决议在案。现在吉安打下来了，兵员补充了1万多人，经费也筹集了60万元。红一军团编制也由纵队改为师团建制，红三军第一、二、三纵队依次改编为第

① 《共产国际、联共(布)与中国革命档案资料丛书》第10卷，中央文献出版社2002年版，第23—24页。

七、八、九师，红四军第一、二、三纵队依次改编为第十、十一、十二师，红十二军第一、二、三纵队依次改编为第三十四、三十五、三十六师。第二十军、二十二军稍后也进行了整编。由刚参加红军的100多名安源煤矿工人编成的红一军团工兵连也已正式建立。

鉴于上述因素，毛泽东和朱德遂于10月13日签发了红一军团移师北上，向南昌、九江推进的命令。

1930年10月17日，红一方面军总前委来到峡江县城。毛泽东在此主持召开了总前委扩大会议（即峡江会议）。

参加会议的有红一军团林彪、罗荣桓、黄公略、蔡会文，红三军团彭德怀、滕代远、邓萍、张纯清、何长工、袁国平，长江局代表周以栗，江西省行委李文林、曾山、陈正人等约30人。

会议先讨论时局问题、土地问题和资本问题（即工商业政策）。对土地和资本问题，很快形成了决议。在讨论时局问题时，毛泽东对大家说：统治阶级的军阀混战，暂时决不能调和停顿，但也不会继续扩大到底。这就是说，中国革命形势日益吃紧的条件之下，阶级矛盾超过统治阶级内部矛盾时，反动统治阶级必联合起来进攻革命。①

毛泽东反复强调大家要有敌情观念，不能冒险去攻打南昌、九江。但是，李文林等人坚持认为：“不打南昌，会师武汉，就是违背中央精神，就会断送中国革命。”②这次会议对红军行动问题没有深入讨论。

会后于10月19日晚7时发出《红一方面军进攻高安的命令》。命令中说：“方面军以直占南浔路待机略取九江、南昌之任务，第一步

---

① 毛泽东：《给湘东特委的信》，1930年10月19日。见中共江西省委党史征集委员会、江西省委党史研究室编：《江西党史资料》第6辑，1988年内部版，第169页。

② 陈正人：《回忆罗坊会议》，见中共江西省委党史征集委员会、中共江西省委党史研究室编：《江西党史资料》第6辑，1988年内部版，第261页。

拟先歼灭高安当前之敌而占领之。”①这个命令仍提到“略取九江、南昌”,说明红军中要求打南昌、九江的意见仍没有被说服,但已有所缓和。这为以后红军的统一行动奠定了一个基础。

峡江会议后,红军中对“打不打南昌、九江”仍有争论。10月23日,毛泽东在清江县太平圩再次召开总前委扩大会议(即太平圩会议)。这时,红一方面军总部已获悉国民党10万大军即将向江西苏区大举进攻的情报。毛泽东在会上向大家通报了敌情。

在讨论红军行动时,除少数人外,多数人再也不提打南昌、九江了。红一方面军总部于10月24日午后2时半发布《红一方面军在袁水与瑞州河之间工作待机的命令》。在这个命令中,只说“方面军有继续吉安胜利争取进一步的胜利,发动群众,消灭敌军,扩大红军,有计划有配合有步骤的夺取南昌九江,争取江西全省胜利之任务”②。命令要求红一方面军各部在袁水与瑞州河之间工作7天,做好与进犯之敌决战的准备。这就是说,红一方面军实际上已放弃打南昌、九江的任务。

可是,一个新问题出现了:红军到底在什么地方与“进剿”敌军决战?红三军团有人提出“夹江而阵”,就是将红三军团摆在赣江西岸,红一军团摆在赣江东岸,分头对付“进剿”敌军,认为这样既可保卫湘鄂赣边苏区,又可保卫赣西南苏区。江西省行委书记李文林等,则主张红军主动出击到赣西北白区去打击敌人,不要将敌人引进到赣西南苏区来,以免打烂坛坛罐罐,使苏区人民遭受损失。

毛泽东则认为,面对10万之众的敌军,只有三四万人的红一方面军不能分离,一、三军团必须攥成一个拳头,才有力量打击敌人;至于

① 中共江西省委党史资料征集委员会、江西省委党史研究室编:《江西党史资料》第6辑,1988年内部版,第167页。

② 中共江西省委党史资料征集委员会、江西省委党史研究室编:《江西党史资料》第6辑,1988年内部版,第185页。

战场,若放在赣江西岸,夹在赣江与湘江之间,红军机动范围小了,只有让敌人深入到赣江东岸苏区腹地,仗才好打。因为赣江东岸地跨闽、浙、赣边界,有大山、平原、江河阻隔小,回旋余地大,尤其是红军可以得到苏区广大人民群众的积极支援,只要红军选择有利地形,仗想怎么打就怎么打,非常主动。因此,毛泽东坚决主张一、三军团都退至赣江东岸,诱敌深入赤色区域,再寻机歼敌。

朱德、周以栗、林彪、罗荣桓、曾山、陈正人等都支持毛泽东的主张,李文林等人没表态。红三军团部分同志持反对意见,军团政治部主任袁国平反对态度尤为坚决。

敌军进攻在即,红军反“围剿”战略方针必须早日决定,不容迟疑不决。

1930 年 10 月 25 日,红一方面军总部从清江太平圩移驻新余县罗坊镇陈家闹。在陈家闹一间染布店里,毛泽东再次主持召开红一方面军总前委与江西省行委联席会议(史称罗坊会议)。

这次会议前后共开了 6 天,实际是峡江会议和太平圩会议的继续。前两天的会议,讨论了政治局势和二打长沙、占领吉安的经验教训,还讨论了土地问题、一方面军及江西苏区党和政府当前面临的任务,在思想、军事、土地政策等方面批评和纠正李立三“左”倾错误,26 日通过了《目前政治形势与一方面军及江西党的任务》决议。后几天的会议都在晚上召开,集中讨论应敌方略。会上各种意见争执不下,直到 10 月 30 日晚,会议仍陷入僵局。深夜,毛泽东只好宣布休会。

红三军团的同志利用休会时机,走到屋外自动聚集到军团长彭德怀身边小议起来。红八军军长何长工和红三军团政委滕代远,都认为毛泽东的意见有道理,建议大家以大局为重,东渡过江。袁国平等仍然坚持“夹江而阵”,三军团与一军团分离作战。一时众说纷纭,莫衷一是。彭德怀经深思熟虑,决心在政治上以朱、毛为旗帜,军事上集中一、三两个军团,共同对付敌人。他认为三军团应该过江,坚决表示说:“一、三军团分开,两军夹江而阵,这对于目前准备粉碎蒋介石的大举进攻不利。”随后命令说:“有意见到河东讨论,但不能妨碍行动,更不能说一、三军团分家!”①

彭德怀一言九鼎。慑于他在三军团中的威望,一些主张“分家”的人再也不敢吭声了。

袁水两岸的彷徨与争议,终于有了定论。罗坊会议最终作出“诱敌深入”的方针。根据这一战略方针,红一方面军全军东渡赣江,诱敌深入。

这是一个来之不易的具有重大战略意义的正确抉择。这一抉择不仅表明红一方面军从此完全摆脱了李立三“左”倾冒险主义的羁绊,而且表明红军已从游击战向带游击性的运动战转变迈出了关键性一步。

为了这个正确抉择的作出,毛泽东费尽心血,朱德、周以栗等鼎力支持,彭德怀等顾全大局,他们都是功不可没的英才、功臣。

四、东渡赣江,诱敌深入

罗坊会议期间,红一方面军各部的分布情况是:红一方面军总部驻新余罗坊的园前村;红一军团第三军驻分宜县,第十二军驻新余县,第四军驻新余县罗坊;红三军团驻清江县黄土街至临江镇一线;红二十军驻峡江县至永丰县之间;红二十二军驻吉安。

1930 年 11 月 1 日,红一方面军总部根据罗坊会议的战略决策,由毛泽东、朱德签署在罗坊园前村发出《诱敌深入赤色区域待敌疲惫而歼灭之的命令》。命令指出:“方面军以原任务拟诱敌深入赤色区域,待其疲惫而歼灭之。决以主力移到赣江东岸,相机取樟树、抚州,发展新干、吉水、永丰、乐安、宜黄、崇仁、南丰、南城各县工作,筹措给养,训练部队。”命令规定:

① 《彭德怀自述》,人民出版社,1981 年版,第 161 页。

“第三军团为中路军（由彭总指挥滕政治委员指挥），应即渡过袁水南岸，集中队伍，准于本月五号在新干对河附近渡江，向樟树前进，相机略取樟树，并在樟树通丰城、新干两大道附近筹款二十万，发动群众，以后之集中地在永丰之滕田附近。

“第四军、第十二军为右路军，应于三号集中部队，四号检查工作，五号开到峡江城，六号渡江（归林彪杨岳彬指挥），经崇仁向抚州前进，相机略取抚州，在南丰、南城、崇仁、宜黄各处工作，筹款四十万，发动群众，以后集中在乐安之招携市附近，如中路军受优势之敌威逼时，则应提早集中时间，向中路移靠，以便应敌。

“第三军（由黄公略蔡会文指挥）为左路军，担任赣江西岸一带地区（包括安福）扰乱工作，与二十军及中路军取联系，牵制敌人进攻吉安。

“第二十军应在吉水、永丰、新干一带工作，须经常与总部确取联络。

“工作时间以一个月为期，各部须按期完成该县区之工作。

“后方联络线经峡江到吉安，驻吉留守处仍旧。

“总司令部拟于五号在峡江城渡河，位置于峡江县城对岸通新干之大道旁，以后则随中路军（三军团）行止。”①

命令发出后，各部队依令行动。红一军团第四军、第十二军于11月6日全部顺利东渡赣江。

红三军团开到峡江县准备渡江时，一部分干部思想动摇，不愿渡江，有个叫杜中美的团级干部说：“为什么两个军团不能夹江而阵，一定要两个军团过东岸，我们有意见。”为此，彭德怀在峡江仁和镇召开全军团团以上干部会议斩钉截铁地表示说：“有意见到江东去讨论吧！

① 《毛泽东军事文集》第一卷，军事科学出版社、中央文献出版社，1993年版，第181—182页。

我是一定要过江的,总前委这个决定是正确的。红军要打遍全中国,不要地方主义。”①随即对大家做耐心的思想工作,说服了持不同意见的同志。11 月 5 日,红三军团顺利渡过赣江,到达指定区域。

红一方面军总部于 11 月 2 日在罗坊彭家洲召开群众大会后,由朱德率领经峡江于 11 月 5 日东渡赣江,随红三军团行动。

毛泽东在罗坊会议结束的第 2 天,忙里偷闲,在新余罗坊的彭家洲,找了兴国县来当红军的新战士傅济庭、李昌英、温奉章等 8 人开调查会,了解兴国土地革命状况。调查会从 10 月 31 日一直开到 11 月 4 日晚。这时,红军各部队和总部机关已全部离开新余开始渡江,形势已很紧张。毛泽东若无其事地继续开调查会,直到 11 月 5 日早晨,才随总前委工作人员离开彭家洲,带着傅济庭等 8 人向峡江县城撤退。后来,毛泽东在宁都县小布将这次调查成果整理成著名的《兴国调查》一文。

11 月 7 日,毛泽东率领总前委机关离开峡江,8 日回到吉安,途中又作了“东塘调查”。在吉安,他一连几天出席江西省行委扩大会议,与大家一起研究苏区土地分配政策和反“围剿”准备工作。11 月 19 日早晨,国民党军罗霖第七十七师已经进到距吉安城只有二三十里的地方,毛泽东才在江西省苏维埃政府主席曾山等的催促下撤离吉安,在值夏渡过赣江,22 日抵达永丰县藤田,与朱德率领的红一方面军总部会合。从吉安到藤田途中,他又利用休息时间,作了“木口村调查”。毛泽东在大战前夕这一系列从容不迫的农村调查,为他后来指导中央苏区的土地斗争和政权建设等工作,奠定了坚实的思想基础。

五、红一方面军黄陂、小布集结

红一方面军刚撤离袁水流域,敌“围剿”军总指挥鲁涤平就于 1930 年 11 月 5 日下令其第一、第二、第三纵队由北向南,向袁水流域

① 《彭德怀自述》,人民出版社,1981 年版,第 162 页。

进攻，结果扑空。敌军发现红一方面军主力已东渡赣江后，鲁涤平急忙调整部署，以其第三纵队第七十七师和新编第五师留在赣江西岸地区布防，相机进攻；以第一、第二纵队共4个师1个旅和总预备队1个师，转向赣江以东地区，寻求红军主力决战。

红军主力东渡赣江后，发现敌军主力也转向赣江以东地区运动。11月中旬，红一方面军总部命令红三军团由新干县东部的七琴地区、红四军由崇仁地区、红十二军由宜黄地区、红二十军由吉水县八都地区、红三军由赣江以西油田地区，逐次向根据地腹心地域实施战略退却。

11月中旬末，各路“围剿”敌军已侵占吉安、新干、吉水、崇仁、永丰、南城、宜黄、乐安一线。红军诱敌深入，必须迅速对战略退却的终点和预定战场作出正确选择。毛泽东到达永丰县藤田与朱德会合后，对此进行了认真研究。

毛泽东、朱德认为：退却终点即是反“围剿”的预定战场。预定战场的选择，必须在下列6种条件中至少具备2种以上方可。这就是：(1)积极援助红军的人民；(2)有利作战的阵地；(3)红军主力的全部集中；(4)发现敌人的薄弱部分；(5)使敌人疲劳沮丧；(6)使敌人发生过失。

毛泽东说：“人民这个条件，对于红军是最重要的条件。这就是根据地的条件。并且由于这个条件，第四、第五、第六等条件也容易造成或发现。所以当敌人大举进攻红军时，红军总是从白区退却到根据地来，因为根据地的人民是最积极地援助红军反对白军的。根据地的边缘区和中心区，也有区别；对于封锁消息、侦察、运输、参战等事，中心区的人民比边缘区为好。”①

根据上述条件，红一方面军总部开始选定吉安东固、南垄为反“围

① 《毛泽东选集》第一卷，人民出版社1991年版，第207页。

剿”预定战场，并于1930年11月25日在永丰县沙溪下达命令，要求红军主力退至东固、南垄和永丰县的龙冈一线集结，准备出击敌人。几天后因敌情变化，红一方面军总部于11月27日又在南垄发出《关于到黄陂小布集中》的命令，准备选择吉安富田、东固一带为反攻战斗的预定战场。12月1日，红一方面军到达战略退却终点——宁都县西北部的黄陂、小布地区。毛泽东、朱德和方面军总部机关驻黄陂中排村；红一军团第四军和第十二军驻黄陂、洛口间，红三军驻黄陂；红三军团驻小布。

红军在实行战略退却的同时，总部派出红十二军军长罗炳辉率红三十五师佯装主力，引诱敌军向吉安富田、东固地区靠拢，以便伺机各个击破。不料，是年12月7日发生了震惊苏区的“富田事变”[①]，富田、东固已不适宜作为预设战场，红一方面军总部不得不改变计划。12月14日，红一方面军总部在黄陂发布“红字第七号命令”，决定将部队再向东移至黄陂东边的平田、安福、砍柴冈一带，公开的理由是“为便利采办给养”。总部机关仍驻黄陂中排不动。至此，红一方面军主力已顺利完成战略退却、诱敌深入任务。

六、苏区军民的反“围剿”准备

为粉碎国民党军的大规模“围剿”，江西苏区军民在红一方面军总前委、江西省行委和江西省苏维埃政府领导下，立即紧急动员起来，进行反“围剿”的各项准备工作。

首先是从政治上紧急动员苏区军民积极投入反“围剿”斗争。1930年11月14日至15日，江西省行委在吉安召开扩大会议，省苏政府主席曾山传达了罗坊会议决定，对苏区反“围剿”准备工作进行了动员和布置。对未出席这次会议的兴国、宁都、永丰三县，省行委和省苏维埃政府根据毛泽东的指示，专门写信给这3个县，转达罗坊会议和

① 关于“富田事变”，本书后有专题论述。

省行委扩大会议精神。11 月 20 日，江西省苏维埃政府主席曾山签发“秘字第一号”《紧急通告——动员广大工农群众坚决实行阶级决战消灭敌人》，对敌我形势作了正确的估量，批判了在敌人大举进攻面前所表现出来的悲观畏缩和消极麻痹、盲目乐观的思想。紧急通告对动员群众做好应敌工作提出了 7 项要求：(1)组织群众配合红军作战；(2)设立兵站，帮助红军输送给养、转运伤员；(3)建立交通线；(4)组织担架队；(5)筹备给养；(6)节省费用；(7)切实进行瓦解白军工作。11 月 24 日，江西省行委专门就做好共青团工作动员青年群众实行阶级决战，发出第十一号通告。12 月 1 日，江西省苏维埃政府主席曾山又发出《紧急通告妇字第一号——在阶级决战中妇女应作好工作》，动员全省苏区妇女勇敢地积极地投入到反“围剿”斗争中。宁都、兴国、于都、赣县、吉安、泰和、永丰等县苏区的各级党政机关，都采用召开紧急动员会、印发宣传动员材料等各种办法，迅速将广大群众发动组织起来，投入反“围剿”斗争。

组织群众坚壁清野，断绝敌军接济。各地苏区群众在各级苏维埃政府组织领导下，将家中的油盐柴米和锅碗瓢盆等日用物资，严密隐藏；将碾米用的砻、碓抬进深山或沉入水塘，并且破坏水源，困饿敌军。

加强赤色戒严，组织军事交通站。苏区各县、区、乡苏维埃政府根据江西省苏政府军事委员会《紧急通告第一号——迅速组织侦探队灵敏消息》的要求，都组织了侦探队，专门负责侦探敌情，将每日所得情报，由乡、区、县逐级报告省苏政府和红军指挥机关。妇女和儿童团员因不易引起敌人注意，在侦探敌情时发挥了很大作用。为及时递送情报，除原有的赣西南赤色邮路外，省苏维埃政府还在吉安设立了秘密交通网，使省苏维埃政府和红军总部能及时得悉各方情报。

筹集现金物资，确保红军给养。1930 年 11 月 17 日，江西省苏维埃政府发出《紧急通令》，要求各级苏维埃政府“迅速集中经济节省费用应付阶级决战”，务必在 3 个月内筹集现金 60 万元。11 月 20 日，江西省苏维埃政府又发出"财字第二号"《通告》,再次要求在10天内立即筹集现金30万元,其中赣南赣东须筹集10万元,赣西各县、区共筹集20万元。为节省开支支援红军,各地按省苏维埃政府要求,尽量减少办公费用支出,节省伙食开支。如:写标语不用纸,尽量写在墙壁上;"办公地睡觉熄灯,信纸信套不要漂亮,使现金不致外溢";"只发伙食费,不发零用钱——伙食费城市物价较贵,每天大洋一毛五分,乡村每天大洋一毛。客饭城市每天一毛,乡村客饭每天八分"。[①] 后来省苏维埃政府又规定:"凡一毛五分的发给柴菜钱一毛,一毛的发给柴菜钱八分,八分的发给柴菜钱六分,六分的发给柴菜钱二分。"[②]

红军主力集结地所在的宁都及邻近的兴国、于都、于北区等县区苏维埃政府,都筹集了大批粮油、食盐、木柴、蔬菜秘密储藏起来,准备随时供给红军使用。各县、区苏维埃政府还根据省苏维埃政府要求,选择适当地点建立起兵站,专门办理红军给养和收容红军伤病员事宜,并且抽调精壮赤卫队员组织担架队,准备随时上前线支援红军作战。

地方武装积极活动,紧密配合主力红军牵制和疲惫敌人。江西省苏维埃政府于1930年11月11日宣布成立全省军事委员会,金万邦任主席。各县区苏维埃政府建立健全了军事部。各级军事部除积极动员青壮年参加主力红军外,还大力发展和加强地方武装,组织游击队、赤卫队、少先队站岗放哨,封锁消息,骚扰牵制敌军,使侵犯根据地

① 江西省苏维埃政府:《紧急通令秘字第一号——迅速集中经济节省费用应付阶级决战》,1930年11月17日。见江西省档案馆、江西省委党校党史教研室编:《中央革命根据地史料选编》(中),江西人民出版社1982年版,第534页。

② 江西省苏维埃政府主席曾山、财政委员会主席周勉:《通告财字第二号——筹集现金准备给养节省经费争取阶级决战最后胜利》,1930年11月20日。见江西省档案馆、江西省委党校党史教研室编:《中央革命根据地史料选编》(中),江西人民出版社1982年版,第541页。

的敌军提心吊胆，日夜不安，陷于困境。兴国县红军独立师还直接配合罗炳辉率领的红十二军第三十五师，在泰和、兴国、吉安三县边界地区警戒和牵制敌军。

积极动员青壮年参军，猛烈扩大红军。江西省苏维埃政府军事部于1930年11月12日就扩大红军问题发出军字第二号《通告》，提出：“猛烈扩大红军是准备阶级决战的主要条件”，“赣西南各级政府目前主要工作之一是号召广大工农群众参加红军”。[①]《通告》指出了各地扩大红军时应执行的正确路线和具体方法，强调要做好宣传动员和慰劳红军、优待红军家属工作，建设好红军预备军（独立团），以便能随时调动上前线，加入红军。

组织群众开展对敌宣传，瓦解敌军斗志。红一方面军总前委在1930年11月10日发布了《宣传动员令》，公布了对敌军宣传的12个口号，要求“立即动员全体工友、全体农友、全体红军兄弟长官，个个都拿起笔来写那十二个口号，不但在屋外写还要在屋内写，工友、农友在自己的屋子内，红军营地屋子内、前壁后壁左壁堂屋内、睡房内、厨房内、毛厕内一概给他们写得满满的，不要怕写坏了房子不好看，我们穷人，不要什么好看，不要用纸贴，一概用笔写，乡村由苏维埃领导写，红军由士兵委员会领导写……”[②]

江西省行委还要求“在敌人进来之后，应坚决动员一般老弱残废的老头婆子及幼小活泼的男女孩，用各种方法与白军士兵接近，乘机宣传及侦探其一切情形”；妇女群众“利用卖小菜小物或替白军洗衣

① 江西省苏维埃政府军事部：《通告军字第二号——扩大红军的具体办法》，1930年11月12日。见江西省档案馆、江西省委党校党史教研室编：《中央革命根据地史料选编》（中），江西人民出版社1982年版，第528页。

② 红一方面军总前委《宣传动员令》，1930年11月10日。见中共江西省委党史资料征集委员会、江西省委党史研究室编：《江西党史资料》第17辑，1990年内部版，第38页。

等，去接近他们谈话借以宣传”①；将对敌宣传品寄送或直接散发到敌人队伍中去。这些宣传措施对瓦解敌军斗志产生了重大作用。

兵民乃胜利之本。苏区军民的这些反“围剿”准备工作，紧张有序，扎实充分，必将使进攻苏区的国民党军陷入人民战争的汪洋大海之中。

第二节 第一次反“围剿”的胜利

一、总前委的《八个大胜利条件》

红一方面军主力退到根据地腹心地域宁都县黄陂、小布一线集结后，毛泽东于 1930 年 12 月上旬在黄陂中排村主持了红一方面军总前委扩大会议。

参加会议的除总前委成员外，还有军以上领导干部和地方党负责人。毛泽东在会上作政治报告，公开批评了李立三的“左”倾冒险错误，“更具体的指出党内有两条路线，必须推翻那条错误路线（立三路线），执行这条正确路线，革命才能走向胜利的道路”②。这次会议，进一步统一了红军指战员的认识，为反“围剿”作战胜利奠定了牢固的思想基础。

会后，总前委根据毛泽东的讲话精神，起草并向全军和苏区军民印发了著名的《八个大胜利条件》宣传动员材料。这份文件全面科学

---

① 《江西省行委通告第十一号——加紧团的工作号召广大青年群众实行阶级决战与团目前的工作》，1930 年 11 月 24 日，见江西省档案馆、江西省委党校党史教研室编：《中央革命根据地史料选编》（下），江西人民出版社 1982 年版，第 718—719 页、第 723 页。

② 《接受国际来信及四中全会决议的决定——苏区中央局扩大会议决议第一号》，1931 年 4 月。见江西省档案馆、江西省委党校党史教研室编：《中央革命根据地史料选编》（中），江西人民出版社 1982 年版，第 301 页。

地分析了红军必能打败敌军、争取反“围剿”胜利的8大有利条件:1. 国际形势有利于阶级决战,不利于帝国主义;2. 国内形势有利于阶级决战,不利于蒋介石、鲁涤平;3. 我们的战略好,着着胜利,敌人的战略是着着失败;4. 我们有群众配合,敌人没有;5. 我们的兵力是集中的,敌人的兵力是分散的;6. 我们的军队是团结的,敌人的军队是动摇的;7. 我们准备充足,敌人财政恐慌;8. 我们得地利,敌人不得地利。

“八个大胜利条件”,条条分析透彻,通俗易懂。如:说到战略时,文件指出,“诱敌深入到赤色区域”,“就好像虾子落滩头,这一着就是敌败我胜”,“采用持久战略。这次敌人要快打,我们偏不同他快打”;“现在熬了他差不多两个零月,使他们步步扑个空,要熬得他内部发作,给他一个猛打”;“敌人妄想给我们重围久困,河东河西开起几路军队来包围,我们就来一个坚壁清野,号召群众参战,给他一个久困重围……我们又大贴标语,又做白军士兵宣传,敌人又很动摇,还没有开始打仗,敌人步步失败了,我们就步步胜利了。敌人又恐慌又动摇,给他一个猛打,哪有不胜之理”。[①] 说到地利,“宁都永丰兴国一带,即是赤色区域,又是山多岭峻,路又窄,地又险,敌人大的步伐摆不开,大炮啦,机关枪啦,也失去作用。红军行动又快,地势又熟,山前一个正面攻击,山后一个包抄打来,要教那陷在那里的白军走投无路,打个片甲不留”[②]。

为进一步鼓舞红军反“围剿”斗志,1930年12月24日,毛泽东、朱德和红一方面军总部从黄陂移驻小布村,25日在小布村外麻糍石下的河滩上,召开了盛大的苏区军民歼敌誓师大会。毛泽东为大会亲拟对

① 红一方面军总前委《八个大胜利条件》,1930年12月2日。见中共江西省委党史资料征集委员会、江西省委党史研究室编:《江西党史资料》第17辑,1990年内部版,第105—106页。

② 红一方面军总前委《八个大胜利条件》,1930年12月2日。见中共江西省委党史资料征集委员会、江西省委党史研究室编:《江西党史资料》第17辑,1990年内部版,第107页。

联一幅：

敌进我退，敌驻我扰，敌疲我打，敌退我追，游击战里操胜券；

大步进退，诱敌深入，集中兵力，各个击破，运动战中歼敌人。

大红对联贴在誓师大会主席台两侧台柱上。看到这副对联，参加誓师大会的1万多军民，对毛泽东所提出和总结的游击战和运动战的战略思想，有了更加深刻的理解，对夺取反“围剿”斗争胜利充满信心。

毛泽东和朱德都在动员大会上发表了重要讲话。毛泽东的讲话既富有说服力，又鼓舞人心。他一一分析了敌败我胜的有利条件后，说：我们实行了诱敌深入的方针，两次大踏步地后退，敌人已开始掉进我们的陷阱，敌情、地形、人民等条件，都已经发生了改变，利于我而不利于敌，胜利就在眼前。最后，毛泽东举起拳头，领着大家高呼口号：“勇敢冲锋！”“奋勇杀敌！”“多缴枪炮！”“扩大红军！”“活捉鲁胖子，打倒蒋介石！”①

小布誓师后，全军将士斗志高昂，同仇敌忾。

二、龙冈大捷

国民党南昌行营主任鲁涤平于1930年11月16日下达“会剿”总攻命令后，本欲寻歼红军主力于吉安永丰之间，这个计划却因红军主力向宁都黄陂小布退却而被打破。

12月7日，蒋介石由南京亲赴南昌，成立“陆海空军总司令南昌行营”，由鲁涤平兼任行营主任，当日下达第一号作战命令，决定聚歼红军于吉安东固地区。

其兵力部署是：第九路军第十八师由永丰进攻东固，第五十师由乐安进攻龙冈、东固，新编第五师由吉安经富田进攻东固，第七十七师主力防守吉安，一部兵力向安福方向“清剿”，新编第十三师在临川、崇

---

① 刘亚楼：《伟大的第一步》，见中共江西省委党史资料征集委员会、江西省委党史研究室编：《江西党史资料》第17辑，1990年内部版，第146—147页。

仁地区维护后方交通，独立第十四旅北开武宁进行“清剿”；第六路军总指挥朱绍良指挥第二十四师由宜黄县蛟湖向宁都县东韶、洛口、宁都城进攻，第八师由宜黄县黄陂、南丰之线向广昌、宁都、于都进攻，归该路军指挥的第五十六师经建宁向石城推进，第四十九师和暂编第二旅向瑞金、会昌推进；第十九路军总指挥蒋光鼐指挥第六十师、第六十一师经萍乡、分宜向泰和、万安前进，原驻赣州的第十二师第三十四旅归第十九路军指挥，防守赣州。

敌军“围剿”主力为第十八师、第五十师，其进攻目标为吉安东固和永丰龙冈。12 月 16 日，敌军开始向预定目标发起进攻，攻占东固的时间限定在 12 月 20 日。

毛泽东对于反“围剿”之“初战”极为重视。他认为，打好反“围剿”第一仗，至关重要。这一仗必须打胜，必须照顾全战役计划，必须照顾下一战略阶段。“这是反攻开始，即打第一仗时，不可忘记的三个原则”。①

毛泽东和朱德等分析了敌我双方情况，认为：“进剿”军虽有 10 万之众，但均非蒋之嫡系，其内部矛盾甚多，总的形势并不十分严重。而且敌军兵力分散，罗霖第七十七师防卫吉安，隔在赣江以西；敌刘和鼎第五十六师远在福建，相距 800 里，有利于各个击破。公秉藩新编第五师（后升编为第二十八师）和许克祥第二十四师，在富田和广昌、宁都之间的头陂、洛口、东韶一带，这几处由于政治和地形情况，都不宜选作战场，且打了毛、许两师再回头西打，恐西面的张辉瓒、谭道源、公秉藩 3 师集中在一起，不易决胜，不能最后解决问题。因此将张辉瓒、谭道源两师选作初战攻击目标，较为理想。张、谭两师均系鲁涤平的“嫡系”部队，十八师师长张辉瓒号称“王牌师”，骄横跋扈，根本不把红军放在眼里，扬言要“剃朱毛的头”。如消灭了这两个师，“围剿”就

① 《毛泽东选集》第一卷，人民出版社 1991 年版，第 222 页。

基本上打破了。该两师各1万余人,红军共有4万余人,红军一次打敌1个师是绝对优势;这两个师已分别进至永丰县龙冈和宁都县源头,虽离红军很近,但群众基础好,红军能隐蔽接敌;龙冈有优良阵地,源头虽不好打,但如敌攻小布就我,则阵地也好;红军在龙冈方向能集中最大兵力,龙冈西南数十里之兴国,尚有红十二军第三十五师1000余人,亦可迂回于敌后。

根据毛泽东的上述分析,红一方面军总部决定先打张、谭两师。而张、谭两相比较,毛泽东又认为先打谭道源师为有利,因为它距小布仅25华里,又是乙种师,仅两旅6团8000多人,已孤军深入到红军面前。

12月24日,敌谭道源师在源头大肆拉夫,准备向小布进攻。这一情报当日即为红一方面军总部获悉。毛泽东、朱德于当日发布第9号命令,决定在小布与源头间的一条狭谷里伏击该敌。

25日上午10时前,红军各部依令进入设伏阵地,等了一天,敌人没有动静,只得撤回。26日夜10时,红一方面军总部又下令部队于次日晨再次设伏于峡谷。谭道源师仍未上钩。后来红军查明,谭道源发出向小布进攻的命令后,忽从一个由小布跑出的反动分子口中得悉红军已在小布设伏,方立即下令部队停止前进,派人将已出发的先头部队追回。这样,红军白等了两天。

就在红军指战员求战心切、有些抱怨的时候,红军总部于28日午后侦悉敌张辉瓒第十八师已由东固进至南垄,有进攻龙冈模样。

张辉瓒师与公秉藩的新编第五师,原担负向东固进攻任务,定于12月20日会攻东固。此时佯装成红军主力的红十二军第三十五师在12月18日就已从东固撤走了。12月19日,公秉藩师未与红军交战进占东固。公秉藩一面命令部队在东固四周山上抢修工事,一面向蒋介石、鲁涤平发报,抢邀头功,却未将进占东固一事向张辉瓒通报。

12月20日清晨,大雾弥漫。张辉瓒指挥部队按原定计划向东固杀去,竟遭到公秉藩师的猛然伏击,双方杀得不可开交,直到中午才弄清原来是"大水冲了龙王庙",狗咬狗,打了自己人。这场闹剧结束后,公秉藩再也不听张辉瓒节制,率领新编第五师径直返回富田。为此,张辉瓒挨了蒋介石一顿臭骂,恼羞成怒,下令部队在东固大烧大杀3天,然后按鲁涤平命令,留下本师第五十四旅在东固维持后方交通,自己率领第五十二、五十三两个旅和师直属队,转兵趋向永丰龙冈,准备从龙冈向宁都黄陂、小布地区进攻。

毛泽东、朱德得悉张辉瓒师向龙冈开进消息后,于12月28日午后9时果断下令全方面军西移,准备伺机围歼张辉瓒师。29日,红军除留下一个警卫团在黄陂警戒东面之敌外,其余全部秘密转移至黄陂西面30里之君埠,并探实张辉瓒先头部队确已进到龙冈圩。

当晚8时,红军总部在君埠发出《攻击龙冈敌张辉瓒部的命令》,作出战斗部署:红十二军(缺三十五师,含六十四师)任左翼,30日晨4时前出动,向表湖前进,以一部占领龙冈南端、水西西端之万功山,以主力截断通南垄之大道,并于30日午前10时占领所要之阵地;红三军任右翼,30日晨5时出动,占领木坑以右地区及亭子边之主要阵地,向龙冈攻击前进,右与红三军团、红四军派出部队取得联系;红三军团和红四军统归彭德怀、滕代远指挥,沿汉下攻击上固、下固,如上固无敌,则以主力向凡埠、张家车之线攻击前进,以小部警戒下固、潭头。这一战斗部署,是置敌于死地的"五瓣莲花抄尾阵"战法。

红军各部按照命令连夜行动。12月30日一早,毛泽东和朱德冒着浓雾将总部指挥所移至距龙冈15华里的小别黄竹岭半山腰。毛泽东边走边对朱德说:"总司令,你看真是'天助我也'! 三国时,诸葛亮借东风大破敌兵;今天,我们乘雾全歼顽敌啊!"①

上午8时许,浓雾逐渐散去,右翼红三军七师与敌遭遇战斗打响,

① 吴吉清:《在毛主席身边的日子里》,江西人民出版社1977年版,第43页。

拉开龙冈之战的序幕。敌军凭借优势武器,极力阻止红三军向龙冈方向攻击前进,战斗一时处于胶着状态。军长黄公略要求总部派兵增援,因预备部队总部警卫营已上前线,朱德总司令决定“无兵派将”,即派总部参谋处长郭化若前往红三军协助指挥作战,鼓励士气。中午12时左右,红军向敌人发起全面进攻。张辉瓒电令在东固的五十四旅驰援龙冈,要求二十八师向龙冈迂回,均无济于事。至下午4时,红军总部发出总攻击令,阵地上杀声震天,敌军阵脚大乱,溃不成军。红三军直捣张辉瓒师部,随即战斗结束。张辉瓒第十八师两个旅和师直属队全部被歼灭。是役红军俘敌9000余人,缴枪9000余支、子弹100余万发、无线电台1部。敌师长张辉瓒化装成书记官,潜逃至龙冈圩西边万功山半山腰的一窝茅草丛中,被打扫战场的红军活捉。此外,红军还击毙敌副旅长、团长各1人,俘敌代参谋长、旅长、团长各1人。

下午6时,毛泽东即以中国工农革命委员会主席名义发布《红军胜利捷报》。他满怀豪情挥笔作《渔家傲·反第一次大“围剿”》词上半阙,咏颂龙冈大捷:

> 万木霜天红烂漫,天兵怒气冲霄汉。雾满龙冈千嶂暗,齐声唤,前头捉了张辉瓒。

三、东韶再捷

龙冈大捷,打乱了蒋军部署,各路敌军惧怕被歼,纷纷后撤。第二十八师(原新编第五师)撤向富田,第十八师残部第五十四旅亦撤向富田,第五十师谭道源部由源头撤向东韶,第二十四师由洛口向广昌苦竹方向撤退。

根据敌情变化,红一方面军总部于1931年1月1日和1月2日连下两道命令,向东追歼逃至东韶的敌谭道源第五十师。1月3日上午,担任正面和左翼攻击任务的红十二军和红三军团,赶到东韶,从南、西、北3面向敌发起攻击。敌抢占东韶以西的黄泥寨制高点,企图遏止红军攻击,掩护主力撤退。下午1时,红军发起总攻。激战至下午5

时，歼灭该敌1个多旅，俘敌官兵3000余人，缴获长短枪2000余支、机关枪10余挺、迫击炮1门、子弹13万余发、电台1部。可惜担任右翼迂回的红三军未及时赶到指定位置，敌师长谭道源得以率残部逃回抚州。

龙冈、东韶两战皆捷，敌军愈加慌乱，纷纷撤退。第二十八师和第十八师第五十四旅仓皇逃回吉安，第二十四师、第八师由苦竹、头陂撤回南丰。敌第十九路军第六十、六十一师，虽乘机进占兴国，也无补大局。

这样，红军在5天之内两战两胜，歼敌逾万。蒋介石10万大军的第一次大规模“围剿”被4万人的红军彻底粉碎。

东韶战斗后第2天，即1931年1月4日，毛泽东、朱德率红一方面军总部返回宁都县小布赤坎村。毛泽东和总前委、总司令部机关驻村内龚氏宗祠，朱德住在村西的邱屋，总政治部在上何屋村。当天，毛泽东召开方面军总部干部会议，总结第一次反“围剿”胜利经验，对红军的下一步行动作出部署。1月5日，在小布河坝上隆重举行第一次反“围剿”祝捷大会。1月10日，红军利用缴获的无线电器材，动员被俘无线电技术人员参加红军，在小布赤坎村成立了红军第一支无线电通讯队。

在龙冈被俘的敌第十八师师长张辉瓒，在接受毛泽东、朱德审讯时，表示愿给红军输钱输物，请免一死，毛泽东准备对其实行优待，并嘱红八军军长何长工对张予以保护，以利用其做湖南军阀的工作。中共中央和中央军委就释放张辉瓒一事亦同意与国民党方面谈判，并已派李翔梧、涂作潮前往南昌与张辉瓒的家属就谈判一事接触。然因张辉瓒在东固血债累累，民愤太大，遂于1931年1月28日在吉安东固公审后被当地人民处决。

第三节
第二次反“围剿”战争胜利

一、中共苏区中央局和苏维埃中央军委的成立

红军取得第一次反“围剿”胜利后不久,苏维埃区域内成立了党和军队中的两个重要领导机构——中共苏区中央局和苏维埃中央军委。

在苏区成立有权威的党的中央局,最先是斯大林、莫洛托夫提议的。

随着中国各地苏维埃区域的建立和发展,中共中央加强对各地苏区的领导显得日益重要。但是,中共中央直到1930年夏对这个问题却没有引起重视。1930年6月16日,共产国际执委会东方书记处将准备发给中共中央的指示电报稿呈送斯大林、莫洛托夫审阅。6月19日,斯大林、莫洛托夫对送审的电报稿作了修改,加上了一句话:“请在苏区成立有权威的中央局”①。7月10日,共产国际发给中共中央的电报中正式传达了斯大林的这一意见。

根据共产国际的意见,1930年8月26日和10月3日、10月17日,中共中央政治局先后3次议决,在苏区成立党的中央局,并初步确定了苏区中央局组成人员名单,决定以周恩来为苏区中央局书记,项英暂时代理。共产国际远东局直接参与了苏区中央局成员名单的酝酿。远东局在1930年10月20日向共产国际执委会报告说:“关于在苏区建立中央局的问题我们与政治局一起预先作出了以下决定:该局应该由项英、少先队员(关向应——引者注)、毛泽东、工会和青年代表组成,再加上几位外国同志。但是至今还没有找到出路,哪怕有百分

① 《共产国际、联共(布)与中国革命档案资料丛书》第9卷,中央文献出版社2002年版,第175页。

之十的把握把几位非中国同志送到那里去。”①

1930年10月29日，中共中央致信红一方面军总前委：“苏区中央局在江钧（即项英——引者注）同志未到达前，可先行成立，暂以泽东同志代书记。”②总前委未收到这封指示信，故在项英未到中央苏区之前，中共苏区中央局未先成立。

项英根据中共中央指示，于1930年11月离开上海，由地下交通护送，经广东汕头进入闽粤赣苏区，12月底进入江西苏区，1931年1月初抵达宁都县小布，与红一方面军总部领导人毛泽东、朱德等会合。

1931年1月15日，根据中共中央指示，中共苏区中央局在宁都县小布乡赤坎村龚氏宗祠正式成立。时委员9人：周恩来、项英、毛泽东、朱德、任弼时、余飞、曾山及湘赣边特委1人（名单未定）、共青团中央1人（名单未定）。苏区中央局书记周恩来（未到苏区），代理书记项英③。

中共苏区中央局成立当天，项英签署发布了第一号通告，宣布：“中央为加强党对苏区的领导和工作的指导起见，在中央之下设立全国苏维埃区党的中央局（在政治上组织上同南方局、长江局一样受中

① 《共产国际、联共（布）与中国革命档案资料丛书》第9卷，中央文献出版社2002年版，第396页。

② 中央档案馆：《中共中央文件选集》第6册，中共中央党校出版社1989年版，第482页。

③ 关于中共苏区中央局的组成人员，还有另一种说法。中共中央党史研究室第一研究部编译、中央文献出版社2002年出版的《联共（布）、共产国际与中国苏维埃运动》丛书第10卷，公布了共产国际远东局委员盖利斯于1931年2月10日从上海发往莫斯科的一封信，信中说到：“委任的中央局由9人组成。”这9人分别是：项英、任弼时、瞿秋白、王稼祥、蔡和森、毛泽东、朱德、顾作霖、李文林。盖利斯在信中说：“我建议让莫斯克文（即周恩来，引者）……作为书记进入中央局，但这一建议未被接受。”盖利斯信中所提9人名单中的瞿秋白、蔡和森、李文林3人，到目前为止未见有其他史料记载。见中共赣州市委党史工作办公室资料室保存影印件：《中共苏区中央局通告第一号——苏维埃区域中央局的成立及其任务》，1931年1月15日。

央政治局的指导），管理全国苏维埃区域内各级党部，指导全国苏维埃区域内党的工作，将来苏维埃扩大的区域，仍归苏区中央局管理。……以后全国各苏区及红军中党部（总前委取消）应直接接受苏区中央局指导。但目前许多苏区尚未与中央区连接起来的，因指挥不便，暂受各地最高党部指导，将来一打通后，则完（全）归苏区中央局指导。”①

这就是说，苏区中央局是中央苏区乃至全国苏维埃区域的党的最高领导机构。

苏区中央局在小布成立时，在苏区的中央局成员实际只有项英、毛泽东、朱德、曾山 4 人。而朱德主要负责红一方面军总司令部工作，毛泽东任红一方面军总政委，后又兼任苏维埃中央军委总政治部主任，曾山在江西省苏维埃政府工作，所以中央局负实际工作的只有项英 1 人。中央局组织部、宣传部名义上成立了，却无专人负责。

为加强苏区中央局的领导，中共中央政治局于 1931 年 2 月 6 日和 2 月 13 日先后两次开会讨论，决定增派任弼时、王稼祥、顾作霖去苏区中央局工作，指定以项英、毛泽东、任弼时、王稼祥、朱德、顾作霖和苏区 1 人共 7 人为苏区中央局委员；以项英、毛泽东、任弼时、王稼祥 4 人为常委。具体分工为：项英任代理书记，任弼时负责组织，王稼祥负责宣传，毛泽东负责军事。

中共苏区中央局成立的同时，在小布成立了中华苏维埃中央革命军事委员会（简称苏维埃中央军委），以项英任主席，朱德、毛泽东任副主席。

苏维埃中央军委成立后，仍保留红一方面军建制，朱德、毛泽东分

---

① 《中共苏区中央局通告第一号——苏维埃区域中央局的成立及其任务》，1931 年 1 月 15 日。中共江西省委党史研究室等编：《中央革命根据地历史资料文库·党的系统》第 2 册，中央文献出版社，江西人民出版社 2011 年版，第 1340 页。

任红一方面军总司令、总政委。1931 年 2 月 17 日,成立苏维埃中央军委总政治部,毛泽东为主任;同年 3 月,设立军委总参谋部,朱云卿代理部长兼红一方面军参谋长。毛泽东、朱德、朱云卿随红一方面军行动。

苏区中央局和苏维埃中央军委成立后,机关设在宁都县小布赤坎村龚氏宗祠,1931 年 2 月 22 日迁至宁都县黄陂山堂村胡家祠。在小布期间,苏区中央局先后发出 8 份通告,对苏区的政权建设、工会工作、青年团工作、土地问题和反富农政策、地方武装建设以及对“富田事变”等问题作出了部署和处置。

根据中共中央决定,苏区中央局成立后,即宣布撤销江西省行动委员会及其下属的赣南、赣东、赣西、北路等行动委员会。1931 年 1 月 17 日,在富田新成立中共赣西南特区委,由陈毅、曾山、陈正人、朱昌偕、杨成芙 5 人组成临时常委会,陈毅任书记。同月,在赣县白鹭和宁都县分别成立了中共南路分委和中共东路分委。中共南路分委书记罗寿男,中共东路分委书记谢唯俊。原赣南行委机关设在信丰县,因交通中断,未及时得到中共苏区中央局和中共赣西南特区委指示,遂于 1931 年 2 月将原赣南行委改组为中共赣南特委(同年 4 月改称中共西河分委),陈致中任书记,领导赣南西河各县的工作。闽西苏区在 1930 年 10 月就已称为闽粤赣边特区,随后成立了中共闽粤赣边区特委,邓发为书记。

二、“二十万军重入赣”

蒋介石在对中央苏区第一次“围剿”惨败后并不甘心,不久即重新调兵遣将,策划对中央苏区红军发动第二次大规模军事“围剿”。

1931 年 1 月 29 日,蒋介石派军政部长何应钦赴南昌取代鲁涤平,代理总司令职权,指挥湘鄂赣闽 4 省“围剿”部队并兼任南昌行营主任。2 月 4 日,何应钦抵南昌,改组南昌行营,召开军事会议,根据蒋介石亲自确定的“厚集兵力,严密包围,稳扎稳打,步步为营”的作战方针,制定出新的"围剿"计划。

为组织这次"围剿",蒋介石调集了 18 个师又 3 个旅,共计 20 万兵力。3 月下旬,何应钦已将他们全部集结在中央苏区周围。

敌军具体部署为:王金钰任总指挥的第五路军 4 个师(公秉藩第二十八师、郭华宗第四十三师、郝梦龄第五十四师、上官云相第四十七师),分驻赣江东岸吉安、吉水、永丰一带;罗霖第七十七师分驻赣江西岸泰和至安福一线;朱绍良任总指挥的第六路军 3 个师(胡祖玉第五师、毛炳文第八师、许克祥第二十四师)驻南丰城及附近地区;张孝新第十三师驻南丰、南城、黎川一线;第十九路军第六十、第六十一师和第十二师马崑第三十四旅,驻兴国至赣州一线;孙连仲任总指挥的第二十六路军第二十五师和第二十七师,驻宜黄、乐安一线;此外,在宜黄、抚州、樟树间有关树人的骑兵第一师;在福建建宁有刘和鼎第五十六师;在峡江、新干、清江间有韩德勤第五十二师。

这样,就形成了一条西起赣江、东至建宁 700 里长的弧形包围圈,由北向南朝中央苏区压来,红军在西南面的退路,也已被截断。

除陆军外,国民党空军航空队第一、三、五分队共 7 架飞机分驻南昌、樟树、吉安各机场,随时准备侦炸各地红军。何应钦宣称:此次"剿共","我们已有完整精密的计划,无论在物质上精神上,都有着绝对的优势,相当最短期内,一定有剿灭共匪可能"。[①]

三、苏区军民总动员

面对蒋介石"二十万军重入赣"的险恶形势,苏区军民万众一心,同仇敌忾。

第一次反"围剿"胜利后,红一方面军总部为巩固发展苏区,于 1931 年 1 月 16 日、2 月 21 日,先后两次下达命令,部署全方面军在宜黄乐安两县南部、广昌和南丰县东南部、石城县等方向实施战略展开,

① 《何应钦在赣欢宴各界演说》,见江西《民国日报》1931 年 2 月 26 日。

规定在3月6日前筹足40万元现洋，兼为作战准备，伺机攻占乐安、南丰等县城；同时令红三军第七师及红十二军第三十五师，在兴国东部与宁都、于都两县边界地区，消灭"龙聚三都"地主武装，贯通兴、于、宁3县苏区联系。这次战略展开前后历时两个月，不仅使苏区得到巩固，还为第二次反"围剿"战争筹备了充足的经费给养。

对中央苏区即将展开的第二次反"围剿"作战，共产国际远东局同样给中共中央提出了指导性意见："保卫吉安中心。建立'成片苏维埃化'的地区——不留下反动策源地。在对我们不利的条件下不进行决定性的战斗。从必须保存红军有生力量出发，以进一步壮大和巩固红军为使命。"①

1931年2、3月间，中共中央根据共产国际远东局的意见，连续三次就国民党对苏区发动第二次"围剿"和红一方面军的反"围剿"作战方针等问题，给红一方面军发出通报，作出指示。同年3月上旬，红一方面军总部侦知国民党军即将向中央苏区发起第二次大规模进攻，并通过电台通讯准确地掌握了敌军"围剿"部署。毛泽东、朱德等红一方面军领导人，依据第一次反"围剿"的胜利经验，领导苏区军民开展了一系列紧张而有序的反"围剿"准备工作。

首先，最重要的是进行政治动员。是年3月20日，苏维埃中央军委总政治部主任毛泽东在宁都县黄陂发布了总政治部第四号通令：《二次战争的意义、目前敌我的形势和争取二次战争胜利的准备工作》。《通令》指出，自国民党军队向苏区发动第一次大规模进攻以来，敌人是一种攻势，我们始终是一种守势，龙冈战斗虽然胜利，但仍未改变这种攻守形势。因此转变敌我形势，就成为第二次反"围剿"战争的中心任务。只有取得比龙冈战斗更大的胜利，给进攻敌人以更沉

① 《共产国际、联共（布）与中国革命档案资料丛书》第10卷，中央文献出版社2002年版，第130页。

重打击，才能迫使敌人退守中心城市，使苏区得到真正巩固和迅速发展。这是争取第二次反“围剿”战争的意义所在。

《通令》深刻分析了敌我形势，指出苏区军民争取第二次反“围剿”战争胜利具备6个有利条件，其中“一个最大的优胜条件，就是军心团结，大家摩拳擦掌只想打仗”。此外，“龙冈战争之后，我军加强了实力（枪弹、政治、军事训练等）”；“增加了地方武装，武装了群众，统一了地方武装的指挥”；“争取了三都七堡这个最反动的区域，扩大了宁都、石城、广昌、南丰、永丰等地的群众斗争，肃清了部分的地主武装，巩固了战争的后方”；“红军第七军来到江西，给群众一个兴奋，给二次战争一个帮助”等。“所以第二次战争的胜利，是必然归于我们的”。①

《通令》要求各红军部队和各县、区、乡、村，各级都要召开动员大会、誓师大会，深入进行政治动员，鼓舞斗志，明确任务；要求地方苏维埃政府要热烈慰劳红军；要做好瓦解白军的工作等。

为贯彻《通令》精神，同年3月21日至22日，中共赣西南特区委书记陈毅主持召开中路各县区代表联席会议，研究了发动和组织苏区群众支援和配合红军第二次反“围剿”的问题，同时制定了一系列适合当时情况的财政经济政策。紧接着，红一方面军召开了全军政治工作会议，确保红军第二次反“围剿”的顺利开展。月底，江西省苏维埃政府也召开了各县苏政府主席、游击队长和群众团体负责人联席会议，对反“围剿”的政治动员和支前工作作了具体部署。苏区中央局和毛泽东还连续发出指示，解决了农民土地所有权问题，极大地激发了广大农民为保卫土地革命胜利果实而参军参战的革命热情，从而为反

① 《中央革命军事委员会总政治部通令第四号——二次战争的意义、目前敌我的形势和争取二次战争胜利的准备工作》，1931年3月20日。见中共江西省委党史资料征集委员会、江西省委党史研究室编：《江西党史资料》第18辑，1991年内部版，第70—71页。

“围剿”胜利奠定了坚实的群众基础。

第二，大力加强地方革命武装建设，是反“围剿”斗争取得胜利的重要条件。第一次反“围剿”胜利后，红一方面军总部将战争中缴获的近5000支枪，分发给赣西南各县苏区，用于扩大地方武装。1931年2月中旬，苏区中央局就苏区地方武装的组织和工作路线发出第10号通告，决定对赣西南地方武装进行整顿，并实行统一指挥；通告还要求各县除组织以梭标为主的赤卫队外，还要组织脱产的红军独立营、独立团和独立师，在城市组织红色警卫队。3月7日，苏维埃中央军委总参谋部发布了“关于争取第二次战争胜利的意义及地方武装的任务”《第一号通令》，决定将赣西南的地方武装划分为9个工作战区，设立9个区指挥部，统一指挥地方武装参战。《通令》还规定地方武装在反“围剿”中应担负起十大任务，即：扰乱，堵敌，截敌，袭敌，诱敌，毒敌，捉敌，侦敌，饿敌，盲敌。随后，中共赣西南特区委召开了为期3天的河东各县地方武装联席会议，对地方武装的任务、编制、训练及战术等，进行了详细讨论，作出了决议；同时根据反“围剿”斗争的需要，在上述9个工作战区之上，再成立东、南、西、北、中5个指挥部，以加强对地方武装的统一指挥。

第三，认真总结第一次反“围剿”作战的经验教训，是争取第二次反“围剿”胜利的重要一环。毛泽东、朱德于1931年3月17日联合发出红一方面军红字第一号训令《为争取第二期作战胜利军事上应准备的工作》，对第一次反“围剿”战前、战中、战后红军部队存在的缺点和问题，进行了仔细的分析和认真的总结；同时对第二次反“围剿”准备中红军部队的鼓动、会议、训练、给养等方面应做的工作，提出了明确要求，使广大指战员胸有成竹，充满信心。

与此同时，赣西南苏区人民在各级党和苏维埃政府领导下，一面努力春耕生产，一面积极投入到反“围剿”斗争准备工作中，为红军筹备了大量的军粮蔬菜等物资。

二十万军重入赣,风烟滚滚来天半。唤起工农千百万,同心干,不周山下红旗乱。

毛泽东填写的《渔家傲·反第一次大“围剿”》一词的下半阙,生动形象地反映了苏区军民同仇敌忾誓与国民党20万大军决一死战的必胜决心。

四、青塘会议之争

在第二次反“围剿”准备工作过程中,中共苏区中央局先后召开了两次重要会议,即黄陂会议和青塘会议。

黄陂会议于1931年3月18日至21日在宁都县黄陂山堂村召开,称中共苏区中央局第一次扩大会议。参加会议的有苏区中央局委员项英、毛泽东、朱德,红军每军2人,赣西南特区委2人,各分委1人,青年团代表1人,湘东南及平浏代表各1人,共40余人。会议由苏区中央局代理书记项英主持并致开幕词。会上传达了共产国际1930年10月给中共中央的来信(简称“国际来信”,信中强调李立三所犯错误是与国际路线在原则上根本对立的“路线错误”),并由项英作了《接受共产国际来信的报告》。与会同志对“国际来信”进行了讨论并表示接受其指示精神,坚决反对立三路线和调和路线;比较实事求是地总结了苏区中央局成立两个月以来的工作;讨论了土地问题和共青团工作。

苏区中央局黄陂会议对第二次反“围剿”战略方针虽然列入了议事日程,但未展开讨论。由于红一方面军总部已进一步探明了国民党“围剿”军的兵力部署,1931年3月23日总部下达了《移动队伍整顿训练并筹款的命令》。命令规定:红三军团除留一师于宁都县肖田向南丰、乐安之敌监视并警戒外,其余应即移到宁都河以北赖村、葛坳、澄江、梅窖、三寮、古龙冈一带地区工作训练,指挥中心设在赖村;红三军于永丰县藤田附近工作并向永丰、吉水之敌警戒;红四军移到广昌、驿前、石城、湛田一带工作整顿训练,指挥中心在头陂、宁都之间,并向宁化、南丰警戒;红十二军以瑞金大柏地为指挥中心,布置于大柏地、瑞金、九堡、壬田市、黄石贯一带筹款;红三十五军北上至青塘附近训练整顿;红色警卫团移到宁都城附近整顿训练;西路军任务及位置仍旧。

1931 年 3 月 25 日,苏区中央局随苏维埃中央军委及红一方面军总部离开黄陂,南移至宁都县青塘。

是年 4 月中旬,由中共苏区中央局常委任弼时、王稼祥和委员顾作霖组成的 3 人中央代表团,抵达青塘。他们来到中央苏区肩负着 4 项使命:一是传达中共六届四中全会精神;二是建立和健全苏区中央局的领导机构,加强对苏区工作的领导;三是全权调查处理“富田事变”;四是协助苏区中央局筹备召开“一苏大会”,成立苏维埃临时中央政府。

中央代表团到达后,苏区中央局在青塘的河背新屋召开会议,作为中央局第一次扩大会议(黄陂会议)的继续。参加会议人员除增加中央 3 人代表团成员外,其余未变。会议听取了中央代表团关于中共六届四中全会精神和中央对目前形势的估量,以及中央关于“富田事变”的传达报告,通过了下列决议:(一)接受国际来信与四中全会决议的决议;(二)土地问题决议;(三)关于一、三军团工作总结决议;(四)“富田事变”决议;(五)CY 工作决议。这些决议,既肯定了毛泽东为首的红一方面军总前委抵制立三“左”倾错误的成绩,又接受了王明“左”倾错误为主要内容的中共六届四中全会精神,使中央苏区的工作在一些方面开始受到王明“左”倾错误的影响。会议决定增选彭德怀、林彪、周以栗、曾山、陈毅为苏区中央局委员,报请中央政治局批准(后未获中央政治局同意)。

由于会议只开了一天,对第二次反“围剿”战略方针仍未深入进行讨论。眼看敌人进攻在即,毛泽东甚为忧虑、着急。在他的催促下,项英同意第二天继续召开中央局扩大会议,专门讨论军事问题。参加会议的除中央局委员外，还有各军军长、政治委员、参谋长和政治部主任。

苏区中央局和红军领导人内部，对于第二次反“围剿”的战略方针，存在严重意见分歧。项英主张不要打，开步走，将红军开到四川去，建立新的根据地；不少红军高级领导人主张“分兵退敌”，将红军主力分成几部四面散开，向粤北、湖南和闽西等地出击，路上遇到敌人就打他一下，像“削萝卜”一样，分散和吸引敌人兵力，以保卫根据地。毛泽东既不同意开到四川去，也不同意“削萝卜”，他坚决主张：一在根据地内打，二集中兵力打。

会议开了两天。会上各种意见争论激烈。毛泽东以充足的理由阐述了坚持诱敌深入、在根据地内消灭敌人的主张，得到朱德、周以栗、林彪、罗荣桓等人的支持。项英要中央代表团成员表态。任弼时传达了中共中央 1931 年 3 月 2 日指示信的精神，对会上的争论未发表意见；王稼祥已同毛泽东交谈过一次，认为毛泽东有主见，但没有发言；顾作霖对打仗是门外汉，也未随意表态。会议结果，“开步走”到四川去的意见被否决，多数军队的同志虽然仍主张“削萝卜”，分兵退敌，但也同意打一仗后视情况再分兵。

毛泽东的意见在会上占了上风。于是，会议确定了“打”的方针。

但是先打哪一路敌人？会上又发生争论。有人主张先打兴国的十九路军，也有人主张打朱绍良的第六路军。毛泽东认为，上述两种意见都不可取。因为第十九路军战斗力较强，历史上未打过败仗；第六路军兵力雄厚，又受地势影响，都不好打。红军应该先打王金钰的第五路军。王部虽有 5 个师，却是杂牌军，从北方新到，水土不服，对我恐惧，士气不振，内部矛盾重重，指挥不灵，是这次“围剿”军的薄弱环节。红军打垮他们后，可以向东横扫，在闽、赣交界地区发展根据地，征集资材，准备下一步反“围剿”。经一番论证，毛泽东“先打弱敌”的主张终于为大多数人所接受。

在青塘会议闲谈时,毛泽东曾对总部参谋处长郭化若说:有些同志“不懂得在战略上应打弱点的道理,是古已有之的。《管子》中说:‘故凡用兵者,攻坚则韧,乘瑕则神’……古人不是早已讲过了的吗?”①

1931 年 4 月 19 日下午 5 时,红一方面军总部在青塘发出战前部队集中的命令。各部队依令迅速行动,从各自地域出发,4 月 23 日到达永丰县龙冈、上固地区,几天后又移至吉安县东固地区集结隐蔽。苏区中央局、苏维埃中央军委和红一方面军总部也于 4 月 23 日抵达东固敖上村。在向东固转移途中,毛泽东在兴国县城岗的一个小松林里,又召开了一个会议,进一步阐释必须先打王金钰部和不能“分兵退敌”的理由。

鉴于不少同志仍主张“打一仗再分兵”,为统一意见,4 月 30 日,苏区中央局根据毛泽东的建议在东固敖上村又召开了一次扩大会议。

毛泽东在会上作了长篇发言,详细分析了红军能战胜敌人的有利条件。他列举历史上新汉昆阳之战刘秀八九千人打败王莽 40 万大军,三国时官渡之战曹操歼灭袁绍 10 万精兵,赤壁之战号称拥有 80 万大军的曹操败走华容道等战例,说明只要策略得当,官兵奋勇战斗,完全可以以少胜众、以劣胜强的道理。

在此时刻,任弼时、王稼祥表态支持毛泽东。一些坚持“分兵退敌”的同志发言承认过去的主张欠妥。会议最后确定了“坚决的进攻,艰苦的奋斗,长期的作战,以消灭敌人”的作战方针,决定先打王金钰、公秉藩两师。

此事,毛泽东后来在党的“七大”选举候补中央委员时曾回忆说:

四中全会以后,中央派了一个代表团到中央苏区。……在当

① 郭化若:《横扫七百里的辉煌胜利》,见中共江西省委党史资料征集委员会、江西省委党史研究室编:《江西党史资料》第 18 辑,1991 年内部版,第 154 页。

时,我们感觉到如果没有代表团,特别是任弼时、王稼祥同志赞助我们,反对"削萝卜"的主张就不会那样顺利。所谓"削萝卜"就是主张不打,开步走,走到什么地方碰到一个"小萝卜",就削它一下。那时,我们主张跟敌人打,钻到敌人中间去,寻找敌人的弱点,打击敌人。主张"削萝卜"的人反对我们,说我们的办法是"钻牛角"。当时,如果没有代表团,特别是王稼祥同志,赞助我们、信任我们——我和总司令,那是相当困难的。①

五、横扫七百里的壮举

根据总部的部署,隐蔽集结于东固的红军3万余官兵,像只敛威屏息的猛虎,卧伏在大山四周等待着威猛地一扑:坚决歼灭近在咫尺的敌公秉藩第二十八师和王金钰第四十七师。而这两个师就驻守在与东固一山之隔的富田,距东固仅20公里!

不仅如此,东固北面40公里的水南、白沙和中村,分别驻有国民党军第四十三师和第五十四师;东固南面45公里,是国民党第十九路军两个师。红军隐蔽在敌人鼻子底下一直未被敌人发觉。其间虽有一个开小差逃跑的红军排长被敌捉获,向敌供述了大批红军隐蔽在东固的事实,何应钦得悉后连续几天派飞机在东固上空侦察,却始终未发现红军主力踪影。可是,红军等了25天,敌人始终龟缩不出。这时有人将东固比作"牛角",说红军3面临敌,是在"钻牛角",太危险了。更多的红军官兵求战心切,总想早点打响反攻战斗。毛泽东坚持"钻牛角",不为所动,并说服了那些急于快打的将士。为克服3万大军云集大山物资供应的困难,毛泽东还和朱德等总部领导人与战士们一起,帮驻地老乡莳田插秧。没有菜吃,战士们就挖竹笋,摸泥鳅,一到夜晚,旷野上就出现一片"满田灯光摸螺蛳"的战地风光。

5月14日傍晚时分,战机终于出现。

① 《毛泽东文集》第三卷,人民出版社1996年版,第424页。

这天下午 6 时许，驻富田的敌公秉藩第二十八师师部电台与该师驻吉安留守处明码通报，谓“明晨出发东固”。这一信息当即被红一方面军无线电通讯队队长王铮捕获。毛泽东、朱德得到这一情报，立即于 14 日下午 8 时发出《攻击富田消灭王金钰公秉藩两师的命令》。

5 月 16 日上午 10 时左右，第二次反“围剿”反攻第一仗打响。红三军、红四军和红十二军一部，埋伏在富田通往东固之间的白云山九寸岭，多次与敌白刃相接，加上这一带重峦叠嶂，沟壑纵横，红军占尽地利，大获全胜。至下午 3 时，一举歼灭向东固进攻的敌公秉藩第二十八师大部，俘敌副师长王庆龙以下官兵 4000 余人，缴枪 3000 余支、100 瓦无线电台 1 部。敌师长公秉藩被俘后混在俘虏群中“谎称军中书记”，领到赤卫队发放的路费 1 块银元后逃脱。公秉藩后来在回忆录中愧疚地说：“一个一万多人编成的师，一下子就被歼灭光了。”①

同日夜晚至 17 日晨，担任迂回攻击的红三军团和红四军一起，在富田歼敌上官云相第四十七师 1 个旅大部，俘敌官兵 3000 余人，缴枪 1000 余支。红军首战获胜，终于钻通了“牛角尖”。

白云山、富田战斗胜利后，红军像猛虎出山，按计划由西向东横扫，5 月 19 日在吉水县白沙歼灭敌郭华宗第四十三师一部和上官云相第四十七师 1 旅之残部，俘敌官兵 3000 余人，缴枪 2000 多支。5 月 22 日，在永丰县中村歼灭敌第二十六路军高树勋师一部。

5 月 23 日，红军进驻宁都县东韶的南团村。在南团，苏区中央局决定恢复中共红一方面军临时总前委，仍由毛泽东兼任总前委书记，周以粟任组织部长，古柏任宣传部长，郭化若任秘书长。红一方面军的军事行动和红军所到之处的地方工作，概由临时总前委负责。项英、任弼时、王稼祥、顾作霖等率苏区中央局和苏维埃中央军委机关，

① 公秉藩：《我参加第二次“围剿”被歼逃脱记》，全国政协文史委编：《文史资料选辑》第 45 辑，第 98 页。

回驻富田,着重负责指导地方工作。

5月24日,毛泽东、朱德率红军主力继续追歼逃敌。5月27日攻占广昌县城,重伤敌第五师师长胡祖玉(胡于6月3日因伤重死于南昌)。

5月31日,红三军团和红十二军奔袭福建建宁城,歼敌刘和鼎第五十六师大部,俘敌官兵3000余人,缴枪2000余支、无线电台1部。

红一方面军在毛泽东、朱德指挥下,从5月16日至5月31日,16天中,横扫700里,5战5捷,横断半壁,歼敌3万余人,缴枪2万余支,痛快淋漓地粉碎了国民党20万大军的第二次"围剿"。

战后,毛泽东以极其兴奋的心情,挥毫填写《渔家傲·反第二次大"围剿"》词一首:

白云山头云欲立,白云山下呼声急,枯木朽株齐努力。枪林逼,飞将军自重霄入。

七百里驱十五日,赣水苍茫闽山碧,横扫千军如卷席。有人泣,为营步步嗟何及!

第四节
第三次反"围剿"的胜利

一、蒋介石发动第三次军事"围剿"

蒋介石对中央苏区的第二次"围剿",比第一次"围剿"失败得更惨。他怒斥何应钦无能,决定亲自出马指挥第三次"围剿"。

1931年6月6日,蒋介石发表告全国将士书云:"……中正此次赴赣剿匪,临行之前,国耻党仇,万感交集……中正行将出发鄂赣,督率各军围剿赤匪,信赖我总理之威望,人民之胁力,诸将士之忠诚戮力,必能于最短期间,清除共祸,奠安国族,幸而完此素愿,决当解甲归田,表我心迹,然军人以身许国,不能成功,誓当成仁,苟中正因此舍命疆场，克随总理及诸先烈于地下……"①

第二天，蒋介石还致电仍在江西"剿共"的朱绍良、孙连仲："中定旬日后来赣督师……此时请兄等严督所部死守现在防地，切不可再望增加兵力，自馁其气。中来赣与诸兄共生死，自当能与诸兄同存亡。部队调遣与增减，一听中正之命令，必能转危为安，请勿过虑可也。"②一副踌躇满志、胜券在握之态。

蒋介石这次调集的兵力计23个师又3个旅共30万人。其中的第六、第九、第十、第十一、第十四等5个师10万人，是他的嫡系部队，也是这次"围剿"军的主力。蒋介石将兵力分成左翼集团军和右翼集团军。左翼集团军由何应钦兼总司令，驻抚州，下辖7个师，从南城方面向苏区进攻；右翼集团军由陈铭枢任总司令，驻吉安，亦下辖7个师，从永丰、吉安、乐安进攻苏区。另以1个师和1个攻城旅组成总预备队，位于临川地区。还配备有空军第一、第三、第四、第五、第七队分驻南昌、樟树、吉安等机场，支援左右集团军作战。此外，还有8个师2个旅担任后方守备和防堵红军东进。6月21日，蒋介石致电南昌行营主任何应钦和江西省主席熊式辉，提出此次"围剿"中央苏区新的作战计划，主要是先洗扫赣南红军为第一步，再将赣南各县城占领，然后再定第二步计划。

为驱使"围剿"军进攻红军和苏区，蒋介石还采用法西斯手段，在军中实行"连坐法"，严厉规定：师长未退，旅团长先退者，杀无赦；旅长未退，团长营长先退者，杀无赦。以此类推。他还严督各县长效力，宣布凡"闻警弃城"的县长，一经查获，必处极刑。他还施用"离间计"，委任红三军军长黄公略的堂叔父黄汉湘为"宣抚使"进驻南昌，派黄公略同父异母大哥黄梅庄带着劝降信潜入黎川县红三军团驻地，企图穿

① 见上海《大公报》，1931年6月7日。

② 李勇、张仲田：《蒋介石年谱》，中共党史出版社1995年版，第192页。

线策反黄公略(根据黄公略的意见,黄梅庄被红三军团总指挥彭德怀拿获处决),无所不用其极。

1931 年 7 月 1 日,蒋介石在南昌行营发布总攻命令,督促各路部队“长驱直入”,由此向南推进,妄图将红军主力一举消灭在赣南地区。

二、红军千里回师赣南

第二次反“围剿”结束后,红军抓住国民党军暂取守势之机,转入攻势作战。1931 年 6 月 2 日,红一方面军临时总前委在建宁城召开第六次会议,对红军的攻势作战作出周密部署:第一期向建宁、黎川、泰宁及其以北地区发展,威胁临川、南昌,以促使两广军阀向湖南进兵;第二期向江西南部发展,为下一次反“围剿”建立巩固的后方;第三期向赣西发展,打通湘赣苏区联系。其中,第一期攻势作战的任务主要有:(1)建立游击队;(2)迅速分田;(3)建立苏维埃政权;(4)建立党、团组织;(5)筹款 100 万元;(6)开展军政训练;(7)扩大红军 3 万。进攻区域分为工作区和筹款区两类:工作区要分配土地,建立政权;筹款区只打土豪,宣传发动群众,但暂不分田,不建立政权。攻势作战时间,第 1 期暂定两个月。整个 3 期工作的中心任务是准备第三次反“围剿”作战,赣南为工作中心地域。

红一方面军主力按照第一期计划,分头进入指定区域开展工作,具体部署为:红三军团在黎川县,红四军在南丰县,红三军在宜黄及南丰以西地区,红十二军在泰宁、黎川间,红三十五军在瑞金维持闽赣交通。

为准备下一次反“围剿”战场,红一方面军临时总前委于 6 月 20 日至 22 日在南丰县康都圩召开第一次扩大会议。与会者通过对敌情分析判断,一致认为蒋介石有调集兵力对中央苏区发动第三次“围剿”迹象,必须加速做好赣南的兴国、于都、宁都、瑞金等县尤其是兴国县和于北区的工作,准备好第三次反“围剿”战场。会议对红军的攻势作战部署进行调整,决定红军不再向对蒋介石威胁较大、又不易建立苏区的南丰以北地区推进，也不向两广势力控制的粤赣边区出击，而改向闽西和闽西北地区发展。

为在赣南准备好反"围剿"战场，红一方面军临时总前委决定将红三军第七、第八两师南调到于都、赣县边界，消灭赣县七坊和于北区马安石一带土围内的地主武装，拔除白点，巩固苏区。苏区中央局根据中央指示精神，于6月中旬撤销了中共赣西南特区委，在赣江以东苏区分别成立中共赣南、赣东和永吉泰3个特委。陈毅任中共赣南特委书记，领导兴国中心县委和兴国、于都、赣县等县委及于北区委，特委机关设兴国；谢唯俊任中共赣东特委书记，领导宁都、广昌、宜黄、乐安、南丰、石城、瑞金等县委（工委），特委机关先设宁都，后移瑞金；毛泽覃任中共永吉泰特委书记，领导永丰、泰和、吉安等县委，特委机关设吉安富田。赣江以西苏区和湘东南苏区合并设立湘赣省，中共中央决定派王首道前往组建中共湘赣临时省委和临时省苏维埃政府。红一方面军临时总前委决定并经苏区中央局批准，在红三军军委和赣南特委之上，成立中共南路工作委员会，以陈毅为书记，统一领导红三军和赣南各县工作；在瑞金成立以周以栗为书记的中共闽赣边界工作委员会，领导红十二军军委、红三十五军军委和中共闽粤赣边特委。为使赣南地方武装能更好地配合主力红军进行反"围剿"作战，红一方面军临时总前委决定：以宁、广、石地方游击队、赤卫军为主，合编成立红军独立第四师（又称红军赣东独立师），由龙普林任师长；以永吉泰地方武装为主，合编成立红军独立第五师（又称红军永吉泰独立师），由萧克任师长兼师党委书记；以于都独立团和兴国独立团合编，建立红军独立第六师（又称红军赣南独立师），由李介思（李介士）任师长，黄达任政委。

是年7月1日，红一方面军总部电台截获了蒋介石给"围剿"军下达的总攻击令密电。因没估计到敌人的进攻来得这样快，红军主力此时还分散在各地筹款和做群众工作，部队未来得及补充、训练和休息。

得悉敌军进攻情报后，毛泽东和朱德处变不惊，立即下令全军停止筹款和做群众工作，紧急行动，投入反“围剿”作战。为使部队获得必要的收拢集结休整时间，红一方面军总部命令红军独立第四师、第五师在吉安、吉水、永丰、乐安以南地区，红三军第九师在宜黄以南地区，红四军第十二师在南丰以南地区，与当地地方武装和赤卫队、少先队一起，采取运动防御和游击战术，阻击、消耗和疲惫敌军；同时命令在闽西北筹款工作的红军主力部队迅速集结，向赣南苏区转移；命令在赣江以西地区活动的红二十军和红七军，向兴国苏区移动，与红一方面军主力会合。

留在后方的苏区中央局和中央军委，也全力投入到反“围剿”的动员准备工作之中。1931 年 7 月 4 日，中共苏区中央局发出“动员准备三次战争问题”特别紧急通知，在分析敌我形势、阐述红军粉碎敌人第三次“围剿”紧迫任务和有利条件后，要求各地苏区军民要迅速做好反“围剿”的各项动员和准备工作。中央局还创办了刊物《战斗》。同一天，苏维埃中央军委也发出第一号训令《为第三次反“围剿”胜利的准备工作》。训令要求各级政府立即召集群众大会，红军各军、师召集全体誓师大会，做好宣传鼓动工作；要立即动员群众，把白军从前做的工事，完全毁坏荡平，白军遗弃各地枪炮子弹，加紧收集；要加紧破坏敌军必经之地道路桥梁，做好坚壁清野，多派侦探侦察敌军动态并及时报告红军。8 月 12 日，苏维埃中央军委又专门给兴、于、赣、万、泰等县地方武装下达训令，要求他们努力破坏吉安—富田、吉安—赣州、赣州—兴国 3 条水陆交通线，以游击战术及坚决行动来阻挠敌军活动，使敌军疲极、饿极、病极、衰极，然后一鼓而攻之。江西省苏维埃政府也发出通告，要求苏区群众卖便宜米、菜给红军，支援红军作战。赣南苏区军民全力投入到支援红军反“围剿”斗争中。

1931 年 7 月 10 日，红一方面军主力冒着酷暑，从闽西建宁出发，千里回师，直趋赣南，实行战略退却。7 月 14 日，部队经石城县退至瑞金壬田。毛泽东主持召开各军首长会议,确定退却终点选定在兴国县和于北苏区。7 月 22 日,红一方面总部率红三军团、红四军、红十二军抵达于都县北部的银坑、桥头地区,与原在瑞金、于都活动的红三十五军和红三军会合。红七军、红二十军东渡赣江后也来到兴国、桥头地区,与红一方面军主力会合。

此时,红一方面军主力仅有 3 万余人,而敌人拥有 30 万大军,双方兵力如此悬殊,红军处境极为险恶。

三、莲塘、良村、黄陂三战三捷

1931 年 7 月下旬初,敌“围剿”军主力开始动作:蒋介石嫡系罗卓英第十一师和陈诚第十四师,骄妄冒进,22 日从宁都分两路出发,一路经宁都县青塘进至兴国县古龙冈,一路经宁都县油树坪进到赖村,妄图从于北桥头、平安寨夹击红军主力。

红一方面军总部获悉情报,于 24 日午后 11 时在银坑牛角塘发布命令,决定 25 日在于都北部的葛坳地区聚歼由赖村向平安寨推进的敌陈诚第十四师。不料陈诚忽接电令由赖村转向东固、富田,逃脱了被歼命运。毛泽东、朱德按原计划,指挥部队继续向兴国退却,7 月 28 日抵达兴国高兴地区,与项英、任弼时等率领的苏区中央局和苏维埃中央军委及中共赣南特委机关会合。

这时,红一方面军总部得悉各路敌军正向兴国急进,其右侧后富田、陂头以东后方联络线防守较为薄弱。毛泽东在兴国县高兴圩主持召开红一方面军临时总前委和苏区中央局及赣南特委联席会议,确定了反攻作战的第一个方针,即“由兴国经万安突破富田一点,然后由西向东,向敌之后方联络线上横扫过去,让敌人主力深入赣南根据地置于无用之地,定此为作战之第一阶段,及敌回头北向,必甚疲劳,乘隙打其可打者,为第二阶段”①。为防万一,毛泽东在高兴将红一方面军

① 《毛泽东选集》第一卷,人民出版社 1991 年版,第 219 页。

在建宁筹得的20万元现洋和自己的部分著作手稿，交给赣南特委书记陈毅，嘱其代为妥善保管。

7月31日，红一方面军总部在高兴圩发布《准备攻击富田、新安的命令》。红军各部依令隐蔽向富田出击。8月1日晚，红军进至泰和县沙村、固陂一带，忽发现敌第十一师、第十四师已先到富田，正在抢修工事。敌情突然变化，毛泽东与朱德经缜密考虑，当即决定改变原作战计划，命令各部队连夜返回兴国高兴圩隐蔽集结。

这时，形势已变得异常严峻。高兴南面15公里的兴国城、东面10公里的崇贤圩以及北面泰和县的沙村，都有敌军重兵。红军三面受敌，仅高兴地区方圆几十里地可供集结，西面又有赣江阻隔，处境十分危险。毛泽东经仔细分析敌情，发现东面的江背洞赵观涛第六师与崇贤蔡廷锴第一军团20公里之间，有一个空隙地带。临时总前委立即在高兴圩召开紧急会议，听取毛泽东的意见后，果断决定秘密穿过这个空隙地带，采取“由西向东、中间突破、袭击后方”的方针，改变打法，出奇制胜。

这是一个绝招。成败与否，在此一举。

8月4日，毛泽东、朱德命令部队将一切能发亮的白色物品严密伪装，并派出一支部队牵制引诱敌人。当夜，全军3万余人冒着大雨，摸黑从高兴圩出发，一路偃旗息鼓，衔枚疾走，神不知鬼不觉地一夜间穿越敌人4个师驻地之间20公里的空隙地带，于6日拂晓安全转移到兴国的莲塘地区，跳出了敌人12个师的包围圈。

莲塘以北15公里的良村，已驻有敌第三路进击军第四十七师和第五十四师。8月6日上午，敌四十七师谭子钧旅奉命由良村向莲塘搜索，中午进入“十万洲”10里狭谷，受到当地游击队和红三军团警戒部队阻击。当日下午，红一方面军总部决定首先歼灭该敌，再乘胜向良村追击。入夜，红军将谭旅严密包围。7日拂晓，担任正面攻击的红三军团向被围之敌发起猛攻。上午10时，战斗胜利结束，谭子钧旅被全歼,敌旅长谭子钧被红军击毙。

红军来不及打扫战场,即乘胜向良村攻击前进。在莲塘与良村之间的大坳,红军击溃前来阻击的敌第四十七师张銮诏旅。午后,红军将良村包围,发起攻击。良村圩内的敌第五十四师师部及两个旅抵抗,被红军消灭两个多团和两个师的辎重队。敌第三路进击军总指挥上官云相和第五十四师师长郝梦龄,惧怕被歼,率残部逃向永丰县龙冈、白沙。

莲塘、良村两战,红军在一天内歼敌两个多旅,俘敌 3500 余人,毙伤敌 1000 人以上,敌第五十四师副师长魏峨威,师参谋长刘家祺及两名旅长也被击毙,缴枪 3100 余支、迫击炮 14 门、电台 2 部、马 200 余匹、子弹 30 余万发。战斗中,红军亦伤 800 余人,亡 250 余人。红三军团第五军第一师师长李实行负重伤牺牲。

良村战斗后第 2 天,红一方面军总部原计划乘胜进攻逃往龙冈之残敌,后发现龙冈之敌已增加到 9 个团,附近敌 5 个师也可快速朝红军合围过来,而敌毛炳文第八师已缩回到宁都县黄陂,孤守据点。8 月 8 日,毛泽东、朱德决定放弃攻击龙冈计划,派出红三军佯攻龙冈,主力连夜东向黄陂。

8 月 11 日晨,红军主力进抵黄陂。总部命令红四军、红十二军(欠三十五师)任主攻,红三军团和红七军迂回黄陂东面断敌退路。当日中午,大雨倾盆。红四军和红十二军冒着大雨向黄陂守敌发起猛攻,一举突入圩内,正在集合逃跑的敌两个团全被俘虏。午后 3 时,敌师长毛炳文来不及收拾机密文件,率残敌 4 个团仓皇向洛口、宁都县城方向溃逃。红军追击 10 余公里,又歼敌一部。是役,红军歼敌约 4 个团,俘敌 4000 余人,毙敌 1000 余人,缴长短枪 3000 余支、机关枪 30 余挺、迫击炮 11 门、电台 1 部、子弹 40 余万发,红军仅牺牲 80 余人,伤 300 余人。

四、诱敌东向与白石休整

在黄陂战斗中,红军缴获了敌第八师师部刚刚收到的敌军一份电报,得知被打得晕头转向的敌军发现红军已东移黄陂,在富田、东固的第十一、十四两师和在兴国崇贤、高兴的第六十、六十一两师,以及其他的敌军,全部转旗向东,朝黄陂扑来。敌赵观涛第六师和卫立煌第十师,已到离黄陂20公里的砍柴冈,与黄陂只隔一座大山。

毛泽东、朱德立即命令部队停止追击,连夜向西转移到永丰县君埠地区休息。时红军又被敌军三面包围,只有兴国方面呈空虚状态。这时,毛泽东、朱德当机立断,命令红十二军军长罗炳辉率两个师佯装主力,扬旗吹号、大摇大摆朝乐安方向前进,并袭占乐安县城,诱敌全部东向。8月16日晚,红一方面军主力却突然掉头西进,偃旗息鼓,从一个叫尖岭脑的地方,秘密穿过敌第一军团和第二路进击军之间仅10公里的间隔地带,再次跳出敌军重围,安全转移到兴国县西北的枫边、城岗和白石地区,隐蔽休息。

隐蔽在兴国县高兴圩长龙山区的中共苏区中央局和苏维埃中央军委机关及项英、任弼时等领导人,从长龙赶到白石,与红一方面军临时总前委会合。8月21日,苏区中央局在兴国白石召开会议,讨论并通过了《土地问题决议案》等文件。经任弼时提议,苏区中央局代理书记决定改由毛泽东担任。同年10月底,中共临时中央复电同意了苏区中央局这一人事变更。是年11月3日,共产国际正式批准由毛泽东任中共苏区中央局书记。

8月下旬,红一方面军总部获悉追赶红十二军的各路敌军已转头向兴国扑来,毛泽东、朱德又率全军继续西移至兴国县隆坪、茶园及永丰地区,继续休整。苏区中央局和一方面军总部等机关移驻赣县的白鹭圩。临时总前委在白鹭召开红军军以上首长会议,总结了反"围剿"前三仗经验教训,研究下一步反攻作战方案。红十二军完成诱敌任务后,亦于8月底返回宁都县休整。

五、老营盘、高兴圩、方石岭之战

红军主力在兴国、赣县休整期间,得到当地群众的热情慰问与帮助。而侵入赣南苏区的国民党军,被红军牵着鼻子东扑西窜,狼奔豕突,后方补给线又被红军独立第四、五、六师和各县游击队截断,缺粮缺盐,以致“肥的拖瘦、瘦的拖死”,叫苦不迭。敌西集团军总司令陈铭枢不得不哀叹,“国军处处黑暗,红军处处明亮”。追到兴国的国民党蒋鼎文、蔡廷锴两军团和陈诚纵队,早已疲惫不堪,停滞不前了。

就在此时,国民党粤桂军阀陈济棠、李宗仁乘蒋介石集中兵力“围剿”江西中央苏区之机,通电反蒋,于1931年9月1日出兵湖南。蒋介石急于应付两广事变,顾不得自己立下的“舍命疆场”誓言,下令各路“进剿”军从赣南苏区退却。9月4日,何应钦作出退却部署:蒋鼎文第四军团在蔡廷锴第一军团掩护下,从兴国、泰和撤往吉安;蔡廷锴第六十师、第六十一师随后也撤往吉安;留第五十二师驻守兴国县城,孙连仲第二十六路军退守宁都;第一路进击军第八师残部、第二十四师及第二十三师,由宁都县黄陂和广昌头陂地区撤向广昌。

国民党军全线退却的部署很快为红军总部侦悉。毛泽东、朱德抓住战机,立即指挥部队乘胜追歼逃敌。

9月7日凌晨5时,黄公略率领红三军在萧克率领的独立第五师配合下,首先在兴国与泰和县交界的老营盘,堵住往泰和县沙村退却的敌蒋鼎文第九师,全歼其独立旅3个团。因红三军实际兵力只有3个团,后续部队又未赶到,敌另两个旅得以逃脱。黄公略留下小部队在老营盘牵制敌军,自己率主力退回兴国茶园岗。

红一方面军总部原计划以红三军团、红四军和红十二军第三十五师、红三十五军,在高兴圩围歼蒋鼎文第九师。不料敌第九师已先撤至老营盘被红三军截住,而敌军第一军团第六十师、六十一师和第七十八师两个团已赶到了高兴,总兵力达5万余人。9月7日中午时分,红四军按原计划迂回高兴西北面的长迳口时,突然和从崇贤来的敌第六十一师遭遇。红四军与敌六十一师逐个阵地争夺,在竹篙山下从7日下午打到8日下午,有两个师的子弹全部打完,战士们与敌人展开肉搏。敌第六十师和第七十八师两个团占据高兴圩,派出1个旅兵力扼守圩外高兴河上的大石桥。河里正涨洪水,不能徒涉。负责攻打高兴圩的红三军团,直至7日晚才攻占大石桥,8日下午攻进高兴圩内。敌六十师师长沈汉光率部向兴国城撤退,敌第一军团总指挥蔡廷锴率一部兵力仍顽强固守在圩内几座大房子内。此时,红三军团已筋疲力尽,无力继续战斗。傍晚,敌六十一师突破红四军阵地靠近高兴圩。敌六十师也从兴国城杀回来。红三军团腹背受敌,为避免重大损失,遂撤出战斗,退往茶园。红四军亦撤往均村。高兴之战打成对峙,红军"吃了兵力不集中的亏"[①]。红军伤1490人,亡780人。红四军第十一师师长曾士峨、红三军团第四师代师长邹平在战斗中牺牲。

高兴战斗结束后,敌蔡廷锴1个师撤往赣州,蒋鼎文第九师残部在韩德勤第五十二师掩护下从老营盘退回,改为经兴国崇贤向吉安撤退。9月14日晚,第九师撤至张家背,第五十二师撤至方石岭下白石村。红一方面军也于14日晚追击蒋、韩两师至崇贤,抢占了方石岭,并将敌人分割包围。15日清晨,红军居高临下,从方石岭向山下白石村的敌五十二师猛冲,至中午就将该师全歼,敌师长韩德勤被俘(后来,他冒充伙夫被红军释放了)。敌第九师在张家背被红三军截住1个炮团和1个辎重营,并被全歼。敌师长蒋鼎文率残部逃回东固。

未料,战斗结束后,苏区"飞将军"、红三军军长黄公略在东固六渡坳山峡指挥部队防空疏散时,突遭两架敌机扫射,不幸中弹壮烈牺牲,年仅33岁。

中央苏区军民素有"朱、毛、彭、黄"之称,黄公略的牺牲,是红一方面军的重大损失。红军折了这员大将,朱、彭及全军将士为之悲痛不

① 《毛泽东选集》第一卷,人民出版社1991年版,第225页。

已。9 月 16 日，红一方面军总部在兴国县水头庄召开大会，沉痛悼念黄公略军长。毛泽东亲拟挽联一副：

广州暴动不死，平江暴动不死，而今竟牺牲，堪恨大祸从天降；

革命战争有功，游击战争有功，毕生何奋勇，好教后世继君来。

红一方面军第三次反"围剿"战争，从 7 月 1 日至 9 月 15 日共 77 天，6 战 5 胜，共歼敌万余（17 个团），俘敌 1.8 万余人，缴获长短枪 1.5 万余支、机关枪 175 挺、迫击炮 55 门、各种子弹 250 余万发、电台 6 部、骡马约 500 匹。

蒋介石"御驾亲征"的第三次"围剿"以失败告终。他既没有"舍命疆场"，也未曾"解甲归田"，而借口浙江水灾，悻然溜回南京。

六、中央苏区第一、二、三次反"围剿"胜利的重大意义

中央苏区军民在不到 1 年的时间里，连续取得第一、二、三次反"围剿"战争的胜利，在中国红军史和中国革命史上，写下了极为神奇、光彩的一笔，具有十分重大的意义。

（一）红军三次反"围剿"战争的胜利，歼灭了国民党军大量有生力量，动摇了国民党军军心和蒋介石的反动独裁统治。

红军在三次反"围剿"战争中，歼灭国民党军共 10 个师 5 个旅计 7.5 万人，其中俘虏国民党军 4.6 万余人，缴获各种枪支 3.6 万余支、迫击炮七八十门、子弹五六百万发。被红军歼灭或遭重创的国民党军部队，长时间难以恢复战斗力。大量国民党军有生力量被歼，严重动摇了国民党军军心。第三次反"围剿"期间，中共永吉泰特委从国民党军第十四师某旅部的传令兵身上缴获 9 封该旅军官给家人、朋友的信件，每封信中无不透露出对红军惧怕、对"剿匪"厌恶、对前途悲观失望的情绪。参加"围剿"的国民党军第二十六路军官兵 1.7 万余人后来在宁都起义，加入红军，就是国民党军心动摇的最有力的例证。蒋介石置日寇侵华气焰日益嚣张于不顾，不事抗日，专事"剿共"，却连遭到惨败，引起国人极大不满，致使国民党内部矛盾激化。加之粤桂地方势力连连发难,敦促蒋介石辞职下野。迫于各种压力,蒋介石不得不于1931年11月15日通电下野,辞去国民政府主席和行政院长之职。这与他连续三次"剿共"惨败不无关系。

(二)红军三次反"围剿"战争的胜利,有力地保卫和巩固了中央苏区。

蒋介石连续三次对中央苏区进行大规模"围剿",企图一口吞掉全部苏区,一举歼灭所有红军。红军三次反"围剿"胜利却使蒋介石的企图未能得逞。即使在反"围剿"战争最困难的时刻,中央苏区的基本区域仍保留在红军手中。就是那些被国民党军暂时占领的苏区,各级共产党组织和苏维埃政府仍然领导人民群众同国民党军展开顽强斗争,照常积极支援红军作战。国民党军一退走,苏区很快就得到恢复和发展。红军在每次反"围剿"胜利后,都不失时机组织攻势作战,开展群众工作,扩大苏维埃区域和游击区域,从而使中央苏区和闽粤赣(闽西)苏区连成一片,使苏维埃区域得到进一步巩固扩大,正式形成以瑞金为中心的中央苏区,同时确立了中央苏区在中国土地革命战争的中心地位。

(三)红军三次反"围剿"战争的胜利,使中央苏区的中流砥柱——红一方面军得到严峻的锻炼与考验,战斗力大为提高。

三次反"围剿"战争,红一方面军的兵力虽然由第一次反"围剿"时的4万余人,减至第三次反"围剿"结束后只剩3万人,但却在严酷的反"围剿"战争中得到锻炼和考验。红军以劣势兵力,迎战大于自己几倍甚至近10倍的敌军而毫无惧色,沉着应战,不仅实现了由游击战向带游击性的运动战的转变,而且能够成建制的一次歼灭敌军1个师乃至更多的敌军。在反"围剿"战争中,红军利用缴获敌军的装备,建立了自己的工兵、炮兵、无线电通讯兵,兵种构成发生了很大变化;红军还在战争实践中逐步建立起自己的后勤保障体系,红军的领导指挥体系也逐步建立完善等等。这些都使红军的战斗力有了质的提高,为以后争取更大规模的反“围剿”战争的胜利，为迎接和经受更加严酷的考验奠定了坚实的基础。

（四）红军三次反“围剿”战争的胜利，为毛泽东关于红军反“围剿”战略思想和红军作战原则的形成，提供了丰富的实战经验。

毛泽东在井冈山和开辟赣南、闽西根据地时期，就和朱德一起，总结和提出了“敌进我退，敌驻我扰，敌疲我打，敌退我追”游击战争十六字诀和“打圈子”战法。面对国民党军队10万、20万、30万大军的进攻，毛泽东又从红军战争和根据地实际出发，提出并坚持实行战略退却、诱敌深入根据地内予以歼灭的战略方针；坚持慎重初战，打好第一仗；坚持打运动战，在运动中各个歼灭敌人；坚持集中优势兵力，打歼灭战、速决战等一系列独具中国革命战争特色的作战原则，这就极大地丰富和发展了马克思主义军事理论宝库，为毛泽东军事思想的形成构筑了框架雏形。

（五）红军三次反“围剿”战争的胜利，为中华工农兵苏维埃第一次全国代表大会的召开和苏维埃共和国临时中央政府的成立，创造了有利条件。

红军第一、二、三次反“围剿”胜利后，遭受惨败的蒋介石一时不敢贸然发动新的“围剿”，中央苏区有了相对稳定的环境和空间，红一方面军的广大将士得到了较为充分的休整，中共苏区中央局和红军总部领导层因战事告一段落，可以坐下来专心研究和部署“全苏一大”召开和苏维埃中央政府成立的有关事宜。正因为如此，自1931年9月15日第三次反“围剿”战事结束到同年11月7日不到两个月的时间，全国苏维埃第一次代表大会的各项筹备工作就顺利完成。1931年11月1日至5日，中国共产党苏区第一次代表大会在瑞金叶坪村召开。紧接着，11月7日至20日，中华工农兵苏维埃第一次全国代表大会亦在瑞金叶坪村隆重召开，中华苏维埃共和国临时中央政府这一新生红色政权呱呱坠地。如果没有红军连续三次反“围剿”的胜利做前提，这一切的巨变都是不可能的。

第五节
中央苏区反“围剿”期间闽粤赣苏区的斗争

一、闽粤赣苏区特委和苏维埃政府筹委会的成立

早在1930年10月24日召开的中共中央政治局会议上，就明确决定将闽粤赣边各县苏区合在一起，划为闽粤赣特区，并将它与中央区、湘鄂西、赣东北、鄂东北、广西左右江等并列为全国六大苏区之一。1931年1月15日中共苏区中央局在成立后的第一号通告中，又明确指出：“闽粤赣边特区，包括闽西、广东东北、赣东南一部分。”①

为加强对闽粤赣边特区的领导，1930年10月，中共中央决定派原中共广东省委常委邓发前往闽粤赣边特区主持工作。其具体工作任务是：（一）恢复地方武装，加强苏区职工会和农会等组织，加强少先队和反对过“左”的行动；（二）恢复和加强城市工作，从东江、闽西分别派人到潮汕、漳州等地，组织白区工作委员会；（三）改造和加强苏维埃；（四）建立党的中心领导和主力红军，成立闽粤赣苏区特委和各中心县委，把东江红军和闽西红军两边靠拢。②

1930年11月初，邓发与中共中央军委南方办事处负责人李富春一起，进入东江苏区的大南山，在大溪坝村主持召开东江苏区党代表会议。会议在传达贯彻中共六届三中全会精神和党中央指示后，决定撤销中共东江特委，成立中共闽粤赣苏区特委（亦称中共闽粤赣边区特委），邓发任书记。

---

① 《中共苏区中央局通告第一号——苏维埃区域中央局的成立及其任务》，1931年1月15日。中共江西省委党史研究室等编：《中央革命根据地历史资料文库·党的系统》第2册，中央文献出版社、江西人民出版社2011年版，第1339页。

② 《邓发同志在闽西党史座谈会上的发言记录》，1945年2月23日于延安。

为便于指导东江苏区工作，在东江地区分别设立中共闽粤赣苏区特委西南分委和西北分委。西南分委领导海丰、陆丰、惠阳、紫金、潮阳、普宁、惠来、揭阳、潮安、澄海、饶平等县的党组织；西北分委领导龙川、五华、兴宁、梅县、大埔、丰顺、平远和赣南寻乌等县党的组织。

1930 年 11 月下旬，邓发抵达龙岩。此时，由上海前往中央苏区的项英，先已抵达龙岩。项英已向中共闽西特委传达了中共六届三中全会精神，对闽西苏区的工作作了指示。邓发到达后，于 12 月初在龙岩主持召开闽西苏区党代表会议。出席会议的有中共闽西特委委员和东江苏区的领导干部方方、萧向荣、李明光、李坚贞、丘宗海等。邓发再次传达了中共六届三中全会精神和党中央关于成立中共闽粤赣苏区特委和特区苏维埃政府的决定。大会讨论了当前的政治形势，并确定了巩固闽西苏区、与东江苏区打成一片的战略方针。

会上正式成立了中共闽粤赣苏区特委，邓发任书记，李明光任组织部长（后为罗明），郭滴人任宣传部长（后为李明光），萧向荣任秘书长，方方任职工委员会书记，李坚贞任妇女委员会书记。中共闽粤赣苏区特委成立后，原中共闽西特委即宣告撤销。闽西各县党组织直属闽粤赣苏区特委领导。

根据闽西苏区党代表会议的决定，1930 年 12 月 7 日，闽西苏维埃政府特邀东江、赣南（未到）代表及龙岩城各机关代表共 300 余人，召开闽粤赣特区工农兵代表大会筹备委员会成立大会。大会讨论通过了《闽粤赣特区苏维埃筹备委员会成立宣言》及其他有关文告、通电，确定了闽西、东江和赣南出席闽粤赣特区工农兵代表大会名额，并决定于 1931 年 1 月 21 日（列宁逝世日）召开闽粤赣特区工农兵代表大会，准备成立闽粤赣特区苏维埃政府筹备委员会。[1]

会上，选举张鼎丞、罗寿春、陈正、李世弟、陈魁亚、丘宗海、李占

① 《闽粤赣特区苏维埃筹备委员会开成立会》，1930 年 12 月 7 日。

春、施简(赣南3人暂缺)等11人,为闽粤赣特区苏维埃政府筹备委员会委员。

筹备委员会成立大会号召闽西东江赣南工农兵贫民一致动员起来,热烈选举代表,出席特区苏维埃大会,深入土地革命斗争,猛烈扩大红军,发展革命战争,反对军阀进攻,实现贯通闽粤赣苏区的伟大任务。

中共闽粤赣苏区特委成立后不久,还建立了中共闽粤赣苏区军事委员会,邓发为主席;建立了闽粤赣军区,邓发任司令员兼政治委员,并且成立红军闽粤赣军区司令部,萧劲光任参谋长。原先已建立的闽西红军学校也改为中国工农红军军官学校第一分校,萧劲光兼任校长,张鼎丞兼任政治委员。

二、保卫闽西苏区的斗争

在江西中央苏区军民胜利粉碎国民党第一、二、三次大规模“围剿”的斗争中,闽粤赣(闽西)苏区军民也在十分困难的情况下,同进攻闽西苏区的国民党军展开了坚决斗争,保卫了闽西苏区。

由于受李立三“左”倾冒险错误的影响,闽西苏区的红军部队曾遭受严重损失。1930年12月间,由原红二十军和原红二十一军合编而成的新红十二军,仅剩600余人。闽西各县地方武装也受到不同程度的损失。

就在这个时候,为配合蒋介石对中央苏区的第一次大规模“围剿”,福建国民党军张贞第四十九师分3路从闽南南靖、平和、漳平向龙岩进攻;粤军香翰屏部也进至饶和浦红色区域,随后向永定进攻。12月15日,张贞第四十九师攻占龙岩城,12月18日永定县城失守。汀州和连城也先后被盘踞宁化、清流一带的国民党福建省防军卢新铭旅和周志群旅占领。因此原定于1931年1月21日召开的闽粤赣苏区第一次工农兵代表大会,被迫延迟召开。

面对敌军的猖狂进攻,中共闽粤赣苏区特委等领导机关从龙岩退至永定县虎岗，指挥闽西苏区军民同敌人展开坚决斗争。1931 年元旦，东江红十一军第四十八团与永定工农武装 6000 余人，奋起围攻永定城。驻守城内的敌杭武永连四县保安总队 600 余人仓卒应战，大部被歼，残部弃城逃走。红军和地方武装一举收复永定。新红十二军也集中兵力，由上杭东北古田、蛟洋地区向龙岩进逼，在大小池歼敌四十九师二九二团大部，迫使残敌退守龙岩。驻坎市之敌亦惧歼后撤。国民党军对闽西苏区的第一次进攻遂被打退。

1931 年 3 月中旬，为配合国民党军对江西中央苏区的第二次“围剿”，驻福建的国民党军第四十九师、第六十二师、新编独立第十四旅、独立第三十二旅等部，开始对闽西苏区发动新的进攻，永定县城及永定县湖雷、坎市等战略要点重新为敌人所占领。6 月上旬，敌人又将进攻锋芒指向虎岗。闽西苏区军民在中共闽粤赣苏区特委领导下，万众一心，决心保卫虎岗等基本苏区。正好这时红一方面军粉碎了国民党对江西中央苏区的第二次“围剿”，5 月 31 日红军占领建宁。随后，红一方面军转入攻势作战，在闽西北地区筹款做群众工作。红三十五军奉命进入瑞金，红十二军奉命进入宁化、清流、长汀、石城，并以宁化、长汀为工作重点。为配合红十二军行动，闽西新红十二军北上长汀，6 月 16 日收复汀州。以周以栗为书记的中共闽赣边界工作委员会，也指挥红十二军于 6 月 27 日攻取宁化县城，7 月 1 日占领长汀城。盘踞在宁化、长汀的敌卢新铭旅受到沉重打击。长汀被敌占去的一部分苏区得到恢复，宁化、清流还新建立了一些新的红色区域。由此国民党军对闽西苏区的第二次进攻受到遏阻。

1931 年 7 月，进占闽西的各路国民党军乘江西红一方面军回师赣南投入第三次反“围剿”之机，又向闽西红色区域发动新的进攻。8 月 2 日，敌新编第二师进占长汀；8 月 10 日，敌四十九师攻占虎岗，8 月 20 日又占领永定。面对敌军进攻，新红十二军学习和运用红一方面军“诱敌深入”打运动游击战的经验，不与进攻之敌死打硬拼，而是主动避敌锋芒,在运动游击中寻敌弱点予以出击,先后在上杭回龙、庐丰、蓝家渡等地,给敌钟绍葵部以重创。9 月上旬开始,新红十二军受江西红一方面军反“围剿”胜利鼓舞,向进占连城、汀州的敌卢新铭旅发起反攻,9 月 11 日再次收复长汀城,并乘胜追击敌人至连城,给敌以重创并收复连城县城。

中共闽粤赣苏区特委根据中共中央指示,于 1931 年 5 月间改为中共闽粤赣苏区临时省委,仍由邓发任书记,罗明、李明光分任临时省委组织部长、宣传部长,萧向荣任临时省委秘书长。7 月成立陈荣为书记的共青团闽粤赣苏区省委。9 月 11 日新红十二军收复长汀城后,中共闽粤赣苏区临时省委等机关进驻长汀城。这时,临时省委书记邓发奉中央指示到苏区中央局工作,任苏区中央局委员,主管政治保卫局工作。中共闽粤赣苏区临时省委书记由罗明代理。10 月上旬,红一方面军第十二军东入长汀,与闽西新红十二军胜利会师。

至此,闽西苏区与江西中央苏区完全连成一片,成为中央苏区巩固的基本区域。

第六章
中央苏区的正式建立

第一节
共产国际、联共(布)与中共中央关于建立中华苏维埃共和国的重大决策

一、共产国际远东局最早建议中共召开第一次全国苏维埃代表大会

就在中国苏维埃运动蓬勃发展的时候,从 1929 年起,共产国际对国际形势的看法发生了变化,提出了“第三时期”理论和“左”倾“进攻路线”。共产国际思想理论虽然出现明显“左”转,但对中国苏维埃运动仍然十分关注。共产国际远东局根据中国苏维埃运动发展形势,于 1930 年 1 月建议中共中央政治局在适当时候召开第一次全国苏维埃代表大会[①]。远东局在 1930 年 1 月 30 日给共产国际执委会东方书记处的信中说:“在从中国目前政治形势出发制定党的实际任务时,除了你们指出的任务和同志们拟定的并已部分执行的任务以外,我们向同

① 从现有资料推断,共产国际远东局最早建议召开第一次全国苏维埃代表大会的时间,不晚于 1930 年 1 月上旬。

志们提出了召开中国各苏区代表大会的问题。近来我们的苏维埃根据地扩大了,并在组织上得到了加强。党的影响以及它在城乡的组织基础也加强了。在每个苏维埃根据地按照当地条件贯彻执行革命路线,吸引农民参加苏区的管理,通过召开地区苏维埃代表大会,各苏区的苏维埃代表大会将加强各苏区之间的思想联系,将在各根据地确定我们的工作方针,并从组织上统一各个苏区,最后,中国各中心城市应通过自己的革命组织派代表出席这次代表大会。这次代表大会经过精心筹备、认真举行,将有助于消除现有的缺点,对群众运动的发展产生影响,并加强苏区在党内和劳动群众中的作用。由于根据地彼此相隔甚远,代表们要穿过军阀控制的地区,召开这样的代表大会要经过努力才能克服种种困难。中国各苏维埃根据地的这次代表大会应在一个最强大的苏区举行,万不得已才可以在非苏区举行。”①

1930 年 4、5 月间,共产国际执委会东方书记处负责人米夫,在其所写《中国的苏维埃运动和共产党的任务》一文中,进一步提出了在中国成立苏维埃临时中央政府的问题。他在文章中认为,提出“成立一个管辖所有苏区的临时革命政权机关”,应该成为中国共产党“最紧迫的任务”。但是米夫认为,在中国成立苏维埃临时中央政府,必须具备先决条件,就是“在最近期间红军部队有可能占领某个大的工业和行政中心城市,使之成为进一步扩大和巩固苏维埃运动的基地。同时,由于苏维埃政权已影响到国内一些工业中心,共产党在苏区的领导作用就将会有一个坚强的靠山。我们对红军的领导也将更有保证”,在这种形势下,“成立工农苏维埃政府才是严肃的举动”②。米夫提出这样的苛刻要求,表明此时无论是他本人,还是共产国际东方书记处,对

① 《共产国际、联共(布)与中国革命档案资料丛书》第 9 卷,中央文献出版社 2002 年版,第 40 页。

② 《共产国际、联共(布)与中国革命档案资料丛书》第 12 卷,中央文献出版社 2002 年版,第 269 页。

中国苏维埃运动的指导,都还没有脱离"城市中心论"影响。但不管怎么说,在中国召开第一次全国苏维埃代表大会成立苏维埃临时中央政府这件大事,已被提上了共产国际的议事日程。

二、全国苏维埃区域代表大会的召开与共产国际远东局的表态

根据共产国际的指示,为加强对全国各苏区斗争的领导,同时为使全国各苏区之间能互通信息,加强联络,以便在斗争中更好地互相配合,中共中央政治局于1930年1月20日决定召开一次全国苏维埃区域代表大会,共商大计。

为筹备召开全国苏维埃区域代表大会(以下简称全国苏代会),中央政治局于2月3日专门就此召开了一次会议,研究部署。会上,周恩来提议:全国苏代会以中共中央和中华全国总工会名义发起,组成四五人的筹备委员会,全总、军委、农委、组织部、《红旗》杂志编辑部及共青团各派一人为委员,以任弼时为主席。会议同意周恩来的这一建议。

是年2月4日,中共中央发出由周恩来起草的《中央通告第六十八号——关于召集全国苏维埃区域代表大会》。通告向全党通报了自中共八七会议以来全国苏维埃运动蓬勃发展的有利形势,宣布中央将在1930年5月1日召开一次全国苏维埃区域代表大会,"以联系全国苏维埃区域与红军,以统一中国革命的指导与行动","这一大会的召集将以全国总工会、中国共产党为主要的发起者,各地苏维埃区域及红军亦将被邀请列名"①。关于这次大会的任务,通告说:"这一大会首先要解决的是全国苏维埃区域与红军之更一致的联合行动,他要在无产阶级坚决的领导之下实行工农联合,实行彻底的土地革命,没收一切地主土地,分配给农民耕种,肃清一切反动武装,坚决反对富农,

① 中央档案馆:《中共中央文件选集》第6册,中共中央党校出版社1989年版,第17页。

根本消灭豪绅地主的乡村统治,普遍的建立农民苏维埃政权。”①关于这次大会的参加人数,通告规定:除工会代表外,各苏维埃区域应有两个以上的参加人员,红军每军应有一人以上之主要代表,其他游击区域及农民斗争区域亦应有一人以上之主要代表,其他群众代表农民赤卫队代表则由各地酌选,但每区最多不得超过5人。

根据中央政治局的上述会议决定,全国苏代会筹备委员会很快成立。是年2月7日,筹委会召开会议,周恩来出席并作报告,对会议日期、代表名额分配、会议议程和决议草案等作了说明。会后,在筹委会主席任弼时领导下,筹委会迅速开始全国苏代会筹备工作。是年2月15日,中央政治局又开常委会,讨论提交给全国苏代会的决议草案,并以中共中央、中华全国总工会名义发表了《为召集苏维埃区域代表大会宣言》。

1930年3月初,周恩来受中共中央委派前往莫斯科向共产国际报告工作;任弼时也由中共中央派往武汉巡视湖北省委工作,后留武汉任中共湖北省委书记。全国苏代会筹委会主席由全国总工会罗章龙担任。中共中央另从武汉调原中共湖北省委常委、省委宣传部部长林育南到上海,担任全国苏代会筹委会秘书长。林育南化名李敬塘,装扮成从南洋回国做生意的富商,与从济南调来上海协助他工作的张文秋(化名李丽娟)结成假夫妻。经中共中央同意,他们以高价租下上海英租界内两栋红色砖木结构的俄式洋房,用作办公地点。参加筹备工作的还有彭砚耕等人。

1930年5月5日,全国苏维埃区域代表大会预备会议在上海英租界卡德路和爱文义路交叉处的俄式洋房(现北京西路690~696号)秘密召开。同时召开的还有全国红军代表大会预备会议。出席预备会

① 中央档案馆:《中共中央文件选集》第6册,中共中央党校出版社1989年版,第17—18页。

议的代表包括：中国共产党代表1人，中华全国总工会代表1人，上海工联代表2人，香港工会代表2人，海员总工会、铁路总工会、济难总会、自由大同盟、反帝同盟、青年团等革命团体各派出代表1人。红军第一、二、三、四、五、六、七、八、十一、十三、十四各军均派出代表2人(其中一人为士兵代表)。闽西、赣西南、左右江、东江等苏维埃区域的代表有5人，各产业区域工人代表有6人，顺直游击战争区域代表2人，江浙皖游击战争区域代表3人，满蒙农民斗争区域代表2人，灾区代表1人，国内少数民族代表2人，其他代表2人。代表人数总计为57人。①

预备会共开了5天，5月10日闭幕。代表们听取并讨论了政治报告，关于职工运动与全国工人斗争趋势的报告，关于农民运动、红军、苏维埃的报告，关于土地法令劳动法令的报告。经过讨论，提出了关于目前政治形势与苏维埃任务、苏维埃组织法、土地法令及解释书、劳动法令及解释书、武装农民与扩大红军决议等文件草案，交正式会议讨论通过。

5月20日上午9时，全国苏维埃区域代表大会和全国红军代表大会正式开幕。开会地点仍在上海英租界卡德路和爱文义路交叉处的俄式洋房中。出席大会的代表共49人。他们是：代表中共的3人，代表全国总工会的2人，代表赤色工会的有以下各处的代表：铁总，海总，香港工代，广州工代，南京、武汉、太原、唐山、厦门、上海等地的工联。代表苏维埃区域的有以下各区代表：闽西、赣西南、鄂东、鄂西、闽北、湘鄂赣、鄂豫边、沔阳、皖南、东江、左右江。代表游击战争区域的有以下各区代表：文台、赣东北、赣北、徐海、霍山、南阳、满洲。红军的代表有第一军、第四军、第五军、第六军、第七军、第八军。代表革命团

① 转引自刘宋彬论文：《共产国际与中国苏维埃政权》。关于出席此次代表会议代表人数，另一说为38人。

体的有下列单位的代表:少共、自由大同盟、左翼作家联盟、上海反帝大同盟、济难总会。他们代表全国8省的苏维埃区域、6省的游击战争区域、红军6个军和全国所有的赤色工会,代表有组织的基本群众500万,能影响的群众2000万,有组织的基本武装50万,红军的武装将近10万人。[①] 中共中央原本通知毛泽东代表红四军出席大会。毛泽东因故未能从命,另派红四军政治委员熊寿祺代表红四军出席;红五军代表为滕代远,红八军代表为何长工,赣西南苏区代表为李文林、曾山,闽西苏区代表为郭滴人。

大会开幕式由中国共产党主持。到会代表一致推举史达林(斯大林)、加李(里)宁、罗作夫斯克、马洛夫氏克、武洛夫氏克、瞿秋白、毛泽东、彭德怀、贺龙、朱德等10人为名誉主席团成员;推举项英、向忠发、周恩来(实际未到会)、李立三、徐锡根、王宏业等13人为大会主席团成员。李立三致开幕词,大会提出的决议草案共9个:(一)全国政治形势及苏维埃区域的任务;(二)暂行土地法;(三)扩大红军与武装农民;(四)苏维埃组织法;(五)告农民书;(六)劳动法;(七)告全国工人书;(八)告劳动妇女书、青年书;(九)援助东方被压迫民族革命决议案,以及宣言等11份文告。[②]

全国苏代会正式会议共开3天。在5月23日召开的最后一次会议上,大会主席团作出一项重要决议:在1930年11月7日正式召开第一次全国苏维埃代表大会,成立中华苏维埃共和国临时中央政府,以集中革命的指挥力量,统一全国各苏区的政权和法令。这个重要决议的作出表明,中国共产党已将建立全国性的中央苏维埃政权,列入重要议事日程。

---

① 《全国苏维埃区域代表大会开幕起情况报导》,1930年5月20日,见中共中央文献研究室编:《党的文献》1992年第4期。

② 《全国苏维埃区域代表大会开幕日情况报道》,1930年5月20日,见中共中央文献研究室编:《党的文献》1992年第4期。

这次全国苏代会的召开，对于沟通全国苏维埃区域和红军之间的联系，统一苏维埃的政策法令，动员全国人民投入土地革命、建设苏维埃政权的斗争，起到一定的积极作用。但是，由于这次大会是在李立三"左"倾冒险主义已在党中央占据统治地位的情况下召开的，整个大会事实上成为宣传、贯彻、推行李立三"左"倾冒险错误主张的大会。大会精神通过各地代表回去传达贯彻后，李立三"左"倾冒险错误便迅速泛滥，致使许多苏区本来蓬勃发展的大好革命形势受到破坏，革命力量遭受不应有的损失。

在中共中央李立三等人看来，5 月 20 日开幕的全国苏维埃区域代表大会，"等于是第一次全国苏维埃代表大会"，而不是原定的预备会议①。共产国际远东局对于这次会议性质的改变，事先并不知道。远东局成员埃勒斯 1930 年 6 月 23 日至 25 日写给共产国际执行委员会东方书记处的信中说，全国苏维埃代表大会开始前两天，埃勒斯等会见李立三时，李立三并未将预备会议改成正式大会一事告知埃勒斯等人。向忠发在 1930 年 6 月 25 日写给周恩来的信中，也承认中央作出该项决定时，"正好这时与远东局的联系出了问题，由于没有场所我们无法与远东局建立联系。因此我们无法与远东局预先进行商量。当联系恢复后，苏维埃代表大会已经开幕"②。埃勒斯对中共中央不经请示擅自改变全国苏维埃区域代表大会的会议性质"感到愤怒"，认为中共中央"似乎放弃了召开第一次全国苏维埃代表大会的想法"③，

① 《共产国际、联共(布)与中国革命档案资料丛书》第 9 卷，中央文献出版社 2002 年版，第 189 页。

② 《共产国际、联共(布)与中国革命档案资料丛书》第 9 卷，中央文献出版社 2002 年版，第 202 页。

③ 《共产国际、联共(布)与中国革命档案资料丛书》第 9 卷，中央文献出版社 2002 年版，第 189 页。

“因此犯了十分严重的政治错误”①。在埃勒斯等看来，“这次代表大会应真正是广大群众的代表大会，应使人能感到苏维埃真正是他们的机关、劳动者的机关。而对此负责的李「立三」却用只有38名党员参加的一次秘密的小会取代了这次代表大会”。为此埃勒斯非常尖锐地向李立三指出，“这绝对是向困难投降，绝对是对整个苏维埃运动的意义不理解”，“把趋于紧张的形势与召开苏维埃代表大会的活动对立起来了，绝对是对动员群众的意义不理解”。埃勒斯要求中共中央撤销已作出的决定②。

中共中央对于埃勒斯的批评感到“十分奇怪”。在中共中央看来，将全国苏维埃区域代表大会的预备会议改为正式大会，“不是什么政治错误”，因为“这以后更容易发动群众投入建立中国苏维埃的斗争，以苏区正式会议的名义这样做要比以全国苏区代表会议预备会议的名义召开全国苏维埃代表大会方便得多”③。历史事实证明，中共中央关于这个问题的意见和做法符合当时实际情况，是正确的；而远东局关于这一问题对中共中央的疑虑和批评是多余的。

三、斯大林正式同意中国成立苏维埃临时中央政府与“中准会”成立

在全国苏维埃区域代表大会5月23日最后一次会议上，大会主席团还决定，为筹备召开中国工农兵会议第一次全国代表大会，特邀请全国45个单位组成中国工农兵会议第一次全国代表大会中央准备委员会（以下简称“中准会”）。拟邀请的45个单位是：

① 《共产国际、联共（布）与中国革命档案资料丛书》第9卷，中央文献出版社2002年版，第202页。

② 《共产国际、联共（布）与中国革命档案资料丛书》第9卷，中央文献出版社2002年版，第189—190页。

③ 《共产国际、联共（布）与中国革命档案资料丛书》第9卷，中央文献出版社2002年版，第203页。

中共中央	少共中央	全国总工会
铁路总工会	海员总工会	革命互济总会
上海总工会	天津总工会	湖北总工会
广东总工会	哈尔滨总工会	赣西南苏区
赣东北苏区	闽西苏区	闽北苏区
鄂东北苏区	鄂西苏区	鄂东苏区
东江苏区	海陆丰苏区	琼崖苏区
湘赣边苏区	通海苏区	左右江苏区
皖西苏区	京东苏区	直南苏区
延吉苏区	红一军	红二军
红三军	红四军	红五军
红六军	红七军	红八军
红十一军	红十二军	反帝大同盟
自由大同盟	左翼作家联盟	社会科学家联盟
上海革命学生会	北平革命学生会	哈尔滨革命学生会

这些被邀请的单位，本拟于 1930 年 8 月 20 日在上海集中，召开“中准会”成立大会。可是全国苏维埃区域代表大会主席团认为，第一次全国工农兵苏维埃代表大会的筹备工作非常重要，时间紧迫，遂又决定在“中准会”正式成立之前，先由中共中央、中华全国总工会、共青团中央、左联、社联、上海总工联、自由大同盟、反帝大同盟、革命互济总会等 9 个革命团体派代表，组成“中准会”临时常务委员会，先行开展“一苏大会”的筹备工作。

中共中央关于召开全国苏维埃区域代表大会的有关材料，于 1930 年 6 月送达莫斯科。共产国际东方书记处领导人库西宁和米夫等人收到并阅读这些材料后，于 6 月 16 日拟写了一份致中共中央政治局的电报草稿，呈送给斯大林和莫洛托夫审阅①。6月19日，斯大林和莫洛托夫审定电报文稿时作了修改，并发给中共中央。修改后的电文说："我们认为，只要保证我们在苏区中央（临时）革命政府内的影响，就可以成立这样的政府。苏维埃政权要扩展到一个大工业中心城市和行政中心城市，这样的城市应成为运动进一步开展的基地，同时也是我们在政府中领导作用最可靠的保证。根据军事政治形势的发展，必须将注意力和力量集中在夺取这样一个据点上。"②很明显，斯大林和莫洛托夫都认为，在中国红军夺取大工业中心城市和行政中心城市之前，就可成立临时中央政府。

成立中华苏维埃临时中央政府的决议，最终获得到斯大林和莫洛托夫批准同意。

6月22日，共产国际远东局遂致信中共中央政治局，就召开"一苏大会"的准备工作若干问题提出建议："为了实施最近几个月党的极其重要的活动，即召开中华苏维埃第一次代表大会，我们根据我们口头交换的意见，提出以下具体建议：(1)以筹备会议③的名义立即发表号召书；具体通知三个月后召开中华苏维埃第一次代表大会。这一号召书的草案我们将于星期二寄给你们。(2)组织召开苏区和红军的扩大代表会议，由会议选出代表。(3)在企业特别是大企业中加紧开展活动，选举'召开苏维埃代表大会委员会'和选举代表，包括没有建立苏维埃政权的农村在内。(4)在报刊上加紧开展宣传活动，印发传单，组织集会和示威游行。(5)每一个行动都应与这一活动的口号联系起来。为了使这一活动真正进行好并避免近几个月来的失误和缺点，在

① 《共产国际、联共（布）与中国革命档案资料丛书》第9卷，中央文献出版社2002年版，第173页。

② 《共产国际、联共（布）与中国革命档案资料丛书》第9卷，中央文献出版社2002年版，第175页。

③ 指全国苏维埃区域代表大会。

一位政治局委员负责领导下成立从政治上和组织上开展这一活动的专门委员会。动员全党、青年、红色工会、反帝大同盟、国际革命战士救济会。活动的政治方针仍是原定的方针，因为我们现在的任务是使群众都知道筹备会议通过的决议。"①

根据远东局建议，1930 年 7 月 23 日，"一苏大会"中央准备委员会 9 个团体的代表，在上海举行第一次"中准会"临时常委会会议，讨论通过了"中准会"工作计划大纲、"中准会"临时常委会组织大纲，以及"中准会"及临时常委会的全部预算开支，议定了"中准会"临时常委会职责。为便于开展工作，第一次临时常委会还推举中共中央代表为临时常委会主席，全国总工会代表为秘书长，少共中央代表为组织部长，左联代表为宣传部长，社联代表为机关报编辑主任，上海工联、反帝大同盟、自由大同盟与互济总会代表为编辑委员。"中准会"临时常委会的秘密办公地点，设在上海愚园路庆云里 31 号(现 51 号)一座石库门的三层楼房里。林育南为秘书长，李星月(李平心)、张文秋、彭砚耕、胡毓秀、冯铿等为工作人员。

"中准会"临时常委会成立后，一苏大会的筹备工作便紧锣密鼓地开展起来。1930 年 7 月 30 日，"中准会"临时常委会向全国 45 个党团组织、苏维埃区域和革命团体发出了选派代表来上海参加"中准会"的邀请书。

1930 年 7、8 月间，共产国际虽然对李立三的"左"倾冒险主义错误表示了坚决反对的态度，但并不反对中共中央关于召开"一苏大会"成立苏维埃临时中央政府的决策。1930 年 7 月 23 日通过的《共产国际执委会政治秘书处关于中国问题的决议案》中明确指出："苏维埃的运动，已经对于党提出组织苏维埃中央政府，以及调节这一政府的行

① 《共产国际、联共(布)与中国革命档案资料丛书》第 9 卷，中央文献出版社 2002 年版，第 186—187 页。

动的任务。这个任务是有第一等重要意义的。"[1]共产国际在这个决议案中还提醒中共:必须将苏维埃中央政府建立在较为巩固的苏维埃区域,而不是在大城市;必须建立一支真正的红军,使其成为苏维埃政府的支柱。同时对苏维埃区域的土地问题、经济政策问题、无产阶级领导权等问题提出了意见。

根据共产国际意见,1930 年 9 月 9 日,中央总行动委员会主席团(中央总行动委员会到 9 月底才解散)开会,周恩来在会上作苏区军事报告。这次会议正式决定召开全国工农兵代表大会,成立中华苏维埃共和国。

9 月 12 日,"中准会"第一次全体会议,在上海英租界爱文义路和卡德路的交叉口俄式小洋楼召开。"中准会"由此正式成立。这次会议讨论了"中准会"临时常委会工作报告、政治宣言、第一次全国工农兵代表大会代表选举条例及议事日程;讨论通过了《中华苏维埃共和国国家根本法(宪法)大纲草案》(中共中央提出)、《劳动保护法》(全国苏代会通过)、《土地暂行法》(全国苏代会通过)等文件;规定全国苏维埃代表大会的名称为"中华工农兵会议(苏维埃)第一次全国代表大会"[2],中央政府的名称为"中华苏维埃共和国临时中央政府平民委员会"[3]。

这次"中准会"全体会议选举成立了中央准备委员会常务委员会,由向忠发、关向应、毛泽东、袁国平、徐怀茂和当地一群众代表组成,以

① 《中共中央文件选集》第 6 卷,中共中央党校出版社 1990 年版,第 585 页。

② 历史上一般称这次会议为"中华工农兵苏维埃第一次全国代表大会",简称"一苏大会"。

③ 参见李壮:《从全国苏维埃区域代表大会到中华苏维埃共和国临时中央政府的成立》,载《党的文献》1992 年第 4 期。1931 年 11 月在江西瑞金召开"一苏大会",选举成立了中华苏维埃共和国中央执行委员会,正式称"中华苏维埃共和国临时中央政府"。

向忠发为主席，关向应为代主席，毛泽东为组织部长，袁国平为宣传部长[①]。

这次“中准会”全体会议还讨论通过了第一次全国工农兵代表大会各级准备委员会组织大纲，要求中央及各地区与各团体均需成立准备委员会，分别处理代表选举等事宜。

四、一苏大会的第一、二次延期举行

中华苏维埃第一次全国工农兵代表大会原定于 1930 年 11 月 7 日在上海召开。而共产国际在 1930 年 7 月 23 日通过的《共产国际执委会政治秘书处关于中国问题的决议案》中，却建议中共将这次会议开会地点改在苏维埃区域，即将成立的苏维埃中央政府亦设在苏维埃区域。共产国际的这个建议，十分重要，也是十分正确的。因为当时中国革命的中心已经转移到农村，开展苏维埃革命运动的主要地区也在农村苏维埃区域；而无论是上海还是南京、武汉等中心城市，反革命势力都十分强大，共产党组织和所有革命团体的活动都只能处于秘密状态。如果按照中共中央原来的设想，一苏大会在上海秘密召开，即将成立的苏维埃临时中央政府也秘密设在上海，不仅难以对全国各苏区进行有效领导，自身也难以安全生存下去。

根据共产国际的意见，同时鉴于“一苏大会”的准备工作尚未就绪，1930 年 9 月 12 日召开的“中准会”成立大会决定：“一苏大会”推迟到 1930 年 12 月 11 日广州暴动三周年纪念日开幕，开会地点移至朱毛红军活动的江西中央苏区。会上还决定：“中准会”也移到赤色区域去继续工作，在白色区域设立中央办事处，负责中央指定区域的准备工作。这是“一苏大会”召开时间第一次延期。

“中准会”关于将一苏大会的开会地点移至朱毛红军活动的江西

① 参见李壮：《从全国苏维埃区域代表大会到中华苏维埃共和国临时中央政府的成立》，载《党的文献》1992 年第 4 期。

中央苏区,这个决定也是十分正确的。因为此时朱毛红军即红一方面军,已发展到有3万余人,在全国红军部队中不仅人数最多,而且战斗力最强;朱毛红军活动的赣西南和闽西苏区,是当时全国苏区中区域面积最大、人口数量最多、苏维埃政权最为巩固的苏区。即将成立的苏维埃临时中央政府设立在朱毛红军活动的江西苏区,是最合适不过的。

"中准会"正式成立后的第13天,即1930年9月25日,中共中央在《红旗日报》发布《加紧准备全国苏维埃代表大会工作的通知》,要求各地积极做好一苏大会的准备工作。"中准会"通过的宪法草案等文件,也陆续在《红旗日报》公布。9月26日,"中准会"又根据"中准会"第一次全体会议通过的全国苏维埃第一次代表大会选举条例,制定并颁布了《中国工农兵会议(苏维埃)第一次全国代表大会苏维埃区域选举暂行条例》。

正当一苏大会筹备工作紧锣密鼓进行之时,蒋介石对江西中央苏区发动了第一次大规模"围剿"。鉴于形势变化,1930年10月18日,"中准会"召集上海12个革命团体代表开会,决定将第一次全国苏维埃代表大会推迟到1931年2月7日(二七惨案纪念日)开幕,开会地点不变,仍在江西中央苏区;同时决定"中准会"秘书长林育南携带为一苏大会准备的文件,秘密前往中央苏区,协助中央苏区红军领导人做好大会召开的筹备工作。这是"一苏大会"召开时间第二次延期。

1930年10月24日,中共中央向全国各苏区发出指示,要求各苏维埃特区必须在1930年11月前将各县苏维埃政府完全建立起来,各特区也必须在同年12月11日之前召开苏维埃代表大会,推选出席第一次全国工农兵苏维埃代表大会的代表。中共中央要求:"各特区的代表选出后,须立即送达中央区,交通的路线另附图表说明,各地亦得依照实际情形自行变更,惟目的必须使各地代表能够全数到达中央区。中央区亦必须在各要隘多设大会代表招待处,以便引导代表到会。"[①]1930 年 12 月 28 日,中共中央又发出第九十二号通告,要求白区党组织要积极发动工农群众展开斗争,反对国民党军阀向苏区和红军进攻,"在各种革命斗争中,又必须以拥护苏维埃政权,选派代表到第一次苏维埃大会中去为中心工作之一"[②]。

这些措施表明:尽管国民党军队即将对江西中央苏区发动大规模"围剿",但中共中央关于 1931 年 2 月 7 日在江西中央苏区召开一苏大会、成立苏维埃临时中央政府的决心没有改变。

可是,原赣西南苏区派往出席 9 月 12 日召开的"中准会"第一次全体会议的代表萧道德、胡家珍、戴辰生三人,会后滞留上海,直到 1931 年 3 月才回到中央苏区;党中央与红一方面军的交通联络从 1930 年 10 月起又已中断,在江西中央苏区的毛泽东、朱德等红一方面军领导人,对中共中央的上述决定、指示和"中准会"关于一苏大会召开时间、地点的决定,都一无所知。江西中央苏区因此没有着手召开一苏大会的任何准备,而是忙于应付第一次反"围剿"战争。

1931 年 1 月初项英来到宁都县小布后,毛泽东、朱德等方得知 1931 年 2 月 7 日要在中央苏区召开"一苏大会"、成立苏维埃临时中央政府的消息。他们希望中准会秘书长林育南早日赶到苏区,可是直到 1931 年 2 月 7 日,仍无林育南的音讯。原来,林育南因前来苏区途中在浙江衢州受阻,被迫返回上海,不久就被国民党当局和公共租界巡捕逮捕,1931 年 2 月 7 日被国民党杀害于上海龙华。一苏大会的筹备工作被迫停顿。

五、共产国际的敦促

共产国际对于中共召开一苏大会、成立苏维埃临时中央政府一

① 《中共中央文件选集》第 6 卷,中共中央党校出版社 1989 年版,第 429 页。
② 《中共中央文件选集》第 6 卷,中共中央党校出版社 1989 年版,第 472 页。

事,始终十分关注和支持。但是召开一苏大会的时间一再推迟,共产国际对此甚感不悦。

1931 年 1 月 7 日,中共在上海召开了六届四中全会。这次会议在共产国际东方部负责人米夫的控制与操纵下,使王明由一名一般的领导干部一跃而升为中共中央委员、中央政治局委员。六届四中全会闭幕后,中共中央的领导权实际上由得到米夫全力支持的王明宗派集团所掌握。王明"左"倾教条主义者上台后,推行了一条比李立三"左"倾冒险主义更"左"、形态也更完备的错误路线。

中共六届四中全会后不久,共产国际执委会于 1931 年 1 月 15 日给驻上海的共产国际远东局发来一份电报,远东局负责人很快将电报内容向中共领导人作了传达。电报内容如下:

> 我们认为继续推迟成立苏区中央局和苏维埃文职政府是极其危险的,这会影响建立根据地和建立纪律严明的红军。你们要采取果断措施立即在赣南组建有较高威信的中央局,并责成它:1. 举行苏维埃代表大会;2. 在会上选举中央人民委员会;3. 成立在中央局监督下工作的隶属于人民委员会的军事委员会;4. 成立隶属于人民委员会的工农检查机构和隶属于(直至地区)党委的,由工人、雇农和贫民组成的监察委员会,以便同混入党内的分子、官僚主义、暗中破坏行为和腐蚀党和苏维埃工作人员的行为作斗争。在确保党对苏维埃政府的绝对领导的情况下,应该避免相当多的中央委员和高级军事指挥人员参加政府。政府的大多数成员应当由工人、农民和红军战士中有影响的积极分子组成,其中包括一些无党派人士。你们要尽快召开苏维埃代表大会,尽可能直接参加这次会议,你们要制定一些措施加强苏区无产阶级的领导。
>
> 你们特别要制止不选城市工人贫民代表苏维埃和将其作用同工会的作用混为一谈的做法。

在苏维埃代表大会上，你们要提出一个声明：不承认帝国主义者向南京和军阀提供的贷款，主张中国完全独立和统一。①

共产国际执委会这一电报所指示的内容和原则，基本上是正确的。尤其是强调反对中央政府工作人员的腐败行为，确保党对苏维埃政府的绝对领导，政府的大多数成员应为工、农和红军中有影响的积极分子组成，其中还应包括“无党派人士”等，这些原则都是值得肯定和赞赏的。

共产国际远东局根据共产国际执委会的电报指示，向中共中央提出：中共中央从政治局起，以60%的干部派去加强苏区的领导；军事干部不论是从莫斯科回国的，还是在国内做过军事工作的，90%以上应派到苏区去充实红军领导，并要求尽快成行。

1931年2月6日和2月13日，中共中央政治局两次开会，讨论贯彻共产国际指示的措施。会后，中共中央将张国焘派往鄂豫皖苏区担任中共鄂豫皖中央分局书记、军委会主席，将陈昌浩派往鄂豫皖苏区任中共鄂豫皖中央分局委员兼少共鄂豫皖中央分局书记，后又任鄂豫皖苏区主力红军第四军（后为第四方面军）政治委员；将夏曦派往湘鄂西苏区任中共中央湘鄂西分局书记；将曾洪易派往赣东北苏区任中共中央代表。他们都在各自领导的苏区不遗余力地推行王明“左”倾教条错误，使这些苏区的革命斗争受到严重损失。

在1931年2月6日和2月13日召开的两次中共中央政治局会议上，中央政治局还研究了召开一苏大会和成立苏维埃临时中央政府问题。中共中央原已成立了一个由任弼时、沈泽民、刘峻山3人组成的苏区委员会，专门负责指导全国苏区的工作。在这两次会上，中共中央政治局决定周恩来和王明两人也参加苏区委员会，负责讨论由共产

① 《共产国际执委会致共产国际执委会远东局电》，1931年1月15日。中共中央党史研究室编：《中共党史研究》1988年第2期，第82—83页。

国际远东局代为起草的土地法、劳动法、经济政策、苏区组织法和军事训令等5个文件稿,同时提出苏区军委和共和国临时中央政府组成人员名单。会上还初步确定了临时中央政府工作部门设置、政府委员名单和共和国主席人选。为加强中央苏区的领导力量,中央政治局决定由任弼时、王稼祥和共青团中央宣传部长顾作霖三人组成中央代表团,前往中央苏区,传达贯彻六届四中全会精神,全权处理富田事变,参加苏区中央局领导工作,协助筹备召开一苏大会。

第二节 苏区中央局领导一苏大会的筹备工作

一、一苏大会的第三、四次延期

1931年4月中旬,任弼时、王稼祥、顾作霖等3人抵达江西中央苏区宁都县青塘,与项英、毛泽东、朱德等会合。

此时,蒋介石已调集20万大军正准备向中央苏区红军进行第二次大规模"围剿"。面对这一严峻形势,苏区中央局的当务之急是集中精力反"围剿"。筹备召开一苏大会的工作根本无暇顾及。一苏大会只好第三次延期举行。

第二次反"围剿"胜利结束后第二天,即1931年6月1日,中共苏区中央局在永丰县的龙冈发表《苏区中央局为第一次全国苏维埃代表大会宣言》,正式宣布:

> 中华苏维埃中央革命军事委员会,已决定在今年8月1号召集全国苏维埃代表大会及产生中华苏维埃临时中央政府,来领导全国的革命斗争,来对抗反革命的中央政府——南京政府——来统一各苏区及全国红军的革命行动,来推翻帝国主义国民党的统

治,来建立全国的苏维埃政权。①

以毛泽东为主席的中华苏维埃中央革命军事委员会,也于1931年6月2日发出关于《召集全苏大会的通电》,宣布8月1日召集全国苏维埃代表大会。

苏区中央局的宣言和苏维埃中央军委的通电,都要求各苏区要努力做好一苏大会代表选举工作及其他各项准备工作,以迎接一苏大会的召开。

中共赣西南特区委在接到这个宣言的第二天,就开会对此进行专门讨论。1931年6月7日,中共赣西南特区委发出第三十四号通告,要求各县在6月底以前召开各种动员会议,广泛宣传一苏大会召开的重大意义,同时做好选民登记工作;在7月15日以前,要按选举规划,民主选举产生出席一苏大会的代表,并对各级苏维埃政府进行改造(整顿、健全组织,改进工作方式、方法)。这个通告还特别规定:"各级党部应推动政府群众团体自选举日起举行庆祝拥护全苏大会,如欢迎欢送代表举行群众大会,领导群众做激励演说,表示群众对苏大会的热望,在八月一号各群众团体共产党部政府机关应悬灯结彩举行广大群众提灯庆祝演新剧等。"②

邻近的闽粤赣苏区、湘鄂赣苏区、湘赣苏区,都按苏区中央局要求,加紧选举代表,准备前来江西中央苏区参加大会。

未料,苏区中央局"六一宣言"刚发表,蒋介石又开始调集30万大军对中央苏区发动第三次大规模军事"围剿"。1931年6月18日苏区中央局在给中共闽西特委的指示信中说:"'八一'大会据目前各方筹备工作,尤其是上海及其他苏区,交通未通以前,恐难按期开会,改

① 《六大以来党内秘密文件》(上),人民出版社1981年版,第137页。

② 中央档案馆、江西省档案馆编:《江西革命历史文件汇集》(1931),1988年内部版,第63页。

期或有可能。”①

6月20日，以毛泽东为主席、朱德和项英为副主席的中华苏维埃中央革命军事委员会，果断发布第十四号通令，决定将“一苏大会”再次推迟到1931年11月7日开幕。通令说：

> 本会前曾决定八月一日召集全国苏维埃代表大会，成立中央政府，现因各地选举代表需要长时间才能竣事，加以交通困难，各地代表一时不能到齐，因此特决定将全国苏维埃代表大会，改在十月革命纪念节（公历十一月七日）举行，各地代表应在十月十五日以前选举完毕，听候通知出席。特此通令，希各政府，各红军部队，各革命团体，一体知照，并转知全体革命群众为要。此令。②

一苏大会的召开时间因此第四次被迫延期，但最终确定在1931年11月7日举行。

二、邓小平主政瑞金与红色首都的确定

中共苏区中央局和苏维埃中央军委最终确定一苏大会于1931年11月7日开幕，却未确定一苏大会开会的具体地点。也就是说，即将建立的中华苏维埃共和国首都定在什么地方，尚未确定，当时也难以确定。

第三次反“围剿”结束后，红一方面军总部于1931年9月23日在兴国县鼎龙水头庄发布《开往福建工作筹款的命令》。命令说：“方面军决开到福建去工作筹款，并定于二十五日由现在地（莲塘、龙冈头、长信、水头庄之线）分七天行程（第五天休息一天）开到汀州城集中。”命令将全方面军分为左、中、右三路行军队形，规定了各路行军路线及行军日程，其中规定：“总部及直属队应于二十五日晨四时由现在地（水头庄）出发，在中路第四军前头，沿第四军之行军线前进，务于第二

① 中央档案馆保存件：《中央局指示闽西信》，1931年6月18日。

② 《六大以来党内秘密文件》（上），人民出版社1981年版，第137页。

天(二十六号)在长沙渡河完毕,在河之南岸择地宿营。第三天到官仓下附近,第四天到瑞金城宿营,以后则沿右路第三军团之行军线到长汀。"[①]这个命令规定总部和方面军各部都开到长汀城集中,然后以长汀城为中心分散各地筹款做群众工作,同时休整部队。尽管这个命令中未提及一苏大会的开会地点,但是从总部的部署来判断,一苏大会的开会地点可能已酝酿初定在长汀城。也就是说,未来的中华苏维埃共和国首都,可能设在长汀城。

然而,1931 年 9 月 28 日毛泽东、朱德等红一方面军总部领导人抵达瑞金县城东北的叶坪村宿营后,情况即发生了变化。1931 年 10 月 3 日,以毛泽东为代理书记[②]的中共苏区中央局,向上海中共临时中央发去一份长电,在详细报告了中央苏区第三次反"围剿"经过和战果,以及红军的近况后,最后一段电文颇耐人寻思:

> 红军目前急切须休息,须训练,须补充,须筹款,须布置新战场,创造根据地。又因 11 月 7 日开苏大会,中央[局]不能远离,遂将红军主力分布石城、长汀、于都、会昌四县工作,总部及中央局在瑞金居中指挥。[③]

这份电文提出"总部及中央局在瑞金居中指挥",显然是决意以瑞金为指挥中心和驻地枢纽,开展召开第一次全国苏维埃代表大会和成立苏维埃临时中央政府的各项准备工作。也就是说,在 1931 年 9 月 28 日至 10 月 3 日这几天当中,苏区中央局和红一方面军总部已经改

---

① 以上见《毛泽东军事文集》第一卷,军事科学出版社、中央文献出版社 1993 年版,第 253—254 页。

② 毛泽东已于 1931 年 8 月下旬接替项英任中共苏区中央局代理书记,并于 1931 年 10 月底获中共临时中央批准,同年 11 月 3 日共产国际正式批准毛泽东任中共苏区中央局书记。

③ 《苏区中央局十月三日自瑞金来的长电》,1931 年 10 月 3 日。见中共江西省委党史资料征集委员会、江西省委党史研究室编:《江西党史资料》第 19 辑,1991 年内部印刷,第 135 页。

变原定移师长汀的计划，改为选择瑞金叶坪村作为召开一苏大会的地点，并将中华苏维埃共和国红色首都确定在瑞金。

此外，还有一份文献资料可资佐证：据中央派往中央苏区工作的余泽鸿于1931年9月30日自瑞金写给中央的一份报告称："最近28/9中央局与红军方面军到了瑞金，我将中央接受国际十一次扩大会议决议及闽西情形向中央局作了报告。昨天中央局召集十二军、赣东特委、瑞金县委党的活动分子会议，我去参加的。听了泽东同志关于目前时局，党的任务，三次战争教训的报告……"①余泽鸿报告中虽未提及在瑞金奠都的决定，但由此大概可以推断，就在9月29日至10月3日这段时间内，苏区中央局和苏维埃中央军委作出了在瑞金召开"一苏大会"建立中华苏维埃共和国的决策。

苏区中央局和苏维埃中央军委为什么选定瑞金作为召开一苏大会的地点和中华苏维埃共和国的首都呢？

此事与瑞金的地理位置、革命斗争历史有关，更与邓小平在瑞金卓有成效的工作有关。

瑞金位于江西省东南端，地处武夷山脉南段西麓，坐落在赣、闽、粤三省接壤要冲，地域居中，物产丰富。东出40公里即至长汀，顺汀江南流可直下龙岩、上杭、永定，直达广东潮汕出海；往南绵江水道直通赣江，既可直达赣州、南昌、九江，又可与赣南各县沟通水路交通，运输便利。

瑞金地处边陲，离中心城市较远，敌人未驻重兵，与赣南各苏区县比较，瑞金更为偏安。

瑞金城东北6公里处的叶坪村野旷阔大，环境优美，古樟参天，幽静宜人。从军事角度看，这个茂林之村便于防空。

瑞金县有深厚革命基础。早在1927年8月间，周恩来、叶挺、贺

① 原件存中央档案馆。

龙、刘伯承、朱德等领导的南昌起义部队经过这里时，就在瑞金城绵江中学帮助建立了中共瑞金支部。贺龙、郭沫若就是在瑞金经周恩来、李一氓介绍入党的。1929 年，毛泽东、朱德率红四军向赣南、闽西进军时，曾先后两次途经瑞金，给该县革命斗争以极大的影响。1930 年 4 月，瑞金县党组织领导了武阳暴动、安治暴动，成立了瑞金县苏维埃政府和红二十四纵队。1931 年春，在红三十五军和红十二军帮助下，全县已经赤化，并全面分配了土地。

瑞金县党组织曾一度由中共闽西特委领导。1931 年 3 月，中共闽粤赣苏区特委派李添富来瑞金，担任中共瑞金县委书记。李添富到瑞金时，正值闽西苏区大肃所谓"社会民主党"之时。他效仿闽西肃反委员会主任林一株在闽西肃"社党"大搞刑讯逼供的一套做法，到瑞金上任不久，就不分青红皂白，自任肃反委员会主任，在全县开展大规模肃"社党"运动。他对那些出身地主、富农家庭的党员、干部，或者是对他那套"左"的做法表示不满的人，以及有某些错误缺点的人，通通指为"社党分子"，随意捕杀，一县之地被杀害者多达 435 人。其中有县委、县苏维埃政府部长以上的领导干部 28 人，区、乡一级干部 77 人。中共赣东特委和苏区中央局巡视员霍步青在 1931 年 8 月 8 日从瑞金写给中央的报告中曾提及："瑞金……目前党及政权因打社会民主党打垮了，整个党团六百余人现究竟剩下几多人，简直不能考查出。现在只有县委三四人，区委支部小组都没有了。这样的赤色不是亲自在此间看见，说来也不会使人相信的。"①由于错误的肃反政策所致，瑞金全县处于一片惊慌与恐怖之中。"全县群众不满，干部情绪低落，全县面貌死气沉沉。"②

① 《中共赣东特委步青给中央的报告——三次战争形势及瑞金党的状况》，1931 年 8 月 8 日。中央档案馆、江西省档案馆编：《江西革命历史文件汇集》（1931），1988 年内部版，第 131—132 页。

② 邓小平：《我的自述》，1968 年 6 月。

就在这时,邓小平、金维映由党中央派来中央苏区工作抵达瑞金,受到正在瑞金的中共赣东特委书记谢唯俊和苏区中央局巡视员霍步青等接待。因第三次反"围剿"战事正紧,邓小平、金维映一时难以赴苏区中央局报到,谢唯俊遂要邓、金暂留瑞金,帮助调查解决李添富乱肃"社党"问题。不久后,由党中央派到中央苏区工作的余泽鸿、吴静焘夫妇也来到瑞金。鉴于当时瑞金的复杂情况和邓小平的资深经历,大家一致推举邓小平出任中共瑞金县委书记。①

邓小平临危受命,与金维映、余泽鸿等一起,冒着风险,深入瑞金城乡调查研究。一个多月后,终于查清了李添富乱肃"社党"的事实真相及其严重恶果。是年 9 月底,在中共赣东特委支持下,邓小平采取果断措施,召开全县党员活动分子会议和县、区、乡三级主要干部会议,"讨论过去肃反的偏差",以大量事实揭露了李添富在肃"社党"中的严重错误和罪行,宣布撤销李添富的一切职务,并拘捕公审,予以处决。同时,邓小平在大会上宣布三条:第一,立即停止杀人;第二,凡被怀疑是"社党分子"的一律不抓;第三,已被关押在狱的,如是贫农、中农的一概释放,回原地继续参加革命斗争,如是地主、富农的罚钱释放,罚不到钱的取保释放。于是,全县 300 多名无辜被关押者幸免于难。瑞金县干部群众交口称赞邓小平是"包公再世"。

在邓小平主政下,瑞金全县局势迅速稳定。他狠抓县、区、乡三级苏维埃政权的建立、恢复和整顿,成立了以黄正为主席的县苏维埃政府;他兴办干部培训班短期内培养了 60 余名本地干部;他十分重视解决农民的土地问题,坚决维护分田成果,发展农业生产,特别强调不要侵犯中农利益,也不要过分打击富农;他十分注意加强党的宣传工作,创办了中共瑞金县委机关报《瑞金红旗》;他领导全县干群开展节省运动,要求每人每月节省 8 斤口粮,以供前线之需等。邓小平卓有成效

① 邓小平:《我的自述》,1968 年 6 月。

的工作使瑞金全县一片红,形势越来越好。

1931年9月28日,毛泽东、朱德等率领苏区中央局和红军总部进驻瑞金叶坪村。邓小平与他心仪已久的毛泽东、朱德等领导人终于相见。

苏区中央局代理书记、苏维埃中央军委主席毛泽东,此前曾四次到过瑞金,但每次都是来去匆匆,未对瑞金情况作深入了解。这次东入福建来到瑞金停留时,毛泽东主持苏区中央局于9月29日召集十二军、赣东特委、瑞金县党的活动分子会议。邓小平出席会议并汇报了瑞金县的情况。毛泽东等苏区中央局和苏维埃中央军委领导人,通过赣东特委及邓小平、余泽鸿的介绍,对瑞金及周围各县以及闽西近况有了更多的了解。当前的情况是:宁都县城还被国民党第二十六路军占据;会昌、安远两县都还没有赤化,两县县城都被地主武装占据着;石城县南部地主武装强大,土围"白点"甚多;于都县城虽为红军占领,许多乡村还是白色,离敌军据点赣州很近;汀州虽好,但地方稍偏。毛泽东等苏区中央局和苏维埃中央军委领导人认为:从目前情况看,红军主力应分散在石城、长汀、会昌、安远、于都等县,消灭地主武装,拔除白色据点,红军总部自然以留驻瑞金"居中指挥"为宜。同时,定于11月7日开幕的一苏大会,也只有在瑞金召开最为妥当;即将成立的中华苏维埃共和国首都,当然也以设在瑞金为好。

就这样,中央苏区的一代精英们,在一苏大会的召开地点和中华苏维埃共和国的国都确定上,最终选择了瑞金。应当说这是历史的最佳抉择。

三、苏维埃中央政府领导成员名单的酝酿

确定苏维埃临时中央政府组成人员的候选名单,是"一苏大会"筹备工作中最重要、最核心的问题。

"苏维埃"的称谓来自苏俄。苏俄的苏维埃政府机构,由中央执行委员会和中央人民委员会组成。中央执行委员会为最高权力机构,中央人民委员会为最高执行(行政)机构。中央执行委员会设主席一人,副主席若干人。中央人民委员会相当于政府工作部门,由中央政府各个部门组成。中央人民委员会亦设主席一人,副主席若干人。中央人民委员会各部门负责人称中央人民委员。

关于参加苏维埃中央政府的人员名单,周恩来、向忠发于1931年2月19日向共产国际远东局代表雷利斯基汇报工作时说,中共中央政治局初步拟议苏区中央局的全体委员都列为临时中央政府成员名单。雷利斯基答复说:“至于苏区局,那就不一定也不需要让它的所有成员都成为政府成员,要把当地居民中有声望的人选进政权机关,要给经过斗争考验的农民等留下更多的职位。”①2月20日,中共中央政治局开会讨论,提出了党内30人左右参加政府的中央执委候选名单。这份名单早已交任弼时带到了中央苏区,但因战事频繁,一直没有向外透露。1931年8月30日,中共中央政治局又通过了关于中央苏区组织问题的决议。决议说:“苏维埃临时中央政府的候选名单,应由中央局决定,原则上应推选各苏区的工农群众领袖,党的领袖只选其能实际参加苏维埃政府工作与一般的群众对他有信仰的人,在白色统治区域做工作的人不宜多选。四中全会后中央向你们提议的一部分名单,可做中央局决定的参考。”②

中央的这一决议及任弼时带来的四中全会后中央提议的那份名单,毛泽东等苏区中央局领导人到1931年10月上旬仍未看到。10月11日,苏区中央局就苏区的几个组织问题,致电中共临时中央:“全苏大会在十一月七日开,苏区党代表大会在十一月一日开,中央政府名单,请讨论决定。苏维埃组织法及宪法大纲,请电告或寄来。望派人

① 《共产国际、联共(布)与中国革命档案资料丛书》第10卷,中央文献出版社2002年版,第88—89页。

② 中央档案馆保存件:《中央关于中央苏区组织问题的决议》,1931年8月30日通过。

领导两个大会。现苏区党务干部很缺乏……望多派得力同志来苏区工作。”[①]数天后，中央回电：“政府执行委员名单，在弼时处有。但须除去向忠发、周逸群、邝继勋。加徐锡根、陈绍禹、关向应、瞿秋白及各地苏维埃政府主席。”[②]

任弼时根据中央指示，将他带来的名单交了出来。这份名单中包括：毛泽东、项英、张国焘、周恩来、向忠发、卢福坦、朱德、邓发、王稼祥、方志敏、孔荷宠、任弼时、贺龙、沈泽民、黄平、陈郁、罗登贤、夏曦、刘少奇、屈登高、段德昌、周逸群、邝继勋、何叔衡、周以栗、胡均鹤、卢德光、徐特立、阮啸仙等人。向忠发于 1931 年 7 月被捕叛变，周逸群已牺牲，邝继勋由洪湖苏区调鄂豫皖苏区工作，所以中央在电报中说要除去他们 3 人；而徐锡根、陈绍禹、关向应、瞿秋白等 4 人因先未提到，中央决定予以补充。

根据中央指示的原则，苏区中央局决定补充彭德怀、林彪、曾山、范乐春、谭震林、邓子恢、古大存、韦拔群、胡海、滕代远、罗炳辉、陈毅、邵式平、李宗白等各苏区红军和苏维埃政府负责人为中央执行委员会候选人。后来提交给“一苏大会”的 63 名候选人名单，就是这么确定的。

谁来当中华苏维埃共和国临时中央政府的主席呢？此事最为要紧，最引人注目。

在 1931 年 2 月 20 日召开的中共中央政治局会议上，有人曾提名中共中央总书记向忠发担任这一职务，但遭到张闻天的反对。会上，王明支持向忠发出任中央政府主席，但又认为向忠发不在苏区，恐有不当。在讨论中大家一致认为：不论谁担任主席一职，都必须具备两

① 江西省档案馆保存件：《苏区中央局十月真电》，1931 年 10 月 11 日。

② 中央档案馆保存件：《中央致苏区中央局第一号电——政府执委、军委主席团、各部部长名单》，1931 年 10 月。

项条件:一要有全国威望,二要在苏区工作。按这两项基本条件,中央决策层对全国各苏区的主要领导人逐个议论排名,最后根据张闻天的提议,将目标集中落在毛泽东身上。经过反复研究,大家取得共识:唯有毛泽东,最具备这两项基本条件。苏维埃中央政府主席,非毛泽东莫属。最后,中共中央总书记向忠发表态同意张闻天意见,认为毛泽东可做主席。于是,主席人选初步敲定。至于副主席人选,有人提名项英,有人提名张国焘。

中央政治局还认为,主席人选名单必须报共产国际远东局审批,最后由谁来担任,经政治局与远东局商议后决定。会后,中共中央很快履行呈报程序,远东局对中共中央政治局的决定表示认可、同意。①

然而,中央政治局当时只确定毛泽东任中央政府(中央执行委员会)主席,而中央人民委员会主席是否由毛泽东兼任,未曾明确。苏区中央局为此于 1931 年 10 月致电中共临时中央提出:“望派一政治局委员,最好是工人同志来苏区主持中央政府工作。”②临时中央回电答复:“人民委员会主席一人决定毛泽东,副主席二人张国焘与江西省苏维埃政府主席。”③

江西省苏维埃政府主席时为曾山。从中共临时中央电报可看知,即将成立的苏维埃临时中央政府中,未安排项英任副主席。这可能与项英在处理富田事变问题上与中央政治局及毛泽东等人的看法不一致有关。毛泽东主持苏区中央局开会,对临时中央复电进行研究后,致电临时中央说:“中央政府名单,我们提议项英为副主席,江西省政

---

① 参见章学新主编:《任弼时传》,人民出版社、中央文献出版社 1994 年版,第 201 页。

② 江西省档案馆保存件:《苏区中央局十月电——报告全苏大会日期各地代表到会情形及苏区党大会的日期与议程》,1931 年 10 月。

③ 中央档案馆保存件:《中央致苏区中央局第一号电——政府执委、军委主席团、各部部长名单》,1931 年 10 月。

府主席曾山为土地部长。”[①]临时中央接受了这个建议。这才有后来正式选举毛为主席，项、张为副主席的结果。

苏维埃中央人民委员会各部门的设置和各部部长（即人民委员）名单，苏区中央局与中共中央之间，也进行了反复磋商。根据苏俄中央政府的模式，按原来设想，中央人民委员会下应设立外交、军事、劳动、财政、土地、司法、卫生、教育、工农检察、内务、交通邮电、经济、粮食、社会保证、国内外贸易、中央政治保卫处等16个人民委员职位，即16个政府工作部门[②]。最后确定人民委员会之下暂设外交、军事、劳动、土地、财政、司法、内务、教育、工农检察和国家政治保卫局等9部1局。1931年10月，中共临时中央在致苏区中央局第一号电中通知：“稼祥任总政治部主任兼外交部长，教育部长秋白。”[③]10月31日，苏区中央局向临时中央提议：“江西省政府主席曾山为土地部长，过去闽西特委书记邓子恢为财政部长，请讨论电告。”[④]11月15日，一苏大会行将结束，苏区中央局致电临时中央：“中央临时政府组织……下设人民委员会，以十人组织之……外交、劳动、土地、财政、军事、工农检查、内务、教育，除前由中央指定接任人外，土地张鼎丞，内务周以栗，工农检查刘少奇，最高法院长何叔衡。”[⑤]

---

① 江西省档案馆保存件：《苏区中央局电中央——接受中央土地问题指示，苏维埃政府问题》，1931年10月31日。

② 参见《中华苏维埃共和国宪法大纲》，1931年11月。载江西省档案馆、中共江西省委党校党史教研室编：《中央革命根据地史料选编》下册，江西人民出版社1982年版，第124—127页。

③ 中央档案馆保存件：《中央致苏区中央局第一号电——政府执委、军委主席团、各部部长名单》，1931年10月。

④ 江西省档案馆保存件：《苏区中央局电中央——接受中央土地问题指示，苏维埃政府问题》，1931年10月31日。

⑤ 《苏区中央局十一月删电——苏维埃大会情形、党的工作、军事工作》，1931年11月15日。

苏区中央局与中共临时中央经反复磋商，最后确定了各部部长（人民委员）人选，并确定卫生、交通邮电、粮食、经济、社会保证、国内外贸易等部暂不设立，有关工作由内务、财政、劳动等部暂时代管。

四、一苏大会各项文件的起草

为一苏大会准备各种文件，是最为重要的筹备工作。这项工作全国苏代会筹备委员会从1930年3月就已开始进行。

1930年5月20日开幕的全国苏维埃区域代表大会上，曾讨论并通过了由筹委会起草的《暂行土地法》《苏维埃组织法》和《劳动法》。在1930年9月12日召开的“中准会”第一次全体会议上，上述文件再次获得通过。这次会议还讨论通过了《中国工农兵会议（苏维埃）第一次全国代表大会苏维埃选举暂行条例》。

共产国际远东局对一苏大会文件的起草颇为重视。中共中央在1931年2月22日给共产国际执委会的报告中汇报说：“最近复与远东局准备好了关于苏维埃大会的五种文件：土地法、劳动法、经济政策、红军决议案、苏维埃组织法。”[①]中共中央政治局将这5份文稿交给由周恩来、王明、任弼时、沈泽民、刘峻山5人组成的苏区委员会讨论。这5份文件讨论定稿后，中央派人送到中央苏区，提交一苏大会讨论通过。

一苏大会文件中最重要的是中华苏维埃共和国的宪法大纲。在1930年9月12日召开的“中准会”第一次全体会议上，讨论通过了由中共中央提出的《中华苏维埃共和国国家根本法（宪法）大纲草案》，全文共9条，阐述了制定中华苏维埃共和国国家根本法的若干重要原则：一是实现代表广大民众真正的民权主义；二是真正实现劳动群众自己的政权，使政治的权力掌握在最大多数工农群众自己手里；三是

① 《共产国际、联共（布）与中国革命档案资料丛书》第12卷，中央文献出版社2002年版，第528页。

彻底地实行妇女解放；四是彻底地承认并实行民族自决；五是争取并且确立中国经济上政治上真正的解放；六是实行工农民权的革命独裁；七是彻底拥护工人利益，实行土地革命，消灭一切封建残余。

后来，共产国际远东局还代为起草了一个由100余条文组成的详细的《中华苏维埃共和国宪法草案》。1931年2月19日，远东局代表雷利斯基同向忠发和周恩来谈话。周恩来对雷利斯基说："「中华苏维埃共和国」的宪法草案至今没有收到。我们对以前收到的草案提出了修改意见，远东局表示同意。"[①]

然而，《中华苏维埃共和国国家根本法（宪法）大纲草案》及远东局起草的《中华苏维埃共和国宪法草案》，苏区中央局都未曾收到，也未曾见到。1931年10月11日，苏区中央局电告中央："全苏大会在十一月七日开……苏维埃组织法及宪法大纲，请电告或寄来。"[②]数天后，苏区中央局再次电告中央："中央全苏大会十一月七日开，闽西赣东南代表可按期到会……苏维埃组织法及宪法大纲，请中央起草电拍。"[③]

1931年11月5日，中共临时中央给苏区中央局发出第七号电报，郑重电告了由周恩来为中华苏维埃共和国起草的《宪法大纲》。[④] 该大纲提出了17条原则要点。电报中说："望提此原则要点在苏大会通过。全文即补送上。"[⑤]

苏区中央局接到这个电报后。即在一苏大会开幕后的11月11

---

① 《共产国际、联共（布）与中国革命档案资料丛书》第10卷，中央文献出版社2002年版，第86页。

② 江西省档案馆保存件：《苏区中央局十月真电》，1931年10月11日。

③ 江西省档案馆保存件：《苏区中央局十月电——报告全苏大会日期各地代表到会情形及苏区党大会的日期与议程》，1931年10月。

④ 中央文献研究室编：《周恩来年谱（1898—1949）》，中央文献出版社、人民出版社1990年版，第214页。

⑤ 《中共中央文件选集》第7册，中共中央党校出版社1991年版，第461—462页。

日，经大会主席团决定，组织了由毛泽东、任弼时、王稼祥等组成的宪法大纲起草委员会，根据中央来电原则，加紧起草与定稿工作。1931年11月15日，苏区中央局电告临时中央："宪法此间根据中央来电原则，参考苏联宪法起草，正讨论中。"[①]这才有在一苏大会上通过的《中华苏维埃共和国宪法大纲》。这个宪法大纲共17条，基本上是按中共临时中央致苏区中央局第七号电文内容制定的。

在一苏大会及大会闭幕后中央执行委员会第一次全体会议上，除讨论通过宪法大纲外，还讨论通过了中华苏维埃共和国临时中央政府对外宣言、抗日宣言、土地法、劳动法、经济政策、少数民族问题决议案、红军优待条例、婚姻条例、地方苏维埃政府暂行组织条例等法律、法令、条例。[②] 这些文件有的是由中共中央在上海组织人员起草的，多数是苏区中央局组织人员在苏区瑞金起草的。

五、一苏大会的会务准备

一苏大会确定在瑞金叶坪村召开后，苏区中央局成立了一苏大会筹备处，下设秘书股、会务股、宣传游艺股、保卫股等工作机构。苏区中央局常委项英负责会务准备，任弼时负责人事安排和大会代表选举等工作。

1931年10月15日，中共临时中央致电苏区中央局，指出："党现在必须动员一切力量，准备苏大会的开幕。苏维埃的意义与它的一切法令，必须为广大民众周知……大会开幕时，必须举行全苏区的庆祝大会与群众示威，赤少队、少年先锋队、童子团等必须全体参加，在可能条件之下，举行一部分红军阅兵式，各地党团以致工会等群众组织，必须选派大批代表，列席旁听与庆贺。大会通过一切法令与决定，必

① 中央档案馆保存件：《苏区中央局十一月删电——苏维埃大会情形、党的工作、军事工作》，1931年11月15日。

② 《苏维埃中国》，1933年印行，中国现代史资料编辑委员会翻印，1957年7月。

须很快的传达[到]群众中去。出版苏大会日刊……”对大会的会务提出了明确而具体的要求。①

根据中央要求，一苏大会的会务准备工作紧张而有序地进行。

首先是会场的选定。叶坪村中的明代建筑“谢氏宗祠”，被选作一苏大会会场。项英遵照毛泽东指示，与村中谢氏长辈商议，妥善处理了有关事宜，随后请来泥木工匠进行改建，并组织人员精心布置，成为一个庄严的会场。

红军阅兵场的辟建。大会筹备处圈划了叶坪村东北一片刚收割完稻子的稻田，开辟平整为阅兵场，并用竹木临时搭建了一个红军阅兵台。

妥善安排五六百名代表半个月的食宿。这是一件大事。大会筹备处为此专门成立了一个代表接待组，由毛泽民、康克清、贺子珍、彭儒等参加。更主要的是瑞金县委、县苏维埃政府给予全力支持配合，动员叶坪、洋溪、黄埠头、合龙、沙洲坝等乡村群众腾出自己的住房，取下家中的门板，抱出家中的稻草，为代表们安床搭铺。大会所需粮食、蔬菜、肉类等食品，全部由叶坪附近区乡政府筹集供给。为支持开好一苏大会，中共瑞金县委书记邓小平率领县委、县苏维埃政府干部倾注心力，殚精竭虑，做了大量工作。

宣传娱乐活动的准备。大会筹备处艺文组邀请红军学校的钱壮飞、胡底、李伯钊等文艺精英创作排练了话剧《最后的晚餐》，于都、瑞金、赣县等县的地方剧团创作排练了《活捉张辉瓒》等剧目，并将毛泽东、朱德等红军将领形象首次搬上舞台。部队和机关的文艺宣传骨干也准备了活报剧、采茶戏、歌舞、魔术等丰富多彩的节目。军委总政治部将红军在反“围剿”战斗中缴获的战利品集中起来，在叶坪村找了一

① 中央档案馆保存件：《中共中央致苏区中央局电——动员一切力量准备苏大会的开幕》，1931年10月15日。

处房子,举办了一个“红军战利品陈列室”,展出了缴获的敌师长张辉瓒的呢军裤、公秉藩的私章和各式武器装备。邓小平和瑞金县苏政府还动员各区、乡组织了龙灯队、秧歌队、锣鼓唢呐队等群众祝贺队伍,以备提灯晚会之用。

假会场的布置。为防敌机空袭,大会筹备处根据毛泽东等人的提议,安排长汀县委在长汀城郊搭建了一个一苏大会的假会场,以迷惑敌机。同时将阅兵式、授旗授章式等大型户外活动安排在早晨7时前结束,以确保大会安全。

代表证章的印制。大会筹备处秘书股除为大会准备好各种文件、文告外,还为出席大会的所有代表印制了一枚精美的代表证章。

六、一苏大会代表的选举

在1930年9月12日召开的“中准会”第一次全体会议上,曾讨论通过了《中国工农兵会议(苏维埃)第一次全国代表大会选举条例》,对出席一苏大会的代表选举作出了原则规定:

一是规定凡年满16岁的“一切靠生产劳动或公益事业的服务而生活者,以及替他们管理家务者;红军士兵、官长;没有雇用劳动者而用自己的劳力经营小商务或手工业者;军阀军队中的士兵;自由职业者(如医生、教师、著作家等)及学生;有上列资格而失业或丧失劳动能力者”[①],不分男女、种族、民族、宗教等的区别,均有选举权和被选举权。而具有下列情形之一者,则剥夺其选举权和被选举权:甲、以土地、资本及私产雇用工人、店员及雇农,榨取利润,以及专靠剥削他人劳动为生活者(如地主、厂主、店主、雇用长工的富农及高利贷者等等);乙、军阀、官僚、绅士、乡董;丙、一切公安局、民团的服务职员及其他反革命分子;丁、一切宗教的服务人(僧、尼、道士、牧师、神甫等);戊、患神经病及吸食鸦片有瘾者;己、苏维埃政府法庭或革命团体宣布

① 《中华苏维埃共和国法律文件选编》,江西人民出版社1984年出版,第90—91页。

有罪而剥夺其公权者。

二是规定各苏维埃特区代表选举的名额，大致按每20万人选一代表为原则。具体名额分配如下：

特区名称＼代表成分	工人	红军	贫民	农民	共计
湘鄂赣边特区	12	10	2	76	100
赣西南特区	9	7	1	58	75
湘西鄂西特区	3	1	1	20	25
湘南特区		1		2	3
广西特区	1	1		3	5
闽粤特区	3	1	1	20	25
赣东北特区	1	1		6	8
鄂豫皖特区	1	1		3	5
琼崖特区		1		2	3
小计	30	24	5	190	249

三是对白区代表的产生作出了规定。

根据“中准会”颁布的选举条例、实施细则和分配的名额，一些苏维埃特区在1930年冬即进行了选举。闽粤赣特区决定在1931年1月21日召开工农兵代表会议进行选举，后因国民党军队进攻而延期进行。赣西南特区于1931年3月获知“中准会”精神后，首先进行了乡、区、县级工农兵代表大会代表和乡、区、县级苏维埃政府工作人员的选举；而出席一苏大会代表的选举工作，直到1931年6月1日中共苏区中央局作出召开一苏大会决议后才开展。

经过几个月紧张而有序的工作，各地出席一苏大会的代表终于按时选举产生。1931 年 11 月 15 日，苏区中央局向中央报告说："苏大会到中央区、闽西区、湘赣区、湘鄂赣区、赣东北区、湘鄂西区、琼崖区及红军代表二百九十人。"[①]与"中准会"分配名额相比，代表总数比原计划增加 41 人。这主要是增加了红军代表人数，"红军方面一、三军团，二、六军，十六军及各独立师，均选派代表出席"。此外，由于情况发生了变化，广西右江苏区未派代表出席大会。鄂豫皖苏区也没有派代表出席大会。"全总，海员，韩国均有代表到会。"此外还有列席代表，总计"到会代表六百一十人"[②]。

七、共产国际要求各国共产党大力支持一苏大会胜利召开

一苏大会开幕前夕，共产国际执委会政治书记处政治委员会在 1931 年 10 月 27 日召开的会议上，听取并讨论了关于召开中华苏维埃第一次代表大会问题。会议决定："责成「共产国际执委会」东方地区书记处向各党发去关于开展支持代表大会活动的材料，并采取措施让各党向代表大会发去贺电。地区书记处应以共产国际执委会名义拟订指示信和贺电，并提交「共产国际执委会政治书记处」政治委员会。"据此决定，共产国际东方书记处草拟了致各国共产党要求支持中华苏维埃第一次代表大会胜利召开的电文：

> 11 月初，中国将召开全国第一次苏维埃代表大会。必须以党和群众革命组织的名义在报刊上发表贺信，强调：(1) 中国红军的英雄主义精神；(2) 苏维埃运动的成就；(3) 只有苏维埃才能使群众摆脱极大的苦难和实现国家的统一；(4) 苏区实行的根本革命任务是：消灭地主土地占有制和中国军阀制度，推翻帝国主义，争

---

① 《苏区中央局十一月删电——苏维埃大会情形、党的工作、军事工作》，1931 年 11 月 15 日。

② 《中华苏维埃代表大会给中共中央电》，载《红旗》周报第 25 期，1931 年 12 月 1 日。

取真正的独立，等等，要与日本对满洲的强盗般占领联系起来。要保证支持中国的苏维埃革命，尤其要特别注意反对蒋介石部队里的德国法西斯军事顾问，反对为军阀们运送武器，反对为南京人提供借款和贷款，反对国联。①

共产国际将以上内容的电文，发给了德、英、美、法等国共产党中央领导机构。在共产国际的关怀下，一苏大会的召开得到各国共产党热情关注和支持。

第三节
中华苏维埃共和国的诞生

一、一苏大会——隆重的"开国大典"

1931 年 11 月 7 日，筹备了整整一年半时间、五定开幕日期、先后四次延期召开的中华工农兵苏维埃第一次全国代表大会，终于在江西瑞金叶坪村隆重开幕。

这一天清晨，东方熹微，层林尽染。叶坪红军阅兵广场上，人声鼎沸，口令阵阵。为庆祝一苏大会隆重召开，中国工农红军第一次正式举行阅兵典礼。红军第三军、第四军、第七军、第十二军和红三军团各派出一个建制营，红军中央军事政治学校学员和瑞金县赤卫队、少先队，都接受了检阅。毛泽东、朱德、彭德怀、项英、任弼时、邓发、周以栗、叶剑英、张鼎丞、曾山等领导人和红军将领，在检阅台上向受阅部队挥手致意。参加一苏大会的代表和瑞金县前来观礼的群众，站在检阅台两侧观看。望着一队队步伐整齐、坚强有力的红军劲旅，人们激情满怀，欢呼雀跃。

---

① 《共产国际、联共(布)与中国革命档案资料丛书》第 13 卷，中共党史出版社 2007 年版，第 63—64 页。

当日下午,“一苏大会”开幕式在叶坪村谢氏祠堂隆重举行。大会主席台正面墙上贴着革命导师马克思列宁画像,画像中间挂着鲜艳的镰刀铁锤红旗。主席台两侧的对联散发着墨香,左联为“学习过去苏维埃运动的经验”;右联为“建立布尔什维克的群众工作”;横幅标语为“全世界无产者联合起来”。主席台前沿,放着一块横匾,上书“工农炮垒　民主专政”八个金光闪闪的大字,高度概括了中华苏维埃共和国的政权性质。大厅内支撑屋架的16根圆木柱之间系着绳子,挂满了红红绿绿写有各种标语的三角彩旗,柱子上也贴满了“苏维埃万岁”、“红军万岁”、“拥护全苏大会”等各色标语。中厅的天井已铺上木板,整个大厅排放着约200张长条木凳供坐。红军无线电通讯队在会场上架设了电线电灯,用反“围剿”缴获敌人的发电机发电照明。整个会场宽敞明亮,庄严辉煌,流光溢彩,充满勃勃生机。

出席大会的正式代表和列席代表610余人(除湘赣、湘鄂赣苏区代表尚在途中)云集大厅参加开幕式。大会首先推举毛泽东、项英、任弼时、朱德、周以栗、曾山、陈正人、张鼎丞、邓广仁[①]等37人为大会主席团成员,随后由主席团执行主席宣布一苏大会正式开幕。

会场内外立时土炮轰鸣,鞭爆齐放,鼓乐喧天,口号动地,整个叶坪村沸腾起来了。欢呼声中,项英致开幕词。他说:

> 全国苏维埃代表大会的开幕,正值国际和中国新的形势下,革命运动有更大的新的发展,统治阶级的内部矛盾和崩溃的加紧,尤其是国民党南京政府,正是在革命势力打击下宣告破了产,全苏大会的开幕,即是宣告中国反动统治阶级要死亡的日子。
>
> 全苏大会是全国工农及英勇红军斗争的结晶,是统一全国的苏维埃运动,建立中华苏维埃共和国临时中央政府,来领导全国

① 据中国社会科学院中国历史文化信息研究中心提供的邓发简历介绍,邓广仁即邓发。

工农劳动群众来推翻日本帝国主义在华统治，推翻中国豪绅地主资产阶级的统治，为争取苏维埃新中国胜利而奋斗，为具体规定和保障工农群众在苏维埃政权下的积极胜利，在将来要将中国统治阶级[统统]葬送到坟墓中去，从而实现工农群众的彻底解放。

全苏大会的成功，临时中央政府建立，是继续苏联十月革命的胜利在东方建立了第一个苏维埃共和国——世界第二个苏维埃共和国。她得领导中国千万万的工农劳动群众，团结在她的周围，完成中国苏维埃的胜利。她将使东方无数万的被压迫工农劳动群众在她影响之下与全世界无产阶级联合起来，完成全世界十月革命胜利！①

隆重、简短、热烈的开幕式结束后，苏区中央局在瑞金的 7 位委员毛泽东、项英、任弼时、朱德、王稼祥、顾作霖、邓发，欣喜地在叶坪村合影留念。一些大会代表和工作人员也纷纷合影留念。

果不出毛泽东等所料，“苏大会开幕之日，有十余机轰炸长汀瑞金，投弹百余枚，烧屋百余栋，死伤数十人，但大会无恙”②。

入夜，叶坪村和瑞金城同时举行提灯晚会，庆祝一苏大会隆重召开。“到会群众，人山人海。红光满天，庄严热烈空前未有。”③提灯庆祝晚会一连进行了 3 晚，节目精彩纷呈，军民欢乐无比。

因湘赣、湘鄂赣代表团还在途中，大会主席团决定 8 日休会一天，等候他们到来。

11 月 9 日上午，“一苏大会”主席团举行第一次会议。主席团经过讨论，作出了如下决定：

第一，确定了一苏大会主要议题和需在大会讨论通过的法案，确

① 《中国工农兵苏维埃第一次全国代表大会日刊》第 4 期，1931 年 11 月 10 日。

② 中央档案馆保存件：《苏区中央局十一月删电——苏维埃大会情形、党的工作、军事工作》，1931 年 11 月 15 日。

③ 《中华苏维埃代表大会给中共中央电》，载《红旗》周报第 25 期，1931 年 12 月 1 日。

定毛泽东代表苏区中央局向大会作政治报告,项英作劳动法问题报告,张鼎丞作土地法问题报告,朱德作红军问题报告,周以栗作经济政策问题报告,王稼祥作少数民族问题报告,邓广仁作工农检查问题报告。

第二,确定到会代表以苏区地域为单位组成8个代表团进行活动:即:赣东代表团;赣南代表团;永吉泰代表团;闽西代表团;瑞金代表团;红军代表团;湘鄂西、赣东北、琼崖和海员代表人数较少,合组成一个代表团;湘赣和湘鄂赣代表到会后共组一个代表团。每个代表团设主任、副主任各一人,每团按照区域分编小组,每组15人左右,设小组长一人。

第三,推举项英、张鼎丞、陈正人、周以栗、朱德、曾山、邓广仁七人为主席团常务主席,常驻主席团办公。

第四,推举项英、张鼎丞、陈正人、屈登高、朱德、任弼时、邓广仁、曾山、李家富、袁国平十人,组成大会提案审查委员会,以项英为主任,负责各代表团提出的提案。

第五,决定由各代表团主任组成代表资格审查委员会,以周以栗为主任委员,负责审查代表资格。

第六,决定每天安排四位主席轮流值日办公。①

1931年11月9日下午3时,一苏大会第一次全体大会正式举行。大会值日主席为项英、彭德怀、李福兴、屈登高四人。大会议程共有7项:

1. 秘书处报告各处送来的贺件;
2. 通过议事日程;
3. 通过会场规则;
4. 宣读贺电——中共中央、少共中央贺电;

① 《中国工农兵苏维埃第一次全国代表大会日刊》第4期,1931年11月10日。

5. 政治报告——中共苏区中央局代表毛泽东同志；

6. 报告湘鄂赣、湘赣代表来信；

7. 宣读致中共中央、少共中央电文；致苏联共和国电；致全世界无产阶级及被压迫民族电；反对日本出兵东三省通电。[①]

当天下午，毛泽东在热烈的掌声中代表苏区中央局向大会作政治报告。他回顾和总结了中央苏区过去的工作，认为：中央苏区是全国最大的苏区，是苏维埃中央政府的所在地，是全国红军主力的所在地，它的巩固与发展，在全国苏维埃运动中占有特别重要的地位。他指出，在中央苏区，已建立了强有力的工农红军，并依靠广大苏区群众的力量，连续击破了蒋介石国民党发动的三次"围剿"，战胜了几十万国民党军队，开辟了红军战争史上的新纪元。在中央苏区，已经没收了地主的土地，按人口平均分配给了无地或少地的农民。同时，毛泽东也说到中央苏区存在错误和缺点，有待纠正。报告认为目前中国的政治形势是有利于苏维埃运动发展的。在这种形势下，必须建立巩固的苏维埃区域，必须巩固和扩大红军，必须使苏维埃政权真正变成工农群众的政权，必须彻底解决土地问题，必须加强反帝运动及职工运动的工作，必须纠正过去肃反工作中的错误，等等。[②]

代表们对毛泽东的报告报以热烈的掌声，并于次日进行了讨论。

因湘赣省和湘鄂赣省联合代表团仍然没有赶到，11 月 10 日和 11 日上午没有举行大会。大会主席团决定由毛泽东、任弼时、王稼祥等组成宪法起草委员会，根据中共中央关于宪法大纲指示电原则，制定完成《中华苏维埃共和国宪法大纲》。11 日下午，湘赣省和湘鄂赣省代表团终于赶到瑞金，大会继续举行。

---

① 一苏大会秘书股：《十一月九日下午三时苏大会正式开会程序》。瑞金纪念馆藏件。

② 参见金冲及主编：《毛泽东传(1893—1949)》上册，中央文献出版社 1996 年版，第 273 页。

11月12日至18日,大会听取了项英、张鼎丞、王稼祥、邓广仁分别作的劳动法、土地法、少数民族问题、工农检查处问题等报告。18日,大会主席团致电中共中央报告说:“大会圆满的召集,完全是中国共产党领导中国革命的胜利。大会已热烈讨论你们所提出的劳动法,土地法,红军问题,经济政策,宪法大纲,并一致通过。现正选举中华苏维埃共和国临时中央政府委员。知你们关心大会,特此电闻。”①

二、中华苏维埃共和国临时中央政府的成立

按大会预定日程,11月19日上午,大会选举苏维埃政府中央执行委员会委员。选举以举手表决的方式进行,对63名候选人逐个表决,结果63名候选人全部当选。他们是:

毛泽东、项英、张国焘、周恩来、卢福坦、朱德、瞿秋白、张鼎丞、邓发、王稼祥、徐锡根、范乐春、陈绍禹、彭德怀、关向应、孔荷宠、方志敏、任弼时、贺龙、沈泽民、谭震林、黄平、曾山、林彪、陈郁、罗登贤、夏曦、邓子恢、刘少奇、刘大朝、陈正人、袁德生、崔棋、屈登高、段德昌、葛耀山、彭轨、陈福元、古大存、韦拔群、张华先、何叔衡、黄苏、胡海、滕代远、肖恒太、罗炳辉、陈毅、张云逸、周以栗、卢德光、胡均鹤、徐特立、邵式平、洪紫清、刘光万、余汉朝、吴致民、刘建中、李宗白、刘生元、王永盛、阮啸仙。②

11月20日黎明时分,一苏大会在红军阅兵广场举行隆重的授旗、颁奖典礼。大会主席团宣布:授予中国工农红军第一军、第二军、第三军、第四军、第六军、第十军、第十二军、第十六军和第三军团以奖旗;授予毛泽东、朱德、彭德怀、方志敏、徐向前等8人以奖章。

典礼结束后,在大会会场举行大会闭幕式。在热烈的掌声中,毛泽东致闭幕词。他说:

① 《中华苏维埃代表大会给中共中央电》,载《红旗周报》第25期,1931年12月1日。

② 据《中华苏维埃共和国中央执行委员会布告第一号》,1931年12月1日。

同志们！大会此刻举行闭幕了，大会已经得到伟大的胜利！我代表临时中央政府说几句话：

临时中央政府在目前时局之下，在大会所付托的使命之下有三个大的任务：

第一是组织革命战争。革命的发展威胁了国民党军阀帝国主义的反革命统治。反革命的统治势力是要和我们革命的统治势力作残酷的斗争的。所以革命的临时中央政府，第一个任务就是团结[组织]大规模的革命战争，指挥这个战争使他[它]逐步胜利，用战争的方法把国内的敌人推倒，使反动统治区域一天一天缩小，使苏维埃区域的版图一天一天扩大。同志们要知道，推翻反动统治，战争是唯一的方法，此外没有第二个方法。现在苏维埃政府，不是和平建设的机关，而是指(挥)战斗的机关。我们要反对那种柔弱怕战争的心理，要组织广大群众用在大规模的战争上面，首先摧毁敌人的武力，推翻敌人的政权，才有我们呼吸说话的余地。

第二是巩固扩大革命根据地，扩大到一省几省地区内首先胜利。我们要巩固的根据地，还要大范围的根据地，就是为了对付战争，为了在扩大规模的更残酷的战争中取得胜利。我们要在大范围地方实行大会决定的那许多有伟大革命意义的政纲和法令，发布我们的宪法，使广大工农群众知道怎样使用自己的国家权力机关去对抗敌人阶级的国家权力机关，去统治敌人阶级。要用劳动法去争取广大的工人群众，要用土地法去争取广大的农民群众，要用这些法令和它在苏维埃共和国内实行的实际效力，去影响白色区域的工农劳苦群众，去瓦解白军士兵，去动摇敌人的统治。临时中央政府应该要在这样的努力上而去建立巩固而扩大的根据地，应该随着战争的开展去扩大我们的根据地。随着根据地的巩固，俞扩大去执行更大规模的战争，使这种战争能够取得完全的胜利。

第三,是创造一支大而有力的红军。临时中央政府组织革命战争的下面组织红军队伍,[是]首先的任务。现在的红军还不大,我们要造[就]一支大红军才能抵抗白色统治阶级,用来战[胜敌人]的军队。我们并要使这支红军强有力,使大数量的红军之内有主力军才能战胜敌人强有力的部队,夺取中心城市。

临时中央政府的三个任务(组织战争,创造根据地,创造红军)不是少数人的努力而能够实现的,要在各级苏维埃的努力下面,在广大群众的努力下面才能实现。并要知道战争是我们生活的中心,不是战争,不能使根据地扩大,不是战争也不能使根据地巩固,不是战争,不能扩大红军,不是战争,不能使红军建成铁军。工农劳苦群众完全要知道:用战争武装自己,用战争打倒敌人,战争是使我们得到解放的唯一有效的方法。①

最后,毛泽东满怀激情地振臂高呼:“革命战争胜利万岁!”“中华苏维埃共和国万岁!”

从11月7日至11月20日,历时14天的一苏大会胜利结束。从此,一个崭新的中华苏维埃共和国诞生在世界的东方。

大会结束后,瑞金改名为“瑞京”,瑞金县划为苏维埃临时中央政府直辖县。瑞金由此成为中华苏维埃共和国的红色首都。时有人戏称瑞金是“红色华盛顿”、中国的“莫斯科”。

1931年11月27日,在叶坪村外一片浓密的樟树林里,毛泽东主持召开苏维埃中央执行委员会第一次全体会议。会议按照苏维埃组织法规定的程序,选举毛泽东为中华苏维埃共和国中央执行委员会主席和中央人民委员会主席。“毛主席”之称始于此时。

项英、张国焘分别当选为中央执行委员会副主席和中央人民委员

① 《中国工农兵苏维埃第一次全国代表大会日刊》第15期,1931年11月21日出刊。

会副主席。

会议还同时选举了中央人民委员会组成人员(即中央政府部长):

王稼祥为外交人民委员;

朱　德为军事人民委员;

项　英为劳动人民委员;

邓子恢为财政人民委员;

张鼎丞为土地人民委员;

周以栗为内务人民委员,

瞿秋白为教育人民委员;

张国焘为司法人民委员;

何叔衡为工农检察人民委员;

邓　发为国家政治保卫局局长。①

因瞿秋白在上海领导"左联"工作,暂不能到临时中央政府视事,张国焘在鄂豫皖苏区担负领导工作,周以栗患肺结核病住院治疗,中央执行委员会决定由徐特立代教育人民委员,梁柏台为副司法人民委员并主持司法部工作,何叔衡兼代内务人民委员。

中华苏维埃共和国临时中央政府从此诞生。这是中国共产党领导创建的中国第一个国家形态的工农民主专政的中央红色政权。

一苏大会结束后,中央政府总务厅组织工匠将一苏大会会堂用木板隔成 15 个小房间。中央政府 9 部一局除教育部在洋溪村寨下园办公、国家政治保卫局在庙背村办公外,其余 8 个部全在一苏大会堂办公,每个部仅分配一间不到十平方米的小房间。每个房间内设一部手摇电话机,一张桌子,几条凳子,每个部连部长在内仅几名工作人员。

一个简朴的小小祠堂,"装"下了整个中华苏维埃共和国的国家首脑机关。政府机构如此精干,为世界所罕见。

① 据《中华苏维埃共和国中央执行委员会布告第一号》,1931 年 12 月 1 日。

从此，瑞金叶坪成了全国苏维埃运动的心脏和枢纽。

三、中华苏维埃共和国中央革命军事委员会的成立

按照中共中央的设定，成立中华苏维埃共和国临时中央政府以后，原先在苏区成立的中华苏维埃中央革命军事委员会（苏维埃中央军委）即行撤销，另成立中华苏维埃共和国中央革命军事委员会。

1931 年 10 月间，中共临时中央政治局致电中共苏区中央局，通知说："革命军事委员会设主席团，决定朱德、王稼祥、彭德怀，朱德为主席。稼祥任总政治部主任兼外交部长。"[①]苏区中央局认为中央提议的这个名单有失全面，于 10 月 31 日致电中共临时中央："革命军事委员会，来电只提朱德、王稼祥、彭德怀，我们提议加周恩来、毛泽东、贺龙、林彪四军军长、谭震林十二军政委、孔荷宠、叶剑英、邵式平，请讨论电告。"[②]

中共临时中央对苏区中央局的意见颇为重视，经研究认可并充实了其他根据地的军事领导人，形成了决定。一苏大会结束后，即 1931 年 11 月 25 日，经中共临时中央同意的"中华苏维埃共和国中央执行委员会人民委员会革命军事委员会"（简称"中华苏维埃共和国中央革命军事委员会"、"中革军委"），于中央苏区首府瑞金正式通令成立。通令如下：

> 根据第一次全苏大会的决议，及中央执行委员会命令：以朱德、彭德怀、王稼祥、林彪、谭震林、叶剑英、孔荷宠、周恩来、张国焘、邵式平、贺龙、毛泽东、徐祥谦[③]、关向应、王盛荣等十五人组成中央革命军事委员会，以朱德为该会主席，王稼祥、彭德怀为该会副主席，王稼祥为总政治部主任。在中央革命军事委员会成立

① 中央档案馆保存件：《中共中央致苏区中央局第一号电》，1931 年 10 月。

② 江西省档案馆保存件：《苏区中央局致中央电——接受土地问题指示，苏维埃政府问题》，1931 年 10 月 31 日。

③ 徐祥谦，即徐向前。

后，即取消第一方面军总司令总政委的名义及其组织，所有中华红色海陆空军，完全集中统一在中央革命军事委员会指挥统辖之下。①

中革军委成立后，先后下设如下工作机构：

总参谋部，部长（后称总参谋长）叶剑英，后刘伯承接任；

总政治部，主任王稼祥，副主任先后为聂荣臻、贺昌；

总经理部，部长范树德；

总军医处（1932 年冬改称总卫生部），处长（后称部长）贺诚；

秘书处，秘书长刘伯坚，后徐梦秋；

副官处，处长杨立三；

中央军事政治学校，校长萧劲光，后刘伯承任校长兼政治委员。

1932 年 2 月 1 日，中革军委总政治部改称中国工农红军总政治部，在中共中央、苏维埃中央政府直接领导下工作，负责指导全国红军和地方武装的政治思想工作，与中革军委是平行关系。1932 年 4 月，在胜利县（县于都县）的桥头区设立中革军委后方办事处，主任杨立三，政治委员倪志侠。1932 年 6 月，设立中革军委后方总兵站，主任杨至诚。

中革军委成立后，驻瑞金叶坪乡洋溪村刘氏宗祠办公。

中革军委是全国红军的最高领导和指挥机关，在组织系统上隶属于苏维埃中央政府，但政治上受中共中央与中共苏区中央局领导，军事行动和一切重大决策都受中共中央节制。因中革军委成立后即撤销了红一方面军建制及其领导机构，自 1931 年 12 月起，中央苏区红军的作战行动，由中革军委直接指挥。

四、中央苏区的正式建立与苏维埃共和国的版图疆域

中央苏区正式建立的标志，是中华苏维埃共和国及其中央政府的

---

① 据中央档案馆保存件。

诞生。正是由于中华苏维埃共和国及其中央政府在中国南部的面世，才使以瑞金为中心的中央苏区成为全国苏维埃运动的大本营和指挥部。

中华苏维埃共和国是中国共产党领导下建立的中央国家政权机构的新型国家，其版图疆域辖有全中国境内的红色区域，包括中央苏区和湘赣、湘鄂赣、闽浙赣、鄂豫皖、川陕、湘鄂西、湘鄂川黔、琼崖、广西右江、闽东、陕甘边、陕北（陕甘边、陕北两苏区后合称西北苏区）等苏区，另外还有一些小块的红色区域。

中华苏维埃共和国的版图疆域，由于红军“作战线的不固定，影响到根据地的范围不固定。时大时小时缩时伸是经常的，此起彼落也往往发生”。[①] 毛泽东主席在第二次全国苏维埃代表大会上致开幕词时宣告：“要把苏维埃运动推到全中国去”，“把苏维埃的版图扩大到一切国民党统治的地方去，把红旗子插到全国去”[②]。这就是说，中国共产党要领导人民群众彻底推翻国民党南京政府及其反动统治，要使中华苏维埃共和国的版图扩大到整个中国境内。

中华苏维埃共和国所辖各苏区区域面积及人口情况大体如下：

（一）中央苏区

1930 年 10 月，以赣西南苏维埃区域为基础的中央苏区初步形成时期，赣西南苏区共辖有“吉安，吉水，泰和，安福，永新，莲花，宁冈，宜春，新余，分宜，峡江，万安，永丰，乐安，宁都，南丰，兴国，于都，瑞金，赣县，会昌，信丰，南康，大余，上犹，崇义，寻乌，安远，南雄，萍乡，万载，遂川，石城，茶陵，攸县（现划归湘东指挥）等 30 余县，由南丰到永

① 《中国革命战争的战略问题》，《毛泽东选集》第一卷，人民出版社 1991 年版，第 229 页。

② 《庄严的开幕词——毛主席讲词的速写》，1934 年 1 月 22 日。见江西省档案馆、中共江西省委党校党史教研室编：《中央革命根据地史料选编》（下），江西人民出版社 1982 年版，第 289 页。

新，由寻乌到峡江，横断江西半壁，由赣州到吉（水）峡，围绕赣江流域纵横数千里”①。1931年4月4日，中共中央在致中共闽粤赣特委的信中指出，闽粤赣特区是整个中央苏区的一部分。但是，当时闽粤赣苏区与江西苏区已经隔断，直到1931年下半年，第三次反“围剿”胜利、临时中央政府成立后，才逐渐与江西苏区联成一片。而江西苏区的区域范围，此时也发生了变化。1931年5月，中共中央决定以江西赣江西岸苏区和湘东南苏区合并，新设湘赣省，单独成立省委和省苏维埃政府。因此自1931年7月湘赣临时省委成立后，赣江西岸的湘赣省苏区则不再属于中央苏区的区域范围。至1932年，中央苏区辖有瑞金、兴国、宁都、于都、胜利、赣县、南康、信丰（南康、信丰两县后来合并成立信康县）、安远、寻乌、会昌、石城、南广、乐安、永丰、万泰、公略（以上为江西省）和长汀、汀东、宁化、清流、归化、上杭、龙岩、永定、连城、武平、新泉、饶和浦诏（以上为福建省）等29个县，占有17座县城，建有两个省级苏维埃政府。1933年4月，中央苏区增设闽赣省，1933年8月增设粤赣省。1933年秋，中央苏区疆域扩展到全盛时期，当时设有江西、福建、闽赣、粤赣4个省，共辖有60个行政县。1934年7月，中央苏区虽增设了赣南省，但因红军第五次反“围剿”失败，其疆域范围已大为缩小。

中央苏区红军长期或较长时间占有的县城有瑞金、于都、兴国、宁都、石城、会昌、寻乌、安远、信丰、上犹、广昌、黎川、长汀、龙岩、上杭、永定、连城、宁化、清流、归化（今明溪）、泰宁、建宁等22个。1933年秋中央苏区疆域最大时期总面积，约有84000平方公里。

中央苏区人口数量，同样因斗争时期不同和战争形势发展变化而

---

① 《赣西南（特委）刘士奇（给中央的综合）报告》，1930年10月7日。见江西省档案馆、中共江西省委党校党史教研室编：《中央革命根据地史料选编》（上），江西人民出版社1982年版，第353页。

变化。

1930年10月,赣西南苏区的人口,"'二七'会议时群众组织一百五十万,到一次大会[①],即有三百万,现在(指1930年10月——引者注)有四百万有组织的群众,武装一百万左右"[②]。这就是说,中央苏区初步形成时,人口约有400万。

1932年秋中央苏区人口数:据1932年9月江西省苏维埃政府对全省人口普查结果,兴国县有231826人,宁都县有273652人,永丰县有115252人,寻乌县有73430人,安远县有94120人,公略县有104128人,赣县有159164人[③]。另据1932年5月《江西苏区中共省委工作总结报告(一、二、三、四月总报告)》公布的数字,当时瑞金县有240000余人,会昌县有240000余人,于都县有191000余人,南广县150000人,胜利县153330人,石城县136000人,万泰县80000余人,乐安县39040人[④]。此外,还有信丰、南康两县1932年四五月间的苏区人口约有80000人;1932年八九月间红一方面军在攻打宜黄、乐安战役中发展了一些苏区,增加一些人口。这样,1932年秋江西苏区的人口总数共约240万人。1932年福建(闽粤赣)苏区的人口数,目前尚未查找到文献资料记载,但是据1930年7月《中共闽西党第二次代表大会日刊》记载,闽西各县的赤色人口约85万人。到1932年秋,闽西各县苏区都有所扩大,苏区人口有所增加。此外,宁化、清流、归化三县大部分地区到1932年秋亦被赤化。所以福建苏区人口1932年

① 一次大会,指1930年3月下旬召开的中共赣西南第一次代表大会。

② 《赣西南(特委)刘士奇(给中央的综合)报告》,1930年10月7日。见江西省档案馆、中共江西省委党校党史教研室编:《中央革命根据地史料选编》(上),江西人民出版社1982年版,第351页。

③ 以上7个县人口数,参见江西省档案馆、中共江西省委党校党史教研室编:《中央革命根据地史料选编》(下),江西人民出版社1982年版,第238—239页。

④ 以上8个县人口数参见江西省档案馆、中共江西省委党校党史教研室编:《中央革命根据地史料选编》(上),江西人民出版社1982年版,第454页。

秋约有100万~120万。根据以上统计,可以确定:1932年秋,整个中央苏区人口约在340万以上。

1933年秋中央苏区疆域最大时期的人口数,目前未查到当时的历史文献记载,但可以肯定的是:江西和粤赣两省人口数,即为1932年秋江西省的人口数,有240万左右;福建(闽粤赣)省1933年虽然在上杭、永定、武平等县失去了一部分苏区,但由于东方军入闽作战,在连城、清流等县又扩大了一些苏区,人口也还有100万左右。闽赣省的版图以1933年8月时为最大,其人口在100万左右①。因此,可以认定,1933年中央苏区疆域全盛时期的人口,当在440万左右。加上当时中央苏区有红军部队13万人,故全中央苏区人口(含红军)实际为453万余人。1933年10月出版的《红色中华》报刊登的一篇文章中称,当时中央苏区有人口500万,这比较符合事实。而苏联红军参谋部第四局于1933年10月14日在莫斯科提供的一份关于中国红军状况的情报中,称"中央苏区占有45个县联成一片的土地,人口有1100万"②,未免言过其实。

(二)湘赣苏区

湘赣苏区以江西永新县为中心,纵跨湘、赣两省边境,比较稳固的有10个县,另有15个县为游击区域。1931年10月26日,中共湘赣省委工作报告称:

> 湘赣苏区整个的管理区域是:赣西各县——永新、安福、吉安(包括吉安泰和赣江以东的苏区)、宁冈、遂川;湘东南各县——茶陵、攸县、萍乡、莲花、醴陵、酃县;江西之北路各县——分宜、新

① 参见中共江西省委党史资料征集委员会、江西省委党史研究室编:《江西党史资料》第13辑,1990年内部出版,第1页。

② 《工农红军参谋部第四局关于中国红军状况的情报》,1933年10月14日。载中共中央党史研究室第一编研部编译:《联共(布)、共产国际与中国革命档案资料丛书》第13卷,中共党史出版社2007年9月版,第549页。

喻、峡江、宜春;江西之南路各县——上犹、崇义、万安、信丰、大庾(省委已派人前[往]解决南路问题,但现尚未打通关系)。湖南之湘南游击工作区域耒阳、资兴、宜章、郴州、贵阳等县(已与省委发生组织上的联系),以上现有苏区及工作区域共有二十五县,均可打通交通。但江西之南路北路,湖南之湘南尚未取得斗争上的密切联系,整块苏区只有永新、安福、吉安、宁冈、遂川、茶陵、攸县、酃县、萍乡、莲花十县,以永新为中心,从东之吉安县属永阳赤白交界处,至西之茶陵赤白交界处约三百里上下,从南之永新关背苏区,至北萍乡赤白交界处约三百里,周围椭圆形的一千里。经常占领县城的为永新莲花两县……①

整个湘赣苏区面积约为 2.8 万平方公里。总人口约有 100 余万人(包括游击区在内则有 250 余万人)②。湘赣省委、省苏维埃政府、省军区等领导机关设在永新县城。自 1932 年春起,湘赣苏区军民在省委、省苏维埃政府和军区领导下,与国民党军队展开了连续多次的反“围剿”战争;同时由于“左”倾错误的干扰和影响,湘赣苏区的版图时有扩大或缩小,但其基本区域却变化不大。直至 1934 年 8 月,由于中央苏区第五次反“围剿”失败已成定局,湘赣苏区红军主力第六军团离开苏区西征,湘赣苏区基本区域才逐渐被国民党军队占领。

(三)湘鄂赣苏区

湘鄂赣苏区以江西省万载县为中心,地跨湘、鄂、赣三省边境 20 余县。湘鄂赣省委、省苏维埃政府和省军区等机关先后设修水县上杉等地。省苏维埃政府成立时,辖有修水、阳新、万载、平江、浏阳、铜鼓、宜萍、宜丰、通山、通城、大冶、鄂城、瑞昌、武宁、崇阳、咸宁、蒲圻、嘉渔

---

① 江西省档案馆编:《湘赣革命根据地史料选编》上册,江西人民出版社 1984 年版,第 189—190 页。

② 参见中共江西省委党史资料征集委员会、中共吉安地委党史办公室等编:《湘赣革命根据地史研究》,1991 年内部出版,第 64 页。

等18个县苏维埃政府。其区域范围有时还延伸到湖南的醴陵县、长沙县、临湘县和江西省的上高县、靖安县、安义县、永修县等一部分地区。总面积有数万平方公里,人口约300万,其中比较稳定的苏区有人口100万。

（四）闽浙赣（赣东北）苏区

闽浙赣苏区原称赣东北苏区,1932年11月和12月,原中共赣东北省委、赣东北省苏维埃政府改称为中共闽浙赣省委、闽浙赣省苏维埃政府后,则改称为闽浙赣苏区。省委、省苏维埃政府等机关驻横峰县葛源镇。1933年该苏区发展到全盛时期。其范围包括赣东北的弋阳、横峰、乐平、上饶、德兴、玉山、万年、余干、余江、贵溪、资溪、金溪、铅山、广丰、婺源、浮梁(景德镇)、鄱阳、彭泽等18县,闽北的邵武、光泽、崇安、浦城、建阳、松溪等6县,浙西的开化、常山、江山等3县,皖南的屯溪、休宁、石埭、太平、祁门、至德、歙县等7县。加上游击区,整个闽浙赣苏区范围,地跨闽、浙、皖、赣4省边境50余县,总人口达数百万。

（五）鄂豫皖苏区

鄂豫皖苏区地跨鄂、豫、皖三省边境地区。省委、省苏维埃政府和中共鄂豫皖中央分局、鄂豫皖军委会等领导机关驻河南省光山县新集镇(今河南省新县)。1932年夏鄂豫皖苏区第三次反“围剿”胜利后,进入全盛时期,范围东起淠河,西迄平汉路,北达潢川、固始,南至黄梅、广济,总面积达4万余平方公里,人口350余万,拥有黄安、商城、英山、罗田、霍邱5座县城。苏区内先后建有26个县级苏维埃政府。

（六）川陕苏区

1932年10月,由于中共鄂豫皖中央分局书记张国焘和红四方面军政委陈昌浩推行错误的作战方针,鄂豫皖苏区军民未能打破国民党军队对鄂豫皖苏区发动的第四次“围剿”。张国焘、陈昌浩等率红四方面军主力2万余人仓促退出鄂豫皖苏区,向西撤退,于同年12月下旬抵达川陕边区，与当地革命力量结合，创建了以通（江）南（江）巴（中）为中心的川陕边苏维埃区域。1933 年夏，川陕边苏区发展到全盛时期，其范围包括通江、南江、巴中、万源、城口、宣汉、达县、渠县、营山、阆中、广立等 22 个县，面积约 4.2 万平方公里，人口约 500 万（含游击区）。红四方面军也发展到有 8 万余人。

（七）湘鄂西苏区

1928 年春至 1930 年春，贺龙、周逸群分别领导创建了湘鄂边和鄂西洪湖根据地，并分别建立红二军、红六军。1930 年 7 月 4 日，红二、六军在湖北公安县会师，合编为红二军团，贺龙任总指挥，周逸群任总政治委员兼前委书记。此时洪湖苏区发展到纵横达千余里。从 1930 年 9 月至 1931 年 10 月，洪湖苏区先后受李立三"左"倾冒险主义错误和王明"左"倾教条主义错误严重影响，遭受严重挫折，致使江南苏区全部丧失。1931 年 10 月上旬，贺龙率红三军从鄂西北打回洪湖苏区，江南苏区逐渐恢复。至 1932 年春夏间，整个湘鄂西苏区扩大到 55 个县境，分成洪湖、湘鄂边、巴（东）（秭）归兴（山）、鄂西北、鄂北、荆（门）当（阳）远（安）、枝（城）宜（昌）、洞庭特区等 8 块面积不等而又未连成一片的苏维埃区域，洪湖苏区成为中心区域。整个湘鄂西苏区的人口（含游击区）有 370 万人。

（八）湘鄂川黔苏区

1932 年 10 月，由于中共中央湘鄂西分局书记夏曦顽固推行王明"左"倾错误路线和方针政策及错误的军事斗争策略，湘鄂西苏区军民未能打破国民党军队的第四次"围剿"，大部分苏区丧失。1933 年 12 月，中共中央湘鄂西分局不得不率红三军转移到川鄂黔边游击，建立了黔东特区。1934 年 10 月 24 日，由任弼时、萧克、王震等率领的湘赣苏区红六军团，西征来到黔东江口县，与红三军胜利会师。随后，红六军团与红二军团（会师后红三军恢复红二军团番号）共同开辟创建了以大庸县城为中心的湘鄂川黔苏区，其区域发展到永顺、保靖、龙山、桑植、大庸、慈利等县。至1935年10月,苏区人口发展到有约200万人。1936年2月,红二、六军团根据中革军委指示,又转移到黔西北毕节县、大方县境,建立了川滇黔边根据地。

(九)琼崖苏区

琼崖苏区在1928年12月因反“围剿”斗争失利遭受严重挫折后,斗争并没有停止。以冯白驹为书记的中共琼崖特委(1929年9月正式成立)领导琼崖红军独立团以定安母瑞山为基地,积极恢复发展革命武装斗争,打击敌人,恢复了乐会、万宁、琼东、琼山、文昌、陵水、定安、澄迈等县老苏区,还开辟了临高、崖县等一些新苏区。1930年8月成立琼崖红军独立第二师。1931年底,全琼革命武装力量发展到七八千人;有7个县成立县苏维埃政府,2个县成立县苏维埃准备委员会。琼崖东路的乐(会)万(宁)苏区连成一片,方圆100余里;中路的琼(东)定(安)苏区也连成一片;西路的澄(迈)琼(山)苏区也已打通。全琼苏区(含游击区)人口达100万以上。

(十)广西右江苏区

1929年12月11日百色起义胜利后建立的广西右江苏区,面积约有5万余平方公里,人口100余万。1930年11月,红七军迫于李立三“左”倾冒险主义压力,被迫执行中央指令,离开右江苏区,北上攻打柳州等城市受挫后,邓小平等果断率部向江西中央苏区靠拢,使红七军得以保存实力。红七军离开右江苏区时,留下韦拔群等在根据地坚持斗争,后因敌军重兵进攻,苏区全部丧失。

(十一)闽东苏区

闽东苏区是中共福建省委和福州中心市委领导创建的,以福建东部的福安、连江为中心,包括福安、福鼎、宁德、寿宁、霞浦、柘荣、周捻、屏南、古田、连江、罗源等县的广大地区,面积1.1万余平方公里,人口近100万。1934年冬,因国民党军队6万余人进攻,该苏区大部失守,叶飞等领导闽东红军独立师转入艰苦的游击战争。

(十二)西北苏区

西北苏区是由刘志丹、谢子长等共产党人领导开辟创建,1935 年 5 月正式形成,由陕甘边苏区和陕北苏区组成。其辖区范围,北迄长城沿线,南抵泾河流域,东临黄河,西接环江,共 30 个县。其中陕西省有府谷、神木、米脂、佳县、绥德、榆林、吴堡、横山、靖边、定边、保安(今志丹)、安塞、安定、清涧、延川、延长、肤施(今延安)、甘泉、宜川、鄜县(今富县)、中部(今黄陵)、宜君、同官(今铜川)、耀县、旬邑等 25 县;甘肃省有陇东的宁县、正宁、合水、庆阳、环县等 5 个县。全苏区占有安定、延长、延川、安塞、靖边、保安等 6 座县城,苏区总面积达 3 万平方公里,人口 90 万。

总之,据有关资料粗略统计,时中华苏维埃共和国所统辖的 12 块苏维埃区域,总面积共 40 余万平方公里,总人口共约 3000 万人。

上述 12 块苏维埃区域中,除中央苏区由苏维埃中央政府直接领导外,湘赣、湘鄂赣、闽浙赣(赣东北)等苏区与苏维埃中央政府的联系较为紧密。苏维埃中央政府的法律、法令和政策在这些苏区都得到较好的贯彻执行。其余苏维埃区域由于与中央苏区相距较远、交通阻隔、通讯联络不畅等原因,与苏维埃中央政府的联系较差,其中西北苏区与苏维埃中央政府几乎没有联系。

五、中华苏维埃共和国的重大意义、历史地位及其局限性

中华苏维埃共和国和苏维埃临时中央政府的成立,是一件惊天动地的壮举,在当时具有极为重要的意义。

第一,它为极大地鼓舞全中国工农劳苦大众的革命斗志,树立了一面旗帜。在近代中国,深受帝国主义和封建主义压迫剥削的中国人民,尤其是中国的劳苦工农大众,早就渴望翻身解放,建立独立、民主、富强的新中国。中国民主革命的先驱孙中山先生,建立国民党,奔走呼号,百折不挠,领导辛亥革命,创建资产阶级的共和国。可是,他的强国富民之梦却被袁世凯的复辟砸碎。1921 年中国共产党成立之后,立即领导中国人民开展了反帝反封建斗争。1923 年开始,中国共产党与孙中山领导的中国国民党携手合作,共同担负起领导中国人民推翻封建军阀统治、建立资产阶级民主共和国的历史使命。然而,1927 年以蒋介石、汪精卫为代表的国民党右派却背叛孙中山遗愿,公然叛变革命,屠杀工农。他们与共产党决裂后,虽然仍然打着“中华民国”旗号,代表的却是大地主、大资产阶级的利益,建立的是封建阶级与官僚主义资产阶级相勾结的反动政权,使中国仍然处于半封建、半殖民地社会。中国人民仍然深受帝国主义、封建主义和官僚主义资本主义三座大山压迫和统治,仍然生活在水深火热之中。全国劳苦大众对国民党及其领导的南京国民党政府深感失望和痛恨。正是蒋介石、汪精卫等国民党右派叛变革命之后,中国共产党领导工农大众团结城市小资产阶级,开展革命武装斗争,深入土地革命,开始为建立工农民主专政的苏维埃共和国而奋斗。经过艰苦探索和浴血奋战,终于盼到了中华苏维埃共和国诞生,工农劳苦大众终于翻身做了主人,开始掌握自己的命运,参与国家政权的管理。在这面鲜艳的旗帜下,全中国劳苦大众的革命斗志无不受到极大鼓舞,他们从中看到了新中国的曙光和希望。

第二,它为中共对全国红军和苏维埃运动实行统一领导和指挥,创造了条件。党的八七会议后各地建立的红军和苏维埃区域,分散各地,互相之间很少联系,更谈不上在斗争中相互配合。苏维埃中央政府和中革军委成立后,尽管受当时交通和通讯条件限制,但它还是有利于中共对全国红军和苏维埃运动实行统一领导,统一指挥,有利于全国各苏区政令的统一和实施。

第三,它推动了苏区的经济发展和社会进步。中华苏维埃共和国临时中央政府成立后,领导苏区军民开展了大规模的经济文化等各方面的建设,颁布了一系列的法律、法规和经济文化政策,尽管在某些方面推行了王明“左”倾错误,但总体来说,苏区建设对根据地的经济发展和社会进步,无疑起到了重要的推动作用。

第四,它对今后的斗争也产生了积极的影响。中华苏维埃共和国临时中央政府的成立,"在以后对张国焘斗争中的意义不可低估,而且对尔后与东北军西北军开展统一战线,发表'八一宣言'和在与蒋介石谈判中取得一定的对等地位和成立各地边区政府、八路军新四军自成系统也有重要作用"①。

中华苏维埃共和国的建立,是中国老一辈无产阶级革命家为之奋斗和无数革命先烈用生命与鲜血换来的胜利果实。它从成立到结束虽然只有5年零10个月时间,但它的建立和存在,在中国革命史和中国现代史上却有着重要的历史地位。

(一)中华苏维埃共和国的建立,是中国社会历史发展的一大飞跃

在中国历史上,封建社会制度统治了两千多年。19世纪中叶以后,外国列强的大炮轰开了中国的国门,中国沦为半封建半殖民地国家。在三座大山统治下,中国山河破碎,百业凋零,社会黑暗腐败,百姓嗷嗷待哺。而30年代在中国南部小城宣布建立的中华苏维埃共和国及其中央政府,是一个完全推翻了三座大山统治、同国民党政权性质根本不同的工农民主专政的国家政权,广大工农劳苦大众掌握政权,真正成了国家的主人、社会的支柱。这在中国历史上是从来没有的。在这个新型国家里,农民获得了土地,工人实行定时工作制,妇女得以翻身解放,全体苏区民众享受了真正的民主权利,经济建设尤其是农业生产和商业贸易得到振兴,文化教育事业得到迅速发展,人民物资文化生活得到明显改善。显然,这是中国社会的一大进步,是中国社会历史发展的一次质的飞跃。这种社会进步和历史飞跃是中国人民长期梦寐以求的。尽管这种社会进步和飞跃仅仅出现在苏维埃

① 胡乔木:《对党史编写中四个问题的答复》,1985年10月19日。载《胡乔木谈中共中史》,人民出版社1999年版,第232页。

区域,相对于全国来说,它还只是小范围。但这种社会进步和历史飞跃,是人类历史长河中不可逆转的趋势。中华苏维埃共和国的诞生,中国红色政权在四周白色恐怖下的存在和发展,乃是历史的必然。“星星之火,可以燎原”。小范围的社会进步,一定会逐渐发展为全国范围的社会进步;局部的社会质变经过一定的量的积累,一定会引发全国范围的社会大进步。这是不争的事实。

(二)中华苏维埃共和国的建立,是新中国成立的伟大预演

中华苏维埃共和国是新中国的雏形。1949 年 10 月 1 日成立的中华人民共和国,是在一苏大会建立的中华苏维埃共和国基础上演绎、发展而来。新中国的国体——人民民主专政,新中国的政体——民主集中的人民代表大会制度,新中国的中央政府的组成——国务院(政务院)部委的构架,新中国的经济成分结构——新民主主义的五种经济成分,新中国重大社会改革的政策和做法——土地改革、婚姻制度改革、城市生活改革,等等。这些,无不传承了当年中华苏维埃共和国的基本历史经验。可以说,新中国政权的基本特征,在当年成立的中华苏维埃共和国都能找到开国创基的轨迹。中华苏维埃共和国是新中国的雏形和预演,既是“雏形”、“预演”,就意味着有不成熟、不完善的地方。但任何稚嫩的生命,只要得到精心呵护,总会成长起来的。

(三)中华苏维埃共和国的建立,是中国共产党领导和管理国家政权、学会治国安民艺术的成功尝试

中国共产党是中国工人阶级的先锋队,是代表全国各阶层、各民族根本利益的。中国共产党成立后,就明确宣布要领导全国人民推翻帝国主义、封建主义的统治,建立一个新型的工农民主专政的国家。但是,中国共产党却从来没有掌握、领导与管理国家政权的实践和经验。中华苏维埃共和国临时中央政府的成立,标志着中国共产党成为中华苏维埃共和国所辖区域的执政党,开始了在中国局部执政的光辉历史。通过领导和管理这个新型红色政权,中国共产党初步摸索和总

结了党与国家政权之间的相互关系，知道党应该怎样领导国家政权，怎样治国安民，怎样实施行政决策，怎样团结全国民众，并初步总结了其中一些带规律性的经验。通过创建、领导和管理苏维埃共和国国家政权的尝试，中国共产党人初步认识了中国革命中战争与建设的关系及其内在规律，学会了治国安民、治国安邦的领导艺术，提高了识别真假马克思主义的能力，从而为后来在遵义会议纠正王明"左"倾错误、确立毛泽东在全党的领导地位，奠定了基础。

(四)中华苏维埃共和国的建立，为中国共产党培养、造就一大批党和国家的栋梁之材，提供了实验基地

中国共产党的第一代领导集体成员毛泽东、周恩来、刘少奇、朱德、任弼时等，第二代领导集体成员邓小平、陈云、叶剑英、胡耀邦、杨尚昆等，当年都是中华苏维埃共和国的党政领导骨干，都是在中央苏区成熟起来的。时平均年龄仅31岁。

据不完全统计，当年曾在中华苏维埃共和国红都瑞金工作过而在中华人民共和国建立之初担任国家主席、副主席，政务院总理、副总理，政务委员，政务院各部部长、副部长，各省市人民政府主席、副主席和中央军委、中国人民解放军各总部、各军兵种、各兵团、各大军区、省军区副职以上职务，以及新中国成立初期首任驻外大使职务的同志，总计在140人以上。还有，全国1955年授衔的中国人民解放军10位元帅中，有9位(朱德、彭德怀、叶剑英、聂荣臻、刘伯承、罗荣桓、陈毅、贺龙、林彪)，10位大将中有7位(陈赓、粟裕、张云逸、萧劲光、罗瑞卿、黄克诚、谭政)，当年都在红都瑞金工作过，都是中央红军中的高级将领。徐向前也是当年中华苏维埃共和国革命军事委员会的委员。此外，在1965年以前授衔的中国人民解放军将领中，61.4%的上将、59.3%的中将、32.3%的少将，当年都曾在苏维埃中央政府所在地——中央苏区担任重要军政领导人。至于新中国成立后从20世纪50年代到80年代担任新中国党政军各级领导职务的红军将士，就更

多了。

毛泽东在总结土地革命战争历史时曾说:在中央苏区,“党开辟了人民政权的道路,因此也就学会了治国安民的艺术。党创造了坚强的武装部队,因此也就学会了战争的艺术。所有这些,都是党的重大进步和重大成功”①。1938 年 11 月,毛泽东在《战争和战略问题》一文中曾说:“中国共产党在十七年的斗争中,不但锻炼出来了一条坚强的马克思主义的政治路线,而且锻炼出来了一条坚强的马克思主义的军事路线。我们不但会运用马克思主义去解决政治问题,而且会运用马克思主义去解决战争问题;不但造就了一大批会治党会治国的有力的骨干,而且造就了一大批会治军的有力的骨干。这是无数先烈的热血浇灌出来的革命的鲜花,不但是中国共产党和中国人民的光荣,而且是世界共产党和世界人民的光荣。”②毛泽东的上述论断,当然包含了对中华苏维埃共和国历史地位和作用的评价。

(五)毛泽东等领导创建中华苏维埃共和国的实践经验,丰富了毛泽东思想的理论宝库

在 1927 年党的八七会议上,毛泽东提出了“须知政权是从枪杆子里面取得的”著名论断。秋收起义失败后,他率部引兵井冈,在创建中国第一个农村革命根据地的斗争中,提出了实行土地革命、开展武装斗争和建立农村根据地的“三位一体”的重要思想,即“工农武装割据”的总概念。1930 年 1 月 5 日他撰写《星星之火,可以燎原》一文,明确阐述了中国革命农村包围城市道路理论的基本思想。他从斗争中总结了红军党的建设和军队建设的经验交流,撰写了《关于纠正党内的错误思想》的文章,创造性地解决了在以农民为主体的半封建半殖民地国度里如何建设无产阶级政党的问题。他在 1930 年 5 月写出

① 《毛泽东选集》第二卷,人民出版社 1991 年版,第 611 页。
② 《毛泽东选集》第二卷,人民出版社 1991 年版,第 548 页。

《反对本本主义》光辉著作，首次提出了党的实事求是、一切从实际出发的思想路线。后来，他又在红都瑞金系统地阐述了党的群众路线工作方法，党和苏维埃政府的经济政策，提出了正确处理发展革命战争与加强经济建设、改善人民生活辩证关系的重要思想。他和他的战友们在领导红军战争的实践中，还摸索和总结了人民军队建设和革命战争的战略战术原则，形成了毛泽东军事思想的基本框架。

毛泽东的上述重要思想理论，都是他在领导建立苏维埃共和国斗争时期提出和形成的。特别是由于同党内“左”倾错误斗争需要，促使毛泽东对中国革命过程中遇到的许多实际问题深入进行理论思考，不仅使他加深了对中国革命斗争规律的认识，而且极大地丰富了马克思主义理论宝库。后来红军长征到陕北后，毛泽东和他的战友们一起，对苏维埃时期的革命实践正反两方面经验进行了理论的总结和升华，从而使毛泽东思想日臻成熟，并最终形成为党的理论基础，成为指引中国革命走向胜利的伟大旗帜。

毛泽东思想无疑是全党集体智慧的结晶。在创建和保卫中华苏维埃共和国的斗争中，朱德、周恩来、刘少奇、陈云、张闻天、任弼时、彭德怀、王稼祥、邓子恢、项英、瞿秋白、何叔衡、邓小平等老一辈无产阶级革命家，都发表了许多用马克思主义理论解决苏区斗争实际问题的论述。他们在这一时期所提出的许多理论观点，都是毛泽东思想的重要组成部分。

(六)在创建中华苏维埃共和国斗争中形成的“苏区精神”，是中国人民革命精神的重要组成部分

苏区精神是由毛泽东、周恩来、朱德等老一辈无产阶级革命家，领导苏区共产党人和广大军民在波澜壮阔的苏维埃革命运动中培育形成的一种伟大革命精神。它具有苏维埃革命时期鲜明的时代特色，内涵丰富，博大精深，主要体现在7个方面：一是深信“星星之火，可以燎原”的坚定信念；二是反对“本本主义”、坚持求真务实的科学态度；三

是“真心实意为群众谋利益”、一心为民的宗旨观念；四是廉洁奉公的自律意识；五是艰苦奋斗的政治本色；六是创造“第一等的工作”的进取精神；七是无私奉献崇高精神。归纳起来，就是 2011 年 11 月 4 日习近平概括和提出的 7 句话 28 个字，即：“坚定信念，求真务实，一心为民，清正廉洁，艰苦奋斗，争创第一，无私奉献”。其中最具中央苏区原创特色的，是“求真务实、执政为民、清正廉洁、争创第一”。

苏区精神，在中国革命精神史上有着极为重要的历史地位，是中国革命精神史上的一座不朽丰碑。它与井冈山精神、长征精神、延安精神、西柏坡精神等伟大的革命精神具有不可分割的传承关系，是中国共产党优良传统和中国革命精神的重要组成部分，是中华民族优良传统的重要组成部分，是全国各苏区广大党员、干部和人民群众共同创造的一份优秀文化遗产，是全党和全国人民一笔宝贵的精神财富。

总之，中华苏维埃共和国的重要历史地位，是客观存在、不容否定的。

我们也必须看到，由于历史的原因，中华苏维埃共和国也存在着某些历史局限性。

第一个局限性，表现在它成立的时机还不很成熟，毕竟还不是一个真正完全意义上的全国政权。

1930 年春夏间中共中央提出召开全国苏代会、酝酿建立中华苏维埃共和国时，全国不过只有大小不等的八九块苏区，其总人口不及全国总人口的 1/15，总面积不及全国总面积的 1/30，红军总数不过五六万人，与强大的国民党政权及其军队相比还相当弱小。特别是在严酷的战争环境中，政权的运作都要服从战争的需要。规模越来越大、间隔时间越来越短的反“围剿”战争，使党和红军的领导精力不得不倾注在战争的应付与支撑上，整个社会经济的动荡不安也难以为中央政权的建设提供较好的环境和物质基础。因此，不但使一苏大会的召开时间一推再推，而且在苏维埃临时中央政府成立后也面临着各方面的巨大困难,而且也难以对全国各苏区特别是距离较远的苏区实行有效的工作指导,这是客观事实。但我们不能因为它“早产”而否定“婴儿”本身存在的价值。

过去史学界有一种观点,认为苏维埃临时中央政府成立时,九一八事变已经发生,日寇已侵占东北,民族矛盾开始上升为主要矛盾。在这种时候建立中华苏维埃共和国,成立苏维埃临时中央政府与南京国民政府相抗衡,是置民族矛盾于不顾,给蒋介石实行“攘外必先安内”反动政策以口实。显然,这种观点是形而上学的,是站不住脚的。因为:第一,召开一苏大会、建立中华苏维埃共和国临时中央政府一事,中共中央早在九一八事变之前一年半就已提出,要不是蒋介石对中央苏区连续发动大规模军事“围剿”,中华苏维埃共和国在九一八事变发生之前就已经成立。第二,蒋介石的“攘外必先安内”反动政策,是他的既定方针政策,并非在中华苏维埃共和国建立之后出台的,而是早在九一八事变发生之前就已提出。据史料记载,1931 年 7 月 23 日,蒋介石在南昌行营发表告全国同胞通电时,就首次提出“攘外必先安内”的方针。[①] 同年 8 月 22 日,蒋介石又在南昌宣称:“中国亡于帝国主义,我们仍还能当亡国奴,尚可苟延残喘,若亡于共产党则纵肯为奴隶亦不可得。”于是发誓要在 3 个月内“肃清”江西红军。九一八事变发生后,蒋介石和国民党南京政府一再电告东北军实行不抵抗政策。可见,蒋介石实行“攘外必先安内”反动政策并不是因为中华苏维埃共和国建立使然,而是他的阶级本质所决定。第三,九一八事变发生后,中共成立苏维埃临时中央政府,并非置民族危亡于不顾。事实上,当日本帝国主义占领东三省时,毛泽东、朱德等就于 1931 年 9 月 25 日联名发表《全国工农红军为日本帝国主义强占满州告日军士兵兄弟书》,坚决主张抗日。上海一·二八松沪抗战后,面对日本帝国主

① 李松林等编:《中国国民党大事记》,解放军出版社 1988 年版,第 212 页。

义侵华嚣张气焰，1932 年 4 月 15 日，中华苏维埃共和国临时中央政府又发表《对日战争宣言》，向全中国和全世界人民宣告，坚决主张驱逐日本帝国主义出中国，反对一切帝国主义瓜分中国。1933 年 1 月 17 日，苏维埃临时中央政府和中革军委又联合发表宣言，提出愿在“三条件”下与任何武装力量订立停战协定，枪口一致对外，共同抗日。所以，那种认为九一八事变发生后成立苏维埃临时中央政府是错误之举的观点是没有根据的。

第二个局限性，表现在它所颁布和实行的一些法律、法令和政策，都受到“左”倾错误影响。

第一次全国工农兵苏维埃代表大会讨论通过并在随后颁布的《宪法大纲》《土地法》《劳动法》及有关经济政策等，都不同程度地打下了王明“左”倾错误的烙印。这种事实是不容回避的。但是，我们不能因此就随意断定中华苏维埃共和国成立是“左”倾错误的产物。中华苏维埃共和国的建立，具有它的革命性、进步性和客观必然性，既是中国社会发展进程中的新生事物，也是当时中央苏区反“围剿”战争和全国革命形势发展的客观需要，而不是“左”倾错误推行者人为地炮制出来的“怪物”。中华苏维埃共和国建立这一重大事件本身，与中共党内所犯的“左”倾错误不能同等看待或相互混淆，而应将二者区别开来。况且，中华苏维埃共和国成立后所颁布和实施的许多法律、法令和政策，并非一概都是“左”的东西，它的主体部分是好的，是符合马克思主义原则和根据地实际情况的，是正确的。特别是一些带根本性的东西，如工农民主专政的政权性质，苏维埃代表大会的政体样式，国营、合作社、私人经济等多种经济成分构成，保护工人合法权益，没收地主土地分配给农民，教育、文化、婚姻等各种社会变革等，这些在原则上都是正确的。看不到这些，只看到它受“左”倾错误影响的一面，就看不到主流和本质，就不是历史唯物主义者的科学态度。

第三个局限性，表现在它在某些方面照搬照套苏俄经验和模式，没有体现出中国特色。

中华苏维埃共和国从国家名称到政权机构，乃至“人民委员”的称谓等，都表现出中共在苏维埃政权建设实践中在许多方面照搬照套苏俄经验和模式。这主要是中国共产党内长期存在的对苏俄革命和建设经验的迷信，同时亦由于中国共产党尚处幼年、缺乏领导国家政权的实际经验所致。但是应当指出，我们看待一个事物不应只看它的称谓，而应注重它的实质。“人民委员”就是部长。“苏维埃”的实际含义是“代表会议”，“工农兵苏维埃”，就是工农兵代表会议。这种政体及其内设机构本质上还是适合中国国情的。

总之，尽管中华苏维埃共和国存在某些历史局限性，却不能因此否定它在中国革命和中国现代史上的重要历史地位和作用，不能抹煞中国共产党人和广大劳苦大众为创建中华苏维埃共和国而作出的伟大创造和重大贡献。当然，从其历史局限性中汲取经验教训也是必要的。

第七章

中央苏区的发展巩固

第一节

中共苏区第一次代表大会(赣南会议)

一、苏区中央局领导机构的调整

中共苏区中央局在1931年1月15日成立时,中共中央赋予它的职能是指导全国各苏维埃区域的工作,是全国苏维埃区域党的最高领导机构。

1931年5月,中共苏区中央局原来的这一职能发生了变化。中共中央于1931年5月间作出了《中央关于苏维埃区域党的组织决议案》,对各中央局和中央分局的职能作了调整,指出:“中央局或中央分局的组织,他只是代表中央去直接指导和帮助当地党部工作的进行,个人的代表与集体的代表在职权上原无分别”,“他有权可以改正和停止当地最高党部的决议与解散当地党委……所以中央局或中央分局只能由中央派遣或指定,而当地最高党部委员会则……一般的都是由当地党的代表大会产生的,两种组织绝不容混淆与合并起来”。[①] 这样,中共苏区中央局就如中央代表团一样,成为中央的派出机构了。

鉴于全国各苏维埃区域间相互阻隔、交通和通讯联系困难的实际情况,对于中共苏区中央局的管辖范围,中共中央在上述决议案中,亦重新作了明确规定:“江西苏区的中央局,他的管辖范围是包括江西省委,闽粤赣省委,湘东南省委,湘鄂赣省委,赣东北省委各苏区;在有些苏区省委(如湘鄂赣、赣东北)还没与中央局所在地打通以前,中央须派中央代表去直接指导该区省委工作或直接归中央指导。”[②]这样,苏区中央局就不是指导全国各苏维埃区域的工作,而是只指导江西、闽粤赣、湘东南(后改称湘赣)、湘鄂赣和赣东北(后改为闽浙赣)5 个省委的工作了。中共中央对苏区中央局职能的调整,与当时中国苏维埃运动发展的情况是相适应的。

由于中共苏区中央局成为中共中央的派出机构,其领导成员只能由中央指定,而不能由地方选举产生。正因为如此,苏区中央局在1931 年 4 月 17 日青塘会议(即第一次扩大会议)上增选的彭德怀、林彪、周以栗、曾山、陈毅等 5 名中央局委员,中央一直没有批准。1931 年 8 月 30 日,中共中央作出《中央关于中央苏区组织问题的决议》,正式决定苏区中央局由已在苏区的毛泽东、项英、朱德、任弼时、王稼祥、顾作霖和邓发(原任中共闽粤赣苏区特委书记)七人组成。

中共苏区中央局代理书记,由项英担任(苏区中央局书记周恩来在上海,未到苏区履职)。1931 年 8 月下旬,任弼时等认为项英因解决富田事变“完全错误”、“丧失信仰”、“工作肱〔能〕力不够”,提议由毛泽东任苏区中央局代理书记。1931 年 10 月 11 日,苏区中央局向中共

① 中央档案馆编:《中共中央文件选集》第 7 册,中共中央党校出版社 1991 年出版,第 268—269 页。

② 中央档案馆编:《中共中央文件选集》第 7 册,中共中央党校出版社 1991 年出版,第 268—269 页。

临时中央发出“几个组织问题”的“十月真电”，说：“中央局决议以毛泽东为代理书记，请中央批准。”“十月真电”还同时再次提议扩大中央局委员人数，要求中央批准彭德怀、林彪、周以栗、曾山、陈毅5人为苏区中央局委员。

中共临时中央接到苏区中央局“十月真电”后，致电苏区中央局答复说：

> 1. 中央局是中央在苏区的代表团，代表中央领导苏区一切工作。绝不能随方面军行动。应在苏区根据地建立经常工作，指导军事、党、工会、苏维埃的工作。中央局不能代替地方党部、革命军委会等组织。地方干部对于中央局的成份〔分〕无任意变更之权，如对中局或中局某同志有任何意见，应报告中央由中央解决。
>
> 2. 中央局成份〔分〕无扩大之必要，现中央局应负责领导党大会和苏大会。中局书记由泽东代理，弼时应仍任中局组织部长，省委书记由地方干部中选拔。
>
> 3. 中央局应设法派遣队伍，帮助闽西恢复赤区，打通与沪交通线。中央新代表即可出发来赤区会同解决一切问题。①

这个复电明显答复了两点：1.“中局书记由泽东代理”；2.“中央局成分无扩大之必要”，就是说中央不同意增补彭德怀等5人为苏区中央局委员。这个电报是答复苏区中央局“十月真电”的，其从上海发出的时间是1931年10月底以前。因此可以断定：中共临时中央在1931年10月底之前已明确批准毛泽东代理苏区中央局书记。

中共中央党史研究室第一编研部编译、中共党史出版社2007年9月出版的《共产国际、联共（布）与中国革命档案资料丛书》第13卷，收录有共产国际执行委员会政治书记处政治委员会于1931年11月3

---

①　中央档案馆电报抄件：《中央致苏区中央局电》（1931年10月30日以前），（复中局十月真电，抄文，30/11）。

日在莫斯科召开会议的"第192(Б)号记录"。该会议记录全文如下：

听取:25.(2482)——中共临时中央局组成人员。

决定:25.——(1)批准中共关于临时中央局组成人员的提议[①]。

(2)批准中共【中央】政治局关于任命毛泽东同志为苏区【中央局】的书记(电文见【共产国际执委会】国际联络部密电处电报)。

听取:26.(2483)——值中华苏维埃代表大会召开之际给中共政治局的指示[②]。

决定:通过。(【文本】见【共产国际执委会】国际联络部密电处电报)[③]

共产国际执行委员会书记　皮亚特尼茨基[④]

上述会议记录表明:1. 中共临时中央作出同意毛泽东任苏区中央局代理书记决议后,立即将此决议内容按组织程序呈报共产国际请求批准(同时呈报的还有中共临时中央政治局组成人员名单);2. 共产国际执行委员会政治书记处政治委员会在1931年11月3日召开的会议上,是"批准中共【中央】政治局关于任命毛泽东同志为苏区【中央局】的书记",而非批准毛泽东任苏区中央局"代理书记"。

二、中共中央关于召开苏区党大会的决定

中共中央1931年5月间发出的《中央关于苏维埃区域党的组织决议案》,曾要求中共苏区中央局须"在全国苏维埃大会前开一闽粤赣

---

① 编译者原注:文件没有找到。

② 编译者原注:中华苏维埃第一次代表大会于1931年11月7日至20日在瑞金(江西省)附近的叶坪村举行。

③ 编译者原注:文件没有找到。

④ 录自《共产国际、联共(布)与中国革命档案资料丛书》第13卷,中共党史出版社2007年版,第65页。

湘鄂党的代表大会,讨论苏维埃大会的工作,并产生联省的党委”,联省党委的组成人员“主要的成分应是闽粤赣、江西、湘东南、湘鄂赣各省委与其管辖下的各县代表。联省党委与省委的当选人,应是群众中最有威信而政治坚定的党员,特别是要有工农成分。这些代表会要统在五六月内完成,他们的经过与关于组织上的改变,统须报告中央批准”。①

按照中央这一要求,“闽粤赣湘鄂党的代表大会”必须在“一苏大会”开幕之前召开。“一苏大会”原定在 1931 年 8 月 1 日开幕,也就是说这次“闽粤赣湘鄂党的代表大会”必须在 8 月 1 日之前召开。但是因蒋介石已调集 30 万大军对江西中央苏区进行第三次军事“围剿”,1931 年 6 月 20 日,中华苏维埃中央革命军事委员会发出通令,决定将“一苏大会”推迟至 1931 年 11 月 7 日开幕,这次党大会也就随之推迟了。

1931 年 8 月 30 日,中共中央通过了《中央关于中央苏区组织问题的决议》,再次说到闽粤赣湘鄂联省党代会问题,指出:“在苏大会前的党的大会,应产生党的中央区委员会”。在这里,中央已将原来的闽粤赣湘鄂“联省党委”改称为“党的中央区委员会”,又称“中央区党委”。如果按这一构想,那么党在中央苏区的组织领导系统应是:中共中央——中共苏区中央局——中央区党委——各省省委——各县委、区委。但是,这一组织系统后来却有了改变。

三、王明“左”倾领导对毛泽东的错误指责

1931 年 1 月 7 日在上海召开的中共六届四中全会上,王明等人在共产国际东方部负责人米夫的支持下进入中央政治局,会后逐渐占据中共中央领导地位。从此,王明等人打着反“立三路线”的旗号,在党

① 中央档案馆编:《中共中央文件选集》第 7 册,中共中央党校出版社 1991 年出版,第 271—272 页。

内推行比李立三“左”倾错误更严重、形态更完备、统治时间长达四年之久的“左”倾教条主义错误。

王明“左”倾错误对中央苏区的严重干扰和影响，始于1931年8月30日中共中央给苏区中央局并红军总前委的指示信和同年9月20日作出的决议案。

1931年7月，苏区中央局曾派秘书长欧阳钦赴上海，向中共中央汇报工作。中央政治局在听取欧阳钦汇报后，对苏区中央局和中央苏区的工作进行了专门讨论，于1931年8月30日发出了《中央给苏区中央局并红军总前委的指示信》。

这封指示信一方面肯定了中央苏区在反“围剿”斗争、没收和平分地主土地、建立地方苏维埃政权、建立并锻炼出铁的红军以及党的建设等方面，都“获得了他伟大的成功”，并称赞“他的成功成为中国革命危机来到的主要标志，成为殖民地苏维埃运动的旗帜”①；另一方面，指示信又严厉批评中央苏区存在“最严重错误”，就是“缺乏明确的阶级路线与充分的群众工作”②，认为这种“最严重的错误”表现在：苏区和红军不巩固；土地分配中实行抽多补少、抽肥补瘦而不是地主不分田、富农分坏田；一苏大会至今未开，在苏维埃政权建设中存留着极浓厚的国民党工作方式的残余；忽视工人运动和反帝斗争；在党内和群众中缺乏思想斗争和教育工作，尤其在反AB团斗争初期更为严重；等等。指示信说：“根据上述许多错误的存在，证明苏区同志对于立三路线的错误，尤其是国际路线的正确，还缺乏全部的深刻的了解。

① 中央档案馆编：《中共中央文件选集》第7册，中共中央党校出版社1991年出版，第356—357页。

② 中央档案馆编：《中共中央文件选集》第7册，中共中央党校出版社1991年出版，第356—357页。

你们要明白,不仅江西省委二全会[①]是执行了立三路线,便是汀州会议[②]一直至吉安大会[③]的总前委都还在执行立三路线,三中全会后的中央局还在执行对立三主义的调和路线,立三路线不仅表现在'左'的盲动主义的错误上,同样表现在右的富农路线的错误上,并且富农路线在土地问题上不仅表现在以生产工具为分配的标准上,同样表现在将土地分配给'一切'人(全民)和不没收富农的剩余工具上,所以不用说二全会是露骨的富农路线与立三路线的领导了,即有正确路线的去年'二七'会议[④],与今年中央局扩大会议[⑤]你们还犯有富农路线的某些错误。"[⑥]

中共中央在这封指示信中对中央苏区所谓"最严重的错误"的批评,有的是不顾事实(如指责苏区和红军不巩固、政权建设中存留着极浓厚的国民党工作方式的残余等),有的是将原本正确的(如在土分配中实行"抽多补少,抽肥补瘦",按人口平均分配政策)说成是错误的,这都是主观唯心主义的批评。尤其是批评以毛泽东为书记的红四军前委和红一方面军总前委,犯有"富农路线的某些错误",更是毫无事

---

① 这次会议是指1930年8月上旬召开的中共赣西南特委第二次全委扩大会。在这次会上,出席1930年5月在上海召开的全国苏代会的李文林等同志传达贯彻了李立三"左"倾冒险错误。

② "汀州会议"是指1930年6月中旬在福建长汀城召开的红军前委与闽西他委联席会议。在这次会上,中央特派员涂振农传达了立三中央关于集中全国红军统一整编和集中红军攻打南昌、武汉等中心城市的指令。

③ "吉安大会"是指1930年10月7日在吉安城召开的庆祝江西省苏维埃政府成立大会。

④ "二七会议"指1930年2月7日至9日由毛泽东主持在吉安县陂头召开的中共红四军前委、红五、六军军委和赣西特委联席会议。

⑤ 即1931年3月18日至21日在宁都县黄陂山堂村召开的中共苏区中央局第一次扩大会议和4月17日在宁都县青塘河背村召开的中共苏区中央局第一次扩大会议续会。

⑥ 中央档案馆编:《中共中央文件选集》第7册,中共中央党校出版社1991年出版,第360—361页。

实的推断。显然,这封指示信批评的矛头是对准毛泽东的。在这些批评之后,指示信对中央苏区今后的工作,提出了许多错误主张和要求。

中央的八月指示信刚发出不久,又来了中央九月决议案、十月指示电,一次比一次咄咄逼人。

1931 年 9 月 20 日,中共中央通过并发出《由于工农红军冲破第三次"围剿"及革命危机逐渐成熟而产生的党的紧急任务》决议案。这是王明离开上海去莫斯科之前亲自执笔起草的文件。1941 年毛泽东在延安写作《驳第三次左倾路线(关于一九三一年九月至一九三五年一月期间中央路线的批判)》长文时,称它是王明路线时期"从文件到实际在全国大打所谓'右倾机会主义'的第一个纲领性文件"[①]。王明等人在这个"纲领性"的决议案中认为,由于红军取得第三次反"围剿"胜利,革命危机在中国已经成熟,"很明显的映出了争取革命在一省与数省首先胜利的前途",因此红军"要扩大苏区至中心城市",要开展"党内两条路线斗争",反对"目前主要危险"的"右倾机会主义"等等[②]。毛泽东指出:"左"倾机会主义路线从此形成,并以此为起点,向前发展为一条比立三路线更加完备的系统路线。

为了敦促苏区中央局和红一方面军总前委改正所谓"严重的错误",1931 年 10 月,以博古为首的中共临时中央又给苏区中央局发出编号为第 4 号的指示电(即十月指示电)。电文说:

"欧阳来信,中央有一长信指示你们,恐未到,现电告要点如下:

"1. 苏区伟大的成功在冲破围剿,平分土地,建立政权,巩固红军,提高党的指导,AB 团活动失败,而成为中国革命危机主要标志。

"2. 但苏区最严重错误是缺乏明确的阶级路线与充分的群众工

---

① 毛泽东:《驳第三次"左"倾路线》,1941 年,转引自章学新主编:《任弼时传》,人民出版社、中央文献出版社 1994 年版,第 216 页。

② 中央档案馆编:《中共中央文件选集》第 7 册,中共中央党校出版社 1991 年版,第 406—414 页。

作;党还未尽一切可能动员广大群众巩固根据地和红军,对消灭地主阶级和抑制富农政策还动摇,苏大会久未准备,临时政权组织又取消,忽视工人运动反帝斗争,党内更缺乏思想斗争和教育工作;这都使阶级战争的进行遇到困难。

“3. 中央过去路线错误,是造成苏区错误之主要来源,但苏区只在中央局扩大会后,才向国际路线转变。二全会、汀州会议,吉安大会都在执行立三路线,三中后,中央局是调和路线,即扩大会后也有某些富农路线的错误。

“4. 目前全国世界形势都有利中国苏维埃运动发展,中区中心任务是最大范围发动群众,巩固扩大红军,支持长期艰苦阶级战争,冲破敌人围剿,向外发展,扩大苏区,建立巩固根据地;在这根据地上建立苏维埃临时中央政府,最大限度实施苏维埃政纲,以争取一省几省革命首先胜利……分配土地,大致以人口劳动力作混合标准,不能租土地给地主种,分坏田给富农,不动摇中农土地,贫农雇农分得好田。必须实行八小时工作制。红军扩大,要肃清富农商人分子,要吸引工农分子及俘虏士兵,红军编制政治工作条例须逐步施行,红军学校须集中办学……”

这份十月指示电的基本内容,就是中共中央八月指示信的那些东西。指示电最后说:“中区党大会应根据这一指示原则进行工作,成立决议案,交中央批准,并电告讨论经过。”①

这样,中共中央的 1931 年八月指示信和十月指示电,就为其后在赣南召开的中共苏区第一次代表大会(即“中区党大会”,史称“赣南会议”)定下了基调。

---

① 《中央致苏区中央局第四号电——苏区工作的成绩、错误及目前中心任务》,1931 年 10 月。见中共江西省委党史研究室等编:《中央革命根据地历史资料文库·党的系统》第 3 册,中央文献出版社、江西人民出版社 2011 年版,第 1816—1817 页。

四、中共苏区第一次代表大会(赣南会议)召开

根据中共中央十月指示电要求,苏区中央局着手起草苏区第一次党代表大会的一系列文件:《政治决议案》《党的建设决议案》《红军问题决议案》《苏区工会运动决议案》《青年团工作决议案》。文件起草工作由王稼祥、任弼时负责。《政治决议案》由苏区中央局常委、宣传部长王稼祥起草;《党的建设决议案》由苏区中央局常委、组织部长任弼时起草;其他文件起草也指定了专人负责。

由于中央八月指示信和十月指示电已经为这次党代表大会定下了基调,王稼祥、任弼时等在起草决议案时,就不能不贯彻临时中央的指示精神。他们在肯定红军粉碎敌人三次"围剿"和中央苏区工作成绩的同时,亦表示完全同意中央指示信中对中央苏区工作的全部批评,甚至把中央苏区一些正确的东西说成是错误的,加以批评指责。如在《政治决议案》和《党的建设决议案》中,都不点名地将毛泽东注重调查研究、反对本本主义的正确思想,指责为是"一种否认理论否认政治的狭义的经验论的落后思想"①,是"反理论的倾向而形成一种事务主义的现象"②;提出"党的两条战线的斗争必须发展到最高度,集中火力反对党内目前的主要危险——右倾"③;又说:"红军中狭义的经验论,在实际工作中生了不小影响,根本(否)认马克思列宁主义的理论,单凭自己的狭小经验和短小眼光来分析各种问题,这完全是农民的落后思想,事实上会走到错乱的非阶级路线的前途上。"④还指责

① 中央档案馆编:《中共中央文件选集》第7册,中共中央党校出版社1991年出版,第455页。

② 中央档案馆编:《中共中央文件选集》第7册,中共中央党校出版社1991年出版,第467页。

③ 中央档案馆编:《中共中央文件选集》第7册,中共中央党校出版社1991年出版,第463页。

④ 中央档案馆编:《中共中央文件选集》第7册,中共中央党校出版社1991年出版,第487页。

红军至今还保留着“游击主义的传统”，忽视“阵地战”等。

1931 年 11 月 1 日至 5 日，经过 6 个月酝酿准备的中共苏区第一次代表大会（即赣南会议）在瑞金叶坪村谢氏宗祠召开。

出席这次大会的代表共约 70 人。苏区江西临时省委及各特委、县委负责人，闽粤赣（福建）省各县委负责人和中共闽粤赣临时省委书记卢永炽，红军中的代表等出席了会议。赣东北省派了一位代表到会。湘赣、湘鄂赣省代表尚在路途中，未赶上会议。

这次大会由中共苏区中央局领导召开，而不是“中央代表团”主持召开。① 大会设了主席团，毛泽东、项英、任弼时、朱德、王稼祥、顾作霖、邓发等均为主席团成员②。

这次大会的主要任务，就是讨论通过《政治决议案》等 5 个文件。但在讨论决议案尤其是涉及批评、指责中央苏区过去工作的内容时，会上出现了争议。瑞金县委书记邓小平、永吉泰特委书记毛泽覃、赣东特委书记谢唯俊、总前委宣传部长古柏等，对文件中涉及不点名批评、指责毛泽东和中央苏区的内容，表示不同意见。作为担任苏区中央局代理书记、又是大会主席团成员之一的毛泽东本人，当然不会同意大会决议案中对自己的无端批评和指责，但因为出席大会的多数代表都认为决议案中所写的批评指责之词均来自临时中央，有“来头”，所以《政治决议案》等 5 个文件最后还是被表决通过。

据现有资料判断，这次党大会没有按原定计划选举成立“中央区党委”，也没有重新选举苏区中央局成员。会后，仍由中共苏区中央局直接领导江西、闽粤赣（福建）、湘赣、湘鄂赣、赣东北等省委；毛泽东仍然担任苏区中央局书记。这次大会对成立中华苏维埃共和国中央革

① 中共临时中央在 1931 年 10 月下旬复苏区中央局真电说：“现中央局应负责领导党大会和苏大会。”

② 据中共苏区第一次代表大会会场摄影照片辨认。该照片摄于 1931 年 11 月 1 日。

命军事委员会(即“中革军委”)一事,也没有讨论。史料记载证明,中华苏维埃共和国中央革命军事委员会是中共临时中央在上海决定成立的,其主席、副主席人选也是中共临时中央在上海决定的。中共中央原要求在这次大会上选举成立“中央区党委会”(原称“联省地党委”),而这次大会并未选举成立这一组织。会后,仍由中共苏区中央局直接领导各省省委。

中共苏区第一次代表大会(赣南会议)在中国共产党历史上的消极作用十分明显。这次大会自始至终是在王明“左”倾错误指导下进行的。大会不点名地批评毛泽东,将毛泽东和他的战友们在创建和保卫中央苏区斗争中形成的许多正确的方针和政策,都予以指责和否定,说成是“右倾”、“富农路线”等等,这是违背苏区实际的。大会所通过的 5 个决议案中,虽然也有一些合乎中央苏区实际的正确内容,但从总体上说是贯彻执行中共临时中央“左”倾错误的产物。会后,王明“左”倾错误对中央苏区斗争的干扰和影响便日渐严重起来。

中共苏区第一次代表大会(赣南会议)的“中心领导思想”,是批评毛泽东的“狭义经验论”,这显然是错误的。毛泽东后来多次提及和批评此事。任弼时后来在延安整风时亦作了自我批评,说“在苏党大会中,提出了狭隘经验论(似乎还有红军中游击习气)。我对于中央指示及狭隘经验论是完全同意的,这也就成为大会中心领导思想”①。在党的“七大”前夕召开的六届七中全会上,任弼时又检讨说:“听说他(指毛泽东——引注)反对本本主义,所以(我)对反经验主义很合胃口。党大会政治报告是稼祥写的,组织报告是我写的,搬了许多教条。”②

① 任弼时在延安整风会议上的发言提纲,1943 年 11 月,转引自章学新主编:《任弼时传》,人民出版社、中央文献出版社 1994 年版,第 224 页。

② 任弼时在党的六届七中全会上的发言记录,1945 年 4 月 20 日,转引自章学新主编:《任弼时传》,人民出版社、中央文献出版社 1994 年版,第 225 页。

五、周恩来进入中央苏区

赣南会议召开前夕，中共苏区中央局曾致电中共临时中央，说："望派一政治局委员，最好是工人同志来苏区主持中央政府工作"。[①]赣南会议和一苏大会召开以后，中共苏区中央局的成员，多数都担任了苏维埃临时中央政府和红军中的领导工作。其中：毛泽东任苏维埃中央执行委员会主席和中央人民委员会主席；项英任苏维埃中央执行委员会副主席和中央人民委员会副主席，并兼任苏维埃中央劳动人民委员（劳动部长）；朱德任中华苏维埃共和国中央革命军事委员会主席，并兼任苏维埃中央军事人民委员（军事部长）；王稼祥任中华苏维埃共和国中央革命军事委员会副主席、红军总政治部主任，并兼任苏维埃中央外交人民委员（外交部长）；邓发任临时中央政府国家政治保卫局局长；顾作霖任少共苏区中央局书记。只有任弼时未在临时中央政府和红军中任职。在这种情况下，中共苏区中央局于 1931 年 11 月 15 日致电中共临时中央说："中央局同志多已分任军政工作，书记必须请中央派人来担负此专责，党报宣传亦请派人来。"[②]

此时，由于中央政治局委员顾顺章叛变革命，在上海的中共临时中央政治局领导人尤其是周恩来的安全受到严重威胁。以博古为首的中共临时中央决定派周恩来前往中央苏区工作。

早在 1930 年 9 月中共六届三中全会后，中共中央就已决定周恩来担任中共苏区中央局书记，但因他一时离不开，故决定派项英前往中央苏区组建苏区中央局并任代理书记。

1931 年 2 月 6 日，中央政治局开会讨论苏区中央局组成人员等问题。任弼时在会上建议，如周恩来去苏区有困难，最好派一名政治局

---

① 据江西省档案馆保存件：《苏区中央局十月电——报告苏大会日期、各地代表到会情形及苏区党大会的日期与议程》，1931 年 10 月。

② 据中央档案馆保存件：《苏区中央局十一月电——苏维埃大会情形，党的工作，军事工作》，1931 年 11 月 15 日。

常委去。周恩来表示他准备去苏区,但不能马上成行。主持会议的中共中央总书记向忠发说:周恩来两个月后可出发,任中央局书记,目前由项英暂代理。共产国际远东局委员盖利斯当时也曾建议周恩来作为书记进入苏区中央局,但未被中央政治局接受。[①] 中央政治局还决定原由任弼时、沈泽民、刘峻山3人组成的苏区委员会扩大至5人,增加周恩来、王明两人,并决定苏区的工作包括军事工作在内统一由周恩来负责。[②]

1931年4月初,周恩来曾计划从上海经湘西南到湖南茶陵,处理因富田事变而来到湘赣边苏区的红二十军问题,然后再前往中央苏区。1931年5月7日,共产国际执行委员会政治书记处政治委员会会议决定:"允许中共中央派莫斯克文[③]同志去苏区,期限为6—12个月。(但先应就这一点征求皮亚特尼茨基[④]同志的意见)。"[⑤]

1931年5月17日,共产国际执行委员会政治书记处政治委员会召开会议,再次表示同意中共中央政治局关于派周恩来去中央苏区的决定,并重申周恩来在中央苏区的期限为"6至12个月之内"[⑥]。但是因发生顾顺章叛变事件,周恩来受命紧急处理中央机关和领导人转移

① 《盖利斯给别尔津的信》,1931年2月10日于上海。参见中共中央党史研究室第一研究部译:《共产国际、联共(布)与中国革命档案资料丛书》第10卷,中央文献出版社2002年版,第64页。

② 以上参见章学新主编:《任弼时传》,中央文献出版社、人民出版社1994年版,第200页。

③ 即周恩来。

④ 皮亚特尼茨基任共产国际执行委员会政治书记处书记。

⑤ 《共产国际执行委员会政治书记处政治委员会会议第138号记录》,1931年5月7日于莫斯科。见中共中央党史研究室第一研究部编译:《联共(布)、共产国际与中国苏维埃运动》第10卷,中央文献出版社2002年出版,第257页。

⑥ 《共产国际执行委员会政治书记处政治委员会会议第141号记录》,1931年5月17日于莫斯科。见中共中央党史研究室第一研究部编译:《联共(布)、共产国际与中国苏维埃运动》第10卷,中央文献出版社2002年出版,第312页。

隐蔽,同时被中央政治局指定负责军事工作和中央苏区、赣东北苏区[①],因而赴中央苏区一事被暂时搁下。

1931年6月22日,中共中央总书记向忠发又被捕,不久后叛变。为安全计,在上海的中共中央领导人被迫停止互相联系,周恩来亦基本停止工作。为确保周恩来等的安全,1931年7月3日,共产国际执行委员会政治书记处政治委员会开会,决定:“在有可能的情况下,莫斯克文(即周恩来——引者注)和邓中夏两同志应从上海前往苏区,并在那里自动增补进苏区中央局。如果不能前往苏区,要邀请这两位同志来莫斯科呆一段时间。”[②]

根据共产国际的指示,周恩来留在上海,一方面等待时机前往中央苏区,一方面在十分困难的情况下坚持中央的领导工作。

1931年12月初,周恩来化装成工人模样,从上海出发,在中共中央交通局负责人萧桂昌、大埔交通站站长卢伟良等护送下,乘坐货轮到达汕头,然后再化装成画像师,坐火车到潮安,再改坐电船沿汀江而上,在青溪沙岗上岸。接着由武装交通员护送,于12月中旬进入永定苏区。12月18日,他通过进入苏区3天中的调查,深感闽西苏区乱捕滥杀“社党”分子和中央苏区乱打“AB团”,给革命事业造成了严重危害,因而在永定赴长汀途中致信中共临时中央政治局,报告了这些情况,提出要采取有力措施纠正肃反中的严重错误。12月下旬初到达长汀后,他与中共闽粤赣临时省委负责人及来长汀通报“宁都起义”情况的项英会合。周恩来主持召开闽粤赣临时省委会议,听取汇报,研究了工作,并于25日致信中共临时中央政治局,报告了有关情况。

---

① 中共中央文献研究室编:《周恩来年谱(1898—1949)》,人民出版社、中央文献出版社1990年版,第210页。

② 《共产国际执行委员会政治书记处政治委员会会议第152号记录》,1931年7月3日于莫斯科。见中共中央党史研究室第一研究部编译:《联共(布)、共产国际与中国苏维埃运动》第10卷,中央文献出版社2002年出版,第340页。

12 月底，周恩来抵达瑞金，与苏区中央局和临时中央政府的领导同志会合。

周恩来从 1932 年 1 月下旬开始主持中共苏区中央局工作后，苏区中央局的各工作部门逐步健全完善。组织部仍由任弼时任部长，并创办了《党的建设》刊物；宣传部由顾作霖兼任部长；秘书长由严重担任[①]。苏区中央局的机关刊物《战斗》，改名为《实话》继续出刊。这一时期的中共苏区中央局，除直接领导中央苏区外，还具体指导湘赣、湘鄂赣苏区的斗争，经常给这两个苏区党的组织以具体指示。

六、毛泽东退隐东华山

周恩来到瑞金后，毛泽东仍为中共苏区中央局书记。1932 年 1 月上旬，苏区中央局讨论是否攻打赣州的会议，就是由毛泽东主持召开的。同年 1 月中旬，毛泽东又主持召开中共苏区中央局主要成员会议，报告三次反"围剿"情况和九一八事变后的全国形势。毛泽东在谈话时没有说日本占领东北就是为了进攻苏联，也没有提"武装保卫苏联"之类的话。有的苏区中央局成员就此批评毛泽东是"典型的右倾机会主义"等，来势颇为凶猛。毛泽东沉默，一言不发。会议陷入僵局，只好中途更换主持人。[②]

会后不久，即 1932 年 1 月下旬，毛泽东便将中共苏区中央局书记职务卸去。因身体欠佳，他服从苏区中央局安排，带领一个警卫班，前往瑞金叶坪东面 10 华里的东华山古庙养病去了。贺子珍留在叶坪没有随行。

毛泽东在东华山古庙待了一个多月。他一边休养、看书，一边教警卫人员学文化、学时事，有时还到山下的黄沙村与群众一起，闹元

① 据严重档案中的自传和简历。

② 金冲及主编：《毛泽东传（1983—1949）》上册，中央文献出版社 1996 年版，第 280—281 页。

宵、观灯、看戏、聊天。①

这时,按中共中央原决定,周恩来正式就任苏区中央局书记,主持工作。

第二节
宁都起义

一、国民党第二十六路军的困境

赣南会议和一苏大会召开后一个多月,在红军反"围剿"胜利影响和全国抗日反蒋浪潮的推动下,中央苏区内爆发了一大惊变——国民党第二十六路军在宁都县城宣布起义,全体加入红军。史称"宁都起义",亦称"宁都兵暴"。

国民党第二十六军,原来是西北军冯玉祥的部队。大革命时期,共产党人刘伯坚、陈延年、宣侠父、魏野畴、邓希贤(邓小平)等,都曾在该军从事政治工作,刘伯坚还担任过该军政治部主任。他们在部队中发展了一批共产党员。"宁汉分裂"后,冯玉祥倒向蒋介石一边,开始反共,将刘伯坚等共产党人清洗出队。但该部官兵对共产党留下了深刻印象。少数没有暴露身份的共产党员,如刘振亚、袁汉澄(又名袁血卒)等,仍然留在该部。刘振亚还与中共河南省军委保持着联系。

1930 年夏秋间,蒋、冯、阎军阀混战爆发。混战结果,冯玉祥残败,其残部为蒋介石收编,给番号为国民革命军第二十六路军,下辖第二十五师、第二十七师和一个骑兵第四师。全军总兵力 2 万余人。其总指挥孙连仲兼任第二十五师师长,高树勋任第二十七师师长。总指挥部参谋长先是赵大璞,后为赵博生。

第二十六路军不是蒋介石的嫡系,处处受到蒋介石的歧视排斥。

---

① 参见吴吉清:《在毛泽东身边的日子里》,江西人民出版社 1977 年版,第 79—93 页。

1931年2月，蒋介石令其从山东开来江西“剿共”。该部官兵害怕与红军作战，对蒋介石的做法十分不满。1931年5月22日，该部第二十七师在永丰县中村首次与红军交战，其第八十一旅大部被红军歼灭，损失枪支3000余支和无线电台1部，2300余人被红军俘虏。此战惨败，令二十六路军官兵谈虎色变，同时更深感蒋介石驱使他们前来“剿共”用心险恶。加上北方人初到江西，不善爬山，水土不服，各种疾病频频发生；而蒋介石不仅对他们克扣军费物资，连战斗减员和枪支弹药损失也不给补充。这更使该部官兵思想混乱，军心动摇。

第二十六路军官兵中多数人出身贫苦，到江西“剿共”前线后，经常接触到红军的“穷人不打穷人”、“士兵不打士兵”、“红军欢迎白军官兵拖枪加入红军”、“红军是工农自己的军队”、“打土豪，分田地”等宣传标语口号，很有感触。那些在中村战斗中被红军俘虏的官兵受到红军优待被释放后回到原部队，便成了红军的义务宣传员。二十六路军官兵们看到苏区的贫苦农民都热烈拥护共产党、苏维埃，积极支持和帮助红军作战，而老百姓对国民党军队却痛恨异常，唯恐避之不及，感到不可思议。九一八事变发生后，一些正直爱国的官兵对日寇大举侵占中国领土义愤填膺，对蒋介石推行“攘外必先安内”政策大为不满，纷纷向总指挥孙连仲要求开回北方抗日。孙连仲迫于官兵压力，向蒋介石发出请求北上抗日的电报，并且未等蒋介石复电，便下令部队离开宁都城，向北开拔。蒋介石对此极为恼怒，急电孙连仲，严词责令他们坚守本土，“死也要死在宁都”，并将自己的嫡系许克祥、毛炳文部摆在广昌县一线，挡住二十六路军北返之路。在这种处境下，第二十六路军陷于进退维谷之中。一些高级军官心灰意冷，纷纷请假离队；总指挥孙连仲也借故在南昌“养病”。

二、中共兵运工作秘密开展

面对第二十六路军中的这种情况，隐蔽在该部的中共地下党员，积极开展秘密活动。

当该部南下江西宜黄县境时，原西北军官学校学员、共产党员袁汉澄（又名袁血卒，第二十五师第七十三旅二团三营上士）就与共产党员刘振亚（七十三旅上尉参谋）秘密接上了关系。刘振亚让袁汉澄返回河南开封，与中共河南省委军委接上关系。袁汉澄在开封会合了从事地下兵运工作的共产党员王超和进步青年李肃。经中共河南省委军委介绍，他们前往上海，与中共中央军委取得了联系。中共中央军委决定将他们3人派回江西的第二十六路军开展兵运工作，将该部争取到革命方面来，并委任王超为中央军委驻二十六路军特派员。袁汉澄与王超在上海秘密主持了李肃的入党仪式。他们还参加了中央军委关于兵运工作的短期培训。中央军委向他们交代了与江西苏区红军领导机关接头的暗号。之后，他们便离开上海前往江西。途经南京时，恰好遇到以回家“探亲”为名、实为联络共产党组织的刘振亚。4人即在南京共同分析研究了第二十六路军的现状，确定了在该部开展秘密兵运工作的原则、纪律和行动计划。

王超、刘振亚、袁汉澄、李肃返回二十六路军驻地宁都后，便分头进行活动。王超以闲住和差遣名义住总指挥部和七十四旅，刘振亚仍回七十三旅当参谋，袁汉澄分到七十九旅二团团部，李肃到七十四旅二团团部任文书。他们先后秘密发展了李秉仁（七十四旅二团排长）、王铭五（七十四旅二团机枪连排长）、罗亚平（总指挥部译电主任）、王宏文（上尉执法官）、李青云（七十三旅学兵连连长）、王振铎（总指挥部执法队员）、孙步霞（总指挥部执法队员）等十余人加入共产党。随之成立了中共地下特支，由刘振亚任特支书记，袁汉澄任特支组织委员，王铭五任特支宣传委员。特支下设官长支部和士兵支部。经中共中央特批，他们又发展了总指挥部参谋长赵博生入党。

赵博生，河北省黄骅县东慈庄人，农民出身。1917年在保定陆军军官学校毕业后，在冯玉祥的西北军中先后任团参谋、参谋处长、旅、师、军参谋长、特种兵旅旅长等职，素以为人正直、艰苦朴素著称。西北军残部改编为二十六路军后，孙连仲聘请他出任总指挥部参谋长。他受到刘伯坚等共产党人的深刻影响，思想进步，早就同情和支持共产党，倾向革命。到江西后，凡是以“赤匪”罪名抓到的老百姓送到总指挥部后，他都设法予以释放。他秘密加入共产党后不久，孙连仲因北返受阻离开宁都，离队时留下手令将第二十六路军指挥权交给了他。

赵博生和中共地下特支领导成员，认为这是开展兵运工作的极好时机。他们认真分析了全军官兵的思想动向，抓住时机，在官兵中广泛开展抗日救亡宣传，激发官兵们的爱国热情。特支其他地下党员，也利用各种计划公开宣传共产党和红军主张，利用被红军俘虏后释放回来的士兵现身说法，介绍苏区和红军见闻，有意无意地制造“到红军中去”的氛围。宁都县苏区党组织和苏维埃政府，也加强了瓦解该部官兵的思想政治攻势。

1931 年 11 月瑞金成立中华苏维埃共和国临时中央政府的消息传到二十六路军后，赵博生和中共地下特支的成员们兴奋不已。总指挥部译电主任、地下党员罗亚平收到了苏维埃临时中央政府通过电台明码播发的“对外宣言”。赵博生从中了解到共产党和苏维埃政府坚决抗日和土地革命的主张，更坚定了他率部起义参加红军的决心，特支也加快了策划兵暴的一系列活动。

三、宁都起义的胜利

正当第二十六路军起义条件日益成熟之时，1931 年 12 月 5 日突然发生了一件意外事变：蒋介石的南昌行营截获了该部中共地下特支的秘密，严令赵博生缉拿该部刘振亚、袁汉澄、王铭五等 3 名共党分子，星夜送行营惩处。

原来，中央军委驻二十六路军特派员王超几天前奉令回上海向中央汇报情况，途经南昌时必须与一个地下机关接头，可能接头时发生意外，使敌人获得了地下特支 3 名成员的名单（后来查明，王超接头的地下机关早已被国民党破坏和控制，不知内情的王超误将二十六路军地下特支3名领导人名单和特支关于二十六路军工作的政治决议、组织决议等文件，误交给接头人。幸亏王超在与接头人交谈时发现了疑点，没有交代其他地下党员名单）。特支分析认为，王超不像叛变投敌，因为敌人还不知道赵博生等地下党员名单。但二十六路军中地下中共组织已经暴露，敌人一定会加紧破坏。应付事变的唯一出路和最佳选择，就是立即抓紧时间，在近期内策动全军起义，投奔红军。

果然，12月6日上午，一架国民党飞机飞临宁都县城上空，空投下蒋介石下达的“彻底清查二十六路军反动分子”手令。情势危急，中共地下特支立时召开紧急会议，研究决定：由赵博生应付南昌行营，并做好争取董振堂、季振同共同起义的工作；刘振亚、王铭五等加紧发动下级军官和士兵；袁汉澄立即前往瑞金，与红军领导机关取得联系，请求指示和支持。会后分头行动。赵博生当天向南昌行营发出“遵令即办”的电报，以应付行营。随后，他立即去找董振堂、季振同等人密谈商议。

董振堂，河北省新河县人，与赵博生既是同乡，又同在保定陆军军官学校习武毕业，时任第二十五师七十三旅旅长。他也是一位正直军官，刻苦耐劳，体恤部下，受刘伯坚等共产党人影响较深，思想进步。到江西后，刘振亚以“探亲”为名前往南京、上海寻找共产党组织，就是受他派遣的。二十六路军离开宁都向北开拔，也是他这个旅打头阵。南昌行营怀疑他这个旅驻南昌留守处是“共匪”联络点，对这个留守处抄家搜查。董振堂和全旅官兵对此无比愤慨。赵博生入党后，对他做了许多工作。这些都促使董振堂的思想发生深刻变化，使他更加向往苏区，向往红军。

季振同，河北省沧县人，也是保定陆军军官学校毕业，时任第二十五师第七十四旅旅长。他性情刚强直爽，富有正义感，对蒋介石排除异己的做法十分不满，深得冯玉祥器重，冯玉祥曾派专人给他捎来密信,告诉他在必要时可以抗日为名假道红区将部队拉回北方。这一机密已为地下特支书记刘振亚获得。他的七十四旅与董振堂的七十三旅,是二十六路军的主力,装备精良。他们两人也亲如兄弟,情同手足。赵博生与他俩也关系甚笃。季振同手下的第一团团长黄中岳和副团长苏进,皆为思想进步、具有强烈爱国心的正直军官。

赵博生很快做通了董振堂、季振同的工作。董、季二人都爽快承诺,愿随赵参谋长率部举事。为了进一步坚定季振同参加起义的决心,赵博生还搬到七十四旅旅部居住,连总指挥部的电台也设在七十四旅旅部。对二十七师的3个旅,特支和赵博生也加快了团结争取工作,使这几个旅参加起义的条件日益成熟。

受特支派遣前往苏区的袁汉澄,几经周折到达瑞金后受到中革军委主席朱德亲切热情的接待。12月8日上午,朱德召集军委副主席兼总政治部主任王稼祥、总参谋长叶剑英、军委总参谋部参谋处长左权、军委秘书长刘伯坚及刚到瑞金准备担任中共江西省委书记的李富春,一起听取袁汉澄汇报,并研究了策应暴动的措施。朱德将大家的意见归纳起来,一共有7点:

(一)以最大的努力,争取全部暴动,成功的可能性是存在的。

(二)如七十四旅争取不过来,则以七十三旅和总指挥部掌握的部队,以"进剿"为名,在适当的地点,解决反动军官,实行局部起义,开到苏区。

(三)万一暴动不成功,暴露了的同志,如赵博生等人,一定要离开宁都到苏区来,没有暴露的同志继续隐蔽在二十六路军中开展工作。

(四)解决反动军官时要坚决,行动要快,行动前要注意保密;暴动时间定在1931年12月13日夜12时,规定了暴动后部队开到苏区来的集结地点。

(五)暴动以后改为红军第十六军,由季振同、黄中岳、董振堂、赵博生互推领导人。

（六）如有可能，暴动时把宁都地主武装的头子严维绅、黄才梯（黄镇中）等逮捕起来。

（七）派红四军在会同方面相机予以协助。

总参谋长叶剑英将一张标有暴动后各部队行进路线和驻地分布的苏区地图交给袁汉澄带回。

中革军委开完会后，袁汉澄由王稼祥、刘伯坚、左权带领去见苏维埃中央政府主席毛泽东。毛泽东亲切地询问了暴动准备等情况后，说：暴动是一件大事，将给蒋介石一个很大的打击。能争取全部暴动最好。全部暴动的条件是存在的。这全靠我们党做好过细的组织工作，行动要坚决，要注意保密。万一不能全部暴动，局部暴动也是好的。在反革命的心脏上插上一刀也是好的。[①]

袁汉澄到达瑞金的第二天，赵博生和董振堂、季振同还派出另一名代表、中共地下党员郭如岳也到了瑞金，找到刘伯坚。他得到了如同袁汉澄一样的答复，还带回了刘伯坚给赵博生、董振堂、季振同的亲笔信，对赵博生、董振堂、季振同等决定起义的壮举，给予了极高的评价和热情洋溢的鼓励。

袁汉澄、郭如岳分途赶回宁都，分别向特支和赵博生、董振堂、季振同等汇报了与中革军委和刘伯坚联系情况。这时，恰好南昌行营发给二十六路军的一批军饷和棉衣，已到广昌，不日即可运到宁都。为得到这批饷款物资，特支和赵博生、董振堂等决定将起义时间推后一天，改在12月14日午夜12时举行。季振同也认为起义后部队改编为第十六军番号小了些，要求中革军委改变番号。为此，特支再派袁汉澄为代表，七十四旅也派出一营营长卢寿椿为该旅代表，再入苏区，当天在中共彭湃县委所在地固村圩，见到了王稼祥、刘伯坚等人。王

① 袁血卒：《宁都暴动纪实》。见陈毅等著：《回忆中央苏区》，江西人民出版社1981年版，第233页。

稼祥、刘伯坚当即将赵博生、董振堂等人的意见通过电台向中革军委报告。毛泽东、朱德等军委、中央局、中央政府领导人连夜研究，答复如下：

同意将暴动时间推迟至12月14日晚12时举行；

起义后的部队改编为中国工农红军第五军团，下辖第十三军、第十四军和第十五军；

委任季振同为红军第五军团总指挥，董振堂为红军第五军团副总指挥兼第十三军军长，赵博生为红军第五军团参谋长兼第十四军军长，黄中岳为第十五军军长。

毛泽东在瑞金连夜签署了给季振同、董振堂等的委任状，派快马送到宁都固村圩王稼祥、刘伯坚处。

袁汉澄、卢寿椿带着中革军委的明确答复，回到宁都城。赵博生、季振同、董振堂、袁汉澄和李青云（特支士兵支部书记）立即在七十三旅旅部召开兵暴行动会议，具体制定了兵暴起义的周密计划。会后，赵博生将暴动指挥部设在季振同的七十四旅旅部。

1931年12月14日下午入夜，赵博生按预定计划，以总参谋长宴请名义，将全军的旅长团长都请到设在县城梅江河畔耶稣堂的二十六路军总指挥部。宴会酒过三巡后，赵博生起身讲话，慷慨激昂地痛斥蒋介石"攘外必先安内"的反动政策，阐述二十六路军的困难处境，指明全军唯一出路就是全体起义，加入红军，打回北方，抗击日寇。他的讲话博得在座绝大多数军官赞同。

就在这时，楼下负责解决赴宴军官卫士武装的七十四旅一团特务排一位士兵，行动时枪走火，一梭子弹直窜楼顶。二楼宴会厅中的两位团长一听枪声，冲到走廊纵身跳到楼下，被特务排擒住。其中一位团长李锦亭因为误解而跳楼，弄清情况后也满口答应率部起义。

总指挥部的问题顺利解决。赵博生向全军发出起义行动信号。季振同、董振堂、黄中岳和特支成员按预定计划行动。一切进展顺利。

只是在解决二十五师师部和该师电台时，未前来赴宴的该师师长李松昆率部顽抗发生枪战，小有伤亡。至15日清晨，二十六路军除驻宁都城北20公里石上的1个团未参加起义和李松昆逃跑外，其余6个旅11个团总计17000余人，带两万多件武器装备，全部参加起义。

胜利捷报传来，赵博生兴奋不已，挥笔写下“解放”二字，用作起义胜利后的口令。

四、红五军团的诞生

1931年12月15日上午9时许，起义加入红军的第二十六路军17000余名官兵，在赵博生等率领下，浩浩荡荡地开进苏区。

起义部队在固村圩受到王稼祥、刘伯坚等领导人和苏区群众的热烈欢迎。与此同时，红一军团第四军第十二师师长陈光，率全师进驻宁都县城，接管防务。

当日，以赵博生、董振堂、季振同、黄中岳暨全体指挥员战斗员名义，通过电台向全国播发了《中国工农红军第五军团宣言》，郑重宣告：

> 全国的工人们！农人们！白军的士兵们！我们要用革命的呼声向你们号召和表白：我们原是国民革命军第二十六路军，受国民党蒋介石的压迫，开到江西“剿共”。但是我们整个两师于1931年12月14日，在红色的江西澎湃县城（即旧宁都县城）实行革命的暴动，消灭了豪绅地主资产阶级的走狗反革命的军官，扯毁了国民党的青天白日旗帜，高举着苏维埃的红旗，加入工农红军，编为中华工农红军第五军团了！我们永远受中华苏维埃共和国中央革命军事委员会的指挥，永远在中国共产党领导之下，实行土地革命，打倒国民党军阀，推翻帝国主义在华的统治，完成中国民族的解放和统一。①

---

① 中共党史资料征集委员会编：《中共党史资料》第11辑，中共党史出版社，1984年版，第263页。

起义部队进入苏区后，按原定计划，分驻在石城县南部龙冈、秋溪及瑞金九堡等地整编。

为将这支起义部队真正建成共产党领导下的铁的红军，毛泽东和朱德经审慎研究，决定对起义部队按红军建制进行改编，实行政治委员制度，建立各级政治工作机构。军委和临时中央政府任命萧劲光为该军团政治委员，刘伯坚为军团政治部主任；调邝朱权、黄火青、左权三人分任第十三军、第十四军和第十五军政治委员；同时给各师、团、营、连也配备了政治委员和政工干部；对起义部队中的军官实行愿留者欢迎、愿走者欢送政策，提拔一批有革命思想的下级军官和士兵担任中下级官长；对原特支成员也作了适当安排，同时宣布特支结束历史使命。军委还采取了其他一些有力措施，加强起义部队建设。临时中央政府发动瑞金、石城、宁都等县苏维埃政府和群众团体，向起义部队送粮送菜送鱼送肉，进行慰劳。为稳定起义官兵思想，毛泽东特意指示中央军事政治学校派出李伯钊、钱壮飞等著名演员，带着八一剧团赶排的现代歌剧《为谁牺牲》，深入起义部队巡回慰问演出。毛泽东和朱德还委托贺子珍、康克清、周月林等女同志，代表他们到起义部队演讲，宣传鼓动。每次演出和演讲，都受到起义官兵热烈欢迎。

毛泽东还亲自到起义部队驻地看望起义官兵，给大家讲话。他和朱德在瑞金亲切接见起义领导人赵博生、董振堂、季振同等，同他们亲切交谈，深入了解起义部队情况，鼓励他们坚定革命信念。在毛泽东、朱德的亲切关怀下，董振堂、季振同、黄中岳、卢寿椿、苏进等一批起义领导人和骨干，很快被批准加入中国共产党。其他革命坚决的官兵，也都先后入党，在连队建立了党支部。

经过教育、整顿和训练，起义部队很快成为中国工农红军的一支劲旅，在革命征程中为巩固、保卫苏维埃政权，立下了不朽的功勋。

国民党第二十六路军宁都起义，是土地革命战争时期发生的一件大事。这次大规模起义之所以能够成功，有多方面的原因：

首先，是中共在该部有一定的工作基础，而该部中共地下特支的同志又能创造性地贯彻执行党的兵运工作的方针政策，大胆、细致而又稳妥地开展兵运工作。他们最成功的经验，就是抛弃了过去要兵不要官的"左"倾兵运工作方针，在积极慎重地做好士兵和中下层军官工作的同时，选准对象，抓住时机，大胆而又稳妥地开展高层军官的工作，发展了掌握该路军指挥实权的总参谋长赵博生入党，从而使特支有了团结影响该路军全体官兵的核心和关键人物；继而又通过赵博生团结、争取了董振堂、季振同等一批高、中级进步军官参加起义，从而确保了全体起义成功。

第二，是毛泽东、朱德、王稼祥、刘伯坚等中革军委领导人正确指导和全力支持的结果。特别是当个别起义领导人希望提升起义部队番号的关键时刻，毛泽东、朱德灵活处置，及时满足了起义领导人的要求，坚定了起义领导者的起义决心。

第三，是当时的抗日救亡国内政治形势，红军反"围剿"的胜利，苏维埃政权的巩固及红军坚持瓦解敌军的政策等各种客观因素合力作用的结果。

宁都起义胜利，红五军团诞生，具有十分重要的意义。它给了蒋介石和国民党南京政府以沉重一击，极大地动摇了"围剿"苏区国民党军队的军心；它对苏区军民和全国革命人民是一大鼓舞，使人们坚定了国民党必败、红军必胜的信心；它解除了敌军对红都瑞金的严重威胁，使中央苏区进一步得到巩固；它使红军增添了一个战斗力很强的17000余人的主力军团，迅速壮大了红军的力量，使中央苏区主力红军从第三次反"围剿"胜利后的3万余人骤增到近5万人；它将起义部队大量精良的武器装备带到苏区，改善了红军的武器装备，提高了中央苏区红军的战斗力；它为中共开展兵运工作、将整军整师成建制的起义部队改造成为真正的人民军队，创造和积累了成功经验。

以宁都起义部队为主组建的红五军团，在巩固、保卫中央苏区的斗争和红军二万五千里长征以及在同张国焘分裂主义的斗争中，立下了不朽功勋。宁都起义的卓越领导人赵博生、董振堂等以及成千上万的起义官兵，参加红军后为中国革命胜利血洒疆场，英勇献身，其中团级以上军官就多达65人；为数不多的幸存者中经过长期革命斗争的考验，不少人在新中国成立后成为各级党政军机关的重要领导骨干。他们中先后有5人被授予中国人民解放军中将军衔，有60余人被授予少将军衔，有的还成为我国著名的外交家、艺术家。

1937年，毛泽东和萧劲光、王稼祥在延安与参加宁都起义的部分同志合影。毛泽东在合影照片上题词："以宁都起义的精神用于反对日本帝国主义，我们是战无不胜的。"这是对宁都起义的高度评价。

第三节
消灭白色据点与攻打赣州

一、红军打"土围"、拔"白点"的斗争

赣南地区众多的地主"土围"，是苏维埃区域红色海洋中的白色据点，是妨碍苏维埃政权巩固的反动堡垒。

在赣南各地农民武装暴动、打土豪分田地、建立苏维埃政权的剧烈斗争中，各县一些来不及逃往白区的土豪劣绅、反动官吏，纠集当地的反动势力组织地主武装，并且裹胁大批贫苦农民，充当武装力量，躲入筑有坚固防御工事的土围山寨或边远山村，负隅顽抗。他们经常残杀苏区干部群众，抢掠财物，或者充当国民党军队进攻苏区的向导、内应，严重危害苏维埃政权的巩固和苏区人民生命财产安全。像这样的土围山寨等白色据点，在石城、于都、赣县、兴国、宁都、会昌、安远等县，大大小小共有200余处。

赣南土围子中反动势力较为强大且顽固凶悍的，有于都县北部的马安上宝土围、澄江杨梅头土围，石城县南部的红石寨、李家寨、陈坊

寨，宁都县的赤面寨（翠微峰）、观音寨、赖村土围，安远县的仰天湖土围、半边塘土围等。尤其是邻近瑞金的会昌县城，还被反动靖卫团占据，对即将成立的中华苏维埃共和国红都首府瑞金威胁甚大。

中央苏区的主力红军，自1930年冬以来，一直忙于对付国民党数十万大军的军事"围剿"，期间虽然于1931年2、3月间安排红军部队拔除了兴国县"龙聚三都"等顽固反动堡垒，但对其他各地的白色据点则一时无暇顾及，未曾触动；而各县的地方革命武装也忙于支援红军反"围剿"战争，且力量单薄，难以抗拒和拔除这些白色据点。这样赣南众多的地主土围子就一直残存保留下来。

毛泽东、朱德等红军领导人，清楚地认识到扫除苏区内这些残存白色据点的艰巨性和重要性。故第三次反"围剿"战争一结束，红一方面军总部就命令方面军从兴国东移闽赣边境，在休整之余，即对消灭白色据点的工作作出部署：命令红军第一军团第四军在石城县，第十二军在长汀县，红军第三军团在会昌、安远、于都三县，红军第三军在于北区，红军独立第三师（原第三十五军改编）在瑞金、于都边界地区，向豪绅地主武装盘踞的白色据点发起进攻，坚决将它们拔除。

毛泽东在领导筹备召开"一苏大会"的同时，对消灭苏区内白色据点的工作十分重视。1931年10月14日，他与朱德专门签发了《收集攻打土围炮楼经验的训令》，指出："土围子炮楼是土豪最后营垒，不消灭这一最后营垒，许多的农民群众还是不敢起来。为要肃清赤白对立，夺取广大群众，并捉得土豪筹得款子，必定要完全消灭土围子炮楼。"训令还指出，必须总结攻打土围炮楼的经验，"兵力布置，工作的方法，如挖地洞的方法，用的工具，爆炸的药种药量，爆炸的效力，收效的成绩，详细的开会讨论后汇集起来报告总部，再由总部参谋处加以讨论,汇集有效的有经验的方法编为筑垒攻城教范,训练红军”。[1] 1931年10月下旬,他亲自从瑞金去到石城县秋溪红四军军部,召集军事会议,部署红四军攻打土围山寨的计划,确定以红军主力与地方游击队相结合,政治攻势与军事斗争相结合的原则,还提出对白色据点实行“长围久困、先小后大、先易后难、逐个消灭”的方针。

按照毛泽东和红一方面军总部的部署,红军各部即刻在各自负责的地区,向白色据点发动进攻。

红三军团经过一个多月围攻并用地下坑道爆破法,于1931年11月26日和27日两次炸开会昌县城两处城墙,攻入城内,消灭盘踞城内的各县土豪1000余名,活捉国民党会昌县长史丞汉及800余名靖卫团丁,迅速赤化了会昌全县,解除了红都瑞金来自南面的威胁。

红三军三个师,在于都县北部攻打拔除白色据点时,按照毛泽东先易后难、先小后大的原则,先后攻破仙下吉村、旗岭寨、翰林头、马安石、古石坑、罗屋、新圩、杨梅头等数十个土围。于北区剩下一个最大最顽固的上宝土围,经红三军第九师近一个月围攻,围内的600余名靖卫团丁和土豪劣绅在走投无路的绝境中,被迫于1932年1月20日开围投降。红军缴枪300余支,解放围内群众5000余人。为庆祝这一重大胜利,经苏维埃临时中央政府批准,以原于北区为基础,新设立了胜利县。

红四军在石城县南部也先后攻破洋地寨、陈坊寨、李家寨、红石寨等大小山寨12处。仅红石寨战斗,红军就打死打伤地主武装100余人,活捉国民党石城县县长黄光英、靖卫团团长黄绍荣、杨子美和寨主黄太年等豪绅靖匪1500余人,缴获长、短枪1500余支,机枪13挺,台炮3门,土炮40多门,子弹300多箱。

① 《毛泽东军事文选》第一卷,军事科学出版社、中央文献出版社1993年版,第257—258页。

红军历时4个月的打土围、拔白点战斗，共计消灭白色据点200余处，打死打伤敌人1100余名，俘敌7800名，缴获各种长短枪15451支、机枪23挺、土炮277门、台炮3门、子弹671900余发、手榴弹4箱。此外，还缴获大批金银财物。

红军打土围、拔白点的丰硕成果，使中央苏区得到巩固，为苏维埃中央政府的存在创造了安全稳定的外部环境，并为后来粉碎国民党军队的第四次"围剿"奠定了坚实基础。

按照毛泽东和红一方面军总部原定计划，在消灭于都、石城、会昌、安远、长汀等县的反动白色据点后，"应接着完成武平、宁化、清流、归化、泰宁、建宁、寻乌、安远、信丰、南康、赣州、大庾（即今大余——引注）、上犹、崇义、遂川、万安等十六县"。毛泽东、朱德等认为，石城、长汀、会昌、于都4县加上上述16县，"这二十县共有群众四百万，须用一长时间去争取他（它），同时，扩大红军十万；这是建立根据地聚集力量的必要"。①

但是，毛泽东和红一方面军总部的这一消灭白色据点计划，却因红军主力发起攻打赣州战役而被迫中断。

二、共产国际、中共临时中央提出"左"倾"进攻路线"与毛泽东对攻打赣州的抵制

中央苏区第三次反"围剿"胜利后，红一方面军下一步如何动作、如何部署，王明等中共中央领导人一开始就与毛泽东意见相左。王明等人认为，中央苏区红军在打破了国民党军第三次"围剿"后，应该"集中力量追击敌人退却步（部）队，消灭它的一面，在政治军事（顺）利的条件下，取得一两个中心的或次要的城市。不要在（再）重复胜利后休息，致使敌人得以从容退却，以致能很快的重整他们的旗鼓，向苏

① 以上引自中央档案馆保存件：《苏区中央局十月三日自瑞金来的长电》，1931年10月3日。

区为新的捣乱”。[1]

这完全是无视中央苏区红军经过连续数月反“围剿”斗争已极度疲劳,伤亡减员严重急需休整补充,并且仍处于敌强我弱状态的现实,只知坐在大城市中指手划脚的瞎指挥。1931年10月22日,中共临时中央又以不容置疑的口气致电苏区中央局:“接国际来电,要中央红军乘势向外发展,正与中央前三次给你们的指示相符合,请你们立刻把执行这一指示的具体布置及所得成绩告诉中央。”[2]

时任中共苏区中央局代理书记的毛泽东,此时估计蒋介石可能很快向江西苏区发动第四次“围剿”,所以他主持召开苏区中央局会议,提出红军各部队应抓紧时机,加快消灭苏区内部由反动地主武装占据的土围白点,迅速完成赤化福建、广东、江西、湖南四省边界20县400万群众的任务,并扩大红军10万,以便准备好反“围剿”战场。毛泽东的这一主张,后来被周恩来、任弼时等指称为“三山计划”[3]。毛泽东在接到中共临时中央10月22日电报后,复电临时中央,表示一时无法执行中央“向外发展”的指示,并陈述了理由。

中共临时中央接到苏区中央局的复电后,立即于10月31日再次给苏区中央局发出第五号指示电,坚持说:“中央区正宜利用现在时机,继续胜利的行动,巩固的向外发展……我军急宜以主力军出击宁都广昌,此处敌力较弱,胜利可待。敌人钳制之势一破,然后依军情变迁,向有利方面发展……若困处瑞金一隅,避免与敌接触,恐惧四次战

---

① 《由于工农红军冲破第三次“围剿”及革命危机逐渐成熟二次开发产生的党的紧急任务》(1931年9月20日中央决议案),见中央档案馆编:《中共中央文件选集》第7册,中共中央党校出版社1989年版,第409页。

② 中共中央文献研究室编:《毛泽东年谱》(上),人民出版社、中央文献出版社,1993年版,第358页。

③ 参见《周恩来、王稼祥、任弼时和朱德给中共中央的电报》,1932年6月3日于瑞金。见中共中央党史研究室第一研究部:《共产国际、联共(布)与中国革命档案资料丛书》第13卷,中共中央党史出版社2007年版,第146页。

争爆发，因而向闽西北赣西南十六县发展，则不但给养难解决，自放弃良好时机，自处被动，使敌人得从容布置，且无法巩固根据地。现有根据地之巩固，必须消灭广宁之敌，绝不能将现有之根据地，准备作新战场，此无异取消红军之根据地。”①

毛泽东等接电后，坚持原定部署不变，即于当日再次复电临时中央：“行动问题，现三军在于都，四军在石城南部，十二军在汀东，三军团在于都会昌。苏大会后拟扩大工作区域：十二军去连城，三军去宁化，四军去石城北部，三军团再后南移，这是为了建立广大的苏维埃根据地。”②

不久后，毛泽东得悉蒋介石已在南京倒台下野。于是他对形势的估量发生了改变。毛泽东认为，蒋介石即便能很快东山再起，也要用一段时间收拾残局。东北“九一八”事变发生后，全国人民要求抗日救亡的呼声日高，爱国学生不断前往南京请愿示威，要求政府发兵抗日。在这种形势下，蒋介石不可能在近期组织大规模兵力再来进攻苏区。因此，中央苏区红军在消灭苏区内部白色据点后，应该抓住有利时机主动向赣东北地区出击，尽快打通与方志敏领导的赣东北苏区联系，并继续向外扩大苏区。毛泽东的这一主张，后来被周恩来、任弼时等谓之为“东北路线”③。

此时，负责共产国际东方地区书记处日常工作的总领导人米夫，在共产国际“第三时期”“左”倾错误理论指导下，对中国红军反“围剿”胜利过于盲目乐观，极力怂恿支持中共临时中央推行进攻中心城

---

① 《中央致苏区中央局第五号电——关于目前形势、发展苏区、红军编制等问题》，1931 年 10 月 31 日。

② 《苏区中央局电中央——接受中央土地问题埃政府问题》，1931 年 10 月 31 日。

③ 《周恩来、王稼祥、任弼时和朱德给中共中央的电报》，1932 年 6 月 3 日于瑞金。见中共中央党史研究室第一研究部：《共产国际、联共（布）与中国革命档案资料丛书》第 13 卷，中共中央党史出版社 2007 年版，第 146 页。

市的错误路线。1931年11月20日，米夫在莫斯科给斯大林写了一封信。信中说："中国红军击退了敌人的第一、第二和第三次进攻。因此，关于一些中心城市的问题已经有所不同了。最近几次军事行动的有利结局给红军提供了扩大苏区，展开攻势，不停留于占领相应中心城市的可能性，而依我看还有必要性。"米夫向斯大林建议：共产国际通过指令中共和中国红军夺取中心城市的决议①。

中共临时中央领导人王明、博古等在米夫的怂恿、支持下，根本听不进在苏区从事实际工作的毛泽东等人的意见，开始酝酿并提出一条充满"左"倾冒险错误的"进攻路线"。他们急于将长江南北各块苏区连成一片，急于夺取几个中心城市，急于将苏维埃共和国临时中央政府从"瑞金一隅"搬迁到赣州等中心城市去。为此，1931年12月4日，他们向全国各苏区红军发出训令："目前红军行动的总方向应该首先是使中央区(闽西在内)与湘赣边苏区完成一片，巩固赣南根据地，然后与湘鄂赣、赣东北两苏区密切的联系起来，造成包围南浔线以争取江西省首先胜利的形势；另一方面，在大江以北应以鄂豫皖苏区为中心，使皖西北鄂西密切联系起来，造成包围京汉路南段与威胁长江的整个局面。"对中央苏区，临时中央在训令中专门要求："应以红军主力配合群众行动向西进攻，迫吉安赣州与湘赣边苏区打成一片，另以少数部队与赤卫队佯攻宁广南丰线以助势并牵制敌人。"②而对赣南寻乌、安远、信丰等10余县及闽西北各县，训令仅要求各县地方武装开展游击活动与土地革命，反对主力红军到这些地区活动。

---

① 《米夫给斯大林的信》，1931年11月20日于莫斯科。见中共中央党史研究室第一研究部：《共产国际、联共(布)与中国革命档案资料丛书》第13卷，中共中央党史出版社2007年版，第78—81页。

② 《中央给各苏区中央分局，省委及红军各军政治委员的训令——关于敌军进攻的军事部署，红军的行动方向与编制》，1931年12月4日，见中央档案馆：《中共中央文件选集》第7册，中共中央党校出版社1989年版，第539页。

1931 年 12 月 6 日，中共临时中央又给苏区中央局发去第十二号指示电，再次要求中央苏区红军应“改向西进，首取赣州，迫吉安，与赣西南打成一片，巩固赣南根据地”①。

这样，以毛泽东为书记的中共苏区中央局和以博古为首的中共临时中央关于中央苏区红军行动的意见分歧，就集中在是打土围拔白点、然后向赣东北方向发展，还是取赣州、迫吉安、夺取中心城市了。

周恩来在参与起草中共临时中央致苏区中央局第十二号指示电后不久，就动身前往中央苏区。他肩负的一项重要使命，就是组织中央苏区红军攻打赣州等中心城市。1931 年 12 月底周恩来到瑞金后，首先就攻打赣州问题征求毛泽东的意见。

毛泽东坚决反对红军攻打赣州。他与朱德在 1930 年 3 月 16 日就组织红四军攻打过一次赣州，未能克城，知道赣州城三面环水，城墙高坚，素有“铁赣州”之称，向来易守难攻；赣州城虽然只驻有国民党军第十二师第三十四旅两个团，但赣南 17 县的地主武装大都麇集城内，这些反动势力不可小视；况且赣州北面之吉安驻有国民党军罗卓英、陈诚的第十一师和第十四师等 5 个师和 2 个独立旅，南面驻有国民党粤军几个师，如果红军攻赣，他们势必前来增援，红军将腹背受敌，进退两难。

原对打赣州持积极态度的周恩来，在听取了毛泽东的意见后，即致电临时中央，陈述中央苏区红军目前攻打中心城市尚有困难。但临时中央复电：原议不变，攻打城市不能动摇；如不能打下南昌，至少要求在抚州、吉安、赣州中选择一个城市攻打。② 1932 年 1 月 9 日，中共临时中央作出《中央关于争取革命在一省与数省首先胜利的决议》，正

① 中共中央文献研究室编：《周恩来年谱（1898—1949）》，中央文献出版社 1998 年版，第 214 页。

② 金冲及主编：《毛泽东传（1893—1949）》（上），中央文献出版社 1996 年版，第 279 页。

式提出脱离苏区和红军实际的“左”倾冒险“进攻路线”，要求红军要“为扩大苏区为将几个苏区联系成整个一片的苏区而争斗，为占领几个中心城市以开始革命在一省数省首先胜利而争斗”①。

为贯彻中共临时中央的指示，周恩来主持召开苏区中央局会议，讨论攻打哪个城市。会上决定选择攻打赣州。对此，毛泽东忧心忡忡，发言陈述不能攻赣理由，并说即使一时打下赣州，也未必红军能守得住。他坚持红军还是按总部原定部署，继续开展赣南闽西北16县打土围、拔白点的工作，待完成这些任务后即向赣东北与方志敏部靠拢，然后向闽浙皖赣边发展。如果一定要打赣州，也只能围城打援，以歼灭敌人有生力量为主。未料，会上苏区中央局委员中除毛泽东外，其余都赞成攻赣。王稼祥态度最为坚决，他认为“目前的形势对我们有利。我们应该同过分害怕攻占大城市的右倾机会主义作斗争”②。毛泽东又建议听听前线指挥员的意见。项英说他问过彭德怀，彭说：“赣州守军马(崑)旅估计有六千人，地方靖卫团两千人，共八千人，如有时间，蒋介石又不来增援，是可以打下的。”③于是，毛泽东的意见成了少数。苏区中央局正式作出攻打赣州的决定。会后有人扬言：“打开赣州再和毛泽东算账！”④

三、攻打赣州的部署及经过

1932年1月10日，中革军委根据苏区中央局决定，发布《关于攻取赣州的军事训令》，对攻赣军事行动作出部署。中央苏区所有红军

---

① 中央档案馆编：《中共中央文件选集》第8册，中共中央党校出版社1989年版，第36页。

② 参见《周恩来、王稼祥、任弼时和朱德给中共中央的电报》，1932年6月3日于瑞金。见中共中央党史研究室第一研究部：《共产国际、联共(布)与中国革命档案资料丛书》第13卷，中共中央党史出版社2007年版，第146页。

③ 彭德怀：《彭德怀自述》，人民出版社1981年版，第173页。

④ 金冲及主编：《毛泽东传(1893—1949)》上册，中央文献出版社1996年版，第280—281页。

部队分成主作战军、支作战军和机动部队三部分。

主作战军以彭德怀为前敌总指挥。由攻城部队、监视部队和地方工作部队三部分组成。攻城部队由红三军团担任,红七军主攻赣州东门,第二师主攻赣州南门,第一师主攻赣州西门(西津门);监视部队由红四军第十师担任,位置于南康县以北地区,任务是准备截击由赣州北逃之敌;地方工作部队由红四军担任,位置于大余县新城、南康和崇义县杨眉寺附近,任务是打击从南雄、大余前来援赣之粤敌,建立军事交通线,贯通于都、赣县、信丰、南康、大余苏区,占领大余、信丰县城,掩护攻城部队。

支作战军以江西军区总指挥陈毅为总指挥。内有赣南红军独立第二师、独立第三师、独立第六师和赣东独立第四师及湘赣独立第一师。具体部署为:独立第二师、独立第三师位置于会昌筠门岭附近,消灭会昌、寻乌边境的团匪,巩固会寻苏区;闽西独立第七师须与独立二、三师取联络,并以大部分向武平方面发展;独立第四师以广昌为中心,巩固广昌苏区,并派部队向南丰、宜黄、乐安方向游击,保障中央苏区北路之安全;独立第五师和湘赣独立第一师,分别位置于万安河东、河西地区,监视吉安之敌行动。

机动部队有红三军、红十二军和红五军团、红十六军。红三军担任消灭于都、宁都两县残余地主武装;红十二军在宁化县西南和连城县西北一带工作;红五军团部署在赣州东北面的江口地区整训,红十六军在株萍线附近活动,以进窥樟树威胁吉安之敌。此外,还安排红五军团第十三军担任总预备队。

为准备赣州攻克后将苏维埃临时中央政府搬进城去,国家政治保卫局组织训练了一支特别侦察队伍,准备随红军部队入城肃清城内地主豪绅反动分子,保卫苏维埃临时中央政府安全。

1932 年 2 月初,红军攻城部队和地方工作部队各自进入指定位置。红三军团于 2 月 4 日到达赣州城东外五里亭、天竺山及西南城郊后，很快完成对赣州合围，进入攻城出发阵地。彭德怀的攻城总指挥部，设在赣州城东外天竺山。

赣州城守敌为国民党军第三十四旅，旅长马崑。为抵御红军攻赣，他进行了严密的准备，组建了以地主武装首领肖昇犀为首的民团指挥部，赣南每县编1个大队，共17个大队；同时成立城防办事处，强征物资粮饷，赶制守城器械。守城的兵力布置为：六十七团守东门、小南门、建春门；六十八团守南门、西津门；各县民团大队分别协同守城。守城总兵力共有1万余人，枪近万支，“具有相当的兵力进行防御”①。

红军的第一次攻城战斗，于1932年2月13日晚打响。攻城红军在炮火机枪火力掩护下，以10人为一组，架设云梯爬上城墙，从各处同时向敌人猛攻，但每一次猛攻都被守城敌军打退。

爬城强攻失败，改用坑道爆破城墙。守敌旅长马崑发现红军挖掘坑道，为掌握红军坑道挖掘进度，便在城墙上倒扣水缸，组织城内盲人日夜侦听动静，以便组织防御反击。

2月23日，红军分别在西津门、南门和东门通过坑道用棺材装满炸药爆破城门。三处城门先后被炸开后，红军立即发起猛攻，但都被守敌强大火力击退。攻打东门的红七军一部，曾突入城内，遇敌猛烈反击，大部分红军战士壮烈牺牲。曾一度占领东门城楼的红七军部队不得不从城楼撤下。第二次攻城又失败。

红军攻赣受阻，担任攻打西津门的红一师政委黄克诚认为红军不能再盲目攻城，曾多次给前敌总指挥彭德怀去电话建议撤退，均遭彭德怀拒绝。3月4日拂晓，红军继续采用坑道爆破法发起第三次攻城。主攻东门的红七军，用3个棺材炮炸开城墙20多米。炸死敌营长李自林等200多人。红七军五十五团在团长卢绍武、政委陈漫远指挥

① 马崑：《蒋军赣州守城战役亲历记》，全国政协文史委编：《文史资料选辑》第45辑，中国文史出版社，第141页。

下，发起猛烈冲锋。不料敌军已事先获得红军爆城情报，在城门后已筑起第2道防御工事，守城兵力也由1个营增加到1个团。红七军先后4次发起冲锋，均被敌军打退，伤亡惨重，只得撤出战斗。同一天，主攻南门的红一师和主攻西门的红二师，均因积水浸湿炸药，未能爆破城墙。

红军发起攻赣后，赣州守敌旅长马崑一面组织部队顽抗死守，一面向蒋介石告急求援。蒋介石令驻吉安的第十一师、第十四师和两个独立旅3万余人，组成“援赣剿赤进击军”，由第十一师师长罗卓英任前敌指挥驰援赣州。2月29日，援赣军进抵赣州城西北部赤珠岭、杨梅渡地区，并在赣州北门外架起浮桥，与守城部队取得联系。马崑冒险出城与罗卓英晤面，密商了“增兵进城，内外夹击”对策。罗卓英遂派出1个工兵营连夜随马崑进城，抢挖从城内向城外红军阵地出击的坑道。

红军发现敌援军正在架设入城浮桥，遂采用多种方法试图破坏，均未成功。3月5日晚，敌援军两个团从北门外偷渡浮桥进入城内。3月7日凌晨4时，城内敌军分三路突然从坑道向城外正在熟睡的红一师和红二师出击。红军部队在熟睡中被惊醒，仓促抵抗，一片混乱，建制亦被冲乱，阵地丢失，许多人牺牲。负责指挥红军攻赣战役的中革军委主席朱德，得悉城内敌军向攻城红军出击的电报后，知道情况危急，立即电告在后方瑞金的中央政府副主席项英，立请上山去请在瑞金叶坪东华山养病的毛泽东，马上赶赴攻赣前线商议对策。项英不敢怠慢，天一亮便策马急驰东华山。

毛泽东身处东山古寺，却时时牵挂红军攻赣战事。得知攻赣红军处境危急，冒着风雨立即下山赶到红军学校，通过红校电台告诉朱德：大胆启用红五军团增援攻城部队，掩护撤退。

3月7日上午，朱德亲率警卫营和红五军团第十三军赶到赣州城外。下午3时，红十三军会合红三军团攻城部队，在赣州城郊天竺山、白云山一线与出击之敌展开肉搏。至傍晚，红军才全部撤出阵地。

四、红军撤围赣州与江口会议

红军攻赣部队于3月7日傍晚撤围赣州后，3月8日开至赣县江口一带休整。

红军攻赣历时33天，久攻不克，以失败告终。红军在攻赣战斗中伤亡3000余人。红四军第十一师政治委员张赤男、红五军团第十三军第三十七师政治委员欧阳健等10名师团干部牺牲。红三军团第一师师长侯中英被俘，后在南京遇害。

红军攻赣失败，究其原因，主要是"左"倾教条主义强令冒险攻打赣州造成的。此外，在战术指挥上也有失误：一是不敢大胆起用装备有炮兵的红五军团，让其置于无用之地；二是当吉安敌军前来增援时，未及时组织红四军和红五军团在援敌必经之地择险要地形予以阻击，而是只派两个地方红军独立师给予骚扰，使援敌能从容赶赴赣州前线增援；三是在瓦解敌军方面，红军虽向城内守敌开展了政治攻势，但只安排红十二军军长罗炳辉致信敌旅长马昆劝降。马崑认为罗炳辉"威望有限"，心存疑虑，而且红军到处刷写"活捉马崑"、"只杀马崑，不杀守城士兵"等标语，令马崑胆寒，坚定了他死守待援的决心；四是当攻城部队突遭敌军反击时，攻城总指挥不但未及时命令部队撤退，反而令部队坚守阵地反击，致遭重大损失。

当然，红军攻赣虽以失败告终，但仍有一定的历史意义。"红军在攻打赣州期间，发展了信丰、大余、崇义、上犹、遂川等县苏区，使湘赣苏区与中央苏区取得了联系。并建立了许多赤色政权、地方党的组织，增编了红军独立第八师，扩大了红军。在这次战役中，红军进行了攻坚战的实践，取得了一些攻城经验。特别是红军指战员奋不顾身、英勇牺牲的事迹和革命精神，永垂不朽。"①

① 方强：《忆红军赣州战役》，见《人民日报》，1991年9月29日第5版。

为总结攻打赣州的经验教训，确定红军下一步行动方针，1932 年 3 月中旬（约在 3 月 9 日至 13 日间），周恩来在赣县江口塘村上曾屋中革军委驻地，主持召开有中共苏区中央局成员、中革军委成员和红军各军团主要负责人参加的苏区中央局扩大会议（史称江口会议）。

会议首先讨论红军攻赣的经验教训。毛泽东在听取各军团首长关于攻赣情况汇报后，对攻赣的重大伤亡和红军声威大损，甚表愤慨，严厉批评了盲目攻赣的军事错误。然而，原先积极主张攻赣的人们，却拒不承认错误。

对于苏区中央局成员间围绕攻打赣州问题产生的意见分歧，周恩来、王稼祥、任弼时、朱德联名于 1932 年 5 月 3 日从瑞金给中共临时中央发去一份电报，作了汇报。该电报说：

我们在[中央]苏区扩大方向和红军作战行动上有分歧意见。去年年底，在[中共苏区]中央局会议上，毛泽东提出了沿福建、广东、江西和湖南边界上的三山建立苏区的计划。科穆纳尔（即王稼祥——引者注，下同）反对这一计划，并说在目前的政治形势下，这是规避占领大城市。我们应该在赣江两边之间建立联系并在它的上游占领最重要的城市。当然，我们应该同李立三攻占大城市的冒险主义路线进行斗争。然而，目前的形势对我们有利。我们应该同过分害怕攻占大城市的右倾机会主义作斗争。[中共苏区]中央局的其他委员都同意这个意见，并决定攻打赣州。

当莫斯克文（即周恩来——引者注，下同）来到时，毛泽东提出了在[赣]东北扩大苏区的计划，并反对攻占中心城市。毛泽东遭到反对后，暂时放弃了自己的计划，而我们把占领大城市的计划具体化了，并开始攻打赣州。从被围困的赣州撤退后，毛泽东认为攻打该城的行动是李立三路线的继续。

经过讨论后，毛泽东说了另一番话，说在攻打赣州的同时，应

> 派部分部队去东北方向扩大苏区。毛[泽东]再次建议在福建、江西、浙江和安徽的边界地区建立大片苏区,并制定了十个月的工作计划,说今年年内不可能占领大城市,必须向其他的农村推进。这一切证明,毛泽东有一个扩大苏区的一贯方针。
>
> 毛泽东分析了政治形势后,否定它发展的必要性,认为它是偶然的。因此,他从没有发生变化的形势出发,制定了长期的行动计划。这条政治路线乃是百分之百的右倾机会主义,它低估了目前的形势,完全背离了共产国际和[中共]中央的指示。[中共苏区]中央局所有其他委员都反对这条路线。①

红军总政治部在江口会议后发布的《红军总政治部关于攻取赣州的意义及教训的训令》中则明确认为:“红军这次攻赣州,是依照中央和中央局的决议,在政治上完全是正确的。”该《训令》指责毛泽东说:“如果认为这次攻赣州是立三路线,那便不了解目前的政治形势,对政策[治]形势估量不足。那便不了解夺取中心城市的意义,和对中心城市之夺取的过分恐惧。那便是反立三路线为掩盖的右倾机会主义,我们应给这种右倾机会主义以致命的打击,尤其是在撤围赣州以后反对这种右倾机会主义和失败情绪便成为红军及党内的主要斗争。”还说:“凡是认为赣州战争教训是叫我们不去夺取中心城市,而应向偏僻地带发展,那便是曲解了赣州战争教训……便是放过了目前有利于革命的政治形势,那便是苏维埃发展的罪人。”②

在江口会议上,周恩来、王稼祥、任弼时、朱德等多数人都声称,在适当时候还要继续攻打赣州,坚持主张红军当前应夹赣江而下,在赣

---

① 中共中央党史研究室第一研究部编译:《共产国际、联共(布)与中国革命档案资料丛书》第13卷,中共党史出版社2007年版,第146—148页。

② 赣州市委党史办保存件:《红军总政治部关于攻取赣州的意义及教训的训令》,1932年3月17日。

江东、西两岸活动，将赣江两岸苏区联成一片，以便包围赣州、吉安、樟树，并夺取这些城市，争取江西的首先胜利。会议于是作出决定：以红一、五军团组成中路军，沿赣江以东的宁都、乐安、宜黄、崇仁而下，伺机攻占吉安、抚州；以红三军团的红五军、红七军组成西路军，先在湘赣边的上犹、崇义及遂川、泰和等县活动，然后向吉安推进，与中路军"夹江而下"，夺取吉安、南昌。

毛泽东在苏区中央局江口会议上属于少数，只得服从中央局决定并保留意见。

为便于指挥作战，中革军委于3月12日发出《重编一、三、五军团训令》，以第四军、第十五军编为第一军团，林彪为总指挥，聂荣臻为政治委员；以第五军、第七军、第十四军编为第三军团，彭德怀为总指挥，滕代远为政治委员；以第三军、第十三军编为第五军团，季振同为总指挥，董振堂为副总指挥，萧劲光为政治委员。各军团的军事目标是进逼抚州、吉安。

但江口会议后不久，情况又有了新的变化。

第四节
漳州大捷

一、红军东路军入闽

江口会议后，由红一、五军团组成的红军中路军依据中革军委命令，于3月16日从赣县长洛出发向宁都方向转移。

毛泽东随中路军行动。高度的革命责任感，促使他努力寻找避免红军遭受进一步不必要损失的办法。根据当前粤军正向赣南、闽西进犯的动向，他认为红军中路军绝不可北上宁都再去盲目攻打吉安、抚州，而应以主力东进打击福建敌人，继续巩固发展赣南闽西苏区。于是，他首先做通了红一军团总指挥林彪和政治委员聂荣臻的工作。

3月21日，林彪、聂荣臻致信中革军委主席，说："行动问题，我们完全同意毛主席意见。目前粤方开始派兵入闽赣讨赤情形下，更应采毛主席意见。三军团应暂在信丰西南一带工作，一面观察各方情形之变化。五军团应随一军团到东北一带工作，打击福建敌人，速筹大批款子，赤化建、泰、宁及清流等县。"①

此时红军军费已将告罄。为解决红军经费困难，3月27日至28日，周恩来被迫在瑞金主持召开苏区中央局会议，重新研究红军行动方针。会上，"由于缺乏资金"，毛泽东的意见最终被苏区中央局采纳，"决定扩大北部的苏区。但资金还是不够。我们又改变了先前的决定，决定派一个军团去福建，以解决资金问题"②。会议决定将红军中路军改为东路军，先入闽活动一个时期，任务是消灭闽西敌军和侵入闽西的国民党粤军陈济棠部，巩固闽西苏区，并筹集资金；同时强调这只是"临时行动"，待任务完成后仍继续执行"夹江而下"夺取吉安、抚州、南昌任务。会上，周恩来还同意毛泽东以中央政府主席身份，随东路军入闽，指挥作战。

二、毛泽东的攻漳建议

苏区中央局在瑞金开会时，红一军团已由林彪、聂荣臻率领进抵长汀，休整待命。会一开完，毛泽东即赶到长汀，通过中共福建(闽粤赣)省委代理书记罗明和福建军区司令员罗炳辉了解到：闽南闽西均无强敌，只有国民党福建省防军张贞第四十九师占据漳州和龙岩，粤敌陈济棠部暂未入境；漳州近海，是历史文化名城，又是华侨和台胞之乡，十分殷富，其地形无险可守，便于攻击。若打下龙岩、漳州，消灭张

① 赣州市委党史办保存件：《红一军团关于完全同意毛主席的行动方针的报告》，1932年3月21日。

② 《周恩来、王稼祥、任弼时和朱德给中共中央的电报》，1932年6月3日。见中共中央党史研究室第一研究部：《共产国际、联共(布)与中国革命档案资料丛书》第13卷，中共中央党史出版社2007年版，第146页

贞第四十九师，闽东南局面就可打开，红军亦可筹得大批资材。

鉴于此，毛泽东果断作出决策：跳出根据地向闽南出击，攻占龙岩，直下漳泉。3 月 30 日，毛泽东召开红一军团团以上干部会议，进行东征动员；同时给瑞金的周恩来发出一份电报，提出："政治上必须直下漳泉，方能调动敌人求得战争，展开时局。若置于龙岩附近筹款，仍是保守局面，下文很不好做。"①电报中还建议速命红五军团和第十三军入闽，第十三军位于龙岩坎市，以保障后路。

1932 年 4 月 1 日，毛泽东乘船离开长汀抵达上杭，与福建军区政治委员谭震林和省苏维埃政府主席张鼎丞会合。4 月 7 日，毛泽东抵上杭县白砂，与林彪、聂荣臻会合。4 月 10 日，在毛泽东和林、聂指挥下，红一军团一举攻占龙岩城，消灭守敌张贞部 1 个多团，俘敌 680 余人，缴枪近千支。翌日，毛泽东致电周恩来，提出入漳计划。

与此同时，周恩来根据毛泽东建议，率苏区中央局机关东移长汀城。周恩来在长汀召开苏区中央局会议，听取了罗明汇报，批准了毛泽东提出的漳州战役计划。4 月上旬，中革军委机关也移驻长汀城。周恩来和朱德留在长汀调动指挥部队，筹措物资，保障红军东路军后勤供给。王稼祥则率红军总政治部进至龙岩城。

三、漳州之役胜利及其重要影响

1932 年 4 月 12 日，按照中革军委命令，红五军团按时赶到龙岩，与东路军主力会合。4 月 18 日，毛泽东和林彪、聂荣臻等率部进抵南靖前沿阵地，兵临漳州。4 月 19 日拂晓，战斗打响。红军当天在漳州外围的天宝、南靖一线，歼灭张贞第四十九师两个旅主力，俘敌 2674 人，缴枪 2131 支、炮 6 门、子弹 13 万余发、炮弹 4900 发。还缴获飞机两架。敌旅长杨逢年在全旅被歼后，演出了一出"弃袍割须"、泅水出

① 《毛泽东军事文集》第一卷，军事科学出版社、中央文献出版社 1993 年版，第 263 页。

逃的丑剧。是役红军仅伤349人,亡103人。

4月20日,红军东路军胜利进占漳州城。敌师长张贞率残部狼狈逃向诏安,从此一蹶不振。

红军东路军进占漳州当天,派出第三军追击逃敌。随后,东路军主力以漳州为中心,向四周出击,在闽南进行了为期月余的分兵活动。红军发动群众,帮助建立闽南龙溪苏区。4月27日,在漳州东板后基督教堂召开了闽南工农兵代表大会,宣布成立闽南革命委员会,王占春任主席。红军还派出干部并拨出几百支枪加强闽南原有红色游击队,使其从60多人发展到600多人,正式组建了红军闽南独立三团。闽南青年工农纷纷加入红军,仅一个余月红军就扩大1000余人。

红军入漳后,严格执行毛泽东制定的城市政策,纪律严明,秋毫无犯,连教堂里的一只洋公鸡也未乱捉,深得民众好评。在保护工商业和海外侨胞利益的同时,红军顺利筹得现款100余万元。此外,还筹集了大量布匹、粮食、食盐、胶鞋、药品等物资,张贞的两座兵工厂也被完整地缴获过来了。毛泽东还意外地获得《资本论》《两个策略》《“左”派幼稚病》等马列著作及一大批报刊资料。周恩来和福建省委、省苏维埃政府,从苏区动员和组织3000多民工前往漳州搬运战利品,费时一个月,将这些物资全部运回苏区。红军缴获的两架飞机,一架修好后飞回了瑞金,一架未修好也拆下运了回去。

在东路军闽南分兵的同时,红十二军在闽西攻占了永定城和坎市、龙漳等镇,开辟了永(永定)和(平和)埔(大埔)三县大片新区。闽西红军独立第七师向宁化、清流两县发展,占领清流县城。到1932年7月,闽西苏区已发展到包括龙岩、永定、长汀、上杭、武平、平和、南靖、漳平、宁洋、连城、宁化、清流、归化(今明溪)等10余县的广大地区。

红军攻克漳州,消灭了闽敌张贞的主力,为闽西苏区消除了一大隐患,并且贯通了闽西南苏区,创造了有利的革命形势。红军攻克漳州,在海内外引起震动,影响极大,扩大了红军的声威和政治影响,动摇了闽西南反动统治的基础，并使红军的经费和装备得到了极大补充，为红军第四次反“围剿”作了军事上、经济上的准备，中央苏区由此得到发展和巩固。

红军攻克漳州，是毛泽东“出击求巩固”战略思想的胜利。毛泽东在4个月前根据国民党对中央苏区取守势防御的客观形势，提出红军向赣闽浙皖边境发展的主张，就是“出击求巩固”的战略思想。漳州战役期间，毛泽东就苏区红军战略方针问题致电苏区中央局并临时中央，认为主张红军“夹江而下”是一种“防御式的内线作战战略”，是一条“走入错误的道路”，只有跳出敌人的包围圈，以出击求巩固，“采取进攻的外线作战，才能达到目的”①。漳州战役胜利证明，毛泽东的这一战略决策思想是完全正确的。

第五节
水口战役

一、红军西路军在湘赣边的活动

在毛泽东和林、聂率领东路军入闽东征的同时，彭德怀、滕代远率领红军西路军于1932年3月30日至31日，从赣县江口、田村等地出发，由赣州至万安县之间的良口、黄屋之线，西渡赣江，4月12日进抵上犹县寺下圩地域。随后，以红五军为右翼，第一师进至南康县横石井、大路坪一带向东发展，第二师、第三师进入粤北仁化县境，钳制粤军入闽；以红七军为左翼，于13日略取崇义县城，守敌独立第一旅弃城逃窜。4月14日，彭德怀率西路军总指挥部进抵上犹县营前镇。

赣南西河地区的上犹、崇义两县，自大革命失败后，中共组织的活

① 《毛泽东军事文选》第一卷，军事科学出版社、中央文献出版社1993年版，第271页。

动一直没有停止过。崇义县于 1928 年和 1929 年 11 月先后两次建立中共县委。上犹县也建立了中共区委。为统一对这两县革命斗争领导,后来又成立了中共上崇县委。1930 年 5 月,赣南中共西河行委派出干部到上犹、崇义地区加强领导力量,组织两县农民举行武装暴动,成立了上犹县革命委员会和崇义县暴动大队,后又成立了崇犹游击大队,有 120 余人。1930 年冬,该游击大队发展为西河红色警卫营。

1931 年 2 月 11 日,邓小平、李明瑞率红七军第五十五团千里转战来到崇义县,帮助崇义县建立 20 余个乡的红色政权,并成立了崇义县革命委员会,派出军事干部和拨出枪支加强西河红色警卫营,使崇犹边界红色区域得到巩固发展。1931 年 4 月,原在信丰县活动的中共赣南特委(由原赣南行委改组成立)改称为中共赣西南特区委西河分委。同年 6 月,中共西河分委机关迁驻上犹县营前,促进上犹营前为中心的西河地区革命斗争迅速发展,上犹江两岸苏区连成一片,崇义、上犹两县都开展了土地斗争,相继成立县苏维埃政府。1931 年 10 月起,赣南西河地区划属新设立的湘赣省领导。1931 年 11 月,根据中共湘赣省委指示,撤销了中共西河分委,在上犹县营前的下湾成立中共上犹中心县委,负责领导上犹、崇义、信丰、南康、大余、南雄和万安、泰和两县河西地区党组织。中共上犹县委也撤销,上犹县各区、乡党组织直属中心县委领导。崇义、上犹、南康等县地方武装合编成立红军独立第九师,辖有第四十三团。红军攻打赣州期间,红一军团第四军部署在信丰、南康、大余、崇义、上犹间活动,争取了这些地区的群众,建立了许多赤色政权,并于 1932 年 2 月 25 日撤销中共上犹中心县委,成立了中共西河特委。

彭德怀等率红军西路军抵崇、犹苏区后,首先对当地党组织进行了整顿和充实。1932 年 4 月 17 日,在上犹县营前成立了中共河西道委,贺昌任书记(后陈葆元接任),领导原西河特委所辖区域。中共河西道委大力加强犹崇苏区党组织建设,对所属各级党组织进行了思想、组织和制度上的整顿。道委从红军和地方上选调一批有地方工作经验的同志，组成9个工作团，分派到上犹、崇义、南康及湖南汝城、桂东等县，发动群众，深入土地革命，组织群众武装，建立苏维埃政权，发展农业生产，沟通赤白区域贸易，开展经济文化建设。到1932年6月，整个河西苏区发展到有10个区、人口13万，面积达3000平方公里。中共河西道委还在上犹县营前召开了上犹、崇义两县苏维埃执委会联席会议，研究加强区乡苏维埃政权建设问题，会后还建立了营前区苏维埃政府。

红军西路军进抵上犹、崇义两县后，开展了积极的军事行动。在地方武装配合下，首先集中兵力对西河地区的地主武装予以打击。4月下旬，红军西路军总指挥部率红五军向崇义县西部开进，于4月22日一举攻占由湖南汝城县保安团胡凤璋部500人占据的文英圩，毙伤守敌100余人，活捉敌营长1名，缴枪450余支，从而打通了江西通往湖南汝城县的交通孔道。战斗结束后，红五军分两路向汝城县进发，追歼胡凤璋保安团，5月1日进抵汝城城郊。驻守汝城县城的胡凤璋保安团惊恐万分，星夜退缩至汝城西乡马桥下湾村，并向粤军陈济棠告急求援。5月3日，红军猛攻下湾村，歼敌一部。随后又乘胜围困退守在上古寨老巢的胡凤璋团部，发起数次猛攻。

红军西路军出击湖南，震动了湘粤赣三省敌军。湘敌何键急派第二十八军两个师驰援汝城。粤军陈济棠也派出第一、第二师各一部及3个旅10个团急赴汝城。蒋军第四十三师和第五十二师进犯赣南。3省敌军6个多师对红军西路军进行“会剿”。根据敌情变化，红军西路军于5月13日主动撤出汝城，返回崇义苏区，继续在湘赣边界与国民党军周旋。

红军西路军在湘赣边界活动期间，扩军近1000人。原在犹崇苏区活动的红军独立第九师第四十三团也编入红三军团第七军第六十二团。西路军总指挥部和中共河西道委决定将崇义游击大队、上犹游击大队和南康的赣南游击大队合编，组建中国工农红军独立第十二师，派红军干部叶长庚任师长，魏桓任师政治委员。此外，还组建了崇义游击大队和独立十二营及上犹独立第二团。

二、红军东、西两路军会合

1932 年 5 月，国民党政府开始加紧策划对苏区发动新的"围剿"。蒋介石将从抗日战场撤下来的第十九路军调入福建"剿共"。同时，撤销江西省"绥靖公署"，改设为赣粤闽边区"剿共"总司令部，以何应钦为总司令，陈济棠为副总司令。在蒋介石重利诱使下，粤军陈济棠部趁红军向东、西两路出击之机，以其第一军军长余汉谋指挥的 19 个团大举向赣南进犯。

粤敌进犯赣南的兵力布置是：第一师（4 个团）、第二师（4 个团）和军属第二教导团集结在赣州城及其以西唐江等地，并向南康县北部横石井及上犹县社溪一带"进剿"红军西路军；第四师（4 个团）驻信丰，并向于都进逼；军属第一教导团随第一军军部驻大余县城；独立第一旅（3 个团）、独立第二旅（2 个团）分驻粤北仁化、南雄。

粤敌大举进犯赣南苏区疆地，对中央苏区南部构成极大威胁。1932 年 5 月底，中革军委为确保中央苏区南部安全，令红军东路军回师赣南。6 月 5 日，中共临时中央也发布军事训令，要求"中央苏区一、五军团主力应先与河西三军团相呼应解决入赣粤敌，在可能条件下占领梅岭关，再沿江北上，占领赣州，吉安，樟树，以争取南昌为目的，赣州如一时不能攻下可先取吉安，同时应以一部分兵力牵制临（川）南丰线与樟树吉水之敌"①。

红军东路军于 5 月 29 日接到中革军委电令后，立即开始撤离漳州，开往龙岩集结。6 月 8 日，东路军总司令部在上杭县官庄召开军事会

① 《中央致各苏区的军事训令》，1932 年 6 月 5 日，中央档案馆编：《中共中央文件选集》第 8 册，中共中央党校出版社 1989 年版，第 230 页。

议。中革军委主席朱德从长汀赶来参加会议。会上决定了东路军回师赣南的行动计划。6 月中旬,红军东路军一、五军团及红十二军回到赣南安远县天心、版石地区。回师赣南途中,红四军军长王良于 6 月 13 日在福建武平县大乐村侦察地形,遭反动民团冷枪射击,不幸牺牲。

红军东路军回师赣南的同时,红军西路军第七军也从赣县沙地向南康县横石井和上犹县方向移动。6 月 21 日在上犹县社溪与粤军第一师王道团遭遇,双方激战半日。红七军与敌周旋四五天后,返回上犹县油石,与红五军会合。

红军东、西路军会合后,6 月中旬,中共临时中央和苏区中央局决定取消红军东路军、西路军名称,恢复红军第一方面军番号。红一方面军仍辖第一、三、五军团,朱德兼任红一方面军总司令,叶剑英、王稼祥分别兼任参谋长和政治部主任。红一方面军总政治委员一职暂缺。毛泽东仍以苏维埃中央政府主席名义在前方主持军政大计。

三、池江、大余战斗

毛泽东与朱德根据国民党粤军在赣南的态势,1932 年 6 月 21 日在安远县天心圩决定,集中红军主力进攻南雄国民党守军,调动入赣粤军回援南雄,以求在运动中歼灭敌人。

6 月 23 日和 24 日,毛泽东与朱德、王稼祥两次致电瑞金的中共苏区中央局,提议集中优势兵力,在信丰县南部与粤敌决战,并要求红十二军到定南、龙南、全南三县活动,配合行动。这一提议获苏区中央局批准。6 月 25 日,红一、五军团在大余县袭击敌人,准备与红三军团会合。

遵照红一方面军总部电令,6 月 27 日,红三军团主力约 5000 人从上犹县营前出发,经过崇义县城,28 日抵达崇义县长龙圩,先头部队当天到达崇义县东部杨眉寺,占领大余县新城水西的蔡屋,并向南康县唐江方面警戒。

粤军陈济棠、余汉谋面对红军集结赣南,也于 6 月 29 日作出集结兵力“歼匪全部于康、庾、雄、信地区”的部署。6月30日，粤军第一师指挥的6个团由赣州进至南康向大余集结。7月1日下午，该敌在大余县池江附近与红三军团一部遭遇。经短暂接触，红军主动撤退。7月2日拂晓，红三军团主力向池江之敌发起猛攻，与敌4个团激战至下午4时，将敌击溃。残敌退守大余城。战斗中，红三军团第七军第十九师师长李显英勇牺牲。

7月3日，红三军团奉方面军总部命令围攻大余县城。方面军总部判定大余之敌将迅速向南雄集中，遂令红一军团派出一个师兵力进攻梅岭关隘，断敌退路。经2小时激战，驻守梅关的粤敌第二师第五团不支，逃回大余城。红军追击至大余城下，后又主动撤回梅关，固守阵地。此时，红一军团主力和红五军团、红十二军已进至大余至南雄间中站、灵潭等地；江西红军独立第六师也向南雄发起佯攻，红军独立第三师牵制信丰之敌。

池江和梅关战斗后，余汉谋决心固守大余城待援。其部署为：第一师（欠第三团）防守大余老城，第一师第三团和军属第二教导团防守东山，第一教导团防守宝珠山，特务营、工兵营防守大余新城，第二师第五团配置在大余新城为总预备队，炮兵营在东山及大余老城占领发射阵地，以火力支援战斗。

7月4日，红三军团依方面军总部命令向大余城发起进攻。彭德怀亲临西华山侦察敌情、地形，指挥战斗。5日，攻城部队因判断失误，误报军情，谓“大余之敌已经退却”。红一方面军总部据此迅速调整部署，令红五军团插至南雄以南，阻截南雄之敌南逃。6日，红一方面军总部发现大余城之敌并未逃跑，而敌第四师已放弃信丰城进到信丰与南雄交界之九渡水地区，正向南雄集结。红一方面军总部只好令红五军团从南雄北返罗田、赤石、州头一线。红三军团在大余也攻城未克，于7月8日撤围。

池江、大余战斗，红军尚未获胜。

四、水口恶战

由于红三军团攻城部队误报军情贻误战机，粤军已趁机调整好部署，准备固守大余和南雄两个县城，并急调驻韶关的两个师和信丰九渡水的第四师向南雄集中；北面蒋介石的两个师也以一部接防赣州，主力向大余急进。敌人拟从南雄和大余两头以8个师兵力来夹击红一方面军主力。

1932年7月7日，红一方面军总部根据敌情变化，决定以红五军团消灭已进至南雄县乌迳之敌第四师；8日又决定待南雄之敌向乌迳出动增援，再集中红军一、三军团及十二军乘机将增援之敌消灭，并攻占南雄城。

8日上午9时起，红五军团按预定计划向乌迳之敌发起攻击时，发现该敌已离开乌迳沿浈水南岸向水口方向逃跑。红五军团首长当即改变计划，命令部队向水口方向截击。下午1时30分，红五军团先头部队红十三军进至水口对岸与敌接触。接着，红三军赶到，从红十三军左翼加入战斗。至下午4时，敌两个团狼狈逃跑。红五军团乘胜追击，越过浈水直追至离水口圩5华里的高地才停止。

遭到攻击的敌第四师退至水口圩及附近高地据守待援。7月9日拂晓，红五军团继续向水口之敌展开进攻。当日中午12时，由南雄城出动的增援之敌6个团赶到水口。

可是，红五军团却未察觉，将敌10个团错当4个团来打，结果遭敌反扑。敌军蜂拥着向红军连续发起冲击。红五军团各参战部队奋勇抗击，英勇冲杀，抡起大刀同敌肉搏，战场上尸横遍野，水沟里的水泛着红色，“战场景象之惨烈，为第二次国内革命战争时期所罕见”①。

因敌军兵力大大超过红军，红五军团渐渐招架不住，处于困境。危急时刻，江西军区总指挥陈毅率独立三师和独立六师赶到投入战

① 《聂荣臻回忆录》（上），解放军出版社1984年版，第157页。

斗，始稳住战局。

当天，红一方面军首长本拟以主力增援水口，会歼敌人。但是，红五军团误报水口之敌已退，致使增援计划未能执行。当日下午，方面军首长获悉水口之敌并没有撤退，这才急令红一、三军团和红十二军火速增援，准备围歼水口之敌。

此时，毛泽东亲自率领红一军团和红十二军从中站、里东、邓坊等地出发，星夜疾驰，10日拂晓时分赶到了水口战场。他和林彪、聂荣臻等听取了红五军团领导人董振堂、萧劲光的汇报并亲自察看了敌军阵地后，当即与两个军团首长商定了作战部署，命红五军团第十三军及江西军区独立三师担任正面进攻；红一军团和红五军团第三、第十三军及江西军区独立第六师由左翼向敌之右翼进攻。上午11时，红军向敌军发起全线攻击，仅激战一小时，就将敌10团全线击溃。红军追击逃敌至距南雄城仅10余公里的石塘圩、大坪圩附近才收兵。当天下午7时许，溃敌退入南雄城内。

水口战斗结束后，固守大余城的敌军未动，蒋军第五十二师和第十四师亦分别停滞在大余县青龙和崇义县杨眉寺地区。红军经过这场恶战，亦亟需补充休整。于是，南雄水口战役至此结束。

水口之役，红一方面军先后击溃粤敌15个团，毙伤敌人3000余人，粤敌遭此沉重打击后，其主力龟缩在南雄、大余两地，不敢再向赣南冒进。在水口战役中，红军亦遭受重大损失，伤亡2000余人。红五军团第三军损失尤为惨重，伤亡团长7名、连排长半数、战斗员1000名以上；第十三军有的团剩余不过百人，军长赵博生负伤。

水口恶战打成消耗战，原因有四：一是“吃了兵力不集中的亏”①；二是在水口战斗中主要攻击方向选择不当，红军主力本应从右翼向敌之左侧背实施包抄，断敌南雄退路，然而主攻部队却从左翼向敌发起

① 《毛泽东选集》第一卷，人民出版社1991年版，第225页。

攻击，给敌留下溃逃退路，敌溃退后又追击不力；三是在大余战斗和水口战斗中，红三军团和红五军团两次误报军情，致使方面军总部部署失当，给敌以可乘之机，而向水口之敌发起攻击时，红三军团又未及时赶到战场；四是红一方面军的指挥决策机制不甚顺当，在前线的毛泽东和方面军首长对战斗作出重要部署时，还要向处在后方瑞金的苏区中央局报告请示，得到批准之后方可下达作战命令，使前方指挥员受到掣肘，误了战机。

尽管如此，水口战役后，粤敌再也不敢贸然进犯苏区，南线战事趋向稳定，从而使红军在后来的反"围剿"战争中解除了后顾之忧，中央苏区从此得到了切实的巩固。

第六节
福建省、江西省工农兵代表大会的召开

一、福建（闽粤赣）省第一次工农兵代表大会的召开

红军东路军挥师入漳期间，福建（闽粤赣）省的苏维埃运动呈蓬勃发展的势头。

闽粤赣边特区原准备在 1931 年 1 月 21 日召开特区第一次工农兵代表大会，并为此成立了闽粤赣边特区苏维埃政府筹备委员会。后来由于国民党军对闽西苏区发动连续大规模进攻，大会一直未能召开。闽粤赣边特委实际上代行了闽粤赣边特区（1931 年 5 月后改为闽粤赣省）苏维埃政府的大部分职权。

中央苏区红军第三次反"围剿"胜利后，闽西苏区得到巩固，并与中央苏区连成一片。从 1931 年 10 月至 1932 年 2 月，红军第十二军一直在闽西活动，重新占领了上杭、武平等县城，并新发展了长汀北部与宁化、清流等地区。

为贯彻落实 1931 年 11 月 1 日至 5 日在瑞金叶坪召开的苏区第一

次党代表大会(赣南会议)精神,经中共闽粤赣临时省委和中共苏区中央局批准,1932 年 3 月初在长汀城召开了中共闽粤赣苏区第二次代表大会。中共苏区中央局代表任弼时到会作政治报告。这次大会传达贯彻了赣南会议和苏区中央局 1932 年 2 月 19 日的《目前政治形势的分析与苏区党的紧急任务的决议》。由于王明"左"倾"进攻路线"的影响,大会脱离实际地提出了闽粤赣苏区党的任务,即"夺取中心城市","积极向北发展","这样来响应和援助全国乃至潮梅的反日反帝反国民党的革命运动,来配合全国各苏区,特别是江西苏区向外发展的行动,以取得湘鄂赣几省的革命首先胜利"①。大会重新选举产生了中共闽粤赣省委(后来又称中共福建省委)领导成员,以罗明、张鼎丞、谭震林、李明光、郭滴人为省委常委,罗明任省委代理书记。

与此同时,中共闽粤赣临时省委还加紧筹备召开闽粤赣省第一次工农兵代表大会,准备正式成立闽粤赣省苏维埃政府。1932 年 1 月中旬至 2 月下旬,闽粤赣苏区按照一苏大会后临时中央政府颁布的选举法令和闽粤赣临时省委的通知,加紧进行出席省第一次工农兵代表大会代表的选举工作。中共闽粤赣省第二次代表大会结束后,省第一次工农兵代表大会的筹备工作也顺利完成。

1932 年 3 月 18 日,闽粤赣省第一次工农兵代表大会在长汀城正式开幕。

大会召开前一天,苏维埃中央政府于 3 月 17 日发出了《中央政府给福建省苏大会的指示信》,对大会提出了要求,要大会认真讨论关于积极发展革命战争、首先夺取中心城市、争取革命在一省数省首先胜利的问题,并说这是大会所负的最主要中心任务。

---

① 《目前政治形势与闽粤赣苏区党的任务——中共闽粤赣苏区党第二次全省代表大会决议》,1932 年 3 月 5 日。见江西省档案馆、江西省委党校党史教研室编:《中央革命根据地史料选编》(中),江西人民出版社 1982 年版,第 357 页。

大会历时4天。出席这次大会的代表共100多人。大会首先由中央政府代表任弼时作政治报告,接着由张鼎丞作苏维埃政府一年来的工作报告,还宣读了苏维埃中央政府的指示信。大会以发展革命战争为中心议题,先后讨论和通过了《实行劳动法令》《土地问题》《军事问题》《财政经济问题》《苏维埃建设问题》等重要决议、法令。

这次大会无疑受到王明"左"倾"进攻路线"的影响。但在所通过的决议和法令中,有许多基本的内容仍然是符合闽粤赣苏区实际的,是正确的。如:(一)强调巩固和扩大红军,加强地方武装,配合主力红军,发展游击战争,打击以至消灭国民党军阀、团匪的进攻;(二)深入土地革命,发展农业生产,奖励开垦荒地,整修水利;(三)开展苏区经济建设,大力发展纸、烟、木材生产和果林、畜牧业,改良种子,鼓励多种杂粮,发展各种合作社,疏通赤白贸易;(四)加强财政工作,统一税收,建立财政检查制度,严格预、决算制度;(五)加强各级苏维埃政权建设,改进苏区干部作风,等等。

大会最后选举张鼎丞、阙继明、张思垣、范乐春、蓝兴南、张仁标、郭滴人等35人为闽粤赣省(后改称福建省)苏维埃政府执行委员会委员;选举钟友勋、赖荣章等13人为候补执行委员。在3月22日闽粤赣省苏维埃政府执行委员会第一次全体会议上,又选举张鼎丞、阙继明、张思垣、范乐春、李六如、郭滴人、钟显光、张华先、谭震林9人为省苏维埃政府执行委员会主席团成员。

闽粤赣省苏维埃政府以张鼎丞为主席,阙继明、张思垣为副主席,范乐春为土地部长,张思垣任劳动部长,谭震林兼任军事部长,阙继明兼任工农检察部长,李六如为财政部长兼内务部长,郭滴人为文化部长,钟显光为粮食部长,张华先为裁判部长,温仰春为省苏维埃政府秘书长。省苏维埃政府机关驻长汀城原汀州试院内。

闽粤赣省苏维埃政府的成立,标志着闽粤赣苏区得到进一步的巩固,并开始进入一个新的发展阶段。

二、江西省第一次工农兵代表大会的召开

红一方面军第三次反“围剿”胜利后,江西苏区得到进一步发展巩固。1931 年 10 月成立中共江西临时省委,任弼时兼任临时省委书记。同年 11 月,中共江西省第一次代表大会召开,正式成立苏区中共江西省委。中共中央原决定调闽粤赣临时省委书记卢永炽任江西省委书记。可是卢永炽在出席“赣南会议”返回闽西后,却携妻卷巨款出走苏区去向不明。新成立的江西省委由省委组织部长陈正人暂代省委书记。1931 年 12 月中旬,中共中央通知前往湘鄂赣苏区担任省委书记而途经瑞金的李富春留在江西苏区,担任江西省委书记。中共江西省委常委有李富春、刘球贤、曾山、陈正人、陈毅、刘启耀、张绩之、蔡畅等人。

1931 年 12 月下旬,中共江西省委在兴国县城召开第一次全委扩大会议,研究贯彻落实赣南会议和一苏大会精神的措施。这次会议通过了《政治决议案》《扩大红军问题决议案》等,在一定程度上加快了王明“左”倾错误在江西苏区贯彻的步伐。

鉴于江西省苏维埃政府在 1930 年 10 月 7 日成立时,只是由红一方面军总前委和赣西南特委协商指定省苏政府执委名单和各部门负责人,此后由于连续三次反“围剿”斗争,形势紧张,环境恶劣,一直没有条件正式召开全省工农兵代表大会。所以,中共江西省委成立后,决定尽快筹备召开江西省第一次工农兵代表大会,正式选举产生江西省苏维埃政府执行委员会。

1932 年 1 月 11 日,中共江西省委发出《拥护江西全省苏维埃大会宣传大纲》,号召全省工农兵群众积极投入选举运动,努力扩大革命战争,巩固和发展江西苏区,迎接全省第一次工农兵代表大会胜利召开。按照一苏大会通过并颁布的《中华苏维埃共和国选举细则》,江西苏区内开展了轰轰烈烈的选举运动。

经过几个月的筹备和苏维埃中央政府批准,江西省第一次工农兵代表大会于 1932 年 5 月 1 日在兴国县城陈家祠隆重开幕。

出席大会的正式代表240人，候补代表20人。代表们首先推举项英、曾山、陈毅、吴家俊、胡海、方维夏等23人为大会主席团成员，成立了代表资格审查委员会和提案审查委员会。5月1日下午3时，为庆祝全省第一次工农兵代表大会的召开和纪念五一国际劳动节，举行了盛大的群众集会，兴国县城各界群众共有2万余人参加集会。

大会期间，项英代表苏维埃中央政府作政治报告，曾山代表江西省苏维埃政府执行委员会作关于省苏维埃工作报告。对项英和曾山所作的报告，代表们进行了热烈的讨论，并通过了《江西省工农兵苏维埃第一次全省代表大会对苏维埃工作报告的决议》。

决议回顾了党领导广大群众开辟和建立江西苏区艰难的斗争历程和取得的巨大成就，指出江西苏区“确实已成为推动中国苏维埃运动的柱石，成为革命政权与反革命政权对抗的中心”①。

决议还对江西苏区革命斗争经验和存在的问题进行了认真总结，围绕着“扩大革命战争，争取全省首先胜利”这一中心任务，提出了江西各级苏维埃政府面临的10项具体任务：(一)立即实行城乡苏维埃代表会议制度，以建立苏维埃的基础；(二)建立坚强而有工作能力的政府委员会，加强对政府工作人员的政治、文化教育，健全政府各部工作；(三)转变工作方式，建立指导员巡视工作制度，纠正官僚主义、命令主义作风；(四)密切政府与工会、贫农团等群众团体的关系；(五)彻底开展肃反运动，裁判工作与肃反工作应分开；(六)建立妇女生活改善委员会和乡妇女代表会议，坚决实行苏维埃婚姻条例；(七)切实开展救济被难群众的工作，除政府在物资上给予救济外，并通过革命互济会发动群众实行互济；(八)实行工农检查制度，健全各级工农检查部的组织与工作；(九)执行全苏大会土地法和省苏分配土地条例，

① 《江西省工农兵苏维埃第一次全省代表大会对苏维埃工作报告的决议》，1932年5月6日印于兴国城陈家祠。

开展土地检查工作,努力执行劳动法令;(十)委托省苏新的执行委员会根据大会决议,订出具体方案,切实贯彻执行。

大会还讨论通过了《实行劳动法令的决议案》《土地问题决议案》《对扩大红军的决议案》《对地方武装问题的决议案》《财政与经济问题的决议案》《文化教育工作决议》《拥护临时中央政府对日战争宣言》和《拥护临时中央政府对日战争动员的决议案》等。5 月 16 日,大会还发出了《致省委并转中央局及中央委员会电》。1932 年 6 月 3 日,苏维埃中央政府批准了江西省工农兵苏维埃第一次全省代表大会所通过的上述决议案。

大会选举产生了新的江西省苏维埃政府执行委员会。曾山仍当选为省苏维埃政府主席,陈正人、胡海为副主席。

江西省工农兵第一次代表大会于 1932 年 5 月 15 日胜利闭幕。

这次大会虽然接受了王明"左"倾冒险的"进攻路线",在土地、劳动和经济政策等方面受到王明"左"倾错误的影响,但大会讨论和决定的省苏维埃政府十大任务及其所通过的决议案,其基本内容是符合江西苏区实际的,是正确的。它对推动江西苏区人民积极参加革命战争和苏区建设,发展和巩固苏维埃区域起了积极的作用。

会后不久,为进一步加强党对江西边境苏维埃区域的领导,于 1932 年 6 月间在宁都县城成立了中共宁都中心县委,以余泽鸿为书记,领导宁都、南广、石城、宜黄、乐安等县工作;在会昌县筠门岭成立了中共会寻安中心县委,以邓小平为书记,领导会昌、寻乌、安远三县工作;1932 年 8 月,又在于都县城成立中共于都中心县委,以李宗白为书记,领导于都、赣县、信丰三县工作。宁都中心县委于同年 8 月撤销,在其所辖区域分别成立中共乐安中心县委和中共南广中心县委。在这期间,还先后成立中共万泰中心县委、中共建宁中心县委和中共广昌中心县委。

这些中心县委的成立及其活动,对于加强江西苏区的各项工作,积极发展革命战争,巩固和扩大苏区,起到了重要作用。

第八章
中央苏区的鼎盛时期

第一节
乐宜之役

一、赣州撤围后苏区中央局对毛泽东的错误批评

如同前文所述，自中央苏区红军第三次反“围剿”结束后，毛泽东与中共临时中央以及苏区中央局其他委员之间，围绕着苏区红军军事行动方针，开始产生严重意见分歧。尤其是毛泽东一再反对红军冒险攻打赣州，严厉批评红军攻赣错误“是李立三路线的继续”，坚持主张红军攻赣撤围后应向闽浙皖赣边境敌人力量薄弱地区发展，更引起苏区中央局其他成员不满，因而被指责为是“右倾机会主义”和“失败情绪”。江口会议后，苏区中央局原代理书记、苏维埃临时中央政府副主席项英，赴上海向中共临时中央汇报工作。他乘机状告毛泽东对执行中央“进攻路线”“消极怠工”，犯有严重“右倾机会主义”错误，致使临时中央领导人对毛泽东更为不满。

这时，正好中共临时中央于 1932 年 4 月 14 日向各苏区党部发出《中央为反对帝国主义进攻苏联瓜分中国给各苏区党部的信》，信中认为：日本帝国主义进攻东北，是进攻苏联的具体危险步骤，国民党也正

向苏维埃与红军作全线的新的总进攻，要求全党和全国苏区红军要以坚决积极的民族革命战争来拥护和支持苏联，并且强调："右倾机会主义的危险是各个苏区党目前的主要危险。"

中共临时中央的这封指示信送达中央苏区后，在长汀的苏区中央局领导立即将该指示信精神电告还在漳州的毛泽东，期待毛泽东能转变观念，支持临时中央的军事战略决策。孰料毛泽东阅毕电报，反而觉得临时中央对目前政治形势的分析，完全脱离实际。5月3日，他在漳州给周恩来回电，明确指出："中央的政治估量和军事战略，完全是错误的。"他认为，第三次"围剿"苏区的失败和日本出兵东北，给了国民党南京政府很大的打击。目前无论是南京国民党政府，还是国民党粤军，对苏区和红军都只能取守势防御。我们不应过分夸大敌人力量，而使自己犯战略错误。至于红军今后的战略方针，毛泽东在回电中说：

> 在三次战争以后，我们的军事战略，大规模上决不应再采取防御式的内线作战战略，相反要采取进攻的外线作战战略。我们的任务是夺取中心城市实现一省胜利，似要以消灭敌人做前提。在现时的敌我形势下，在我军的给养条件下，均必须跳出敌人的圆围之外，采取进攻的外线作战，才能达到目的。[①]

毛泽东在这里提出的"进攻的外线作战"，与临时中央和苏区中央局坚持的"夹江而下"盲目攻打吉安南昌、夺取中心城市的"进攻路线"，虽然都是强调"进攻"，但实质却不一样。毛泽东主张的"进攻的外线作战"，是大胆地跳出敌人的圆围，到敌人统治力量薄弱的地区打击敌人，发展根据地；而临时中央和苏区中央局坚持的"进攻路线"，是让红军滞留在苏区内线攻打敌人坚固设防的中心城市，而毫无胜利把

① 转引自中共中央文献研究室编：《毛泽东年谱（1893—1949）》上卷，人民出版社、中央文献出版社1993年版，第374页。

握。毛泽东也同意“夺取中心城市实现一省胜利”，但他强调其前提是“消灭敌人”，就是说如果不消灭敌人有生力量，哪怕夺取了一、二个中心城市，也毫无意义。

以周恩来为首的中共苏区中央局，对毛泽东的态度深感失望，决心与毛泽东的“右倾机会主义”展开斗争，以便能更好地贯彻执行临时中央提出的“进攻路线”。1932 年 5 月上旬，周恩来在毛泽东缺席的情况下，主持在长汀城召开苏区中央局会议，“决定同毛泽东的错误进行斗争，并在党的机关报上进行批评”。① 5 月 11 日，苏区中央局作出《关于领导参加反对帝国主义进攻苏联瓜分中国与扩大革命战争运动周的决议》，不点名批评以毛泽东为代理书记的苏区中央局“自去年三次战争胜利以来对于目前政治形势的估量，犯了极严重的一贯的右倾机会主义错误”，表示要“彻底纠正中央局过去的右倾机会主义错误”，将“主要的火力应向着右倾机会主义做最坚决最残酷的斗争”②。

毛泽东此时还在漳州，没有参加苏区中央局 5 月上旬召开的长汀会议。1932 年 6 月他率东路军从漳州回师赣南抵达长汀，才看到这个决议。事过 9 年，他在延安提起这个决议时，曾写道：“六月回到长汀，见了这个皇皇大文，茅塞为之顿启。知道是采的缺席裁判办法，一审终结，不许上诉的。”③

从 1932 年 5 月中旬起，对毛泽东所谓“右倾机会主义”的批判不断升温。周恩来写了一篇题为《拥护全国红军的胜利，坚决执行积极进攻的路线》文章，严厉批评中央苏区红军第三次反“围剿”胜利后让

① 中共中央党史研究室第一研究部编译：《共产国际、联共(布)与中国革命档案资料丛书》第 13 卷，中共党史出版社 2007 年版，第 147—148 页。

② 中央档案馆编：《中共中央文件选集》第 8 册，中共中央党校出版社 1991 年版，第 209—219 页。

③ 毛泽东：《驳第三次左倾路线》，1941 年上半年。转引自金冲及主编：《毛泽东传(1893—1949)》上册，中央文献出版社 1996 年版，第 292 页。

红军主力分散去“打土围子与创造战场”，是“犯了不可容许的迟缓与等待，这种右倾机会主义错误的来源是中央局对于目前政治形势估量不足，因此，对于争取一省几省首先胜利的任务与积极进攻的路线，便缺乏明确的认识”；还认为“在去年三次战争中所认为最好的战略战术（如诱敌深入），在今年积极向外发展到白区去出击敌人时便不能完全适用了”。[①] 这篇文章发表在1932年5月30日出版的苏区中央局机关报《实话》上。

此时，前往上海汇报情况的项英于5月间回到长汀，带回了中共临时中央对毛泽东新的批评指责。邓颖超也从上海来到苏区，带来了博古等临时中央领导人对毛泽东的批评与对苏区工作的意见。苏区中央局还收到了临时中央于1932年5月20日发来的电报。临时中央在这份电报中批评苏区党大会（即“赣南会议”）没有充分开展自我批评，“两条战线的斗争，尤其非常薄弱”，认为党大会以反对毛泽东的狭隘经验论代替了反对毛泽东的机会主义的斗争，是大会最主要的“错误与缺点”。

根据中共临时中央的指示精神，周恩来为书记的中共苏区中央局，认为有必要加大对毛泽东批评的力度。正好6月上旬红军东路军从漳州回师赣南，毛泽东回到长汀城。于是苏区中央局立即召开全体委员会议，迫使毛泽东在会上承认自己犯有“右倾机会主义”错误，并迫使他放弃原先提出向赣东北发展的主张。这次会议的情况，苏区中央局于6月9日致电中共临时中央作了汇报。电报说：

> 共产国际的指示信中央局全体委员之间已阅。1. 毛泽东已从前线返回，全会已结束，取得很好结果，一致同意中央的指示信，坚决揭露了以前的错误，进行了深刻的自我批评，确定了当前

---

① 周恩来：《拥护全国红军的胜利，坚决执行积极进攻的路线》，转引中共苏区中央局机关刊物《实话》第5期，1932年5月30日。

政治工作的积极进攻方针和在江西省取得首先胜利的行动方针。在全会上,毛泽东同志表现出很好的态度,深刻承认了自己以前的错误,完全放弃了自己向东北扩张的意见。所有问题都迎刃而解了。2. 我们的讨论是在同志式的气氛中进行的,只限于中央局委员之间。这并不妨碍毛泽东的领导工作。目前我们正齐心协力地执行中央的指示,不会再有任何冲突。①

1932 年 6 月 17 日,周恩来主持召开苏区中央局会议,又作出《关于争取和完成江西及其邻近省区革命首先胜利的决议》。决议以大量篇幅"批评和揭露"了毛泽东任苏区中央局代理书记期间的所谓"严重错误",强调要集中火力反对"右倾机会主义",要采取更积极的进攻策略,对毛泽东的所谓"一贯的右倾机会主义错误"再次给予批判,明确提出中央苏区党的任务是"采取更积极进攻策略","夺取赣河流域的南昌、九江、吉安、赣州、萍乡等中心城市,以实现江西及其邻近省区革命的首先胜利,乃至争取全国的革命胜利"。②

至此,毛泽东已被临时中央与苏区中央局完全打成了"右倾机会主义"代表人物。

二、红军军事决策机制的改变

自 1931 年 11 月成立苏维埃临时中央政府和中革军委后,红一方面军建制即宣布撤销。毛泽东原任的红一方面军总前委书记和总政治委员职务自然撤销,只担任新成立的中革军委委员,在红军中没有别的具体职务。但是,中革军委受苏维埃中央执行委员会和中央人民委员会领导,毛泽东仍可以苏维埃中央执行委员会主席和中央人民委员会主席名义领导中革军委,对红军的军事行动仍有决策权和指挥

① 中共中央党史研究室第一研究部编译:《共产国际、联共(布)与中国革命档案资料丛书》第 13 卷,中共党史出版社 2007 年版,第 164—165 页。

② 中央档案馆编:《中共中央文件选集》第 8 册,中共中央党校出版社 1991 版,第 249 页。

权。红军东路军入闽进行龙岩、漳州战役和南雄水口战役,毛泽东都是以中央政府主席身份随军指挥的。也就是说,自1932年4月至1932年7月,中央苏区红军军事行动的决策指挥权,主要还是掌握在毛泽东手中。周恩来曾于1932年6月10日在瑞金致电中共临时中央报告说:"毛泽东身体极弱,他仍留在高山地区工作,他失眠,胃口也不好。但他和部队一起活动,在主持作战行动时精力充沛,富有才华。[中共苏区中央]局决定派他去前线策划军事行动。他也希望去前线。"①

但是,苏区中央局对此却不放心,生怕毛泽东利用自己的决策指挥权对"进攻路线"消极怠工,因而千方百计要削夺他的这一权利。1932年6月恢复红一方面军建制时,苏区中央局执意未恢复毛泽东原所兼任的红一方面军总政委职务,而让这一职位空缺。同月22日,苏区中央局决定在苏维埃中央人民委员会之下成立中央劳动与战争委员会,以周恩来、项英、朱德、邓发、邓子恢等5人组成,周恩来为主席,负责主持计划并指导关于革命战争的一切军事、经济、财政、劳动的动员事宜。毛泽东是苏维埃中央执行委员会主席兼中央人民委员会主席,却被排斥于该委员会之外。

南雄水口战役后,苏区中央局对战斗结果不满意,对毛泽东留在前方决策指挥红军军事行动更加不放心。1932年7月中旬,苏区中央局遂决定委派周恩来为中央局全权代表,亲赴前方,直接领导前方军事行动。

周恩来刚刚到达前线,被指定担任苏区中央局副书记并代理书记职务的任弼时,和主持中央政府工作的项英等人,就提议由周恩来兼任红一方面军总政委。显然,这个提议的目的,就是要将毛泽东排斥

① 中共中央党史研究室第一研究部编译:《共产国际、联共(布)与中国革命档案资料丛书》第13卷,中共党史出版社2007年版,第166页。

出红军军事行动决策圈之外。

周恩来对后方中央局成员的这一提议思量再三，觉得不妥。因为按规定，中革军委和红一方面军都是受苏维埃临时中央政府领导的。如果按这个提议实施，就会形成毛泽东以中央政府主席身份和周恩来以中央局代表身份平行指挥红一方面军行动的格局。不仅如此，还有红军总政治部与中革军委是平行的领导机关，按规定，总政治部主任也可以在政治上直接领导红一方面军，这就将形成红军军事领导机制中"三驾马车"（临时中央政府主席、中革军委主席、苏区中央局代表）"多头指挥"的局面。于是，周恩来考虑了一个较为稳妥、周全的办法，提议对于红一方面军的军事指挥，取消中央政府主席一级，改由毛泽东兼任红一方面军总政治委员，指挥红军战事；而红一方面军的作战计划与决策权归中革军委主席团三位成员（即朱德、王稼祥、彭德怀），中央局全权代表（即周恩来自己）对行动方针有最后决定权。这个意见，兼及了方方面面，并征得了朱德等人的同意。

为此，1932 年 7 月 25 日，周恩来与毛泽东、朱德、王稼祥联名给瑞金苏区中央局发出电报，说：

> 我们认为，为前方作战指挥便利起见，以取消政府主席一级，改设总政治委员为妥，即以毛任总政委。作战指挥权属总司令、总政委，作战计划与决策权属中革军委，关于行动方针中央局代表有决定权，会议只限于军委会议。此种办法如何，飞电复。①

按这种办法，中央政府主席毛泽东兼任红一方面军总政委，可与红一方面军总司令朱德一起，拥有作战指挥权，但没有作战计划的最高决策权，因为毛泽东不是中革军委主席团成员；周恩来作为中央局全权代表，拥有红军行动方针的最后决定权。然而，任弼时等后方中

① 中共中央文献研究室、中国人民解放军军事科学院编：《周恩来军事文选》第一卷，人民出版社 1997 年版，第 151 页。

央局成员连这个较为妥善的折衷方案也不同意,仍复电前方坚持由周恩来兼任红一方面军总政委。周恩来只得又改变主意,提议在前方成立"最高军事会议"。7月29日,周恩来随军从信丰县北上兴国县途中,给后方中央局任弼时等人写去一信,阐述道:

关于组织问题,军委会原指主席团,但仔细想仍不好。我原意是提高军委信用,故出此。现在我想是否可以改为最高军事会议,由政府明令发表以周、毛、朱、王四人组织。周为主席,负责解决一切行动方针与作战总计划。如依你们提议,仍以周为总政委,这不仅对于政府主席、总政治部主任的关系弄得多头指挥,而且使政府主席将无事可做。泽东的经验与长处还须尽量使他发挥,而督促他改正错误。他做总政委其权限于指挥作战战术方面为多。依上两次战役看,红军战术差得很,虽高级指挥员都须帮助。玉阶(即朱德——引者注)不细心,有泽东负责,可能指挥适宜。遇关重要或犹疑不定时,我便可以以最高军事会议主席或中局代表名义来纠正或解决。以政府主席名义在前方,实在不便之至,且只能主持大计,这又与中局代表或军事会议主席权限相同。故此,银宝塔式的指挥权,必须改变。我觉得前方决定于实际、于原则均无不合。请你们再考虑一下,如同意,可先电兴国告我。①

周恩来关于成立前方"最高军事会议"和任命毛泽东兼红一方面军总政委的提议,实为苏区中央局削夺毛泽东军事决策权而采取的一项重要举措。后方中央局成员权衡再三,表示同意周恩来的意见。

于是,1932年8月8日,中革军委主席朱德和副主席王稼祥、彭德怀联名发表通令:

奉中央政府命令特任毛泽东同志为红军第一方面军总政治

① 中共中央文献研究室、中国人民解放军军事科学院编:《周恩来军事文选》第一卷,人民出版社1997年版,第159页。

委员，现毛同志已到军工作，我第一方面军全体战士今后应坚决在朱总司令毛总政治委员领导之下，一致为发展革命战争争取革命在江西及邻近几省的首先胜利而努力。仰我全体战士一体知照。①

这样，毛泽东终于又恢复了红一方面军总政治委员职务。但是，毛泽东的权力却受到限制，仅“限于指挥作战战术方面”。在战略方针决策与战役战斗计划的制定、决策方面，他只能参与“最高军事会议”研究，没有最后决定权。红军军事行动战略方针的决策与战役战斗计划的最后决定权，集中在周恩来身上。

这就是赣南会议后、宁都会议前红军军事决策机制和毛泽东军职演变的最终结果。

三、兴国会议争论再起

毛泽东的军事决策权力虽然受到极大限制，但他以革命事业为重，充分利用自己“最高军事会议”成员和红一方面军总政委所拥有的权力，对苏区军事行动方针发表已见，为此常常与苏区中央局其他成员发生争论。1932 年 8 月初在兴国县坝南召开的苏区中央局会议上，毛泽东就与苏区中央局代理书记任弼时发生了激烈争论。

1932 年 7 月中旬，红一方面军结束南雄水口战役后，根据毛泽东的意见，部队分散在赣南的信丰、龙南、全南、定南及南雄县北部一带，筹款兼做群众工作，同时休整部队，等待敌情发生有利于红军作战的变化，以求歼灭进入赣南南康、大余间的蒋军第五十二师和第四十三师。红军休整时间从 7 月 14 日至 7 月 24 日，暂定为 10 天。

这当然不符合临时中央“进攻路线”的要求。在瑞金的中央局代理书记任弼时得悉后，即于 7 月 23 日以中央局名义致电周恩来、毛泽

① 中革军委《红一方面军总政委毛泽东已到军工作的通令》，1932 年 8 月 8 日。据中央档案馆保存件。

东、朱德、王稼祥，提出红军下一步的行动方针应迅速在赣州上游西渡章水，并以极迅速的行动打击蒋军。7月25日晚，周、毛、朱、王联名复电瑞金后方中央局："我们再四考虑，认为赣州上游敌军密接，在任何一点渡河出击赣敌，都有被敌人截断危险，如攻新城、南康，将引起宁、赣敌人分进合击，或隔江对峙，造成更不利条件……因此决往赣江下游先取万安，求得渡河，解决陈、罗等四个师主力，以取吉安等城市。如敌人渡河东决战更好。但此行动须极迅速秘密，我们决后天开始集中行动。望密电中央。"①

为到河西去攻打吉安，周恩来已密电江西省委书记李富春，命他派人广搜船只，秘密做好渡江准备。7月27日，红一方面军主力分途离开信丰、龙南等地，经于都县北上兴国集结，准备西渡赣江。周、毛、朱、王等率中革军委和红一方面军总部机关，于8月初抵达兴国县城郊的坝南。

因苏区中央局前、后方成员之间对红军今后行动方针意见不一，周恩来于8月初在兴国县坝南陈家祠主持召开了苏区中央局会议。在前方的苏区中央局成员周、毛、朱、王和后方中央局代理书记任弼时等参加了会议。会上，毛泽东对红一方面军西渡赣江攻打吉安提出了反对意见。他认为红军到外线作战，要在有胜利把握的情况下才能进行。现在赣江以西赣州至吉安一线，驻有国民党军七八个师，且他们互相间相距不远，联系紧密。红军若贸然前去攻打，难有取胜把握。不如集中红军主力在赣江以东地区北上作战，先消灭乐安、宜黄两地力量较弱的孙连仲部第二十七师，再打赣江以西或由南丰、南城等地前来增援的敌军，进而威逼和夺取吉安、抚州，以配合鄂豫皖、湘鄂西根据地红军的反"围剿"斗争。

① 中共中央文献研究室、中国人民解放军军事科学院编：《周恩来军事文选》第一卷，人民出版社1997年版，第153页。

应该说，毛泽东的意见是符合苏区和红军实际的较为稳妥的进攻作战方案。但这个方案仍与临时中央攻打中心城市的“进攻路线”要求相距甚远。会上，任弼时等对毛泽东的意见表示坚决反对。毛泽东据理反驳，毫不客气地主张后方中央局成员“不要干涉前方的军事行动”①。任弼时对毛泽东的发言十分反感。会后任弼时以中央局名义在向中共临时中央报告兴国会议决定时，顺便向临时中央“参”了毛泽东一本，说毛泽东“在信丰龙南迟延十数天是一错误”②。

在这次会议上，由于周恩来和前方中央局成员都赞成毛泽东的意见，会议决定红一方面军北上，开展宜（黄）、乐（安）战役，先消灭驻宜、乐之敌，再进而威胁和夺取吉安、抚州，配合鄂豫皖、湘鄂西根据地红军的反“围剿”斗争。会议正式同意成立前方“最高军事会议”，周恩来为主席，负责前方的行动方针和作战计划。会后，周恩来随红一方面军行动。

四、乐安、宜黄之役

根据苏区中央局兴国会议决定，1932 年 8 月 8 日，中革军委在兴国发出《关于一方面军的任务及中央苏区整个军事布置的训令》，部署乐、宜战役。

训令将中央苏区红军部队分为主作战军与支作战军两部分。主作战军由第一、三、五军团组成，任务是首先消灭盘踞在乐安、宜黄两县之高树勋所部，乘胜突入敌军后方，进迫邻近的中心城市，相机打击与消灭敌人，争取继续胜利。支作战军由红十二军及新组建的红军第二十一军、第二十二军和江西、福建两军区所辖地方武装组成，任务是配合主作战军行动，在苏区东、南、西线牵制敌军力量，保卫苏区安全。

---

① 金冲及主编：《毛泽东传（1893—1949）》（上），中央文献出版社 1996 年版，第 294 页。

② 中共中央文献研究室编：《周恩来年谱（1898—1949）》，中央文献出版社 1998 年版，第 225 页。

1932年8月7日，红一、三、五军团分别在兴国、于都集结完毕。8月8日，各部依据中革军委训令从各自驻地出发，行军8天，于8月15日和16日陆续抵达乐安县招携一线，投入攻打乐安、宜黄战斗。

乐安、宜黄两城，当时均由敌孙连仲部高树勋的第二十七师据守。在乐、宜东面之南丰至南城一线，驻有敌朱绍良部之毛炳文、许克祥、李云杰3个师，西面驻有敌陈诚、罗卓英、吴奇伟3个师。根据这一敌情，红一方面军总部决定首先消灭敌高树勋第二十七师，取得乐、宜两城，再乘胜东击毛、许、李等师，取得南丰城；然后西进攻击陈、罗、吴师，调动敌人分兵南下以减轻鄂豫皖、湘鄂西苏区的压力。

按照这一作战方案，红一军团、红三十一师、红二十二军第六十五师及总部特务营，于8月15日从招携出发，夜行军30公里，于16日凌晨5时向乐安城守敌第二十七师第七十九旅两个团发起攻击。红军攻城部队第三军原拟袭取该城，因守敌顽抗，袭取未果。16日午后4时红军调整部署，改袭取为强攻。红军经一晚激战后，于翌日上午从四面突进，占领乐安全城，全歼守敌1个旅2个团并1个营，俘敌3000余人，缴获长短枪约2000支、机枪10余挺、迫击炮10余门、无线电台1部。

乐安战斗后，红一方面军挥师东进，乘胜直扑宜黄县城。

宜黄城守敌为第二十七师第八十、八十一旅（4个团欠1个营），其主力守城，一部驻守城外工事。红一方面军总部命令红三军团在宜黄城南担任主攻，红一军团在城北担任助攻，红五军团为总预备队。20日拂晓，红三军团发起总攻。因事先未占领城外峨眉山高地，总攻受挫。当晚，彭德怀指挥所部再次发起总攻，一举攻入宜黄城内，击溃守敌大部，俘敌近1000人，缴获长短枪1000余支、机枪10余挺、迫击炮10门、无线电台2部、其他军用物资无数。守敌一部弃城北逃。红一军团第三军第七师和第四军第十一师尾敌追击。22日，红军部队在通往抚州的大道龙骨渡追上敌人，俘敌1000余人，缴枪1000余支。

乐安、宜黄两役,红一方面军全歼敌高树勋第二十七师,俘敌5000余人,缴枪4000余支。驻守南丰、南城之敌为红军胜利声威所震慑,不敢援救而退守南城县城。8月23日,红十二军乘虚进占南丰城,缴获敌遗弃的大米、面、汽油等物资。福建红军独立第七师亦于8月19日乘机占领宁化县城。

红军在一周之内连克4城,歼灭敌人1个整师的有生力量,缴获山炮、迫击炮、机枪等大批武器弹药,南昌、抚州为之大震,敌军连连调整部署。事实证明,毛泽东提出并得到周恩来、朱德、王稼祥支持的北上击敌的行动计划是完全正确的。

第二节
宁都会议

一、后方中央局再次干涉前方军事行动

毛泽东、朱德指挥红十二军占领南丰县城后,又指挥红军直奔南城,准备攻克南城县城,以打开赣东局面。不料南城守敌已增加至3个师17个团,且发现城防工事坚固,增加了红军攻城困难。

前方"最高军事会议"成员周恩来、毛泽东、朱德、王稼祥等共同研究敌情后,毅然决定放弃攻城计划,改令红军后撤至南城、南丰、宜黄间发动群众并筹款,准备待机歼灭西来增援之敌。8月27日,周恩来致电后方中央局并转中共临时中央,报告了这一情况及下一步红军行动计划。

这时,湘鄂西苏区和鄂豫皖苏区正遭到国民党军队大规模"围剿",红军作战连连失利。鄂豫皖中央分局书记张国焘接连给瑞金的苏区中央局发来电报,请求中央苏区红军赶紧发起进攻作战,以策应他们的反"围剿"斗争。上海临时中央也接到鄂豫皖中央分局连连告急和要求中央苏区红军给予牵制、配合的电报。任弼时等不断接到中

共临时中央要求中央苏区红军积极向北进攻、威胁南昌的指令。而偏偏此时任弼时等又接到周恩来发来的关于前方红军停止进攻南城、后撤待机的电报。这使任弼时等后方中央局成员十分着急。他们认为前方的这一部署,违背了临时中央“进攻路线”的要求。于是,任弼时等不顾毛泽东在兴国会议上提出的“不要干涉前方的军事行动”要求,一再致电前方,催促红一方面军向北出击,威胁南昌,以减轻敌人对鄂豫皖、湘鄂西苏区的压力。

任弼时等后方中央局成员的出发点是好的。因为湘鄂西、鄂豫皖苏区有困难,作为中革军委直接指挥的中央苏区红军,完全应该给予支援。问题是中央苏区与湘鄂西、鄂豫皖两个苏区相距数千里,即使红一方面军立即向敌军发动进攻,也是鞭长莫及,远水解不了近渴,难以将围攻这两块苏区的国民党军队吸引过来。更为重要的是,眼下尚未出现红一方面军出击的有利战机,若不顾一切地盲目出动进攻,不仅援助不了两个苏区,而且必使红一方面军也遭到不必要的重大损失,弄得两头落空。

据此,在前方的毛泽东、周恩来、朱德、王稼祥等没有按照后方中央局的意见行动,反而根据敌情变化,命令红一方面军主力进一步南撤至宁都县北部乃至宁都县南部的青塘一带隐蔽休息,以便诱敌南进而乘机歼灭之。另一方面,他们又连续致电湘鄂西和鄂豫皖苏区分局,建议他们改变战略战术,诱敌深入,实行游击战与运动战相结合,集中优势兵力各个击破敌人,以打破敌人“围剿”。

得知前方红军不仅不北出西进,反而向后南撤,苏区中央局代理书记任弼时等甚为不满。1932 年 9 月 7 日,任弼时、项英等致电周、毛、朱、王,指责红军向后南撤待敌前进是“不正确的决定”,要求红军立即进攻敌人有重兵据守的永丰县城。

任弼时等不顾实际强令红军攻打永丰县城的要求,理所当然遭到毛泽东等的反对。毛泽东等坚持红军主力必须在宁都县北部隐蔽休整一星期以上,以观察敌军动向。9月23日,他们联名致电后方中央局并转上海临时中央,强调指出:"出击必须有把握胜利与消灭敌人一部,以便各个击破敌人,才是正确策略;否则,急于求战而遭不利,将造成更严重错误。"他们在电报中详细分析了当前敌军据守分布情况,认为:"在现在不利于马上作战的条件下,应以夺取南丰,赤化南丰河两岸尤其南丰至乐安一片地区,促起敌情变化,准备在运动战中打击与消灭目前主要敌人为目前行动方针。"①毛泽东等解释说,上述部署"虽不是立即出击敌人,但仍是积极进攻的策略,因为这片地区之赤化与逼近这几个城市,必能变换敌情,并给红军以有利的群众条件,消灭敌人与取得中心城市"。②

二、周恩来的苦衷

前方"最高军事会议"成员周、毛、朱、王9月23日给后方中央局的电报,虽然是他们4人达成的共识,而主要是毛泽东的意见。他们能达成这样的共识,实属不易。因为他们4人对红军的行动计划作出决策时,意见也往往不尽一致。9月24日,周恩来从宁都以个人名义致信后方中央局,诉说了自己的困惑和苦衷。信中说:

> 前方关于战略原则与发展方针,时常引起争论,而且在动摇的原则上变更意见。有时今天以为是的,明天立以为非,工作在不定状况之下非常难做。前方组织既不是集权于个人负责制,各人能力又均有长有短,许多事件既不能决之于个人,而且时常变更其解释的原则,尤令人无所适从,有时争论则不胜其争论。因在军事行动中,不比在平时可以多想多说,军事行动须当机立断(机断专行,在前方可用之于日常事务上,而无法用之于临时紧急

① 《毛泽东军事文选》第一卷,军事科学出版社、中央文献出版社1993年版,第290—291页。

② 《毛泽东军事文选》第一卷,军事科学出版社、中央文献出版社1993年版,第291页。

处置上)。但因许多不同意见且均系负责者的意见,自然要加以考虑。这样一来,已定的方案与原则又改变了,又须另在一种标准下进行,以至许多行动并非在一致的路线下执行的,且行动定了、做了,又人各一见,各异其解释。自然到了检阅时,可以做其结论,彼此竟不相侔,结果对于新的方案的执行,也就更不能有一致的见解了。这是目前最中心而亟须解决的问题![①]

周恩来信中的中心意思,就是告诉后方中央局成员,他在前方对许多事情也不能说了算,做不了主,因为其他中央局成员(尤其是毛泽东)常常意见相左。他在考虑如何改变前方目前的决策机制。如何改变呢?周恩来主动提出:“我可以回到后方一行,可以将前方对于群众工作的心得贡献到中局,并可以更具体地规定动员群众的办法。”还说:“再则前方负责人太多,我意与其各持一见,不如抽出人来做前线与后方的群众工作,或者到河西去都可。”[②]无论哪种办法,周恩来都要求自己离开前线。他在信中还建议将红军学校校长刘伯承调来前线接替叶剑英任军委总参谋长,以便有一个帮手。

三、周、毛、朱、王提议在前方召开中央局全体会议

任弼时等后方中央局成员,收到了前方周、毛、朱、王联名于9月23日发来的电报,知道前方同志坚决反对后方同志提出的攻打永丰城的意见,并知道了前方红军已经开始分散部署在南丰河两岸等地做群众工作。

对前方的这一部署,任弼时等又提出了反对意见。9月25日,任弼时等复电前方说:“在目前全国苏区红军积极行动艰苦作战中,我们不同意你们分散兵力,先赤化南丰、乐安,逼近几个城市来变换敌情,求得有利群众条件来消灭敌军,并解释这为积极进攻策略的具体布置

① 《周恩来军事文选》第一卷,人民出版社1997年版,第186—187页。

② 《周恩来军事文选》第一卷,人民出版社1997年版,第187页。

与精神，这在实际上将延缓作战时间一个月以上。”并断言这将“可以演成严重错误”。①

很显然，任弼时等只考虑贯彻临时中央的“进攻路线”，而根本没考虑前方红军面临的实际情况。

而在前方的毛泽东，考虑的是红军面临的实际，他不愿为贯彻错误的“进攻路线”而拿红军的生命作无谓的牺牲。他对于前、后方中央局成员之间就红军军事行动经常发生争论，互相掣肘，很有意见，因此主张后方中央局任弼时、项英两人都到前方来开中央局会议。周恩来也感到，确实须解决前、后方中央局成员对红军行动意见不一致的问题。他赞成在前方开会，但他认为：“既主张在前方开会，则须开全体会，彻底地解决一切原则上的问题，而不容再有异议，否则前方工作无法进行得好。尤其是军事行动上，必须行专勿疑。大家都不放心，事情一定做不好。即使有错，也要在检阅时予以批评，否则遇事干涉，遇事不放心，即不错也会弄错！”②

于是，9 月 25 日接到任弼时等复电后当天，周、毛、朱、王即复电后方中央局，坚持原有看法，再次阐明不能贸然攻打永丰城的理由，并正式提议：“无论中局同意哪一行动，我们提议即刻在前方开一中局全体会，并且要全体都到，这不仅可以解决目前行动问题，并要讨论接受中央指示、红军行动总方针与发展方向、地方群众动员与白区工作，特别是扩大红军苏区与争取中心城市之具体进行等。日期以三十日开为好，三天赶到宁北的小塘。”③

9 月 26 日，任弼时等后方中央局成员与前方周、毛、朱、王之间，就

---

① 中共中央文献研究室编：《毛泽东年谱（1893—1949）》（上），人民出版社、中央文献出版社 1993 年版，第 386 页。

② 《周恩来军事文选》第一卷，人民出版社 1997 年版，第 187 页。

③ 《毛泽东军事文选》第一卷，军事科学出版社、中央文献出版社 1993 年版，第 294 页。

关于打不打永丰城和在前方开会问题,又相互电报磋商。任弼时在致前方电报中坚持“攻城打增援部队”,并反对在前方开中央局全体会,说:“项英、邓发已去闽西参加会议,而且你们亦须随军前进,中央局全体会议不可能开。”①而周、毛、朱、王则致电任弼时等,坚持不能攻打永丰、乐安等城市,并坚持认为中央局全体会待项英、邓发回瑞金后,仍应到前方召开,因有许多问题必须讨论解决,开会日期以 10 月 10 日以前为妥。

四、任弼时作出在前方召开中央局全体会议的决定

鉴于周、毛、朱、王坚决要求在前方召开中央局全体会,同时任弼时也收到了周恩来于 9 月 24 日写给后方中央局的来信,了解到前方中央局成员之间在讨论决策重大问题时常有分歧,周恩来在前方颇感困难,有离开前方回瑞金或到河西湘赣苏区之意。于是,任弼时于 9 月 27 日致电前方周、毛、朱、王,提议周恩来回瑞金开会,以便解决前方问题,留毛、朱、王在前方主持战事。

果真如此,也许是件好事。谁知正当周恩来刚要启程时,上海临时中央急电苏区中央局通报说:“蒋由汉回庐山,召集在赣将领开会,即将倾全力向我中区及赣东北进攻之势,我方须立即紧急动员警戒,并以最积极迅速之行动,择敌人弱点击破一面,勿待其合围,反失机动。望即定军事行动计划,电告中央。”②

其实,军事行家都懂得,蒋介石即便已经召开军事会议,也有个调兵遣将的部署过程,决不可能开完会就立即对中央苏区发起进攻,红军大可不必因蒋介石这一举动而仓促出击。可是,在瑞金的后方中央局成员缺乏这些军事知识。他们接到临时中央的通报后,以为国民党

① 中共中央文献研究室编:《毛泽东年谱(1893—1949)》(上),人民出版社、中央文献出版社 1993 年版,第 387 页。

② 中共中央文献研究室编:《党的文献》,1990 年第 2 期,第 38—39 页。

大军立马就会杀奔而来,似乎中央苏区已十分危急,因而表现得心急如焚,巴不得红军立即向敌人出击,打破敌人一面,才是生路,一天也耽搁不得。

偏偏在这时,任弼时收到了毛泽东、朱德于9月26日签发的《敌人大举进攻之前部队向北工作一时期的训令》。这个训令,根本未理会后方中央局关于攻打永丰、乐安两城的指令,仍然布置红军主力在宜黄、南丰两县间分散做赤化工作,待机破敌。恰在这节骨眼上,项英、邓发从闽西回到了瑞金。任弼时与他们合计后,于1932年9月29日上午11时向前方发出急电,通知说:

周、毛、朱、王:

中央局决定立即在前方召开中央局全体会议。9月洽(26日)训令收到,我们认为这完全是离开了原则,极危险的布置。中央局决定暂时停止行动,立即在前方开中央局全体会议。恩来同志可暂不来瑞,如已起程,望派人追回前方,如军队已出动白区,则应集结兵力于适当位置。我们四人并伯承同志明日下午由瑞出发到前方。电到,望即刻电告你们现在驻地点。①

9月30日,任弼时以苏区中央局名义从瑞金致电中共临时中央,报告了苏区中央局即将召开全体会议一事。电报说:

毛泽东同志对扩大中央苏区、占领中心城市和争取[革命]在一省或数省首先胜利的斗争表现动摇。他在扩大苏区到……东部山区的机会主义路线仍在继续,他常常试图加以实施,忽视党的领导,而提拔干部是从私人关系出发,而不是出于社会实践的[需要]。虽然莫斯克文(即周恩来——引者注)同志在那里,但他实际上很难贯彻[苏区中央]局的意见,从根本上改变他们的活动。因此,我们在上一封信中指出了我们领导工作中的困难。为

① 中共中央文献研究室编:《党的文献》,1990年第2期,第38—39页。

了军事领导人观点的一致，我们坚决而公开地批评毛[泽东]同志的错误，并想把他召回到后方[中央]苏维埃政府中工作。

该电报还说：

中央局四位委员——布林斯基(即任弼时——引者注)、顾作霖、邓发和项英今天出发去前线召开中央局全会，会上将讨论[中共]中央的指示，并解决前线与中央局之间的争论以及前线在组织问题上的争执。我们坚信，[中共]中央的指示是完全正确的。希望中央在上述诸问题上给予[新的]指示。①

于是，就有了宁都会议的召开。

从以上史实可以看出，苏区中央局前、后方成员之间围绕第四次反"围剿"战略方针的分歧，仅仅是宁都会议召开的原因之一。宁都会议召开的根本原因，是共产国际、中共临时中央和苏区中央局多数成员，都认为毛泽东坚持"右倾机会主义"错误，对"进攻路线"表现动摇乃至反对，成为"进攻路线"在中央苏区贯彻执行的最大障碍。为彻底扫除这一最大障碍，苏区中央局在4月、6月两次长汀会议和8月兴国坝南会议的基础上，再一次召开全体会议对毛泽东展开批评斗争，实为势所必然。而且从9月30日苏区中央局给临时中央的电报来看，召开这次会议完全是一种对毛泽东兴师问罪的架势。

五、宁都会议的内容和经过

1932年9月30日下午，后方中央局成员任弼时、项英、顾作霖、邓发和准备接任中革军委总参谋长的刘伯承，从瑞金出发，星夜兼程赶赴宁都。

行前，任弼时等急电前方，重申反对前方关于红军分散赤化南丰河两岸的部署。途中，他们又于10月1日致电前方周、毛、朱、王，强

① 以上引自中共中央党史研究室第一研究部编译：《共产国际、联共(布)与中国革命档案资料丛书》第13卷，中共党史出版社2007年版，第210页。

调是否执行红一方面军总部9月26日训令，应待中央局全体会议后决定。10月2日傍晚，任弼时等一行抵达红一方面军总部驻地宁都县北部东山坝乡小源村。

1932年10月3日至8日间，中共苏区中央局全体会议在宁都县东山坝乡小源村榜山翁祠召开。

出席会议的有来自后方中央局成员任弼时、项英、顾作霖、邓发；在前方的苏区中央局成员周恩来、毛泽东、朱德、王稼祥；刘伯承列席了会议。

会议由周恩来主持。根据《苏区中央局宁都会议简报》等文献资料记载，这次会议的主要内容，有以下4个方面：

（一）传达讨论中共临时中央于1932年7月21日发出的《中央给中区中央局及苏区闽赣两省委信》（即“中央长信指示”）。

中共临时中央在上述长信中，对苏维埃临时中央政府成立以来中央苏区所犯的所谓“政治错误”，进行了系统、严厉的批评；不点名指责毛泽东在红军占领漳州的一个多月里，“没有能够充分的利用这个时机与良好环境进行充分的群众工作，而集中一切注意力于筹款，这种教训必须深刻地注意到”①。宁都会议“一致同意中央长信指示”②，同时认为苏区中央局在1932年6月17日作出的《关于争取和完成江西及其邻近省区革命首先胜利的决议》的全部精神，与中共临时中央的指示信和指示电是相吻合的。苏区中央局的这个决议，表示完全接受临时中央的“进攻路线”，“揭露”和批判了毛泽东为代理书记的苏区中央局自第三次反“围剿”结束后所犯的所谓“反马克思主义”的“右倾机会主义错误”。当时苏区中央局在作出和通过这个决议时，毛泽

① 中央档案馆编：《中共中央文件选集》第8册，中共中央党校出版社1991年版，第312页。

② 《苏区中央局宁都会议经过简报》，1932年10月21日，转引中央档案馆编：《中共中央文件选集》第8册，中共中央党校出版社1991年版，第528—530页。

东都不在场，是对毛泽东“缺席审判”。这次宁都会议追议这个决议，实际上是对毛泽东的所谓“右倾机会主义错误”再次进行批判。

（二）以中共临时中央的“进攻路线”为尚方宝剑，对1932年2月以来红军的几次战役进行评估和总结。

会议“认为攻赣（州）和南雄、宜乐战役，依据当时情况都是绝对需要的。进占漳州虽获胜利，有很大政治影响，但往来延缓了北上任务之实现”①。对攻打赣州失败造成的严重损失，会议避重就轻地认为“攻赣（州）本有克城可能，惟因对敌必坚守中心城市的估计不足，遂未坚决布置解决增援敌人，在轻敌之下，造成增援之敌已入城而不能攻以及爆炸技术有缺点未能克城而撤围”②。会议期间，后方中央局成员任弼时、项英等及周恩来在发言中，都批评毛泽东在南雄水口战役中“对敌迅速增援估计不足，特别是犯了分兵错误。宜乐战役后，又重犯了分兵筹款错误，未能达到圆满胜利，且遭敌在宜黄之袭击”，并批评“在南雄宜乐之间分兵赤化的计划也是错误的”；还批评“以前三军团过河西也犯对形势估计不足及分散主力的错误”③。

毛泽东在会上发言，不同意上述评价和批评。他坚持认为中央苏区红军自攻赣撤围后，就应该北上向赣东北和闽西北发展，在敌人力量薄弱之处发展新苏区，红军在过去7个月的行动，总体来说都是错误的。后方中央局成员和周恩来都不同意毛泽东的观点，“指出这是动摇并否认过去胜利成绩，掩盖了领导上所犯错误”④，批评了毛泽东

① 《苏区中央局宁都会议经过简报》，1932年10月21日，参见中央档案馆编：《中共中央文件选集》第8册，中共中央党校出版社1991年版，第528—530页。

② 《苏区中央局宁都会议经过简报》，中央档案馆编：《中共中央文件选集》第8册，中共中央党校出版社1991年版，第528—530页。

③ 《苏区中央局宁都会议经过简报》，中央档案馆编：《中共中央文件选集》第8册，中共中央党校出版社1991年版，第529—530页。

④ 《苏区中央局宁都会议经过简报》，中央档案馆编：《中共中央文件选集》第8册，中共中央党校出版社1991年版，第529—530页。

过去提出并一再坚持的“向赣东发展路线”。后方中央局成员还批评毛泽东“不尊重党领导机关与组织观念的错误”[①]。所谓“不尊重党领导机关”,实际就是批评毛泽东不尊重以任弼时为代理书记的苏区中央局。

(三)讨论了对付敌人第四次“围剿”的战略方针。

会议传达并讨论了临时中央关于第四次反“围剿”军事行动方针的指示电。周恩来在会上报告了前方的有关军事部署,认为是符合中央“进攻路线”精神的。毛泽东在发言中坚持认为红一方面军总部9月26日的训令符合当前实际,是正确的。后方中央局成员却认为,前方同志表现出对革命胜利与红军的力量估计不足,存在“以准备为中心”的观念,不同意周恩来在报告中对“以准备为中心”的解释,说他的报告连“积极进攻”的字眼也没有。后方中央局成员更是反对毛泽东关于第四次反“围剿”军事行动方针的主张,认为这是“专去等待敌人进攻的右倾主要危险”[②]。面对后方中央局成员的批评,周恩来发言并作结论,表示接受中央关于军事行动的指示电,承认前方同志确有“以准备为中心”的观念,也温和地批评了毛泽东,同时指出了后方同志对毛泽东有过分的批评。

(四)讨论决定了前方战争领导问题。

会上,任弼时等后方中央局成员首先提出:“过去前方领导不能统一,认为战争领导必须求得专一独断,迅速决定问题,提出由周恩来同志负战争领导总责,泽东同志回后方负中府(央)政府工作责任。”[③]

---

① 《苏区中央局宁都会议经过简报》,中央档案馆编:《中共中央文件选集》第8册,中共中央党校出版社1991年版,第529—530页。

② 《苏区中央局宁都会议经过简报》,中央档案馆编:《中共中央文件选集》第8册,中共中央党校出版社1991年版,第529—530页。

③ 《苏区中央局宁都会议经过简报》,中央档案馆编:《中共中央文件选集》第8册,中共中央党校出版社1991年版,第530页。

周恩来表示同意取消前方"最高军事会议"机构，但不同意将毛泽东调回后方，"坚持要毛同志在前方助理或由毛同志负主持战争责任，恩来同志在前方负监督行动总方针责任"。[①] 后方中央局成员则坚持认为"毛同志承认与了解错误不够，如他主持战争，在政治与行动方针上容易发生错误"[②]，不同意周恩来提出的方案，既反对毛泽东留在前方协助周恩来，更反对让毛泽东负战争总责。

个性极强的毛泽东，认为周恩来所提的两种办法，他都得不到中央局全权信任，实际上都削夺了自己对军事行动的最高决策权，即使留在前方也难以发挥作用，所以对周恩来所提两种办法他都不赞成。他愤而同意离开前方，回后方请假治病休养。

宁都会议上，尽管周恩来做了一些斡旋工作，力图挽留毛泽东在前方参与战事，但未能奏效。

会议就此问题表决，"最后是通过了恩来同志第一种意见"[③]，同意毛在前方"助理"、协助周做军事工作。但毛泽东坚持要求请病假回后方休养。会议"最后批准毛同志请病假，必要时到前方"[④]。

会议还讨论了其他有关人事问题，批评总政治部主任王稼祥"对有政治问题的人采取了组织上自由主义与组织观念的错误"等。[⑤]

---

① 《苏区中央局宁都会议经过简报》，中央档案馆编：《中共中央文件选集》第8册，中共中央党校出版社1991年版，第530页。

② 《苏区中央局宁都会议经过简报》，中央档案馆编：《中共中央文件选集》第8册，中共中央党校出版社1991年版，第530页。

③ 《苏区中央局宁都会议经过简报》，中央档案馆编：《中共中央文件选集》第8册，中共中央党校出版社1991年版，第530页。

④ 《苏区中央局宁都会议经过简报》，中央档案馆编：《中共中央文件选集》第8册，中共中央党校出版社1991年版，第528—530页。

⑤ 《苏区中央局宁都会议经过简报》，中央档案馆编：《中共中央文件选集》第8册，中共中央党校出版社1991年版，第528—530页。

六、宁都会议的严重后果

宁都会议在中国共产党历史上是一次有严重错误的会议。

宁都会议最直接的严重后果，就是排斥了毛泽东对中央苏区红军的领导权。任弼时等在会议召开之前就准备将毛泽东调回瑞金专做中央政府工作。毛泽东在会上坚持请病假回后方休养，正合任弼时等之意。会议结束后，毛泽东即离开前线回到瑞金，稍住数日又前往长汀福音医院治病休养3个月时间。毛泽东刚离开前线，中革军委便于1932年10月12日发出通令：

> 当此革命猛烈向前发展的同时，苏维埃政权的巩固与发展，是十二万分重要的。工农红军第一方面军总政治委员毛泽东同志，为了苏维埃工作的需要，暂回中央政府主持一切工作，所遗总政治委员一职，由周恩来代理。特通令各军，希转饬所属知照。①

毛泽东所任红一方面军总政治委员职务，就这样被正式解除。宁都会议结束后，毛泽东只好带着警卫员离开小源，回瑞金后方住了两三天后，便前往长汀福音医院治病休养，同时看望即将分娩的妻子贺子珍。

毛泽东的红军总政委被解除后，总政委一职由周恩来继任。

1932年11月下旬，任弼时委派中央苏区少年先锋队总队长王盛荣去上海，向博古等汇报了宁都会议的详细情况。博古担心苏区中央局因批评毛泽东而产生意见分歧，导致不团结。1932年11月23日，临时中央以忧虑的口气致电苏区中央局询问：宁都会议后“进攻路线”执行如何？有否反对和抵制？中央局领导在策略上目前有所分歧否？领导人团结是否成问题？并且强调说：“我们坚主采取一切方法，根据

① 见《党的文献》1990年第2期第39页。

党的路线,缩小争论;无严重破坏纪律之事,则绝不应采取任何组织结论。”[1]3天后,任弼时以苏区中央局名义给临时中央复电称:对进攻路线“除毛同志最近来信仍表现有以准备为中心的意见外,并无其他反对与抵抗,不过在地方上,对进攻路线还不深刻了解与未坚决执行。中央局内部对总路线无分歧与争执,更无采取任何组织结论的意见”。[2]

任弼时所说“毛同志最近来信”,指的是毛泽东在汀州福音医院养病期间给瑞金中央局领导写的一封信。毛泽东在信中仍然主张红军应尽快做好打退敌人第四次“围剿”的准备,继续反对盲目向敌人强力固守的坚城发起进攻。这一方面说明毛泽东并没有承认自己所谓的“错误”;另一方面,也说明任弼时等对毛泽东的批评斗争仍在继续。正因此,毛泽东一直被“凉”在汀州福音医院长达3个月之久。

宁都会议以贯彻推行“左”倾“进攻路线”为宗旨,以批判毛泽东的所谓“右倾机会主义”和“消极等待”、“观望”为借口,“开展了中央局从未有过的反倾向的斗争”。毛泽东在会上处于孤立困境。这次会议加速了“左”倾“进攻路线”在中央苏区的贯彻执行。特别是会后毛泽东被迫离开前线,剥夺了他对中央苏区红军的指挥权,这就为“进攻路线”的推行者们后来滥用职权胡乱干涉前方军事行动提供了理由和便利,使中央苏区红军在后来的军事行动特别是第五次反“围剿”斗争中,遭受不应有的惨重损失,最终导致中央苏区的丧失。

1936年9月中旬,毛泽东在中央政治局一次会议中曾重提宁都会议一事,说,当时撤掉军职,“是缺席裁判,并且不通知”,完全是一种

① 中共中央文献研究室编:《任弼时年谱》,中央文献出版社、人民出版社1993年版,第196页。

② 中共中央文献研究室编:《任弼时年谱》中央文献出版社、人民出版社1993年版,第196页。

“高傲的宗派主义”①。

当然,需要指出的是,宁都会议前后,周恩来、任弼时、王稼祥等中共苏区中央局成员对毛泽东的所有批评,均属党内不同意见的争论和斗争。在周恩来、任弼时、王稼祥等人看来,共产国际和临时中央提出的“进攻路线”“百分之百”正确,他们批评毛泽东乃至削夺毛泽东对红军军事行动决策权,为的是贯彻执行“进攻路线”,而非所谓个人之间“权力之争”、“意气之争”。无论是博古等临时中央领导人,还是周、任、王等苏区中央局成员,都希望通过批评斗争这一手段来团结、争取毛泽东支持“进攻路线”。周恩来在会上“温和”地批评毛泽东,并主张将毛泽东留在前线协助他指挥作战,表现出他对毛泽东仍持信任态度。无奈毛泽东始终对“进攻路线”持批评与不合作态度。这正是毛泽东的伟大之处,也是中国共产党最值得庆幸之处。

七、宁都会议后共产国际和中共临时中央对毛泽东的态度

毫无疑问,共产国际和中共临时中央提出“左”倾冒险的“进攻路线”,并强令中央苏区党和红军坚决贯彻执行,是导致宁都会议召开的根本原因。但是,在如何对待和处置毛泽东问题上,共产国际、中共临时中央与苏区中央局的态度却又不同。

共产国际尽管也多次批评毛泽东对“进攻路线”贯彻不力甚至消极怠工,但对毛泽东仍持支持爱护态度,一再要求中共临时中央和苏区中央局团结毛泽东,耐心说服毛泽东支持“进攻路线”。1932 年 10 月 8 日,共产国际执委会政治书记处驻上海政治代表埃韦特,在给共产国际执委会政治书记处书记皮亚特尼茨基的报告中,对于苏区中央局在事先“未做准备和未告知”共产国际的情况下,作出了对毛泽东撤销职务和公开批评的决定,十分不满。埃韦特认为:

① 中共中央政治局会议记录,1936 年 9 月 15 日、16 日。转引金冲及主编:《毛泽东传(1893—1949)》(上),中央文献出版社 1996 年版,第 298 页。

毛泽东迄今还是有声望的领袖,因此为实行正确路线而与他进行斗争时必须谨慎行事。所以我们反对决定的这一部分。要求消除领导机关中的意见分歧,反对目前撤销毛泽东的职务。我们要使他改变观点。①

共产国际执委会政治书记处于1933年3月19日至22日发给中共中央的电报中,再次要求:

继续加强军政领导。对于毛泽东,必须采取最大限度的克制态度和施加同志式的影响,为他提供充分的机会在中央或中央局领导下担任当时负责工作。②

博古等临时中央领导人对于共产国际要求团结毛泽东一道工作的意见,一再表示尊重。1932年5月27日,中共临时中央在给共产国际执行委员会政治书记处政治委员会的电报中表示:"至于对毛泽东的态度,我们完全同意你们的指示,你们的意见将转告给[中共苏区]中央局。"③1932年10月8日,共产国际驻上海政治代表埃韦特,在上海向共产国际执委会政治书记处书记皮亚特尼茨基明确地报告说:"这里的中央④主张进攻策略,但反对撤销和公开批评[毛泽东]"⑤。

事实确实如此。博古收到任弼时于1932年9月30日从瑞金发出的电报,得知苏区中央局准备"坚决而公开地批评毛[泽东]同志的错误",于10月7日以中共中央名义致电苏区中央局,明确答复:

---

① 中共中央党史研究室第一研究部编译:《共产国际、联共(布)与中国革命档案资料丛书》第13卷,中共党史出版社2007年版,第217—218页。

② 中共中央党史研究室第一研究部编译:《共产国际、联共(布)与中国革命档案资料丛书》第13卷,中共党史出版社2007年版,第354页。

③ 中共中央党史研究室第一研究部编译:《共产国际、联共(布)与中国革命档案资料丛书》第13卷,中共党史出版社2007年版,第156页。

④ 这里的中央,指以博古为总负责的中共临时中央。

⑤ 中共中央党史研究室第一研究部编译:《共产国际、联共(布)与中国革命档案资料丛书》第13卷,中共党史出版社2007年版,第217—218页。

> 至于与毛泽东同志的分歧，我们再重复一遍：请尝试用同志式的态度争取他赞成积极斗争的路线。要在党内、红军内和群众中宣传积极的路线。争取党和红军中的干部，使他们相信纯防御路线的错误和危险，不进行反对毛泽东的公开讨论。现在我们反对将他从军队中召回，如果他服从党的纪律的话。目前采取这一步骤，会给红军和政府造成严重的后果。要保证领导的一致。这是斗争成功的前提。速发给我们补充信息，不要等到[一切]事实既成之后。①

这说明，博古始终主张“不进行反对毛泽东的公开讨论”，更反对将毛泽东从前线“召回”，撤销他在红军中的职务。

可是，任弼时等却拒绝中共临时中央和共产国际的意见，执意将毛泽东从前线召回，剥夺毛泽东对红军的领导权。

后方中央局成员在宁都会议期间和宁都会议以后，对周恩来也颇有微词，认为周恩来是搞“调和”的，“在斗争中不坚决”，替毛泽东“解释掩护”。1932 年 11 月 12 日，后方中央局成员就宁都会议情况致电临时中央博古等，告了周恩来一状，说：“这次会议是开展了中局内部从未有过的两条战线斗争，打破过去迁就和平的状态。”但“恩来同志在会议前与前方其他同志意见没有什么明显不同，在报告中更未提到积极进攻，以准备为中心的精神来解释中央指示电”，并且“不给泽东错误以明确的批评，反而有些地方替他解释掩护，这不能说只是态度温和的问题”；“我们认为恩来在斗争中不坚决，这是他个人最大的弱点，他应深刻了解此弱点加以克服”。②

周恩来承认自己态度“温和”，但不同意是“调和”。就在同一天，

① 中共中央党史研究室第一研究部编译：《共产国际、联共(布)与中国革命档案资料丛书》第 13 卷，中共党史出版社 2007 年版，第 213—214 页。

② 转引自中共中央文献研究室编：《周恩来年谱(1898—1949)》，人民出版社、中央文献出版社 1990 年版，第 233 页。

周恩来就自己在宁都会议上的态度致电中共临时中央博古等人,说:“我承认在会议中我对泽东同志的批评是采取了温和态度,对他的组织观念错误批评得不足,另外却指正了后方同志对他的过分批评。”他又说:“认为未将这次斗争局面展开,是调和,是模糊了斗争战线,我不能同意。”

中共临时中央接到上述两份电报后,电复苏区中央局,指出,“中央局会议所取路线与一般方针是正确的”,“泽东同志在会议上已承认自己的错误,必须帮助泽东同志迅速彻底的改正自己的观点与吸引他参加积极的工作”;“恩来同志在会议的立场是正确的,一部分同志责备恩来为调和派是不正确的”。[①]

宁都会议留下了历史的遗憾和阴影。

第三节 第四次反“围剿”的胜利

一、蒋介石部署第四次军事“围剿”

宁都会议后,第四次反“围剿”已大战在即。

1932 年 10 月,蒋介石在对鄂豫皖、湘鄂西两个苏区的军事“围剿”得手后,即开始将“围剿”的重点转向中央苏区,在中央苏区周围陆续集中了近 20 个师 40 余万兵力,准备与中央苏区红军决一雌雄。

蒋军的分布情况是:闽北方面,第五十六师在建瓯、顺昌、建阳地区;新编第二师主力在沙县,一部在永安、尤溪;新编第四旅主力在泰宁,一部在邵武。赣东方面,赵观涛第八路第五、第六、第五十三、第七十九师分布在上饶、弋阳、余江、铅山等地。赣中方面,朱绍良第六路

① 转引自中共中央文献研究室编:《周恩来年谱(1898—1949)》,人民出版社、中央文献出版社 1990 年版,第 234 页。

第八、第二十三师和第二十四师主力在南丰、南城，第二十四师一部在黎川；孙连仲第九路第二十五师、第二十七师残部和骑兵第四师在宜黄、崇仁、抚州地区；陈诚第二路第十一、第十四、第四十三、第五十二、第五十九师在吉安、吉水、永丰等地，第九十师在乐安。赣南和闽西北地区仍由粤军余汉谋第二路、李扬敬第三路和蔡廷锴第十九路军驻守。

上述兵力统一由在南昌的国民党"闽粤赣剿匪总司令"何应钦指挥。敌军对中央苏区采取左、中、右 3 路包围态势，"各方大半都是扼守支点，以小部进扰苏区，阻我主力出击，企图以包围阵势配合经济封锁，遂行其合围并进的'围剿'计划"①。

从国民党军的上述兵力分布状况可以看出，北线建宁、黎川、泰宁地区敌军兵力较为空虚，仅有敌新编第四旅和第二十四师一部据守，似有机可乘。

二、红一方面军建黎泰、金资战役

苏区中央局宁都会议在严厉批判了毛泽东所谓"专去等待敌人进攻的右倾主要危险"后，完全接受了中共临时中央要求红军"以最积极迅速之行动，择敌人弱点击破一面"的指令。红一方面军总部立即停止执行原定在南丰河两岸分兵赤化的计划，决定乘敌暂取守势之际，集中兵力向敌人兵力较为薄弱的建宁、黎川、泰宁地区发起攻击。

1932 年 10 月 14 日，红一方面军总司令朱德、总政治委员周恩来在广昌下达了建黎泰战役计划，指出："本方面军为要策应各苏区红军互相呼应作战，乘敌人上述部署未完成的时候，击破敌人一方和联系东北红军起见，拟出敌不意迅速而同时地消灭建宁、泰宁、黎川的敌人而占领其地域。占领泰宁的兵团，并于占领泰宁时即刻发出一个相当

① 红一方面军《建黎泰战役计划》，1932 年 10 月 14 日，见中共中央文献研究室、中国人民解放军军事科学院编：《周恩来军事文选》第 1 卷，人民出版社 1997 年版，第 200 页。

的兵团直趋邵武,沟通崇安红军。该兵团任务完毕,即归还建制,其余各兵团在达成以上这些任务后,应赤化所在地域及征集红军所需的资材,以利于此后的战役,但须集结主力,常作战斗准备和集中姿势。"①

这次战役选择的进攻方向和所规定要达到的战役目的是正确的。毛泽东早在8个月以前的江口会议上就提出并一再坚持,红军主力应向东北方向出击。红一方面军此次发起建、黎、泰战役,与毛泽东原先的设想甚为接近。周恩来在签发这一计划时特意注明:"如有便,请送给毛主席一阅。"②可见周恩来的一片苦心和对毛泽东仍表尊重。

建黎泰战役的具体部署为:

红二十二军为右纵队,负责消灭泰宁地区敌人。该纵队由广昌县巴口桥地区集结出发,经尖峰、客坊、均口、梅口向泰宁前进,并以一部兵力直趋邵武,沟通与闽北苏区崇安红军的联系。

红一军团为中央纵队,负责消灭建宁地区敌人。该纵队由广昌县头陂地区集结出发,兵分两路:一路经广昌城、水南、里心向建宁前进,并派一部兵力到康都向南丰警戒,以掩护建宁红军;一路经白水(今赤水)、尖峰、客坊、黄泥铺、水溪口向建宁前进。

红三军团为左纵队,负责消灭黎川敌人。该纵队从广昌城附近集结出发,经千善、康都、西城桥、横村向黎川前进。

红五军团为战役预备队,任务是随时援助红一军团和红二十二军消灭建宁、泰宁敌人。该部由广昌县甘竹地区集结出发,经千善、傅坊、蛟洋、建宁、槠树下,19日到达梅口以西地区,策应红二十二军行动。

红一方面军总司令部和中革军委机关随红一军团行动,待占领建

---

① 中共中央文献研究室、中国人民解放军军事科学院编:《周恩来军事文选》第一卷,人民出版社1997年版,第200—201页。

② 中共中央文献研究室、中国人民解放军军事科学院编:《周恩来军事文选》第一卷,人民出版社1997年版,第205页。

宁后移驻建宁城北之安宁。

10 月 16 日,红一方面军总部按预定计划从广昌出发,发起建、黎、泰战役。18 日,红一军团占领建宁,红三军团占领黎川。红二十二军于 19 日占领泰宁,22 日占领邵武,24 日再占光泽。红军在 9 天时间内连克 5 座县城。红军各部在新占领地区发动群众,征集资材,密切注视敌军动向,准备粉碎敌军的反扑。红军和建、黎、泰、邵、光各县地方党组织经一个月的艰苦努力,巩固了新扩大区域,拓开了赣东、闽北局面,初步打通了中央苏区与赣东北苏区的联系。但红军在这一战役中未能歼灭敌人大量有生力量。

建黎泰战役后,红一方面军接着发起了金溪、资溪战役。

1932 年 11 月 16 日,红一、红三军团和红二十二军分别由黎川和邵武、光泽地区出发北进;红五军团以一部留驻泰宁维护建宁、邵武间交通,主力进至资溪桥和西城桥地区对南丰、南城之敌警戒,配合主要方向的作战。11 月 17 日,红一军团击溃敌第五师一部,占领资溪县城;11 月 19 日,歼敌一部再占金溪县城。

红军占领金、资两座县城后,何应钦为确保贵溪至南城间交通,令国民党第二十四师和第二十七师,分别由南城和浒湾合击金溪,并令第二十三师由南丰向南城集结,第五十六师一部和新编第四旅主力进取邵武、光泽,然后向赣东进逼,配合金溪方面的作战。11 月 21 日至 22 日,红三军团和红三军主力在南城东北部之渭水桥附近截击向金溪进攻之敌,歼灭敌军一个团,并击溃援敌,迫使敌军退回南城县城附近。红一军团第四军和第三军一部及第二十二军也于 11 月 20 日在浒湾东北之琉璃岗、八角亭、大仙岭一线,击溃自浒湾向金溪进攻之敌第二十七师 5 个团,迫敌退守抚州。

此后,何应钦为改变其在抚河流域的被动局面,决定将驻在赣江流域的陈诚所部 3 个师东调,并委陈诚为“抚河方面进剿军前敌总指挥”,统一指挥驻守抚河流域的国民党军 9 个师,与红军对抗。陈诚慑于红军攻势，令其所指挥各部暂时采取防堵策略，坚守据点不出，使红军一时难以觅得歼敌机会。直到1932年12月下旬，敌第五师第十三旅3个团，前出至南城县东北黄狮渡地区，兵力较为薄弱，位置亦较为突出。红一方面军总部抓住这一有利时战机，命令红军主力由黎川北进，于1933年1月4日至5日，集中优势兵力攻占黄狮渡，歼灭守敌第五师第十三旅，俘敌1500余人，缴枪1500余支及大量军用物资。1月5日，红军再占金溪县城。1月8日，红一方面军在浒湾东南地区之荷树铺和黄狮渡附近之彭家渡、徐元地区，歼敌第二十七师、第九十师和第十四师各一部，迫使敌人退守抚州和南城。1月4日至8日，红军在黄狮渡、荷树铺战斗（又称黄狮渡、浒湾战斗）中，共俘敌4000余人，缴枪4000余支，击溃敌军3个师。至此，结束了金资战役第二阶段作战。

在1月8日浒湾战斗中，红五军团副总指挥、军团参谋长赵博生亲临前线指挥，并在战斗关键时刻率部冲锋，不幸中弹，壮烈牺牲。为纪念他的革命业绩，苏维埃中央政府将宁都县改名为“博生县”，1933年冬在红都瑞金叶坪修建了“博生堡”。

红一方面军建黎泰战役和金资战役，前后历时3个月，先后占领7座县城，恢复发展了大片苏区，歼灭敌军1个多旅，给北线之敌特别是号称国民党“基干军”的第九十师以沉重打击。此后，中央苏区与赣东北苏区的联系得到贯通，能在斗争中互相策应。这为后来的反“围剿”斗争创造了有利条件。但是，在敌人大举进攻即将到来之际，集中红军主力寻战于敌人重兵集团之间，企图“先发制人”，打破敌军“围剿”，不仅未能达到战役目的，反而消耗和疲惫了自己，使反“围剿”有限的准备时间更为仓促。这也是贯彻临时中央“进攻路线”所致。

三、周恩来关于南丰撤围的决断

在组织建黎泰、金资战役期间，对即将到来的第四次反“围剿”准备工作，周恩来和朱德、王稼祥、彭德怀等中革军委和方面军首长，是考虑到了的。

1932 年 10 月 26 日，中革军委就第四次反“围剿”的准备问题，发出《给各作战地域指挥部的密令》，规定将中央苏区划分为东北、赣江流域和东南 3 个作战地域，各作战地域分别成立总指挥部，并在总指挥部下依地域各成立若干作战分区；规定各作战地域的红军独立师、团和地方武装，统归各作战地域总指挥部和分区指挥部指挥，配合红军主力的反“围剿”作战。密令还对红军的后方联络线及物资补给等作出了明确规定。

11 月 24 日，红一方面军总司令朱德、总政治委员周恩来、总政治部主任王稼祥又联名发出对敌人四次“围剿”的《紧急训令》，在政治上进行粉碎敌军第四次“围剿”的动员。苏区中央局、苏维埃中央政府也就第四次反“围剿”准备问题，发出了相关的训令和指示。1933 年 1 月间，中革军委又将在赣南、闽西地区活动的红军第二十一军（1932 年 7 月由原红军独立第三师、独立第六师合编成立）和第十二军调到北线，同时将闽浙赣（赣东北）苏区的红十军南调至中央苏区（改番号为第十一军）。上述 3 个军统编入红一方面军序列。这样，就使红一方面军发展到有 3 个军团、4 个独立军和若干个独立师、团，共约 7 万人。这些，都为即将开始的第四次反“围剿”斗争创造了有利条件。

红一方面军发起建黎泰、金资战役，令江西国民党当局惊恐不安。省城南昌 53 个国民党团体于 1933 年 1 月连电蒋介石，谓“近日赤匪乘隙倾巢进犯，陷金溪，掠东乡，占崇仁，围临川，逼近南昌，人心震动，岌岌可危，设有疏虞，赤匪且沿江顺流而下，径薄安庆，旁溃湘鄂，蔓延闽浙，东南半壁，从此休矣。万迄简锐亲往，悉移驻鄂之师，速为援赣之举”①。

1933 年 1 月 29 日，蒋介石亲抵南昌，安抚各方，并重新部署对中

① 上海《大公报》，1933 年 1 月 19 日。

央苏区的“围剿”。

2月6日，蒋介石自任江西省“剿匪”总司令，任命陈济棠为副总司令，重新设置军事委员会委员长南昌行营，召开一系列军事会议，布置对中央苏区红军的第四次“围剿”。蒋介石以陈诚的中路军10个师为主攻部队，采取分进合击战术，寻求红军主力决战。中路军分3个纵队：第一纵队由罗卓英指挥，辖第十一、五十二、五十九师，集结在乐安、宜黄；第二纵队由吴奇伟指挥，辖第十、十四、九十师，集结在抚州附近；第三纵队由赵观涛指挥，辖第五、六、九、七十九师，集结在金溪、浒湾一线。蒋介石企图以3个纵队同时推进，对红一方面军形成合围之势。

红一方面军结束金资战役后，周恩来、朱德本拟指挥红军主力乘胜北上贵溪，与闽浙赣红十军密切配合，调动临川、抚州等地敌军，在运动中歼灭抚、赣流域敌军有生力量，使中央苏区与闽浙赣苏区完全连成一片。可是，后方中央局成员项英、任弼时却于1933年1月16日以苏区中央局名义致电周恩来、朱德，要求红军主力首先攻击南城之敌。1月24日，他们又以苏区中央局名义致电周恩来、朱德、王稼祥等，提出改变原定作战计划，要求集中红一方面军所有主力，先攻取南城、黎川、广昌，然后再攻占南丰，并强调要稳固地占领南丰城。他们要求前方同志必须“站在一致的路线上”[①]，绝对地执行这一新策略。

南丰城位于盱河西岸，敌军视其为进攻中央苏区的中心基地，驻有毛炳文第三十八军第八师的5个主力团，兵力计2万余人，城郊筑有坚固工事，是一座防守严密的坚城。

周恩来和朱德等认真分析敌情后，反对红军主力贸然过河西攻打

---

① 《中共苏区中央局致周恩来、朱德、王稼祥电》，1933年1月24日。转引自中共中央文献研究室编：《周恩来年谱（1898—1949）》，人民出版社、中央文献出版社1990年版，第240页。

坚城。1933 年 1 月 27 日，周恩来电复瑞金苏区中央局、中央政府并转临时中央，陈述主力暂不宜过河西攻打南城、南丰的理由，说："依现时敌情，即抚河流域敌之两个较强的'进剿'军还未组织完备以前，我军能在抚河东岸会合十一军求得运动战消灭敌人主力，确比围攻南丰暴露我军企图去打敌增援队为好，且抚河东这一地域，幅员并不窄，地形尤好，尤便征集资材，只是后方联络远不便运输，主要还在于南丰、广昌、建宁、黎川的赤化工作差。但我之利则敌之不利。"他强调指出："因南丰、南城、宜黄、抚州都在河西岸，不能如东岸一直深入抚州附近去威胁与调动敌人。攻城与消灭增援队一有暴露企图、二有易受夹击的不利，故不如在东岸自如。因此在东岸目前如能求得运动战，决不应轻易过河。"①1 月 30 日，周恩来深感战事重大，言犹未尽，又再次致电瑞金中央局并转临时中央，陈述强攻南城、南丰的不利条件，说："攻城如前电所述，一暴露企图，二易受夹击之不利外，还有三损伤大，四不能筹款，五耗费时日的不利。在大战前如蒙此不利，而坚城又攻不下，增援军三个师并进又不便打，则不仅未破坏敌人进攻部署，且更便利于敌人的进攻。因此，在敌人部署完毕前，如能在抚河东岸连续求得运动战解决敌人，我都不主张立即过河攻城。"②

这时，中共临时中央负责人博古等人已从上海来到瑞金，成立了以博古为总负责人的新的中共中央局（对外仍称苏区中央局）。博古和项英、任弼时等中共中央局成员根本听不进前方红军指挥员意见，于 2 月 4 日电告周恩来、朱德、王稼祥，指令红军先攻南丰，并乘胜威胁南城、抚州，并声色俱厉地说："此新计划经中央局全体通过，请立即

① 周恩来：《红一方面军部署情况的说明》，1933 年 1 月 27 日，中共中央文献研究室、中国人民解放军军事科学院编：《周恩来军事文选》第一卷，人民出版社 1997 年版，第 242—243 页。

② 中共中央文献研究室、中国人民解放军军事科学院编：《周恩来军事文选》第一卷，人民出版社 1997 年版，第 244—245 页。

讨论并电告执行的具体部署。”①电文咄咄逼人，不容周恩来、朱德等再作任何变更。

无奈，周恩来、朱德只好于2月7日作出攻打南丰的部署。当天周恩来在给苏区中央局并转临时中央的电报中以略带激愤的口吻说：“坚持唯一是猛攻南丰，虽大损失亦所不惜，虽由马路并进亦非与之决战不可？请于今日十八时前立电复，以便明日行动。”②

对临时中央和中共中央局成员的专断，周恩来、朱德和王稼祥感到忍无可忍。在被迫作出攻打南丰部署的当天，他们又联名致电瑞金中央局并转临时中央，强烈要求给前方指挥员“以机断余地和应有的职权”。电文说：

唯关于行动部署，尤其是许多关联到战术上问题的部署，请求中央、中央局须给前方活动以机断余地和应有的职权，否则命令我们攻击某城而非以训令指示方针，则我们处在情况变化或不利的条件下，使负责者非常困难处置。因在组织上，尤其在军事上须绝对服从上级命令，不容丝毫延搁，但在责任上、环境上，我们又不得不向你们陈述意见……因此，我们恳切请求你们解决这一困难问题，并请中央局派邦宪、闻天两同志代表来前方一行，一方传达中央指示精神，一方更可明了前方作战与红军状况，我们亦有许多意见要当面陈述，因电报无法说明。③

话已说到这种地步，可见前、后方领导人之间的分歧之大和周恩来等人的处境之难。

① 《中共苏区中央局致周恩来、朱德、王稼祥电》，1933年2月4日，转引中共中央文献研究室：《周恩来年谱》，中央文献出版社1998年版，第242页。

② 中共中央文献研究室、中国人民解放军军事科学院编：《周恩来军事文选》第一卷，人民出版社1997年版，第251页。

③ 中共中央文献研究室、中国人民解放军军事科学院编：《周恩来军事文选》第一卷，人民出版社1997年版，第255—256页。

然而，临时中央领导人和后方中央局成员对前方周恩来等人的意见拒不理睬。于是，2月9日，周恩来、朱德鉴于“在军事上须绝对服从上级命令”的约束，只得率领方面军主力从黎川出发西进，包围了南丰城。2月12日傍晚，红军向南丰城守敌发起总攻。

果不出所料，敌人凭借坚固工事固守待援。主攻西门的红三军团和主攻北门的红五军团激战一昼夜，城外敌堡被摧毁不及一半；敌堡后面又是一片开阔地，攻城红军完全暴露在敌强大火力之下，伤亡400余人，仅红三军团就牺牲了第三师师长彭遨和两名团长。更为严重的是，增援敌军已纷纷出动，其中敌第一纵队第十一师已开至宜黄；第五十二师、第五十九师已由吉安开向乐安；第三纵队也有1个师从南城前出至新丰街。敌人企图从三面合围攻城红军，与红军主力决战。

面对攻城红军将面临敌内外夹击的危险，周恩来、朱德审时度势，当机立断，不待请示后方中央局，于2月13日命令部队立即撤围南丰，将强攻改为佯攻，主力秘密西移至宁都县北部的东韶、洛口一线隐蔽休整，伺机歼敌。

南丰撤围，是红军第四次反“围剿”中决定胜败的关键性决策。

四、黄陂大捷

战局正如周恩来等预期的那样发展。

红一方面军南丰撤围后，为掩护主力秘密西移休整，方面军总部令红军第十一军佯装成红军主力东向黎川运动，以迷惑敌人。敌军果真中计。陈诚令其第三纵队由金溪出黎川，第二纵队由南城东进，第一纵队由乐安、宜黄进攻广昌，企图在黎川南部三面合围红军。此时，敌第一纵队第十一师在宜黄，第五十二、五十九师在乐安。敌第一纵队罗卓英根据陈诚命令，率第十一师（师长肖乾）从宜黄县城南下，令第五十二师（师长李明）、五十九师（师长陈时骥）由乐安地区东进宜黄南部的黄陂，同第十一师会合，尔后南下广昌、宁都。

1933年2月下旬，当敌第二、第三纵队被红十一军吸引向黎川运动时，敌第一纵队第五十二、五十九师行动已完全暴露在红军主力面前，态势突出，且又孤立。周恩来、朱德迅速抓住这一有利战机，命令红军主力于2月23日和24日秘密移至宜黄县南部的东陂、河口一线，以红一、三军团和红二十一军为左翼队，由林彪、聂荣臻指挥；以红五军团和红二十二军为右翼队，由董振堂、朱瑞指挥，分两路向北包抄敌人。红军各部冒着刺骨寒风和绵绵春雨，在山林中绕过枯树野藤，劈开荆棘树丛，翻过座座山头，于2月26日晚全部进入预定的伏击阵地——宜黄县南部登仙桥至黄陂之间的摩罗嶂山区。

2月27日上午9时，大雾渐渐散去。摩罗嶂山下依稀传来人喊马嘶声。第五十二师已全部进入红军左翼队伏击阵地。红一军团军团长林彪一声令下，各个山头顿时爆发出山崩地裂般的枪弹声。敌五十二师师部和两个旅4个团及辎重队，一下子被压到蛟湖北面红军的伏击阵地。红军战士们如猛虎下山，在红一军团政委聂荣臻亲自带领下，向被包围的敌人猛烈冲击。傍晚时分，敌第五十二师除先头团外，其余全部被歼。暮色苍茫中，一群群敌兵从丛林、茅草中被搜出来。红一军团炮兵营仅20多人，一弹未发就俘敌500余人。一位炊事员还带回1个营的饿兵。敌师长李明负伤被俘，当晚自杀毙命。

与此同时，在第五十二师后面跟进的敌第五十九师，也被红军右翼队红五军团等部包围。2月27日下午，红军向敌发起攻击，敌师长陈时骥令部队就地占领阵地抵抗。28日拂晓，红军左、右两翼第一、三、五军团同时向敌发起总攻。至上午10时许，敌人除两个团逃脱外，其余全部被歼。下午，战斗结束，清查俘虏时，不见敌师长陈时骥。原来他躲藏在山上一座小庙中，以为五十二师安然无恙，正在写信向李明求援，最后被红一军团部电台班于螺峰山俘获。

黄陂之役，国民党军两个师基本被歼，两名师长被活擒，是为大捷。

五、草台冈再捷

黄陂战斗后,红一方面军主动撤回到宁都县东韶、南团、小布地区隐蔽集结,伺机再次歼敌。

红军神出鬼没,敌人一时摸不清去向。陈诚综合各方面情况判定,红军主力不可能远离,一定还在南丰、广昌、宜黄、宁都某一地区,便改变策略,将原来的“分进合击”战术改为“中间突破”,准备先攻占广昌县城,截断红军退路,并在政治上求得主动,使左、右两路军更积极地向赣南赤区推进。1933 年 3 月上旬,陈诚调整部署,将原来的第二纵队 4 个师编为前纵队,由吴奇伟指挥;将原来的第一纵队第十一师残部和第九师、第五师及第五十九师残部编为后纵队,由罗卓英指挥。两个纵队交替前进,直指广昌。

是时,罗卓英刚被蒋介石委任为新成立的第五军军长,但是不待他成立军部,其所辖的第五十二师和第五十九师大部就被红军歼灭,他成了一名光杆军长。此时陈诚又委任他为后纵队指挥官。他感激涕零,决心打场胜仗挽回面子。3 月 18 日,他从临川匆匆赶到宜黄县南部的东陂,指挥后纵队行动。陈诚也从临川到达宜黄县城,设立前线指挥部。

敌陈诚中路军的行动计划,很快为红一方面军获悉。周恩来、朱德等决心创造战机歼灭罗卓英后纵队。总部命令赣东北红十一军和江西军区独立第四师等部队开至广昌县西北,吸引敌人的前纵队继续向广昌推进,以拉大敌前后两个纵队间的距离。3 月中旬,红军主力秘密从宁都北上,准备截击敌之后纵队。

3 月 20 日黄昏,敌后纵队的第十一师陆续到达宜黄县南部的草台冈、徐庄地区,第九师尚在东陂,中间隔着一座雷公嵊大山。此外,上次战斗中逃脱的敌第五十九师两个团残部,也由罗卓英亲自率领留在东陂的五里排。

此时敌第十一师孤军突出。周恩来、朱德抓住这一良机,立即下达作战命令,决意集中力量歼灭之。罗卓英因连折两师,在这次行动中特别谨慎。3月20日,他得知第十一师先头部队已与红军小股部队接触,连夜给十一师师长肖乾去电话,要十一师后撤10公里,脱离与红军接触,到东陂的五里排宿营,以避免被红军包围。可是肖乾骄横得很,不听罗指挥,拒绝将部队后撤,坚持在草台冈、徐庄地区宿营。

肖乾的这一处置,为红军提供了歼灭该师的天赐良机。当他率十一师刚向草台冈开拔时,红一方面军总部就已下达了在草台冈歼灭第十一师的命令。

3月21日拂晓,红军全线发起攻击。敌十一师是陈诚的王牌师,战斗力较强,遭到红军攻击后,凭借地形顽强抵抗。红军向敌人发起一次又一次猛攻,一直战至黄昏,才将该师基本歼灭。接着,红军又歼灭了由东陂赶来增援的敌第九师1个营和第五十九师残部。一天之内,红军俘敌6000余人。敌师长肖乾被击伤,后在南昌死亡。敌师参谋长和一名旅长亦被击伤,3个团长被击毙。清查俘虏时,红军发现敌十一师士兵每人都带着一根绳索,经追问后,俘虏回答说:上峰叫我们用绳索捆绑红军回去领赏。[①] 红军战士们听了,哈哈大笑。

草台冈之役(亦称东陂战斗)大捷,标志着中央苏区红军第四次反"围剿"战争胜利结束。

六、第四次反"围剿"胜利的原因和意义

黄陂、草台冈大捷,战绩辉煌。两役中,红军歼灭蒋介石嫡系部队3个精锐之师,俘敌1万余人,缴枪1万余支,活捉两名敌师长,毙、伤敌16名师、旅、团长,消灭了敌人"围剿"苏区的有生力量,并缴获了300余挺新式机关枪、40门大炮,取得重大胜利。

红一方面军第四次反"围剿"的胜利,是红军领导人周恩来、朱德等灵活运用毛泽东第一、二、三次反"围剿"的经验,不断排除"左"倾

① 《聂荣臻回忆录》(上),解放军出版社1984年版,第176页。

错误干扰的结果。早在“宁都会议”召开之前，毛泽东和周恩来、朱德、王稼祥等就研究确定了第四次反“围剿”战略方针，勾画了战役作战的蓝图。“左”倾错误领导者们迫使毛泽东离开红军领导岗位后，红军内的“行政管理、党委领导、政治工作制度等”，“大体还是照旧”；[①]留在前线的周恩来、朱德、王稼祥等领导人在准备反“围剿”斗争过程中，在许多作战训令中，强调要“运用一、二、三次战役的经验”，“来准备和进行战线上的运动的战斗”，[②]并善于从战争实际情况出发，确定红军的行动。尤其是当红军强攻南丰不克、敌援军纷纷赶至的危急情况下，周恩来等当机立断，撤围南丰，变被动为主动，为红军第四次反“围剿”胜利赢得了关键的一着棋。1944 年，朱德在编写红一军团史座谈会上讲话时说：“第四次反‘围剿’时，因为有前三次反‘围剿’经验，所以还打了一些胜仗。”[③]这个说法是比较客观的。

红一方面军第四次反“围剿”的胜利，是红军指战员英勇奋斗并较好地贯彻执行了红军一系列正确战术原则的结果。朱德在《黄陂东陂两次战役伟大胜利的经过与教训》一文中曾总结说：“南丰撤围后，红十一军东出迷惑敌人，按期达到，敌人误认为我主力东移黎川，而我主力实则南进又转向西进，很迅速地到达目的地。在边区行动，敌人始终不知我主力所在地。在数万红军大规模的行动，能够做到出敌不意袭击敌人，这是确守秘密的证明，也是开创了一个大部队袭击之战例。红色战士的坚决，较前更好，与敌接触个个勇敢坚决，反复冲锋，白刃战肉搏十余次，一直冲到最高峰，在很短的时间内，很干脆地消灭敌人，可为红军战术上最好的战例。”[④]

红一方面军第四次反“围剿”的胜利，也是根据地红军与地方武装

---

① 彭德怀：《彭德怀自述》，人民出版社 1981 年版，第 177 页。

② 解放军档案馆保存件《中革军委给各作战地域指挥部密令》，1932 年 12 月 26 日。

③ 《朱德选集》，人民出版社 1983 年版，第 132 页

④ 《朱德选集》，人民出版社 1983 年版，第 9 页

积极行动、紧密配合的结果。红军反“围剿”作战期间，各战区的红军独立师、团和地方游击队，按照中革军委的统一布置，积极行动，袭扰敌人，坚壁清野，封锁消息，确保了苏区后方安全，使主力红军得以集中全力在前线与敌作战。苏区群众在各级党和苏维埃政府领导下，在人力、物力、财力等方面支持红军作战。1932 年 7 月至 9 月，仅赣南兴国、于都等 13 个县参加主力红军的就达 8690 人，参加地方红军的约 2 万人。1932 年 10 月至 12 月，江西省在“全省两个月冲锋工作竞赛”中又扩大红军 14991 名。为弥补战争经费的不足，苏维埃临时中央政府曾于 1932 年 6 月和 9 月先后发行两期革命战争公债，分别为 60 万元和 120 万元。苏区人民踊跃购买，如期完成，从而保证了红军战费所需。后方群众还自觉地组织担架、救护、运输、慰劳、洗衣等服务队，奔忙于前线和后方之间，帮助红军救护伤员、运输物资、押看俘虏、打扫战场等。据江西省苏维埃政府统计，仅 1932 年 7 月至 9 月，赣南苏区组织的担架队和运输队员就达 22493 人，长短夫子 48461 人。红军主力从南丰撤围后，曾两次集结宁都县北部。宁都县党政组织及时发动群众，收集粮食、蔬菜、铺板、禾草等物资供给红军，保证了数万红军部队的物资供应。

红一方面军第四次反“围剿”的胜利，具有重大的历史意义。

第四次反“围剿”的胜利，开创了红军大兵团伏击的战法，进一步丰富了中国工农红军的作战经验。这一方面表明毛泽东的战略战术思想在红一方面军中仍具有深刻影响，另一方面也充分体现了周恩来、朱德等卓越的组织和指挥才能。红军在这次反“围剿”中，既充分运用了毛泽东领导第一、二、三次反“围剿”的丰富经验，又首次成功创造了大兵团伏击战法，对集群敌军予以围歼并获得重大胜利，在红军战争史上写下了重重一笔。周恩来、朱德等红军统帅功不可没。毛泽东曾称赞第四次反“围剿”取得了“空前光荣伟大胜利”，给蒋介石“以致命的打击”。[①]

第四次反“围剿”胜利，贯通了中央苏区与闽浙赣苏区的联系，使中央苏区在巩固的基础上得到扩大和发展。苏区军民为之欢欣鼓舞，时江西军区司令员陈毅闻知红军主力在黄陂、草台冈获得大捷，欣喜万分，赋诗一首致贺：

千崖万壑供野宿，羊肠鸟道笑津迷。
半夜松涛动山岳，中天月色照须眉。
工农儿子惯征战，四破铁围奇中奇。

第四次反“围剿”的胜利，给蒋介石和国民党统治当局以沉重打击。1933 年 3 月 4 日，蒋介石得知第五十二、五十九师被歼后，曾致电陈诚抚慰云：“我军此次进剿，不幸第五十二与五十九两师在固岗、霍源横遭暗袭，师长殉难……此乃为本军未有之惨事”，“中正接诵噩耗，悲愤填膺。”[②]然仅过 20 天，他又接到第十一师被歼消息，如雷轰顶，提笔给陈诚手谕曰：“惟此次挫失，惨凄异常，实有生以来之隐痛。”[③]陈诚接读蒋介石手谕，羞愧交加，在手谕后面写下数字：“诚虽不敏，独生为羞！”[④]他将失败责任发泄到第十一师败逃回去的官兵身上，对该师军官大骂：“你们为什么不死？打败仗有什么面目见人！”[⑤]罗卓英身为“进剿”军第一纵队指挥官，所指挥的第五十二师、五十九师和第十一师，被红军悉数歼灭，手下 3 个师长或被擒或毙命。他哀叹道：“昨今两日抚视负伤回来之官兵，每忍泪不敢外流者，恐伤部下之心，隳部

① 《红色中华》第 97 期，1933 年 7 月。

② 杨树标：《蒋介石传》，团结出版社 1989 年版，第 227 页。

③ 《红色中华》第 71 期，1933 年 4 月 10 日。

④ 《红色中华》第 71 期，1933 年 4 月 10 日。

⑤ 宋瑞珂：《对中央苏区第四次围攻纪略》，原载全国政协《文史资料选辑》第四十五辑。转引自中共江西省委党史研究室编《江西党史资料》第 20 辑，1991 年 12 月内部版，第 224 页。

下之气耳！……英在今日已成党国之大罪人。”[①]敌军遭受重创之状，可见一斑。

第四节 闽赣省和粤赣省的设立

一、闽赣省的设立

红军第四次反“围剿”的胜利，迅速拓宽了中央苏区的红色区域。

在第四次反“围剿”的前期战役建黎泰、金资战役后不久，新成立的以博古为书记的中共中央局，就于1933年2月初准备将建黎泰、信抚、闽北三块相对独立而又紧密联系的苏区合在一起，新设立中央苏区闽赣省。

建黎泰苏区包括福建建宁、泰宁和江西黎川三县。这三县在1931年夏红军第二次反“围剿”胜利后，就分别成立了县革命委员会和基层红色政权。同年7月红一方面军主力为粉碎国民党军第三次“围剿”，离开建黎泰地区千里回师赣南后，这三县曾一度被国民党军占领。1932年10月中旬红一方面军发起建黎泰战役，收复了三县县城，恢复和发展了三县红色区域。中革军委、红军总政治部和红一方面军总部等机关，也移驻建宁城，并成立了建宁警备司令部。1933年1月，又在建宁城成立中共建宁中心县委和建黎泰军分区，隶属江西省委、江西军区领导。

信抚红色区域是在赣东北党组织领导下逐步开辟和建立的。它包括信江以南、抚河以东的金溪、资溪及贵溪南部和抚州东部地区。1931年10月，中共赣东北省委决定成立中共河南分区委，在信抚地区发展党组织，建立地方武装，开展游击斗争。1933年1月红一方面军

---

① 《红色中华》第71期，1933年4月10日。

取得金资战役胜利,并与赣东北红十军在信抚上清地区胜利会师,建立了信抚分区,使这一红色区域得到巩固发展。

闽北苏区是闽赣边较早建立的一块红色区域。1928 年 9 月,闽北党组织领导崇安、浦城农民暴动,1929 年正式成立闽北工农红军第五十五团。1930 年 5 月,崇安县苏维埃政府成立,崇安县大部及建阳北部、浦城西部及江西铅山东坑地区都建立了苏维埃政权。1931 年 1 月,中共闽北分区委和闽北分区革命委员会成立,随后成立了闽北军分区,隶属中共赣东北省委(后为中共闽浙赣省委)领导。1932 年 10 月红一方面军发动建黎泰战役期间,同时占领了邵武、光泽两座县城,贯通了中央苏区与闽北苏区的联系。

为了能使中央苏区与闽浙赣苏区连成一片,1933 年 1 月,中共苏区中央局提出了建立闽赣省的设想。1933 年 2 月 5 日,周恩来、朱德联名致电闽浙赣省委领导人,代新成立的中共中央局征询对建立闽赣省的意见。电文说:"一、中央局决定福建泰邵(西南部)光西南金资贵(南部)抚为闽赣边省,成立省委,要邵式平同志即去中央局讨论工作,惟邵武东北仍应归闽北管,南丰通广昌大道仍归广昌管。二、依此闽赣边省须准备成立军区及革委会,你们对改省何意见请告中央局。"①随后,中共中央局和闽赣省委分别抽调得力干部,开始闽赣省的筹建工作。1933 年 4 月 22 日,中共中央局致电周恩来、朱德、王稼祥、博古,征询闽赣省委委员名单意见,最后确定由原苏区中央局委员、少共中央局书记顾作霖调任即将成立的中共闽赣省委书记,并从闽浙赣省调邵式平到瑞金与顾作霖一起负责闽赣省的组建工作。

1933 年 4 月 26 日,毛泽东主持召开苏维埃中央人民委员会第四十次常会,讨论建立闽赣省有关事项。会上,"由邵式平同志报告信抚分区工作并审查红十一军来电,经详细讨论认为闽赣苏区,地方广

① 《周朱征求成立闽赣省委及军区的意见》,1933 年 2 月 5 日。据中央档案馆保存件。

大，在政治军事上均占重要地位，争取这一广大区域成为巩固的苏区，实为夺取抚州、进攻南昌的必要条件，因此议决将建、黎、泰、金、资、光、邵、闽北苏区，以致信抚两河间一带地区划为闽赣省，立即成立闽赣省革命委员会，以邵式平、顾作霖、万永诚、余泽鸿、毛泽民、钟世斌、萧劲光、周建屏、黄道、薛子正、陈荣洲、方志纯、王伙子、张光发、吴家远、包维贤、刘才英、钟光来、钟宝光、曾昭铭、李德胜、邹琦、黄立贵、彭皋、刘炳龙等二十五人为委员。依着斗争的发展，还应增加当地干部十人至二十五人为委员，以邵式平、顾作霖、万永诚、钟世斌、毛泽民等九人为主席团，邵式平为主席”。[1]

1933 年 5 月上旬，闽赣省工农兵临时代表大会在黎川县湖坊圩召开，正式选举成立了以邵式平为主席的闽赣省革命委员会。省革命委员会机关驻黎川县湖坊，同年 7 月迁驻黎川县城。

闽赣省成立后，在周恩来、朱德等的关注下，很快配齐了省党政机关工作人员。省委由顾作霖、邵式平、黄道、刘炳龙、刘邦华任常委，萧劲光、方志纯等人为省委委员。顾作霖任省委书记，刘炳龙任组织部长，黄道任宣传部长，李荷凤任妇女部长。省革命委员会各部门负责人为：财政部长毛泽民，土地部长钟世斌，劳动部代部长罗日运，内务部长曾昭铭，裁判部长钟光来，教育部长胡德兰，文化部长陈恒，女工部长杨树兰，肃反委员会主席兼保卫局长杨良生，工农检查部长黄政生。共青团闽赣省委、闽赣省职工联合会等群众组织也相应建立。刘邦华任共青团省委书记，吴华友任省职工联合会主席，陈顺期任少先队省队部队长，陈丕显任省少共儿童局书记。

1933 年 6 月 4 日，正式成立闽赣军区，萧劲光任军区指挥兼政治委员，薛子正任参谋长，彭祜任政治部主任。闽赣军区之下，设立建黎

① 《中央人民委员会第四十次常会关于成立闽赣省的决议》，1933 年 4 月 26 日，见《红色中华》第 74 期第 1 版。

泰、闽北、抚东3个军分区。

闽赣省委、省革命委员会、闽赣军区成立后，按照苏区中央局和中革军委指令，整编所属地方武装，于1933年7月中旬组建成立中国工农红军第七军团，下辖第十九、二十、二十一3个师，并且组建了建黎泰独立师和若干个独立团。

1933年12月12日至15日，在建宁县城文庙召开闽赣省第一次工农兵代表大会，正式成立闽赣省苏维埃政府，选举邵式平为省苏维埃政府主席。

闽赣省成立后，其所辖区域，先后包括黎川、资溪、南丰、南城、金溪、贵溪、铅山、上饶、广丰（以上为现江西省辖）、建宁、泰宁、崇安（今武夷山市）、宁化、清流、归化（今明溪）、光泽、邵武、建阳、浦城、将乐、沙县、建瓯、政和、松溪（以上为现福建省辖）等24个县的全部或一部，面积约2万平方公里，人口100余万。

二、粤赣省的设立

闽赣省设立后不久，中央苏区又新设立了粤赣省。

1933年春，由于红一方面军主力较长时期集中在中央苏区北线作战，南部兵力比较空虚。国民党粤军陈济棠部趁此机会，与蒋介石在中央苏区北线的进攻遥相呼应，不断从南线进犯中央苏区，先后占领了中央苏区南部的寻乌、安远、信丰等县大部分地区，严重威胁着中央苏区南部的安全。

在这一情势下，“为使南方战线的军事行动统一，便以集中力量，开展南方战线的胜利进攻，就以江西军区之三、五两分区合并，改设粤赣军区，以统一于、赣、信、康、会、寻、安、武等县的军事指挥”[①]，中央政府人民委员会作出设立粤赣军区的决定。

1933年4月24日，粤赣军区总指挥部在会昌县筠门岭芙蓉寨正

① 《红色中华》第76期第2版，1933年5月5日。

式成立。军区司令员杨岳彬(后毕士悌、张云逸、左权、龚楚);参谋长覃士勉(后程子华代);政治部主任罗屏汉(后陈漫远);保卫局长林贵辉。军区下设3个作战分区:第一分区驻于都新陂、小溪,基干兵团为独立六团;第二分区驻清平圩、清溪一线,基干兵团为独立五团;第三分区驻帽村,基干兵团为独立十团。为加强粤赣军区的军事力量,中革军委将原属江西军区的红军第二十三军(1933年3月在于都成立)归粤赣军区指挥。红二十三军军长刘雄武,政委李宗白,参谋长贺敏学。1933年6月红军整编后,该军在会昌被整编为第二十二师,仍为粤赣军区基干兵团。

粤赣军区成立后,较好地完成了中革军委和临时中央政府交给的任务,保卫了中央苏区南部地域的安全。

鉴于“江西省苏辖区太大,行政指挥上不便利,同时为着开展南方战线上的战争,克服消灭与驱逐粤桂敌人,向西南发展苏区,深入现有区域的阶级斗争,开发钨矿和发展出入口贸易”,1933年8月16日,中央人民委员会召开第四十八次常会,认为“有单独在南方设立一个省的必要”①。这次会议决定,从江西省划出于都、会昌、西江、门岭、寻乌、安远、信康等县,设立粤赣省。

经过一段时间的筹备工作,中共粤赣省临时委员会在会昌成立。原福建省委常委、组织部长刘晓调任粤赣临时省委书记。临时省委各部门工作机构相继建立,由张思民任秘书长,谢炳煌任组织部长,戴元淮任宣传部长,张瑾瑜任白区工作部长,傅才秀(后吴富莲)任妇女部长。临时省委油印出版了《省委通讯》。临时省委机关驻会昌县文武坝。

1933年9月6日,在会昌县彭迳召开了于都、会昌、西江、门岭、寻乌、安远、信康等7县代表参加的粤赣省苏维埃临时代表会议,宣布成

---

① 见《红色中华》第106期第5版。

立粤赣省临时苏维埃执行委员会。选举钟世斌、刘晓、张鹤龄、罗屏汉、张云逸、张瑾瑜(女)、王孚善等37人为临时省苏执行委员;推选钟世斌、刘晓、张鹤龄、张云逸、王孚善、欧阳崇庭、李世森、艾良盛、刘敏强、胡魁元、陈桂标等为临时苏维埃执委会主席团成员。在临时省苏执委会第一次会议上,推选钟世斌为临时省苏政府主席,王孚善(后邓学林)任副主席兼工农检查部部长,胡魁元(后钟先灿、朱开铨)任土地部长,欧阳崇庭(后赵万忠)任国民经济部部长,孙体诚(后钟先灿)任粮食部部长,李世森(后刘辛庭、朱应山、许承芬)任裁判部部长,肖连登任内务部部长,刘敏强(后石中球)任教育部部长,吴兰甫任政治保卫局局长,朱昌峰任邮政局局长,欧阳崇庭兼任外贸局局长。9月15日,以临时省苏政府主席钟世斌名义,发布了《粤赣省苏维埃政府布告(第一号)》,宣布临时省苏政府成立。临时省苏政府机关驻会昌县彭迳(后迁会昌县文武坝)。粤赣省建立后,粤赣军区指挥机关及军区医院、兵工厂等也从筠门岭迁驻文武坝等地。

1933年11月4日和12月23日,粤赣省第一次党代表大会和第一次工农兵代表大会先后召开,正式选举成立中共粤赣省委和粤赣省苏维埃政府,刘晓和钟世斌分别当选为中共粤赣省委书记、粤赣省苏维埃政府主席。省级共青团、职工联合会等群众团体领导机关,也相继建立。

粤赣省委、省苏维埃政府除辖有会昌、西江、门岭、寻乌、安远、于都、信康等7县外,同时还领导游击区的兴(兴宁)龙(龙川)县委、县革命委员会和信康赣县委、武西工作委员会、会西工作委员会,其游击工作区域延及粤东北,与粤东江游击区联系密切。

三、中央苏区疆域进入鼎盛时期

红军第四次反"围剿"胜利后,至1933年夏、秋间,中央苏区疆域迅速发展,进入鼎盛时期。

整个中央苏区是时设有江西、福建、闽赣、粤赣4个省和瑞金直辖县，共有60个行政县。其中，江西省辖22县，福建省辖15县，闽赣省（含闽北）辖16县，粤赣省辖7县。

江西省设有兴国、博生（宁都）、胜利、瑞金（同时受临时中央政府直接领导）、公略、永丰、万泰、新淦（新干）、崇仁、宜黄、乐安、杨殷、南丰、广昌、康都、石城、洛口、长胜、赣县、龙冈、赤水、太雷等22县。

福建省设有长汀、宁化、上杭、龙岩、永定、武平、兆征、汀东、连城、澎湃、泉上、代英、新泉、清流、归化等15县。

闽赣省（含闽北苏区）设有崇安、铅山、上铅、广丰、建阳、邵武、光泽、广浦、贵南、黎川、建宁、泰宁、资溪、东方、建东、金南等16县。

粤赣省设有会昌、西江、门岭、寻乌、安远、于都、信康等7县。

中央苏区上述4省的人口数，据统计，江西省和粤赣省共240万人，福建省和闽赣省各100万人，加上中央苏区红军部队约13万人，全中央苏区1933年秋人口总数为453万，时称500万人。①

中央苏区疆域比较稳定时期的面积，据查，江西省当年属中央苏区版图的兴国、宁都、瑞金、于都、会昌、寻乌、安远、石城、赣县（除赣江以西部分）、南康、信丰、上犹、崇义等县，总面积约32923平方公里。现江西省吉安市所辖的万安、泰和、吉水、永丰、峡江等5县赣江以东区域和青原区，均属中央苏区版图，总面积约为8200平方公里，加上新干县还有约100平方公里的苏区面积，这样，现吉安市所辖6县1区当年为中央苏区的面积共约8300平方公里。现江西省抚州市所辖的崇仁、宜黄、乐安、黎川、南城、南丰、广昌等县当年为中央苏区版图的面积，共约6300平方公里。现江西省上饶市和鹰潭市所辖的金溪、资溪、铅山、贵溪等县当年为中央苏区版图的面积，共约2000平方公里。以上总计江西省当年为中央苏区版图面积共约49523平方公里。

① 1933年10月6日出版的《红色中华》第118期一篇文章中称“中央苏区五百万人口”。

闽西苏区（含宁、清、归三县）版图面积约有25000平方公里。此外，还有闽西北部和闽北的泰宁、将乐、邵武、建阳、光泽、浦城等县的一部分，1933年秋也曾属于中央苏区版图，约有近万平方公里。这样，1933年秋中央苏区全盛时期疆域总面积，约有8.4万平方公里。以往出版的一些论著，因资料等方面原因，都说中央苏区只有人口250万、面积5万平方公里，这一说法是不准确的。

中央苏区较长时间占有的县城有：瑞金、于都、兴国、宁都、石城、会昌、寻乌、安远、信丰、广昌、黎川、长汀、龙岩、上杭、永定、连城、武平、宁化、清流、归化（今明溪）、泰宁、建宁等22个。

中央苏区在1933年夏秋间能发展到如此鼎盛，是中央苏区党和苏维埃政府领导广大军民英勇奋斗、排除王明"左"倾错误干扰的结果。如若没有王明"左"倾错误的干扰和破坏，不排斥毛泽东对中央苏区党和红军的正确领导，坚持执行毛泽东在第三次反"围剿"胜利后制定的战略计划及江口会议期间提出的向东北发展的方针，如朱德所说，红军有可能"一直把网撒到浙江去，打到蒋介石的老家"①，中央苏区的疆域范围，或许能发展得更为广阔。

① 朱德：《在编写红军一军团史座谈会上的讲话》，见《朱德选集》，1983年版，第132页。

第九章

中央苏区党的建设

第一节

党的组织系统与领导机构沿革

一、中央苏区各时期地方党的组织系统

(一)赣西南、闽西农民武装暴动时期(1927.8—1929.1)

党的八七会议后,赣西、赣南分别成立了党的特委组织。赣西于1927年10月在万安县罗塘墟成立中共赣西特委,初由曾延生任代表,同年11月后由袁孟冰、吴德峰先后任书记。赣西特委成立后,辖有吉安、遂川、万安等3个县委和永新、泰和、宁冈等3个区委。赣南亦于1927年10月下旬在赣州成立中共赣南特委,由汪群、曾延生先后任书记。赣南特委辖有赣州、信丰县委和于都、南康临时县委,以及兴国、崇义特支。赣南特委和赣西特委均隶属中共江西省委领导。

1928年1月上旬,中共江西省委为实现武装割据赣西南计划,撤销了中共赣南特委和中共赣西特委,在赣州成立中共赣西南特委,王维宪任书记(后宛希俨继任)。下辖有赣西、赣南5个县委、2个临时县委、4个区委和特区委、2个特支,另有4个县也有党的活动。并决定在赣西南特委之下设立军事委员会,对赣西南所有的工农武装队伍

实行整编，统一指挥；还决定成立赣西南工农革命委员会。1月下旬，万安暴动失败后，万安、遂川、泰和等县党组织遭受严重摧残。2月下旬，中共江西省委决定撤销中共赣西南特委，在赣西南地区分别建立中共赣南特委、湘赣边界特委和吉安县委。

中共赣南特委于1928年3月初在赣州恢复，曾延生任书记。可是特委恢复不久，就于同年3月23日被国民党独立第七师破坏，正在赣州指导工作的中共江西省委常委、原中共赣西南特委书记宛希俨、赣南特委书记曾延生、特委领导人陈俊魁、蒋兢英等12人，被捕遇害。同年4月，中共江西省委又派汪群到赣州，恢复特委组织，并任中共赣南临时特委书记。汪群设法与于都、兴国、南康、信丰等县党组织取得了联系。不料，1928年10月，设在赣州城内田螺岭10号的中共赣南临时特委机关，又被国民党军独立第七师破坏，汪群夫妇同时被捕牺牲，中共赣南特委再一次停止了活动。1928年底，赣南各县党组织负责人自动在于都县步前冈集会，商议恢复特委组织，推举杨柳春任临时特委书记。此时，赣南特委辖有信丰、于都、崇义、安远等4个县委，兴国、南康县唐江、大余县西华山矿区等3个区委，以及于北特区委、兴(国)万(安)赣(县)边特区委、大余县工委等组织。

中共湘赣边界特委于1928年4月成立，辖有江西省宁冈、遂川、永新、莲花等4个中共县委和湖南省酃县(今炎陵)、桂东等2个中共县委、茶陵特别区委。1928年5月20日至22日，毛泽东在宁冈县茅坪主持召开湘赣边界党的第一次代表大会，正式选举特委委员、常委，并选举毛泽东任特委书记，谭震林为特委副书记。中共湘赣边界特委主要受中共湖南省委领导，同时亦受江西省委领导。

中共吉安县委原已成立，从1928年3月起，扩大管辖吉水、永丰、乐安、新喻(余)、峡江、安福等县党的组织。1928年5月，中共吉安县委遭国民党破坏。同年7月，省委决定重新成立中共赣西特委，书记贺俊，1928年12月至1929年3月由唐在刚、江建民先后任代理书记。

重新成立的中共赣西特委，管辖吉安、泰和、万安、安福、宜春、分宜、新喻（余）、峡江、吉水、永丰、乐安、宁都（1929年2月起划属赣南特委）等12县。至1930年2月，赣西特委共辖有吉水、泰和、峡江等3个中共县委，中共万安县工委；并辖有乐安、永丰、安福安分边界、安吉、道溥、县城、新喻（余）南区、分宜一区、分宜二区，吉安县的西区、南区、东固、纯化、延福、儒行、坊廓，吉水县的白沙、水南等18个中共区委；还辖有1个中共北路行委。

闽西在农暴期间，也成立了党的县委和临时特委。永定县于1927年10月正式成立中共县委，至1928年7月辖有5个区委、2个特支。上杭县于1928年1月成立中共临时县委，下辖8个支部，至1929年4月全县建立区委4个、支部30余个。龙岩县于1927年11月成立临时县委，1929年2月正式成立中共县委，发展有40个支部。长汀县于1927年9月成立中共支部，1928年1月成立中共特支，1929年3月成立中共临时县委。连城县于1928年6月成立临时县委，1929年3月发展有7个支部。武平县于1928年冬成立中共临时县委，辖有6个支部。平和县于1927年9月成立临时县委，辖有5个支部。根据中共福建省委指示，1928年7月15日在永定金沙木督崇德楼，成立中共闽西临时特委，郭慕亮（郭柏屏）任书记，张鼎丞任组织部长，邓子恢任宣传部长。因暴动失败等原因，中共闽西临时特委于1928年冬停止活动。闽西各县党组织在1927年12月5日之前，受中共闽南临时特委领导，而中共闽南临时特委又是隶属于中共广东省委。1927年12月5日，中共福建临时省委成立。闽西各县党组织和中共闽西临时特委改受中共福建临时省委直接领导。1928年8月下旬中共福建省委正式成立，闽西各县党组织隶属于中共福建省委领导。

（二）赣西南、闽西苏区创建和中央苏区初步形成时期（1929.1—1930.11）

赣南方面，1929年四五月间红四军在于都、兴国、宁都3县分兵发动群众，帮助这3县建立了一些基层党组织。4月上旬末，红四军前委在于都县城昌村小学召开于都县党员活动分子会议，帮助改选了县委领导成员。中旬，红四军前委派李春华到兴国任中共县委书记。5月初，又帮助宁都县建立了中共临时县委。同月，中共赣南特委召开了第二次党员代表大会，正式选举了中共赣南特委执委委员11人、常委5人，选举萧韶任书记。整个赣南这时有于都、兴国、信丰、寻乌、安远等5个县成立了县委；宁都、赣县成立了临时县委；此外，还有中共于北特区委、中共兴万赣边区委和中共南康唐江特区委、中共大余县工委。赣南特委机关先驻于都县步前冈，1929年7月迁驻赣县江口小均坑等地，后迁南康县唐江、龙回，10月迁入赣州城。赣南特委书记萧韶于同年七八月间调至赣东北工作，廖贵潭接任特委书记。1929年10月10日，国民党赣州当局实行大搜捕，设在赣州城内的赣南特委机关被破坏，特委书记廖贵潭被捕后牺牲，后由丛允中接任特委书记，机关仍设在赣州城内。

赣西方面，中共赣西特委于1929年3月召开代表大会，改组和健全了特委。同年9月15日举行第二次特委常委会，改组了特委常委会。赣西特委此时辖有4个县委、1个临时县委、I个区委、3个特支和1个直属支部。1929年11月8日，赣西特委在吉安城遭到大破坏，工作几乎全部瘫痪，剩下的工作人员将特委机关秘密迁至吉安县陂头村。此时，中共湘赣边特委也因遭国民党军第三次“会剿”而损失较大。1930年1月18日，在遂川县于田召开了中共赣西特委、湘赣边特委和红五军军委联席会议。会上，曾计划将中共赣西特委和湘赣边特委合并为中共赣西特委，但未实现。1930年2月上旬，红四军前委书记毛泽东主持召开陂头联席会议时，将中共赣西、赣南和湘赣边特委合并，成立中共赣西南特委。3月下旬，中共赣西南第一次代表大会召开，正式选举成立了以刘士奇为书记的中共赣西南特委。接着，在中共赣西南特委之下，成立了中共东路、西路、北路、中路和赣南东河、西河等5路行委组织，领导所辖各县党组织。至1930年10月，中共赣西南特委已辖有吉安、泰和、吉水、安福、万安、永新、莲花、袁州、分宜、峡江、永丰、乐安、南丰、宁都、兴国、赣县、于都、崇义、上崇、瑞金、遂川、寻乌、安远、信丰、南康、南雄、新余等27个县委和临时县委，还辖有14个区委、2个特区委，共有党员35000余人。1930年10月上旬，在吉安成立江西省行动委员会（书记李文林），下辖赣东、赣西、赣南和北路等4路行委。此时，因设在白区的中共江西省委迭遭破坏，江西省行委实际上成为江西全省党团和工会的最高领导机构。

闽西方面，由于红四军入闽的推动和影响，革命斗争迅速出现新的高潮。1929年3月，中共闽西临时特委恢复活动，邓子恢任书记。至1929年7月，全闽西已建立有永定、上杭、龙岩、长汀、武平、平和、饶和埔诏等7个县委（或临时县委），还有2个边界特区委。1929年7月下旬，中共闽西第一次代表大会在上杭县蛟洋文昌阁召开，正式选举成立中共闽西特委，选举邓子恢任特委书记。据1930年5月统计，龙岩、上杭、永定、长汀、连城、武北、漳平（永福）等县共有中共区委53个，支部546个，特支19个，党员7756人。李立三“左”倾错误传达贯彻到闽西苏区后，1930年7月在龙岩城召开中共闽西第二次代表大会，改选了特委组织，坚持正确主张的邓子恢被撤销特委书记职务，郭滴人当选为特委书记。8月，成立闽西党、团、工会合并的闽西总行动委员会，各县行委也相继成立。中共六届三中全会纠正李立三“左”倾错误后，闽西总行委于同年11月间撤销，恢复了中共闽西特委及共青团、工会组织，郭滴人仍任特委书记。

自1929年1月至1930年11月，赣西南和闽西党组织除受江西省委和福建省委领导外，同时受中共红四军前委领导。

（三）第一、二、三次反“围剿”时期（1930.12—1931.10）

赣西南苏区在1931年1月15日成立中共苏区中央局后，即撤销了原江西省行委，于1931年1月17日在吉安县富田成立中共赣西南临时特区委(后改称中共赣西南特区委),由陈毅、曾山、陈正人、朱昌偕、杨成芙等5人组成临时常委会。陈毅任书记。特区委直属中共苏区中央局领导。

中共赣西南特区委之下,设东路、南路、北路、西路和西河等5个分委组织:

中共东路分委,领导永丰、乐安、宁都、南丰、广昌、石城等县委和宜黄县工委。书记谢唯俊。分委机关设在宁都县。

中共南路分委,领导兴国、于都、赣县、万安县委和于北区委。书记罗寿男。分委机关驻赣县白鹭。

中共北路分委,领导吉水、安福、峡江、新余、分宜等县委和吉安之延福、儒行、坊廓区委及宜春的东南区、宜南区委党组织。书记王豪。分委机关驻檀溪、田心。

中共西路分委,领导永新、泰和、宁冈、遂川县委和吉安县的西区、儒行、固江区委。书记刘其凡。分委机关驻吉安县永阳。

中共西河分委,成立于1931年5月中旬。领导信丰、安远、上犹、崇义、南康县委和赣州市委及西华山、唐江特区委。书记陈致中。分委机关先驻信丰县周坪,后移驻上犹县营前。在西河分委成立之前,这些县、市党组织属中共赣南特委领导。中共赣南特委是1931年1月底由赣南临时行委改称的。赣南特委从1931年1月起失去与赣南河东苏区联系,得不到中共赣西南特区委领导。1931年4月上旬,中共中央派往中央苏区工作的李翔梧等人,携带着中央的指示,经广东省委前往赣南,与赣南特委派往广东省委联络的谢家禧相遇。李翔梧遂随谢家禧到达赣南特委驻地信丰周坪,传达了中央指示精神,并主持将中共赣南特委改组为中共赣西南特区委西河分委。接着,谢家禧又随李翔梧到达河东苏区,与中共苏区中央局及中共赣西南特区委取得联系。

到1931年5月,中共赣西南特区委共辖有25个县委、1个县工委、11个区委和1个市委。

1931年6月初，中共苏区中央局根据中共中央指示精神，决定对中央苏区党组织进行调整，撤销中共赣西南特区委及其所属各路分委，新成立中共赣东、赣南、永吉泰等3个特委；另将赣江以西苏区划出，与湘东南苏区一起合并，设立湘赣省，成立中共湘赣临时省委。

中共赣东特委于1931年6月中旬成立，特委机关驻宁都县黄陂山堂村大祠堂内。特委书记谢唯俊。特委成立时辖宁都、广昌、乐安、宜黄、南丰、瑞金等县委和石城县工作团。同年8月上旬，特委机关由宁都县移驻瑞金城。10月，其所辖的石城县成立了中共县委。

中共赣南特委于1931年6月16日在兴国县城成立。特委机关设在兴国县城寿庭公祠。8月，特委机关移驻于都县城，后又迁回兴国县城。特委成立时，原定辖兴国、于都、万安、赣县、信丰、安远、寻乌、会昌、南康、上犹、崇义、南雄等县委。但是，1931年7月后，信丰、上犹、崇义等县委及万安、泰和河西地区党组织划隶中共湘赣临时省委领导；寻乌县又与广东蕉岭、平远县联合成立中共蕉平寻县委，隶属于中共闽粤赣边苏区特委领导；安远、会昌当时与赣南特委的交通联系中断。因此，中共赣南特委实际只辖有兴国、万安、赣县、于都等4个县委和中共于北区委。中共赣南特委书记陈毅，委员有陈毅、罗寿男、胡灿、肖自峥、张芳惠、李卓然等人。

中共永吉泰特委于1931年6月中旬在吉安县东固正式成立。特委机关设在吉安东固，后曾迁至樟树下、齐汾和泰和县的桥市庙背。特委书记毛泽覃，委员有毛泽覃、萧克、陈正人、贺怡等人。特委成立时辖永丰、泰和、吉安县委及吉水县河东苏区的水南、白沙、中鹄区委。

闽西苏区与广东东江苏区及赣南部分苏区县合并，于1930年10月底由中共中央划设为闽粤赣特区。1930年11月初在东江苏区大南山大溪坝村成立中共闽粤赣边苏区特委，邓发任书记。中共闽粤赣边苏区特委成立后，撤销了原中共东江特委，另在东江设中共西南、西北两个分委。1930 年 12 月，邓发等在永定虎岗主持召开闽西地区党代表会议，宣布中共闽粤赣边苏区特委正式成立，并宣布撤销原中共闽西特委，由中共闽粤赣边苏区特委直接领导闽西各县党的组织和工作。中共闽粤赣边苏区特委受中共中央和中共苏区中央局双重领导。1931 年 4 月，中共中央决定东江地区的西南、西北两个中共分委从中共闽粤赣边苏区特委组织序列中划出，仍归属中共广东省委领导。不久，中共广东省委决定重建中共东江特委。1931 年 5 月，中共闽粤赣边苏区特委改称中共闽粤赣临时省委，仍由邓发任书记，罗明、李明光分任临时省委组织部长、宣传部长，萧向荣任临时省委秘书长。同年 9 月邓发调苏区中央局工作后，由卢德光（卢永炽）任临时省委书记。

1931 年 6 月下旬，为做好红军第三次反“围剿”斗争准备，经中共红一方面军临时总前委决定，成立了中共闽赣边界工作委员会，由周以栗任书记，领导中共红十二军军委、红三十五军军委、中共闽粤赣边苏区特委和汀州、连城、石城、瑞金等县党组织；同时，在赣南成立中共南路工作委员会，以陈毅任书记，统一领导中共红三军军委和中共赣南特委。中共闽赣边界工作委员会和中共南路工作委员会，均受中共红一方面军临时总前委领导。

（四）苏维埃中央政府成立以后（1931. 11—1934. 10）

中华苏维埃共和国临时中央政府成立之时，中央苏区只辖有江西、闽粤赣（福建）两省；1933 年 4 月和同年 9 月，中央苏区先后增设闽赣、粤赣两省；1934 年 7 月下旬又增设了赣南省。在这一时期，中央苏区计有 5 个中共省委组织。

1. 江西省委

江西省于 1931 年 10 月成立中共临时省委，任弼时任临时省委书记。临时省委机关驻兴国。领导原已成立的中共赣东、赣南、永吉泰等 3 个特委及其所辖各县党的组织。1931 年 11 月，召开苏区江西省第一次党代表大会，正式成立中共江西省委，选举卢永炽（卢德光）任省委书记。卢永炽参加赣南会议后趁回闽粤赣临时省委移交工作之机携款逃离苏区。此后由陈正人代理省委书记。1931 年 12 月下旬起,由李富春(化名李大盛)任省委书记。中共江西省委正式成立后,原所辖的中共赣东、赣南、永吉泰等 3 个特委撤销,各县党的组织直接受中共江西省委领导。

1933 年 9 月 27 日至 10 月 4 日,中共江西省第二次代表大会在宁都七里村召开。大会选举李富春、陈毅、曾山等 47 人为省委执委委员;谢佩兰等 9 人为省委执委候补委员;选举吴家俊等 13 人为省监察委员会委员,雷中响(向)等 5 人为省监委候补委员;选举李富春、刘球贤、萧瑞祥、廖信中、谢玉钦、蔡畅、曾山、陈毅、娄梦侠、张绩之、刘启耀等 11 人为省委常委。李富春当选为省委书记。

1933 年 5 月江西省疆域最大时期,中共江西省委曾辖有兴国、瑞金、宁都(博生)、胜利、于都、赣县、信康、安远、寻乌、会昌、石城、万泰、永丰、公略、崇仁、宜黄、乐安、新淦(干)、广昌、黎川、建宁、泰宁等 22 个县委和南丰临时县委。1933 年 5 月,黎川、建宁、泰宁 3 个县委划隶中共闽赣省委领导。同年 7 月 22 日,中央人民委员会决定增设洛口、长胜、太雷、杨殷、龙冈、门岭、西江、赤水等 8 个县。是年 9 月粤赣省设立,原江西省辖的于都、会昌、西江、门岭、寻乌、安远、信康等 7 县划归粤赣省领导。江西省委所领导的县委是:兴国、胜利、赣县、杨殷、博生、洛口、长胜、石城、太雷、瑞金、广昌、赤水、宜黄、乐安、新淦(干)、崇仁、永丰、龙冈、公略、万泰、南丰等 21 个县委。1934 年 7 月下旬,中共中央和苏维埃中央政府决定新设立赣南省,原江西省辖的杨殷、赣县两县划属中共赣南省委领导。在这之前的 1934 年 5 月间,原江西省辖的太雷、长胜以及瑞金和西江县,又划属中央直属县,这 4 县的党政组织隶属中央领导。此外,由于第五次反“围剿”不断失利,江西苏区日益缩小,被国民党军侵占的苏区党组织相继遭到破坏,因此到 1934 年 10 月红军主力和中央机关撤离中央苏区长征时,中共江西省委仅辖有兴国、胜利、博生、洛口等4个苏区县委和石城、公略、万泰、龙冈、乐宜崇、广赤、南丰等7个游击区县委(或临时县委)了。

从1932年3月至1934年10月,中共江西省委还在江西省辖区内先后设立过9个中心县委:

中共公略中心县委:1932年3月设立,辖万泰、永丰、公略3个县委。机关先驻公略县水南,后迁驻富田陂下村。1933年8月该中心县委撤销,另成立中共永丰中心县委。

中共宁都中心县委:1932年6月设立,辖宁都、南广、石城、宜黄、乐安等5个县委。机关驻宁都县城。1932年8月该中心县委撤销,分别成立中共乐安、南广两个中心县委。

中共会昌中心县委:1932年6月设立,辖会昌、寻乌、安远等3个县委。机关设会昌筠门岭坝笃下。1933年8月因决定新设立粤赣省,会、寻、安3县划属粤赣省辖,因而撤销了该中心县委。

中共乐安中心县委:1932年8月撤销宁都中心县委后,即成立中共乐安中心县委,辖乐安县各区委和宜黄县委、崇仁县工委(后成立崇仁临时县委)。机关先设在乐安招携,后迁至南村、望仙等地。

中共南广中心县委:与中共乐安中心县委同时在1932年8月设立,辖南广县委和南丰临时工委。机关设广昌县城。

中共于都中心县委:1932年8月设立,辖于都、赣县、信丰(信康)3个县委。机关设在于都县城大佛寺。1933年8月撤销。

中共建宁中心县委:1933年1月设立,辖建宁、泰宁、黎川3个县委。1933年5月,建、黎、泰3县划归闽赣省委领导,该中心县委即撤销。

中共广昌中心县委:1933年1月由中共南广中心县委改称,辖南广、南丰、赤水县等3个县委。机关设在广昌城北门永兴寺,1934年4月27日广昌失守后,南移至头陂、赤水、驿前等地。同年6月广昌、赤水两县合并为广赤县后,该中心县委即撤销。

中共永丰中心县委:1933 年 8 月撤销中共公略中心县委,成立中共永丰中心县委,辖公略、万泰、龙冈、新淦等县委及永丰县各区委。机关设在永丰县藤田,后因苏区失守迁至石马、上溪、阳斋等地。1934 年 10 月所辖苏区全部失陷,该中心县委随之解体。

2. 福建(闽粤赣)省委

福建省自 1932 年 3 月上旬召开全省第二次党代表大会后,至同年秋全省苏区疆域发展到最大时期。但是,自 1933 年 2 月开始,中共临时中央博古等人在福建省委开展反所谓“罗明路线”斗争,苏区中央局撤销了罗明的省委代理书记职务和其担负的省委驻杭永岩全权代表工作,改组了福建省委,组成了以陈寿昌、刘晓、钟友勋等为成员的临时省委,以陈寿昌为省委书记。同年 6 月中旬,中共福建(闽粤赣)省委召开扩大会议,继续开展反“罗明路线”斗争,重点打击张鼎丞、谭震林等一批干部。同年 6 月,陈寿昌调任中共湘鄂赣省委书记,中共福建省委书记由陈潭秋担任。1933 年 10 月 28 日至 11 月 2 日,中共福建省第三次代表大会在长汀县城召开。长汀、宁化、新泉、汀东、上杭、武平、代英、兆征、永定、清流、连城、彭湃、龙岩、饶和埔等 14 个县和埔北地区的代表出席了会议。他们代表全省约 20000 名党员。大会选举陈潭秋、张鼎丞、郭滴人、方方、李坚真等为省委执委会常委,陈潭秋为省委书记,方方为组织部长,郭滴人为宣传部长。1934 年 2 月初,陈潭秋因在扩红突击运动中坚持实事求是,未及时完成扩红任务,中共中央决定撤销其省委书记职务,调任苏维埃中央政府粮食部部长,曾洪易接任中共福建省委书记。1934 年 7 月,曾洪易以中共中央代表身份随红军北上抗日先遣队行动。中共中央任命刘少奇任中共福建省委书记。

中共福建(闽粤赣)省委从 1931 年 5 月至 1934 年 5 月,先后辖有长汀、汀连、新汀、汀东、连城(明光)、新泉、龙岩、上杭、杭武、代英、永定、平和、宁化、清流、归化(明溪)、饶和埔、彭湃、泉上、兆征、石城等县委和汀州市委。1933 年 2 月石城县委划回江西省委领导,1934 年 5 月宁化、清流、归化(明溪)、彭湃、泉上和宁化中心县委划归中共闽赣省委领导,福建省委辖有长汀、汀连、新汀、汀东、连城(明光)、新泉、龙岩、上杭、杭武、代英、永定、平和、饶和埔、兆征县委和汀州市委。

3. 闽赣省委

中共闽赣省委于 1933 年 4 月成立,顾作霖任书记。省委机关驻黎川县湖坊圩。1934 年 1 月顾作霖调任红军总政治部代理主任,邵式平兼任闽赣省委书记。1934 年 8 月,邵式平调中央工作,赖昌祚接任中共闽赣省委书记。闽赣省委辖有建宁中心县委、闽北分区委、闽中分区委和资溪、东方、金南等县委。

中共建宁中心县委:1933 年 1 月成立,原隶属中共江西省委,1933 年 5 月改隶闽赣省委后不久即撤销,所辖建宁、泰宁、黎川 3 个县委由中共闽赣省委直接领导。

中共闽北分区委:1931 年 1 月成立,原隶属中共赣东北(闽浙赣)省委。1933 年 4 月改隶中共闽赣省委领导。下辖崇安、建阳、光泽、邵武、建瓯、广浦、贵南、铅山、上铅、广丰等 10 个县委和浦西特区委。

1933 年 12 月下旬,因第五次反"围剿"失利,闽北分区委及其所属党组织重新划归中共闽浙赣省委领导。1934 年 5 月,原隶属于中共福建省委领导的宁化中心县委及其所辖的宁化、清流、归化、彭湃、泉上等 5 个县委,划属闽赣省委领导。

4. 粤赣省委

粤赣省委于 1933 年 9 月成立后,辖有会昌、西江、门岭、于都、寻乌、安远、信康 7 个苏区县委和兴(宁)龙(川)、信康赣(信丰、南康、赣县)两个游击区县委,还辖有武西工作委员会和会西工作委员会。1934 年 2 月,因寻乌县苏区失守,中共寻乌县委与安远县委合并,成立新的中共寻安县委。1934 年 7 月后,于都、登贤(1934 年 2 月由信康县改称)两县委划属新成立的中共赣南省委领导。至 1934 年 10 月,粤赣省委仅辖会昌、西江两个县委。中共粤赣省委书记一直由刘晓担任。省委机关驻会昌县文武坝。

5. 赣南省委

赣南省委于 1934 年 7 月成立。中共中央指定钟循仁任省委书记。赣南省委成立后，辖有于都、登贤、赣县、杨殷 4 个苏区县委和信康赣、寻安会(1934 年 9 月由寻安县委和门岭县委合并成立)两个游击区县委。省委机关设在于都县城天主堂右侧平房内。

二、中共在红军中的组织及其领导机构

(一)中央苏区创建时期(1929. 1—1931. 11)

1. 红四军中党的组织

1928 年 5 月红四军在井冈山成立时，在军一级成立党委，称中共红四军军委，毛泽东任书记。不久军委书记改由陈毅担任，毛泽东改任中共湘赣边界特委书记。军内除团、营分别成立团委、营委外，连设支部，军部成立特支。1928 年 11 月 6 日依中共中央指定，成立中共红四军前委(亦称中共井冈山前委)，毛泽东任前委书记；另在红四军军内成立军委，朱德为军委书记。

1929 年 1 月 14 日红四军离开井冈山向赣南出击。2 月初，红四军前委在罗福嶂扩大会议上决定暂时停止红四军军委活动，一切权力集中于前委，由前委直接领导各团委及军特务营营委和军部特支。1929 年 3 月红四军在长汀将团、营、连的建制改为纵队、支队、大队建制后，军内党的团委、营委相应改为党的纵队委、支队委。军部特支不变。连党支部改称大队党支部。大队之下中队、小队仍设党小组。

1929 年 5 月，红四军军委恢复，称红四军临时军委，刘安恭任临时军委书记。6 月，刘安恭任红四军二纵队纵队长，陈毅继任临时军委书记兼军政治部主任。6 月 22 日红四军召开党的“七大”，仍决定设军委。1929 年 9 月 28 日中共中央在致红四军前委信中说：“前委下面不需要成立军委。党在军队中采取秘密形式，党的机关设在政治部内，党的机关的人员不要过多,要尽量利用群众组织中的人做事。一般的可以不必设立营委,营部可以设立直属小组;一营单独行动时,可委托营的支部来指挥,但此点前委可斟酌采用。”①

根据中央的这一指示,在红四军第九次党代会上,撤销了军委组织,保留了纵队和支队党委。军部和纵队部的直属队,分别成立党的委员会,为直属队最高党部,委员人数 5 人至 7 人。

1930 年 2 月在陂头联席会议上,因成立了红四、五、六军共同前委,红四军再次成立了军党委,由军党委领导全军党的工作。军委书记潘心源(未到职);军委委员有朱德、潘心源、林彪、熊寿祺、伍中豪等和士兵同志数人。

2. 红五军中党的组织

1928 年 7 月,彭德怀、滕代远领导平江起义,成立红五军后,即在连队建立了党支部。同年 10 月,成立军党委,滕代远兼任军党委书记。1930 年 6 月,红五军、红八军在湖北大冶合编组建红三军团,同时成立中共红三军团前委,由军团总指挥彭德怀兼任前委书记。红五军、红八军分别成立军党委。红五军、红八军各纵队、支队,也分别成立党的委员会,大队成立党的支部。

3. 红六军、红三十五军等部队中党的组织

红六军于 1930 年 1 月组建时,成立了中共红六军军委,刘士奇兼任军委书记。同年 2 月,红六军军委由黄公略、陈毅、王如痴、罗炳辉、曾炳春、柯武东、李韶九及士兵姚起华等组成,常委为陈毅、黄公略、王如痴和两名士兵(姓名未详),陈毅任书记。1930 年 6 月后,陈毅调红二十二军任军长,改由黄公略任军委书记。

红三十五军于 1930 年 11 月组建时,成立了中共红三十五军军委,书记罗贵波,常委有罗贵波、邓毅刚、谢家禧、商辑五、曾方春等人。

---

① 《周恩来选集》(上),人民出版社 1980 年版,第 40 页。

红二十军、红二十二军和闽西成立的新、老红十二军、红二十一军、红二十二军等红军部队，均成立党的军委。军以下各纵队、各支队，也都成立了党的纵队委、支队委等组织。

1930年8月以后，中央苏区各红军部队先后将纵队、支队建制改设为师、团、营、连建制。军中党组织也随之改称师、团、营党委，连设支部。红军的这一党的组织系统，一直沿用至1931年冬。红军中的党员，在1930年12月以前一直是秘密的，1930年12月第一次反“围剿”决战前夕，才全部公开活动。

(二)1932年以后红军中党的组织系统

1930年冬，中共中央制定了《中国工农红军政治工作暂行条例(草案)》。这个暂行条例是共产国际远东局参照苏联红军政治工作经验帮助制定的，对中国工农红军中党的组织和党的工作作了调整，规定红军中政治委员和各级政治机关，是党在红军中的代表，负责党的路线、方针、政策在红军中的贯彻执行，负责党交给红军的各项任务的胜利完成。这样就取消了红军中的党委制。

但是，红军中党内有些问题，如接收与处罚党员、解决党内纠纷等，仍必须根据党章规定，按民主集中制原则来解决。这是各级政治委员与政治机关无法完成的。因此，《中国工农红军政治工作暂行条例》规定，在红军中的军团、军、师、军区及独立军、师政治部内，另设党务委员会。各级党务委员会由红军各级党员代表大会选举产生。如果在军事行动时期不能召集党员代表大会，则可由上级党部指定。各军团、军区和军的党务委员会，由委员9人、候补委员3人组成，师(含独立师)由委员5人、候补委员2人组成。《条例》对各级党务委员会委员的党龄，作了严格规定。

党务委员会的主要职责是：按照党章的规定接收党员和处罚党员，解决党内纠纷(如党内发生不团结现象、党员申诉等)。党务委员会不负责党员调动手续，对党员的政治宣传教育，也不单独负责，这些都由各级政治机关办理。同时,党务委员会不单独设立工作机构,有关工作由本级政治机关的相应工作部门办理。但是,各级党务委员会需推举一负责书记,其职责为:执行本级或上级党务委员会的决定;负责准备党务委员会开会所需要材料;审查各种文件;召集有关会议,作党务委员会工作报告。各级党务委员会可参加同级政治机关召开的会议,以了解党的路线、方针、政策及党员的思想状况,协助政治机关做好党员的政治思想教育工作。

红军中的团一级,按《条例》规定,不设党务委员会,而成立团党总支部委员会(简称"团委")。团委由团党员代表大会选举产生,设书记一人,组织、宣传各1人。团委负责全团的党务工作,并指导各连党支部的工作。团委书记不须由团政治委员担任。红军中营一级一般不单独成立党支部。营部的党员就近参加连支部。红军中党支部建在连上的原则,始终没有改变。

《中国工农红军政治工作暂行条例》颁布后,1931年春才送达中央苏区红军部队中。因反"围剿"战事紧张,一直未能全面贯彻落实。1931年11月初召开的赣南会议通过的关于红军问题的决议案中,正式决定取消红军中的党委制,实行政治委员负责制。由于将政治委员作为党在红军中的全权代表,不适当地突出强调了个人的作用,而否定了党委集体领导的作用,因此这一决定作出后,受到红军中指战员不同程度的抵制。有些部队虽然取消了党委制,但仍继续实行集体领导的制度。

1931年12月以后,在中革军委总政治部(1932年2月改为中国工农红军总政治部)的督促下,红军各部队陆续成立了各级党务委员会和团党总支部。红一方面军党务委员会也于1933年1月成立,由朱德、林彪、王稼祥、蔡树藩、袁国平、刘伯坚、乐少华、陈阿金等为委员,袁国平任书记。1933年7月袁国平调离后,由红一方面军政治部主任杨尚昆兼任党务委员会书记。

(三)红军中的党组织与地方党组织的关系

由于中国工农红军是一支服从无产阶级领导的、服务于人民革命斗争和根据地建设的新型人民军队,因而红军中的党组织与地方的党组织,有着密切的联系。它们两者之间的关系处理得是否恰当,直接关系到红军的建设和根据地的建立、巩固与发展。

红军中党的组织与地方党组织的关系,有一个演变过程。

1931年冬以前,红军根据毛泽东的建军原则,担负打仗、筹款和做群众工作三项任务。1929年4月5日毛泽东在瑞金代表前委给中央的信中曾说:"这时候的红军不是一个单纯打战的东西,他的主要作用是发动群众,打战仅是一种手段。并且打战的时间与做群众工作的时间乃是一与十之比。"①因为红军担负着发动群众、组织群众、帮助地方建立和发展党的组织、扩大革命根据地的繁重任务,因此,红军中的党组织与红军所到地方的党组织,互相间都存在着指导与被指导的关系。这种关系,在1930年3月18日于赣州城郊楼梯岭发出的《前委通告第三号》中,作了明确具体的规定:

> 红军的军委与地方的特委开联席会,解决问题,对县委以下,军委可以直接地指导工作。红军的纵队委与县委开联席会解决问题,对区委以下可以指导工作。红军的支队委和地方的区委开联席会,解决问题,对地方的支部可以指导工作。红军的大队委与地方的支部,开联席会解决问题。特委对于纵队委可以指导它的工作,但在超地方性的红军各纵队,不能完全束缚它的行动。前委以纵队为单位,派遣的巡视团与特委开联席会议解决问题,对县委以下行使指导的职权。②

---

① 《前委致中央的信》,1929年4月5日。江西省档案馆、江西省委党校党史教研室编:《中央革命根据地史料选编》(中),江西人民出版社1982年版,第72—73页。

② 《前委通告第三号》。1930年3月18日。江西省档案馆、江西省委党校党史教研室编:《中央革命根据地史料选编》(中),江西人民出版社1982年版,第494页。

前委还特别强调地方党的行动要与红军的行动合拍，以提高红军工作的效力。前委所作的这一明确规定，非常切合当时根据地斗争的实际，有利于根据地的发展与扩大。这是毛泽东创造性地运用马克思主义指导根据地党的建设作出的又一贡献。

1930年底制定的《中国工农红军政治工作暂行条例》，对红军中党组织（政治机关）与地方党组织的关系，进行了调整，将原来的相互指导关系，改为相互"协商"关系。为了使红军中党的领导机关与地方党组织更好地互相"协商"工作，《条例》规定：在组织上，红军中政治部主任、政治委员可参加地方党部为委员，如军区政治部主任可参加省委（特别区委）；军团、军和师政治机关主任可参加省委县委和市委；团以下各级政治机关主任亦照此类推。在"协商"手续上，红军各级政治机关可将自己的工作计划和训令，交同级地方党委征求意见；地方各级党委也可将自己的工作计划等，交同级红军政治机关征求意见；对于上级机关布置下来的工作任务，如涉及地方党部和红军政治机关，可共同研究贯彻落实办法；红军中接收或处罚党员，须征求地方党委的意见；党员统计，红军和地方分别进行。

实践证明，中共中央在《中国工农红军政治工作暂行条例》中规定的这种相互"协商"的关系，较适合于根据地已经巩固的环境。因为红军在这种环境中所担负的任务以打仗为主，做群众工作的任务相对较少一些。而红军如在新区工作，如果在打仗的同时，还要以主要精力去开辟和建立根据地，这种"协商"关系就难以适应环境的需要了，就必须替之以"指导"关系为好。然而中共中央在制定条例时却未充分考虑到这一点，此乃缺乏开创根据地实践经验所致。

三、中央苏区党的领导方式和领导能力建设

（一）党对苏维埃政权的领导

中国共产党是苏维埃政权的领导者。这一原则，从1927年冬中国苏维埃运动一开始，就已确立，此后始终没有动摇过。党的"六大"

通过的《苏维埃政权的组织问题决议案》中，很明确地指出："苏维埃政权之正确的组织，是要以党的坚固的指导为条件的。"[①]这就是说，离开了中国共产党的正确领导，既无苏维埃运动的开展，苏维埃政权建设也不可能沿着正确的方向前进。

党对苏维埃政权领导的实施，说到底就是个如何正确处理党政关系的问题。

党的"六大"通过的《苏维埃政权的组织问题决议案》中指出："党是苏维埃思想上的领导者，应经过党团指导苏维埃。"[②]这句话，很明白、很正确地规定了处理党和苏维埃政权关系的原则。它包含两个方面的内容：第一，党对苏维埃政权的领导，主要是思想政治上的领导；第二，党在各个时期的政治主张，党对各种问题处理的意见、办法、建议等，不能直接命令苏维埃政府接受，而应该通过苏维埃政府中的党团，"经过党员所发的言论，表示党对苏维埃工作上各种问题的意见"[③]，以此来指导苏维埃政府的工作。也就是说，在处理党政关系上必须坚持正确的原则，既要坚持党对苏维埃政权的领导，又要做到党政分开，反对以党代政、以党治国。这一点，可以从中共中央所发出的一系列有关文件中得到证明。例如：

1928年6月4日《中央致朱德、毛泽东并前委信》说："党对苏维埃的关系必须经过党团作用，绝对防止党命令苏维埃的毛病。"[④]

1929年3月27日中央在给江西省委的指示信中指出："江西过去几个失败的苏维埃区域，最大的原因，是工作方式的错误，尤其是党与苏维埃的关系不正确大都是党即苏维埃，以致白色恐怖一来，整个的工作都完了。现在弋横苏维埃，还没有纠正这个倾向，这是非常大的

---

① 《中共中央文件选集》第4册，中共中央党校出版社1989年4月版，第408页。
② 《中共中央文件选集》第4册，中共中央党校出版社1989年4月版，第408页。
③ 《中共中央文件选集》第4册，中共中央党校出版社1989年4月版，第408页。
④ 《中共中央文件选集》第4册，中共中央党校出版社1989年4月版，第252页。

危险。党必须和苏维埃政府分开，'以党治国'的方法，异属希（稀）奇。我们党与苏维埃政府的正确关系，只有经过党团去指导。"①

中共中央于1929年9月28日给红四军前委的指示信中说："党对军队的指挥尽可能实现党团路线，不要直接指挥军队，经过军部指挥军事工作，经过政治部指挥政治工作。以后成立上层政权，则组织党团，经过党团指挥之。党的系统，军事系统，政治系统，要弄清楚。"②

1930年7月，正是李立三"左"倾错误在中央的统治达到高峰时期。在这年7月22日全国组织会议通过的《目前政治形势与党的组织任务》决议案中，仍然明确指出："苏维埃是工农群众政权组织，与党绝不能相混合的，党在政治上是领导苏维埃，但在组织上不能直接指导和命令苏维埃，党只能运用在苏维埃中的党员起党团作用，实现党的领导，党只能得到群众的邀请，公开派代表参加苏维埃大会，不能直接由自己经常出席苏维埃一切会议。"③

党的六届三中全会以后，中央对于党政关系的处理，仍一如既往地坚持"党政分开"的原则。如六届三中全会通过的《组织问题决议案》中说："党对苏维埃政权机关和群众团体的领导，只有经过党团的活动才能见诸施行……许多苏维埃区域现在尚存在着党与政权混合不分，党委员会书记有直接命令政府机关的现象，亦必须坚决肃清。"④同年10月24日在《中央政治局关于苏维埃区域目前工作计划》中，又指出："苏区各级党部与政权的关系，是要经过党团的活动从中起领导作用的。这一工作方式，从中央政府直到乡村苏维埃政府，各级党部都应一致遵守，一致的肃清党代替政府的根本错误。在政府中，要尽量的吸引非党工农群众来参加工作，要使广大群众了解党是

① 《中共中央文件选集》第5册，中共中央党校出版社1990年版，第92页。

② 《周恩来选集》（上），人民出版社1980年版，第40页。

③ 《中共中央文件选集》第6册，中共中央党校出版社1989年版，第216页。

④ 《中共中央文件选集》第6册，中共中央党校出版社1989年版，第216页。

党，政权是政权，党在政权中的领导作用，只是司舵的对于全船的作用一样，而保卫和管理这只船的责任还是属于群众自己。”①

1931年1月中共六届四中全会以后，王明“左”倾错误逐渐在中央占据了领导地位。就是在这种情况下，中央对于党政关系的处理原则仍未改变。如1931年6月16日中央在给各级党部及红军的训令中，同年8月30日中央在给苏区中央局并红军前委的指示信中，都反复强调要坚决纠正“党包办政府工作或代替政权作用的现象”，并且指出了纠正“以党代政”的方法和途径。②

按照中共中央的一贯要求，党对苏维埃政权的领导，主要是通过以下途径来实施：

第一，在思想政治上对苏维埃政权实施领导。就是党所制定和提出的纲领、路线、方针、政策，必须成为苏维埃政权行动的指南，苏维埃政权不能背离党的纲领、路线、方针、政策而自行其是。中共中央对于这一点，态度始终是明确的、积极的。1927年12月11日广州暴动建立了广州苏维埃政权。中共中央对它的政纲及方针政策及时地提出了建设性意见。此后，中央又对各级苏维埃政权的组织法提出了具体意见，供各地执行。党的“六大”提出的中国革命十大要求，后来实际上成为苏维埃政府的十大政纲。从1930年起，中共中央不仅致力于发起和召集全国苏维埃区域代表大会，领导和督促召开全国第一次苏维埃代表大会，建立苏维埃临时中央政府；而且在共产国际远东局的参与帮助下，为“一苏大会”起草了宪法大纲及土地法、劳动法、经济政策、红军问题决议案等草案，提供给大会讨论通过。所有这些，都体现了党在思想政治上对苏维埃政权领导的实施。

党对苏维埃政权在思想政治上实施领导，必须有一个前提：就是

① 《中共中央文件选集》第5册，中共中央党校出版社1989年版，第450页。

② 《中共中央文件选集》第7册，中共中央党校出版社1991年版，第314页、382页。

党的思想、政治路线必须是正确的。如果党的思想、政治路线离开了马克思列宁主义作指导，脱离了中国革命的实际，其结果必然使苏维埃政权建设受到损害，最终使中国革命遭受严重挫折。李立三“左”倾错误，尤其是王明“左”倾错误，给中国苏维埃运动所造成的严重损失，教训十分深刻。王明“左”倾错误领导者在其教条主义、主观主义的思想路线和“左”倾政治路线指导下，为中华苏维埃共和国起草的宪法大纲以及为临时中央政府制定的土地政策、劳动政策、经济文化政策、肃反政策等，都有许多“左”的错误规定。这些“左”倾错误政策在中央苏区被强制推行后，在各方面都造成了严重后果。这个深刻教训是不能忘记的。

第二，在苏维埃政权机关中建立党团组织。按照中共中央提出的处理党政关系的原则，党的决议、指示和各种政治主张，只能通过党团的工作在苏维埃政权中贯彻执行，而不能直接由党委向政权机关发号施令。因此，在《中国共产党第三次修正章程决案》及党的“六大”通过的党章中都规定，在苏维埃政权和各类群众团体的“各种代表大会和会议上及机关中，凡有党员三人以上者均成立党团”①，其任务就是在政权及群众团体中“加强党的影响，实行党的政策，并监督党员在非党组织中之工作”②。

按照党章规定，苏维埃政权机关中的党团得选举党团干事会。党团干事会在工作上对同级党委负责。同级党委应派出自己的委员或得力的党员干部为代表，加入同级党团干事会组织。党团干事会选举书记负责日常工作。党团在处理和决定自身内部问题及日常工作时有自主权。党委在讨论有关党团工作的问题时，党团应派出代表出席并享有发言权。当党委与党团发生不同意见时，党委与党团代表应在

① 《中共中央文件选集》第4册，中共中央党校出版社1989年版，第481页。
② 《中共中央文件选集》第4册，中共中央党校出版社1989年版，第481页。

调查研究的基础上共同协商,解决问题,并形成决议;如党团有不同意见,可以向就近的上一级党委上诉,但上诉期间得执行原来的决议。党团所在政权机关的干部任免,得当地党委同意后,由党团提出。苏维埃的决议与法令,事先经过党团讨论与决定,然后由苏维埃中的党员向苏维埃提出;苏维埃的决议与法令如有修改或取消的必要时,也必须经党团向苏维埃提议,再提交有关会议或组织讨论决定,付诸实施。凡党团对于每一问题所作出的决议,该党团的所有党员都必须在组织之大会上一致拥护和表决,并坚决执行,否则以破坏党的纪律论处。党团与党团之间党员调动工作,亦由党团提出名单,报同级党委批准后方可调动。

实践证明,实行党团制度,既有利加强党对政权的领导,又可充分发挥政权机关的积极性,避免党组织包办一切、代替一切的弊病。

第三,既坚持党管干部的原则,又强调苏维埃政府工作人员必须民主选举产生。党管干部,就是"党对于苏维埃委员选举可以拟定名单,但不能直接向群众提出,只有在群众中宣传,使群众自己接受这种意见,选举出来。决定党员被选为委员,必须是在群众中有威信而为群众所信任的分子"①。党的"六大"党章还规定,凡政权机关和其他群众组织机关中各种职务的人选,得先经当地党委同意后再由该组织的党团提出,再由苏维埃政府任命。这些规定都是正确的。在坚持党管干部原则的同时,中央特别强调:"苏维埃是直接民众政权,苏维埃的组织必须经过群众大会或代表会议选举,绝对禁止由党部指派式之组织。"②这一规定也是完全正确的。

如何正确处理党政关系,有效地实施党对苏维埃政权的领导,既

① 中共中央:《目前政治形势与党的组织任务》(1930年全国组织会议通过),《中共中央文件选集》第6册,中共中央党校出版社1989年版,第216—217页。

② 《中共中央文件选集》第4册,中共中央党校出版社1989年出版,第482页。

是一个理论原则问题,也是一个实践问题。中共中央虽然对这个问题确定了正确的理论原则,但是在实际工作中由于情况异常复杂,因此对中央规定的原则却不一定完全得到贯彻执行。在中央苏区,党是苏维埃政权思想政治上的领导者这一原则,始终得到坚持,但在处理党政关系的具体方式上,却较长时期存在“以党代政”“党政不分”的状况。

“党政不分”的现象,在井冈山斗争时期就较为突出。当时,“县、区、乡各级民众政权是普遍地组织了”,“党在群众中有极大的威权,政府的威权却差得多。这是由于许多事情为图省便,党在那里做了,把政权机关搁置一边。这种情形是很多的。政权机关里的党团组织有些地方没有,有些地方有了也用得不完满”[1]。在赣西南苏区,情况也同井冈山时期一样,党委直接命令苏维埃政府甚至代替苏维埃政府的现象较为普遍地存在,苏维埃政府中党团的作用发挥得很差。如中共江西省委巡视员刘作抚 1930 年 7 月在给中央的报告中说:“各级政府成立有党员〔团〕,由各级党部指挥,但是政府不健全的很多,党团不健全也很多,所以好多事情都由各级党部解决,由政府会议议决通过执行,但有好多政府的事情是党部代替了,就是西南政府也是好些〔如此〕,所以引起政府人员的不满意……还有更小的日常事情农民都要求来党部解决,因此使群众认识党部而不认识政府。”[2]中共赣西南特区委在 1931 年 9 月 20 日送至中共中央的报告中也说:“苏区一般的自上到下形成一贯的党包办苏维埃工作的错误路线,苏维埃好像是党公开活动的形式,苏维埃工作经常照转党的决定,这样就把政权机关

① 《毛泽东选集》第一卷,人民出版社 1991 年版,第 13 页。

② 江西省档案馆、中共江西省委党校党史教研室编:《中央革命根据地史料选编》(上)江西人民出版社 1982 年版,第 241 页。

意义抹煞了，失却了政府工作能力。”[①]到1932年春，苏区江西省的许多县、区苏维埃政府中党团的作用，仍然没有很好发挥。“在苏党大会前党包办一切的作风下，群众遇事要问党，政府解决了似乎靠不住，一定要问党”，“这种风气直到现在还未完全改正。党的包办制度的盛行，一切工作归党，简直党在政府及各群众团体中□□□□□□的万能，一切政府和群众团体的问题由党直接解决，因此，苏维埃工作的建立，群众团体的独立工作，简直没有苏维埃和群众团体，只是变成了执行党的命令的机关。苏维埃和群众团体的组织和工作人员都是放在党的荷包内的，党可不经过群众路线而自由调动，因此苏维埃和群众团体独立系统的建立就成了具文，苏维埃法令的执行，群众团体上级决议和通告之执行，全视地方党部之负责人为依归〔据〕”[②]。

闽西苏区的情况跟赣西南苏区的情况大致一样。“闽西政权机关多系党员包办，因此没有党团之建立，常与政权混在一起。有些地方如大小池等，竟有党命令革委，革委命令党之怪现象。”[③]这是1929年7月中共闽西第一次代表大会反映的情况。1930年以后，这种现象也一直没有多大改变。1932年3月17日通过的《中共闽粤赣苏区党第二次全省大会党的建设问题决议》中，仍然说道：“闽西党不能从组织上来动员群众实现党的政治口号，党包办一切，命令群众的错误很严重。”[④]

中央苏区这种“以党代政”“党政不分”的现象，为什么在较长的

---

① 江西省档案馆、中共江西省委党校党史教研室编：《中央革命根据地史料选编》(上)江西人民出版社1982年版，第413页。

② 江西省档案馆、中共江西省委党校党史教研室编：《中央革命根据地史料选编》(上)，江西人民出版社1982年版，第491页。

③ 江西省档案馆、中共江西省委党校党史教研室编：《中央革命根据地史料选编》(下)，江西人民出版社1982年版，第16页。

④ 江西省档案馆、中共江西省委党校党史教研室编：《中央革命根据地史料选编》(上)，江西人民出版社1982年版，第653页。

时期内一直比较严重地存在，而不能很好地得到克服呢？

第一，历史的原因。无论是赣西南还是闽西，党的组织都建立得较早。党组织建立后，积极领导贫苦工农开展革命斗争。特别是在党的"八七"会议后，党领导贫苦农民闹暴动，打土豪，分田地，建政权，搞得红红火火，有声有色。贫苦工农大众从实际斗争中认识到共产党领导的正确，从内心拥护共产党。这样，党组织以及在斗争中成长起来的党的领导干部和一大批骨干，在群众中都具有极高的威望。而苏维埃政权建立的时间较晚，政权组织建立后由于各种因素影响，往往工作开展得不正常。因此，其威望自然不如党的组织高。群众遇事愿意找党组织解决。这就是"以党代政""党政不分"现象能较长时期存在的群众基础。

第二，在苏区内从事实际斗争的同志，对于党如何领导政权、实行党政分开、充分发挥政府职能作用的重要性，往往认识不足，特别是对于发挥党团作用的认识不足，"以为要保障党的领导作用是要由党来包办一切"①。"没有彻底了解党在政权中和群众中领导作用如何运用，而贪便宜的留恋过去的错误作风"，"甚至误解党团工作为共产党的青年团工作"②。这自然就会产生"以党代政""党政不分"。

第三，在干部的使用上，往往是"各级党部大多数是好的同志，终不愿意分配到政府里去工作，纵然分配到政府里去工作，都是受处分的，所以及后派好的同志到政府里工作，就觉得受处分"③。这样，就造成在政府机关的工作干部工作能力相对地较弱，影响苏维埃政府的

① 江西省档案馆、中共江西省委党校党史教研室编：《中央革命根据地史料选编》（上），江西人民出版社1982年版，第631页。

② 江西省档案馆、中共江西省委党校党史教研室编：《中央革命根据地史料选编》（上），江西人民出版社1982年版，第491页、492页。

③ 江西省档案馆、中共江西省委党校党史教研室编：《中央革命根据地史料选编》（上），江西人民出版社1982年版，第247—248页。

工作效率，因而在群众中形成“政府不如党部”的看法。

第四，苏区时期处于严重的战争环境，情况复杂多变。许多工作如扩红、支前、分配土地、经济建设等等，都要求迅速完成，不允许久拖不决。在这种情况下，党的组织作出了决议、决定、指示，不管是否涉及苏维埃政府，都要求立即付诸实施。因此，许多党的负责同志就采取了“一元化”领导方法，一杆子插到底，将许多该由政府出面完成的工作，也由党委一手包揽了。

可以说，中央苏区时期所以较长时期“党政不分”，主要是客观历史原因造成的。从客观效果来看，尽管“党政不分”削弱了苏维埃政权作用的发挥，但对当时苏区斗争和工作的主要方面，也没有产生多大的影响。

中央苏区党的最高领导机关，对于“以党代政”“党政不分”问题，也引起了重视，并设法加以纠正。毛泽东 1928 年在《井冈山的斗争》一文中就指出：“以后党要执行领导政府的任务，党的主张办法，除宣传外，执行的时候必须通过政府的组织。国民党直接向政府下命令的错误办法，是要避免的。”[①]1931 年 11 月召开的苏区党大会通过的党的建设问题决议案中，也明确要求：“党只能经过党团实现自己的领导，不应机械占据政权与群众组织整个机关；党对政权及群众组织的正确关系是要经过党团的领导作用来实现党的领导。党绝对没有权力直接命令政权和群众组织。尤其是不应当去包办其一切工作。”[②]并且要求各级党组织要积极引进非党的工农积极分子到政权和群众组织中工作，并帮助他们提高工作能力，尤其不要使苏维埃政府执行

① 《毛泽东选集》第一卷，人民出版社 1991 年版，第 13 页。

② 江西省档案馆、中共江西省委党校党史教研室编：《中央革命根据地史料选编》（上），江西人民出版社 1982 年版，第 637 页。

委员会全体委员都是党员,而应"以能够保障党的领导为标准"①。对于建立苏维埃政府党团的工作,也作了明确规定。这次大会后,在中央苏区开展了反对"家长制""命令主义"和反对"以党代政"的活动。此后,各级苏维埃政权的职能作用逐步得到更好的发挥。1934 年 3 月 15 日,中共中央组织局还专门颁布了《苏区党团组织与工作条例》,使苏维埃政府及各群众团体中的党团组织有章可循。

(二)党对红军领导的实施

中央苏区党对红军领导的实施,主要通过如下途径:

1. 确立党对红军绝对领导的原则

中国共产党领导的"八一"南昌起义,打响了武装反抗国民党统治的第一枪,开始缔造了一支人民的军队。南昌起义部队这支崭新的人民军队从它诞生的第一天起,就置于党的领导指挥之下。1927 年 9 月湘赣边界农民举行秋收起义时,起义部队不仅接受以毛泽东为书记的中共前敌委员会领导和指挥,而且在党的领导下抛弃了"国民革命军"名义,将起义部队定名为"工农革命军"。起义受挫以后,毛泽东率领起义部队向湘赣边界南段进军,途中在永新三湾对部队进行了改编。这次改编时,重新在部队建立了党组织,设立了党代表制度。毛泽东还创造性地提出党支部建在连上的原则,并第一次在班、排建立党的小组,在营、团建立了党的委员会;同时规定部队的一切重大问题,都由党委集体讨论决定。这样就从组织上确立了党对军队领导的制度。随后,毛泽东还为红军规定了三大任务:(一)打仗消灭敌人;(二)打土豪筹款子;(三)宣传群众、组织群众、武装群众,帮助群众建立革命政权。1927 年 10 月至 11 月,朱德、陈毅等领导南昌起义军余部在赣南大庾县(今大余县)进行整编时,也在连队建立了党的组织。这就使

① 江西省档案馆、中共江西省委党校党史教研室编:《中央革命根据地史料选编》(上),江西人民出版社 1982 年版,第 647 页。

红军开始成为一支服从无产阶级领导的、服务于人民革命斗争和根据地建设的工具。

但是,由于受旧军队的影响,红四军内部有些人对于党在红军中的领导原则和领导制度感到不习惯,甚至产生了怀疑。与此同时,由于红四军党内小资产阶级成分居多,红四军中党的思想政治工作在一段时间内又有所放松,因此,1929 年春夏间,红四军中各种非无产阶级思想不断产生,并在党内引发了一场争论,争论的内容,涉及党对红军领导等一系列重大原则问题。在 1929 年 6 月 22 日召开的红四军“七大”会上,经过陈毅等同志的努力,红四军党内的争论虽然暂时停止了,但对一系列重大原则问题,仍没有取得一致意见。

1929 年 12 月 28 日召开的红四军党的“九大”通过的决议案,明确规定了红军的性质、宗旨和任务。指出:“红军的任务,在意义上,是一个执行阶级的政治任务的武装集团。在工作上,特别中国现在的工作上,他决不仅是单纯的打仗的,他除了打仗一件工作之外,还要担负宣传群众,组织群众,帮助群众建设政权等重大任务。红军之打仗不是为打仗而打仗,乃是为了宣传群众,组织群众,武装群众,帮助群众建设政权才去打仗的。离了对群众宣传组织武装政权等目标,就完全失了打仗的意义,也就根本失了红军存在的意义。”①决议案批评了红四军党内存在的单纯军事观点,批评一些同志将军事政治二者对立起来,“不承认军事只是达到政治任务的工具之一。甚至还有说‘军事好,政治自然会好,军事不好,政治也不会好’的,则更进一步承认军事是政治的领导了”②。决议案严肃指出:“这种路线发展下去,便有走到脱离群众,以军队垄断政权,离开阶级地位之危险,如国民党军队所

① 《中共中央文件选集》第 5 册,中共中央党校出版社 1989 年版,第 801 页。

② 《中共中央文件选集》第 5 册,中共中央党校出版社 1989 年版,第 802 页。

走的道路一样。"[①]因此,决议案提出必须坚决反对单纯军事观点,坚决反对忽视建立根据地、建立人民政权、只愿走州过府的"流寇思想"。

为了确保红军的性质及宗旨、任务的实现,红四军党的"九大"决议案明确规定了党对红军绝对领导的原则。指出红军中"党的各种会议(从支部到前委)均须将军事计划及报告列于议事日程,加以讨论和决定"[②],"党对军事工作部分要有积极的注意和讨论,一切工作在党的讨论和决议后,再经过群众路线去执行"[③]。为了实现党对红军的绝对领导,决议案除了再次规定红军中党的组织建设的原则和要求外,还特别指出:"党的指导机关要有正确的指导路线,遇事要拿出办法,以建立领导的中枢。"[④]提出要"编制红军法规",通过法规形式,将"红军的任务,军事工作系统和政治工作系统的关系,红军与群众的关系,士兵会的权能及其与军事政治机关的关系"[⑤],明白地规定下来。

红四军党的"九大"决议案的上述规定,是毛泽东把马克思列宁主义关于无产阶级政党与军队建设原理与中国红军建设具体实践相结合的产物,具有极其重大和深远的现实意义和历史意义。此后,中国人民军队一直处于中国共产党的绝对领导之下,在各个不同的历史时期,为实现党的纲领、路线,为实现党和人民的奋斗目标而进行不屈不挠的斗争,谱写了人民军队建设的壮丽篇章。

党在红军中建立严密而健全的组织系统,是实现党对红军领导的重要保证。中国共产党从独立自主地领导革命武装斗争、建设人民自己的军队开始,就注意到了这一点。有关这方面的情况,在前文中已作介绍,此处不再赘述。

---

① 《中共中央文件选集》第5册,中共中央党校出版社1989年版,第802页。
② 《中共中央文件选集》第5册,中共中央党校出版社1989年版,第802页。
③ 《中共中央文件选集》第5册,中共中央党校出版社1989年版,第802页。
④ 《中共中央文件选集》第5册,中共中央党校出版社1989年版,第802—804页。
⑤ 《中共中央文件选集》第5册,中共中央党校出版社1989年版,第802—804页。

2. 大力加强红军中的政治工作

党对红军的绝对领导，最重要的是靠加强红军中的政治工作来实现。

从1924年第一次国共合作开始，中国共产党在共产国际帮助下，就在黄埔军校及国民革命军中建立了政治工作。北伐战争中，中国共产党在北伐军中的政治工作有了发展。八一南昌起义后，党开始创立人民军队的政治工作。在起义军军师两级设立了党代表，建立了党的政治工作机关，开展了军内外的宣传教育工作；提出了严肃军纪、爱护人民的要求，鼓励将士奋勇杀敌。

秋收起义和井冈山斗争时期，在毛泽东、朱德、陈毅等同志领导下，党在工农革命军和工农红军中的政治工作开始创立。不仅在军中各级建立了党的组织，还在连以上各级设立了党代表，在军、师、团各级建立了政治工作机关。毛泽东亲自为红军规定了三大任务，确立了红军的建军宗旨；制定了红军的“三大纪律”“六项注意”；在军队内部实行民主制度，建立了连队士兵委员会，做到官兵一致，政治民主，军事民主，经济民主，还废除了打骂士兵等军阀作风，制定了正确的俘虏政策等；红军中的对内对外宣传工作很活跃，除政治工作机关外，还专门建立了宣传队，配置了宣传人员。

在开辟和创建中央苏区斗争中，党在红军中的政治工作进入了一个新的发展阶段。红四军第九次党代表大会在毛泽东的领导下，认真总结了红军建军两年来政治工作的经验，所作出的决议案，使红军的政治工作建立在马克思列宁主义基础之上。其基本的思想，是以马克思列宁主义和党的路线、方针、政策教育部队，树立无产阶级思想，克服非无产阶级思想，把红军建成为无产阶级领导的坚强的人民军队。决议案除明确规定红军的性质、宗旨和任务，确定了党对军队绝对领导的原则外，还详细规定了对部队进行马克思列宁主义及党的正确路线的教育、克服各种非无产阶级思想的原则和方法，确定了军政一致、军民一致、官兵一致的原则，发展了红军内部的民主生活，同时对红军政治工作的作风和方法进行了科学的阐述。

红四军党的九大的召开，使红军政治工作产生了一个新的飞跃。九大会议后，红军各部队兴起了贯彻九大会议决议的热潮。

1930 年冬，共产国际远东局帮助中共中央制定了《中国工农红军政治工作暂行条例(草案)》。这个条例包括总则、政治指导员、政治委员、团政治处、师政治部、军区及军政治部、总政治部、党的连支部及团委、党务委员会、共青团、红军政治机关及党与地方党部关系等 10 个具体条例。

《中国工农红军政治工作暂行条例(草案)》直到 1931 年春才送达中央苏区。由于反“围剿”战争紧张，条例的一些具体规定当时未在红军中及时贯彻执行。1931 年 11 月中革军委总政治部(1932 年 2 月后改称中国工农红军总政治部)成立后，这些条例才在红军部队中正式实行。中国工农红军总政治部依据《中国工农红军政治工作暂行条例(草案)》，于 1932 年先后制定发布了《政治工作与政治部》《中国工农红军各级政治机关编制系统表》《红军中政治工作会议规划》《列宁室组织法及工作条例》《红军抚恤条例》《关于红军支部工作的指示信》等，对红军政治工作中的一些具体制度作出规定。

《中国工农红军政治工作暂行条例(草案)》，是参照苏联红军政治工作经验而制定的，尽管在一些方面照抄照搬了苏联红军的做法，但它的制订、颁布和实行，不仅使红军的政治工作步入系统化、条理化发展阶段，而且还使全国各苏区红军政治工作原则、制度、方法和要求得到了统一。

为了总结中国工农红军建军以来政治工作的经验，讨论研究红军政治工作的方针、任务和方法等问题，提高红军政治工作水平，1934 年 2 月 7 日至 12 日，红军总政治部在瑞金召开了中国工农红军第一次全国政治工作会议。这次会议继承了古田会议的基本精神，提出了“政治工作是红军的生命线"科学论断,再一次明确了政治工作在红军的重要地位。会议强调,红军的一切政治工作应该为着战争,为着红军最大的胜利,为着提高红军指战员的军政素养,反对政治工作脱离作战实际的现象。因此,要改善政治工作的方法,要去掉官僚主义、平均主义刻板的工作方式,将政治工作做得形式多样,生动活泼。这次会议虽然不可避免地留有"左"倾错误影响的痕迹,但其主要的方面都是正确的,在中国红军建设史上占有重要的地位。

中央苏区时期所形成的红军党的政治工作的一系列正确的原则和方法,成为以后人民军队政治工作的优良传统。这些优良传统的发扬光大,使党对人民军队绝对领导的原则得到具体的落实和体现。

(三)党对群众团体领导的实施

如同对苏维埃政权和红军实施领导一样,党对工会、共青团、贫农团、革命互济会、反帝拥苏同盟等群众团体,也主要是在政治上思想上实施领导。在各个不同的时期和不同的阶段,根据革命斗争的实际情况,及时地给各群众团体的工作和斗争提出要求,指明方向。

在组织领导方面,党也是在工会、贫农团、革命互济会、反帝拥苏同盟等区一级以上群众团体中建立党团,通过党团使自己的政治主张在群众团体中得到贯彻执行。中共中央特别强调:"党不能以任何命令形式直接指导群众组织,只能经过他的党团起领导作用。党可在群众组织中吸收最觉悟的分子入党,而群众组织则应发展在党的范围以外。"①

党与青年团(少共)的关系,与其他群众团体有区别。按照"六大"通过的党章规定,党与青年团的各指导机关中,均应互相派代表交换发言权与表决权;共青团还可根据自己团员数量确定比例,选派代

① 中共六届二中全会《组织问题决议案》,1929 年 9 月。见《中共中央文件选集》第 5 卷,中共中央党校出版社 1990 年版,第 238—239 页。

表出席党的一切代表会议。如中共苏区中央局委员顾作霖,就是少共中央派驻中共苏区中央局的代表,同时他又是中共苏区中央局在少共苏区中央局的代表兼少共苏区中央局书记;周恩来是中共苏区中央局在少队中央总队部的代表(称党代表)。

中央苏区群众团体中的党团组织,在 1932 年以后,逐步建立和健全起来了。

四、中央苏区党的最高领导机构的演进

中央苏区党的最高领导机构,前期是红一方面军总前委——中共苏区中央局,后期是新的中共中央局——中共中央。

如前所述,赣西、赣南和闽西的党组织,在 1929 年 1 月以前,分别隶属于中共江西省委和中共福建临时省委(后为省委)领导;1929 年 1 月以后至 1930 年底,除分别受江西、福建两省中共省委领导外,还统一受中共红四军前委(后为中共红一军团前委、红一方面军总前委)领导。也就是说,自 1929 年 1 月至 1930 年底,中央苏区党的最高领导机构为中共红四军前委和后来的中共红一军团前委(1930 年 6 月成立)、中共红一方面军总前委(1930 年 8 月成立)。1931 年 1 月 15 日在江西中央苏区宁都县小布成立中共苏区中央局后,中央苏区党的最高领导机构就是中共苏区中央局了。有关中共苏区中央局领导成员及工作机构情况,已在前面章节中分别作了叙述,此处不赘。

1932 年冬,由于中共临时中央领导人博古等在党的白区工作方面推行脱离实际的"左"倾政策,使党在上海等白区城市的工作遭受重大损失。在此之前,顾顺章、向忠发及共青团中央的几个负责人相继叛变,中共河北省委、北平市委、唐山市委屡遭破坏,临时中央领导机关的安全受到严重威胁。为安全计,中共驻共产国际代表王明向共产国际执行委员会政治书记处政治委员会提议:"将中共中央、[中国]共青团中央和赤色工会总理事会(即全国总工会——引注)从上海迁往中央苏区,在上海只留下这些机构的全权代表。"1932 年 12 月 3 日,共产国际执行委员会政治书记处政治委员会开会,同意采纳王明的建议①。

根据共产国际意见,中共临时中央于1932年12月14日致电共产国际执行委员会政治书记处政治委员会,报告说:"[中共]中央政治局和共青团以及总会的其他成员,包括伊思美洛夫、波戈列洛夫、梅尔库洛夫②和陈云逐渐地去中央苏区。"③共产国际很快同意了中共临时中央撤离上海转移到中央苏区瑞金的计划。

有计划的撤离工作从1932年底开始。首先是中共中央政治局候补委员、全国总工会委员长刘少奇,化名唐开元,于1932年底离开上海,经广东汕头、大埔来到中央苏区瑞金。接着,中共临时中央宣传部长杨尚昆,于1933年1月来到瑞金。中共临时中央政治局常委张闻天、博古、陈云,也先后离开上海,经汕头、大埔地下交通线抵达瑞金。随后,共青团中央宣传部长凯丰(何克全)以及董必武、林伯渠、陈潭秋、罗迈(李维汉)、吴亮平等,都相继来到瑞金。

博古、张闻天到瑞金后,立即召集进入瑞金的临时中央领导成员与已在瑞金的中共苏区中央局成员开会。出席会议的有博古、张闻天、陈云、刘少奇、项英、任弼时、顾作霖、邓发。周恩来、朱德、王稼祥在前线指挥作战,毛泽东尚在长汀养病,均未参加会议。会议由博古主持。会上决定组成新的中共中央局,已进入中央苏区的中共临时中央政治局委员和原在中央苏区的苏区中央局委员,均为新成立的中共中央局委员,他们是:博古、张闻天、陈云、周恩来、项英、毛泽东、任弼

① 参见中共中央党史研究室第一研究部编译:《共产国际、联共(布)与中国革命档案资料丛书》第13集,中共党史出版社2007年版,第253页。

② 分别为:张闻天、秦邦宪、王云程。后王云程未去苏区。

③ 《中共中央给共产国际执行委员会政治书记处政治委员会的电报》,1932年12月19日于上海。载中共中央党史研究室第一研究部编译:《共产国际、联共(布)与中国革命档案资料丛书》第13集,中共党史出版社2007年版,第281页。

时、刘少奇、王稼祥、顾作霖、邓发、朱德。博古、张闻天、陈云为中共中央局常委,周恩来、项英亦为常委;博古被推选为中共中央局总负责人①。

中共中央局设组织部、宣传部和秘书处,另设中央党报委员会。组织部部长任弼时,1933 年 5 月任弼时调任中共湘赣省委书记后,改由李维汉(罗迈)担任组织部部长;宣传部部长张闻天,潘汉年后来担任了副部长②;秘书长先为严重③,后邓湘君④,长征前改为王首道⑤;中央党报委员会由张闻天任书记。中共中央局机关设在瑞金下肖区杨氏私宅。

中共中央局成立后,原以任弼时为代理书记的中共苏区中央局未对外宣布撤销。原中共苏区中央局成员毛泽东、任弼时、项英、顾作霖、邓发等仍在叶坪办公。中共中央局对内为临时中央,对外行文时仍以苏区中央局名义(有时也用中共中央局名义)。但中央苏区的实际工作,都是由以博古为总负责人的中共中央局直接领导。博古他们一方面通知毛泽东返回瑞金主持中央政府工作,一方面在中央苏区开展反对福建"罗明路线"和"江西罗明路线"的斗争,错误批判处理了一大批支持毛泽东、对"左"倾"进攻路线"贯彻不力的省、县级干部,以扫除其"进攻路线"在中央苏区推行的障碍。同时,又通过加委博古、项英为中革军委委员,对前方红军作战行动横加干涉与控制。这样,就使"左"倾"进攻路线"在中央苏区畅通无阻地得到贯彻执行。

1933 年 4 月,设在叶坪的原中共苏区中央局、苏维埃临时中央政

① 参见王健英:《中共中央机关历史演变考实(1921—1949)》,中共党史出版社 2004 年版,第 243 页。

② 据李维汉:《回忆与研究》(上),中共党史资料出版社 1986 年版,第 339 页。

③ 据严重档案中的自传、简历。

④ 《红色中华》第 161 期第 3 版,1934 华 3 月 13 日出版。

⑤ 据李维汉:《回忆与研究》(上),中共党史资料出版社 1986 年版,第 339 页。

府各部、局和少共苏区中央局等机关，迁至瑞金城西南的沙洲坝一带办公。中共苏区中央局遂与中共中央局完全合并办公。

中共中央局本是全党的最高领导机构，然而实际上只对中央苏区和湘赣、湘鄂赣、闽浙赣苏区实施领导。全国其他各苏区如湘鄂西、鄂豫皖、川陕苏区，只能由当地中央分局领导。白区党组织则由"上海中央局"领导。中共中央局有些对白区工作的文件，也是由上海中央局代为拟定并发出，发文时以"中共中央"名义。

1933 年七八月间，在中共中央局内成立了中共中央组织局。这是一个负责中共中央局日常领导工作的班子，类似于后来的中共中央书记处。中央组织局主任李维汉（罗迈）。成员有张闻天、陈云、王稼祥等。潘汉年不是组织局成员，但组织局开会时他也参加。组织局内分工为：李维汉任中共中央局组织部部长兼管妇女工作，同时分工联系江西、粤赣、赣南等 3 个省委；陈云除担任全总苏区中央执行局党团书记外，兼管白区工作，任中共中央局白区工作部部长；宣传工作仍由张闻天负责，他还侧重分工负责临时中央政府的工作，并负责联系闽赣和福建省委。李维汉回忆说："中央组织局每一次开会的议程，除组织、宣传外，都是由张闻天提出，会议结论也由他作。重要问题博古也出席。讨论查田问题，毛泽东也来参加过。中央组织局是一个畸形组织，会议主席是我，参加的人是常委，做结论的是张闻天，名义上是我负责，而实际上我只联系三个省委。"①

1934 年 1 月 15 日至 18 日，中共中央在瑞金沙洲坝乡大埠村福主庙召开六届五中全会（会议筹备及召开情况本书另有记述）。中共六届五中全会后，原先成立的中共中央局即撤销，对外正式以中共中央委员会名义领导全党工作，但原中央组织局仍存在，仍由李维汉任主任，作为中共中央处理日常事务的工作班子。中共中央委员会和中共

① 李维汉：《在中央苏区》，见《中共党史研究》，1986 年第 1 期。

中央政治局机关仍驻瑞金下肖村观音山杨氏私祠,1934 年 7 月与苏维埃中央政府、中革军委等机关一起迁移至瑞金云石山乡,驻在马道口村,直至同年 10 月撤离瑞金突围转移。

第二节 党员队伍和党的基层组织建设

一、党员队伍建设状况

大革命时期和土地革命初期,赣西南和闽西地区党员数都较少。

赣西各县 1926 年 3 月有党员 30 余人,1928 年 1 月发展到 3038 名,但分布不均匀,其中万安一县有党员 2300 人,吉安 500 人,永新 8 人,宁冈 30 人,遂川和泰和两县各 100 人左右。因万安暴动失败,万安、泰和两县党组织受到严重摧残,数百名党员英勇牺牲。据 1928 年 7 月统计,全赣西地区党员数下降到 1030 人,其中吉安县 800 人,万安、永丰两县各 100 人左右,吉水县 20 余人,泰和县 10 余人。

赣南 1927 年春统计,有党员 630 人。1928 年底发展到 1500 余人。其中赣州(含赣县农村)、信丰、于都、兴国、宁都等县人数较多,分别为 200 多人;大余、上犹、安远、瑞金、石城、会昌以及定南、全南、龙南等县较少,各不超过 10 人;崇义、南康、寻乌 3 县分别为 100 人、84 人和 70 人。

闽西各县在 1927 年 10 月 10 日前共有党员 85 人。其中龙岩县 18 人,上杭县 15 人,永定县 12 人,平和县 30 人,长汀县 10 余人。1928 年 3 月至 8 月间,闽西各县党员数量发展到五六百人。闽西各地农民武装暴动受挫后,党组织及时转变斗争方式,退却隐蔽,因而未受到大的损失。据 1929 年 3 月 8 日中共福建省委不完全统计,全闽西已有党员 755 人,占当时福建省党员的 56%,其中永定、龙岩两县各 300 人,上杭县 100 人,平和县 5 人,长汀县 15 人,武平县 35 人。

1929年1月红四军到赣南闽西游击后，随着革命形势的发展，赣西南和闽西党员队伍迅速壮大。1929年5月中共江西省委统计，赣南有党员3000余人，赣西有党员2200人。至1930年10月，赣西有党员28000人。赣南在1930年5月也有党员7000余人[①]。整个赣西南苏区在1930年10月共有党员35000人以上。

闽西在1929年4月恢复中共闽西临时特委时，“有党员近1000人，其中以龙岩、永定为最多，各约300—500人；武平最少，不过10人。但经过几个月的斗争，扩大了党的影响，党的组织发展很快。据5月上旬统计，各县党员总数已达1400人左右”[②]。1929年夏，红四军第二次入闽，闽西党的组织发展更快。1929年7月前后，闽西党员数发展到近3000人，占当时福建全省党员总数（3700余人）的4/5以上。其中以龙岩县发展最快，有100多个支部，党员1000人左右。永定县次之。1930年5月据龙岩、上杭、永定、长汀、连城、武北、漳平（永福）等县不完全统计，共有党员7756人。闽西特委当时估计，两个月后，党员可发展到10000人左右。

1931年，赣西南苏区和闽西苏区，都经历了急风暴雨般的反“围剿”战争，同时还发生了错打“AB团”和错肃“社会民主党”运动，致使党员人数骤减。1931年11月前后，苏区江西省（即原赣东南苏区）党员数下降到只有15000人。福建全省1931年11月初统计，也只有党员5000人。整个中央苏区党员数只有20000余人（不含红军中党员数）。

第一次全苏大会召开之后，随着中央苏区的巩固发展，党员数量

---

① 赣南各县的党员人数，据中共赣西南特委1930年10月5日的报告及10月13日召开的关于组织问题的特委会议记录记载，当时为2000人。事实上这个数字不准确，因为1930年3月后曾任赣南中共东河行委书记的黎日晖在1931年10月6日给中央的报告中称：1930年5月，全赣南共有党员7000人。黎日晖提供的这一数字应该是较为准确的。

② 《中共闽西特委关于党和群众工作的报告》。1929年5月11日。

猛增。苏区江西省1932年3月党员数量增加到23000人,同年5月底止又增加到35000人。1932年七八月间据瑞金、兴国等12个县统计,已有党员52889人;加上石城、寻乌、信丰、南康以及黎川、宜黄、乐安、新淦(干)等县未统计在内的党员数,整个苏区江西省共有党员6万余人。1933年秋,苏区江西省党员总数已有97451人①。苏区福建省至1932年3月党员人数恢复到6800人左右,1933年6月猛增到20000人。红军中的党员数,1932年7月底为9749人,至1933年9月统计,"党团员占全体战士45.5%","军事指挥员中党团员占55.1%"②,以当时全方面军10万人计,党团员约有5万人,其中党员当在15000人以上。

这样,在中央苏区疆域全盛时期,党员总数已超过13万人。据1933年6月20日《中共中央给共产国际的报告大纲》记载,当时江西苏区有党员100000人;福建苏区有党员20000人;湘赣苏区有党员30000人;湘鄂赣苏区有党员50000人;赣东北(闽浙赣)苏区有党员20000人;湘鄂西苏区有党员28740人;鄂豫皖苏区有党员20000人。全国(含白区30000人)党员总数为298740人③。此时中央苏区党员总数约占全国党员总数的44%,占中央苏区人口总数的3%。

1934年以后,随着第五次反"围剿"节节失利,中央苏区范围日益缩小,党的组织不断受到国民党军队的摧残,党员人数逐渐下降。

中央苏区各级党组织在党员队伍建设方面,从总体看,严格执行了党章规定,坚持党员标准,保持了党的无产阶级先锋队性质。特别

---

① 《党的组织状态——全省代表大会参考材料之四》。江西省档案馆、中共江西省委党校党史教研室选编:《中央革命根据地史料选编》上册,江西人民出版社1982年版,第674页。

② 贺昌:《红军全国政治工作会议》。载《红星》报1934年2月第29期。

③ 参见《中共中央给共产国际的报告大纲》,1933年6月20日。载中央档案馆编:《中共中央报告选辑(一九二七——一九三三)》,中共中央党校出版社1983年版,第216页。

是在土地革命前期,这方面坚持得较好。红四军第九次党代表大会通过的政治决议案中,曾明确决定要对党员队伍严格整顿,对"旧的基础厉行洗除。如政治观念错误,吃食鸦片,发洋财及赌博等,屡戒不改的,不论干部或非干部,一律清洗出党"①。决议案明确提出:"以后新分子入党条件:1. 政治观念没有错误(包括阶级觉悟);2. 忠实;3. 有牺牲精神,能积极工作;4. 没有发洋财的观念;5. 不吃鸦片,不赌博。以上五个条件完备的人,才能够介绍他进党。"②

这5个条件,既坚持了党章要求,又切合当时实际情况。在以后的时间里,红军中发展党员,基本上都坚持了这些条件,要求较为严格。地方党组织发展党员,条件稍微宽松了一些,但在1933年春以前,大都坚持了党章规定的条件。

严格履行入党手续,是确保党员质量的重要组织措施。土地革命初期,赣西南和闽西党组织都处于秘密或半公开状态,发展党员都是秘密履行入党手续,有入党介绍人,经过组织审查批准后,登记在册,并须举行入党宣誓仪式(对外称"入校式"或"入学式")。为了保密,赣西南有些农村党组织在新党员入党宣誓时,还借助绿林组织"三点会"会员盟誓形式,斩雄鸡,喝血酒,对天盟誓。1929年后,介绍新党员的手续和入党宣誓仪式,都逐步正规化。1929年7月13日红四军第三纵队政治部编印了《党员训练大纲》,在"怎样介绍同志"一节中,要求介绍人一定要选择符合条件的人作为介绍对象,并要对其考察。考察内容包括:"从他的家庭经济背景,考察是否有革命之需要";"从他平时做事待人,看他是否忠实可靠";"从斗争中看他是否勇敢不怕得罪人";"从他的交友中或反对者,各方面看他是否好人";"在他谈话中看他能否守秘密";"从他的脾气上看他是否会服从";"从他平常

① 《中国共产党红军第四军第九次代表大会决议案》。1929年12月。

② 《中国共产党红军第四军第九次代表大会决议案》。1929年12月。

看书上看他的思想是否革命"。这些考察内容是全面、具体、可操作的。经过严格考察之后,若基本符合入党条件,才按照严格的组织程序,发展其入党。

新党员有候补期。按《中国共产党第二次修正章程》规定,候补期劳动者 3 个月,非劳动者 6 个月。党的"六大"以后,新党员候补期作了调整。1931 年 2 月 20 日中共苏区中央局发出第十二号通知《几个组织问题》规定:"产业工人雇农手工工人入党,没有候补期。""贫农入党候补期为两个月。""独立劳动者(即做手艺的)、中农以及知识分子和自由职业者入党候补期为六个月。""不属于上列三项的社会出身者,入党候补期可以按照特殊情形延长到一年或两年。"①

苏区党组织还十分注重对党员加强思想政治教育,以确保党员在思想上合格,充分发挥共产党员的先锋模范作用。

二、基层党组织建设状况及其经验

中央苏区时期,党的基层组织为党的支部,在党员人数较多或地域较阔时,也成立中心支部或特别支部。

1931 年冬后,凡苏维埃区域,基本上是以乡为单位建立党支部,村建立党小组。有些支部因党员人数较多,在乡支部之下以村为单位或几村联合建立了支分部。据中共江西省委统计,1932 年 4 月全省 14 个县(石城县未统计)共设有 1089 个乡,建立了 998 个党支部。其中兴国县 115 个乡建立支部 123 个;瑞金县 78 个乡建立支部 123 个;宁都县 117 个乡建立支部 78 个;会昌县 82 个乡建立支部 66 个;赣县 90 个乡建立支部 96 个;于都县 119 个乡建立支部 61 个等。

中央苏区的各级机关企事业单位,都单独或联合建立了党的支部。红军中的连队,都建立了党支部。初期,书记多由连党代表或指导员担任;后来改设政委制时连队党支部书记多由排长、班长甚至是

① 中共苏区中央局通知第十二号《几个组织问题》,1931 年 2 月 20 日。

战士担任。

苏区的党支部,充分发挥了其“战斗堡垒”作用。主要体现在:

第一,通过党的支部,将党的政治主张,包括党的纲领、路线、方针、政策,广泛深入地传播贯彻到了广大工农群众中,使之变成为人民群众的实际行动,从而掀起了波澜壮阔的土地革命运动。

第二,党的基层支部成为基层苏维埃政权、革命武装和一切群众团体的领导核心,成为整个苏维埃革命运动的领导核心。

第三,通过基层党支部的宣传教育和广大共产党员的模范带头作用,将广大工农群众紧密地团结在党的周围,组织起了浩浩荡荡的革命大军,建立起了坚不可摧的真正的铜墙铁壁。

第四,党支部的坚强有力的领导和党员的先锋模范作用的发挥,保证了党和苏维埃政府提出的每一项工作任务的顺利完成。

中央苏区在党的基层组织建设方面,摸索和积累了如下经验:

(一)党的各级领导机关极为重视党的基层组织建设

早在井冈山斗争时期,毛泽东就开始确立“支部建在连上”原则,认为这是红军具有坚强战斗力的重要因素。陈毅也认为:“连上成立支部的作用非常大,因每一连可以担任一方面的任务,一个支部恰可以应付这个任务,连支部的精神,在‘一切工作归支部’这个口号上,四军党的基础在连支部上面,军队力量也寄托在上面。”①

在红四军第九次党代表大会通过的政治决议案中,曾明确指出:“每连建设一个支部,每班建设一个小组,这是军中党的组织的重要原则之一。”②中共赣西南特区委在关于支部工作的文件中,认为:“支部是党的组织基础”,“是党的宣传学校”,“是党的生活中心”,“是监督

① 《陈毅关于朱毛红军的党务概况报告(二)》,1929年9月1日。《中共中央文件选集》第5册,中共中央党校1989年版,第774页。

② 《中共中央文件选集》第5册,中共中央党校1989年版,第811页。

与领导同志工作唯一机关”,“是执行党一切决定的唯一机关”,“是传授群众情形于党的唯一机关”,“是党的斗争的武器”,“是扩大党的组织唯一工具”,“是群众中的核心”,“是干部人才的养成所”①。

红军总政治部也一再强调指出:红军中的“连支部是党的基层组织”,“是党在红军中的‘堡垒’”②,“是党与群众的连环”③,“红军中的政治机关,必须凭借着支部的组织,进行政治工作与党的工作”④。

(二)注重抓好支部干事会班子建设,使党支部有一个坚强的领导核心

按照党章规定,党支部设支部干事会,由 3 人至 5 人组成。分工为书记、组织、宣传各 1 人,人数多的支部增设妇女、青年等专职干事。1933 年 3 月中共苏区中央局组织部召开闽赣两省组织工作会议后,支部干事会成员增加到 9 至 11 人,分工为:支部书记、副书记,配有工会工作、军事工作、群众宣传鼓动、党员教育、妇女工作、贫农团工作、统计调查收党费、苏维埃工作、青年工作等干事。各干事职责明确,团结协作。各级党组织十分注意加强对支部领导成员的培养教育,帮助他们提高政治思想水平和工作能力。主要办法是经常举办各种短期训练班和支部流动训练班。从 1932 年起,还每年在全苏区发动一次“支部改造运动”,即对支部工作进行检查整顿,民主评议,通过整顿评议,对支部领导班子进行调整,使之始终保持朝气蓬勃、努力工作的状态。

(三)制定、颁布支部工作的条例、法规,使基层支部工作有章可循

为帮助党支部领导成员了解和掌握支部工作的原则、方法,适应加强支部建设的需要,党的各级领导机关制定、颁布了一系列支部工作条例、法规,供支部工作的同志学习、掌握。

① 《中共赣西南特区委关于支部工作的布置》,1931 年 6 月 7 日。
② 《红军总政治部关于红军中党的工作问题训令》,1932 年 9 月 21 日。
③ 《总政治部关于红军中支部工作的一封信》,1932 年 1 月 19 日。
④ 《红军总政治部关于红军中党的工作问题训令》,1932 年 9 月 21 日。

红军中最先制定的支部工作条例性文件，是1929年7月13日由红四军第三纵队政治部编写的《党员训练大纲——支部工作》。这份文件，是根据中央印发的关于组织问题的文件、中共中央通告第三十六号、中共中央告全体同志书及红四军政治部制定的红军社会调查纲要等文件精神，结合红军中支部工作的实际需要而编写的。其内容包括20个问题，几乎包括支部工作的各个方面，浅显易懂，便于操作。1932年初，红军总政治部又颁布了《中国工农红军中党的连支部及团委暂行工作条例》。同年2月，红军总政治部又编写了专供红军中用的《支部工作纲要》。这些条例、纲要，尽管在某些方面仍不够完善，但它们在指导红军中党的基层组织建设方面，都起到了很好的作用。此外，苏区地方党的领导机关，也制订和颁布了有关规定。如中共闽西特委在1930年8月25日作出的关于组织问题决议案中，专门对支部工作提出了若干要求。1931年6月7日中共赣西南特区委制订的关于支部工作的规定，也提出了8个方面的内容：1. 支部组织的意义；2. 支部组织的建立；3. 支部工作的内容；4. 支部工作的程序；5. 支委会的分工及其工作；6. 支部的会议；7. 小组组织的意义；8. 小组的工作内容。1933年8月19日，中共中央组织局专门致信苏区各级党部，对健全地方支部生活的问题提出明确要求。

（四）建立中心支部和模范支部，抓好典型和重点，以重点带动一般，以先进推动后进

所谓“中心支部”，是根据该支部“在区域上所处的地位，产业中所占的重要，在地方党部的全部工作上，均处在中心的地位，能起中心的作用而决定，而不是随便拿一个支部，就决定它是中心支部。中心支部的工作建立起来，它可以影响与推动全部的工作”①。

① 小超：《什么是中心支部与模范交部》。载苏区中央局组织部《党的建设》第8期。1932年8月5日出版。

所谓“模范支部”,“是支部中最好的而在工作上成为支部中的模范。它要做到一般支部所应做的工作,且还要更好些,工作执行的速度,要比一般支部快,工作的实质,要比一般支部强,每一工作的限度与范围要比一般支部高,工作的成绩要比一般支部大且好。工作的进行上,应带着突击冲锋性”①。

抓好中心支部与模范支部,是合乎唯物辩证法要求的科学的工作方法。根据中共苏区中央局组织部的要求,中央苏区每个县、每个区都有计划地建立了自己的中心支部与模范支部;在领导的注意力和工作人员的分配上,都着重于这两类支部。1933 年 3 月,中共苏区中央局组织部召开了有江西、福建两省党务工作者参加的组织会议②。重点介绍和推广了兴国县高兴区黄岭乡模范支部的事迹和经验。江西省第二次全省党代表大会期间,也热烈表彰了胜利县平安支部等一批模范区委和模范支部,从而有力地推动了基层支部建设的发展。

(五)建立健全各种制度,使支部生活能正常开展

一是会议制度。规定“支部委员会每七天开会一次。支部下有支分部而(且)有干事会组织者,每七天开会一次。小组会每五天开会一次。支部党员大会每半个月召开一次”③。

---

① 小超:《什么是中心支部与模范支部》。载苏区中央局组织部《党的建设》第 8 期。1932 年 8 月 5 日出版。

② 关于这次会议的名称,据《斗争》第 5 期刊载的《目前党组织的中心工作》一文,标明是“任弼时同志在湘赣两省组织会议上的报告的一部分”。但在同一期《斗争》中刊载的《一个模范支部的工作报告》一文中,却清楚地写明“兴国高兴圩黄岭乡模范支部这次在闽赣两省的组织联席会议上,向大会做了下面的工作报告”。而且中央苏区在 1933 年春仅辖有江西、福建两省(闽赣省至 1933 年 4 月下旬才设立),湘赣省虽受苏区中央局领导,但不属于中央苏区的范围;任弼时此时亦未到湘赣省委工作。因此,这次会议应是“闽赣两省组织会议”,而非“湘赣两省组织联席会议”。此外,这次会议的召开时间,当在 1933 年 2 月上旬或 3 月中旬初。

③ 《中共赣西南特区委关于支部工作的部署》。1931 年 8 月 7 日。

红军中因情况不同,"支部会议的时间和次数,亦须根据战斗的环境来活的转变。一个月内支部和小组应各开会两次,即一星期开会一次,一个月开三次支部会和二次小组会。支部会议,以在行军休息时开会为适当,小组会议以在早到宿营地时开会为最好"①。

二是党费收缴制度。中共苏区中央局组织部于 1931 年 3 月规定:党员每月交党费铜元 5 枚,每月底向党的小组长或支部干事会交纳,连续 3 个月无故不交党费者作自动脱党处理,予以除名。基层党支部收到党费后,如数上交上级党部,所收党费一部分留给区委使用,20% 留给县委,40% 上交给苏区中央局组织部。

三是工作报告制度。支部要定期向区委、县委报告工作;区委、县委、省委也要定期向上级报告工作。

上述制度,都得到了较好的执行。

第三节
党的思想建设

一、古田会议确立从思想上建党的原则

在一个无产阶级人数很少,农民和其他小资产阶级成分占人口大多数的国度里,建设一个具有广大群众性的、马克思列宁主义的无产阶级政党,是一个极其艰巨的任务。

中国共产党在土地革命战争中建立起来的苏维埃区域,均建立在偏僻落后的农村,土地革命战争的主要参加者是广大农民。因此,苏区党组织发展的基础主要在农村,党员发展对象主要都是农民。据 1930 年赣西南苏区党员成分统计,农民占 80%,知识分子及商人占 10%,工人只占 10%。闽西的党员成分据 1930 年 7 月统计,农民占

① 《红军总政治部关于红军中党的工作问题训令》,1932 年 9 月 21 日。

60%，知识分子和小商人占10%，工人只占13%。红军中的党员成分，与地方党组织大致相同。1929年冬，红四军共有党员1600人，其中农民和小资产阶级分子共占81.2%。

农民是无产阶级的天然同盟军。它与其他小资产阶级一起，有接受无产阶级政党领导、强烈要求革命的一面，但它也具有自私、保守、狭隘和目光短浅的特性。大量的农民和小资产阶级成分加入共产党的队伍，必然将各种非无产阶级思想带进党内。如果不注意解决这个问题，必然是削弱党的战斗力，影响党的先锋队性质。中共闽西特委在1930年2月28日特委第二次扩大会议通过的组织问题决议案中，在分析党内思想状况时说："目前党内农民成分太多，分子复杂，农民意识支配了一切。地方主义、保守观念、封建思想、家庭观念、享乐主义、金钱主义、不拿枪等现象无奇不有。"①1929年红四军党的"七大"前后发生的争论，其根源与党内农民和小资产阶级居多不无关系。

对于党内农民和小资产阶级成分给党的建设所带来的影响，自党的"八七"会议特别是党的"六大"以后，中共中央和共产国际领导人都看到了这一问题。但是，他们中除周恩来等人外，多数同志都片面地认为要保持党的无产阶级先锋队性质，唯一的办法就是增加党内工人成分的数量，强调尽量多吸收产业工人和农村的雇工入党，而忽视了对党员进行思想政治教育。红四军中各种非无产阶级思想的滋长乃至泛滥，其重要原因之一，就是"党的领导机关对于这些不正确的思想缺乏一致的坚决的斗争，缺乏对党员作正确的路线教育"②。

然而，红四军前委书记毛泽东从井冈山斗争的切身体验中，看到了这个问题的严重性。在井冈山，毛泽东就提出："我们感觉无产阶级

① 江西省档案馆、中共江西省委党校党史教研室编：《中央革命根据地史料选编》（上），江西人民出版社1982年版，第582页。

② 《毛泽东选集》第一卷，人民出版社1991年版，第86页。

思想领导的问题，是一个非常重要的问题。边界各县的党，几乎完全是农民成分的党，若不给以无产阶级的思想领导，其趋向是会要错误的。"[①]到了赣南、闽西，毛泽东看到这个问题仍然存在，始下决心解决这个问题。他在红四军党的"七大"召开之前，将红四军党内长期争论的内容概括为14个问题，这14个问题中，许多是红四军党内错误思想的反映。他还指出了红四军党内争论的社会历史根源，提出了克服的具体办法。但是，毛泽东的正确思想和主张没有被多数同志所理解和接受。红四军"七大"后，红四军党内争论的问题虽然停止，却没有解决如何在思想上、政治上建设党的问题。

在中央领导层内，周恩来也是较早地清醒认识到党内非无产阶级思想存在必将影响党的政治路线的少数领导人之一。他在1928年11月11日为中央起草的《告全体同志书》第四部分中指出："党的政治路线上许多不正确思想的来源，固然是客观环境的反映，然而党的组织还没有布尔什维克化，党内还存在许多非无产阶级的意识，也是一个主要的原因。"并指出，由于党内农民成分占75%，"因此，这种小资产阶级意识还有大大发展的可能"。要使党"布尔什维克化"，就必须"加强无产阶级的基础，同时要继续改造党的组织，尤其要坚决地反对小资产阶级的意识"[②]。为此，他列举了党内存在的小资产阶级意识的10种表现，号召全党坚决起来奋斗，将其扫除干净，并且提出了克服党内小资产阶级意识的4条措施：强固党的无产阶级的基础；发展党内政治的讨论，提高党员政治水平线；党员职业化；健全和改进支部生活。周恩来起草的这份重要文件，红四军前委于1929年4月上旬在于都县得到并"在兴国石印数千份，散发红军及各级党部"[③]。红四

① 《毛泽东选集》第一卷，人民出版社1991年版，第85页。

② 《周恩来选集》上卷，人民出版社1980年版，第8—9页。

③ 《红军第四军前委书记毛泽东给中央的报告》，1929年6月1日。《中共中央文件选集》第5册，中共中央党校出版社1989年版，第685页。

军党的“七大”后，周恩来听取了陈毅的汇报，又一针见血地指出，红四军党内所以会出现各种错误思想，“皆源于同志理论水平低落，党的教育缺乏。这些观念不肃清于红军前途有极大危险，前委应坚决以斗争的态度来肃清之”①。

正是基于上述认识，周恩来主持起草了中共中央“九月来信”，随后毛泽东将此信精神贯彻于红四军党的“九大”（古田会议），以大力纠正党内非无产阶级的错误思想，并为此作出了不懈的努力，终于确立了从思想上建党的原则，达到了预期目的。古田会议决议案，尤其是毛泽东撰写的《关于纠正党内的错误思想》一文，不仅成为红四军党和军队建设的伟大纲领，而且成为整个中央苏区乃至全国党的建设的伟大纲领。

从思想上建党的原则，是毛泽东建党学说中的核心思想，也是毛泽东对马克思列宁主义建党学说的重大发展。邓小平曾经提出：“把列宁的建党学说发展得最完备的是毛泽东同志。在井冈山时期，即红军创建时期，毛泽东同志的建党思想就很明确。大家看到红军第四军第九次党代表大会的决议就可以了解。”②邓小平讲的红军第四军第九次党代表大会的决议，就是古田会议的决议。我们党正是沿着毛泽东在中央苏区所开辟的古田会议的正确道路，才较好地解决了一个农民和小资产阶级占多数的国家建设一个无产阶级政党的问题。

二、党在军队和地方中的思想政治工作

古田会议后，无论红军还是地方上，党的思想政治工作都大大加强，并取得了丰富的经验。

当年红一军团政治委员、中共和中国人民军队政治工作开拓者之一的聂荣臻，曾列举许多具体、生动的事例，阐述和总结中央苏区时期

① 《中共中央文件选集》第5册，中共中央党校出版社1989年版，第487页。
② 《邓小平文选》第二卷，人民出版社1994年版，第44页。

红军政治工作的7条经验：

1. 用革命理论武装红军，使红军将士知道自己为什么而打仗、而奋斗。

2. 党必须制定和贯彻执行正确的政策和策略，因为这是关系到红军生死存亡、士气兴衰的大事。

3. 做政治思想工作一定要依靠党团支部，发动全体干部、党团员都来参加，而且干部和党团员一定要以身作则带领群众，才能发挥政治思想工作的威力。

4. 必须从政治上到物质上关心群众，越是困难的时候，越要注意关心群众疾苦。

5. 提高部队的文化素养，发动革命竞赛，培养与发扬部队革命英雄主义的荣誉感。

6. 一切政治工作必须为着前线的胜利，就是说政治思想工作的目的必须落实到完成党和苏维埃、红军的具体任务上。

7. 各级政治机关、政治工作干部必须经常注意发现和培养、选拔干部，不断充实和加强党的干部队伍。①

古田会议后中央苏区党的思想建设和党的思想政治工作，主要有如下内容和特点：

第一，特别注重向党员尤其是党的领导干部灌输马克思主义理论和党的基本知识，注意提高全体党员的马克思主义理论水平。

中国共产党以马克思列宁主义为指导思想。为提高全党的马克思主义理论水平，古田会议规定了对党员和干部进行政治教育的10种材料：1. 政治分析；2. 上级指导机关的通告讨论；3. 组织常识；4. 红军党内错误思想的纠正；5. 反机会主义及反对派问题的讨论；6. 群众工作的策略和技术；7. 游击区域社会经济的调查和研究；8. 马克思

① 《聂荣臻回忆录》上册，解放军出版社1984年版，第203—212页。

列宁主义的研究;9. 社会经济科学的研究;10. 革命的目前阶段和它的前途问题。上述10种材料,归纳起来,主要为两大类:一是马克思主义理论和党的基本知识;二是中央和根据地党的领导机关制定的路线、方针、政策和根据地斗争的实际材料。古田会议决议规定,除社会经济科学等马列主义基本理论属党的领导干部必读外,其余内容普通党员都要学习。

为满足广大党员干部和红军指战员学习的需要,中央苏区在十分困难的条件下,出版发行了一大批马克思、恩格斯、列宁、斯大林等革命导师的著作,如《共产党宣言》《两个策略》《论"左"派幼稚病》等。中央党校、苏维埃大学、红军大学等高等和中等学校,以及各种类型的训练班,都开设了马克思主义理论课程。这些学校组织力量,编印了许多进行马克思主义基本常识教育的读本,如《社会进化简史》《阶级与阶级斗争》《工农专政》《中国革命问题》《苏维埃政权》等,供学员学习。1933年春夏间,中共中央局和中共江西省委机关,还分别成立了"马克思主义研究会"和"马克思主义研究分会",组织干部学习和研究马克思主义理论。张闻天等中央领导同志,经常向干部、党员作马克思主义理论演讲报告。

为对广大党员进行党的基本知识教育,中央苏区各级党组织和红军各级政治机关,还先后编印了大量通俗易懂的《党员训练大纲》等材料,向所有党员全面系统地介绍马克思主义建党理论和党的基本知识。各级党组织不仅组织党员学习,还要组织党员进行考试,开展学习竞赛。许多原来没有文化和理论基础的贫苦工人、农民,学习以后,都提高了思想觉悟。在革命斗争中逐步成长为坚定的共产主义战士。

第二,政治思想工作形式多样,生动活泼,通俗易懂,效果显著。

政治思想工作是做人的工作,特别讲究工作方法和形式,讲究切合客观实际,针对性强,才能入身入心,收到效果。古田会议决议中,总结红军开展政治工作的实践经验,列出了做政治思想工作的18种途径、方法:1. 党报;2. 政治简报;3. 编辑各种教育同志的小册子;4. 训练班;5. 有组织地分配看书;6. 对不识字党员读书报;7. 个别谈话;8. 批评;9. 小组会;10. 支部大会;11. 支部委、组联席会;12. 纵队为单位组长以上活动分子大会;13. 全军支书以上活动分子大会;14. 纵队为单位党员大会;15. 纵队为单位各级书、宣、组联席会议;16. 全军支队以上书、宣、组联席会议;17. 政治讨论会;18. 适当地分配党员参加实际工作。这些方式方法,被红军和地方党组织广泛采用,并有诸多发展。

加强对广大人民群众的政治宣传教育,是实现党的领导的一个重要方面。古田会议决议将其看成是党和红军"第一个重大工作",认为"这个宣传任务之实现,才可能达到组织群众,武装群众,建立政权,消灭反动势力,促进革命高潮等红军的总任务"①。

为了实现这个宣传群众的任务,党和红军创造了文字宣传、口头宣传和形象宣传等多种形象生动的宣传形式。文字宣传包括印发张贴各类布告、宣言、传单,刷写标语、口号、红色歌谣,出版各类报纸、刊物、图书等等。口头宣传主要是演讲宣传,包括各种大小集会上的口头宣传鼓动、报告动员;军事方面的战前动员、战场鼓动、连队的早晚点名以及军事学术报告、战斗经验介绍等;还有革命学术专题报告等。形象宣传主要是利用演戏(话剧、歌舞、活报剧等)、绘画等艺术形式进行宣传。宣传队员们还经常组织化装演讲、化装宣传,宣传效果也很显著。

第三,组织起强大的专业宣传队伍,并发动党员干部人人做宣传工作和思想政治工作。

早在井冈山斗争时期,红四军中"每一个机关(如连部、营部或政治部、卫生队等)均须派五人担任宣传工作,这五个人不揹(背)枪,不

---

① 《中共中央文件选集》第5册,中共中央党校出版社1989年版,第818页。

打仗，不服勤务，名叫宣传兵。此五人分两组，一组为演讲队，担任口头宣传，凡红军所到过的地方，行军中经过的乡村酒店茶店，或大市镇均须手持红旗及标语传单向群众宣传，到了城市更须（全）体出发在大街小巷或商店作个别宣传，或按户宣传，半日的时间必须召集一个群众大会，群众为了懂得红军这个怪物，及朱毛的仪容，常常是普遍的跑来参加大会的。其外一组为文字宣传组，两个人每人提一个石灰桶，大小笔各一支，凡军队经过的地方，墙壁上要统统写满红军标语，写字要正楷，以愈大愈好，要用梯子写得高，使反动派不便涂抹，达到一个城市各连的宣传员由政治部或党代表分配宣传区域并派人巡视以观勤惰，各连写的标语有暗记不怕冒功或混淆，写错了亦易查出予以处罚，因此红军达到一个县城只要三小时，宣传工作可以普遍，同时宣传员还负责破坏反动宣传品如国民党标语总理遗嘱等，许多地方群众说：'红军一到，满街鲜红，等于过年'"①。

红四军到赣南游击后，宣传兵制度进一步完善和发展。古田会议决议案中规定："以支队为单位，军及纵队直属队均各成一单位，每单位组织一个中队，队长队副各一人，宣传员十六人，挑夫一人（挑宣传品），公差二人，每个中队的宣传员分为若干分队（按照大队或其他部队与机关的数目定出分队的多少），每个分队有分队长一人，宣传员三人。""各支队宣传员受支队政治委员指挥，各大队分开游击时，每大队应派去一个宣传分队随同工作，受大队政治委员指挥；直属队宣传队受政治部宣传科长指挥；全纵队宣传队受纵队政治部宣传科指挥；全军宣传队受军政治部宣传科指挥。"②

红军中的宣传兵为专业宣传队伍，他们都是从各部队中选拔优秀

---

① 《陈毅关于朱毛军的历史及其状况的报告》，1929 年 9 月 1 日。载《中共中央文件选集》第 5 册，中共中央党校出版社 1989 年版，第 763 页。

② 《中共中央文件选集》第 5 册，中共中央党校出版社 1989 年版，第 821—822 页。

分子组成,具有高度的革命觉悟和一定的文化知识,有较强的宣传能力。各级政治部对宣传人员经常进行训练,帮助他们提高政治业务素质。如苏区中央局宣传部于1932年4月15日专门编印了《怎样做宣传鼓动工作》的培训辅导材料,传授宣传鼓动工作的方法和技能。

地方中党的宣传队伍,除了各级党委宣传部门工作人员和文化教育工作人员外,各县、区、乡也都组织有专业宣传队。这些宣传人员都是"有口才的人,并且能找得懂本地话的人更好";是"在群众中有威信的人,至少要是群众不厌恶的人";他们以"党员团员为中心,每队三人至五人,吸收两个至三个群众参加,同时必须有妇女参加以便临时向妇女群众作宣传鼓动"①。他们的宣传方式,同红军中的宣传队大致相同,不过他们的流动性较小,一般都在本县区活动。

除了专业宣传队伍外,中央苏区的所有共产党员和苏维埃工作干部,都是宣传工作者。人人都做党的宣传鼓动和思想政治工作。

第四,在宣传工作中注意通俗化、实际化和简明化。

通俗化,就是"一切宣传鼓动,都必须用最通俗的文字或句话使群众看得懂听得懂,必须用当地群众所了解的事实作比喻,使群众容易接受,最好就是当地群众中所发生的事所见惯的事来比喻,使群众感觉得到"。

实际化,就是"密切的联系到实际的情况并且从实际中去证明。在群众中宣传鼓动的时候,要使群众感觉到宣传的人所说的话和他们本身的地位是有密切关系的,是代他们说出自己的痛苦和要求,并指出群众的出路,这样使群众接受党的宣传鼓动后,在日常生活中去感觉到只有共产党的主张是革命的,为工农劳苦群众谋利益的"。

简明化,就是"简单明了,抓住问题的中心,用极简明的话和文字

① 中共苏区中央局宣传部:《怎样做宣传鼓动工作》,1932年4月15日。赣州市委党史办保存件。

传达出来,能引起读者和听者注意,并看了读了以后脑中有深刻的印象,时时回想起来”①。

由于加强了党的思想建设和思想政治工作,尽管中国共产党党员成分中仍然是农民和小资产阶级成分占大多数,但是党始终保持了无产阶级先锋队的性质。

第四节
党的作风建设

一、坚持深入实际、调查研究的思想作风

党的作风建设,是党的建设的一个重要方面。“以马克思列宁主义的理论思想武装起来的中国共产党,在中国人民中产生了新的工作作风,这主要的就是理论和实践相结合的作风,和人民群众紧密地联系在一起的作风以及自我批评的作风。”②毛泽东在党的“七大”所概括的党的三大优良作风,实际上在中央苏区时期就已初步形成。

党的理论联系实际的作风,就是坚持马克思主义实事求是的思想路线,一切从实际出发。毛泽东是这一优良作风的最早倡导者和忠实实践者。早在1929年6月红四军召开党的“七大”前后,毛泽东就提出了“思想路线”这一科学概念,对红四军党内存在的“形式主义”即唯心主义思想提出批评。在古田会议决议案中,毛泽东对红四军党内严重存在的主观主义思想作风,又提出了严厉批评,指出:“主观主义,在某些党员中浓厚地存在,这对分析政治形势和指导工作,都非常不利。因为对于政治形势的主观主义的分析和对于工作的主观主义的

---

① 以上引自中共苏区中央局宣传部:《怎样做宣传鼓动工作》,1932年4月15日。赣州市委党史办保存件。

② 《毛泽东选集》第三卷,人民出版社1991年版,第1093—1094页。

指导，其必然的结果，不是机会主义，便是盲动主义。”①1930 年 5 月，毛泽东写作了《反对本本主义》一文，进一步深刻阐述了深入实际调查研究，坚持理论与实际相结合的极端重要性，再次提出了党的“思想路线”问题。他说：“马克思主义的‘本本’是要学习的，但是必须同我国的实际情况相结合。我们需要‘本本’，但是一定要纠正脱离实际情况的本本主义。”他强调：“离开实际调查就要产生唯心的阶级估量和唯心的工作指导，那末，它的结果，不是机会主义，便是盲动主义。”“必须努力作实际调查，才能洗刷唯心精神。”②

毛泽东本人率先为全党树立了榜样。从 1929 年 1 月向赣南出击到 1934 年 10 月离开中央苏区，这期间他所作的系统的社会调查，就有仁风山调查、寻乌调查、兴国调查、东塘等处调查、木口村调查、长冈乡调查、才溪乡调查等。这些都是有文字记载留存的。此外，还有一些没有文字记载留存的社会调查。每一次调查，毛泽东都不耻下问，甘当小学生；都认真做好准备，与被调查对象交知心朋友，千方百计让群众讲真话，讲心里话。他说：“我在兴国调查中，请了几个农民来谈话。开始时，他们很疑惧，不知我究竟要把他们怎么样。所以，第一天只是谈点家常事，他们脸上没有一点笑容，也不多讲。后来，请他们吃了饭，晚上又给他们宽大温暖的被子睡觉，这样使他们开始了解我的真意，慢慢有点笑容，说得也较多。到后来，我们简直毫无拘束，大家热烈讨论，无话不谈，亲切得像自家人一样。”③所以，每次调查，毛泽东都能得到真实情况。

调查后，还要研究。毛泽东非常善于运用马克思主义理论指导调查，将调查得来的真实材料进行科学的理论分析和研究，从中得出指

① 《毛泽东选集》第一卷，人民出版社 1991 年版，第 91—92 页。

② 以上引文均见《毛泽东选集》第一卷，人民出版社 1991 年版，第 109—116 页。

③ 中共中央文献研究室编：《毛泽东农村调查文集》，人民出版社 1982 年 12 月版，第 27 页。

导中国革命的正确结论,制定出正确的符合客观实际的路线、方针、政策。这也是调查研究的目的。

除了自己亲自动手作调查研究之外,毛泽东还强调要"教育党员用马克思列宁主义的方法去作政治形势的分析和阶级势力的估量,以代替主观主义的分析和估量","使党员注意社会经济的调查和研究,由此来决定斗争的策略和工作的方法,使同志们知道离开了实际情况的调查,就要堕入空想和盲动的深坑"。① 为此,他还亲自为红军政治机关和政治工作人员制定了详细的社会调查大纲,要求他们认真做好调查研究工作。

在毛泽东的教育和影响下,从 1929 年到 1932 年春,中央苏区的红军和地方各级党政干部,曾掀起了一股调查研究热潮,从而培植了党的理论联系实际、一切从实际出发的优良传统作风。

二、真心实意地为群众谋利益

在中央苏区,党和苏维埃政府及广大红军指战员,都把真心实意为群众谋利益作为自己的根本宗旨和行动指南。

毛泽东反复告诫苏区的党员和干部说:"革命战争是群众的战争,只有动员群众才能进行战争,只有依靠群众才能进行战争。"他又说:"真正的铜墙铁壁是什么？是群众,是千百万真心实意地拥护革命的群众。这是真正的铜墙铁壁,什么力量也打不破的,完全打不破的。"在第二次全国工农兵代表大会上,他代表党和苏维埃政府郑重地提出:"我们应该深刻地注意群众生活的问题,从土地、劳动问题,到柴米油盐问题。妇女群众要学习犁耙,找什么人去教她们呢？小孩子要求读书,小学办起了没有呢？对面的木桥太小会跌倒行人,要不要修理一下呢？许多人生疮害病,想个什么办法呢？一切这些群众生活上的问题,都应该把它提到我们的议事日程上。应该讨论,应该决定,应该

① 《毛泽东选集》第一卷,人民出版社 1991 年版,第 92 页。

实行，应该检查。要使广大群众认识我们是代表他们的利益的，是和他们呼吸相通的。”①

毛泽东以“可尊敬的长冈乡工作人员”的卓越工作为例，深刻地阐述了一个真理：“要得到群众的拥护吗？”那么，“就得关心群众的痛痒，就得真心实意地为群众谋利益”②。

中央苏区的党和苏维埃工作人员，以及广大红军指战员，牢记党和红军的宗旨，认认真真、切切实实地为群众谋利益。主要表现在：深入开展土地革命，使农民分得了土地，得到了最大的利益；翻身农民在生产、生活中遇到了困难，党和苏维埃政府帮助群众组织起耕田队、换工队、犁牛站、耕牛合作社以及消费合作社、粮食合作社，等等，使得一个一个困难都得到解决。毛泽东、朱德、周恩来等同志，身体力行，作出表率。毛泽东带领工作人员挖“红井”，帮助沙洲坝人民解决吃水困难；朱德等红军领导人带头下田帮助农民插秧收稻，车水抗旱；周恩来、张闻天等带头帮助红军家属砍柴、挑水、拉犁……数不清的佳话，在中央苏区世代流传。苏区群众说：“红军共产党什么都想到了！”“政府工作人员真正顾乐（爱惜的意思）我们！”这是苏区群众发自内心的肺腑之言。

三、勇于开展批评和自我批评

在党内开展正确的批评与自我批评，是克服党内各种不正确倾向的重要措施，也是中国共产党与其他政党互相区别的显著标志之一。

中国共产党将开展批评与自我批评这种党内生活方式以条规形式确定下来，始于 1929 年 7 月。当时，红四军第三纵队政治部编印的《党员训练大纲》专列一节“怎样批评同志”，内容如下：

（一）批评的作用：1. 使同志互相知道自己的错误而得以随时纠

① 《毛泽东选集》第一卷，人民出版社 1991 年版，第 138 页。

② 《毛泽东选集》第一卷，人民出版社 1991 年版，第 138 页。

正;2. 因要互相批评,便养成平时间互相观察互相监督的习惯;3. 对不接受批评的同志尤其是动摇的同志不接受批评时,使大家认识他不致个人动摇波及全体;4. 使同志相互间消除意见。

(二)批评的方法:1. 必须站在党的立场根据事实批评;2. 于平时注意观察同志所感觉的;3. 批评必须注意对方能否接受,不是任意说了就算了事;4. 批评必须指定出错误的原因使同志易于纠正;5. 被批评者如不接受,要将理由答复,但经多数表决必为有错,便须接受,这叫做团体批评。

(三)批评者的态度:1. 批评同志时要态度诚恳,言词和蔼;2. 批评不是报复,更不可吹毛求疵;3. 批评不是攻击,不是鄙笑。

(四)被批评者的态度:1. 必须承认批评者的好意;2. 必须尽量接受纠正,不可敷衍面子,实际依然;3. 受严重批评时,尤须猛省自己错误之深切,不可因此怀恨;4. 所谓接受批评,一方面是承认自己的错误,另一方面须猛力纠正。

(五)批评的范围:1. 工作方面;2. 纪律方面;3. 行动方面;4. 说话方面;5. 态度方面;6. 性格方面;7. 思想方面;8. 看书方面;9. 嗜好方面。

上述条规、要求,原则上都是正确的。这是红军开创时期党内开展批评丰富经验的很好总结。

1929 年 12 月古田会议通过的决议案,将正确开展党内批评与自我批评,视为"坚强党的组织、增加党的战斗力的武器"。决议案指出,为要正确开展党内批评与自我批评,必须教育党员明白批评的意义是增加党的战斗力,而不能利用批评去做个人攻击的工具,毁坏个人,毁坏党的组织。对组织或对同志的批评应在党的会议上提出,"党内批评要防止主观武断和把批评庸俗化,说话要有证据,批评要注意政治”①。这就使开展批评和自我批评成为加强党的思想建设的重要措施。决议案还指出:许多党员不在党内批评而在党外去批评,这是不对的,这样容易造成同志的非组织观念,涣散党组织的凝聚力和战斗力,“纠正的方法,就是要教育党员懂得党的组织的重要性,对党委或同志有所批评应当在党的会议上提出”。② 这样,就将开展党内批评和自我批评引上了正确的轨道。

中央苏区时期,党内开展批评与自我批评的风气很盛,尤其是在红军内部和基层党组织中更是这样。各级党组织从不隐瞒自己的缺点和错误,特别是那些比较严重的缺点错误,都能如实地向上级报告,作出自我批评。这种优良的作风,后来在党内一直沿袭、继承下来,成为党的优良传统和作风。

四、艰苦奋斗,廉洁自律

艰苦奋斗,廉洁自律,争创“第一等的工作”,这是中央苏区党的作风建设的又一突出表现。

处于革命战争年代的苏区时期,在国民党严密的经济封锁下,物质生活是异常艰苦的。那时,尤其是1931年以前和1934年,苏区内严重缺粮。广大党员带头以红薯、青菜充饥,节约粮食支援前线。苏区布匹匮缺,寒冬腊月时,很多党员干部都是单衣过冬。没有盐吃,就发动群众刮老墙土、地脚泥,弄到锅头里熬硝盐,又苦又涩,难以下咽。长时间吃不到荤腥,菜碗里看不见油花,更是常事。

苏维埃中央政府成立后由于苏区得到巩固发展,各级苏维埃干部的工作条件、生活条件稍微得到改善,但仍然十分清苦。当时,从中央政府主席毛泽东到基层乡村工作人员,除少量技术人员外,大家都一律没有薪饷,只有少量伙食尾子。1933年冬开始,为了克服困难,节约

① 《毛泽东选集》第一卷,人民出版社1991年版,第92页。
② 《毛泽东选集》第一卷,人民出版社1991年版,第90页。

经费,家在苏区本地的干部,连伙食费也不要公家发,自己从家中挑米去办公。江西省苏维埃政府主席刘启耀、中央政府土地部副部长胡海等就是这样做的。"苏区干部好作风,自带干粮去办公。"山歌唱的是真实的事情。在瑞金的中央机关后方工作人员,成立了"节省总会"。大家每天只吃两餐饭,节约一餐口粮支援前线。

中央苏区有句很响亮的口号:"节省每个铜板为着战争和革命事业!"《红色中华》从 1933 年夏开始,几乎每一期都有各机关、团体、企业、部队、学校开展节约活动的内容。该报第 139 期一篇文章报道说:"中央政府各部在节省总会推动之下,于日前召开列宁室大会,并一致通过'红中'(即《红色中华》报社)六项节省的规定:(一)从列宁室大会起每日每人节省一个铜板,特别是劳动部的群众自动提出每日吃九分(公家一角)钱伙食,并且还要每日每人节省一个铜板。国民经济部是每日每人节省大洋一分;(二)不上馆子,不吃小食;(三)节省办公费百分之三十,纸张笔墨灯子灯油有一定的规定,不办公三人共一盏灯来看书报;(四)普遍建立节约箱;(五)各乡建立一个菜园;(六)残酷地开展反浪费、反贪污、反官僚主义的斗争。"①"上杭县苏全体工作人员一致每人每天实行节省一个铜板运动,并讨论自己种菜,不吃零星东西,不吃酒不吃烟。"②这种事例比比皆是。

可以毫无愧色地说:中央苏区的各级党政领导机关,是中国历史上最为清廉的政府;各级苏维埃工作人员,是中国历史上最廉洁自律的官员。

---

① 《红色中华》第 193 期第 3 版。
② 《红色中华》第 193 期第 3 版。

第五节
党的干部队伍建设

一、中央苏区干部队伍的来源

中央苏区的干部队伍,来自五湖四海。

一是由毛泽东、朱德、彭德怀等率领的从井冈山随红四军、红五军到赣南、闽西开辟根据地的同志。这些同志中除牺牲者外,后来大部分成为中央苏区党政军各级组织的中坚和领导骨干。他们中除毛、朱、彭外,还有陈毅、谭震林、滕代远、黄公略、朱云卿、伍中豪、罗荣桓、林彪、黄克诚等。

二是由中共中央派到中央苏区来工作的同志。这些同志到中央苏区后,除小部分从事技术工作和文化教育工作外,大部分担负了中央和省、县及红军中的高级领导职务。他们中有原在中共中央、少共中央、全总等领导机关工作的人员;有留学苏联、法国等回国人员;有随中共临时中央机关从上海迁入中央苏区的;有原在上海、沈阳、香港等地从事无线电、医疗、文化、教育、兵工生产等专业技术工作,后由组织安排到中央苏区来的人员。据时任闽西大埔交通站站长卢伟良回忆说:通过这个交通站到中央苏区来的人数,"从一九三〇年冬到一九三二年春先后护送了几百名同志。记得名字的有:周恩来、叶剑英、邓小平夫妇、刘少奇、项英、任弼时、何叔衡、左权、萧劲光、朱瑞、陈赓、李富春、李克农、胡底、钱壮飞、聂荣臻、张爱萍、林伯渠、董必武、谢觉哉、李六如、王观澜、李伯钊、王稼祥、陆定一、伍修权、张经武、冯文彬、李一氓、危拱之、郭化若、程子华、贾拓夫、廖似光、凯丰、张如心、严重、蔡树藩、陈友梅、乐少华、贺昌、伍云甫、黄甦、吴亮平、李卓然、成仿吾、曾希圣、曾三、刘少文、王秉璋、欧阳钦夫妇、张然和夫妇、刘伯坚夫妇、贺诚夫妇、梁广等同志”。[①] 此外，还有博古、张闻天、李维汉、陈云、杨尚昆、瞿秋白、刘伯承、邓颖超、蔡畅等。通过赣东北和广东韶关进入江西中央苏区的，也有一部分同志，如李翔梧夫妇等。

上述由中央派到中央苏区来的同志，都有长期的革命斗争经验，是党的领导骨干。但是，也有少数同志因受苏联革命经验和共产国际影响较深，对中国革命的实际尤其是中央苏区的实际情况了解不够，容易犯“左”倾教条主义错误，如博古、凯丰等。

三是从广西左右江苏区随红七军千里转战到中央苏区，从湘鄂赣苏区随红五军、红八军到中央苏区，从赣东北（闽浙赣）苏区随红十一军进入中央苏区工作的同志。来自全国各地参加一苏大会和二苏大会及中共六届五中全会的代表，会后也有一部分留在中央苏区工作。还有些是全国其他苏区派到中央苏区学习、考察的同志，后来留在中央苏区工作。他们中有张云逸、李明瑞、邓萍、何长工、袁国平、周建屏、邵式平等。

四是从国民党军起义、投诚后参加红军的同志，以及被红军俘虏后参加革命队伍的同志。这些同志大部分在红军部队和军事机关、学校中工作。他们中有罗炳辉、赵博生、董振堂、季振同、黄中岳等。

五是赣西南、闽西土生土长，在革命斗争烽火中锻炼成长起来的同志。这批干部数量最多。他们中有一部分是大革命时期和土地革命初期入党的早期革命运动领导人和地方群众的领袖，在当地贫苦农民中有很高的威望。如赣西南的李文林、曾炳春、曾山、陈正人、金万邦和闽西的邓子恢、张鼎丞、郭滴人等。地方干部中大部分是在红色政权建立以后，由党和苏维埃政府通过各种途径培养训练出来的工作人员。他们多是工农出身，文化水平不高，但革命意志坚定，具有很高的工作热情，因土生土长，对当地情况熟悉，与群众有密切的联系。他

① 卢伟良：《在大埔交通站时期》。内刊稿。

们中大多数则在县以下党政军机关中工作，也有少数人担任了中央部级及省级党政领导职务。

此外，在中央苏区工作的，还有来自越南、朝鲜等国家的同志和台湾同胞，但人数很少。

中央苏区党政军群各级各类干部的总数尚无确切资料记载。按1931年11月中央执行委员会第一次全体会议通过的《地方苏维埃政府的暂行组织条例》规定，每个乡苏维埃政府配备脱产人员3人，城市（县苏政府所在地）苏维埃19人，县苏维埃25人，省苏维埃90人。按此推算，1933年中央苏区疆域最大时，仅苏维埃政府系统就有干部13000人左右。加上党的机关和群众团体干部，共有约20000人。1934年3月13日，苏维埃中央政府机关报《红色中华》向全体苏区军民发出"为四个月节省八十万元而斗争"的倡议文章。文中说："政府工作人员每人每日照规定食米量节省二两，以八万人计，每月可节省谷子四千五百石，折洋二万二千五百元。"[①]如果该文所列数据属实，那就是说当时苏区各级"政府工作人员"（含学校和企事业单位脱产工作人员）约有"八万人"。红军部队和军事机关的干部人数，据1934年5月对红三、五、九军团和独立第二十二、二十三、二十四师及江西、粤赣两个军区统计，各级军事指挥人员和政工人员，共计为13481人。加上红一、七两个军团及福建、闽赣、赣南等3个军区以及各地独立团、游击队的干部人数，1934年夏全中央苏区红军干部总人数当在22000人以上。这就是说，全中央苏区1934春共有各级各类干部（含学校和企事业单位脱产工作人员）约有10万人。相对于只有450余万人口的中央苏区来说，这支干部队伍可以说是相当庞大的。

中央苏区的干部队伍，尽管来自五湖四海，但都是为了一个共同的革命目标而汇集到一起的。这支干部队伍虽然在一定程度上受过

① 《红色中华》报第161期。1934年3月13日瑞金出版。

王明宗派主义干部政策的影响，但广大干部在毛泽东、朱德、周恩来等同志的教导和影响下，从总体来说，比较好地处理了新干部和老干部、外来干部和本地干部、军队干部和地方干部、不同部门不同地区干部之间的关系，团结一致地为中国革命事业而奋斗不息，成为苏维埃和红军时期的一代精英。他们是苏维埃的开创者，他们是新中国的奠基者。

二、中央苏区培养造就干部的举措和经验

各地苏区在土地革命初期，都培养造就了一批干部人才。但后来随着革命形势的发展，红色区域的日益扩大，加上残酷激烈的红军战争和赤白对立斗争，干部损失很大，各类干部人才都显得异常紧缺，尤其是能担负高、中级领导的干部，更是缺少。在江西，中共江西省委及红四军前委，都不断地向中央要求派干部前来。红四军前委 1929 年 6 月 1 日给中央的报告中说："现在红军中第一急需的是工作人员，因长期的斗争，损失太多，各级军官各级政治人员都十分缺乏，唯一的希望是中央派人来。现请中央在最近期内派遣中下级军官中下级政治工作人员各一百人，医生及造炸弹师各数名，高级军官高级政治工作人员各五人，在一个月内赶来。"①可是，中央能派出的干部极少，远远满足不了需要。

鉴于干部人才极端缺乏，中共中央自六大召开以后，就十分重视干部的培养与训练工作。1929 年 3 月 27 日中央在给江西省委的指示信中就说："目前江西干部人材，异常缺乏，这是很可虑的。但是江西并不是没有干部，而是有许多干部人材埋在下面没有引进上来，所以你们以后要坚决的从党员中找支书，从支书中去找区委工作人，从县

① 《红军第四军前委书记毛泽东给中央的报告》。1929 年 6 月 1 日。《中共中央文件选集》第 5 册，中共中央党校出版社 1989 年版，第 686 页。

委中去找特委工作人。总之,从党员中下级党部中去找干部人材。”① 1930 年 10 月 31 日中共中央在致赣西南特委的综合指示信中,又指出:“培养与训练新的干部,是非常重要的工作。这一工作,过去做得非常不积极,因此对于旧的动摇的干部表现充分的留恋,这是组织上的右倾。这必须在工作中斗争中加紧新的干部的培养,要坚决引进积极的工人干部与勇敢坚决的分子到指导机关中来。在教育与训练中更须有计划的有系统的以致有耐心的去进行。”②1931 年 8 月 27 日,中共中央又专门作出《中央关于干部问题的决议》,指出各级党的领导机关在干部问题方面存在着种种不正确认识和不当做法,指明了培养和扩大干部队伍的措施,特别指出:“苏维埃区域最近更需要特别去做提拔与训练干部的工作,经常利用这种公开的便利大规模的去举办各种人材的训练,如党校,政治军事学校等,必须保证苏区干部的自给,并能派送干部到苏区周围的主要城市,农村,以及白军中去工作。”③

中共中央的这些正确指示,为苏区党组织培养造就干部指明了方向和途径。

根据中央的指示,赣西南苏区和闽西苏区党组织,都下决心在实际斗争中选拔培养干部,创造和积累了造就干部队伍的丰富经验。其主要举措是:

(一)大胆地在实际斗争中选拔积极勇敢、有工作能力的分子到领导机关工作

中共赣西南特委提出提拔干部的条件是:“第一注意其阶级出身,及其阶级意识的浓厚,不反土地革命者而积极拥护土地革命者;第二

---

① 《中共中央文件选集》第 5 册,中共中央党校出版社 1989 年版,第 94 页。

② 《中央给赣西南特委的综合指示信》。1931 年 10 月 31 日(此为文件上标明的时间,从内容判断应为 1930 年 10 月 31 日)。

③ 《中共中央文件选集》第 7 册,中共中央党校出版社 1991 年版,第 344 页。

工作的积极能艰苦耐劳者;第三有活动力量者。"①闽西苏区当时提拔干部的标准,也大致如此。中央苏区的一大批干部,就是这样脱颖而出,走上各级领导岗位的。如临时中央政府土地部副部长、代部长胡海,出身贫苦农民家庭,大革命时期加入农会,1928 年入党,1929 年任吉安东固区革命委员会主席,1930 年任赣西南苏维埃政府副主席,1931 年 11 月在第一次全国苏维埃代表大会上被选为苏维埃中央执行委员,1932 年 5 月当选为江西省苏维埃政府副主席,1933 年 4 月被提拔任临时中央政府土地部副部长、代部长。又如:在二苏大会上被任命为中央政府劳动部长的邓振询,手工业工人出身,1928 年入党;中共中央妇女部部长李坚真,童养媳出身,1927 年 6 月入党;中共闽赣省委书记赖昌祚,缝纫工人出身,1931 年入党;中共赣南省委书记钟循仁,贫农出身,1927 年冬入党;粤赣省苏维埃政府主席钟世斌,贫农出身,1928 年参加革命,1930 年入党;闽赣省苏维埃政府主席杨道明,农民出身,1930 年参加革命,1932 年入党;江西省苏维埃政府主席刘启耀,农民出身,1928 年入党,等等。这些省部级高级领导干部,都是在斗争中由中央和当地党政机关大胆选拔培养出来的。

(二)注重在斗争实践中锻炼提高干部,不断增长其才干

中央苏区党组织十分注意帮助各级干部尤其是新提拔的干部,在实际斗争中增长才干,提高政治思想水平和工作能力。1931 年 11 月初赣南会议通过的《党的建设问题决议案》指出:"对于所提拔的新干部,党必须带有很大的教育性质,时常给予个别的特殊教育。在初提拔起来的时候,一定要按照他的工作能力与兴趣,分配以适当工作,提高他的工作能力,逐渐提到上级指导机关来工作。"②

① 《张怀万巡视赣西南报告》,1930 年 4 月 5 日。江西省档案馆、中共江西省委党校党史教研室编:《中央革命根据地史料选编》(上),江西人民出版社 1982 年版,第 210 页。

② 江西省档案馆、中共江西省委党校党史教研室编:《中央革命根据地史料选编》(上),江西人民出版社 1982 年版,第 634 页。

中共闽粤赣(福建)省委也要求各级党部“要注意帮助工农干部工作,学习解决问题的方法,学做报告,学写指示信。反对过去提拔工农干部到各机关做杂事”①。

参加巡视工作,也是在实践中培养干部的一种途径。在中央苏区,从中央到省、县党政领导机关,都建立了巡视制度。巡视员在巡视工作过程中,必须代表领导机关检查指导下级的工作,独立自主地解决一些重大问题。中央苏区各级党组织很注意将一些新提拔的具有培养发展前途的下级机关干部,安排去当省、县以至中央一级的巡视员,让他们接触实际,在巡视工作中增长知识才干,提高政治思想水平和工作能力。

实践是所大学校。中央苏区一大批普通的贫苦工农和红军战士,在斗争实践的大学校、大熔炉里,经过艰苦复杂的斗争考验,皆迅速成长为能治党、治国、治军的卓越人才。

(三)举办各种培训班和干部培训学校,有计划、大规模地培养干部人才

举办各种短期训练班,是以速成办法培养干部的好方法。这种短期训练班,无论战争如何残酷工作如何紧张,都可以经常性地流动举办。土地革命初期,赣西南和闽西党组织就经常举办各种短期训练班,培养革命骨干。苏区得到巩固后,这种短期训练班的举办更为频繁。如1932年1月至4月,江西“省委办二期训练班,兴国、永丰、公略、万泰、赣县、于都县委办了三期训练班,宁都、胜利也办了一期训练班,省苏办了一期工作人员训练班。省委从赣县、兴国、公略、万泰、永丰、胜利、寻乌经过训练派往于都、××、会昌、石城、乐安等县的约四

① 《中共闽粤赣苏区党第二次全省代表大会党的建设问题决议案》,1932年3月17日。江西省档案馆、中共江西省委党校党史教研室编:《中央革命根据地史料选编》(上),江西人民出版社1982年版,第658页。

十人”①。

各种短期训练班的学习内容有：政治常识、党的建设、苏维埃建设、实习等课程。1933 年 8 月中共中央组织局就党内培训教育问题致信各级党部，明确要求：“省委为着训练造就县一级干部、省巡视员、县委训练班的教员及区一级主要干部，省委应经常办训练班，训练时间以四星期为限，每日上课六小时，余为自修时间共一百四十四小时。”规定“政治常识（主要为共产国际纲领）四十小时。党的建设四十小时。苏维埃建设四十小时。其余时间二十小时（即四天）为出发实习工作”②。中央组织部门连训练班的课时都作了具体规定，可见培养干部用心之良苦。

创办干部学校对干部进行正规教育。是中央苏区党组织培养造就干部的又一重要举措。中共赣西南特委在 1930 年 10 月前就办有党校，招收学员 60 人。学员条件是：县委区委的常委，同时要忠实，工作积极，政治观念正确，身体强健，无不良嗜好，略通文理，年龄在 30 岁以下。学习内容共 12 个科目，即：政治、组织、宣传、工运、政权、军事、兵运、cy 工作、秘密工作知识、社会经济等。教授时间 3 个星期。1932 年春，中共苏区中央局开办了党校，由任弼时兼任校长，重点培养县、区级干部。1933 年春起，中央苏区办起了一系列正规的干部学校。主要有马克思共产主义大学（即中央党校）、苏维埃大学、红军大学、列宁团校、中央农业学校、高尔基戏剧学校等（详见“中央苏区的教育”一章）。江西、福建等省也办有培训干部的各种专门学校。

（四）大力培养选拔妇女干部

在中央苏区，妇女干部最为缺乏。为此，中央苏区各级党组织特

① 《中共江西省委工作总结报告》，1932 年 5 月。见江西省赣州市档案馆保存件。

② 江西省赣州市档案馆保存件：《中央组织局关于党内教育计划致各级党部的信》，1933 年 8 月 10 日。

别注重培养选拔妇女干部，尤其注重对妇女干部的培训教育。主要方法是举办妇女干部训练班；各种学校招生时，注意女生比例；扩大征收妇女党员等。如 1933 年 8 月江西省苏维埃政府在制定省苏维埃干部学校招生计划时，着重说明 360 名学员中“应有三分之一的女性”①。同年 10 月中央司法部《裁判半月刊》第 6 期中，载文要求各级裁判部举办训练班时，要招收妇女学做裁判工作。中共苏区中央局 1933 年在开展“红五月征收党员突击月”活动中，提出要在一个月内扩大一倍新党员，其中女党员要扩大一倍半。

经过不懈的努力，中央苏区培养和提拔妇女干部的工作取得了显著成绩，大批获得翻身解放的劳动妇女，迅速走上各级党政领导岗位。当时，“妇女参加市乡苏维埃工作的很多，每每占了全体代表百分之二十五以上，个别地方，如上杭上才溪乡妇女代表四十三人，占了百分之六十，下才溪乡五十九人，占百分之六十六”②。兴国全县有 30 多名妇女被选为乡苏维埃政府主席。被选为县、省两级苏维埃政府执行委员、候补执行委员的也不少。蔡畅、邓颖超、周月林、黄长娇、范乐春、李美群等 17 位女同志，在第二次全国苏维埃代表大会上当选为中央执行委员会委员和候补中央执行委员，还有 5 位女同志当选为中央检察委员。

总之，由于采取了上述选拔培养干部的得力举措，中央苏区的干部脱颖而出，茁壮成长。1933 年夏，中共中央局对江西省 16 个县县一级机关干部情况，作了一次调查统计。这 16 个县县一级机关干部共 419 人，其中籍贯为兴国县的 51 人，公略县 51 人，赣县 43 人，胜利县 30 人。这 4 县籍贯的干部占总数的 42%；而籍贯为会昌、石城、宜黄、乐安 4 县的仅 36 人，占总数的 8% 强。就党龄而言，1927 年以前入党

---

① 《江西苏区妇女运动史料选编》，江西人民出版社 1982 年版，第 105 页。

② 娜姐：《中华苏维埃共和国内的妇女》，载《斗争》1934 年 3 月 29 日第 71 期。

的 13 人，占 3%；1928 年至 1929 年入党的 52 人，占 12%强；1930 年入党的 125 人，占 30%；1931 至 1932 年入党的 190 人，占 45%；1933 年入党的 39 人，占 10%弱。就其工作经历看，参加过游击战争或暴动的 185 人，占 44%；到县工作之前在支部和区一级工作过的占 81%。

这些数字说明：中央苏区县、区级党政机关工作人员，大部分是党龄只有三四年的新干部。他们主要又是来自兴国、胜利、于都、瑞金、宁都、永丰、公略、长汀、上杭等斗争历史较长、建立苏维埃政权较早、各项工作开展得较好的县份。从这一侧面可以看出，中央苏区党的干部队伍建设确实成绩很大。

第十章
中央苏区的政权建设

第一节
苏维埃共和国的政治制度

一、中华苏维埃共和国的政权性质

中华工农兵苏维埃第一次全国代表大会通过的《中华苏维埃共和国宪法大纲》规定:“中国苏维埃政权所建立的是工人和农民的民主专政的国家。”①

这就是说,中华苏维埃共和国的政权性质,是工农民主专政。它的基本点包含两个方面:一方面,它规定工人、农民、兵士及一切劳苦群众,是苏维埃国家的主人,享受最广泛的民主和自由。“苏维埃政权是属于工人农民红军兵士及一切劳苦民众的。在苏维埃政权下,所有的工人农民兵士及一切劳苦民众都有权选派代表掌握政权的管理。”②苏维埃的民主,还见之于给予一切革命民众以完全的集会结社言论出版与罢工的自由;同时欢迎并鼓励广大民众对苏维埃政府工作

---

① 《中华苏维埃共和国法律文件选编》,江西人民出版社 1984 年版,第 6 页。

② 《中华苏维埃共和国法律文件选编》,江西人民出版社 1984 年版,第 6 页。

予以监督与批评。另一方面,它对军阀、官僚、地主、豪绅等一切剥削阶级和其他反动分子实行专政。“只有军阀、官僚、地主、豪绅、资本家、富农、僧侣及一切剥削人的人和反革命分子,是没有选派代表参加政权和政治上自由的权利的。”①同时剥夺一切地主资产阶级的言论出版集会结社的自由,利用革命武力和革命法庭镇压一切反革命活动。

这种由全社会绝大多数人拥有充分的民主自由权利、只对极少数人实行专政的政权,是与以国民党为代表的大地主、大资产阶级的反动政权根本对立并在性质上有根本区别的新型国家政权。它在中国历史上是破天荒第一次出现的新生事物,它完全顺应历史发展的潮流,体现了中国社会的进步。

苏维埃共和国实行工农民主专政的目的,是保证革命“在全中国的胜利”,并“走向社会主义”。如《宪法大纲》所言:“这个专政的目的,是在消灭一切封建残余,赶走帝国主义列强在华的势力,统一中国,有系统地限制资本主义的发展,进行国家的经济建设,提高无产阶级的团结力与觉悟程度,团结广大的贫农群众在他的周围,以转变到无产阶级专政。”②这个政纲是完全符合中国最广大人民群众之根本利益的。

二、苏维埃各级代表会议制度

中华苏维埃共和国所确立的政体(政治体制),是实行各级工农兵代表大会制度。

这种政体,就是通过召开各级工农兵代表会议,吸收工农群众参加政权并管理自己的国家。这是一种符合中国国情和全体人民愿望的国家政治体制,只有工农民主专政的新型国家才能实行这种政治

① 《中华苏维埃共和国法律文件选编》,江西人民出版社 1984 年版,第 6 页。
② 《中华苏维埃共和国法律文件选编》,江西人民出版社 1984 年版,第 6 页。

体制。

中华苏维埃共和国所实行的各级工农兵代表大会制度,包括乡(市)、区、县、省和全国五级代表大会制。《中华苏维埃共和国宪法大纲》规定:“苏维埃公民在十六岁以上均享有苏维埃选举权和被选举权。直接选派代表参加各级工农兵会议(苏维埃)的大会,讨论和决定一切国家的地方的政治事务。”①根据这一规定,乡工农兵代表大会的代表由符合条件的选民按一定比例直接选举产生,其所选出的代表组成乡工农兵代表大会,并选举产生乡苏维埃政府组成人员。区、县、省工农兵代表大会,均由下一级代表大会按一定比例所选举的代表组成,并选举产生区、县、省苏维埃政府组成人员。中华工农兵苏维埃全国代表大会,由各省工农兵代表大会所选举的代表组成,并选举产生中华苏维埃共和国中央政府组成人员。

各级工农兵(苏维埃)代表,一方面代表选举他们的选民到苏维埃去工作,传达选民意见,将选民所要进行的工作提到工农兵代表大会去讨论;另一方面,是将上级苏维埃所要进行的工作,经过工农兵(苏维埃)代表大会讨论之后,传达到群众中去,领导各代表所在范围内的居民坚决执行上级苏维埃的命令和指示,执行代表大会决议。各级代表大会闭幕后,由各级大会和全国工农兵代表大会选举的执行委员会代行权力,对各级代表大会负责。这种在民主选举基础上产生的代表会议制度,既保证了工农群众能选出自己所信任并能代表自己意志和利益的代表,去参加国家政权的管理,又保证了在民主基础上的集中,体现了民主集中制的原则。

由选民直接选举产生的乡(市)工农兵代表会议,是苏维埃政权的基本组织,是苏维埃政权的基础。通过民主选举产生的、建立在乡(市)工农兵代表会议基础之上的各级工农兵代表会议,不仅是立法机

① 《中华苏维埃共和国法律文件选编》,江西人民出版社1984年版,第7页。

关，而且是权力机关，不仅制定法律、法规，决定国家和地方重大问题，而且有权任免行政、审判、检察机关的负责工作人员，监督他们的工作。中央及各地方政府工作负责人员均由代表大会选举而任职，不胜任的由民众公决而撤换。各项法律、法规、条令，由代表大会根据工农利益制定和颁发，一切重大问题根据民意讨论决定。所以，工农兵苏维埃代表大会真正代表了工农民众的意志和利益，真正做到了让工农自己行使国家权力。正如毛泽东在第二次全苏大会作报告时所说："苏维埃政权的民主发展到了这样的程度，实在是历史上任何政治制度所不曾有的。而苏维埃依靠这一制度，同广大民众结合起来，他就使苏维埃成为最能发扬民众创造力的机关，使苏维埃成为最能动员民众以适应国内战争，适应革命建设的机关，这也是历史上无论什么政府所做不到的。"①

三、苏维埃的民主选举制度

苏维埃公民享有充分的民主。苏维埃的民主，除《宪法大纲》所赋予的权利外，主要体现在苏维埃实现了真正的民主选举制度。

由苏维埃公民按照选举法的规定，选出自己的代表参加各级工农兵代表大会，参加国家事务的管理，是苏维埃公民享有的最主要的民主权利。《中华苏维埃共和国宪法大纲》规定，凡"在苏维埃政权领域内的工人、农民、红军兵士及一切劳苦群众他们的家属，不分男女种族（汉、满、蒙、回、藏、苗、黎和在中国的台湾、高丽、安南人等）宗教，在苏维埃法律面前一律平等，皆为苏维埃共和国的公民"②；凡苏维埃共和国公民在16岁以上均享有苏维埃选举权和被选举权；而军阀、官僚、地主、豪绅、资本家、富农、僧侣及一切剥削人的人和反革命分子，均没

① 毛泽东：《在第二次全国苏维埃代表大会上的报告》，1934年1月24日至25日。江西省档案馆、中共江西省委党校党史教研室编：《中央革命根据地史料选编》（下），江西人民出版社1982年版，第309页。

② 《中华苏维埃共和国法律文件选编》，江西人民出版社1984年版，第7页。

有选举权和被选举权。

在中央苏区,共举行了三次规模较大的民主选举运动。

1931 年 11 月一苏大会召开以前,中央苏区就已经开展过选举运动。这一次主要是选举出席乡、区、县级工农兵代表大会代表,选举产生了乡、区、县级苏维埃政府工作人员。1931 年夏秋间,各地还选举产生了出席一苏大会的代表。当时,由于没有制定和颁布详细的选举法(一苏大会中央准备委员会只颁布过一苏大会代表选举条例,对选举的有关事项和细则规定得不够严密、细致),"居民中有选举权的与没有选举权的没有明白划清,在方法上,多是用一种群众大会方式进行选举。群众的多数还不充分认识选举是自己管理自己生活的重要关节,因此没有争取选民的多数来参加选举"①。

一苏大会以后,苏维埃中央执行委员会第一次全体会议正式通过并颁布了《中华苏维埃共和国的选举细则》及《中华苏维埃共和国选举委员会的工作细则》。《选举细则》的主要内容是:

(一)明确规定了享有选举权和被选举权的苏维埃公民范围;同时也明确规定了哪些人不享有苏维埃的选举权和被选举权。

(二)明确规定了办理苏维埃选举的机关,在城市为城市苏维埃选举委员会,在乡村为区选举委员会及各选举委员会分会。苏维埃中央执行委员会第一次全体会议颁布的选举委员会工作细则,对城市和区选举委员会的组成人员、工作程序和工作纪律等,作出了明确的法律规定。

(三)明确规定了选举的手续:要求在选举开始之前两星期,必须进行选民登记,并分别公布居民中有选举权被选举权和无选举权被选

① 《中华苏维埃共和国中央执行委员会训令第二十二号——关于此次选举运动的指示》,1933 年 8 月 9 日。见《中华苏维埃共和国法律文件选编》,江西人民出版社 1984 年版,第 125 页。

举权的名单；选举委员会预先向各选区公布选举大会时间和地点，并事先向选民发放选举通知书；选举大会召开时，首先推举大会主席团成员。选举大会由主席团主持；选举大会到会选民必须达到选民半数以上才算合法；选举大会开始后，先由选民提出候选人名单，然后对候选人以举手表决的方式进行选举，举手通过多数者当选。

（四）对各级苏维埃代表产生的手续及代表与居民的人数比例作出了规定：

1. 乡、市苏维埃代表，分别按乡每 50 人、城市每 200 人选举一名代表的比例，由全乡或全市选民直接选举产生；乡、市苏维埃除正式代表外，还须按每 5 名正式代表选举一名候补代表的比例，由乡、市全体选民选举出候补代表。

2. 区苏维埃代表大会代表由各乡苏维埃代表大会按每 400 名居民选举一名代表的比例选举产生。

3. 县苏维埃代表大会代表由各区苏维埃代表大会按每 1500 名居民选举一名代表和城市苏维埃代表大会按每 500 名居民选举一名代表的比例，选举产生。

4. 省苏维埃代表大会的代表，由各县苏维埃代表大会按每 25000 名居民选举一名代表和省直属市苏维埃代表大会按每 5000 名居民选举一名代表的比例，选举产生。

5. 全国苏维埃代表大会的代表，由各省苏维埃代表大会按每 5 万名居民选举一名代表和中央直辖市苏维埃代表大会按每 1 万名居民选举一名代表的比例，选举产生。

6. 省、县、区所辖的工农武装及红军，参加所在区域的选举。

（五）规定只有符合宪法大纲和选举细则规定的选举才算合法，予以承认；否则为不合法选举，必须重选；乡、市苏维埃代表若不履行自己的职责，违背选民的付托，或有违法犯罪行为时，选民有权将其召回，乡、市苏维埃亦得将其开除，但须报告上级苏维埃政府审核。

（六）选举所需经费，由国库负担下发。

鉴于全国各苏区的实际情况，1932 年 1 月 28 日，中华苏维埃共和国中央执行委员会发出第八号训令《关于变更和补充居民与苏维埃代表的比例标准》，重新规定：

1. 乡苏维埃：贫农中农独立劳动者等每 50 人得选举正式代表 1 人，工人苦力雇农每 13 人得选举正式代表 1 人，不足所规定的人数者也可以选举正式代表 1 人。

2. 县直辖市苏维埃：城市贫民和所辖郊区之贫农中农及独立劳动者每 80 人得选正式代表 1 人，工人苦力雇农每 20 人得选举正式代表 1 人，不足所规定人数者也可以选正式代表 1 人。

3. 省直辖市苏维埃：城市贫民及郊区贫农中农等每 400 人选举正式代表 1 人，工人苦力雇农每 100 人选举正式代表 1 人，不足所规定人数者也可以选正式代表 1 人。

4. 区苏维埃代表大会由各乡苏的代表大会和地方武装代表按每 200 人选举 1 名代表的比例选举组成。

5. 县苏维埃代表大会由各区苏维埃代表大会按每 1200 人选举 1 名正式代表，城市每 400 人选举 1 名正式代表，及红军和地方武装的正式代表组成。代表的成分，工人苦力雇农应占 25%，士兵占 30%；城市代表的成分，工人苦力雇农共应占 50%。

6. 省苏维埃代表大会，由县代表大会和省直辖市所选举出来的代表及红军、地方武装代表组成。乡村居民每 5000 人选举 1 名正式代表，代表成分，工人苦力雇农共占 25%，士兵占 10%；城市居民每 2000 人选举正式代表 1 人，代表成分，雇农苦力工人共应占 50%。

中央政府上述选举细则等条例颁布后，从 1932 年春至 1933 年春，中央苏区在江西和福建两省，以及赣东北省，又进行了两次选举乡、区、县、省苏维埃代表的民主选举运动。这两次选举进展顺利，成效显著。正如 1933 年 8 月中华苏维埃共和国中央执行委员会在第二十二号训令中所总结的:"在一苏大会后,由于中央政府的领导与阶级斗争的进一步发展,两次选举的表现和以前是大不相同了。选举细则制定了,选民与非选民开始严格的分开,开始用选民大会方式在选举委员会的领导下进行选举。选民对于选举意义的认识提高,因此参加选举的人数增加了。一苏大会后两次选举中,第二次比第一次参加选举的人数更见增多,部分地方竟达到了选民的百分之九十以上(兴国与赣东北)。许多地方的选举大会上(尤其是第二次选举),发动了选民对候选名单的热烈的批评,收集了许多选民关于自己实际生活的提案。在这个基础上,苏维埃的成分比前有了很大的变化,如果说过去有不少的阶级异己分子与投机分子混入苏维埃中来,经过一苏大会后的两次改选,这些成分大批的被淘汰了。相反的方面,大批工农先进分子被选举到了苏维埃,建筑了苏维埃大厦的强固的基础。"①

1933 年 10 月,中央苏区进行了第三次大规模、全方位的民主选举运动。此次选举,主要是选举出席第二次全国苏维埃代表大会的代表。

为了搞好这次选举,苏维埃中央执行委员会于 1933 年 8 月 9 日发出第二十二号训令《关于此次选举运动的指示》,要求中央苏区必须在 9 月至 11 月完成乡苏维埃代表的选举及召开区、县、省苏维埃代表大会,指出"这次选举是从乡苏市苏,一直到中央执行委员会,完全实行改选"②。同一天,中央执行委员会还颁布了经过修订的《苏维埃暂行选举法》。此次颁布的《苏维埃暂行选举法》,与 1931 年 11 月颁布

① 《中华苏维埃共和国中央执行委员会训令第二十二号——关于此次选举运动的指示》,1933 年 8 月 9 日,见《中华苏维埃共和国法律文件选编》,江西人民出版社 1984 年版,第 125—126 页。

② 《中华苏维埃共和国中央执行委员会训令第二十二号——关于此次选举运动的指示》,1933 年 8 月 9 日,见《中华苏维埃共和国法律文件选编》,江西人民出版社 1984 年版,第 124 页。

的《选举细则》等条例相比，更便于选民参加选举，对选举的公正、公平性和透明度，作了更为严格的规定；同时对于红军中的选举及代表的标准，作了专门明确的规定；区属、县属、省属、工农武装（地方武装），分别直接选举代表出席区、县、省苏维埃代表大会；方面军直接选举代表出席全国苏维埃代表大会。

红军的代表标准规定：选举出席区苏维埃代表大会的代表，每25人得选正式代表1人；选举出席县苏维埃代表大会的代表，每100人得选正式代表1人；选举出席省苏维埃代表大会的代表，每400人得选正式代表1人；选举出席全国苏维埃代表大会的代表，每600人得选正式代表1人。

这次选举，对被俘后参加红军的白色士兵军官的选举问题，也专门作出了规定：被俘后参加红军的白色士兵，其出身如是工人、雇员、贫农、中农、独立生产者、城市贫民等，不论在红军服役时间长短，一律享有选举权和被选举权；被俘后参加红军的白军排长须在红军服务1年以上，连长须在红军服务2年以上，营长须在红军服务5年以上，经师政治部考察后证明其是坚决为工农利益而奋斗者，作出正式决议方可享有选举权和被选举权；被俘后参加红军的白军团以上军官，应剥夺其选举权。

上述规定，有利于对被俘后参加红军的国民党军士兵的教育和改造，但对国民党军官考验的时间显得长了些，尤其是对团以上军官不区分情况一律剥夺其选举权的做法，是不适当的。

为了搞好这次选举，中央人民委员会在1933年7月11日第45次常会上，决定对中央苏区县级行政区域重新划分，适当划小行政区域，以方便于领导和选举。

1933年9月6日至9日，苏维埃中央政府在瑞金叶坪召开中央苏区南部18县选举运动大会。福建、粤赣两省各县级和瑞金直属县区以上的内务部长或副部长，以及中央内务部选举运动训练班的学员共300多人,参加了大会。中央政府主席毛泽东在会上作了《今年的选举》的报告,中央内务部副部长(后任代部长)梁柏台作《选举法》报告。

毛泽东说:“苏区的工农群众已经夺取了政权,我们要时时刻刻保护这个政权,发展这个政权,使之能尽打击内外反革命势力,增进工农生活福利的重大作用。要使之能尽这种作用,就要用选举的方法,把大批最觉悟最先进最积极的分子选进苏维埃去,而把旧人员中那些不中用的分子淘汰出来,这是最重要的一件事。”毛泽东还说:“候选名单中首先要注意成分,不但要照着选举法使适当数目的工人及农民当选,而且要依照选举训令至少有占百分之二十五的劳动妇女当选。其次,要注意政治表现,凡属贪污腐化消极怠工,及同地主资本家妥协的分子都不要使他当选,当选的应该全数是工作积极观念正确的分子。”①选举运动大会之后,中央内务部还开办了两期选举运动训练班。随后各省也开办了选举运动训练班,培训了一批选举工作人员。为指导各地选举,中央选举运动委员会还专门编辑出版了《选举运动周报》。

为使各级选举能有序如期进行,中央选举运动委员会对选举时间作出了明确具体规定,指示:“九月二十日至十月十五日为选举的准备期间。在这个时期,必须将行政区域完全划好,加强对选举的宣传工作。”并将“选举委员会组织起来,进行选民登记”;各级的选举时间:“从十月十六日到十月二十五日止,这十天内为市苏维埃及乡苏维埃的选举期间”;“从十月二十六日到十一月十日,这十五天内为召集区代表大会期间”;“从十一月十一日到十一月三十日,这二十天内为召集县代表大会的期间”;“从十二月一日到十二月十五日,为召集省代表大会期间”。②

由于宣传动员到位,准备充分,指导有力,第二次全苏大会代表的

① 毛泽东:《今年的选举》,见《红色中华》1933年9月6日。
② 梁柏台:《关于选举的日期》,见《红色中华》1933年9月27日。

选举工作进行顺利,如期完成。中央内务部代部长梁柏台在《今年选举的初步总结》一文中评价说:"这次选举确实得到了许多成绩,和第一次全苏大会的两次选举,有了显然不同的地方。"这主要是"宣传动员工作改善了","向选民作报告"一般的都进行了;"选民登记工作要求达到了","公布候选名单的做法执行了",做到了听取最广大选民的意见,许多地方选民参选率都在80%,甚至90%以上①。

毛泽东主席对这次选举也感到满意。他亲自对兴国县长冈乡和上杭县才溪乡的选举工作进行了考察,认为才溪乡的选民敢评论候选人,在候选人名字下写上"好""不好""同意""消极",甚至有注上"官僚"字样的;长冈乡向选民逐个介绍候选人情况,让选民们进行评论。这些做法都很好,让群众充分发挥行使了民主权利。在第二次全苏大会作报告时,毛泽东从7个方面总结了中央苏区两年来选举工作的经验后说:"所有这些,都使民众对于行使管理国家机关的权利的基本步骤——苏维埃的选举,有了完满的办法,保证了苏维埃政权巩固的基础。"②

第二节
中央最高权力机关

一、全国苏维埃代表大会

1934年2月17日公布的《中华苏维埃共和国中央苏维埃组织法》规定:全国苏维埃代表大会是中华苏维埃共和国最高的政权机关。

全国苏维埃代表大会的代表,由各省苏维埃代表大会,中央直属

① 梁柏台:《今年选举的初步总结》,见《红色中华》1934年1月1日。

② 毛泽东:《中华苏维埃共和国中央执行委员会与人民委员会队第二次全国苏维埃代表大会的报告》,1934年1月24日。见江西省档案馆、中共江西省委党校党史教研室编:《中央革命根据地史料选编》(下),江西人民出版社1982年版,第308页。

市、直属县苏维埃代表大会及红军所选出的代表组成。全国苏维埃代表大会每两年由中央执行委员会召集一次，如遇特别情形不能按期召集时，可延期召集之。如遇必要，苏维埃中央执行委员会可自动召集全国苏维埃临时代表大会；如有代表全国人口三分之一的地方苏维埃要求，中央执行委员会亦可召集全国苏维埃临时代表大会。

全国苏维埃代表大会的职责是：听取并讨论中央执行委员会的报告；制定和修改宪法及其他法律，决定全国的大政方针；选举或改选中央执行委员会。

二、中央执行委员会及其职权

按照《中华苏维埃共和国中央苏维埃组织法》规定，中央执行委员会由全国苏维埃代表大会选出的中央执行委员及其候补中央执行委员组成（第一次全国苏维埃代表大会未选举候补中央执行委员）。它是全国苏维埃代表大会闭会期间的最高政权机关。

中央执行委员会对全国苏维埃代表大会负责，应向全国苏维埃代表大会作工作报告。中央执行委员会的名额，不得超过 585 人。中华工农兵苏维埃第一次全国代表大会选举产生的中央执行委员会，由 63 名委员组成。

中央执行委员会的全体会议，每 6 个月由中央执行委员会主席团召集一次；如遇特别情形不能按期召集时，得延期召集；如经中央执行委员会决议，或有中央执行委员会半数以上委员的要求，得召集中央执行委员会的临时会议。中央执行委员会选任人民委员会委员及其主席，被选任为人民委员会委员的，必须是中央执行委员会的委员。

全国苏维埃代表大会及其中央执行委员会的职权如下：

（一）颁布和修改宪法（此为全国苏维埃代表大会的专有权）；

（二）代表中华苏维埃共和国对外订立各种条约及批准国际条约；

（三）制定法院的系统组织，并颁布民事刑事及诉讼的法律；

（四）颁布劳动法、土地法、选举法、婚姻法、苏维埃组织法及一切单行的法律；

（五）决定内政外交的大政方针；

（六）改订国家的边界；

（七）确定地方苏维埃的权力，并解决地方苏维埃间的争执；

（八）划分行政区域，并有建立、合并、改造或解散地方政权机关之权；

（九）对外宣战与媾和；

（十）制定度量衡与币制；

（十一）发行内外公债；

（十二）审查并批准预算、决算；

（十三）制定税率；

（十四）组织并指导海陆空军；

（十五）制定中华苏维埃共和国国民的公民权，及居住在中华苏维埃领土内的其他国籍人民的居留权和公民权；

（十六）宣布全部或一部的赦免；

（十七）制定国民教育一般原则；

（十八）选任和撤销人民委员会的委员及主席；

（十九）规定工业、农业、商业及交通事业的政策和计划；

（二十）代表中华苏维埃共和国与中国境内各民族订立组织苏维埃联邦共和国的条约；

（二十一）有撤换和变更下级苏维埃执行委员会委员之权。①

三、中央执行委员会主席团及其职权

按《中华苏维埃共和国中央苏维埃组织法》规定，中央执行委员会选举主席团，为中央执行委员会闭会期间的全国最高政权机关。

---

① 以上参见《中华苏维埃共和国中央苏维埃组织法》，1934 年 2 月 17 日，载《中华苏维埃共和国法律文件选编》，江西人民出版社 1984 年版，第 84—85 页。

中央执行委员会主席团的人数不得超过 25 人，并选举主席 1 人，副主席 2 人至 4 人。

中央执行委员会主席团的职权为：

（一）监督中华苏维埃共和国宪法及全国苏维埃代表大会中央执行委员会的各种法令及决议之实施。

（二）有停止或变更人民委员会或各人民委员部的决议、法令之权。

（三）有停止或变更各省苏维埃代表大会及其执行委员会的决议或命令之权。

（四）有颁布各种法律命令之权，并有审查和批准人民委员会和各人民委员部及其他所属机关所提出的法令、条例和命令之权。

（五）解决人民委员会与各人民委员部之间的关系问题，及各省苏维埃之间的关系问题。

中华苏维埃共和国第一届中央执行委员会未设主席团；第二届中央执行委员会第一次会议选举毛泽东、项英、张国焘等 17 人为主席团成员。①

第三节
中央政府行政领导机构

一、中央人民委员会及其职权

《中华苏维埃共和国中央苏维埃组织法》规定：中央人民委员会（相当于新中国成立后的国务院）为中华苏维埃共和国中央执行委员会的行政领导机关，负指挥全国政务之责，对中华苏维埃共和国中央

① 参见《中华苏维埃共和国中央苏维埃组织法》，1934 年 2 月 17 日，载《中华苏维埃共和国法律文件选编》，江西人民出版社 1984 年版，第 84—85 页。

执行委员会及其主席团负责，须按时向中央执行委员会及其主席团作工作报告。

中央人民委员会由人民委员会主席、副主席和外交、劳动、土地、军事、财政、国民经济、粮食、教育、内务、司法等人民委员和工农检察委员会主席等成员组成。为镇压反革命，在人民委员会之下设国家政治保卫局。如工作需要，中央执行委员会还可随时增加其他人民委员，如交通、邮电、文化等人民委员。“人民委员”这个名称，是仿照苏联的国家政体称谓而来的，只有人民委员会的委员才能使用这个称谓。

人民委员会有如下职权：

(1)中华苏维埃共和国最高行政机关，负责指挥全国政务，对中央执行委员会及其主席团负责，并按时向其报告工作。

(2)在中央执行委员会所指定的范围内颁布各种法令和条例，采取适当的行政方针，以维持行政上的效率和秩序。人民委员会的决议及所颁布的各种法令和条例，须报告中央执行委员会主席团；人民委员会的决议，如与大政方针有关系者，应提交中央执行委员会或他的主席团去审查批准，但遇紧急事项，人民委员会得先解决，并报告中央执行委员会及其主席团。

(3)人民委员会有审查修改或停止各人民委员部所提出的法令及其决议之权。

(4)各人民委员部及各省苏维埃执行委员会如对人民委员会的决议和各种法令有不同意时，可向中央执行委员会或他的主席团提出意见，但不得停止执行。①

在中央执行委员会之下，与人民委员会平行的机构，还有最高法

① 参见《中华苏维埃共和国中央苏维埃组织法》，1934年2月17日，载《中华苏维埃共和国法律文件选编》，江西人民出版社1984年版，第84—85页。

院(一苏大会后至二苏大会前为临时最高法庭)和审计委员会。这两个机构的有关情况本书另有章节介绍。

二、中央政府各部委的设立与运作

苏维埃临时中央政府成立后,在中央人民委员会之下,设外交、劳动、土地、军事、财政、教育、内务、司法、工农检察等人民委员部,同时设有中央国家政治保卫局、中央革命军事委员会,另设有总务厅(9 部 1 局 1 委 1 厅)。根据工作需要,1933 年 2 月增设国民经济人民委员部,1933 年冬增设中央审计委员会。此外,1932 年 2 月成立中华苏维埃共和国国家银行;同年 5 月,在中央内务人民委员部之下增设中华苏维埃共和国中央邮政总局。二苏大会后,中央人民委员会除保留上述各人民委员部之外,增设了中央粮食人民委员部,并将中央工农检察部改称为中央工农检察委员会;原隶属于中央人民委员会的中央审计委员会,升格为直接隶属于中央执行委员会。

中央执行委员会任命的各人民委员为各该部部长。中央执行委员会还分别任命 1 ~ 2 名副人民委员作各人民委员的助手,协助人民委员工作。人民委员因故缺席时,由副人民委员代理其职务。

在各人民委员部(局、会)之下,均设部务委员会,作为讨论和建议该部工作的机关,各人民委员为该部务委员会的主席。各人民委员在他的权限内有单独解决一切问题之权,但重要的问题须交该部部务委员会讨论。

各人民委员部及革命军事委员会、工农检察委员会的职权与组织机构,由中央人民委员会另以条例规定。

中华苏维埃共和国中央政府组织系统

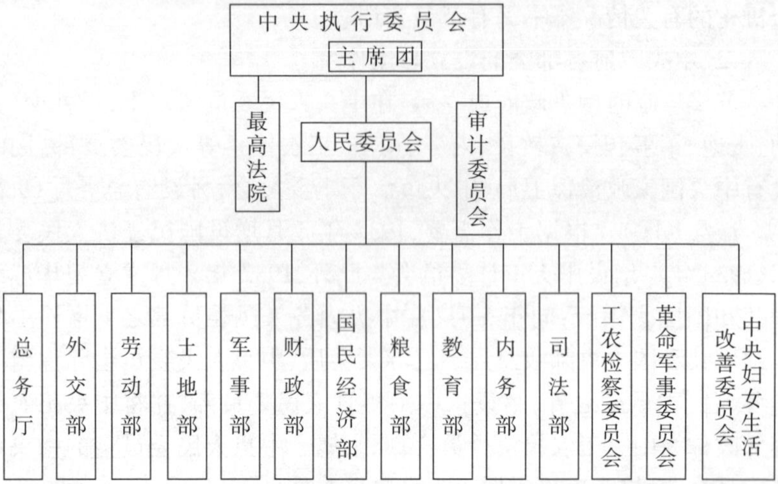

三、精干、高效的国家管理机制

中华苏维埃共和国政权建设和管理机制的显著特征是精干与高效。

一苏大会成立后的苏维埃中央政府机构，即“9 部 1 局 1 委 1 厅”，除教育部和国家政治保卫局、中央革命军事委员会外，其余 8 个部和中央政府总务厅全部集中在瑞金叶坪谢氏宗祠一苏大会堂办公。

每个部仅 1 个数平方米的小房间，几张桌子和木板凳，加上 1 部手摇电话机。每个部工作人员包括部长在内仅 3 人至 5 人，个别大的部有八九个人。中央政府主席只要站在祠堂中央喊一声，就能立时召开中央人民委员会常务会议。每次召开人民委员会常务会议，少则半天，多则 1 天。所议事情，议而有决，决而有行，贯彻落实快而有效，毫不拖沓。

对地方苏维埃政府机构和工作人员，中央政府在《地方苏维埃政府的暂行组织条例》中也有明确规定：每个乡苏维埃政府只配不脱产工作人员3人，城市（县苏维埃政府所在地的县城）苏维埃政府19人，区苏维埃政府15人，县苏维埃政府25人，省苏维埃政府90人。这样精干的地方政府工作机构，是罕见的。

苏维埃中央政府为有效地提高各级政府的工作效率，十分注重提高全体苏维埃工作人员的素质。主要措施有：举办各种培训班，加强思想政治教育，提高文化程度，强化检查监督，开展革命竞赛等。1932年3月2日，中央人民委员会发布《政府工作人员要加紧学习》的第六号训令，要求政府工作人员必须加紧学习，尽量提高自己的政治思想水平、文化程度和工作能力。中央政府开办了多期训练班，培训县、区、乡干部。中央马克思共产主义学校（中央党校）和苏维埃大学，也为苏区培养了一大批政府工作人员。

由于中华苏维埃共和国政权机构设置合理精干，运行机制较为灵活，加上各级苏维埃工作人员高涨的工作热情和对革命对人民高度负责的使命感，使中华苏维埃共和国的政权建设和行政管理，基本上达到了精干、高效的目标要求。

第四节
地方政权系统

一、省级苏维埃政权

根据中华苏维埃共和国中央执行委员会1931年颁布的《地方苏维埃政府的暂行组织条例》及1933年颁布的《中华苏维埃共和国地方苏维埃暂行组织法（草案）》规定，中华苏维埃共和国的地方政权采取省、县、区、乡（市）四级制度。

省级苏维埃政权由省苏维埃代表大会、省苏维埃执行委员会、省苏维埃执行委员会主席团组成。

（一）省苏维埃代表大会

省苏维埃代表大会为全省最高权力机关，由全省各县及直辖市苏维埃代表大会选出，每年由省苏维埃执行委员会召集一次。其职权为：听取省执行委员会的工作报告并讨论之；讨论和决定全省范围内苏维埃工作方针；选举或改选省执行委员会及其主席团。

（二）省苏维埃执行委员会

省执行委员会由省苏维埃代表大会选出的省执行委员及候补省执行委员组成，为省苏维埃代表大会闭会期间的全省最高权力机关。

省执行委员会由委员 55～95 人、候补委员 11～19 人组成。省执行委员会设主席 1 人、副主席 2 人、秘书长 1 人。在省执行委员会之下，设裁判、财政、土地、内务、劳动、教育、卫生、军事、国民经济、粮食等部及工农检察委员会、审计委员会、妇女生活改善委员会、国家政治保卫分局、总务处等机构。各省执行委员会的常驻（脱产）工作人员，限定为主席 1 人，副主席 2 人，内务部、军事部、财政部、土地部、文化部、工农检察部、劳动部等各设正副部长各 1 人，卫生部、粮食部各设部长 1 人，政府机关报办事人员 5 人，总务处长 1 人，技术书记（秘书）1 人，文书 2 人，印刷 2 人，事务 1 人，会计 1 人，收发 1 人，交通 4 人，其他工作人员 15 人至 53 人。工作人员总额不得超过 90 人，若超过所规定名额，须得中央执行委员会批准。①

省执行委员会全体会议，每 4 个月由主席团召集一次，有临时重要问题，得召集临时会议。省执行委员会须向全省苏维埃代表大会和各县苏维埃代表大会作工作报告，并且每 4 个月须向中央执行委员会作工作报告。②

---

① 《地方苏维埃政府的暂行组织条例》，1931 年 11 月中央执行委员会第一次全体会议通过，见《中华苏维埃共和国法律文件选编》，江西人民出版社 1984 年版，第 29—30 页。

② 《中华苏维埃共和国地方苏维埃暂行组织法（草案）》，1933 年 12 月 12 日湘赣省苏维埃政府翻印。

省执行委员会既是省苏维埃权力机构,也是省级行政机构。其行政职权共有19项(县、区苏维埃执行委员会行政职权亦与此大体相同):

1. 执行上级苏维埃政府命令、指令、训令、法令、决议等等;

2. 制定该政府1个月至6个月的工作计划,及实现这种工作计划的工作日程;

3. 在召集苏维埃的全体会议、执行委员会全体委员会议、主席团会议、各科各部的会议以前,准备议事日程、报告、提案及其他材料;

4. 解决该地区内的争执问题;

5. 指示下级苏维埃政府的工作,并对上级苏维埃政府作工作报告;

6. 进行人口、土地、婚姻、生死、契约、文书及工商业的登记;

7. 办理关于土地问题的事宜,如没收、分配、整理耕地及水利等;

8. 代收国家捐税;

9. 制定并审查预算、决算;

10. 办理义务劳动,如帮助红军,救灾,修路等;

11. 组织地方武装,办理守卫,放哨,通报消息,帮助红军行军作战事宜等等;

12. 计划并执行该地方的建设事宜;

13. 进行该苏维埃境域内的文化教育事业;

14. 市政的建设;

15. 民警和刑事侦探的管理;

16. 进行卫生事宜;

17. 与官僚主义腐化分子奋斗;

18. 劳动保护之实现;

19. 进行社会保险事业。

上述职权,是1931年11月中央执行委员会第一次全体会议通过的《地方苏维埃政府的暂行组织条例》中规定的。1933年颁布的《中华苏维埃共和国地方苏维埃暂行组织法(草案)》中,对省、县、区苏维埃政府各部各局的工作任务和职权,分别作了更为具体、明确的规定。但总体说来,也是上述19个方面的内容。

(三)省执行委员会主席团

省执行委员会主席团由省执行委员会互推13人至19人组成,为省执行委员会闭会期间的全省最高权力机关。省执行委员会主席团互推主席1人、副主席若干人。主席团可任用秘书1人至3人、文书1人至3人,以助理文书工作。省执行委员会主席团会议每周由主席召集一次,临时有重大问题时可召集主席团临时会议。主席团的职权有二:(1)负责定期召集省执行委员会全体会议;(2)负责定期向中央人民委员会作工作报告。

省执行委员会组织系统表

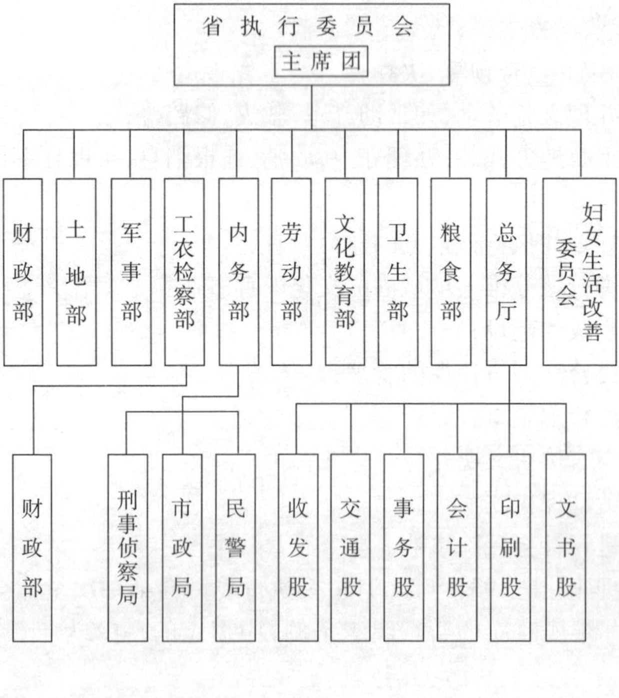

（四）中华苏维埃共和国所辖省级苏维埃政权

从1931年11月中华苏维埃共和国成立后至1935年11月，在全中国范围内先后建立过江西、福建、闽赣、粤赣、赣南、湘赣、湘鄂赣、闽浙赣（原赣东北省）、鄂豫皖、湘鄂西、川陕、闽东（特区）、湘鄂川黔（省革命委员会）、陕甘边（特区）和陕北、大金等省级（或相当于省级）苏维埃政权。

其中，中华苏维埃共和国中央政府直接统辖（即中央苏区所辖）的省级苏维埃政权有：

江西省苏维埃政府　1930年10月7日在吉安城宣布成立江西省苏维埃临时政府，以曾山、方志敏、李文林、邵式平、彭德怀、毛泽东、朱德、陈毅、陈正人、金万邦等53人为执行委员，曾山为主席。1932年5月1日，在江西省兴国县城召开江西省第一次工农兵代表大会，正式选举产生江西省苏维埃政府执行委员会，曾山继续当选为主席，胡海、陈正人、吴家俊先后任副主席。1933年12月21—29日，江西省第二次工农兵代表大会在宁都县七里村召开，选举刘启耀等67人为江西省苏维埃政府第二届执行委员会委员，肖云峰等15人为候补执行委员，选举刘启耀、曾山、徐达志等17人为主席团成员，刘启耀为主席，曾山、徐达志为副主席。江西省苏维埃政府先后辖有38个县级苏维埃政权。

福建省苏维埃政府　福建省工农兵代表大会于1932年3月18日在福建长汀城召开。大会选举张鼎丞、阙继明等35人为福建省苏维埃政府执行委员会委员，张鼎丞为主席，阙继明、张思垣为副主席。1934年2月起先后由钟循仁、吴必先任主席。福建省苏维埃政府先后辖有20个县级苏维埃政权。

闽赣省苏维埃政府　1933年4月26日，苏维埃中央人民委员会决定设立闽赣省。5月上旬，在江西省黎川县湖坊村召开闽赣省第一次临时工农兵代表会议，成立闽赣省革命委员会，以邵式平、顾作霖等

25人为革命委员会委员，邵式平任主席。同年12月，在福建省建宁县城召开闽赣省第一次工农兵代表大会，正式成立闽赣省苏维埃政府，选举邵式平为省苏维埃政府主席，祝维垣为副主席。闽赣省革命委员会、闽赣省苏维埃政府先后辖有闽北分区苏维埃政府和26个县级苏维埃政府（或革命委员会）。

粤赣省苏维埃政府 1933年9月6日，在江西会昌县彭迳村召开粤赣省临时代表会议，选举产生以钟世斌等37人为粤赣省苏维埃临时执行委员。在接着召开的临时执委会第一次会议上，推选钟世斌任省苏维埃政府主席，王孚善、邓学林任副主席。同年12月23日，正式召开粤赣省第一次工农兵代表大会，选举产生粤赣省苏维埃执行委员会，仍以钟世斌为主席，王孚善、邓学林为副主席。粤赣省先后辖有9个县级苏维埃政权。

赣南省苏维埃政府 1934年8月在于都县城成立赣南省苏维埃政府，钟世斌、王孚善分任省苏维埃政府主席、副主席。赣南省苏维埃政府先后辖有8个县级苏维埃政权。

中华苏维埃共和国中央政府联系较为紧密并直接给予工作指导的省级苏维埃政府有：

湘赣省苏维埃政府 1931年10月17日，湘赣省苏维埃第一次工农兵代表大会在江西省莲花县花塘村召开，选举袁德生等21人为省苏维埃执行委员，袁德生任主席，张启龙、彭德怀任副主席。1932年8月1日，在永新县城万寿宫召开湘赣省苏维埃第二次工农兵代表大会，选举产生第二届省苏维埃执行委员会，仍以袁德生为主席，谭余保、张启龙为副主席。1933年12月11日，湘赣省召开第三次苏维埃工农兵代表大会，选举谭余保等11人组成省苏维埃执行委员会主席团，谭余保任主席，刘燕玉、肖行麟为副主席。湘赣省苏维埃政府先后辖有20余个县级苏维埃政权。

闽浙赣省（原为赣东北省）苏维埃政府 1931年11月7日，在江

西省横峰县葛源村召开赣东北省第一次工农兵代表大会，成立赣东北省苏维埃政府，方志敏当选为省苏维埃政府主席，汪金祥任副主席。1932 年 12 月，赣东北省改称为闽浙赣省，赣东北省苏维埃政府也改称为闽浙赣省苏维埃政府，省苏维埃政府主席仍为方志敏，汪金祥、余德金、徐大妹先后任副主席。闽浙赣省苏维埃政府先后辖有 50 余个县级苏维埃政权。

湘鄂赣省苏维埃政府　1931 年 9 月在湖南平江县长寿街召开的湘鄂赣边区第一次工农兵代表大会上成立，赖汝樵任主席，刘建中任副主席。湘鄂赣省苏维埃政府先后下辖 20 余个县级苏维埃政权。

二、县、区级苏维埃政权

县级苏维埃政权和区级苏维埃政权，由县（区）苏维埃代表大会、县（区）执行委员会和县（区）执行委员会主席团组成。

（一）县苏维埃代表大会和区苏维埃代表大会

县苏维埃代表大会由全县各区苏维埃代表大会选出的代表组成。县苏维埃代表大会每半年由县执行委员会召集一次。县苏维埃代表大会是全县最高权力机关，听取并讨论县执行委员会工作报告，讨论和决定全县苏维埃工作的方针，选举县执行委员会，监督全县各级苏维埃的工作。

区苏维埃代表大会由全区各乡苏维埃代表大会选举的代表组成，每 3 个月由区执行委员会召集一次。它是全区最高权力机关，听取并讨论区执行委员会工作报告，讨论全区苏维埃工作方针与实行办法，选举区执行委员会，监督各乡苏维埃工作。

（二）县执行委员会和区执行委员会

县执行委员会由县苏维埃代表大会选举的县执行委员及候补执行委员组成。县执行委员会每两个月由县执行委员会主席团召集一次。县执行委员会有生活费的工作人员规定：主席 1 人，副主席 1 人，军事部长、财政部长、粮食部长、土地部长、文化部长、卫生部长、劳动部长、工农检察部长、内务部长、总务处长各1人,文书、印刷、事务、收发各1人,交通2人至5人,其他工作人员5人。工作人员总额不得超过25人;若经费困难时,各部的工作可以兼任,有生活费的工作人员不得超过15人。若工作人员需超过所规定名额,须经省执行委员会批准。

区执行委员会由全区苏维埃代表大会选举的区执行委员及候补执行委员组成。区执行委员会有生活费的工作人员规定:主席1人,军事部长、财政部长、土地部长、文化部长、工农检察部长、劳动部长、总务科长各1人,文书兼收发1人,印刷、事务、交通各1人,其他工作人员3人。领生活费的工作人员不得超过15人;若在经费困难时,各部的工作可以兼任,有生活费的工作人员不得超过7人。工作人员若超过规定名额,需经县执行委员会批准。

(三)县、区执行委员会主席团

县执行委员会主席团由县执行委员会互推9人至15人组成;主席团互推主席1人和副主席1人。主席团会议每5天由主席召集一次,遇有临时重要问题可召集临时会议。县执行委员会主席团为县执行委员会闭会期间全县最高权力机关,负责定期召集县执行委员会全体会议。

区执行委员会主席团由区执行委员会互推7人至11人组成。主席团会议每3天由主席召集一次,遇有临时重要问题可召集临时会议。它是执行委员会闭会期间全区最高权力机关,负责定期召集区执行委员会全体会议。①

县、区苏维埃政府的职责和工作任务,与省苏维埃政府的职责和

① 以上参见《地方苏维埃政府的暂行组织条例》(1931年11月中央执行委员会第一次全体会议通过)。见《中华苏维埃共和国法律文件选编》,江西人民出版社1984年版,第29—30页。

工作任务大体相同,不复赘述。

三、乡、市苏维埃政权

乡、市苏维埃政权,是中央苏区苏维埃政权的基层组织,也是中华苏维埃共和国的基层政权组织。其主要特点是保持经常性的代表会议制度,代表不脱离生产,散布在群众中,与群众有密切联系。

(一)乡苏维埃政府

乡苏维埃代表会议为全乡最高权力机关,亦即乡苏维埃政府。乡苏维埃代表会议由全乡选民依法选举的代表组成,并由全体代表会议选举5人至7人组织主席团,为代表会议闭会期间的全乡最高权力机关。主席团推选主席、副主席各1人。乡苏维埃全体代表会议,每10天由主席召集一次,主席团会议每3天由主席召集一次。乡苏维埃有生活费的常驻人员,居民1000人以下的乡为主席、文书各1人;居民1000人以上的为乡主席、副主席、文书各1人。其余代表均为不脱产,不领生活补贴。个别乡如处交通大道且工作特别繁多,可增设1名脱产领生活费的工作人员。

乡苏维埃代表的任务:一方面是代表选举他们的选民到苏维埃去工作,传达选民的意见,将选民的意见和要求提到乡苏维埃去讨论;另一方面,将上级苏维埃所要进行的工作经过代表会议或主席团讨论之后,传达到群众中去并贯彻执行。每名代表固定联系30名至70名居民。为便于代表们工作,每3~7名乡苏维埃代表按住所接近为原则,设代表主任1人。代表主任由乡苏维埃主席团指定。代表主任的职责:传达乡苏维埃主席团的决议、通知,召集其所指导的代表和他们领导的群众开会,解决其领导下的居民中需要解决的较小的问题。代表主任必要时需参加主席团会议。

乡境之内,按距离远近与居民多少划分若干个村,但每乡不超过5个村。如一村中需设2名代表主任,则由2名代表主任中指定1人负责与乡主席团联系并主持全村工作。

为将全乡居民组织起来参与苏维埃事务的管理，在乡苏维埃之下，得组织下列各种经常的或临时的专门委员会：1. 扩大红军委员会；2. 优待红军委员会；3. 慰劳红军委员会；4. 赤色戒严委员会；5. 防空防毒委员会；6. 没收征发委员会；7. 国有财产委员会；8. 农业税征收委员会；9. 公债发行委员会；10. 各季的农业生产委员会；11. 开荒委员会；12. 山林委员会；13. 水利委员会；14. 土地登记委员会；15. 查田委员会；16. 教育委员会；17. 卫生委员会；18. 桥路委员会；19. 粮食委员会；20. 备荒委员会；21. 户口委员会；22. 义务劳动委员会；23. 运输委员会；24. 选举委员会；25. 工农检查委员会。

上述委员会的设立，得根据当地工作实际需要增减。如果乡辖区域较大，可以村为单位组织必要的委员会，为乡委员会之分会，但委员人数酌量减少。各委员会设主任 1 人，主持委员会工作。每位苏维埃代表，都必须参加 1 ~ 2 个委员会的工作，以充分发挥他们的作用。所有委员会的委员除乡主席、乡文书外，一律不脱产。

（二）市苏维埃政府

市苏维埃政府与乡苏维埃政府一样，也是苏维埃政权的基层组织。其主要特点也是保持经常的代表会议制度，代表不脱产，散布在群众中。

市苏维埃代表会议为全市最高权力机关，由全市选民选举代表组织之。市苏维埃政府之下，依城市大小和人口多少，划分为若干“市区”，设立市区苏维埃。但 4000 人口以下的城市及隶属于区苏维埃的市，不划分“市区”。城外郊区根据实际情况划分若干村。“市区”的名称可依其在城市中地理方位或以著名街道及其他地名冠之。“市区”苏维埃政府与乡苏维埃政府同等级别。

市苏维埃政权亦由市苏维埃代表会议、市苏维埃执行委员会及其主席团组成。其职权与县、区苏维埃职权相似。

城市的“市区”苏维埃与区辖市苏维埃之下，与乡苏维埃一样，组织若干委员会,分别负责各有关工作。这些委员会与乡苏设置大体相同,但具有城市特点。

上述委员会的所有委员除规定的少量脱产人员外,其余绝大部分为不脱产。从中可以看出,苏维埃已经将绝大多数工农贫民群众都吸收进基层政权的各项工作中,充分体现了苏维埃政权是人民群众自己管理自己事务的机关,具有极其广泛和深厚的群众基础。苏维埃政权所以能得到广大人民群众的支持和拥戴,这是重要原因之一。

第五节
毛泽东、项英、张闻天与中央苏区政权建设

一、毛泽东与中央苏区政权建设

毛泽东是中央苏区的主要开辟者和创建者,是中华苏维埃共和国的主要缔造者和领导者。中央苏区的政权建设与毛泽东的名字紧密地联系在一起。毛泽东为苏维埃政权建设作出了不可磨灭的贡献。

(一)毛泽东是中国建立苏维埃政权的最先倡议者和实践者

在中国共产党内,毛泽东最早提出“政权是由枪杆子中取得的”主张,随后又与中共湖南省委的同志一起,最先向中共中央建议抛弃“左派国民党”旗帜,坚决打出苏维埃红旗,在中国建立苏维埃政权。正是基于毛泽东等共产党人的强烈要求,中共中央才于 1927 年 9 月 19 日决定放弃“国民党左派”旗帜,打出苏维埃红旗的。毛泽东又是中国建立苏维埃政权的最早实践者之一,从井冈山到中央苏区,从县苏维埃红色政权到中华苏维埃共和国,无不凝聚着他的心血、智慧和辛劳,他无疑是中国苏维埃运动最先进、最勇敢的开路先锋。

(二)毛泽东最早创立了中国革命的红色政权理论

他在井冈山和中央苏区写下的《中国的红色政权为什么能够存在?》《井冈山的斗争》和《星星之火,可以燎原》3 篇文章,科学地论证

了在白色政权包围下中国红色政权为什么能够存在的原因,深刻地揭示了中国革命胜利发展的必然趋势,从而奠定了具有中国特色的农村包围城市、武装夺取政权道路理论的基本思想。在中华苏维埃共和国红色政权建立以后,毛泽东于 1933 年 9 月又深刻地阐明了巩固政权的极端重要性,精辟地指出:“世界上一切革命斗争都是为着夺取政权,巩固政权。而反革命的拼死同革命势力斗争,也完全是为着维护他们的政权。”①他认为工农群众夺取政权后,应该坚决地尽一切努力地去巩固已得的政权,使之牢牢掌握在工农阶级手中。毛泽东在中央苏区提出的这一论断,不失为至理名言。

(三)毛泽东科学地阐明了苏维埃红色政权的宗旨和任务

毛泽东认为,苏维埃政权必须“真心实意地为群众谋利益”②。这是苏维埃政权的根本宗旨。这个宗旨与中国共产党的根本宗旨是完全一致的。从这个根本宗旨出发,毛泽东在第二次全国苏维埃代表大会上发出了“关心群众生活,注意工作方法”、努力创造“第一等工作”的伟大号召,并明确规定了苏维埃政府的基本任务:“我们是革命战争的领导者和组织者,我们又是群众生活的领导者和组织者。组织革命战争,改良群众生活,这是我们的两大任务。”③毛泽东所提出的苏维埃政权的根本宗旨和任务,是任何人民政权都必须坚持的。“得民心者得天下”,离开了这个根本宗旨,政权建设的方向就会偏离正确的轨道,就会走到与人民对立的歧路上去。

(四)毛泽东十分关注苏维埃政权民主制度的建设

毛泽东认为,进行苏维埃民主制度的建设,必须正确认识民主与专政的关系,坚持民主与专政的统一。他指出:“苏维埃实现了世界上

① 毛泽东:《今年的选举》,见《红色中华》1933 年 9 月 6 日。
② 《毛泽东选集》第一卷,人民出版社 1991 年版,第 138 页。
③ 《毛泽东选集》第一卷,人民出版社 1991 年版,第 139 页。

最完满的民主制度,他是为广大民众直接参加的,他给予广大民众以一切民主的权利,他对于民众绝对不使用也绝不需要用任何的强力。但是地主资产阶级,即一切被革命民众所推翻的剥削分子,苏维埃对之则是另外一种态度……苏维埃政府不能不从各方面对于这些分子施行严厉的制裁与镇压。"①只有坚持这种民主与专政的统一,才能达到建设强有力的工农民主专政的苏维埃国家的目的。为了建设苏维埃的民主政治,毛泽东十分重视建立和健全苏维埃的选举制度,强调建立、健全县(市)乡苏维埃代表会议制度。同时,他还从苏区实际情况出发,主张适当划小行政区域,以方便人民群众参与苏维埃政权的管理。

(五)毛泽东强调苏维埃政权必须建立群众化、实际化的工作作风

这种苏维埃的工作作风,就是密切联系群众,反对官僚主义;主张厉行节俭,反对贪污浪费;接受民众批评监督;深入实际,调查研究。毛泽东不仅是这种新的工作作风的积极倡导者,而且身体力行,带头实践,为全体苏维埃工作人员作出了表率。

二、项英与中央苏区政权建设

项英自1931年1月初来到中央苏区后,曾任中共苏区中央局代理书记、苏维埃中央军委主席(1931年6月后改任苏维埃中央军委副主席)。在中华工农兵苏维埃第一次全国代表大会上,他被选为中华苏维埃共和国中央执行委员会副主席和中央人民委员会副主席,并兼任中央劳动人民委员(中央劳动部部长);1933年6月至12月,任中革军委代主席;在第二次全国苏维埃代表大会上,他再次当选为中华苏维埃共和国中央执行委员会副主席,兼任中央工农检察委员会主

① 毛泽东:《在第二次全国苏维埃代表大会上的报告》,1934年1月24日至25日,见江西省档案馆、中共江西省委党校党史党建教研室编:《中央革命根据地史料选编》(下),江西人民出版社1982年版,第310页。

席。他是中华苏维埃共和国中央政府的重要领导人之一，为中央苏区的政权建设作出了重要贡献。其主要表现在：

（一）为顺利召开中华工农兵苏维埃第一次全国代表大会和成立中央政府，做了大量筹备工作

项英和任弼时等同志一起，组织和发动中央苏区群众圆满完成了出席一苏大会代表的选举工作；同时理顺苏区党政关系，整顿建立县区乡村苏维埃政府工作机构和工作秩序；精心筹备召开一苏大会的有关文件和大量的会务工作，从而确保了一苏大会的按期召开和中央政府的顺利成立。

（二）主持苏维埃中央政府日常工作，初步探索了新生红色政权治国安民的经验

一苏大会结束后，担任中央执行委员会主席和中央人民委员会主席的毛泽东，因赣南会议和攻赣争论之故，于 1932 年 1 月底退隐到瑞金东华山养病，不久又随军赴前方指挥红军作战，直到 1933 年 2 月初，才从福建长汀福音医院回到瑞金主持中央政府工作。而担任中央执行委员会副主席和中央人民委员会副主席的张国焘，远在鄂豫皖苏区，不能到职视事。因此，从 1931 年冬到 1933 年 1 月，主持苏维埃中央政府日常工作的重任，就落到了项英身上。项英勇挑重担，以较好的组织才能和极大的工作热情，克服了面临的各种困难，使苏维埃中央政府的机构正常运转，各尽其责，发挥了重大的作用，完成了各项任务。这期间，他主持中央政府主要在以下几项工作中取得了较为显著的成绩。

第一，迅速建立了中央政府的各个工作部门，并指导各部门的工作逐步走上了正常轨道。一苏大会后，苏维埃中央执行委员会第一次全体会议审议通过了《地方苏维埃政府的暂行组织条例》，使地方各级苏维埃政权建设有了统一的法律依据。随后，中央执行委员会又陆续通过并颁布了国家政治保卫局、军事裁判所、劳动部、裁判部、内务部、财政部以及各级妇女生活改善委员会的组织纲要或组织条例。这些

组织纲要或组织条例颁布后，项英花了大量心血去抓落实，帮助各部门将工作机构建立健全起来。至1932年夏，中央政府各部门的工作秩序业已建立，各部门的工作呈正常运转状态。与此同时，对于基层苏维埃政权建设，项英也抓得很紧。《地方苏维埃政府的暂行组织条例》颁布后，项英于1931年12月18日和1932年4月6日，先后在《红色中华》发表《地方苏维埃的建设问题》等文章，论述建立健全乡苏维埃政府和城市苏维埃政府的重要性，指导基层苏维埃政权如何开展工作。他说："没有健全的地方苏维埃，就不能巩固中华苏维埃共和国的基础；没有强大工作能力的地方政权，就不能充分实施苏维埃的一切政纲围绕千百万工农和劳动群众在自己的周围，去争取苏维埃在全中国的胜利。"①在项英和中央政府的指导与督促下，1932年春，福建、江西两省苏区，都进行了县、区、乡苏政府普选，通过普选对苏维埃政府的组织机构和工作，都进行了一次整顿，使之更加健全。项英还经常派出中央政府巡视人员，到各县巡视检查工作。他自己也经常深入各省、县苏维埃政府，面对面地指导工作。

第二，充分发挥中央政府在厉行工农民主专政、组织苏维埃国家生活方面的职能作用，初步探索了新生红色政权治国安民的领导艺术。第一次全国工农兵代表大会讨论并通过了宪法大纲。全苏大会结束后，中央执行委员会和中央人民委员会又讨论、颁布了一系列法规、条例和实施细则，对苏维埃国家生活的许多重要方面作出了法律规定。项英领导苏维埃中央政府，依法治国，使中央政府在厉行工农民主专政、组织苏维埃国家生活方面，较好地发挥了自己的职能作用。1932年11月7日，项英在中华苏维埃共和国中央政府为成立周年纪念向全体选民的工作报告书中，对此作了初步的总结和实事求是的评

① 项英:《地方苏维埃的建设问题》，载《红色中华》第2期，1931年12月18日瑞金出版。

价。报告书列举了中央政府成立一年来所进行的20项主要工作,包括:彻底执行土地法;制定和执行苏维埃经济政策,发展工农业生产和内外贸易;优待红军家属,巩固和扩大工农红军;纠正肃反扩大化错误和建立司法程序;统一财政;建立教育行政管理体制,发展教育事业;改善和提高妇女生活,保护妇女儿童合法权益;颁布行政区域划分标准并重新划分行政区域;建立苏维埃邮政系统;开展卫生防疫和植树造林运动,等等。在党和苏维埃政府领导下,整个中央苏区呈现一派朝气蓬勃的新气象。

第三,殚精竭虑地培养了一大批苏维埃国家工作人员。中华苏维埃共和国建立伊始,各级国家机关工作人员大部分是工农分子,缺少文化知识和工作经验,对于如何掌握国家政权、行使国家权力更感陌生。项英十分重视对这些工作人员的培养教育,要求"每一个在政府工作的人都应当加紧学习,尽量提高自己的文化程度和工作能力。尤其是不识字的工农同志,更要努力识字,积极学习政治和工作,造成真正的工农干部"①。他想方设法,采取了许多实际措施,帮助大批工农干部迅速成长为优秀的苏维埃国家工作人员。

第四,倾注心力建立苏维埃的财政系统,较好地满足了红军战费和物资供给的需要。中央政府成立之初,中央财政人民委员部尚未健全,中央财政人民委员(财政部长)邓子恢也未到职。为加强领导,中央政府成立中央财政委员会,项英兼代主席。在财政委员会指导下,中央财政部统一了苏区财政,建立了财政系统,颁布了统一财政纪律与训令,印发了统一的簿记、表册与单据,颁布了统一的土地税、商业税、山林税、店租、矿产租等条例和细则。1932年6月以后,红军战费改由政府供给,苏维埃中央政府财政负担骤增。项英面对压力,既抓

① 《人民委员会命令第六号——政府工作人员要加紧学习》,载《红色中华》第12期第6版。

开源,又抓节流。根据中共苏区中央局决定,中央政府先后于1932年6月和同年10月两次发行革命战争公债共180万元,随后又发起大规模的群众节省运动。开源节流的结果,基本上保证了红军战费和各项必要开支的供给。

(三)主持中央工农检察委员会工作,重视中央苏区各级党政机关的廉政建设

项英主持中央政府工作期间,常以"江钧"之笔名,撰文揭露和批评少数苏维埃工作人员中出现的腐败现象。二苏大会后他兼任中央工农检察委员会主席,迅速果断地查处了"于都事件",即于都县委、县苏维埃政府领导干部利用职权贪污腐化的案件,中央苏区的广大干部为此受到极大震动。他还领导查处了中央国家机关和粤赣省登贤县的一些贪污浪费案件,反响甚好。

项英在主持中央政府日常工作期间,由于中央"左"倾错误的影响,加上苏维埃共和国刚刚诞生,百事待举,缺乏经验,工作中难免有这样那样的缺点错误。如中央政府所颁布的法律、法令、条例中,含有不少"左"的内容;对发展苏区经济建设重视程度不够;在查处一些案件时处理偏重等。这都属于局部问题上的过失。他在主政期间的历史功绩是主要的,是必须充分肯定的。

三、张闻天与中央苏区政权建设

张闻天进入中央苏区后,在新成立的中共中央局和中央组织局内,分工负责政府工作。1934年2月初在第二次全苏大会上,他当选为苏维埃中央政府人民委员会主席,负责中央政府日常工作。由于种种原因,张闻天在进入中央苏区前后,与博古等一起犯过不少"左"的错误。但是,张闻天在中央苏区火热的斗争中接触了群众,接触了实际,并逐渐加深了同毛泽东等同志的交往,逐渐地从"左"倾教条主义桎梏中解脱出来。在他负责苏维埃中央政府人民委员会工作期间,提出了一些很好的思想和主张,改善和加强了党对政府工作的领导,促

进了苏维埃政府的政权建设。主要表现在：

（一）提出改善党和苏维埃政府的领导方式，强调实行集体领导原则、学习领导群众的艺术

张闻天根据苏区实际工作的体验，1933年2月至8月，在中共苏区中央局机关刊物《斗争》第2期、第5期和第20期上，先后发表3篇题为《关于新的领导方式》的文章。他在这一组文章中，强调苏区党政领导机关必须实行集体领导、分工负责原则；强调对工作不能空泛号召，必须实施具体指导；强调必须正确处理好党和政府与群众的关系，党要学习领导群众的艺术。他认为：党必须通过耐心细致的工作去说服群众，坚决反对命令主义，尤其是当群众对党的政策、口号一时不能理解和接受时，更要向群众做耐心的解释工作。他对一些地方在扩红和动员群众退还公债时搞强迫命令的做法，提出了严厉批评。他认为，我们要正确地去代表群众的利益。“如若我们党自己犯了错误，如若党与群众之间发生了冲突，党的政策不能代表群众利益的时候”，在这种情形之下，“党如果还要做群众的领导者，那他必须重新考虑他的政策，修改他的政策，承认他的错误”。只有这样，群众才会继续拥护党和政府，继续跟党和政府走。否则，将会失去群众的信任。他主张党和政府领导同志，都要很好地向群众学习，要负责地谨慎地去领导群众。他说：“我们的党是领导群众的党，我们的党在苏区是统治的党，是领导苏维埃政权的党，因此我们特别应该小心谨慎地去领导群众的斗争，使党的策略带有更多的弹性，以便能够活泼地运用到各种实际环境中去，容纳群众的最大创造性，并发挥这种创造性到最高限度。”[①]他的这些意见对改善党和政府的领导、密切党和政府与群众的联系是很有裨益的。

（二）强调要正确处理好党政关系，充分发挥政权机关的职能作用

① 张闻天：《关于新的领导方式》（三），载《斗争》第20期，1933年8月5日瑞金出版。

张闻天指出:“在我们党内,对于苏维埃的工作显然还存在着两种倾向。或者是我们党的负责同志,直接下命令给苏维埃要求苏维埃执行党的命令,甚至在县苏区苏的会议上,党的县委或区委的书记直接出席作报告,决定县苏或区苏的工作。或者是党根本不理苏维埃的工作,把苏维埃的工作当作无关紧要,甚至把党内过去犯过错误的同志,都往苏维埃政府送。”[①]他认为这两种倾向都是错误的。这实际上是“不了解党如何经过(不是代替也不是命令)苏维埃,经过群众的政权机关,来实现党的领导作用”[②]。张闻天指出:党要通过苏维埃政权机关中的党团,通过在政权机关中工作的共产党员自觉地、模范地执行党的决议,来实施对政权机关的领导。他的这一思想主张是正确的,同中国共产党反对以党代政、强调党政分开的一贯原则是一致的。

(三)提出要反对党内小资产阶级的极左主义

在参与领导中央苏区斗争的实践中,张闻天一方面在一些问题上仍然受着“左”倾思想的禁锢,但他又从实践中逐步认识到党内除了存在着所谓的“右倾机会主义”外,还存在着较为严重的极左思想。这种极左思想给中央苏区的斗争带来了严重的危害。随着他与博古在“福建事变”、第五次反“围剿”的军事策略以及苏区经济政策等方面的分歧与矛盾不断加深,便越来越感到必须在党内开展反对极左思想的斗争。1934 年 6 月,他经过较长时间的思考,写出了《反对小资产阶级的极左主义》一文,在同年 7 月 10 日出版的《斗争》第 67 期发表。

这是一篇当时在党内振聋发聩的、难得的好文章。他在文中首先指出:“在我们苏区党内,存在着这样的观点,就是‘左倾总比右倾好些’,而且事实上也常常表现出对付右倾机会主义的同志总比对付左

① 张闻天:《二次苏大会的改选运动与苏维埃的德莫克拉西》,载《斗争》第 21 期,1933 年 8 月 12 日瑞金出版。

② 张闻天:《二次苏大会的改选运动与苏维埃的德莫克拉西》,载《斗争》第 21 期,1933 年 8 月 12 日瑞金出版。

倾的同志严厉些，甚至犯‘左’倾错误的同志可以完全不受到批评与纪律制裁。”他认为这是一种很不正常的错误倾向。“这种错误的倾向，实际上帮助了‘极左主义’的发展，使‘极左主义’在目前战争形势紧张的条件下更增加了它的危险性。”一方面是党内“左”倾错误猖獗，一方面是总认为“左”比右好，因此张闻天感到：“这不能不使我们最尖锐的提出同这种‘极左主义’进行坚决斗争的极端必要。”

张闻天以苏区内的大量事实，首先深刻地揭露了“极左主义”在党内思想斗争、苏区检举运动、对待地主富农的政策、苏维埃经济政策、劳动政策、查田运动等方面的种种表现，及其给党和苏维埃事业带来的严重危害。随后，他深刻地分析了党内产生“极左主义”的社会阶级根源，指出：“这种极左主义，正是小资产阶级与农民的思想在无产阶级党内的反映。在我们苏区内，由于经济的落后，由于小生产的农民占着人口的绝对多数，甚至在我们党内，农民出身的党员也占着多数，所以这种小资产阶级的特性，也常常不断地在党内反映出来。在革命战争紧张时期，这些小资产阶级革命家常常容易走到发狂，走到极端的革命性，但一受到挫折，立刻就走到灰心屈服与张皇失措。”最后，张闻天指出：“极左主义”是机会主义的一种形式的表现，“不敢反对极左主义或对于极左主义表现容忍与姑息的同志，不能称为布尔什维克”。他号召全党同志“不要惧怕‘左倾革命家’的威胁”，起来同“极左主义”倾向作坚决斗争。①

尽管张闻天在这篇文章中对“左”倾错误的严重危害性认识还不够全面，同时只分析了党内产生“左”倾错误的社会阶级根源，而未分析产生“左”倾错误的思想根源，即对党内长期存在的教条主义、主观主义的危害认识还不够透彻，但他当时对“极左主义”能有如此深刻的

① 以上均见张闻天：《反对小资产阶级的极左主义》，载《斗争》第67期，1934年7月10日瑞金出版。

认识,却是难能可贵的。特别是在当时“左”倾思潮弥漫苏区、统治全党的严重时刻,张闻天本人又曾是“左”倾错误领导营垒中的重要人物,在这种情况下发表这样的文章,不啻是给王明“左”倾教条主义的沉重一击,也是给一些“左”倾狂热者的一副退热剂。当然,由于当时的客观情况,张闻天的观点没有立即成为全党和全体苏区干部的共识,但它对中央苏区党的建设和政权建设,对后来全党对王明“左”倾错误的深刻认识和批判所起的深远影响,是不能低估的。

(四)挺身而出站在毛泽东一边,支持毛泽东的正确主张

二苏大会后,担任中央政府人民委员会主席的张闻天,成为毛泽东的邻居,与毛泽东的交往多了起来。特别是 1934 年 7 月苏维埃中央政府迁驻云石山后,他和毛泽东共住一座古庙,互相经常在古樟树下倾心沟通,促膝交谈。从交谈中,张闻天逐渐认识到毛泽东在中央苏区的许多主张是正确的,是符合苏区实际的,过去苏区中央局一些同志和临时中央博古等人对毛泽东的诸多批评指责是错误的,是脱离苏区实际的。他由此从毛泽东的批评者逐渐转变为毛泽东的支持者。正是因为有了这个思想基础,张闻天才与“左”倾错误彻底决裂,在处理苏维埃中央政府一些重大问题时,主动征询和听取毛泽东的意见,确保中央政府的工作得以正确开展。当时,毛泽东是苏维埃中央政府主席,张闻天是中央人民委员会主席,两个主席真诚相待,密切合作,有力地挫败了博古等架空毛泽东和排斥张闻天的双重企图,削弱了中央高层中“左”倾营垒的力量。长征途中,张闻天与王稼祥一起,挺身而出支持毛泽东的正确主张,力促遵义会议的召开,荐举毛泽东出任中央政治局常委、进入中央领导层,为结束王明“左”倾错误在全党的统治,顺利取得长征和中国革命的胜利作出了极为重要的特殊贡献。

毛泽东、项英、张闻天不愧为中华苏维埃共和国政权建设的开创者和奠基人。

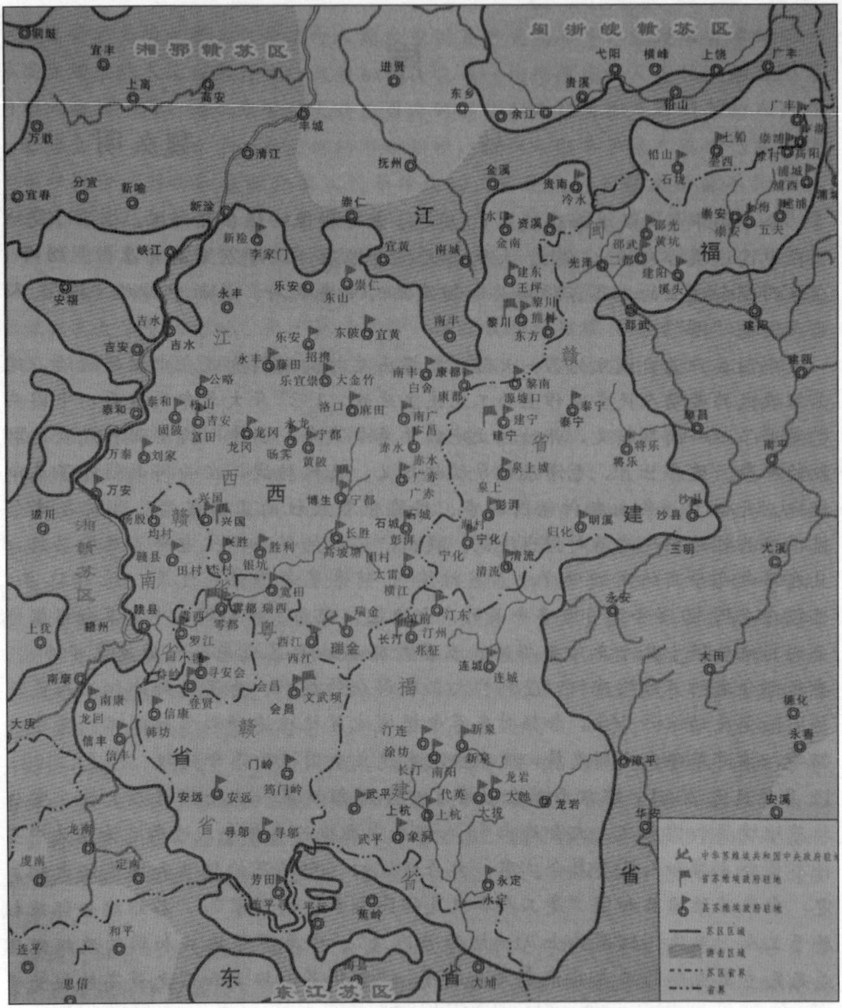
湘鄂赣苏区
闽浙皖赣苏区
东江苏区
湘赣苏区
江西省
赣南省
闽赣省
福建省
广东省
瑞金
长汀
宁都
兴国
于都
会昌
石城
宁化
清流
建宁
泰宁
黎川
南丰
广昌
永丰
乐安
吉安
吉水
泰和
万安
赣县
赣州
南康
信丰
安远
寻乌
武平
上杭
永定
龙岩
连城
汀州
沙县
明溪
归化
将乐
邵武
光泽
建阳
崇安
铅山
上饶
横峰
弋阳
贵溪
余江
东乡
抚州
南城
宜黄
崇仁
新淦
峡江
清江
丰城
高安
上高
宜丰
铜鼓
万载
宜春
分宜
新喻
安福
遂川
上犹
大庾
龙南
虔南
定南
和平
连平
蕉岭
大埔
平远
南平
永安
大田
尤溪
德化
永春
安溪
华安
漳平
三明
建瓯
顺昌
中华苏维埃共和国中央政府驻地
省苏维埃政府驻地
县苏维埃政府驻地
苏区区域
游击区域
苏区省界
省界

中央苏区区域图

2002年第十三届“中国图书奖”获奖作品

中央苏区史

（2017年修订版）

余伯流　凌步机　著

下

江西人民出版社
Jiangxi People's Publishing House
全国百佳出版社

第十一章 中央苏区的武装建设

第一节 根据地的武装领导机构

一、中央苏区初创时期武装部队最高领导机构及其演变

中央苏区创建初期，赣西南和闽西的革命武装，在1930年6月以前，除分别受中共江西省委军事部和中共福建省委军事部指导外，还接受红四军军部的指挥。而全国各革命根据地的军事斗争和革命武装建设等工作，均由中共中央军事部统一领导。先后担任中央军事部长的有周恩来、杨殷。罗亦农、邓中夏先后代理过部长，王一飞也代理过部务。

1930年3月，中共中央军事部改称为中央军事委员会，关向应为书记。中央军事委员会直接指挥各农村根据地主力红军的行动，并先后在广东和湖北设立中央军事委员会南方办事处和长江办事处。

1930年8月，为适应李立三"左"倾冒险主义集中全国红军攻打中心城市的需要，中共中央发出通知强调：军委在政治上完全在党的领导之下，执行党中央政治局的决议；军委常委负责具体讨论并执行一切军事行动计划。中央还要求中央军委必须设立秘书处、总政治

部、参谋部、武装工作部、军务部、经理卫生部、士兵运动委员会、外兵工作部等部门。但是由于中央军事委员会设在国民党统治下的上海，难以建立如此庞大的工作机构，也难以对全国各根据地红军实施有效、适时的指挥。

1930夏，中共中央在强调全国红军必须服从中央军委统一指挥的同时，决定成立中国革命军事委员会，试图在赤色区域建立红军的统一领导机构。中国革命军事委员会于1930年6月中旬在福建长汀正式宣告成立，由17名委员组成，毛泽东为主席。其职权为统一指挥红军的军事行动和苏维埃政权建设。因受条件限制，中国革命军事委员会成立后并没有设置具体办事机构，未召开过全体会议，未实际行使其领导职权。

1930年8月23日，根据中共中央通知，中国革命军事委员会改组扩大为中国工农革命委员会，成为全国临时红色政权机关，仍以毛泽东为主席，毛泽东、朱德等35人为委员。中国工农革命委员会设立办公厅为办事机构，但实际仍未行使具体领导职能。

中国革命军事委员会改组扩大为中国工农革命委员会后，中共中央总行动委员会于1930年8月28日决定成立全国红军总司令部，任命朱德为红军总司令。但在此后的一年多时间里，红军总司令部对全国红军实际也未行使过领导和指挥职权。

二、中华苏维埃中央革命军事委员会

1930年8月下旬，主管全国苏区工作的周恩来，曾在中央总行委会议上提议在苏区建立革命军事委员会，得到参加中央总行委会议与会者的赞同。同年9月6日，周恩来在中央总行委主席团会议上，又提议将全国所有苏区划分为6个军区和若干游击队，组织系统为：中共苏区中央局指导临时中央政府，临时中央政府指挥中央革命军事委员会，中央局对中央军委也可实施指导；中央革命军事委员会指挥各军区。9月30日，周恩来在中央军委扩大会议上进一步提议："在各特区成立工农革命军事委员会，成为各特区的军事最高的指挥机关，隶属于中央革命军事委员会，中央军委会设在全国苏维埃临时政府所在地，这样才更便利于红军作战，集中力量以统一指挥。”①

根据周恩来提议，1930 年 10 月 17 日，中共临时中央政治局会议正式决定组建苏区革命军事委员会，以项英、毛泽东、任弼时、朱德、彭德怀、贺龙、黄公略、周逸群、叶剑英、张云逸、邓中夏、曾中生、邓发、邓小平、黄甦、袁国平、刘伯承、周恩来、关向应、恽代英、李富春等 25 人为委员，但军委主席一职当时没有议定。因中共中央已决定派中央政治局委员项英前往江西中央苏区组建中共苏区中央局，遂把组建苏维埃中央军委的任务也交由项英实施。

1931 年 1 月初，项英抵达中央苏区宁都县小布村，与毛泽东、朱德等会合。1 月 15 日，在成立中共苏区中央局的同时，正式宣布成立中华苏维埃中央革命军事委员会（以下简称“苏维埃中央军委”），主席项英，副主席朱德、毛泽东。苏维埃中央军委成立后，即撤销了中共红一方面军总前委，但仍保留红一方面军建制，朱德、毛泽东分任总司令、总政委。1931 年 2 月 17 日，成立苏维埃中央军委总政治部，毛泽东为主任；同年 3 月设立军委总参谋部，朱云卿代理部长兼红一方面军参谋长。毛泽东、朱德、朱云卿均随红一方面军行动。

1931 年 5 月，成立苏维埃中央军委总司令部（兼第一方面军司令部），与军委总政治部（兼第一方面军政治部）随军在前方；后方成立军委总参谋部（叶剑英任参谋长，左权暂代部务）、经理部（范树德任部长）、财政部（杨立三任部长）、政治保卫处（王稼祥任处长，后邓发接任）。6 月，苏维埃中央军委主席改由毛泽东担任，朱德、项英任副主席。

中华苏维埃中央革命军事委员会成立后，在上海的中共中央仍继

① 《周恩来军事文选》第一卷，人民出版社 1997 年版，第 123 页。

续保留中共中央军事委员会。1931 年 1 月后，中共中央军事委员会再次改称为中共中央军事部，部长仍为周恩来，同年夏由李富春接任。1931 年 9 月成立中共临时中央政治局后，中共中央军事部也改称中共临时中央军事部。1931 年冬，该部主要工作人员李富春、聂荣臻、刘伯承等先后进入中央苏区工作，但该部组织仍存在，由武胡景（即吴福敬）任部长。1933 年 1 月中共临时中央主要领导人撤离上海进入中央苏区后，中共临时中央军事部改为中共上海中央局军事委员会。

三、中华苏维埃共和国中央革命军事委员会

中华苏维埃共和国中央革命军事委员会，其全称为“中华苏维埃共和国中央执行委员会中央人民委员会中央革命军事委员会”，又称为“中华苏维埃共和国中央革命军事委员会”，简称为“中革军委”。11 月 25 日在瑞金叶坪宣布成立。主席朱德，副主席彭德怀、王稼祥。

中革军委成立后，办公机关驻瑞金叶坪乡洋溪村刘氏宗祠。1932 年 6 月下旬，中革军委机关随军到前方。

中革军委不仅是中央苏区最高军事领导和指挥机关，而且是全国红军最高领导和指挥机关，在组织系统上隶属于苏维埃临时中央政府，但在政治上接受中共中央与中共苏区中央局领导，军事行动和一切重大决策都受上海的中共临时中央制约。

由于中革军委成立后即撤销了红一方面军建制和领导机构，自 1931 年 12 月起，中央苏区红军作战行动由中革军委直接指挥。1932 年 3 月中旬后，毛泽东以临时中央政府主席名义到前方随军行动，具体指导红军东路军作战行动。

1932 年 6 月下旬，中革军委机关随军到前方，同时恢复红一方面军建制与番号，朱德兼任红一方面军总司令。7 月下旬起，周恩来以中共苏区中央局代表身份亲赴前方，直接指导红一方面军作战行动。根据周恩来提议并经留在瑞金的后方中央局同意，从 1932 年 8 月 8 日起，毛泽东不再以苏维埃临时中央政府主席名义指挥红军作战，改任红一方面军总政治委员。为便于讨论决定红军作战总计划等重大问题,另在前方成立由周恩来、毛泽东、朱德、王稼祥 4 人组成的“最高军事会议”,以周恩来为主席,周恩来有最后决策权。“宁都会议”后,毛泽东所任红一方面军总政治委员职务被免除,改由周恩来代理红一方面军总政治委员职务。1932 年 10 月 26 日,中共临时中央正式任命周恩来任红一方面军总政治委员。

1933 年 5 月 8 日,苏维埃中央人民委员会任命朱德为中国工农红军总司令兼红一方面军总司令,周恩来为中国工农红军总政委兼红一方面军总政委;同时决定中革军委机关从前方撤回瑞金,驻在瑞金沙洲坝乡乌石垅村杨氏私宅,并加委项英、博古为中革军委委员,项英代理中革军委主席。下设工作机构也作了调整,将总参谋部改为总司令部,总司令部下设各局分别改为第一、二、三、四、五局,各局机关也分驻乌石垅村各屋场。

中革军委机关撤回瑞金后,博古、项英逐渐加强了对中央苏区前方红军作战的干预和控制。他们以中革军委名义,不断地干预前方红军的军事行动,甚至绕过前方军事指挥员直接给部队下达命令,时常使周恩来、朱德等无所适从,陷于被动,使前方战事受到不应有损失。

1933 年 6 月 30 日,中革军委发布命令,决定从 1933 年起,每年 8 月 1 日为中国工农红军成立纪念日。同年 7 月 11 日,苏维埃临时中央政府正式批准每年的“八一”为建军节。红都瑞金军民为纪念第一个建军节举行了隆重的庆祝活动。

1933 年 9 月底,共产国际远东局派驻中共的军事顾问李德(奥托·布劳恩)来到瑞金。博古擅自将红军军事指挥大权交给了李德。为加强对前方红军作战指挥的控制,1933 年底,博古、李德等决定将在前方指挥红一方面军作战的红军总司令朱德和总政委周恩来调回瑞金,并下令撤销红一方面军建制,由设在瑞金的中革军委直接指挥前方红军作战。1934 年 2 月 3 日,中革军委改组,朱德仍任主席,周恩来、王稼祥任副主席，彭德怀的中革军委副主席被免去。

1934年7月，中革军委机关从瑞金沙洲坝乌石垅村转移至瑞金云石山乡梅坑村。

四、中国工农红军总政治部

1932年2月1日，中革军委总政治部改称中国工农红军总政治部，受中共中央和中华苏维埃共和国临时中央政府直接领导，与中革军委属平行关系。其职责为负责指导全国红军和地方武装政治思想工作。总政治部主任仍为王稼祥，副主任聂荣臻，后为贺昌、袁国平。1932年6月，红军总政治部机关与中革军委机关一起随军在前方。1933年6月中革军委机关撤回瑞金时，红军总政治部机关也同时从前方撤回瑞金，驻在沙洲坝乡白屋子村，1934年7月转移至瑞金云石山乡梅坑村。

红军总政治部内设政务部、组织部（科）、宣传部（科）、破坏部（科）、地方工作部（后成立）、青年部（后成立）等工作部门。办有《红星》报等报刊。

五、苏维埃中央人民委员会军事人民委员部

中华苏维埃共和国中央人民委员会之下，设有中央军事人民委员部。从1931年11月至1934年10月，均由朱德兼任中央军事人民委员（亦即中央军事部部长）。办公室初设叶坪村临时中央政府办公的谢氏宗祠，后与中革军委合署，平时业务由中革军委代理。

六、中央苏区所辖各省军区

中央苏区所辖各省原在省苏维埃政府内设军事部，为省苏维埃政府工作机构。苏维埃临时中央政府成立后，将各省军事部改设为军区，受中革军委、红军总政治部和中央军事人民委员部和所在地中共省委、省苏维埃政府共同领导。各军区之下设若干军分区（亦称作战分区），同时各县、区苏维埃政府设立军事部。军区、作战分区和各县、区军事部负责指挥地方武装的作战行动以及扩红、编练赤卫军、模范少队及支前作战等任务。

中央苏区先后辖有江西、福建、闽赣、粤赣、赣南等5个军区和瑞金卫戍司令部。

1. 江西军区

1931年11月设立江西省苏维埃政府军事部,陈毅任部长。1932年1月9日,中革军委发布命令,撤销江西省苏维埃政府军事部,成立江西军区。1932年2月1日,江西军区总指挥部正式成立,陈毅任军区总指挥(司令员)兼政治委员,1933年2月后政治委员改由李富春兼任。彭雪枫亦曾任江西军区政治委员兼代政治委员。军区总指挥部先设兴国县城郊筲箕窝村,1933年1月迁驻宁都县七里村。1934年8月28日,军区总指挥陈毅在兴国县老营盘指挥作战负伤,蔡会文接任总指挥。同年10月又由李赐凡任总指挥,曾山兼任军区政治委员。江西军区参谋长先后为:郭天民(1932.1—1933.2;1933.4—1933.5)、周子昆(1933.2)、宋时轮(代,1933.6—1933.7)、陈奇涵(1933.7—1934.4)、薛子正(1934.4—1935年春)。江西军区政治部主任先后为:蔡会文(1932.1—1932.10)、刘畴西(1932.10—1933.2)、邓小平(1933.2—1933.4)、罗荣桓(1933.4—1933.5)、李赐凡(1933.6—1934.5)、黄知潮(1934.6—1935.3)。

1932年6月22日,中共苏区中央局召开会议,认为"江西军区辽阔,在目前的需要上,得设分区指挥部以便指挥",并决定由中革军委负责具体实施。中革军委遂陆续决定在江西军区辖区内设立第一、第二(宜乐)、第三(会寻安)、第四(永吉泰)、第五(于信赣)等5个作战分区(亦称军分区),每一作战分区担负一定区域地方武装建设、扩红支前和防卫作战任务。

第一作战分区:又称南、广、建、黎、泰分区,1932年10月成立,指挥部设广昌,同年冬迁建宁县城。李德胜、魏赤先后任司令员,余泽鸿曾兼任政治委员,指挥南丰、广昌、建宁、黎川、泰宁等县地方武装。司令员魏赤。

第二作战分区：又称宜乐分区，1932 年 9 月成立，指挥部设乐安县招携。张方说、谢唯俊、马炳连、屈元清、刘加贺、戴福胜、刘汉雄等先后任司令员，陈洪时、胡嘉宾、李福槐等先后任政治委员，指挥江西军区独立第五师、独立第十一团、宜黄独立团和宜黄、乐安等县军事部和地方武装。

第三作战分区：又称会寻安分区，1932 年 7 月成立，指挥会昌、寻乌、安远和福建武平 4 县军事部和地方武装。指挥部先后设会昌县桂坑、罗塘、长岭、门岭等地。司令员先后为钟亚庆、吕赤水、杨岳彬，政治委员先后为邓小平、杨岳彬(兼)。

第四作战分区：又称永、吉、泰分区，1932 年 8 月成立，指挥部设吉水水南圩。指挥永丰、吉水、公略、万泰等县军事部和地方武装。司令员魏赤。

第五作战分区：又称于、信、赣分区，1933 年 2 月成立，指挥部设于都，指挥兴国、胜利、于都、赣县、信丰等县军事部和地方武装。司令员刘雄武，政治委员李宗白。

1933 年 4 月，中革军委决定将江西军区第三、五分区合并，升级为粤赣军区。1933 年 6 月，原建黎泰第一作战分区划归闽赣军区管辖。江西军区辖区调整划设为 4 个作战分区：

第一作战分区(指挥部驻石城与广昌间)，司令员魏赤。

第二作战分区(指挥部驻乐安县)，司令员马炳连(后刘加贺)，政治委员余甲生等。

第三作战分区(指挥部驻公略县)，司令员胡定坤，政治委员刘据盛。

第四作战分区(指挥部驻杨殷县)，司令员陈俊益。

1934 年 5 月 15 日，中革军委发布命令重新划设军区。命令确定江西军区下辖第一、二、三等 3 个作战分区：

第一作战分区(指挥部驻石城、广昌间),司令员魏赤。

第二作战分区(指挥部驻乐安县),司令员马炳连(后刘加贺),政治委员余甲生等。

第三作战分区(指挥部驻公略县),司令员邓林生,政治委员刘据盛。

2. 福建军区

又称闽粤赣军区。1932 年 2 月根据中革军委命令在福建长汀县十里铺成立。司令员罗炳辉,政治委员谭震林,政治部主任谭政,参谋长林野。下辖闽西各县工农红军独立第七师、红十二军等部队。后来为统一指挥全省武装及地方武装,先后成立了杭永岩、汀清连、宁清归 3 个军分区。1932 年 6 月,罗炳辉率红十二军入赣作战,军区司令员由谭震林兼任,政治部主任为李明光。周子昆、叶剑英、龙腾云曾先后担任过军区司令员。

福建军区下辖 3 个军分区:

杭永岩军分区:又称第一军分区。1932 年 2 月成立,由上杭、永定、龙岩独立团、营和游击队组成。分区指挥部驻上杭县太拔村。司令员郭清义。

汀清连军分区:又称第二军分区。1932 年 2 月成立,由长汀、清流、连城 3 县独立团、营和游击队组成。分区指挥部驻连城县新泉。司令员黄火青,政治委员黄甦。

宁清归军分区:又称第三军分区。1932 年 3 月成立。辖有东南游击支队、东北游击支队和宁化、清流、归化 3 县独立团、营。分区指挥部驻宁化县城。司令员杨春山,政治委员霍步青。1933 年初春,所辖各县地方武装组建成立独立五团、独立七团和独立七师,统辖分区指挥。1933 年 8 月苏区扩大,增设彭湃、泉上二县,所属地方武装亦归该军分区指挥。张荣发任分区司令员,黄火星任分区政治委员,司令部机关移驻清流、归化县。

3. 闽赣军区

1933年6月4日按中革军委命令成立。萧劲光任军区司令员兼政治委员(萧未到职前由邵式平代理)。军区司令部先后驻江西黎川县的牛头岗、湖坊、城关等地。军区成立时下辖建黎泰、闽北、抚东3个军分区,及其所属地方部队。军区直属部队为第十九师、闽赣少共师、闽赣工人师。1933年10月,闽赣军区的独立师、团整编为第十九师、第二十师、第二十一师,并以这三个师组建了红军第七军团。1933年9月,第五次反"围剿"开始,闽赣省级领导机关驻地黎川县城失守。同年11月闽赣军区司令部迁驻建宁县城,叶剑英接任军区司令员兼政治委员。1934年1月,邵式平任军区司令员。同年2月,建宁城又失守,军区司令部再迁彭湃县(辖今福建宁化、江西石城县部分地域)、宁化县。1934年7月,邵式平奉命前往瑞金工作,中革军委派宋清泉任军区司令员,中共闽赣省委书记赖昌祚兼任军区政治委员。

闽赣军区下辖军分区有:

闽北军分区:1932年12月11日成立,原隶属闽浙赣军区。1933年5月划属闽赣省。指挥部驻崇安县,指挥闽北红军独立师、闽北军政教导大队、闽北赤色警卫团和崇安、广浦、铅山、广丰、邵武、光泽等县地方武装。1933年5月闽北独立师划归中央苏区红军建制,7月编入红七军团。12月该分区又划归闽浙赣军区领导。司令员先后为薛子政、邹琦、李德胜,政治委员先后为萧韶、黄道。

抚东军分区:1933年5月成立,指挥机关驻资溪县泸阳镇。指挥信抚独立团和资溪、贵南、金南县和金资特区等军事部和地方武装。1933年11月因辖区被敌所占,机构解体。司令员郭如岳,政治委员黄道。

1934年5月15日,中革军委发出《关于划分军区、分区及其目前的任务的命令》。闽赣军区奉命将辖区划为第一、第二作战分区:

第一作战分区:1934年6月成立,司令员邱尚聪,政治委员温含珍。司令部设归化县城。下辖泉上、清流、归化县的独立团、营。1934年10月,该分区撤销,人员编入闽赣军区独立第十八团。

第二作战分区:1934年6月成立。司令员兼政治委员杨明兴,司令部设泉上县。下辖建宁、泰宁、黎南县独立团、营。同年10月,该分区撤销,人员编入闽赣军区第十七、十八团。

4. 粤赣军区

1933年4月23日由原江西军区第三、五作战分区合并后设立。军区总指挥部先后驻会昌县筠门岭的芙蓉寨和会昌城郊文武坝。先后任总指挥(司令员)的有:杨岳彬、张云逸、左权、龚楚、何长工;政治委员有何长工等。辖第一、第二、第三等3个作战分区。红二十三军(后改编为独立红二十二师)归其指挥。1934年5月15日后,其所辖第一作战分区划属赣南军区。1934年10月,军区总指挥何长工随红军野战军突围转移,军区建制撤销。

粤赣军区下辖3个作战分区:

第一作战分区:1933年4月成立。指挥部先后驻于都县新陂、小溪等地。辖信丰、于都、西江等县地域,红军独立六团归其指挥。司令员(不详),政治委员任新喜,政治部主任谭平。1934年5月该分区所辖地域划归赣南军区第二作战分区。

第二作战分区:1933年4月成立。指挥部先后驻安远、寻乌、会昌3县交界的清平圩、长安圩、清溪一带。辖安远、寻乌、门岭3县地域,红军独立五团归其指挥。1934年5月该分区改为粤赣军区第一作战分区。

第三作战分区:1933年4月成立。司令员先后为游端轩、吕赤水、刘化生;政治委员先后为邓富连(邓飞)、吴福林、陈伟勋。辖会昌、武平、上杭河西地域。指挥部先后驻筠门岭、帽村、亭头。红军独立第十团归其指挥。1934年5月该分区改为粤赣军区第二作战分区。

5. 赣南军区

1934年5月15日根据中革军委命令设立。辖第一、二两个作战分区和信康、南雄两个远殖游击区。红军独立六团和独立十四团归其指挥。军区司令部、政治部等机关先后驻于都县城、于都南部的里仁、黎村、小溪、禾丰等地。司令员先后为项英(兼)、龚楚、蔡会文;政治委员先后为项英(兼)、钟循仁(兼)、阮啸仙(兼);政治部主任先后为李赐凡、刘伯坚。

赣南军区下辖第一、二两个作战分区:

第一作战分区:1934年5月设立,以杨殷、赣县为其作战地域。指挥部设均村(今兴国县辖)。司令员王××,政治委员罗孟文等。1934年11月该分区改称为杨赣军分区,仍隶属于赣南军区。

第二作战分区:1934年5月设立。以登贤县及于都南部天心河以西为其作战地域。司令员杨海如,政治委员张正芳(阮壁芳兼)。1935年3月,该作战分区因所辖游击部队被打散而停止活动。

6. 瑞金卫戍司令部

1932年6月设立,归中革军委总参谋部直接领导。司令员刘伯承兼,副司令员刘联标。1932年10月后叶剑英兼任司令员。凡驻瑞金的红军部队、地方武装及红军学校的军事行动,均归其指挥。

中央苏区上述5个军区和瑞金卫戍司令部均受中革军委和苏维埃中央军事人民委员部直接领导,在作战行动上,亦接受红一方面军总部指导。

中革军委和苏维埃中央军事人民委员部除直接领导中央苏区各军区和红军部队外,还领导湘赣、湘鄂赣、闽浙赣、鄂豫皖、川陕、西北、湘鄂西分会和湘鄂川黔分会、西北革命军事委员会等军事组织。

第二节
主力红军建制及其发展沿革

一、红一方面军

中国工农红军第一方面军是1930年8月23日在湖南省浏阳县永和镇成立的。总司令朱德,总政治委员毛泽东,副总司令彭德怀,副总政治委员滕代远,参谋长朱云卿,政治部主任杨岳彬,副官长兼经理处长杨立三。同时成立中共红一方面军总前委,毛泽东任书记。

红一方面军辖红一、三军团和红二十军(赣西南)、红二十一军(闽西)、红二十二军(赣南),1930年冬增加红三十五军(赣南)。总兵力约4万人。

1931年1月15日成立中共苏区中央局和中华苏维埃中央革命军事委员会时,撤销了中共红一方面军总前委,但保留红一方面军建制。同年2月成立苏维埃中央军委总政治部兼红一方面军政治部。1931年5月23日,在宁都县南团村恢复红一方面军临时总前委,书记仍为毛泽东。6月,由周以栗代红一方面军政治部主任。

1931年11月25日成立中华苏维埃共和国中央革命军事委员会后,即撤销了红一方面军建制,中革军委直接指挥红一、三、五军团和各直属部队。1932年6月中旬,中革军委决定恢复红一方面军建制,中革军委主席朱德兼任红一方面军总司令,红军总政治部主任王稼祥兼任红一方面军政治部主任,中革军委总参谋长叶剑英兼任红一方面军参谋长,下辖红一、三、五军团。1932年8月8日,中革军委任命毛泽东为红一方面军总政治委员。同年10月上旬在中共苏区中央局宁都会议上,毛泽东受到错误批判,被迫请病假回后方休养。10月12日,中革军委即根据中共苏区中央局决定,撤销了毛泽东所任红一方面军总政治委员职务,改由周恩来代理,1932年10月26日正式任命周恩来为红一方面军总政治委员。原中革军委总参谋长兼红一方面军参谋长叶剑英也调回瑞金任红军学校校长,所遗职务改由刘伯承担任。1933 年 5 月 8 日,中革军委重新任命朱德为中国工农红军总司令兼红一方面军总司令,周恩来为中国工农红军总政治委员兼红一方面军总政治委员,杨尚昆为红一方面军政治部主任(先由袁国平代理)。同年 5 月底 6 月初,方面军按“三三制”统一整编,各军番号撤销,由军团直接指挥各师。1933 年 7 月 5 日和 10 月 28 日,先后新成立红七军团和红九军团,归红一方面军指挥。

1933 年 12 月,博古、李德决定再次撤销红一方面军番号和组织,朱德、周恩来被调回瑞金。此后,中央苏区各红军部队(历史上统称为中央红军)归中革军委直接指挥。直至 1935 年 11 月在陕北安定(今子长)县瓦窑堡才由中华苏维埃共和国西北革命军事委员会宣布恢复红一方面军番号。

二、红一军团

红一方面军下属主力军团之一。1930 年 6 月 19 日在福建长汀县城宣布成立,始称中国工农红军第一路军,不久改称红军第一军团。总指挥朱德,政治委员毛泽东,参谋长朱云卿,政治部主任杨岳彬,经理处处长先后为宋裕和、杨立三。原中共红军前委改为中共红一军团前委,书记毛泽东。

红一军团成立时,下辖第四军、第三军和第十二军。

(一)第四军

军长林彪,政治委员彭清泉(即潘心源,未到职,由罗荣桓代理),参谋长曾士峨,政治部主任罗荣桓(后为彭祜、高自立)。初辖第一、二、三纵队。1930 年 10 月上旬,全军 3 个纵队依次改为第十、十一、十二师,后又增加第十三师。

第十师师长王良,政治委员李赐凡,参谋长陈光,政治部主任李赐凡(兼)。辖有第二十八团(团长先后为刘海云、陈光,政治委员沈联雄);第二十九团(团长兼政治委员赵尔陆);第三十团(团长先后为陈光、唐儒,政治委员先后为丁纪修、沈联雄)。

第十一师师长曾士峨,政治委员先后为罗瑞卿、曾士峨(兼)、张际春,参谋长耿凯,政治部主任先后为罗瑞卿(兼)、张际春(兼)。下辖第三十一团(团长先后为耿凯、彭雄,政治委员赖传珠);第三十二团(团长先后为周正湘、聂鹤亭、罗占云,政治委员先后为黎林、胡发坚);第三十三团(团长先后为聂鹤亭、李学铭、赖传珠,政治委员先后为谭楚材、赖传珠、刘忠)。

第十二师师长先后为萧克、耿凯,政治委员张赤男,参谋长先后为李学铭、耿凯,政治部主任先后为张赤男(兼)、刘英、刘型。下辖第三十四团(团长先后为曹福海、向玉成,政治委员孔繁树);第三十五团(团长罗占云,政治委员刘亚楼);第三十六团(团长林发,政治委员先后为刘英、刘忠)。

第十三师原为红二十二军改编的第六十四师,1931 年 6 月改番号为第十三师。师长粟裕,政治委员先后为高自立、蔡树藩、粟裕,参谋长唐天际,政治部主任先后为粟裕(兼)、何开荣。下辖第三十七团(团长黄永胜,政治委员陈铁生);第三十八团(团长赖绍尧,政治委员何开荣);第三十九团。

(二)第三军

军长黄公略(1931 年 9 月 15 日黄公略牺牲后,周子昆继任军长),政治委员先后为蔡会文、高自立,参谋长先后为周子昆、陈奇涵、张锡龙,军需处长范树德,军政治部主任曾日三。下辖第七、八、九师。

第七师师长先后为周子昆、陈伯钧,政治委员李涛(李湘舲),参谋长先后为张锡龙、李俊通。下辖第十九团(团长先后为龙入云、彭雄,政治委员先后为宋裕和、殷超、符竹庭);第二十团(团长姚金馥,政治委员先后为聂绍闻、胡发坚);第二十一团(团长先后为彭万龙、曾云,政治委员先后为符竹庭、蔡先云)。

第八师师长先后为龙芝道、李聚奎、刘畴西,政治委员先后为戴奇、王如痴,参谋长先后为钟声楼、郭天民。下辖第二十二团(团长田甲根,政治委员先后为王如痴、金祝生);第二十三团(团长先后为李天柱、刘雄武,政治委员先后为刘霞〈刘石〉、王东生);第二十四团(团长先后为凌扬胜、钟享元,政治委员王德兴)。第二十四团于1931年12月撤销编制,并入第九师第二十六团。

第九师师长先后为徐彦刚、刘雄武,政治委员先后为朱良才、戴奇,参谋长先后为李剑平、耿飙、曹里怀。下辖第二十五团(团长王玉洪,政治委员易荡平);第二十六团(团长先后为李介思、曾云,政治委员先后为张汉风、刘华香);第二十七团(团长先后为李聚奎、周振国,政治委员贺曙光)。

(三)第十二军

军长罗炳辉,政治委员谭震林,参谋长林野,政治部主任谭政,军需处长欧阳郎莹,军医处长张令彬,副官处副官长杨至诚。下辖第三十四、三十五、三十六师。

第三十四师师长周昆,政治委员先后为高自立、旷朱权,参谋长陈士榘,政治部主任刘英。下辖第一〇〇团(团长先后为寻淮洲、杨海如,政治委员蔡钟);第一〇一团(团长先后为漆德伟、黄永胜、陈树湘,政治委员先后为罗震廷、丘树欣、陈绍华);第一〇二团(团长先后为杨海如、刘玉庭,政治委员先后为刘型、田桂祥)。

第三十五师师长先后为龙普霖、欧阳健、寻淮洲,政治委员欧阳健,参谋长郑伦,政治部主任欧阳健(兼)。下辖第一〇三团(团长先后为粟裕、魏协安、李健平,政治委员宋任穷);第一〇四团(团长先后为郑由义、孙长清,政治委员阮华庭);第一〇五团(团长叶松,政治委员先后为丘伯琴、赖际发)。

第三十六师师长张宗逊,政治委员邓华,参谋长石玉成,政治部主任邓华(兼)。下辖第一〇六团(团长杨梅生,政治委员雷松生);第一

○七团(团长张荣发,政治委员何醒南);第一○八团(团长先后为萧美虎、孙长清、萧刚)。

(四)红一军团发展沿革

1932年3月12日,中革军委发布训令,重编第一、三、五军团。重编后的红一军团由林彪任总指挥,聂荣臻任政治委员,陈奇涵、徐彦刚先后任参谋长,罗荣桓、袁国平先后任政治部主任,李卓然、彭祜先后任政治部副主任,罗瑞卿任政治保卫局局长,赵尔陆任供给部长,姜齐贤任卫生部长。军团下辖:第四军、第十五军,1932年6月增辖第十二军和由第十二军、第三十六师等部改编的第二十二军。

其时,第四军军长先后为林彪、王良、周昆,政治委员先后为罗荣桓、罗瑞卿,参谋长先后为粟裕、陈奇涵、聂鹤亭,政治部主任先后为罗荣桓(兼)、李卓然,政治部副主任先后为李卓然、彭祜,经理处处长赵尔陆,军医处长先后为姜齐贤、陈先多、彭显伦、张雄。第四军仍下辖第十、十一、十二、十三等师。原红十二军第三十四、三十五师亦归其指挥。

第十五军由宁都起义部队一部编成。军长黄中岳,政治委员左权。下辖第四十三、四十四师。1932年3月12日该军划归红一军团指挥后,左权任军长,朱瑞、乐少华先后任军政治委员。在红军东路军攻打漳州期间,红四军第十三师划归红十五军指挥,改为红十五军第四十五师。同年6月,高自立任军政治委员。7月,陈伯钧任军长,朱良才任军政治委员。8月,第四十五师划归红三军指挥。11月,李青云任军长。12月28日,红十五军重归红五军团建制,所辖两个师缩编为4个团由军部直接指挥。

第十二军原属红一军团。1931年10月该军军部奉命兼福建军区总指挥部,其所辖第三十四师和第三十五师留在江西归红四军建制,第三十六师在闽西苏区活动。1932年6月,红十二军军长罗炳辉奉命率第三十六师回江西作战,仍归红一军团指挥。同年10月,第三十六师与新成立不久的红二十二军合编。

第二十二军是1932年7月由江西红军独立第四师和独立第五师合编组成的。军长萧克,政治委员先后为梁锡祜、旷朱权、蔡树藩,参谋长先后为张世杰、毕占云,政治部主任谭政,1932年10月,红十二军第三十六师与该军合编,军长改由罗炳辉担任。合编后下辖第六十四、六十五、六十六师。

第六十四师由原江西红军独立第四师改编而成,师长孙超群,政治委员李干辉,政治部主任先后为陈铁生、史犹生。下辖一九〇、一九一、一九二团。

第六十五师由原江西红军独立第五师改编而成。

第六十六师由原红十二军第三十六师改称。

1933年5月底6月初,红一方面军根据中革军委命令整编为三三制的大师大团。红一军团在永丰县藤田整编后,仍由林彪任军团长,聂荣臻任政治委员,毕士悌、左权先后任参谋长。原第七师、第九师与红二十二军合编为第一师(师长先后为罗炳辉、李聚奎,政治委员先后为蔡树藩、谭政〈代理〉、黄甦、黄开湘,参谋长先后为毕占云、曹里怀。下辖第一、二、三团);原第十师、第十一师合编为第二师(师长先后为徐彦刚、吴高群、陈光,政治委员先后为胡阿林、张兴〈代理〉、刘亚楼,参谋长先后为熊伯涛〈代理〉、李堂萼。下辖第四、五、六团);另由中央政府警卫团、军团教导队和瑞金模范师合编成立第三师(该师于1933年10月划归红九军团)。1934年10月主力红军撤离中央苏区前夕,中革军委将红军第十五师(少共国际师)划归红一军团建制。

三、红三军团

红一方面军下属另一主力军团。

红三军团是1930年6月在湖北大冶、阳新边界的刘仁八成立的。军团总指挥(军团长)彭德怀,政治委员滕代远,参谋长邓萍,政治部主任袁国平,经理处长周玉成。下辖第五军、第八军、第十六军。

（一）第五军

军长、军政治委员、军参谋长、军政治部主任分别由彭德怀、滕代远、邓萍、袁国平兼任。1930 年 8 月 23 日红一方面军成立后，军长改由邓萍兼任，政治委员张纯清，政治部主任吴溉之。辖有第一师（师长李实行，政治委员吴溉之〈兼〉）和第三师（师长彭遨，政治委员谢翰文）。1931 年 10 月，第八军番号撤销，其所部编入第五军各师。此时，全军未设军部，辖第一、二、三 3 个师：第一师师长侯中英，政治委员吴溉之；第二师师长郭炳生，政治委员彭雪枫；第三师师长彭遨，政治委员徐策。1932 年 3 月赣州战役结束后，重新设立红五军军部，邓萍任军长，耿万敌任参谋长。1932 年底，根据中革军委命令，撤销红五军番号，所辖各师由红三军团军团部直接指挥。

（二）第八军

1930 年 6 月由红五军第五纵队与鄂东南地方武装扩编组成。军长李灿，后何长工；政治委员邓乾元，后袁国平。该军编成后即与红五军一起参加攻打长沙战斗，留在鄂东南坚持斗争的两个大队与当地地方武装一起，扩编为红十五军，编入鄂豫皖苏区红军序列。红八军的第一、二、三纵队，编为第四师、第六师。第四师师长黄云桥，政治委员石衡中，参谋长彭绍辉；第六师师长郭炳生，政治委员彭雪枫。1930 年 10 月，红八军随红三军团东渡赣江，参加中央苏区第一、二、三次反"围剿"战斗。

（三）第十六军

军长胡一鸣，副军长孔荷宠，1930 年 8 月后孔荷宠任军长；政治委员先为李楚屏，后为黄志竞；参谋长余发明；政治部主任吴天骥。下辖第七师、第九师。第七师师长高咏生，政治委员邹之漠；第九师师长李玉根，政治委员邱训民。红十六军成立后，一直留在湘鄂赣苏区活动，实际未接受红三军团指挥。

（四）红三军团发展沿革

红三军团于1930年8月23日编入红一方面军后，一直与红一军团一起，在红一方面军总部指挥下活动。1931年7月，红七军编入红三军团序列。

红七军原为广西左、右江革命根据地主力红军。军长张云逸，前敌委员会书记兼军政治委员邓小平，参谋长龚鹤村，政治部主任陈豪人。原辖4个纵队，后扩编为3个师。1930年11月上旬奉中央命令北上攻打柳州、桂林，因受挫于1931年初转向湘南、江西前进，部队也缩编为第五十五团和第五十八团。2月5日五十五团先行渡过粤北乐昌河，五十八团大部受阻渡河未成，两团遂分开行动。邓小平、李明瑞（时任红七军、红八军总指挥）率五十五团于2月14日进占江西崇义县城。根据红七军前委会议决定，邓小平离开崇义赴上海向中央汇报工作，前委书记由许卓代理。1931年3月中旬，红五十五团撤离崇义，经遂川县到达永新与红二十军会合。张云逸率五十八团经湘南宜章、汝城，在酃县与湘赣红军独立师会合后，于4月初到达永新县与五十五团会合。两团会合后，军长仍为张云逸，代理政治委员许卓。根据红一方面军总部决定，成立红军河西指挥部，李明瑞任总指挥，曾炳春任政治委员，统一指挥红七军、红二十军。1931年7月底红二十军编入红七军后，全军辖五十五、五十六、五十八等3个团，共2050人。军长李明瑞，政治委员许卓，参谋长张云逸。1931年冬，李明瑞在会昌县被错杀，龚楚继任军长，张纯清任政治委员。1932年6月扩大编制，重组第十九、二十一师师部。8月，张锡龙任军长，张纯清任政治委员。12月，两个师师部再次撤销，由军部直接指挥所辖4个团。

1931年10月，红三军团所辖第八军番号撤销，原红八军第六师改为红三军团第二师，原红八军第四师3个团分别编入红三军团第一、二、三师。此时红三军团直辖有第一、二、三师和第七军。1932年3月12日中革军委决定重编第一、三、五军团，红五军军部恢复（不久后再次撤销),红三军团下辖第五军、第七军和第十四军(十四军实际未归建,由中革军委直接指挥,后又改由江西军区指挥)。1933 年 5 月底 6 月初,红三军团在乐安县大湖坪整编,所辖第五军、第七军番号撤销,全军团改编为第四师(由原红五军第一、二、三师合编)、第五师(由原红七军 4 个团和红二十一军合编)。不久,兴国模范师全体加入红三军团编为第六师。各师情况如下:

第四师师长张锡龙,政治委员彭雪枫,参谋长张翼,政治部主任李井泉。辖第十团、第十一团、第十二团。

第五师师长寻淮洲,政治委员乐少华,政治部主任黄克诚。辖第十三团、第十四团、第十五团。

第六师师长钟元洪(8 月后洪超),政治委员谢远松(后陈阿金),参谋长邱会钰(后马骏),政治部主任曹其灿。辖第十六团、第十七团、第十八团。

红三军团的这一建制,一直保持到 1934 年 10 月从中央苏区突围长征。

四、红五军团

红五军团是由原国民党第二十六路军宁都起义部队改编而成。1931 年 12 月 19 日宣布成立,归中革军委指挥。1932 年 6 月中旬后隶属红一方面军建制。军团总指挥季振同,政治委员萧劲光,副总指挥董振堂,参谋长赵博生,政治部主任刘伯坚。下辖第十三军、第十四军、第十五军。

(一)第十三军

第十三军由宁都起义的原国民党第二十六路军第七十三旅改编成立。董振堂兼任军长,旷珠权任政治委员,邓友毅任参谋长,李翔梧任政治部主任。下辖第三十七师、三十八师。1932 年 3 月军政治委员改由何长工担任。同年 6 月,由红十四军缩编的第三十九师划归第十三军建制。8 月,赵博生兼任军长,王如痴任政治委员。1932 年 12 月

24 日,中革军委决定撤销第十三军建制,将原第十三军第三十七师编入第三十九师,与第三十八师一起受红五军团直接指挥。

(二)第十四军

第十四军由宁都起义部队一部编成。军长由赵博生兼任,政治委员黄火青。辖第四十师、第四十一师。1932 年 3 月 12 日中革军委重新编组红一、三、五军团时,红十四军划归红三军团建制,接着又改受江西军区指挥。1932 年 6 月 8 日,中革军委决定撤销红十四军建制,其部队编为第三十九师,归第十三军建制。

(三)第十五军

第十五军由宁都起义部队一部改编成立。军长黄中岳,政治委员左权。辖第四十三师、第四十四师。1932 年 3 月 12 日中革军委重新编组红一、三、五军团时,第十五军划归红一军团指挥,军长改由左权担任,政治委员朱瑞,后乐少华。1932 年 4 月,红十五军编为红军东路军参加攻打漳州战役。这期间,红四军第十三师归红十五军建制,改为红十五军第四十五师。6 月,高自立任军政治委员。7 月后,陈伯钧任军长,朱良才任军政治委员。8 月,第四十五师划归红三军指挥。11 月。李青云任军长。1932 年 12 月 28 日,红十五军重归红五军团建制,所辖两个师缩编为 4 个团,由军团部直接指挥。

(四)红五军团发展沿革

红五军团编成后,整训两个月,参加了攻打赣州战役。1932 年 3 月 12 日中革军委重编红一、三、五军团时,红五军团辖第三军和第十三军,军团参谋长改由周子昆担任。接着,与红一军团一起编为红军东路军入闽作战。6 月,军团总指挥季振同以所谓"反革命阴谋叛变"罪被捕判刑,董振堂继任军团总指挥,赵博生任军团副总指挥。8 月初,红十五军重归红五军团指挥,红三军亦调出归还红一军团建制。1933 年 1 月 5 日在黄狮渡战斗中,赵博生英勇牺牲。期间,红五军团第十三军军部和第十五军各师师部取消。1933 年 6 月,根据中革军委统一整编命令,红五军团第十三军军部撤销,全军团缩编为第十三师,另将博生、胜利、石城等县加入红军的赤卫军模范师(团)改编为第十四师,少共国际师后亦划归红五军团编为第十五师。军团长仍为董振堂,政治委员朱瑞,参谋长陈伯钧。1933 年 10 月 28 日,第十四师划归第九军团建制。年底,红五军团与红三军团组成东方军入闽作战。1934 年 4 月参加广昌保卫战。7 月,红七军团第三十四师划归红五军团指挥。此时军团参谋长郭如岳,政治部主任曾日三。1934 年 10 月 17 日,全军团为红军野战军后卫从兴国出发,参加长征。此时军团长仍为董振堂,政治委员李卓然,参谋长刘伯承,陈云为驻军团中央代表。

五、红七军团

1933 年 6 月 7 日,中革军委发出通令,决定在中央苏区组建红军第七军团。随后,中共闽赣省委、省革命委员会、闽赣军区遵照中共中央局和中革军委指令,整编所属地方武装,筹建红七军团。7 月中旬,红七军团组建完毕,在闽赣省黎川县城篁竹街李树坪举行了军团成立大会。红七军团军团长(司令员)兼政治委员萧劲光。下辖第十九师、二十师、二十一师。

第十九师:由原闽浙赣苏区第十一军改编而成。师长周建屏,政治委员萧劲光兼任。辖第五十五团、第五十六团、第五十七团。

第二十师:由闽北独立师和邵光独立团等地方武装合编成立。原闽北独立师编为该师第五十八团;邵光独立团编为第五十九团第一、二营,将扩大后的金资模范团编为第三营;以建黎泰独立师第三团编为第六十团第一营,黎川独立团编为第二营,将扩大之“无产阶级团”编为第三营。师长粟裕,政治委员李翔梧。该师编成之初受闽赣军区指挥,后归建红七军团。

第二十一师:1933 年 6 月成立。以闽赣独立师即少先师与建黎泰独立团合编为该师第六十一团;以工人第二师编为第六十二团;将扩大后的黎川模范团编为第六十三团。师长黄立贵。

1933 年 7 月,彭德怀率东方军入闽作战。红七军团上述各师划归东方军序列,参加作战。1933 年 10 月 28 日,红七军团整编,寻淮洲任军团长,萧劲光任政治委员,下辖第十九、二十、三十四师。第十九师师长先为周建屏,后寻淮洲兼任,政治委员萧劲光(兼),下辖第五十五、五十六、五十七团;第二十师师长粟裕,政治委员李翔梧,下辖第五十八、五十九、六十团;第三十四师由福建军区第十九军改编而成,师长先后为周子昆、彭绍辉、陈树湘,政治委员程翠林,下辖第一〇〇、一〇一、一〇二团。

1934 年 7 月,根据中共中央和中革军委命令,红七军团组成中国工农红军抗日先遣队,从瑞金出发北上抗日。此时,军团长为寻淮洲,政治委员乐少华,参谋长粟裕,政治部主任刘英。下辖第十九师和第二十师。约 6000 人。

六、红八军团

1934 年 9 月 21 日根据中革军委命令,由红军第二十一师和第二十三师合编成立,受中革军委直接指挥。军团长周昆,政治委员黄甦,参谋长唐浚(后张云逸),政治部主任罗荣桓。下辖第二十一师、第二十三师。

第二十一师:1934 年 9 月 8 日由原红军西方军第六十一、六十二、六十三团在兴国县崇贤墟合编组建。师长周昆,政治委员黄甦,政治部主任罗荣桓。

第二十三师:由中央警卫师于 1934 年 2 月 18 日改编而成(中央警卫师又由原红军工人师改编而成)。师长孙超群,政治委员李干辉,政治部主任周桓。下辖第六十七、六十八、六十九团。

七、红九军团

1933 年 10 月 28 日根据中革军委命令由原属红一军团的第三师和原属红五军团的第十四师组编而成。军团长罗炳辉,政治委员蔡树藩,参谋长郭天民,政治部主任李涛(李湘舲)。未设军团部和直属队,由第三师师部兼军团部。1934 年 4 月在广昌保卫战中,第十四师损失惨重,该师被解散。此后,红九军团只辖第三师。1934 年 10 月,中革军委将红军独立第二十二师划归红九军团建制。独立第二十二师是由原红军第二十三军改编而成,属粤赣军区主力部队。该师师长先后为蒋信才、龚楚、程子华、魏协安、周子昆;政治委员先后为方强、黄开湘。全师辖第六十四团、第六十五团、第六十六团。该师自成立后一直在会昌县筠门岭一线担负中央苏区南线防守任务。

八、其他主力红军部队

中央苏区除上述主力红军部队外,还有一些红军独立师、团部队。

(一)红军独立第二十四师

1934 年 3 月 10 日根据中革军委司字第十一号命令组建。由原红军独立第一团编为该师第七十团,原红二十二师第六十四团编为该师第七十一团,原第一教导团编为该师第七十二团。全师 2000 余人、枪。师长周建屏,政治委员黎林(1934 年 10 月后由杨英接任),政治部代主任袁血卒。直接受中革军委指挥。该师自编成后一直在福建汀杭地区作战。1934 年 10 月中央红军主力长征后,该师受命留在中央苏区坚持斗争。

(二)红军第三十四师

1933 年 6 月 7 日由原福建军区红军第十九军整编而成。历任师长为周子昆、彭绍辉、陈树湘。辖一〇〇、一〇一、一〇二等 3 个团。受中革军委直接指挥。1933 年 7 月后编入红七军团建制,但实际未归建,长时间担负独立作战任务或暂归红三军团指挥。1934 年 7 月划归红五军团建制,后随红五军团参加长征。1934 年 11 月底在突破湘江封锁线时,担任后卫被阻未能渡江,留在湘江东岸,后大部被打散,师长陈树湘壮烈牺牲,余部转入湘南坚持游击战争。

(三)少共国际师

1933 年 2 月 8 日,中共苏区中央局提出“在全中国各苏区创造一百万铁的红军”口号。在不久后召开的红一方面军青年工作会议上，方面军政治部负责青年工作的萧华等，提议在中央苏区创建一个“少共国际师”，并将这一提议电告少共中央局。少共中央局非常赞同这一提议。1933 年 5 月 20 日，少共中央局正式作出《关于创立“少共国际师”的决定》，要求“各级团部必须将前方的号召与中央局的决定，在团内和群众中广大的解释，利用过去扩大红军的光荣的经验，为整团整连的加入红军，整个青年团支部加入红军的光荣的例子。成批的动员团员、少先队与劳苦青年到红军中去创立‘少共国际师’”。同时决定“由江西征调四千，福建征调二千，闽赣征调二千，到今年‘八一’节为止，完成‘少共国际师’”。少共中央局“向革命军事委员会提议：责成江西军区将青年团所动员之团员与青年群众编立少共国际师两团，在福建军区一团，在闽赣军区一团”。① 中央苏区广大团员青年热烈响应少共中央局号召，踊跃报名参加少共国际师。仅一个胜利县，就组建起一个“少共国际胜利团”，由团长谢远祯、政治委员谢明（少共胜利县委组织部长）带领，加入少共国际师。

1933 年 8 月 5 日，少共国际师在博生（今宁都）县城正式组建并举行授旗典礼。中革军委正式给该师授番号为中国工农红军第十五师，归红五军团建制。全师初为 9000 余人，后发展到 1 万余人，其中 70% 为共青团员。全师下辖第四十三、四十四、四十五团。为加强领导，中革军委从红军学校和主力部队中抽调一批富有作战指挥经验的年轻领导干部充实该师。师长初为陈光，后为吴高群，吴高群在团村战斗中牺牲后，又由曹里怀、彭绍辉先后继任；政治委员先为冯文彬，后为萧华、罗华民；政治部主任冯文彬。少共国际师刚组建时，第四十三团团长张预生，政治委员谢明；四十四团团长朱水清，政治委员陈中

① 江西省档案馆、中共江西省委党校党史教研室编：《中央革命根据地史料选编》（中），江西人民出版社 1982 年版，第 686—687 页。

清;四十五团团长卢子美,政治委员罗华民。

少共国际师组建后,即开赴广昌县进行军政训练。9 月 3 日在广昌县城召开全师出征上前线誓师大会,10 月正式开赴前线,参加第五次反“围剿”作战。该师先后参加过拿口、将军殿、邱家隘、团村等战斗和建宁保卫战、石城保卫战,表现英勇顽强,受到军团领导多次表扬。1934 年 6 月后,该师划归第三军团指挥。1934 年 10 月初完成掩护红三军团在石城南部集结转移任务后,从石城县南部出发开赴于都县段屋地区,归红一军团建制,参加长征。1935 年 1 月 19 日,全师分编到红一军团第一、二师。“少共国际师”番号由此撤销。

(四)红军工人师

为响应中共中央局和中革军委“创造一百万铁的红军”号召,1933 年 4 月 1 日召开的中国农业工人代表大会和 5 月 1 日召开的中国店员手艺工人代表大会上,全总苏区中央执行局提出创建中国工农红军工人师的倡议。这一倡议发出后,参加上述两个代表大会的工人代表首先热烈响应。继而全中央苏区广大工人都热烈响应。1933 年 8 月 1 日,红军工人师在瑞金城南竹马岗广场宣告成立。全师共 12600 余人,编成 3 个正规团、1 个补充团。成立时由全总苏区中央执行局组织部长梁广担任师长兼师政治委员,受中革军委直接指挥。该师在瑞金接受军训并担负中央机关警卫任务,故又称“中央警卫师”。1934 年 2 月 18 日,红军工人师改番号为红军第二十三师,编入红军西方军序列。此时师长孙超群,政治委员李干辉,政治部主任周桓。红军工人师在战斗中表现出来的工人阶级高度的阶级觉悟和英勇顽强的战斗作风,受到红军西方军司令员陈毅的赞扬。1934 年 9 月 21 日,该师与红军第二十一师合编,成立红军第八军团。

(五)中央教导师

1934 年 7 月在瑞金高围成立。由瑞金、宁都、会昌等县地方武装组成。辖第一、二、三团及师直属队 700 余人。师长张经武,政治委员何长工,参谋长孙毅,政治部主任李熙,特派员斐周玉。其任务是保卫中央党、政、军机关安全,受中革军委总参谋长刘伯承指挥。该师组建不久,即编入红军野战军参加长征。1934 年 12 月 23 日,根据中革军委决定撤销该师番号,所部分别编入红一、三军团。

(六)国家政治保卫大队

国家政治保卫大队虽不属于红一方面军序列,亦不受中革军委直接领导,而是受苏维埃中央政府国家政治保卫局领导与指挥,但其前身是红一方面军总部特务大队。1931 年六七月间苏区中央局政治保卫处成立后,红一方面军总部特务大队遂改称为苏区中央局政治保卫处政治保卫大队,由吴烈任大队长,海景洲任大队政治委员。政治保卫大队直接受政治保卫处处长王稼祥领导。其任务"主要是保卫苏区中央局、总前委、总司令部等首长和领导机关的安全。同时还担任无线电台队的警卫任务"①。一苏大会召开期间,政治保卫大队圆满地完成了一苏大会各项活动的安全保卫任务。

苏维埃临时中央政府成立后,原苏区中央局政治保卫大队改为国家政治保卫局政治保卫大队(简称"国家政治保卫大队"),仍由吴烈任大队长,马竹林任政治委员(原政治委员海景洲调临时中央政府机关工作)。国家政治保卫大队下辖 3 个队:第一队队长杨敬光,指导员李亚古;第二队队长吕玉山,指导员刘得明;第三队队长石承仁,指导员孙守廷。全大队共 400 余人,每个队 120 余人。官兵中"多数是老战士、战斗骨干,党团员较多,政治质量很好,有战斗经验。武器装备是从缴获敌人的武器中,挑选出比较好的步枪和德国造的冲锋枪、轻机枪配备起来的,武器装备比较好,具有较强的战斗力"②。

随着斗争形势的发展和工作的需要,1933 年冬,国家政治保卫局

① 吴烈:《峥嵘岁月》,中央文献出版社 1999 年版,第 68 页。
② 吴烈:《峥嵘岁月》,中央文献出版社 1999 年版,第 91 页

增加了一个政治保卫大队,由江西省政治保卫局抽调来的一个保卫队和江西军区独立团抽调两个连组成,全大队有 370 余人。原大队改称国家政治保卫第一大队,仍由吴烈和马竹林分任大队长、大队政治委员;新增加的大队称国家政治保卫第二大队,卓雄任大队长,李焕章任大队政治委员。

1934 年夏秋间,国家政治保卫局将政治保卫大队扩编组建国家政治保卫团,姚吉吉任团长,张南生任团政治委员,孙毅任团参谋长。下辖 3 个营:原国家政治保卫第一大队改编为第一营,营长吴烈;原国家政治保卫第二大队改编为第二营;从江西军区所辖的几个独立团挑选了一批战斗骨干组成第三营。全团将近 1000 人。

国家政治保卫大队主要职责:一是担负驻瑞金的中央党政军领导机关和毛泽东、朱德、周恩来、博古、张闻天、项英等中央领导人的警卫工作,包括共产国际派来的军事顾问李德的安全保卫工作。二是负责中央党政军领导机关召开重要会议的安全保卫工作。三是担负国家政治保卫局对案犯的逮捕、拘押及看守所、劳役队的警戒保卫任务。四是担负护送中央重要领导干部和重要物资通过地下交通线进出苏区的安全保卫任务。博古、张闻天、陈云以及李德等从上海前来瑞金时,自广东大埔至瑞金这段路程,就是由卓雄带领国家政治保卫大队的小分队负责护送的。五是担负临时战斗任务。六是长征前夕奉命对红军野战军在赣南省于都县、登贤县的预定集结地域秘密侦察路线,清除安全隐患,严密封锁消息。国家政治保卫局政治保卫团在长征途中完成遵义会议警卫任务后,奉命缩编为政治保卫大队,下辖 3 个连。长征到达陕北后,改为红军前敌总指挥部特务营,1937 年 4 月在延安改编为中央军委警卫营,继续担负保卫党中央、中央军委、毛泽东主席的任务。

第三节
中央苏区地方红军独立部队与群众革命武装

一、地方红军独立部队

中央苏区各县地方武装,从1931年夏开始组建红军独立师、团。1932年3月22日,江西军区政治部颁发了《江西地方武装暂行编制大纲》。大纲规定:各县现有脱产的红色警卫营、连、排和各种形式的游击队,一律取消,所有脱产地方武装一律编成独立团;全省建立南、北、中3个军,5~9个独立师和1个警卫师;各县独立团拨归就近活动的独立师指挥。此外,每县成立1个警卫连,负责县级红色政权的警卫。这些独立师、独立团、警卫连和赤卫军模范师、团、营、连及赤卫军、少先队,组成一个严密完整的地方革命武装体系。

从1931年夏至1933年春,中央苏区先后组建10余个红军独立师,分别是:

红军独立第四师:又称红军赣东独立师。1931年六七月间由宁都、广昌等县红色警卫营和部分游击队编成,龙普霖任师长兼政治委员。1932年7月,该师与红军独立第五师组成中国工农红军新编第二十二军。

红军独立第五师:又称红军永吉泰独立师。1931年6月组建,萧克任师长,毛泽覃兼任政治委员(未到职)。主要活动于永、吉、泰等县的赣江东岸地区。1932年7月与独立第四师一起编组成立新编红军第二十二军。

红军独立第六师:又称红军赣南独立师。1931年6月组建,由兴国独立团和于都独立团合编成立,师长李阶思(李介士)。1932年3月,该师编入红三军团第七军。

红军新编独立第六师:1932年3月由于都、胜利、赣县、信丰、南康等县的独立团和兴国游击队，分别改编为该师第一、二、三、四、五、六团。黄达任师长兼政治委员。1932 年 7 月，该师与红军独立第三师合编为红军第二十一军。1932 年 12 月，中共于都中心县委根据江西军区指示，又将于都、赣县和信康县地方武装合编，组成新的红军独立第六师，隶属于江西军区第五作战分区指挥。

红军独立第二师：1931 年 10 月由于都、会昌、瑞金等县地方武装编成。师长龚楚，副政治委员邓飞（邓富连）。1932 年 3 月中旬编入红军独立第三师。

红军独立第三师：1931 年 10 月由红三十五军改编成立。师长邓毅刚。邓牺牲后，继任师长有：刘铁超、王云桥、程子华、萧克等；政治委员李井泉；政治部主任罗贵波；参谋长宋时轮。全师下辖 8 个团：红三十五军原有部队改编为第一、二、三、四团，会昌独立团为第五团，瑞金独立团为第六团，安远独立团为第七团，寻乌独立团为第八团。1932 年 7 月，该师与红军新编独立第六师合编成立红军第二十一军。

红军新编独立第三师：1932 年 8 月由留在地方的红军独立三师部分干部与寻乌、安远两县地方武装一起，在寻乌县吉潭组建红军新编独立第三师。师长蒋信才，政治委员罗贵波。隶属于江西军区第三作战分区指挥。

红军新编独立第五师：1932 年 7 月，原红军独立第五师编入红二十一军后，又由乐安、宜黄、崇仁等县地方武装重新组建了红军新编独立第五师，师长谢唯俊，政治委员胡嘉宾。

红军独立第七师：1932 年 8 月以福建军区独立第五团为基础，加上宁化县独立团等地方武装，在宁化县城关成立。师长陈树湘，政治委员范世英。1933 年 3 月在上杭县编入红军新十二军第三十四师。

红军新编独立第七师：1933 年 3 月在宁化县城关成立，由宁化县地方武装和石城独立团组成。1933 年 11 月缩编为红军独立第七团。

红军独立第八师：1932 年 9 月由福建龙岩县独立团和永定县独立

团合编成立。师长韩伟，后游端轩；政治委员简载文，后范世英。下辖3个团，隶属福建军区，活动于岩、永边境一带。1933年3月，编入红十九军。

红军独立第九师：1932年11月由福建长汀县独立团、连城县独立团在长汀县扩编成立。隶属福建军区。师长陈树湘，下辖两个团。1933年3月编入红十九军。

赣南红军独立第九师：1931年9月由上犹、崇义、南康等县地方武装合编成立，仅辖第四十三团，活动于上犹、崇义苏区。1932年5月，该师第四十三团编入红三军团第七军第六十二团。

红军独立第十师：1932年12月由福建武平县独立第二团和杭武独立团在武平县桃溪区小澜合编成立。隶属福建军区。师长张荣发，政治委员张平凯，政治部主任赖玉宏，参谋长王胜。下辖两个团。活动于杭武边界及武平县一带。1933年初，与赣南独立第三师、红军学校学员队在宁化组成以叶剑英为总指挥的东南作战军，配合中央红军作战。1933年3月编入红十九军。

红军独立第十二师：1932年五六月间由上犹县独立团、崇义县独立团和湖南汝城、桂东及遂万赣游击队合编成立。隶属湘赣军区。师长叶长庚，政治委员魏桓。1933年2月起，师长、政治委员分别由田海清、袁任远担任。全师辖三十四、三十五、三十六团。1932年11月因作战失利缩编为两个团，另编成上犹、崇义和赣南（赣县、南康）等3个游击大队，在崇、犹、遂等地进行游击战争。1933年6月，该师编入红八军。

红军建黎泰独立师：1932年11月，由建黎泰作战分区以建宁独立团、建泰独立团为主力，并将唐坊、容坊、里心、枧头一带游击队集中，在建宁县华美学校编成。师长周振国，政治委员余泽鸿。辖有独立第一、二、三、四团。1933年1月6日，中革军委将随红军主力转战闽赣边的赣县独立团和兴国、胜利两县游击队，编入该师。1933年7月，该师分别编入新组建的红七军团。

另据历史资料记载，江西军区在1932年夏还组建过红军独立第八师，但具体情况不详①。

二、群众革命武装

中央苏区的地方群众革命武装，包括赤卫队、模范赤卫队、少先队、游击队、赤色警卫队等，构成苏区革命武装力量的重要组成部分，是创建、保卫苏维埃政权的重要力量和红军主力部队兵员的主要来源。

（一）赤卫队

最初创建于井冈山革命根据地，不脱离生产。初期无统一编制，一般以乡或村为单位编成一队，也有的以县、区为单位组成一队或数队。队员男女都有，以16～60岁男性为主。

1931年春，中共苏区中央局和中革军委统一规定了赤卫队编制：每村编成数班或数排，每乡编1连或数连，每区编一团，每县编一师。排、连、营、团平时不设指挥机关，分别附设于村、乡、区苏维埃政府军事部。

1932年9月20日，苏维埃中央执行委员会发出第十五号训令，同年12月20日发出第一号密令，对苏区赤卫军的建制作出新规定，即：赤卫军每县成立1个军，每3个区成立1个师，每区成立1个团，每乡成立1个营，每营2～5个连，每连3个排，每排3～5个班，每班10～15人。赤卫军隶属于各军区指挥，各县苏维埃政府军事部长兼任赤卫军军长，党县委书记兼任政治委员。

赤卫军武器多系大刀、梭标等，工余或农闲进行一般性军事训练。

① 江西军区总指挥陈毅1932年5月7日致中革军委电称："六师以大口、江口、茅店为中心，八师以韩均〔坊〕、王母渡为中心，积极配合群众发展游击"；同年5月30日陈毅致中革军委电又称："八、六两师向赣县南区游击，以策应西路军。"此两电中的"八师"，似应为江西军区所辖之红军独立师。

赤卫军的主要任务是担负支前作战、地方警戒、向红军部队输送兵员等任务。

（二）模范赤卫队

模范赤卫队是从赤卫军中抽调青壮年骨干组成的半脱产、有训练、有快枪、能调动远出的地方革命武装组织。1932 年 12 月以前，中央苏区各县只编有赤卫军模范营、连。1932 年 12 月后，按苏维埃中央执行委员会第一号密令规定，每县都单独成立 1 个赤卫军模范师，每区成立 1 个模范营，每 3 个营编为 1 个模范团，每县 3 ~ 5 个团成立 1 个师。模范赤卫军的任务是：配合红军行动，支援红军作战；训练赤卫军的下级干部；为红军补充兵员。

根据临时中央政府指示，从 1932 年冬开始，中央苏区各县都相继组建了赤卫军模范师或模范团。中央苏区著名的模范师有：

兴国模范师：1932 年 9 月根据苏维埃中央执行委员会第一号密令在兴国县城郊筲箕窝组建，同年 11 月 7 日正式组建师部。辖 5 个团 1 个特务营，全师约 7000 人。其第一团辖高兴、上社、城市 3 个模范营，第二团辖沙龙、乐江、杰村 3 个模范营，第三团辖方太、崇贤、城冈、枫边 4 个模范营，第四团辖莲塘、鼎龙、东村 3 个模范营，第五团辖均村、茶园、永丰、黄塘 4 个模范营。1933 年红五月扩红突击运动中，该模范师中的共产党员和共青团员，带头报名加入红军，带动全师集体报名参加红军。5 月底，全师报名参加红军的共 5700 余人。6 月 1 日，兴国模范师精壮青年 5161 人集中在筲箕窝广场红军检阅台前，举行盛况空前的誓师出征大会。中央、省、红军各军团及江西军区领导机关代表和兴国县各界群众共 35000 余人，出席欢送大会。江西军区总指挥陈毅代表中革军委宣布“中国工农红军兴国模范师”正式成立。6 月 6 日，该师从兴国县出发奔赴前线，编为红一方面军第三军团第六师。兴国模范师全师上前线的壮举，得到中央党政军领导机关和各界群众热烈赞扬。中共中央局、少共中央局给兴国模范师的贺电说这一壮举是"革命史上灿烂的一页"[①];苏维埃中央政府称兴国模范师是"创造百万红军的先驱"[②]。

于都模范师:1933 年春组建。师长陈桂,政治委员由中共于都中心县委书记李国盛兼任。1933 年 5 月在兴国模范师带动下,全师 1900 余人集体报名,加入红军第二十三军。

胜利模范师:1932 年冬组建。全师共 2895 人。师长钟圣翔。1933 年 5 月,该师率先向兴国模范师学习,集体报名参加红军,组成"胜利师"。

瑞金模范师:1932 年冬组建。全师 3000 余人。1933 年 5 月,该师向兴国模范师学习,全师集体报名加入红军,与瑞金、永丰县其他自愿报名加入红军的 1300 余人一起,编入红军第一军团。

安远模范师:1932 年 9 月,由全县各区的赤卫队、游击队、警卫连等合编组建。全师 2878 人。1933 年 9 月,编入红军第二十二师,隶属粤赣军区指挥。

(三)少先队

苏区时期的少先队,全称为中华苏维埃共和国少年先锋队,是在中国共产主义青年团领导下的大工农劳动青年半军事性群众组织。其章程规定:凡苏区内年龄在 16~23 岁(有些地方规定 14~23 岁)的男女贫苦劳动青年,只要承认少先队章程,均可加入。

苏区少先队的任务是团结广大青年施以政治军事训练,培养青年的革命热情并组织青年实际参加阶级斗争。

苏区少先队的组织系统为中央总队部——省队部——县队部——区队部——乡队部(或工厂、街道队部)。中华苏维埃共和国少年先锋队中央总队部总队长为王盛荣(后由张爱萍继任),党代表周

① 《红色中华》1933 年 5 月 17 日。
② 《红色中华》1933 年 5 月 17 日。

恩来。

少先队要求队员服装尽量整齐,左臂佩戴臂章,每人配备梭标一支。队礼为右手握拳举至右耳。

因少先队队旗与赤卫队相同,所担负的任务也大致与赤卫队相同,所以赤卫队与少先队常常统称为赤少队或模范赤少队。中央苏区斗争后期,一般都称少先队为模范赤少队。

(四)游击队和赤色警卫队

赤卫队、少先队、模范赤卫队等是苏区最广泛、最普遍的群众性地方革命武装组织。在革命根据地斗争的各个时期,这些组织发挥了重大作用。但也有一些共同的弱点:武器装备差,训练较少,军事素质较差,战斗力不强。

苏区地方革命武装组织中战斗力相对较强的,是各地在不同时期组建起来的众多游击队、赤色警卫队和地方红军部队。仅赣西南苏区,从1927年冬至1930年夏,就曾先后组建了工农革命军第三(赣西)、第五(万安)、第七(赣西东固)、第八(赣西)、第九(赣西延福)、第十五(于北区)、第十六(于北区)、第十九(安远)、第二十一(寻乌)、第二十六(信丰)等纵队和工农红军第二十(赣西)、第二十二(安于会赣四县边界)、第二十三(安远)、第二十四(瑞金)、第二十五(于北区)、第二十六(赣南河西)、第二十七(于北区)、第二十八(赣县)、第三十(赣东)等纵队;组建过江西红军独立第二、三、四、五团和赣西红军第一、二大队等。还有各县苏维埃政府组织的赤色警卫营、警卫连等。

在闽西地区,土地革命初期,也先后建立过工农革命军独立第一团、工农红军第三路军、闽西红军第五十八团和第五十九团,长汀独立第五团、长汀赤卫团、上杭县游击大队、上杭县独立团、上杭县赤卫团、龙岩后田游击队、龙岩县赤卫军大队、龙岩县赤卫团、永定溪南红军营、永定金丰游击队、永定县赤卫总队、永定县赤卫团、永定县游击总队、闽西工农红军连南游击队、闽西红军连城游击总部、连城赤卫独立四团、连城县赤卫团、宁化赤卫大队、蕉平寻红军独立营等。

中央苏区第一次反“围剿”胜利后，为了对地方革命武装实行统一指挥，提高地方武装的战斗力，中共苏区中央局发出第十号通告《地方武装的策略组织和工作路线》。要求各县农村除普遍组织以梭标为主的赤卫队外，还要组织脱离生产的红军独立营、独立团和独立师，在城市组织红色警卫队；要求所有地方武装必须建立党的组织和政治工作制度，加强军事训练，提高战斗力。1931 年三四月间，中华苏维埃中央革命军事委员会专门召开苏维埃地方军事会议，讨论地方武装问题，通过了《地方武装的组织编制和军事训练决议案》。明确规定：地方武装分脱离生产与不脱离生产两种。凡地方游击队、红色警卫营（连）及特务队，即是脱离生产的组织，是地方红军；赤卫队是不脱离生产的群众武装组织，是地方红军和主力红军的预备军。

根据这一规定，中央苏区各县从 1931 年春起都成立了脱产的红色警卫营、连。赤卫军组织也进行了整顿，并在整顿基础上设置了各级苏维埃政府军事部，成立了各特区赤卫军总指挥部。赣西南赤卫军总指挥部之下，设置了东、南、西、北、中等 5 路指挥部。1931 年 3 月间，又在赣西南赤卫军总指挥部之下重新设立 9 个区指挥部。其第一区（东路）指挥宁都、广昌、南丰、乐安 4 县赤卫军和红色警卫营（连）；第二区（中路）指挥部，指挥吉安、吉水之赣江东岸地方武装；第三区即永丰县苏维埃政府军事部，指挥永丰县地方武装；第四区指挥部，由兴国县苏维埃政府军事部代行指挥职权，负责指挥赖村、青塘、江口、城岗、龙冈头等地方武装，主要任务是对付兴国之敌；第五区（西河区）指挥部，主要任务是扰截南雄与赣州之交通，截断蒋、蔡第十九路军后方联络线；第六区（东河区）指挥部，指挥赣南东河各县地方武装，主要任务是向赣州迫近，扰袭蒋、蔡第十九路军后方；第七区指挥部，指挥泰和、万安、遂川县地方武装，主要任务是监视赣江上游；第八区指挥部，指挥赣西及北路地方武装,并以红二十军为骨干,袭扰河西之敌,积极向吉安行动;第九区指挥部,指挥湘东南地方武装,以湘东独立师为主力,截扰由湘入赣之敌,迟缓其行动。

苏维埃中央军委交给以上 9 区地方武装的主要任务是:扰敌、堵敌、截敌、袭敌、诱敌、毒敌、捉敌、侦敌、饿敌、盲敌。由此可见中央苏区地方武装在反"围剿"战争中发挥的重要作用及其组织上的严密性。

除上述地方革命武装组织外,中央苏区边境各县从 1933 年冬开始,还组织了数量不等的挺进游击队,经常深入到国民党统治区域,开展游击战争。

第四节
中央苏区的战争动员工作

一、战争动员体制与法规

追溯人类社会数千年的历史,自从发生了战争,战争动员(亦称国防动员)也就相伴而生。战争动员准备与实施也就成为具有特定目的、内容和方法的自觉的军事实践活动。战争动员直接影响到战争的进程和结局,关系到国家的安危和存亡。

中央苏区斗争时期,以毛泽东为代表的中国共产党人,充分认识到了建立革命战争动员体制的重要意义,在不同的斗争时期,根据革命斗争的特点和红军战争的需要,建立起符合根据地实际和适应红军作战需要的战争动员体制。

中央苏区创建初期,红军的战争动员工作,都是在各级党组织统一领导下,军事机关、政权机关和各群众团体共同参加进行的。苏维埃临时中央政府成立后至 1932 年 6 月,战争动员由中共苏区中央局统一领导,苏维埃临时中央政府和中革军委、红军总政治部共同负责。

1932 年 6 月 22 日至 25 日,中共苏区中央局召开瑞金会议,着重研究战争动员问题。鉴于此时苏维埃中央执行委员会和中央人民委员会主席毛泽东、中革军委主席朱德和红军总政治部主任王稼祥都随军在前方,为便于后方战争动员工作的开展,会议决定在瑞金成立中央劳动与战争委员会(简称中央劳战委员会)。该委员会隶属于苏维埃中央人民委员会,是临时中央政府的一个临时机构。以周恩来(苏区中央局代表)、项英(苏维埃临时中央政府副主席)、朱德(中革军委主席)、邓发(中央国家政治保卫局局长)、邓子恢(中央财政人民委员部部长)等5人组成,主席周恩来。其任务是统一领导经济、政治、劳动等方面的战争动员工作。劳战委员会作出关于战争动员方面的决策后,临时中央政府、中革军委、红军总政治部分头贯彻执行。

1933年6月,中革军委和红军总政治部从前方迁回瑞金。中央劳战委员会遂撤销。从这时起,整个苏区的战争动员工作,即在中共中央局(1934年1月后为中共中央)领导下,苏维埃临时中央政府和中革军委、红军总政治部共同负责。中革军委除原先已经建立的总供给部、总卫生部、总兵站部、后方办事处、抚恤委员会总会外,还于1933年夏新成立总动员武装部,由杨岳彬任部长(后改为滕代远任部长、金维映任副部长),专门负责中央苏区的扩红动员工作。红军总政治部也成立动员部,罗荣桓任部长,专门负责红军的兵员动员工作。

为便于动员和组织战区及其附近的工农群众支前作战,1933年2月,根据中央劳战委员会决定,在苏区各县成立战地工作委员会。该组织初为县一级临时机构。下设运输、粮食、战场清扫、伤兵收容、俘虏管理、交通、经济、宣传、文书等9个股。办公地点随战场移动。非战区战地工作委员会工作人员不脱产。各县战委会受各军区及战区红军部队最高政治机关双重指挥。1934年5月后,在闽赣省、粤赣省和赣南军区所在地域,亦先后成立了闽赣、粤赣、赣南3个省级战地工作委员会。它们由各省党政军及群众团体负责人组成,实际成为当地的最高领导机关。红军主力长征后,各地战委会即停止工作。

随着战争动员涉及面越来越广,战争动员的活动更趋于正规和严密,因而迫切需要以法律来保证战争动员的有效实施。

在苏维埃临时中央政府成立前,战争动员的法规,主要是由各级党的领导机关以通知、决议、通告等形式发布。苏维埃临时中央政府成立后,为使战争动员工作能更好地适应战争形势发展的需要,逐渐注重有关法规的建设,围绕不同时期的战争动员任务,中共苏区中央局、苏维埃中央执行委员会和苏维埃中央人民委员会先后发布了40余个关于战争动员的法律、法规、文告。内容包括:1. 关于成立战争动员组织;2. 关于战争的政治思想动员;3. 关于战争的后勤保障;4. 关于兵员动员;5. 关于支前动员;等等。其中关于优待红军及红军家属方面,就先后颁布过7部法律、法规和条例。由于苏区党和苏维埃政府较为注重战争动员的法规建设,及时颁布了一系列有关战争动员的法规文告,使得苏区的战争动员工作有章可循,有法可依,从而有力保障了战争动员工作的顺利进行。

二、兵员动员

兵员动员是战争动员的最重要工作之一。苏维埃临时中央政府成立前后的兵员动员工作是不同的。

苏维埃临时中央政府成立前,特别是苏区初创时期,红军的兵员补充,主要是通过建立和扩大地方革命武装,然后将地方武装升编为主力红军,从而使主力红军得到扩大和补充。与此同时,主力红军也常常直接从地方招募青壮年男子加入红军,使部队得到扩充。此外,对战斗中俘虏的国民党军士兵给予优待,对他们进行政治教育,帮助他们提高革命觉悟,动员并欢迎他们参加红军,也是红军兵员补充的重要来源。

苏维埃临时中央政府成立后,除继续采取将地方武装集中升编为主力红军部队之外,扩大红军工作逐渐改为有计划有组织地动员根据地青年自愿加入红军。1933年秋第五次反“围剿”开始后,又开始由

自愿兵役制向义务兵役制过渡,参加红军成为苏区青壮男子义不容辞的职责。具体做法是:

(一)将地方武装升编为主力红军,使主力红军得到扩大补充

苏区时将地方革命武装升编为主力红军的具体方式有3种:

一是将地方革命武装成建制地直接编入主力红军部队。如1928年春赣南农民武装暴动后,创建了赣南工农革命军第二十六纵队,100余人。1929年4月中旬,彭德怀率红五军从于都县返回井冈山途经信丰县时,将该纵队编为红五军特务大队。

二是将地方革命武装合编新组建成立主力红军部队。如:1930年1月将江西红军独立第二、三、四、五团和永新、莲花、宁冈等县赤卫队合编成立红军第六军(同年8月改称红军第三军);1930年6月将永新、吉安、安福、莲花、泰和等县赤卫队合编,成立红军第二十军;1930年7月将赣南红军第二十二、二十三、二十四、二十六、二十七、二十八等纵队合编,成立红军第二十二军;1930年11月将赣南各县地方武装集中合编,成立红军第三十五军;等等。1931年春夏间,赣南苏区的地方武装,又先后集中合编,成立了红军独立第四、五、六师。1932年夏秋间,独立第六师和由原红三十五军改编的独立第三师合编,成立红军第二十一军;独立第四师和独立第五师合编成立红军新编第二十二军。1933年至1934年,中共中央局发出"扩大百万铁的红军"号召,中央苏区先后集中地方武装,新组建了红军第十九军、红军第二十三军、红军工人师、少共国际师、红七军团、红九军团、红八军团等。这种方法,能够快速地建立新的主力红军部队。但正如遵义会议决议中所指出:"红军的编制一定要适合现时国内战争的环境,主力还未充实就去建立许多新的师团单位是不对的,应该于充实主力之后再去建立新单位。拿全无教育训练又无战斗经验的新兵师团单独作战是不对的,应该使新兵师团中有老兵骨干,并尽可能在初期使他们在老的兵团指

挥之下训练出战斗经验来。"①

三是从地方武装中抽调部分人员补充主力部队。就是保留地方武装番号和编制,只从其中抽调一部分力量充实到主力红军部队。这种方式对地方武装建设影响较小。

(二)有计划有组织地动员苏区青壮年参加红军

苏维埃临时中央政府成立后,苏区大规模的扩红运动,共有3次。

第一次大规模扩红运动:1931年12月25日中共苏区中央局作出《扩大红军决议案》,要求1932年1—3月,在全中央苏区开展大规模扩大红军运动,江西和闽西在3个月内要扩大红军1.5万人。1932年4月2日,中共苏区中央局又决定将当年5月定为"扩大红军突击月",要求江西和闽西在1个月内要扩大红军7000名。同年7月和10月,中央苏区又先后两次开展扩红突击运动,并且在苏区县与县、省与省之间,掀起扩红竞赛热潮。1933年初,全中央苏区又开始执行新的"扩红春季冲锋季"计划。从1932年春到1933年2月,全中央苏区共扩大红军8.76万人。

第二次大规模扩红运动:1933年2月8日,中共苏区中央局提出"在全中国各苏区创造一百万铁的红军"的口号。随后,在中央苏区掀起一轮又一轮的扩红热潮。尤其是在1933年5月"扩大红军冲锋月"期间,兴国模范师、胜利模范师等均先后整师整团加入红军。江西苏区全省仅5月份1个月,就扩大红军2.5万人。闽西苏区红五月也扩大红军约3000人。在此次扩红热潮中,最突出、最典型的是兴国模范师全体加入红军和苏区工人师、少共国际师的创建。

第三次大规模扩红运动:从1933年9月到1934年9月,全中央苏

① 《中央关于反对敌人五次"围剿"的总结的决议(遵义会议)》(1935年1月8日政治局会议通过)。中共江西省委党史研究室等编:《中央革命根据地历史资料文库·党的系统》第5卷,中央文献出版社、江西人民出版社2010年联合版,第3528页。

区先后5次发动扩红突击运动。其中1934年5月至7月3个月的扩红突击,计划完成扩红5万名,实际1934年6月30日就已扩大红军62269名,仅60天就超额完成3个月的计划。据《红星》报报道,中央苏区从1933年8月至1934年7月15日止,1年内共扩红112105人。1934年9月,中央苏区在红军野战军突围转移前夕,又突击扩红18204名。

据不完全统计,中央苏区在扩红运动中,仅赣南13个县,参加红军的人数,累计达33.1万余人。这13个县苏区人口和参加红军人数如下:

瑞金县:苏区总人口240000人,参加红军49000人;

兴国县:苏区总人口231826人,参加红军55000人;

宁都县:苏区总人口273652人,参加红军56304人;

于都县:苏区总人口343330人,参加红军67709人;

赣　县:苏区总人口159164人,参加红军11107人;

会昌县:苏区总人口240000人,参加红军38600人;

石城县:苏区总人口136000人,参加红军16328人;

安远县:总人口100110人,参加红军12618人;

寻乌县:总人口120000人,参加红军6150人;

上犹县:总人口101518人,参加红军约2000人;

信丰县:总人口203660人,参加红军约10000人;

崇义县:总人口89000人,参加红军约2000人;

南康县:总人口230000人,参加红军3656人。

从上述数据可以看出,赣南各县参加红军人数占苏区总人口的比重相当大,苏区贫苦青壮农民参加红军的热情极为高涨。

中央苏区的扩红工作,经验十分丰富。

1. 苏区在扩红运动中的宣传动员工作,做得十分出色

首先,宣传动员内容紧密联系苏区群众在土地革命前后截然不同

的境况，充分讲清参加红军、保卫苏维埃政权、保卫土地革命胜利成果的重大意义，讲清参加红军是每个苏区群众义不容辞的职责，从而极大地激发广大翻身农民参加红军的革命热情。其次，扩红宣传动员的形式活泼多样。大量的是通过召开党团员会、妇代会、各行业工人代表会、儿童团会、红军家属会等，进行宣传动员。从中央到地方各级各类组织还广泛组织扩红宣传队，到田间地头、工厂作坊、街道墟场进行宣传。从1933年冬开始，在扩红突击运动中，中央政府和中革军委总动员武装部、红军总政治部动员部还从中央机关抽调力量，组成扩红突击队，由滕代远、罗荣桓、金维映等领导亲自带队，分头深入兴国、于都、瑞金、宁都、会昌等兵员较足的县，进行扩红动员。宣传的手段多种多样。有口头演讲，化装演讲，戏剧歌舞表演，有标语、传单、漫画、墙报、黑板报，等等。更多的是深入屋场家庭，针对动员对象的实际情况，做深入细致的思想动员工作。同时，还充分利用《红色中华》《青年实话》《红星》等各种新闻宣传媒体，大量报道宣传各地扩红情况、先进典型和苏区群众踊跃报名参加红军的动人事迹。第三，充分发挥各类群众团体的作用。在苏区的扩红宣传动员工作中，各类群众团体尤其是妇女组织、少先队、儿童团等组织，发挥了突出作用。苏区各地，到处涌现妻子劝郎、父母劝子、兄弟相争当红军的动人场面。

2. 切实做好优待红军和红军家属工作，是苏区做好扩红工作的重要措施和方法

根据地创建之初，各地党和苏维埃政府就十分重视做好优待红军和红军家属的工作。1931年11月召开的一苏大会上，首次通过了《中国工农红军优待条例》，使优待红军和红军家属工作有了法律保障。这部条例共18条，对优待红军及其家属的政策作了详尽的规定。除规定红军及其家属与其他贫苦农民一样分得土地、山林、水塘，外籍红军战士应分得红军公田，各级苏维埃政府应做好优待红军家属工作等外，还规定：红军在服务期间，本人及家属免纳苏维埃共和国之一切捐

税，住房免纳租金，可享受国家商店5%减价优待；外出乘坐轮船火车的费用，由公家发给；红军伤病员应得到细心照料，一切费用由国家负担；在红军中服务5年以上年满45岁者，可退职休养，由国家补助其终身生活费用；红军中的伤残人员，应得到国家供养，按年发给终身抚养费；红军与家属通信，盖军邮章后免贴邮资；凡已牺牲的红军战士，应得到红军机关和政府褒扬，其家属应得到抚恤帮助。条例还特别规定保护红军婚姻。

1932年2月1日，苏维埃中央执行委员会又发布第9号训令，颁布《执行优待红军条例的各种办法》，要求各省、县设立优待红军委员会，专门负责此项工作，对执行优待红军条例提出了具体办法和措施。1934年一二月间，中共中央、苏维埃中央人民委员会连续颁布《关于优待红军家属的决定》《优待红军家属礼拜六条例》《优待红军家属耕田队条例》。这些条例的颁布，进一步从法律上确立了红军家属应该享受的优待和各级党和苏维埃政府在优待红军家属方面必须履行的义务和职责。

优待红军的一系列法规的出台和认真落实，从根本上解除了参军人员的后顾之忧，使他们真切感受到当红军光荣。毛泽东、朱德、周恩来、张闻天等中央领导和中央各部门的工作人员，都带头执行优红条例，积极参加礼拜六优待红军家属活动，帮助军烈属砍柴、挑水、耕田，促进各项优红条例的落实。省、县、区各级党政机关工作人员，也积极参加优待红军家属活动。

3. 做好过细工作，努力巩固扩红成果

由于各种原因，一部分参加红军的人到了部队以后，思想动摇，经常出现开小差离队现象，影响部队的稳定和巩固。这种现象在1934年尤为严重。因此，动员开小差离队人员返回部队，成为摆在各级党和苏维埃政府面前的严重问题。自1933年夏开始，中央苏区以乡为单位成立了归队运动委员会，开展了轰轰烈烈的、深入持久的动员红军离队人员返回部队的归队运动。

在归队运动中,各地都把做好思想动员工作放在首位。对开小差回来的战士,耐心地向他们做好宣传解释,帮助他们认识自己行为的错误,并组织红军家属现身说法,动员离队人员早日归队。同时,切实做好优待红军家属工作,及时解决红军家属的实际困难,使离队人员解除后顾之忧。如兴国县,由红军家属组织起反逃兵突击队。在该县鼎龙区,派出得力的宣传队和活泼的慰劳队,带着慰问品到开小差及请短假回家的士兵家里,问寒问暖,好言劝慰,二三天就有 15 人归队。瑞金下肖区官山乡有 33 人开小差回家,当地组织发动妇女做丈夫的工作,提出“开小差最可耻”、“反对老公不归队”等口号,使归队工作成效显著。

为做好归队工作,1933 年 12 月 15 日,苏维埃中央执行委员会发布第 25 号命令,对红军中的逃跑问题规定了统一的处置办法,视逃跑人员情节轻重给予不同的处理。在红军部队中,也广泛开展了反逃跑运动。1933 年 7 月 11 日,红一方面军政治部发出通知,要求各部队以连为单位组织反逃跑“十人团”。反逃跑“十人团”成员必须是政治坚定、作战勇敢、工作热心,在群众中有威信的党、团员或战士。“十人团”团长必须是共产党员。“十人团”成员由群众自愿报名参加,全连军人大会通过,团政治委员批准,在团政治处和连指导员领导下工作,从政治上鼓舞全体指战员战斗情绪,维护革命纪律,进行反逃跑教育,战时帮助畏惧、恐慌的战士鼓起胆量和勇气,执行追回和教育逃跑分子的工作。各部队还切实加强了思想政治教育,在各补充团加强党、团组织领导,将巩固红军新战士作为部队政治工作的中心任务来抓。

(三)建立红军补充团和补充师

1932 年 7 月以前,中央苏区参加红军的新战士,一般都是未经训练就直接送到前线战斗部队。这就难以确保新战士到部队后的战斗力。为改变这种状况,1932 年 7 月,苏维埃中央执行委员会发出第 14

号训令,决定在中央苏区组建若干专门训练新战士的补充团。训令规定:补充团归各县苏维埃政府军事部领导,同时就近接受军区、军分区、瑞金卫戍司令部和军委后方办事处指挥。为使红军主力部队的兵员补充能得到保证和有序进行,1933 年 8 月 1 日,中革军委又具体规定:瑞金、会昌、石城、彭湃、长胜等 5 县为红一军团兵员补充区,组织 1 个补充师,师部设瑞金;兴国、赣县、公略、万泰、杨殷等 5 县,为红三军团兵员补充区,组织 1 个补充师,师部设兴国;胜利、博生、广昌、洛口、赤水等 5 县,为红五军团兵员补充区,组织 1 个补充师,师部设博生(现宁都);安远、寻乌、于都、信丰、武平等 5 县,为红二十二师和红军独立五、六、十各团兵员补充区,组织一个补充团,团部设西江市(今会昌县西江镇)。各补充师下设若干补充团。补充师、团干部统由接收兵员的部队派员充任,新兵训练也由红军部队负责。这种兵员补充制度,一直坚持到 1934 年 10 月红军长征时止。

三、支前保障

支前保障,对于红军战争的胜利至关重要。中央苏区红军战争的支前保障工作,做得十分出色。

(一)苏区群众支前参战

红军战争是中国共产党领导下的人民革命战争,支前保障工作完全靠发动和组织苏区群众进行。

1930 年春以前,由于根据地处于初创时期,红色政权既未普遍建立也不巩固,所以在红军作战时往往缺乏组织有序的充分的支前保障工作。1930 年春以后,由于赣西南苏维埃政府和闽西苏维埃政府相继建立,分散的小块红色区域逐渐连成一块,从而为大规模地有组织地动员根据地群众支援红军作战创造了有利条件。1930 年 9 月下旬,红一方面军总部决定攻打吉安城。9 月 26 日,赣西南苏维埃政府发出《关于准备进攻吉安的紧急通知》,要求各级地方政府迅速组织好担架队、冲锋队、向导队、粮食处、伤兵站等支前组织,支援红军攻打吉安城。红军第一、二、三次反“围剿”战争中,地方党和苏维埃政府除了继续发动群众组织担架队、伤兵站、交通队、粮食处等支前作战外,还组织地方赤卫队等组织打扫战场、收容安置敌军俘虏;组织妇女洗衣队到红军后方医院帮助红军伤员洗衣服、帮助医院洗绑带纱布、慰劳红军伤病员。当时任红军团长的李志民,新中国成立后曾在他的回忆录中描述兴国县人民支援红军反“围剿”的动人情景:“一到兴国,完全换上了另一幅景象。群众像迎接久别的亲人一样,热忱地接待了我们。部队一进村,一大群儿童团员组成的‘打扇队’就把队伍包围了,每人一把扇子,一面唱歌,一面对着战士扇起来。战士们总是兴奋得满脸通红,怀着无限感激的心情,怪不好意思的。老人、妇女们带着鸡蛋、草鞋挨单位慰问;父母慰问儿子,老婆慰问老公,又是一番热闹。接着来的是洗衣队,姑娘媳妇们,每人一个竹篮,一个洗衣棒槌,篮子里装着大块小块的碎布和针线,她们东翻西找,连战士们用心藏起来的赃衣服也被搜出来了,然后洗得干干净净,补得整整齐齐地送来。赤卫队早已把哨兵一站站地放了出去。参战的准备工作也做好了,担架队组织得妥妥当当;要向导抬脚就走……”①

苏维埃临时中央政府成立后,尤其是 1932 年 6 月中央劳动与战争委员会成立后,苏区群众的支前参战工作更趋于有组织、有计划地进行。苏区所有群众,不论男女、老少,均按各人实际情况编入到担架队、运输队、洗衣队、慰劳队、救护队、交通队、侦察队、破坏队、警戒队等组织中。只要前方支前需要,一声令下,随时可以从各种支前组织中抽调人员出发支前。他们为红军运送弹药、粮食,抢救伤员,慰劳部队,帮助红军抢修工事,打扫清理战场,侦探敌情,封锁消息,坚壁清野等等。1932 年八九月间,红一方面军发动宜乐崇战役,仅宁都一县就动员长夫 1.4 万余人参战支前。中共兴国县委 1932 年 10 月统计,全

① 李志民:《奇兵制胜》,《星火燎原》第 2 辑,解放军战士出版社 1983 年版,第 108 页。

县参加支前作战的担架队员 5024 名,救护队员 2519 名,洗衣队员 3254 名,破坏队员 2474 名,运输队员 6790 名,慰劳队员 2754 名,向导队员 1564 名。全县 16 个区支前群众达 24379 人,占全县总人口的 10.5% 以上。1933 年二三月红军第四次反“围剿”期间,毗邻战场的宁都县北部各乡居民,自动组织各种支前组织奔赴前线,人民群众还将蔬菜、猪肉、果品等送往医院,慰问伤病员。战斗中红军抓获 1.6 万名国民党军俘虏,也被送到宁都苏区得到妥善安置。

中央苏区第五次反“围剿”战争开始后,为支援红军作战,中革军委于 1933 年 11 月 4 日发出《关于征调夫子担任战地运输工作的训令》,决定建立从后方通往前线的 3 条运输线,要求各县要随时征调夫子支前运输,分配给各县的征夫任务是:石城、太雷两县各 4000 人,长胜县 7000 人,博生县 9000 人,洛口县 7000 人,广昌县 6000 人,宁化县、汀东县、兆征县每县各 3000 人。另外,动员随红军主力行动的长夫(随军担负运输任务时间在 6 个月以上)数目为:胜利、兴国、赣县、杨殷、公略、万泰、龙岗 7 县共 4500 人,兆征、长汀、汀东、宁化 4 县共 2000 人,西江、会昌、于都 3 县共 900 人,瑞金县 400 人,建宁、泰宁、黎川 3 县共 600 人。以上共计长短夫 54400 人。各县都如数完成了任务。

1934 年 9 月 10 日,为准备红军主力突围转移,中革军委下达了《关于军团后方勤务组织的命令》,要求各红军野战兵团都要组织为军团各部队服务移动的后方部,各后方部应包括医院、兵站、运输队、教导队、补充团、修械所等。按命令规定,红一、三、五、八、九军团总计需要运输员 3140 人。这些准备随红军野战军突围转移的运输员,均从于都、瑞金、兴国、会昌、赣县等县征调。这些县都完成了任务。

据不完全统计,中央苏区赣南各县参加各种支前组织的共有 60 多万人,占当年赣南苏区总人口的 1/4 左右,几乎是全民支前。

苏维埃中央政府为解决支前民工的实际困难,于 1932 年 9 月 17

日发出《关于对担架员运输员的指导调动待遇等问题的命令》，规定：

(1)长期运输员、担架员一月到三月的，一概随军工作，每天每人发草鞋费大洋一角五分，五天发一次，并得分伙食尾子，但其他零用钱不发。

(2)短期运输员、担架员，由当地地方发动来的短夫，就近担任伤病兵和战利品，在二十天以下的，不发按日的草鞋费，但酌量发给运输时间中的所需草鞋钱。临时由自己雇用的，根据当地情形的实际需要原则，酌量发给相当的草鞋费。

(3)苦工队服务时间，以原判决来定，行军时每天可发草鞋费大洋五分，驻军不发，可分得伙食尾子，其他费用一概不发。

(4)长期运输队员和苦工队，由各县苏负责组织好，由兵站转送军委分配到各军随军工作，后方及兵站医院，均不得留用此种长期运输员、担架员。

1934年4月，第五次反“围剿”到了紧要时期。4月23日，中革军委总动员武装部、中央少队总队部发出《关于动员运输问题的训令》。鉴于苏区经济日益困难，训令对运输员的待遇问题进行了调整，重新规定：“为实行节省，以充裕前方战争的经费，动员赤少队的运输伙食，发动各队员自带，以四天为限，过四天的由第五天起之伙食归兵站发给。由某一处运到另一处应计算路程，事先通知前头的区，将夫子准备好，以便接替或交换，来去不要打空手，这样可以减少动员次数、时间和伙食费用。草鞋费或草鞋如超过十天以上的，兵站可酌量发给，在十天以内的须发动队员自备。”尽管待遇改变，苏区人民仍然满腔热情全力支援红军作战。

(二)红军的后方保障系统

除了苏区人民群众踊跃支前参战以外，红军部队自己还建立了后方保障系统。

1930年10月以前，由于红军流动作战时间较多，且尚未建立比较巩固的根据地,所以红军部队自己的后方工作较差。1930 年 10 月 4 日红军攻占吉安后,根据地得到进一步巩固。当红一方面军主力离开吉安向北发展时,就在吉安建立了后方办事处,以毛泽覃为主任,负责统管红军的后方保障工作。红军第一、二次反“围剿”期间,红军的后方保障主要由根据地地方党政组织及红军留守人员负责。1931 年 5 月 23 日,红一方面军在取得第二次反“围剿”的中村战斗胜利后,决定苏区中央局和中央军委机关不再随军行动,留在根据地后方。所以从此时起到第三次反“围剿”结束,红军的后方保障工作主要由留在后方的苏区中央局和中央军委机关负责。

苏维埃临时中央政府成立后,红军有了巩固的后方,为建立自己的后方组织、做好后方保障工作创造了条件。1932 年 4 月 4 日,中革军委发出《关于后方办事处统一指导所有后方组织的训令》,决定成立中央革命军事委员会后方办事处,委任杨立三(后高自立)为中央革命军事委员会后方办事处主任,倪志侠(后高自立兼)为政治委员,以统一指导和监督所有红军后方组织工作。

中央革命军事委员会后方办事处直接指导红军兵工厂(包括第一修械处、第二修械处、制弹厂)、总医院(包括直属第一院、残废院、各军团后方医院、军医处材料科)、粮食站(包括第一分站、第二分站、第三分站)、各军留守处(包括一、五军团和军委直属队留守处及被服仓库)、骑兵连、红军休养所等单位。

军委后方办事处机关设在江西省胜利县桥头区(今于都县桥头乡),1933 年夏迁驻瑞金县大埠乡老屋家村。

鉴于红军各军团都在瑞金设有留守机关,在桥头军委后方办事处也设有各军团的办事处,重复设置,指挥复杂,1932 年 6 月 26 日,中共苏区中央局致电在前方的毛泽东、朱德和王稼祥,通知说:“军事后方工作：关于兵工厂、被服厂、医院及军委、各军团后方办事处，统归杨倪[1]负责，对各军团、各军在瑞设后方办事处严令取消，司号连、女子队编入红校，迫击炮连，骑兵连编为军委直属连，暂归红校指挥，瑞金设兵站，由杨至诚负责，一线建立至重石，再前由前方负责，一线至桥头后方办事处，另建一线至前方，太洋坝[2]医院，重伤留汀州，轻者留后方，好者留瑞与汀州休养所，合并为兵站医院设瑞，对卫戍中央政府专设瑞金卫戍司令，由刘伯承负责指挥某军、某直属队与地方武装。"[3]同一天，中央政府发布命令说："各军团暨各军留在瑞金之留守机关，名目繁多，指挥复杂，查桥头既有各军团办事处，瑞金不应再有重复机关之设立，决定留瑞之各军团暨各军之留守机关限克日一律取消，归并于桥头办事处。""凡应留瑞之医院及留后方之工作人员，均统属于后方总兵站主任杨至诚同志管理，以后关于各医院、留瑞各部队之给养费用等，均统属于总兵站筹划支配。"[4]

由于建立了红军的后方保障工作系统，统一了对全军后方保障工作的领导和指挥，既避免了过去那种各部队各自为政的混乱现象，又确保了前线红军的后方保障。前线红军急需补充的大量物资和急需后送的伤病员，都通过后方办事处和瑞金总兵站所建立的运输线，及时得到前运后送。

关于红军的医疗卫生保障，以及苏区战争动员工作中的财经商贸、交通通信、军工建设等方面的情况，将在本书有关章节中介绍，在此不予赘述。

---

① 杨，指杨立三，时任中革军委后方办事处主任；倪，指倪志侠，时任中革军委后方办事处政治委员。

② 即大洋坝，位于福建龙岩、永定、上杭三县交界处。

③ 江西省档案馆馆藏文件：《瑞金会议关于财政、扩红、后勤等工作决定》，1932 年 6 月 25 日。

④ 《人民委员会命令　第十六号》，1932 年 6 月 26 日。载《红色中华》第 26 期第 1 版。

第五节
共产国际、联共(布)对中央苏区早期武装建设的关注和帮助

一、支持和帮助南昌起义、广州起义

斯大林曾说,在中国"是武装的革命反对武装的反革命。这是中国革命的特点之一也是优点之一"①。共产国际、联共(布)中央从大革命后期开始,就要求中共重视武装农民,以推动开展土地革命。由于陈独秀的右倾错误,中共对此未引起重视。中国大革命运动失败后,共产国际、联共(布)中央敦促和帮助中共确立了深入开展土地革命、武装反抗国民党统治的总方针。中共领导的南昌起义、广州起义,都得到共产国际、联共(布)中央的直接支持和帮助。

南昌起义前,共产国际驻汉口代表与中共中央共同筹划制定了组织发动贺龙等部队在南昌起义并南下广东的行动计划。1927 年 7 月 25 日,共产国际、联共(布)中央政治局给在汉口的共产国际代表伯纳和乌拉尔斯基发去电报,表示南昌起义"如果有成功的把握",则"计划是可行的";同时又明确指出,如果起义计划没有把握成功,那么就应让共产党人辞去在国民革命军中"相应的军事工作并利用他们来做政治工作",并明确指示不能容许在汉口的乌拉尔斯基和在国民革命军中工作的苏联军事顾问介入和参加起义。② 但是,在贺龙部队任军事顾问的莫·费·库曼宁和阿托里斯夫斯基,却毅然参加了起义行动,并在起义军南下广东途中对会昌之战和在闽西的行动提出过正确

① 《斯大林全集》第八卷,人民出版社 1953 年版,第 326 页。

② 《共产国际、联共(布)与中国革命档案资料丛书》第 7 卷,中央文献出版社 2002 年版,第 17 页。

建议,可惜未被起义领导人采纳。南昌起义成功后,8 月 11 日,联共(布)中央政治局召开会议,特别批准给中共调拨 1 个军的武器装备,总金额 110 万卢布,包括 15000 支步枪、1000 万发子弹、30 挺机关枪和 4 门山炮带 2000 发炮弹,经海参崴运往中国,还认真考虑了起义军占领潮汕后在广东汕头设立商务代表处的可能。9 月 14 日,当起义军正从闽西上杭等地向东江地区进发时,苏联红军参谋部第四局(情报局)专门开会,对起义军的情况和进军广东的前景进行了分析。9 月 15 日,联共(布)中央政治局开会讨论中国问题,会议要求苏联副陆海军人民委员 И. Н. 温斯利赫特在 3 周内准备"向中国派遣两名高级军事人员和十名中级军事人员",以帮助起义军工作。

广州起义时,苏联驻广州领事馆官员全部参与到起义行动中,充当军事顾问,其中许多同志英勇牺牲在广州街头。

遗憾的是,南昌起义、广州起义以及 1927 年冬至 1928 年春全国各地大大小小的工农武装暴动,都因受"城市中心论"影响而遭失败。南昌起义后共产国际、联共(布)中央关于向中国划拨 1 个军军事装备及向中共派驻军事顾问的计划,皆因起义军很快在潮汕失败而搁浅。

二、关注井冈山斗争和朱毛红军

最早关注井冈山斗争的,是红色工会国际驻华代表米特凯维奇。1928 年 1 月,米特凯维奇在致共产国际执行委员会的信中,总结并报告了"在中国为争取苏维埃政权而斗争问题"的现状和困难。信中说:"除海陆丰作为苏维埃共和国继续存在外,广东的农民运动正走向高潮;尽管有了许多错误,但我们有了新的苏维埃根据地……在湖南,农民暴动正在茶陵、宁乡、醴陵以及湖南南部进行。在江西,苏维埃政权已在永新、临川(应为遂川——引者注)、莲花、万安建立。在湖北,农民运动正在蓬勃发展,据当地工作人员报告,发展速度要比湖南更快。""红军的力量在发展。在广东,我们现在有:叶挺的第 10 团,1000 人,600 支枪;教导团 1200 人,1200 支枪;张发奎部下的士兵(确切数目不详);朱德——1200 人,700 支枪。在湖南,毛泽东的军队正在扩充。有消息说广东的有些军队可能要瓦解(如范石生部)。但总的说来,这个过程极其缓慢。”①米特凯维奇向共产国际执委会提供的信息是确切的,作出的判断是正确的。

当然,共产国际驻华工作人员中,也有人向共产国际执委会提供关于中国革命军队和井冈山斗争的错误信息。共产国际执行委员会国际联络部驻华代表阿尔布列赫特,1928 年 2 月 29 日在给共产国际执委会的信中就说到:“建立红军的问题是十分重要的。由于中国现实生活的特点,军队有过分扩大的倾向。而由于这些军队没有根据地和供应来源,所以它就成了农民很大的负担。更有甚者,一部分军队是半土匪出身,例如毛泽东的队伍,他们随着时间的推移,开始瓦解并遭到农民的反对。这方面特别糟糕的是,这些军队常常撤走,留下农民为与军阀部队交战付出代价。”②很显然,阿尔布列赫特所说的情况不符合事实,属夸大之词。它必然会影响共产国际执委会对毛泽东领导的工农革命军和井冈山斗争形势的判断。

幸亏中共六大召开期间留守中共中央的李维汉,1928 年 5 月 25 日从上海给中共驻共产国际执委会代表团写了一封信,准确地报告了朱毛红军的最新信息。信中说:“湘赣的形势相当好。朱(德)和毛(泽东)到了赣西南,并且据报告说,他们占领了永新和宁冈,之后向赣南发展直至吉安。朱培德部的第九师被彻底击溃(指龙源口大捷——引者注),一部分已转到朱毛方面。还在朱毛入赣之前,赣南的寻邬、雩都、南康、信丰等县就爆发了自发的农民暴动。虽然万安的农民遭到了非常惨重的失败,但是在朱毛入赣之后,这里的农民又揭竿而起。

---

① 《共产国际、联共(布)与中国革命档案资料丛书》第 7 卷,中央文献出版社 2002 年版,第 281 页、282 页。

② 《共产国际、联共(布)与中国革命档案资料丛书》第 7 卷,中央文献出版社 2002 年版,第 357 页。

现在我们有希望顺利占领赣南地区。"[①]李维汉的这封信,转给了共产国际东方书记处副主任米夫。1928年6月25日,米夫又将该信副本寄给了斯大林、布哈林、皮亚特尼茨基、别尔津、伏罗希洛夫、洛佐夫斯基和瓦西里耶夫等共产国际和联共(布)中央主要领导人,使他们及时获得了朱毛红军的准确信息。

1929年1月29日,共产国际执行委员会东方书记处远东部召开会议,专门讨论帮助中共培训军事斗争人才和援助朱毛红军问题。出席会议的有:米夫、别尔津(苏军参谋部第四局局长)、库丘莫夫(共产国际执行委员会东方书记处远东部部长)、瞿秋白和张国焘。关于援助朱毛问题,会议决定:"(1)以中共中央名义派一名有威望的专员同志到朱毛地区去。(2)讨论信件时,要从总的形势和今后运动发展前景出发,弄清在继续开展朱毛运动是否适宜问题上的方针。(3)请革命军事委员会弄清向朱毛提供实际援助的可能性。"[②]共产国际远东部"援助朱毛"的这3项决定,是非常真诚、非常得力的,充分表明共产国际对井冈山斗争和朱毛红军的支持和帮助。

此后,苏共《真理报》开始出现关于井冈山根据地斗争和朱毛红军的报道。1929年7月2日,苏共《真理报》发表《中国统一的假象》社论,揭露蒋桂、蒋冯大战后蒋介石鼓吹"统一中国"的谎言。文中指出:"彭德怀、方志敏、王佐、袁文才,特别是朱德和毛泽东的红色游击队运动,在中国处于普遍困难,饥馑席卷所有遇灾歉收省份的情况下,红色游击队在两年之间辗转战斗许多地区和省份,占城夺池,到处闹起了革命,其史诗般的英雄行动是十分引人注目和具有重大意义的,它必

① 《共产国际、联共(布)与中国革命档案资料丛书》第7卷,中央文献出版社2002年版,第459页。

② 《共产国际、联共(布)与中国革命档案资料丛书》第8卷,中央文献出版社2002年版,第59—60页。

将引来数以万计的新生力量加入新的起义大军。”[①]同年7月24日，《真理报》又发表了署名A. 伊文的《彭德怀》一文，内称：“朱德、毛泽东、彭德怀、黄公略、王佐、袁文才、方志敏、邵式平、卢兆锡、冯白驹，除了头两个名字以外，苏联读者对其他人可说是一无所知。然而，他们的名字却经常出现于报刊之上，成为江西、福建、湖南、广东几省名流、绅士和地主们的心腹之患。无怪乎这些起义领袖被悬赏捉拿。例如，几个月前何键宣布，悬赏五千大洋捉拿朱德和毛泽东，捉住彭德怀和黄公略者可赏大洋两千元。”文章还提到：“彭德怀于去年率领军队来到朱毛工农红军一边。今年1月，朱德和毛泽东撤离具有历史意义的井冈山区时，彭德怀与王佐留下继续战斗，进行顽强抵抗，直到敌人重炮将主要山上的工事全部破坏时，他们才开始撤退。撤退时还一直进行激烈的战争。”[②]伊文的文章不仅提到了朱德、毛泽东、彭德怀、黄公略等人的名字，还最早提到了“具有历史意义的井冈山”，提到了井冈山第三次反“会剿”战斗情况。

还是这个A. 伊文，1929年12月2日又在《真理报》发表题为《为建立苏维埃政权而斗争》的文章，报道了“中国的游击运动”，内称“朱德部队的活动还在进一步扩大，其人数目前已达两万之众”，“朱德和毛泽东的红军已经取得重大胜利，有了很大的发展。这支军队无疑地已成为中国游击运动中出现的最为重要的现象”，“彭德怀和黄公略带领整团整营部队加入朱德的部队，这就大大加强了红军的实力。湖南和江西两省的统治集团对此大感恐慌。于是，调动了几个师进行围剿。1929年1月，朱德和毛泽东所部突破敌人的封锁圈，撤至粤闽边界一带。彭德怀、黄公略和王佐等人留在原地进行顽强抵抗，直到重

① 安徽大学苏联问题研究所、四川省中共党史学会编译：《苏联〈真理报〉有关中国革命的文献资料选编》第二辑（1927—1937），四川社会科学出版社1986年版，第127—140页。

② 安徽大学苏联问题研究所、四川省中共党史学会编译：《苏联〈真理报〉有关中国革命的文献资料选编》第二辑（1927—1937），四川社会科学出版社1986年版，第141页。

要山口的工事被敌人重炮摧垮后,他们才开始撤退,一路上还进行激烈的战斗","红四军(朱毛的部队)转移到赣东和闽粤一带活动,彭德怀、黄公略、王佐、贺国中等人的队伍,继续在红四军地盘活动"。① 伊文的报道是客观、准确的,而且他在苏联的报刊中最早使用了"红四军"的概念。这一概念,同"朱毛红军""井冈山"一样,开始出现在苏联报刊媒体,成为国际社会瞩目关注的新视点。

非常有趣的是,1929 年 8 月后,毛泽东因患疟疾被中共闽西特委安排在永定县岐岭牛牯扑深山隐蔽治疗,外界一时没有了他的信息。国民党报纸便臆造了一条消息,谓"匪首"毛泽东被"击毙"山中。共产国际未加核实,竟然于 1930 年 3 月 20 日在其主办的《国际新闻通讯》为毛泽东发出了一份"讣告":

> 据中国消息:中国共产党的奠基者、中国游击队的创立者、中国红军的缔造者之一的毛泽东同志,因长期患肺结核在福建前线逝世。毛泽东同志是大地主和大资产阶级最害怕的仇敌。自 1927 年起,代表大地主、大资产阶级利益的国民党就以重金悬赏他的头颅。毛泽东同志因病情不断恶化而去世。这是中国共产党、中国红军和中国革命事业的重大损失。当然,毫无疑问,敌人会因此而感到高兴。②

这则"讣告"虽令人啼笑皆非,但它却反映出共产国际对毛泽东的重视和高度评价。据统计,自 1929 年至 1936 年,在苏联《真理报》上出现"毛泽东"的名字多达 60 余次。

三、指导帮助中国红军正规化建设

1929 年后,随着中国各地苏维埃运动的蓬勃发展,各地农村苏维

① 安徽大学苏联问题研究所、四川省中共党史学会编译:《苏联〈真理报〉有关中国革命的文献资料选编》第二辑(1927—1937),四川社会科学出版社 1986 年版,第 188—192 页。

② 转引自中国革命博物馆党史研究室编:《党史研究资料》,1992 年第 3 期。

埃区域的不断建立，共产国际执委会认为中国革命新的高潮很快就会到来。中共中央因之对各地武装斗争的领导逐渐增强，对如何加强红军建设也开始了系统研究。在中央档案馆保存有一份盖有 1930 年 1 月 28 日收文戳记、未署名的《军事工作报告讨论大纲》①。该大纲共列出 8 个问题，包括政治形势、政治任务与军事工作的路线，武装工人问题，红军问题，兵士运动问题，武装农民与组织地方暴动，武装暴动问题，党员军事化，军事工作的系统问题等。其中仅在"红军问题"之下，就列出如下需要讨论解决的一些重大问题：

一、红军发展的形势与任务：1. 发展的形势；2. 生长的根源如何？为什么中国在现时可以产生红军？3. 红军在中国革命的意义怎样？取消派骂红军为土匪，其错误的根源在哪里？4. 红军的任务与行动纲领；5. 发展过程中的教训与经验；

二、红军目前的主要策略路线：1. 怎样猛烈的扩大？许多困难没解决，我们怎样扩大？扩大的条件成熟否？2. 怎样坚决进攻？敌人的力量太多我们也是否进攻？进攻的条件成熟否？3. 怎样集中组织与统一指挥？集中农民武装到红军中来是否取消了地方的斗争？4. 为什么要向中心城市发展？可否以红军打下中心城市？或专靠红军打中心城市？5. 与工农斗争怎样取配合？6. 怎样加强红军的阶级领导与共产主义的教育？

三、红军的战略战术：1. 游击的战略战术到现在应否转变？为什么要转变？目前转变是否要取消游击？2. 什么叫做阶级的群众战争？怎样运用阶级的群众战争？3. 红军战略的主要目的是什么？4. 打硬仗与攻坚在红军中可否根本除外？5. 什么是作战根据地？我们怎样运用他？6. 红军战术的几个主要问题是什么？7. 过去战略战术的总评；8. 敌人对付我们的战略战术；9. 一

① 该文件未标明拟文单位，从文件内容判断，应为中共中央军事部所拟。

般的战略战术的解释；

四、红军的组织与编制：1. 红军的编制应该根据什么原则？2. 红军的组织系统？全国性的红军归谁指挥？工农革命军事委员会怎样运用？编制的内容怎样？3. 红军与地方政权民众团体的关系怎样？红军区域的指挥怎样统一？4. 对于敌人军队怎样改编？5. 怎样解决干部问题？旧军官可利用否？6. 怎样解决武器的困难问题？7. 怎样解决红军经济问题？8. 红军中是否要军风【军】纪？他的纪律与统治阶级的纪律怎样分别？党纪与军纪有什么分别？怎样运用？9. 军事训练要怎样实施？10. 其他——番号，旗子，臂章，敬礼，级章；

五、政治委员：1. 政治委员与党代表的分别在什么地方？2. 政治委员的作用是什么？在中国运用有什么特殊意义？3. 政治委员的职权与军官的关系怎样？4. 政治委员与党的组织之关系？与政治部的关系？5. 政治委员的系统与成分？

六、政治工作与政治部：1. 政治工作的意义在那〔哪〕里？2. 政治工作有什么事情要做？3. 政治工作的方法怎样建立？与国民党的军队的政治工作有什么不同？4. 政治部的组织怎样？系统怎样？与军事指挥系统怎样？5. 政治部的运用怎样？像不像国民党中的政治训练处？6. 俱乐部、列宁室、互济会、济难会等组织之运用？

七、士兵委员会：1. 为什么要士兵委员会？他有什么作用？2. 士兵委员会是否会成为减弱军队集权的组织？即是极端民主化的倾向？3. 士兵委员会的组织怎样？怎样产生？系统如何？4. 士兵委员会的职权如何？5. 士兵委员会到将来怎样？

八、红军中党的工作：1. 红军中党的工作之意义；2. 红军中党的组织系统？与政治部的关系？3. 支部的作用怎样起呢？4. 公开呢？秘密呢？5. 红军中党与地方党的关系？6. 红军中的

C. Y. 工作怎样？组织怎样？[①]

上列条目几乎涵盖了中国红军建设所有主要问题。遗憾的是，中共中央军事部当时仅仅是提出了问题，而对这些问题的答案或者说是研究成果，除“关于政治、组织等各方面的工作一般的设施”，在中央军事部所办《军事通讯》第1、2期刊登了一些相关文章、1930年4月3日发出“关于全国红军指挥问题”中央第一〇三号通知、1930年4月10日《中央给军委南方办事处及广东省军委信》等文件外，未见其他相关资料。这表明，中共中央对于如何加强红军建设，还缺乏经验。事实上，以李立三为代表的中共中央领导机关，对苏区红军建设也确实缺乏关注和领导。

共产国际执行委员会和联共（布）中央从1929年下半年开始，认为中国革命新的高潮很快就会到来。正是在这种背景下，共产国际和联共（布）中央开始重视中国苏区红军建设。

1930年4月15日，共产国际执委会东方书记处处务委员会召开扩大会议，专门邀请大革命时期曾任苏联驻华军事顾问、后为苏联红军参谋部第四局工作人员马马耶夫，作《中国的游击运动》报告。马马耶夫在报告中比较详细地介绍了中国红军第四军、第五军等红军部队的兵员构成、组织领导系统、武器装备、战斗力、军队政治工作、组织纪律、红军与苏维埃政权关系、根据地建设等方面情况，使国际执委会东方书记处领导人对中国红军有了更多了解。马马耶夫在报告中提出了中国的游击运动当前面临的任务：“在游击运动地区最大限度地扩大党和无产阶级的力量；巩固苏维埃政权，明确现阶段土地革命的纲领；应该解决军队中政治机关的结构、政治委员制度、士兵委员会的问题；我们还面临大规模武装农民的问题；解除政府军武装的问题；农民

① 中共江西省委党史研究室等编：《中央革命根据地历史资料文库·党的系统》第1册，中央文献出版社、江西人民出版社2011年版，第705—710页。

运动与工人运动结合的问题。这就是我们应该向中国共产党军事部作出答复的那些任务。”①马马耶夫提出的这些任务,正是中国红军和革命根据地面临的迫切需要解决的重大问题。

在这次召开的共产国际执委会东方书记处处务委员会扩大会议上,决定成立由马马耶夫(负责人)、萨发罗夫、瞿秋白、黄平、郭绍棠等5人组成的委员会,“制定党对游击运动、红军工作和苏区工作的指示”,并限定他们在5天之内提出供讨论的指示草案。②

1930年7月29日,共产国际执委会就红军建设问题和游击运动问题,专门给中共中央发出了一封指示信。这封指示信,是苏联工农红军参谋部第四局根据苏联红军建设经验和中国红军部队的情况而代共产国际执委会起草的。指示信内容包括党在革命军队建设中的作用、士兵委员会、红军兵员的补充、建立根据地、红军与苏维埃政权、敌军中的工作等6个方面,对中国红军建设提出了全面、系统的指导性意见。如:

党对红军部队的领导方面,指示信强调红军应绝对接受党的领导;党应在红军部队中建立健全、严密、完善的组织体系;应特别重视军队中入党对象问题,确保党员队伍的纯洁性;强调“作为党的代表的政治委员制度在军队中是与党组织平行存在并且高于这些组织之上的”,对政治委员的职权作出了明确界定;确定红军部队中不单独建立青年团组织,但应在连队党支部领导之下成立连队青年小组,开展青年工作;等等。指示信强调:“对苏联红军建设行之有效的这一党组织模式也可以根据情况作一些改变,但有一点是不能改变的:明确的、有组织的形成以政治委员制度为领导的党的组织体系。绝不容许党组

① 《共产国际、联共(布)与中国革命档案资料丛书》第9卷,中央文献出版社2002年版,第120页。

② 《共产国际、联共(布)与中国革命档案资料丛书》第9卷,中央文献出版社2002年版,第98页。

织混同于士兵群众和由士兵成立的各种社会团体。党的任务不是要与群众融为一体,而是要在保持组织上的明确性和独立性的同时领导这些群众。”

红军兵员补充方面,指示信分析了现有各红军部队兵员构成现状,认为中国的红军部队大致由两部分组成:一是“由暴动农民组建的农民武装队伍,它们的活动限于本村,很少越出村的范围”;一是“所谓正规部队中的支队、军,往往很大程度上由士兵组成”,“像朱德、贺龙、彭德怀等军的部队在很大程度上是由投奔到革命方面来的士兵组成的队伍”(这里的“士兵”,是指原国民党军队的士兵——引者注);而“农民不参加正规部队而宁愿建立狭隘的地方性武装队伍”。指示信认为,“正规军只能是由无产阶级领导的暴动农民的军队”,“党应该坚定不移地采取由雇农、苦力以及贫农—中农组成正规部队的基本骨干,由工人特别是工人党员组成指挥员的骨干”,“因此必须:(1)争取做到军队中决定性多数的士兵由雇农、苦力、贫农和中农组成。(2)把起义队伍转为正规组织,使他们的斗争成为超出保卫狭隘地方性利益的斗争。(3)对一切向革命投诚的政府军部队一律进行改编,把它们分别集中在各军团。(4)由革命觉悟高的红军战士,特别是工人组成指挥员骨干,尤其是中下级指挥员骨干”,“如果说在普通士兵方面基本任务是使士兵农民化,那么在指挥员方面一切措施都应旨在使绝大多数指挥员由工人来担任。为此目的,必须在城市里从工厂、工场和作坊中选拔最有觉悟的工人,尤其是要在失业者中选拔,派他们去游击区工作。在苏维埃政权比较稳定的地区应立即建立初级指挥员(班长)和中级指挥员(排长和连长)学校,首先用贫雇农、城市苦力和工人充实这些学校。富农要混上指挥员岗位的任何尝试都应坚决予以制止”。

建立根据地方面,指示信格外强调做好这一工作的重要性,强调选择建立根据地的地区时,必须充分考虑到对“扩大和深化土地革命”

能否起到很好的组织作用,能否"保证农民运动与城市的工人运动相结合",能否确保长期保持根据地的存在,等等。①

苏军总参谋部第四局工作人员马马耶夫应周恩来之请,参加了这封指示信中文翻译稿的审定工作。应当说,共产国际执委会的指示信,虽然在某些方面不太符合中国革命和中国红军实际,但总体来说对加强中国红军建设具有很强的针对性。中共中央军事部 1930 年 1 月在《军事工作报告讨论大纲》中提出的关于红军建设的那些问题,大部分都得到明确。1930 年 8 月 19 日,周恩来从莫斯科回到上海后,根据共产国际指示,在采取措施制止和纠正李立三"左"倾冒险错误的同时,对加强红军和根据地建设方面也开始采取实际措施。在中共六届三中全会上,周恩来传达了共产国际关于中国红军建设的主要指示精神。1930 年 10 月 30 日,周恩来在中央军委扩大会议上作报告与结论,根据国际指示精神和各地红军建设实际情况,对红军的中心任务及红军建设的几个根本问题,包括红军编制、成分、党的领导、游击队与游击战术、瓦解敌军、补充装备和给养、交通等方面,提出了具体意见。1930 年 10 月 24 日,中共中央政治局讨论通过了《中央政治局关于苏维埃区域目前工作计划》。在这个文件中,共产国际执委会关于加强中国红军和根据地建设的指示精神,得到了较好地贯彻。

四、组建以盖利斯为组长的远东局驻中共"三人军事小组"

南昌起义和广州起义失败后,联共(布)中央政治局曾在 1928 年 3 月 22 日会议上拟议:"在最近期间派一名具有一定经验和资历的军事顾问驻中共。"②但是直到 1930 年夏,共产国际实际上也未向中共派驻专职的军事顾问人员。

① 《共产国际、联共(布)与中国革命档案资料丛书》第 9 卷,中央文献出版社 2002 年版,第 237—247 页。

② 《共产国际、联共(布)与中国革命档案资料丛书》第 7 卷,中央文献出版社 2002 年版,第 388 页。

1930 年 4 月 14 日，苏联工农红军参谋部第四局工作人员马马耶夫根据中共开展军事斗争和红军建设的需要，向共产国际执委会东方书记处建议，“向游击队活动地区派出五六名教官”，“派一两名同志任中共中央军事部成员”①。同年 6 月 25 日，向忠发在给周恩来(其时周恩来正在莫斯科)的信中说到：“已发现我们中央军事委员会的同志业务水平很不高。必须请求派外国同志来帮助工作。”②1930 年 7 月 29 日，共产国际执委会政治书记处政治委员会正式任命以米夫为书记的共产国际远东局组成人员。苏联红军参谋部第四局工作人员盖利斯，被任命为远东局成员兼驻中共中央军事顾问小组领导人③。

盖利斯于 1930 年 9 月底来到上海。同他一起来上海工作的还有另外两人(姓名不详)，故他们又被称为远东局“三人军事小组”。“三人军事小组”除受远东局直接领导外，盖利斯还直接向苏军参谋部第四局局长别尔津报告工作。

除以盖利斯为组长的“三人军事小组”外，共产国际执委会巡视员斯卡洛夫在 1930 年 12 月 28 日给共产国际执委会组织部和东方书记处的书面报告中，还建议向中共各苏区派出 20—25 人的军事指导人员，其理由是“因为中国军事工作人员不具备相应的理论和军事技术素质，他们必然把改组和整编军队的独立工作拖延很长时间，而不能进行相应的军事培训工作”④。盖利斯在 1931 年 2 月 10 日给苏军参谋部第四局局长别尔津的报告中，也要求除为鄂豫皖苏区派飞行员和

① 《共产国际、联共(布)与中国革命档案资料丛书》第 9 卷，中央文献出版社 2002 年版，第 97 页。

② 《共产国际、联共(布)与中国革命档案资料丛书》第 9 卷，中央文献出版社 2002 年版，第 207 页。

③ 《共产国际、联共(布)与中国革命档案资料丛书》第 9 卷，中央文献出版社 2002 年版，第 232 页。

④ 《共产国际、联共(布)与中国革命档案资料丛书》第 9 卷，中央文献出版社 2002 年版，第 563 页。

机械师外,“外国军人和通讯专家一定要派来。我认为,派他们到苏区去将是可能的。务必要有一位炮兵专家和一位会组织子弹生产的专家。我不再说明必须派他们来的理由。这是显而易见的”①。由于种种原因,斯卡洛夫和盖利斯的计划均未能实现。

共产国际给盖利斯等的任务是前往江西等苏区,但因交通联络路线不畅、经费欠缺及语言不通等困难,直至1931年春一直滞留在上海未能成行②,只好在远东局和苏军参谋部第四局领导下参与中共中央对军事工作和红军建设的指导。

盖利斯等来到上海后,及时向共产国际执委会反映中国红军真实情况,将主要精力用于指导帮助中国红军建设,出席并指导中共中央召开的重要军事会议,参与中共中央给红军重要指示、训令的起草工作,如《中央关于对付敌人“围剿”的策略问题给一、三两集团军前委诸同志的指示》(1930年10月29日发出)、《中共中央给红军的训令》(1930年12月10日发出)等。盖利斯在1930年10月20日写给苏联红军参谋部第四局局长别尔津的信中就说到:“中央军事部制定了红军的编制和组织序列表。我和中国人一起认真地审查了整个这项工作。我作了许多修改,当地的工作人员都同意我的修改意见。他们弄出了许多错误。”③盖利斯等还参与起草了1930年冬发出的《中国工农红军政治工作暂行条例(草案)》。

盖利斯还直接听取来到上海的苏区代表汇报,了解苏区和红军建设实际情况,提出指导意见。1930年11月10日,盖利斯等在听取赣

---

① 《共产国际、联共(布)与中国革命档案资料丛书》第10卷,中央文献出版社2002年版,第70—71页。

② 《共产国际、联共(布)与中国革命档案资料丛书》第9卷第418页、第487—488页、第563页,第10卷第49页、第72页。

③ 《共产国际、联共(布)与中国革命档案资料丛书》第9卷,中央文献出版社2002年版,第415页。

西南苏维埃政府副主席胡海汇报后,以远东局名义致信中共中央,说:“在我们看来,红军力量的发展还不够。应该这样来安排工作,在最近一个时期,除了使现有的部队从数量上不断得到加强外,还要使我们驻扎在江西和湘西的部队人数起码翻一番。这样做的条件是有利的。武器不足不能成为不增加军队人数的理由。应该由‘青年先锋队’和‘赤卫队’组建新的团和师。武器应该并且也能够在斗争过程中取得。暂时他们可以用当地现有的原始武器武装起来。”①

在共产国际帮助指导下,至1930年冬,中国红军建设的一些重要原则问题,大致都得到了解决。军事领导体制也得到建立健全。中共中央军事部于1930年3月改称中共中央军事委员会。1930年8月26日,周恩来出席中央总行动委员会主席团会议时,提议在苏维埃区域成立中央局,同时建立革命军事委员会,指挥一切军事工作。8月28日,中央总行动委员会主席团会议决定,朱德任全国红军总司令。9月9日,周恩来在中央总行委主席团会议上作苏区军事报告时,提出了全国苏区的军事领导体制设想:全国苏区拟划分为6个军区和若干游击队,组织系统为中央局指导临时中央政府,临时中央政府指挥中央革命军事委员会,中央局也可指导;中央革命军事委员会指挥各军区。1930年10月,中共中央正式决定在苏维埃区域成立中央革命军事委员会。1931年1月15日,中华苏维埃中央革命军事委员会在中央苏区宁都县小布正式成立。1930年11月30日,盖利斯在给别尔津的书面报告中,详细报告了中央苏区第一次反“围剿”决战前夕中国红军(红一军团、红三军团、闽西红军、湘鄂西红军等)力量(人员、武器装备、后勤保障等)部署及情况,并欣喜地得出结论:“朱德和毛泽东的军团是团结的和完全有战斗力的”;闽粤红军“在训练和战斗顽强性方面

① 《共产国际、联共(布)与中国革命档案资料丛书》第9卷,中央文献出版社2002年版,第452页。

不如第1军团,但是由于该地区敌人不很活跃,这个军团还能顺利地守住该地区";"贺龙军团是很有战斗力的。各军在战斗中表现得很坚定,也很顽强";彭德怀的"第3军团是有战斗力的并能顶住敌人较大的压力";鄂豫皖苏区的第一军和赣东北苏区的第十军"具有中等战斗力";只有第九军仅有400人,"没有战斗力"①。

从1930年底开始,共产国际远东局和盖利斯开始花费较多心血,帮助中共中央克服和改进苏区军事斗争领导方面存在的弱点。

一是督促和帮助中共中央加强中央军委会的领导力量,建立健全坚强精干的军委工作班子。1931年1月17日,共产国际执行委员会东方书记处"责成远东局和中共中央立即在中共中央下面成立坚强的有工作能力的军事部"②。为此,1931年1月30日,中共中央政治局决定由中央政治局常委周恩来兼任中央军委书记。1931年2月4日,远东局盖利斯致信周恩来,专门就中共中央军事部(中共中央军委)工作中存在的问题及加强军事部工作的措施,提出意见。盖利斯首先肯定中央军事部"做了工作并且现在还在继续做工作,但不够有力,其工作节奏根本不能适应时局的要求"。他认为"军事部目前应该是最重要的中央部门之一",但是"军事部迄今并没有得到中央的足够支持",应该迅速改变这种状况。他指出,中央军事部应明确自己的任务,改变工作方法,"少谈关于任务等的空话,多给工作人员具体的任务并对他们的工作实行严格的监督。领导同志应该经常到地方去,具体检查和帮助地方同志的工作";应当在工作经费方面给予中央军事部更多的支持,"中央应重新考虑拨出比迄今为止更多的数额用于军

① 《共产国际、联共(布)与中国革命档案资料丛书》第9卷,中央文献出版社2002年版,第490—492页。

② 《共产国际、联共(布)与中国革命档案资料丛书》第10卷,中央文献出版社2002年版,第35页。

事工作”[①]。

二是督促中共中央加紧建立与各苏区的交通联络网。1930 年 10 月中旬,共产国际远东局“坚决要求”中共中央“安排好与红军的经常联系”,“加快建立无线电台”[②],“组织与苏区的固定交通联络路线”[③]。1930 年 11 月 10 日,远东局在给中共中央政治局的信中再次强调:在目前条件下,与苏区“通讯和建立通讯的问题具有重大的政治意义”,“财政困难不应成为不解决这个极其重要的问题的理由”[④]。1931 年 1 月 17 日,共产国际执行委员会东方书记处更是“责成远东局和中共中央在最短的期限内在中央与苏区之间建立起牢固的和正常的联系”,并且“询问中央和远东局能否靠自己的力量建立联系,或者必须派一位同志去中国为建立这种联系进行技术指导”[⑤]。盖利斯在 1931 年 2 月 4 日致周恩来的信中,进一步指出:“现在同红军的联系是极不可靠、极不正常的。没有联系,就没有也不可能有通过党【和】苏维埃系统以及军队系统进行的领导。”他提出:“应该组建联络局,使上海每两周就能从红军各单独行动的部队和单独的苏区获得情况报告。应该制定关于党的系统的问题和关于苏维埃军队问题的紧急报告表(我可以同军事部一起研究此事),并且要求苏区根据此表每两周报告一次。只有在这样的联络体制下才能对红军和整个苏区进行符合实

---

① 《共产国际、联共(布)与中国革命档案资料丛书》第 10 卷,中央文献出版社 2002 年版,第 44—45 页,第 48 页,第 49 页。

② 《共产国际、联共(布)与中国革命档案资料丛书》第 9 卷,中央文献出版社 2002 年版,第 377 页。

③ 《共产国际、联共(布)与中国革命档案资料丛书》第 9 卷,中央文献出版社 2002 年版,第 414 页。

④ 《共产国际、联共(布)与中国革命档案资料丛书》第 9 卷,中央文献出版社 2002 年版,第 452 页。

⑤ 《共产国际、联共(布)与中国革命档案资料丛书》第 10 卷,中央文献出版社 2002 年版,第 35 页。

际的领导。应该在这方面向苏区下达严格的指令。”为此，盖利斯建议派出可靠人员在上海、香港、汕头、天津、厦门、广州、汉口、九江（或南昌）取得合法身份，设立联络中心，专门从事联络工作。盖利斯批评中共中央将所拥有的电台分派给汉口、天津和香港“是重大的错误”，认为应该立即将汉口的无线电台和报务人员调往中央苏区，将天津的电台调往鄂豫皖苏区第一军，并加速培训一批无线电报务人员派往苏区[①]。在共产国际远东局的督促下，1930 年 10 月，中共中央在上海成立交通局，由周恩来、向忠发、李立三、余泽鸿、吴德峰组成委员会，吴德峰任局长。1930 年底，中共中央调中共中央南方局秘书长饶卫华到香港建立华南交通总站，并由中央交通局副局长陈刚在汕头建立“中法药房分号”，作为交通局直属的一个重要交通据点。随后，又派陈彭年、顾玉良、罗贵昆等到汕头建立交通站；同时调中共广东省委发行科科长李沛群到闽西任交通站站长，调卢伟良任大埔交通站站长，调萧桂昌、曾昌明、熊志华等担任中央交通局专职交通员，建立起一条从上海到中央苏区的红色地下交通线。除此之外，还有上海—浙江衢州—赣东北—中央苏区线路；上海—香港—广州—韶关—赣南—瑞金线路。红色秘密交通线的主要任务是：安全护送上海中共中央与各苏区间人员往来和重要文件、物资的输送传递。

三是督促中共中央向各苏区增派军事工作干部。1930 年夏秋间，由于李立三不重视苏区和红军建设，很少有向苏区和红军派出军事干部，充实红军力量。共产国际远东局对此颇有意见。从 1930 年 10 月起，远东局除了催促尽快派出人员在苏区建立党的中央局外，还要求“派工作人员到军队中去，招募工人并将他们也派到军队中去”[②]；同

① 《共产国际、联共（布）与中国革命档案资料丛书》第 10 卷，中央文献出版社 2002 年版，第 45—47 页。

② 《共产国际、联共（布）与中国革命档案资料丛书》第 9 卷，中央文献出版社 2002 年版，第 414 页。

时将来到上海参加会议或向中央汇报工作的同志经短期培训后“再派回苏区去”[①]。为此，盖利斯专门致信别尔津，要求拨给专项资金用于与苏区建立联系和调派人员的经费开支[②]。共产国际执委会巡视员斯卡洛夫，还建议共产国际和联共（布）中央：“必须扩大在我们这里培训中国军事干部的工作，其中一方面，要注意加快对狭窄专业人员（如报务员、爆破手和手榴弹工厂的工作人员）的培训，另一方面，要保证对作战方面的工作人员进行基本的培训，使他们具备相当于中国红军旅长一级所必须的视野。”[③]1931 年 1 月 17 日，共产国际执行委员会东方书记处“责成远东局和中共中央办理立即调遣军事工作人员（从远东局组成人员中选派的同志除外）去红军的主要作战地区”[④]。盖利斯在 1931 年 2 月 4 日致周恩来的信中，更明确地要求中共中央应将“所有的军事工作人员（前军人、军人和一般大学生）派往苏区。撤出被委任做党的工作的人，把他们也派往苏区。此事应立即办”；同时要求“立即安排从上海、汉口、天津和香港派工人去苏区的事。凡保密条件允许的地方，预先为他们组织短期军政训练班（2—3 天）”。盖利斯还对已决定去苏区的同志迟迟不动身启程表示“难以容忍”[⑤]。在共产国际远东局督促下，中共中央加快了向苏区派遣干部的步伐。据周恩来报告，“1930 年 9 月到 1931 年 4 月，政治局共向苏区派了 228

① 《共产国际、联共（布）与中国革命档案资料丛书》第 9 卷，中央文献出版社 2002 年版，第 452 页。

② 《共产国际、联共（布）与中国革命档案资料丛书》第 9 卷，中央文献出版社 2002 年版，第 479—481 页。

③ 《共产国际、联共（布）与中国革命档案资料丛书》第 9 卷，中央文献出版社 2002 年版，第 565—566 页。

④ 《共产国际、联共（布）与中国革命档案资料丛书》第 10 卷，中央文献出版社 2002 年版，第 35 页。

⑤ 《共产国际、联共（布）与中国革命档案资料丛书》第 10 卷，中央文献出版社 2002 年版，第 47 页。

名同志。其中172人到达了目的地”。向各苏区派出人员情况是：向中央苏区派出67人，57人到达；向鄂豫皖苏区第一军派出48人，43人到达；向湘鄂西苏区第二军派出39人，18人到达；向赣东北苏区第十军派出19人，10人到达；向湘鄂赣苏区第八军派出4人，全部到达；向湘鄂赣苏区第十六军派出11人，9人到达；向闽西苏区第九军（后改称第十二军）派出14人，12人到达；向闽西苏区新十二军派出14人，12人到达。1931年5月，共青团派了1名同志去闽西苏区、1名同志去湘鄂西苏区；党中央也派出曾弘毅去赣东北苏区第十军，徐锡根去湘鄂西苏区，并向第十六军、第七军和闽西各派了一名同志。党中央派往中央苏区的3名无线电报务员，也安全抵达①。

四是督促中央军委“加强侦察工作，增加侦察工作的预算”②。

五是帮助中共中央军委编译出版野战条令等军事政治书籍，供培训军事工作人员使用。

六是督促中央军委加强对国民党军的兵运工作。

共产国际的上述措施，对于中共中央军委加强自身建设和对各苏区军事斗争的指导，起到了积极作用。1931年4月以后，共产国际远东局领导人和工作人员包括军事顾问组负责人盖利斯在内，因安全原因，陆续撤离上海返回莫斯科。同年6月，远东局实际停止了在上海的工作。

① 《共产国际、联共（布）与中国革命档案资料丛书》第10卷，中央文献出版社2002年版，第323—324页。

② 《共产国际、联共（布）与中国革命档案资料丛书》第10卷，中央文献出版社2002年版，第47页。

第十二章

中央苏区的群团建设

第一节
工会组织与工会工作

一、赤色工会组织系统

中央苏区所在的赣西南地区,大革命时期多数县都建立过工会组织,工人运动曾蓬勃开展。蒋介石发动四一二反革命政变后,赣西南各县工会及其他革命群众团体,都被国民党右派和“清党军”破坏。土地革命运动开展后,随着红军和革命根据地的建立发展,根据地内各县工会组织相继重建。至1930年春,赣南的于都、宁都、兴国、安远、赣县、瑞金、石城、会昌、寻乌、信丰、南康等县和大余县的西华山钨矿,都建立了赤色工会;赣西地区的吉安、吉水、永丰、泰和及湘赣边各县,也都建立了赤色工会。至1930年秋,赣西南苏区总计已有40万工会会员。

为统一赣西南各级工会的领导,1930年8月1日成立了赣西南总工会筹备处,9月21日在吉安县富田召开赣西南第一次工人代表大会,选举产生赣西南总工会,萧道德(中共赣西南特委常委)任委员长。随后,又在赣南成立了南路行委总工会(后改为赣南赤色总工会),马荣澜任委员长。还成立了赣西南木船工会,徐臣清任委员长。1930年

10 月 7 日在吉安成立江西省苏维埃政府后，赣西南总工会改为江西省赤色总工会。1931 年 1 月，赣西南苏区改称为赣西南特区，工会领导机关改称为赣西南赤色总工会，同时成立赣西南赤色雇农工会（委员长萧来才）。1931 年 11 月成立中共江西省委后，在兴国县成立了江西省职工联合会筹备处。

闽西地区，大革命时期各县也都开展了工人运动。1929 年春红四军入闽后，党加强了工运工作，各县工会组织相继重新建立。1930 年 5 月成立闽西总工会筹备委员会。同年 11 月，闽西工人代表大会在龙岩城召开。大会选举产生了闽西总工会执行委员会，曹景清、曹咏奇、杨启辉、邓海澜等 21 人当选为执行委员，另选出候补执行委员 6 人，曹景清、曹咏奇等 7 人当选为常务委员，曹咏奇当选为闽西总工会主席，1931 年 5 月起陈日华任委员长。闽西总工会下辖长汀、汀连、永定、龙岩、上杭、连城、漳平等县总工会和产业工会。1930 年 12 月，还在上杭县回龙召开闽西篷船工人第一次代表大会，闽西境内 5 条河流的篷船工会都派代表参加了大会，选举成立了闽西篷船工会（1931 年秋改称闽西木船工会），张思垣为委员长，下辖汀河、旧县河、永定河、丰稔河、连南河等篷船工会。

1930 年底，中华全国总工会为加强对苏维埃区域工会工作的领导，派出蔡树藩、陈佑生从上海进入中央苏区，筹建全国总工会苏区执行局。1931 年春，原全国五金职工工会委员长梁广又奉全总委派来到中央苏区。1931 年二三月间，全总苏区执行局在吉安县富田成立，梁广任主任，陈佑生任组织部长，蔡树藩任社会部长，倪志侠任宣传部长兼秘书长。全总苏区执行局成立后，领导机关驻富田，后移驻兴国，1931 年 7 月迁驻瑞金叶坪村。

1932 年 1 月，全总苏区执行局的领导成员作了调整，主任陈寿昌，宣传部长倪志侠,组织部长蔡树藩,秘书长黄子刚,巡视员李文棠,[①]并且设立了女工部、青工部、国家企业部等工作部门。1932 年 5 月创办了全总苏区执行局机关报《苏区工人》。同年 7 月,全总苏区执行局机关从叶坪村迁驻瑞金城东北双清桥头民居刘克勤厅厦。

1932 年底,根据中共中央决定,中华全国总工会领导机关率先撤离上海迁入中央苏区。1932 年底,原中共中央职工部部长刘少奇化名唐开元,秘密抵达瑞金。1933 年 1 月,中共临时中央政治局常委、全国总工会党团书记陈云,也化装与博古一起,经上海—汕头—大埔—瑞金秘密交通线,来到瑞金。随后,中华全国总工会与原在瑞金的全总苏区执行局合并,成立新的中华全国总工会苏区中央执行局[②],刘少奇任委员长(1934 年 7 月刘少奇调任中共福建省委书记后,朱琪继任委员长),陈云任副委员长、党团书记,王子刚任秘书长。办公地点先在瑞金的双清桥头,1933 年夏迁至清水乡枣子排村,1934 年 8 月又迁至云石山乡沙排村。

中华全国总工会苏区中央执行局内设组织部(部长梁广),福利部(部长陈云兼任),社会经济部(部长倪志侠),青工部(部长王秀),女工部(部长刘群仙),国家企业部(部长马文),文化教育部(后改为宣传部,部长王子刚兼任)。

中央苏区辖有的江西、福建、闽赣、粤赣、赣南等 5 个省,先后都建立了省级职工联合会。

江西、福建两省职工联合会成立于 1932 年 2 月,同年 2 月 7 日至 13 日,全总苏区执行局为加强苏区工会组织与工会工作,在瑞金叶坪

---

① 据《全总苏区执行局报告》,1932 年 3 月 17 日。见《江西工人运动史料选编》第 308 页,江西人民出版社 1986 年 4 月版。

② 关于刘少奇、陈云等来到瑞金后新成立的全总组织机构名称,当年的历史文献中有两种称谓:一为“全总执行局”,一为“全总苏区中央执行局”。老同志梁广回忆亦称“全总苏区中央执行局”。本书现采后一称谓。

主持召开了两省工人代表大会。“出席代表二百五十人,一共组织了十个代表团。闽西代表组织四个代表团:闽西各直属区组成一个代表团;杭武代表团;汀州木船工会代表与永定代表组织一个代表团;汀连代表团。江西六个代表团:胜利、会昌、永丰、乐安代表组成一个代表团;万泰代表团;兴国代表团;宁都、石城、安远代表组成一个代表团;赣吉代表团;瑞金中央印刷局代表团”。这次大会由全总苏区执行局主任陈寿昌宣布开幕,“由寿昌同志致开幕词,说明两省工人代表大会的意义与任务,后有中国共产党苏区中央局代表周恩来同志、临时中央政府代表项英、少共中央局代表顾作霖、军委会代表叶剑英、总政治部代表李卓然、少先队代表王盛荣、中共福建省委代表李明光、江西省委代表刘盛耀,及五军团代表等先后致词”①。大会讨论通过了职工会的任务、组织问题、雇农问题、拥护和实现劳动法问题、扩大并拥护红军问题等 8 个重要决议案。大会分别选举产生了两省职工联合会。选出袁国珍等 15 人为江西省职工联合会执行委员,胡昌寿等 9 人为候补执行委员;选出石立根等 11 人为江西雇农工会执行委员,杜志永等 5 人为候补委员;选出林松善等 13 人为福建省职工联合会执行委员,付德辉等 6 人为候补委员;选出张世英等 11 人为福建省雇农工会执行委员,龚明贤等 5 人为候补委员。

① 《全总苏区执行局报告》,1932 年 3 月 17 日。见《江西工人运动史料选编》第 300—301 页,江西人民出版社 1986 年 4 月版。

中华全国总工会苏区中央执行局组织系统表
(1933 年春—1934 年 10 月)

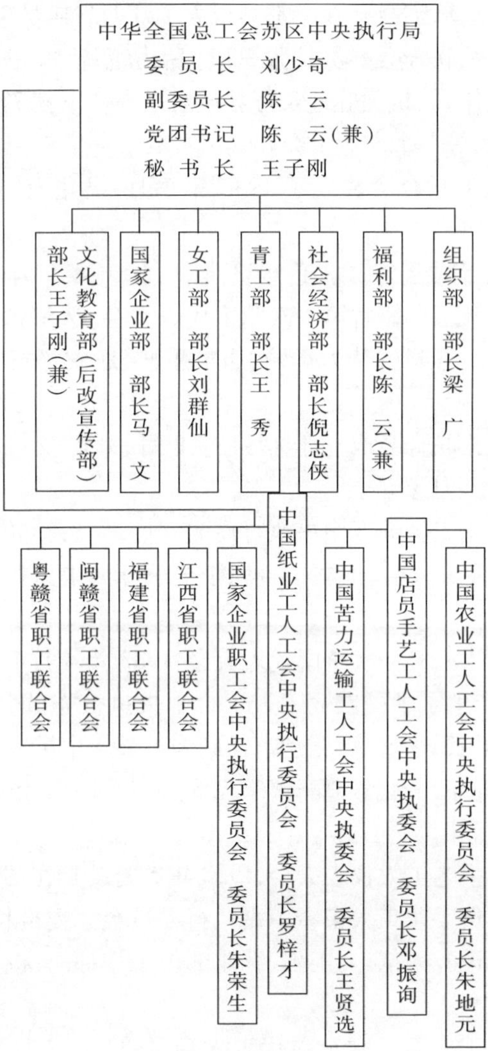

江西省职工联合会委员长先后为刘启耀、邓振询。除成立江西省雇农工会外,还在赣县江口镇成立了江西省木船工会(1933 年 9 月改为江西省苦力运输工会),在宁都县成立了江西省店员手艺工会。

福建省职工联合会委员长张思垣(后由范源华、王德铭、程步发、巫子元先后继任)。机关驻地长汀县城水东街。下辖 7 个县(市)工联会和纸业、木船等 7 个产业工会。

闽赣省职工联合会成立于 1933 年 5 月,吴华友、徐良策先后任主席。

粤赣省职工联合会成立于 1933 年 8 月,同年 9 月在会昌县林岗坝陈屋祠堂召开了粤赣省第一次职工代表大会,选举张鹤龄为省职工联合会委员长。粤赣省苦力运输、店员手艺、雇农等行业工会也相继成立。

赣南省职工联合会成立于 1934 年 8 月,刘儒获、张鹤龄、王贤选(王中仁)等先后任委员长。

中华全国总工会苏区中央执行局成立后,先后领导召开了全苏区 5 大产业工人代表大会,成立了直属于全总苏区中央执行局的 5 大产业工会组织:

中国农业工人第一次全国代表大会,1933 年 4 月 1 日至 7 日在瑞金召开,选举产生了中国农业工人工会中央执行委员会。朱地元(后刘儒获)任委员长,李文棠、张念仁任副委员长。中国农业工会内设组织部、社会经济部、文化教育部、青工部、女工部等工作部门。办公地点在瑞金县城北门。

中国店员手艺工人代表大会,1933 年 5 月 1 日在瑞金召开。选举产生了中国店员手艺工人工会中央执行委员会。委员长邓振询,后罗梓铭继任。内设青工部、女工部、纸业部等工作部门,机关设在瑞金城北双清桥头。

中国纸业工人第一次全国代表大会,1933 年 7 月 1 日在瑞金召开,选举产生了中国纸业工人工会临时中央执行委员会,罗梓才任委员长。

中国苦力运输工人第一次全国代表大会,1933 年 9 月 1 日在瑞金县清水乡枣子排村召开,选举产生了中国苦力运输工人工会临时中央执行委员会。委员长王贤选(王中仁),副委员长谢瑞生。内设组织、青工、社会经济、女工、船排、文教等部和赣江办事处等工作部门。

中国国家企业第一次工人代表大会,1934 年 7 月 1 日在瑞金召开,选举产生了中国国家企业工人工会临时中央执行委员会。委员长邱荣生,副委员长陆宗昌。

二、苏区工会工作的开展

苏区工会工作的主要任务,是团结和组织苏区工人,积极参加土地革命斗争,巩固和保卫苏维埃政权,贯彻落实苏维埃政府颁布的劳动法令,积极参加苏维埃国家的经济建设,改善自己的工作和生活条件,提高自身的政治思想觉悟和文化知识水平。

中央苏区各级工会组织在党的领导和苏维埃政府的帮助下,从苏区实际出发,卓有成效地开展了各项工作。

(一)团结和组织苏区工人,参加土地革命斗争

根据地内的广大工人(包括产业工人、手工业工人、农村雇农、店员职员等),都生活在广大的农村。他们在革命前和广大贫苦农民一样,都深受三座大山的压迫,有强烈的革命愿望和要求。土地革命斗争开展后,他们在党组织的领导下,与广大贫苦农民一起,积极参加农民武装暴动,打土豪,分田地,热情极为高涨。各地工会领导机关建立后,迅速将农村各地分散的工人团结和组织在各类基层工会组织中,从而使工人阶级组织的力量在土地革命斗争中充分发挥出来。中共江西省委巡视员刘作抚 1930 年 7 月 22 日在向中央汇报赣西南苏区情况时说:赣西南苏区“工会的组织县总工会,下面即区工会,分工会……区工会分工会是普遍的组织起了的”;“雇农工会……现在(赣)

西南也算开始普遍的开始建立了”。[①] 全总苏区执行局1932年3月17日在给全总的报告中，分别列举瑞金、万泰、兴国、会昌、赣县等县的工会组织情况：瑞金县共有各业工人2585人，其中城市工人431人，共建立城市手工业工人支部9个、店员工会1个、木船工会1个、苦力工会1个。万泰县共有手工业工人762人，已分别组织在53个工会支部中；有雇农954人，分别组织在61个工会支部中。兴国县共建立区工会16个（每区1个），建立工会支部129个。赣县共有工人819人，分别组织在53个基层工会支部或基层工会中；全县共有雇农1357人，共建有雇农工会支部59个。会昌县共有工人837人，分别组织在31个基层工会支部（或分工会）中。[②]

1934年1月24日，毛泽东在第二次全国苏维埃代表大会上作政府工作报告时说：“苏区工人是组织了坚强的阶级工会。这种工会是苏维埃政权的柱石，是保护工人利益的堡垒，同时他成为广大工人群众学习共产主义的学校。苏维埃对于工会，在法律上保障了他的权利，因此工会会员是极大的发展起来。据中华全国总工会的统计，现在苏区工会会员数仅以中央苏区及其附近几个苏区计算，共有二十二万九千人，其分布：中央苏区一一〇〇〇〇人，湘赣二三〇〇〇人，湘鄂赣四〇〇〇〇人，闽浙赣二五〇〇〇人，闽赣六〇〇〇人，闽北五〇〇〇人，根据中央苏区的材料，没有加入工会的工人仅只有三千六百七十六人，不足全体工人的百分之五，即是说百分之九十五的工人是加入工会了。一部分地方如兴国加入工会的竟达百分之九十八。”毛泽东自豪地说：“请问这是国民党区域能够梦见的事情么？不但中

① 《赣西南刘作抚同志（给中央的综合性）报告》，1930年7月22日，见《中央革命根据地史料选编》上册第249—250页，江西人民出版社1982年版。

② 参见《全总苏区执行局报告》，1932年3月17日。载《江西工人运动史料选编》第265—272页，江西人民出版社1986年4月版。

国,全世界除苏联外,那一个帝国主义国家有过这种情形的?"①

毛泽东对苏区工会组织和工会工作给予的高度肯定和评价,充分说明中央苏区各级工会组织,确实把广大工人团结到了自己周围,从而为根据地的土地革命斗争组织起一支强大的生力军。

(二)动员苏区工人积极参加工农红军

革命武装斗争是土地革命最重要的斗争形式。强大的工农红军,是建立和保卫苏维埃区域绝对必须的基本条件和最重要的力量。在创建和保卫苏维埃区域的斗争中,中国共产党认为,增加和扩大红军中的工人成分,对于建设一支铁的红军至关重要。因此,动员广大工人积极参加红军,成为各级工会组织的一项重要工作。据统计,中央苏区新扩大的全部红军中,苏区工人占30%左右。毛泽东在第二次全苏大会报告中说到:"根据中央苏区公略,万泰,龙冈,兴国,胜利,西江,于都,寻乌,上杭,宁化,长汀,新泉等十二县的统计,工会会员七万零五百八十人中,现在红军及游击队服务的一万九千九百六十人,等于会员的百分之二十八。"②

中央苏区工人师的组建,是中央苏区工人参加红军革命热情发展到最高潮的历史见证。

1933年8月22日出版的《红色中华》报载:"在创造工人师的动员工作中,首先是永丰县给了最实际的回答,一个动员,就完成了永丰县应有的数量而且超过。继着是胜利,于都,博生,兴国,瑞金,也获得了很大的成绩——超过了大会决定的数字。"③潘汉年在《工人师少共国际师的动员总结与今后四个月的动员计划》一文中,曾欣喜地写道:

---

① 江西省档案馆、中共江西省委党校党史教研室编:《中央革命根据地史料选编》(下),江西人民出版社1982年版,第317—318页。

② 江西省档案馆、中共江西省委党校党史教研室编:《中央革命根据地史料选编》(下),江西人民出版社1982年版,第318页。

③ 《工人师怎样成立的?》,载《红色中华》,1933年8月22日第104期第2版。

“在这两个师的动员工作中，更表现了无产阶级的英勇的领导作用。在胜利县的平安区，区工会领导了全区的工会会员加入红军，万泰一个雇农领导了三十余个贫农自动的加入红军，还有一个工会会员组织了八十余个贫农与中农加入红军。”①

除动员工人参加红军以外，苏区各级工会组织还在党和苏维埃政府统一领导下，积极动员和组织工人上前线支援红军作战。1932 年 4 月，毛泽东指挥红军东路军攻克福建漳州后，缴获了大批战利品，筹集了大批苏区急需物资。漳州汽车运输工人和船运工人与苏区运输队一起，夜以继日水陆并进，连续奋战一个多月，将这些战利品与物资安全运回苏区，受到毛泽东、朱德、周恩来等苏区领导人高度赞扬。

(三)组织工人积极投身苏区经济建设

苏区工人是苏区经济建设主力军。面对国民党严密的经济封锁和前线红军及后方人民的急需，苏区工人处处以主人翁的姿态，积极投身到经济建设中。特别是军工战线的工人们，充分发挥自己的聪明才智，克服设备简陋、技术不熟、原材料不足、生活艰苦等困难，以惊人的速度，生产大量枪支弹药和其他军用品，保障红军前线的供给。当年红军中央兵工厂职工委员会主任马文回忆当时工人生产积极性时说:“工友之间，各单位之间经常进行劳动竞赛。当时提出:多造一颗子弹就等于多消灭一个敌人;多修一支枪等于多消灭 10 个敌人。这个口号成为每一个工人的行动口号。那时实行‘三八制’(8 小时工作，8 小时学习，8 小时休息)，但是由于工友同志们的政治觉悟很高，为了战争的需要往往自动加班加点，而且不领额外报酬。不论春夏秋冬，工人同志上下班常是两头黑(上班时天还未亮，天黑了才下

① 载《斗争》第 24 期，1933 年 8 月 29 日。

班)。"[①]苏区交通落后,没有公路、汽车、轮船。苏区的运输工人,硬是靠肩挑背驮,靠竹筏木船,靠独轮小车,将大批物资源源不断地运往苏区内外。苏区的钨矿工人,靠铁锤钢钎凿井挖洞,将大量钨砂开采出来,为苏维埃共和国创造财富。

苏区工人在经济建设中表现出的主人翁精神,还体现在积极购买公债,组织和参加生产合作社运动。1933 年夏,中央苏区发行 300 万元经济建设公债,在 3 个月中苏区工人就认购 100.7 万元,占国家计划发行额的 1/3 多。中央苏区公略、万泰、龙冈、兴国、胜利、西江、于都、寻乌、上杭、宁化、长汀、新泉等 12 县在家的工会会员,平均每人购买经济建设公债 4.5 元。为发展生产,各级工会积极动员工人组织各类生产合作社。仅于都县工联会就组织全县工人建立刨烟、铁器、煤炭、硝盐、石灰、农具等生产合作社 100 多个,参加合作社的工人 1000 余人。自筹资金 1.32 万元。其他各县都像于都县一样,许多工人都积极加入到各类生产合作社中,并成为合作社的骨干力量。

为了支援苏维埃国家经济建设和红军战争,苏区工人还自觉厉行节约,将节省下来的现金和物资献给苏维埃,献给红军。1934 年 3 月,中国苦力运输工会中央执行委员会发出紧急通知,动员 500 名船筏工人做 5 个月义务劳动,帮助苏维埃政府运送粮食,并节省 7 万担谷子的运费支援红军战争。1933 年 3 月 11 日,中央造币厂全体工人给苏维埃中央人民委员会写信,请求通令节省,得到中央人民委员会的支持。他们的这种主动为国分忧的崇高品质,也得到苏区军民的热烈称赞和响应。1934 年 4 月,为响应《红色中华》报发出的"四个月节省八十万元"倡议,江西省邮务工人一致要求国家从 5 月至 7 月免发工资。赣县江口对外贸易分局工人也决定不领 3 个月工资;赣县粮食调剂分

① 马文:《忆中央苏区红军兵工厂》,载原兵器工业部兵工史编辑部编《兵工史料》第 8 辑,1986 年 10 月出版。

局工人要求免发全年工资，支援红军。

（四）坚决贯彻落实《劳动法》，保障工人的经济利益

1931年11月一苏大会上讨论并通过了《中华苏维埃共和国劳动法》，同年12月20日，苏维埃中央执行委员会发布文告，宣布《劳动法》从1932年1月1日起正式实行。此后，苏区各级工会组织在苏维埃政府支持下，对《劳动法》的贯彻执行进行认真的督促检查，使之落到实处，成效显著。正如毛泽东当年所说：

> 现在苏区是一般的实行了八小时工作制，订立了劳动合同与集体合同。在城市内与许多的乡村内，已经普遍建立了劳动检查所与检查员，目的是检查雇主是否有违背苏维埃劳动法的行为。对于雇主犯法行为的裁制，则属于专门设立的劳动法庭。为了防止资本家对于劳动力的操纵，为了保护失业工人，苏维埃垄断了劳动介绍权。一切资本家请工，必须到苏维埃设立的劳动介绍所去。失业救济机关的设立，现在也日益推广了，失业工人一般得到了具体的救济。农村工人又都分配了土地。社会保险制度是确立了，社会保险局已建立在苏区各个城市中。所有这些，都是工人们在国民党政权下所丝毫不能得到的，然而苏维埃政权则以为这些政策的实施乃是自己最大的责任。①

《劳动法》的贯彻实施，使苏区工人的生活得到很大改善。这里，我们以长汀、赣县为例，列表说明如下：

① 毛泽东：《在第二次全国苏维埃代表大会上的报告》，1934年1月24日至25日。见江西省档案馆、中共江西省委党校党史教研室编：《中央革命根据地史料选编》（下），江西人民出版社1982年版，第314页。

表一：汀州市工人工资增长情况对比表

职业	期间	最高工资(元)			最低工资(元)			中等工资(元)	
		现在	革命前	现在	比较	革命前	现在	比较	革命前
京果工人	每月	10	32	+22	2	22	+20		30
纸业工人	每月	10	35	+25	3	31	+28		33
油业工人	每月	6	18	+12	3	12	+9		15
药业工人	每月	6	30	+24	2	26	+24		28
刨烟工人	每月	7	36	+29	3.5	30	+26.5		28
印刷工人	每月	15	36	+21	5	28	+23	无统计	34
五金工人	每月	6	18	+12		14			16
木匠工人	每月	0.6	0.8	+0.2					
木船工人	由汀州至上杭	14	46	+32					
染业工人	每月	5.5	20	+14	2	18	+16		19
油纸工人	每月	5	21	+16	2	17	+15		19

注："＋"位次工资增加数。

表二:赣县田村区各时期零工日工资比较表

等级	时期＼职业	手艺工人	纸业工人	农业工人	苦力运输工人
最高工资	革命前	0.3	0.4	0.28	0.45
	1933.5.1前	0.3	0.4	0.30	0.67
	现在	0.35	0.45	0.32	0.96
	比革命前增加	0.05	0.05	0.04	0.51
中等工资	革命前	0.22	0.22	0.10	0.26
	1933.5.1前	0.25	0.24	0.15	0.39
	现在	0.30	0.30	0.20	0.50
	比革命前增加	0.08	0.08	0.10	0.24
最低工资	革命前	0.10	0.14	0.03	0.10
	1933.5.1前	0.15	0.11	0.06	
	现在	0.20	0.25	0.10	0.20
	比革命前增加	0.10	0.11	0.07	0.10

注:每日工资以元为计算单位。

上述两表反映的是城市和农村工人工资变化。至于中央直辖的国家企业工人工资,一般都增加了20%,最高的增加了40%。工资的支付一般都能按期,拖欠工资的现象很少发生。

总之,苏区工会在根据地的革命斗争中起了重要的作用,成为"苏维埃政权的柱石","保卫工人利益的堡垒"。

在中央苏区的工人运动和工会工作中,不仅涌现了陈赞贤、梁一清、邓振询等一批当地土生土长的一心为工人阶级谋利益求解放的著名工运领袖，而且还汇聚一批全国著名的工人运动杰出领袖人物，如刘少奇、陈云、陈寿昌、梁广等。

第二节 共青团组织与青年工作

一、苏区共青团组织系统

赣西南和闽西地区在大革命时期就建立了共青团组织。大革命失败后，多数共青团组织同共产党组织一样停止了活动。

土地革命开展后，各地共青团组织陆续恢复活动。在赣南，1928年夏秋间，建立了于都、宁都、瑞金和于北特区的共青团组织。1929年成立了共青团赣南特委，辖有兴国、于都两个共青团县委和于北区委，以及宁都县44个团支部、信丰县两个团支部、南康县1个团支部及赣州城特别支部。在赣西，1929年在吉安城成立共青团赣西特委，曾道懿任书记，下辖吉安、吉水、永丰、泰和、万安、峡江、新喻（余）、分宜等县团组织。同年10月和11月，共青团赣西特委两次遭国民党破坏，团特委书记曾道懿叛变投敌，致使吉安党、团组织难以开展活动，被迫撤至吉安水东农村。后由赣西党的特委指定团特委常委5人，由曾觉非负责。1930年1月，共青团赣西特委与共青团湘赣边特委合并，成立新的共青团赣西特委，仍由曾觉非负责。在闽西，1928年冬至1929年初，虽有共青团特委的组织，但实际上党、团组织和工作都没有分开，只在中共闽西临时特委之下设有青年部进行青年团的工作。1929年7月，党团组织分开，正式成立了共青团闽西特委，原在红四军前委妇女组工作的曾志，被调去闽西任共青团特委书记，团特委委员有何文谟、张载荣等4人。

1930年后，随着赣西南、闽西苏区的建立和发展，共青团组织进入了迅猛发展阶段。1930年2月上旬召开的中共红四军前委和赣西特委、红五、六军军委联席会议(二七会议),决定将赣西、赣南、湘赣边三地中共特委合并成立中共赣西南特委的同时,也决定三地共青团特委合并,成立共青团赣西南特委,先由曾觉非负责,后由段良弼任书记。共青团赣西南特委成立后,分别成立了下辖的东、西、南、北、中5路共青团工作委员会。1930年10月,赣西南苏区各级共青团组织与党和工会组织合并,成立江西省行动委员会,直到1931年1月才重新单独分设,在吉安县富田成立共青团赣西南特区委员会,直接领导各县共青团组织。

闽西苏区,1930年8月在龙岩城召开闽西共青团第一次代表大会,选举张载荣任共青团闽西特委书记,并且设立了少先队总部和儿童团总部。还出版了《闽西列宁青年》杂志。不久,按福建总行委通知,闽西党团组织合并为闽西总行委,总行委下设青年工作委员会,仍由张载荣任书记,但团的工作实际上陷于停顿。同年10月青年工委撤销,重新恢复共青团组织。11月共青团闽西特委在永定县虎岗召开特委扩大会议,接受中共六届三中全会决议,正式恢复共青团的独立活动和日常工作。

共青团中央为加强对苏维埃区域共青团工作的领导,于1930年底派出2人前来中央苏区,1931年2月筹备成立共青团苏区中央局(又称少共苏区中央局)。1931年4月中旬,原共青团中央组织部长顾作霖,与任弼时、王稼祥一起,抵达江西宁都县青塘乡。顾作霖由中共中央政治局指定为中共苏区中央局委员,参与中共苏区中央局领导工作。他与先期抵达中央苏区的共青团中央两位同志会合后,正式成立了少共(共青团)苏区中央局,由顾作霖任书记。成立之初,包括顾作霖在内只有3名工作人员。1931年7月1日,少共苏区中央局在永丰县龙冈创办了机关报《青年实话》。1931年9月底,少共苏区中央局机关随红一方面军总部从兴国县迁驻瑞金叶坪区庙背村。1932年

1月15日至20日,苏区共青团第一次代表大会在瑞金叶坪村召开。大会选举产生了新的少共苏区中央局领导机构,顾作霖仍任书记,张爱萍任秘书长,胡均鹤任组织部长,陆定一任宣传部长。少共苏区中央局除设有秘书处、宣传部、组织部外,还设有经济法权部、苏区少年先锋队中央总队部(总队长王盛荣,党代表周恩来)、中央儿童局等工作部门,还办有列宁团校。

1932年10月,共青团中央主要领导人相继被捕叛变。同年12月下旬经共产国际批准,中共临时中央政治局决定将领导机关迁入中央苏区,共青团中央机关也同时迁入中央苏区。1933年1月,迁入苏区的共青团中央机关在瑞金与少共苏区中央局会合,成立新的少共(共青团)中央局,仍由顾作霖任书记。1933年4月,顾作霖奉调任新成立的中共闽赣省委书记,由原少共中央宣传部长凯丰(何克全)接任书记,胡耀邦任秘书长,刘英任组织部长兼宣传部长;张爱萍改任少队中央总队长,周恩来继续兼任少队中央总队部党代表;陈丕显任中央儿童局书记(后由赖大超接任)。少共中央局机关从瑞金叶坪庙背村迁驻瑞金沙洲坝乡下肖村,1934年7月又迁驻瑞金梅坑区田心乡上老屋场。原少共苏区中央局所办《青年实话》改为少共中央局机关报,继续出版发行。

1934年10月,少共中央局凯丰、王盛荣、刘英、胡耀邦、赖大超等工作人员编入军委第二野战纵队,参加突围转移,另在中央苏区成立了少共中央分局。

少共苏区中央局和少共中央局先后辖有少共江西、福建、闽赣、粤赣、赣南等省委。

少共江西省委:1931年11月在于都县桥头乡(时为于北特区桥头区)召开少共江西省第一次代表大会,到会代表100人,选举产生少共江西省执行委员会。1933年11月在宁都县(时为博生县)七里村召开少共江西省第二次代表大会,选举了新的少共江西省执行委员会。

少共江西省委历任书记有:梁仁芥、张绩之、钟效培。

少共福建省委:1931 年 8 月成立少共闽粤赣苏区省委,书记陈荣,组织部长郑荣光,宣传部长魏挺群(阿伪),青年妇女部长张才英。1932 年 6 月在长汀城召开福建省共青团第一次代表大会,选举产生了新的少共福建省委,担任省委书记的有陈荣、冯文彬、刘英等。1933 年 2 月,在反"罗明路线"斗争中,少共福建省委书记陈荣也受到错误批判。

少共闽赣省委:1933 年 5 月成立。曾任省委书记有:刘邦华、黄道、黄富武、邱胜雄;担任少共闽赣省儿童局书记的有陈丕显等;担任少队闽赣省队部队长的有陈顺期、谭化会等。

少共粤赣省委:1933 年 8 月成立。机关设会昌县文武坝。1934 年 1 月在会昌县林岗坝召开了少共粤赣省第一次代表大会,选举产生少共粤赣省执行委员会。书记李鹤鸣。1934 年 10 月因粤赣省苏区失守而停止活动。

少共赣南省委:1934 年 8 月成立。书记钟昌材,同年 10 月后陈丕显接任,秘书长兼组织部长罗孟湖,白区工作部部长刘新潮(刘建华),儿童局书记刘秀章。

红军中的青年团工作,历经了一个较为曲折的过程。自红四军党的九大以后,红军中没有单独建立共青团组织。但是,这并不等于取消红军中的青年工作。红四军党的九大决议指出:争取青年工农群众是党的重要任务之一,须有专门组织去担任这种工作。随后在红军各级政治工作部门成立了专门从事青年工作的青年部(或青年科)。1930 年夏李立三"左"倾冒险主义主张"党团合一"成立行动委员会时,实际上就取消了红军中的青年工作。李立三"左"倾错误纠正以后,红军中的青年工作机构逐步得到恢复和加强。1932 年 1 月 15 日至 20 日召开的苏区共青团第一次代表大会,讨论通过了《红军中团的工作决议》。决议强调了红军中开展共青团工作的重要意义,总结了以往红军中共青团工作的经验教训,理顺了红军中共青团和共产党组织的关系,以及青年工作与红军政治工作的关系,指出:“红军中团的组织原则是根据于军队便利作战及统一行动的特殊条件,不能有独立的组织系统。团的组织完全隶属于党的系统之下进行工作,团不能成立单独的支部,而应在党的支部中,建立列宁青年组,在党支部的直接领导之下工作。军事学校中团应成立支部,但亦应在党的领导之下。”①根据这一决议,在红军的基层连队积极发展共青团员,并将他们组织到连队列宁青年组中,在党的领导下积极开展活动。此后的实践证明:红军中的这种青年组织方式与工作方式,适合红军中青年的特点,其成效是显著的。

除了共青团组织和红军中的青年工作组织外,中央苏区的工会组织、革命互济会、贫农团以及妇女工作机构中,都专门设立有青年工作部、青工科或青工委,专门负责本系统中青年工作的开展。这样就使苏区青年工作形成了以中国共产党为领导核心,以共青团组织为骨干,以红军和地方各群众团体青年工作部门为辅助的青年工作网络。

二、青年工作的开展

苏区共青团组织,主要从以下几个方面开展工作:

(一)建立和发展团的组织,将广大工农青年团结到自己的周围

土地革命初期,赣西南和闽西地区的共青团组织与共产党组织一样,都是处于秘密状态。由于各种原因,尤其是1930年夏受李立三“左”倾错误影响,共青团组织和共青团工作一度处于被取消和忽视的状态,造成共青团员数量远远少于共产党员数量的局面。据共青团江西省委1932年统计,截止1932年1月,江西苏区兴国、于都、胜利等

① 《红军中团的工作决议——苏区第一次代表大会通过》,1932年1月16日。

15 县，总共只有团员 10389 人[①]，而同期全省有党员数约 15000 人[②]。

1932 年 1 月 15 日开幕的苏区共青团第一次代表大会，对这个问题引起了重视。会上专门通过了《团的建设问题决议》，提出“广泛发展团的组织，应成为目前团的建设工作中最主要的任务”。要求“团应在一切劳动青年中加强他征收的工作，而特别要向青工雇农开门。这就要坚决反对关门主义的倾向，以及秘密拉夫式的发展等”[③]。1932 年 2 月 20 日，少共苏区中央局再次作出《发展苏区团的组织决议》，指出：“为了推动团的发展，开展一个团的组织上的新局面，中央局决定于最近二个月（三月、四月）在中央苏区及一方面军中举行一次发展团员的运动。在这次运动中要发展团员一万人，要在新发展的区域普遍建立团的组织，要在所有的工厂、作坊与乡村中建立团的支部，要在红军和地方武装每一伙食单位中建立团的小组。”

此后，在中央苏区，共青团组织出现了一个迅速发展扩大的局面。仅江西苏区 15 个县，1932 年 2 月至 4 月，就新发展共青团员 10675 人，团员数量比 3 个月前增加 1 倍以上，达到 21064 人，共青团支部也发展到有 772 个。至 1932 年 12 月，江西省共有共青团员约 45000 人。1933 年 1 月至 4 月，江西省又发展团员 5000 人。在 1933 年红五月中，江西全省新发展团员 14501 人。全省共青团员总数增加到 64501 人。福建省至 1933 年 4 月共有团员 5322 人，当年红五月又发展 3957 人，全省团员总数增加到 9279 人。江西、福建两省至 1933 年 5 月底，

① 《CY 江西全省组织统计表》，1932 年 8 月 26 日，见江西省档案馆、中共江西省委党校党史教研室编：《中央革命根据地史料选编》（下），江西人民出版社 1982 年版，第 736 页。

② 《江西苏区中共省委工作总结报告》，1932 年 5 月，见江西省档案馆、中共江西省委党校党史教研室编：《中央革命根据地史料选编》（上），江西人民出版社 1982 年版，第 489 页。

③ 《团的建设决议案——苏区团第一次代表大会通过》，1932 年 1 月。

共青团员发展到73780人，比1932年春增加6倍以上。[①]

红军部队中，据1933年9月统计，“党团员占全体战士45.5%”，“军事指挥员中党团员占55.1%”[②]。以当时全方面军10万人计，党团员数约有45000人以上，其中共青团员至少在15000人以上。由此可见，中央苏区共青团组织的发展，成绩是显著的。

（二）针对青年特点施以共产主义教育，帮助广大青年提高革命觉悟和文化科学水平

少共苏区中央局主办的刊物《青年实话》和各地农村、部队、机关、工厂建立的俱乐部、列宁室，是对青少年进行共产主义教育的最主要阵地。《青年实话》初刊两期为传单版式，单面油印。第三次反“围剿”期间停刊，1931年12月1日在瑞金恢复出版。它内容丰富，图文并茂，文章短小，通俗易懂，所报道所反映的除苏区内外重大事件外，主要是苏区青年所关心、乐于接受、急于了解和掌握的革命道理、工作经验、科技生活常识以及文学知识。该刊还常常围绕苏区青年所关心的问题展开讨论。由于它适合青年人的需要，所以发行量最多时达2.8万余份，仅次于《红色中华》报。俱乐部和列宁室是苏区青年乐于参加活动的文化娱乐和学习场所。青年们在这里学习文化知识，参加文化娱乐活动，能够从中受到很好的教育。

苏区共青团组织非常注意组织青年学习革命理论。少共中央局组织力量编印了供青年阅读的《青年读本》，向青年传输马克思主义基本常识。为培养共青团干部，少共苏区中央局于1932年12月在瑞金洋溪村创办了列宁团校，顾作霖兼任校长。学员都是14岁到25岁的青年。学习内容有中共党史、共青团史、政治、地理常识、游击战术等

① 凯丰：《苏区团的组织状况与我们的任务》，1933年8月10日，见江西省档案馆、中共江西省委党校党史教研室编：《中央革命根据地史料选编》（下），江西人民出版社1982年版，第746页。

② 贺昌：《红军全国政治工作会议》，载《红星》报1934年2月第29期。

课程。任弼时讲中共党史，顾作霖讲青年团史，徐特立、陆定一讲地理、政治常识，军委总参谋部的同志讲游击战术。毛泽东、朱德、周恩来等都曾到列宁团校作过报告。

（三）动员和组织苏区青年积极参加红军，支援革命战争

苏区青年是革命战争的主要力量。少共苏区中央局 1931 年 7 月 14 日写给共青团中央的书面报告中陈述道："二次战争得到伟大光荣的胜利，这种胜利的获得，与青年有莫大的关系。青年的积极性，在这次战争中确实表现得非常明显……在战争爆发之前，地方武装和群众不休歇的与敌人战争，堵敌、扰敌、袭敌；在战争进行的时候，同样有广大群众的配合行动，这些群众有拿着枪的，土枪、土炮的，打着红旗的，和徒手的，最主要的是谁呢？青年！此外，对于战争有很大帮助的，如交通、侦探、看护、慰劳以及保护后方的勤务，如放哨、检查行人等等工作都是谁做的呢？青年！在前方火线上，在后方的种种活动上，主要的是看到青年的活跃，奋勇。战争把百分之九十以上的劳动青年都吸引去了。伟大的二次战争的胜利，说明没有青年，就没有战争，没有胜利。"①这话是符合苏区革命战争事实情况的。

中央苏区红军"少共国际师"的创建，更是突出证明了苏区共青团组织在动员和组织青年参加革命战争方面发挥的巨大作用。

（四）领导少年先锋队和共产主义儿童团开展工作

苏区的"中华苏维埃共和国少年先锋队"，是工农劳动青年半军事性群众组织，受中国共产主义青年团领导。少先队曾与苏区赤卫队一起，统称为"赤少队"。1933 年夏创建"少共国际师"时，少队中央总队部及时于 1933 年 6 月 26 日召江西、福建、闽赣 3 省省、县、区队长联席会议动员各地少先队整个区队、县队加入红军，使少共国际师有充足

① 《苏区团中央局报告（第四号）》，1931 年 7 月 14 日于兴国古龙冈。载《江西青年运动史料选编》上册第 307—308 页，江西人民出版社 1987 年 4 月第 1 版。

的兵源。第五次反“围剿”中,各地都是直接从少先队中征调队员,补充红军,支援前线。

苏区的共产主义儿童团,是苏区内极广泛的儿童组织,除地、富、资本家出身的儿童外,其余 7 岁至 14 岁儿童均可加入。儿童团每村组织一队或数队。其标识为红领带,口号是“准备着! 时时刻刻准备着!”仪节为:举右手过头伸五指手心向左(五指代表地球五大洲)。

儿童团受共青团领导。各级共青团组织都有儿童局。少共中央儿童局书记胡耀邦(后为陈丕显、赖大超)。儿童局的主要任务是:组织儿童学习文化知识;用儿童喜爱的方式教育儿童拥护苏维埃与红军,拥护革命;宣传新思想新风尚,反对各种旧思想旧风俗;学习简单的军事知识,臂戴红袖章,手持红缨枪,担负一定的站岗放哨戒严任务。毛泽东主席曾在第二次全苏大会报告中称赞儿童团工作,说:“儿童们同时又组织在红色儿童团之内,这种儿童团,同样是儿童们学习共产主义的学校。”①

(五)组织青年团员参与苏维埃国家政权的管理

根据青年人敢作敢为的特点,在各级工农检察部(二苏大会后为工农检察委员会)指导下,组织“青年轻骑队”等以明察暗访方式,对各级苏维埃机关工作人员中存在的贪污浪费、官僚主义作风等进行监督和斗争。他们的工作,对于促进苏区干部好作风、促进苏维埃政权的廉政建设,起到了积极作用。各级共青团组织还积极协助教育部门发展苏区的教育事业,如协助开办学校,扫除文盲,组织和动员适龄儿童入学,等等。

总之,中央苏区各级共青团组织,很好地发挥了先进劳动青年的

① 毛泽东:《在第二次全国苏维埃代表大会上的报告》,1934 年 1 月 24 日至 25 日,载江西省档案馆、中共江西省委党校党史教研室编:《中央革命根据地史料选编》(下),江西人民出版社 1982 年版,第 330 页。

革命群众组织和共产党的助手作用。但是,毋庸讳言,苏区共青团工作也受到王明“左”倾教条主义错误影响,妨碍了共青团和青年工作健康活泼的开展。这方面的经验教训也是值得记取的。

苏区共青团组织是一所共产主义大的学校。在苏区斗争的革命大熔炉里,在苏区共青团组织这所共产主义大学校里,一大批青年革命家茁壮成长。他们中杰出的代表,有顾作霖、胡耀邦、陆定一、萧华、陈丕显、刘英、张爱萍等。

第三节 妇女组织与妇女工作

一、苏区妇女组织系统

中国共产党一贯重视妇女的解放事业。大革命时期,赣西南和闽西许多县都曾建立过妇女组织,开展过妇女运动。土地革命开展后,从中共中央到各省委、特委、县委、区委,都设有妇女工作委员会(或称妇女部),配备妇女工作委员会书记(妇委书记,或称妇女部长)和专职妇女干事。工会、共青团、贫农团等群众团体中,也设有女工部或妇女部,负责各团体的妇女工作。1930 年夏,在赣西南苏区,党、团组织及苏维埃政府妇女工作机构合并,成立各级妇女工作委员会(亦称妇女运动委员会或妇女委员会),在各级苏维埃政府内单独设立办公机关,为苏维埃政府的工作部门之一。

1930 年 10 月 7 日江西省苏维埃政府成立后,即成立了江西省苏维埃政府妇女工作委员会,主任张发姑。1931 年 3 月,江西省苏维埃政府撤销政府系统的妇女工作机构,恢复工会、雇农工会、贫农团和共青团系统妇女部、女工部。妇女群众按其职业,分别加入上述群众团体,参加各种实际斗争。党组织系统的妇女工作机构则一直保留。

中央苏区自 1931 年 1 月 15 日成立中共苏区中央局后,由于人才缺乏,中央局本身既未单独设立妇女部,也无妇女委员专职从事妇女工作。1933年春中共临时中央迁入瑞金成立新的中共中央局后,在同年夏新设立的中共中央组织局中,分工由中共中央局组织部长、中共中央组织局主任罗迈(李维汉)兼管妇女工作①。直到1934年1月中共六届五中全会后,才将原中共福建省委妇女部长李坚真调任中共中央妇女部部长。

中央苏区所辖各省委,都一直设有妇女部。中共江西省委妇女部部长先后为蔡畅、谢玉钦;中共福建省委妇女部部长李坚真;中共闽赣省委妇女部部长先后为张荷凤、刘志敏、李火凤;中共粤赣省委妇女部部长先后为傅才秀、吴富莲;中共赣南省委妇女部部长为刘莲仔。

苏维埃临时中央政府成立后,为使劳动妇女能在政治上、经济上得到彻底解放,更好地参加革命斗争和政权管理工作,改善和提高妇女的生活水平和社会地位,1932年4月,苏维埃中央执行委员会作出决议:各级苏维埃政府组织成立妇女生活改善委员会。该组织在中央隶属中央人民委员会,在省、县、区隶属各级苏维埃政府执行委员会主席团,是各级苏维埃政府关于妇女工作的咨询部门。其任务是:"调查妇女的生活,具体计划改善妇女生活的办法,向人民委员会或各级政府的主席团会议提议,得该项会议通过后才发生效力。""妇女生活改善委员会由三人至五人组成之,党的妇委书记及群众团体妇女部主任都可以加入该委员会为委员。""妇女生活改善委员会,设主任一人,以总揽该委员会的工作,不分科。主任及委员由人民委员会及各级政府的主席团委任之。"②中央妇女生活改善委员会于1932年6月成立,主任周月林。江西省妇女生活改善委员会主任先后为萧贱女、黄发桂。

---

① 李维汉:《回忆与思考》上册,中共党史出版社1986年版。

② 《中华苏维埃共和国妇女生活改善委员会组织纲要》,1932年4月,载《江西省妇女运动史料选编》,江西人民出版社1982年版,第55页。

在中央苏区,还有"劳动妇女代表会议"这一组织形式。1932年1月2日,中共苏区中央局曾专门发出《劳动妇女代表会议组织及工作大纲》文件,对"劳动妇女代表会议"的有关问题作出明确规定,对妇女工作提出具体要求。1933年3月14日,新成立的中共中央局下发文件,将"劳动妇女代表会议"改称为"女工农妇代表会议"。女工农妇代表会议在组织上没有独立的系统,只有区以下及城市的女工农妇代表会议有经常性的组织,定期召开会议;中央、省、县3级无经常的组织,须经党委同意临时召集女工农妇代表会议,有计划的讨论妇女工作。区和乡的女工农妇代表会应有一个指导员,指导其工作,指导员必须是共产党员,区的指导员可以区委的妇委委员担任,乡的指导员可以由支部女干事担任。中央局要求各级党和团的组织应领导妇委经常的讨论与领导女工农妇代表会的工作,把它作为党的整个工作的一部分①。

这样,中央苏区在妇女工作方面,就形成了一个在党的妇女部(或妇女工作委员会)领导下的、由群众团体妇女工作部门和苏维埃政府妇女生活改善委员会,以及党团组织领导下的女工农妇代表会议所组成的完整的工作网络。

二、妇女工作的显著成就

中国共产党为了帮助广大劳动妇女获得翻身解放,从土地革命一开始,就将妇女解放运动作为苏维埃运动的一个重要组成部分,十分注意发动妇女参加革命斗争。如在赣西南地区,党代表劳动妇女提出了翻身解放的12条迫切要求:"1. 男女平均分配土地。2. 铲除封建势力。3. 打破一切桎梏妇女的旧礼教。4. 废除买卖和包办婚姻。5. 禁止虐待童养媳。6. 反对翁姑丈夫无理打骂妇女。7. 妇女有参加苏

① 《苏区中央局关于女工农妇代表会议的组织暨工作大纲》,1933年3月14日,载《江西苏区妇女运动史料选编》,江西人民出版社1982年12月版,第87—88页。

维埃之权。8. 男女有受同等教育之权利。9. 男女工资待遇一律平等。10. 改良劳动妇女生活。11. 妇女工人产前产后应有 3 个月的休息工资照给。12. 青年妇女要言论行动自由。”[①]这些要求,都反映了根据地劳动妇女的共同心声。

在党的教育、发动和领导下,广大劳动妇女深刻地认识到,只有打倒土豪劣绅,推翻封建统治,建立苏维埃政权,才能得到劳动妇女的翻身解放。于是,她们冲决各种封建礼教的罗网,勇敢地投身到如火如荼的土地革命斗争洪流。

苏维埃临时中央政府成立后,将劳动妇女的翻身解放和保护她们的利益,以法律、法令的形式明确固定下来。1932 年 6 月 20 日,苏维埃中央人民委员会专门发出“关于保护妇女权利与建立妇女生活改善委员会的组织和工作”的第六号训令,强调做好妇女工作的重要性,批评一些地方忽视妇女工作的错误,指出妇女工作中存在的一些问题,明确要求:各级苏维埃政府应吸收妇女参加政权机关的一切工作,纠正各级政府工作人员轻视妇女、忽视妇女权利保护的不正确倾向,对不执行关于妇女方面各种法令的行为作坚决斗争;要努力提高劳动妇女的觉悟和对苏维埃政府与革命的认识,提高妇女的政治文化水平;要做好妇女利益的保护工作,贯彻执行婚姻条例,等等。该训令还要求各级妇女生活改善委员会每月都要向上级报告妇女工作和妇女生活改善状况,提出妇女生活改善的建议和具体办法。

经过广大劳动妇女与党和苏维埃政府的不懈努力,苏区的妇女工作取得了重大而显著的成就,广大劳动妇女在政治、经济、婚姻及社会地位等方面都获得了真正的翻身解放。

---

① 《赣西南青年的迫切要求纲领》,寻乌 CY 县委翻印,1930 年 7 月 17 日,载《江西苏区妇女运动史料选编》,江西人民出版社 1982 年版,第 2 页。

(一)政治上彻底翻身,与男子一样成为苏维埃国家的主人

第一次全国苏维埃代表大会通过的《宪法大纲》明确规定:在苏维埃区域内的工人、农民、红军兵士及一切劳苦民众和他们的家属,不分男女种族,在苏维埃法律面前一律平等。苏区妇女与男子一样,凡年满16周岁以上,都依法享有选举权和被选举权,有参政议政的权利。召开各级党代表大会和苏维埃代表大会及各群众团体代表大会时,妇女代表都占一定份额。1933年8月在进行第二次全国苏维埃代表大会代表选举时,苏维埃中央执行委员会在发布的关于选举运动的训令中,特别指出:"这里应提出劳动妇女的成分,至少要使有占百分之二十五的劳动妇女当选。如果过去乡苏市苏全无妇女代表的地方,这点尤须注意。"①选举结果,市、乡苏维埃代表中妇女所占比例一般都达到25%的要求,有的地方甚至达到60%以上。

劳动妇女参加各级政权机关工作,这在革命前是想都不敢想的事情。可是在中央苏区,各级党政群领导机关中都有一定数量的妇女工作人员。党和苏维埃政府通过举办各种训练班、选拔妇女干部到各级学校去学习深造等办法,加速培养和锻炼妇女干部。例如1933年8月江西省苏维埃政府在制定省苏维埃干部学校招生计划时,着重说明"应有三分之一的女性"②。同年10月中央裁判部要求各级裁判部举办训练班时,要招收妇女学做裁判工作,"将来要做到裁判机关的工作人员的大部分是劳动妇女来担任,把原先男的裁判工作人员,去建立边区和新区的工作或参加前方作战"③。中共苏区中央局1933年在开展"红五月征收党员突击月"活动中,提出要在一个月中扩大一倍新党

---

① 《中华苏维埃共和国中央执行委员会训令第二十二号——关于此次选举运动的指示》,1933年8月9日,载《中华苏维埃共和国法律文件选编》,江西人民出版社1986年版,第129页。

② 《江西苏区妇女运动史料选编》,江西人民出版社1982年版,第105页。

③ 《江西苏区妇女运动史料选编》,江西人民出版社1982年版,第112页。

员，其中女党员要扩大一倍半。

经过不懈的努力，培养和提拔妇女干部的工作取得了显著成绩，大批获得翻身解放的劳动妇女，迅速走上各级党政领导岗位。“妇女参加市乡苏维埃工作的很多，每每占了全体代表百分之二十五以上，个别地方，如上杭上才溪乡妇女代表四十三人，占了百分之六十，下才溪乡五十九人，占百分之六十六。”①兴国全县有30多名妇女被选为乡苏维埃政府主席。被选为县、省两级苏维埃政府执行委员、候补执行委员的也不少。蔡畅、邓颖超、周月林、黄长娇、范乐春、李美群等17位女同志，在第二次全国苏维埃代表大会上当选为中央执行委员会委员和候补中央执行委员，还有5位女同志当选为中央检察委员。范乐春、吴富莲、黄长娇、李美群、傅才秀等著名妇女干部，都是斗争中成长起来的当地劳动妇女。蔡畅、邓颖超、康克清等同志，为培养妇女干部倾注了自己的心血。

（二）经济上获得解放，分得了土地，实行男女同工同酬

苏区贫苦妇女和男子一样，分得了土地，成为土地的主人。她们发扬特别能吃苦的传统美德，冲破“妇女犁田遭雷打”“妇女莳田禾不长”等封建习俗和陈腐观念，克服缠足和技术不熟等困难，积极投入到工农业生产中，成为苏区经济建设的生力军。为了鼓励妇女参加生产劳动，中共中央妇女部提出了“每个劳动妇女英勇地踏上生产战线，如像红军战士上火线一样英勇”的口号。苏维埃中央政府还决定：各乡苏维埃之下都要设立妇女劳动教育委员会，动员小脚妇女放脚和赤脚下田劳动，组织有经验的老农，帮助妇女学习犁田、耙田、插秧。妇女积极参加农业生产，极大地解决了农业生产劳力紧缺的困难。毛泽东在《长冈乡调查》中记载：“长冈乡十六岁至四十五岁的全部青年壮年七百三十三人，出外当红军做工作去了三百二十人，在乡四百一十三

① 《江西苏区妇女运动史料选编》，江西人民出版社1982年版，第168—169页。

人,其中男子只八十七人,女子竟占三百二十六人(一与四之比),因此长冈乡的生产绝大部分是依靠女子。长冈乡提出了'妇女学习犁耙'的口号,女子已是成群的进入生产战线中,这证明有组织地调剂人工与推动女子参加生产,是不可分离的任务。长冈乡扩大红军如此之多,生产不减少,反增加了,即因为他们把这个问题很好的解决了。"①

为了表彰和推动妇女参加生产,1934 年春中央政府在瑞金叶坪召开了苏区妇女劳动模范代表大会。会议期间,代表中的犁田耙田操作能手还应邀到瑞金的武阳区作现场示范表演。中央政府主席毛泽东还卷起裤腿,兴致勃勃地参加了现场会。他看着妇女们英姿飒爽扶着木犁,高扬牛鞭,跷起大拇指夸赞说:"封建社会有种迷信说法,说妇女犁田会遭雷公打,现在时代不同了,男女平等,男同志能做到的事情,你们女同志也可以做到,今天你们不是做到了吗?"毛泽东还亲自给参加表演的女劳模发了奖状和奖品:一条围裙和一顶竹笠。围裙上绣着"学犁耙能手"几个大字,竹笠上印有"劳动模范妇女"字样。② 中央妇女部还发动妇女种棉花、种苎麻、纺纱、织布,缓解了苏区布匹紧缺的困难。

为了在经济上保障妇女的利益,苏维埃中央政府颁布的劳动法,对女工利益除规定男女同工同酬,享受同样劳动保护外,还特别规定:禁止招收女工从事特别繁重或危险的工作,如地下矿工和橡胶、铅、铜、水银、锡、铸造等行业;禁止女工在任何举重超过 40 斤之行业工作,如某些特殊工业必须使用女工时,女工工作时间不得超过正常工作时间的三分之二;18 岁以下的女工和哺乳女工严格禁止做夜工;所有从事体力劳动的女工,产前产后休息 8 星期,工资照发;为便于女工

① 《毛泽东农村调查文集》,人民出版社 1982 年 1 版,第 311—312 页。

② 《李坚真回忆录》,中共党史出版社 1991 年版,第 66 页。

哺乳,工厂内应设立哺乳室和托儿所,由工厂负责管理,等等[①]。1934年2月21日,苏维埃中央内务人民委员部专门颁布了《托儿所组织条例》。这一系列保护妇女儿童权益法令、条例的颁布实施,不仅在经济上保护了妇女利益,还对妇女的身心健康和儿童健康成长,给予了特别呵护。

(三)婚姻方面获得自由解放

封建婚姻制度是束缚妇女的一根罪恶绳索,广大妇女深受其害。土地革命开展后,党和苏维埃政府带领广大妇女,向落后野蛮的封建婚姻制度发起了猛烈冲击,提出了"实行婚姻自由""反对包办买卖婚姻""反对带童养媳""反对蓄婢纳妾"等口号,受到苏区妇女的热烈拥护。

1931年11月28日,苏维埃中央执行委员会第一次会议,及时通过了《中华苏维埃共和国婚姻条例》,并宣布从1931年12月1日起公布实施。这是中国有史以来第一部实行男女婚姻自主的民主进步的婚姻法规。这部婚姻法规明确规定:"男女婚姻,以自由为原则,废除一切封建的包办强迫和买卖的婚姻制度,禁止童养媳";"实行一夫一妻,禁止一夫多妻";"结婚的年龄,男子须满二十岁,女子须满十八岁";"男女结婚,须双方同意,不许任何一方或第三者加以强迫";"禁止男女在五代以内亲族血统的结婚";"禁止花柳病、麻风、肺病等危险性的传染病症的结婚,如上述病症经医生验明许可者,可以结婚";"禁止神经病及疯瘫的结婚";"男女结婚须同到乡苏维埃或城市苏维埃举行登记。领取结婚证,废除聘金、聘礼及嫁装(妆)";"确定离婚自由,凡男女双方同意离婚的,即行离婚,男女一方坚决要求离婚的,即行离婚。"《婚姻条例》对男女双方离婚后的子女抚养及土地、财产分割等,

① 参见《中华苏维埃共和国劳动法》(中华苏维埃工农兵第一次全国代表大会通过),载《中华苏维埃共和国法律文件选编》,江西人民出版社1986年版,第326—327页。

都作了明确规定,而且这些规定明显是偏向于保护妇女利益的。对此,苏维埃中央执行委员会在公布这部条例时解释说:“女子刚从封建压迫之下解放出来,她们的身体,许多受了很大的损害(如缠足),尚未恢复,她们的经济尚未能完全独立,所以现时离婚问题,应偏于保护女子,而把因离婚而起的义务和责任,多交给男子负担。”①

经过两年的实践检验,在广泛听取苏区妇女和男子以及社会各方面的意见后,在1934年1月召开的第二次全国苏维埃代表大会上,对苏维埃中央执行委员会第一次会议通过颁布的《中华苏维埃共和国婚姻条例》若干规定进行了修改,如将原《条例》第一章第二条“实行一夫一妻,禁止一夫多妻”,修改为“实行一夫一妻,禁止一夫多妻与一妻多夫”;将第二章第五条“禁止男女在五代以内亲族血统的结婚”,修改为“禁止男女在三代以内亲族血统的结婚”;在“结婚”一章中,增加一条“凡男女实行同居者不论登记与否均以结婚论”;在“离婚”一章中,为保护现役红军官兵的婚姻,增加一条规定“红军战士之妻要求离婚,须得其夫同意。但在通信便利的地方,经过两年其夫无信回家者,其妻可向当地政府请求登记离婚,在通信困难的地方,经过四年其夫无信回家者,其妻可向当地政府请求登记离婚”,等等。修改后的婚姻条例,正式定名为《中华苏维埃共和国婚姻法》,会后于1934年4月8日颁布施行。

《中华苏维埃共和国婚姻条例》和《中华苏维埃共和国婚姻法》颁布实行后,受到苏区广大妇女的热烈欢迎,很快在全苏区得到贯彻执行。苏区的婚姻制度变革从此走上了有法可依的轨道。

苏区妇女在婚姻制度上获得解放,是人类社会制度进步的一个重要标志。正如毛泽东在第二次全苏大会上作报告时赞扬苏区婚姻制

① 以上见《中华苏维埃共和国婚姻条例》,1931年11月28日,载《中华苏维埃共和国法律文件选编》,江西人民出版社1986年版,第231—233页。

度所说："这种民主主义的婚姻制度，打碎了数千年束缚人类尤其是束缚女子的封建锁链，建立了适合人性的新规律，这也是人类历史上伟大的胜利之一。"①

（四）文化水平得到显著提高

党和苏维埃政府十分重视组织妇女学习文化知识。1932 年 6 月，苏维埃中央人民委员会在"关于保护妇女权利与建立妇女生活改善委员会的组织和工作"的第六号训令中，要求："为要提高妇女政治文化的水平，各级的文体部应设立妇女半日学校，组织妇女识字班，可办家庭临时训练班，日间流动识字班，教员由政府及各地学校教员及群众团体的干部来担任。要督促下级妇女生活改善委员会与同级文化部计划实施妇女的文化工作，以及计划培养妇女干部，吸收妇女到各机关工作。"②各级妇女工作机构和教育部门紧密配合，采取许多措施，帮助妇女学习文化，扫除文盲。

苏区妇女学习文化知识的积极性很高。"如在兴国夜校学生一万五千七百四十人中，女子一万零七百五十二人，占了百分之六十九。识字组组员二万二千五百十九人，女子一万三千五百十九人，占了百分之六十。学龄儿童二万零九百六十九人，女童八千八百九十三人，已入到小学的三千九百八十一人。"③妇女们自己编山歌唱道："工农妇女上夜校，读书识字开心窍；封建礼教全打倒，三从四德全唔（不）要。"毛泽东在第二次全苏大会作报告时称赞说："妇女群众要求教育的热情，实为从来所未见。""在兴国等地妇女从文盲中得到了初步解

① 毛泽东：《在第二次全国苏维埃代表大会上的报告》，1934 年 1 月 24—25 日，见江西省档案馆、中共江西省委党校党史教研室编《中央革命根据地史料选编》下册，江西人民出版社 1982 年版，第 332 页。

② 见《中华苏维埃共和国法律文件选编》，江西人民出版社 1986 年版，第 63 页。

③ 娜姐：《中华苏维埃共和国内的妇女》，见《江西苏区妇女运动史料选编》，江西人民出版社 1982 年版，第 173 页。

放,因此妇女的活动十分积极起来。妇女不但自己受教育,而在[且]已在主持教育,许多妇女是在作小学与夜校的校长,作教育委员会与识字委员会的委员了。”①兴国县苏区是这样,整个中央苏区大体上也是如此。

苏区妇女获得翻身解放后,革命热情空前高涨。他们除了积极参政议政外,更多的是积极动员自己的亲人当红军,上前线。“送郎当红军,坚决打敌人,消灭反动派,大家有田分……”动人的歌声,响彻苏区各地。“扩大红军的女英雄”到处涌现。1933 年 10 月,兴国县龙沙区妇女仅 1 个月就动员 150 人去当红军,许多青年妇女动员自己的丈夫当红军后,又积极动员自己的兄弟、亲戚、朋友去当红军。苏区妇女还积极参加洗衣队、担架队、慰劳队、运输队,支前作战。做军鞋送红军,更是苏区妇女专长。“千针万线一颗心,双双军鞋送红军,脚穿军鞋上前线,彻底消灭反动军。”1933 年 11 月,《青年实话》号召苏区妇女在第二次全苏大会前做 30 万双草鞋送红军。广大妇女热烈响应,仅兴国一县就完成 3 万双。江西省委、省苏维埃政府机关女同志更是积极带头:蔡畅做了 7 双,动员别人做了 38 双;危秀英做了 10 双,动员别人做了 4 双;谢鸣凤做了 9 双,动员别人做了 6 双;黄长娇做了 5 双,动员别人做了 6 双;陈得旭做了 5 双……在她们的带动下,不会做草鞋的男同志也不甘落后,纷纷个人出钱买草鞋送红军。② 为了筹集经费支援红军,苏区妇女省吃俭用,不仅踊跃购买公债,还把到期的公债券、借谷票退还给苏维埃政府,甚至变卖自己陪嫁的首饰、自己的秀发,换取现金交给红军。

中央苏区的妇女工作之所以能取得如此卓越的成就,除了党和苏

① 毛泽东:《在第二次全国苏维埃代表大会上的报告》,1934 年 1 月 24—25 日,见江西省档案馆、中共江西省委党校党史教研室编:《中央革命根据地史料选编》(下),江西人民出版社 1982 年版,第 330 页。

② 阿陵:《三十万双草鞋慰劳红军运动的模范》,载《青年实话》1933 年 12 月 10 日。

维埃政府的领导和重视外,主要是因为有蔡畅、康克清、贺子珍、曾志、周月林、李坚真等一批中国妇女运动的先驱,在那里开展创造性的工作。同时,在中央苏区火热的斗争中,还涌现出一大批为中国革命胜利和妇女解放事业而英勇斗争的巾帼英雄,如吴仲廉(吴统莲)、彭儒、刘英、曾碧漪、范乐春、钱希钧、唐一贞、李伯钊、金维映、刘群仙、贺怡、李美群、黄长娇、谢玉钦、吴富莲、傅才秀等。她们都为中央苏区的妇女解放运动作出了出色的贡献。

1934 年 10 月,有 30 位女红军从中央苏区出发,跟随主力红军突围长征。她们是:贺子珍、康克清、邓颖超、蔡畅、刘英、李坚真、金维映、刘群仙、李伯钊、萧月华、廖似光、陈慧清、李建华、邱一涵、周越华、杨厚珍、曾玉、邓六金、吴富莲、吴仲廉、钱希钧、李桂英、甘棠(阚思颖)、钟月林、刘彩香、王泉媛、危秀英、谢飞、谢小梅、危拱之等。还有不少女红军在斗争中英勇牺牲,如吴静焘、刘志敏等。

苏区妇女先驱和巾帼英雄的名字,将永世流芳。

第四节
其他群众团体

一、农协、贫农团

农民协会是中国共产党领导建立的贫苦农民的革命组织。大革命时期,广东、湖南、湖北、福建、浙江、安徽和江西等省不少地区,都建立了这一革命组织。中央苏区所在的赣西南和闽西地区,大革命时期几乎各县都建立过农民协会。各地农民协会在共产党领导下,团结广大贫苦农民,积极支援北伐战争,同乡村中的土豪劣绅和各种封建势力展开了激烈斗争。许多地方的农民协会还向土豪劣绅提出了实行“二五减租”的要求。赣西的永新、宁冈、莲花、万安和赣南的信丰、于都等县,还建立了农民赤卫军。

大革命失败后，各地的农民协会曾一度停止活动。土地革命运动初期，为发动和组织农民参加革命斗争，举行武装暴动，许多地区的农民协会在党的领导下又相继恢复。广大农协会员成为当地农民武装暴动的骨干力量。于都、兴国、吉安东固、延福等地的农民协会，一度曾取代过农村基层的封建政权，成为乡村的革命政权组织，在土地革命运动初期发挥了重大作用。

随着根据地的开辟和苏维埃政权的逐步建立，各地的农民协会逐渐停止活动。但许多地方在分田运动中，又以乡为单位建立起贫农团委员会，委员3~5人；乡以下以屋场为单位设小组1个或数个。区以上暂未成立贫农团。贫农团的任务是：协助苏维埃政府贯彻执行土地法令，没收和分配土地，发展农业生产；动员工农群众积极参军参战；救济灾难群众。1932年后，中央苏区查田运动逐渐展开，贫农、雇农成为查田工作中的重要力量，贫农团组织便在各县、区、乡普遍建立，区、县一级也建立起贫农团组织。

1933年6月25日至7月1日，苏维埃中央政府在瑞金县叶坪召开了瑞金、会昌、胜利、于都、博生、石城、宁化、长汀八县贫农团代表大会，每个乡贫农团都选出1名代表到会。毛泽东在大会上作查田运动报告。接着，江西省苏维埃政府也在1933年7月26日至28日在博生（宁都）县召开兴国、赣县、永丰等九县贫农团代表大会，动员广大贫农团成员积极参加查田运动。后来，随着查田运动接近尾声，中央苏区各县贫农团组织的活动也日趋减少、停止。

贫农团在中央、省一级没有成立组织机构。

二、反帝拥苏总同盟

中央苏区在1932年6月成立了反帝总同盟组织。陈寿昌为主席。其宗旨为：团结被压迫的工农劳苦群众与红军战士，在反对帝国主义的旗帜下积极参加中国革命，推翻帝国主义统治。其组织系统为：自乡（或工厂街道）至省成立各级反帝大同盟，全中央苏区在瑞金成立反帝总同盟;红军中军以上单位及红军学校和独立师也成立反帝大同盟,直属中央苏区反帝总同盟。

1932 年 11 月,中央苏区又成立了拥护苏联总同盟,简称“拥苏总同盟”。其宗旨为:动员全体工农群众与红军战士参加反帝反国民党的民族革命战争,武装拥护苏联。其组织系统与反帝总同盟基本相同,会员也常常互兼,活动内容也大致相同。

1933 年初,为避免机构重复,集中开展活动,反帝总同盟与拥苏总同盟合并,统称为中央苏区反帝拥苏总同盟。主席仍为陈寿昌。办公地点设在沙洲坝绵水村上龙尾刘家祠堂,1934 年初迁至云石山。

三、中央苏区革命互济总会

中国革命互济总会,是中国共产党领导下的革命群众在经济上团结互助的群众组织,1929 年 9 月 14 日成立。最初称中国济难会,1929 年 12 月改称为中国革命互济总会。总部设在上海,各省和各革命根据地都相继设立分会。其任务是:救济国内和国际一切遇难的革命战士及其家属,通过发扬阶级友爱和团结互助精神,团结广大革命的或同情革命的群众进行反帝反封建的革命斗争,推动苏维埃运动在中国的发展。

中央苏区的革命互济会组织系统为:乡设互济分会,区、县、省设互济会,中央设苏区互济总会;红军中从团至军团各级设互济会,整个红军设红军互济总会。1933 年 4 月 12 日,在瑞金召开了第一次全国革命互济会代表大会,正式成立了中央苏区革命互济总会。总会主任为潘子兴。

中央苏区各级互济会曾多次发起募捐活动,募集了一批经费和物资,救济苏区及全国各地遇难革命烈士,还支援了国际友人。

第十三章 中央苏区的经济建设

第一节 毛泽东的经济建设思想和中央政府的经济政策

一、毛泽东在中央苏区的经济建设思想

毛泽东自宁都会议后被排斥出中央苏区红军领导岗位后，在福建长汀县城“福音医院”休养了3个多月。1933年1月下旬，他应召回到瑞金，主持苏维埃中央政府工作。他在受命领导中央苏区查田运动的同时，以极大精力领导中央苏区的经济建设。

自苏维埃中央政府成立以来，由于受王明“左”倾“进攻路线”影响，自中央至地方各级苏维埃政府，都忙于组织群众支援红军向外发展革命战争，而对于苏区经济建设这件大事却甚为漠视。有些同志“认为革命战争已经忙不了，哪里还有闲工夫去做经济建设工作，因此见到谁谈经济建设，就要骂为‘右倾’。他们认为在革命战争环境中没有进行经济建设的可能，要等战争最后胜利了，有了和平的安静的环

境，才能进行经济建设"①。这种观念严重影响苏区经济建设的开展。

与此同时，国民党南昌行营加紧对中央苏区实行严密的经济封锁，规定凡粮食、食盐、汽油、洋油（煤油）、电料、药品器材、信件报纸、可供制造军用品之材料等，严格禁止运入苏区。国民党军政当局在与苏区交界的白区城镇，设立食盐、洋油（煤油）公卖处，限定当地居民凭证购买，每人每月限购食盐 3 至 5 两；火（煤）油 10 人以上每户每月只能购买 2 两；且限制每半月购买一次，过期不补，超购者以"通匪"论处。

由于上述两方面的原因，苏区内军用和民用物资逐渐短缺，苏区军民生活和红军反"围剿"战争面临越来越大的困难。食盐、布匹、西药、火油、棉花、印刷用品……这些日常必需品，在苏区十分紧缺，很难购进。以食盐为例，在苏区 1 块银元只能买到 12 两（老秤，16 两为 1 斤），且很少卖；而商人从白区购进，1 块银元可买到 6 ~ 7 斤。在红军医院，许多红军伤病员因缺少药品而得不到及时医治，死在病床上；医务人员因缺少医疗器械，只好拿起木匠锯子做截肢手术、使用杀猪的刀子做外科手术。而苏区出产的粮食、木材、钨砂、土特产品等这些白区急需的物资又因赤白贸易不能沟通而卖不出去，造成苏区经济窒息局面。

面对这种情况，毛泽东认为要打破这种局面，必须开展苏区的经济建设。而开展经济建设，最重要的问题是要唤起苏区全体军民对发展经济建设的重视。为此，1933 年 8 月，毛泽东亲自领导召开了中央苏区南部十七县经济建设大会，并在会上作了题为《粉碎五次"围剿"与苏维埃经济建设任务》的重要报告。

毛泽东在这个报告中，精辟地阐述了关于苏维埃经济工作的重要

① 毛泽东：《必须注意经济工作》，1933 年 8 月 12 日，见《毛泽东选集》第一卷，人民出版社 1991 年版，第 119 页。

思想。

第一，毛泽东首先提出，各级苏维埃政府必须高度重视经济建设工作。他说："革命战争的激烈发展，要求我们动员群众，立即开展经济战线上的运动，进行各项必要和可能的经济建设事业。"这是因为"现在我们的一切工作，都应当为着革命战争的胜利，首先是粉碎敌人第五次'围剿'的战争的彻底胜利；为着争取物质上的条件去保障红军的给养和供给；为着改善人民群众的生活，由此更加激发人民群众参加革命战争的积极性；为着在经济战线上把广大人民群众组织起来，并且教育他们，使战争得着新的群众力量；为着从经济建设去巩固工人和农民的联盟，去巩固工农民主专政，去加强无产阶级的领导。为着这一切，就需要进行经济方面的建设工作。这是每个革命工作人员必须认识清楚的"①。毛泽东严肃地批评了那种忽视苏区经济建设，见到谁谈经济建设就骂为"右倾"的"左"倾错误思想，指出："这些意见是不对的，抱着这些意见的同志，他们不了解如果不进行经济建设，革命战争的物质条件就不能有保障，人民在长期的战争中就会感觉疲惫。你们看，敌人在进行经济封锁，奸商和反动派在破坏我们的金融和商业，我们红色区域的对外贸易，受到极大的妨碍。我们如果不把这些困难克服，革命战争不是要受到很大的影响吗？盐很贵，有时买不到。谷子秋冬便宜，春夏又贵得厉害。这些情形，立即影响到工农的生活，使工农生活不能改良。这不是要影响到工农联盟这一个基本路线吗？工农群众如果对于他们的生活发生不满意，这不是要影响到我们的扩大红军，动员群众参加革命战争的工作吗？"毛泽东严肃地指出说："这种以为革命战争的环境不应该进行经济建设的意见，是极端错误的。"②

① 《毛泽东选集》第一卷，人民出版社 1991 年版，第 119 页。

② 《毛泽东选集》第一卷，人民出版社 1991 年版，第 119—120 页。

第二,毛泽东提出必须认清发展革命战争与加强经济建设工作之间以及经济建设与其他工作之间的辩证关系。针对有不少同志认为革命战争已经忙不过来、哪有闲工夫去做经济建设工作的错误认识,毛泽东强调说:“有这种意见的人,也常说一切应服从战争,他们不知道如果取消了经济建设,这就不是服从战争,而是削弱战争。只有开展经济战线方面的工作,发展红色区域的经济,才能使革命战争得到相当的物质基础,才能顺利地开展我们军事上的进攻,给敌人的‘围剿’以有力的打击;才能使我们有力量去扩大红军,把我们的战线开展到几千里路的地方去,使我们的红军毫无顾虑地在将来顺利的条件下去打南昌,打九江,使我们的红军减少自己找给养的这一部分工作,专心一意地去打敌人;也才能使我们的广大群众都得到生活上的相当的满足,而更加高兴地去当红军,去做各项革命工作。必须这样干才叫做服从战争。”①

毛泽东还指出:强调发展革命战争必须进行经济建设,不是要将革命战争与经济建设对立起来,而是要将二者统一起来,就是说“经济建设必须是环绕着革命战争这个中心任务的。革命战争是当前的中心任务,经济建设事业是为着它的,是环绕着它的,是服从于它的。那种以为经济建设已经是当前一切任务的中心,而忽视革命战争,离开革命战争去进行经济建设,同样是错误的观点。只有在国内战争完结之后,才说得上也才应该说以经济建设为一切任务的中心”②。毛泽东还说:“经济建设在今天不但和战争的总任务不能分离,和其他的任务也是不能分离的。”③他强调加强经济建设工作,不是说要放松或损害其他工作的开展,比如说深入开展查田运动,坚决实行《劳动法》,搞

① 《毛泽东选集》第一卷,人民出版社 1991 年版,第 120 页。
② 《毛泽东选集》第一卷,人民出版社 1991 年版,第 123 页。
③ 《毛泽东选集》第一卷,人民出版社 1991 年版,第 125 页。

好选举运动和开展检举运动，发展文化教育，扩大红军，等等，都不能忽视。把这些工作做好了，同样可以促进经济建设的发展。毛泽东还指出：在战争环境中进行经济建设，必须从实际情况出发，不能脱离实际去办那些不能办或半不到的事情。他举例说："我们并不是说要修一条铁路通龙岩，暂时也不是说要修一条汽车道通赣州。我们不是说粮食完全专卖，也不是说一千五百万元盐布生意都由政府经营不准商人插手。我们不是这样说，也不是这样做的。"①因为这些不切合苏区的实际，暂时也是办不到的事情。毛泽东说："我们说的做的，是发展农业和手工业生产，输出粮食和钨砂，输入食盐和布匹，暂时从两百万资金再加上群众的股本做起。这些是不应做、不能做、做不到的事情吗？这些工作我们已经开始做了，并且已经做出了成绩。"②

第三，毛泽东指出要迅速开展经济建设运动，必须有正确的领导方式和工作方法。这就是要发动和领导群众，反对命令主义和官僚主义。"要把官僚主义方式这个极坏的家伙抛到粪缸里去"，"一定不能要命令主义，我们要的是努力宣传，说服群众，按照具体的环境、具体地表现出来的群众情绪，去发展合作社，去推销公债，去做一切经济动员的工作"③。同时，要培养和造就大批懂得经济建设的干部，将他们送到经济建设的阵地上去，充当经济战线上的指挥员。毛泽东说："人们常常叹气没有干部。同志们，真的没有干部吗？从土地斗争、经济斗争、革命战争中锻炼出来的群众，涌出了无数的干部，怎么好说没有干部呢？丢掉错误的观点，干部就站在面前了。"④同时，毛泽东还主张要尊重和爱护知识分子，广泛吸收苏区内外专业技术人才参加苏区经济建设。为此，毛泽东责成中央政府颁布了《征求专门技术人才启

① 《毛泽东选集》第一卷，人民出版社 1991 年版，第 122 页。
② 《毛泽东选集》第一卷，人民出版社 1991 年版，第 122 页。
③ 《毛泽东选集》第一卷，人民出版社 1991 年版，第 124—125 页。
④ 《毛泽东选集》第一卷，人民出版社 1991 年版，第 125 页。

事》,以重金聘请白区各类技术人才来苏区工作。

如果说毛泽东在1933年8月召开的中央苏区南部十七县经济建设大会做报告时,着重阐述了革命根据地在战争环境中必须而且有可能开展经济建设,阐述了根据地党和苏维埃政府应该怎样去领导经济建设的话,那么,在1934年1月24日至25日,他在第二次全国苏维埃代表大会所作的政府工作报告中,则着重阐述了革命根据地应该怎样地去组织开展经济建设的问题。

毛泽东在全苏大会政府工作报告中提出了如下开展经济建设的思想主张:

(一)必须把农业生产放在经济建设工作的第一位

毛泽东在报告中指出:“在目前的条件下,农业生产是我们经济建设工作的第一位,它不但需要解决最重要的粮食问题,而且需要解决衣服、砂糖、纸张等项日常用品的原料即棉、麻、蔗、竹等的供给问题。森林的培养,畜产的增殖,也是农业的重要部分。”①毛泽东提出根据地经济建设应将发展农业放在第一位的思想,是完全符合根据地的实际情况的。因为从经济上说,革命根据地大都地处偏僻落后的农村,居民90%以上是农民,苏区的经济实际上主体是农业经济。只有农业生产发展了,才能解决根据地军民的吃饭问题、穿衣问题,才能增加农民的收入,改良农民的生活,才能有更多的农副产品用于交换,出口到白区,换回更多苏区急需的紧缺物资。同时,对于如何加强农业、发展农业,农家出身的毛泽东也考虑得比较周密。他指出:“在小农经济的基础上面,对于某些重要农产品作出相当的生产计划,动员农民为着这样的计划而努力,这是容许的,而且是必须的。我们在这一方面,应该有进一步的注意和努力。关于农业生产的必要条件方面的困难问题,如劳动力问题,耕牛问题,肥料问题,种子问题,水利问题等,我们

① 《毛泽东选集》第一卷,人民出版社1991年版,第131页。

必须用力领导农民求得解决。这里,有组织地调剂劳动力和推动妇女参加生产,是我们农业生产方面的最基本的任务。……水利是农业的命脉,我们也应予以极大的注意。目前自然还不能提出国家农业和集体农业的问题,但是为着促进农业的发展,在各地组织小范围的农事试验场,并设立农业研究学校和农产品展览所,却是迫切地需要的。"[①]毛泽东的这番话,为发展苏区农业生产指明了方向和具体途径。

(二)必须有计划地恢复和发展苏区工业

毛泽东说,发展苏区工业的目的,"首先是为着自给,其次也是为着出口"[②]。发展苏区工业主要是手工业和某些工业,"重要的是烟、纸、钨砂、樟脑、农具和肥料(石灰等)。而且自己织布,自己制药和自己制糖,也是目前环境中不可忽视的"[③]。毛泽东指出,发展苏区工业,要由市场调节生产,但也需要有适当的计划。在散漫的手工业基础上,全部的精当计划当然不可能。但是"关于某些主要的事业,首先是国家经营和合作社经营的事业,相当精密的生产计划,却是完全必需的。确切地计算原料的生产,计算到敌区和我区的销场,是我们每一种国营工业和合作社工业从开始进行的时候就必须注意的"[④]。

(三)必须开放对外贸易,搞活商品流通

毛泽东说:"我们有计划地组织人民的对外贸易,并且由国家直接经营若干项必要的商品流通,例如食盐和布匹的输入,食粮和钨砂的输出,以及粮食在内部的调剂等,现在是异常需要的了。"[⑤]除这些大宗商品之外,一些非大宗的商品,要发动和组织个体商贩输入输出,苏维埃国家给予鼓励和保护,提供便利条件。

---

① 《毛泽东选集》第一卷,人民出版社 1991 年版,第 131—132 页。
② 《毛泽东选集》第一卷,人民出版社 1991 年版,第 131—132 页。
③ 《毛泽东选集》第一卷,人民出版社 1991 年版,第 132 页。
④ 《毛泽东选集》第一卷,人民出版社 1991 年版,第 132—133 页。
⑤ 《毛泽东选集》第一卷,人民出版社 1991 年版,第 133 页。

（四）必须坚持发展国营经济、合作社经济和私人经济“同时并进”

毛泽东说：“现在我们的国民经济，是由国营事业、合作社事业和私人事业这三方面组成的。国家经营的经济事业，在目前，只限于可能和必要的一部分。国营的工业和商业，都已经开始发展，它们的前途是不可限量的。我们对于私人经济，只要不出于政府法律范围之外，不但不加阻止，而且加以提倡和奖励。因为目前私人经济的发展，是国家的利益和人民的利益所需要的。私人经济，不待说，现时是占着绝对的优势，并且在相当长的期间内也必然还是优势。目前私人经济在红色区域是取着小规模经营的形式。合作社事业，是在极迅速的发展中。……合作社经济和国营经济配合起来，经过长期的发展，将成为经济方面的巨大力量，将对私人经济逐渐占优势并取得领导的地位。所以，尽可能地发展国营经济和大规模地发展合作社经济，应该是与奖励私人经济发展，同时并进的。”①

（五）必须坚持“从发展国民经济来增加我们财政的收入”和“财政的支出，应该根据节省”的方针

毛泽东说：“这一方针的着重的执行，是我们财政机关和经济机关的责任。”为着节省财政支出，“应该使一切政府工作人员明白，贪污和浪费是极大的犯罪。反对贪污和浪费的斗争，过去有了些成绩，以后还应用力。节省每一个铜板为着战争和革命事业，为着我们的经济建设，是我们的会计制度的原则。我们对于国家收入的使用方法，应该和国民党的方法有严格的区别”。毛泽东还认为要坚持正确的货币政策，适当发行纸币。毛泽东强调指出：“国家银行发行纸币，基本上应该根据国民经济发展的需要，单纯财政的需要只能放在次要的地

① 《毛泽东选集》第一卷，人民出版社 1991 年版，第 133—134 页。

位。”①只有这样,才能防止苏区通货膨胀,确保根据地经济平稳顺利地向前发展。

毛泽东上述关于苏区经济建设的思想,归纳起来,就是:必须正确处理革命战争与经济建设的关系,在发展革命战争的同时,高度重视苏区的经济建设;苏区经济建设必须以革命战争为中心,为革命战争服务,为人民生活服务;在开展以革命战争为中心的经济建设的同时,必须做好苏区的其他各项工作,做到互相支持,互相促进;开展苏区经济建设必须从苏区实际出发,量力而行,必须反对官僚主义和命令主义的领导方式和工作方法,充分发动和依靠群众;必须培养和造就大批懂得经济的干部人才和广泛吸收专业人才;在进行苏区经济建设时,必须把发展农业生产放在国民经济的首位;同时要有计划地恢复和发展苏区工业;要开放对外贸易,搞活商品流通;要坚持发展国营经济、合作社经济和私人经济“同时并进”;要坚持通过发展经济来增加财政收入和坚持节省的原则安排财政支出的方针;要坚持执行正确的货币政策,防止通货膨胀等等。

毛泽东的这些经济思想,是对马克思主义关于战争与经济关系学说的创造性发展,是将马克思主义经济学原理与中国革命根据地经济建设实际紧密结合的光辉结晶,极大地丰富了中国共产党关于红色政权和根据地建设的理论,不仅完全符合中央苏区的斗争实际,而且对尔后的经济建设具有普遍的指导意义。

二、苏维埃中央政府的各项经济政策

中国土地革命运动开展后,在毛泽东、朱德等领导建立的井冈山、赣南、闽西等红色区域内,党和革命政权从民众生产生活现实需要出发,初步提出并实行保护商业贸易、取缔高利贷、允许民间借贷、建立工农银行发行红色货币等政策措施。但是,也存在对一般中小资本家

① 《毛泽东选集》第一卷,人民出版社1991年版,第134页。

实行征发和没收财产等过激行为,使社会原有的经济秩序受到冲击和破坏。

苏维埃中央政府成立后,即颁布了一系列苏维埃经济政策方面的法令、法规,如《关于经济政策的决议案》、合作社组织条例、工商业投资条例、税收条例、借贷条例、土地法、劳动法,等等。这些法令、法规总计有 50 余件。毛泽东在 1934 年 1 月召开的第二次全国苏维埃代表大会作政府工作报告时,对苏维埃中央政府的经济建设方针、政策,又作了集中、系统的阐述。这次大会通过的《关于苏维埃经济建设的决议》,又重申了苏维埃的某些经济政策。

苏维埃中央政府的各项经济政策,归纳起来主要有如下几个方面:

1. 工业政策

"苏维埃政府将操在帝国主义手中的一切经济命脉,实行国有";"允许外国某些企业重新另定租借条约,继续生产,但必须遵守苏维埃一切法令,实行八小时工作制及其他各种条例";"苏维埃政府对于中国资本家的企业及手工业,现尚保留在旧业主手中而并不实行国有";"竭力促进工业的发展,苏维埃特别注意保障供给红军的一切企业的发展(工厂、作坊、手工业、家庭企业等)"[①];"雇农,森林工人,季候工人,交通工人,苦力,家庭的女工,厨役,及其他有特殊劳动条件的工人,除享受本劳动法的一般规定之外,并得享受中央执行委员会、人民委员会及中央劳动部对于这些工人所颁布的个别劳动条件的规定"[②];"必须发展小手工业的生产,尤其是对于军事、对于出口、对于群众特别需要的生产";"苏维埃政府容许并鼓励私人资本家在这些生

① 《关于经济政策的决议案》,1931 年 11 月,见《中华苏维埃共和国法律文件选编》,江西人民出版社 1986 年版,第 239 页。

② 《中华苏维埃劳动法》,1931 年 11 月。见《中华苏维埃共和国法律文件选编》,江西人民出版社 1986 年版,第 322 页。

产上的投资与扩大生产，甚至苏维埃可将没收来的企业出租或出卖给他们"，"反对在目前由国家垄断一切生产事业的企图"。①

2. 农业政策

苏维埃"土地斗争的阶级路线，是依靠雇农贫农，联合中农，剥削（引者注：即限制）富农，与消灭地主。这一路线的正确应用，是保证土地斗争胜利发展的关键，是苏维埃每一对于农村的具体政策的基础。因此苏维埃政府对于那种侵犯中农（主要是侵犯富裕中农）及消灭富农的错误倾向，是应该严厉的给予制裁"②；"在目前条件之下，农业生产是苏维埃经济建设的第一位，他不但负担着解决最重要的粮食问题，而且应该解决衣服砂糖纸张等项日常用品的原料问题（棉麻蔗竹等等），森林的培养，畜产的增殖，也是农业的重要部分。在小农经济的基础上面，对于某些重要农产品作出相当的生产计划，动员农民为着这样的计划而努力（如每省棉花若干万斤），这是容许的而且必需的"；"目前自然还不能提出苏维埃农业与集体农业的问题"③；"粮食问题的解决是苏维埃经济建设目前的战斗任务"，"但苏维埃政府垄断粮食的买卖的企图在目前是不适当的，在遵守苏维埃政府法律的条件之下，商人的粮食买卖是不禁止的"，"必须用极大力量，发展粮食合作社组织，并加强对于它的领导"。④

---

① 《关于苏维埃经济建设的决议》，1934 年 1 月，第二次全国苏维埃代表大会通过。见《革命根据地经济史料选编》上册，江西人民出版社 1986 年版，第 166—167 页。

② 毛泽东：《在第二次全国苏维埃代表大会上的报告》，1934 年 1 月 24 日—25 日，见江西省档案馆、中共江西省委党校党史教研室编：《中央革命根据地史料选编》（下），江西人民出版社 1982 年版，第 320 页。

③ 毛泽东：《在第二次全国苏维埃代表大会上的报告》，1934 年 1 月 24 日—25 日，见江西省档案馆、中共江西省委党校党史教研室编：《中央革命根据地史料选编》（下），江西人民出版社 1982 年版，第 325—326 页。

④ 《关于苏维埃经济建设的决议》，1934 年 1 月，见《革命根据地经济史料选编》上册，江西人民出版社 1986 年版，第 168—169 页。

3. 商业政策

“苏维埃应保证商业自由，不应干涉经常的商品市场关系”；“与非苏维埃区域的贸易，还绝对不能实行‘对外贸易垄断’，同时苏维埃政府应实行监督这些贸易，以保障苏维埃区域必需商品的供给”；“苏维埃政府必须极力帮助合作社的组织与发展。苏维埃对于合作社，应该以财政的协助与税的豁免”①；“对外贸易的垄断在目前是错误的，一切苏维埃的商业机关必须尽量利用私人资本与合作社资本，同他们发生多方面的关系”；“苏维埃政府除以关税政策来调剂各种商品的输出入外，保证商业的自由，并鼓励各种群众的与私人的商业机关的自动性，去寻找新的商业关系与开辟通商道路”②；“苏维埃对于私人经济，只要不出于苏维埃法律范围之外，不但不加阻止，而且是提倡的奖励的，因为目前私人经济的发展，是苏维埃利益的需要”；“尽可能的发展国家企业与大规模的发展合作社，应该是与奖励私人经济发展同时并进的”③。

4. 财政政策

“苏维埃财政的目的在于保证革命战争的给养与供给，保证苏维埃一切革命费用的支出”；“苏维埃的财政政策，建筑于阶级的与革命的原则之上。因此苏维埃财政的来源，乃是：(一)向一切封建剥削者进行没收和征发，(二)税收，(三)国民经济事业的发展”；“从发展国民经济来增加苏维埃财政的收入”，是“苏维埃财政政策的重要部

① 《关于经济政策的决议案》，1931 年 11 月，见《中华苏维埃共和国法律文件选编》，见江西人民出版社 1986 年版，第 240 页。

② 《关于苏维埃经济建设的决议》，1934 年 1 月，见《革命根据地经济史料选编》上册，江西人民出版社 1986 年版，第 167—168 页。

③ 毛泽东：《在第二次全国苏维埃代表大会上的报告》，1934 年 1 月 24 日—25 日，见江西省档案馆、中共江西省委党校党史教研室编：《中央革命根据地史料选编》(下)，江西人民出版社 1982 年版，第 327—328 页。

分”;“国家银行发行纸票的原则,应该根据于国民经济发展的需要,财政的需要只能放在次要的地方,这一方面的充分注意是绝对必需的”;“至于财政的使用,应该根据节省的方针”,“贪污和浪费是极大的犯罪”,“节省每个铜片为着战争与革命事业,是苏维埃会计制度的原则”;“苏维埃的财政不是没有困难的”,“向着一切国民党区域去扩大我们的财政收入,向着一切剥削分子的肩上安放着苏维埃财政的担子,向着国民经济的发展去增加苏维埃的财政,这就是克服困难的方法”。①

5. 税收政策

“消灭国民党军阀政府一切的捐税制度和一切横征暴敛”,“苏维埃政府应豁免红军战士、工人、乡村与城市贫苦群众家庭的纳税”;“取消过去一切口头的书面的奴役及高利贷的契约,取消农民及城市贫民对高利贷的各种债务”②;“苏维埃的税收是统一的累进税,现在简单的两方面实行,这就是商业税与农业税,税收的基本原则,同样是重担归于剥削者”;“商业税的征收,分为关税与营业税”,“关税是按照苏区的需要程度统制货物的进出口为目的,因此税率有完全免征的,有高至百分之百的”,“营业税即是商业所得税(工商税现在没有收),按照商业资本大小盈余多少,征收统一的累进税”;“农业税依靠于农民的革命热情,使之自愿的纳税,同样是累进原则的征收法”,“贫农中农税轻,富农税重,雇农及红军家属免税,被灾区域按灾情轻重减税或免

① 毛泽东:《在第二次全国苏维埃代表大会上的报告》,1934 年 1 月 24 日—25 日,见江西省档案馆、中共江西省委党校党史教研室编:《中央革命根据地史料选编》(下),江西人民出版社 1982 年版,第 322—324 页。

② 《关于经济政策的决议案》,1931 年 11 月,见《中华苏维埃共和国法律文件选编》,江西人民出版社 1986 年版,第 240 页。

税”①。

6. 投资政策

“凡遵守苏维埃一切法令、实行劳动法,并依照苏维埃政府所颁布之税则,完纳国税的条件下,得允许私人资本在中华苏维埃共和国境内自由投资经营工商业”;“凡投资者,须先将资本的数目、公司章程或店铺的名称、经营的事项、经理的姓名(等)详细具报,向当地苏维埃政府登记,取得经营证,即可按照规定事业去经营”;“无论国家的企业、矿山、森林等和私人的产业,均可投资经营或承租、承办,但须由双方协商,订立租借合同,向当地苏维埃政府登记”;“私人投资所经营之工商业,苏维埃政府在法律上许可其营业的自由”;“如有违反苏维埃政府的法令或阴谋反动破坏苏维埃经济者,要受苏维埃政府法律的制裁”②。

7. 租借政策

苏维埃“一切矿产的所有权与开采权都属于国家,但现为增加矿业生产及发展社会经济起见,国家准将各种矿产开采之权出租与私人资本投资开采”;“凡属地下埋藏之矿产,如金、银、铜、铁、锡、煤炭、钨砂、石灰等,都准许私人资本承租开采”;“凡承租人必须向当地县政府订立租借合同,订明承租年限、应纳租金等,但特种矿产如钨砂矿、金矿等,则须经省政府批准”③。“凡为苏维埃政府没收来的商店及作坊的房屋,商人作坊主要向县或市苏维埃政府重新订定租金,填写租据,

① 毛泽东:《在第二次全国苏维埃代表大会上的报告》,1934 年 1 月 24 日—25 日,见江西省档案馆、中共江西省委党校党史教研室编:《中央革命根据地史料选编》(下),江西人民出版社 1982 年版,第 323 页。

② 《临时中央政府关于工商业投资暂行条例的决议》,1932 年 1 月,见《革命根据地经济史料选编》上册,江西人民出版社 1986 年版,第 85—86 页。

③ 《财政人民委员部关于矿产开采出租办法》,1932 年 8 月,见《革命根据地经济史料选编》上册,江西人民出版社 1986 年版,第 435 页。

按期交租，始准在店内营业，否则勒令搬出，将店收回”；“订定租金以店房等的码头地位，建筑大小，并参照生意衰旺为标准增加或减少，以能增加苏维埃利益，不妨害商业发展为原则”①；“根据苏维埃的政纲，取消和废止一切高利贷形式的借贷，过去高利贷的契约完全宣布无效并焚毁之”；“凡国家银行、信用合作社或私人借贷之非高利贷性质的周转和为帮助某种生产事业而举行的各种借贷……苏维埃政府不加以干涉”；“苏区中借贷利率，高者短期每月不得超过一分二厘，长期周年不得超过一分”②。

上述各项政策的实施细则，本书有关章节将有介绍，这里不复赘述。

苏维埃中央政府所制定和颁布的各项经济政策和法令、法规，绝大多数内容是切合中央苏区实际的，是积极的、正确的。但是，由于王明“左”倾错误的干扰和影响，毛泽东经济建设思想中的许多方面和苏维埃政府一些积极正确的经济政策，未能得到切实有效的贯彻执行，尤其是毛泽东关于保护和发展私人经济的思想，更是难以为王明“左”倾错误推行者所认可，从而遏制了苏区经济的发展。

三、共产国际帮助制定苏维埃政权经济政策提纲

苏维埃中央政府经济政策的制定与施行，与共产国际有密切关系。

1930年6月以前，因中国农村革命根据地建立发展还处于初始阶段，共产国际、联共(布)中央对中共的革命根据地经济政策很少关注。1930年夏，随着中国苏维埃运动迅猛发展，建立苏维埃中央政权逐渐提上议事日程，共产国际、联共(布)中央对中国苏维埃政权的经济政

① 《中央财政人民委员部关于店房没收和租借条例》，1932年8月，见《革命根据地经济史料选编》上册，江西人民出版社1986年版，第437—438页。

② 《中华苏维埃共和国临时中央政府关于借贷暂行条例的决议》，1932年1月27日，见《革命根据地经济史料选编》上册，江西人民出版社1986年版，第367页。

策开始重视。1930 年 6 月，共产国际起草了《共产国际执委政治秘书处关于中国问题的决议案》，其中有关于中国苏维埃区域应当实行的经济政策的原则意见。因这个决议案一时难以正式讨论通过，因此，共产国际东方书记处于 6 月 19 日给中共中央发出电报，提前通告了决议案的主要精神。电报中关于苏区的经济政策，说到："党应容许贸易自由，目前不应禁止买卖土地，不应通过苏维埃组织对居民的全面供应，不应对国内贸易和价格作出种种限制，由于军事需要和反投机倒把斗争所引起的特殊情况除外。"①这是共产国际最早作出的关于中国苏维埃政权经济政策的指示。7 月 23 日，《共产国际执委政治秘书处关于中国问题的决议案》获得正式通过。该决议案关于苏区经济政策的正式表述是："苏维埃区域的经济政策上，党应当避免过早的办法，不应当实行那些只会使农民群众离开我们指导的办法。可以放任商业的自由，暂时不要禁止土地的买卖，不要实行集中供给，不要限制境内商业和调节物价，当然，这要除出特殊的例外（盐，煤油）。这种例外办法，一定要是境内人民自己所要求的，是为着军事上的必要或者反对投机和怠工的。"②这个表述比 6 月 19 日的电报指示更明确、具体。

随后，共产国际东方书记处对中国苏维埃政权的经济政策进行了深入研究，提出了较详细的苏维埃政权经济政策提纲。1930 年 10 月 13 日，共产国际执委会政治书记处政治委员会会议责成东方书记处，将这个政策提纲经修改后提交给共产国际执委会全委会和中共中央讨论。同年 11 月 15 日，中共中央收到这个文件，很快组织进行讨论。11 月 29 日，瞿秋白将中共中央的修改意见向共产国际东方书记处作

① 《共产国际、联共（布）与中国革命档案资料丛书》第 9 卷，中央文献出版社 2002 年版，第 175—176 页。

② 《中央革命根据地历史资料文库 · 党的系统》第 2 卷，中央文献出版社、江西人民出版社 2010 年版，第 957 页。

了汇报。共产国际远东局对这个经济政策提纲进行讨论后,“认为它是可行的”,并对缩小苏区工农业产品“剪刀差”问题提出了意见①。

中共中央1930年11月15日收到的《共产国际东方部关于中国苏维埃政权的经济政策》,主要包括以下内容:

第一,制定苏维埃政权经济政策,应严格立足于资产阶级民权革命阶段。“目前革命的基本是反对帝国主义的,是农民土地革命的内容,这是我们不可一刻忘记的。……苏维埃区域的一切经济的设施,应该根据工人阶级与农民联合的利益观点,根据无产阶级领导农民群众的观点来检阅”。这是正确经济政策必要的前提。

第二,制定和实施苏维埃区域一切经济政策的目的应该是:“(一)保证顺利的没收地主的土地,与平分土地。(二)肃清一切封建的与封建行会的残余,并实行反对高利贷剥削的斗争。(三)在军事斗争的利益上,巩固后方的组织。因此,一般的规律是:对于农民和城市小资产阶级商业自由的任何限制,完全不能允许;没有物质条件和组织群众的相当准备,要想用命令的方式来实行社会主义,现在就将工业与手工业收归国有,这样的企图是不适宜的,而且是有害的。每一种设施都应该与革命斗争的迫切需要,与城市乡村的贫民,中农,小资产阶级的下层群众的利益,有密切的联系。”

第三,在苏区内对于以停工停产方式来对抗苏维埃政权的仇视分子的企业,“苏维埃政府应该镇压他们,没收这些已经停工的企业,或者由工人的和手工业者的合作社管理,或者由国家机关自己管理。但同时苏维埃政府却应该尽可能的避免自己管理这种企业,有时亦可以将小企业与中等企业出租,甚至将没收来的小企业出卖。应该无条件的抛弃将整个产业收归国有的企图,没有特殊的原因,不可以造成国

① 《共产国际、联共(布)与中国革命档案资料丛书》第9卷,中央文献出版社2002年版,第505—506页。

家独占的情形。企业之中的工人委员会应该在与资本家的怠工作斗争所必需的范围之内实行监督生产。苏维埃政府应该注意特别生产部门(制造场,小手工业,工厂手工业)的发展,以供给红军,在这里应该表现出最高度的建议力与坚定性。凡是为着防守利益而有必要的地方,可以实行广大的监督生产,没收企业,组织苏维埃的手工业工厂与制造场”。

第四,苏维埃政府应该保证商业的自由,不妨碍商品市场的关系。“只有在商业投机怠工,经济封锁足以危害供给人民群众以重要生产品的时候和地方,只有为着红军需要供给有必要的时候和地方,苏维埃政府可以对那些首先最必需的主要物品,规定最高价格。此种同样的设施,只应当在极度需要的时期之内发生效力,一有可能,便应该恢复商业自由”。

第五,“苏维埃政府对于工人,店员,学徒应该立刻实行八小时工作制,和最低限度的社会立法(休养假期,休息日和纪念节,医药费,病假工资,残废受伤人的津贴,失业保险等等)。至于工资,则应该用经济斗争的方法在职工会的帮助下,力求增高,用命令来增加工资,只应当在极必需的时候实行”。各类商会应当解散,禁止以同业公会名义垄断和操纵价格。

第六,取消高利贷剥削;必要时重新审查原来的债务契约,解散旧有的银行(钱业)公会。

第七,不能随意废止旧货币的流通,必要时可在旧货币上面加盖苏维埃政府印章的办法而使旧货币继续流通。在苏维埃区域应创建有权利发行纸币的苏维埃国家银行,帮助发展农民信用合作组织,促进经济发展。

第八,必须根据累进税的原则,制定简单的显明的税收制度。免除工人与城市贫民的捐税。注意通过税收制度保护小商人与小手工业者的利益,应该将捐税的重担移在最有财产的阶级身上。

第九，应该特别注意苏区内盐、糖、纱、布、药等最必须商品的供给，发展苏区对外贸易，促进赤白区域商品流通，管控现金出口。

第十，对于地主、豪绅大官僚的房子与财产应该立刻没收，财产进行分配；对城市工人、苦力、店员和一般贫民，应降低房租价格。

第十一，应当制定将帝国主义手中的一切经济命脉（如租界、租借区、海关、银行、铁道、航船、矿山、工业的企业等等）收归国有的方针；在当前，则允许它们在遵守苏维埃法律的前提下继续生产。如果外国企业家蓄意怠工生产，关闭企业，干涉苏维埃政府的内政，或帮助反革命等，苏维埃政府均应立刻没收它收归国有。[①]

共产国际提出的上述苏区经济政策，基本上是正确的，符合中国苏维埃区域的实际。中共中央在1930年10月24日制定的《中央政治局关于苏维埃区域目前工作计划》中，初步向各苏区传达了共产国际上述指示精神。在筹备召开一苏大会过程中，共产国际远东局依据东方书记处提出的上述经济政策，起草了提交一苏大会讨论的经济政策法案。1931年2月19日，周恩来等在同远东局雷利斯基谈话时，向远东局转达了中共中央对经济政策法案的修改意见。1931年11月在一苏大会上通过的《关于经济政策决议案》，就是远东局依据共产国际东方书记处提出的经济政策并吸收中共中央意见而起草制定的。

第二节
中央苏区经济建设的全面开展

一、中央国民经济部的设立

中央苏区在创建之初，各地成立的苏维埃政府或革命委员会，有

① 《中央革命根据地历史资料文库·党的系统》第2卷，中央文献出版社、江西人民出版社2010年版，第1237—1240页。

的在省、县两级设立了建设委员会或建设部,有的则未设立经济建设机构。1931 年 11 月苏维埃中央执行委员会第一次全体会议通过的《地方苏维埃政府的暂行组织条例》,也未规定各级苏维埃政府必须设立经济建设管理部门。苏维埃中央政府自身也没有设立主管经济建设的专门机构。1933 年 1 月以前,苏区的经济建设分属于不同部门归口管理,如农业生产由各级政府土地部管理;商业贸易、粮食和军需供应,由政府财政部和红军后勤部门负责;交通、邮政由内务部管理;1932 年春开办的中华钨砂公司,则由国家银行行长毛泽民兼总经理。这种体制,缺乏统一的领导和管理,容易造成各自为政、互不协调的局面,严重影响和制约苏区经济建设的开展。苏区各种物资尤其是食盐、布匹、药材、纸张等严重缺乏,直接影响到苏区军民的生活和经济建设的开展。

为了改变这种局面,1933 年 2 月 26 日,中央人民委员会召开第三十六次常会,着重讨论苏区的经济建设管理工作。会议决定中央和地方各级苏维埃政府均需设立统一领导和管理苏区经济建设的国民经济部。这一决定,很快得到苏维埃中央执行委员会的批准。同年 4 月 11 日,中央国民经济人民委员部正式成立。4 月 28 日,苏维埃中央政府主席毛泽东、副主席项英等签署发布了《关于设立各级国民经济部》的中央政府人民委员会第十号训令。训令说:为了“提高苏区的各业生产,扩大对内外贸易,发展苏区的国民经济,打破敌人的经济封锁”,中央政府决定“在中央增设国民经济人民委员部,在省、县两级增设国民经济部”。①

中央政府赋予各级国民经济部的任务是:“必须抓住目前经济建设上几个中心工作,如农业与工业生产的发展,粮食的调剂,合作社的

① 《关于设立各级国民经济部——中华苏维埃共和国临时中央政府人民委员会训令第十号》,1933 年 4 月 28 日,见《红色中华》1933 年 5 月 8 日第 77 期。

扩大，对外贸易的建立，国有企业的发展，实际的进行起来。”①

1933年4月28日，即中央人民委员会发布第十号训令的同一天，中央国民经济部发布了经中央人民委员会第四十次常会审查批准的《中华苏维埃共和国各级国民经济部暂行组织纲要》。《纲要》规定：

国民经济部在中央隶属于人民委员会，设部长、副部长各1人；省、县隶属于苏维埃执行委员会之下，称省、县国民经济部，省设正、副部长各1人，县设部长1人；区、市暂不设国民经济部。省、县国民经济部在行政上直属于上级的国民经济部，绝对执行上级的命令，但同时受同级执行委员会及主席团的指导与监督。

各级国民经济部下设国民经济委员会，中央由9～15人、省县由5～9人组成。各级委员由中央人民委员会及省、县苏维埃执行委员会主席团分别委任。国民经济委员会的职责是：专门讨论国民经济计划，对发展国民经济的一切事项提出建议，开会时以部长为主席。下级国民经济部的部长，经该级苏维埃执行委员会或主席团选出后，必须送上级国民经济部批准。

中央国民经济部内设7个工作机构：

设计局：管理发展全国农、工、商、矿、交通、运输以及一切有关国民经济的设计（计划）事宜；

调查统计局：管理全国农、工、商、矿、交通、运输以及一切有关国民经济的调查与统计事宜；

粮食调剂局：管理粮食的籴粜、运输及存储等事宜，使粮食合理分配，以适应红军、政府机关及全体国民的需要；

合作社指导委员会：指导全国合作社事宜，帮助合作社的系统建设，监督合作社的营业，调节物品的供需，平抑物价，抵制商人的操纵；

① 《关于设立各级国民经济部——中华苏维埃共和国临时中央政府人民委员会训令第十号》，1933年4月28日，见《红色中华》1933年5月8日第77期。

对外贸易局:管理苏区的对外贸易,设法打破敌人的经济封锁,保证苏区境内的产品和境外商品的经常性交换,缩小工农业产品剪刀差;

国有企业管理局:管理各类国有企业生产及度量衡;

总务处:掌管会议记录、文书的收发保管、会计庶务等。

为适应苏区运输发展需要,1933 年 10 月,中央国民经济部增设了运输管理局,专管苏区水陆运输、陆上道路建设。

省、县国民经济部设设计科、调查统计科、粮食科、合作社指导委员会和文书科。各科职责与中央国民经济部相应各局职责大致相同。

中央国民经济部部长,开始由中央财政人民委员部部长邓子恢代理,1933 年 4 月由林伯渠任部长,吴亮平为副部长。1933 年 10 月由吴亮平继任部长,严朴为副部长。

中央国民经济部办公地点设在瑞金沙洲坝村一幢民房里,1934 年 7 月迁驻瑞金云石山乡。

中央国民经济部的成立及其运作,切实加强和统一了苏区经济建设的领导和管理,对苏区经济建设的开展起了十分重要的作用。

二、中央苏区南部十七县经济建设大会的召开

中央苏区的经济建设大潮是从南部开始发动的。为广泛动员苏区群众努力生产,发展经济,打破敌人对苏区的经济封锁,苏维埃中央政府决定召开中央苏区南、北部的经济建设大会。

1933 年 8 月 12 日至 15 日,中央苏区南部十七县经济建设大会在瑞金叶坪召开。参加大会的有瑞金、兴国、胜利、博生、于都、赣县、上杭、长汀、宁化、汀东、石城、会昌、新泉、寻乌、武平、安远、信丰等 17 县的县、区苏维埃政府负责人和国民经济部部长、财政部副部长共 400 多人。

大会由中央国民经济部部长林伯渠主持并致开幕词。随后,中央政府主席毛泽东在大会上作了《粉碎五次"围剿"与苏维埃经济建设任务》的报告。报告共分两部分:(1)四次“围剿”的粉碎与五次“围剿”;(2)粉碎五次“围剿”与苏维埃经济建设任务。毛泽东的报告不仅深刻阐明了发展苏区经济建设的重要意义,批评了种种忽视苏区经济建设的错误认识;而且还明确提出了苏区经济建设的任务,指明了苏区经济建设的前进方向和领导苏区经济建设的工作方式和工作方法。13日,林伯渠作了关于发行300万元经济建设公债与发展合作社的报告。14日,中央国民经济部副部长吴亮平作了关于粮食调剂问题的报告。

代表们对会议的3个报告进行了“详细的讨论”,普遍感到深受教育和鼓舞,一致表示要加紧努力,迅速发动和组织群众,投入苏区经济建设,兴起苏区经济建设热潮。会上,17县代表意向认购经济建设公债共350余万元,并一致要求中央政府增发200万元的经济建设公债;还就推销经济建设公债、发展合作社、筹款、建立谷仓和粮食调剂分支局等4个方面的工作,将17个县分成4组,订立竞赛条约,互相开展竞赛。

会议最后通过了《中央苏区南部十七县经济建设大会的决议》。决议说:“大会认为在开展经济建设的工作中,迅速地推销经济建设公债,广泛地发展合作社运动,努力的进行粮食的调剂与收集工作,扩大对内对外贸易,打破敌人经济封锁,加紧筹款运动,用向地主罚款富农捐款来消灭封建半封建势力的残余,增加国家财政上的收入,是我们当前的战斗任务。”①会议提出的主要举措是:

积极推销300万元经济建设公债。要求各县分3期完成各县任务:第1期8月完成任务总数的1/2,第2期9月完成任务总数的1/4,第3期10月中旬全面完成各项任务。

大力发展合作社。要求江西、福建两省苏维埃政府主席团、国民

① 见《红色中华》1933年8月19日第103期第11版。

经济部，迅速指定专人建立省消费合作总社筹备委员会，开展建社筹备工作，9 月间开始营业；各县要对现有消费合作社进行整顿，在 9 月底前建立县消费合作总社与县总社商店，并在 1 个月内办理完合作社登记工作；要求全中央苏区在 8 月至 10 月间内新发展粮食合作社和消费合作社社员各 50 万人。

实行粮食调剂。要求尚未建立粮食调剂局的县须在 9 月 15 日前建立起来，并在每一个大的圩场建立一个粮食调剂支局；各县要在 9 月 15 日前在每个乡建立 1 个粮食合作社，社员至少 300 人，股金至少要达到 300 元；在 8 月底以前必须建立或修理好县、乡谷仓。

开展对外贸易。要求各县须在 9 月 10 日前调查统计好本地可供出口的商品数量及价格，上报中央国民经济部；中央国民经济部应按照各地出口货物的情况，于 9 月底前择地建立 10 个商品采办处；每县须选出有经商经验、交际能力和管理能力强的同志 10 名，于 8 月 31 日前送中央国民经济部训练，结业后分配到各采办处工作。

筹款。要求各县应如期完成向地主罚款和富农捐款的任务。

培养干部。要求各省省苏维埃政府要在 9、10 两月中为本身训练一批经济工作干部，并至少为每县训练出 10 名，为每区训练出 5 名经济工作干部，以加强经济战线的力量。

在南部十七县经济建设大会上，苏维埃中央政府奖给兴国县长冈乡奖旗一面、耕牛两头，以表彰其在经济建设中所取得的优异成绩。

中央苏区南部十七县经济建设大会的召开，极大地推动了根据地经济建设的开展，是中央苏区经济建设全面启动的标志。

三、中央苏区北部十一县经济建设大会的召开

继南部十七县率先启动后，北部十一县也紧紧跟上。一星期后，苏维埃中央政府于 1933 年 8 月 20 日至 23 日，在博生县（今宁都县）召开了中央苏区北部十一县经济建设大会。

参加这次大会的，有江西省的万泰、公略、永丰、乐安、宜黄、广昌和闽赣省的建宁、黎川等8个县的代表,南丰、崇仁、泰宁3县代表因故未到。

会议由中央国民经济部副部长吴亮平和江西省委书记李富春主持。吴亮平在会上宣读了毛泽东在中央苏区南部十七县经济建设大会上的报告。

到会的8县代表经过4天热烈的讨论,形成和通过了《竞赛条约》。"八县总共推销公债一百六十一万五千元,发展粮食合作社十五万二千社员,消费合作社十三万七千社员,筹款十二万四千元,粮食调剂支局二十个,贸易分局五个,谷仓能容十四万八千石谷,并一致要求中央政府增发二百万经济建设公债。"①

会议一致表示坚决拥护中央苏区北部十一县经济建设大会所通过的决议,并"特别提出各县应该坚决反对并打击在这些工作中的强迫命令摊派的官僚主义工作方式,应该广泛地发动群众,以经济建设的力量来帮助革命战争,粉碎帝国主义、国民党的五次'围剿'"②。

中央苏区南北两个经济建设大会的召开,对于推动中央苏区经济建设的全面开展,起到了极为重要的作用。会后,各省、县、区迅速行动,认真贯彻落实大会决议精神和大会期间订立的竞赛条约。各级国民经济部也得到健全和加强;培训经济建设干部的工作进展顺利,一批经过培训的干部迅速充实到各经济工作部门;各种生产合作社、消费合作社和粮食合作社雨后春笋般地涌现。中央苏区的经济建设从此出现了一个蓬勃发展的新局面。

---

① 《江西、闽赣两省北部十一县经济建设大会的胜利》,1933年9月3日,《红色中华》第107期第2版。

② 《江西、闽赣两省北部十一县经济建设大会的胜利》,1933年9月3日,《红色中华》第107期第2版。

第三节
中央苏区的工农业生产

一、中央苏区的农业生产

苏区的经济主要是农业经济。发展农业生产，是中央苏区开展经济建设的首要任务。

在中央苏区，广大贫苦农民在土地革命斗争中分得土地后，生产积极性空前高涨。加之苏维埃政府对农业生产给予了极大的扶持，苏区的农业生产因而获得连年丰收。如兴国县，早稻产量 1934 年比 1933 年增产 10%，有的区、乡增产幅度高达 30%；于都县未分田前粮食每亩平均不足 200 斤，1933 年上升到 300～400 斤；宁都县黄陂区土地革命前粮食亩产只有 200 斤，革命分田后亩产达 240 斤；会昌县粮食产量 1932 年、1933 年连续两年递增 20%。中央苏区粮食产量的大幅度增加，不仅满足了苏区军民的粮食需要，而且每年还有大宗粮食输出到国民党统治区域。就是 1934 年夏秋间第五次反“围剿”最紧张时刻，中央苏区红军和政府工作人员的粮食供给仍然得到切实保障。

中央苏区粮食取得连年丰收，最根本原因是根据地内旧的生产关系发生了根本变革，农村生产力得到了解放和发展，党和苏维埃政府采取一系列得力的“兴农”措施。这些“兴农”措施主要有：

（一）组织耕田队和劳动互助社，发动和组织妇女参加农业生产，帮助农民解决劳力不足的困难

赣西南东固根据地早在 1929 年就组织过劳动互助社，帮助缺乏劳力的农民耕田。闽西苏区上杭县才溪乡也于 1930 年春组织起耕田队。耕田队以村为单位由四五户或七八户自愿联合组成，劳动力互相调剂使用，除主要帮助红军家属外，还帮助缺少劳力的孤寡老人。帮助红军家属劳动时，各人自带饭包、工具，不付工钱，红军家属只供给

菜和茶水；帮助孤寡老人劳动时，议定每天工钱 2 毫；群众之间互助时，对劳动技能高的还适当增加工钱。才溪乡耕田队组织起来后，发挥了很大的作用。全乡农户不论家中有无劳力，农事都没有耽误。1930 年 6 月，毛泽东到才溪乡视察工作时，充分肯定了才溪乡“耕田队”的作用，并提议将“耕田队”扩大为“互助社”。1931 年夏收期间，根据毛泽东的提议，才溪乡耕田队发展为劳动互助社。这种比耕田队规模更大、能更有组织有计划地调剂劳力的群众性劳动互助组织，成为我国农业合作化运动最早的发源地。

东固和才溪乡创办耕田队、劳动互助社的经验，逐渐在赣西南、闽西广泛推广。1933 年秋，苏维埃中央政府认真总结了苏区群众创造的经验，正式颁布了《劳动互助社组织纲要》，规范了劳动互助社的组织和管理。《纲要》规定：劳动互助社一般以村为单位组织，最大的以乡为单位组织。加入互助社以户为单位，凡农民及其他有选举权的人，不论男女老幼，都可加入，但地、富、资本家及其他无选举权的，不准入社。劳动互助社以社员大会为最高权力机关。劳动互助社的劳力实行有计划地调剂分配和有偿服务，依工付酬。可以谷物折算，也可以工换工。跨乡、跨村的劳动力调剂，也按此原则办理。红军公田和红军家属耕田的工日，按有关规定予以照顾和优惠，但劳动力由劳动互助社分配。

耕田队和劳动互助社的创办和发展，有效地解决了苏区农业劳动力余缺的矛盾，增强了农民之间的团结和互助精神，在不变更农村个体所有制的前提下，调整了生产关系，对恢复和发展苏区农业生产起了重要作用。

赣西南和闽西地区的客家妇女，以前不少人都缠小脚，很少下田劳动。即使有些贫苦劳动妇女会下田做农活，也从无妇女犁田插秧，因为这些地区流传一句古话，叫“妇娘犁田，要遭雷劈”。动员和组织具有吃苦耐劳美德的农村妇女和男人一样下田劳动，犁田插秧，既可迅速扩大农业生产生力军,也是帮助妇女冲破传统观念、战胜封建陋习,使自身获得解放的需要。为了鼓励妇女参加农业生产,苏区党和政府采取了一系列措施。中共中央妇女部提出了“每个劳动妇女英勇地踏上生产战线,如像红军战士上火线一样英勇”的口号。苏维埃中央政府还决定:各乡苏维埃政府之下都要设立妇女劳动教育委员会,动员小脚妇女放脚和赤脚下田,组织有经验的老农,帮助妇女学习犁田、耙田、插秧。苏区广大妇女热烈响应党和政府号召,纷纷扯下裹脚布,先是摇摇摆摆学走路,随后迈开双脚扛起农具,勇敢投入到农业生产热潮中。兴国县长冈乡的妇女耕田队长李玉英,成了中央苏区著名的劳动模范。兴国长冈乡的经验迅速推广到江西全省苏区。据《红色中华》1934 年 5 月报道:“在福建今年的春耕中,已学会犁耙和莳田的妇女有一千六百多。在兴国今年一月全县还只有三百三十六个妇女会犁耙,到四月就有一千零八十多人了。瑞金全县学习犁耙与莳田的妇女,共有一千四百八十八名,学会的已有三百四十八人。这里的比较也是惊人的,瑞金模范的武阳区,去冬只有两个妇女会犁耙,现在就有一百零四名会犁耙了,还有一百九十四人正在学习。”①广大苏区妇女踊跃参加农业劳动,使苏区农业生产增加了生力军,为苏区农业丰收奠定了坚实基础。

(二)组织犁牛站和犁牛合作社,解决耕牛不足困难

农民视耕牛为宝贝。土地革命前,农民本来就缺少耕牛。土地革命战争开始后,由于战火摧残,农民更是缺少耕牛、农具。苏维埃政府对农民的困难十分重视。苏维埃中央人民委员会在 1932 年 1 月至 3 月间,曾连续 3 次召开会议,讨论春耕中的耕牛等问题,并发布文告,要求各地政府切实帮助农民克服缺乏耕牛、农具、粮食、种子等困难。

① 王观澜:《春耕运动总结与夏耕运动任务》,见《红色中华》报第 194 期,1934 年 5 月 28 日。

中央政府在1932年3月16日通过的《对于春耕中之耕牛粮食问题的决议》中，要求各地政府“在群众中要鼓励耕牛互助，使有牛的或租或借来帮助无牛的农民，或集资共买一牛共用，使耕牛比较多的地方能抽出一部分出卖给无牛的地方，以解决春耕之困难”①。

为更好地帮助农民解决缺乏耕牛、农具的困难，中央政府后来又多次发文，要求各地政府帮助农民设立犁牛站，调剂耕牛余缺。1933年3月3日，中央土地部总结各地试办犁牛站的经验，发出《关于组织犁牛站的办法》文告，规定：犁牛站应以农民自愿参加为原则，以没收豪绅地主及富农多余的耕牛、农具为基础，以分得该耕牛、农具的雇农、贫农及红军家属为该犁牛站的基本站员。此外，还可合股购买耕牛、农具建立犁牛站。犁牛站所有的耕牛、农具归全体站员公有，并由全体站员选出一人负责管理，管理者的报酬由全站会议决定，牛栏粪归管理者所有。管理者如不负责任，经乡苏维埃主席或大多数站员提议可将其撤职，甚至赔偿损失。站员借用犁牛站的耕牛、农具，须付一定的租金，以用于耕牛饲料、农具修理及管理者报酬。每人借用的时间和数量尽量分配均匀。未入站的农民，只要愿出一定数量的入站基金，也可加入，但富农及阶级异己分子不得加入。

犁牛站很快发展成为犁牛合作社。它是一种以耕牛、农具为主要资本的农民合作经济组织。除将没收的豪绅地主及富农多余耕牛、农具组织起来外，还大力动员拥有耕牛、农具的农民将耕牛、农具入社，并发动社员集资入股或向信用社贷款购买耕牛农具。各地根据自身实际，制订出犁牛合作社管理办法。

中央苏区最早创办犁牛合作社的是瑞金县武阳区石水乡群众。他们的经验很快在瑞金县和邻近县、区推广。1933年4月13日，中央土地部总结推广石水乡的经验，发布了关于在全苏区组织犁牛合作社

① 《红色中华》第14期第6版，1932年3月16日。

的训令。据1934年4月统计,瑞金全县已创办犁牛合作社37个,社员3638人,其中壬田区就有社员884人,用股金买回耕牛16头。至同年5月,兴国县也办起犁牛合作社72个,社员5252人;长汀县有犁牛合作社66个;西江县有犁牛合作社284个,社员15075人。

(三)开垦荒地,改良土壤,进行农田基本建设,为农业生产发展创造条件

开垦荒地,扩大耕地面积,是发展农业生产、增加粮食产量的一项重要措施。为动员和鼓励农民开荒种地,1933年2月,苏维埃中央政府发出训令,规定:"今年开垦的土地,免收土地税三年,富农开垦的,免收土地税一年,地主开垦的,今年就要收税。"①1933年5月25日,中央土地部发出第8号训令,规定:"1. 凡是工人、苦力、雇农、贫农、中农及一切有选举权的群众所开发的无主的荒田荒地,即属于开荒人所有,开荒人有永久支配该土地之权。苏维埃政府为了奖励他们,准许三年不收土地税。2. 凡一切有选举权的群众开发不完的无主的荒田荒地,应准许富农去开。凡属富农开发的荒田荒地,富农有使用之权,并准免土地税一年。3. 工农群众及富农开发不完的荒田荒地,应准许地主分子去开。苏维埃政府允许他耕种五年。但无土地所有权,第一年免交土地税,五年之后该地归还苏维埃政府管理。但如果无他人接收仍可租给地主分子继续耕种。"②对于已分配到户的田地,如果已经荒芜,而田主本人在限期内又不开垦的,限期过后也允许别人去开垦耕种,收获归开荒人所有,但无该土地所有权。中央土地部在训令中还要求各级苏维埃政府要组织开荒动员宣传队和开荒队,做好开荒动员和劳力组织工作。1934年2月,中央土地部又发出"为消灭四十万担荒田而斗争"号召。据统计,仅1933年,全中央苏区共计开垦

① 《红色中华》第56期,1933年2月25日。
② 《革命根据地经济史料选编》上册,江西人民出版社1986年版,第258—259页。

荒田22万多担，兴国、瑞金以及上杭县的才溪乡，基本消灭了荒田。

要增产粮食，还必须增加肥料，改良土壤。中央土地部1933年2月1日发布第二号训令《春耕计划》，要求广大农民千方百计增加肥料，除各种粪肥、石灰外，还要尽量割草、铲草皮、挑塘泥，要发动每个男人多铲30斤草皮，多挑30担塘泥，发动童子团每人多捡100斤狗粪下田；经常用石灰的地方，要立即以区为单位，组织石灰合作社，计划多烧石灰。为贮藏肥料，必须解决粪缸问题。这些措施都得到很好的实施。赣南、闽西农民过去习惯于开春后才翻田。为改良土壤，苏维埃政府号召农民提早冬耕冬翻，精耕细作。有些地方还组织农民改造山坑冷浸田，在田中开挖深沟，排除地下渗水、锈水，降低地下水位，以收增产之效。

（四）保护山林，兴修水利

保护山林植被，大力兴修水利，是发展苏区农业的必然要求和重要举措，也是苏维埃政府的重要任务之一。中央土地部内设山林水利局，省、县、区土地部内设山林水利科，以及有些地方成立的水利委员会，共同承担起这一重任。

为发展苏区林业，1932年3月16日，中央人民委员会召开第十次常会，规定每年3月16日为苏区"植树节"，专门作出《对于植树运动的决议案》，决定在全苏区开展普遍的植树运动，要求沿河两岸及大路两旁均遍种各种树木，适宜种树之荒山也要尽可能地种树；种植树木应因地制宜，选择好适宜各种土地种植的树种①。苏维埃中央政府主席毛泽东，1934年1月在第二次全苏大会上作政府工作报告时也强调："应当发起植树运动，号召农村中每人植树十株。"②

中央土地部多次强调要保护山林。1934年春，苏维埃中央人民委

① 载《红色中华》报第15期，1932年3月出版。

② 《中央革命根据地史料选编》下册，江西人民出版社1982年出版，第340页。

员会正式颁布《山林保护条例》，规定：

（一）凡属国家管理的山林，不准任何私人砍伐。如工农贫民为建造或修理房屋或制器具而本人无树可用的，在得当地苏维埃批准之后可准其缴纳相当价值向公山购买。但购买五根以下的由乡苏批准，五根以上的由区苏批准。

（二）河堤及大路旁边的树木，均归当地苏维埃管理，非有特别原因（如妨碍生产）不得砍伐。

（三）住屋周围的树木，虽已分配私人所有，但如有因砍伐妨碍当地的风景卫生时，苏维埃得禁止砍伐。

（四）……不满一尺二寸围的松树、不满三尺围的樟树等有用木材，均不得砍伐。如因树林过密不利培植或因特殊用途而须砍伐者，须经当地苏维埃批准。

（五）绝对禁止放火烧山。

（六）国家管理的山林，需要砍伐与种植时，由当地苏维埃组织当地群众执行之。

（七）乡苏维埃对于民众分得的竹山、木梓山、桐梓山、茶山等，要按时督促修铲，不得荒废。民众分得荒山，须督促栽植。如没有充分理由，经过三年不去栽植，又不出租者，应交由他人栽植，所得利益，以十分之一归山主，余由栽植人所得。

（八）每乡须成立一苗圃，栽培松杉、植木梓、桐梓及各种有用树木与果树的秧苗，供给当地种植的需要。

（九）凡违反本条例的规定，任意砍伐树木的应依照以下规定处罚之：

〈甲〉按照树价加倍赔偿给该项树木的所有者。

〈乙〉砍伐树木的主要负责人处以一个月以上的强迫劳动。

〈丙〉如因砍伐树木而发生严重情形者，处以一年以上三年以下的强迫劳动。①

对于苏维埃中央政府保护山林、发展林业的号召，各级苏维埃政府热烈响应。各省都制定了植树造林计划，提出了保护山林措施。几年时间，中央苏区植树造林工作取得很大成绩。据统计，“仅在一九三四年，瑞金植树六十万三千七百多棵，兴国三十八万九千八百多棵，就是多山的福建，也种了二十一万三千八百多棵，并且还种了木梓种子一千六百九十九斤”②。全中央苏区1933年还开垦荒山500座。

苏维埃中央政府主席毛泽东在第二次全国苏维埃代表大会上作报告时指出：“水利是农业的命脉，我们也应予以极大的注意。”③各级苏维埃政府对水利建设始终非常重视。1933年2月中央政府土地部发布的《春耕计划》训令中指出：“陂圳河堤池塘水车，要修理的，要开筑的，要挖深的，区乡土地部要立刻调查统计，计划多少工人，多少材料，分开先后，领导群众捐钱捐工，一步一步的进行，池塘要买好鱼苗，以增加副产收入，河堤圳旁要种植树木，原有树木不准砍伐，留以巩固堤岸。”④同年4月，中央土地部在发布的《夏耕运动大纲》中再次强调：“关于水利：水陂、水圳、水塘，不但要修理旧的，还要开筑新的。”地方苏维埃政府也提出了水利建设要求。闽赣省发出指示说：“注意水利工作，各地所有的圳旁、河堤、池塘、水车均须从速开筑修理，免受水旱之灾。”⑤福建省苏维埃政府发布《加紧春耕生产运动的领导》训令，指出：“关于开荒修理陂圳，亦应组织委员会，以专门计划督促和领导

① 据中共赣州市委党史办保存件：《中华苏维埃共和国临时中央政府人民委员会命令第二号——山林保护条例》。

② 《红色中华》第194期，1934年5月28日。

③ 《毛泽东选集》第一卷，人民出版社1991年版，第132页。

④ 中央土地部训令第2号：《春耕计划》，载《红色中华》1933年2月13日。

⑤ 《战争急剧开展，党团苏维埃工会加紧春耕动员》，载《工农报》第72期。

开荒及修理陂圳工作。”[①]1933 年 3 月，中央政府土地部又颁发《为发展水利》的中字第一号训令，要求立即发动群众投入水利建设，修复旧陂圳，开挖新陂圳，不能开圳的要多用筒车，所有池塘要加深加宽，修理添置各种运水工具，严防敌人破坏水利。

经过艰苦努力，苏区水利建设取得显著成绩。据 1934 年 5 月 28 日出版的《红色中华》报载：“福建只长、宁、汀三县就修好陂圳二千三百六十六座，并且新建筑了几十条陂圳。在粤赣全省，修好陂圳四千一百零五座，并且新建筑了二十多座。江西无正确统计，只据兴国一县的报告，就修好陂圳八百二十座，水塘一百八十四口，水车、筒车，七十一乘，计费人工八万七千四百八十九天，能灌溉四十二万五千九百五十一担田。并新开陂圳四十九条，水塘四十九口，费人工四万零六百四十二天，能灌溉田九万四千六百七十六担。”[②]陆定一在一篇报道瑞金春耕生产的文章中说：瑞金县据 9 个区统计，自 1934 年 2 月 7 日以来的 50 天中，“已经修好和筑好新旧陂圳一四〇四处，新旧筒车八八乘，水车一〇〇九乘，水塘三三七九个，其余还在进行中的不算在内。除了旧的不算外，新的水利建设中比较大的工程有武阳区的一个新塘，面积十三担谷田，可灌二千多担谷田，只三天就开成了；九堡区一个新陂，可灌一千多担谷田，等等。水利的兴发，已经到了下述的程度，根据九个区的统计，田地总数三四一七四五担，灌得到水的有三一九九三八担，换句话说，百分之九十四的田受得到水利的灌溉”。[③]“福建大铺区十里乡，新筑了万多人工十里路长伟大工程的水圳，一切经费完全由群众自己抖集”[④]。《红色中华》报专门刊文介绍了他们的

---

① 福建省苏维埃政府训令：《加紧春耕生产运动的领导》，1933 年 4 月 3 日。

② 王观澜：《春耕运动总结与夏耕运动任务》，《红色中华》第 194 期，1934 年 5 月 28 日。

③ 《斗争》第 54 期，1934 年 4 月 7 日出版。

④ 《红色中华》第 171 期，1934 年 4 月 5 日。

经验，号召苏区群众向他们学习。

（五）坚持以粮为主，发展多种经营

中央土地部在1933年2月1日发出的第二号训令《春耕计划》中指出："米、谷是苏区的大宗出产，而且是白区最欢迎的东西。要发展土地生产，首先就要增加米、谷收获，我们要在今年做到每担谷田比去年平均多收两斗谷子，就是说要比去年多两成收获。"此外，还"要多种杂粮、菜蔬，如薯子、芋子、番薯、南瓜、黄瓜、角豆、菜蔬等。要发动群众每家至少比去年多种两种杂粮、菜蔬，各种要有一定数量。各机关、各后方部队、后方医院等，要指定一块、几块园土，建立苏维埃菜园，发动工作人员及士兵，共同种菜、种杂粮，以领导群众，将来并要成为苏维埃的农事实验场。所种菜蔬、杂粮除自己吃外，要提出三分之一来慰劳红军。县、区土地部及合作社要马上向县菜多地方设法购买菜子、菜苗，以供给群众需要"①。中央国民经济部与中央土地部在1933年11月1日联合发布《为发展农业生产与工业生产》布告，再次明确要求："发展农业生产的要项：第一是米谷，第二是杂粮（番薯、豆子、花生、麦子、高粱等），第三是蔬菜，第四是棉花，第五是竹木，第六是木梓，第七是烟叶，第八是牲畜（猪、羊、鸡、鸭等）。这些生产，一半是人民的粮食，一半是工业原料，是发展苏区经济的基础。"②棉花和棉布都是中央苏区紧缺物资。中央政府特别号召和鼓励农民多种棉花。中央土地部为奖励群众多种棉花，宣布："除种棉田地免收土地税外，当地上级政府，尚须分别给奖。凡高原干燥地方，及沙坝、园土、山地等都可种棉，棉子由中央及政府设法购（买），不要钱，发给农民栽

① 《革命根据地经济史料选编》上册，江西人民出版社1986年版，第233页、235页。

② 《革命根据地经济史料选编》上册，江西人民出版社1986年版，第231页。

种。"[①]1934 年春,中央土地部还决定给植棉最多、最好的区、乡,奖励一面锦旗、两头耕牛,同时印发《植棉须知》资料,对农民种棉给以技术指导。瑞金县为此提出每区植棉 5000 担的口号。1934 年,中央苏区棉花产量大幅增加。其他经济作物如苎麻、烟叶、花生、茶籽油等,也都增加了收成。

(六)推广先进的农业生产技术

尽管处于紧张的战争环境,为发展农业生产,党和苏维埃政府仍然非常重视先进农业生产技术的推广应用。中央土地部和中央教育部在瑞金联合开办中央农业技术学校,专门培养农业技术人才;还建立农事试验场,设立农产品展览所。江西省苏维埃政府在兴国县也办起农事试验场,在博生县(今宁都县)设立农产品展览所。中央土地部在讨论农事试验场的会议上,总结了瑞金农事试验场的经验和缺点,"责成农事试验场各负责同志,以后要切实负起他的供给各地农业上的经验与智识的作用来;在今年特别是种棉经验的供给,同时并须尽可能的提前提出各主要农产品的培植、防害、施肥等改良方法,来供给中央土地部,以指导各地"[②]。

二、中央苏区的粮食调剂

"民以食为天"。粮食,对于根据地军民来说至关重要。

土地革命兴起后,党和苏维埃政府对粮食工作都十分重视。新成立的红色政权都设立了专门的粮食委员会和粮食工作部门(省、县称粮食部,区称粮食科,乡称粮食委员会)。苏维埃临时中央政府成立时,中央执行委员会当时暂未任命专门的粮食人民委员,未成立专门的中央粮食部,但临时中央政府委托中央财政部和中央内务部共同负

---

① 《中华苏维埃共和国临时中央政府土地人民委员部训令第 2 号——春耕计划》,1933 年 2 月 1 日。见《革命根据地经济史料选编》上册,江西人民出版社 1986 年版第 235—236 页。

② 谢绍武:《农事试验场的初步工作》,见《红色中华》第 162 期,1934 年 3 月 15 日。

责粮食工作。为此，中央财政部增设了粮食调剂局，中央内务部亦设立了粮食工作机构。1933 年 2 月成立中央国民经济部时，中央政府决定将原由中央财政部负责的粮食工作，改由国民经济部负责，在各级国民经济部内专设粮食调剂局，省设总局，县设分局，重要墟镇设支局。1933 年冬颁布的《中华苏维埃共和国地方苏维埃暂行组织法(草案)》中规定：省、县、区、市各级粮食部之下均设粮食委员会，为讨论和建议关于粮食问题的机关。各级粮食部内设调剂、备荒、仓库保管等科和红军公谷管理委员会、土地税谷保管委员会、粮食调剂局等。

为加强对粮食工作的领导，切实做好粮食的征收与管理工作，1934 年召开第二次全国苏维埃代表大会时，中央政府人民委员会决定单独设立中央粮食部，任命陈潭秋为中央粮食人民委员(粮食部部长)，张鼎丞为中央副粮食人民委员(粮食部副部长)。中央粮食部内设粮食调剂局和备荒、仓库保管、粮食合作社指导委员会、红军公谷保管委员会、土地税谷保管委员会等工作部门。中央粮食部办公机构设在瑞金县沙洲坝村。

苏区粮食工作的核心问题是调节粮食产销，平抑粮价，确保苏区军民的粮食供给。在这方面，苏维埃政府采取了如下一些措施：

(一)调查掌握粮食余缺情况，制订粮食收集与调剂计划

闽西苏维埃政府在 1930 年春就要求“各乡政府要调查统计粮食多少数额，报告县政府，以资计划调节”[①]。1932 年二三月间，苏区内不少地方出现耕牛、粮食紧缺，而有些地方耕牛、粮食有余。中央人民委员会曾于 1932 年 2 月和 3 月两次发出通知，要求各级苏维埃政府必须迅速查清当地耕牛、粮食余缺情况，逐级上报，并由政府出面调剂余缺，省与省之间的余缺调剂由各省苏维埃政府负责。1933 年春随着

① 《闽西第一次工农兵代表大会经济政策决议案》，1930 年 3 月 25 日。见《中央革命根据地史料选编》下册，江西人民出版社 1982 年版，第 49 页。

青黄不接季节的到来，苏区一些地方的粮食供应又紧张起来。调剂粮食供应成为各级苏维埃政府面临的紧迫任务。1933 年 3 月 4 日，中央政府人民委员会发出《为调节粮食，接济军粮》第三十九号训令，要求加紧做好粮食调剂工作。次日，中央内务人民委员部也发出布告，提出："粮食调剂设局，中央正在经营；粮食合作设社，各地都要进行；甲县运到乙县，不能阻挡停留；大家有了饭吃，大家好打白军；省县区乡政府，拿住这个中心。"①同年 5 月 20 日，中央国民经济部发出《为发动群众节省谷子卖给粮食调剂局》第一号训令，要求在最近两个月内每人设法节省 1 斗谷子，卖给粮食调剂局，以帮助缺粮地区群众渡过夏荒，同时支援红军。1933 年 6 月 4 日，临时中央政府又向瑞金、石城、博生、会昌 4 县群众发出公开信，要求在 6 月底前节省 5 万担谷子卖给红军。这几县都按时完成了任务。

中央粮食部成立后，更以主要精力领导苏区粮食的征收与保管、分配工作。1934 年 2 月 26 日，中央人民委员会作出《关于粮食突击运动的决定》，要求 3 月 15 日以前继续开展粮食突击运动，从中央各部门抽调人员组成征粮突击队，到各县帮助工作。据 1934 年 3 月 10 日统计，全苏区共收到谷子 19.8 万担，现款 64.8 万元，有 5 个县完成了任务，6 个县基本完成任务。1934 年 6 月 2 日，中共中央和中央人民委员会又决定在全苏区紧急动员 24 万担粮食供给红军。其中分配给江西省 12.52 万担，粤赣省 9000 担，赣南动员区 2.58 万担，中央直属 4 县（瑞金、西江、太雷、长胜）3.77 万担，福建省 1.03 万担，闽赣省 3.4 万担。仅 1 个多月，到 7 月下旬各省和直属县就全部完成了任务。接着，7 月 22 日，中共中央和中央人民委员会再次决定在全苏区开展 60 万担秋收借谷运动。至 1934 年 9 月 5 日止，全苏区共动员粮食 666581 担，其中已收集入仓 470296 担。中央粮食部具体承担了上述

① 《革命根据地经济史料选编》上册，江西人民出版 1986 年版，第 328 页。

粮食收集、运输、保管和调配任务。

（二）大力创办发展粮食合作社

办好粮食合作社，是做好苏区粮食调剂工作最重要、最基本的措施。早在1930年3月召开的闽西第一次工农兵代表大会上，与会代表为调节粮食产销就提出：“粮食缺少地方组织办米合作社，向白色区域买米，米多地方要组织贩卖合作社，运米到别地销售，政府对办米合作社要帮助其进行。”“各县要在余米地方做好工作基础，要派游击队帮助其斗争，使余米地方送米入境。”“各级政府经常召集米商米贩开会，讨论采米办法，并帮助其进行，予以保护。”①闽西苏区由此创办的贩米合作社（后称粮食合作社），后来发展为粮食调剂局，成为苏维埃政府的工作机构。

1932年夏邓子恢到职就任中央财政部长后，决定将闽西建立粮食合作社和粮食调剂局的经验，向全苏区推广。为此，临时中央政府人民委员会于1932年8月21日发出关于《发展粮食合作社运动问题》的第七号训令，同时还颁布了《粮食合作社简章》，要求在全苏区迅速创办粮食合作社。训令要求：“各级政府接到此项训令及简章后，必须由上而下召集各级主席团贫农团雇农会等联席会议，详细讨论，切实计划，动员广大群众入股，建立和发展粮食合作社的组织，限十月底以前各主要县份，必须做到每乡都有粮食合作社的组织（边区除外），以后再有计划建立区以上的粮食合作社组织系统。”②

粮食合作社除剥削分子外，其余一切贫苦群众均可加入，分期吸收社员。社员入社需交股金，每股1元，粮、钱均可，一家1股或数股。

---

① 《闽西第一次工农兵代表大会经济政策决议案》，1930年3月25日。见江西省档案馆、中共江西省委党校党史教研室编：《中央革命根据地史料选编》（下），江西人民出版社1982年版，第49页。

② 见《中华苏维埃共和国法律文件选编》，江西人民出版社1984年版，第271—272页。

入社社员卖粮或购粮均须在社内进行。收获季节由合作社出资按略高于市价向社员收购谷米,待春荒时以略低于市价返销给社员,但不许社员高价倒卖。每年4月以后合作社如有库存余粮,以略低于市价向市场出售粮食以平抑粮价,亦可贩运至缺粮地区销售。如资本充足,还可经营油、豆、糖等品种。合作社每年结算一次,红利以50%作公积金,50%按社员向合作社售粮多少分配,并可抽出10%奖励工作人员。

可是由于种种原因,创办粮食合作社的进展缓慢。为加快发展粮食合作社步伐,1933年5月27日,中央国民经济人民委员部又发出《关于倡办粮食合作社与建立谷仓问题》第二号训令,要求"现在即刻开始,务要在每一乡成立一个粮食合作社"①。1933年7月4日,中央人民委员会再次发出《关于倡办粮食合作社问题》第二十一号布告,号召"工农劳苦群众要马上动员起来,你邀我,我邀他的一齐加入粮食合作社。各种革命群众团体,应该用最大的力量,帮助这一工作的进行。各级政府的负责同志更应该负责把粮食合作社的意义和作用,做最普遍的深入的宣传,领导群众,帮助群众,使每一乡至少要建立一个粮食合作社"。② 同一天,中央国民经济部也发出《关于粮食调剂局与粮食合作社的关系》文告,详细说明粮食调剂局与粮食合作社联系与区别。

经过各级苏维埃政府的努力,中央苏区的粮食合作社有了较快的发展。据统计,到1933年8月,全苏区共建立粮食合作社513个,社员11.2万人,股金9万元。中央苏区南部十七县经济建设大会和北部十一县经济建设大会召开以后,加快了发展速度。瑞金县仅1个月内,粮食合作社社员增加四五千人;兴国县也在1个月内增加社员1

---

① 《关于倡办粮食合作社与建立谷仓问题——中央国民经济人民委员部训令第二号》,1933年5月27日。《革命根据地经济史料选编》上册,江西人民出版1986年版,第330—331页。

② 《革命根据地经济史料选编》上册,江西人民出版1986年版,第333页。

万多人。至1933年9月底,已有16个县建立了粮食调剂分局。据其中12个分局统计,在1933年4月至6月,粮食交易价值达40万元,获赢利1万余元。1934年2月统计,全苏区粮食合作社又发展到10712个,社员243904人,股金有242079元。江西省公略、万泰两县,谷价最低时1元大洋能买两三担谷子。1933年新粮收获后,一担谷子最低价格也有一元七八角,后又很快涨到每担二三元以上。合理的谷价有效地保护了农民利益,促进了农民的生产积极性。

(三)建造谷仓,确保粮食仓储安全

中央苏区所在地赣南、闽西地区,原来只有少量由各地宗族会众建造与控制的公仓,用来储藏公谷。随着苏维埃政府粮食调剂局的设立和粮食合作社的大力发展,各地谷仓严重缺乏。为此,苏维埃中央政府在大力倡导发展粮食合作社的同时,要求加紧建造谷仓。中央国民经济部在1933年5月27日发出的第二号训令中,就要求"分区建造谷仓,保存谷子,免致耗损";"各县国民经济部,应帮助并催促各区、乡政府,调查旧有谷仓,加以修葺。在还没有公共的谷仓的乡,要建造谷仓一处,至少以能容纳三百担谷子为限(由粮食合作社管委会负责),以供粮食合作社之用"。该训令根据各县储积粮食计划,以瑞金8万担,汀州、黎川各5万担,兴国、于都、会昌、博生各3万担,胜利、石城各2万担,乐安、公略、万泰、宁化、广昌、赣县各1万担,要求以此为标准确定各县建造谷仓的数量①。在1933年8月中旬召开的中央苏区南部十七县经济建设大会上,中央政府具体要求在8月底以前必须建立或修理好县、乡谷仓。这一要求基本得到了落实。

(四)大力倡导节约粮食,限制粮食靡费

倡导节约粮食,限制粮食靡费,是苏区粮食工作的又一重要方面。在1930年3月召开的闽西第一次工农兵代表大会上,代表们提出要

---

① 《革命根据地经济史料选编》上册,江西人民出版社1986年版第331页。

“由政府出布告禁止青米做酒”、“禁止做粉干”①。1932年12月27日，为做好第四次反“围剿”的粮食储备，中央内务人民委员会发出第八号命令：“特通令各级边区政府立刻禁止米谷运出（去）白区，并根据各地实际需要，限制粮食浪费，如做粉干、造酒、喂鸡等，并规定具体限制及取缔办法，由省、县政府公布执行。”②节约和爱惜粮食，成为苏区每个公民的自觉行动。无论军队还是地方，对各类人员的粮食定量都有严格规定。如1934年3月18日中革军委发布命令规定：前方部队和警备区人员以及红军学校学生、各省军区作战部队、兵站运输员、补充师人员，每人每天大米1斤6两（16两制，下同）；红军新编师、红军学校工作人员及后方卫戍部队，每人每天大米1斤4两；其余人员每人每天大米1斤2两。为节省粮食支援前方红军，后方工作人员包括中央党政群各机关工作人员，主动提出每人每天节约2两米，有的甚至每天节约4两米。广大群众也自动开展每天每人节省一把米，每月节省3升米活动，从而节约了大量粮食支援红军，保证前方军粮供给。各级苏维埃政府还积极鼓励群众多种杂粮、蔬菜，如麦子、蚕豆、萝卜、油菜等，以补充粮食之不足。

（五）调控苏区粮食出口

苏区生产的粮食，在满足苏区军需民食的前提下，也有一部分用于出口到白区，以换取苏区紧缺商品。正常年景，全苏区每年大约出口谷子300万担。但是，如果苏区出现粮食紧缺，苏维埃政府则采取措施对粮食出口予以调控，严格控制粮食出口。如1932年12月27日，中央内务人民委员部就发布《禁止粮食出口与靡费》的第八号命令：“近查各边区粮食出境甚多，如果不加限制，一定要影响到明年的

① 江西省档案馆、中共江西省委党校党史教研室编：《中央革命根据地史料选编》（下），江西人民出版社1982年版，第49页。

② 《中央内务人民委员部命令第八号——禁止粮食出口与靡费》，见《中华苏维埃共和国法律文件选编》，江西人民出版社1984年版，第255页。

苏区粮食。为此特通令各级边区政府立刻禁止米谷运出（去）白区。”①

总之，苏区的粮食工作成绩显著，其最大的功绩，就在于很好地调剂了苏区粮食余缺，稳定了苏区粮价，确保了军民的粮食供给。

三、中央苏区的工业生产

中央苏区的工业基础甚为薄弱，少量半机械化生产的军需工业，是根据地创建后逐步建立起来的，苏区大量存在的是作坊式的手工业生产。按经济成分划分，中央苏区的工业可分为3大类：国有工业、集体工业、私营工业。

中央苏区的国有工业主要是军需工业和矿产品开采业。

中央苏区的军需工业，最早创办于1927年底。那是由东固工农革命军第七纵队在东固养军山创建的一个兵器修械小组。当时只有五六个人及少许铁匠用具。1928年春该小组发展为养军山军械所，有30多人。同年冬，修械所发展到80多人，更名为养军山修械处，主要是修理损坏的枪支，制造少量的刺刀、长矛等小兵器。与此同时，在兴国、吉安、泰和3县交界的淘金坑，也办起1个红军兵工厂，隶属东固革命根据地，由赤卫队长徐发林兼厂长，谢云龙任经理，主要生产土枪、土炮、弹药，兼造大刀、梭标和农具。

1931年9月，为修理在反“围剿”战争中缴获的枪械，苏维埃中央军委决定在兴国县白石筹办修械厂，任命吴汉杰为厂长。同年11月，江西省苏维埃政府在于都县平安寨设立修械处，崔鼎武为处长，郑阿祥任党支部书记。

1931年底，苏维埃中央军委决定，江西省苏维埃政府修械处与红军白石修械厂、红三军团修械厂、东固养军山修械处合并，在兴国县莲

① 《中央内务人民委员部命令第八号——禁止粮食出口与靡费》，见《中华苏维埃共和国法律文件选编》，江西人民出版社1984年版，第255页。

塘乡官田村创办了中央军委兵工厂(又称官田中央兵工厂)。厂长吴汉杰,后韩日升继任;党委书记先后为张健、范启明;职工委员会委员长马文。该厂兴办时有60多人和少量锉刀、老虎钳、打铁炉等简单设备。1932年4月红军东路军攻占漳州后,缴获了国民党福建省防军第四十九师张贞部兵工厂1座,从中挑选了2部车床、1台30马力柴油发电机和其他修械设备,运至官田兵工厂。不久,中共临时中央从上海和沈阳动员一批从事兵工生产的熟练工人来到苏区,投入兵工厂生产行列。1933年,官田中央兵工厂发展到440多人。兵工厂初办时,设有枪炮科和弹药科。枪炮科下设修理、制造、木壳、牛皮、刺刀等股;弹药科下设炸弹股、子弹股。

1933年,官田中央兵工厂一分为三,分别成立官田中央兵工厂、银坑弹药厂、寨上杂械厂。官田中央兵工厂在两年左右时间里,共修造4万余支步枪,修理机枪2000多挺、迫击炮100余门,制造子弹40余万发、手雷600多枚、地雷5000多颗。1934年四五月间,上述3个分厂陆续迁至瑞金县岗面,合并为中央苏区红军兵工厂。1934年10月,该厂部分职工携带部分设备编入红军野战军长征,留下的职工迁至于都县黄龙(今称黄麟)乡湖山村继续生产,支持红军游击战争。

除中央兵工厂外,闽西苏维埃政府于1930年8月在上杭县湖洋建立了闽西兵工厂,后改为闽粤赣军区兵工厂。该厂1931年冬迁至长汀县南阳的茶树下村,1932年春迁至长汀县四都乡。全厂有工人140余人,主要生产子弹、三刃刺刀、枪托、毛瑟枪、马尾手榴弹、地雷等。1932年7月,邓小平在江西会昌县领导成立江西军区第三作战分区后,建立了第三分区兵工厂。1933年4月,该厂改为粤赣军区兵工厂,有干部职工100多人,设备有一台车床、一台柴油发电机和一些钳子等,能制造单响枪、马尾炸弹,翻造子弹,修理枪械。

红军服装厂是中央苏区军事工业的重要组成部分。中央苏区的红军服装厂主要有:红军被服总厂(设瑞金县七堡村)、红军第二被服厂(设长汀县城东门周祠和新万寿宫)、红军第三被服厂(设宁都县城)、福建军区被服厂(设上杭县旧县,后迁至长汀县南阳)等。红军被服总厂有近百台缝纫机和数百名工人,主要加工单衣、夹衣、八角帽、被套、绑褪等。红军第二被服厂有60余人、20余台缝纫机,生产军衣、绑褪、子弹带等。红军第三被服厂有100余人、10余台缝纫机,生产军服、军帽、挂包、绑褪、米袋、子弹带等。该厂1933年5月迁瑞金,与红军被服总厂一分厂合并为军委第一被服厂。

在中央苏区军需工业中,还有中央卫生材料厂、红军斗笠厂等。中央卫生材料厂归军委总卫生部领导,创办于1931年,厂址设在于北区(后改设为胜利县)琵琶垅村,1932年迁至瑞金朱坊村,厂长唐义贞。办厂初期主要加工药棉、绷带等敷料,同时加工一些中成药丸、药膏,后发展有酒精车间和制药车间、敷料车间。红军斗笠厂设长汀城。全厂有工人108人,管理人员3人。月产斗笠6000顶,1934年1月至9月共生产20万顶。产品初为夹箬尖顶,1932年冬毛泽东视察该厂,建议将尖顶改成平顶,并将夹箬叶改为夹油纸。改进后的产品深受红军欢迎。该产品后来一直在闽赣边10余县畅销。

中央苏区的钨矿开采业,主要是钨砂和煤炭。赣南蕴藏丰富的钨砂,有“世界钨都”之称。中央苏区所辖的仁风山(盘古山)、丰田(铁山垅)、上坪等山区,早在清末民初就开始开采钨砂,大小矿井星罗棋布,采矿民工多时达数万人。不过,这些珍贵的矿产品都被山霸和外国买办强占,出口到西方列强各国。1930年4月以后,这几处矿山先后赤化,被苏维埃政府接管。为发展经济,增加财政收入,1932年2月,苏维埃中央政府决定在于都县(原属会昌县)丰田成立中华苏维埃钨砂公司,任命胡克功任总经理。后来发现胡克功利用职权贪污腐化,官僚主义作风严重,中央政府撤销了胡的总经理职务,任命苏维埃国家银行行长毛泽民兼公司总经理。中华苏维埃钨砂公司成立之初,辖有国营丰田(铁山垅)矿和民营仁风山(盘古山)、上坪两个矿场,后来又开办了国营泰和县小垅矿场。国营丰田矿有矿工 5000 余人，按军事编制编成大队、中队和小队，工人实行计件工资制。公司还直辖有白鹅洗砂（选矿）场，有专门运输队将开采出来的矿砂挑运到白鹅选矿。仁风山和上坪以及其他地方的矿场，由民窿开采，钨砂公司收购他们的钨砂。国营和民窿钨精矿产量每年约 1800 吨。这些钨精矿由苏维埃中央政府对外贸易局组织出口到白区，换回大量的现洋和苏区急需物资。中央苏区还办有一些煤矿和铁、硫矿场，但开采规模较小，且分散在苏区各地。

中央苏区的国营工业中，还有中华商业公司造纸厂、瑞金纺织厂、于都通讯材料厂等小型工厂。

中央苏区的集体工业主要是各地兴办的生产合作社。如长汀中华纸业公司、中华织布厂等。私营工业主要是一些小手工作坊。主要产品有土纸、土布、生铁、原煤、黄烟丝、砂糖、木碳、石灰、砖瓦、铁锅、农具、樟脑、雨伞、斗笠、木器、陶瓷用品及豆腐等食品。据 1934 年 2 月不完全统计，中央苏区共有各类生产合作社 176 个，工人 32761 人，股金 58552 元。私营工业由于受王明“左”倾经济政策和劳动政策影响，1932 年至 1933 年间不仅没有发展，不少私营企业还倒闭关门。1933 年秋纠正“左”倾劳动政策后，苏区私营工业才有了一定的恢复和发展。

四、中央苏区的邮政电讯

中央苏区的邮政电讯事业，是在战火中建立和发展起来的，并始终得到毛泽东、朱德等红军领导人的关心和支持。

（一）　苏区邮政

1. 赣西南、闽西赤色邮政的建立

毛泽东、朱德领导红军开辟赣西南、闽西红色根据地之初，就要求红军对各地邮局加以保护，下达了“保护邮局照常传递”的指令。

1930 年 3 月，以曾山为主席的赣西南苏维埃政府成立时，在吉安县富田设立了赣西南赤色邮政总局。这是中央苏区创办的第一个苏维埃邮局。

赣西南赤色邮政总局设有邮务科、总务科、财务科,共有60到70人。担任赤色邮政总局局长的,先后有左拉、赖玉珊、许力源等。总局在吉安陂头设立了赣西南分局,在兴国设立了赣南分局,还设有万泰、兴国、于都、赣县等十几个县局。县以下设路站,路站下设分站,区、乡设邮点,初步形成了赣西南苏区内比较完整的邮政网络。到1931年夏,赣西南赤色邮政总局管辖的县局已扩展到20余个。赣西南赤色邮政总局发行了第一枚"赤色邮政"邮票,邮票面值有四分、八分、一角等几种。还颁发了赤色邮政"简章及工作大纲",邮政业务正常有序。赣西南赤色邮政总局的创建,为中央苏区邮政建设奠定了基础,摸索了经验。

1930年10月红军攻克吉安后,江西省苏维埃政府成立。赣西南赤色邮政总局从富田迁至吉安城,改称江西省邮政总局。红军撤出吉安后,江西省邮政总局迁回富田等地,1931年5月迁至永丰县龙冈,半年后迁至于都县平头寨,1932年初又迁至兴国。江西省邮政总局局长先后为曾奇鲁、王群等。总局的邮路在吉安时,东边到东固、吉水,西边到永新,南边到永阳,北边到富田;在龙冈时,东面到宁都,北面到永丰,西面到东固,南面到赣县、兴国;在兴国时,邮路有:(1)赣县到田村(与兴国交界,县委所在地);(2)于都到会昌、寻乌、安远;(3)平头寨到瑞金、宁都、江背洞(有个分局,在兴国南面),信送到平头寨又分开;(4)送瑞金;(5)送宁都、广昌。送信采取接力方式,一个分局传给另一个分局。江西省邮政总局在兴国时颁发了《赤色邮政暂行章程》,发行了"江西赤色邮政"邮票。

闽西苏区也建立了"赤色邮政"。最早是朱毛红军入闽时带去的红军武装通信社,后在接收国民党永定县邮局的基础上建立闽西赤色邮政,归闽西苏维埃政府交通总局领导(局长卢宝清)。1930年10

月，闽西交通总局颁布了《赤色邮政暂行章程》，发行了“赤色邮政”邮票。递送邮件时，“如遇上特别快信或特别邮件，我们递信员必须风雨无阻，日夜不分，立即发送不误”。[①]

2. 中央邮政局的设立

1931 年 9 月底，红一方面军总部和中共苏区中央局、苏维埃中央革命军事委员会等领导机关进驻瑞金叶坪村。为便于驻瑞金各中央机关和工作人员传递公文信件，即在叶坪村设立了中央邮政局。

中央邮政局主要负责驻瑞金中央和地方各机关之间公文信件的传递，其业务既没有向瑞金县内基层延伸，也没有与江西省邮政总局、闽西赤色邮局建立业务联系；而江西省邮政总局与闽西赤色邮局之间，也没有开通邮政业务。中央机关与各地以及江西、闽西苏区之间的公文信件传递，全靠内部交通员完成，邮件在路途的传递时间往往需七八天甚至十几天，既费时间又费人工，邮件丢失事件也常有发生。这严重影响了苏区内外各种信息的传递，进而影响各项工作的顺利开展。

3. 中央邮政总局的成立

苏维埃临时中央政府成立后，不仅苏区内部公文信件的传递业务量迅猛增加，苏区与白区之间的信息沟通也日益急迫，建立苏区统一的邮政系统被提上苏维埃中央政府的议事日程。

1932 年 4 月，苏维埃中央政府内务人民委员部召集闽、赣两省邮政局负责人会议，决定对中央苏区的邮政工作进行整顿，在瑞金成立中央内务部领导下的中央邮政总局，以统一苏区邮政系统。中央内务部为此于 1932 年 4 月发布关于《统一苏维埃邮政问题》的第一号布告，指出：

---

① 许良泽：《回忆闽西苏区邮务》。见中共江西省委当时研究室等编：《中央苏区风云录》，1991 年内部版。

从前闽赣两省所办的赤色邮政，都是各自为政的，组织既不统一，办法亦各不同，并且组织涣散，致交通停滞，消息阻隔，两日可达之信，迟至十日才能送到，时常发生遗失邮件之事。这样不仅不能帮助苏区交通，而且防(妨)害目前的斗争行动，本部为整顿邮政便利起见，特决定两省邮政，统一办法，并宣布自五月一日起，开始实行下列各项办法：

一、建立中央邮政总局，统一中央区的邮政，在各省设立邮政管理局，各县及各交通要道，分设甲乙两种邮局，在非交通要道之地，设邮政分局及邮政代办所，从前闽赣两省所设的各样名目，概行遵照新章更名。

二、制定邮件寄费新章，和新式邮票四种，以资统一，自五月一日起，一律按照新章实行，从前闽赣两省所规定之邮章，邮票，实行宣布取消，其已经为各机关购存之邮票，请到各局，退还现金。

三、以后各机关及工农群众凡邮寄信件，印刷物品及包裹等项，均照新章贴足邮票，凡未贴足邮票者，按章加倍罚款。

四、红军信件仍照红军优待条例办理，凡窃盖红军免费印记之非红军信件，一经查出，则加倍处罚。①

同一天出版的《红色中华》报，还公布了中央内务部关于整理苏维埃邮政统一组织统一办法的训令，从5月1日起施行。训令对建立中央邮政总局及其下属机构的设置、所需经费、工作人员、薪金待遇、工作时间等都作了明确规定。

1932年5月1日，中央邮政总局在瑞金叶坪中石村成立。同一天，中央内务人民委员部正式颁布了《中华苏维埃共和国邮政暂行章程》，对邮政机构设置及人员配备、邮政业务的开展等作出更为详细、

① 见《红色中华》第17期第5版，1932年4月13日出版。

明确的规定，中央苏区邮政工作日趋规范化。据 1933 年 12 月不完全统计，中央邮政总局及其直属分局和江西、福建、粤赣 3 省，共有邮政工作人员 1391 人，其中江西省 704 人，福建省 332 人，粤赣省 248 人，总局及直属分局 107 人。

中央邮政总局成立时，总局局长由中央内务人民委员部副部长杨岳彬兼任。1933 年夏至 1934 年 10 月，由赖绍尧、王醒才、张善初等先后继任。红军总信柜主任赖绍尧。1934 年 10 月至 1935 年春，留在中央苏区的邮政总局由汪奇峰任代局长。中央邮政总局内设秘书、巡视员及总务、财务、邮务、审计、供应等处。总局机关初设叶坪乡中石村，后迁至瑞金沙洲坝、鹅婆石下村等地。

苏区邮政工作人员的生活待遇是好的。“每年规定发两套制服，春、冬季各发一套。斗笠春、冬季各发一顶。还有帽子，帽檐是鸭舌遮阳，边沿写有七个字：‘中华苏维埃邮政’。草鞋则折钱发放。因为中央苏区遭受国民党反动派经济封锁，布匹紧张制服也一度折钱发放。当时处于战争环境，制服实际才发了 3 套。至于邮政人员的工资发放是十分准时的，平时月底发放，紧张时期则在月初发放……工会很关心邮政工人的学习，每月准时专款发来会员的学习费，分局可以看到我苏区办的各种报纸和各种政治学习的材料”。①

4. 中央苏区的邮政业务

按照《中华苏维埃共和国邮政暂行章程》，中央苏区先后开办了普通邮件、挂号邮件、快递邮件、信汇、包裹等邮政业务。先后发行的半分、一分、二分、三分、一角等邮票，均由黄亚光设计。特别快递其最快速度是每昼夜步行不得少于 90 公里。至 1932 年 7 月，中央苏区已开通特别快递的邮路有 15 条，包括：瑞金—胜利—兴国；瑞金—石城—

① 许良泽：《闽西苏区的邮务》。载《中央苏区风云录》，江西省委党史研究室 1991 年内部出版，第 275 页。

广昌；瑞金—宁都；瑞金—于都—赣县；瑞金—会昌—重石—信丰（临时）；会昌—寻乌；瑞金—汀州—河田—旧县—白砂；白砂—上杭—永定；白砂—龙岩；胜利—宁都—广昌；兴国—万泰—乐安；兴国—永丰—乐安；兴国—于都—会昌；兴国—赣县。

中央苏区邮政系统的建立、统一与完善，大大方便了苏区军民的信息传递与交流。苏区邮政工作人员为确保邮路畅通，邮件能及时收寄，常常加班加点工作，星期天也照常营业。由于没有现代交通工具，当时邮政人员投递邮件全靠肩挑步行。他们脚穿草鞋，肩背斗笠，每天风雨无阻，跋涉奔波。收到特别快信，哪怕月黑风高，雨雪交加，也要及时递送。特别是边区和战区的邮递人员，为了保护邮件，有时还要与敌人搏斗，甚至牺牲自己的生命。

1934 年 10 月，中央邮政总局局长张善初等 3 人随军长征。总局代局长汪奇峰率领邮政工作人员留在苏区坚持邮政工作并参加游击战争。

5. 中央苏区的电讯事业

中央苏区的电讯事业，是在炮火硝烟中从无到有、从小到大建立发展起来的。

中央苏区的有线电讯即有线电话通讯。在土地革命开始前，赣西南和闽西地区一些县、市间建有少量电话线路。红色根据地建立后，苏维埃政府利用未被破坏的电话线路，建立了苏区内部的有线电话通讯。闽西苏维埃政府的电话总机，就设在上杭县苏家坡村，新泉、白砂、涂坊、湖雷、蓝布、龙岩等地都设有电话分机。在赣西南苏区，1930 年 9 月 26 日赣西南苏维埃政府发出的关于准备攻打吉安的紧急通知中，要求“各地来前方参加作战的群众每人带干竹竿（长一丈五尺）一根，以作电杆，并派人到各处采买铁丝以作电线，指示路杆竖在大道旁边，指示工农群众不要毁坏我们自己的电杆”[1]，迅速建立了战时电话通讯线路。

苏维埃临时中央政府成立后，在瑞金叶坪建立了中央电话局（1933年4月迁至沙洲坝乡马茅塘村），架设了从瑞金通往各省苏维埃政府驻地、一些重要县以及各中央单位间的电话线路。中央电话局使用的是一台从战场缴获的磁石电话交换机。

“红军的有线电话是在1929年以后才有的，而真正建立起有线电话通信还要算在第一次反‘围剿’时。”[2]据王铮回忆，红军“总部有个电话总队，约两个连，100多里被复线；三军团有个电话队；在下面，每个师有约20～30里被复线；团里的器材多少要看缴获，少的只有7～8里，作战时只能架通主要方向”[3]。

在无线电通讯方面，1930年7月下旬红三军团攻占长沙时虽缴获了几部电台，但都被毁坏掉了，所以直至1930年12月以前，中央苏区和红军部队都没有自己的无线电台。1930年12月30日在第一次反“围剿”战争的龙冈战斗中，红军缴获国民党军第十八师的一部收报机（因红军战士当时对无线电机器不了解，缴获的一部发报机被他们砸坏）。1931年1月3日在宁都东韶战斗中，红军又缴获了国民党军第五十师谭道源部一部完整的收发报机。国民党军第十八师的10名无线电技术人员被俘后也参加了红军。红军总部利用这些缴获的机器设备和技术人员，于1931年1月6日在宁都县小布龚家祠建立了红一方面军无线电通讯队。队长王铮、报务员刘寅等都是被俘后参加红

① 《赣西南苏维埃政府紧急通知第□号》，1930年9月26日于陂头。见《江西党史资料》第7辑，1988年7月内部版，第148—152页。

② 王铮：《从半部电台开始》，载《红军的耳目与神经——土地革命战争时期通信兵回忆录》，中共党史出版社1991年版，第55页。

③ 王铮：《从半部电台开始》。载《红军的耳目与神经——土地革命战争时期通信兵回忆录》，中共党史出版社1991年出版。

军的原国民党军第十八师报务人员;原红一方面军总部特务大队政治委员冯文彬被任命为无线电通讯队第一任政治委员。1月10日,红军总部在小布开办第一期无线电训练班,曹丹辉、胡立教等12名从各部队和机关招收的学员参加学习。朱德总司令亲自参加开学典礼并讲话,红一方面军总参谋长朱云卿和郭化若、李井泉、左权、杨立三等总部领导也参加了开学典礼。毛泽东亲自给无线电训练班上政治课,教育学员尊重队长,尊重教员,勤奋学习,要做红军的“千里眼”“顺风耳”,努力为革命战争服务。4个月后,这批学员成了红军各军团的无线电骨干。

1931年春夏间,党中央为加强红军无线电通讯,根据共产国际远东局的要求,先后派伍云甫、涂作潮、曾三等无线电报务人员从上海来到中央苏区。红军在第二次和第三次反“围剿”战争中,又缴获了敌人9部电台,包括缴获到国民党军第二十八师师部的一台100瓦功率的电台。1931年6月,在建宁成立了红军无线电通讯总队,王铮任总队长,伍云甫任政委。9月中旬,刘寅等利用缴获敌第二十八师的那台100瓦大功率电台,在赣县白鹭的一个小山村,沟通了与设在上海的中共中央无线电台联络。1931年9月底,无线电通讯总队随红军总部迁驻瑞金叶坪村。

据王铮回忆:“第三次反‘围剿’胜利后,苏区中央局一个电台,红军总部一个电台,十二军一个电台,三军团一个电台。一共有四部电台及工作人员。苏区中央局电台是我,三军团电台是杜平,红军总部电台是曾三、涂作潮,十二军电台是曹丹辉。打完高兴战斗后,红三军也有了电台。”各部电台称为“电台分队”①。

苏维埃临时中央政府成立后,红军在瑞金叶坪坪山岗成立了红军

① 王铮:《红军第一期无线电训练班》。见《回忆中央苏区》,江西人民出版社1986年版,第175页。

无线电学校,校长刘光甫,政治委员杨兰史。该校后改称为红军通讯学校,前后共培养近百名红军无线电通讯人才。该校教员还千方百计修理好缴获到的坏电台,自己装配了若干部电台。红军无线电通讯事业得到迅速发展壮大,到 1934 年 10 月长征前夕,中央苏区一共发展到有 17 部电台,红军各军团和几个主力师及中央党政军领导机关,以及江西军区,都配备有无线电台。1933 年 4 月,红军无线电总队从叶坪迁驻沙洲坝,1934 年 7 月又迁至瑞金云石山。同年 10 月中央红军出发长征时,共有 14 部电台随军转移,留下 3 部电台给中央军区、赣南军区和江西军区使用。1935 年春因游击斗争失败,这 3 部电台全部遭破坏。

中央苏区电信事业领导机构,地方的有线通信由中央内务人民委员部邮电管理局领导;红军中的有线和无线通信,由 1933 年底成立的中革军委总参谋部第三局领导。第三局局长王铮。三局下设通信科(科长罗若遐)、器材科(科长涂作潮)和简易通信科(科长篪锦柱)。

五、中央苏区的交通事业

(一)交通运输管理机构

中央苏区所在的赣西南和闽西地区,地处山野,原先没有一条公路,更没有汽车等现代交通工具,各地道路狭窄不平,河道阻塞难行,交通十分落后。

为了适应红军军事行动和苏区经济发展需要,党和苏维埃政府十分重视改善苏区交通运输条件,发展交通运输事业。为加强对苏区交通运输事业的领导,苏维埃临时中央政府成立后,即在中央内务人民委员部设立了交通管理局。中央人民委员会 1932 年 6 月 20 日召开常会通过的中央内务人民委员部暂行组织纲要,规定交通管理局(或科)的职责为:计划和建筑并检查道路桥梁之修理与改善,船只的管理,航路的疏通和航路标的建立,陆上运输的管理与改善,铁道航空运输的管理,及其他有关交通的事宜。

1933年4月中央国民经济人民委员部成立后,苏区的交通运输管理工作划归中央国民经济人民委员部负责。1933年10月,中央国民经济人民委员部增设交通管理局,承担原由中央内务人民委员部交通管理局所负之职责。中央国民经济人民委员部颁布了《运输管理局暂行简章》。《简章》规定:"凡国家和私人船只及指定地方的某些陆上运输工具(由中央国民经济部特别规定之),均须向运局登记,领取登记证(不取登记费)。如无运局登记证,上述运输工具不论国有或私有一概不准通行";"为便利国家运输货物以保证革命战争的需要起见,不论国有或私有的船只在必要时,均须遵从运局的分配……但在非必要时,运局经中央国民经济人民委员部许可后,对于私有船只不执行强制分配";"为使国家与商人货物运输充分发展起见,运局须按照当地运输发展程度,随时计划添制主要运输工具(船只竹筏与运输营业的场所)"①。

运输管理总局设在瑞金,各货物主要运输地点设运输分局,各交通要道沿途设运输支站、分站,以便于运输管理。运输总局及分局各设局长一人,总局长由中央国民经济人民委员部委任,分局长由总局长呈请中央国民经济部委任之。运输总局在局长指导之下设立总务、调查登记、介绍、检查等科,每科设科长一人,由局长选任。各科视事务之繁简,各设科员若干人。为精确运输计划和运力调查分配起见,在总局和分局局长领导之下,各设立运输管理委员会,委员人数总局七人至九人,分局五人至七人。各委员会由苦力运输工会、粮食调剂局、贸易局、生产与消费合作社等代表参加。

(二)道路建设与道路运输

中央苏区陆路运输没有汽车、火车等现代道路运输工具,连双轮

① 赣州市委党史办保存件:中央国民经济人民委员部《运输管理局暂行简章》,1933年10月11日。

马车、牛车也极少，无论是苏区军民生产生活必需品的运输，还是红军作战物资的运输，主要靠人挑肩抗和少量独轮手推车。因此，中央苏区在道路建设方面，如同1933年8月12日毛泽东在中央苏区南部十七县经济建设大会上作报告时所说，“并不是说要修一条铁路通龙岩，暂时也不是说要修一条汽车道通赣州”[①]，而主要是修筑人行道路和桥梁。

中央内务人民委员部交通管理局成立后，立即发出训令，制定出修筑苏区道路桥梁的8项原则和竞赛办法。1932年6月7日，中央内务人民委员部又发出第二号命令，要求各地加紧修筑道路桥梁，对一些地区忽视这一工作的现象提出严厉批评。

中央内务人民委员部的这两份文件发出后，各地积极行动起来。江西省在1932年5月召开第一次全省工农兵代表大会时，决定以于都为中心，建筑于会、于赣、于宁、于兴吉及于兴万等交通干线。接到中央内务部训令和命令后，江西省苏维埃政府内务部又对全省道路桥梁状况进行检查，重新制订修筑计划。据江西省苏维埃政府1932年11月报告称：兴国县已按省苏维埃政府规定宽度修好道路520里，桥梁98座，解决了18艘渡船船工待遇问题，并筹措经费新建了1艘渡船。宁都县已修好大小桥梁80余座，4处渡口的船只也已配备。永丰县修桥梁43座。寻乌县已开始全面整修道路。万泰县有一半的道路已修好，桥梁也已修好97座。福建省苏维埃政府内务部也积极行动，耗资数千元，修建十里铺大桥和汀州城内的两座大桥；汀州到连城间的福宁桥和白砂的新坊桥也已竣工。

为进一步改善陆路交通，1933年11月12日，苏维埃中央政府又发出《人民委员会训令第十八号——发布修路计划，动员群众修筑二十二条干路及各县区乡支路》。

---

① 《毛泽东选集》第一卷，人民出版社1991年版，第122页。

22 条干路是:

瑞金—古城—汀州—河田—红坊—新泉;

瑞金—武阳—会昌—门岭;

瑞金—西江—梓山—于都—江口—茅店;

瑞金—长胜—博生—洛口—东陂;

瑞金—壬田—石城—唐坊—建宁—黎川;

瑞金—瑞林寨—平安寨—兴国;

汀州—石城—赤水—广昌—甘竹;

汀州—童坊—连城;

汀州—宁化—安远市—建宁;

博生—头陂—广昌—里心—建宁—大宁;

博生—黄陂—中村—招携;

河田—水口—迴龙—千家;

红坊—南阳—旧县—永定;

兴国—良村—龙冈—沙溪—苻田;

于都—社富—兴国;

博生—赖村—银坑—于都—小溪—牛岭;

甘竹—苦竹—洛口—黄陂—龙冈—东固—富田;

招携—苻田—白沙—水南—直下;

田村—兴国—古龙冈—博生—石城—宁化—清流;

江口—兴国—高兴—沙村—固陂—富田—直下;

会昌—白鹅—梓山;

门岭—罗塘—东留。

上列 22 条干路以外,其余均为支路。凡县内支路(贯通各区的)由县苏计划,区内支路(贯通各乡的)由区苏计划,乡内支路(贯通各村的)由乡苏计划。

干路分为一、二两等:一等干路路宽不得少于 5 尺;二等干路路宽不得少于4尺。县内支路不得少于3尺,区内支路不得少于2尺5寸,乡内支路不得少于2尺。桥梁不论石桥、土桥、木桥,桥宽不得减于路宽(如路宽5尺,桥宽至少也要5尺;路宽2尺,桥宽至少也要2尺)。训令规定必须在5个月内完成这一修路计划。为加强领导,训令要求省、县、区3级,以内务部长、交通科长、劳动部、土地部、军事部、财政部、国民经济部、工会、少队部,各派代表1人,组织修路委员会,以内务部长为主任。乡苏则由乡苏代表2人,贫农团代表5人,工会代表2人,组织修路委员会,以乡苏主席或副主席为主任。各级修路委员会负计划与指导修理全省全县全区全乡的道路之责①。

上述修路计划虽因第五次反"围剿"战争的影响而未能完全实现,但足以说明苏维埃政府对发展苏区交通事业的重视。

中央苏区的陆上道路运输,除运送民用物资(如粮食、食盐和其他日用品)外,主要是战时物资运送和人员转送。运输线路根据红军主要作战方向的变换而变化。如1932年10月26日中革军委下达给苏区各作战地域指挥部的密令中,就明确规定了各作战地域与后方交通联络的路线。其中:

东北作战地域(以宁都县为后方,担负南丰、广昌、建宁、泰宁、黎川、宜黄、乐安地域的防御作战任务)与后方的交通路线有:建宁—南丰—广昌—宁都线;建宁—石城—宁都线;东陂—洛口—宁都线;招携—黄陂—宁都线;瑞金—宁都线。

赣江作战地域(以兴国县为后方,担负永丰、吉安、吉水、泰和、于都、信丰、赣县、赣州地域的防御作战任务)与后方的交通路线有:宁都—兴国线;荇田—沙溪—兴国线;水南—兴国线;沙村—兴国线;田村—兴国线;信丰—于都—兴国线;会昌—于都—兴国线;瑞金—平安寨—兴国线。

① 据赣州市委党史办保存件。

东南作战地域(以瑞金为后方,担负会昌、寻乌、安远及福建军区所辖区域和宁化、石城、清流地域防御作战任务)与后方的交通路线有:石城——瑞金线;清流—建宁—宁化—瑞金线;白沙—河田—汀州—瑞金线;四都—瑞金线;安远—寻乌—会昌—瑞金线;于都—瑞金线。

中革军委的密令指出:"以上干线或与以上干线平行的一些支线,亦统由该作战地域及分区依此大体划分去自行规定,并求得这些路线的迅速完成和保证他们的安全。"同时要求各作战地域对于后方物资储藏和运输,在"所规定的后方与后方联络线,特别是在支线上,应发动群众与合作社储备必要的柴、米、油、盐,红军公谷亦应核价储藏起来,以便红军经过或驻扎时,贱价卖给红军,在这些路线上的军事征发(如担架、运输、交通、慰劳、招呼伤病员等),各作战地域及分区应自定切实的分配计划。"①苏区大量的作战物资和伤病员转送,都是以这种战时运输方式运送的。运送这些战争物资和伤病员,全靠各地组织的支前运输队和担架队担负,而组织领导工作则由驻桥头的中革军委后方办事处和各县、区苏维埃政府军事部担负。

(三)水上运输

中央苏区所辖大部分县的河流都可通航,大宗物资运输主要靠水运。因此,搞好水运航道建设与管理,发展水上运输,成为苏区交通工作的重中之重。为使水运畅通,中央内务人民委员部于 1933 年 7 月 14 日发布《关于修理河道及沿河两岸道路问题》的第四号训令,要求各级内务部与当地苦力运输工会共同组织河道修理委员会,动员和组织沿河群众参加修整,以便利船工拉船行走。所需经费,由河道修理委员会向船主募捐(每艘船 2 元)。训令还严禁砍伐沿河树木,以免洪水冲坏河岸,保护河堤安全。据全国苦力运输工会委员长王贤选称,

① 《中央革命军事委员会给各作战地域指挥部的密令》,1932 年 10 月 26 日。

当时全中央苏区共有各类木帆船近2000艘。这些运输船只均属私有,但船工们都组织参加各条河流的木船工会(后称苦力运输工会)。船主和船工们都积极、自愿地日夜不停为苏区运输各类物资。尤其是为对外贸易局运送物资出入白区,经常要冒极大风险,有些船工为此而英勇牺牲。为了发展苏区水上运输,苏区的造船业也得到迅速发展,造船工人赶造了300余条新船下水,壮大了水上运输力量。

(四)苏区的红色地下交通线

中央苏区与上海、香港等城市及其他各红色区域之间,主要靠地下红色秘密交通线进行交通联络。

中央苏区与上海中共中央之间的联系,最先是1929年夏由中共福建省委(白区省委)和中共闽西特委建立的秘密交通线,对外称“工农通讯社”。主要线路是从闽西经厦门转上海。1929年8月陈毅从龙岩赴上海向党中央汇报工作,走的就是这条线路。1929年罗瑞卿、郭化若、刘安恭等从上海前来红四军工作,走的也是这条线路。

1930年10月,为便于与各苏区交通联络,中共中央在上海成立交通局,随后建立了从上海经香港、汕头至闽西、江西赣南苏区的地下秘密交通线。

红色秘密交通线的主要任务是:安全护送上海中共中央与各苏区间人员往来和重要文件、物资的输送传递。通过上海—香港—汕头—潮安—大埔—永定—长汀—瑞金线路到中央苏区来的重要干部,共有200多人。他们中包括周恩来、博古、张闻天、项英、刘少奇、陈云、邓小平、叶剑英、任弼时、王稼祥、顾作霖、瞿秋白、董必武、谢觉哉、林伯渠、何叔衡、毛泽民、阮啸仙、李富春、蔡畅、邓颖超、刘伯承、聂荣臻、李六如、欧阳钦、王盛荣、钱之光、吴亮平、杨尚昆、陆定一、萧劲光、李克农、曾三、李德等。

秘密交通员承担的每一次秘密护送任务,都异常艰巨危险。据当时的地下交通员熊志华回忆:“在中央苏区的边境线上,对苏区的封锁是很严密的。我们每次到达大埔县时,住在离县城二十多里地的一个山村子里。敌情严重时,就跑到后面大山上的草棚里隐蔽起来。每次过封锁线都在晚上九时之后,翻山越岭走小路。我们随身带着手枪,遇见敌人来不及躲避时就冲过去。1931 年底,我送一批无线电的重要机件到中央苏区去,在桃坑交通站,因叛徒丘寿书告密被敌人包围。我和交通站的负责人老赖派来接应的武装交通员杨雄初、雷德兴、阿蔡、温仁宝一起边打边突围,电台器材终于送到了中央苏区,而交通员丘寿科为了掩护我们身中三弹英勇牺牲。"①

由于交通线工作人员严格执行交通纪律,机智灵活,赤胆忠心,在长达 6 年(1930—1935)的时间里,虽历经许许多多危险紧急情况,但始终未出一次差错,确保安全畅通,出色、圆满地完成了各项任务,这是十分难得的。战斗在红色秘密交通线的同志们,为革命立下的不朽功勋,将永载史册。

第四节
中央苏区的商业贸易

一、国营商业和对外贸易

中央苏区的商业,包括国营商业、集体商业和私营商业 3 大部分。国营商业主要是苏维埃中央政府统管下的对外贸易局和粮食调剂局经营的业务,而苏区的对外贸易又是其中最重要的组成部分。

(一)中央对外贸易总局的成立

中央苏区的对外贸易,在中央国民经济部未成立之前,由中央财政部对外贸易处管理。中央国民经济部成立后,由该部对外贸易总局及其所辖 4 个分局负责。

① 熊志华:《秘密交通工作回忆》。

中央国民经济部对外贸易总局，初称中央国民经济部对外贸易局，成立于1933年4月，是中央国民经济部的主要工作机构之一。首任局长钱之光，副局长江亚民。

中央对外贸易总局下设会计、保管、总务、采购、运输5个科。根据苏区外贸发展需要，总局之下先后设立了赣县江口、闽西汀州、会昌乱石、吉安值夏等4个直属外贸分局。苏区各省、县国民经济部，也分别设立了对外贸易局。4个直属分局和各省、县外贸局业务均受中央对外贸易总局领导。

为了方便苏区对外贸易的开展，同时为了增加税收，充裕财政，中央财政部税务总局在会昌县筠门岭、赣县茅店等地，先后设立17个关税处，负责对外贸易进出口物资的检查和关税的核收。

中央国民经济部对外贸易总局机关先设瑞金城南门岗，1934年7月随中央国民经济部迁驻瑞金云石山乡。

（二）中央对外贸易总局的业务

中央对外贸易总局统管苏区对外贸易，但不具体经营外贸业务。苏区货物的具体进出口业务，由赣县江口、闽西汀州、会昌乱石、吉安值夏4个直属外贸分局负责。这4个直属分局中，赣县江口分局主要承担广东和赣州方向物资进出口任务；汀州分局主要承担广东、福建沿海方向物资采购；吉安值夏分局主要承担吉安、南昌方向物资采购；会昌乱石分局以收购和出口钨砂为主。各直属分局根据情况分别下设有若干物资采购站（处）。

中央苏区的对外贸易，主要是苏区对国民党统治区域即所谓白区的物资贸易。钱之光后来回忆说："当时所谓对外贸易，实际上是以货易货，以物换物。我们出口的东西有：粮食、钨砂、豆子、樟脑、纸张、木材等，这些都是大宗大宗地出口。进口的东西主要有：食盐、布匹、军工材料、医药器材、无线电器材。”①

中央对外贸易总局成立后至1934年10月期间,中央外贸总局统管的进出口业务业绩,已无具体统计数据可查。据1933年8月15日毛泽东在中央苏区南部十七县经济建设大会上所作报告披露,中央苏区的粮食出口,“每年大约有三百万担谷子”②,钨精矿出口量无精确统计,仅江口外贸分局组织出口的钨精矿就达5000余吨;“中央苏区每年买进食盐价值约九百万元,布每年买进价值约六百万元”③。此外还有数量可观的日用品、药品及医疗器材、军工材料等等。

各外贸分局从白区采购到的货物运回苏区后,由中央外贸总局统一调配,按计划计口限量拨付给红军部队;或以微利批发给各消费合作社零售,以供苏区民需。

(三)为苏区对外贸易作出杰出贡献的江口外贸分局和赣江办事处

江口外贸分局成立于1933年4月。局长姚名琨(1934年7月后为刘炳奎),党支部书记张子和。分局下设会计、出纳、采办、业务(保管)、总务、运输等6个科,并开设有赣县储潭、大湖江、长洛和兴国等4个采办处,在峡山设有一个存放金银贵重物品的仓库,在江口金背洞设有一个存放货物的仓库。江口外贸分局由于地处贡江、兴国平江和信丰桃江3江交汇处,距白区赣州城仅50余华里,物资通过水运,内可与赣南苏区各县和红都瑞金直接相连,外可南通赣州和粤港,北通吉安、南昌、九江,直抵上海。由于其交通运输方便,承担的物资进出口任务最重,因而规模也最大,工作人员最多,曾发展到有100多人。为保卫江口外贸分局安全,专门配备有1个武装连。从江口至瑞金沿途设有12个武装联络

① 钱之光:《苏区的经济工作》。

② 毛泽东:《必须注意经济工作》,《毛泽东选集》第一卷,人民出版社1991年版,第121页。

③ 钱之光:《苏区的经济工作》。

哨,还有一支30余人专门护送银元的武装运输队。

1933年夏,中央外贸总局经与全总苏区中央执行局协商,为加强与白区商人的联系,由全总苏区中央执行局下属之苦力运输工会,在江口李家村设立赣江办事处,下设白区工作部、组织部、宣传部、妇女工作部和苦力运输工会。王贤选、潘德圣先后任办事处代理主任,后由钟魁任办事处主任。中央苦力运输工会还在南昌设立了一个办事处,由江西省木船工会船排部部长管志华任主任,负责中央苏区在赣江下游船只的管理工作。赣江办事处专门在接近赣州的茅店、储潭等地设有工作网,在南昌、九江等地都派驻有工作人员。

江口外贸分局和赣江办事处的主要任务,是开展对赣州等白区城市商人的贸易,同时负责将采购到的物资运往苏区各地。为配合江口外贸分局开展工作,在茅店、良口两处分别设立关税处,并为良口关税处配备有一个重机枪连。

在中央苏区对外贸易网络中,江口外贸分局和赣江办事处发挥的作用最大,工作最活跃、最有成绩。他们的做法和经验是:

第一,大力宣传和发挥苏区外贸政策优势,动员和吸引白区商人与苏区互市贸易。

苏维埃中央政府为发展苏区对外贸易,先后实行了许多优惠政策和鼓励措施,如对白区商人与苏区进行贸易实行"减收半税"的税收优惠政策;奖励和保护私商参加苏区进出口贸易,经常关注和引导白区商人到苏区来贩货;实行"三证"(即保卫部门发放苏区出入境通行证、外贸部门的货物出入口特许证、财政部门的现金出口证)通行制度,既加强出口货物和现金的管理,又方便白区商人前来苏区交易;大宗出口产品(如粮食、钨砂等)由对外贸易局直接经营,但又不统制所有的出口货物;既以关税调节商品的输入和输出,又绝不实行过早的"对外贸易垄断",并鼓励各种私商"寻找新的商业关系和开辟通商道路";等等。

但是,由于国民党的封锁和造谣中伤,白区商人很不了解共产党和苏维埃政府的政策,害怕红军会将他们当成是国民党“探子”捕捉起来,没收他们的资本,因而不敢与苏区外贸部门做生意。江口外贸分局成立初始,一连几个圩日分局门可罗雀,很少有白区商人前来交易。江口外贸分局经过深入调查,找准了问题症结后,决定对白区商人大力开展宣传教育。他们在江口区苏维埃政府和茅店关税处的协助下,在苏区边界张贴和刷写了许多欢迎白区商人前往苏区贸易的标语口号,宣传苏区的外贸政策,使白区商人明白苏区对外贸易自由,白区商人只要不违犯苏维埃政府的法律,苏维埃政府保护白区商人利益不受损害。通过广泛深入的宣传,半个月后便有一部分肩挑小贩开始进入江口与外贸分局交易。

第二,以自己的诚实、守信,赢得白区商人的信赖。

诚实守信,既是商人的美德,也是商人成功的根本。江口外贸分局正是以自己的诚实和守信美德,赢得了白区商人的信赖。他们刚开始与赣州白区商人交易时,一位商人卖了几十斤食盐给分局营业部,拿到几块银元货款后,站在柜台边反复敲打审验,担心银元是假的。当时在场的江口外贸分局局长姚名琨看出了商人的心思,便叫工作人员抬出一箱“鹰光边”银元,任凭商人挑选。那位商人高兴极了,放心地挑选了几块银元,转身欲走。姚名琨连忙叫住他,对他说:“请你帮个忙,我们要买许多盐和布,能否串通商人来做点生意?”那位商人看到外贸分局交易公平,回答说:“我还有几百斤盐,卖给你们,好不好?”姚名琨满口应承。过了1个多小时,那个商人果然带领一大伙白区商人,挤进了营业部。结果,这一天江口外贸分局就购进4000多斤食盐,卖出1万多斤稻谷。此后,每天从赣州前来江口外贸分局做生意的商船或肩挑商人,多则四五百人,少则百余人,业务量成倍增长。

第三,发动和依靠苏区群众,建立一支坚强可靠的商品采购队伍。

赣州城里的国民党当局,对运往苏区的物资控制极为严厉。为了能从赣州城里采购到更多的物资,江口外贸分局和赣江办事处及赣县苦力运输工会、赣县东郊区党组织负责人，组成一个联合党支部。在联合党支部统一领导下，先后在赣州郊区的河西、窑下七里、梅林、大庙前等地，秘密建立党的基层组织，并建立了一支以党员为骨干、有革命群众参加的坚强可靠的商品采购队伍，按照江口分局的需求，秘密承办采购任务。采购到的食盐等商品，通过各种办法，如假装进城挑粪，将物资放在粪桶的夹层里；或将物资放进棺材里，假装出殡将棺材抬出城外；或趁黑夜躲过封锁线上的检查哨；或将物资用密封的容器装好吊在船底下偷运过关，等等。为了多给苏区采购物资，红色外贸人员每次都要冒极大的风险，有不少人为此而英勇牺牲。

第四，想方设法建立和保持与赣州城大商号的秘密外贸关系。

赣州城是赣南经济贸易中心。城内有几家各具特色的大商号："广裕兴"经营百货，"广裕丰"经营南杂货，"攀高铺"名为染布实为精选钨矿砂，"新光剧院"既演戏又暗做生意。这些商号大都是广东人开的，后台是驻赣州的国民党粤军第一师师长李振球。李振球派副官处长陈国谋、军需股长陈汉祥，通过赣州商人贩运紧缺物资进入苏区，高价出售，再从苏区贩运粮食、钨砂到白区赚钱。

为利用赣州城这些大商号为苏区对外贸易服务，江口外贸分局和联合党支部派地下党员侯礼湖等人潜入城内，做通"广裕兴"商号老板曾伟仁的工作，双方达成互相开展贸易及安全交换货物的协议。随后，"广裕兴"派钟光清为代表常住江口，历时半年，收购了大量钨砂和稻谷；江口外贸分局派出刘东门生在赣州城内开设小杂货店作掩护，长住赣州，保持与"广裕兴"等商号联络。双方约定交换货物的方式多种多样。比如，"广裕兴"等商号将在广东采购到的食盐、布匹、药品、印刷用品等苏区急需物资，用汽车从广东韶关等地运到赣南的信丰县城（该县城时为粤军第一师所占），然后以运往赣州名义装船，顺桃江而下，驶到江口附近的三江口，将货物交给在此等候的江口外贸分局和赣江办事处人员，再装上从苏区运来的货物，溯桃江而上运到信丰县城,再运往广东。双方交货后,按事先约定价格结算货款。

赣州商人在上海、南昌等地采购到的货物,用船装运回赣州。船至赣州下游的湖江庙水域时,船上押运货物的人员向岸上发出信号,岸上顿时响起“哒哒哒”机枪声。早已等候在这里的江口外贸分局工作人员和红军部队,和着枪声故意大声呐喊:“将船靠岸,把货留下!”船上的人员迅速将船靠岸,弃船“逃命”,返回赣州。货物被江口外贸分局接运,货款却按原议价钱如数送到赣州商人手中。

还有一种办法:赣州商人将货物装船后,由赣州顺赣江而下,佯称运往南昌、吉安,其实船到赣县储潭、大湖江赤色区域后,即将货物交给江口外贸分局接收兑款。

江口外贸分局就是通过这些渠道和办法,冲破国民党军的层层封锁,开展赤白区域间的贸易。该分局每月出口的钨砂、粮食、烟叶、樟脑、茶油、花生、豆子、竹木等商品,营业额少则60万元,多则150万元以上;进口的食盐、布匹、西药等苏区急需物资,每月少则130万元,多则200万元以上,均以黄金、银元结算。1934年7月,中革军委为准备红军野战军突围转移时用的药品,要求江口外贸分局在两个月内筹办6万元西药。江口外贸分局受命后,召集赣州商人在江口外贸分局秘密开会,研究采购办法。经过40多天努力,终于采购到8万余元所需药品和一批布匹、食盐,确保了红军急需。

1934年8月10日凌晨,因江口分局武装连外出执行任务,由两名红军叛徒带领的国民党军1营兵力对江口外贸分局突然袭击。分局局长刘炳奎组织人员紧急转移了一部分贵重物资,但仍遭受经济损失37926元。在中央国民经济部领导和关怀下,江口分局迅速重整旗鼓,恢复业务活动。1934年10月中旬,江口分局根据中央国民经济部指示,收拢货币,停止营业,所有物资由原分局局长姚名琨移交给赣南军区接管,工作人员中身体不好的回原籍工作,其余随红军长征。

吉安值夏和长汀外贸分局,也同样采取各种办法发展赤白贸易,收得很好的效果。

毛泽东在1934年1月的第二次“全苏大会”报告中指出:“由于对外贸易局等机关的设立,已经得到初步的成绩。”他称赞发展苏区对外贸易“是发展苏区国民经济的枢纽”①。可见红色外贸作用之重大。

二、集体商业和个体商业

中央苏区的集体商业,以各类消费合作社为主要形式。

消费合作社这种集体商业性质的经营形式,最早出现于赣西东固根据地,是1928年10月由东固革命委员会拨款和群众集资建立起来的东固消费合作社。该社由欧阳坚泉任经理,经营布匹、药材、食盐、烟叶、鞋袜等商品。1929年10月,扩建为东固消费合作总社,下设南垄、东固两个分社。工作人员不仅坐店经营,还“一双草鞋一副担”,自带干粮,送货下村,风里雨里,不辞辛劳,受到苏区群众热烈欢迎。他们除经营日用品和生产资料外,还收购运销山货。随着经营规模的扩大和业务的发展,经东固区苏维埃政府批准,该社于1933年春在东固街上专门新建了一幢青砖灰瓦店房,用于总社办公与经营。

在闽西苏区,土地革命初期,工农业产品剪刀差现象较为严重。为保护农民利益,减少私商的中间盘剥,1929年10月,上杭县率先在才溪区上才溪乡、下才溪乡分别创办油盐肉合作社、布匹合作社以及屠宰合作社,随后又创办才溪区消费合作社(1933年改为才溪区消费合作分社)。

这种以保障供给、搞活流通、减少剥削、增加收入为目的的消费合作社,迅速在苏区各县推广。至1933年春,整个中央苏区各区、乡普遍建起了消费合作社组织。1933年8月12日至15日在瑞金召开的中央苏区南部十七县经济建设大会,要求江西、福建两省苏维埃政府

① 江西省档案馆、中共江西省委党校党史教研室编:《中央革命根据地史料选编》(下),江西人民出版社1982年版,第327、341页。

主席团、国民经济部要迅速指定专人建立省消费合作总社筹备委员会，开展建社筹备工作，9月间开始营业；各县要对现有消费合作社进行整顿，在9月底前建立县消费合作总社与县总社商店，并在1个月内办理完合作社登记工作；要求全中央苏区在8月至10月内新发展粮食合作社和消费合作社社员各50万人。这次大会的召开，极大地推动了中央苏区消费合作社的迅猛发展。据中央国民经济部部长吴亮平1934年2月撰写的《目前苏维埃合作运动的状况和我们的任务》一文披露，1933年8月以前，中央苏区消费合作社只有417个，社员82940人，股金91670元。至1934年2月，消费合作社总数发展到有1140个，增长173%，基本上实现了一乡一社，红军部队和国家机关及人数较多的企业中也建立了规模不等的消费合作社；消费合作社社员增加到有295993人，增长257%；股金增加到有322525元，增长251%。江西省消费合作总社（社长钟仁普，副社长李奎应）和福建省消费合作总社，也于1933年秋冬间相继成立。

1933年9月10日，苏维埃中央政府颁布了《消费合作社标准章程》。章程规定：消费合作社以便利工农消费、抵制投机者操纵和剥削为宗旨；规定只有工农劳动群众和红军指战员才可加入，所有剥削者均不得加入；当地苏维埃政府可认股加入，但只有一普通社员资格，无任何特权。章程还规定，社员有入社和退社自由，但新社员入社需社员大会通过；社员退社须向管理委员会报告。资金由社员集股解决，每股大洋一元，一家一股或数股。交足股金的社员才有选举权和被选举权，并发给股票，凭股票购物或分红。购买证限本户使用，不得转让或代他人购物。合作社以优惠价格向社员出售商品；非本社社员购物时价格高于本社社员，但不得高于市价；紧缺商品，社员可有限购买。消费合作社设管理委员会，由社员大会选举产生，负责日常管理工作。《消费合作社标准章程》的颁布施行，使苏区消费合作社事业走上更加健康发展的道路。

由于苏区消费合作社成为苏区经济的重要组成部分，对苏区经济建设发挥着至关重要的作用；同时在中央苏区蓬勃发展的合作社运动中，以消费合作社所办数量最多，社员人数最多，与人民群众生产生活关系也最为密切，因此，中央国民经济部特别注意加强对消费合作社工作的指导，决定在适当时候召开中央苏区消费合作社第一次代表大会，总结推广消费合作社工作经验，表彰先进典型，同时成立中华苏维埃共和国中央消费合作总社。11 月，中央国民经济部代部长吴亮平深入瑞金壬田区消费合作分社调查，写了题为《合作社怎样工作——壬田区消费合作社工作的检阅》一文，发表在《斗争》杂志第 34 期，对壬田区消费合作社的工作经验予以表彰和推广。1934 年 1 月 1 日出版的《红色中华》报，也发表题为《一个模范的消费合作社》文章，介绍了上杭县才溪区消费合作分社的经验。

1933 年 10 月 5 日，中央消费合作社筹备委员会在瑞金正式成立，徐常（长）山任筹委会主任。1933 年 12 月 5 日，中央苏区消费合作社第一次代表大会在瑞金叶坪隆重开幕。出席大会的有来自中央苏区各省、县、区和红军消费合作社代表 540 余人。大会由中央国民经济部领导召开，推举吴亮平、林伯渠、徐长山等 21 人为大会主席团成员，并组织了大会指导委员会。会上，与会代表听取并讨论了中央国民经济部代部长吴亮平所作的题为《粉碎敌人五次“围剿”与合作社的任务》报告；评选出瑞金县壬田区消费合作分社、兴国县上社区消费合作分社、瑞金县武阳区石水乡消费合作支社、胜利县消费合作总社和上杭县才溪区消费合作分社为模范消费合作社，给予表扬和奖励。会上还决定在全苏区消费合作社之间开展革命竞赛，订立竞赛条约，优秀者给予奖励。在这次大会上，正式成立了中央消费合作总社，选举徐常（长）山任总社主任。

中央苏区消费合作社第一次代表大会的胜利召开和中央消费合作总社的成立，使中央苏区消费合作运动进入了一个新的发展阶段。

第五节
中央苏区的财政金融

一、根据地财政的建立与统一

(一)苏维埃临时中央政府成立前苏区的财政工作状况

根据地创建之初,地方红色政权和红军内部都建立了财政工作机关。地方红色政权设财政部或财政科,红军部队的财政工作(即经费管理)由后勤机关(时称“经理部”或“经理处”)负责。财政收入来源,主要靠打土豪筹款。具体做法就是红军和地方革命武装每到一地,都深入调查了解当地地主豪绅情况,然后发动当地贫苦农民将反动地主豪绅捉起来加以镇压,将他们的家产没收;对反动富农多余的家产经群众同意也予以没收。所没收的财物,一部分当场分配给贫苦群众,一部分充公作红军战费和红色政权经费。为此,毛泽东在井冈山根据地创建初期就将打土豪筹款确定为红军三大任务之一,而且制定了“一切缴获要归公”的严格纪律。红军和红色政权的这种筹款政策和方式,是完全必要和正确的。因为这是打击敌人、发动群众的需要,也是减轻人民群众负担、发展壮大红军、巩固新生红色政权的需要。

除此之外,红军在必要时还适当向商家筹款。如1927年10月下旬朱德、陈毅率南昌起义军余部在大余县城整编期间,就曾向该县商会借款一万余元,以作军费;1929年2月13日红四军游击赣南进占宁都县城后,也曾向该县商会筹款5000余元。1930年2月14日发布的《前委,赣西特委,五、六军军委联席会议通告第一号》明确规定:

> 财政政策:(1)红军军饷及政权机关的用费,主要应向豪绅地主取得,而不应加增中小商人的负担。(2)商店资本在二千元以下者不筹款,两千元以上的按照下列比例要求他们捐助军饷。资本有两千五百元捐款三十元,三千元者捐款四十元;此外资本增

加一千元加捐于全部资本数百分之一,如资本四千元除捐四十元外则加捐四千元之百分之一,共捐八十元;资本五千元者除捐八十元外则加捐五十元,共捐一百三十元;资本六千元者除捐一百三十元之外,加捐六千元百分之一,即捐六十元,共一百九十元。资本增加者依此类推。(3)向豪绅地主筹款用罚款名义,向商人筹款用捐款名义。(4)对于豪绅地主所开的商店,于其商店资本部分仍按照比例向其捐款子;于其豪绅地主部分则加以罚款。(5)反动分子所开的商店,经过宣传取得中小商人的同情之后,可以没收,否则仍不要没收。对于反动店主,在群众意义的必要时,应该捉拿并罚款。(6)河流交通在军事的必要上得施以检查,或有时期、有范围的断绝船只来往,或扣留船只,不得没收船只上货物及其他财产。①

1930 年后,在红色政权相对巩固、土地改革和分配工作已经完成的红色区域,也开始征收农业税,充作红色政权的财政收入。

根据地初期财政工作的开展,为革命根据地的创建和革命战争的发展提供了有力的支持。但是,根据地创建之初,地方红色政权(从省至县、区、乡)和红军部队都没有建立统一的财政体系和财政制度,财政收支也较混乱,更没有建立统一的国库制度。福建省苏维埃政府在 1932 年秋作的工作报告中说:“过去福建财政,非常混乱,都是各自为政,各县区乡财政收入与(支)出没有统一的支配与统计,闽西单在税收项上究竟多少都不知道。财政系统没有建立,各级政府没有做预算决算,有些政府用了许多钱,有些政府又没有钱用。因此没有钱用时乱打土豪,或因无钱政府闭门。其次和军队各革命团体财政不分家,

① 中国社会科学院经济研究所中国现代经济史组编著:《革命根据地经济史料选编》上册,江西人民出版社 1986 年版,第 390—391 页。

用钱查不出来,甚至无钱乱向群众募捐或向银行借款。”①江西苏区也存在这种现象,“财政既不统一,更无预算,所以各级苏维埃的本身组织也随便规定,所以,一个乡政府以前经常可以有三四桌人吃饭,区政府可以有七八桌人吃饭,每月的客饭一个乡政府可开一二百元”②。混乱的财政管理体系和财政政策及不同的运作方式,必然难以适应革命形势的发展和根据地建设的需要。

(二)苏区财政管理体制的统一和完善

1. 成立中央财政人民委员部

苏维埃临时中央政府成立前,全国各苏区的苏维埃政府都设立了财政部(区、市一级为财政科)。苏维埃临时中央政府成立后,中央人民委员会下设立了财政人民委员部。苏维埃第一届中央执行委员会任命邓子恢为中央财政人民委员,即中央财政部部长。但因邓子恢当时在厦门从事党的地下工作,不能到职视事,中央人民委员会决定在中央财政部内先成立中央财政委员会,以项英、毛泽民、范树德等为委员,暂以项英为主席,开展工作。1931 年 12 月 27 日,中央人民委员会又决定将中央财政委员会扩大为中央财政经济委员会,以适应苏区发展经济的需要,仍以项英为主席。1933 年 9 月中央执行委员会任命林伯渠为中央财政人民委员,邓子恢改任中央副财政人民委员。1934 年 2 月,第二届中央执行委员会再次任命林伯渠为中央财政人民委员。

中央财政部成立后,在瑞金叶坪村谢氏宗祠办公,1933 年 4 月迁至瑞金沙洲坝新屋家杨兆洛祠堂,1934 年 7 月迁至瑞金云石山。

除中央财政部成立有中央财政委员会外,苏区各级财政部均下设财

① 《福建省苏报告》,1932 年,载江西省档案馆、中共江西省委党校党史教研室编:《中央革命根据地史料选编》(下),江西人民出版社 1982 年版,第 249 页。

② 《江西苏区中共省委工作总结报告(一、二、三、四月总报告)》,1932 年 5 月,载江西省档案馆、中共江西省委党校党史教研室编:《中央革命根据地史料选编》(上),江西人民出版社 1982 年版,第 450—451 页。

政委员会,委员省 11 ~ 15 人,县 9 ~ 11 人,区 7 ~ 9 人,市按大小由 7 ~ 15 人组成。各级财政委员会均由部长、副部长、会计处(科)长、税务局(科)长、国有财产管理局(科)长、国民经济部的代表、国库(分库或支库)主任、银行行长、所在地附近的下级财政部长与财政部工作有联系的机关代表、其他工作人员中能胜任此职务者组成,以部长为主任。

中央财政部下设会计处、审计处、总务处、税务局、公债管理局、钱币管理局、国有资产管理局、合作社指导委员会等工作机构。后来,还增设了粮食调剂局与对外贸易处。各处、局职责如下:

会计处:掌管总预决算的编制,金钱物品之书记、会计制度之确立等事项。

审计处:掌管总预决算的审核,簿记之检查及审核国家预备之支出,国库现金及存款事项。

总务处:掌管财政部各种财产、文件及一切杂物。

税务处(后改为税务局):掌管各项税务之计划、整理和征收,各级税务机关之建立和监督。在国家工商登记局未建立之前,兼管工商业之登记事项。内设农业税(土地税)、商业税、工业税、关税等征收科和财会总务处。中央税务局局长初为李六如,1933 年夏后为陈笃卿。

公债管理局:掌管公债之计划、发行推销、还本付息、买卖抵押、登记注册及各种证券的管理和取缔等事项。

钱币管理局:掌管币制的统一,国币之制造与发行,银行和造币厂之管理与监督,金融之调剂等。

国有资产管理局:掌管国有山林、矿山、店铺、房屋、工厂、企业之经营,管理出租和各种租金之征收等事项。

合作社指导委员会:掌管指导和计划各种合作社之建立和发展等事项。

各省、县财政部内设工作机构与中央财政部同,只是不称“处”而称“科”。

除上述各机构外，必要时各级财政部还可组织各种专门委员会，研究各种专门问题，并可聘请专门人才为委员；各管理局和处，也可组织委员会从事研究和处理与该局、处有关的问题。如1932年4月和1933年7月，各省、县、区财政部就先后成立了土地税检查委员会和没收征发委员会，作为临时工作机构。1933年2月中央国民经济部成立后，各级财政部粮食调剂局、对外贸易处与合作社指导委员会划归同级国民经济部领导。

2. 建立统一的财政体系

苏维埃中央政府成立后，立即将建立、健全各级财政管理机构，统一财政制度，作为一项重要而紧迫的工作，列入议事日程。1931年12月，苏维埃中央人民委员会发布“财字第2号”训令，强调指出：“各级部队（军、师）、各级政府（县、区）之财政机关对财政统一的观念，过去可说是很少有的。现在中央政府已经成立，统一财政是目前政府极重要的工作，因为财政老不统一，是要影响行政和军政的。”①这一训令对苏区的财政体系作出了规定，具体如下表：

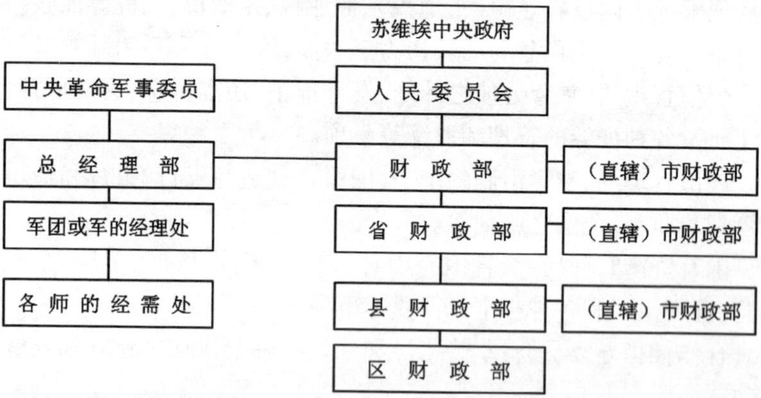

① 《人民委员会训令（财字第二号）》，1931年12月，见《革命根据地经济史料选编》上册，江西人民出版社1986年版，第411页。

各级财政部门在行政系统上直属于上级财政部，建立上下级的系统关系，绝对执行上级财政部的命令，但同时受同级政府主席团的指导，发生横向联系。中央财政部是苏区最高财政机关，省以下各级财政部门及军队各级财政管理部门均须接受中央财政部领导，绝对执行其指令。下级财政部长，经各该级苏维埃执行委员会或城市苏维埃选举出来之后，必须报上级财政部门批准。这样，就建立了苏区严密的财政管理体系。

3. 建立统一的财政制度

为规范财政制度和财政运行操作规则，1931 年 12 月，苏维埃中央政府颁布了《中华苏维埃共和国暂行财政条例》，对苏区财政制度和财政运行操作规则进行了规范。该条例共 14 条，主要内容归纳起来，就是规定苏区财政收入缴交、支出实行严格的预决算，严格履行领款程序和实行统一的簿记制度等。这个暂行条例虽然不完备，但它对建立苏区统一严格的财政制度起到了积极作用。

4. 建立统一的会计制度

在颁布财政暂行条例的同时，针对财政会计制度不健全（如收钱的机关、管钱的机关、用钱的机关混在一起，没有分开，各项收入与经费没有分开），会计科目、会计凭证不统一，财政审批和交代手续不完善，各项收支项目没有分开，会计处理紊乱，不能系统明确反映财政状况等问题，中央财政部又于 1932 年 12 月颁布了《统一会计制度》第十二号训令，规定了会计规则、会计科目表、预决算规则、交待规则，并规定各种簿记单据等。

5. 建立国库制度

为了统一财政收支管理，1932 年 10 月 22 日中央人民委员会通过了《国库暂行条例》，并于 1933 年 1 月 1 日正式公布施行。条例对国库工作人员的配备，国库的设置、职责、管理、监督等都作了明确规定。

至 1933 年秋，中央苏区统一的财政制度、会计制度、国库制度、财政收支运作规则等，业已较为完备地建立起来，从而较好地纠正和克服了原先存在的红色政权财政管理方面的混乱状态。

（三）苏区财政收入

中央苏区的财政收入，在苏维埃中央政府成立之前，主要靠打土豪筹款，同时适当向商家筹集款项，极小部分靠征收农业税解决。

苏维埃临时中央政府成立后，随着根据地的日益巩固和区域范围的相对稳定，靠打土豪筹款已不能满足苏区财政支出的需要。为适应新的形势需要，苏维埃临时中央政府对苏区财政政策进行了较大调整。毛泽东在第二次全国苏维埃代表大会上作报告时说："苏维埃的财政政策，建筑于阶级的与革命的原则之上。因此苏维埃的财政来源，乃是：（一）向一切封建剥削者进行没收或征发，（二）税收，（三）国民经济事业的发展。"①

"所谓向封建剥削者没收征发，即是向苏区与白区地主富农筹款"。② 向苏区地主富农筹款的任务，主要由苏区各级政府承担。但由于苏区内部的地主土豪财产在革命初起时就已被没收，苏维埃临时中央政府成立后便没有多少地主豪绅财产可供没收，这方面的财政收入越来越少，于是征发富农多余财产成为重要筹款手段之一，当时称为向富农捐款，捐款多少按其经济能力大小而定。捐款属临时性质，不能捐至多次无止境。向富农捐款之权限于国家财政机关，任何其他机关不得向富农捐款。向白区地主富农筹款以及向白区城市商家筹款的任务，主要由红军部队和游击队承担。如 1932 年 4 月毛泽东率领红军东路军占领福建漳州期间，就筹得现款 200 余万元；同年秋红一方面军向北发展期间，在战区也筹集了部分款项。这些款项全部解

① 江西省档案馆、中共江西省委党校党史教研室编：《中央革命根据地史料选编》（下），江西人民出版社 1982 年版，第 322 页。

② 江西省档案馆、中共江西省委党校党史教研室编：《中央革命根据地史料选编》（下），江西人民出版社 1982 年版，第 322 页。

交中央政府财政部。

“从发展国民经济来增加苏维埃财政的收入”，是“苏维埃财政政策的重要部分”。[①] 苏维埃政府从1932年春起就先后创办了中华钨砂公司等公营企业。据中央财政部统计，1933年1—8月公营经济财政收入107188元。这反映苏维埃政府在财源建设上已经有了良好的开端。

此外，发行革命战争公债和经济建设公债，也成为苏区财政收入的重要来源。1932年6月，蒋介石调集40万军队开始向革命根据地发动第四次军事“围剿”。中共苏区中央局以红军必须集中精力打仗为理由，取消了红军筹款的任务。红军的经费完全由苏维埃中央政府负责。苏区财政收入的来源，变为主要依靠税收和发展经济来解决。而当时苏区范围有限，人口也只有300余万，苏区经济建设刚刚起步，税源不足，制约着苏区财政收入的增加。这就必然导致苏区财政发生困难。为克服苏区财政困难，保障红军作战经费的供给，苏维埃临时中央政府1932年6月决定向全苏区工农群众发行革命战争短期公债60万元，1932年10月又发行第二期革命战争公债120万元。两期共发行180万元，全中央苏区人均负担约0.5元。两期公债发行任务很快超额完成。1933年7月，为筹措经济建设资金，中央政府又颁布《发行经济建设公债条例》，在全中央苏区发行经济建设公债300万元。至1934年2月统计，300万元的发行任务，也超额完成。

中央苏区的税收收入，主要来源于农业税、商业税、工业税、店租等。

1. 农业税

土地革命斗争初期，农业税叫做土地税。闽西苏区和赣西南部分

---

① 江西省档案馆、中共江西省委党校党史教研室编：《中央革命根据地史料选编》（下），江西人民出版社1982年版，第323页。

苏区,在一苏大会召开前虽然开征了土地税,但税则不统一。苏维埃临时中央政府成立后,苏维埃中央执行委员会在颁布《暂行税则》的决议中,明确规定:农业税只征收主产(稻谷、茶山、棉麻、果园)税,暂不征收副产税。《暂行税则》未统一规定农业税税率,只原则规定:"农民分得土地后按照全家每年主要生产的收获,以全家人口平均规定出每人每年的收获数与生活必须的支出,根据此标准再定出向每人开始征收的最低数额及累进税。"①《暂行税则》附有江西省农业税税率标准,供各省参考:

农业税税率

农产品平均每家每人收获量以干谷 4 担起征	税　　率
4 担(400 斤,下同)	1%
5	2%
6	3%
7	4%
8	5%
9	6.5%
10	8%
11	9.5%
12	11%
13	12.5%
14	14.5%
15	16.5%
富农从 2 担起即抽 1%,3 担即抽 2%,以此类推。	

① 《革命根据地经济史料选编》上册,江西人民出版社 1986 年版,第 416 页。

1932 年 7 月 13 日，苏维埃中央政府颁布命令，对农业税税率作了调整。调整后的农业税率，各省略有差别。江西省调整前与调整后的农业税率如下表：

调整前税率				调整后税率			
贫农、中农		富农		贫农、中农		富农	
人均收入干谷担数	税率%	人均收入干谷担数	税率%	人均收入干谷担数	税率%	人均收入干谷担数	税率%
4 担	1	2 担	1	3 担	4	1 担	4
5 担	2	3 担	2	4 担	5	2 担	5
6 担	3	4 担	3	5 担	6	3 担	6
7 担	4	5 担	4	6 担	7	4 担	7
8 担	5	6 担	5	7 担	8	5 担	8
9 担	6.5	7 担	6	8 担	9	6 担	9
10 担	8	8 担	7	9 担	10	7 担	10
11 担	9.5	9 担	8	10 担	11	8 担	11
12 担	11	10 担	9	11 担	12	9 担	12.5
13 担	12.5	11 担	10	12 担	13.5	10 担	14
14 担	14.5	12 担	11	13 担	15	11 担	15.5
15 担	16.5			14 担	16.5	12 担	17
				15 担	18	13 担	18.5

从调整后的税率可以看出，苏区农民纳税负担明显加重：一是降低了起征点，贫农、中农由原来的 4 担起征改为 3 担起征，富农由原来的 2 担起征改为 1 担起征；二是税率平均提高 4%。到了 1933 年，苏

维埃中央政府再次提高农业税税率,新颁布《农业税暂行税则》规定:贫农、中农每户分到土地的3人,每人平均收获量为2担以上者,其税率为1.5%(但2个人的家庭,每人分田2担者不收);富农则不论分田多少,人口多少,一律不能免税,并且按劳动力来平均(而不以人口平均)计算收获量与纳税标准。

苏维埃中央政府之所以连续两年提高农业税率,主要是因为取消了红军筹款的任务,苏区财政收入减少。为弥补财政缺口,保证财政支出,只好增加税负。尽管如此,苏区农民的税收负担,仍然远比国民党统治时期轻得多。1934年1月毛泽东主席在第二次全苏大会作报告时说:"苏维埃采取统一的累进税法,乃是世界上最优良税法,而一切资本主义国家所不敢采用或者不敢彻底采用的。至于国民党的税收,则是一篇绝大的糊涂账。其税收原则是主要取之农民及其他小有产阶级。正税之外,有无数的附加税。据天津大公报一九三三年三月二十一日的统计,国民党区域内捐税名目共有一千七百五十六种之多,而四川的田赋预征到了一九八七年,陕西的田赋比国民党未到时增加了二十五倍,这是国民党对于劳苦民众的'恩德'!"①正因为苏区广大农民在政治上翻身得解放,经济上摆脱了封建地主阶级和国民党反动政府加在他们身上的沉重地租、高利贷和苛捐杂税的残酷剥削,分得了土地,发展了生产,改善了生活,为了保卫胜利的果实,巩固和发展根据地,而始终踊跃纳税交粮,支援革命战争。

2. 山林税

山林税是农业税的一部分。中央财政人民委员部《山林税暂收细则》规定:山林税暂分竹麻税、茶子(即油茶)税、茶叶税、果子税4种,其余暂不收税;竹麻税以实得竹麻(破成碎片未浸石灰之竹片)为单位

① 江西省档案馆、中共江西省委党校党史教研室编:《中央革命根据地史料选编》(下),江西人民出版社1982年版,第323页。

计算,每人分得之竹山,可破竹麻6担以上者起征,富农则从3担起征,税率分别按14个等级累进征收;茶子税以实收茶子为单位计算,每人分得茶子3担以上者起征,富农则从1担起征,税率分别按12个等级累进征收;茶叶税以实收烘干茶叶的斤数为标准,每家每年收得茶叶10斤以上起征,富农则从5斤以上起征,税率分别按12个等级累进征收;果子税以实收果子所卖得价钱为标准,每家每年卖10元以上者起征,富农则从5元起征,税率分别按12个等级累进征收。为了鼓励农民开垦荒地,苏维埃政府规定,农民开垦荒山者,10年内免收山林税。山林税虽然公布了条例,多数地区并未开征。

3. 商业税

商业税即商业营业税。是苏区财政主要收入之一。苏维埃临时中央政府颁布的《暂行税则》规定:

商业税税率:将商业资本从200元至10万元分为13个等第,按照等第规定税率征收其资本营利的所得税(即全部赢利收入非征收资本),资本在10万元以上税率另定,列表如下:

商业税税率

等第	资本	每半年征收一次,每次税率
第一等	200~300元	2%
第二等	301~500元	2.5%
第三等	501~700元	3%
第四等	701~1000元	3.5%
第五等	1001~1500元	4.5%
第六等	1501~3000元	5.5%
第七等	3001~5000元	6.5%
第八等	5001~10000元	8%

续表:

等第	资本	每半年征收一次,每次税率
第九等	10001~20000 元	9.5%
第十等	20001~30000 元	11.5%
第十一等	30001~50000 元	13.5%
第十二等	50001~80000 元	16%
第十三等	80001~100000 元	18.5%

上述税率说明,苏区的商业税率是较低的,而且征收期限每半年征收一次,一年两次,商人税负很轻。

为活跃根据地市场,改善根据地物资供给状况,《暂行税则》规定:凡遵照政府所颁布之合作社的条例组织之消费合作社,后经县政府批准登记的,得由县政府报告各该省政府许可免税;肩挑小贩及农民直接出卖其剩余生产品者,一律免收商业税;商业资本200元以下的一律免税;商人遇险遭意外损害,报告政府经查验证实者得许免税;对于某种必需品的日用商品和军用品,得随时由政府命令公布免税。

1932年7月,苏维埃临时中央政府重新颁布《暂行税则》时,对商业税的起征点及税率也作了修改。修改后的起征点及税率如下表:

等次	原税率		修改后的税率	
	资本	税率	资本	税率
第一等	200~300 元	2%	101~200 元	6%
第二等	301~500 元	2.5%	201~400 元	7%
第三等	501~700 元	3%	401~700 元	8%
第四等	701~1000 元	3.5%	701~1000 元	9%

续表：

等次	原税率		修改后的税率	
	资本	税率	资本	税率
第五等	1001～1500元	4.5%	1001～1500元	10%
第六等	1501～3000元	5.5%	1501～3000元	11%
第七等	3001～5000元	6.5%	3001～5000元	12%
第八等	5001～10000元	8%	5001～10000元	13%
第九等	10001～20000元	9.5%	10001～20000元	15%
第十等	20001～30000元	11.5%	20001～30000元	17%
第十一等	30001～50000元	13.5%	30001～50000元	19%
第十二等	50001～80000元	16%	50001～80000元	21%
第十三等	80001～100000元	18.5%	80001～100000元	23%
第十四等			100001～500000元	25%

从上表可以看出，商业税起征点和税率调整后，商人税负也有一定程度的增加。

1932年8月，苏维埃中央财政人民委员部颁布《商业所得税征收细则》，对商业税征收所涉及的资本和营利之规定、征收机关、征收时间及手续等，都作了更为明确的界定，以方便操作。

4. 关税

关税是调节输出入物资、保护苏区经济发展的重要手段，同时也是国家财政的主要收入之一。1931年11月28日苏维埃临时中央政府颁布《暂行税则》时，暂未单独开征关税，而是将出入口商品贸易作为一般的商品交易征收商业税。后来由于国民党对苏区实行严密的经济封锁,致使苏区经济出现困难,物资日益紧缺。为打破国民党的经济封锁,鼓励发展进出口贸易,搞活苏区商品流通,1932 年 8 月 26 日,苏维埃中央人民委员会发布第二十号命令,特决定对一些进出口日用品和军需品暂时实行减税,规定凡是将苏区出产品如谷米、豆子、菜(茶)油、木、烟、纸(粮食不够的地方例外)及一切农产品运往白区发买者,以及从白区贩运食盐、洋油、火柴、棉花、线布、棉布、药品、医药器具、印刷材料、钢铁、兵工厂药料、电话电报材料、手电筒、电池、汽油等物来苏区者,照其应纳之营业税额,一律减收半税。① 1933 年 3 月 17 日,中央政府财政人民委员部颁布第十五号训令,决定正式建立关税制度,随后陆续建立了 23 个关税处,专门负责征收进出口商品关税。这些关税处是:会昌县筠门岭、白埠;寻乌县吉潭、老鸦桥;安远县龙安、版石;信丰县牛岭;赣县茅店、良口;公略县直下;宜黄县王陂;乐安县水南、太平寺;永丰县牛山;南广县甘竹(圩)、白水;建宁县东门外;宁化县店上山、东门外;上杭县官庄、同塘关、石圳潭;长汀县汀州(附设汀州市营业税征收处内)。这 23 个关税处中,会昌筠门岭、安远龙安、赣县茅店、公略直下、宜黄王陂、南广白水、上杭石圳潭、宁化东门外等 8 个关税处为大关,各配检查、核算、会计、出纳、管理、调查统计、伙夫、挑夫等工作人员 9 名;其余 15 个关税处为小关,各配工作人员 6~7 名。每个关税处都组织有一排(班)或两排(班)武装关税检查队,负责保护税关检查偷漏。②

1933 年 5 月 11 日,中央财政人民委员部颁布了关税征收细则,规定:各种货物过关,无论大商、小贩、合作社,无论陆路、行船,运货人须

---

① 《几种商业品减税问题——临时中央政府人民委员会命令第二十号》,1932 年 8 月 20 日。见《革命根据地经济史料选编》上册,1986 年版第 440 页。

② 《中华苏维埃共和国临时中央政府财政人民委员部训令第十五号——建立关税制度》,1933 年 3 月 17 日,载《中央革命根据地工商税收史料选编》,福建人民出版社 1985 年版,第 194 页。

将所运货物之名称、数量、价值，由何处来，往何处去，及运货商号等项，报告关税处，请求派员检验。除免税商品外，均须按照税率表过税，税款由运货人交清，未交税或交税未清者，将货扣留，不准其进口、出口或通过。报关时须将实物的发票，随货交来税关查验，但买货时无发票者，亦得照货征税。关税处遇货经过，即派人前往检查，检查后再照税率计算税款，税款如数缴清后，再发给进口、出口或通过凭单。关税只征收一次，凡持有进口、出口或通过凭单者，经过其他税关，不再征税，但每种凭单不能互用（如进口凭单不能抵出口凭单等），地点不符者亦无效。运货人缴清税款，取得进出口或通过凭单后，始得过关。如私自前行过关或弯路避免过税者，查出将货全部没收，没收来的货物，由关税处拍卖变价归公。运货人运货报关以多报少者，照原税额加1倍至5倍处罚，罚款归公。没收货品拍卖款及罚款，得取出五分之一赏给报告人，以资鼓励。①

据当年在茅店关税处工作的陈兴云回忆：当时对进出口物资征税原则是：出口物资最少征5%，最多15%，一般10%；进口物资税收较轻，一般是2%—3%，如盐、布、药材、办公用品等，油墨和腊纸等还不征税。迷信品征100%的税。群众肩挑贩卖的一般不过税，主要是船运进出口物资税。

毛泽东主席在第二次全苏大会上作报告时，对苏区的关税制度和政策作了说明。他说："关税是以按照苏区的需要程度统制货物的进出口为目的，因此税率有完全免征的，有高至百分之百的。在中国境内，只有苏维埃实行了完全自主的关税制，不受任何外国政府的干涉，一切货物在边境税关纳税之后通行全苏区，无第二次之征税，一扫国

① 《中央财政人民委员部关于关税征收细则》，1933年5月11日，载《中央革命根据地工商税收史料选编》，福建人民出版社1985年版，第194页。

民党厘金关卡层层抽剥的虐政。”[①]

5. 店租

店租即商业用房产出租的租金。1932 年 8 月,中央财政人民委员部发布《关于店房没收和租借条例》规定:苏区内“凡属军阀、官僚、豪绅地主、反动派的祠堂、庙宇、福会、公产,以及一切反动机关团体等所有的店房、作坊、摊寮,一律没收为苏维埃所有,其店内、作坊内附属的柜台、家具、工具等如系原主人所有物也一律没收”;“公共店房、作坊等不论合股的或祖遗的”,其中属于军阀、官僚、豪绅地主、反动派所有部分则没收,属于工人、贫雇农和贫民部分不没收;商人及作坊主所有店房、作坊,如系自己营业或出租部分不没收,但为营利目的而建之店房、作坊则予以没收。所没收之店房、作坊等,均由苏维埃政府用于出租,由苏维埃政府收取租金作为财政之收入。该条例对店房、作坊出租的具体办法,作了详细规定。[②]

1932 年 7 月后苏区各种税率所以上调,主要是因为取消了红军筹款任务,苏区财政收入减少。为弥补财政缺口,保证财政支出,只好增加税负。尽管如此,苏区人民群众的税收负担仍然远比国民党统治时期轻得多。

(四)苏区财政支出

毛泽东在第二次全国苏维埃代表大会上作报告时指出:“苏维埃财政的目的在于保证革命战争的给养与供给,保证苏维埃一切革命费

---

① 毛泽东:《中华苏维埃共和国中央执行委员会与人民委员会队第二次全国苏维埃代表大会的报告》1934 年 1 月 27 日。见江西省档案馆、中共江西省委党校党史教研室编:《中央革命根据地史料选编》(下),1982 年版,第 323 页。

② 参见《革命根据地经济史料选编》上册,江西人民出版社 1986 年版,第 347—349 页。

用的支出。”①合理地分配和节俭地使用财力物力，保证革命战争的供给，保证苏维埃政府各项费用的需要，成为根据地财政的基本任务。

保证革命战争的给养与供给，是苏区财政工作最重要的任务。红军和革命战争费用占苏区财政支出比重最大。此项费用包括红军部队的伙食费、津贴费、零用费、马干费、办公费、擦枪费、杂支费、草鞋费、特别费等。中革军委 1933 年 7 月规定了具体标准。如伙食费，前方部队在苏区时发现品给养，每人每日发米 1 斤 6 两（16 两制，下同）外，加油盐柴菜钱大洋 4 分；如到白区作战，以代金给养，每人每日大洋 1 角 2 分。后方部队工作人员的伙食费，一律实行现品给养，特殊情形时以代金给养，工作人员和机关部队每人每日发米 1 斤 4 两。运输队每人每日发米 1 斤 6 两（出差时加 2 两）。后方部队工作人员和运输队，亦是每人每日加油盐柴菜钱大洋 4 分。伤病员无论在前方还是在后方，每人每日均发米 1 斤 4 两，另发油盐柴菜钱大洋 1 角。1934 年春，中革军委对红军部队经费标准又作了修改和补充。

政府机关办公费用和技术人员津贴，也是财政支出的主要经常项目。政府公用经费，包括各机关团体工作人员的办公费、出差费、伙食费、购置费、书报费、会议费、宣传费、应酬费、邮费、医药费、纪念活动费、交通费、招待费、文化教育费、印刷费、修整费、补助工会费、赤卫军用费、少先队用费、犯人伙食费、工农运动费、抚恤费、慰劳费，以及其他杂费等。技术人员津贴发放对象仅限于无线电技术人员、医务人员、电话技术员、教员等少数有技术专长的人员。所有苏维埃干部概不领取工资报酬。

苏区财政还需安排适量资金用于支持发展经济建设，如扶持发展各种合作社、实行粮食调剂、发展对外贸易等。1933 年 8 月中央政府

① 见江西省档案馆、中共江西省委党校党史教研室编：《中央革命根据地史料选编》（下），江西人民出版社 1982 年版，第 323 页。

发行300万元经济建设公债后,大部分用于发展经济建设,其中“一百万供给红军作战费,两百万借给合作社、粮食调剂局、对外贸易局做本钱。其中又以小部分用去发展生产,大部分用去发展出入口贸易”①。对于苏区的文教卫生和社会救济等各项社会事业,苏维埃财政也尽量给予安排或补助,支持其发展。

由于战争和敌人经济封锁等原因,苏区财政经常出现困难。毛泽东说:“但是困难的克服,即包含于困难本身之中,开展我们的革命战争,改善我们的苏维埃工作,向着一切国民党区域去扩大我们的财政收入,向着一切剥削分子的肩上安放着苏维埃财政的担子,向着国民经济的发展去增加苏维埃的收入,这就是克服困难的方法。”②财政支出严格厉行节省的方针,也是克服苏区财政困难的重要方法。毛泽东指出,“应该使一切苏维埃人员明白贪污和浪费是极大的犯罪”,“节省每个铜片为着战争与革命事业,是苏维埃会计制度的原则”。③ 苏区各级政府机关和广大工作人员,都热烈响应党和政府的号召,自觉艰苦奋斗,勤俭节约,尽量减少各项开支。轰轰烈烈的节约运动的开展,取得了巨大成绩,为克服财政困难作出了重大贡献。

二、根据地的审计工作

无论是一个政党,还是一个政府,在经济方面实行严格的审计监督,都是十分必要的,中国共产党对此有深刻的认识。早在1928年7月通过的《中国共产党党章》就规定:“党的全国代表大会,省县市代

---

① 毛泽东:《必须注意经济工作》,1933年8月20日,《毛泽东选集》第一卷,人民出版社1991年版,第122页。

② 见江西省档案馆、中共江西省委党校党史教研室编:《中央革命根据地史料选编》(下),江西人民出版社1982年版,第324页。

③ 见江西省档案馆、中共江西省委党校党史教研室编:《中央革命根据地史料选编》(下),江西人民出版社1982年版,第324页。

表大会选举中央或省县市审查委员会”①,以监督各级党部之财政、会计及各机关之工作。阮啸仙在中共六大上被选为中央审查委员。1929 年,中共中央机关设立中央审计处,阮啸仙任中央审计处处长,实行中共党内的财务审计工作。

中华苏维埃共和国成立后,审计监督工作对于各级苏维埃政府严格财经纪律、防止贪污浪费、进行宏观监控的重要性和必要性,更为突出。苏维埃中央政府对审计工作的开展极为关注。1931 年 11 月中央执行委员会第一次全体会议通过的《地方苏维埃政府的暂行组织条例》规定:“为审查各级苏维埃政府的财政起见,得组织审查委员会担任这个工作,财政审查委员会的委员由上级或本级执行委员会主席团委任之。”②但该条例对于各级审查委员会的组织机构和职责任务,未作详细规定。因此,各级审查委员会实际上亦未建立。1932 年 8 月颁发的《财政部暂行组织纲要》,明确规定了中央财政部内设审计处,职责是审核财政总预决算及财政收支执行情况。③ 中央苏区的审计工作由此开始。

为加强对财政收支的审计监督,1933 年 9 月中旬,中央人民委员会第 49 次常会决定成立中央审计委员会,以中央工农检察部代部长高自立、中央内务部代部长兼中央司法部副部长梁柏台和中央国民经济部副部长(后为部长)吴亮平为委员。中央人民委员会赋予它的任务是负责审查政府的预算是否合理,检查和监督各级政府各个机关、革命团体、企业、事业单位的账目和收支情况。中央审计委员会成立之初,隶属于中央人民委员会领导。

1933 年 11 月,曾在中共中央从事审计工作的阮啸仙,根据中央决

① 见《中共中央文件选集》第 4 集,中共中央党校出版社 1989 年版,第 480 页。
② 见《中华苏维埃共和国法律文件选编》第 30 页,江西人民出版社 1984 年 8 月版。
③ 见《中华苏维埃共和国法律文件选编》第 56 页,江西人民出版社 1984 年 8 月版。

定从上海来到中央苏区。在1934年2月1日结束的第二次全苏大会上，中央政府决定中央审计委员会直接受中央执行委员会领导，成为与中央人民委员会和最高法院平行的政权机构。富有审计工作经验的阮啸仙，被任命为中央审计委员会主任。

1934年2月17日，苏维埃中央执行委员会在颁布的《中华苏维埃共和国中央苏维埃组织法》中规定，中央审计委员会的职权是："一、审核国家的岁入与岁出。二、监督国家预算之执行。"同时规定："审计委员会由五人至九人组织，由中央执行委员会主席团委任之。""审计委员会设主任副主任各一人，其他职员，按需要设置。"①

除中央设审计委员会之外，省及中央直辖市执行委员会之下，亦设审计委员会，隶属于中央审计委员会，同时受省及中央直属市执行委员会及其主席团指导与节制。1933年冬颁布的《中华苏维埃共和国地方苏维埃暂行组织法（草案）》规定："省及中央直辖市审计委员会，以委员七人至九人组织之，工农检察部委员会主席、国民经济部长、裁判部长及省一级军事行政机关的首长为当然的委员。审计委员会设主任一人。审计委员会之下得设秘书文书各一人，审核员二人至五人。""省及中央直辖市审计委员会的任务为：审核省苏维埃及全省一级苏维埃市苏维埃及全市各市区苏维埃财政收支的预算与决算，审核财政机关的临时收支账目，并得向中央审计委员会提出该省及该市预算的原则。""省及中央直辖市审计委员会，如查出各苏维埃及地方部队对于财政收支事项有违背法令或不正当的事情时，得提出解决的办法于主席团，并报告中央审计委员会。""省及中央直属审计委员会，除随时将审计情形报告中央审计委员会及省市主席团外，于每会计年度之终，将一年审计经过报告中央审计委员会及省市主席团。""省及中央直辖市审计委员会，对于下级苏维埃财政收支事项，认为有调查

① 见《中华苏维埃共和国法律文件选编》第88页，江西人民出版社1984年8月版。

之必要时,得派遣审核员实地调查之。"①

《中华苏维埃共和国地方苏维埃暂行组织法(草案)》规定:县不设审计委员会,对于各区及县直属市的预算决算,由财政委员会作初步审核,送省审计委员会审核。

1934 年 2 月 20 日,苏维埃中央执行委员会发布"中字第二号命令",颁布《审计条例》。审计条例共 19 条,规定:各级苏维埃收入的预算决算,由中央财政人民委员部汇编,经中央审计委员会审查,人民委员会通过,中央主席团批准;各级苏维埃机关必须遵照中央财政人民委员部规定的会计制度编制预、决算;中央审计委员会及分会对于下级苏维埃财政收支,认为有必要时,得派遣审计员实地调查;中央审计委员会及分会随时检查各种机关现有簿记等。此外,审计条例还分别规定了由中央审计委员会审查的事项和中央审计委员会分会审查的事项等。中央政府制定和颁布的这个审计条例,是中央苏区审计工作的基本法规和政策依据。

阮啸仙主持中央审计委员会工作后,出色地开展了以下工作,取得了显著成绩。

(一)审核中央政府各部门和各省、直属县的预决算情况

1933 年 12 月 5 日出版的《红色中华》第 132 期报载:"据中央审计委员会报告:十月份中央总务厅预算浮至五千元之多,总卫生部十月份预算载后方医院及工作人员,人数与实际所有数相差很远,瑞金县苏每月仅灯油费一项达一百二十元之多,其他不少的苏维埃机关及军事机关浮支浪费的事亦时常发生。这证明浪费现象现在差不多是普遍的存在着。"②中央审计委员会与中央工农检察部一起,对中央总务厅和瑞金县苏维埃政府财政部等单位进行进一步审核,发现中央总

① 见《中华苏维埃共和国法律文件选编》,江西人民出版社 1984 年 8 月版,第 73 页。
② 《红色中华》第 132 期第 1 版社论:《节省经济与开展反浪费斗争》。

务厅管理处长左祥云等贪污案，进行了严肃查处。

1934 年 3 月，中央审计委员会为促使各部门建立健全会计制度，开展节约运动，对各部门预算进行审计。在审计报告中说："这次的预算都能按照工作实际需要上，来详细加以核减，从前随便加以开列数字的现象，差不多没有了。可以保证将来的决算与预算无大出入，这是预算确立过程中的大进步。"审计结论还说："关于改善工作方式与裁减不必要的工作人员方面，除新成立的粮食部外，二月份共八四九人（运输队通信排在外），三月份则为六百八十人，减了一百六十九人，这不能不算是一个大的数目。同时减人不是机械的平均主义的减，而是按照实际工作的需要及人的能力上来进行的。因此，有的裁得很多，如总务厅和土地部，有的不但没减，反而增加，如教育部工农检委会。裁减的结果，据确实调查所得，短短时间，一般地说，各部门的工作方法改善了，工作的情绪比前紧张了，劳动纪律提高了。"结论中还说："关于经费问题与节省运动，劳动部做得最好，国民经济部次之。"审计报告还明确指出了存在的问题："一是各部首长对于预算决算制度，还未有提到与整个苏维埃政策的重要性来注视这一工作，有的没有配合实际工作的需要，来负责检讨经费问题。二是阶级警觉性不够，如土地部会计科长王宗元是一个地主，在我们突击队发现他的贪污时，他就开小差逃了，几乎被卷去巨款。三是有些工农出身的干部，不会写算，不懂管账，差不多成了一般的现象，在这里应警觉我们，提高'热忱学习管理自己国家的财政'！四是各部裁减冗员，节省不必要的开支，还没在积极方面提高应有的限度。"[①]从这个审计报告可以看出，中央审计委员会对中央机关各部门的审计监督，是十分认真和严格的。

① 《中央审计委员会审查三月份中央政府预算的总结》，载《红色中华》1934 年 3 月 17 日第 163 期第 3 版。

（二）审查各事业单位、革命团体的财务收支情况

苏区各事业单位和革命团体的财务收支情况，也属中央审计委员会审查范围。1934 年 3 月，中央审计委员会审查了中央革命互济总会和中央反帝拥苏总同盟经费收支情况，发现互济总会的财政开支有"拿救济费做机关开支"、"会费一塌糊涂"、"各种捐款没去检查"、"开支项目不适当"等严重缺点；发现反帝拥苏总同盟没有对各地会员所缴交的会费进行清理，"只靠中府津贴的红军月费来开支。最近才检查出粤赣省门岭县一只区主任贪污三十多元，西江一只区主任贪污了十六七元，砂星区一只区主任贪污三吊多钱，又前主任贪污百多毛。都是贪污了月费。可是他们没把检查月费和反帝拥苏工作联系起来……总盟与各级分盟关系没有建立好，粤赣福建要总盟去钱津贴，会计制度一般的未建立起来，总盟本身开支也还有浪费"。中央审计委员会责成中央革命互济总会"要认清互济会本身的特别任务，为要达到他的任务，来检查各级的用费和捐款，使所有款子都用在发展工作和救济事业上"；同时还有"建立各级会计制度，收款支款和经手的救济款项，都要有详细的计算和检查"等；要求中央反帝拥苏总同盟"应做到停止政府津贴，实行经费自给"①。

1934 年 8 月，中央审计委员会对中革军委总卫生部下属医院、疗养院、残废院、疗养所、卫生学校等单位 1934 年 5、6 两月的经费开支，也进行了审计，肯定卫生系统全体工作人员和休养人员，热烈响应《红色中华》报"为四个月节省八十万元而斗争"的倡议，节约经费开支成效显著，并总结了他们开展节省运动的经验。同时又指出他们的工作中还存在一些缺点，"从节省运动推动医院工作还做得很差"，"五、六

① 《中央审计委员会检查互济会反帝拥苏同盟财政收支的总结》，1934 年 4 月 1 日，载《红色中华》1934 年 4 月 7 日第 172 期第 3 版。

两月各院中还发生许多贪污事情”①等。

（三）审核国有企业的财务收支情况

中央审计委员会对苏维埃国有企业财务收支状况的审计监督，也非常认真严格。1934年3月，中央审计委员会审查了中央印刷厂、邮政总局、中央造币厂、粮食调剂局、贸易总局等国有企业的收支情况，发现中央印刷厂“有支出预算，无收入预算”；邮政总局负责人对该局广大邮务工人自动节省上交的经费，“竟不知共有多少，缴交到了何处”；中央造币厂“也只有支出的预算，没有每月生产品的数字，对于国币的铸费多少？合算不合算？厂长全然不知”。粮食调剂总局与贸易局以前未分开核算，两局账目混在一起，没有建立预决算制度等。中央审计委员会通过上述审计认为：“上列诸厂局，一般的缺点是不明了本身在苏维埃经济上的性质和作用，不知道也不考究产品的成本，不知计算盈亏，有钱就用，没钱向国家主管机关要”；一些厂局“没有从斗争中去抓住各厂局的特殊性质与缺点，来从积极方面整理账簿，建立会计制度和管理法制，以致贪污浪费无法肃清”。为此，他们要求各国有企业要加强管理，务必切实转变领导作风，进一步保护与调动工人的积极性，将国有企业办得更好。②

除中央审计委员会和各省审计分会开展审计工作外，一些中央国家机关和企事业单位内设的审计部门，如中央财政部的审计处，中央邮政总局经济审查委员会，以及国民经济部、粮食部、国家银行等单位以及各类合作社组织，都对本部门的业务工作和财务情况开展了内部审计。

中央苏区审计工作的开展，有效地促进了苏区党政机关和企业事

① 《中央审计委员会关于总卫生部系统五、六月节省成绩的总结》，1934年8月15日《红色中华》第226期。

② 《中央审计委员会审查国家企业会计的初步结论》，见《红色中华》第169期。

业单位经济管理和行政管理的改善，遏制了贪污浪费和官僚主义作风的蔓延，树立了党和苏维埃政府在人民群众中的良好形象。

中央苏区的审计工作，有如下特点和经验：

一是审计独立。从中央审计委员会到各省和中央直辖市审计委员会分会，实行垂直领导，且中央审计委员会直接受苏维埃中央执行委员会领导，与中央人民委员会、最高法院等政权机构平行。这有利于审计机构对中央各机关的财务收支情况进行独立、有效的监督和稽核。

二是审计公开。每次审计结果都在《红色中华》等报刊媒体公开披露，舆论曝光，透明度很高。这有利于苏维埃干部作风的改进和党风廉政建设的加强。

三是审计到位。不仅对国家财政的收支和政府机关财务收支进行审计监督，而且对企业事业单位的财务管理和经营管理进行审计监督，尽可能扩大审计监督的覆盖面。

四是审计得力。审计部门在履行职能时，既严肃认真、实事求是地发现问题，查处问题，又帮助被审计部门、单位总结成绩和经验，提出解决问题的建议，最终达到帮助被审计部门和单位改进工作作风和工作方式方法、提高工作效率的目的。

由于审计独立、公开、到位、得力，审计监督的职能作用得到充分的发挥。

苏区审计工作的这些特点和经验，值得学习和借鉴。

三、根据地的金融机构与苏维埃国库的建立

中央苏区的金融机构是从无到有、从小到大逐步发展起来的。

(一)东固平民银行

赣西南党组织和红军创建东固根据地后，于 1928 年 10 月创建了东固平民银行。这是赣西南苏区最早建立的红色银行。该银行是为活跃根据地经济、克服根据地财政困难，以江西红军独立第二团捐助的4000元银元为基础,加上根据地党团员和军民集资建立起来的。东固平民银行行长黄启绶,成立了由黄启绶、刘经化、汪安国、王全享、邱有文、李文连等7人组成的管理委员会,另有业务人员2名。

东固平民银行先后发行拾枚、贰拾枚、伍拾枚、壹佰枚4种面额纸质铜元票,至1930年10月共发行约20万串[①]。这些纸币是江西省苏维埃红色政权第一次发行的苏维埃纸币,初始用油印机印刷,印制较为粗糙。1930年10月红军攻克吉安城后,缴获了两台石印机,供东固平民银行印制苏维埃纸币,使纸币印制质量显著提高。这种苏维埃纸币后来流通到整个赣西南苏区,受到根据地军民的欢迎和信任,连外地商人也乐意使用,用银元兑换,以便携带。后来因印刷材料供应紧张,为防止苏维埃纸币发行混乱,赣西南苏维埃政府将"东固平民银行"改为赣西南苏维埃政府财政部办理[②]。

(二)闽西工农银行

闽西苏区自1929年夏建立红色政权后,一些县就陆续建立信用合作社,并且各自印发纸币,致使闽西苏区出现多种纸币(或代金券)同时流通的局面,苏区群众深感不便。1930年3月25日,闽西第一次工农兵代表大会通过《取缔纸币条例》,规定各地不能擅自发行纸币,只有拥有5000元(银元,下同)以上现金的信用合作社,经闽西苏维埃政府批准后,方可发行纸币,且发行数量不能超过实有现金数额的一半,纸币面额限一角、二角、五角3种。1930年9月,闽西第二次工农兵代表大会提出:"目前为要调节金融,保存现金,发展社会经济以争

---

① 据《中共赣西南特委朱昌偕给中央的工作报告》,1930年10月,载中央档案馆、江西省档案馆编:《江西革命历史文件汇编》1930年(二),第130页。

② 士奇、昌廖、天干:《赣西南苏维埃区域的经济状况及经济政策》,1930年10月12日,载江西省档案馆、中共江西省委党校党史教研室编:《中央革命根据地史料选编》(上),江西人民出版社1982年版,第59页。

取社会主义胜利的前途,惟一的办法是建立闽西工农银行。"①

会后,闽西苏维埃政府发布第七号布告《关于设立闽西工农银行》。布告宣布"阮山、张涌宾、曹菊如、邓子恢、蓝维仁、赖祖烈(长汀推举一人)七人为银行委员会委员,阮山为主任,成立筹备处,着手进行"。布告还公布了银行资本的筹集办法,规定"银行资本定二十万元,分二十万股,股金以大洋为单位,收现金不收纸币",除向工农群众招股募集外,要求苏区各合作社、粮食调剂局都要按规定购买股票,"各级政府、各工会及各机关工作人员,每人至少应买股票一元"②。

20 万元股金很快募齐。1930 年 11 月 7 日,闽西工农银行在龙岩城正式成立。阮山任行长(主任),曹菊如为会计科长,赖祖烈为营业科长,陈寄今为出纳科长(司库)。银行行址后迁往永定县虎岗,后又迁往上杭县的白砂、溪口,长汀县的涂坊,1931 年秋迁入长汀县城。

1931 年 6 月,闽西苏维埃政府再次动员苏区军民集股,闽西工农银行资本扩大至 22 万元。银行发行了自行印刷的纸币,面值分壹元、贰角、壹角 3 种,并准备印刷伍角铜钞券(后未发行)。原各地信用合作社发行的纸币一律停止流通,并等值兑换成闽西工农银行纸币。为统一苏区货币,闽西苏维埃政府明令禁止杂币、伪币流通。对于白区的银元,可以按规定比例向闽西工农银行兑换纸币。

为充分发挥银行职能,促进根据地经济发展,闽西工农银行规定银行资金动用比例为:存库现金 30%,社会市面流通 13%,社会保险 7%,投入闽西政府 10%,投入各种合作社 25%,投入苏维埃商店和土

① 闽西第二次工农兵代表大会《修正财政问题决议案》,1930 年 9 月,载中共龙岩地位党史资料征集领导小组、龙岩地区行署文物管理委员会编:《闽西革命史文献资料》第四辑,1982 年内部版,第 184 页。

② 《闽西苏维埃政府布告第七号——关于设立闽西工农银行》,1930 年 9 月,载中共龙岩地位党史资料征集领导小组、龙岩地区行署文物管理委员会编:《闽西革命史文献资料》第四辑,1982 年内部版,第 194 页。

地生产15%。银行实行低利借贷,贷款月利0.6%,商业借贷月利1%,贷款对象主要是生产企业和流通行业。

闽西工农银行在成立后1年多时间里,摸索和总结出一套苏维埃银行的管理制度和办法,为后来苏维埃国家银行的成立和运作,准备了人才,积累了经验。

(三)江西工农银行

1930年10月4日,红军攻克吉安城,10月7日成立江西省苏维埃政府。随着革命形势的迅猛发展和赣西南苏区连成一片,建立赣西南苏区统一的财政经济和银行货币,成为急迫任务。江西省苏维埃政府遂决定将原东固平民银行扩大为江西工农银行。11月27日,江西省苏维埃政府在吉安县富田发出"秘字第四号"《通令》:"本政府为要取得这一决战(指第一次反'围剿'——引者注)的胜利,当然要准备充分的经济,为了这一决战的胜利之需。因此本政府财政部以一百万元现金创设大规模的江西工农银行,同时财政部为着要使金融有广泛的流动,使我革命群众与红军对经济上有绝大的充裕,因此发行钞票一百万元……该钞票在赤区一律通用。"①

江西工农银行成立时,设在吉安城友庆巷,行长颜达,有七八台石印机,职员、印刷工人十余人。1930年11月中旬,迁至吉县东固瑶下,后又随军转战,先后迁驻永丰县龙冈、兴国县莲塘、万安县良口和兴国县水头庄等地,最后迁驻瑞金。

江西工农银行除1930年11月发行"暂借发行券"外,1931年1月至同年7月又先后发行铜元票拾枚券2种、伍佰文券1种、壹仟文券1种。1931年冬又准备印刷发行壹元券纸币,后因苏维埃国家银行成立,此券未发行流通。此外,江西省苏维埃政府还接管原兴国县苏维

① 江西省苏维埃政府"秘字第四号通令",1930年11月27日,载中共江西省委党史研究室编:《江西党史资料》第17辑,1990年内部版,第82页。

埃政府造币厂，改名为江西省苏维埃政府造币厂，仿造发行“袁大头”“孙小头”和“鹰洋”银元，在根据地内外流通。江西工农银行发行的纸币，一直流通到1932年夏。

（四）中华苏维埃共和国国家银行

1931年11月中华苏维埃共和国成立后，为着巩固新生的工农民主专政的苏维埃国家政权，必须建立自己统一、独立的金融货币体系。一苏大会通过的《关于经济政策的决议案》中明确要求：“为着实行统一币制并帮助全体劳苦群众起见，苏维埃应开办工农银行并在苏维埃区域内设立分行，这个银行有发行货币之特权。工农银行对于各农民、家庭工业者、手工业者、合作社、小商人等实行借贷，以发展苏维埃经济，这个银行应实行兑换货币，其分行并带征税收。”①

根据一苏大会通过的决议，中华苏维埃共和国国家银行（以下简称“苏维埃国家银行”）于1932年2月1日在瑞金叶坪村创立。

苏维埃中央人民委员会任命毛泽民为苏维埃国家银行行长。苏维埃国家银行成立之初只有5名工作人员：行长毛泽民，业务处长曹菊如，会计钱希钧，出纳1人，勤务员1人兼管兑换，协助出纳工作。后来发展到有两个处（业务处、总务处）、7个科和1个总金库，工作人员共10余人。中央财政人民委员部后来还任命李六如为国家银行副行长。苏维埃国家银行行址设在叶坪村一幢砖木结构的两层普通民房里，总共只有楼上楼下两个小厅3个房间。

苏维埃国家银行成立之后，颁布了《中华苏维埃共和国国家银行暂行章程》。章程规定：苏维埃国家银行是隶属于中央财政部的国营金融事业单位，“财政人民委员部得监督本行一切事务，指导本行业务之方针，核准本行各种营业规则及利率，监督本行业务，核准本行经费

① 《关于经济政策的决议案》，1931年11月，载《革命根据地经济史料选编》上册，江西人民出版社1986年版，第84页。

之预算,决算,审查各项报告并资产负债表等”,国家银行之分支行的“设立、废止及移设,均应经管理委员会之决议,呈请财政人民委员部核准”。[①] 同时,中央工农检察部得派员参加现金存款及会计年终决算,以加强监督。

苏维埃国家银行开办时确定资本 100 万元,由国库预算内拨给,但实际上未筹足这个数额,只有从中央财政部接收过来的现金 20 万元。1932 年红军东路军入闽攻打漳州时,银行行长毛泽民亲率红军学校供给班的 20 名学员,随军协助红军筹款,毛泽民被委任为红军筹款委员会副主任,此次共计筹款 100 万元,其中大部分拨给国家银行作资本金,从而解决了银行资金不足的困难。

苏维埃国家银行的业务,依章程规定,共有 6 项:(1)帮助发展生产,对于国有工商业或合作社事业,得为有抵押或无抵押之放款,但私人企业之借款须有抵押;(2)商业确实票据之买卖贴现,或再贴现,但票据期限自贴现日起,至多不得逾 6 个月;(3)依照法律之许可,为生金银及外国货币、证券或汇票之买卖;(4)办理各种汇兑及发行期票;(5)收受各种存款;(6)代人保管贵重物品,但其期限不得逾 5 年。

苏维埃国家银行还受政府委托,代理国库出纳,代理政府发行公债及还本付息事宜。依章程规定,苏维埃国家银行不得从事投机性质之营业,不得购入不动产为借款之抵押品,不得购入或承受私人企业公司股票,以确保国家资本安全。苏维埃国家银行每年 12 月为总决算期;每年所得利润之 50% 提留作公积金,另提留利润总数之 10% 用于增进或改善银行职员生活,剩余利润悉数缴交国库。

苏维埃国家银行除在瑞金叶坪设立总行外,还在原闽西工农银行基础上,于 1932 年成立国家银行福建分行,还建立“白砂及南阳兑换

---

① 以上引自《革命根据地经济史料选编》上册,江西人民出版社 1986 年版,第 370 页、369 页。

处;在江西建立了江西兑换处、瑞金兑换处;又在白砂、南阳、会昌、瑞金、兴国等处设立收买金银处;在各县政府、各军经济机关设立了代兑处数十处。除各代兑处由各机关自行派人负责外,其总分行及兑换处、收买金银处的工作人员共达五十余人”。[①] 1933 年 2 月 10 日,国家银行江西分行也在博生(今宁都)县城成立,钟声湖任分行行长。

未能与中央苏区连通的其他一些苏区,也先后将其所开设的银行改称为中华苏维埃共和国国家银行 × ×分行。如湘鄂赣省工农银行于 1932 年夏改称为“中华苏维埃共和国国家银行湘鄂赣省分行”;湘赣省工农银行于 1933 年春改名为“中华苏维埃共和国国家银行湘赣省分行”;湘鄂西苏区的鄂西农民银行后来也改名为“中华苏维埃共和国国家银行湘鄂西特区分行”。

1933 年 4 月,苏维埃国家银行行址由瑞金叶坪村迁至瑞金沙洲坝村。同年 5 月至 12 月,国家银行行长毛泽民调任新设立的闽赣省革命委员会财政部部长,国家银行行长由副行长李六如代理。

由于中央苏区第五次反“围剿”战争失败,1934 年 10 月,苏维埃国家银行的工作人员毛泽民、钱希钧、曹菊如、任志远、黄亚光等 14 人,编入红军野战军中央纵队第十五大队,监护国家总金库的资金,参加长征。留下副行长李六如等人在苏区坚持斗争。

(五)苏维埃国库的建立

苏维埃临时中央政府成立初期,由于未建立统一、严格的财政制度和国库制度,各级政府在财政方面开支自由,既没有预算,也没有决算,要多少用多少,有多少用多少,严重影响苏区正常的财政收支。中央财政部在努力建立统一的财政收支制度的同时,深感建立统一国库制度的重要。中央财政部在 1932 年 11 月 7 日发布的《财政人民委员

---

① 《国家银行组织概述和一九三二年之营业报告》,转引自罗华素等主编:《中央革命根据地货币史》,中国金融出版社 1998 年版,第 269 页。

部一年来工作报告》中说:“制定国库条例,拟在十一、二月建立国库制度,从科学的组织上来帮助财政统一之实现。”①

为此,苏维埃临时中央政府人民委员会于1932年10月22日②正式颁布了《国库暂行条例》,明确规定:“国库掌握国家所有现金项目之收入,保管及支出等项业务。”“国库之一切,均由人民委员部国库管理局来管理,其金库则委托国家银行来代理。总金库(中央金库)设于总行(国家银行),分金库设于分行,支金库设于支行。尚未设立支行的省、县,则由总金库所指定的专人组织国库的分金库、支金库,而附设于省、县的财政部内。但是,它不受省、县财政部的支配。”“红军当中,不设金库,而是由总政治部代理国库,进行已经决定了的筹款额数的现金征收工作。”条例还规定了各级国库工作人员数量和有关规章制度。③

《国库暂行条例》颁布后,国家银行立即履行代理国库职责,建立了总行的总金库和各分行、支行的分金库、支金库。1932年12月16日,中央财政人民委员部颁布关于“统一会计制度”的第十二号训令,明确提出:为确定会计制度彻底统一财政起见,本部特规定暂行国库条例,会计规则,会计科目表,预决算规则,交代规则,并规定各种簿记

---

① 《财政人民委员部一年来工作报告》,1932年11月7日,载《红色中华》第39期。

② 关于《国库暂行条例》的颁布时间,厦门大学法律系和福建省档案馆编辑、江西人民出版社1984年8月出版的《中华苏维埃共和国法律文件选编》收录该文时,注明“一九三三年十月二十二日中华苏维埃共和国临时中央政府人民委员会颁布”;而中国金融出版社1998年6月出版的罗华素、廖平之主编《中央革命根据地货币史》收录之该文,则标明系临时中央政府人民委员会1932年11月22日颁布。笔者认为:1932年11月7日发布的《财政人民委员部一年来工作报告》中,明确说到要“制定国库条例,拟在十一、二月建立国库制度,从科学的组织上来帮助财政统一之实现”。据此可以认定,该《国库暂行条例》应为“一九三二年十一月二十二日中华苏维埃共和国临时中央政府人民委员会颁布”。

③ 《国库暂行条例》,1932年11月22日中华苏维埃共和国临时中央政府人民委员会颁布。载《中华苏维埃共和国法律文件选编》,江西人民出版社1984年版,第313页。

单据等发下，决定自明年一月一日起各级会计即照此规定实行，接此训令后："(一)各省县政府必须马上成立国库分支库，原财政部之会计出纳两科，即移到国库分任会计出纳工作，财政部之出纳会计二科，另外找人，国库主任另由本部分别委任。""(二)本年十二月以前账目另行结束(算)，从明年一月一日起，概换新账，所有存款全数移交国库收存，不得截留不缴，以前账目整理方法另行颁布。""(三)明年一月份开支可照十二月份用度先行支用，一面即做预算来，以便补发支票，自一月五日起各县必须按期将二月份预算做来。"①

国库制度的建立，对于建立苏区统一财政制度，减少财政透支，尽可能控制货币的财政性发行，起到了积极作用。

四、根据地的货币流通与信贷活动

(一)根据地的货币流通

如前所述，在苏维埃临时中央政府成立之前，赣西南苏区有东固平民银行和江西工农银行发行的纸币流通；在闽西苏区有闽西工农银行发行的纸币流通。

中央苏区早期各银行发行的货币，尽管信用极好，深受根据地居民信赖和欢迎，但因币种繁杂，相互间又不能兑换流通，给根据地商品货币流通带来困难。

苏维埃临时中央政府成立后，鉴于苏维埃国币尚未发行，仍然允许各色旧货币暂时继续在苏区内流通。然而这种局面决不能长期维持，否则将严重阻碍苏区经济发展，影响苏区军民生产生活。一苏大会通过的《关于经济政策的决议案》明确宣布："苏维埃区域内的旧货币，在目前得苏维埃区域内通行，并消灭行市的差别；但苏维埃须对这些货币加以清查以资监督。苏维埃应发行苏维埃货币，外来的货币，

① 《中央财政人民委员部训令第十二号——统一会计制度》，1932年12月16日，见《中华苏维埃共和国法律文件选编》，江西人民出版社1984年版，第254页。

须一律兑换苏维埃自己发行之货币。”①

苏维埃国家银行成立后，根据一苏大会的决议，即着手设计印刷国家银行纸币。毛泽民行长亲赴长汀城，冒着风险从错误肃反路线枪口下将所谓的“社会民主党分子”黄亚光解救出来，请他到瑞金负责设计苏维埃纸币。黄亚光很快设计出壹圆、伍角、贰角、伍分等 5 种面值的苏币票样。毛泽民又与造纸工人反复实验，造出了耐水防伪的印钞纸，并与印刷工人一道改造原江西工农银行印刷纸币的铜版，从漳州、厦门购回印钞油墨。1932 年 6 月，苏维埃国家银行纸币印制成功。6 月 21 日，苏维埃临时中央政府人民委员会发布《关于兑换国家银行钞票问题》第十四号命令，宣布：“对持票要求兑换者，须尽量兑付现洋，不得拒绝；同时要向持票人宣传，以提高他们对国家银行钞票之认识和信仰”；“各级政府各部队的经理机关，不但要代理兑换而且要帮助发行国家银行的钞票，其收入之钞票，要从各方面使用出去，俾得在市面继续流通，但须向群众作广大的宣传，不得强迫人使用”。②

1932 年 7 月，苏维埃国家银行纸币正式在中央苏区流通，各种杂币逐渐退出流通市场。但是，由于宣传工作不到位等原因，国家银行纸币开始发行时流通并不顺利。为此，苏维埃临时中央政府人民委员会于 1932 年 7 月 10 日发布第十七号命令，要求各级政府广泛向群众宣传使用国币的意义，切实做好兑换工作，“同时对拒用国币或私抑价格之奸商，则须严密侦查，从重处罚，以维国币之威信”③。

此一命令颁布后，各级苏维埃政府加强了对苏维埃国币的宣传和

① 《革命根据地经济史料选编》上册，江西人民出版社 1986 年版，第 84 页。

② 《临时中央政府人民委员会命令第十四号——关于兑换国家银行钞票问题》，1932 年 6 月 21 日，载《革命根据地经济史料选编》上册，江西人民出版社 1986 年版，第 368 页。

③ 《维护国家银行货币的信用——中华苏维埃共和国临时中央政府人民委员会命令第十七号》，1932 年 7 月 10 日，载《革命根据地经济史料选编》上册，江西人民出版社 1986 年版，第 373 页。

兑换的力度。中央苏区货币终于得到统一。至1932年12月,苏维埃国家银行共印制发行纸币壹圆票375000元,贰角票103000元,壹角票129800元,伍分票48375元,总计印制发行656175元。[①] “这些钞票又为中央财政部所支去。中央财政部在年终结束时之透支总数达五十六万三千八百余元”[②]。1933年,国家银行增印了面额为伍角的纸币。

国家银行还在瑞金洋溪村开办造币厂,铸造壹圆和贰角银币。该造币厂的前身是从兴国县迁来的江西省苏维埃政府造币厂,由苏维埃国家银行接管后改称中央造币厂。厂长谢里仁,1934年8月后厂长为杨其鑫。全厂170余人。该厂利用天碓等简陋设备,铸造了壹圆面值苏维埃银币几百枚,还铸造了大量贰角苏维埃银币和五分苏维埃铜币。为满足苏区外贸发展需要,该厂铸造了大量能在白区流通的“大头洋”“小头洋”“老鹰头”等壹圆银币。据厂长谢里仁回忆,该厂1932年春“每天能生产银币一万余元”。[③]

(二)苏维埃政府对苏维埃货币的管理

苏维埃国家银行印制的货币发行后,为稳定苏区货币市场,维护苏维埃国币信誉,苏维埃政府采取了一系列措施。

1. 控制货币发行额度,确保苏区币值稳定

毛泽东在第二次全国苏维埃代表大会上作报告时强调指出:“苏维埃国家银行发行纸票的原则,应根据于国家经济发展的需要,财政

① 《国家银行组织概述和一九三二年之营业报告》,转引自罗华素等主编:《中央革命根据地货币史》,中国金融出版社1998年版,第270页。

② 《国家银行组织概述和一九三二年之营业报告》,转引自罗华素等主编:《中央革命根据地货币史》,中国金融出版社1998年版,第270页。

③ 谢里仁:《在中央造币厂》,载《回忆中央苏区》,江西人民出版社1982年版,第367页。

的需要只能放在次要的地方，这一方面的充分注意是绝对必要的。”①苏维埃国家银行在成立后一年多时间里发行纸币时，基本遵行了这一原则，做到根据拥有基金的多少来确定发行量，以保证纸币的充分兑现，确保了苏区币值的稳定。可是，由于“左”倾错误的影响，加之国民党军队加紧向苏区发动进攻，苏区财政支出日益增加，而财政收入却增长不快，中央财政部只得要求银行多印多发钞票，以满足财政开支需要。至1933年8月，国家银行纸币发行量累计达200万元，超过国家银行资金一倍。至1934年红军长征前夕，发行总数约达800万元，从而一度造成苏区物价上涨，货币贬值，苏币信用日趋低落。

2. 做好宣传工作，维护国币信誉

苏维埃政府充分利用《红色中华》等媒体发表文章，大力宣传拥护和使用苏维埃国币的意义，号召苏区军民同破坏国币信誉的行为作斗争。1933年春，苏区各地曾发生群众以纸币挤兑现洋的现象。中央财政部一方面指示国家银行动用库存现洋，保证群众兑换，维护群众利益；一方面在《红色中华》第64期发表《发动群众，停止挤兑》的文章，向群众解释，帮助消除疑虑，平息挤兑风潮。

3. 建立现金出口登记制度，严格现金管理

为控制苏区现洋流向白区，以利于苏维埃国币稳定，中央财政部于1933年4月28日颁布建立现金出口登记制度的“第十九号训令”，同时颁发了《现金出口登记条例》。训令规定：“凡携带大洋或毫子往白区办货在二十元以上者须向市区政府登记，一千元以上者，须向县政府登记，取得现金出口证才准出口，无出口证及非为办货用的，一律不准出口，向银行或兑换所兑换现大洋的，也要有现金出口证为凭，无

① 毛泽东：《在第二次全国苏维埃代表大会上的报告》，1934年1月24日至25日，载江西省档案馆、中共江西省委党校党史教研室编：《中央革命根据地史料选编》（下），江西人民出版社1982年版，第324页。

出口证的,显系在苏区内使用,则一律兑换国币及毫子。""现金出口时,关税处同国家政治保卫队,以及边区,区乡政府必须切实检查现金数量,并按照出口证一一盘问明白,检查后须将该出口证收回,寄还原发给出口证机关对照,以证明该现金确系出口,如发现无出口证或现金与出口证不符者,须将送款人扣留送交当地政权机关讯办。但严防检查人员徇私舞弊或留难勒索等弊端。""现金出口以后,须照出口证上所载(买货回来)月日去检查该商人是否如数买了货来,如未按期办货回来,又未前来申明,即须追究该商店。这些工作,须与该业店员支部好好联络,对带钱逃跑商人,必须严厉取缔,但须调查确实,不能随便处罚,致引起商人恐慌,反而妨碍办货。"①

4. 同阶级敌人伪造假币作斗争

伪造苏维埃货币,扰乱苏区金融市场,是阶级敌人破坏苏区的一种手段。1933 年春,中央苏区会昌、寻乌两县一度出现伪造的苏维埃银毫流通,扰乱苏区金融秩序。中华苏维埃共和国临时中央政府主席毛泽东亲自指示中央造币厂出个布告,告诉群众识别伪造银毫的办法,以堵塞假币在苏区流通。寻乌县苏维埃政府为此发出密令,要求各区乡苏维埃政府严查假币来源,寻找制造假币的窝点。结果查明,此假币系会昌县筠门岭一个土匪制造出来的。国家政治保卫队即派出兵力,一举端掉了这个造假窝点。

上述这些加强苏区货币管理的措施实施后,确保了苏区货币流通的正常秩序。但是,由于"左"倾错误干扰和影响,未能从根本上抑制苏维埃国币的贬值。到 1934 年夏秋间,苏维埃国币已成为无法兑现的货币,苏区通货膨胀的局面也无法遏制、扭转。

---

① 《中华苏维埃共和国临时中央政府财政人民委员部训令 第十九号——建立现金出口登记制度》,1933 年 4 月 28 日,见《红色中华》第 78 期第 6 版,1933 年 5 月 11 日出版。

（三）根据地的信贷活动

苏维埃国家银行除担负印制和发行苏维埃货币、代行国库职能等业务外，还开展吸收存款和发放贷款等业务。

苏维埃国家银行成立后的第一笔往来存款业务，是接受中央财政部的全部库存现金 20 万元。苏维埃国家银行还通知党政军各机关和国家企业在银行开往来存款户。从 1932 年春至 1934 年春，国家银行的往来存款户主要是机关和企业。私人开户不少，但存款金额不多。至 1932 年 12 月 31 日，国家银行总行吸收各项存款总计 175448 元，其中私人存款仅 22787 元。私人存款占存款总额的 13% 左右。

1934 年 1 月，毛泽东在第二次全苏大会的报告中，要求苏维埃国家银行“应该尽量发挥苏维埃银行作用，按照市场需要的原则发行适当数目的纸币，吸收群众的存款，贷款给有利的生产企业，有计划地调剂整个苏区的金融”①。根据这一精神，国家银行 1934 年 3 月 20 日起开办储蓄存款业务。储蓄业务种类有整存整取、零存整取、零存零取 3 种。为便于储户存款，国家银行还委托区乡信用合作社代售储金券，并开办了异地存取业务。为扩大储蓄业务，国家银行行长毛泽民还于 1934 年 5 月专门致信全总苏区中央执行局委员长刘少奇，建议全总动员广大工人群众积极参加储蓄运动。《国家银行储蓄存款暂行章程》规定了存款利率：定期存款依期限分为 5 种：存期 3 个月以上月利八厘五；存期 6 个月以上月利九厘五；存期一年以上月利一分零五；存期 2 年以上月利一分一厘；存期 3 年以上月利一分二厘；存半年以上的每 6 个月结息一次按复利计算②。国家银行的存款业务一律以国家银行

① 毛泽东：《在第二次全国苏维埃代表大会上的报告》，见江西省档案馆、中共江西省委党校党史教研室编：《中央革命根据地史料选编》（下），江西人民出版社 1982 年版，第 342 页。

② 参见罗华素、廖平之主编：《中央革命根据地货币史》，中国金融出版社 1998 年版，第 192 页。

货币为本币，其他货币都折合国家银行货币计算。

发放贷款，扶持根据地经济发展，是国家银行的重要业务之一。苏维埃临时中央政府成立不久，即于1932年1月27日作出《关于借贷暂行条例的决议》，规定："苏区中借贷利率，高者短期每月不得超过一分二厘，长期周年不得超过一分。最短期利息以期终付给，长期利息每周年付给一次，或分季付给，一切利息都不得利上加利。""凡订立借贷合同，须照以上之规定，经双方同意，在合同上注明借贷数目、利率、用途和归还日期，以资遵守。如团体性质之合同，须向政府报告，请求登记。""如违反以上之规定，或用其资金作高利贷的剥削，以及帮助反革命行动者，一经政府查出，或群众报告，除将资金没收外，并须予以法律之制裁。"①

根据上述借贷暂行条例，苏维埃国家银行先后制定颁布了《定期放款暂行规则》《定期抵押放款暂行规则》和《贴现放款暂行规则》等有关规章制度，以规范借贷活动，加强信贷管理。

国家银行的贷款发放对象有：农业贷款以苏区农民组织的劳动互助社、犁牛合作社及个体农民为主要对象，目的是支持农业生产发展；工业贷款以苏区的纸业、刨烟、铁器、石灰、药材、樟脑、夏布、木材等生产合作社为主要对象，目的是扶持工业生产发展；粮食调剂贷款以苏区各级各类粮食调剂局和粮食合作社为主要对象，目的是支持苏区粮食调剂工作的开展，稳定粮价；合作社贷款以苏区的消费、粮食、生产、信用等合作社为主要对象，目的是支持和帮助合作集体经济发展；对外贸易贷款以各级对外贸易局为主要对象，目的是支持外贸，搞活商品流通，打破敌人经济封锁。此外，还有少量贷款发放给个体商贩，以发展苏区私人经济。

---

① 《中华苏维埃共和国临时中央政府关于借贷暂行条例的决议》，1932年1月27日，载《红色中华》第7期。

国家银行的贷款，一部分由银行自己发放，一部分是将银行资金放给各地信用合作社，通过信用合作社再将资金放给借款对象（主要是信用合作社社员个人）。

信用合作社是苏区群众集股合办的金融合作组织，最早是闽西苏区创办的，后来在赣西南苏区也逐渐发展起来。1933 年 9 月 10 日，苏维埃中央政府颁布《信用合作社标准章程》，规定："本社以便利工农群众经济的周转，与帮助发展生产，实行低利借贷，抵制高利贷剥削为宗旨。"①章程对信用合作社的组织及运作规程作了要求和规定。

信用合作社除以社员筹集的股金为资本向社员个人发放贷款外，还为银行代理私人借款业务，并且为银行宣传和兑现苏维埃纸币、帮助银行发行公债等业务。信用合作社筹集的资金还可向银行入股，充实银行股金。总之，信用合作社不仅是群众自己解决资金困难的集体金融组织，还是苏维埃国家银行的得力助手。各级信用合作社的发展，为消灭高利贷剥削，活跃苏区金融，发展苏区经济，改善工农生活，发挥了重要作用。

第六节
中央苏区的合作社经济

一、合作社的创办与发展

中央苏区的合作社，是一种以群众集股合作经营为主要特征的股份制性质的集体经济组织。主要有商品流通领域的消费合作社、粮食合作社，工农业生产领域的各类生产合作社，金融领域的信用合作社。

中央苏区的合作社经济，最先出现在赣西南的东固苏区，即 1928

① 《信用合作社标准章程》，1933 年 9 月 10 日，载《革命根据地经济史料选编》上册，江西人民出版社 1986 年版，第 381 页。

年10月建立的东固消费合作社。1929年,东固苏区的手工业工人又创办了生产油墨、腊纸等文化用品的合作社。至1930年10月,赣西南苏区的“合作社协作社贫民银行借贷所,每县每区乡都有”①。少数县如“永新兴国两县已经实行了把私人的生产工具和缝纫机、打袜机等集中起来建立小规模的共同生产合作社”②。闽西苏区为抵制投机商人高额盘剥,缩小工农业产品剪刀差,在组织群众创办消费合作社的同时,也鼓励手工业工人组织生产合作社。

1931年11月,中华苏维埃共和国临时中央政府成立后,对合作社经济的发展给予了高度重视。在一苏大会通过的《关于经济政策的决议案》中明确指出:“为着整个苏维埃贸易与保障劳苦人民的利益及改良劳动群众必需品的供给,苏维埃政府必须极力帮助合作社的组织与发展。苏维埃对于合作社,应该以财政的协助与税的豁免,苏维埃应将一部分没收的房屋与商店交给合作社使用。”③

为了进一步支持帮助和规范合作社经济发展,1932年4月12日,苏维埃临时中央政府颁布了《合作社暂行组织条例》,规定自1932年5月1日起施行。这个条例共9条,主要内容是规定:“合作社系由工农劳动群众集资所组织的,富农、资本家及剥削者均无权组织和参加,其种类只限以下三种:(一)消费合作社,为便利工农群众贱价购买日常所用之必需品,以抵制投机商人之操纵。(二)生产合作社,制造各种工业日用品,以抵制资本家之怠工。(三)信用合作社,为便利工农

① 《赣西南特委刘士奇给中央的综合报告》,1930年10月7日。载江西省档案馆、中共江西省委党校党史教研室编:《中央革命根据地史料选编》(上),江西人民出版社1982年版,第357页。

② 《赣西南特委(工作综合)报告》,1930年9月28日。载江西省档案馆、中共江西省委党校党史教研室编:《中央革命根据地史料选编》(上),江西人民出版社1982年版,第330页。

③ 《革命根据地经济史料选编》上册,江西人民出版社1986年出版,第83页。

群众经济周转和借贷，以抵制私人的高利剥削。”条例还规定：“消费、生产、信用合作社之社员，不仅兼股东，并且是该社的直接消费者、生产者、借贷者。”“消费、信用合作社之消费者、借贷者，要以社员为主体，对于社员除享受红利外，还应享有低借低利之特别权利。对于非社员之价目与利息，最高的限度不能超过社会一般规定之上。”“每个社员其入股之数目不能超过10股，每股金额不能超过5元，以防止少数人之操纵。”“凡工农劳动群众所组织之合作社，须先将章程、股本、社员人数、经营项目，向当地苏维埃政府报告，经审查登记后，领取合作社证书，才能开始营业。”①

这个条例颁布后，中央苏区各类生产合作社，开始走上规范化发展道路。为加强对苏区合作社运动的领导，苏维埃中央政府指定中央财政人民委员部负责指导和协调这项工作。1933年2月中央国民经济人民委员部成立后，对合作社工作的指导与协调，移交给中央国民经济人民委员部负责。中央国民经济人民委员部在其内设机构中，专门成立了合作社指导委员会，专负指导全国合作社事宜，帮助合作社的系统建设，监督合作社的管理营业。

中央财政人民委员邓子恢和中央国民经济人民委员林伯渠、吴亮平等，对中央苏区合作社事业的建立和发展，倾注了大量的心血。

由于苏区经济建设发展的客观需要，同时由于苏维埃政府加强了领导，从1933年起尤其是南部十七县和北部十一县国民经济建设大会后，中央苏区的各类合作社组织如雨后春笋般蓬勃发展，进入了快速健康发展的新阶段。1933年底至1934年春达到鼎盛时期。中央国民经济部副部长（后为部长）吴亮平在1933年9月30日撰写的《经济建设的初步总结》一文中，欣喜地说：

① 《中华苏维埃共和国临时中央政府关于合作社暂行组织条例的决议》，1932年4月28日，《革命根据地经济史料选编》上册，江西人民出版社1986年出版，第83页

如果在南北部经济建设大会(八月十二日,八月二十日)以前,合作社的发展是很缓慢的,那末在大会以后发展的速度是快的多了。在大会以前,全苏区消费合作社只有四百零六个,社员八万三千人,股金九万元;粮食合作社,在大会以前只有五百十三个,社员十一万二千人,股金九万元。在大会以后各县合作社的发展情形,虽然还没有整个的报告与统计,可是我们从瑞金、兴国等县例子,已经可以看到合作社发展速度的增高。例如,瑞金在八月以前,只有九千的消费合作社社员,一万一千元的股金,那末在八月以后一个月中,社员就增加了五千三百人,股金增加了五千五百元;粮食合作社在八月以前是很少的,在八月以后,社员增加到六千八百人,股金增加到一千八九百元。这就是说在八月以后的一个月中,消费合作社与粮食合作社社员增加了一万多,差不多等于从革命以后到八月以前整个时期的发展数目。兴国在大会以后的一个月中,消费合作社社员增加一万四千六百人,粮食合作社社员,增加到一万五千人,这一增加的数目,也差不多等于以前整个时期发展的数目。这样发展的速度,无疑是迅速的,这是我们经济建设上一个极大的成功。①

1934 年 2 月二苏大会结束后,中央苏区合作社运动更是迅猛发展。吴亮平在《目前苏维埃合作运动的状况和我们的任务》一文作了如下统计:②

① 吴亮平:《经济建设的初步总结》,1933 年 9 月 30 日,载江西省档案馆、中共江西省委党校党史教研室编:《中央革命根据地史料选编》(下),江西人民出版社 1982 年版,第 604—605 页。

② 参见吴亮平:《目前苏维埃合作运动的状况和我们的任务》,载江西省档案馆、中共江西省委党校党史教研室编:《中央革命根据地史料选编》(下),江西人民出版社 1982 年出版,第 621 页。

		1933 年 8 月以前	1934 年 2 月	增　长
消费合作社	社数	417	1140	173%
	社员	82940 人	295993 人	257%
	股金	91670 元	322525 元	251%
粮食合作社	社数	457	10712	224%
	社员	102182 人	243904 人	138%
	股金	94894 元	242079 元	155%
生产合作社	社数	76	176	131%
	社员	9276 人	32761 人	253%
	股金	29351 元	58552 元	99.4%

上述数据充分反映出当时中央苏区合作社运动发展的速度。不仅是数量的增多,而且各类合作社组织的健全、管理的完善,以及在苏区经济建设和改善人民生活发挥作用方面,都有很大的提高。

二、合作社的管理及其重大作用

(一)合作社的管理

中央苏区各类合作社组织创办之初,在经营管理方面,无统一的章程和模式。闽西苏维埃政府曾于 1930 年 5 月制定并颁布《合作社条例》,但比较原则,不够具体。1932 年 8 月 21 日,苏维埃中央人民委员会发布第七号训令,颁布《粮食合作社简章》,对苏区粮食合作社的组织和管理进行了明确具体的规范。这是苏维埃政府在总结闽西苏区群众经验的基础上颁布的关于合作社组织管理的标准章程。1933 年 9 月 10 日,苏维埃中央政府又同时颁布了《生产合作社标准章程》《消费合作社标准章程》和《信用合作社标准章程》。此外,对互助合作性质的犁牛合作社和劳动互助社的组织与管理，也先后发布训令或组织纲要。这就使苏区的各类合作经济组织，都有统一规范的要求。

关于中央苏区消费合作社、粮食合作社及犁牛合作社、劳动互助社的管理，已分别在本书各章节中作过介绍。这里仅就信用合作社的组织管理作一叙述。

1933 年 9 月 10 日中央政府颁布的《信用合作社标准章程》，共 36 条，主要包括以下六方面的内容：

（1）宗旨。章程规定：信用合作社以“便利工农群众经济的周转，与帮助发展生产，实行低利借贷，抵制高利贷的剥削为宗旨”。

（2）社员。章程规定：“本社社员以工农劳苦群众为限，富农、资本家、商人及其他剥削者，不得加入。当地政府必要时可认股参加，但政府只有一普通社员资格，无任何特权。”“本社社员数量无限制，准许自由陆续加入，但成立以后迎新社员要经社员大会之通过，社员如有要求退社者须得管理委员会之许可。社员有破坏本社行为者得由社员大会通过开除之。”

（3）股金与股票。章程规定：“本社股金定每股大洋一元，以家为单位，其一家愿入数股者听之。”“凡缴足股金之社员均有选举权、被选举权、表决权，但每一社员（代表一家）不论入股多少，均以一票为限。”“凡缴足股金之社员由本社发给股票。本社股票概用记名式，盖以本社图记，与管理委员会主任及副主任签名盖章。社员有转让其股权于继承人之权，但须得管理委员会之可决。股票如有遗失情事，应先报知管理委员会挂失，一面登报申明作废后，再向本社请求补发新股票。”

（4）借贷。章程规定：“本社以极低利息，贷款给社员，但社员借款用途以发展生产临时周转或特别用途，经管理委员会认为必需者为限。”“本社应尽先贷款给社员，须至股金充裕时始可对非社员放款。非社员借款应订定保障安全之规则以限制之。非社员借款利息应较社员略高，但不能超过借贷条例之规定以上。”

(5)管理机构及运作。章程规定：“本社以社员大会为最高组织，由全体社员组织之。社员大会每三个月开会一次，如有临时事故发生，或社员三分之一以上之要求时，可由管理委员会召集临时大会。社员大会须有三分之二社员出席方能开会。”社员大会有“选举罢免或处分管理委员会及审查委员”等权利。“管理委员会，由社员大会选举七人至十一人组织之，设正副主任各一。管理委员会任期以三个月或半年为限，但有连选连任之权。”“审查委员会由社员大会选举五人至七人组织之。审查委员会任期以三个月或半年为限，但得连选连任。审查委员会每月开会一次，审查管理委员会之行为及账目。”“管理委员，如有徇私舞弊违章犯法时，得由审查委员会召集社员大会改组或处分之。管理委员会与审查委员会通同舞弊时，得由社员三分之一以上之提议召集社员大会改组并处分之，重者得向法庭控告。”

(6)利益分配。章程规定：每三个月决算一次，决算时应将资产负债表、损益表、财产目录、营业报告书、红利分配表交社员大会审定后，报告当地政府及中央政府。利益分配的原则是：“每期纯利，以百分之五十为公积金，百分之十为管理委员会及职员之奖励金，百分之十为办理社员事业，百分之三十照社员所付利息额为标准比例分还社员之借款者。”①

消费合作社、生产合作社与粮食合作社的组织与管理，大体与信用合作社相同，在此不一一赘述。

从上述信用合作社组织与管理章程中可以看出，中央苏区的各类合作社在组织管理有如下特点：

一是坚持党和政府对合作社领导的原则。中央苏区的各类合作

① 以上均引自《信用合作社标准章程》，1933年9月10日，见《革命根据地经济史料选编》上册，江西人民出版社1986年版，第381—382页。

社从创办到发展,都得到党和政府的高度重视关心,得到党和政府的扶持和帮助。可以说,离开了共产党坚强有力的领导,离开了苏维埃政府的扶持和帮助,合作社事业不可能有任何长足的发展。

二是坚持自愿原则。各类合作社都是劳动群众自愿发起、自愿集股、自愿加入的,同时享有退社自由的权利,毫无强迫之意。这种完全建立在群众自愿基础上的合作集体经济组织,具有广泛坚实的群众基础。

三是坚持民主管理原则。无论是选举或罢免合作社管理人员,还是决定合作社的重大事项,都坚持民主集中制,让社员充分发表意见,行使民主权利。由于充分尊重社员民主权利,合作社作出的重大决策都能得到多数社员的拥护和支持。这是苏区合作社事业所以能获得成功的关键所在。

四是坚持集体利益与个人利益兼顾的分配原则。这种分配原则,既保障了合作社的集体利益,有利于扩大再生产和社员的公益事业,又兼顾了社员的个人利益,有利于调动社员的积极性,既合理又公平。

上述特点,其实也是中央苏区合作社事业成功发展的共同经验。

中央苏区的合作社,都具有股份经济的明显特征,是中国共产党领导创办合作社股份制集体经济的最早尝试。这一成功经验,无疑具有重要的历史借鉴作用。

(二)合作社经济的地位与作用

中央苏区的各类合作社,是以工农劳动群众集体所有制为基础的经济组织。它不是以单纯追求经济利润为目标,而是以支援革命战争和打破敌人经济封锁、改善群众生活为目的,自愿互利,民主管理,利益分配兼顾集体利益与个人利益,因而是具有某种社会主义成分的集体经济组织。正如张闻天在 1933 年 4 月所撰写的《论苏维埃经济发展的前途》一文中所指出的:

在苏区内生产与消费的合作社,不是资本主义的企业,因为资本家与富农的加入合作社是完全禁止的。这是一种小生产者的集体的经济,这种小生产者的集体经济目前也不是社会主义经济;但是它的发展趋向将随着中国工农民主专政的走向社会主义成为社会主义的经济。在目前,无产阶级在其中的领导作用,集体的生产与消费,社会主义的教育,同资本主义的投机与抬高物价作斗争,已经使我们的合作社,带有了一定社会主义的成分。①

在中央苏区的经济结构中,存在国营经济、合作社经济、私人经济3种成分。其中,国营经济虽是占领导地位的,却是少量的、适度发展的;私人经济虽是鼓励和提倡发展的,却是很脆弱的、小规模的。而合作社经济,则是中央苏区的主体经济,是党和苏维埃政府予以大规模发展并且最受苏区群众欢迎的,它在根据地经济中的主体地位是国营经济和私人经济所不可替代的。

中央苏区的合作社经济,在根据地的经济发展中发挥了重大作用。中央国民经济部在1933年6月颁布的《发展合作社大纲》中,对合作社经济的作用概括为5个方面:(1)抵制商人资本家剥削,改善社员生活;(2)调节苏区内工业品和农业品价格的剪刀差现象,破除国民党的经济封锁;(3)发展苏区国民经济;(4)吸收广大工农劳苦群众参加革命战争,提高社员政治水平,巩固工农联盟;(5)抵制私人资本,准备将来社会主义建设的经济条件。

这5个方面的概括,大体是正确的,是符合苏区合作社经济实际的。

① 洛甫:《论苏维埃经济发展的前途》,1933年4月22日,见《斗争》第11期。

第七节
中央苏区经济建设的历史经验与“左”倾错误

一、苏区经济建设的历史经验及其重大作用

党和苏维埃政府在领导中央苏区经济建设的过程中，摸索和积累了许多宝贵的经验。主要有如下几方面：

（一）开展根据地经济建设，必须正确处理发展革命战争、巩固红色政权与进行经济建设之间的关系

发展革命战争，巩固红色政权，是根据地开展经济建设的先决条件。没有革命武装斗争，不建立巩固的红色政权，经济建设无从谈起。但是，如果漠视经济建设，革命战争就失去物质基础，红色政权就得不到巩固发展。中央苏区党和苏维埃政府，在这个问题上处理得较好。如赣西南的东固根据地和闽西根据地，在根据地初具规模后，党和苏维埃政府不失时机地领导根据地军民创办了消费合作社、生产合作社和粮食合作社，搞活了根据地的商品流通；同时还分别建立了平民银行、工农银行，发展根据地的金融事业。即或在第二次反“围剿”战争的紧张时刻，毛泽东、朱德等红军统帅也不忘利用战争间隙，带领红军指战员帮助驻地群众春耕插秧，发展农业生产。这些经济建设措施的施行，不仅及时帮助根据地军民解决了生活和生产中遇到的困难，而且促进了根据地和红色政权的巩固发展，进一步激励了广大农民积极支援红军开展反“围剿”斗争。苏维埃中央政府成立后，特别是第四次反“围剿”胜利后，中央苏区进一步得到巩固发展，这就为开展苏区的经济建设创造了良好的外部条件。苏维埃临时中央政府在毛泽东主席领导下，适时抓住这一大好时机，批评和纠正了部分苏区领导干部中存在的将发展革命战争与开展苏区经济建设对立起来，忽视经济建

设的错误观念，领导开展了大规模的经济建设运动，取得了重大的成就，从而为保障红军在第五次反“围剿”战争中的物资供给，为改善和提高苏区人民群众的生活，奠定了坚实的物质基础。

（二）开展根据地经济建设，必须制定出符合根据地实际的正确的经济建设方针和政策

中央苏区所处的赣西南和闽西地区，经济落后，生产力水平低下，基本上处于自给自足的小农经济状态，几乎没有现代工业。以毛泽东为代表的苏区领导人以务实态度，冷静地看到了苏区经济落后的客观实际，从根据地农村实际出发，制定出一套正确的经济建设的方针政策。这些方针政策包括：

——坚持发展国有经济、合作社经济和私人经济同时并举，尽可能地发展国有经济，大规模地发展股份合作经济，提倡和奖励私人经济的发展；

——把发展农业生产放在根据地经济建设工作的第一位；

——开放赤白贸易，保证商业自由，大胆吸引白区的物资、资金、技术、人才为苏区经济建设服务；

——从发展国民经济入手增加财政收入，在财政的支出上厉行节约的方针；

——稳定苏区金融，实行累进税收，等等。

正是由于党和苏维埃政府制定和执行了上述符合苏区实际的正确的方针政策，中央苏区的经济建设才能长足发展，取得重大成就。

（三）开展根据地经济建设，必须动员和依靠人民群众积极参加，必须培养和起用懂得经济的专门人才

毛泽东等中央苏区的领导者们清楚地知道，进行经济建设与进行革命战争一样，必须动员和依靠人民群众才能进行。在这方面，中央苏区党和苏维埃政府采取了许多得力措施，如召开南北部经济建设大会，广泛而深入地发动苏区人民参加经济建设运动；组织广大工农群

众参加各类合作社组织，发展壮大合作社经济；动员苏区广大妇女参加农业生产，解决劳动力不足的困难；动员苏区军民踊跃购买革命战争公债和经济建设公债，解决经济建设资金不足的困难等等。由于动员和依靠了广大工农群众，苏区的经济建设才得以顺利开展。与此同时，党和苏维埃政府还十分重视经济建设人才的培养，通过在中央党校和苏维埃大学、红军大学开设有关经济专业的培训班、举办短训班，开办有关经济建设方面的专门学校（如中央农业学校）等措施，为苏区的经济建设培养和造就了一支骨干队伍；同时大胆启用、聘请了如黄亚光、傅连暲、戴济民、王诤、刘寅等一批知识分子和专门人才，为苏区经济建设开展提供了人才保证。

（四）开展根据地经济建设，必须发扬艰苦创业的革命精神，自力更生，白手起家

中央苏区经济基础十分薄弱，生产力落后，加上国民党严密的经济封锁和连续不断的战争，在这样的环境中开展经济建设，可想而知会遇到多么大的困难。但是，苏区人民在党和苏维埃政府领导下，以主人翁姿态，发扬自力更生、艰苦创业的革命精神，硬是在十分困难的条件下，因陋就简，创办自己的军需和民用工业，修理和制造了大量武器弹药和军需品，解决了前线红军的急需；外贸战线的同志，克服种种困难，甚至冒着生命危险，从白区采购回了食盐、西药等大量苏区的紧缺商品；运输战线的船工们，不计报酬，迎风踏浪，日夜不停地战斗在苏区各条航道上，运载苏区急需物资；苏维埃钨砂公司的员工们，靠手锤肩挑，从大山深处采掘了大量钨砂出口白区，换回大量资金和物资，为苏区经济建设创造出一个个奇迹。

（五）开展根据地经济建设，必须学会运用经济手段管理经济

中央苏区的党和苏维埃政府领导人，当时尽管还没有深刻认识到运用经济手段管理苏区社会经济的重要性，甚至还普遍缺乏这方面的管理经验和知识。但是，他们在实际工作中却自觉或不自觉地这样做

了，而且收到了显著成效。例如：党和苏维埃政府在经济十分困难的情况下，给有技术专长的专业技术人员发特殊津贴，以优惠待遇招揽白区的专业技术人员；运用降低或提高税率这一税收杠杆，鼓励或限制一些生产和流通领域的发展；在国有工厂实行“厂长负责制”、成本核算制和计件工资制；创办国家银行，开展对外贸易，等等。这些措施的实施，对于当时苏区经济建设的发展，起到了重要的促进作用。

中央苏区经济建设的上述历史经验，在社会主义现代化建设新时期，仍然具有重要的借鉴意义。

中央苏区经济建设，在当时革命战争的环境下，发挥了毋庸置疑的重大作用。

第一，苏区经济建设支援了革命战争。中央苏区的反“围剿”战争长达数年，苏区内 10 余万红军部队的日常供给和大量的战争物资保障，无疑是十分繁重和庞大的。这一切都有赖于苏区人民的支持和苏区经济建设的开展而得到较好的解决。可以说，没有苏区人民的支持和苏区经济建设的开展，就没有苏区红军战争的胜利。

第二，苏区经济建设打破了国民党的经济封锁。自苏维埃政权建立伊始，蒋介石和国民党政府就在加紧军事进攻的同时，对苏区实行严密的经济封锁，企图饿死、困死苏区军民。正是由于苏区经济建设的开展，才创造了苏区雄厚、持久的物质基础，才打破了敌人严密的经济封锁，使苏区军民顺利地渡过一个又一个难关。

第三，苏区经济建设巩固了红色政权。任何政权的巩固和运作，都离不开财政的支持。正是苏区经济建设的开展，使苏维埃政权有了稳定的财政收入，从中央到地方的各级政府费用和政府工作人员的供给有了保证，苏维埃中央政府才得以与国民党政权抗衡数年之久。

第四，苏区经济建设改善了群众生活。毛泽东在《长冈乡调查》一文中记载：1933 年与以前相比，兴国县长冈乡群众的生活“吃肉，贫农增加一倍，工人增加二倍”，“鸡鸭多数自己吃，过去则多数卖出”，“生活好起来,柴火少出卖","衣增一倍"。[1] 上杭县才溪区群众,1933 年的生活与革命前相比,"吃饭改善了百分之一百",穿衣人均"增加了百分之二百"。[2]

第五,苏区经济建设培养了一大批经济建设人才。他们中不仅有毛泽东、张闻天、陈云、刘少奇、邓子恢、林伯渠、吴亮平、阮啸仙、毛泽民、陈潭秋、钱之光等重要领导人,而且还有一大批从事经济建设实际工作的干部和人才。他们在中央苏区经济建设的实验基地上,初步学会了经济管理的方法,探索了经济建设的规律,为尔后新中国的经济建设积累了丰富经验。

二、苏区经济建设中的"左"的错误

毋庸讳言,中央苏区的经济建设在取得巨大成就的同时,也存在着"左"的错误,推行过一些脱离苏区实际的"左"的经济政策。这些"左"的经济政策,主要集中在劳动法之中。

中共中央和苏维埃中央政府对劳动法的制定与贯彻执行一直是非常重视的。中共中央和中央政府曾先后制定了 3 部劳动法,即:1930 年 5 月全国苏维埃区域代表大会制定的《劳动保护法》,1931 年 11 月第一次全国苏维埃代表大会制定的《中华苏维埃共和国劳动法》,1933 年 10 月修改后的《中华苏维埃共和国劳动法》。这 3 部劳动法的基本精神是,从维护苏区工人权益出发,在劳动雇佣手续、工作时间、工资制度、女工青工童工保护、劳动保障、社会保险、工会组织等方面,都作出了有利于工人利益的政策规定,如取缔工头、买办、包工头等封建性的剥削制度,实行最低工资限制和男女同工同酬,改善劳动条件,反对无故解雇工人等。与此同时也制定了许多"左"的劳动政策。

---

① 参见《毛泽东农村调查文集》,人民出版社 1982 年版,第 305—306 页。

② 参见《毛泽东农村调查文集》,人民出版社 1982 年版,第 350 页。

这里,我们以1931年11月一苏大会通过的《中华苏维埃共和国劳动法》为例,加以说明。

这部劳动法是共产国际远东局代为草拟的,在许多方面搬用苏联劳动法模式,脱离中国苏区当时的实际。其"左"的错误主要表现在:

第一,规定了过多的休息时间。如机械规定八小时工作制;规定16~18岁的青工每日工作时间不得超过6小时,14~16岁的童工每日工作时间不得超过4小时;夜间工作较通常时间减少1小时;规定工人每周须有连续不断的42小时休息,工作6个月以上至少须有2个星期的例假,工资照发;全年规定了8个工作日的节假日休息时间,而且还规定休息日和节假日前一天的工作时间至多不得超过6小时。这样累计起来,一个工人全年共有法定休息时间(包括星期天)175天,几乎等于半年。这显然与当时严峻的战争形势和苏区生产力发展水平是不相适应的。

第二,为工人规定了过高的工资待遇。如规定工人加班和在休息日、纪念日工作应发双薪;工人例假休息以及参加苏维埃选举或政府召开的大会以及职工会议,在法庭当证人、鉴定人或陪审员等,都须发全薪;工人或职员被征去红军中服役,应事先发给3个月平均工资;等等。

第三,提出了过高的物质福利要求。《劳动法》规定无论何种企业,必须发给工人专门工作服,工作服的种类与穿着期限,由中央劳动部特别规定;对工人实行免费的医疗帮助,且其家属也实行免费的医疗帮助;工厂出资修建宿舍,无偿分配给工人及家属居住,工厂未建工人宿舍的,每月由工厂津贴相当的房金;工人生孩子,社会保险处须发给能购买小孩10个月所需的物品和乳类的现金;工人及其家属死亡,都由社会保险处发给丧葬费,等等。

上述过高的规定和要求,显然只适用于生产力较为发达的大城市,而与经济落后、生产力发展水平极低的苏区不相适应。当时苏区建有的各种工厂企业,除一些兵工企业和中华钨砂公司等少数国营企业外,其他几乎都是小型作坊,生产效率低下,赢利很小,经济实力薄弱,企业主对工人过高的工资福利待遇是难以承受的。即使是规模较大的国营企业,由于工人休息时间过多,也影响企业的发展。当时处于紧张的战争环境,前线红军急需物资补充,苏区全体军民都在拼命工作,而工厂工人却是机械执行八小时工作制,致使生产任务难以按时完成。在合作社等集体经济组织,执行劳动法加重了合作社负担,致使赢利下降,限制了合作社的发展。尤其是在农村,由于将农村雇工和手艺人视同产业工人,规定他们也应享受产业工人的工资福利待遇,结果许多农民不敢请泥瓦匠盖房,不敢请木匠做家具,不敢请裁缝师傅做衣服,不敢请铁匠师傅修理农具,造成工农矛盾增多,影响生产生活。这些现象,到 1933 年春时已在苏区普遍出现。

三、共产国际指示纠正苏区经济建设中的“左”倾错误

中央苏区在经济政策领域存在的“左”倾错误,实际上源自于共产国际。然而,最先对这个问题引起注意的,也是共产国际。1932 年 10 月 8 日,共产国际执委会新派驻上海远东局的政治代表埃韦特,在给共产国际执委会政治书记处书记皮亚特尼茨基的报告中说到:“过分机械地贯彻劳动法中关于学徒工的条款,导致手工业者在有技能的领域停止安置帮手,结果是,今天就可以感觉到最重要行业的熟练工人十分缺乏。”[①]1932 年 12 月 21 日,共产国际执行委员会政治书记处召开会议,听取米夫关于中国问题的报告。米夫在报告中说到,由于国民党对苏区实行经济封锁,以及战争破坏等原因,苏区经济出现了困难,“如果说以前我们工业品不足,那么现在还要加上明显的农产品缺乏”。米夫说:“这种状况就把中国红军今后斗争方向问题提上了日

① 《共产国际、联共(布)与中国革命档案资料丛书》第 13 卷,中共党史出版社 2007 年版,第 219 页。

程,这个问题显然也是我们共产国际领导机关不得不研究的问题,这个问题又引出了对我们的经济政策作一些必要修改、纠正的问题。无疑,我们不得不对手工业者、小资产阶级、手工艺人、商人(当然我主要是指小商人)作些让步,是在税收方面,在工厂法(我指的是关于学徒的相应法律条款)方面的让步,另外还在一些问题上作出让步,目的是为了活跃当地的手工业作坊工业,促使它发展,以便加强和活跃内部的贸易。"①在这次会上,王明也发言说:"我完全同意米夫同志关于现在需要认真研究苏区的一系列问题的讲话。这就是经济政策问题、劳动问题、土地问题等等……现在在苏区没有足够的粮食,更不用说工业品了,我们就应该采取具体措施,以便不仅要养活我们的红军,不仅要保证对它的粮食供应,而且也要加强我们以工人阶级为领导的工农联盟。""在工会运动中和工人问题上的情况也是这样。有些地方机械地执行我们的劳动法。例如,有些地方的雇农和农民要求实行八小时工作日,供给衣服、棉被等等,这些东西农民是没有能力满足的。必须尽快采取措施向我们苏区的党组织提供帮助。"②

正是在这一背景下,1933 年 3 月 19 日至 22 日,共产国际执委会政治书记处就苏区军事斗争和经济政策等问题,给中共中央发出了指示电。关于经济工作方面,指示电提出如下 7 个方面的要求:

第一,要求中共中央"应高度重视苏区的经济政策问题。认真研究和制定相应的指示。请考虑我们提出的以下设想。恶化的经济状况迫切要求进一步明确和修正我们在发展和鼓励生产、活跃市场和商品流通方面的经济政策和专门措施"。

第二,要巩固分田成果,调动农民生产积极性,大力发展农业生

① 《共产国际、联共(布)与中国革命档案资料丛书》第 13 卷,中共党史出版社 2007 年版,第 274—275 页。

② 《共产国际、联共(布)与中国革命档案资料丛书》第 13 卷,中共党史出版社 2007 年版,第 279—280 页。

产。“无重大原因,要避免重新分田,特别是在老区。分田之后农民应当拥有固定的土地,只没收那些参与反革命活动的富农的生产资料。要针对雇农制定临时规定,并对中农和富农的雇佣条件加以区分。以往给富农提供份地的条件依然有效,不能把这理解为禁止富农出租和买卖苏维埃管制下的土地和雇佣劳动力。地方苏维埃和党的机关应特别重视播种、收割问题,在有可能的地方也要重视社会工作”。

第三,“要加强预算纪律和节约工作,尽可能防止我们的货币贬值”。

第四,“要鼓励手工业生产和贸易活动,这应该在税收政策和为手工业企业徒工和工人制定的临时规定上有反映,同时要记住,社会立法和工会工作等都应符合经济实力和红军斗争的利益”。

第五,苏区的工会工作和工人运动应为发展苏区经济服务。强调“开展工会在保护工人利益方面的工作,支持和组织工人各种形式的经济斗争,在任何情况下都不禁止罢工,但不一定都采取罢工形式,所有直接涉及生产和红军斗争利益的重大冲突,应吸收企业主和企业工会代表参加,由苏维埃执行委员会下属的劳动机关解决。要杜绝劳动机关的官僚主义,他们在解决矛盾时不仅要从该工人团体的利益出发,而且要从红军及苏区的整体状况出发”。

第六,“要比过去更加重视合作化运动的建设”。

第七,应大力改善和提高苏区群众生活水平,强调“我们在苏区的政策应反映出苏区工人和农民的生活条件与国统区的根本差别,它应为我们在国统区鼓动和宣传苏维埃政权思想提供材料。只有让农民看到苏维埃政权比国民党政权的优越,他们才会拥护红军和苏维埃政权,正因为如此,我们的政策在红军经过或未驻守的地区,应带有最大的演示性质”①。

共产国际执委会要求中共中央对以上指示认真研究贯彻落实意见,并将中共中央的意见告诉共产国际。1933年9月22日,共产国际执委会政治书记处政治委员会在致远东局埃韦特的电报中,重申“以前关于军事战略、经济政策和工会政策问题的电报仍然有效”②。

四、陈云、张闻天等对纠正经济建设“左”倾错误的贡献

共产国际的提醒和指示,非常及时,引起了以博古为总负责人的中共中央局和苏维埃临时中央政府高度重视。1933年2月,临时中央政府决定增设国民经济部,统一和加强对苏区经济建设的领导。全总苏区中央执行局委员长刘少奇和中共中央局常委、中华全国总工会党团书记陈云,从上海来到瑞金后,立即深入瑞金和福建长汀等地调查研究,很快发现苏区在贯彻执行《劳动法》时确实存在许多问题。

1933年4月,陈云根据调查所得,写了《苏区工人的经济斗争》一文,在中共中央局理论刊物《斗争》第9期发表。陈云写道:

> 在领导工人的经济斗争中,还存在着另一种极端危险的“左”的错误倾向。这种倾向,表现在只看到行业的狭小的经济利益,妨碍了发展苏区经济、巩固苏维埃政权的根本利益。例如,在许多城市的商店、作坊中提出了过高的经济要求,机械地执行只能适用于大城市的劳动法,使企业不能负担而迅速倒闭;不问企业的工作状况,机械地实行八小时和青工六小时的工作制;不顾企业的经济能力,强迫介绍失业工人进去;在年关斗争中,许多城市到处举行有害苏区经济流通的总同盟罢工。这种“左”的错误,非但不能提高工人阶级的觉悟和积极性,相反地,只能发展一部分

① 《共产国际、联共(布)与中国革命档案资料丛书》第13卷,中共党史出版社2007年版,第353—354页。

② 《共产国际、联共(布)与中国革命档案资料丛书》第13卷,中共党史出版社2007年版,第498页。

工人不正确的浪漫生活。而且,这种“左”的错误,使许多企业和作坊倒闭,资本家乘机抬高物价,并欺骗工人,使工人脱离党和工会的领导。所以,这种“左”的错误领导,是破坏苏区经济发展,破坏工农联盟,破坏苏维埃政权,破坏工人阶级的彻底解放的。①

陈云在文中指出,上述这种错误,“主要来源于政治上的工团主义,同时也由于我们在领导工人经济斗争中间,采取官僚主义态度,并不深入群众,不去估量商店、作坊各种不同的实际情况,只是提出一般的并不适合每个企业的笼统的要求和纲领”②。

陈云提出了纠正这种错误的具体办法:向工人作耐心细致的解释,使工人认识到既要在斗争中争取自己的经济利益,更要将发展苏区经济,巩固工农联盟,巩固苏维埃政权,看成是自己解放的根本任务;要将工人阶级的眼前利益与根本的长远利益联系起来。党和工会对工人经济斗争实行领导时,必须纠正官僚主义,重新审查各行业集体合同的条文,不要不问各个企业的具体情况,千篇一律地照抄劳动法的条文。

陈云还指出:对苏区的小业主、小资本家要作具体分析。不能因为资本家确因客观原因而倒闭关门,说成是资本家故意怠工而加以斗争,而应想法帮助资本家(如在工人自愿的条件下减少一部分工资)继续营业,不使企业倒闭。要教育工会领导和工人群众讲究斗争方式,不能动辄命令群众采取总同盟罢工这种妨碍苏区经济建设的方式,而应根据各个企业、各个商店资本家的不同经济状况,提出相应合理的不同要求。

陈云在文章中最后指出:“在职工运动中,忽视工人经济斗争,忽视改善工人生活的右的错误倾向,和妨碍苏区经济发展的‘左’的错误

① 《陈云文选(一九二六——一九四九)》,人民出版社 1984 年版,第 9 页。
② 《陈云文选(一九二六——一九四九)》,人民出版社 1984 年版,第 9 页。

倾向，都是与党在苏维埃运动中正确的路线不能并立的。党必须清醒地估计到，工人经济斗争中‘左’、右倾机会主义，都是对于巩固和发展苏维埃政权的莫大的危险。”①

为进一步指导各级工会组织纠正工人经济斗争中“左”的错误，摸索和总结工人与资方订立符合苏区实际的劳动合同，陈云于1933年6月深入到汀州市京果店，蹲点调查，与店员一起，共同商讨根据企业实际情形订立劳动合同的问题。经过努力，汀州京果业职工终于与资方重新订立了劳资双方都满意的新的有弹性的劳动合同。1933年7月2日，陈云撰写了《怎样订立劳动合同》一文，在《斗争》第18期发表，介绍和推广汀州京果业根据实际情形订立劳动合同的经验和做法。他将汀州京果业职工与资方订立的新的劳动合同条文推荐各地作为样板参考。

全总苏区中央执行局委员长刘少奇，也在深入调查中也发现了同样的问题。1933年夏，他在全总苏区中央执行局机关刊物《苏区工人》上发表了《停止“强迫介绍”与救济失业工人》《在两条路线斗争中来改订合同》《在改订合同中应注意的几个问题》《模范的工人要求纲领》等重要文章，批评苏区劳动政策中“左”的错误倾向。他指出：“‘左’的倾向在社会上、政治上、经济上、人心上会发生严重的影响，必然导致企业倒闭，资本家停业与逃跑，物价飞涨，货物缺乏，市民怨恨，士兵与农民反感。”②“要根据工人的切身要求，地方的生活程度，雇主的营业情况，以及该项营业的特殊劳动条件等，来活泼地运用《劳动法》上规定的条文。”③

陈云、刘少奇目睹“左”的劳动法在苏区的危害，通过全总苏区中

① 《陈云文选(一九二六—一九四九)》，人民出版社1984年版，第11—12页。
② 刘少奇：《停止“强迫介绍”与救济失业工人》，1933年6月，见《苏区工人》第2期。
③ 刘少奇：《在两条路线斗争中来改订合同》，1933年6月，见《苏区工人》第3期。

央执行局，采取一些得力措施纠正经济建设中的“左”倾错误，尽力减少“左”倾错误赞成的损失。如要求劳动部门在各级工会停止“强迫介绍”失业工人到私营企业和店铺中做工；设法帮助失业工人解决生活困难，寻找新的出路；指导各级工会正确运用劳动法，制定切合实际的劳动合同，等等。

陈云、刘少奇批评和抵制“左”倾错误的文章和举止，犹如寂静夜空中猛然炸响的一声惊雷。不少被“左”倾喧嚣弄昏头脑的人们，读了他们的文章，振聋发聩，顿感清醒起来。就连被誉为党内“红色理论家”的中共中央局常委、宣传部部长张闻天，对此也深为震惊，并引起他对苏区工人经济斗争和苏区经济发展的高度关注。

张闻天认真地研究了一苏大会通过的《劳动法》和苏区的实际情况，在1933年“五一”节前夕，撰写了《五一节与〈劳动法〉执行的检阅》一文，在《斗争》第10期发表。他在文章中写道：

> 自从中华苏维埃共和国中央政府颁布《劳动法》以来，差不多快要一年半了。这一年半内，由于《劳动法》的部分的执行，工人的生活是部分的改善了，工人的积极性是大大的提高了。然而这一年半的经验同时告诉我们，这一为了大都市大生产所订立的《劳动法》，在经济上比较落后的苏维埃区域内，是不能完全机械执行的。一年半的经验，要求我们的党与苏维埃政府用十分审慎的态度来解决我们在执行《劳动法》中所遇到的各种困难问题，使《劳动法》的执行更能够适合我们目前的环境与需要。①

张闻天的观点是“不能机械执行”劳动法。他在文章中列举了许多机械执行《劳动法》而致使资方老板不堪重负、私企倒闭的事实，指出：目前要发展苏维埃经济，不能不尽量利用私人资本；而苏区私人资本都是小企业，对劳动条件和工人的经济要求的承受能力是有限度

① 洛甫：《五一节与〈劳动法〉执行的检阅》，1933年4月19日，《斗争》第10期。

的。“所以在小的企业中间,《劳动法》的有些条文是不能机械执行的。在有些企业内,应该尽量改善工人的生活与待遇,增加工资,但工作时间却不能完全依照《劳动法》执行。如木船工人、造纸工人,这里要实行八小时、六小时、四小时的规定就极端困难……我们完全不能同意木船青工因为要实行他的六小时工作制,所以船撑到半路就停下来。这时需要我们执行《劳动法》时不是官僚式的下命令,而是能够具体的估计到企业大小,企业的特点与实际情形,有伸缩性。”①

张闻天从苏区实际出发,很有见地地提出了修改《劳动法》的主张。他说:“《劳动法》本身也应该有很多的修改。这种新的劳动法的订立与旧的《劳动法》的修改,不但不会引起工人的不满,而且更能够引起工人对党、工会与苏维埃政府的信仰。”②

张闻天的看法和主张,具有举足轻重的作用。在陈云、刘少奇的推动和张闻天的鼎力支持下,1933 年 3 月 28 日,苏维埃中央人民委员会第三十八次常会讨论,决定对一苏大会通过的《劳动法》进行修改。为此,组织成立了中华苏维埃共和国劳动法起草委员会,由中央司法部副部长梁柏台具体负责。1933 年 4 月 28 日,劳动法起草委员会发出第一号通告:“中央执行委员会对于一九三一年十二月颁布的劳动法在一年来实施的经验,认为该条文,有些地方不合于实际的经济环境,因此,在「执行时」发生许多困难,而且有许多实际问题尚未规定进去。中央执行委员会为更增高全体雇佣劳动者的利益,「巩」固工农的经济联盟发展苏维埃区域的生产,加强苏维埃政府的战斗能力,因此将委托本委员会重新「拟定」劳动法。现在劳动法的草案已脱稿,为要广泛的吸收工农□□□□群众对于本劳动法草案的意见,使将来重新颁布的劳动法更进于完善的地步,特将劳动法的草案用油印印刷出

① 洛甫:《五一节与〈劳动法〉执行的检阅》,1933 年 4 月 19 日,《斗争》第 10 期。
② 洛甫:《五一节与〈劳动法〉执行的检阅》,1933 年 4 月 19 日,《斗争》第 10 期。

来,分送各机关各企业,各群众团体。希望各机关各企业,各群众团体,接到劳动法草案之后,即「刻召集各」种会议提出讨论,将讨论的结果,收集起来,请于□□□□前送交中央政府司法人民委员部梁柏台同志收转。"①

在广泛听取各方面意见后,1933 年 10 月 15 日,苏维埃中央执行委员会作出《关于重新公布劳动法的决议》,同时颁布了新的劳动法。新的劳动法纠正了原劳动法一些脱离实际的"左"的条文,作出了比较符合苏区实际的政策规定。如缩小了雇主范围,将中农、贫农、小船主、小手工业者及手工业生产合作社雇佣辅助劳动力,不作为雇主看待,可以不受劳动法的约束;变通了劳动时间,在原则上维持八小时工作制的同时,规定一些特殊行业可以不受八小时工作制限制;减少了休假时间;取消了工人加班须得双薪的规定,只规定工人加班须得一定数量的额外工资;改变了付薪方式,规定雇主付薪原则上应支付现金,但在得到被雇人同意时可以物品代替;修改了劳保条件和保险规定,减轻了业主负担;等等。

毛泽东主席在第二次全国苏维埃代表大会上作政府工作报告时评价说:"此次修改的劳动法,对于城市与乡村,对于大企业与小企业,都能使之应用适当。"②

新《劳动法》颁布施行后,由于较为妥善地处理了雇主与雇工之间的关系,缓解了劳资矛盾,避免了工人大量失业的危机,使工人的眼前利益和长远利益都得以兼顾,从而稳定了苏区的私人企业,促进了苏区经济的发展。

---

① 《中央革命根据地历史资料文库·政权系统》第 7 卷,中央文献出版社、江西人民出版社 2010 年版,第 723 页。

② 江西省档案馆、中共江西省委党校党史教研室编:《中央革命根据地史料选编》(下),江西人民出版社 1982 年版,第 314 页。

五、刘少奇关于“建立完全的厂长负责制”卓见的提出

刘少奇在对苏区贯彻执行《劳动法》过程中出现的“左”倾错误进行批评和抵制外，还针对苏区国有工厂疏于管理的现象，提出了加强国有工厂管理、建立完全的厂长负责制的重要主张。

当时，苏区的国有工业大都参照军队做法，实行军事化管理。工厂虽设有厂长，但同时设有政委，工厂的重大事项，政委拥有最后的决定权，厂长却发挥不了应有的作用；同时，绝大部分工厂没有建立经济核算制，浪费原材料的现象严重，生产不计成本，不讲盈亏；出厂产品质量把关不严，不少产品生产出来后成为废品；工人吃大锅饭，不分技术高低、工作好坏，一律享受同等报酬等。这些问题，在1934年3月31日中央审计委员会对中央所属国有工厂进行审计时，即已暴露出来。刘少奇在深入国有工厂进行调查时，也发现了这些问题。他认为必须切实地解决好这些问题，国有工厂才能进一步得到发展。于是，他撰写了《论国家工厂的管理》一文，发表在1934年3月出版的《斗争》第53期。他在文中提出了国家工厂必须加强管理，“建立完全的厂长负责制”的重要主张。他的具体构想是：

（一）组成由厂长、党支部书记、工会主任组成的“三人团”管理工厂，协同处理企业内部重大事务。刘少奇认为：“厂长在决定各种问题时，必须事先与党支部书记和工会主任商量，尽可能取得他们的同意，配合党和工会的系统来一致执行。但党的支部与工会主任不同意时，厂长有最后决定执行的权力。”厂长“在不违犯劳动法的范围内，关于工资、工作时间、生产数量，以及调动、处分和开除工人职员等，厂长是有完全的权力决定与执行”。但是，厂长“必须向苏维埃政府负绝对的责任”，“厂长不执行上级命令，或浪费金钱物料，或使工厂受到重大损失者，须受刑事处分”。

（二）建立统一的分级负责的管理机制。刘少奇提出：国家工厂必须设立车间主任、副主任和领班等管理人员，让他们负车间、班组的完

全责任,并对厂长、科长负责。他们有权处置本车间、本班组"工作分配的问题,生产计划的问题,以及生产品的检验,工人的请假,调动等"。此外,在厂长之下设立工厂管理委员会,吸收工人中的先进分子和技术骨干参加,研究生产技术,推进企业发展。

(三)建立和完善劳动定额、质量检验和经济核算制度。刘少奇指出:国家工厂必须根据"机器的能力,每个工人每部分工人最大的生产数量,材料与工具的耗费等"各方面情况,"精密的科学的来制订生产计划",既要满负荷,又要留有余地,能被工人群众所接受。在此基础上,规定每个工人的劳动定额,"对于每一个工人在每天八小时工作内应该完成的工作量与负责,也必须以明白的规定"。工厂还"必须设立检验生产品的机关,来负责检验每日的生产品,将'坏货'、不能用的货打出来,找出这些'坏货'是什么人负责生产的",以此来督促工人重视质量问题,从而提高整个产品的质量。工厂还必须建立一支"经济核算队","吸收许多工人来进行各方面的核算",以降低产品成本,提高企业效益。

(四)实行按劳计酬,等级工资。为打破吃"大锅饭"弊端,刘少奇提出采用"计件工制和包工的办法",实行等级工资,拉开档次,"在工资制度上刺激工人来努力增加生产"。①

刘少奇的上述意见和主张,得到以张闻天为主席的苏维埃中央人民委员会的重视和支持。1934 年 4 月 10 日,中央人民委员会根据刘少奇的意见,制定和颁布了《苏维埃国有工厂管理条例》,作为政府法规在苏区施行。该条例实施后,苏维埃国有工厂的管理机制走上了较为规范、有序的轨道,从而推进了苏区工业的发展。

刘少奇是我党最早明确提出建立"完全的厂长负责制"卓见的领导人。

---

① 以上均引自刘少奇《论国家工厂的管理》,载中共苏区中央局《斗争》第 53 期,1934 年 3 月出版。

第十四章 中央苏区的教育事业

第一节 苏维埃教育的总方针和中心任务

一、党和苏维埃政府对教育事业的重视

发展苏区的教育事业,大力提高苏区人民的文化知识水平和思想觉悟,是党和苏维埃政府的重要任务和奋斗目标之一。中国共产党和苏维埃政府从土地革命一开始,就十分重视对工农群众进行思想文化教育,着力发展教育文化事业。1927 年 9 月江西省革命委员会颁布《行动政纲》时就提出:"实行普及教育,提高革命文化",具体措施为:"一、实行免费的强迫的,普遍的和工艺的教育,以培植全体男女儿童。二、建立一般未达入学年龄的机关(如儿童养育院、幼稚园等),以利增进社会教育和为解放妇女的目的。三、极力增进工人农民及一般平民的知识和娱乐,开办校外的教育机关(如图书馆、平民学校、阅报室、科学讲话、电影、新剧……等)。"①

① 见江西省档案馆、中共江西省委党校党史教研室编:《中央革命根据地史料选编》(下),江西人民出版社 1982 年版,第 3 页。

1930年3月18日至24日召开的闽西第一次工农兵代表大会，在通过的宣言中明确宣布：苏维埃政府“实行免费教育，编制教材，开办报馆及各科训练班，举行识字运动，以提高群众文化程度”。并在大会通过的《文化问题决议案》中，提出了发展闽西苏区文化教育事业的22条措施：“一、区政府县政府闽西政府应组织文化委员会，计划各种文化教育之进行。二、闽西政府开办各种高级学校以造就各种人才。三、闽西政府应聘请富有斗争经验者，经常开办各种工作人员训练班，造就各种干部人才。……五、各县应开办全县最高级的学校一所，招收男女学生读书，免收学什费及书籍费。六、各区乡应普遍开办高级初级劳动学校，招收男女学生读书，除膳费外一律免费。七、六岁以上及十四岁以下之男女应入学校读书，父母不得阻止。八、各区乡应普遍开设补习学校或夜学，俾失学男女有求学机会。九、各区乡应尽可能开办阅报社、俱乐部。……十五、各县教育经费至少要占全县收入百分之二十。十六、废止国民党党化课本，另由闽西文化委员会编制新课本，或由县政府编制经闽西政府批准。十七、教员要规定最低限度薪金，多少由县政府规定。十八、对于腐败教员，有学生多数反对者应即撤换。十九、各地教员要经过区政府审查批准。二十、学生会得派代表参加校务会议管理校务。二十一、闽西政府应开设书店，采办各种革命书籍。二十二、各区乡政府要切实进行识字运动。”①

上述决议案充分说明，闽西苏维埃政府对教育事业的发展是极为重视的。

在赣西南苏区，苏维埃政府对于文化教育事业的建立与发展同样十分重视。中共赣西南特委书记刘士奇在1930年10月7日写给中共中央的报告中说，赣西南苏区“在斗争开始的时期——第一时期，许

① 参见江西省档案馆、中共江西省委党校党史教研室编：《中央革命根据地史料选编》（下），江西人民出版社1982年版，第45、51—53页。

多小学倒闭，因为有些教师是AB团吓跑了，有些是共产党的干部，要领导斗争，参加工作，所以都停办了，到了斗争局面一稳定，许多地方先后开办列宁学校，训练班，以及特委苏府办的红军学校，看护学校，干部学校，各种适宜于斗争需要的教育机关，很多不识字的女孩子，参加了革命以后能写得很短的信及标语之类的东西，发行各种革命的教本《工农兵读本》《劳动读本》等，不久由特委审查给苏维埃文化部翻印了统一的工农读本，但各县自编的仍有，都是一些革命的名词理论等材料。有些与过去安源的工人读本相仿……此时期，较之白色区域资产阶级的学校和一般所谓提倡义务教育平民教育的先生们喊了十几年没有半点影响，真是相差十万八千里，这证明一切问题到了苏维埃革命成功就有办法了”。①

苏维埃中央政府成立后，党和苏维埃政府更加重视教育文化事业的发展。一苏大会通过的《中华苏维埃共和国宪法大纲》中明确规定："中国苏维埃政权以保证工农劳苦民众有受教育的权利为目的。在进行国内革命战争所能做到的范围内，应开始施行完全免费的普及教育，首先应在青年劳动群众中施行并保障青年劳动群众的一切权利，积极地引导他们参加政治和文化的革命生活，以发展新的社会力量。"②江西省工农兵第一次代表大会通过的文化教育工作决议案也明确指出："今后的文化教育工作，各级政府应协同群众团体，以十二万分的努力，发展群众的和儿童的文化教育，扫除文盲，使文化教育与目前革命斗争联系起来，使文化教育与工农群众实际生活联系起来，使劳动与知识联系起来，简单说来，就是要使文化教育社会化政治化

① 见江西省档案馆、中共江西省委党校党史教研室编：《中央革命根据地史料选编》(上)，江西人民出版社1982年版，第355—356页。

② 《中华苏维埃共和国法律文件选编》，江西人民出版社1984年版，第8页。

实际化劳动化。”①

在第二次全国苏维埃代表大会上，毛泽东更是强调指出：“执行苏维埃的文化教育政策，开展苏维埃领土上的文化革命，用共产主义武装工农群众的头脑，提高群众的文化水平，实行义务教育制度，增加革命战争中动员民众的力量，同样是苏维埃的重要任务。”②

可以说，党和苏维埃政府对文化教育的重视，是中国以往的历史上历届政府所无法比拟的。

二、苏维埃教育的总方针和中心任务

为着发展苏区的教育和文化，党和苏维埃政府明确提出了苏维埃文化教育的总方针和中心任务。

“苏维埃文化教育的总方针在什么地方呢？在于以共产主义的精神来教育广大的劳苦民众，在于使文化教育为革命战争与阶级斗争服务，在于使教育与劳动联系起来。”③毛泽东在第二次全国苏维埃代表大会报告中规定的这一苏维埃文化教育的总方针，是完全正确的。它明确规定苏维埃的文化教育必须以“共产主义的精神”即无产阶级的思想作指导，而不能是别的思想作指导，这就确保了苏区教育的无产阶级性质；它明确提出苏区文化教育必须服从和服务于革命战争和阶级斗争这个中心任务，因为争取革命战争和阶级斗争的胜利，争取苏维埃政权的巩固和发展，是苏区斗争的中心任务，离开了革命战争和

① 《江西省苏维埃第一次工农兵代表大会文化教育工作决议》，1932 年 5 月通过，见江西省档案馆、中共江西省委党校党史教研室编：《中央革命根据地史料选编》（下），江西人民出版社 1982 年版，第 584 页。

② 毛泽东：《在第二次全国苏维埃代表大会上的报告》，1934 年 1 月 24 日—25 日，见江西省档案馆、中共江西省委党校党史教研室编：《中央革命根据地史料选编》（下），江西人民出版社 1982 年版，第 346 页。

③ 毛泽东：《在第二次全国苏维埃代表大会上的报告》，1934 年 1 月 24 日—25 日，见江西省档案馆、中共江西省委党校党史教研室编：《中央革命根据地史料选编》（下），江西人民出版社 1982 年版，第 331 页。

阶级斗争的胜利,苏区教育即成无源之水、无本之木,这就指明了苏区教育的前进方向;它还明确规定教育必须与劳动相结合,就是说必须将书本知识与生产斗争实践相结合,做到理论与实践统一,这既符合人类认识自然的客观规律,也有助于培养苏区新一代的革命和建设生力军,从而为苏区教育的改革和发展找到了正确途径。

苏维埃教育的中心任务是什么呢?毛泽东说:"是厉行全部的义务教育,是发展广泛的社会教育,是努力扫除文盲,是创造大批领导斗争的高级干部。"①

在这里,"义务教育"的对象是入学适龄儿童;"社会教育"的对象是苏区的全体公民;"创造大批领导斗争的高级干部",主要是指苏维埃的干部教育和干部培训。毫无疑问,要"厉行全部的义务教育",就是使苏区全体适龄儿童都能入校读书;"发展广泛的社会教育",就是要加强对苏区全体公民的科学文化知识教育,提高全体公民的文化素质;"努力扫除文盲",就是要使苏区大批青壮年都能摘除文盲帽子;"创造大批领导斗争的高级干部",就必须大力发展苏区干部教育事业。

所有这些任务,都是十分艰巨的。

三、苏维埃的知识分子政策

发展苏维埃教育事业,离不开教师队伍,离不开知识分子。党和苏维埃政府对这一点是非常清楚的,因而制定并很好地执行了苏维埃的知识分子政策。

这就是:团结利用旧的知识分子,大力培养工农出身的新的知识分子,充分调动知识分子的积极性,发挥他们在发展苏区文化教育事

① 毛泽东:《在第二次全国苏维埃代表大会上的报告》,1934 年 1 月 24 日—25 日,见江西省档案馆、中共江西省委党校党史教研室编:《中央革命根据地史料选编》(下),江西人民出版社 1982 年版,第 331 页。

业以及各方面工作中的作用。

在团结利用旧知识分子方面，党和苏维埃政府曾颁布许多文告，采取了许多措施。1929 年 3 月毛泽东在长汀为红四军起草发布的《告商人及知识分子》书即明确宣布："知识分子的出路，也只有参加工农革命。知识分子若肯参加革命，工农阶级均可收容他们，依照他们才干的大小，分派他们相当的工作。红军政治部正须招收大批政治工作人员，那些能够刻苦耐劳勇敢奋斗的革命的学生们教职员们，均可加入红军来作政治工作。"①

苏维埃中央政府为招揽人才，曾专门发布《征求专门技术人才启事》，宣布："中华苏维埃中央政府现以苏区缺乏技术人员，特以现金聘请。凡白色区域的医师，无线电人才，军事技术人员同情于苏维埃革命而愿意来者，请向各地共产党组织及革命群众团体接洽，并填写履历，转询中华苏维埃共和国中央政府内务人民委员会，即可答复并谈判条件，于订立合同后，护送入苏区。"②

1933 年 10 月召开的苏区教育大会上，少共中央局书记凯丰代表苏维埃政府宣布："苏维埃政府是工人和农民的政府。他吸引一切愿意为苏维埃服务的'人材'，旧的教员、专门家、旧的知识分子以及各种自由职业家来工作。只有苏维埃政府，才是真正的爱惜人材的政府。"③凯丰在这次大会的总结报告中，专门谈了团结旧知识分子的问题。他说："在这个问题上有两种错误，一种是'左'的反对知识分子，另一种是曲解我们的阶级路线。这两种观点都是不相信我们自己的力量，不相信苏维埃政府有能力去团结那些愿意为苏维埃服务的知识分子和专门人材。"他批评说："以前我们同志以为知识分子会反革命，

① 中共龙岩地委党史资料征集小组、龙岩地区行署文管会编：《闽西革命文献资料》第 2 辑，1982 年内部版。

② 《中华苏维埃共和国法律文件选编》，江西人民出版社 1984 年版，第 211 页。

③ 凯丰：《苏维埃的教育政策——在 1933 年 10 月苏区教育大会上的报告》。

我们应该反对他们。这些同志不相信苏维埃的力量能够团结这些知识分子来工作。”他认为这种“左”的观点是极为有害的。他指出:“这里我们应该说知识分子不是一个阶级,他们中有各阶级不同的出身。对于那些从地主富农资产阶级出身而愿意为苏维埃工作的知识分子,苏维埃应当维持他们的生活,在可能和必要条件之下,可以给他们相当的薪水……对于中农和贫苦阶层出身的知识分子,我们应当争取他们完全站在苏维埃方面来,愈是这些分子接近我们,我们团结知识分子的工作愈能顺利地进行。”他还指出:“有人说我们利用旧的知识分子,只能利用他们做技术工作,不能利用他们做负责工作。一般的这样说是不正确的……我想我们一般的来说,我们可以而且必要吸收他们参加地方的和中央负责工作。”①

凯丰在这里说的话,是代表苏维埃中央政府的态度。

1933 年 5 月 29 日,中共苏区中央局在《关于纠正发展和巩固党的组织中错误倾向的决议》中,也严肃批评了那种将知识分子拒之于党的大门之外的错误做法,提出“吸收革命的知识分子入党,更是必须的”②。

所有这些都说明,党和苏维埃政府团结利用旧知识分子的政策,是十分真诚的。

在大力培养工农出身的新的知识分子方面,党和苏维埃政府也采取了许多有力措施。主要是举办各级各类干部学校和训练班,发展干部教育和专业教育,吸收在斗争中涌现出来的工农积极分子参加学习和训练,将他们培养成各项事业所急需的干部和专门技术人才。如中央和地方苏维埃政府创办的各类师范学校和教育干部训练班,就为苏区培养了一大批革命教师和干部。

---

① 凯丰:《苏维埃的教育政策——在 1933 年 10 月苏区教育大会上的报告》。

② 《中共中央文件选集》第 9 册,中共中央党校出版社 1991 年版,第 202 页。

党和苏维埃政府尊重教师,尊重知识分子,制定并认真执行优待知识分子的政策。1934 年 2 月 16 日,苏维埃中央政府人民委员会专门发布了关于“小学教员优待条例”的第九号命令。条例全文如下:

第一条 小学教员的生活费,依照当地政府工作人员生活费。

第二条 乡苏维埃应发动群众帮助小学教员耕田,与苏维埃工作人员同等待遇。

第三条 小学教员在任课期内,与苏维埃工作人员同样减纳土地税,但任期要在半年以上。

第四条 在城市没有分田的小学教员,市苏应发动群众帮助教员家属工作,或给以其他物质上的帮助。

第五条 在任课期内教员有疾病,照苏维埃工作人员一样有权到国家医院医治,不取诊断费和药费。

第六条 小学教员每半年给奖一次,其给奖条件和等第如后:

一、能将该处所划定的学区内的学龄儿童吸收百分之七十至八十者(在先进区如兴国已达到此数者,必须继续发展到百分之九十),而且经常到校的学生要占全校学生十分之七以上(先进区域应达到十分之八)。

二、大部分的学生对于中央教育部所规定课程能学完和能了解。

三、大部分的学生经常参加革命斗争工作。

四、以上三项完全的为第一等,其中有一项弱的为第二等。奖金为半年生活费百分之五至百分之二十。

第七条 一个教员连续取得第一等奖金两次的,按年增加原有奖金十分之二至十分之三。

第八条 教员应该给奖的由区教育部会同当地乡政府将该

教员的成绩查明登记，经过县教育部与省教育部报告教育人民委员部给奖，同时在报纸上发表。与中央苏区尚未打成一片的地方由省教育部审查给奖。

第九条　经过奖励的学校，区教育部须发动群众团体以名誉上的奖励。①

这个条例对小学教员的规定待遇在当时是比较优厚的。

对于在其他中等和高等专业学校工作的教员，苏维埃政府同样给予优厚待遇，对其中工作积极，业绩突出者，同样给予奖励。如红军学校教员吴子罕，是国民党第二十六路军参加宁都起义后到红军学校担任工科主任教员的。他工作积极，教学水平高，深受学员爱戴。红军学校特给他每月 50 元津贴。他深受感动，坚决请求免除给他津贴，以支援革命战争。但学校只同意减发 1/3。后来他一再请求免发，学校只准再减 1/3。

上述这些尊师重教的政策规定，对于提高教师的社会地位，发挥广大教师的积极性，推动教育事业的发展，起到了很好的作用。

第二节
苏区教育的管理机构和师资建设

一、苏区教育的管理机构及其运作

(一)中央教育人民委员部的建立及其内设机构

中央苏区的教育行政领导机构，在苏维埃临时中央政府成立之前，一般都由各级苏维埃政府的文化部(或称文化委员会)负责。1931 年 11 月苏维埃临时中央政府成立后，中央人民委员会设立中央教育人民委员部(通称中央教育部)。苏维埃中央执行委员会委任瞿秋白

① 《苏维埃教育法规》，1934 年版。

为中央教育人民委员(中央教育部部长)。瞿秋白因在上海,暂时不能到职视事,苏维埃中央执行委员会任命徐特立为中央副教育人民委员(中央教育部副部长),代中央教育人民委员(代中央教育部部长)。1933 年 7 月,中央人民委员会任命沙可夫为中央教育部副部长。1934 年 2 月,瞿秋白从上海来到瑞金,正式就任中央教育人民委员,主持中央教育部工作。

中央教育部的下设机构有:

初等教育局:管理初等普通教育。

高等教育局:管理高等普通教育。

社会教育局:管理扫盲识字、文化娱乐、地方报纸、图书阅览及革命博物馆、巡回演讲等。

艺术局:专负领导红军和地方文化艺术(主要是戏剧、歌舞、美术等)之职。

编审局:编辑普通教育、社会教育的各种材料,审查下级编辑的材料,并予以出版;凡中央苏区及与中央苏区发生了直接联系的苏区,重要材料的审查权均在中央教育部。

巡视委员会:领导、计划巡视工作。

总务处:负责秘书、文书、会议、统计及财物管理等。

(二)省、县、区、乡教育领导机构

苏维埃临时中央政府成立之前,省、县、区教育部门一般称为文化部或文化委员会。苏维埃临时中央政府成立之后的一段时间内,各省、县、区仍称文化部。1933 年 4 月 15 日,中央教育人民委员部颁布《省、县、区、市教育部及各级教育委员会的暂行组织纲要》,统一将各级教育行政主管部门改称为教育部(市称教育科,乡称教育委员会)。

省教育部下设机构——

普通教育科:科长 1 人,科员 2 ~ 6 人。负责管理成年补习教育、青年教育(如夜校识字运动等)及儿童教育(如列宁学校等)。

社会教育科:科长1人,科员2~6人。负责管理俱乐部的工作、地方报纸、书报阅览所、革命博物馆及巡回演讲等。

编审出版委员会:主任1人,委员3~7人。负责编辑普通教育、社会教育的各种材料,审查下级编辑的各种材料,并予以出版(中央苏区直辖各省及与中央苏区有直接联系各省,重要材料的审查权在中央教育部)。

总务科:秘书、文书、会计、统计等4~8人。

指导员:5~10人。负责对所属区域教育工作的巡视、指导。

县教育部内设机构——

县教育部只设普通教育科和社会教育科,并设指导员1~3人,文书1人,统计工作由普通、社会教育两科兼任。

区教育部和市教育科,只设普通教育干事兼文书1人,社会教育干事兼统计员1人。

乡教育委员会是苏区基层的教育行政领导机构,由乡苏维埃指定一部分代表,协同群众团体共同组成。设主任1人,委员若干人。其工作任务共11项:(1)制定每月全乡的教育实施计划;(2)扫除全乡文盲,进行广泛的识字运动,开办各村的识字班或识字组;(3)领导俱乐部委员会在各个圩场及村庄建立俱乐部,发展俱乐部内的各项工作;(4)建立夜学,使之普及于全乡大小的村庄;(5)建立列宁小学,并使发展起来;(6)建立巡回读报会及巡回演讲会;(7)动员群众解决教育上的一切物质问题(教育、伙食、学校设备费、灯油费等);(8)分别年龄、性别登记在学(识字班、夜学、小学等)与失学的人数;(9)经过乡苏维埃召集全乡文化教育的活动分子会议;(10)领导全乡的教育竞赛,并与邻乡订立文化竞赛条约;(11)向苏维埃作本乡文化教育状况的报告。[1]

中央教育部和省、县教育部均设部长、副部长各一人。区教育部和市教育科设部长(科长)一人。各级教育部部长的职责是:“按照上级教育部的命令和指导,经常的计划并检查所属地区内一切文化教育的进行。指示并督促本部的及下级的工作人员执行这些计划,及对于这些计划的实施状况加以检查。副部长帮助部长进行工作,部长外出或有病时,代理部长的职位。”[2]

(三)中央及省、县、区教育委员会

中央教育部及省、县、区教育部之下,均设教育委员会,“其职务(责)为讨论计划,建议并检查关于发展该管区范围内文化教育运动的一切问题。但市乡教育委员会,兼有帮助市教育科乡苏维埃直接动员群众进行教育工作的职务(责)”[3]。

省、县、区教育委员会人数:省9~15人,县7~13人,区或市7~13人,乡9~15人。各级教育委员会委员,从共青团、少队部、儿童团等群众团体、政府机关报主笔、政府所在地及附近的教育部、各种文化团体、各该级教育部内职员中有经验者中产生,由各该级教育部长提名,并由各该级苏维埃政府主席团委任。教育部长(科长)为委员会的当然主席。

中央教育委员会委员由中央教育人民委员(即中央教育部部长)提名,再由中央人民委员会委任。自1932年1月至1933年9月,先后被中央人民委员会委任为中央教育委员会委员的有:方维夏、徐特立、

① 参见《省、县、区、市教育部及各级教育委员会的暂行组织纲要》,见《老解放区教育资料》(一),教育科学出版社1981年版,第69页。

② 参见《省、县、区、市教育部及各级教育委员会的暂行组织纲要》,见《老解放区教育资料》(一),教育科学出版社1981年版,第69页。

③ 参见《省、县、区、市教育部及各级教育委员会的暂行组织纲要》,见《老解放区教育资料》(一),教育科学出版社1981年版,第69页。

杨尚昆、沙可夫、魏挺群（阿伪）、曾镜冰、张欣、阿丕（陈丕显）、潘汉年、谢然之等。中央教育委员会主席瞿秋白（1931 年 12 月至1934 年 1 月由徐特立代理）。

（四）苏区教育领导机构的运作

1. 苏区教育行政管理

苏区的教育行政管理，实行统一领导和分级管理相结合的原则。

中央政府（中央教育人民委员部）负责制定带全局性、指导性和规范性的文化教育方针、政策、任务、制度、发展规划等方面的法令、法规和规则。至 1934 年春，经中央教育部统编成册的教育法规，就有 25 项。其中既有各级教育部的组织机构和工作法则，也有各学校日常管理的规则，乃至教学方法等。如苏维埃中央人民委员会于 1932 年 6 月 22 日颁布的关于保护学校财产、保护学校正常教学秩序的第十五号命令，1934 年 2 月 16 日颁布的《中华苏维埃共和国小学校制度暂行条例》和《小学教员优待条例》，以及中央教育人民委员部制定颁布的各类学校简章等。

各级教育部、教育委员会，按规定分级对学校、剧团、俱乐部等文化教育设施的兴办、指导、检查考核，负责教育经费和教材、教师等办学条件的切实保障。其中，中央教育部直接领导苏维埃大学、高等师范学校、中央农业学校、高尔基戏剧学校等大、中专学校；省教育部负责举办短期师范、初级师范、省立苏维埃剧团；县教育部负责举办短期职业中学、小学教员假期训练班等；县、区、乡 3 级共同负责普及义务教育和扫除文盲运动。

红军中的教育也实行分级管理原则。中革军委负责领导红军大学、红军第一和第二步兵学校、红军特科学校、游击队干部学校的行政管理。

为动员社会各方面力量共同努力解决苏区教育经费、师资、校舍等困难，苏区的各级教育委员会，按苏维埃中央政府规定都必须有共青团、少先队、儿童团及各种文化团体的代表参加；各群众团体内也普遍设立文化教育委员会或工作部门，以协调解决办学过程的各种问题。各群众团体都积极支持文化教育事业的发展，特别是积极支持扫盲识字运动的开展。

苏区教育实行国家办学与群众办学相结合。以国家办学为主，同时鼓励和支持民办乃至私办学校；国家的教育经费不足，就动员群众集资办学；教师缺乏，就动员识字的苏维埃工作人员和工农群众充当教师，“老公教老婆，儿子教父亲，秘书教主席，伙夫教马夫，识字的教不识字的，识字多的教识字少的”，“以民教民”，互教互学。

教材和教育方法的制订与改革，主要由中央教育部负责。经中央教育部统编和审定的教材，都能将科学文化知识与苏区斗争和建设实际紧密结合，使少年儿童和广大成年人既能从中学习文化科学知识，又受到革命思想的熏陶和教育。

2. 苏区学校行政管理

学校行政管理，是苏区教育管理的重要组成部分。苏区教育主管部门对加强苏区学校行政管理、建立学校正常教学秩序十分重视。苏维埃中央人民委员会和中央教育部根据各类学校不同特点和要求，分别制定和颁布了《中华苏维埃共和国小学校制度暂行条例》《小学管理法大纲》《列宁小学校学生组织大纲》《小学课程教则大纲》《苏维埃大学简章》《中央农业学校简章》《高尔基戏剧学校简章》《高级师范学校简章》《初级师范学校简章》《短期师范简章》《短期职业中学试办章程》《业余补习学校的办法》《夜学校及半日学校办法》《识字班办法》《俱乐部纲要》等近 20 部学校管理规章，引导和要求各类学校实行规范化管理。

关于各类学校的具体管理及办学情况，将在本章有关各节另作介绍。

二、苏区教育的师资建设

发展苏区教育,首先必须有足够数量的各类教师。由于赣南、闽西在革命前教育发展十分落后,城乡教师严重缺乏。苏维埃政府成立后,迅速建立数量足够的教师队伍,成为发展苏区教育当务之急。党和苏维埃政府对苏区教师队伍建设十分重视。

中央苏区加强教师队伍建设的主要措施有:

广泛动员和吸纳各方面人才加入教师队伍。一方面,苏维埃政府努力团结利用旧知识分子为苏维埃教育服务;一方面,又积极动员一部分有文化能胜任的党和苏维埃政府工作人员到教育战线工作,以解教育发展燃眉之急。

大力发展师范教育,积极培养苏区新型教师队伍。苏维埃政府更加重视发展师范教育,从工农群众中大力选拔人才来进行快速培养,以造就一支以工农为主的革命教师队伍。中央苏区创办的师范学校主要有:

闽瑞师范学校　1932 年由徐特立创办。校址在瑞金县城天后宫。招收学员 200 人,主要培养列宁小学教员。学习科目有政治、语文、算术、理化、体操、劳动、游戏等。主要课程由徐特立讲授,唱歌游戏等聘请红军学校教员李伯钊等讲授。该校学员学习时间仅 1 个多月就结业,大部分到各县列宁小学任教员,少量人员分配到瑞金各区任巡视员,负责创建列宁小学。

中央列宁师范学校　1932 年 10 月在瑞金创办,校址在叶坪洋溪村刘家祠堂。校长徐特立兼任,后罗欣然专任。主要培训列宁小学教员。开设课程有语文、算术、历史、地理、政治、图画、唱歌、生理、体育、游戏、劳作等。前后招收两期学员共 600 余人,每期学习 4 个月。1934 年后,中央教育部把培养师资和教育行政管理人才的学校统一规划为小学教员训练班、短期师范学校、初级师范学校、高级师范学校等 4 种类型,中央师范学校遂停办。

小学教员训练班　一般在寒暑假期间开办，属在职列宁小学教员进修培训性质，兼带培训新吸收到教育战线准备当列小教员的学员。

短期师范学校　以快速培训教育干部和小学教员为任务。课程以小学5年课程的教授原则、小学管理法、社会教育为主，此外还须学习教育行政略论、政治常识和科学常识。修业时间3个月，特殊情形可缩短时间，但最少不少于2个月。学习时间的30%用于从事小学教学的实习和社会工作。学生资格，以能了解小学前3年的全部教科书、政治可靠积极为条件，但劳动妇女可不受文化程度限制（程度太低者可专为其增加1个月文化补习时间），旧知识分子只要其愿为苏维埃服务，也得收纳。学校设校长1人；学员在100人以上另设校务、教务管理人员；学员在100人以下，校务、教务由教员兼任。在校长监督之下设立“学生公社”，由学生大会民主选举公社干事会。全体教员和学员均加入赤卫军进行经常的军事训练。学员不交学费、膳费与书籍费，但被服等日常用品自理。学校经费由教育部拨给。

初级师范学校　主要培养儿童教育及社会教育干部。课程有小学5年课程的教授法、小学组织与设备、社会教育问题、教授方法总论、教育行政概论、政治常识与自然科学常识。所有课程均以实际问题为中心，在可能条件下教学一般基础理论。修业时间一般为6个月，最少不少于3个月。学习时间的30%用于从事实际问题的讨论、教学实习与社会工作。学校的组织体制与管理等与短期师范学校同。

高级师范学校　主要任务是：(1)培养初级及短期师范学校教员、训练班教员和高级教育管理干部；(2)用马克思主义唯物辩证法的教育方法，批评传统教育理论与实践，培养新型的中小学教员，以建立苏维埃教育的理论与人才基础；(3)以附属小学和成人补习学校为基地进行实习，实验苏维埃教育的教学方法。学校开设教育学、教育行政学、社会政治科学、自然科学、国文文法等课程。修业期一般为1年，最少不少于6个月。学生入学条件以能看懂普通文件的工农劳动群众为原则,劳动妇女不识字可开设预科培训。旧知识分子只要愿意为苏维埃教育服务又能在短时间内训练提高的,可招收并另开设教员训练班,吸收其为本校副教员。学校设校长1人,并设管理委员会为学校最高领导机关。校长及管委会委员,由中央教育部委任。学校的管理及学生的管理与待遇,与初级师范学校相同。学校还附设小学校并选择附近的夜学校、识字班和补习学校为教学实习基地。

苏维埃教育主管部门十分重视通过举办短期教师培训班、进修班等方法,帮助教师熟悉教材教法,提高教学水平。1934年三四月间中央教育部颁布的《小学教员训练班简章》明确规定:"小学教员训练班,以只在寒假、暑假期间开办为原则,专收现任或将任列宁小学教员者为学生";"学生文化程度以能看前三册小学教科书为原则,男女兼收,首先当收工农分子,但忠实于苏维埃的旧知识分子,亦得收纳";"课目以小学管理法及小学五年教科书为主,注重小学教育的实习批评会的工作,并须讨论社会教育问题及政治问题"。[1] 中央教育部为帮助小学教师提高教学水平,专门编印了《小学课程教则大纲》,详细阐述了初级小学及高级小学的课程、课程分配、各科教授方法、测验方法等,供广大小学教师自学研习之用。苏区还以区为单位,成立了"红色教授联合会",以团结全体小学教员,"研究教授和管理儿童的方法,有组织有计划的领导儿童参加革命运动工作,并发展苏维埃小学的建设,改良教员本身的生活,实行教员群众的互助"[2]。这种红色教员联合会,每月召集会员大会一次,检查一个月的工作成绩和管理、教学的经验与缺点,讨论今后的工作。这是苏区教师自我教育、在职进修、提高教学水平的很好的组织活动形式。

---

① 《小学教员训练班简章》(1934年三四月间中央教育部订定)。见中央教育人民委员部编:《苏维埃教育法规》,1934年瑞金出版。

② 《红色教员联合会暂行章程》(1934年2月教育人民委员部批准),见中央教育人民委员部编:《苏维埃教育法规》,1934年瑞金出版。

为加强苏区教师队伍建设,苏维埃政府注意切实提高苏区教师的政治地位和生活待遇。苏区各地都认真贯彻执行了苏维埃中央人民委员会颁布的《小学教员优待条例》。江西省 1934 年 3 月 13 日召开的第一次全省各县教育部长联席会议,讨论通过了"小学教员优待条例的执行办法",要求各地"对于小学教员的优待,要执行中央颁布的条例,而且奖金的发给,必须经过群众,例如区教育部,查明某一小学有很好的成绩,应当发动各群众团体(贫农团、工会、合作社、儿童团)以及青年团,派代表来共同参观审查,开评判会,正式决议呈请给奖,而且最好要发动群众团体捐钱来发给这种奖金,各县成绩特别好的,还可以在中央批准的奖金之外,另外由群众团体募集并发给特殊的奖品"①。由于各地对《小学教员优待条例》都认真加以落实,广大教师的政治责任感和工作积极性大大提高,都以主人翁姿态投入到苏区教育事业中,为发展苏区教育事业建功立业。

经过努力,一支人数可观的革命教师队伍很快建立起来。江西省苏维埃政府 1932 年 11 月报告说,据胜利、会昌、寻乌、万泰、兴国、永丰、宁都、公略、赣县、安远、于都、乐安、南广、宜黄等 14 县统计(其中公略、赣县、乐安、南广、宜黄 5 县只统计到 1932 年 9 月),共有列宁小学 2277 所,有教员 2535 人,达到平均每校有教员 1 人以上。此外,江西省还送出 305 人到中央师范学校学习,省立列宁小学教员训练班也有在校学员 85 人②。1933 年 8 月,江西省创办省立苏维埃干部学校一所,其中招收文化教育干部一个班 60 人,"以造就列小教员、训练班和

① 《江西省第一次教育会议的决议案》(1934 年 3 月 13 日至 14 日,中央教育人民委员部批准),见中央教育人民委员部编:《苏维埃教育法规》,1934 年瑞金出版。

② 发行《江西省苏报告》,1932 年 11 月,载江西省档案馆、中共江西省委党校党史教研室编:《中央革命根据地史料选编》(下),江西人民出版社 1982 年版,第 246—247 页。

高级列小学校的教员为目的"[①]。苏区时的列宁小学校，规模一般都较小，只有几十名学生，能达到平均每校有教员1人以上，已经很不错了。可见，中央苏区经过有关部门的积极努力，一支具有一定规模的教师队伍，业已初步建立起来。

三、苏区教育的奠基人徐特立、瞿秋白与沙可夫

苏区教育工作的主要领导人徐特立、瞿秋白和沙可夫，是苏区教育工作的重要奠基者。

徐特立　湖南长沙人。生于1877年。曾在湖南第一师范任教，是毛泽东的老师。1919年，年已42岁的他毅然与一批年轻人一起，赴法国勤工俭学。1924年回国后创办长沙女子师范学校。1927年正当蒋介石背叛革命，全国一片白色恐怖之时，徐特立加入中国共产党，并于同年参加八一南昌起义，任革命委员会委员、第二十军第三师党代表兼政治部主任。1928年，51岁的徐特立由中共组织派往苏联，入莫斯科中山大学特别班学习。1930年回国，年底到中央苏区，从事苏区教育工作。

1931年11月在一苏大会上，年已54岁的徐特立被选为苏维埃中央执行委员会委员，并被任命为中央副教育人民委员（副教育部长）、代理中央教育人民委员（代理中央教育部部长）。这位经验丰富的老教育家上任后，针对苏区严重缺乏教师和教材的实际，首先集中精力解决教师和教材问题。1932年3月，他在瑞金创办中央列宁师范学校，亲自担任校长兼教员，前后共培养600余名教员。这些教员成为各地苏区创办列宁小学的骨干。同时，他还亲自组织和指导教材编审委员会，从苏区斗争实际和需要出发，编写、审查、出版了《共产儿童读本》《工农兵三字经》等大量适合苏区儿童教育和扫盲识字需要的教

---

① 《创办江西省苏维埃干部学校计划书》，1933年8月，载《江西苏区妇女运动史料选编》第105页，江西人民出版社1982年版。

材和识字课本,解决了苏区教育教材的急需。

1933 年春开始,徐特立将主要精力转向健全完善苏区各级教育领导机构和组织建设。他主持起草了《省、县、区、市教育部及各级教育委员会的暂行组织纲要》,于 1933 年 4 月 15 日以中央教育人民委员部的名义颁布施行。同一天,他签发了《中华苏维埃共和国临时中央政府教育人民委员部训令第一号——目前的教育任务》。该训令对发展苏区的教育事业提出了明确而具体的要求。同年 6 月 7 日,他又主持起草并签发了中央教育部第二、第三、第四号训令,对建立健全俱乐部的组织与工作、对教育战线干部的培训等工作,提出了明确要求。

1933 年 10 月,徐特立全力筹备并与少共中央局书记凯丰一起,领导召开了苏区文化教育大会。这是中央苏区教育史上一次十分重要的大会。这次大会于 1933 年 10 月 20 日至 23 日在瑞金县叶坪村召开。出席大会的有中央、省、县教育部负责人和共青团负责人,还有其他革命组织和文化教育团体代表,共 100 余人。共青团(少共)中央局书记凯丰,代表中共中央局和中央政府,在大会上作了题为《苏维埃的教育政策》的报告,全面阐述了苏维埃的教育方针和政策。会议讨论了发展苏区教育的许多基本问题,包括苏维埃的教育政策、学校建设、社会教育、扫除文盲、团结知识分子等,并作出了相应的决议。这些决议的内容,基本符合苏区教育实际,是正确的。大会结束前,共青团中央局代表凯丰等 6 人与中央教育部代表徐特立等 6 人,共同签署了“关于团与教育部的协助条例”,明确规定了苏区共青团组织协助教育部做好苏区教育工作的有关事项。这次大会的召开,对于推动苏区教育事业的发展,起了重要的作用。中央苏维埃大学、商业学校、农业学校等中高等学校就是在这次大会前后创办的。

徐特立还为苏区扫盲运动的开展倾注了大量心血。他不仅编印扫盲识字课本,颁布扫除文盲法规,还总结推广了开展扫盲识字运动的经验。他非常推崇中国教育界老前辈陶行知先生大力推动社会教育的献身精神。1942 年，徐特立曾在延安《解放日报》撰文说："陶行知的小先生制，我在江西所行的小先生制密合，但我只有行动没有理论。他发明了理论，他实际上比我高明，我不是他的学生，但我常常尊敬他为师，我与故旧通信，常署假名'师陶'。"[①]1934 年 2 月，徐特立在第二次全国苏维埃代表大会上仍当选为苏维埃中央执行委员会委员，兼任中央苏维埃大学副校长，主持校务工作，直至 1934 年 10 月随军长征。

瞿秋白　江苏常州人。1916 年入北京俄文专修馆学习。1919 年参加五四运动。1922 年在苏联加入中国共产党。1923 年 6 月参加党的三大并主持起草党纲。后参加党的四大、五大并当选为中共第四届中央委员、中央局成员和第五届中央委员、政治局委员、常委。大革命失败后，主持召开了著名的八七会议，随后任中共临时中央政治局常委，主持中央工作，积极部署和领导各地武装起义。在党的六大上对前期"左"倾盲动错误做自我批评，仍被选为中央委员、政治局委员。后在莫斯科任中共中央驻共产国际代表团团长。1930 年秋回国主持召开中共六届三中全会，纠正了李立三"左"倾冒险主义错误。在六届四中全会上受打击被解除中央领导职务后，在上海与鲁迅等一起，从事并领导左翼文化运动。1931 年 11 月在一苏大会上被选为苏维埃中央执行委员会委员，并被任命为中央教育人民委员（中央教育部长）。因他身患肺结核病，一时不能到苏区就任。在第二次全苏大会上，继续当选为苏维埃中央执行委员会委员，并当选为中央执行委员会主席团成员。1934 年初他秘密离开上海，2 月 5 日来到瑞金，正式就任中央教育部长职务，后兼任苏维埃大学校长。

瞿秋白上任后，很快发现苏区教育尚缺乏较为完备的法规，因此

---

① 徐特立：《再论我们怎样学习》，载 1942 年 4 月 1 日《解放日报》。转引自《中共党史人物传》第 3 辑，陕西人民出版社 1981 年版，第 141 页。

他花大力气抓苏区教育的立法工作。从1934年2月至6月,在5个月之内经他主持制定和颁布的有关苏区教育方面的法规,多达20余部。其中既有各类学校的简章,也有扫盲协会、识字班、俱乐部章程;既有带纲领性、指导性的教育行政纲要,也有规范性的国语教学法等。瞿秋白还指示将这些法规收集起来,汇编成《苏维埃教育法规》一书,在苏区出版发行。经过他的不懈努力,苏区教育逐渐走上规范化、法制化和健康发展的轨道。

瞿秋白对苏区各类教材的编写审查和出版工作也十分重视。苏区列宁小学使用的《国语教科书》第一、二、三册,《苏维埃公民(成人读本)》第一册等,都是他亲自领导编审出版的。

为更好地指导苏区教育工作的开展,交流苏区教育工作的情况和经验,瞿秋白领导创办了中央教育部机关刊物《教育通讯》,1934年6月30日出版了第一期。瞿秋白还亲自兼任苏维埃大学校长,直接指导马克思共产主义学校、高尔基戏剧学校等校的工作,经常在这些学校作报告、讲课,而且还亲自出席江西省第一次全省各县教育部长联席会议,并在会上作了关于苏维埃教育政策的长篇报告。

瞿秋白为发展苏区的文艺和新闻事业,也作出了重要贡献。1934年10月红军主力撤离苏区时,他曾向组织要求参加战略转移,但遭到博古拒绝,被留在苏区带病坚持斗争,任中共中央分局委员、分局宣传部长。1935年2月在向上海转移途经福建长汀县四都时不幸被俘,同年6月18日在长汀城英勇就义。

沙可夫　原名陈徵明,浙江海宁人。1920年考入上海南洋公学(上海交通大学前身)附中,毕业后升入公学电机系,半工半读。1925年受五卅运动影响,暑假回乡,组织晦明社,宣传民主,反对封建迷信。1926年春,赴法国学习音乐。同年参加中国共产党。1927年,任中共旅欧支部领导成员。蒋介石四一二反革命政变后,离开巴黎赴莫斯科中山大学学习,使用俄文名字“亚历山大·阿列克赛·沙可夫”,后便用此译音为中文名字。在苏期间,积极参加文艺活动,还和李伯钊、章汉夫等组织业余文学研究组,创作剧本,排演戏剧。1931 年夏回国到上海,因接头地点遭破坏,被捕入狱,遭受酷刑,后经营救保释,回乡养病。1932 年春奉命进入中央苏区,任临时中央政府中央机关报《红色中华》主笔,1933 年 7 月被任命为中央教育部副部长,后兼任苏维埃大学副校长。他对苏区艺术创作和艺术教育的发展,作出了不可磨灭的贡献。

第三节
苏区教育的全面开展

一、儿童义务教育

苏区普通教育主要是儿童义务教育。

苏维埃临时中央政府成立后,明确宣布:"一切工农劳苦群众及其子弟,有享受国家免费教育之权。"①因此,对苏区儿童实行免费义务教育,是苏维埃政府的重要职责之一。中华苏维埃共和国中央人民委员会 1933 年 9 月 15 日发布的"关于教育工作"第十七号训令,强调指出:"在可能的范围内,必须实施普及义务教育的免费与小学教育的优待,至少需做到由政府供给小学学生的书籍与问卷费用,和小学教员的伙食。"②1933 年 10 月召开的苏区文化教育大会所通过的《目前教育工作的任务决议案》中,又明确规定:"苏维埃教育制度的基本原则是为着实现对一切男女儿童免费的义务教育到十七岁止,但是估计着我们在战争的情况之下,特别是实际的环境对于我们的需要,大会同

① 赣州市委党史工作办公室保存件:《中华苏维埃共和国第一次全国工农兵代表大会宣言》,1931 年 11 月。

② 《中华苏维埃共和国中央人民委员会训令第十七号——关于教育工作》,1933 年 9 月 15 日。

意把义务教育缩短为五年。”①在这次大会通过的《苏维埃学校建设决议案》中,更明确规定:“一切儿童自满七岁至十三岁,施以免费的强迫教育,但在某种条件之下,能早完成,或不能如期完(成)规定课程,可以减少修业年限,或增加修业年限。”②

中央苏区对儿童实行免费义务教育,主要是通过大力创办列宁小学(闽西苏区称“劳动小学”)来实现的。苏维埃中央人民委员会 1934 年 2 月 16 日颁布的《中华苏维埃共和国小学校制度暂行条例》和中央教育人民委员部 1934 年 4 月颁布的《小学管理法大纲》,对苏区列宁小学(劳动小学)的设置、组织、编制、任务、设备及小学与群众组织的关系等,都作了明确、详细的规定。

小学设置:一般分学区设立,一学区内的学生,距学校至多不超过 3 华里,偏僻地区一般不超过 3 里至 5 里。学区划分由乡政府计划,区政府核准。每学区设小学一所,学校规模以能容纳本学区学龄儿童为度,人口稀少交通不便的乡村有 20 名左右学生即可设立一校。

组织编制:列宁小学设校长 1 人,由乡教育委员会提出,乡苏维埃主席团委任,报区教育部核准。列宁小学的教员,由校长征求乡教育委员会主任同意后聘任,教员人数视学生多寡而定,一般是每班设主任教员 1 人,一班学生在 40 人以上增设助教 1 人。学校如果只有一个班,以主任教员兼任校长;两个班以上 4 个班以下,以上级主任教员担任校长;4 个班以上,得设专科教员;5 个班以上的学校校长不兼任主任教员,但可兼任其他较轻的职务。

修业年限:小学修业年限以 5 年为标准,分前后两期:前期 3 年,后期 2 年。能集中上课的城市、圩场和大村庄在学校概用单式编制,

① 《目前教育工作的任务决议案》,1933 年 10 月 20 日全苏文化教育大会通过。见《中央教育部重要文件汇集》,湘赣省苏教育部翻印,1934 年 1 月 10 日。

② 《苏维埃学校建设决议案》,1933 年 10 月 20 日全苏文化教育大会通过。见《中央教育部重要文件汇集》,湘赣省苏教育部翻印,1934 年 1 月 10 日。

每个年级编一班;学生少的地方可用复式编制,几个学年的学生合编一班。每班学生至多不超过40人。小学修业每年分为两个学期,从每年2月10日至7月20日为第一学期,8月20日至次年1月20日为第二学期。暑假1个月,寒假20天;农忙时经区政府同意可放农忙假,但时间全年不超过30天,每次不超过1星期。小学每周学习时数,前3年每周18学时;后期第1学年每周24学时,第2学年每周26学时,但每年校外教学和工作均不得少于12小时。

科目课程:小学前3年科目为国语、算术、游艺(唱歌、运动、手工、图画),但国语课程中要包括乡土地理、革命历史、自然和政治等(不单独教授政治、自然及其他科目),游艺课亦须与国语算术及政治劳动教育相结合。后两年除国语、算术、游艺课程外,加上科学和政治科目。每周和每天的课程安排要合理分配,符合教学规律。

课程考试:每星期教员以课内练习题为标准检查学生成绩一次,并登记成绩;每月在儿童墙报上公布本月4个星期的成绩总评表一次;每学期期末举行学期考试。初级小学考试科目:(1)国语——认字、讲书、造句、写字等;(2)算术——笔算、心算;(3)常识。高级小学考试科目:(1)国语——讲书、作文;(2)社会科学问题;(3)自然科学问题;(4)算术试题;(5)政治问答和演讲。考试方法:采用竞赛及学生自我批评方法,不得采用旧学校的旧方法。每年暑假前的学期考试为学年考试;寒假学年考试不及格都应降级学习。学生平时的劳动实习及社会工作成绩应与学生功课成绩综合考察,计入总成绩以确定学生等第。学生成绩采用五等制:完成学业任务100%者为第一等,80%以上者为第二等,50%以上者为第三等,不及50%者为第四等,不及20%者为第五等。不及格及最劣等学生降级后,教员应特别帮助他们学习和工作,必要时可在正常课程表之外增设“降级生补习班”,给予补课。每学期和每学年结束时,学校应与学生会共同决定每个学生的评语,填发每个学生的鉴定书,向全体学生公布,并分别在儿童墙报上的“红板”和“黑板”登载;学生鉴定书和学校总结报告,由校长签名后分送乡教委、区教育部和学生家长。

学生纪律:学校制定有课堂规则、运动场规则、请假规则,要求师生严格遵守;凡是无故不到校上课的逃学学生,必须发动学生及儿童团员去动员劝告他本人和家长,让该生返校。学生违反纪律,给予处罚。处罚分3等:最轻的处罚是在儿童墙报的“黑板”上公布犯规学生的名单和事实,发动学生对他进行批评帮助;屡次犯规不改的学生,经学生大会或代表会决议,给予严重警告或最后严重警告处分;在最后严重警告之后仍继续犯规,经过全体学生大会讨论并经校长和乡教委批准后给予开除处分。被开除的学生交当地儿童团帮助教育,如能改正错误,仍可恢复学籍。对于优秀学生给予奖励。奖励也分3等:(1)在墙报上表扬;(2)在学生大会上表扬并颁发奖牌;(3)由学生会议决请求校长颁发奖品、奖旗等。

学校设备:政府规定,学校校舍要合于卫生、干燥、宽敞,尽可能能容纳全学区适龄儿童;教员、校长办公室最好不设在学生课堂之内;每一年级最好要单独有一间教室。校舍要求选在地处学区中心区域;如果是在圩场上,则需选在僻静处。学校应设立儿童俱乐部,并尽可能有单独房间,方便学生活动。学校的课堂至少要有黑板,且需设置适中,不影响学生视力;抹布用湿的,避免粉尘飞扬,妨害学生健康。学校必须设有运动场和必要的运动器械,如秋千架、单杠、双杠、沙坑等。学校还必须设置劳动小工场或园地,并附设儿童肥料所,作为儿童劳动实习场所。

学生组织:1934年4月,中央教育人民委员部制订《列宁小学学生组织大纲》,规定每个学校都必须建立学生会组织。其任务是:(1)使教育与实际工作相结合,发扬学生的创造精神、互助精神和革命的组织能力;(2)组织学生的生活,发展自治的能力,参加学校的行政管理和校外工作,培养将来社会主义的建设者。列宁小学学生会的组织系统如下：

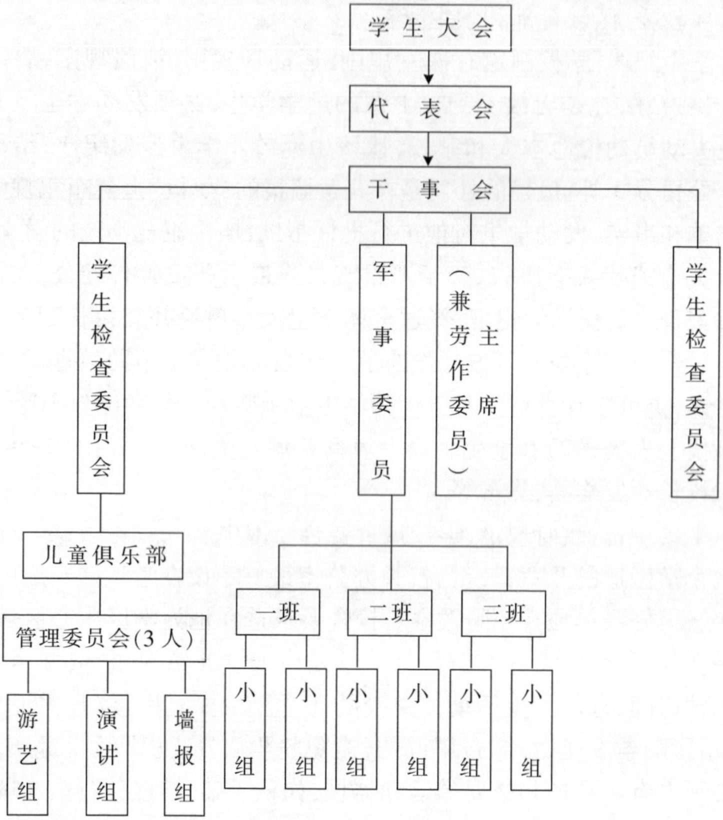

学校社会关系:(1)学校每月必须召集家长联席会议一次,讨论学校的工作与教学的改良等事项;(2)学校必须与工会、贫农团、合作社、女工农妇代表会等建立经常的联系,依靠这些群众团体资助办学经费,并请他们对学校工作提出批评建议;(3)儿童团作为每一列宁小学学生中的核心力量,应成为校长的助手;(4)学校与消灭文盲协会等团体应建立密切联系;(5)列宁小学在每个学区之内,应成为当地文化的

中心。

这些都说明，苏区的儿童义务教育是比较规范的，既体现了苏维埃教育的特点，又符合一般的教育规律，有利于少年儿童的学习进步和健康成长。

在党和苏维埃政府的努力下，中央苏区的列宁小学和劳动小学设置基本满足了适龄儿童就近上学的需要。江西省苏维埃政府教育部1933年7月对兴国、万泰、胜利、博生等13县统计，在列宁小学读书学生共51286名，另有68146人在夜校学习。这13个县总人口约150万人，在校读书的儿童和青少年约占人口总数的8%。兴国县长冈乡有437户、1784人，兴办列宁小学4所（每村1所），有小学生186人，适龄儿童入学率达65%。

毛泽东在第二次全国苏维埃代表大会报告中说，在中央苏区，根据江西、福建、粤赣3省统计，在2931个乡中，有列宁小学和劳动小学3052所，学生89710人；有补习夜校6462所，学生94507人。在校适龄学生总数约占3省苏区总人口的6%，占适龄儿童总数的50%左右。与国民党统治时适龄儿童入学率只有10%左右相比，苏区的儿童普及教育成绩是巨大而显著的。

二、扫盲识字运动

中央苏区在发展儿童义务教育的同时，还大力开展扫盲识字运动，努力提高青壮年的文化水平。

为加强对苏区扫盲运动的领导，中央和省、县教育部设有社会教育科，区、乡教委会设有专职社会教育干部，具体承担扫盲识字运动的领导职责。各村普遍成立识字委员会总会、分会和识字小组，具体组织工农群众学习文化。为进一步适应扫盲识字运动广泛开展的需要，1933年10月召开的苏区文化教育大会上作出的《消灭文盲决议案》决定："旧有的识字运动委员会和分会取消，从乡到中央，均成立消灭文盲协会，成为独立系统的广泛的群众组织。在行政上，受各级教育部指挥、监督并帮助工作进行。”[①]1934 年 3 月，中央教育人民委员部颁布重新修订的《消灭文盲协会新章程》。章程规定：凡是赞成该会宗旨愿负责为该会工作执行该会决议的苏维埃公民，皆可加入该会；被剥夺选举权的非苏维埃公民，经分会建议并经区协会干事会同意之后，亦可加入该会，但须积极为协会工作，遵守苏维埃法令。

消灭文盲协会以村协会为基本组织。村协会之下，分为若干消灭文盲小组，每个小组同时就是一个识字班或夜学校或半日学校。村协会设干事会，其干事即由各识字班各补习学校选举的组长充任，并互选一人为主任。乡协会的干事由村协会的主任联合组成，并互选一人为主任。区、县、省的协会机关各由下一级主任联席会选举干事会组成。区协会主任，一般是区教育委员会委员；县协会 1 人、省协会 3 人（小的省 2 人）常驻办公。省以下协会设组织、巡视两科。组织科负责发展会员，总结推广下级扫盲经验，并调查消灭文盲的成绩、缺点，编制各种统计；巡视科负责检查各地扫盲工作情况，分配巡视员的工作。中央协会除这两科外，另设编审科，编写审查扫盲识字教材。各机关团体建立消灭文盲小组，该小组同时也是识字班或夜校。每级设立一干事会，其干事即一组长充任，并选举一人为主任。

各级消灭文盲协会的经费靠协会会员自行捐纳解决，各机关团体的识字班及补习学校的经费概自行解决。扫盲识字所用课本，由中央教育人民委员部和中央消灭文盲协会编审科统一编写出版。1933 年以前，各省、县、区文化教育部门也自行编印了各类扫盲识字课本。无论是中央还是地方教育部门编印的识字课本，都做到了知识性（识字）、政治性和实用性的有机统一。

中央苏区开展扫盲识字，主要办法是办夜校、半日学校、业余补习班和识字班、识字组、俱乐部、列宁室，同时在村头路口、街头巷尾，到

---

① 《中央教育人民委员部重要文件汇集》，湘赣省苏教育部翻印，1934 年 1 月 10 日。

处设立识字牌,形成一个遍布城乡各街巷、村组、屋场和各机关单位、企业工厂、红军连队班排的业余教育网络。中央教育部为规范各类业余教育组织的活动,于 1934 年 4 月颁布了《夜学校及半日学校办法》《业余补习学校办法》《识字班办法》和《俱乐部纲要》等文件。

《夜学校及半日学校办法》规定:凡是政府机关、群众团体、俱乐部、工厂等皆得出资创办夜学校或半日学校。夜校和半日学校校址必须设在人口比较集中的地方。每个夜校至少须有校长 1 人,聘请 2 ~ 3 人任课;同时教员和学员应共同组织一消灭文盲小组,选举一人为组长帮助校长、教员工作。夜校教员由区教育部和各乡开办短训班培训。夜校学员中成绩较好者应兼任识字小组的教员。夜校教材除采用中央教育部所编印的之外,还必须采用地方教材,并与各个时期的中心工作结合,干什么工作学什么字,尤其要组织学员进行写墙报、写记录、写信、作报告、决议等练习。夜校经费由主办团体、机关负责津贴,再由当地合作社职工会的文化基金提供一部分,贫农团供给一部分,群众募捐一部分。学员自用的文具书籍以自备为原则,个别贫苦不能自备者由夜校募集津贴。毕业标准:以能写信、作报告、看《红色中华》为准。半日学校的办法与夜校相同。

《业余补习学校办法》以工人补习学校为例,规定:补习学校应吸收工厂所有工人学徒和工作人员参加学习,在可能范围内还须吸收附近群众来校学习。其文化、政治教员由教育部调配解决,工业技术教员由国家经济机关及职工会调配解决;校长教员均由工会聘任。学校教材必须与本工厂生产紧密结合,干什么学什么,并且要结合学习苏维埃基本常识及每一时期的中心口号。学校的经费由职工会的文化基金中开支,不足部分由政府教育部津贴。学校上课时间以工厂或工人工作实际时间确定,以不妨碍工人上班为原则。学校校址选择方便工人上学之地。学校组织系统与列宁小学相同。

《识字班办法》规定:凡是政府机关、群众团体的基本单位,均得在自己的列宁室创办识字班。一切无法加入夜校或半日学校的完全文盲,都得编入识字班识字。识字班以学员住所、饮食、工作场所接近为原则编配,少的3人,多的10人为一班。每班由列宁室或消灭文盲协会安排能识字的人当教员。识字教学灵活多样,随时随地随人多少均可教学,如乘凉、喝茶时皆可。每日所识之字自行写在簿子上,几天或一星期由消灭文盲小组长收集送交教员查验。识字班的成绩由上一级消灭文盲协会负责检查,定期公布,以推动识字运动开展。

《俱乐部纲要》规定:俱乐部是广大工农群众通过集体娱乐、学习进行自我教育的组织,每一级政府机关或每一个大的工厂企业,每一地方的工会、合作社,都应组织。乡苏维埃政府的俱乐部,即为该乡的农民俱乐部。每一俱乐部之下,按照伙食单位(或村庄)成立列宁室;每一列宁室至少须有识字班、图书室及墙报,还须有运动场或游艺设备。凡是苏维埃公民都可加入俱乐部为成员;非苏维埃公民(被剥夺选举权者)只要遵守苏维埃法令并参加俱乐部工作,也可加入为成员。俱乐部的经费由会员募集解决,不够部分由各机关团体津贴。俱乐部的内设组织视条件优劣而定,但最起码需由3部分组成:(1)演讲股——由俱乐部主任按照每月活动安排,聘请演讲员演讲,每次演讲前组织小规模的晚会;(2)游艺股——由俱乐部成员根据爱好分别组织歌谣音乐(中国乐器)、图画、戏剧等活动,并负责组织晚会和体育游艺竞赛;(3)文化股——负责办墙报、图书室,组织读报纸、扫除文盲。俱乐部由部员大会民主选举管理委员会主任,负责俱乐部的日常领导工作。

苏区的扫盲识字运动取得了辉煌成绩。以苏区江西省为例:据江西省苏维埃政府1932年11月报告,仅胜利、于都、宁都等14个县统计,共办起夜校3289所,识字小组19812个,俱乐部712个,建立识字委员会2744个,参加夜校和识字组学习的共140208人,占失学成年人和儿童总数的47%。至1933年7月,全省19个县夜校发展到有

5557 所,俱乐部发展有 1571 个,识字组发展到有 27349 个。同年 7 月 29 日,江西省苏维埃政府又制定了《江西省六个月教育工作计划大纲》,要求至 1934 年 1 月,全省夜校要发展到 15827 所,俱乐部发展到 2502 个,识字组发展到 54388 个。不久,这一目标基本实现。兴国县 1933 年 12 月底统计,全县已建立乡识字运动总会 130 个,村识字运动分会 561 个,识字小组 3387 个,参加识字小组的组员 22519 人。全县 35 岁以下不识字的男女青年,差不多都上了夜校,其中大多数人都摘除了文盲帽子。尤其是妇女,参加扫盲识字的热情更为高涨,成效更为显著。

毛泽东在第二次全国苏维埃代表大会报告中欣喜地说,苏区“群众识字的人数是迅速增加”,“苏区群众文化运动的迅速发展,我们看报纸的发行也可以知道。中央苏区现有大小报纸三十四种,其中如《红色中华》,从三千份增至四万份,《青年实话》发行二万八千份,《斗争》二万七千一百份,《红星》一万七千三百份,证明群众文化水平是迅速的提高了”。①

三、干部教育

干部教育是苏区教育的重要方面。

中央苏区党和苏维埃政府十分重视培养和教育干部,对干部教育工作抓得很紧。在中央苏区,创办了中央马克思共产主义学校(即中央党校)、苏维埃大学、中央教育干部学校等,对干部进行教育培训。中央苏区江西、福建两省也办有培训苏维埃干部的专门学校。江西省苏维埃政府于 1933 年 8 月 31 日发布第四号命令,决定创办江西省苏维埃干部学校。该校于 1933 年 9 月 17 日开学,招收学员 360 人(其

① 毛泽东:《在第二次全国苏维埃代表大会上的报告》,1934 年 1 月 24 日至 25 日,见江西省档案馆、中共江西省委党校党史教研室编:《中央革命根据地史料选编》(下),江西人民出版社 1982 年版,第 330 页。

中女学员占三分之一),分设6个班:土地干部、国民经济干部、财政干部各1个班,文化教育干部1个班,内务干部、劳动干部、工农检查干部及裁判干部共2个班,每个班60人。江西省苏维埃政府在招生计划书中规定:土地班学员应在区乡查田委员会中挑选;国民经济班学员应在县区合作社指导委员会及合作社管理委员会以及各种生产部门中挑选;财政班学员应在没收征发委员会及税务委员会中挑选;文化教育班学员应在教育部及其委员会与列宁小学俱乐部等教育组织中挑选;内务、劳动、检察、裁判等班次应在自己的组织内挑选;此外还可在区乡苏维埃代表中及各群众团体领导机关中选送。学员在校学习时间共33天,计144课时;学习科目分3种:政治课——反"围剿"战争和工农群众的任务,苏维埃土地问题、劳动问题、经济问题、红军问题、地方武装和妇女问题等;专修课——按各班性质确定内容;常识课——地理、自然、算术、唱歌、体操等。课时分配:政治课48学时,常识课36学时,专修课60学时。学员毕业后,由省苏维埃政府各部按照实际情形,分配到各县工作。

除了正规干部学校外,各省、县还经常举办短期干部训练班。这种短训班时间虽短,但教学内容精练,且可流动举办,适应残酷战争环境。1932年1—4月,中共江西省委就举办过两期干部短训班,兴国、于都、赣县、永丰、万泰、公略等县委都分别举办了3期干部短训班,宁都、胜利两县委也分别举办过1期干部短训班,江西省苏维埃政府也举办了1期苏维埃工作人员短训班。1933年8月,中央组织局要求苏区各省委应经常举办短期训练班,以培训造就县一级干部和省巡视员、县委训练班的教员及区一级主要干部。每期训练班以4星期为限,每日上课6小时,共144小时。其中,政治常识(主要为共产国际纲领)40小时,党的建设40小时,苏维埃建设40小时,实习24小时。

由此可见,苏区的干部培训还是比较正规、严格的。由于苏区干部教育事业的迅速发展,一大批党政干部迅速成长,脱颖而出,成为苏维埃运动的骨干力量。苏区培养造就的大批干部,后来都成为党在各条战线的骨干力量。

四、红军教育

红军教育是苏区教育的又一重要方面。

红军创建之初,主要是靠办红军随营学校、红军随营教导队等来培养红军初级指挥人员。朱毛的红四军和彭德怀的红五军及后来的红一军团、红三军团,都办有这类随营学校或教导队、教导营。

1930 年初,闽西红军和党组织在龙岩创办的闽西红军学校,是为中央苏区最早创办的红军正规学校。该校校长谭希林,政治委员邓子恢。招生 200 人,学习 4 个月毕业。不久,该校改为福建红军学校,由中共中央军委负责办理。1930 年 5 月中旬,该校又改名为中国红军军官学校第一分校,招生 800 名。校长蔡申熙(未到职),后为贺沉洋,政治委员邓子恢兼任,校务委员会主席李中沸,军事教官谭希林。1930 年冬,该军校又改名为红军彭杨(为纪念彭湃、杨殷两烈士)军事政治学校,校长萧劲光,政治委员张鼎丞兼任。校址由龙岩县大池迁至永定县虎岗。该校一年中招生 2 期,共 1000 人。

1930 年 4 月,红四军在江西吉安县富田区创办了红军军官学校第三分校,朱德、毛泽东分别兼任校长、政治委员,陈奇涵任教育长,陈东日任校政治部主任。1930 年 6 月后,由李文林任校长兼政治委员,金万邦任校党委书记,陈伯钧任学生总队政治委员。1930 年 12 月“富田事变”发生后,红三分校迁到赣江西岸,1931 年春与红一方面军教导总队合并。

红二十二军(军长陈毅,军政治委员邱达三)创建后,也于 1930 年 8 月在信丰县犀牛(今信丰县西牛)创办了一所红军学校,陈毅兼任校长,培训该军军政干部。

1931 年冬,中革军委决定以闽西彭杨军事政治学校、红一方面军教导总队和红三军团随营学校为基础,成立中国工农红军中央军事政治学校。校址初设瑞金城东谢氏祠堂。萧劲光、何长工(代)、刘伯承、叶剑英先后任校长,周以栗、刘伯承(兼)、叶剑英(兼)先后任校政治委员,周以栗(兼)、刘伯坚、刘畴西、欧阳钦等先后任校政治部主任。1932年夏,该校改称中国工农红军学校。从开办至1933年秋,共招生6期,培养各级红军军政干部6000余人。其中:

第一期:1个政治连,1个工兵连,3个军事连。军事第一连连长龙云,政治指导员张华;军事第二连连长彭绍辉,政治指导员石衡中;军事第三连连长粟裕,政治指导员刘西平;政治第四连连长林野(兼),政治指导员伍修权;工兵连连长胡国杰。军政学员共600人,教职员、勤杂人员约200人。学习时间3个月。

第二期:校长兼政治委员刘伯承,校政治部主任刘畴西(后欧阳钦),校训练处长林野,校务处长杨至诚,校供给处长钟禧。这一期共有学员1500人,下设1个高级研究班、1个工兵连、1个炮兵连、2个军事营、1个政治营。高级研究班学员48人,培养团、营两级干部,学员均为优秀的连长、独立营营长、小团团长及部分参谋人员。高级研究班班主任为唐庆云(原红三军团总指挥部参谋处长),主要专职军事教员有郭化若、钟伟剑,专职炮兵教员武亭(朝鲜族),政治教员吴亮平,兼职政治教员有刘畴西、欧阳钦、张如心、危拱之等。军事营培养目标是连、排级干部;政治营培养目标是连政治指导员、基层单位党支部书记。

第三期、第四期:各招生2000人。这两期的校长兼政治委员为叶剑英,政治部主任欧阳钦,训练处长林野,校务处长杨至诚。下设1个学员军事团、1个政治营、1个工兵连、1个炮兵连。学员军事团3个营共1200余人,团长张锡龙(后张经武),政治委员何长工;政治营4个连共约500人,营长陈伯钧,政治委员葛耀山(第一任)、伍修权(第二任)、黄火青(第三任);校训育主任周子昆。军事教员有左权、苏进、边章伍、韩振纪、赵志奇、鲍德心、张子承、吴子罕、卢寿椿、孙毅;工兵教员谭希林;专、兼职政治教员有张如心、吴亮平、危拱之、刘畴西、欧阳钦、刘西平、黄火青、伍修权等;专、兼职文化教员有刘月华(台湾同胞)、沈已庚、施英、施月娥、铁轮、崔音波(朝鲜族);专、兼职文艺工作者有危拱之、李伯钊、张爱萍、张欣、蒋耀德、赵品三、石联星。第三期于 1932 年秋末结业,第四期于 1932 年冬初开学。

第五期:编制与第四期同,但增加 1 个上级干部队,队长卢寿椿,政治委员董必武,政治处主任张如心,负责训练师、团两级干部。1933 年夏增加 1 个五期团,团长钟伟剑,政治委员伍修权,副团长苏进。1933 年夏末秋初增办六期团,团长卢寿椿;同时办 1 个特科营,辖 1 个工兵连、1 个炮兵连、1 个重机枪连。①

1933 年 10 月,中国工农红军中央军事政治学校扩编为 5 所学校:红军大学、红军彭杨步兵学校、红军公略步兵学校、红军特科学校、地方游击队干部学校。其中红军大学为高等军事学校,其余 4 所为专科军事学校。

红军彭杨步兵学校:又称红军第一步兵学校,校址设瑞金县九堡,以原中国工农红军中央军事政治学校第 6 期学员为基础扩编而成。校长陈赓,政治委员先后为刘西平(刘希平)、宋任穷,政治部主任黄火青。下设 2 个军事营、1 个政治营、1 个参谋营,主要训练连、排级干部。共办 3 期,第 3 期于 1934 年 10 月编入红军野战军长征。

红军公略步兵学校:为纪念黄公略取此校名,又称红军第二步兵学校,由原中国工农红军中央军事政治学校第 5 期学员扩编成立。校址设于都县城昌村小学。校长林野,政治委员先后为陈铁生、张际春、李方远,训练部长韩振纪。主要培养连、排级干部。最后一期学员 1934 年 10 月随红军野战军长征。

---

① 以上均参见刘少卿:《中国工农红军军事政治学校的光辉历程》,载《革命回忆录》第 18 辑,人民出版社 1985 年版。

红军特科学校:1933年10月由原中国工农红军中央军事政治学校第5期特科营扩编而成立。校址设瑞金武阳镇。校长胡国杰,后由武亭继任,政治委员袁血卒。下设机枪营、工兵营、炮兵营。最后一期学员随红军野战军长征。

地方游击队干部学校:1933年10月由原中国工农红军中央军事政治学校游击队干部训练班扩编成立。校长初为滕代远,后为刘海云,政治委员张灵。主要训练区、县以上地方独立团、赤卫军、少先队的指挥人员。该校在红军野战军突围长征后仍留在中央苏区继续办学,培训留守苏区的红军游击队干部。

此外,在中央苏区还办有红军无线电学校和红军军医学校。

红军无线电学校:1931年12月创办,校址设瑞金叶坪。该校前后共办6期,每期30余人。1933年3月,该校改称为红军通信学校,校址迁至瑞金叶坪坪山岗。校长刘光甫,政治委员曾三。下设无线电、电话、旗语、司号等通信专业,另设有机务人员训练班。1934年10月,该校学员编入红军野战军长征。

红军军医学校:1932年2月创办,校址初设于都县城天主堂,后迁至兴国县茶岭,1933年8月迁回瑞金,改为红军卫生学校。

上述红军学校自1931年冬至1934年秋,共为红军部队培养各级各类军政干部1万余人。他们之中除牺牲者外,绝大多数人后来都成为人民军队的高级将领和指挥人员。

五、职业技术教育

中央苏区的职业技术教育,除红军中的无线电通讯技术教育、医疗卫生技术教育外,还开办有银行专修班、税务训练班、商业学校等职业技术学校。

苏维埃国家银行在1933年5月5日发布《招收银行练习生启事》称:"本行为适应革命发展添设分行起见,决定陆续招收银行练习生(不分男女,人数多少不限),其毕业期间为一年。练习期满之后,酌量提拔为正式职员，分别等第照给工资，即在练习期间内，亦按级发给津贴费，并发给被毯衣服……”[①]苏维埃国家银行依靠这一措施，培养了一批银行职员。

与此同时，苏区国营企业、税务、商业也对职工开展职业技术培训，开办学校或训练班，培养了一批技术业务人员。

第四节
苏区高等教育的创办

一、中央马克思共产主义学校

中央马克思共产主义学校，是中国共产党在苏区创办的第一所正规的中央高级党校。其前身是1932年春由中共苏区中央局创办的中共苏区中央局党校，由中共苏区中央局组织部长任弼时兼任校长，重点培养苏区县、区级干部。1933年3月13日，在马克思逝世50周年前一天，中共中央局在中共苏区中央局党校基础上，正式创办了中央马克思共产主义学校，以示对马克思的纪念。

中央马克思共产主义学校校址，初设洋溪村满太屋刘氏私祠，后迁至瑞金县下肖区（今瑞金市沙洲坝镇）黄竹堪下新厅村，1934年7月再迁至瑞金田心乡（今属瑞金云石山乡）社公背侣玉公祠。

中央马克思共产主义学校首任校长任弼时，副校长杨尚昆；后由张闻天兼任校长，董必武、冯雪峰先后任副校长，冯雪峰、罗明先后任教育长。

中央马克思共产主义学校内设3种类型的训练班，即：新区工作人员训练班，主要培养新苏区（含白区）工作人员，学员80人，学习时间1个月；党政工团干部训练班，分别设党团、苏维埃和工会干部各1

① 《红色中华》第76期，1933年5月5日。

个班,每班50人,学习时间4个月;高级干部训练班,主要训练各省委、省苏维埃和省工联派送的高级干部,学员40人,学习时间6个月。

学员学习课程因班而异,主要有:马克思列宁主义基本原理、党的建设、苏维埃建设、工人运动、中共党史、联共(布)党史、西方革命史、地理、自然科学常识等。许多课程都请中央领导同志讲授,如毛泽东讲授苏维埃运动史,任弼时、邓颖超讲授中共党史,博古讲授联共(布)党史,陈云讲授职工运动史,顾作霖讲授少共史,董必武讲授西方革命史,周恩来、朱德、刘伯承、李德讲授军事课,张闻天、刘少奇也常到校讲授有关课程。其中的多数人都能紧密结合中国革命实际,深入浅出,深受学员欢迎。但博古讲课时,常常是摆出一副大理论家架势。他一般不用讲稿,上课时腋下夹几本马列的书,滔滔不绝地讲上几个钟头,并且能随时翻开夹满了小纸条的马列著作引经据典,革命导师的话背得滚瓜烂熟。这一点让学员们钦佩。但他很少联系中国革命实际,更是脱离苏区的实际情况,让人感到空洞无物。

党校的教学方法以自修为主,讲授为辅。学习期间,均安排学员到苏区各地参加社会实践和调查研究,以提高实际工作能力。

中央马克思共产主义学校学员们的学习生活非常艰苦。曾在中央党校第2期学习过的李宽和回忆说:“学校的生活很艰苦。教室是借用的民房和祠堂。板凳、桌子也是从老百姓家里借来的。我们就坐在这些借来的长凳上看书、做笔记,大家总是聚精会神地听讲,除少数教材是铅印外,大部分都是油印,很多字看不清楚,但大家毫无怨言。”“吃‘小包饭’的情景更感人。大家互相关心,相互体贴,总要把自己那份‘小包饭’从自己的饭碗里拨出一些给饭量大的同学。大家相互推让,谁也不愿多吃一口。这种互相关心互相照顾的精神,使每个人感到革命集体的温暖,把大家更紧密相联结在一起,为争取前线的胜利作贡献。那时由于敌人的经济封锁,还有一个比缺粮食更困难的事,就是吃盐极困难。当时一块银洋只能买到一两咸盐,有时用硝盐

(有苦味)代替咸盐。生活可谓艰难之极,但我们始终相互关照,充满革命乐观主义精神。学习之余开展各种活动,校园里随时可听到欢快的歌声。"①

为活跃学术空气,帮助党校学员和广大干部提高理论水平,中共中央局以中央马克思共产主义学校为基础,成立了中央马克思主义研究会。博古、张闻天等经常向研究会成员作专题学术报告。党校学员参加报告会极为踊跃。

中央马克思共产主义学校在创办后1年多的时间里,为党培养训练了一大批高中级领导干部。1934年10月,该校未毕业学员随中央红军主力撤离苏区,参加战略转移。

二、苏维埃大学

苏维埃大学又称国立沈泽民苏维埃大学,以纪念因病逝世的中共鄂豫皖省委书记沈泽民而命名。

苏维埃大学是1933年8月16日中央人民委员会第四十八次常会决定开办的,以培养苏维埃高级干部为宗旨。苏维埃大学委员会由毛泽东、沙可夫、林伯渠、梁柏台、潘汉年等人组成。

毛泽东亲任苏维埃大学校长,沙可夫(中央教育部副部长)任副校长。1934年2月后,校长由瞿秋白担任,副校长改为徐特立。

苏维埃大学校址在瑞金沙洲坝中央政府大礼堂附近的黄土岗上,校舍全部为新建的干打垒茅屋房。

中央教育部于1934年三四月间制定颁布了《苏维埃大学简章》。规定:凡年龄在16岁以上,不分种族、性别,曾在苏维埃政权机关或群众团体工作,有半年以上工作经历而又积极勇敢的,或在边区参加过革命斗争的,文化程度能看普通文件者,均有入学资格;在各种突击工

① 李宽和:《忆中央苏区党校》,中共江西省党史研究室等编:《中央苏区风云录》,1991年内部版,第270—271页。

作中成绩显著者亦可入学。苏维埃大学设本科、预科两部。修业期限依环境需要和可能而定，最低限度本科不少于半年；预科部视学生入学文化程度而定，安排一定时间给学生补习文化。学校课程主要有苏维埃理论、实际问题研究和实习3项。

苏维埃大学从1933年9月开始招收学员，先后共招有1500余名。分特别班和普通班。特别班即本科，内设国民经济、财政、工农检察、教育、内务、劳动、司法等8个班，1934年春又增设外交、粮食班。普通班即预科，先补习文化，再升入本科学习。苏维埃大学在教学中贯彻教育为革命战争服务、教育与劳动生产相结合的方针，以及理论联系实际的原则。

苏维埃大学管理委员会之下设校务、教务两处，管理全校一切行政、教学事宜。教员分正教员、副教员。正教员负各科领导责任，副教员帮助正教员收集教材、编辑教授大纲并准备学生提问、检查学生作业。学校一切经费由苏维埃中央政府全额拨款解决，学生被服及日常用品自理。学校生活实行军事化，学生组织“学生公社”，实行民主管理。

毛泽东、张闻天等党和苏维埃政府领导人，对苏维埃大学的教学工作十分重视和关心。为了给苏维埃大学准备教材，毛泽东亲自作长冈乡调查和才溪乡调查，并在此基础上总结两个乡苏维埃政府工作经验，写出《乡苏怎样工作》一文，在苏维埃大学向学员演讲。张闻天也在调查研究的基础上，写出《区苏怎样工作》一文，在苏维埃大学演讲。苏维埃中央政府其他领导人，都分别到苏维埃大学授课。

1934年7月，第五次反“围剿”战争进入最紧张阶段。设在瑞金沙洲坝各中央机关为避国民党飞机轰炸，全部西迁至瑞金云石山、梅坑等地。苏维埃大学也撤离沙洲坝，合并到中央马克思共产主义学校（中央党校）。

三、红军大学

红军大学又称红军郝西史大学(纪念苏联红军将领郝西史),由原中国工农红军中央军事政治学校上级干部队为基础扩编成立,校址设在瑞金大埠乡。

红军大学校长兼政治委员何长工。

1934 年 2 月,何长工调任粤赣军区司令员兼政治委员,由周昆代理校长,徐梦秋代理政治委员。1934 年 6 月,张宗逊任校长兼政治委员,同年 9 月彭雪枫任校政治委员。校政治部主任徐梦秋,教育长周昆,校务部长杨至诚。

红军大学下设 4 个科:高级科——负责人兼党支部书记彭雪枫,负责培训师、军、军区以上的军政干部;上级指挥科——科长卢寿椿,负责培训团、营长;上级参谋科——科长苏进,负责培训团、师、军参谋长;上级政治科——负责培训团政治委员、营政治教导员。宋任穷、程子华、李天柱、唐亮、刘道生、曹里怀、苏静等,都曾是红大学员。

红军大学的教育方针是“理论与实际并重,前方与后方结合”。主要课程有:党的建设、社会发展史、红军政治工作、步兵战斗条例、野战条例、军事基本知识、射击刺杀技术等。

红军大学专职教员有萧劲光、周士第等,兼职教员有瞿秋白、刘伯承、贺昌、李弼庭等。毛泽东、朱德、周恩来、王稼祥、董必武、刘伯承、贺昌等,都曾到红军大学作报告或讲课。

红军大学先后共办 4 期,每期 200 人。第 4 期未毕业即编为红军野战军干部团上级干部大队,于 1934 年 10 月随野战军参加长征。

四、中央教育干部学校

中央教育干部学校是中央教育部 1933 年 7 月在瑞金创办,专门培训在职的省、县两级教育行政干部。学员由各县教育部选送,每县、区各 1 人,以现任的县、区教育部干部中的积极分子为主要对象。1933 年 8 月 15 日开学。学习时间 2 个月,10 月 15 日结业。

五、中央农业学校

中央农业学校于 1933 年在瑞金城东的东山寺建立。其任务是:为苏区培养农业干部和农业技术人才;搜集、整理苏区农民群众和农事试验场的经验,广泛进行农业技术传播;与土地人民委员部建设局发生密切联系,计划苏区的农业生产。

中央农业学校设本科、预科和教员研究班。本科学制 1 年,预科修业 2 个月后升入本科,教员研究班无定期。

本科课程和教法如下:(1)政治常识:最基本的政治常识及苏维埃建设的实际问题;(2)科学常识:气象知识,植物生理病理知识,简易测量和计算常识;(3)以实习为中心学习以下农业知识:苏区主要农作物栽培法、育种法;肥料的制造、保存和施用法;主要农作物病虫害防治法;农业经营法,尤其是节省土地、肥料、劳动力的方法;作物概论;土壤改良法;农产品简单的制造及保存法。

预科从实习中掌握农业简单常识和农业上必要的文化知识。教员研究班由教员组成,用科学试验的方法,根据苏区的经济条件,具体研究苏区农业的发展问题。

学校为便于学员学习和实践,附设有农事试验场和农产品展览所。农事试验场的任务是:(1)不定期地将农业研究试验结果向全苏区农民报告;(2)指导苏区农民改良耕作技术;(3)收集优良农作物品种,推广优良品种;(4)预测预报农业病虫害,研究和推广消灭农业病虫害方法;(5)根据苏区农业生产实际编制苏区农事日历;(6)为农校学员提供农业科学知识。

中央农业学校学员条件是:农民和农业工人及有志于学习农业知识的公民,年龄在 16 岁至 32 岁之间,有决心学习者均有入学资格。学员入校,须由中央土地人民委员部介绍,学员毕业后交中央土地人民委员部分配工作。

中央农业学校设校长 1 人,由中央教育部任命。学校直属于中央教育部。学校校长之下设管理委员会,委员由中央教育部和中央土地人民委员部共同委任。学生的管理及费用等,与其他高等学校相同。

中央农业学校的创办,为培养苏区的农业人才,促进苏区农业的发展,起到了积极的作用。

总之,苏区教育事业取得的辉煌成就,有目共睹。毛泽东在第二次全国苏维埃代表大会上作报告时,自豪地说:“谁要是跑到我们苏区来看一看,那他就立刻看见这里是一个自由的光明新天地。”“这里一切文化教育机关是操在工农劳苦群众的手里,工农及其子女有享受教育的优先权。苏维埃政府用一切方法来提高工农的文化水平,为了这个目的,给予群众政治上与物质条件上的一切可能的帮助。因此,现在的苏维埃区域,虽然是处在残酷的国内战争环境,并且大都是过去文化很落后的地方,但是已经在加速度的进行着革命的文化建设了。”[①]毛泽东将这一成绩称之为“是人类精神解放绝大的胜利”。[②]

中央苏区在发展教育方面取得的巨大成就,连国民党军政要员也不得不承认。1935 年 3 月,国民党第十八军军长罗卓英在宁都县城召开的一次记者招待会上,谈到苏区的教育时,就说:“其教育问题,则颇堪吾人注意”,“其匪化一般儿童之成绩,已至是惊人”。

---

① 江西省档案馆、中共江西省委党校党史教研室编:《中央革命根据地史料选编》(下),江西人民出版社 1982 年版,第 329 页。

② 江西省档案馆、中共江西省委党校党史教研室编:《中央革命根据地史料选编》(下),江西人民出版社 1982 年版,第 331 页。

第十五章
中央苏区的文化事业

第一节
中央苏区的新闻出版业

一、中央苏区新闻出版和印刷发行机构

(一)新闻出版发行机构

新闻出版和印刷发行事业是文化事业的重要组成部分。中央苏区时期,尽管条件十分困难,各级党组织、苏维埃政府和红军部队以及群众团体,对新闻出版和印刷发行工作都十分重视,将其视为党的工作的喉舌。在开创中央苏区初期,各地方和红军部队中就因陋就简,创办和发行了数十种报纸刊物,印刷了大量革命书籍,供根据地军民阅读学习。1931 年 11 月苏维埃中央政府成立后,党和苏维埃政府对新闻出版和印刷发行工作更为重视,在首府瑞金建立了几十个新闻出版和印刷发行机构,以适应革命战争和各项工作的需要。

设在红都瑞金的中央苏区新闻出版发行机构主要有:

中央出版局:1931 年年底在瑞金成立,负责苏区的新闻出版和发行工作,隶属于临时中央政府,初期设于瑞金叶坪。局长朱荣生兼总发行部长(1932 年 7 月后由张人亚继任)。下设编审部、发行部等工

作部门。主要职责是管理、检查、审批苏区报刊和书籍的出版、发行。

中共中央局党报委员会:1933 年 1 月在瑞金成立,张闻天任书记。主要负责中央理论刊物《斗争》的编辑出版工作。1934 年 1 月中共六届五中全会后,改称为中央党报委员会,仍由张闻天任书记。

中央革命军事委员会出版局:1932 年 1 月成立,隶属于中国工农红军总政治部。初与军委同在瑞金叶坪乡洋溪村办公,1933 年 6 月后与总政治部同驻瑞金沙洲坝白屋子。负责红军内部军事、政治和文化书籍的出版发行工作,并附设有一个印刷所,编辑出版了大量的军事、政治、文化书籍。

中央教育部编审委员会:1932 年 6 月成立。负责苏区教育类图书的编纂、审定工作,同时负责苏区文化艺术类图书的编审。徐特立兼任主任,关蕴秋、施红光、蔡乾等为委员。与中央教育部合署在瑞金叶坪洋溪村办公。1933 年 4 月,中央教育部进行机构调整,分别设立编审局、艺术局,原编审委员会撤销。

马克思共产主义学校编审处:1933 年 3 月成立,董必武兼负责人,有工作人员 7 人,负责文化政治理论书籍的编辑出版工作。

红军学校出版科:其前身是中央军事政治学校出版科,成立于 1931 年底,1932 年 5 月改称红军学校出版科。隶属于红军学校政治部。负责出版红校学员需要的军事、政治、文化教材。

红军军医学校出版科:1932 年 2 月成立红军军医学校后,即成立了编审出版科,负责编辑出版学员急需的各类医药卫生教材。中革军委总卫生部部长贺诚曾亲自动手,为学员编写了一批教材。

中央印刷局:1931 年底成立,主管苏区的印刷事业,并辖有中央印刷厂。局长张人亚。

中央总发行部:亦称中央出版局总发行部。1932 年 4 月由原《红色中华》报社发行科改组成立,是中央苏区书刊发行工作的管理部门,同时又是《红色中华》等中央报刊和部分重要政治理论书籍的发行业务部门。成立时由中央出版局局长朱荣生兼负责人。

中央局发行部:亦称中央发行部。1933 年春由原中央出版局管理的发行部门划归中共中央局管理,成立中央局发行部,主要负责《斗争》《红色中华》等党报、党刊和重要政治理论书籍的发行工作。

工农红军书局:1932 年下半年在瑞金县城设立,是中革军委出版局、红军总政治部、红军各学校联合经营的图书发行机构。

此外,还有工农剧社编审委员会、工农美术社、马克思主义研究总会编译部、《青年实话》发行局等出版发行机构。上述新闻出版发行机构,主要承担中央苏区各中央机关和红军部队报刊图书的出版管理和发行工作。中央苏区各省、县也相应建立了报刊图书发行机构,如闽西列宁书局等,发行各自出版的报刊图书。

(二)印刷机构

中央苏区新闻出版和发行事业的发展,必然带来印刷事业的发展。中央苏区的印刷机构主要有:

中央印刷局:成立于 1931 年底,主管苏区的印刷事业,局长由中央出版局局长张人亚兼任。

中央印刷厂:又称中央政府印刷厂,直属于中央出版局和中央印刷局领导。始建于 1931 年 9 月,厂址设瑞金叶坪下陂坞村。厂长陈祥生、副厂长杨其鑫。同年底,陈祥生调任中央造币厂厂长,杨其鑫、古运来先后接任厂长,副厂长祝志澄。全厂工人多时达 200 余人。设有编辑、铅印、石印、铸字(又称浇字部)、刻字,裁纸装订、油墨等 8 个生产部门,厂部另设有材料科、总务处、财会处等管理机构,建立了党团支部和工会组织。该厂设备比较齐全,是苏区当时规模最大的国家企业之一,主要承担《红色中华》《斗争》《苏区工人》等报刊和一些重要书籍教材的印刷任务。

青年实话印刷所:是《青年实话》报社的附设印刷单位,主要承担《青年实话》印刷任务,成立于 1933 年,设于瑞金县沙洲坝沙前村。全所共有工作人员30余人。印刷设备有石印机、铅印机等。

中央教育人民委员部印刷所:1933年春成立,隶属于中央教育部。有石印机两台,经常搞木刻版印刷,主要承担苏区教育图书、教育法规文件的印刷。

中央财政人民委员部印刷所:1933年10月,由中央印刷厂石印部之票币印刷股与国家银行印刷科人员、设备合并建立。主要担负苏区纸币、公债券、借谷票、财政法令、布告文件等的印刷。

中革军委印刷所:约成立于1933年5、6月间,设于瑞金县沙洲坝乌石垅村中革军委办公处后院的一座临时工棚。直属中革军委领导。主要印刷《红星》和红军总政治部《革命与战争》等报刊,并印刷红军各种教材课本,以及军委文件。

中央苏区所辖各省也建有一些小型印刷所,承印当地报刊、文告和图书。

二、《红色中华》

中央苏区各级党政军领导机关和群众团体先后共创办出版发行报刊160余种。其中发行量最多、影响最大的是《红色中华》。

《红色中华》创刊于1931年12月11日。初为中华苏维埃共和国临时中央政府机关报,1933年2月4日起改为中共苏区中央局、苏维埃中央政府、全总苏区中央执行局、少共中央局的联合机关报。创办之初为周刊,铅印,4开;从第50期起改为3日报,第148期起又改为每周出版3期。第1期仅出4开两版,第2期起为4开4版,以后一般每期6版或8版,最多时达10版。报头开始为周以栗题写,第221期(1934年8月1日出版)起改用黄亚光书写的美术字体。《红色中华》成立时设有编委会,编委会有编辑部、通讯部和发行科,1934年2月还成立材料部(资料室)。报社初设瑞金叶坪村,在一所简陋的民房里办公。1933年4月随临时中央政府机关迁驻瑞金沙洲坝村。

《红色中华》报主笔(主编)最初为周以栗(苏维埃中央执行委员、

中央内务人民委员),后因病重休养,改由王观澜任主笔。1932年秋王观澜调走,李一氓接任主笔。李一氓之后任主笔的有沙可夫、谢然之、瞿秋白等人。瞿秋白任主笔时,日常工作由报社的秘书任质斌负责,后又改由徐名正负责。①

《红色中华》是苏维埃中央政府的机关报,是党和苏维埃政府的主要舆论宣传工具。其办报宗旨,在其《发刊词》中说得很明白:

> 他的主要任务是要发挥中央政府对中国苏维埃运动的积极领导作用,达到建立巩固而广大的苏维埃根据地,创造大规模的红军,组织大规模的革命战争,以推翻帝国主义国民党的统治,使革命在一省或几省首先胜利,以达到全国的胜利。目前他的工作:
>
> 第一要组织苏区广大群众积极参加苏维埃政权。这不仅要引导工农群众对于自己的政权,尽了批评、监督、拥护的责任,还要能热烈的参加苏维埃政权的工作,了解苏维埃国家的政策、法律、命令及一切决议,能运用自己的政权,达到镇压反革命的阶级,实现自己的阶级的利益与要求。
>
> 第二要指导各级苏维埃的实际工作,纠正各级苏维埃在工作中的缺点与错误。目前改造苏维埃,特别是建立乡苏维埃,以及纠正过去土地革命及现时肃反的非阶级路线,对于经济政策的忽视与错误等都成为目前建设苏维埃的急要工作。须要以自我批评的精神,检阅工作的成功与缺点,找出正确的方法,指示各级苏维埃有计划有日程的进行工作,以建立巩固而有工作能力的苏维埃政权。
>
> 第三要尽量揭破帝国主义国民党军阀及一切反动政治派别

① 任质斌:《〈红色中华〉报始末》,见文化部党史资料征集小组编:《新文化史料》,1986年第3期。

进攻革命、欺骗工农的阴谋，与反动统治的内部冲突崩溃，及一切政治内幕，介绍苏区非苏区红军斗争，工农革命运动的消息，使劳苦工农群众，懂得国际国内的政治形势，与必要采取的斗争方法，而成为扩大苏维埃运动的勇敢的战士。①

《发刊词》所提出的《红色中华》报的任务，归纳起来，就是：积极宣传党和苏维埃的方针政策、法律法令，动员广大工农群众积极参加苏维埃革命斗争，拥护红军和苏维埃政权，监督帮助苏维埃政权工作；指导各级苏维埃政权发扬工作中的成绩，改正工作中的缺点，提高工作的效率；大力揭露帝国主义和国内一切反动派的反革命阴谋，宣传苏区内外革命形势，鼓舞全国工农大众为苏维埃而英勇奋斗的勇气和胜利信心。

《红色中华》在自己的办报实践中，出色地完成了党和苏维埃政府赋予的光荣任务。它不仅以大量版面刊登苏维埃中央政府的重要法律、法令和文告，刊登对苏区各时期工作有重要指导意义的社论和评论，同时还及时报道苏维埃中央政府召开的重要会议和一些重要事件的内容；并且刊登了不少对苏区工作有普遍指导意义的先进单位的典型事迹和经验，以及揭露批评苏区党政机关不正之风的重要文章、报道。

曾负责过《红色中华》报社日常工作的任质斌回忆说：

苏区中央局要求《红色中华》报对于反"围剿"的战争动员和苏区建设经常起组织者、宣传者的作用。因此，《红色中华》报在组织稿件和版面安排上，后来逐渐减少了苏区以外的国际国内时事的报道，增多了苏区内部重要活动的指导；减少了上层活动的报道，增多了基层群众活动的报道；减少了对中央各部发布的条令、条例的报道，增多了由报社出面发出的号召，如节约粮食、认

① 《红色中华发刊词》，《红色中华》第 1 期第 1 版，1931 年 12 月 11 日出版。

购公债、扩大红军、优待红军家属、组织赤卫军、少先队、熬制硝盐、发展游击战争等。为了造成声势和气氛,还常常采用在某一段时间,某几期或某一期里面围绕着一个中心内容来集中报道的方法。另外,还时常在报纸版面的醒目地位刊登一些木刻的大字标语口号和图画(这些图画大多是请红军学校的赵品三和国家银行的黄亚光画的)。有时还增出"党的生活"版,文艺版等。所有这些做法,对于当时的战争动员和苏区建设是起了一定的推动作用的。①

苏区党和苏维埃政府对《红色中华》报极为重视,中央政府主席毛泽东、副主席项英和博古、张闻天、周恩来等领导人,以及中央各部门、各省负责人,经常指导、询问报社的工作,给《红色中华》报写社论、专论和通讯,或者主动给报社提供一些重要信息和文字材料。当《红色中华》报社编辑、记者前往采访时,他们都热情地提供各种材料或回答问题。中央和各省召开群众性大会或工作总结会时,大都通知报社派员参加。

由于报社工作人员较少,而《红色中华》发稿量又很大,所以报社建立了一支工农通讯员队伍,实行群众办报。《红色中华》报创刊伊始,就在第2期刊登征稿启事,规定征稿文章内容为:论文,时评,社会调查,工农运动,红军斗争,各项新闻,对于政府与群众运动、各项工作的批评,群众文艺等,稿件要求"通俗简明",发表后"从优酬谢",每篇稿费"二毛至一元不等"②。

1933年1月27日,中共苏区中央局和苏维埃中央政府、全总苏区中央执行局、少共中央局联合发出"关于红色中华的通讯员问题"的

---

① 任质斌:《〈红色中华〉报始末》,见文化部党史资料征集小组编:《新文化史料》,1986年第3期。

② 见《红色中华》第2期,1931年12月18日出版。

《联合通知》。通知规定了通讯员的主要任务是:(1)搜集各种实际工作材料与消息(如战争胜利,扩大红军,揭发官僚主义,苏维埃建设,工人运动等等);(2)经常把搜得的材料消息做成通讯稿寄来;(3)组织与教育在他领导下的工农通讯员,发展通讯网到下层群众中去;(4)帮助报纸的推销,建立代派处与推销处;(5)建立读报小组,争取广大的读者。通知强调"这一通讯员,须是实际的,而不是挂名的。选定之后,应立即进行工作,与红色中华社立刻建立直接通讯关系(请寄瑞金叶坪红色中华社沙可夫)"。① 这个通知发出后,收效甚好。一个遍布苏区各地的《红色中华》通讯发行网,迅速建立和健全起来,大批稿件源源不断地涌进编辑部。为帮助和指导基层通讯员撰稿,提高通讯员投稿积极性,《红色中华》报编辑部还油印出版了不定期刊物《工农通讯员》,坚持寄发稿酬和纪念品给通讯员。

为进一步发挥《红色中华》报的宣传鼓动作用,报社并于 1934 年 3 月初在瑞金创办了《工农报》。该报为旬刊,4 开铅印,文章体裁有新闻通讯、故事、短评、山歌、笑话、小常识、连环画、文字游戏等。该报类似于现代报纸的副刊,深受苏区军民欢迎。

《红色中华》报发行量最多时达 4 万余份。该报在 1934 年 10 月出版的第 240 期,刊登了中共中央和苏维埃中央政府《为发展群众的游击战争告苏区群众书》。此后,该报由留守苏区的中华苏维埃共和国中央政府办事处和中共中央分局继续编辑出版,一直出版到 1935 年 1 月 21 日第 264 期。1935 年 3 月上旬,该报部分工作人员编入赣南省红军游击队,从于都县南部分散突围,开展游击战争。中央红军长征到陕北后,《红色中华》于 1935 年 11 月 25 日在瓦窑堡恢复出版,仍为中华苏维埃共和国中央政府机关报(1936 年 2 月后改为中华苏维埃人民共和国中央政府机关报),编号从第 241 期起续编,只是将原来

① 见《红色中华》第 49 期第 4 版,1933 年 2 月 4 日出版。

的铅印改为蜡纸油印。1937 年 2 月后,该报改名为《新中华报》继续出版发行。

三、《青年实话》

《青年实话》是少共苏区中央局(1933 年 4 月后改称少共中央局)机关报。1931 年 7 月 1 日创刊于江西永丰县龙冈。

《青年实话》主笔魏挺群(阿伪)等。陆定一、王盛荣、张爱萍等人都是该报编委。

《青年实话》初刊两期为传单版式,单面油印。第三次反"围剿"期间停刊。1931 年 12 月 1 日在瑞金恢复出版。从第 3 期至第 8 期为半月刊,8 开单张,每期两张,可张贴,后改旬刊,逢 5 日出版,并从 1932 年 2 月 15 日起改为 32 开铅印。1932 年底从第 2 卷第 1 号开始由旬刊改为周刊,1 年 1 卷编号。从 1934 年 5 月 20 日第 3 卷第 24 号起,又由周刊改为 5 日刊,并将 32 开版式改为 8 开小报,每期 4 版,每月逢 5 逢 10 日出版。至 1934 年 9 月止共出版 113 期。

《青年实话》自 1932 年 2 月改铅印后,每期都在闽西长汀县城印刷发行。1933 年 8 月 1 日,《青年实话》印刷所和总发行所从长汀县城迁至瑞金县下肖村。它有一个完整、严密的发行网,有总发行所、分发行所、代售处,还有叫卖队,发行量最多时达 2.8 万份,仅次于《红色中华》。

《青年实话》是一份深受苏区军民尤其是苏区青年喜爱的刊物。它旗帜鲜明,图文并茂,有强烈的鼓动性和战斗性,而且富有青年特点,始终保持"文字作风的青年大众化"①。它经常根据苏区斗争的实际情形和青年学习革命理论的迫切要求,选登马、恩、列、斯等革命导师著作摘录,发表根据地党和苏维埃政府领导人撰写的理论文章,并且组织编写和登载马克思、列宁等革命导师的革命事迹、革命故事等

① 《青年实话》发刊词,1931 年 7 月 1 日。

通俗材料,供广大读者学习。它内容丰富多彩,版面活泼。设有“代论”“大事评述”“团的建设”“前线后方”“轻骑队”“军事知识”“红色儿童”“红军家属访问”“农业知识”“苏维埃教育”“赤色体育”“破除迷信”“识字游戏”“悬赏征答”“问题解答”“读者意见”“故事讲座”“每期一歌”等栏目。

《青年实话》还编辑了《青年实话丛书》《革命歌曲集》两本书,在苏区畅销一时。

1934 年 10 月红军主力撤离苏区长征后,《青年实话》停办。

四、《红星》

《红星》报是中国工农红军总政治部机关报,1931 年 12 月 11 日在瑞金县洋溪由中革军委总政治部(1932 年 1 月改称中国工农红军总政治部)创办。

《红星》创刊之初,定为 5 日刊,实际不定期,一般为 4 开 4 版,有时出两版,或 6 到 8 版,铅印。1933 年 3 月第 31 期起,改为 32 开本油印期刊。从创刊到 1933 年 7 月,该报主编是谁不详。

1933 年 8 月,邓小平任《红星》报主编。

邓小平是在反“罗明路线”斗争中被诬为“江西罗明路线的创造者”受到错误批判后,调到红军总政治部负责《红星》报工作的。当时连他一起,只有两名办报人员,邓小平既是主编,又是编辑、记者,每期报纸几十篇文章,从征稿采访、写稿改稿、版面设计、编辑校对,几乎是他一人包干。只有一名通讯员给他当帮手,协助印刷、发行等事务。

邓小平是办报能手,当年在法国勤工俭学时就办过《赤光》一刊,被人称赞为“油印博士”。担任《红星》报主编后,重操旧业,得心应手。他将《红星》恢复为 4 开版铅印报纸,并重新开始编号。1933 年 10 月 22 日起加出《红星附刊》,随报附送。邓小平主编的《红星》,到 1934 年 10 月止在中央苏区共出 66 期。从 1931 年 12 月创刊到 1934 年 10 月,前后共出 124 期。1934 年 10 月红军长征开始后,邓小平携带钢版、蜡纸等办报用具，随军西征，在长征途中继续编辑出版《红星》报。遵义会议后，邓小平调任中共中央秘书长，《红星》报由红军总政治部宣传部长陆定一负责继续出版。在整个长征途中共出长征专号28期。

在邓小平主持下，《红星》报办得很有特色。第一，《红星》成了“红军党的工作指导员”。党中央和苏维埃中央政府、中革军委、红军总部作出的关于军事斗争和红军建设的重大战略部署和方针政策，《红星》报都给予及时宣传。第二，《红星》报是“一架大无线电台”。该报通过“最后电讯”、“捷报”、“前线通讯”、“革命战争”等专栏，迅速及时地报道了红军的战斗情况和胜利消息。第三，《红星》报成了红军的“政治工作的讨论会”。该报经常以社论、署名文章和开辟“党的生活”、“支部通讯”专栏以及专题报道等形式，从各个侧面全面反映红军党的建设、青年工作、政治工作、群众工作、教育训练、文化娱乐等方面的情况，总结交流经验，指导部队建设。第四，《红星》报是红军部队的“一面大镜子”。该报开辟了《铁锤》《自我批评》等专栏，揭露红军中存在的官僚主义、消极怠工、贪污浪费等不良现象。《红星》报敢于碰硬，既敢于批评普通干部战士，也敢于批评高级领导干部。第五，《红星》报还是“红军的俱乐部”。诸如“军事测验”“军事常识”“卫生常识”“猜谜”“问题征答”“小玩意”“诗歌”“列宁室工作”等专栏，深受红军战士喜爱。

邓小平为《红星》报殚精竭智，倾注了大量心血。他特别注意报纸的导向性言论。几乎每一期，他都要编发一篇社论或重要署名文章。凡涉及红军建设的重大问题，几乎都有社论或文章予以引导。其中未署名的社论，基本上都出自邓小平的手笔。他很注重典型宣传，用先进典型的事迹和经验带动红军部队建设。邓小平还十分注意将报纸版面编排得生动活泼，栏目多样，通俗易懂，图文并茂。1934 年 8 月，中央苏区曾出版过一本苏区军民爱不释手的战地通讯专集——《火线上的英雄》,该书就是由《红星》报“前线通讯”刊发的近百篇文章汇集而成的。

《红星》报还拥有一支500多人的通讯员队伍。这些通讯员中,既有党政机关和红军部队中的各级领导干部,也有在连队基层工作的干部战士。他们既能持枪杀敌,又能挥笔写稿,写出的文章有血有肉,生动真实。这些通讯员中,罗荣桓、袁国平、彭加伦、罗瑞卿、萧华、张爱萍、向仲华、张际春、舒同等人,写得最多。毛泽东、朱德、周恩来、博古、贺昌等人,也为《红星》报撰写过不少社论和文章。1933年8月11日《红星》署名“子任”,描写1930年10月4日红一军团攻占吉安英雄事迹的《吉安的占领》一文,就是邓小平特约毛泽东撰写的。

《红星》报犹如一朵战火中绽放的奇葩,在苏区大地上争芳斗艳,受到苏区军民尤其是红军指战员的热烈欢迎。它的发行量,1933年仅在中央苏区就达17300份。

五、《斗争》等其他报刊

中央苏区除《红色中华》《青年实话》《红星》3大报外,还有《斗争》等100余种报刊。

《斗争》 中共中央机关刊物。1933年1月,博古、张闻天等到达瑞金后,决定将原苏区中央局机关刊物《实话》与苏区中央局组织部办的《党的建设》合并,改名《斗争》,为中共苏区中央局(后为中共中央局,1934年1月后为中共中央)机关刊物,受张闻天任书记的中央党报委员会领导。1933年2月4日在瑞金出版第1期,1934年9月30日终刊,共出版73期。《斗争》为16开本,铅印,先为旬刊,后改周刊。主要刊登共产国际、中共中央、苏区中央局决议、指示,同时刊登各级领导同志和实际工作者理论文章、调查报告、工作总结等。博古、张闻天、李维汉(罗迈)、凯丰等都在该刊发表了许多重要文章。该刊成为中央苏区权威理论刊物,发行量达2.7万余份。

《实话》 中共苏区中央局机关刊物。1932年2月14日创刊于瑞金。16 开本,铅印,刊期不定。主要刊登共产国际、中共中央、苏区中央局指示、决议以及领导同志的重要文章。1933 年春与《党的建设》合并,改名《斗争》。

《战斗》 中共苏区中央局机关刊物。1931 年 7 月 1 日创刊。16 开本,周刊,铅印。主编王稼祥。前后共出 4 期,后因印刷困难而停刊。1933 年夏全总苏区中央执行局还出版过名为《战斗》的铅印 4 开报纸,1933 年下半年停刊。

《党的建设》 中共苏区中央局组织部主办。1932 年 6 月 5 日创刊于瑞金。32 开本,铅印,刊期不定。1933 年初与《实话》合并,改名《斗争》。

《布尔什维克》 中共中央理论刊物,创刊于 1927 年 10 月 24 日,原在上海出版发行。1933 年 1 月中共临时中央政治局迁入瑞金后曾一度停刊。1934 年 7 月在瑞金重新出版发行,并重新编发期数。第 1 期为 32 开本,铅印,共 227 页,由中共中央局出版,中央发行部发行。

《苏区工人》 中华全国总工会苏区执行局机关报。1932 年 5 月在长汀创刊,为 4 开铅印报纸。每期出 4 版,共 41 期。每期图文并茂,通俗易懂,辟有"职工运动指导""广播台""经验交流"等专栏。陈云等在此刊发表过重要文章。1934 年 9 月停刊。

《无线电日讯》 《红色中华》新闻台主编。1932 年初创刊,称《无线电材料》,是专供中央负责同志阅看的"内参"性刊物。32 开,油印。每期页数不等,不定期。主要刊登新闻台抄收的国际国内重要信息和新闻电讯。1932 年夏,改名为《无线电日讯》,每日 1 期,定期出刊。

《教育通讯》 中央教育人民委员部编辑出版。1934 年 6 月 30 日创刊于瑞金沙洲坝,是中央教育部内部工作通讯。主要刊登中央苏区教育战线的消息动态、方针政策,总结交流发展苏区教育事业的经验,并对教育工作中遇到的实际问题进行探讨。

《苏维埃文化》 中央教育人民委员部主办出版。1933 年 7 月创刊,刊期不定。铅印,32开本。主要任务是宣传苏维埃政府的文化工作方针政策,反映苏区文化的现状和动态,推动苏维埃文化事业的发展。

《少年先锋》　中央苏区少队总部编辑出版。1932年8月1日在瑞金创刊。铅印,32开本,半月刊。以苏区青少年为读者对象,内容丰富,鲜明生动,图文并茂,现发现存有6期。

《时刻准备着》　少共中央儿童局机关报。1933年10月5日在瑞金创刊。铅印,32开本,半月刊,封面双色彩印,每期出版20页至30页。每份零售铜元1枚。该刊辟有社论、消息、故事、童话、民间歌谣、图书识字、模范儿童等栏目,陶冶少年革命情操。该刊于1934年7月25日休刊,前后共出18期。

《反帝战线》　中央苏区反帝拥苏总同盟机关报。1932年8月1日创刊。铅印,8开4版,半月刊。主要进行反帝宣传。现仅发现第1期。

《前委通讯》　中共红四军前委主办出版。1929年春夏间创刊。油印。其1929年6月14日出版的第3期,分别刊登了毛泽东致林彪的信和朱德致林彪的信。

《时事简报》　是红军政治部门在创建赣西南和闽西革命根据地初期出版的新闻小报。创刊时间约在1930年春。分两种版本:一种是供红军做群众工作时散发给群众(同时也是给士兵)看的;一种是供红军集中时给连队战士(同时给驻地群众)看的。该报速度快,时效性强,宣传效果好。

《苏维埃政权》　红军总政治部主办出版。1931年创刊,油印小报,是面向地方和红军的刊物。现存有两期,即1932年1月出版的1期,1932年5月出版的1期。

《政治工作》　1932年4月12日中国工农红军总政治部主办出版。原为石印。1933年重新编发期号,改为32开本,油印。现发现有

1932年4月创刊的第1期和第3、5期,1933年重编刊期的第1期。主要发表有关红军政治工作改革的言论、红军政治机关指示、介绍苏联红军政治工作改革经验。

《党的工作》 红军总政治部主办出版。1932年下半年创刊。现已发现1933年1月13日出版的第14期和1933年2月6日出版的第16期。是红军总政治部指导党务工作的内部刊物。

《战士》 红军总政治部主办出版。1933年创办。读者对象主要为红军部队基层指战员。1934年4月4日已出版第96期。

《红色卫生》 中革军委总卫生部主办。1933年五六月间创刊。系指导红军卫生工作的内部刊物。主要栏目有评论、消息、卫生简讯、卫生知识等。发现存有1933年6月出版的第2期、1933年7月24日出版的第3期。

《革命与战争》 军事政治理论刊物。1932年8月1日由红军总政治部创刊出版。同年10月从第3期起改由红军学校政治部编辑出版。1933年11月起由中革军委主编出版,并另编期号。32开,铅印,刊期不定。

《红色战场》 红一方面军总司令部编辑出版的军事期刊。1933年初创刊。主要刊载红军指战员(主要是高级指挥员)撰写的总结战斗经验教训的军事学术文章,同时介绍一些重要的军事知识。现发现的有第9期(1933年5月4日出版)、第10期(1933年5月11日出版)和第13期。还发现有《红色战场》副刊一期,为32开油印本。这几期中刊载了朱德、张云逸等撰写的重要文章。1934年5月,红军大学将该刊文章汇编出版了《红色战场汇刊》。

《挺进》 红三军团政治部于1931年下半年创刊。油印,8开小报。现发现存有1931年12月23日出版的第7号。

《省委通讯》 中共江西省委机关刊物。1933年6月3日在博生(今宁都)县创刊。3日刊,16开,石印。每期6~12版不等。主要反映全省各级党组织的工作情况和经验介绍，同时刊载省委重要文告。如遇有重要事件，增出副刊或特刊，1934 年夏后停刊。

《红的江西》 江西省苏维埃政府机关刊物。1932 年 6 月 21 日创刊。周刊，每期 16 开 2 版。主要反映江西苏区的斗争和各项工作开展情况，同时报道国内外重大新闻。1932 年 11 月 20 日第 16 期起，该刊与江西军区的《红光报》合办，仍称《红的江西》。

《福建红旗》 中共福建省委机关报。1930 年 12 月 11 日创刊。第 1—7 期油印，8 开单张。后印刷方式改变，油印、石印、铅印间有。1933 年 3 月 5 日，该报改为 4 开单张报纸。主要栏目有社论、各地要闻、党的工作、铁锤、红板等。

《红色福建》 中共福建省委、福建省苏维埃政府和福建军区联合主办出版的机关报。1934 年 10 月 21 日创刊。4 开，石印。主要反映红军长征后福建苏区游击斗争情况。现存有第 1 期。

《红色闽赣》 闽赣省苏维埃政府（原为闽赣省革命委员会）机关报。石印，8 开。创刊于 1933 年春。现存有第 3、4、6、8 期。

《前线》 中共粤赣省委机关报。1934 年创刊。4 开 4 版，铅印。同年 8 月终刊。

除上述中央、军委、总部、省委、省苏政府一级的报刊外，中央苏区出版发行的报刊还有《突击》《反帝拥苏通讯》《选举运动周报》《政治简报》《健康报》《兵运材料》《战士报》《红军日报》《政治生活》《武库》《火线》《猛进》《火炉》《猛攻报》《红校斗争》《工作通讯》《三师生活》《努力》《红旗》《烈火》《反帝周刊》《拂晓报》《红光报》《红色江西》《江西工人》《司法汇刊》《通讯》《少共国际师通讯》《政治工作》《列宁青年》《赤潮》《战线》《红色战线》《赤色儿童》《红色射手》《互济画报》等军团、省、军、师一级和群团报刊，以及数十种特委、分委和县团一级机关创办的报刊，如邓小平主持创办的《瑞金红旗》等。这些红色报刊，在创建和保卫中央苏区的斗争中发挥了重要的宣传鼓动作用。

六、红色中华新闻台

红军自1931年1月上旬在宁都县小布建立自己的第一个无线电通讯队以后,"按照参谋处的指示,在参谋处的院子里架起天线,开始工作,主要任务是抄收国民党中央社发的新闻,翻译出来供领导参阅。因为在苏区看报纸很困难,消息很闭塞,有了电台以后,一下子把闭塞的局面打开了,从此,每天抄收新闻便形成了一个制度"①。后来,电台的同志就将抄收到的新闻油印成一张半张,送给总部领导参考,并请总参谋处的郭化若处长题写了个刊头,叫《参考消息》②(1932年春改称《无线电材料》)。

在第二次反"围剿"期间,红军无线电通讯队还利用仅有的一部半电台,创造了单向拍发电讯的通信方式,就是由王铮队长和伍云甫两人带一部能够拍发电讯的电台随红军总部在前方,由曾三、刘寅带"半个电台"(这部电台只能收报,不能发报)随苏区中央局留在后方。只要前方有最新战斗信息,就通过电台向留在后方的"半个电台"发报。"后头的半个,24小时都守着,前面架好线就单方发,不需要QSL(收据),也没人给QSL。因此,前面的消息后面很快就知道了。有了这个经验,就想到用100瓦电台(引者注:红军在第二次反'围剿'九寸岭战斗中缴获了国民党军第二十八师师部的100瓦电台)可以发广播。那时还没有广播事业这个名词,只知道国民党中央社发新闻,但不知道新闻电台是怎么建设的。以后,我们就用100瓦电台发新闻广播"③。刘寅后来说到这部100瓦电台的功劳时,说:"就在当年,用它叫通上海党中央,这是第一功。全国苏维埃大会,我们用它广播,发新闻,又

① 刘寅:《在战斗中成长》,见《红军的耳目与神经——土地革命战争时期通信兵回忆录》,中共党史出版社1991年版,第84页。

② 刘寅:《关于红一方面军通信工作建立与发展的若干历史概况》,1983年5月18日。见《刘寅文集》,电子工业出版社1995年版,第351页。

③ 见《刘寅文集》,电子工业出版社1995年版,第350页。

是一功……第一个广播电台诞生在中央苏区,1931 年,呼号是'CSR'。"[①]当然,所谓"新闻台"或"广播电台",只是将需要播发的新闻稿译成明码向外播发,实际上是一台明码发报机,而不是通过口语播发新闻的现代意义上的"广播电台"。对此,刘寅回忆说:"当时我们也不知道那里能抄得到,后来一、四方面军会合,王子刚、耿锡祥同志都说抄到了,以后我到苏联,还看到苏联也抄到了我们苏维埃的文件,另外好多地方也都抄到了。"[②]

1931 年 12 月创办《红色中华》报后,为给该报提供国内外重要新闻电讯来源,中革军委决定将原先专门用于侦听抄收国民党电台新闻消息的无线电台,正式划归《红色中华》使用。而红军对国民党军的无线电侦察工作,则从通信部门分出去,单独成立技术侦察台。

1933 年 3 月从上海抵达瑞金、曾经在《红色中华》新闻台工作过的罗若遐回忆说:"到瑞金的第二天,我们就到中央组织部报到,组织部长任弼时同我们谈话,问我们有什么要求?我要求改个名字,把'罗若遐'改为'岳夏',他同意了。随后我被分配到军委无线电六分队当报务员……在这里工作了两个月,又把我调到新闻台,同在新闻台的还有个报务员,叫王××。这是我们党的第一个专门抄收新闻的电台,当时设在一个破庙里。新闻台的行政领导归中央人民政府,业务领导归红色中华通讯社。新闻台的任务,主要是抄收国民党中央社的电报,抄后送交红色中华通讯社编成新闻参考资料,供党中央、中央军委参阅。当时在新闻台的只有我们两个人,轮流值班,每天要工作十一二小时以上。因为过度疲劳,加上营养不良,身体都很虚弱,经常发生晕厥现象,但是工作热情仍然很高,曾多次受到上级表扬。半年左右以后,因工作需要,组织上又把我调到三局,新闻台的工作由黄乐天

---

① 见《刘寅文集》,电子工业出版社 1995 年版,第 349 页。

② 见《刘寅文集》,电子工业出版社 1995 年版,第 349—350 页。

接替。”①

《红色中华》新闻台的工作，一直坚持到中央机关和红军主力长征时止。

七、苏区出版的各类书籍

中央苏区出版机构编印、出版发行的马列经典著作、政治理论书籍和各类军事、文化、科技书籍，总计有350余种，总印数有数万册之多。

其中，出版的马列经典著作，主要有《共产党宣言》《国家与革命》《三个国际》《两个策略》《“左”派幼稚病》《无产阶级革命与叛徒考茨基》《列宁主义概论》等数十种；还有《马克思传略》《列宁传略》《列宁故事》《第一国际到第三国际》《马克思主义浅说》等政治理论书籍近百种。

值得一提的是，中央苏区早在1932年2月就出版了马克思、恩格斯合著的《共产党宣言》一书。该书为32开单行本，石印，由中国工农红军第十二军政治部翻印出版。全书约3万字，封面上印有工人高举拳头呼喊口号的图案。该书出版后，曾在苏区重印两次。1934年2月，中央苏区马克思主义研究会又重新出版了铅印32开本的《共产党宣言》，还增附了《雇佣劳动与资本》的著作内容。

除马列著作外，中央苏区还出版了许多重要的政治理论书籍。主要有毛泽东的《调查工作》(即《反对本本主义》)《长冈乡调查》《才溪乡调查》《乡苏维埃怎样工作》，张闻天的《区苏维埃怎样工作》《中国经济性质问题研究》，以及《苏维埃中国》《苏维埃政权》《党的建设》《论清党》《马克思主义政治经济学》《中国革命基本问题》《中国工农红军》，以及古田会议决议、中共六大决议等。

① 罗若遐：《一个通信战士的回忆》，见《红军的耳目与神经——土地革命战争时期通信兵回忆录》，中共党史出版社1991年版，第92页。

此外，中央苏区还出版了《中华苏维埃共和国法令辑要》《苏维埃法典》《苏维埃共和国经济政策》《苏维埃教育法规》《卫生法规》《苏维埃组织法》《土地法》《劳动法》《婚姻条例》《暂行税则》等数十种法律书籍；出版了《工农兵三字经》《共产儿童读本》《国语教科书》《算术常识》《地理纲要》《理化常识》《农业常识》《生物常识》《卫生常识》《世界革命简史》《中国历史常识》等各种教材课本 100 余种；出版了《病理学》《简明药物学》《实用内科学》《实用外科学》《内科看护学》《简单绷带学》《生理卫生学》《中药之研究》《西药学》《临症便览》《卫生员工作大纲》等 40 多种医药卫生书籍；还出版了《革命歌谣集》《革命诗集》《革命画集》《号炮集》《松鼠》《我——红军》《父与子》《农奴》《红光在前》《最后的晚餐》等文学戏剧书籍数十种。

中央苏区出版发行的上述各类书籍，为苏区广大军民提供了十分重要和宝贵的精神食粮。

第二节
苏区戏剧活动

一、苏区戏剧活动的兴起

早在土地革命初期，各地党组织为了发动贫苦农民参加革命斗争，编演了一些揭露封建地主残酷剥削压迫农民的现代话剧（时称"文明戏"）。如中共于都临时县委 1928 年春元宵节期间，编演了《逼租》《婚姻》等戏剧，在该县南乡里仁村演出，收到很好的宣传效果。1929 年春，闽西连城县的连南区革命委员会，也组织起"新声剧团"，编演了一些文明小戏，进行革命宣传。1929 年 12 月下旬，共青团闽西特委在龙岩县大池召开的各县宣传科联席会议通过的决议案中，专门对新剧团问题作出了决议，对新剧团的组织、演员、剧本、经费、设备诸问题作出了详细明晰的规定。此后，闽西苏区各地的革命戏剧活动很活跃地开展起来了。1929 年 5 月，红四军来到闽西连城新泉时，新泉“新声剧团”编演了《放高利贷》《逼租》《大秤入小秤出》等文明小戏，还演出了小戏《铁弓缘》《武松打虎》《薛仁贵投军》等传统剧目，并且与红军宣传队同台演出了大合唱、歌舞和滑稽剧。

在红军部队中，井冈山斗争时期红军宣传人员就经常自编自演一些小型的活报剧，既为宣传发动群众，也为部队自娱，活跃红军文化生活。每当红军取得重大胜利举行庆祝大会时，也要组织自演一些活报剧，或请地方戏班演出一些有积极意义的传统剧目。如 1928 年红四军编演的小剧《打土豪》《活捉萧家璧》《打倒尹道一》，1928 年底红五军编演的小剧《三兄弟》等。有时，红军宣传人员也采用旧戏新编方法，沿用地方传统剧目形式和曲调，填写反映红军斗争或革命道理的新唱词，化装演出。如红四军第二十八团副官长杨至诚套用传统京剧《空城计》的唱段，创作了反映 1928 年 8 月红军留守井冈山的部队取得黄洋界保卫战重大胜利的新剧——《毛泽东空山计》，风靡一时。

1929 年春后，红四军在开辟创建赣南、闽西根据地的斗争中，各部宣传队更是经常利用化装演讲、活报剧等形式，广泛开展宣传活动。1930 年 10 月上旬红军攻占吉安后，在罗荣桓政委的倡导下，红四军直属机关演出队创作演出了《广州暴动》《土豪取债》《流氓末路》《五四运动》等十几个剧目。第一次反“围剿”胜利后，红四军演出队又创作演出了《空室清野》《活捉张辉瓒》两出大戏，在宁都小布河滩上演出，受到苏区军民热烈欢迎。

二、苏区戏剧活动的发展

1931 年 11 月一苏大会的召开，为苏区戏剧活动的发展提供了极好的机会。一苏大会召开之前，一些有较高素养的戏剧人才，如李伯钊、钱壮飞、胡底等，先后从上海等地来到瑞金。为庆祝一苏大会胜利召开，他们在红一方面军政治部的组织下，成立大会筹备处文娱小组，钱壮飞牵头执笔创作了话剧《最后的晚餐》，李伯钊执笔改编了外国剧目《黑奴吁天录》。他们不仅亲自导演并参加演出,还动员何叔衡、郑晓周、唐义贞、蔡纫湘等登台,获得了很好的演出效果。苏区赣县田村、白鹭的东河剧团和瑞金、于都的采茶“三角班”,也在叶坪向出席一苏大会的代表献演了一台自编自演的现代革命戏剧,其中有《活捉张辉瓒》一剧。演出非常成功。

一苏大会结束后,李伯钊、钱壮飞等在红军中央军事政治学校率先成立了中央苏区第一个层次最高的业余戏剧团体——八一剧团。随后,红军各军团也相继成立了业余剧团。

一苏大会期间的演出活动和八一剧团的成立,标志着苏区戏剧活动进入了一个新的发展阶段。

八一剧团成立后的第一次成功演出,是慰问国民党第二十六路军宁都起义部队。演出的剧目是李伯钊、钱壮飞、李克农等排演的现代歌剧《为谁牺牲》。

《为谁牺牲》是李伯钊、钱壮飞等创作的。剧中描写一个白军士兵的遭遇。该白军士兵原先是个菜农,上街卖菜时不幸被国民党拉去当兵,开到江西来“剿匪”,被红军俘虏了。他的妻子流落街头,沿街乞讨,不得已靠卖唱为生。被俘的白军士兵被红军释放后,恰巧在街头遇见了自己逃荒卖唱的妻子。夫妻巧遇,悲喜交集。两人正准备找破庙安身,忽然来了一群饿狼似的国民党兵痞,又强拉丈夫去当兵。妻子只好又沿街卖唱、乞讨,逃到瑞金寻找红军。那个白军士兵在战争中又一次被红军俘虏,决心留下来当红军。他的妻子得到苏区红色互济会的帮助,终于在瑞金找到了当红军的丈夫。

台上在演出,台下不时传来哭泣声和叹息声。演出结束后,台下爆发出的不是往常那种暴风雨般的掌声,而是起义将士们一声声惊天裂地的口号声:“打倒蒋介石!”“打倒国民党!”“红军万岁!”口号声与周围松林的松涛声,交汇成一阵阵排山倒海的怒涛。《为谁牺牲》首次演出，就获得极大的成功。[①]

八一剧团还经常为红军学校学员和驻地居民及赴长汀城慰问演出。每次演出都受到热烈欢迎。

为推动苏区戏剧活动进一步发展，1932 年 7 月间，苏区戏剧爱好者们开始酝酿以红军学校八一剧团为基础，在瑞金筹备成立业余性质的"工农剧社"。经几次会议讨论酝酿，1932 年 9 月 2 日，工农剧社正式成立，并讨论通过了《工农剧社章程》。章程规定工农剧社"以提高工农劳苦群众政治和文化的水平，宣传鼓动和动员来积极参加民族革命战争，深入土地革命，反对帝国主义进攻苏联，武装保护苏联，推翻帝国主义国民党的统治，建立苏维埃新中国，激发革命群众的热情，介绍并发扬世界无产阶级的艺术为宗旨"[②]，并规定了社员、组织、分工、会期、任期、经费、工作、纪律等事项，井然有序。

工农剧社还编写了自己的社歌：

我们是工农革命战士，
艺术是我们的武器，
为苏维埃而斗争！
暴露旧社会的黑暗面，
指示新社会的光明，
创造题材与故事英雄，
就在革命与战争，
赤色革命的战士。

创造工农大众的艺术，
阶级斗争的工具，

① 参见《李伯钊文集》，解放军出版社 1989 年版，第 263—265 页。
② 参见《中央苏区革命文化史料汇编》，江西人民出版社 1994 年版，第 202—203 页。

为苏维埃而斗争!
暴露旧社会的黑暗面,
指示新社会的光明,
创造题材与故事英雄,
就在革命与战争,
赤色革命的战士。

工农剧社成立之初,隶属于中央教育部领导,9 月后改隶于红军学校政治部领导,1933 年 3 月后隶属于全总苏区中央执行局,1933 年 8 月后再次隶属于中央教育部。

工农剧社成立初期,张爱萍任剧社党团干事。后历任剧社社长的有:张欣(中央教育委员会委员)、倪志侠(全总苏区中央执行局宣传部部长)、洪水(越南籍,中央教育委员会委员,原任红军学校宣传科副科长)、赵品山(中央教育部艺术局副局长)。工农剧社下设之组织部、编审委员会、导演部、舞台部、音乐部、跳舞部、出版部等 7 个部门,实际上成为中央苏区戏剧活动的业务指导部门。演员队伍颇为壮观,李伯钊、钱壮飞、胡底、李克农、危拱之、石联星、赵品三、倪志侠、崔音波、韩进、袁血卒、沙可夫等,都相继云集瑞金,成为苏区戏剧活动的中坚力量。

工农剧社成员组成的剧团,时称“蓝衫团”或“蓝衫剧团”。之所以叫这个名称,《青年实话》曾刊文解释说:“至于苏维埃剧团,称做蓝衫团,都是因袭苏联的称呼。因为苏联的群众剧团,多是工人农民在不脱离生产原则下集合的剧团,他们的衣服仍是工农日常穿的蓝衫,所以称呼为蓝衫剧团。”①

1933 年 3 月,工农剧社在共青团组织的支持下,开办了一期戏剧训练班。张爱萍曾在《红色中华》报发表文章介绍说:“少共中央局

① 《青年实话》第三卷第 15 号。

……决定征调:(一)年龄在二十五岁以下,十八岁以上;(二)身体健壮,能走路,没有疾病;(三)活泼;(四)愿受调动的团员四十名加入工农剧社准备组织'蓝衫团'。被征调的各团员将受长期训练,科目有识字,读书,以及各种歌舞,游艺,音乐,新剧,活报……等,将来到各地表演,发展文化运动。计被征调的有:兴国五人;瑞金五人;博生四人;公略三人;赣县二人;永丰三人;胜利三人;汀州二人;上杭五人;长汀四人;新泉二人;武平二人;共计四十人——其中男的占三分之二,女的占三分之一。"[①]这期训练班被称为工农剧社蓝衫剧团学校。"该校于四月四日举行开学典礼,同时由工农剧社公演巨剧——《我——红军》,招待各机关同志及来瑞金检阅的共产儿童团。"[②]蓝衫剧团学校由李伯钊担任教务主任。

随着苏区戏剧人才队伍的发展壮大和苏区军民对文化生活的渴求,从1933年夏起,于都、胜利、博生、兴国等县以及汀州、叶坪等地和红军学校,先后都成立了蓝衫剧团,粤赣省和后来设立的赣南省,也成立了省级蓝衫剧团。这些剧团都属专业性质,演员队伍曾发展到六七百人。

红军部队中的戏剧活动,也开展得红红火火。红一军团在原军团政治部宣传队的基础上,于1933年春正式成立"战士剧社"。罗瑞卿任名誉社长,潘振武任社长。社员有:罗瑞卿、梁必业、罗荣桓、聂荣臻、童小鹏、萧华、潘振武、苏静、严俊、李兆炳、刘鹏、苏程缄、王恨、李卓然、汪慰农、魏麻子、孙毅、谷广善、朱瑞、刘亚楼、郑效峰、曾雍雅、危拱之、黄欧东、蔡永、姚锦福、熊梦林、吴富盛、赖德明、萧克、王宗槐、张子辉、杨思禄、张荣、汤光恢、郭保树、杨尚昆、蔡文福、王勇、殷连强、李

① 《红色中华》,1933年3月6日出版。

② 《苏维埃文化建设开端,工农剧社公演巨剧,蓝衫剧团同时开学》,见《红色中华》,1933年4月8日出版。

聚奎、罗兴旺、李东海等。曾任红一军团第一师政治部宣传科科长的彭加伦回忆说："第五次'围剿'前，蒋介石在庐山开军官训练团。我们编过大剧《杀上庐山》，有的高级首长也上了台，由李克农同志演阎锡山，黄镇同志演蒋介石。那是在总政演出的，当时正开各方面军的会议，可见苏区首长对戏剧的重视。一军团的林彪也上过台。大家请政治部主任罗荣桓上台，罗主任不上，就去请林彪的。林彪答应了也不读台词，到时候幕一拉，便上了台，坐在那里要警卫员叫罗主任来，罗主任也不好意思不上台。上台后，林彪说：'你同战士讲几句话'。罗瑞卿同志是名演员，他演过《文件在箱子里》，是讽刺官僚主义的。"①红三军团也成立了"火线剧团"，军团设总社，各师师部设分社，连队设小组，共发展社员六七百人。火线剧社还组织了一个青年京剧队，配备了一套京剧乐器，编演了《蒋介石哭灵》等京剧小戏。红五军团成立了"猛进剧社"，红军总部直属队成立了"铁拳剧社"。江西、福建等军区也有自己的剧团。他们都开展了创作活动。

高尔基戏剧学校的创办。

1934 年 2 月，瞿秋白来到瑞金，就任中央教育部部长。苏区戏剧运动统归教育部下属的艺术局管理。

瞿秋白高度重视苏区戏剧活动的开展。为使苏区戏剧活动走上革命化、组织化、群众化的发展道路，他提议将"蓝衫剧团"改名为"苏维埃剧团"，将"蓝衫剧团学校"改名为"高尔基戏剧学校"。他亲自领导制订了《苏维埃剧团组织法》和《高尔基戏剧学校简章》。《苏维埃剧团组织法》对中央苏维埃剧团的组织、任务、管理作出了明确规定：中央苏维埃剧团受中央教育部艺术局领导。剧团设剧团委员会及主任一人，管理剧团的全部事务。委员及主任由中央教育部任命。剧团

① 《彭加伦谈中央苏区文艺》，见《中央苏区革命文化史料汇编》，江西人民出版社 1994 年版，第 550 页。

成员由中央教育部艺术局根据工农剧社中央总社推荐，挑选国立戏剧学校毕业生及其他戏剧干部组成。中央苏维埃剧团的任务是："(1)研究并发展苏维埃的革命的戏剧运动，争取无产阶级意识在戏剧运动之中的领导权。(2)在戏剧的技巧内容等方面，帮助广大工农群众的工农剧社运动的发展。(3)用表演戏剧等的艺术宣传，参加一般的革命斗争，赞助工农红军的革命战争。(4)发扬革命和斗争的精神，并有计划有系统的进行肃清封建思想、宗教迷信以及帝国主义及资产阶级的文艺意识的坚决斗争。"①剧团在中央教育人民委员部艺术局领导之下，在全苏区定期的巡回演出戏剧、歌舞、活报等节目，每次巡回演出后向中央教育部艺术局作总结报告。剧团编制设在高尔基戏剧学校内，经费由学校解决。剧团巡回演出的经费，由剧团自行募捐解决。

《高尔基戏剧学校简章》规定：该校由中央教育人民委员部直辖，以培养苏维埃戏剧运动与俱乐部、剧社、剧团的干部和艺术人才为目的。学员学习4个月毕业。学员入学资格有5条要求：1. 年龄在16~27岁之间，不分种族性别，曾在革命机关或群众团体工作，或参加革命斗争，工作积极者；2. 须由当地政府机关介绍；3. 对戏剧运动和文艺运动确有兴趣；4. 文化程度能看一二百字(如对戏剧有特长者可例外)；5. 身体健康，无不良嗜好。学校的教育方针是：1. 给学生以戏剧运动及革命文艺运动的基本常识；2. 有组织地分派到各地的俱乐部、剧社、剧团去实习；3. 在学习期中组织各种研究会，培养学生的创造性。学校的教学内容有：唱歌、舞蹈、音乐、活报、政治常识、军事操练、戏剧理论等科目。学校负责学生的学费、膳费和学习用品费。学校校长由教育人民委员部任命，并成立由5人组成的管理委员会，校长之下设教务、校务处，教员分正教员和助教员两种。

① 中央教育人民委员部编：《苏维埃教育法规》，1934年4月瑞金出版。

高尔基戏剧学校校长李伯钊回忆说:“学校的教员由三部分人组成。一部分是白区党组织派来的,如胡底、钱壮飞、沙可夫等。一部分是红军中从事文艺工作的,如赵品三等。第三部分是曾在国民党军队中做过戏剧、美术、音乐工作的俘虏。使用这一部分人,当时是有争论的。有的同志不赞成让这些人当教员。但中央认为,应当争取他们来为我们服务。我们红军部队对待俘虏过来的官兵的政策是:愿留的可留下。这个政策也适用于文艺方面的人士。学校的教学内容,主要有音乐、舞蹈、戏剧讲座等,还练习柔软体操,进行形体训练等。政治课主要讲政治常识,大多数由红军学校的教员任教。学校是白手起家,校舍设在一个祠堂里,略加修改。教学设备,不少是红军的战利品,如钢琴、提琴等。教师中有一位曾经是上海左联的舞台美术工作者,名字叫倪志侠,擅长做软的景片和舞台装置。演戏时,他就带领学生们自己动手做布景……高尔基戏剧学校培养出了不少成绩好的演员,如刘秀章、郭滴海、杜锦秀、小演员秋兰等。”①

在瞿秋白的领导和关心下,中央苏区的戏剧活动进入蓬勃发展的新阶段。1934 年 10 月红军主力突围长征后,中央工农剧社(即中央苏维埃剧团)和高尔基戏剧学校学员,大部分留在苏区坚持斗争。石联星回忆说:“我们留下来打游击的戏剧工作者分成了三个剧团:红旗剧团(刘月华,施月娥,施英负责),战号剧团(赵品三同志负责,由宋发明带领),火星剧团(我与王普青同志负责)。每个剧团约有二十余人,剧团的成员除高尔基戏剧学校的学生教员外,还有在红校做文化戏剧工作的同志,像赵品三同志、崔音波同志等。”②3 个剧团冒着敌人的炮火,深入前线、医院和农村,巡回演出,鼓舞人们杀敌斗志。1935

---

① 《李伯钊文集》,解放军出版社 1989 年版,第 267 页。

② 石联星:《难忘的日子》,见《中央苏区革命文化史料汇编》,江西人民出版社 1994 年版,第 505 页。

年2月上旬元宵节前夕，在国民党军队的严密包围中，瞿秋白主持“火星”“战号”“红旗”3个剧团，在中共中央分局驻地于都县黄龙（今黄麟）乡井塘村举行会演，使中央苏区戏剧活动发展到最高潮。

三、苏区戏剧的创作成就

苏区戏剧活动的广泛开展，最直接最大的成就，就是促进和推动了苏区戏剧创作的繁荣。苏区的艺术创作家们，创作和演出了近百个艺术感染力很强的现代革命戏剧。影响较大的作品有：

7场现代剧《我——红军》，沙可夫、赵品三、胡底、钱壮飞、李伯钊等集体讨论，沙可夫执笔。剧情描写英勇的工农红军粉碎敌人第四次大规模“围剿”、活捉敌师长的故事。该剧由李伯钊饰小妹，胡底饰靖卫团总，赵品三饰赤色游击队长，王普青饰红军代表，钱壮飞饰国民党师长，王炎饰士兵，李克农饰土豪。1933年4月4日首次公演，一炮打响。

3幕话剧《战斗的夏天》，李伯钊编剧。剧情描写在查田运动中混进革命队伍内部的地、富分子造谣生事，毒害耕牛，企图谋杀乡苏维埃主席，被群众和上级派来的“轻骑队”发现，揭破了敌人的阴谋，巩固了苏维埃政权。该剧成功地刻画了剧中人物复杂的感情和性格，演出后受到广泛好评。

《松鼠》，又名《红色间谍》，胡底编剧。剧情描写我红军侦察员打入白军内部从事地下工作的曲折、复杂、惊险的经历，是一部深受苏区军民喜爱的多幕轻喜剧。

《揭破鬼脸》，独幕剧，韩进编剧。该剧揭露了一个伪装成赤白交界处一个伙店老板的国民党特务，利用种种手段破坏苏区经济建设，最后被苏区工人揭穿真相，使受骗的农民受到教育。

此外，还有《我们自己的事》（3场话剧，沙可夫编剧）、《义勇军》（3幕话剧，胡底编剧）、《谁的罪恶》（4幕话剧，沙可夫编剧）、《热河血》（5幕话剧，胡底编剧）、《暴动之前夜》（独幕话剧）、《鞭痕》（2幕话剧)、《东方战线上》(独幕剧)、《改选前夜》(独幕剧,胡底编剧)、《无论如何要胜利》(大型话剧,李伯钊编剧)、《假充老婆》(4幕话剧,韩进编剧)、《来学习吧》(2幕话剧,滴血编剧)、《残忍》(独幕剧,戈丽编剧),等等。1934年夏,中央教育部部长瞿秋白亲自将其中一些剧本选编出版,取名为《号炮集》。1992年江西百花洲文艺出版社出版了汪木兰、邓家琪编辑的《中央苏区戏剧集》。该书收集到苏区剧本就有74个。

苏区戏剧活动的广泛开展,丰富和活跃了苏区军民的文化生活,生动形象地宣传了党和苏维埃政府的主张和政策,颂扬了苏区的光明世界,鞭挞和揭露了国民党反动统治的黑暗和丑恶,帮助苏区军民提高了革命觉悟,起到了宣传群众、教育群众、团结群众、打击敌人、支持苏维埃政权和红军战争的巨大作用。

苏区各级各地的苏维埃剧团,本着为红军服务、为苏区工农大众服务的宗旨,经常身背背包和干粮,深入前线和农村,热情为红军部队和苏区群众演出。1933年5月20日出版的《红色中华》报报道:“在‘五一’纪念中,工农剧社曾派遣蓝衫团,出发博生、兴国、于都等地,举行公演,备受当地群众欢迎和爱戴,获得了极大的成功。蓝衫团在这次长途旅行公演中,已经把普罗戏剧的火星散在各地了。”①1934年4月和5月出版的《红色中华》报第180期至第188期,连载了戈丽(即李伯钊)撰写的《苏维埃剧团春耕巡回表演纪事》,更是生动记载了中央苏维埃剧团下乡巡回演出受到热烈欢迎的场面。

苏区戏剧活动的广泛开展,推动了苏区戏剧评论的深入开展,为革命戏剧的正确发展方向作了有益的探索。

苏区文艺界、戏剧界、理论界乃至广大工农兵群众,对苏区的戏剧活动都非常关心,不仅对工农剧社和各级苏维埃剧团的活动给予大力

① 《红色中华》第81期第4版,1933年5月20日出版。

支持和帮助，而且对他们创作和上演的剧目，展开评论。1933 年 11 月 5 日，中央马克思主义研究会还专门成立了文化研究组。自 1933 年夏至 1934 年秋，苏区的《红色中华》报、《红星》报等新闻媒体，先后对中央工农剧社创作上演的《蹂躏》《无论如何要胜利》和《谁的罪恶》、《武装保护秋收》等话剧，发表了许多有见地的评论文章。在评论中，初步提出了苏区革命戏剧发展应当遵循的基本原则。这就是：(1)革命戏剧要坚持社会效果第一；(2)革命戏剧要坚持政治标准第一；(3)革命戏剧要坚持革命的政治内容与完美的艺术形式相统一；(4)革命戏剧必须为人民群众指明革命斗争方向；(5)革命戏剧的创作必须与人民群众在思想感情上保持一致等。这些原则的形成和提出，不仅为苏区戏剧活动发展指明了正确的方向和道路，而且为党的正确文艺方针政策的形成，奠定了初步的理论基础。

中央苏区戏剧活动的发展，为苏区培养和造就了一批深受苏区军民喜爱的戏剧明星。他们中有李伯钊、钱壮飞、李克农、胡底、沙可夫、赵品三、石联星、危拱之、韩进、施家"四姐妹"(施月英、施月娥、施月霞、施月仙)和小童星丘兰、郭滴海等。

中央苏区的这批戏剧明星，为苏维埃戏剧运动的开拓和发展以及新中国的文艺事业，作出了重要的贡献。

第三节
苏区的其他文学艺术

一、苏区音乐

苏区音乐，是伴随着土地革命斗争的兴起和革命根据地的建立而产生发展的。

早在大革命时期，由北伐军部队传唱开来的《打倒列强》《工农兵联合歌》等革命歌曲，就在赣西南和闽西地区广大人民群众中广为传唱,成为宣传动员工农群众参加和支持北伐战争的有力武器。土地革命斗争开始后,各地共产党组织和革命群众团体在对广大贫苦农民进行革命宣传时,都普遍教唱《国际歌》《工农兵联合歌》等革命歌曲,动员广大贫苦农民组织起来,参加农民暴动,建立红色政权,开展打土豪、分田地斗争。红军部队无论在井冈山时期,还是在开辟创建赣西南、闽西革命根据地时期,红军中的宣传队员都将大唱革命歌曲作为对官兵进行思想政治工作、活跃部队官兵生活的有效方式。随着革命斗争的深入和根据地的不断扩大、巩固,大量的革命歌曲在根据地军民中深入人心,到处传唱。

1931 年 11 月苏维埃中央政府成立后,随着一批优秀的革命音乐和戏剧歌舞人才来到中央苏区,苏区音乐事业得到迅速发展,走向繁荣昌盛,在中国音乐史上写下了光辉篇章。

苏区音乐,大致可分为革命歌曲和民歌两大类。苏区革命歌曲,一部分从外国传入,一部分从苏区外传入,还有部分是苏区音乐工作者自己创作的。从外国传入的革命歌曲,主要有《国际歌》《马赛曲》和苏联歌曲等。从苏区外传入的革命歌曲,有《工农兵联合歌》《打倒列强,打倒军阀》《共产儿童团歌》《秋收暴动歌》《工人歌》《农民歌》等。苏区音乐工作者自己创作的革命歌曲,主要有《当兵就要当红军》《送郎当红军》《庆祝红军胜利歌》《最后胜利归我们》《春耕曲》《梭标曲》《共产青年团礼拜六歌》《查田歌》《红军学校毕业歌》《红军行军歌》等。苏区的文化宣传部门曾多次编辑、出版过《革命歌曲集》《儿童歌曲集》,供苏区军民学唱。

苏区的民歌也包括两大类:一类是当地客家山歌,一类是采用当地民间流行的曲调,填上革命歌词的民歌。

中央苏区所在的赣南、闽西,皆为客家人聚居地,有“客家之乡”称誉。客家人爱唱山歌,因此中央苏区便成了山歌之乡。曲调优美、悠扬的兴国山歌,尤其受人们欢迎。一句悠长的“哎呀嘞”开头,接着就是“同志哥”“同志妹”对唱起来。为数众多的红色山歌手,创作了数以万计的革命山歌,到处传唱。如《铁打红军炼出来》《苏区干部好作风》《红军不怕反动派》等。这些革命山歌,鼓舞着千千万万优秀青年参加红军,打土豪,闹翻身;激励着红军将士们奋勇杀敌,夺取胜利。兴国县至今还流传有“一首山歌三个师”这句话,形容苏区时期该县扩红宣传队高唱一首革命山歌,就扩大红军3个师,虽有夸张,却生动地反映了当时革命山歌发挥的重大宣传作用。在苏区高唱山歌的热潮中,产生了许多著名的红色山歌手。如中央苏维埃剧团的优秀演员刘秀章,因擅长唱兴国山歌,“哎呀嘞”这句兴国山歌的开头语,竟成了她的昵称。人们对她不呼其名,只呼其为“哎呀嘞”。兴国的青年妇女曾子珍、谢水莲和青年农民钟华珍等,被当地军民誉为“山歌大王”。曾子珍的兴国山歌在新中国成立后唱进了北京中南海怀仁堂;谢水莲的兴国山歌,也于红军长征胜利60周年时唱进了中央电视台演播大厅。闽西的邓子恢、李坚贞、范乐春、阮山等人,被人们誉为“山歌书记”、“山歌主席”、“山歌部长”。

除了客家山歌之外,富有悠久文化底蕴的赣南、闽西民间,还流传着许多曲调优美的音乐小调,如采茶调、花灯调、斑鸠调、猜拳歌,等等。中央苏区红军和苏维埃干部来自全国各地、五湖四海,也将各地民间流传的各种民间小调带进了中央苏区。这就为中央苏区音乐事业的发展提供了肥沃的土壤。苏区的音乐工作者和其他众多的文艺宣传工作者,或对各种民间曲调稍加整理改编,或利用原有曲调,填上宣传革命道理、反映苏区军民斗争生活的新词,进行演唱。这类歌曲一经演唱,就受到苏区军民的热烈欢迎,许多歌曲在苏区广为传唱。如采用民间《十月怀胎调》填词创作的《十送郎当红军歌》,采用民间《花鼓词》填词创作的《同心革命歌》等,都成为影响深远的著名苏区歌曲。

苏区歌曲,从题材内容上划分,大致可以归纳为10大类:一是号召工农群众起来反抗压迫和剥削、开展土地革命的作品,如《工农暴动歌》《土地革命歌》《建立苏维埃》《逼债歌》等；二是歌唱苏维埃红色政权、歌唱新生活的作品，如《人民政权苏维埃》《拥护苏维埃》《跟着毛委员》《学文化歌》《提早春耕歌》《革命成功万万年》等；三是歌颂妇女解放、妇女新生活的作品，如《妇女解放歌》《剪发歌》《放脚歌》《文明结婚歌》等；四是歌颂党和革命领袖的作品，如《来哩朱德毛泽东》《人民靠稳共产党》《豪绅最怕毛泽东》等；五是歌唱红军、拥军优属的作品，如《红军行军歌》《红军唔怕反动派》《保佑红军万万年》《我靠红军把身翻》《军民一家》《慰劳红军歌》等；六是反映红军反"围剿"斗争胜利的作品，如《一九二九年的红军》《第一次反"围剿"胜利歌》《第二次反"围剿"胜利歌》《第三次反"围剿"胜利歌》《歌唱四次反"围剿"胜利》等；七是宣传扩大红军方面的作品，如《十送郎歌》《送郎去参军》《欢送少共国际师上前方》《紧急动员歌》等；八是瓦解敌军方面的作品，如《十骂反革命》《万恶的军阀》《骂蒋介石》《磨盘底下榨黄连》等；九是表现苏区青年男女爱情生活的作品，如《自由结婚歌》《婚姻自由歌》《劝妹歌》《革命史上留美名》《我俩配成双》等；十是反映儿童生活的新儿歌，如《时刻准备着》《共产儿童团》《红军哥哥》《跑步歌》《排队歌》《努力歌》《地上的星星》等。这些歌曲生活气息浓郁，时代特色鲜明，贴近苏区火热的斗争生活，充分反映了苏区军民的心声，真正起到了团结人民、教育人民、打击敌人、美化生活的战斗作用。

中央苏区音乐事业的兴起与发展，凝聚了一批革命音乐人才的智慧和心血。他们中较为突出的革命音乐家有崔音波等人。

二、苏区美术

苏区美术，以宣传画、漫画创作为主。

根据地创建之初，由于红军中缺乏美术人才，红军很少以绘画形式进行革命宣传。1930 年后，随着红军和根据地的扩大，红军中美术人才逐渐增多，苏区的美术日渐活跃。特别是 1931 年 11 月苏维埃临时中央政府成立和国民党第二十六路军宁都起义加入红军后，黄亚光、赵品三、农尚智、胡烈、沈乙庚、蔡乾、黄镇、黄奇彦、松林、张廷竹、张冰崖等一大批美术工作者和业余美术爱好者齐聚瑞金。中央苏区的美术事业由此进入迅速发展的阶段。广大美术工作者和业余美术爱好者们，紧密配合苏区各项斗争和工作任务，拿起画笔作武器，以碳黑、赤硃作颜料，创作了一幅幅宣传画、漫画、连环画，或发表在苏区报刊中，或描绘在村庄房屋的墙壁上，或出现在苏区各类教科书和各类读本中。据不完全统计，自 1932 年 7 月至 1934 年 10 月，仅发表在《红色中华》《青年实话》《苏区工人》等报刊的美术作品，就有近百幅。这些美术作品，尽管线条简单，色彩单一，艺术技巧不高，但都具有鲜明的革命性、强烈的战斗性、广泛的群众性和形式的多样性，受到苏区军民热烈欢迎。1932 年 12 月《红星》报社编辑的《红星画报》，1933 年 2 月中央土地部创办的《春耕画报》，1933 年 4 月中央苏区革命互济总会编辑的《互济画报》，1933 年秋“二苏大会”中央准备委员会编辑的《选举画报》和同年 10 月出版的苏区第一本画集《革命画集》等出版发行后，苏区军民无不争相传看，爱不释手。

为繁荣苏区美术事业，1933 年 3 月 5 日，在中央苏区工农剧社总社设立了工农剧社美术部。它的任务，是为工农剧社演出的戏剧、歌舞等节目进行舞台美术设计并绘制舞台布景；同时创作一些美术作品供报刊选用，并编辑出版少量画报。1933 年 9 月，中央教育部又着手筹备成立工农美术社。1933 年 11 月 16 日，邓小平主编的《红星》报刊登了工农美术社筹委会《征求革命美术作品启事》，称：“工农美术社决定于本年广州暴动六周年纪念日，在赤色首都开成立大会，并举行第一次工农美术展览会，如革命的美术作品，如图画、雕刻、相片、艺术化的墙报等，请于十二月十日以前寄到瑞金工农美术社筹委会蔡乾收。”[①]1933 年 12 月 11 日，工农美术社正式在瑞金县城天后宫成立。

① 见《中央苏区革命文化史料汇编》，江西人民出版社 1994 年版，第 292 页。

这是中华苏维埃共和国第一个美术出版、展览和作品研究机构，直属中央教育部艺术局领导。工农美术社有美术专业人员10余人，负责人为蔡乾。工农美术社成立当天，苏区第一次工农美术作品展览会如期举行，获得圆满成功。

工农美术社的成立和苏区第一次工农美术作品展览会的成功举办，有力地推动了苏区美术事业的发展。1934年夏，工农美术社出版了《革命美术作品选》，收入数十幅优秀漫画、版画、速写作品。同时在瑞金还出版了《苏联社会主义建设画集》和《苏联青年》画集，向苏区军民介绍苏联美术成就。

1934年10月中央红军长征后，红军画家黄镇等人，继续以美术武器投入战斗。黄镇在长征路上创作的反映红军艰苦战斗生活的数十幅速写作品，将苏维埃共和国的美术事业推向了高峰。

苏区的美术作品，成为中国现代美术事业的宝贵财富。七八十年以后在赣南、闽西许多地方墙头上保存下来的苏区漫画、宣传画，成为苏区革命斗争历史的见证，弥足珍贵。

三、苏区舞蹈

苏区舞蹈，是中央苏区的一种新兴表演形式。

苏区舞蹈，大致分为3类：一类为赣南、闽西当地流传的茶篮灯、花灯、龙灯、高跷等民间舞蹈，一般都是边歌边舞，歌舞一体，曲调明快，舞姿优美。一苏大会期间举行的万人提灯庆祝晚会，就是这类群众性民间歌舞晚会。另一类是外国舞蹈。李伯钊、危拱之等苏区艺术家们在苏联学习期间，学会了许多苏联舞蹈，如《海军舞》《空军舞》《乌克兰舞》《俄罗斯舞》《国际歌舞》等。她们到苏区后，将这些舞蹈艺术移植到了苏区。第3类是苏区艺术家们借鉴外国舞蹈和挖掘苏区民间舞蹈素材相融合创作出来的，如李伯钊、石联星、刘月华等创作表演的《村女舞》《工人舞》《红军舞》《团结舞》《秋收舞》《马刀舞》《大生产舞》等。

苏区舞蹈在表演形式上，大多是歌舞结合，边舞边歌。歌词是新创作的宣传革命思想、反映苏区生活的内容，曲调是整理改编的地方民间小调，舞蹈动作既有民间舞蹈动作和程式，也有创作编排的新的舞蹈语言。具体说来，表演形式分为歌表演、歌舞活报剧、歌舞小戏、舞蹈表演、灯彩杂扮、舞剧等6种。无论哪种形式的歌舞表演，都受到苏区军民的热烈欢迎。

苏区舞蹈与其他艺术形式一样，具有自己鲜明的民族特色和时代气息，有着很强的思想性、战斗性和艺术欣赏性，在支援红军战争、巩固和保卫苏维埃政权、活跃苏区军民文化生活方面，发挥了不可替代的作用。许多舞蹈给苏区军民留下了极为深刻的印象。如1934年1月22日第二次全苏大会在瑞金沙洲坝开幕时，工农剧社在当晚举行的庆祝晚会上，表演了《国际歌舞》《马刀舞》等。《红色中华》报报道说："白银般的灯光下坐满了代表和各机关的观众三千多人。一声银笛，台上戏幕掀开，首先是工农剧社蓝衫团学生的国际歌舞，及团体唱歌。继后就是三大赤色跳舞明星李伯钊、刘月华、石联星的村女舞，他们为着庆祝二苏大会开幕，表演极为精彩，一拍一跳，谐和着悠扬的琴声，再加上美丽的背景更为生色。特别是李伯钊同志的表演纯熟，博得全场观众不少的掌声云。"①1934年1月28日出版的《青年实话》也报道说："大会开幕的晚会上，工农剧社招待代表们，在大会会场开一个热烈的晚会。晚会当中一群年纪小小的皮安尼儿，动作灵巧，真正可爱得很。尤其出色的，是李伯钊、刘月华、石联星三同志的苏维埃中国农民舞蹈，引得大家频呼：'再来一个！'"②

在中央苏区，涌现出了以李伯钊、刘月华、石联星、危拱之、胡筠、陈敏、马秀兰等为代表的一批舞蹈创作家和表演艺术家，她们是中国

① 《红色中华》第二次全苏大会特刊，1934年1月24日出版。

② 见《中央苏区革命文化史料汇编》，江西人民出版社1994年版，第298页。

苏维埃舞蹈艺术的奠基人。

四、苏区图书馆、博物馆

中央苏区建立的图书馆、博物馆，是苏区文化教育事业的重要组成部分。

中央苏区的图书馆，分为公共图书馆、机关学校图书馆和农村俱乐部阅览室3大类。

公共图书馆以1932年建立的中央图书馆为最大。这年4月间，毛泽东指挥红军东路军攻占漳州，缴获国民党当局的一大批图书报刊。酷爱读书的毛泽东如获至宝，指示红军挑选其中的大部分书报运回瑞金，以此为基础，在叶坪建立了中央图书馆，并配备专职管理人员。后来，苏维埃中央政府教育部又发动苏区各机关部队和广大军民向中央图书馆捐赠了一批书报，丰富了馆藏。

中央图书馆对苏区全体军民开放，颁布了《图书阅览规则》《图书出借规则》等条例。毛泽东、周恩来、徐特立等中央领导人，经常到中央图书馆借阅书籍。瞿秋白到瑞金后，也非常关心中央图书馆的建设，经常到中央图书馆借书阅读并指导工作。

1934年10月红军主力长征后，中央图书馆的全部图书报刊装箱隐藏于瑞金西部的高陂村，后被国民党军发现，掠走33箱。幸存的加盖有“中华苏维埃中央图书馆”印章的1429册图书和303件报纸，现藏于瑞金中央革命根据地纪念馆。

中央苏区各机关单位和学校的图书馆，规模较小，藏书也较少，一般以收藏专业图书资料为主。

中央苏区的博物馆事业，尽管战争环境极为残酷，却仍然受到党和苏维埃政府的关注。

苏维埃政府和红军部队，注意收集和保存历史文物和革命文物。中共闽西特委早在1930年8月就要求：“闽西各县政府应设立比较大规模的图书馆、革命纪念馆及俱乐部等。”①第一次全苏大会通过的《中国工农红军优待条例》中，要求各地应将牺牲或病故的红军战士的遗物收集起来，规定“死亡战士之遗物，应由红军机关或政府收集，在革命历史博物馆中，陈列以表纪念”②。1931 年 11 月一苏大会召开期间，大会筹备处就在瑞金叶坪举办了一次红军战利品展览，将红军在第一、二、三次反“围剿”战争中缴获的战利品，其中包括国民党军第十八师师长张辉瓒穿的黄呢军衣、军裤，国民党军第二十八师师长公秉藩的私人印章，以及部分武器装备，陈列展出，供代表们参观。江西省苏维埃政府 1932 年 5 月召开的全省第一次工农兵代表大会通过的《文化教育工作决议》中，也明确要求：“各地方遇有新旧书籍，标本仪器，古物及革命的遗迹，应由当地政府投送省文化部处理与保管。”③

1932 年冬，中央土地部和中央教育部联合筹办中央农产品展览所，展出 200 多种农业优良品种和农产品，吸引了许多农民参观。1933 年 3 月，红军学校开始筹建模型室。同年 4 月 30 日，红校模型室正式建成陈列，对外开放。这实际是一个初具规模的小型军事博物馆，“现有模型及图表六百余件，其中以军事的为最多，关于政治，文化，经济各方面的次之，此外还有花园，喷水池，兵棋游戏图及泥塑的全国地图等等。兵棋游戏图又可当做活的更具体的一幅江西革命形势发展图来看，在这里面很清楚的说明着我们湘赣，湘鄂西，赣东北及中央苏区的工农红军，英勇的盛气勃勃地掮着枪擎着鲜红的苏维埃旗帜在进行着夺取抚州，会师南昌的革命线〔战〕斗，更说明了敌人如何

① 《中共闽西特委关于宣传问题草案》，1930 年 8 月。见《中央苏区革命文化史料汇编》，江西人民出版社 1994 年版，第 139 页。

② 见江西省档案馆、中共江西省委党校党史教研室编：《中央革命根据地史料选编》（中），江西人民出版社 1982 年版，第 596 页。下册第 584 页

③ 见江西省档案馆、中共江西省委党校党史教研室编：《中央革命根据地史料选编》（下），江西人民出版社 1982 年版，第 584 页。

的在我们面前胆战心惊。真是一目了然,人人看得懂”。[1] 模型室开幕大会有5000余人参加,当天参观展出的有4000余人,第2天观众多达7000余人。

1933年5月,苏维埃中央政府又开始筹建中央革命博物馆。5月25日,中央教育人民委员部发出《中央革命博物馆征集陈列品启事》,征求各机关、团体及个人帮助搜集下列各种物品寄中央革命博物馆筹备处:(1)革命文件(1933年以前的),包括标语(贴在壁上的标语,或标语稿本);各种决议案、指示信、报告;传单画报、杂志、报纸、政治简报;革命的印刷品或抄本;统计图表等。(2)反动文件(敌人进攻的计划书、反动传单品、反革命政治派别的各种文件等)。(3)私人物品:革命领袖的、烈士的、反革命首领的。[2]

中央革命博物馆经半年筹备,1934年1月“二苏大会”召开期间正式对外开放。出席二苏大会的代表和瑞金附近军民踊跃前往参观,深受教育。

苏区图书馆、博物馆的创办,虽然规模很小,成就甚微,但在革命战争的险恶环境中能如此操办,实属不易。这是中国无产阶级革命者对文化事业难能可贵的探索。

五、苏区群众文化

在红军和革命根据地的创建过程中,苏区的群众文化也随之产生和发展起来。

苏区的群众文化活动,在根据地开创之初,主要是伴随着红军宣传队的宣传鼓动工作而展开的。红军宣传队到哪里,群众文化活动就开展到哪里。1930年春赣西南苏维埃政府和闽西苏维埃政府成立后,群众文化工作被提上苏维埃政府议事日程。以开展群众文化活动为

① 赵苏民:《红校模型室开幕记》,见《红色中华》第76期,1933年5月5日出版。
② 《红色中华》第89期,1933年6月29日出版。

主要任务的俱乐部、列宁室等群众文化组织，相继在各地农村、机关和部队建立起来。

苏维埃临时中央政府成立后，为发展群众文化工作，中央教育人民委员部专门设立社会教育局（省、县设社会教育科），负责管理俱乐部、书报阅览所、图书馆、博物馆、巡回演讲等工作。苏区的群众文化工作更加蓬勃开展起来。1934 年 9 月 29 日《红色中华》报发表的《苏区教育的发展》一文说："到今年三月为止，在中央苏区的江西、福建、粤赣、瑞京等地，根据不完全统计，我们有了……一千九百七十个俱乐部，参加这些俱乐部文化生活的固定的会员，就有九万三千余人。在各种机关团体中，文化生活成了工作人员日常生活的重要部分，每个组织都附属有自己的列宁室，进行群众的文化教育工作。"由此可见当时群众文化工作的活跃和成就。

遍布城乡各地的俱乐部和各部队、机关、团体、学校、企业的列宁室，是中央苏区群众文化活动的主要场所和载体。

城乡俱乐部属县、区文化（教育）部领导。其组织与活动情况，通过 1933 年 4 月 23 日江西省安远县苏维埃政府翻印的《区乡村镇俱乐部组织系统表》，可窥一斑。

区乡村镇俱乐部组织系统表

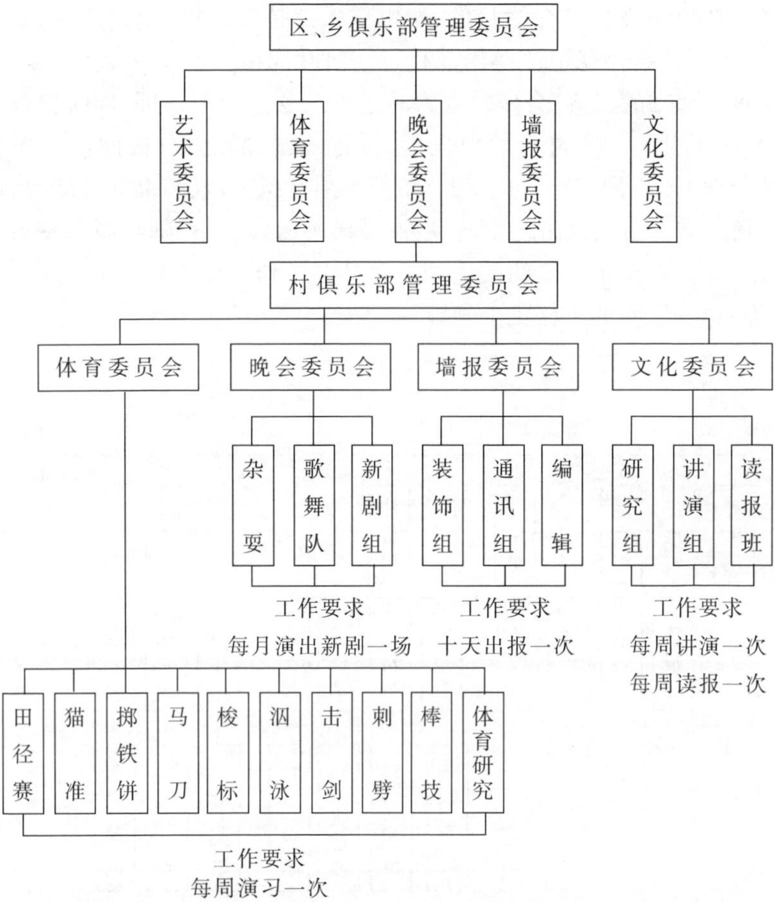

1933 年 6 月，中央教育部曾制定颁布《俱乐部的组织和工作纲要》，对俱乐部的工作和组织作出了规定。1934 年 4 月，中央教育部重新颁布《俱乐部纲要》，使中央苏区各级俱乐部更趋规范。《俱乐部纲要》明确指出："俱乐部应该是广大工农群众的'自我教育'的组织，集

体的娱乐、学习、交换经验和知识,以发扬革命情绪,赞助苏维埃革命战争,从事于文化革命为目的,所以俱乐部是苏维埃社会教育的重要组织之一。”纲要规定:“俱乐部是每一级政府机关或一个大的工厂企业、每一地方的工会、合作社之内的组织。乡苏的俱乐部,同时也就是该乡一切农民基本群众的俱乐部。每一俱乐部之下,按照伙食单位(或村庄)成立列宁室,每一列宁室至少须有识字班、图书室及墙报,此外,还必须有运动及游艺室的设备(规模小的列宁室,则与图书室可以合用一间)。至于一般的政治动员及社会工作(例如优红的礼拜六工作等)由列宁室的主任负责领导。”

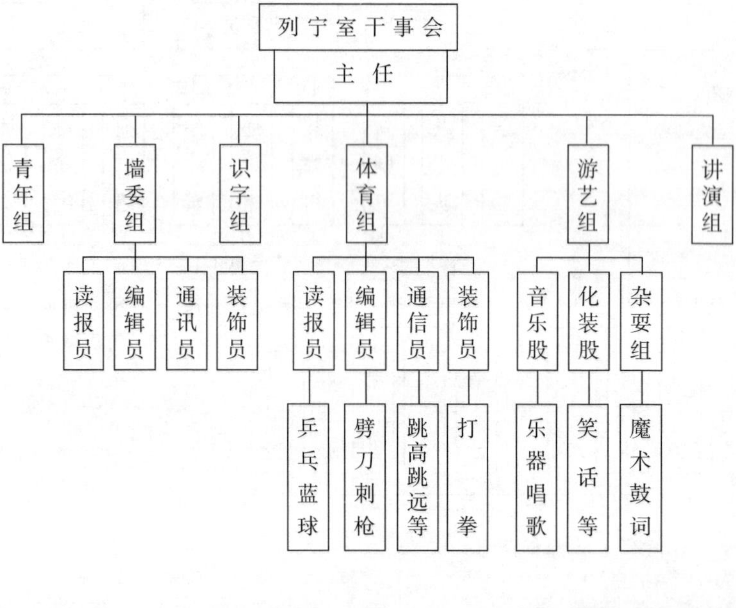

纲要还规定:凡苏维埃公民都可加入其所在地的某一俱乐部;非公民而能担负俱乐部工作并又遵守苏维埃法律者,亦可加入。俱乐部的经费主要由俱乐部的成员募集解决,不够部分请求各机关团体津贴。俱乐部民主选举管理委员会及其主任、副主任,作为管理机构。

每一俱乐部设演讲股、游艺股、文化股及图书室等机构，条件具备者亦可增设其他机构。俱乐部实际是某一地域或单位群众文化工作的负责机构，因此在行政管理上，当地的消灭文盲协会、工农通讯协会、各种学术研究会或体育、文艺等研究会，以及工农剧社支社，均隶属于俱乐部，而在业务上则隶属于各自的上级管理部门。

列宁室是中央苏区最基层的群众文化组织，直属于俱乐部领导。中央教育部规定，原则上每一伙食单位（农村以村为单位）设一列宁室，红军总政治部规定每个连队设一列宁室。

从上述俱乐部、列宁室的组织系统中可以看出，中央苏区的群众文化是多元的，组织严密有序，活动丰富多彩，从中折射出中央苏区文化事业兴旺发达的光芒。

第十六章 中央苏区的卫生体育事业

第一节 中央苏区的医疗卫生事业

一、中央苏区医疗卫生领导机构和行政管理

中央苏区的医疗卫生领导机构和行政管理,依军队和政府两个系统分别设置和运作。

中央苏区的红军部队在 1931 年春以前,未单独设立医疗卫生机构。红军中的医疗卫生工作(医治和安置伤病员)由各级政治机关兼管,有时经理(后勤)机关予以协助。但卫生队还是有,如红四军军部有一个直属卫生队,各团(纵队)也有卫生队。卫生队的职责,主要是医治红军伤病员,并不担负卫生行政管理职能。医疗卫生领导机构不健全和缺医少药现象严重,给红军的发展和战斗力的提高带来了一定的限制。1929 年 12 月红四军古田会议通过的决议案中指出:“全军各部队卫生机关不健全,医官少,药少,担架设备不充分,办事人少与不健全,以致有许多伤病兵,不但得不到充分的医疗,即大概的初步的医疗,有时都得不到。”决议案批评道:“全军军事政治机关对伤病兵的注意不充分,如:(1)对于卫生机关的健全不但没有尽得很大的努力,而

且简直不加注意,各种会议对卫生问题讨论很少。(2)官长对伤病兵没有尽其可能去随时安慰他们……"①

毛泽东、朱德等领导人,早就认识到建立红军医疗卫生领导机构的重要性,只是苦于红军中缺乏医疗卫生人才而迟迟不能建立。他们曾多次要求中共中央尽快派一些医务人员到红军中来,以便建立红军自己的医疗卫生体系。同时,红军也设法广纳人才,动员和吸引社会上的医疗卫生人才到红军来服务。1930 年先后建立的福建上杭县蛟洋红军医院和吉安县青原山红军医院的医务人员,大都是当地的医生。1931 年春,中央给江西中央苏区派来了贺诚、彭龙伯(彭真)、陈志方等医务人员。他们到中央苏区后,中华苏维埃中央革命军事委员会即于 1931 年四五月间成立了军委总军医处,贺诚任处长,专门领导红军的医疗卫生工作。苏维埃临时中央政府成立后,红军的医疗卫生机构建设加快了发展步伐。1932 年 10 月,中革军委决定将红军总军医处改为红军总卫生部,由贺诚任部长兼政治委员。红军中军团和师一级也设立了卫生部,团设卫生队,连设卫生员。红军伤病员的医疗后送体系,随着军委后方办事处和瑞金总兵站的建立,也建立和完善起来。到 1933 年春夏间,红军的医疗卫生领导体系已基本建立和健全。中央苏区的地方政权系统中,初期也未设医疗卫生工作机构。苏维埃临时中央政府成立后,在苏维埃中央执行委员第一次全体会议通过的《地方苏维埃政府的暂行组织条例》中,规定省、县、区苏维埃政府都要成立卫生部,设部长 1 人;城市苏维埃政府成立卫生科,设科长 1 人。在中央政府,中央人民委员会决定由内务部分管卫生工作,设立卫生管理局,贺诚兼任局长。其职责是管理地方医院,预防和制止瘟疫与传染病,注意公共卫生,检查车船、公共食堂及人民住宅之清洁,考察并监督医生和药剂师,检查药品及药材之营业等。1932 年 6 月

① 《中共中央文件选集》第 5 册,中共中央党校出版社 1990 年版,第 831 页。

20日中央人民委员会第十六次常会通过的《中华苏维埃共和国临时中央政府内务部的暂行组织纲要》，对省、县、区卫生领导机构作了调整，决定："城市苏维埃，区、县、省的卫生部(或科)，目前暂不设立，在内务部之下，暂设立卫生科，但区由主席团负责。"①乡一级苏维埃政府，设不脱产的卫生委员会，村设卫生小组。这样，中央苏区在地方苏维埃政府中就形成了由内务部兼管的卫生工作领导体系。但是，由于苏区当时医疗卫生人才缺乏、条件不具备等多种原因，直到1932年冬，江西、福建两省苏维埃政府内务部，都未单独设立卫生科。江西仅公略、万泰、永丰、宁都、兴国等县成立了卫生委员会。

二、中央苏区红军和地方医疗机构的建立发展

中央苏区的红军医院，是在十分困难的条件和艰苦的环境中建立与发展起来的。

中央苏区最早创办的红军医院，是1928年10月江西红军独立第二团在东固根据地三彩山坑里创办的东固红军医院，规模很小，只有一位民间郎中用草医草药为红军伤病员治疗。1929年3月，医院迁至东固区瑶下村，改名为赣西第一后方医院，规模逐渐扩大。红四军在井冈山时曾创办了一所红军医院，1929年1月红四军向赣南游击时留在井冈山，被国民党军烧毁，在院治疗的200多名红军伤病员全被敌人杀害。红四军向赣南游击时的随军伤病员，到达东固后，大部分留在东固红军医院，一部分送到于都县桥头根据地的琵琶垅村，请当地草药郎中治疗。

1929年3月14日，红四军进占长汀城。城内有一所由英国教会开办的福音医院，院长傅连暲同情革命，支持红军。红四军入城后，毛泽东、朱德等领导人与傅连暲建立了联系和友谊。傅连暲不仅医治红

① 《中华苏维埃共和国临时中央政府内务部的暂行组织纲要——人民委员会第十六次常会通过》，1932年6月20日。

军伤病员，还主动为红四军全体官兵每人都种了牛痘。福音医院从此成为不挂牌的红军医院。1929 年 6 月，红四军在中共闽西特委帮助下，在上杭县蛟洋石背村办起一所红军医院——闽西红军医院（亦称闽西后方医院）。1930 年初红四军离开闽西转战江西时，将医院交给闽西党组织负责。该院于 1930 年 11 月迁到龙岩县小池，改为红十二军闽西后方医院。

红四军在创办红色医院时，医疗条件十分困难。陈毅 1929 年 9 月 1 日给中央的报告中曾说，红军在“赣南闽西游击边界皆特别成立红军休养所，来容纳伤病兵，不过医药和医官很感困难去解决，在十分无法时雇用本地中医内外科也相当有功效。同时此休养所惟一的条件要四面有群众组织及武装的拥护。在伤兵好了以后不必一定要回红军，即可由当地农协及革委分配到赤卫队工作”①。

1930 年 10 月 4 日，红一方面军攻克吉安城。毛泽东亲自登门拜访吉安城内一位毕业于上海圣约翰医科大学的当地名医戴济民，动员他携带自己药铺的所有药品器械，加入红军，办起了红一方面军总医院，由戴济民担任总医院院长。总医院初设吉安市郊的青原山，后迁至兴国县茶岭村。下设有 4 个分院，分设在茶岭附近的高山密林中。医院设备十分简陋，器械和药品都很缺乏，只有少量普通西药和中草药。医务人员奇缺，一个收容 300 人的医务所只有 1 名医生，看护人员主要由临时学习了一些简单护理常识的农村青年妇女充任。在这种困难的情况下，红军总医院先后收治了数万名红军伤病员。

鉴于红军医院急需大批训练有素的医务人员，中央军委总军医处处长贺诚于 1931 年 9 月下旬向毛泽东提议：创办一所红军军医学校，以培养自己的红色医生。毛泽东当即予以支持。经过短时间筹办，

① 《关于朱毛红军的历史及其状况的报告（一）》，1929 年 9 月 1 日，见《中共中央文件选集》第 5 册，中共中央党校出版社 1990 年版，第 758 页。

1932年2月,中央苏区红军军医学校在于都县城原天主教堂正式开学,由贺诚兼任校长,彭龙伯(彭真)兼任教务主任,另有两名专业教员和一名政治教员。首批学员25人,是从各部队送来的200多人中录取的。中革军委主席朱德、军委总参谋长叶剑英、红军总政治部主任王稼祥都参加了开学典礼,朱德发表了热情洋溢的讲话。开学后正值红军攻打赣州,全体学员一边学习,一边参加前线救治伤员。攻赣战役结束后,学员返回于都,后又随中革军委机关迁往福建长汀城,6月迁回瑞金。8月,经朱德批准,红军军医学校校址搬迁至兴国县茶岭红军总医院附近,以使学校有一个稳定的学习环境,便于教学和学员实习。

红军军医学校学员在学习必要的医学基础知识的同时,以学习战伤和防治痢疾、疟疾、下肢溃疡、疥疮4种常见病为主。教材由贺诚、彭龙伯和两名教员自己动手编写油印。学制初定8个月至1年。学校的办学条件很差,学员们自己挑粮,砍柴,修建校舍,自制教具。学员的文化水平较低,最高学历只有高小毕业,许多生理、病理知识尤其是西药名称,都难以理解和牢记。但学员们认真听,认真记,每天都在菜油灯下学习到深夜。教员们耐心教授,将理论教学与医疗实践相结合,经常在病房和手术室边观摩边教学。1933年4月,第1期学员完成学习计划,其中19人通过毕业考试,分配到红军各医院工作。第2期学员近30人,其中28人于1933年8月毕业。这28名学员毕业后分配工作情况如下:

刘鹤年	分配到红校;	杨玉明	分配到五军团;
欧阳镜	分配到五军团;	杨　欣	分配到五军团;
林俊清	分配到五军团;	包国清	分配到五军团;
李　均	分配到五军团;	黄英才	分配到少共师;
胡得太	分配到少共师;	钟生明	分配到少共师
黄则安	分配到少共师;	王肇元	分配到中央警卫师;

郭　环　分配到中央警卫师；　　陈炳生　分配到中央警卫师；
陈志坤　分配到中央警卫师；　　徐彩云　分配到四后方医院；
张声炎　分配到一军团三师；　　张继武　分配到一军团三师；
涂通今　分配到一军团三师；　　吴树生　分配到一军团三师；
郭享德　分配到四预备医院；　　彭道求　分配到四预备医院；
关洵濂　分配到疗养院；　　　　徐穗仁　分配到总卫生部；
尹明亮　分配到三军团六师；　　王福瑶　分配到三军团六师；
彭云生　分配到三军团六师；　　幸选洪　分配到三军团六师。①

红军卫生学校第3期学员49人，第4期学员61人。各期学员都如期毕业，分赴各红军医院和红军部队工作。

1933年8月，红军军医学校从兴国县茶岭迁到瑞金，改校名为红军卫生学校。1932年夏傅连暲在长汀福音医院开办的中央红色医务学校也合并到红军卫生学校。学员总数增加到四五百人，除军医科外，还开设了保健、药剂等专业和卫生员训练班。学校的教学条件有了改善，设有图书室、模型室、标本室、动物实验室、解剖室、细菌培养室和检查室，还有化学实验室和瓦斯预防研究室等。红军总卫生部决定将中央红色医院（苏维埃国家医院）作为学校的实验医院。学校建立了一套较为完整正规的教学制度，划分基础、临床、实习等教学阶段，教学机构也日趋健全。红军军医学校从创办到1934年10月红军主力长征时，先后共培养军医200多名，培养卫生长、卫生员、药剂师、护士等四五百人。他们在红军部队和苏区地方卫生医疗工作中，都发挥了重要作用。

1931年冬，傅连暲在长汀福音医院也创办了一所红军护士学校，并亲任校长。该校从红军中挑选60名学员，培训半年后结业工作。

① 《红军卫生学校第二期军医科毕业分配名单》，原载中革军委总卫生部《红色卫生》第3期。

1932 年夏,傅连暲接着又开办中央红色医务学校,开设内科、外科、急救等 6 门课程。1933 年秋,这所学校合并到红军卫生学校。

中革军委总卫生部注意帮助医务人员提高医疗业务水平。总卫生部办有《健康报》和《红色医生》刊物,刊登了许多介绍医疗知识和交流医疗经验的文章,供苏区医务人员和军民阅读。1933 年 9 月,中央内务部卫生管理局、中革军委总卫生部、红军卫生学校及附属医院,共同发起成立了中华苏维埃共和国卫生研究会,并发表了《发起组织卫生研究会征求会员宣言》,广泛征求全国卫生人员加入,对苏区医药卫生业务开展深入研究,以提高每个卫生人员的研究热忱与为苏维埃服务的积极性。卫生研究会的成立,为促进苏区卫生医药事业的发展和红色卫生人员技术水平的提高,发挥了积极作用。

随着红军医务人员增多,红军的医疗卫生保障得到改善。红军总医院改为军委后方总医院。下设 20 余所预备医院和 7 所后方医院。红军各军团和各师、各军区也分别设立了后方医院和野战医院。红军团以下至连队,后来都相继配备了卫生人员,承担部队的疾病预防和战场紧急救治任务。据 1934 年 9 月 15 日中革军委颁布的红军卫生机关编制表命令规定,红军军团卫生部兼军团医院院部编制 52 人,军团医院编制 85 人,师卫生部兼野战医院(收容 500 人)编制 118 人,团卫生队编制 33 人,各补充团、学校、工厂、军事机关等卫生所编制 11 人,各连队卫生员编制 1 人,军区卫生部兼甲种疗养院[所](收容量 150 ~ 250 人)编制 46 人,分区甲种疗养院[所](收容量 150 ~ 250 人)编制 40 人,军区卫生部兼乙种疗养院[所](收容量 100 ~ 150 人)编制 32 人,分区乙种疗养所(收容量 100 ~ 150 人)编制 29 人。经过军委总卫生部和军委后方办事处、瑞金总兵站及各级苏维埃政府的共同努力,建立了从前方到后方各医院的伤病员后送体系,前线的重伤病员经各师野战医院(或绑带所)紧急处置后,能及时转送到后方医院抢救治疗,从而形成了比较完整的红军医疗保障体系。为改变苏区城乡缺医少药的状况,苏维埃政府尽力保护、鼓励城乡原有的私人诊所继续开业,同时组织零散的江湖郎中和社会游医在集镇建立医疗诊所。1933 年 10 月,中央内务部决定每个县、区内务部都要办起一个公办诊疗所,免费为工农群众看病,不收挂号费,只收药品费,要求在 10 月 10 日之前开业。

苏维埃国家医院的创办。在红都瑞金,除原先已建立的红军医院外,1933 年苏维埃中央政府又在叶坪朱坊村建立了中央红色医院(后改称苏维埃国家医院)。该院是 1933 年初毛泽东主席动员傅连暲将福音医院从长汀城搬迁到瑞金扩建的,主要为瑞金的中央机关人员服务,同时为当地群众服务。该院院长为傅连暲,1934 年 2 月后为周月林。这所医院的医疗设备和医疗水平当时在苏区堪称一流。

中央苏区红军药品器械来源,主要有四:一是红军战场缴获;二是通过各种途径从白区购买;三是傅连暲、戴济民等医务人员加入红军时捐赠的;四是苏区内部自采自制(主要是中草药)。1931 年冬,中央苏区在于北区(今属于都县)的琵琶垅村兴办卫生材料厂,由从苏联留学回国的唐义贞任厂长。他们土法上马,因陋就简,生产酒精、纱布、绷带等敷料和中草药丸剂。1933 年该厂搬迁至瑞金县叶坪新院村,下设有酒精车间、敷料车间和药品车间。为加强对药品的管理和调剂,中革军委发布训令,规定所有药品无论是缴获的、从白区购买的或自制的,一律由军委总卫生部统一提出采购计划和进行分配调拨。

三、群众性卫生防疫运动

在卫生工作中,中央苏区党和苏维埃政府还十分注意动员和组织群众广泛深入地开展群众卫生防疫运动,破除不卫生的陈规陋习,开展疾病预防工作。

由于文化落后、交通闭塞等原因,苏维埃政权建立以前,赣西南、闽西广大农村很不注意卫生,喝生水、生病叫魂不看医生、停尸不埋、弃婴河内、乱扔死猪死禽等恶习旧俗,极为普遍。在国民党军队大举进攻苏区的频繁战争中，这种状况更为加剧，致使各种烈性传染病在苏区时有发生，严重危害苏区军民健康。

苏维埃临时中央政府和中革军委对于苏区民众和红军部队中的卫生防疫工作十分关注。临时中央政府成立不久，1932 年 1 月 13 日，苏维埃临时中央政府副主席项英就在《红色中华》报第 5 期头版发表社论：《大家起来做防疫的卫生运动》。社论说："现在春天快到了，一切瘟疫很容易发生。他的传染性是非常之快而且很危险的，轻者损害人的健康，重则牺牲无数人的生命。这是何等危险的事啊！"社论指出："瘟疫的发生，主要的由于平日饮食和居住的地方不洁净，一切污秽肮脏的东西，随便堆积，抛露在屋里和居住的周围，经过腐烂，日光的蒸晒，就容易发酵起来，成为瘟疫。到了春天的时候，更易于发酵，发生瘟疫的可能性最大；另一种是由传染来的，要是不知防御，也同样的发展到最危险的地步。经过战争的区域，那是比任何地方最容易发生瘟疫的，因为死人也比较死得多些，掩埋也随便些，有的抛露好久或者任他腐烂下去。在我们苏区内，更因白军残酷摧残和无纪律，大烧大杀，人粪马屎随便的拉，凡是白军经过或居住的地方，臭气熏人，污秽不能插足，若是当时没有用大力量去清洗干净，到了春天，不可免的要发生瘟疫的……在江西省区发生瘟疫的危险性更较大。"为此，社论提出："临时中央政府，特别注意这件事，已开会作了一个讨论，拟定许多具体防疫办法，并决定在中央区内举行一种防疫的卫生运动，不日就要公布出来的。防疫的卫生运动具体的办法：(1)每地规定每月举行一次卫生运动，发动男女大小，有组织的分组，来打扫和清洗房屋及其周围；(2)凡是一些不洁净肮脏东西，将它焚毁干净，一切臭水沟汁，要将它清洗干净；(3)用石灰水洒在污秽的地方；(4)一切腐烂的东西不要吃；(5)至于经过战争区域将过去掩埋死尸的地方，用土加盖厚些，未掩埋的腐尸，赶快的掩埋，放过死尸的地方，都用石灰水清洗过；(6)发现瘟疫的地方，病人吃的东西和用的物件，不要共吃共用，将病人很快的送到附近的医院内去(现在的红军医院)。"最后,社论要求:"各级政府各红军应当领导群众去做防疫的卫生运动!各群众团体要领导群众积极参加这一运动。各红军的医生同志,要努力来研究许多防疫的方法和药品,努力向群众作卫生宣传工作,指导各地的卫生运动。"①

根据苏维埃中央政府指示,1932 年 5 月,中央政府内务部颁布了《苏维埃区域暂行防疫条例》。1932 年 7 月,中革军委也发布了开展卫生工作的训令,将防治痢疾、疟疾、下肢溃疡和疥疮 4 种常见病,作为卫生防疫保健工作的重点。

但是,由于苏区的卫生领导机构尚未健全,加上支援革命战争和经济建设任务繁重等原因,苏区的群众卫生防疫工作并未引起地方各级苏维埃政府的足够重视。江西省苏维埃政府 1932 年 11 月在给临时中央政府的工作报告中说:"防疫卫生这一工作,各县都未十分注意,有时什么地方瘟疫发生就蔓延一村庄到数村庄,甚至遍地皆是……公略卫生防疫工作,虽然建立了卫生委员会,从未进行工作。在县设立一个疗养所缺乏药材与人材,近来瘟疫发生死亡者一千一百六十七人。安远对于这一工作未闻谈及,如沙含区发生痢症死亡十余人……宁都县城组织了卫生委员会,其他地方没有开始。数月中发生了痢症,被传染者有一千三百余人,固村闵原东山坝等区,因病死者一百余人。……兴国……在六七月间发生瘟疫死亡四十余人……赣县卫生防疫工作不甚注意,时常发生瘟疫痢疾,如白路良口清溪三区死亡极多(数目不详)。"②

上述疫病流行的严重情况,引起苏维埃临时中央政府的高度重

① 《红色中华》第 5 期,1932 年 1 月 13 日。

② 《江西省苏报告》,1932 年 11 月。载江西省档案馆、中共江西省委党校党史教研室编:《中央革命根据地史料选编》(下),江西人民出版社 1982 年版,第 237—238 页。

视。1933年3月,中央政府内务人民委员部制定和颁布了《苏区卫生运动纲要》。这是中央苏区开展卫生防疫一个十分重要的文件。

《苏区卫生运动纲要》首先提出:“中央内务人民委员部现在号召全苏区各处地方政府,各地群众团体,领导全体群众,一齐起来,向着污秽和疾病,向着对于污秽和疾病的顽固守旧迷信邋遢的思想习惯做顽强的坚决的斗争,因此要发起普遍的卫生运动。这卫生运动完全是广大群众的,不花钱而能医病的,要天天做,年年做,家家做,村村做,乡乡做,个个圩场个个城市做。这卫生运动是群众生活与生命的保障。”

《苏区卫生运动纲要》要求各级都要成立卫生运动组织。具体规定:每个城市和大市场都要组织卫生运动委员会;大的城市还要将全城分做几个卫生区,每区设立一个卫生运动委员会,以街道为单位每10~15户组成卫生小组。农村每个小乡组织一个卫生运动委员会,大乡则分村组织几个卫生运动委员会,每5~10户成立一个卫生小组。机关凡百人以上者,在政府内务部指导之下成立一个卫生运动委员会,百人以下者成立卫生小组。部队在政治机关指导之下,以团为单位成立卫生运动委员会,每个伙食单位成立卫生小组。卫生运动委员会或卫生小组,对本地区、本单位的卫生工作负责。户与户、组与组、村与村、乡与乡、区与区、县与县、部队与部队、机关与机关、城市与城市之间,普遍开展卫生运动竞赛,优胜者予以奖励。

《苏区卫生运动纲要》要求各地各单位都要规定卫生运动日。初为每月1次,后改每月2次,进而每10天或每星期1次。每个卫生日除卫生大扫除外,还要动员大家洗澡、洗衣、开窗、晒被等。卫生运动日的第2天,由各级卫生运动委员会或卫生小组组织检查评比。为督促开展卫生运动,区级苏维埃政府还组织卫生突击检查组,对各乡、村的卫生工作进行突击检查。苏区的工会、贫农团、少先队、赤卫军、妇女代表会、儿童团、俱乐部、夜校、小学等群众团体,也都积极参加到卫生运动之中。

《苏区卫生运动纲要》还对军民群众提出了“七要”的规范要求，即：

要通光：隔五六天要把床上的被窝拿出到太阳下面晒半天；一切起了霉的东西要拿出去把细菌晒死；一切的东西尤其房屋，总要使他通光，黑暗总是要不得的。

要通气：房子特别是睡房，要多开几个窗子，为了通光，更为了通气；冬天不要把房子关得紧紧的，要经常打开通气。

要通水：房屋周围的阳沟阴沟，要保持疏通，不积水；不能吃门前塘水，要尽量使塘水流通。

要煮熟饮食：不喝生水，要喝开水；不煮熟煮透的东西不吃，防止“病从口入”。

要除去污秽：要经常洗澡洗衣；要去除房屋内外的污秽，勤快扫地，勤抹桌凳，勤清除粪便所，好生安置牲畜的栖息所，随时去掉房屋近边的污泥秽水。要讲究公共卫生，清除掉城市、圩场、村庄里的垃圾污物，禁止摊贩出售不洁净的物品。

要消灭苍蝇：要发动儿童团群众，家家户户捉苍蝇，经常往茅坑里撒石灰，消灭蝇蛆。

要隔离病人：主要是隔离传染病人（霍乱、痢疾、伤寒、天花、红疹伤寒、猩红热、白喉、鼠疫、流行性脑脊髓膜炎），对发生传染病的区域要断绝交通，防止扩散传染；严禁死尸不埋或将死婴抛弃入河中。①

《苏区卫生运动纲要》颁布后，中央苏区的群众卫生运动随之广泛深入地开展起来。1933 年 7 月 16 日，中央内务部卫生管理局又制定 8—12 月《五个月卫生工作计划》，对苏区的卫生工作提出更加明确的

① 中央内务人民委员部《苏区卫生运动纲要》，1933 年 3 月颁布。据赣州市委党史工作办公室保存件。

要求:(1)以乡为单位建立卫生运动委员会,村设卫生小组,责令区内务部须于8月底前全部成立;(2)于9月中旬举行全苏区大扫除运动一次;(3)以乡为单位于9月1日起至9月7日止举行卫生运动周一次;(4)进行露尸浮厝掩埋运动;(5)不准放猪,须关猪栏中,猪栏和牛栏要在适宜地设置(依照家畜牲禽管理条例);(6)城市的通街大道不准设厕所;(7)室内不准放尿桶,必要放时须做盖子和每日倾倒之;(8)以乡为单位设一公共体育场,区为单位组织体育运动大会;(9)普遍的开启窗户运动;(10)反对早婚及衰弱有传染病的结婚运动;(11)于8月30日前召开全苏区卫生科长会议。①

此后,中央内务部还陆续颁布了几个关于卫生工作的训令和布告,以督促检查。

苏区的这场卫生防疫运动,开展得较为普遍顺利,收效也很显著。在红军部队中,1932年10月10日,中革军委发出《关于开展卫生运动的训令》;1933年12月27日,红一方面军又召开第三次军医会议,作出了卫生决议案,该决议案分普通卫生、防疫方法、卫生宣传3章,每一章每一项,都规定得非常详细,便于操作检查。如"个人卫生"项规定:(1)饮食要注意清洁与新鲜,不可过饱过急,尤不可滥食杂品、油炸物、生果及腐败等物,生水不可饮;(2)身体必勤沐浴,理发每月两次,爪甲时常剪,口齿日必洗刷,头与足每晚必洗一次,衣服须勤洗换,生皮肤病及生虱的人的衣服要煮过;(3)不可裸体赤足,要打绑腿,足跌伤了或蚊子咬了,不要用手抓;(4)夏天不可贪凉当风睡觉,烟酒宜戒;(5)劳动休息不可过度,每天需要八小时的睡眠,暑天应实行午睡一小时;(6)患皮肤病的人,每日须沐浴及换衣衫,积极加紧医治;(7)苍蝇飞集之食物不可食,病人的用具切勿用;(8)注意运动,参加早操及游

① 中央内务部卫生管理局《五个月卫生工作纲要》,1933年7月16日。据赣州市委党史工作办公室保存件。

戏等;(9)面巾牙刷不可共用。[①]

1933年7月10日,中革军委还发出《关于在红军中检查体格的训令》,责成各级卫生机关"于每年一月与七月各检查体格一次。新兵入伍、新生入学校的时候,亦须检查一次。各级军事、政治机关亦应予以帮助和对指战员的鼓动。除方面军前方正在进行体格检查外,后方机关部队及各军区部队应于接到命令之日起,即进行检验,经检验之后,对于体格不合[格](如老弱痼疾与有传染病的),不适宜于红军工作的,分别遣送回家或介绍地方工作"[②]。

由于党和苏维埃政府的重视和领导,无论是地方还是红军部队,群众卫生防疫工作都得到了较好落实。毛泽东在1933年11月对兴国县长冈乡进行调查时了解到:这个乡各村都建立了卫生组织,"虽规定五天大扫除一次,实际七天一次的多,十天的也有",对于不讲卫生的人,"发动童团耻笑他,特别那些衣服不洁的"。[③] 长冈乡是这样,其他各乡村也大都如此。可见,当时中央苏区的群众卫生运动,确实是广泛深入地开展起来了的。

在中央苏区医疗卫生事业创建和发展过程中,傅连暲、贺诚、彭龙伯、陈志方、戴济民等苏区名医,功勋卓著,闻名遐迩。尤其是傅连暲、贺诚,为中央苏区的医疗卫生事业,作出了重大贡献。

苏区名医中,还有杨振德(邓颖超母亲)等人。

这些苏区名医,不仅医术精湛,而且医德高尚。他们的名字与风范,永远留在红军将士和苏区人民的心中。

---

① 《中国工农红军第一方面军第三次军医会议卫生决议案》,1933年12月27日。据赣州市委党史工作办公室保存件。

② 中革军委《关于在红军中检查体格的训令》,1933年7月10日。据赣州市委党史工作办公室保存件。

③ 《毛泽东农村调查文集》,人民出版社1982年版,第321页。

第二节
中央苏区的体育运动

一、赤色体育的勃兴及其领导机构

中央苏区的体育事业,也是伴随着红军的创建而兴起的。因为体育与军事原本就密不可分。

早在井冈山斗争时期,红四军中的军事体育就开始兴起。每当战斗、工作之余,红军将士们就出操训练,刺杀投弹,摔跤较劲,野操爬山,搞得热火朝天。红军到赣南闽西游击后,在开创中央苏区的斗争中,军事体育更是与军事训练联成一体,红军部队开拔到哪里,体育活动就开展到哪里。

在地方,随着土地革命的开展,共产党领导下的赤色体育活动也逐渐兴起。闽西的邓子恢等在1927年至1928年,为把贫苦农民组织起来,就发起成立了国术馆,吸收贫苦农民入馆练习武术,并在此基础上组建"铁血团",使之成为农民武装暴动的骨干力量。红色政权建立后,伴随着红色区域教育事业的创建,苏区的学校体育也逐渐开展。后来,在苏区内逐步建立起俱乐部组织,开展体育活动成为各地俱乐部的一项重要工作,苏区群众性的体育活动随之兴起。到1931年苏维埃中央政府成立前夕,中央苏区的赤色体育活动已经有了一个良好的基础。

苏维埃临时中央政府成立后,苏区日益得到巩固,从而为苏区体育事业的发展创造了有利条件。中央苏区的体育活动,从此进入了一个迅猛发展的时期。1933年5月底6月初中华苏维埃共和国赤色体育运动大会的隆重召开和中华苏维埃共和国赤色体育委员会的成立,是中央苏区赤色体育发展到鼎盛时期的标志。

中央苏区的体育活动,在组织机构上,1930年初以前,红军部队由各级政治工作部门和士兵委员会俱乐部领导，地方上则基本处于自发阶段。1930 年春夏以后，红军中的体育活动便由各级俱乐部、列宁室具体组织领导，而各级俱乐部、列宁室又是受红军各级政治工作部门领导。在地方，随着各级红色政权逐步建立和巩固，体育活动也归属于各级政府文化部(后改为教育部)通过地方各级、各团体俱乐部组织开展。1931 年 11 月苏维埃临时中央政府成立后，中央教育人民委员部内设社会教育局、初等教育局和高等教育局。苏区的社会体育活动由社会教育局通过各地各级俱乐部、列宁室组织领导；学校体育活动则分别由初等教育局和高等教育局组织领导。随着苏区尤其是红都瑞金群众性体育活动的蓬勃开展和各类体育赛事的增多和比赛规模的扩大，迫切需要有一个体育组织统一领导和筹划苏区赤色体育活动。于是，1933 年 4 月 9 日，由少共中央局主办的《青年实话》发表专文，发起成立中华苏维埃共和国赤色体育委员会。文章提议："在苏维埃区域里，我们劳苦青年群众，为的能在体格上适应阶级斗争的需要，应该有一种集团的精神，和健康的身体。因此，本报向全苏区工农劳苦青年群众提议：立刻组织中华苏维埃共和国赤色体育会。"并且提出："凡在中华苏维埃共和国境内的各个赤色体育组织，革命机关，团体，以及各学校，公民，一律欢迎加入赤色体育会，愿意加入赤色体育会的，请立刻向本报编辑委员会报名，由编辑委员会再行通知团体及个人会员，定期召集筹备会议，讨论一切进行事宜。"①

这一建议提出后，得到苏区各单位、团体和军民的赞成和响应。参加和赞成此提议的单位、部门、团体和个人有：马克思共产主义学校、少共中央局篮球队、工农红军学校、少先队中央总队部、反帝拥苏总同盟青年部、苏区中央儿童局、少共瑞金县委、少队瑞金县队部、少共闽粤赣省委、少队福建省队部、中共闽粤赣省委、全总苏区执行局、

① 《青年实话》第 2 卷第 11 号，1933 年 4 月 9 日。

工农通讯社总社,以及博古、洛甫、杨尚昆、阿伪、凯丰、顾作霖、王盛荣、曾镜冰、施碧辰、张爱萍、任弼时等①。至同年4月30日,就有国家政治保卫局篮球队、中央政府俱乐部体育委员会和飞涛、沈鹤鸣、关蕴秋、郑茂德等人报名加入,红军学校还筹备成立赤色体育会分会。

经过近两个月的筹备,1933年6月3日,在中华苏维埃共和国赤色体育运动大会闭幕招待会上,正式宣布成立中华苏维埃共和国赤色体育委员会。经民主选举,项英、王盛荣、邓发、张爱萍、施碧辰等5人当选为中华苏维埃共和国赤色体育委员会委员。这5位委员本人都是体育运动爱好者。

中华苏维埃共和国赤色体育委员会,是中国共产党领导下的第一个全国性体育组织。它一成立,就代表中华苏维埃共和国和当时在瑞金的180多名运动员,一致通过加入赤色体育国际。

中华苏维埃共和国赤色体育委员会,为中国苏维埃区域赤色体育运动的最高领导机构。它肩负着领导苏区赤色体育运动的开展,"进行苏区工农劳苦青年群众集团性的赤色体育运动,'锻炼工农阶级铁的筋骨,战胜一切敌人'"②的重任。它成立后,出色地履行了自己的职责,将中央苏区的赤色体育运动推向了一个新的发展阶段。

二、苏区红军体育

中央苏区的红军体育活动十分活跃。其运动项目除军事色彩浓厚的投弹、射击、刺杀、登山、游泳、越野赛跑等外,还有篮球、排球、足球、羽毛球、乒乓球等球类和跳高、跳远等项目。

红军中开展体育活动,旨在增强红军官兵身体素质,提高军事技术,增强团队精神,活跃部队业余文化生活。

---

① 《青年实话》第2卷第11号,1933年4月9日。

② 斯顿:《"五卅"赤色运动大会的总结》,载《青年实话》第2卷第18号,1933年6月11日。

为促进红军体育活动的开展,红军部队各级俱乐部和列宁室经常组织各种体育竞赛。红军各级政治工作部门也经常在战斗胜利或各种重大节日期间,举办规模不等的体育运动会。其中,规模比较大的军队体育运动会有:

红军东路军红五月运动会,1932 年 5 月 4 日在福建漳州举行。这次运动会是为庆祝东路军获得漳州战役胜利而举行。有红一军团和红五军团参加。比赛项目有篮球、排球、乒乓球、跳高、跳远、百米赛跑、刺花枪、劈单刀和双刀、投手榴弹等。运动会期间,还举行了歌咏比赛。

红一方面军政治部为纪念第一个八一建军节,于 1933 年 8 月 6—14 日举行全军首届赤色体育运动大会。这次体育运动大会在永丰县藤田举行。运动会比赛场分别设在藤田、瑶田、湖西 3 个地方。中心赛场藤田,新修建了剧台、指挥台、主席台,还修建了参观团体休息、救护室等设施。参赛团体有红军第一、三、五军团各派出的一个建制团,另有永丰独立团和龙冈独立营。参赛选手共 6000 多名。兴国、宁都、赣县、公略、万泰、永丰等县派出参观团前往学习观摩。比赛项目分军事、政治、文化、体育等方面共 30 余项。其中体育比赛项目,有 500 米、100 米、跳高、跳远、撑竿跳、乒乓球、足球、篮球、单杠、双杠、木马等;军事体育项目有刺枪、投弹、射击、武装越野和队列等。比赛结束时,由评判组评出各项比赛优胜单位。红一军团第二师第五团被授予“模范红五团”光荣称号。红五军团第三十七团也获得奖旗。朱德总司令和周恩来总政委出席闭幕式并分别作重要讲话,向获得团体和单项奖的单位和个人颁发奖旗、奖章和奖品。

福建军区、江西军区分别在 1933 年 8 月 1 日前后举办的体育运动会。福建军区运动会于 1933 年 6 月 16 日举行,6 月 19 日闭幕,历时 4 天。《青年实话》曾发表文章说:“此次运动大会比赛项目有:(1)军事方面:劈刀,刺枪,着装,武器检查,目测距离,抢山头,实弹射击。

(2)政治方面:政治测验,政治演讲,墙报,唱歌,政治游戏。(3)球类方面:足球,篮球,乒乓球。(4)田径赛方面:跳高,跳远,撑竿跳,跑障碍物(壕沟,独木桥,石城墙,木墙等),翻杆子,赛跑(二百米四百米至一千米)。"①这次运动会开得隆重热烈,获得圆满成功。

三、苏区的社会体育

(一)学校体育活动

在中央苏区,各类学校都十分重视师生的体育活动,以增强师生体质。

苏区列宁小学(劳动小学)每星期都安排有8小时的游艺课程,其中体操课有3小时,还有课外活动。课外活动时间大都开展军事体育游戏。中央教育人民委员部1933年10月发布的《小学课程与教则草案》关于体育方面提出:小学第一学年的学生,"一般儿童的心理是不喜欢正式体操,只喜欢在杠上、环上、秋千上翻腾,喜欢攀登、跳跃、赛跑、掷石和竞赛游戏,表情游戏,一年级就以这些运动为主。至于普通操,不甚有味,因为普通体操可使身体平均发育,应该每次运动用九分钟来练习。以(此)外,规律运动,要特别教得简单,不然会使儿童感觉运动的苦恼。例如报数,低年级学生常站在最后的位置,人数如果到了20以外,会数不清楚,因为学算还没有超过20。初年级儿童筋肉没有充分练习,动作很难正确,立正稍息和转法不能做到整齐,所以规律运动以少为宜,并且要十分简单"。小学第2学年的体育课程,大部分同第一学年,只是教练和普通操逐渐增加。第3学年的体育课,开始学习正步和跑步,学习队形的变换,以加重教练的学习。② 苏维埃政府要求各小学校都应设法建设体育运动场所,以便于孩子们开展体育活动。

为促进各小学体育活动的开展,苏区经常组织学生运动会(又称

---

① 茂年:《福建军区的赤色运动大会》,载《青年实话》第2卷第21号,1933年7月2日

② 参见曾飙编著:《苏区体育》,中央文献出版社2004年版,第399—401页。

学生检阅会)。闽西苏区就曾于1930年5月23日至24日在龙岩县龙池区廖昔坪举行过一次学生运动会,分学生组和少先队组,学生组又分甲组和乙组。竞赛项目有跳高、跳远、立定跳远、100米、220米、440米、880米、1000米、团体游戏(徒手操、木棍操、手巾操)、武术(拳术、双打、舞剑、花枪、关刀)等。1933年6月30日,上杭县太拔区各学校体育竞赛会共有男女学生486人参加,历时4天,有17个竞赛项目。中央教育部也于1933年10月22日与少共中央儿童局一起,发出《关于举行秋季列宁小学校学生大检阅》的联合通知,部署各区积极组织落实。在这次大检阅中,体育比赛是其中重要的内容。

苏区儿童团组织也经常组织儿童团员们进行军事操练和体育训练。

苏区师范学校的体育活动,担负着为苏区列宁小学培养体育教师的任务。苏区各级师范学校都开设体育、游戏课,教育部门还制定和颁布了《体育教学法》。

红军学校的体育活动更是活跃。红军学校的主要专业课程——军事训练,与军事体育紧密结合。学校每天的早操风雨无阻,雷打不动。出早操时,从学校校长、政委到普通学员,无一例外,都积极参加。运动场上,每天早晨龙腾虎跃,朝气蓬勃。学校内外的体育竞赛也经常举行。红军卫生学校、红军通讯学校等军事学校和干部学校的体育活动,都十分活跃。

(二)群众团体的体育活动

青少年是苏区体育活动最积极的参加者和体育运动骨干力量,因而青年团体的体育活动开展得最为活跃。苏区的共青团、少年先锋队等青少年群众团体,都将组织青少年开展体育活动,作为自己的一项重要工作。每年在国际青年节期间(每年的9月1日至9月7日为国际青年周),都要组织青年举行大规模的体育竞赛。如1932年的国际青年节期间,红军学校在9月4日召开运动会,地方上前来观看的群众及少先队、儿童团、赤卫队共有二三万人。从9月4日到9月8日，少先队中央总队部组织举行了中华苏维埃共和国少队总检阅。全中央苏区共有20个单位的少队组织692人参加。检阅比赛项目有跳高、跳远、600米接力赛跑、障碍赛跑、游泳等。比赛结果:兴国第一，赣县第二，上杭第三，万泰第四，瑞金第五。1934年8月24日，中华苏维埃共和国赤色体育委员会发出举行国际青年节体育比赛启事:"'九二'是我们青年自己的节日，在国际青年节这天，中华苏维埃共和国赤色体育会特号召中央一级机关的青年组织青年体育比赛。比赛项目:中央一级机关赤少队野外演习(九月二日上午)，青年篮球比赛，掷手榴弹比赛，着装赛跑比赛(二百米距离)，游泳比赛(下午四时)，希中央一级机关青年同志们热烈的参加，立即充分准备，并于八月二十号前将参加人员的姓名、球队向赤色体育会报名。"①这次体育比赛尽管处于红军第五次反"围剿"战争最紧张阶段，而且中央党政军群领导机关已从瑞金沙洲坝转移到瑞金西江、梅坑、云石山等地区，但由于各单位青年组织的热烈支持，还是取得了圆满成功。

(三)机关体育活动

中央苏区的机关体育活动，以中央机关开展得最为活跃。机关体育项目以球类为主，篮球、足球、乒乓球、羽毛球等参加人员十分普遍。各机关成立了不少球类代表队，如中央政府篮球队、中共中央局篮球队、少共中央篮球队、国家政治保卫局篮球队、少共中央娃娃篮球队、少共中央排球队、中央联合足球队等。其中少共中央篮球队和国家政治保卫局篮球队实力较为雄厚。少共中央篮球队共有3支，一为CY篮球队，一为少共二队，一为少共娃娃队。CY队由张爱萍、王盛荣、施碧辰、陈良友、曾光、林飘萍、顾作霖、曾镜冰等组成。该队在中央机关篮球队中是支劲旅，有自己的篮球场，球员个个骁勇善战。每次篮球

① 《青年实话》第106期，1934年8月25日。

比赛，只要他们上场，球场内外便一片沸腾，喝彩声、鼓掌声不断。

中共中央局领导人博古、张闻天和红军总司令朱德、红军总政治部副主任杨尚昆、国家政治保卫局局长邓发等领导人，以及康克清、刘英等女红军，都是体育活动积极分子。在中共中央局办公的大厅里，安放着一张简易乒乓球桌，平时用于开会，休息时便是乒乓球桌，几乎每天休息时，博古、张闻天等机关工作人员，都要在这里厮杀一阵。杨尚昆、王盛荣等，还是出色的篮、排球裁判员，每次重大篮、排球比赛，都少不了他们上场执哨。

（四）职工和农民的体育活动

中央苏区的工厂企业中，职工业余体育活动也开展得红红火火。按照中央教育部的要求，每个较大的工厂都成立俱乐部，较小的工厂商店则成立联合俱乐部。职工体育活动由工厂企业俱乐部组织。不少的工厂俱乐部、列宁室，设置了棋类、乒乓球等游艺项目，有些还开辟了简易篮球场。一些工厂的女职工还组织了女子篮球队、女子排球队，开展体育竞赛。

农村的体育活动，由各乡村俱乐部组织。毛泽东在第二次全苏大会上的报告中说："群众的红色体育运动，也是迅速发展的，现虽偏僻乡村中也有了田径赛，而运动场则在许多地方都设备了。"[①]这充分说明农民体育运动的活跃。

四、中华苏维埃共和国赤色体育运动大会的成功举办

为检阅全苏区体育运动的成绩，促进苏区体育运动的深入开展，1933 年 5 月 5 日，中华苏维埃共和国中央政府决定举办中央苏区第一次体育运动大会。这次大会因定在 5 月 30 日召开，意在纪念五卅运动 8 周年，故又称"中华苏维埃共和国五卅赤色体育运动会"。

① 见江西省档案馆、中共江西省委党校党史教研室编：《中央革命根据地史料选编》（下），江西人民出版社 1982 年版，第 331 页。

苏维埃中央政府为此专门成立了运动会筹备会,并向全国发出通电。

经过紧张筹备,这次规模盛大的体育运动大会于1933年5月30日下午6时在瑞金隆重开幕。参加运动会的运动员,有红一方面军第一、三、五军团,江西军区、江西省少先队,公略、胜利、博生、万泰、安远、兴国,福建省少先队,上杭、长汀、武平等单位,以及中央机关的选手,共180多人。他们都是经过层层选拔产生的优秀运动员。比赛项目共18项,其中球类有篮球、足球、排球、网球、羽毛球、乒乓球;田径项目有跳高、跳远、撑杆跳、三级跳、铁球、铁饼、标枪、越障、50米、100米、200米、400米赛跑等。

大会推举博古、邓颖超、王盛荣、项英、张爱萍、何长工、杨尚昆7人组成运动大会主席团;聘请博古为总评判主任,洛甫(张闻天)、邓颖超、凯丰、毛泽东、项英、杨尚昆、陈云、何长工8人为总评判。

运动大会开幕式在瑞金叶坪的中央运动场(飞机场)隆重举行。驻瑞金的各机关部队和群众代表近万人参加开幕式。5月31日,全体运动员休息,准备一天。6月1日,比赛正式开始。《红色中华》报道这次运动会盛况时写道:

> 当时虽天空阴云密布,小雨纷纷,仍然个个抖擞着自己的精神,未几银角一吹,比赛开始,这一天全是球类竞赛,篮球,足球,排球,网球,球,球,球,满场是球。顺次比赛,一军团队,红校队,中央政府队,国家保卫局队,江西队,无不身强力壮,跳跃敏捷,特别是少共中央局队人才济济,英勇善战,在篮球赛时,竟以三十二比一大败江西队(预赛),二十比〇使保卫局吃了一个鸡蛋(复赛)。同时,红校的足球队亦颇不弱,以二比〇也送给了江西队一枚又大又圆的鸭蛋,一直赛至午十二点多钟方暂时休息。午饭后,两点钟又开始室中的乒乓球赛,乒乓乓乓,好不热闹!尤以中央政府队选手匹马单人,所向无敌,连胜五军团队与保卫局队,取

得最后决赛权。至四点多钟，因各运动员俱已疲乏，第一天的比赛遂暂时结束。第二日，举行最后决赛，少共中央局获得了篮球、网球与乒乓球的锦标，保卫局获得田径赛锦标，红校获得足球锦标。①

其他比赛项目：三级跳远，少共中央局施碧辰第一，成绩三十四尺四寸；铁球，五军团黄尚武第一，成绩三十四尺四寸；铁饼，中央政府关蕴秋第一，成绩八十九尺；标枪，红校沈荐茸第一，成绩八十四尺；障碍跑，红校钟生顺第一，成绩二十九秒；杠架，红校赵清之第一；跳高，红校阮殿熏第一，成绩四尺六寸；跳远，红校姚宏春第一，成绩十五尺十一寸；50 米跑，国家政治保卫局胡庚茆第一，成绩 9 秒；100 米跑，国家政治保卫局邓发第一，成绩 13 秒；200 米跑，国家政治保卫局邓发第一，成绩 32 秒；400 米跑，红校龙香名第一，成绩 74 秒；少先队跳高，瑞金沈春和第一，成绩四尺一寸。

6 月 3 日上午全部比赛结束。下午举行篮球和足球表演赛。表演赛结束后，中革军委在红军学校俱乐部热烈招待全体运动员会餐，项英致词祝贺运动大会圆满成功。席间宣布中华苏维埃共和国赤色体育委员会正式成立。随后，全体运动员摄影留念，并冒雨前往瑞金县城游行示威，欢呼运动大会成功。当晚，在中央工农剧社举行运动大会闭幕式。大会主席团给成绩优胜的代表队和运动员颁发奖状和奖品。工农剧社演出精彩节目，慰劳全体运动员。

中央苏区第一次体育运动大会的圆满成功，标志着中央苏区的体育运动进入了一个新的发展阶段，体育运动成绩也达到了一定水平。1934 年 1 月下旬至 2 月上旬第二次全苏大会召开期间，红都瑞金的中央机关和出席二苏大会的代表团，几乎每天都举行各类体育竞赛或表演赛，给出席大会的代表们留下了深刻印象。

① 据《红色中华》第 83 期，1933 年 6 月 4 日。

第十七章
中央苏区的法制建设

第一节
苏维埃法律法规的颁布

一、苏维埃的国家法——宪法大纲

苏维埃的法律法规，是在彻底摧毁国民党政府和地主资产阶级旧法律基础上创立起来的。它是由苏维埃国家制定，代表广大工农兵群众利益，为巩固苏维埃国家政权服务的。

中央苏区的法制建设，即为中华苏维埃共和国的法制建设。中华苏维埃共和国成立前后，总共制定颁布过130余部法律、法规。在苏区制定和颁布的法律法规中，最重要的是中华苏维埃共和国的国家法。

中华苏维埃共和国的国家法，包括国家根本法——宪法大纲，国家政权机构组织法（或条例）及选举法令，关于国徽国旗军旗的法令等。

根据我们收集到的历史资料研究，我们发现：中华苏维埃共和国的国家根本法（包括草案在内），前后共有五部：

《中华苏维埃共和国的国家根本法（宪法）大纲草案》 中国共产

党中央提出，1930 年 9 月 26 日召开的中国工农兵会议第一次全国代表大会中央准备委员会全体会议通过。这部宪法大纲草案实际上只是提出了制定苏维埃宪法的一些重要原则，而不是宪法条文。这些原则共有七条：一是“实现代表广大民众真正的民权主义（德莫克拉西）”；二是“真正实现劳动群众自己的政权，使政治的权力摆在最大多数工农群众自己手里”；三是“彻底实行妇女解放，定出合理的不受一切宗法封建关系和宗教迷信所束缚的男女关系及家庭关系的法令”；四是“彻底地承认并且实行民族自决”；五是“争取并且确立中国经济上政治上真正的解放——推翻帝国主义对于中国的统治”；六是“实行工农民权的革命独裁，在将来社会主义的阶段更进于无产阶级的独裁”；七是“苏维埃政府要彻底拥护工人利益，实行土地革命，消灭一切封建残余，没收地主阶级的土地，废除一切封建式的资产阶级的捐税，实行统一的累进所得税的原则，税则完全由工农兵会议（苏维埃）决定”。[①]

《中华苏维埃共和国宪法大纲》 1931 年 11 月中华工农兵苏维埃第一次全国代表大会通过。这部宪法大纲，最初是由中共中央委托周恩来在上海起草的。1931 年 11 月 7 日“一苏大会”召开前，领导“一苏大会”召开的中共苏区中央局尚未得到中华苏维埃共和国宪法文本，于是电告上海临时中央，要求电告宪法要点。中共临时中央于 1931 年 11 月 5 日将共产国际远东局和中共临时中央共同草拟的宪法要点 17 条，电告中共苏区中央局。1931 年 11 月 13 日，“一苏大会”主席团即以任弼时、王稼祥、毛泽东、周以栗、邓发、张鼎丞、曾山、袁德生、刘建中、梁柏台和各地代表团推举的一名代表，根据临时中央电告的宪法大纲要点 17 条，具体起草《中华苏维埃共和国宪法》，提交代表

① 《中华苏维埃共和国国家根本法（宪法）大纲草案》，载《中华苏维埃共和国法律文件选编》，江西人民出版社 1984 年版，第 1—4 页。

大会讨论。现在人们见到的标明“一九三一年十一月七日中华苏维埃第一次全国代表大会通过”的《中华苏维埃共和国宪法大纲》，就是由“一苏大会”主席团宪法起草委员会根据中央宪法要点具体起草由大会讨论通过的。

《中华苏维埃共和国宪法大纲》 1934 年 1 月第二次全国苏维埃代表大会通过。此宪法大纲发表于 1934 年 2 月 14 日出版的第 149 期《红色中华》报。这部宪法大纲与 1931 年 11 月中华工农兵苏维埃第一次全国代表大会通过的宪法大纲，在内容和文字上基本相同，没有什么变动之处。

除上述 3 部宪法大纲之外，还有两部《中华苏维埃共和国宪法草案》：

一部是《中华苏维埃共和国宪法草案》。这部宪法草案起草的时间标明为“一九三一年十一月”。这是一部不完整的宪法草案，因为 1982 年由江西省档案馆、中共江西省委党校党史教研室联合编辑，江西人民出版社出版的《中央革命根据地史料选编》下册收录的这部宪法草案，只有第二篇“苏维埃政权的构成”、第三篇“选举权”、第四篇“中华苏维埃共和国的国徽和国旗”，而缺少第一篇的内容。按常规，第一篇的内容应该是规定中华苏维埃共和国的政权性质、苏维埃公民的权利和义务，以及民族、外交等政策原则，皆属于宪法总纲的内容。对于一部宪法来说，这是最重要的、最核心的部分。但不知为什么这一部分内容却偏偏没有保存下来。从现存的这部宪法草案来看，当年这部宪法草案应该是有第一篇的，因为条文内容从第一章至第八章、条文序号从第一条至第七十八条，都是按顺序编排的。为什么会缺少第一篇，尚需进一步查考。

还有一部《中华苏维埃共和国宪法》。虽还未看到这部宪法的文本，但在 1931 年 11 月中华苏维埃中央执行委员会第一次会议通过的《中华苏维埃共和国的选举细则》中，却多处提到这部宪法。如《中华苏维埃共和国的选举细则》第二章第五条说:“根据宪法第七十三条的规定:‘居住在中华苏维埃共和国领土地的人民,凡年满十六岁的,无男女、宗教、民族的区别,对苏维埃有选举权和被选举权……’”①而上文提到的收录至《中央革命根据地史料选编》下册的《中华苏维埃共和国宪法草案》,其第七十三条内容却是:“中央执行委员会为选举的终审机关。”②由此可以推定,在1931年11月一苏大会召开前后,还有一部内容比较完备的《中华苏维埃共和国宪法》,但至今却未发现该宪法文本。

在中华苏维埃共和国的国家法中,还有15部是苏维埃国家政权组织法,有10部是选举法令。

15部苏维埃国家政权组织法是:《革命委员会组织纲要》(无颁布日期)③;《苏维埃组织法》(无颁布日期);《苏维埃临时组织法》(1927年11月颁布,署名为“END”);《中国工农兵会议(苏维埃)第一次全国代表大会各级准备委员会组织大纲》(1930年夏颁布);《地方苏维埃政府的暂行组织条例》(1931年11月中央执行委员会第一次全体会议通过);《中华苏维埃共和国地方苏维埃暂行组织法(草案)》(1933年12月12日湘赣省苏维埃政府翻印);《中华苏维埃共和国中央苏维埃组织法》(1934年2月17日公布);此外,还有中央工农检察部、中央内务部、中央劳动部、中央财政部、中央国民经济部、中央审计委员会、中央妇女生活改善委员会和省、县、区、市教育部及各级教育委员会的组织纲要(或暂行组织纲要)。

中华苏维埃共和国国家选举法,一共有10部,它们是:《中国工农兵会议(苏维埃)第一次全国代表大会选举条例》(发表于1930年10

① 见《中华苏维埃共和国法律文件选编》,江西人民出版社1984年版,第112页。

② 见江西省档案馆、中共江西省委党校党史教研室编:《中央革命根据地史料选编》(下),江西人民出版社1982年版,第132页。

③ 见《中华苏维埃共和国法律文件选编》,江西人民出版社1984年版,第112页。

月8日至11日出版的《红旗日报》);《中国工农兵会议(苏维埃)第一次全国代表大会选举暂行条例》(1930年9月制定颁布);《中国工农兵会议(苏维埃)第一次全国代表大会苏维埃区域选举暂行条例》(1930年9月26日一苏大会中央准备委员会第一次全体会议通过并颁布);《中华苏维埃共和国的选举细则》(1931年11月中央执行委员会第一次全体会议通过);《中华苏维埃共和国选举委员会的工作细则》(1931年12月中央执行委员会第一次会议通过);中央执行委员会《红军及地方武装选举细则》(1931年12月颁布);《中华苏维埃共和国中央执行委员会训令第八号——关于变更和补充居民与苏维埃代表的比例标准》(1932年1月28日公布);《中华苏维埃共和国中央执行委员会训令第二十二号——关于此次选举运动的指示》(1933年8月9日);《苏维埃暂行选举法》(1933年8月9日中央执行委员会颁布);《二次全苏大会在红军中怎样进行选举》(1933年9月颁布)。从这10部关于选举法令的颁布和施行可以看出,苏维埃政府制定的选举法令是比较完备的,苏维埃公民最基本最重要的民主权利——选举权和被选举权,是得到充分保障的。

关于国徽、国旗与军旗的决定,是第二次全国苏维埃代表大会上通过的。

二、苏维埃的行政法规

苏维埃的行政法规,是有关苏维埃国家行政管理活动的法律文本。它主要规定苏维埃国家行政管理体制,苏维埃国家行政机关人员的选拔和使用,苏维埃国家行政管理活动的基本原则,苏维埃国家行政管理的职权范围、活动方式,以及对苏维埃国家公职人员和公民的行政违法行为的处分等。这些行政法规包括行政管理法令、中国工农红军建设法令、公安管理法令、民政管理法令、文教卫生科技管理法令,以及对上述有关法令质疑的解释等。这些行政法令大约有30件。主要有:

行政管理法令方面，有《人民委员会训令（第六号）——关于保护妇女权利与建立妇女生活改善委员会的组织和工作》（1932 年 6 月 20 日颁布）；《人民委员会第二十一号命令》（1932 年 9 月 6 日颁布，内容为命令各级苏维埃政府组织运输队支援前线）；《中央执行委员会第十二号命令——关于战争紧急动员令》（1932 年 10 月 13 日颁布）；《中央人民委员会第三十五号命令——征发富农组织劳役队》（1932 年 11 月 25 日颁布）；《中央政府为粉碎五次“围剿”紧急动员令》（1933 年 10 月 18 日颁布）；《优待红军家属礼拜六条例》（1934 年 1 月 10 日中国共产党中央委员会、中华苏维埃中央人民委员会颁布）；《中华苏维埃共和国人民委员会训令（中字第三号）——关于地主富农编制劳役队与没收征发问题》（1934 年 5 月 20 日颁布）等。

工农红军建设方面，有《关于红军建设决议案——中华苏维埃工农兵第一次全国代表大会通过》；《中央执行委员会关于扩大红军问题训令》（1932 年 9 月 20 日颁布）；《中央人民委员会第二十九号命令》（各级苏维埃政府军事部长应由各军区指挥部和瑞金卫戍司令部委任，1932 年 10 月 13 日颁布）；《关于红军问题决议》（1934 年 1 月第二次全国苏维埃代表大会通过）等。

公安管理法令方面，有《中央人民委员会命令第三十七号——为严禁出境行人事》（1932 年 12 月 27 日颁布）；《中华苏维埃共和国临时中央政府人民委员会命令第四十二号——为检查和取缔私人枪支禁止冒穿军服事》（1933 年 4 月 15 日颁布）等。

民政管理法令方面，有《关于中国工农红军优待条例决议——中华工农兵苏维埃第一次全国代表大会通过》；《临时中央政府训令第九号——执行优待红军条例的各种办法》（1932 年 2 月 1 日颁布）；《人民委员会对于赤卫军及政府工作人员勇敢参战而受伤残废及死亡的抚恤问题的决议案》（1932 年 9 月 13 日《红色中华》报第 33 期公布）；《中国共产党中央委员会、中华苏维埃共和国人民委员会关于优待红军家属的决定》(1934 年 1 月 8 日颁布)等。

民族关系法令方面,有《关于中国境内少数民族问题的决议案——中华工农兵苏维埃第一次全国代表大会通过》。

文教卫生科技管理法令方面,有《人民委员会命令第十五号——关于非在特殊情形之下不得占据学校房屋及搬移学校器具》(1932 年 6 月 22 日颁布);《中华苏维埃共和国临时中央政府征求专门技术人才启事》(1933 年 8 月颁布);《中华苏维埃共和国中央人民委员会训令第十七号——关于教育工作》(1933 年 9 月 15 日颁布);《中华苏维埃共和国临时中央政府人民委员会命令第九号——小学教员优待条例》(1934 年 2 月 16 日颁布)等。

三、苏维埃的刑法及其相关法律

苏维埃中央政府成立后,制定和颁布了一些刑事法律法令。主要有:《中央执行委员会训令第二十一号——关于镇压内部反革命问题》(1933 年 3 月 15 日颁布);《中央执行委员会第二十六号训令——关于惩治贪污浪费行为》(1933 年 12 月 15 日颁布);《中华苏维埃共和国惩治反革命条例》(1934 年 4 月 8 日公布)等。

此外,还有关于苏维埃司法制度方面的法律,大约有 12 件。包括司法行政管理和审判制度、检察行政管理和检察制度等。

在司法行政管理和审判制度方面,主要有:《中华苏维埃共和国中央执行委员会训令第六号——处理反革命和建立司法机关的暂行程序》(1931 年 12 月 13 日中央执行委员会非常会议通过);《中华苏维埃共和国军事裁判所暂行组织条例》(1932 年 2 月 1 日中华苏维埃共和国中央执行委员会命令第三号颁发);《中华苏维埃共和国临时中央政府执行委员会训令第十一号——纠正放松肃反的错误》(1932 年 4 月 22 日颁布);《裁判部的暂行组织及裁判条例》(1932 年 6 月 9 日颁布);《中华苏维埃共和国临时中央政府执行委员会训令第十二号——为更改执字第六号训令第二项之规定》(1932 年 6 月 9 日颁布);《中央司法人民委员部命令司字第二号——关于实施劳动感化院暂行章程问题》(1932 年 8 月 10 日颁布);《临时最高法庭给会昌县苏裁判部的指示信》(1932 年 10 月 14 日);《临时最高法庭给寻乌县苏裁判部的指示信》(1932 年 10 月 16 日);《中华苏维埃共和国临时中央政府司法人民委员部命令第九号——为组织劳动法庭问题》(1933 年 4 月 12 日颁布);《中央司法人民委员部命令(第十四号)——对裁判机关工作的指示》(1933 年 5 月 30 日);《中华苏维埃共和国临时中央政府人民委员会命令第五号》(给予国家政治保卫局及其分局有直接拘捕处决反革命之特权,1934 年 2 月 9 日颁布);《中华苏维埃共和国司法程序》(1934 年 4 月 8 日颁布)。

在工农检察行政管理及检察制度方面,主要有:《工农检察部的组织条例——中华苏维埃共和国第一次全国工农兵代表大会通过》;《突击队的组织和工作》(中央工农检察人民委员部 1932 年 8 月 13 日发布);《工农检察部控告局的组织纲要》(中央工农检察人民委员何叔衡 1932 年 9 月 6 日发布);《中央工农检察人民委员部训令第二号——关于检查苏维埃政府机关和地方武装中的阶级异己分子及贪污腐化动摇消极分子问题》(中央工农检察人民委员何叔衡 1932 年 12 月 1 日发布);《中华苏维埃共和国临时中央政府工农检察人民委员部训令(第三号)——关于健全各级工农检察部组织事》(1933 年 4 月 13 日颁布)等。

四、苏维埃的民法与婚姻法

苏维埃的民法,主要有:《中华苏维埃共和国临时中央政府关于借贷暂行条例的决议》(1932 年 1 月 27 日公布);《关于矿产开采出租条例》(1932 年 8 月颁布);《关于店房没收与租借条例》(1932 年 8 月颁布);《中华苏维埃共和国中央执行委员会关于违犯劳动法令惩罚条例》(1933 年 10 月 15 日颁布)。

苏维埃的婚姻法令,共有两件,即:《中华苏维埃共和国婚姻条例——中华苏维埃共和国中央执行委员会第一次会议关于暂行婚姻条例的决议》(1931 年 11 月 28 日通过,同年 12 月 1 日颁布);《中华苏维埃共和国婚姻法》(第二次全苏大会讨论通过,1934 年 4 月 8 日颁布实施)。

五、苏维埃的经济法令

苏维埃的经济法令,是调整苏维埃国家经济主管机关、经济组织、事业单位在苏维埃经济管理中的经济组织关系,以及经济组织、事业单位和公民在经济活动中所发生的财产关系的法令法规。苏维埃临时中央政府成立后,在这方面制定和颁布的法令法规数量最多,总数有 60 余件。具体情况如下:

关于经济管理法令,主要有:《关于经济政策的决议——中华工农兵苏维埃第一次全国代表大会通过》;《中华苏维埃共和国临时中央政府布告(第九号)》(关于发行“革命战争公债”条例,1932 年 6 月 25 日颁布);《人民委员会命令第十九号——为政府工作人员减税问题》(1932 年 8 月 12 日);《中央财政人民委员部训令第十二号——统一会计制度》(1932 年 12 月 16 日颁布)等。

关于工商业政策法令,共 12 件,主要有《中华苏维埃共和国临时中央政府关于工商业投资暂行条例的决议》(1932 年 1 月 13 日颁布);《中华苏维埃临时中央政府关于合作社暂行组织条例的决议》(1932 年 4 月 12 日颁布);《人民委员会训令——发展粮食合作社运动问题》(1932 年 8 月 21 日颁布);《劳动互助社组织纲要》(1933 年中华苏维埃共和国临时中央政府颁布);《发展合作社大纲》(1933 年 6 月中央国民经济人民委员部颁发);《生产合作社标准章程》(1933 年 9 月 10 日中央工农民主政府颁布);《中华苏维埃共和国人民委员会命令中字第十六号——苏维埃国有工厂管理条例》(1934 年 4 月 10 日颁布)等。

关于税收政策,有 10 余件,主要有《中华苏维埃共和国暂行税则》

(1931年12月1日颁布);《中华苏维埃临时中央政府执行委员会命令(第七号)——关于修改暂行税则问题》(1932年7月13日颁布);中央财政人民委员部《关税征收细则》(1933年5月11日颁布);《农业税暂行税则》(1933年9月17日中央执行委员会通过,9月18日颁布);《农业税暂行税则补充条例》(1933年10月26日中央人民委员会会议通过发布)等。

关于财政金融管理,有10余件,主要有《中华苏维埃共和国暂行财政条例》(1931年12月颁布);《中华苏维埃共和国临时中央政府人民委员会命令第十四号——关于各级政府各部队的经理机关要代理兑换国家银行发行之各种钞票》(1932年6月21日发布);《中华苏维埃共和国临时中央政府人民委员会命令第十七号——维护银行的信用》(1932年7月10日发布);《中华苏维埃共和国临时中央政府财政人民委员部训令第十九号——建立现金出口登记制度》(1933年5月11日发布);《现金出口登记条例》(1933年5月11日发布);《人民委员会训令第十三号——发起拥护国币的群众运动,严厉镇压反革命破坏金融》(1933年7月10日发布);《国库暂行条例》(1932年11月22日中华苏维埃共和国临时中央政府人民委员会颁布)等。

关于土地政策法令,有21件之多。主要有:《兴国土地法》(1929年4月颁布);《中共闽西第一次代表大会决议案——土地问题决议案》(1929年7月27日通过);《赣西南土地法》(1930年2月7日通过);《土地暂行法》(1930年5月全国苏维埃区域代表大会通过);《富农问题》(1930年6月通过);《苏维埃土地法》(中国革命军事委员会1930年8月在江西颁布);《土地问题决议案》(红一方面军总前委与江西省行委联席会议1930年10月底在江西新余通过);《中共苏区中央局通告第九号——关于土地问题与反富农策略》(1931年2月8日发布);《江西省苏维埃政府关于土地问题所有权的布告》(1931年3月发布);《苏区中央局关于土地问题决议案》(1931年8月21日通过);《中华苏维埃共和国土地法》(1931年12月1日颁布);《江西省苏维埃政府对于没收和分配土地的条例》(1931年12月1日颁布);《中央土地人民委员部训令第一号——为深入土地斗争彻底没收地主阶级财产》(1932年12月28日公布);《开垦荒田荒地办法》(苏维埃临时中央政府1933年2月25日颁布);《开荒规则和动员办法》(1933年5月25日中央土地部训令第八号);《中央政府关于查田运动的训令》(1933年6月1日颁布);《开展查田运动——中央人民委员会布告》(1933年9月1日);《中华苏维埃共和国中央政府关于土地斗争中一些问题的决定》(1933年10月10日发布);《怎样分析农村阶级》(1933年10月10日颁布);《关于继续开展查田运动的问题——人民委员会训令中字第一号》(1934年3月15日颁布)等。

关于劳动政策法令,有8件:《劳动保护法》(1930年全国苏维埃区域代表大会通过);《中华苏维埃共和国劳动法》(1931年11月中华工农兵苏维埃第一次全国代表大会通过);《中华苏维埃共和国中央执行委员会关于实行劳动法的决议案》(1931年12月20日通过);《中华苏维埃临时中央政府劳动部训令第一号——关于劳动部组织与工作》(1932年4月28日颁布);《中央劳动人民委员部命令第一号——为撤销乡劳动部及失业劳动介绍所》(1932年12月30日颁布);《中央劳动人民委员部命令第二号——社会保险费及失业劳动介绍所》(1932年12月30日颁布);《中央执行委员会关于重新颁布劳动法的决议》(1933年10月15日);《中华苏维埃共和国劳动法》(1933年10月15日)。

此外,还有关于邮政、交通诸方面的法令若干件。

第二节
苏维埃的司法机构

一、中央司法人民委员部

苏维埃中央政府成立后,为领导中华苏维埃共和国的司法行政工作,在苏维埃中央人民委员会之下设立中央司法人民委员部,即中央司法部。

苏维埃中央执行委员会任命中央政府副主席张国焘兼任中央司法人民委员(即中央司法部部长),梁柏台任中央副司法人民委员(即中央司法部副部长)。张国焘在鄂豫皖苏区工作,未能到瑞金就职视事,中央司法部的工作由梁柏台负责。1934 年 2 月 1 日,第二届苏维埃中央执行委员会任命梁柏台为中央司法部部长。

中央司法人民委员部是中央人民委员会的组成部分,对人民委员会负责。中央司法人民委员部内设司法部务委员会,作为司法部的决策领导机构,司法部务委员会由中央人民委员会委任。中央司法人民委员为司法部务委员会当然主席。中央司法人民委员部内设刑事处、民事处、劳动感化处、总务处等工作机构。

中央司法人民委员部是中华苏维埃共和国最高司法行政领导机关。其职责是:督促地方各级苏维埃政府及各级军事领导机构建立健全各级审判机构,并对这些机构实行司法行政领导;委任和撤销下级裁判部长及工作人员,但对地方各级审判机构及军队各级审判机构的具体审判工作不加干涉,使其独立行使审判职权;培训各级司法干部与工作人员;根据中央执行委员会和中央人民委员会指示,负责起草一些法律法令草案,提交中央执行委员会讨论颁布。

二、国家政治保卫局

中央苏区在 1930 年底以前,各级苏维埃政府都曾设立裁判肃反委员会,负责红色区域内部的治安保卫和肃反工作。各级红色政权的保卫任务,主要由地方武装组织承担。

1931年6月16日,中共中央给全国各苏区各级党部及红军发出《关于苏区与红军工作的具体指示》的训令,在说到肃反问题时指示说:"肃反工作必须有经常性,各苏区政府及红军中必须建立起'政治保卫处'的工作,而且要指定政治上坚定的有斗争历史、党籍较长的党员特别是工人党员去担任。'政治保卫处'的工作,要建立在广大群众的信托和帮助的基础上,党要从中起极强固的领导作用,而保证工作的顺利的进行。"①根据中央这一指示,1931年6月至7月间,在江西中央苏区成立了中共苏区中央局政治保卫处,由中共苏区中央局常委、宣传部长王稼祥兼任处长②。同年9月间邓发到江西中央苏区后,改由邓发任中共苏区中央局政治保卫处处长。中华苏维埃共和国临时中央政府成立后,原中共苏区中央局政治保卫处即改称为中华苏维埃共和国国家政治保卫局,仍由邓发任局长。

1932年1月27日,苏维埃中央执行委员会颁布了《中华苏维埃共和国国家政治保卫局组织纲要》,对国家政治保卫局的组织机构、隶属关系、工作职责范围等作出了明确规定。纲要指出:国家政治保卫局在苏维埃境内依照中华苏维埃共和国宪法之规定,在临时中央政府人民委员会管辖之下,执行侦查、压制和消灭政治上经济上一切反革命的组织、活动、侦探及盗匪等任务。

国家政治保卫局在省、县两级及红军中的中央军委(其他苏区军委)、军团、军(或师)均设分局,作为国家政治保卫局的代表机关。必要时,国家政治保卫局可向某种机关或组织派遣特派员。各分局局

① 《中央给苏区各级党部及红军的训令——关于苏区与红军工作的具体指示》,1931年6月16日。载《中共中央文件选集》第7册,中共中央党校出版社1991年版,第324—325页。

② 徐则浩:《王稼祥传》,当代中国出版社1996年版,第116页。

长、委员及特派员的任免处分权，统属于国家政治保卫局；基层（区或红军中的团）特派员的派遣任免权属省分局及军委会分局，但最后的批准属于国家政治保卫局。

国家政治保卫局与下级各分局、特派员之间实行系统垂直领导。在工作业务上下级分局需绝对服从上级分局的命令；但在政治上，各分局及特派员受当地该级政府或红军中军事政治负责者指导，各分局长并得列席于同级政府主席团会议；各级政府或红军一律无权改变或停止国家政治保卫分局执行国家政治保卫局的命令，如有意见只能提到人民委员会解决。

国家政治保卫局及各分局和特派员，系代表苏维埃政权行使权力。各级政府机关及其他群众团体无权自行拘捕审讯人犯，只有国家政治保卫局机关才有此权；在紧急情况发生时，政府机关及其他群众团体可将嫌疑人犯拘送保卫局机关讯办。当保卫局得有充分的反革命犯罪证据，需拘捕政府机关、红军与革命团体负责人时，只有在采取拘捕行动之前才能通知该机关最高负责者，以便物色替代人选；该机关最高负责者即使有不同意见，亦不得阻挠保卫局机关的行动，只能向上级抗议。①

国家政治保卫局内设侦察部，部长胡底；执行部，部长李克农，总务处（又称秘书处），处长欧阳毅。胡底和李克农都是中共最著名的红色特工，具有在隐蔽战线开展地下对敌斗争的丰富经验；欧阳毅是曾参加 1928 年春湘南起义和井冈山斗争的老红军。

国家政治保卫局设有政治保卫大队（简称“国家政治保卫大队”，相关情况请参见本书第十一章第二节）。

中央苏区各省、县政治保卫分局，都建有常备的政治保卫大队。

① 《中华苏维埃共和国国家政治保卫局组织纲要》，1932 年 1 月 27 日，载《六大以来》下册，人民出版社 1981 年版，第 366—368 页。

国家政治保卫局政治保卫大队接受国家政治保卫局和各级分局的指挥,而不受红军及各级苏维埃政府军事部门的指挥。

国家政治保卫局系统的工作人员、保卫大队官兵以及所有杂务人员,除便衣人员外,均穿红军服装,但所佩戴的领章不是红色,而是绿色;所有人员均随身携带由国家政治保卫局统一制发的印(刻)有"GPU"字样的特别证章。

国家政治保卫局须在苏维埃法律规定的范围内活动。国家政治保卫局各级机关办理的案件接受法院(最高法院建立前是临时最高法庭与各级裁判部)侦察员的检察。《中华苏维埃共和国国家政治保卫局组织纲要》曾规定:在刑事诉讼活动中,国家政治保卫局对反革命案件有侦查、逮捕、预审之权,并且以原告身份向审判机关提起诉讼。对案犯的审判和执行之权在审判机关。第五次反"围剿"战争开始后,由于苏区面临的环境日趋恶劣和复杂,苏维埃中央执行委员会和人民委员会赋予了国家政治保卫局有直接拘捕、处决反革命之权。1934 年 4 月 8 日颁布的《中华苏维埃共和国司法程序》,再次授予国家政治保卫局这些特权,而且将这些特权扩大至区特派员及裁判部门、肃反委员会、民警局和劳动法庭和红军中的高、初两级军事裁判所。

实践证明:为保卫苏区安全,法律赋予国家政治保卫局以适当的特权是必要的。但不能使其权力不受任何约束,尤其不能使其脱离党委和政府的领导,让其独行其是。如果不这样做,必然会产生许多冤假错案。当时苏区军民对国家政治保卫局的工作怀有某种恐惧感,原因在此。

三、最高法庭和最高法院

中央苏区的审判机关,最高一级是中华苏维埃共和国最高法院,省、县、区一级则为裁判部,军队则为高级和初级军事裁判所。因在第一次全国苏维埃代表大会上来不及选举任命成立苏维埃最高法院,为适应苏区审判工作的需要,在瑞金成立了中华苏维埃共和国最高审判机关——临时最高法庭,代行最高法院职权。

临时最高法庭成立于1932年2月初,隶属于苏维埃中央执行委员会。临时最高法庭由主席1人、委员若干人组成。临时最高法庭主席由中央工农检察部部长何叔衡兼任;委员有梁柏台、万家林、刘伯承、陈寿昌、刘振山等;另有庭审书记员欧阳毅、何秉才等。

临时最高法庭负责直接审理对全苏区有重大影响的刑事案件;审核各省和瑞金直辖县裁判部对刑事案件的审判结果;指导各级裁判部的审判工作;同时对一些法律条文或裁判事项作出司法解释。临时最高法庭受苏维埃中央执行委员会直接领导。其审判结果,直接报中央执行委员会审核。中央执行委员会如认为临时最高法庭对案件的裁判不当,可直接予以纠正,改变临时最高法庭的判决。

临时最高法庭成立后,审判了一批"AB团"、改组派案件,对一批"AB团"和改组派分子作出了判决。因苏区发生的所谓"AB团"和改组派案件都是冤假错案,所以临时最高法庭对这些所谓"AB团"、改组派分子作出的判决,当然都是错误的。但由于当时都认为"AB团"、改组派是真正反革命的组织,因而临时最高法庭当时对一些所谓"AB团"、改组派分子作出有罪判决是可以理解的。临时最高法庭对这些案件的审判,都严格依照当时的苏维埃法律进行,完全改变了以前肃反时大搞逼供信的错误作法。这也是应该肯定的。

临时最高法庭对一些重大贪污受贿案件和刑事犯罪案件的审理和判决,对维护苏区社会稳定、保护苏区人民生命财产安全、促进苏区党政机关廉政建设,无疑发挥了重要作用。

临时最高法庭主席何叔衡,因在审理案件时注重事实依据,严格依法审案,后来被"左"倾领导者视为"右倾",1933年秋被撤销临时最高法庭主席和中央工农检察部部长职务,受到不公正对待。

最高法院是中华苏维埃共和国最高审判机关,成立于1934年2月。1934年2月17日公布的《中华苏维埃共和国中央组织法》规定:

最高法院设院长1人,副院长2人,由中央执行委员会主席团委任。在最高法院之下,设刑事法庭、民事法庭及军事法庭,各设庭长1人。最高法院内设委员会,其人数由中央执行委员会主席团规定,以最高法院院长为主席。委员会讨论并决定关于最高法院职权内重要问题及案件。

最高法院的权限,共有4项:(1)对于一般法律作出法定解释;(2)审查各省裁判部及高级军事裁判所的判决书和决议;(3)审查中央执行委员以外的高级机关职员在执行职务期间的犯法案件(中央执行委员的犯法案件由中央执行委员会或主席团另行处理之);(4)审判不服省裁判部或高级军事裁判所的判决而提起上诉的案件,或检察员不同意省裁判部或高级军事裁判所的判决,而提起抗议的案件。

最高法院为国家最高审判机关和国家审判程序上的最后判决机关,经其判决的案件为终审判决,被告人无上诉权。根据中央苏维埃组织法规定,为审判中央执行委员犯法案件,苏维埃中央执行委员会可授权最高法院组织最高特别法庭,对犯罪的中央执行委员和候补中央执行委员进行审判。该最高特别法庭对案件审理完毕后即自行解散。1934年3月25日,为审判中央执行委员会委员、原于都县苏维埃政府主席熊仙璧贪污渎职案,最高法院根据中央执行委员会指示,曾组织最高特别法庭,以董必武为主审,何叔衡、罗梓铭为陪审,并由梁柏台任临时检察长,对熊仙璧案进行审判。最后判处熊仙璧监禁1年、刑满后剥夺公民权利1年。最高特别法庭的判决亦为终审判决。

最高法院院长为董必武。最高法院成立时,院址设在瑞金沙洲坝,1934年7月迁驻瑞金云石山乡高围村曾屋塘祠堂。

四、省、县、区裁判部

1932年6月9日,苏维埃中央执行委员会颁布了《裁判部的暂行组织及裁判条例》,明确规定:“裁判部为法院未设立前的临时司法机关,暂时执行司法机关的一切职权,审理刑事民事案件的诉讼事宜。

除现役军人及军事机关的工作人员外，一切刑事民事案件的诉讼事宜，都归裁判部审理。"[①]该《条例》并明确规定，省、县、区各级苏维埃政府内均设立裁判部，城市苏维埃政府设立裁判科。对裁判部的领导职数和工作人员也有规定。1933 年冬颁布的《中华苏维埃共和国地方苏维埃暂行组织法（草案）》，对各级裁判部的编制人数又作了调整。各级裁判委员会由部长、副部长、裁判员、检察员、国家政治保卫分局局长、民警分局或民警厅长或民警所长、工农检察委员会、劳动部及职工会的代表、所在地下级裁判部长，及其他工作人员能胜任其职者组成，以部长为委员会主任。裁判委员会组成人员，省 9 ~ 13 人，县 9 ~ 11 人，区 7 ~ 9 人，市 7 ~ 13 人。

裁判系统实行垂直领导。下级裁判部直接受上级裁判部领导，同时受同级苏维埃政府主席团指导，在审判方面受临时最高法庭节制，在司法行政上受中央司法人民委员部指导。中央司法人民委员部有委任和撤销裁判部长及工作人员之权。裁判部有随时调用赤卫队、警卫排、民警担任司法范围内各种工作之权。各级裁判部下可设立看守所，以监禁未审判的犯人，或判决短期监禁的犯人，省、县两级裁判部除设立看守所外，还须设立劳动感化院。

各级裁判部设立刑事法庭和民事法庭，并可组织巡回法庭到出事地点就地审判有重要影响的案件，以扩大教育面。法庭由 3 人组成，以裁判部长或裁判员为主审，其余 2 人为陪审。陪审员由职工会、雇农工会、贫农团及其他群众团体选举产生，每审判一次需调换 2 人。审判终结判决时，主审与陪审员意见实行少数服从多数；若争执不决时，以主审意见为准；如陪审员中有 1 人坚持己见，他可将自己的意见写成书面材料报送上级裁判部，以供上级裁判部对案件判决时参考。

裁判部审判案件必须公开，并须有书记 1 人或 2 人担任记录；若

① 《中华苏维埃共和国法律文件选编》，江西人民出版社 1984 年版，第 389 页。

案件涉及机密,审判时可秘密进行,但判决必须公开。每次开庭审理完一个案件之后,法庭须退庭商议判决书,待宣判之后才能审判第2个案件,绝不允许审理完后拖延不作判决。审判结果必须及时通知被告。法庭判决文书必须规范,所有案卷必须妥善保管,不准遗失。苏维埃法律保护被告人合法权益。被告人在庭审时有辩护权,对判决结果有权上诉(上诉期限为2星期);凡判决死刑的案件,不论被告人是否上诉,审理该案件的裁判部,也需将判决书和该案件的全部案卷报送上级裁判部批准。判决书只有在规定的上诉期满或上级裁判部批准之后,才能执行。

各级裁判部的权限是:"区裁判部审理一般不重要的案件,其判决处罚强迫劳动,或监禁的期限,不得超过半年。""县裁判部是区裁判部所判决的案件的终审机关,同时又是审判有全县意义的案件之初审机关,有判决死刑之权,但没有执行死刑之权,县裁判部判决死刑的判决书,得省裁判部的批准之后,才能执行。""省裁判部为县裁判部所判决的案件之终审机关,同时又是审判有全省意义的案件之初审机关,有判决死刑之权,但须送临时最高法庭去批准而后执行。"①

从上述规定可以看出,苏区的裁判制度是较为严谨的,对案件的审理判决是审慎的。

五、劳动法庭

为确保劳动法的贯彻执行,切实保护工人的合法权益,中央司法人民委员部于1933年4月12日发布第九号命令,要求在各城市在裁判科之下,必须指定专人组织劳动法庭;在裁判工作由县苏裁判部代管的城市,也须指定专人担负劳动法庭的工作。县以上裁判部则不单设劳动法庭。各区苏维埃政府裁判部,也须组织劳动法庭,但不用专人负责,以区裁判部原有工作人员兼任。

① 《中华苏维埃共和国法律文件选编》,江西人民出版社1984年版,第392页。

劳动法庭专门解决资本家、工头、老板破坏劳动法、集体合同和劳动合同等案件。此类案件,裁判机关自接收之日起,在 72 小时(3 天)内必须开庭审判。法庭判决后,双方有不服时,可以提起上诉。如资方不服提起上诉,上诉期间原判仍须执行;如工人不服提起上诉,须经上级裁判部复审后,才能执行。担任劳动法庭工作的裁判员,由职工会民主选举产生,并由各级裁判部委任,报上级裁判部备案[①]。

劳动法庭的设立,有效促进和保障劳动法实施,维护了工人阶级合法权益。

六、军事裁判所

军事裁判所是专门审理红军部队(包括地方革命武装)和军事机关工作人员中违法犯罪案件的裁判机关。作战地域内居民的违法犯罪案件及在战地捕获的敌军侦探内奸案件,也由军事裁判所审理。

1932 年 2 月 1 日,中华苏维埃共和国中央执行委员会发布第三号命令,颁布了《中华苏维埃共和国军事裁判所暂行组织条例》,条例规定:军事裁判所分为初级军事裁判所、阵地初级军事裁判所、高级军事裁判所、最高军事裁判会议等 4 种。初级军事裁判所设在红军的军部、师部、军区指挥部和独立师师部;阵地初级军事裁判所设于作战地域内最高级的指挥部内;高级军事裁判所设在中央革命军事委员会内;高级军事裁判会议设在最高法院内。初级军事裁判所和阵地初级军事裁判所隶属于高级军事裁判所;高级军事裁判所隶属于最高法院。

1933 年冬颁布的《中华苏维埃共和国地方苏维埃组织法(草案)》,对各级军事裁判所的组成人员,规定如下:初级和高级军事裁判所之下均设裁判委员会,初级 5 ~ 7 人,高级 7 ~ 9 人。裁判委员会由

① 参见《中华苏维埃共和国法律文件选编》,江西人民出版社 1984 年版,第 406—407 页。

所长、副所长、裁判员、检察员、国家政治保卫分局局长或特派员、军队政治机关的代表,及其工作人员中能任此职者组成,以所长为主任。

各级军事裁判所的职权如下:初级军事裁判所审理军长以下的犯罪的指挥员、战斗员及在军队里服务的一切工作人员的案件,但为初审机关;地方武装(军区指挥部、独立师)的军事裁判所审理全省地方武装的军事案件;阵地初级军事裁判所审理在作战地带的一切案件,亦为初审机关;高级军事裁判所是审判经过初级军事裁判所判决而上诉的案件之终审机关,同时是审理军长以上的指挥员、军委直属部队及其工作人员的案件之初审机关;最高军事裁判会议是审理经过高级军事裁判所判决而上诉的案件之终审机关,同时是审判军团指挥员以上的重要军事工作人员的审判机关。

除最高军事裁判会议外,其余各级军事裁判所判决的案件,被告人均有上诉权。上诉的期限规定为72小时至1个月。其上诉期由当时审判该案件的法庭依法决定。凡判决死刑的案件,虽被告人不提起上诉,审理该案件的裁判所须将该案卷送给上级裁判所批准;在紧急作战的情形中,可先执行而后抄录全部案件送给上级军事裁判所追认。

军事裁判所审判案件时须公开审判,准许士兵及军队的工作人员旁听;涉及军事秘密时可采用秘密审判方式,但判决时须公开;审判地点既可在军事裁判所所在地进行,亦可至当事人所在部队驻地进行。

七、检察长、检察员和军事检察所

中央苏区时期,在司法系统内未单独设立专门的检察机构,只在审判机关内设专职检察人员,负责案件的检察公诉。

检察员的职责是:管理案件的预审事宜。凡送到裁判部的案件,除简单明了、无须经过预审的案件之外,其余一切案件,均须经过检察员重新预审。经预审后,检察员认为案件犯罪事实清楚、证据确实后,再转交法庭审判。检察员是代表国家的原告人(即公诉人),法庭审理案件时，检察员代表国家对案件向法庭提起公诉。但关于反革命案件，国家政治保卫局可以派代表，代表国家向法庭提起公诉。

检察员有如下职权：凡一切犯法行为，检察员有检察之权；发觉有犯法行为，如对犯罪嫌疑人必须预先逮捕然后才能进行检察的案件，检察员有先逮捕犯法者之权；当检察案件时，凡与该案件有关的人，检察员有随时传讯之权。

检察员在检察案件时，所有讯问必须写成笔录，由被讯问者及检察员签字盖章，作为该案件的证据。在检察员制度未建立以前，可由裁判员中抽出 1 人担任预审工作，代行检察员职务；但担任预审的裁判员，法庭在审判该案件时不得再担任法庭主审和陪审。

军事检察所是军队系统的检察机构，与军事裁判所平行。其组织与任务，在 1932 年 2 月 1 日颁布的《中华苏维埃共和国军事裁判所暂行组织条例》作出了具体规定。军事检察所的职责和职权，与地方各级裁判部内设的检察所职责和职权大致相同。红军部队各级指挥员和政治委员若发现军队有犯法行为的证据，可以将犯人实行逮捕，再送给相当的军事检察所去检查。军事检察所在传讯案件有关人员时，一概使用传票；在拘捕人犯时，应使用拘票。军事裁判所所在地的军部或师部及其他军事机关，须指定部队为军事检察所调用。

据 1934 年 2 月 17 日公布的《中华苏维埃共和国中央苏维埃组织法》规定，最高法院得设检察长 1 人，副检察长 1 人，检察员若干人；检察长、副检察长由中央执行委员会主席团委任。

除司法系统的检察员和军事检察所以外，中华苏维埃共和国中央工农检察人民委员部也承担和履行了一部分司法检察工作的职责。第一次全苏大会通过的《工农检察部的组织条例》，虽明确规定各级工农检察部为各级政府的行政机关的一部分，但又规定：各级工农检察部“若发觉了犯罪行为，如行贿、浪费公款、贪污等，有权报告法院，以便施行法律上的检查和裁判”①。就是说,其反贪污贿赂和检察渎职犯罪的职权,当属于司法检察范畴。

八、劳动感化院

苏区的劳动感化院,是苏区各级裁判部的附属机关,是苏区司法体系的重要组成部分。设立劳动感化院,“其目的是看守、教育及感化违犯苏维埃法令的一切犯人,使这些犯人在监禁期满之后,不再违犯苏维埃的法令”②。

劳动感化院只在县苏维埃政府裁判部以上才设立(1933 年冬起区一级设劳动感化所)。劳动感化院之间没有上下级隶属关系。劳动感化院内设总务、劳动、管理、文化等科,每科设科长一人。各科职责为:总务科——管理全院一切财产、器具、经费、生产品销售、生产原料购置及负责全院经费预算决算事项;劳动科和管理科——负责生产及管理一切工作,监督和指导犯人进行生产劳动;文化科——负责组织和管理犯人的文化教育事宜,如办识字班,上政治课,组织俱乐部、列宁室、图书馆,编辑出版墙报,组织文艺晚会,开展音乐、弈棋、文学创作等活动。

劳动感化院可开设店铺,出卖劳动感化院的一切产品,可兼卖别项商品,以增加收入;并大力发展生产,做到尽量不要政府津贴,力争成为政府收入的一个来源。犯人“每日的工作时间规定为八小时,上午自八时至十二时,下午一时至五时为工作时间,其余为教育和休息时间”;并且规定:“须按照各犯人的专长而分配其工作,每个犯人每天在工作时间内必须工作。”③根据中央司法部的这一命令,福建省劳动

① 《中华苏维埃共和国法律文件选编》,江西人民出版社 1984 年版,第 412 页。

② 中央司法人民委员部《劳动感化院暂行章程》,《中华苏维埃共和国法律文件选编》,江西人民出版社 1984 年版,第 396 页。

③ 中央司法人民委员部《劳动感化院暂行章程》,见《中华苏维埃共和国法律文件选编》,江西人民出版社 1984 年版,第 397 页。

感化院能制造红、绿、蓝、黑油墨等产品；瑞金的劳动感化院能制造洋袜、手套、信封、信纸等产品。

设立劳动感化院，体现了苏维埃政府对罪犯实行惩罚与改造相结合的方针和政策。在对罪犯进行改造时，苏维埃政府特别注重对罪犯加强思想文化教育，尊重其基本权利。中央司法部在 1933 年 5 月 30 日发出的第十四号命令《对裁判机关工作的指示》中强调："对于劳动感化院的工作，特别要注意生产与感化，生产和发行方面，与国民经济部共同组织'劳动感化院企业管理委员会'，来管理和监督生产和发行的事宜，有计划地进行生产和发行。应将工厂与犯人居住的地方分开，以便管理和教育。感化方面，充实文化工作人员，要有计划的来教育犯人，经常的上识字课、政治课等等。将俱乐部、列宁室、图书馆健全起来，利用犯人工作以外的时间，经过这些文化机关来感化他们。感化犯人的工作，是劳动感化院的主要部分，应当要特别注意。"①

强调对犯人实行感化改造，这是苏区法制建设的成功经验之一。

第三节
法制建设的成就与苏区三大法官

一、苏区法制建设的成就

经过党和苏维埃政府的艰苦努力，中央苏区的法制建设在短短几年时间里就取得显著成就，在巩固苏维埃政权和稳定苏区社会生活方面，发挥了重大作用。苏区法制建设的成就主要体现在：

（一）初步创建了具有鲜明特色的苏维埃法律体系

中国共产党对于苏维埃的法制建设是非常重视的。土地革命斗

---

① 《中央司法人民委员部命令（第十四号）——对裁判机关工作的指示》，1933 年 6 月 1 日，见《中华苏维埃共和国法律文件选编》，江西人民出版社 1984 年版，第 405 页。

争刚开始，各地党和苏维埃政权就根据斗争发展的需要，制定和颁布了一些具有地方特色的苏维埃法律法令。在筹备召开一苏大会、创建中华苏维埃共和国的过程中，无论是共产国际和中共中央，还是一苏大会筹备领导机构，都十分重视相关苏维埃法律的制定与颁布。苏维埃中央政府成立后，苏维埃国家的立法机构——中央执行委员会，以及苏维埃国家的行政执法机构——中央人民委员会，更是重视通过制定颁布和施行苏维埃法律，来行使人民赋予的权力。从1930年到1934年10月，中央苏区制定和颁布的苏维埃法律法令，总共多达130部以上。这些法律法令中，既有苏维埃国家的根本法——宪法大纲，也有中央和地方苏维埃政权的选举法、组织法；既有司法行政管理方面的法律法规，也有规范刑事诉讼程序方面的法令法规。可以说，现代社会对法制建设所要求的各方面法令法规，苏维埃都有所涉及，从而初步创建了具有鲜明阶级特征和时代特征的苏维埃法律体系。这在一定程度上满足了苏维埃区域社会经济文化生活对法律的需要。苏维埃法律体系的创立，为以后抗日战争和解放战争时期乃至新中国成立后，中国共产党领导建立具有中国特色的新民主主义法律体系和社会主义法律体系，奠定了坚实基础。

（二）创建了苏维埃的司法机构，基本形成了一个较为完整的司法组织系统

这些司法机构中，既包括公安（政治保卫局）、检察和法院（裁判部）3个方面，也包括中央和基层（直至区一级）不同层次；既包括地方司法机构，也包括军队司法机构。可以说，新中国人民司法机构的雏形，在苏区时期就已初步形成。这就为新中国人民司法的建立和发展，构筑了框架。

（三）培养和造就了一支苏维埃司法干部队伍

按1933年冬颁布的《中华苏维埃共和国地方苏维埃暂行组织法（草案）》规定，苏区各级从事司法裁判工作的人员编制，省为15人左

右,县为10人左右,区为3人左右。中央苏区全盛时期的1933年秋,共有4个省级苏维埃政权,60个县级苏维埃政权,约600个区级苏维埃政权。以此推算,中央苏区仅从事司法裁判(审判与检察)的工作人员,就约有2000～2500人。这是一支规模不小的司法干部队伍。这些苏维埃司法干部,完全是苏区通过举办训练班和苏维埃干部学校等办法培训出来的。这支队伍不仅为苏维埃司法工作的创立和发展作出了重要贡献,也为新中国司法工作的建立作了人才的准备。

二、苏区法制建设的不足

毋庸讳言,苏区的法制建设,也存在着不足,主要是受共产国际的影响和王明"左"倾错误的严重危害,甚至可以说是王明"左"倾错误危害的重灾区。这主要表现在:

(一)中华苏维埃共和国所制定和颁布的不少法律、法令,许多方面照抄照搬了苏联的法律条文,脱离了中国的实际

这种状况,突出地表现在共产国际东方部代为起草的法律以及一苏大会"中准会"提交给一苏大会讨论通过的法律、法令中。如一苏大会通过的宪法大纲草案,规定夺取中国革命胜利后所要建立的新中国,为复合制的"中国苏维埃联邦"制国家;允许少数民族独立,把少数民族的自决权无限制扩大;实行土地国有;剥夺民族资本家、富农、僧侣及一切剥削者的民主权利等等。这些都是从苏联宪法中照搬过来的,明显有悖于中国国情和革命实际。

(二)一苏大会通过、颁布的法律法令中,有许多"左"倾错误条文

自1931年1月起,王明"左"倾教条主义错误已开始影响全党。中共中央为一苏大会准备的各项法律草案中,显然受到"左"倾教条主义的影响。这在一苏大会通过的宪法大纲草案、土地法、劳动法、经济政策等法律文件中,都有不同程度的反映。1933年1月中共临时中央从上海迁入瑞金后制定和颁布的法律,尤其是1934年4月8日公布的《中华苏维埃共和国惩治反革命条例》,更是乱开杀戒,将许多刑事

犯罪不分情节轻重,一律定为死罪处以极刑;在同一天公布的《中华苏维埃共和国司法程序》中,以国内战争环境需要迅速、坚决镇压反革命为理由,将死刑审判权力下放至区一级司法机关,从而怂恿了乱捕滥杀行为的蔓延。

(三)苏维埃虽然建立了比较完备的司法机关,但是如果从侦查、检察和审判机构的设置及运作来看,检察机关的检察力度相对较弱

在不少场合下,检察和审判交混在一起,职能不清,更难以体现相互制约的职能。这在一定程度上影响了案件的正确处理。肃反时更是如此。司法机构设置和运转的缺陷,是构成肃反扩大化的原因之一。例如1932年8月3日临时最高法庭对所谓季振同、黄中岳"反革命案"的审判,依据的全是不实之词;对众多所谓"AB团要犯"的审判,更是子虚乌有的事情。这种审判的结果,必然制造出大量冤假错案,破坏苏区的法制建设。这些不足与成就相比是第二位的,主要是缺乏经验所致。

三、苏区三大法官

在中央苏区司法干部队伍中,何叔衡、梁柏台、董必武为苏维埃司法制度和司法队伍的建立发展,立下了不可磨灭的汗马之功,被人们誉为"苏区三大法官"。

何叔衡　湖南宁乡人。字玉衡,1875年出生。1918年参加新民学会。1920年加入湖南共产主义小组。1921年与毛泽东一起作为湖南共产主义小组代表,到上海出席中共一大,是中国共产党的创始人之一。1922年任中共湘区委员会组织委员。1924年任中共影响下的湘江学校校长。1928年赴苏联学习两年。1931年秋,根据党的指示从上海进入中央苏区,并出席一苏大会,当选为苏维埃中央执行委员,被任命为中央工农检察人民委员(即部长),后又担任内务部代部长。1932年2月兼任苏维埃临时最高法庭主席。他领导了苏区司法队伍的创建,主持了许多重大案件的审判,为苏维埃法制建设积累了许多

有益经验。他在审理案件中坚持实事求是原则,执法如山。当时,王明"左"倾错误已在中央苏区逐步贯彻执行。在"左"的肃反政策影响下,一些省、县司法机关干部主张宁"左"勿右,认为多判重刑、死刑保险。他对下面报来审批的案件,总是仔细审查,反复推敲,认为不够死刑的就不予批准。如1933年5月26日,他在审判瑞金县苏裁判部第20号判决书时写道:"关于朱××判死刑一案不能批准,朱××一名由枪毙改监禁二年。根据口供和判决书所列的事实,是普通刑事案件,并非反革命罪。"同年10月10日,他在给会昌县苏裁判部的指示信中说:"第二号判决书主要是些偷牛偷鱼的事,至于与反动土豪通信,到底通些什么信,发生了什么影响,未曾证明,不能处死。"等等。由于他抵制了当时过"左"的肃反政策,被"左"倾领导人指责为"右倾机会主义者","政治上动摇","在肃反运动中没有起积极作用",于是在中央政府机关总支委员会和《斗争》杂志上受到集中批判。受批判后,他毫不动摇,仍执法如故,终在1933年冬被撤销全部领导职务。红军主力长征时,他被留在中央苏区。1935年2月上旬在突围途中壮烈牺牲于福建长汀水口镇小迳村,实践了他生前"要为苏维埃流尽最后一滴血"的誓言。

梁柏台　浙江新昌县人。1899年出生。1922年入莫斯科东方大学学习,年底加入中国共产党。在苏联期间,较长时间从事远东职工运动,历任苏联沿海省职工苏维埃华工指导员、中共海参崴支部书记、远东华工指导员等职,并在苏联从事过司法工作,有一定的司法工作经验。1931年5月,他与妻子周月林一起从苏联回国。同年9月,梁柏台抵达中央苏区瑞金,参与一苏大会筹备工作。在一苏大会上被推举为大会主席团宪法起草委员会成员,参与《中华苏维埃共和国宪法大纲》和《婚姻条例》等法律文件起草工作。大会结束后,他被任命为中央司法委员会委员、中央司法部副部长。1932年2月兼任临时最高法庭委员。他为创建苏维埃司法制度、培养造就一支苏维埃司法干部队伍,倾注了大量心血。由他主持起草颁布的中央司法人民委员部第十四号命令《对裁判机关工作的指示》(1933 年 5 月 30 日发出),认真总结了各级裁判机关建立以来工作的成绩和缺点错误,对今后裁判工作的改进和加强提出了明确具体的切合实际的要求,起到了很好的指导作用。他参加过多起重大案件的审判,担任检察员或检察长、特别检察长等职务,积累了丰富的检察工作经验。1933 年秋起,他又担任了中央内务部代部长,同年 8 月任第二次全苏大会准备委员会起草委员会主任兼《苏维埃中国》一书编委会主任。1933 年 11 月兼任中央审计委员会委员。1934 年 2 月被中央执行委员会委任为中央司法人民委员(中央司法部部长)。他是第一、二届苏维埃中央执行委员会委员。1934 年 10 月红军主力长征后,被留在中央苏区坚持游击战争,任中央政府办事处副主任。1935 年 3 月上旬,在率部从于都县南部山区突围途中,负伤被俘,不久在押往大余县城后牺牲。

董必武　湖北黄安(今红安)人。1886 年出生。参加过辛亥革命。1920 年秋创立武汉共产主义小组。出席中共一大,是中国共产党创始人之一。中共一大结束后,回湖北负责发展党的组织,担任中共武汉地方委员会书记等职。第一次国共合作期间,曾任国民党湖北省政府常委兼农工厅厅长,主持省政府工作。1927 年赴苏联学习。1933 年入中央苏区瑞金,任中共中央党校教务主任、副校长、中央工农检察委员会委员。1934 年 1 月在中共六届五中全会上当选为中共中央党务工作委员会书记;同月底出席第二次全苏大会,当选为苏维埃中央执行委员。1934 年 2 月任最高法院院长,负责党和政府的纪律和法制工作,为建立健全苏维埃审判制度作出了重要贡献。1934 年 3 月受命组织成立最高特别法庭,并担任主审,主持了对原中央执行委员、于都县苏维埃政府主席熊仙璧渎职贪污案件的审判,在中央苏区引起震动。1934 年 10 月参加长征。到陕北后,任苏维埃中央政府西北办事处最高法院院长、中共中央党校校长等职。抗日战争时期,任中共中央南方局副书记兼宣传部、统战部部长等职。1945 年 4 月代表中国解放区赴美国旧金山参加联合国成立大会。解放战争时期，任中共中央工作委员会常委兼华北地区财经办事处主任、中共中央华北局书记、华北人民政府主席等职。新中国成立后，任最高人民法院院长、中华人民共和国副主席、代理主席、全国人大常委会副委员长等职。1975 年 4 月 2 日在北京病逝。

第十八章
中央苏区的反贪倡廉与社会变革

第一节
中央苏区的反贪风暴

一、苏区党政机关的贪污浪费现象

中国共产党是代表广大人民群众利益的无产阶级政党。在中国共产党领导下经过土地革命斗争建立起来的苏维埃政权，是工农群众自己的政权。中央苏区的各级党政机关工作人员，都是土地革命斗争中涌现出来的骨干中坚，他们中绝大多数都经受了严峻的考验，有很高的觉悟，在革命斗争和各项工作中舍生忘死，艰苦奋斗，不计报酬，甘当公仆，真心实意地为苏区人民群众谋利益，开启了人民政权的一代新风，受到苏区人民的热烈称赞。

但是，新生的苏维埃红色政权毕竟是从旧社会脱胎而来的，是在旧社会的土壤中诞生和成长起来的，不可避免地带有旧社会传统陋习的痕迹；党和苏维埃政府的各级工作人员，绝大部分出身于农民和小资产阶级。农民和小私有者固有的狭隘、自私、保守等特性，或多或少都会被带到党和苏维埃政府中来；与此同时，被推翻的剥削阶级不甘心退出历史舞台，必然会采取各种手段和利用旧思想旧传统腐蚀新生的红色政权及其工作人员。由于这种种原因的诱发,在苏维埃的党政机关工作人员中,诸如贪污、浪费、渎职、腐败等剥削阶级的腐朽思想作风,便不可避免地存在和表现出来。有的贪污浪费行为还十分严重。

1932年上半年出版的《红色中华》报,曾揭露和批评了不少苏区贪污浪费现象。例如:

会昌县西岗区政府“打土豪捉来一个土豪婆(靖卫团总的媳)罚了大洋四十元,结果未交款;由一个委员拿去做了老婆,款也不罚了。每个月区政府开支在三百元以上,小密政府把打土豪没收来的东西,留给委员们享受”①。

兴国、万泰、赣县等县政府,“每月开支浪费得很,一个区政府每月要用到四五百元的经费,有一个区政府每月的信封用了二千九百个,吃仁丹一个人一天吃了八包。诸如此类的很多,这是何等骇人听闻的事啊!不仅如此,像兴国县主席与财政部长,鼎龙区财政科长,兴国所办的国家商店的经理等,吞没公款,假造账目,扯旧账造新账,等等贪污舞弊情形,更为严重。还有一种普遍的现象,就是将存款打埋藏,隐藏不报,差不多在兴国各区都是这样做。真是无奇不有的怪现象”!②

“江西省政治保卫分局,做一面旗子就花了九块多大洋,两根手枪丝带,用去了一块二毛四,买日历一买十本,用去了三块多大洋,一个月点洋腊就点了三十包。这大概是政治保卫分局的负责同志,认为没有漂亮的旗子,好看的手枪丝带,不足显示保卫局的特别威风!”③

“石城县革命委员会的主席,最近他家由县城对河搬到城里来住,放了很多鞭炮,热闹得很,收了群众的很多贺礼,有送几个毫洋的,有

① 《红色中华》第11期第7版,1932年2月24日。
② 项英:《反对浪费,严惩贪污》,见《红色中华》第12期第6版,1932年3月2日。
③ 《红色中华》第14期第6版,1932年3月16日。

的送一二块大洋,据说收了不少的花边。有人诘问他,为什么收群众的贺礼和花边?主席的回答:'这是他们自己愿意送我的,为什么不收?!'"①

"宁都戴坊区政府,发起伙食来就有十多人的伙食费,做起工作来,只有主席文书伙夫,其余的通统走回家去了,甚至写几封信催促都不回政府工作,有时有几人在政府,就摆起架子来了。区苏养了四匹马,上街(几步路)吃酒也骑匹马,回屋家种禾的也骑匹马,下乡十里或十几里路,也骑匹马……"②

赣县小岎乡苏维埃政府,"两个月用去大洋五百余元,其中每五天有杂用费二十元(没有细数),每五天有客饭二十余元。犯人伙食每天算小洋一元,都拿来作伙食尾子分,每五天每人分二三元伙食尾子,公家出钱买电油一次,就花费了六元四角,真阔气极了"③。

1932 年 5 月上旬召开的江西省第一次工农兵代表大会通过的《财政与经济问题的决议案》中披露:"各级政府浪费的情形实可惊人,一乡每月可用至数百元,一区可用数千,一县甚至用万元以上。贪污腐化更是普遍,各级政府的工作人员随便可以乱用隐报存款吞没公款,对所没收来的东西(如金器物品等)随便据为己有,实等于分赃形式。"④

江西苏区的情形是这样,福建苏区的情形也大抵如此。甚至连中央一级党政机关中,也存在着铺张浪费的现象,还有少数工作人员利用手中职权,贪污公款,挥霍浪费。如《红色中华》披露,中央财政部征发局的刘忠四,"贪污公家的鹿茸一包,高丽参二支,当归二支,以及多

① 《红色中华》第 16 期第 6 版,1932 年 4 月 6 日。

② 《红色中华》第 20 期第 8 版,1932 年 5 月 25 日。

③ 《红色中华》第 20 期第 8 版,1932 年 5 月 25 日。

④ 见江西省档案馆、中共江西省委党校党史教研室编:《中央革命根据地史料选编》(下),江西人民出版社 1982 年版,第 577 页。

种物品”；中央互济总会财政部长谢开松，“手指上戴着公家金戒指二个”，“二千多元开支下落不明”，发动难民开采钨矿时，“要他们买鸡子猪肉给他吃”，侵吞“难民开矿的伙食费”，等等。这类事例，不胜枚举。

这种种消极腐败现象的存在，不仅大量耗费苏区的财力、物力，损害苏区经济的发展，而且败坏了苏维埃工作人员的思想作风，严重地损害党和苏维埃政府在人民群众中的形象。

二、几起轰动苏区的反腐肃贪案

党和苏维埃政府对苏区党政机关工作人员中存在的消极腐败现象，始终保持清醒的头脑。苏维埃中央政府一成立，就将反腐肃贪作为一项严重斗争任务列入议事日程，采用铁腕手段，对揭露出来的贪污腐败案件，予以坚决查处和公开爆光。从 1932 年 4 月至 1934 年 3 月，苏维埃中央政府和江西省苏维埃政府先后查处了 5 起贪污腐败大案要案，同时还查处了一批其他贪污腐败案件，在中央苏区开了“杀戒”，引起极大震动，充分展示了党和苏维埃政府反腐肃贪的决心。

(一) 打响苏区反贪“第一枪”

在中央苏区的反贪风暴中，第一个被处决的是瑞金县苏维埃政府干部谢步陞。

谢步陞，男，瑞金叶坪人，共产党员，系瑞金县苏维埃政府一般干部，因犯有贪污公款、强奸妇女、公报私仇、偷窃抢掠等罪行，于 1932 年 5 月 5 日被瑞金县苏维埃政府裁判部判决死刑。判决书全文如下：

瑞金县苏裁判部判决书　第八号

一九三二年五月五日瑞金县苏维埃政府裁判部的法庭主席潘立中，陪审谢正平，钟桂先，书记杨世珠，审判反革命案件的被告人谢步陞，根据国家原告机关的材料，法庭审判的结果，被告人自己在法庭上的口供，被告人的反革命事实已完全证明。谢步陞，男，瑞金叶坪人，曾为共产党员，兹将被告人的罪状列举如下：

一、打土豪的东西归私有，吞没公款三千多毛。

二、他当村政府主席时，借主席的势力，强奸妇女，包庇富农，将富农改为中农。

三、奸淫了谢深润的老婆，因谢深润打他，就说谢深润是社党，报私仇杀了谢深润。

四、收买群众的米，用大斗进，小斗卖给全苏大会。

五、偷了中央政府管理科的印子，偷打牛条过山，每只牛得大洋三元。

六、一九二七年杀了贺龙叶挺军队的医官拿了金戒子牦毯等物。

七、以自己的小牛，换了送往灾区的大水牛二只。

八、加入AB团，担任AB团小组长。

九、抢了瑞林寨丘姓的东西。

十、一千七百毛将自己的老婆卖了。

根据中央执行委员会第六号训令判决谢步陞枪决，并没收他个人的一切财产，倘若双方不服，在一星期的期间可以向临时最高法庭上诉。

主审：潘立中
陪审：谢正平
钟桂先①

瑞金县苏维埃政府裁判部判决后，按程序上报苏维埃中央政府临时最高法庭审批。临时最高法庭组成以梁柏台为主审，邹武、钟文芳为陪审，李伯钊、何秉才为书记，陈子丰、张振芳为原告，进行了审理，于1932年5月9日下达《临时最高法庭判决书第五号》，宣布批准“照瑞金县苏维埃裁判部的原判执行，把谢步陞处以枪决，在三点钟的时

① 《红色中华》第21期，1932年5月。

间内执行,并没收谢步陞个人的全部财产”。[1]

处决谢步陞,打响了中央苏区反腐惩贪的第一枪,一时震惊苏区内外,苏区人民拍手称快。

(二)查处钟圣谅、钟铁青贪污腐败案

钟圣谅是中共胜利县临时县委书记,于都县桥头乡人,木匠出身。1927 年参加农民协会,1928 年春加入中国共产党并参加桥头农民武装暴动,后在赣南工农革命军第十五纵队和江西红军独立第四团工作,历任中队党代表、连政治宣传员、连政委等职。1930 年 2 月任中共于北特区委宣传部长,3 月任中共于北特区委书记,1931 年夏任江西省巡视员。1932 年 1 月新设立胜利县时,任中共胜利县临时县委书记。

钟铁青是胜利县苏维埃政府主席,也是于都县桥头乡人。1927 年加入工会组织,1928 年春参加桥头农民武装暴动,后加入赣南工农革命军第十五纵队,任小队长、分队长。1929 年加入中国共产党,后调于北特区革命委员会工作,历任区苏维埃政府常务执行委员、土地委员会和裁判部负责人。1931 年秋任于北区苏维埃政府主席。1932 年 1 月设立胜利县时,任胜利县苏维埃政府主席。

钟圣谅和钟铁青,两人都是参加革命较早、经受过农民武装暴动和革命战争考验的县级党政主要领导干部。但是,由于他们两人在革命斗争中忽视了主观世界的改造,随着地位的上升和权力的增大,个人私欲也逐渐膨胀起来。1932 年春,他们两人伙同江西省苏维埃政府总务处工作人员钟学祥,与桥头乡不法富农朱伟奎勾结,将缴获的鸦片烟土私自倒卖,侵吞赃款。钟铁青还另外贪污公款,作风败坏。他们的犯罪事实很快被人举报至江西省委和省苏维埃政府。

1932 年 4 月,江西省委书记李富春和省苏维埃政府主席曾山,亲

① 《红色中华》第 21 期,1932 年 5 月。

自带领调查组到胜利县，很快查清了钟圣谅、钟铁青等人的犯罪事实。经中共江西省委和省苏维埃执行委员会批准，宣布撤销了钟圣谅、钟铁青和钟学祥职务。1933 年 3 月，江西省苏维埃政府裁判部分别判处钟铁青死刑，判处钟圣谅监禁两年。这是苏区查处的第一起重要领导干部贪污腐败被判处极刑、重刑的案件，在中央苏区引起极大震动。

（三）查处左祥云贪污案

1933 年 10 月间，为迎接第二次全国苏维埃代表大会在瑞金召开，苏维埃中央执行委员会决议批准在瑞金沙洲坝和叶坪两地，分别兴建苏维埃中央政府大礼堂、红军烈士纪念塔、红军检阅台、红军烈士纪念亭和博生堡、公略亭。时称中央苏区“六大建筑”。二苏大会中央准备委员会将建筑施工任务，交由中央政府总务厅负责。中央政府总务厅为此专门成立了二苏大会基建工程所，委任左祥云为主任，负责组织六大工程的施工。可是，中央政府总务厅厅长赵宝成和中央政府总务厅管理处长徐毅，官僚主义十足，导致六大工程在建筑施工过程中严重浪费，还发生基建工程所主任左祥云贪污巨款之事。左祥云劣迹败露后，畏罪潜逃，终被捉拿归案。

中央工农检察部根据群众举报，组织力量迅速查处了这一案件。1933 年 12 月 28 日，中央人民委员会召开会议，审查了中央工农检察部对这一案件查处结果，对赵宝成、徐毅二人作出处分决定。1934 年 1 月 4 日出版的《红色中华》报第 140 期，公布了赵、徐所犯错误事实：

> 赵宝成，中央总务厅长。他在厅长任内，对于行政费用及管理建筑，从无正确预算与节省观念，用的时候，他不去实际考察，几个月间，浪费达三四千元。浪费之下，必然发生贪污，赵宝成全无察觉，甚至已发现的贪污犯左祥云，命令他扣留，他也不执行，仅予监视，以致逃跑。在借用群众房子、砍取群众竹木、挖取群众田泥等，许多未取得群众同意，甚至有强迫群众的行为。这些事实，经人民委员会迭次指示，不能引起赵宝成同志的注意，实属有

负职务，予以撤职处分。

徐毅，中央总务厅管理处长，他是总务厅浪费和脱离群众的直接执行者。当科员左祥云尚在监视之时，适发现左祥云又一较大的贪污事件。徐毅得到报告，不但不扣留左祥云，反以管理处长名义令其外出工作，使左祥云得便逃跑。他与左祥云贪污案有重大嫌疑。他又擅自放走三个苦工队。徐毅除撤职外，现已拘押询究。①

苏维埃最高法院于1934年2月13日根据苏维埃法律，在中央政府大礼堂举行审判大会，对左祥云贪污案进行公开审判。《红色中华》报报道了审判经过情形：

……到庭旁听者达数百人，群众对上述破坏苏维埃的犯人极为痛恨，要求法庭给予严格的裁判，计审判达四五小时之久，判定各该犯的犯罪行为如下：

（一）苏大会工程所主任左祥云贪污公款大洋二百四十六元七角。勾结徐毅打介绍信到下肖区，准备有计划的逃跑，勾结反动分子刘良芹、良棉买卖路条（良芹给左犯路条一张花大洋十元，良棉送左犯逃跑至江口给了五元）。盗窃我们的军事秘密地图去献给白军，并企图逃到湖南组织蒋介石的游击队来进攻苏维埃。又私偷公章和介绍信到于都参加主席团会议，企图做反革命的活动。

（二）徐毅前任总务厅管理处长，故意放走反革命贪污犯左祥云和已受苏维埃法庭判决的苦工队二名……贪污逃跑反革命犯李振兹金戒指二个，并俱乐部款九角余，浪费公款不下数千元，官僚主义，施用强迫命令，消极怠工，生活腐化，脱离群众等。

（三）赵宝成前任总务厅长，浪费公款不下万余元，使苏维埃

① 以上见《红色中华》第140期第2版，1934年1月4日。

财政受到极大损失。包庇贪污分子,抗拒毛主席扣留左祥云的命令,以致被徐毅放走。明知管永才贪污土砖二十五元而不报告,明知蓝发轩买布棉花等少了很多而不报告。并且经常与贪污犯吃东西,参加他们的贪污……

（四）管永才前任总务厅事务股长。贪污公款九十七元八角,假借中府命令压迫群众,将群众树枝砍尽,强迫群众退房屋,引起群众大大反感。消极怠工,浪费经济,生活腐化,嫖老婆至八个之多,将贪污来的钱,大吃大嫖,一次曾吃了十六元之多。

（五）刘兆山,前任中府运输司务长,贪污伙食克扣工钱共大洋六十九元二角九分。

以上各犯经法庭判决,左祥云处以枪决;徐毅处以六年监禁,剥夺公民权六年;赵宝成罚苦工一年,管永才本应判监禁一年半,因他因公残废判半年禁闭,贪污公款追回;刘兆山处以半年禁闭,贪污公款追回。①

（四）查处唐仁达贪污案

唐仁达为瑞金县苏维埃政府财政部会计科长。1933 年 12 月上旬,中央工农检察部检查瑞金县苏维埃政府财政部九、十、十一月经费收支决算报告书时,发现瑞金县苏维埃政府机关浪费现象十分严重。"如九月份文具费用了三百六十元,仅仅白纸一项,就支出了二百三十八元,十月份算是少了一点,也买了一百三十元……在文具费内,十月份用了八元钱复写纸,五十二元钱银珠。这些都是骇人听闻的浪费。修理房屋方面,瑞金县苏是经常进行的,九月份修理花了一百多块钱,十月份又花了二百六十二块钱。在九月份用了一百二十六块钱点灯油,每天平均四块多钱,十月份也花了一百多块灯油钱……"②

① 以上见《红色中华》第 151 期第 3 版,1934 年 2 月 18 日。

② 《红色中华》第 134 期第 3 版,1933 年 12 月 11 日。

这些严重浪费现象引起中央工农检察部的关注。该部随即会同中央审计委员会一起对瑞金县苏维埃政府财政部的账目进行深入检查,并发动群众开展反贪污浪费斗争。结果查实,瑞金县苏维埃政府财政部会计科长唐仁达,“单只吞蚀各军政机关交来的余款,群众退回公债谷票等款;变卖公家物件的谷子,及隐瞒地主罚款等共三十四项,合计大洋二千余元,其经手浪费中有贪污,还不算在内”[①]。此外,还发现了其他贪污浪费事实。而瑞金县苏维埃政府财政部长蓝文勋,官僚主义严重,对全县财政收支管理不严,对唐仁达的贪污行为包庇纵容。中央人民委员会根据中央工农检察部和中央审计委员会的报告,决定将唐仁达交最高法庭绳之以法。

苏维埃最高法庭审判后,依法判处唐仁达死刑,没收其财产;对负有领导责任的瑞金县财政部部长蓝文勋撤职查办,同时给予瑞金县苏维埃政府主席杨世珠警告处分。

(五)查处熊仙璧、刘士祥等贪污案

熊仙璧是于都县苏维埃政府主席,刘士祥是于都县苏维埃政府军事部长。自1933年冬开始,于都县的各项工作处于落后状态,引起苏维埃中央政府的关注。中央工农检察委员会、中央财政部和中央土地部分别派出工作团,前往于都县,深入区、乡和群众中检查了解情况,结果发现该县数起党政军领导干部贪污腐败案件。中共中央局和中央政府根据工作团的报告,决定由中共中央党务委员会和中央工农检察委员会派员前往实地考察,经考察证明中央三部委工作团的报告属实。1934年3月间,中央政府副主席项英又亲率中央工农检察委员会工作团前往核查,查明了如下事实:

发现大批贪污案件,几乎各机关都有。贪污的种类有:一是以县苏维埃政府军事部长刘士祥为首,勾结科员李其采等3人,共同造假

① 《红色中华》第140期第2版,1934年1月4日。

账收据，向红军总供给部冒领动员费四百十余元，私自分赃，还贪污打土豪与游击队所缴获的烟土款用于做生意。二是以县苏维埃政府主席熊仙璧为代表，强拿公款50元用于私人做生意，县委组织部长高兴赞挪用保险金做私人生意，市区前财政部长贪污公款做生意，类似这样贪污挪用公款做生意的案件共达8件之多。三是县苏维埃政府前劳动部长贪污保险金，少共县委书记滕琼、县苏维埃政府总务处长等共贪污公款及群众的飞机捐百余元，大吃大喝；城市区委书记、梓山区苏维埃政府副主席、财政部长、罗凹区军事部长、潭头与仓前区财政部长，以至于很多乡主席代表，都吞没公款，多达23件之多，其中贪污数额多的达500元。四是县苏维埃政府财政部副部长、小溪区裁判部长、潭头区土地与教育部长、几个乡主席，分别贪污公谷与没收来的烟土、钟表等物资。

县委与县苏维埃政府工作人员大做投机生意。县委书记刘洪青，违背党的原则，带头邀集城市工农检察委员会主席刘福元、城市党总支书记余当文、贫农团主任易林，和另外一个商人合股开酒店卖酒。后因赚不到钱，便决定每人出资20元，合伙贩卖盐、谷进出口，不到4个月每人赢利70余元。随后，前任县委书记李国盛（时任粤赣军区动员部部长）、原区妇委书记曾发元（因病在家休养）等人亦出资入股，扩大营业。在刘洪清的影响、带动下，于都县委、县苏维埃政府机关负责人和工作人员，纷纷效尤，或贪污挪用公款，或假借合作社招股名义，争先恐后加入贩卖盐、谷行列。于都县互济会主任袁成文，以组织互济会员办合作社名义，将自己的100多担谷子入股出口，偷漏国税；县合作社主任和许多区苏维埃政府正副主席、工农检察委员会主席和土地、劳动、内务、国民经济、财政、裁判等6名部长，都利用职权，经商牟私。

于都县委、县苏维埃政府领导干部严重的集体贪污腐败行为，在群众中造成极坏影响。中共粤赣省委、省苏维埃政府和项英率领的中央工作团，在查清上述事实之后，按法定程序，经法庭公开审判，依法对有关人员作出严肃查处：判处县苏维埃政府军事部长刘士祥及刘天浩、李其芬、少共县委书记滕琼、潭头区苏维埃政府财政部长等 5 名贪污犯罪分子死刑，予以枪决；撤销县委书记刘洪青职务；经中央执行委员会批准，撤销熊仙璧的苏维埃中央执行委员会委员、于都县苏维埃政府主席职务；其他犯有贪污腐败的党政干部，也都受到党纪政纪和法律制裁。因熊仙璧系苏维埃中央执行委员会委员，根据法律规定，1934 年 3 月 25 日，苏维埃最高法院遵照苏维埃中央执行委员会命令，组织特别最高法庭，以最高法院院长董必武为主审，何叔衡、罗梓铭为陪审，以梁柏台为临时检察长，对熊仙璧贪污渎职案进行公开审理后，判处熊仙璧监禁一年、剥夺公民权利一年。

上述事件时称“于都事件”。这一事件的查处，在中央苏区引起极大震动。中央人民委员会主席张闻天，为此专门撰写了《于都事件的教训》一文，在 1934 年 3 月 21 日出版的《斗争》第 35 期发表，向全中央苏区党政干部敲响反腐警钟。《红色中华》报以大量篇幅，披露“于都事件”有关材料，为苏区党政干部开展反腐倡廉教育提供鲜活、深刻的教材。

(六)其他贪污浪费行为的查处

党和苏维埃政府在反腐肃贪斗争中，不仅坚决查处大案要案，而且对其他贪污浪费行为，也予以坚决查处。仅据《红色中华》报揭露并受到查处的各类贪污浪费案件，就有数百起之多。例如：

公审许文亮、刘开贪污腐化、官僚主义。许文亮是中央财政部会计处长，利用职权，贪污浪费。苏维埃中央政府派他到石城县巡视工作时，“他竟把打土豪来的金表一只，鞋一双，自来水笔一支，不归公家；又把打土豪来的布，不经财政部长的许可，自行做衣服给他老婆着”；“写私人的信，滥用特别快信”；“以财政部名义私自扣留粉干，破坏苏维埃不准做粉干的决定”；“在战争紧张时期，请长假去汀州看老婆,又用财政部名义打电话给瑞金财政部代买糖给他老婆吃,限定星夜送到,养成下级政府替上级私人办差的恶习”。刘开,苏维埃中央政府总务厅长,“脱离群众,瞧不起工农分子,对上狡猾,对下骄傲”,“在总务厅工作一年多,工作毫无成绩,对于各同志没有指示和帮助”,“在节省运动中,他不但不节省,反用公家洋油煮肉吃”。1932 年 4 月 29 日,中央工农检察部根据许文亮、刘开的错误行为,号召举行检举运动,召开同志审判会,对许、刘二人进行“公审”,发动干部群众揭发他们二人的贪污腐败和官僚主义错误,并决定撤销许文亮中央财政部会计处长和刘开中央总务厅厅长的职务。①

中央财政部管理科长王益哉,在工作中官僚主义作风严重,不顾需要大量购买办公用品,造成积压浪费;过分装修防空洞,致使耗费过大;伙夫、洗衣队人数过多却不及时裁减;对工作无周密计划、效率低下。针对这些问题,中央财政部部长林伯渠亲自主持召开全体工作人员会议,对王益哉进行批评帮助,责成他作出深刻检查。《红色中华》报还经常公开批评各种浪费现象。如:中央总务厅管理处办事不精打细算节约,乱出高价购买建筑材料;福建省苏维埃政府文书兼俱乐部游艺委员会主任金华堂贪污公款 4 元 2 角;闽赣省黎川县儿童局书记马玉堂,私用儿童团员们捐献用于红军购买平射炮的钱买油炸果子吃,还进饭馆,买香烟,用去 20 多元钱;宁化县武层区苏维埃政府副主席,将红军公谷和群众借给红军的谷子私自食用 6 石 3 斗;福建军区革命互济会主任曹秉文,将打土豪没收的金戒指一只据为己有;寻乌县澄江区苏维埃政府军事部长徐绪松私偷公款 30 元;少共中央局巡视员郑茂德在于都县巡视工作时,偷窃别人的骡子,然后将自己骑的马卖掉换钱,用于吃喝;兴国县苏维埃政府文书去刻内务部的公章时,为自己加刻了一枚私章同时报销;洛口县苏维埃政府修房子时,超过

① 参见《红色中华》第 75 期,1933 年 5 月 2 日。

原定20元维修费，盖了两间新房，用去大洋300多元；等等。这些贪污浪费案件不论大小和程度轻重，都得到及时严肃处理，有关当事人分别被撤职、开除甚至监禁。

中央苏区对贪污腐败案件的坚决查处，特别是对钟圣谅、钟铁青和左祥云、唐仁达、熊仙璧、刘仕祥等4个大案要案的查处，处决了8个贪污腐败分子，轰动整个中央苏区，大快人心，既充分显示党和苏维埃政府反腐肃贪的决心，也极大地震慑了那些试图以身试法的贪污腐败分子。由于苏区广大干部群众对贪污腐败行为无比痛恨，党和苏维埃对贪污腐败分子坚决惩处，在中央苏区，凡经发现的贪污腐败分子和贪污浪费行为，都像过街老鼠一样，没有藏身之地。

第二节
红色政权的监督机制

一、法制监督

苏维埃党政机关内贪污腐败行为，之所以能得到及时的遏制和惩处，关键在于苏维埃有一套富有权威、行之有效的监督机制。

苏区的党和苏维埃政府清楚地认识到，要防止和杜绝党政机关人员贪污腐败和官僚主义作风的产生，在依靠强力手段打击的同时，还必须从源头抓起，加强监督，不给消极腐败现象以滋生的温床。

在红色政权的监督机制中，法制监督是重要的一环。为惩治贪污腐败行为，1933年12月15日，毛泽东以中央执行委员会名义亲自签发颁布了《关于惩治贪污浪费行为》的第二十六号训令，全文如下：

为了严格惩治贪污及浪费行为，特规定惩罚办法如下：

（一）凡苏维埃机关、国营企业及公共团体的工作人员，利用自己地位贪没公款以图私利者，依下列各项办理之：

（甲）贪污公款在五百元以上者，处以死刑。

(乙)贪污公款在三百元以上五百元以下者,处以二年以上五年以下的监禁。

(丙)贪污公款在一百元以上三百元以下者,处以半年以上二年以下的监禁。

(丁)贪污公款一百元以下者,处以半年以下的强迫劳动。

(二)凡犯第一条各项之一者,除第一条各项规定的处罚外,得没收其本人家产之全部或一部,并追回其贪没之公款。

(三)凡挪用公款为私人营利者以贪污论罪,照第一第二两条处治之。

(四)苏维埃机关、国营企业及公共团体的工作人员,因玩忽职务而浪费公款,致使国家受到损失者,依其浪费程度处以警告、撤销职务以至一个月以上三年以下的监禁。①

这是中国共产党历史上第一部反贪法规。

从以上法律条文可以看出,苏维埃中央政府惩治贪污腐败的措施是十分严厉的,“贪污公款在五百元以上者,处以死刑”,就可以杀头。这一法令的颁布,为司法机关对贪污腐败犯罪的审判量刑,制定了法律依据,使惩治贪污腐败行为有法可依。苏区各级司法机关充分运用这一法律武器,及时侦查和审判有关贪污腐败案件。各级党政机关和群众团体也充分运用这一法律武器,同贪污腐败现象展开坚决斗争,使被揭露和查处的贪污腐败分子受到苏维埃法律的制裁,有力地推进了苏区反腐倡廉斗争深入开展,遏制了苏区贪污腐败现象的滋生。这种法制监督是中央苏区反腐倡廉的成功经验之一。

二、党政监督

通过党政组织对苏区各级党政工作人员实施监督,是中央苏区反腐倡廉的又一成功经验。

---

① 见《中华苏维埃共和国法律文件选编》,江西人民出版社1984年版,第224页。

中央苏区的党政监督,包括党内监督和政府监督。

党内监督主要从两个方面进行:一是发挥基层党组织的作用,通过召开民主生活会等方式,在党内开展积极的批评和自我批评,使各种消极腐败思想和行为一露头,就受到党内批评,使之消灭在萌芽状态,难以滋生蔓延。二是加强党的纪律建设,充分发挥党的纪律对党员干部腐败行为的遏制抨击作用。

1931 年 11 月召开苏区党代会通过的关于党的建设决议案曾指出:“现在在各级政权机关红军及各种群众组织中,多半是党员担负着最重要的工作。为了保障这些同志真正成为群众中的模范者,防止一切腐化官僚贪污等现象的产生,党必须严格的执行纪律……党应当加紧反对官僚腐化贪污等现象的口号,防止那些现象滋长。”①根据这一决议精神,中央苏区各级党组织加强了对党员的监督和对违纪案件的查处,并且逐步建立了党内的纪律监察机构。

1933 年 9 月 17 日,中共中央作出决议:“为要防止党内有违反党章,破坏党纪,不遵守党的决议及官僚腐化等情弊发生,在党的中央监察委员会未正式成立以前,特设立中央党务委员会,各省县于最近召集的省县级党代表大会时选举省县级的监察委员会,成立各省县监察委员会。”“中央党务委员会及省县监察委员会的职责,在于布尔什维克的精神,维持无产阶级党的铁的纪律,正确的执行党的铁的纪律,保证党的思想和行动的一致,监视党章和党决议的实行,检查违反党的总路线的各种不正确的倾向(官僚)主义及腐化现象等,并与之作无情的斗争。”②

据此,中央苏区各省、县委,都从 1933 年冬起成立了党的监察委

① 《中共中央文件选集》第 7 册,中共中央党校出版社 1991 年版,第 477 页。

② 《中共中央关于成立中央党务委员会及中央苏区省县监察委员会的决议》,1933 年 9 月 17 日。见《中共中央文件选集》第 9 册,中共中央党校出版社 1991 年版,第 340 页。

员会。中央党务委员会也于1934年1月在中共六届五中全会上选举成立，董必武任书记。党的各级监察机构的建立和健全，有利于加强对党员干部的监督和党的纪律建设。

政府监督，也是从两个方面展开：

一方面是成立工农检察（查）部，专门负责对政府机关和政府工作人员进行检查监督。

工农检察部属苏维埃政府的行政机关。中央工农检察部是在一苏大会后成立的。中央工农检察部部长（即中央工农检察人民委员）为何叔衡。1933年8月改由高自立任该部代部长。二苏大会后，中央工农检察部改称为中央工农检察委员会，项英兼任中央工农检察委员会主席。省、县、区苏维埃政府均设工农检察部，乡设立工农检察委员会，城市苏维埃政府之下设工农检察科。各级工农检察部设部长1人，副部长1~2人，工作人员若干人。根据工作需要，中央和省、县工农检察委员会之下，组织各种专门的检察委员会，如土地分配检察委员会、租税问题检察委员会等。1933年冬颁布的地方苏维埃组织法（草案）还规定，省及中央直属市工农检察委员会设巡视员5~9人，县及省直属市工农检察委员会设巡视员2~5人。各级工农检察部之下，均设立工农控告局，设局长1人。

苏维埃中央执行委员会赋予工农检察部的任务和权力是："甲、监督苏维埃的机关，要他们正确地站在工人、雇农、贫农、中农的利益上去没收并分配土地。乙、监督各级苏维埃机关正确地去执行苏维埃的政纲和策略，以适合某阶段的革命利益。巩固苏维埃区域和苏维埃政权，并向外发展。丙、监督苏维埃机关对于苏维埃的经济政策，首先是财政与租税政策，是否执行得正确。丁、有向各该级执行委员会建议撤换或处罚国家机关或国家企业的工作人员之权，但对于该企业或机关的工作设施，有直接建议之权。戊、若发现了犯罪行为，如行贿、浪费公款、贪污等,有权报告法庭,以便施行法律上的检查和裁判。”①

苏区各级工农检察部成立后,在监督政府工作和检举揭发违法乱纪现象方面,发挥了积极作用。从 1932 年春至 1934 年春,中央工农检察部先后组织过多次集中检察。第一次是 1932 年 9 月开始,集中检查各级政府执行优待红军条例的情况;第二次是 1932 年 12 月开始,集中检查苏维埃政府机关和地方武装中的阶级异己分子及贪污腐化动摇消极分子;第三次是 1933 年 6 月开始,配合查田运动,集中检查混进革命队伍中的阶级异己分子;第四次是 1933 年 11 月开始,集中检查党政群机关和国家企业机关中的贪污浪费腐败分子。这几次集中检查,都查出了一批违法乱纪、贪污腐败和消极怠工分子,并对他们进行了严肃处理。平时,各级工农检察部还受理了大量人民控告,对群众检举揭发出的案件进行了及时处理。

政府监督的另一个方面,就是上级政府机关不定期地派出巡视员或检查团,对下级政府机关实行工作指导和检查。

根据中央苏维埃组织法和地方苏维埃组织法规定,中央和省、县苏维埃政府各部门都应设专职巡视员,专门负责对下级对口部门进行工作巡视、指导、检查,发现问题及时指出纠正,并向上级报告。1932 年 2 月 2 日,苏维埃中央人民委员会发布《切实执行工作检查》的第五号命令,要求各级政府从当年 3 月 1 日到 3 月 31 日,利用一个月时间,认真检查执行上级命令、法令和政策的情况,以及春耕、选举、优红、财政统一、节俭经济及防疫、肃反、戒严等方面的情况,将检查结果向上级报告。苏维埃中央政府还派出梁柏台、周月林等要员,前往瑞金、石城、宁都、长汀等县巡视检查。他们将巡视检查结果写成报告,公开在《红色中华》报发表。

---

① 《工农检察部的组织条例》(中华苏维埃共和国第一次全国工农兵代表大会通过),载《中华苏维埃共和国法律文件选编》,江西人民出版社 1984 年版,第 412 页。

这些措施,对于加强苏区各级党政领导机关和工作人员优良作风的形成,都起到了很好的作用。

三、审计监督

审计监督,是专门在经济领域对各级党政机关及国家企事业单位及其工作人员进行检查监督,以堵塞贪污浪费漏洞、防止贪污腐败现象发生的有力措施之一,实质上也是政府监督的重要组成部分。

中央苏区运用审计监督手段与贪污腐败现象斗争,取得了显著成绩。1933 年 12 月至 1934 年 4 月间中央苏区查处的许多贪污浪费腐败案件,都是中央审计委员会通过审计有关部门财务账目发现和揭露出来的。具体情况在本书第十三章第五节和本章第一节已有记叙,这里不复赘述。

四、舆论监督

舆论监督,是中央苏区红色政权监督机制的重要方面。

中央苏区从中央到地方各级党政机关、群众团体和红军部队,都办有报纸刊物。党和苏维埃政府十分重视并充分发挥这些大众传播媒体在反腐倡廉方面的舆论监督作用。如苏维埃中央政府机关报《红色中华》,从 1932 年 3 月开始,就辟有“突击队”专栏,专门揭露批评各级党政机关及工作人员中的官僚主义、贪污浪费等消极腐败现象。中央政府副主席项英亲自撰写有关批评文章,在此专栏发表。后来,《红色中华》报还增辟“红板”“黑板”等专栏,在“红板”中刊登表扬稿件,在“黑板”中刊登批评稿件。红军总政治部主办的《红星》报,辟有“铁锤”专栏,专门批评红军部队和军事机关存在的各种不良现象和作风。《红星》报还辟有“自我批评”专栏。一些被批评了的单位和个人,都迅速给《红星》编辑部写出自我批评稿件。共青团中央局主办的《青年实话》,辟有“轻骑队”专栏。中华全国总工会苏区中央执行局主办的《苏区工人》,辟有“批评与指导”“反对贪污腐化”专栏。其他许多报刊,也都辟有各种批评专栏。这样,就使苏区存在的各种消极腐败现象，处于强大的舆论监督之下，难有藏身之地。

苏区各类传播媒体的舆论监督，得到党和苏维埃政府的支持与保护。1933年12月1日，中共中央局常委、宣传部长兼中央党报委员会书记张闻天，在中央局机关刊物《斗争》发表署名文章，明确指出：

> 我们的报纸是革命的报纸，是工农民主专政的报纸，是阶级斗争的有力武器，我们对于一切损害革命利益，损害苏维埃政权的官僚主义者，贪污腐化分子，浪费者，反革命异己分子，破坏国家生产的怠工工人等，必须给以最无情的揭发与打击，使他们在苏区工农劳动群众的面前受到唾骂、讥笑与侮辱，使他们不能在苏维埃政权下继续生存下去，这样来改善我们各方面的工作，来教育广大群众。①

张闻天在文章中还指出：苏维埃报刊不仅要无情揭发苏区存在的消极腐败现象，还必须正面大量宣传和表扬先进典型、先进模范，要介绍他们具体生动的事迹，树立学习榜样，从而使舆论监督的作用更完整更全面地发挥出来。

五、群众监督

群众监督是中央苏区红色政权监督的又一重要方面。

苏维埃政权是工农民主专政的政权，工农群众不仅有权选派自己的代表参加国家政权的管理，而且有权对政府工作人员进行直接监督。苏区党和政府根据苏维埃宪法大纲的规定，创造各种条件，倡导苏维埃公民对苏区党政工作人员实行民主监督。如对不称职的苏维埃代表，选民们有权将他们撤换、召回；为让工农群众充分行使监督权利，苏维埃政府在工农检察部设立控告局，在各国家机关、企业、工厂、作坊、矿山、学校、社会团体、街道、村落中建立不脱产的工农通讯员队伍，经常组织不脱产的“突击队”“轻骑队”，进行明察暗访、突击检查

① 见《斗争》第38期，1933年12月12日出版。

等,以充分发挥群众监督对反腐倡廉的重要促进作用。

各级工农检察部下设的控告局,专门接受和处理工农群众对苏维埃机关或国家经济机关工作人员贪污浪费、违法乱纪和官僚主义等不良作风的检举和控告。中央工农检察部于1932年9月6日颁布的《工农检察部控告局的组织纲要》规定:各级工农检察部控告局设局长1人,调查员若干人。在工农居民集中的地方,需设立控告箱,以便利工农群众投递控告材料。各级工农检察部还可以指定可靠的工农分子代替控告局接受群众的控告材料。控告局只受理对苏维埃国家机关或经济机关及其工作人员的控告材料,不受理私人争执的控告书。控告局收到群众的控告材料后,调查员凭控告局发给的证书,可对控告材料进行立案调查;所受理的控告材料如系突发紧急事件,控告局可直接通知有关机关,责令其调查处理,但事后需报告工农检察部。控告局对受理的举报案件调查完毕后,须将所有材料汇集立卷向工农检察部报告,以决定处理办法。

《工农检察部控告局的组织纲要》还明确规定:“苏维埃的政府机关和经济机关,有违反苏维埃的政纲政策及目前任务,离开工农利益,发生贪污浪费、官僚腐化,或消极怠工的现象,苏维埃公民无论何人都有权向控告局控告。”“人民向控告局控告,可用控告书,投入控告箱内,或由邮件均可,不识字的,可以到控告局用口头控告,有电话的地方,也可以用电话报告控告局。”同时规定:“控告人向控告局投递的控告书,必须署本人的真姓名,而且要写明控告人的住址,同时要将被告人的事实叙述清楚,无名的控告书一概不受理,倘发现挟嫌造谣借端诬控等事,一经查出,即送交法庭,受苏维埃法律的严厉制裁。”[①]这样规定,既可保护公民行使正当的监督权利,又可减少和防止诬告事件的发生。

① 见《中华苏维埃共和国法律文件选编》,江西人民出版社1984年版,第416、417页。

工农检察部还建有工农通讯员。1933 年冬颁布的《中华苏维埃共和国地方苏维埃组织法(草案)》规定:各级工农检察委员会必须在一切国家机关、企业、工厂、作坊、矿山、学校、社会团体、街道、村落中,建立不脱产的工农通讯员,形成工农通讯网。工农通讯员的任务,就是经常地向各级工农检察部反映情况。各级工农通讯网由各级控告局管理。

突击队,是苏区人民群众在工农检察部指导之下监督政权的一种新方式。1932 年 8 月 13 日,中央工农检察部颁布了《突击队的组织和工作》文告,规定:苏区内凡有选举权的人都可加入突击队。突击队每队人数最少需 3 人,每队有队长 1 人,隶属于当地的工农检察部领导。突击队员不脱产,利用休息时间进行工作,而且队员不固定,每次突击可以更换队员。突击队可采用公开突击检查和暗中查访两种方式开展工作。突击检查的对象,仅限于苏维埃机关和国家企业,而非私人企业。突击检查的内容,是关于苏维埃政纲政策贯彻执行情况、工作计划实现情况、官僚、腐化、贪污现象等问题。突击队前往突击检查前,必须得到工农检察部的同意和指导,并需持有工农检察部颁发的证书;检查时需首先向被检查单位出示证书,方可检查,并且不能妨碍被检单位的正常工作;突击检查得到的情况,必须当着被检单位负责人的面写成书面材料,经被检单位负责人认可签字,方可作为证据。突击队每次突击之后,需向工农检察部作详细报告。

轻骑队,是苏区共青团组织于 1932 年 7 月发起建立的。它是“与官僚主义消极怠工,和贪污、腐化现象作斗争的一个重要武器,是群众对于这些分子监督的一种最好的方式”①。每个轻骑队设正副队长各 1 人。其任务是:“检查苏维埃机关内、企业内、经济的和合作社的组

① 《轻骑队的组织与工作大纲》,1933 年 12 月 20 日少共中央局通过。载《斗争》第 41 期,1934 年 1 月 5 日。

织内的官僚主义,贪污、浪费、腐化、消极怠工等现象,举发对于党和政府的正确政策执行的阻碍与曲解(如红军公谷之保管,军委仓库之保管,粮食之收集,打土豪之罚款等等)";"检查在国家企业内出产品的质量,生产计划的执行,内部的设备,节省材料,爱惜公物"等。[①] 轻骑队的活动方式是公开的,既可搞突然袭击,也可开展经常性的检查。轻骑队只有检查权、控告权,没有处决权,对有关事件(案件)的处置,必须依法进行。

上述情况表明,中央苏区在反腐倡廉斗争中的群众监督,是既有力度又有成效的。这一历史经验无疑具有借鉴意义。

由于中央苏区建立了上述对苏维埃政府和苏维埃工作人员的健全有效的监督机制,为苏区干部廉洁自律营造了一个良好的外部环境,终使廉洁自律的好作风在苏区干部中蔚然成风。

第三节 中国历史上最廉洁的政府

一、中央领导人的率先垂范

由于苏区持续不断地开展反腐肃贪斗争,并且建立了一整套行之有效的监督机制,由于苏区共产党人和苏维埃工作人员传承了中华民族历来勤劳朴素、克己奉公的美德,自觉地保持了无产阶级政党的先进性和共产党人的先锋模范作用,在中央苏区这块红土地上,逐步形成了独特的、闪耀着革命光芒的苏区干部好作风,使苏维埃政府成为中国历史上最廉洁的政府。

毛泽东、朱德、周恩来等中央领导人,在这方面率先垂范,廉洁自

① 《轻骑队的组织与工作大纲》,1933 年 12 月 20 日少共中央局通过。载《斗争》第 41 期,1934 年 1 月 5 日。

律,为苏区干部好作风的形成和苏区的廉政建设,作出了光辉的榜样。在中央苏区,传颂着他们许许多多这方面的感人事迹。

毛泽东　红军的首脑、统帅,中华苏维埃共和国主席,苏区军民敬仰爱戴的革命领袖。可是,毛泽东严于律己,从不特殊,生活非常俭朴。他率军行动指挥作战时,与红军官兵一起爬山越岭,徒步行军,并常常将自己的坐骑让给红军伤病员乘用。他爱夜晚工作,按规定菜油灯可点3根灯芯,可他始终只点一根灯芯,而且每晚都工作到深夜甚至次日凌晨,因此常常来不及吃早饭就出发,空肚行军。警卫员只好给他带上一包饭菜,待到部队行军休息时才吃冷饭冷菜。毛泽东的警卫员吴吉清说:"主席也是饿过肚子的","每月只吃二十五斤糙米"。毛泽东身上穿的衣服,总是缀有好几块补丁,轻易不让供给部门给自己添新衣。对于红军纪律,毛泽东更是带头执行。在瑞金中央革命根据地纪念馆,至今保留着一册记载毛泽东照章交纳伙食费的账本。那是1933年8月18日,毛泽东带领警卫员在江西军区参谋长陈奇涵陪同下,来到宁都县铲田区调查研究,在区政府住宿一晚。临走,毛泽东交代警卫员吴吉清向区财政部长结账,可是区财政部长说什么也不肯收钱。吴吉清只好追上已经上路的毛泽东,说明情况。毛泽东听后,大为生气,立即要吴吉清返回区政府补交食宿费。陪同的陈奇涵出主意,提出由他日后代办此事。毛泽东同意了这一提议。陈奇涵不敢马虎,后来如数转交了毛泽东一行的钱款。铲田区财政部的记账本上,于是有了如下记载:"八月十八日,毛泽东一行四人住,照章交来食宿费大洋六元四角五分。"在账册的"经手"栏内,签的是陈奇涵的名字。毛泽东更不随便接受群众的礼物。1932年春他在瑞金叶坪附近的东华山寺庙养病,附近老表送来几只鸡慰问。吴吉清说什么也不敢收下,老表不肯走,最后吴吉清只好按市价付钱。此事被毛泽东发现问清经过后,才算了事。毛泽东有吸烟、吃辣的嗜好,却从不因这些嗜好而破坏群众纪律,搞特殊化。相反,对战士、群众的冷暖温饱,他时时放在心上。

朱德　红军总司令、中革军委主席。他忠厚朴实。只要别人不介绍,不熟悉他的人谁也不知他是位叱咤风云的红军统帅。因为他在红军队伍中一点也不特殊、不显眼,在中央苏区到处流传着老百姓找朱德找错人的故事。他爱兵如子,爱民如子。兴国籍红军战士严德胜,当年是红一方面军总司令部特务大队战士。红军第一次反"围剿"前夕,一天行军时,他脚上穿的草鞋磨破不能穿了,便索性脱下丢在路旁,光着脚丫子走路。这事被朱德总司令看见了。他不声不响地捡起严德胜丢掉的烂草鞋,当晚宿营时亲自动手将它编织补好,然后将补好的草鞋悄悄地放回到正在熟睡的严德胜身旁。第2天早上起床时,严德胜发现床前放着自己丢掉的烂草鞋,破烂的地方已经补好了,惊喜不已,忙打听是谁做的好事。特务大队何排长告诉他,是朱总司令将草鞋捡回补好的。严德胜听了,心中感激,愧疚不已。这件事对战士们教育极深,此后在特务大队,捡草鞋、补草鞋成了战士们的传统习惯。[①] 在福建漳平县的杨美村上埔山农民苏和家中,珍藏着一幅红军写在墙上的留款信:"老板:你不在家。你的米我买了二十六斤,大洋二元。大洋在观泗老板手礼(里)。红军。"这封留款信,是1929年8月朱德率红四军二、三纵队出击闽中,途经这个村子时写下的。当时红军断粮,发现苏和家中留有大米,而房东苏和一家因听信反动派谣言已避往山中。朱德命司务长将米过称,留下买米的大洋请苏和的邻居苏观泗老人代转。司务长便在苏和家中墙上写下了这封留款信。后来,这封留款信成为红军纪律严明、朱德爱民守信的见证,被苏和一家世代珍藏下来。[②]

① 《回忆中央苏区》,江西人民出版社1981年版,第186页。

② 中共龙岩地委宣传部编:《革命领袖在闽西》,海潮摄影艺术出版社,1991年版,第125页。

周恩来　红军总政委、中共苏区中央局书记、中革军委副主席。他当年的警卫员郭应春回忆他在福建建宁前线的工作、生活时，说："周副主席在建宁，生活很朴素。睡的是门板床，再铺上几把稻草。盖的是一条很旧的灰毛毯。""床上没有枕头，就拣了一块砖头垫上。""洗面没有毛巾，用一块破布抹一下"，"有时用手脸伏在水里一抹就算了"。"打仗缴来的战利品，我们想多照顾一下周副主席的生活，他都不要，都说归公，给我干什么？"①在苏区时，由于国民党实行严密的经济封锁，红军部队每人每月只能吃到 3 钱盐。周恩来与大家一样，过着"有盐同咸，无盐同淡"的清苦生活。长期的劳累，加上没有盐吃，他身体虚弱，浑身无力。警卫员卢正标看在眼里，急在心中，将周总政委的健康状况向司务长作了汇报。司务长决定瞒着周总政委，为他炒菜时偷偷多放一点盐。周恩来发现后，严肃地对卢正标说："同志们对我的关心爱护，我从心里感激！可是我不要特殊照顾。"卢正标辩解道："可你是首长啊！"周恩来说："不错，我是个领导干部，但我首先是个共产党员！"并说："小卢，你也是共产党员，随着革命形势的发展你将来也要担负一定的领导工作。我们都要记住：一个共产党员无论职务多高，他都应该勤勤恳恳地做人民的公仆，只有为人民多做工作的义务，决没有向人民索取多一些享受的特权。明白了吗？"卢正标被说服了，他再也不敢叫司务长给周副主席菜里加盐了。② 这是发生在瑞金乌石垅村的真实故事。一滴水能见太阳，周恩来的崇高品质，由此可见一斑。

张闻天（苏维埃中央人民委员会主席）、博古（中共中央总负责人）、陈云（中共中央政治局常委、全总苏区中央执行局党团书记）、刘

① 郭应春的回忆，转引自《周恩来传》（1898—1949），人民出版社、中央文献出版社 1989 年版，第 263 页。

② 《伟人风范》，广东人民出版社 1991 年版，第 124—128 页。

少奇（全总苏区中央执行局委员长）、项英（中共中央政治局常委、中央政府副主席）以及邓小平、彭德怀、任弼时、王稼祥、邓颖超等领导同志，无不带头艰苦朴素、廉洁奉公。他们的具体事迹不一一赘述。

毛泽东、朱德、周恩来等中央领导人，不愧是中央苏区反腐倡廉、勤政为民的表率。

二、党政机关干部的廉洁自律

苏区干部好作风，自带干粮去办公，
日着草鞋干革命，夜走山路打灯笼。

这是一首从兴国唱出在苏区广为流传的颂扬苏区干部好作风的山歌，句句唱的都是当时苏区的真实情景。

就以“自带干粮去办公”来说吧。苏区干部是没有工资报酬的，公家只发衣服、伙食费。1934 年 3 月 13 日《红色中华》报发出号召：“为四个月节省八十万元而斗争！”为响应这一号召，节省经费支援革命战争，家住本地的许多干部纷纷表示：自带伙食来办公，不要公家发伙食费。《红色中华》报有如下记载：

> 中央土地部分了田的同志，自带伙食来。首先由胡海同志打头报名写信回家送一月伙食，跟着有以下诸同志报名：王金龙半月，张义贤半月，李日账半月，朱福连半月，朱良仁半月，郭舜全五天。其余到会的已分田的同志，因时间关系，决定向节省委员会随时报名。
>
> 全总执行局决定家在“苏区的工作人员自带伙食办公。①
>
> ……
>
> 本籍工作人员自带伙食的节省运动，现已在各地普遍开展。江西省苏财政部，长汀水口河田三都等区苏，中央劳动部土地部

① 以上见《红色中华》第 161 期第 2 版，1934 年 3 月 13 日。

司法部内务部及反帝拥苏总盟，均有报告说这一运动正在开展云。[1]

苏维埃政府工作人员不仅不要公家发工资发津贴，而且连伙食费也不要公家发，都是自己从家里带来。这在中外历史上哪有先例？哪一个政府的工作人员能做到这样？仅此就可看出苏区党政干部廉洁自律已达到何种自觉程度！

还有许许多多苏区干部廉洁自律的故事。

江西省苏维埃政府主席刘启耀，带头从家中背米去省苏机关吃，不要公家发伙食费。他妻子一时不理解，埋怨说："当个主席，连饭都赚不到吃，真没有用。"刘启耀耐心解释，说明共产党人当官，不是为发财，而是为老百姓谋利益。后来，妻子的思想逐渐通了，还主动从兴国县老家送米到宁都县省苏政府机关去。见到刘启耀，其妻开口笑道："老公老公，饭要我供。"刘启耀听后，笑答："革命成功，吃穿不穷。"红军主力长征后，刘启耀在领导游击战争时被敌人打散，与组织失去联络，不敢回兴国老家，就隐蔽在遂川县一带山林。他虽然衣衫褴褛，乞讨度日，但谁也不知他腰间竟藏有一包作为党的活动经费的金条。可是他无论多艰难，一厘一毫也没去动用过。1937 年初，他联络了一批隐蔽在各地的苏区领导干部，开会成立中共江西临时省委，被推选为临时省委书记。这时，他才将珍藏 3 年之久的金条拿出来，供党组织办公使用。"腰缠金条的讨米人"——这是苏区人民对刘启耀的赞誉，也是苏区干部廉洁奉公的典范！

江西军区司令员陈毅，1934 年 8 月底在兴国县老营盘指挥红军作战时，大腿负伤，红军主力长征后担任中央政府办事处主任，一边工作一边养伤。办事处机关司务长杨久庆看到陈毅腿伤迟迟不见好，便买了点牛肉，给他增加营养，以利养伤。陈毅知道后，当即叫司务长将牛

---

① 《红色中华》第 166 期第 3 版，1934 年 3 月 24 日。

肉送到红军医院，给别的伤病员吃，还严厉地将司务长批评了一通。

江西省苏维埃政府主席曾山，廉洁自律，勤俭为民。据苏区时的警卫员曾如清回忆："曾山同志担任江西省苏主席期间，生活非常简朴，特别对公家财物，非常爱惜。他规定一条：凡为他领取的办公及生活用品，必须事前经他签字同意，否则不准领取。有一次，他得了痢疾，日渐消瘦，我们警卫班的同志买来一点猪肉煮汤，给他增加营养，恢复身体。他批评说，现在苏维埃财政紧张，要节约每一个铜板支援前线红军，怎么可以随便花钱买肉呢？我们申述原因，说明是大家凑的钱，不是公家的。曾山同志听了硬要还我们钱，否则就不喝汤。"①

刘启耀、陈毅、曾山是这样，广大苏维埃干部也是如此。

三、群众性的节省运动

苏区党政机关和党政干部廉洁自律、艰苦奋斗的好作风，还可以从苏区干部带头开展群众性的节省运动体现出来。

苏区时期，由于战争频繁，加上国民党的经济封锁，广大军民的物质生活是异常艰苦的。为了支援革命战争，苏区各级党政机关和广大工作人员，在物质生活本来就十分艰苦的情况下，仍然带头开展节约运动。苏维埃中央政府成立后不久，中央政府副主席项英，就于1932年2月17日在《红色中华》报发表题为《发展生产，节约经济来帮助红军发展革命战争》的社论，号召苏区军民开展增产节约运动。他特别要求："各级政府和各群众团体，一切费用都要十二分的节俭，不急用的费用不要用，要用的就要节俭，不要浪费一文钱，滥用一张纸，多点一点油，积少成多，就可以节省一大笔经费。我们要知道节减一文钱即是对革命有一文钱的帮助，谁要'浪费一文钱实等于革命的罪人'。"中央人民委员会于同一天发出第三号通令《帮助红军发展革命

① 曾如清：《一片丹心向党，两袖清风为民》，载《永留正气在人间——纪念曾山同志诞辰100周年文集》，江西人民出版社1999年版，第62页。

战争,实行节俭经济运动》。此后,“节省每一个铜板为着革命战争”,就成为苏区军民尤其是苏区各级干部的自觉行动。

1934年春,随着第五次反“围剿”战争日益激烈紧张,根据地范围日益缩小,苏区的财政经济状况日益恶化。面对这种情况,为全力支援反“围剿”战争,苏维埃中央政府通过《红色中华》报,于1934年3月13日发出“为四个月节省八十万元而斗争”的号召,并提出了开展节省运动的具体办法:

(一)政府工作人员每人每日照规定食米量节省二两,以八万人计,每月可节省谷子四千五百石,折洋二万二千五百元。

(二)列小教员伙食由学生负担,照教育部预算的有四千五百个教员,每人每月伙食费为四元,可节省二万八千元。

(三)裁减非必要的人员。按照人民委员会第七号命令规定的人数裁减后,还可以再减一些,比如中央政府总务厅现已减少了百分之二十;工作反而更紧张起来。那末,甲等县减到一百人,乙等县减到八十人,甲等区减为三十人,乙等区减为二十人,并不是不可以的。这样至少尚可裁减一千六百人上下,合计约可节省二万五千二百元。

(四)分了田的工作人员自备伙食一个月。估计两万分了田的工作人员(没有分田的,如有钱也可以节省)自备伙食一个月,平均每人可节省四元,每月平均可节省二万元。

(五)减少国家企业工作人员的津贴,及改善国家企业的管理,每月可节省一万元。

(六)节省笔墨纸张。消灭无用文件,每月可节省一万二千元。

(七)减少运输费,同时改善运输方式,不要使伕子跑空路,或迟延运输。有些机关可以自己运的,就不要伕子,估计每月节省二千元。

（八）其他办公费的节省。减少灯火。减少交通员。合并伙食单位，减少伙伕。有卫生所的地方，不开支中药钱。修理房屋，与添置器具，非必不得已不得开支。估计每月节省一万元。

（九）后方军事机关。如总卫生部，总供给部，总兵站尽量减少浮支，改善管理，达到每月再节省五万元。

在这一节省运动中，裁减人员必须提高劳动纪律，同时需要改善伙食的管理。并且在节省运动中应进一步的开展反贪污与浪费的斗争。①

《红色中华》报上述节省号召，是在苏区党政机关办公费用和工作人员伙食标准本来就已经很低的情况下发出的。这就意味着苏区全体工作人员，要过更加清苦的日子。可是号召刚一发出，就得到中央党政机关率先响应。《红色中华》当天就报道说：中央政府总务厅经全体工作人员热烈讨论，“决定在伙食上每人每天节省二两来充裕红军的给养”；中央国民经济部全体工作人员“请求人民委员会以后减发苏维埃工作人员的伙食，每人每天油盐菜钱减至三分（原来四分），食米减至一斤（原来一斤二两）”；中央粮食部“决定今后该部工作人员每人每天节省二两米，并实行每人种二十头菜，节省一分菜钱来更充分的保证红军给养”；中央劳动部决定自3月11日起即每人每天少吃二两米，“同时又要求免发夏衣”；中央土地部除每人每天节约二两米、节省一分菜钱外，还决定“设置节省箱，每人每日自动把钱投节省箱并用纸包好，写上自己的名字。每七天总结一次，书面发表，以鼓励节省”，并“一致举手通过今年不要公家发单衣（个别未分到田的同志，个别解决）”。②

1934年3月20日出版的《红色中华》第164期，又大量报道了中

① 《红色中华》第161期第1版，1934年3月13日。

② 《红色中华》第161期第21版，1934年3月13日。

央各机关带头响应节省运动号召的情况：中央财政部、中央教育部、中央工农检察委员会全体工作人员，除表示每天节省2两米外，还决定自己开荒种菜，减少伙食费开支。中央工农检察委员会过去有15盏灯，现决定2人共1盏，可减少一半。中央发行部决定3月份内节省19元（工作人员16人）。尤为令人瞩目的是，该报当日还报道了中共中央机关博古、陈云、罗迈、邓颖超、潘汉年、成仿吾、陆定一、毛泽覃、刘群先、彭儒、阿金、贾拓夫等23位外籍同志响应节省运动给《红色中华》报的信，全文如下：

我们是从白区来的。我们在苏区没有分田，但是我们为着革命战争，使我们能在持久战中取得彻底胜利，愿意：

（一）每天节省二两米，使前方红军吃饱饭，好打胜仗；

（二）今年公家不发我们热天衣服，把这些衣服给新战士穿。

我们要求其他白区来的同志，和在苏区分了田的同志，都同我们一起，来响应红色中华的节省号召！

签名人：左觉农，陆定一，余长生，邓颖超，博古，刘群先，陈云，毛泽覃，朱琪，覃伯益，林恺，郭香玉，刘自升，彭儒，廖昔昆，成仿吾，刘素珠，罗迈，阿金，潘汉年，赵婉媛，陈一新，贾拓夫①

中央各机关的节省运动落实到了每一个环节中。如中共中央局机关，“通信员减少百分之三十五，公差完全取消，挑夫减少百分之十五，通信班工作更加合理化一些，具体的规定送信的路线，及送信的时间，各个部门信件，限定在一定时间，集中在收发科送出，有时还可以利用各个机关来的通信员或到中央局的同志将信件带去”；“办公……火油减少百分之三十，办法：是以木油代火油，无事时把灯熄了。信封减少百分之七十五，在本埠完全用已经用过的信件或毛边纸自造的信封。文件起草和其他需要尽量用无用文件及油印裁下之纸条，制定了

① 《红色中华》第164期第3版，1934年3月20日。

文件印刷散发之标准。油墨大部分用感化院自造油墨，价目比舶来品便宜百分之六十。蜡纸在印二三百张以下用毛边纸代替蜡纸，铅笔每月只用以前的百分之十五，毫笔每月只用以前的百分之二十，浆糊只用自己造的。邮票减少百分之二十，每日每个部门信件，完全集交一个同志手中，由他负责发出。火柴以房间为单位，每月一盒，吃烟的两盒”。“伙食现已决定每日减少二两米，并且鼓动苏区同志自带伙食，最近准备吃一部分杂粮如红薯雪豆等代替谷子，并建了大块菜园，准备着保证以后自己出产的蔬菜足够自己的需要。绝对不开客饭，各机关到中央局吃饭的同志，自带伙食，并加强对伙食的检查与计划，保证伙食绝对不能超过。”①

在中央机关的带动下，中央苏区各省、县、区、乡党政机关工作人员，红军部队广大指战员和各工厂、企业、商店的工人、店员、职员，都积极行动起来，响应《红色中华》号召，投入节省运动。

1934 年 4 月 19 日，中央人民委员会为进一步推动节省运动更广泛深入开展，又专门向各级苏维埃政府主席团及后方各军事机关负责同志发出指示信，要求加强对节省运动的领导与检查督促，并且进一步在全苏区干部群众中开展每人节省 3 升米支援红军运动。此信发出后，中央苏区群众性节省运动又掀起新一轮浪潮。广大农民群众，乃至少年儿童，都积极投入到节省运动中。

四、“苏维埃是空前的真正的廉洁政府”

中央苏区节省运动的广泛深入开展，取得了巨大成绩。

1934 年 4 月 14 日，中央审计委员会发布了《关于检查中央各部三月份节省成绩的总结》报告，称：“三月份实支总数与二月份比较，节省二千九百六十六元六角六，达到了百分之四十。”其中，各部委的具体节省数目是：中央总务厅 1512 元，财政部 509 元，劳动部 101 元，教育

① 《红色中华》第 166 期第 3 版，1934 年 3 月 24 日。

部69元，司法、内务部133元，土地部337元，粮食部228元，工农检察部35元，国家银行37元，总计2962元。

1934年9月11日，中央审计委员会在审计中央各部5月至8月的经费开支后，发布了《关于四个月节省运动的总结》报告，公布了4个月节省运动的成绩："不仅完成了八十万元计划，而且可以说将近超过一倍即一百三十万以上。"①其中仅行政办公费用开支，以1934年2月份开支数为基数相比较，4月份减少213221.30元，5月份减少210377.10元，6月份减少142795.40元，7月份减少59482.10元。4个月行政办公费用减少开支总计625876元。节省夏衣方面，仅保卫局系统不领夏衣的就有2066人，红军总卫生部各医院不领夏衣的有5000人，中央党政机关各部门工作人员，几乎全部不领夏衣。仅这一项，就节省经费三四万元。

中央审计委员会在审计报告中自豪地写道：

> 我们可以夸耀着：只有苏维埃是空前的真正的廉洁政府。尤其在争取国内战争"无论如何要胜利"的上面，存在着伟大的实际意义。②

这个历史的结论，是完全符合中央苏区实际的。

大量事实表明，苏维埃政府确实是中国历史上最廉洁的政府！

第四节
中央苏区的模范县乡

一、兴国模范县

在党和苏维埃政府领导下，在毛泽东、朱德、周恩来、任弼时、李富

---

① 《红色中华》第232期第3版，1934年9月11日。

② 《红色中华》第232期第3版，1934年9月11日。

春、陈毅等领导人言传身教带领下，苏区各级干部发扬艰苦奋斗、锐意进取、勇于开拓、争创第一的革命精神，涌现出了许多各方面工作都取得优异成绩的模范县、乡，成为蜚声苏区的楷模。

兴国模范县，就是其中最为突出的代表。

兴国县历史悠久。南宋名相文天祥曾在兴国开府抗元，明朝著名清官海瑞在兴国任过一年半县令。兴国县早在1926年9月就建立了中国共产党支部。土地革命初期，在该县著名共产党人陈奇涵、黄家煌、胡灿、萧华等领导下，1928年爆发过两次农民武装暴动，开始建立地方革命武装。1929年3月成立中共兴国县委，同年4月成立县革命委员会，1930年3月成立县苏维埃政府。当年全县大部分地区都分配了土地，建立了区乡苏维埃政权，是赣南最早实现全县赤化的县份。自1929年4月起，毛泽东、朱德、陈毅、彭德怀和周恩来、任弼时、项英、王稼祥、叶剑英、李富春、曾山、贺昌等红军统帅和领导人，多次亲临兴国指导工作。1931年12月至1933年1月，中共江西省委和江西省苏维埃政府机关设在兴国县城，兴国县的各项工作得到省委、省苏维埃政府的直接领导。兴国县的广大共产党员和苏维埃干部，带领全县人民艰苦奋斗，努力创造“第一等的工作”，使全县各方面的工作都走在全苏区前列，多次受到苏维埃中央政府、江西省委、江西省苏维埃政府的表扬和毛泽东主席的称赞，成为全苏区学习的榜样。

兴国模范县创造的“第一等的工作”，表现在如下10个方面：

（一）扩大红军的模范

土地革命时期，据1932年9月苏区人口普查统计，兴国全县共有人口231826人。自1928年至1934年10月，兴国全县参加红军的青壮年就有55000余人，约占全县总人口的25%。苏区每一次扩红突击运动，兴国县几乎都是超额完成任务，走在全苏区前头。最著名的是1933年红五月扩红突击，兴国模范师全师5161人全体报名参加红军，编为红三军团第六师。这一壮举震动全苏区，带动全苏区兴起赤卫军模范师整团整师加入红军的扩红热潮，被苏维埃中央政府誉为“创造百万红军的先驱”。[①] 兴国参加红军的人多，为革命牺牲的人也多。全县革命烈士多达23200余人，苏区时平均每10位兴国人中就有1人为革命牺牲。

（二）支前参战的模范

仅据1932年10月统计，兴国县支前参战组织和人数有：担架队5024人，救护队2519人，洗衣队3254人，向导队1546人，破坏队2474人，运输队6790人，慰劳队2754人，合计24379人。支前参战人数占当时总人口的1/10。1932年12月，兴国县的地方武装有：模范师5792人，少年先锋队9172人，模范少先队2435人，赤卫军14364人，长期运输担架队1261人，短期运输担架队8478人，合计41502人。这些都是支前参战的组织和队伍，总数占全县总人口的1/6。可见全县人民支前参战之踊跃积极。1933年9月，中共江西省委授予该县一面印有“一切力量给予战争”的支前参战工作优胜奖旗。

（三）慰劳红军的模范

全县仅1932年7、8、9三个月，组织慰劳队830人次到前线慰劳红军，送去布草鞋4631双，麻草鞋4014双，果品4575担，菜3745担，鸡鸭240只，蛋1647个，其他用品1542件。1932年10月20日至12月20日，全县又组织527人次赴前线慰劳红军，送去草鞋724双，布草鞋440双，麻草鞋556双，套鞋2199双，毛巾275条，雨笠133顶，果品蔬菜312担，鸡鸭91只，鸡蛋1078个，牙粉129支，猪肉45斤，洋袜2双，钱51.73元。1934年5月，兴国模范师上前线一周年纪念日，兴国县苏维埃政府派遣慰劳队携带800多双草鞋，到前线慰问模范师。红军总医院从1931年春到1933年夏，一直设在兴国县茶岭等地，红军伤病员前后约有数万人在兴国红军医院和休养院治疗休养。医院和

① 《红色中华》第80期第2版，1933年5月17日。

休养院的砍柴、洗衣等勤务，全由兴国当地赤卫队员包了下来。《红色中华》报经常刊载文章，称赞兴国是“慰劳红军的模范县”。

（四）优待红属的模范

中央内务部代部长梁柏台，1934 年 6 月初赴兴国检查优待红军家属工作后，撰写文章表扬说：“兴国的优红工作，比较别的县是要更有成绩。兴国的红军家属比哪个县都要多，他到今年 4 月底止，已有一万八千零五十九家；人数有六万一千六百七十名。但是红属的人数虽然有这样多，红属的困难却比别处更少。这可见他们优待红属工作的成绩了。”①

（五）推销公债的模范

中央苏区 1932 年 6 月发行第 1 期革命战争公债 60 万元，兴国县购买 55600 元，超过任务 85%。第 2 期发行革命战争公债 120 万元，兴国县购买 128000 元，占全苏区发行总数的 1/10。1933 年 8 月发行经济建设公债 300 万元，兴国县完成 29 万元，也占全苏区任务总数的 1/10 左右。中央苏区先后三次发行公债，兴国县都是购买最多、完成任务最好的县。

（六）粮食动员的模范

中央苏区每次粮食动员工作，兴国县都是完成任务成绩最好的县。1934 年 6 月，中央苏区紧急动员借谷 24 万担，分配给兴国的任务是 12000 担，结果该县完成 20291 担。1934 年 7 月，中共中央和中央政府又决定征集粮食 60 万担，分配给兴国 5 万担。全县实际完成 51000 担，走在全苏区前列。中央人民委员会授予兴国一块题为：“布尔什维克的粮食动员”的红匾。

（七）合作社运动的模范

兴国是中央苏区创办合作社较早、唯一实现每乡都有一个消费合

① 《红色中华》第 203 期第 3 版，1934 年 6 月 16 日。

作社和一个粮食合作社的县。兴国上社区消费合作社,在1933年12月5日召开的中央苏区消费合作社第一次代表大会上,被评为苏区5个模范合作社之一。

(八)节省运动的模范

1934年3月13日《红色中华》报发起节省运动后,兴国县干部群众热烈响应。同年4月3日中央财政部公布各地上交节省经费数目时,兴国是上交节省经费最多的县。

(九)文化教育的模范

毛泽东在第二次全苏大会的工作报告中,对兴国县的文化教育工作,尤其扫除文盲工作,给予了极高的评价和热烈赞扬。毛泽东说:"兴国学龄儿童总数二万零九百六十九人(内男一二零七六,女八八九三),进列宁小学的一万二千八百零六人(内男生八八二五,女生三九八一),失学的八千一百六十三人(内男三二五一,女四九一二),入学与失学的比例为百分之六十与四十。"①这在苏区的入学比例是最高的。

(十)干部作风的模范

兴国县苏区各级党政干部在工作中深入实际,充分发动和依靠群众完成各项任务,关心群众生活,注意工作方法,处处起模范带头作用,创造了党员干部"十带头"的好风尚,即:政治学习带头,军事训练带头,执行勤务带头,参军参战带头,遵纪守法带头,购买公债带头,节省粮食带头,优待红属带头,发展生产带头,移风易俗带头。

兴国模范县的工作,受到苏维埃中央政府主席毛泽东的充分肯定和高度称赞。1934年1月27日,毛泽东在第二次全苏大会做总结时,热情洋溢地说:

---

① 江西省档案馆、中共江西省委党校党史教研室编:《中央革命根据地史料选编》(下),江西人民出版社1982年版,第329页。

兴国的同志们创造了第一等的工作，值得我们称赞他们为模范工作者。……像兴国和赣东北的同志们，他们把群众生活和革命战争联系起来了，他们把革命的工作方法问题和革命的工作任务问题同时解决了。他们是认真地在那里进行工作，他们是仔细地在那里解决问题。他们在革命面前是真正负起了责任，他们是革命战争的良好的组织者和领导者，他们又是群众生活的良好的组织者和领导者。①

毛泽东在二苏大会期间，还亲笔为兴国县苏维埃政府题写"模范兴国"四字，予以褒奖。他在大会上号召苏区干部要向兴国县学习，要造成"几十个兴国县"，作为我们"巩固的阵地"。②

兴国模范县，是苏区革命精神和风范的缩影。

二、模范的长冈乡和才溪乡

中央苏区有两个著名的模范乡——长冈乡和才溪乡。

长冈乡原属兴国县上社区榔木乡，后从榔木乡划出单独设乡，是上社区工作先进乡，共辖有 4 个村、437 户、1785 人（含外出当红军、做工作者在内）。

长冈乡与兴国县城隔河相望。该乡 1928 年建立了农民协会，开始土地斗争。1930 年成立了乡苏维埃政府。该乡党支部和乡苏维埃政府工作人员牢记党的宗旨，关心群众生活，注意工作方法，真心实意地为群众谋利益，得到全乡群众的拥护。党和苏维埃政府发出的任何号召，布置的任何工作，在这个乡都能很快得到落实。所以这个乡的工作在上社区被列为一等。1933 年秋，毛泽东为收集材料准备第二次全国苏维埃代表大会的报告，曾带领中央政府部分工作人员，前往兴国县长冈乡作调查研究。1933 年 11 月中旬，毛泽东又专门邀请长冈

① 《毛泽东选集》第一卷，人民出版社 1991 年版，第 140 页。
② 《毛泽东选集》第一卷，人民出版社 1991 年版，第 141 页。

乡苏维埃政府主席谢昌宝、乡苏维埃代表李求应(即李奎应,长冈村)、贫农团主任王先怀(新溪村)到瑞金,再次向他们详细了解核实全乡情况。之后,毛泽东将了解到的情况加以整理,形成了长冈乡的调查报告。

才溪乡,属福建省上杭县才溪区。才溪区有8个乡,其中包括上才溪乡和下才溪乡。这里说的才溪乡,是上才溪乡和下才溪乡的统称。上才溪乡当年有居民523家,2318人,有4个村;下才溪乡当年有居民503家,2610人,也有4个村。上下才溪乡所在的才溪区,1929年冬成立区、乡苏维埃政府。才溪区和才溪乡苏维埃工作人员同长冈乡苏维埃工作人员一样,牢记党的宗旨,全心全意为人民群众谋利益,成为中央苏区著名的模范区、模范乡,被称为"福建的第一模范区,一切工作取得了光荣伟大的成绩"。1933年7月,福建苏区各县特组织代表团,前往才溪乡参观学习。福建省苏维埃政府还授予才溪区"我们的第一模范区"奖匾,并且拨款在才溪河畔建造了"光荣亭"。[①]1933年11月下旬,毛泽东继作长冈乡调查后,又进行了才溪乡调查,向上才溪乡苏维埃政府主席卓华、上才溪乡文书阙绍光和下才溪乡苏维埃代表王得清3人,详细询问了全乡各方面情况。随后,毛泽东也将调查记录整理成文,形成才溪乡的调查报告。

1934年1月第二次全苏大会召开期间,毛泽东将在长冈乡和才溪乡所作的调查材料,分别以"兴国长冈乡的苏维埃工作"和"上杭才溪乡的苏维埃工作"为题,在《斗争》杂志第42期至47期连载发表。苏维埃中央执行委员会还将这两个调查报告合编出版单行本,书名为《乡苏工作的模范(一)——长冈乡》《乡苏工作的模范(二)——才溪乡》。二苏大会主席团将这两本书发给每个代表人手一册,以供学习。

① 1934年4月,国民党军进攻才溪区,烧毁了光荣亭。1955年1月,毛泽东应才溪人民之请,欣然提笔为才溪乡人民题写了"光荣亭"三个大字。随后,"光荣亭"重新恢复。

毛泽东对长冈乡和才溪乡苏维埃政府的工作，给予了高度评价和赞扬。在第二次全苏大会作政府工作报告的结论时，毛泽东专门就“关心群众生活，注意工作方法”问题，向代表们作了深刻的阐述。他在严厉批评有些苏维埃工作人员只讲完成工作任务，成天要求群众干这干那，却官僚主义作风十足，既不关心群众生活，又不注意工作方法问题之后，充满感情地说：

> 同志们，送给你们的两个模范乡的小册子，你们大概看到了吧。那里是相反的情形。江西的长冈乡，福建的才溪乡，扩大红军多得很呀！长冈乡青年壮年男子百个人中有八十个当红军去了，才溪乡百个人中有八十八个当红军去了。公债也销得很多，长冈乡全乡一千五百人，销了五千四百块钱公债。其他工作也得到了很大的成绩。什么理由呢？举几个例子就明白了。长冈乡有一个贫苦农民被火烧掉了一间半房子，乡政府就发动群众捐钱帮助他。有三个人没有饭吃，乡政府和互济会就马上捐米救济他们。去年夏荒，乡政府从二百多里的公略县办了米来救济群众。才溪乡的这类工作也做得非常之好。这样的乡政府，是真正模范的乡政府。他们和汀州市的官僚主义的领导方法，是绝对的不相同。我们要学习长冈乡、才溪乡，反对汀州市那样的官僚主义的领导者！①

毛泽东在报告结束时号召说：我们“要造成几千个长冈乡，几十个兴国县。这些就是我们的巩固的阵地。我们占据了这些阵地，我们就能从这些阵地出发去粉碎敌人的‘围剿’，去打倒帝国主义和国民党在全国的统治”②。

毛泽东还在总结长冈乡和才溪乡苏维埃工作的基础上，撰写了

① 《毛泽东选集》第一卷，人民出版社 1991 年版，第 137—138 页。

② 《毛泽东选集》第一卷，人民出版社 1991 年版，第 140—141 页。

《乡苏怎样工作?》一文。1934 年 4 月 10 日,这篇文章与张闻天写的《区苏怎样工作?》一文合编成单行本,取名为《区乡苏维埃怎样工作?》,作为中央人民委员会的指导性文件,印发给各级苏维埃政府和工作人员学习、施行。

三、各条战线的模范

除兴国模范县和长冈、才溪模范乡外,中央苏区的各条战线,还涌现出一大批先进模范。较为著名的有:

扩红模范瑞金县 瑞金县是中央政府直属县,苏区时总人口 240000 人,全县参加红军的有 49000 人,参加支前作战的有 50000 人。历来是扩红先进县之一。1934 年 5 月 14 日,中共中央和中革军委发出"五、六、七 3 个月全苏区扩大红军 5 万名"的号召,分配给瑞金、兴国、胜利、博生、于都等县任务各 2000 名。中革军委总动员武装部副部长金维映,亲率一支扩红突击队到瑞金县,协助瑞金县委、县苏维埃政府开展扩红动员。全县党政群团组织全力上阵,深入做好扩大红军宣传动员工作和优待红军工作,县委、县苏机关干部和各区、乡干部带头报名当红军。全县迅速出现扩红热潮,涌现出许多一家兄弟 3 人、兄弟 4 人、兄弟 8 人一起报名当红军的先进典型。至 6 月 2 日,全县报名当红军送到补充师去的就达 5000 余名,3 个月的扩红计划,仅 1 个月就超额 1.5 倍胜利完成。1934 年 6 月 2 日,瑞金县召开扩红总结会,中革军委主席朱德、中共中央组织局主任罗迈、中革军委总动员武装部部长滕代远都前往热烈祝贺。朱德亲手将一面绣有"三月计划一月超过"8 个大字的奖旗,授予瑞金县委书记谢名仁手中。朱德、罗迈都发表热情洋溢的讲话,号召苏区各县向瑞金学习。《红色中华》报先后以《一鸣惊人,瑞京县首先胜利》《瑞京红五月扩大红军突击中的宝贵经验》《瑞金终于走上了模范县的道路》等醒目标题和显著位置,宣传报道瑞金县的成绩和经验。瑞金模范县的榜样力量,推动着全苏区扩红突击运动的迅猛发展。仅仅 2 个月全苏区就扩红 62269 名,提前

一个月超额完成三个月计划。

春耕模范武阳区和石水乡 武阳区地处瑞金县南部,是瑞金县的一个行政区。全区分为石水、中赖、松山、螺石、武阳、凌田、下洲、黄田等8个乡。1933年春耕生产中,该区、乡苏维埃政府采用各种形式,广泛深入宣传搞好春耕、发展农业生产的重要意义,积极采取措施帮助农民解决春耕中遇到的困难,使全区春耕动手早,进度快,工夫质量好。该区石水乡建立50多个贫农小组和一个总干事会,组织领导春耕。区、乡妇女生活改善委员会动员妇女积极参加劳动,犁田,耙田,莳田,铲草皮,挖塘泥,挑肥粪,修陂圳,样样农活都参加。乡村设立若干分队,分队下面设立小组,每个小组有队员10人左右。全乡耕田队员共千余人。犁牛合作社也建立起来了,调剂了耕牛农具。武阳区委和区苏政府还提早做好春耕准备。早在1932年冬就提出每亩下足100担肥料的要求,还成立了水利委员会,修整新建了一批水利工程,并且组织开垦了几百担荒田。苏维埃中央政府主席毛泽东,对武阳区和石水乡的经验十分重视。为总结和推广武阳区和石水乡的经验,苏维埃中央政府于1933年5月18日至22日在武阳区召开全苏区春耕生产运动代表大会。毛泽东亲临大会指导。中央土地部代部长胡海和王观澜出席大会。于都、兴国、会昌、博生(宁都)、石城、广昌、长汀等县县苏政府主席和土地部长,瑞金县、区、乡3级苏维埃主席,武阳区各群众团体以及红二十三军、红校模范团的代表和附近群众共约千余人,参加了大会。毛泽东亲自主持大会,并在会上作春耕生产动员报告。中共武阳区委书记谢函贤、石水乡苏政府主席周帮池,在大会上介绍了春耕生产经验。毛泽东主席代表苏维埃中央政府,将书有"春耕模范"的两面大锦旗,分别授予武阳区和石水乡。到会代表一致表示要学习武阳区和石水乡经验,努力搞好春耕生产,发展农业,还一致通过了生产竞赛公约。

模范消费合作社 1933年12月5日至9日在瑞金叶坪召开的中

央苏区消费合作社第一次代表大会上，评选出5个消费合作社为模范消费合作社。它们是：瑞金壬田区消费合作社，兴国上社区消费合作社，瑞金武阳区石水乡消费合作支社，胜利县消费合作社和上杭县才溪区消费合作社。《红色中华》报载文介绍说："上杭才溪区合作社有着长期奋斗的光荣历史，该社创始于1929年，创始时只有社员八十名，股金四十元。由于他们经营得法，能够适应广大群众的需要，销售的货品食盐占百分之七十，布匹占百分之二十，这些货物都是利用妇女到白区去采买来的，常常新货一到，立刻销售一空，形成合作社的市集，因此能够吸引广大群众加入合作社。到今年七月，社员发展到七百四十一人，现在却有了一千四十一名社员，一千零四十一元股金，社员和红军家属买货都有优先权，而且□□（优惠）给价。其他几个模范消费合作社，如瑞金壬田合作社，请了三个医生替社员和群众诊病。武阳石水乡合作社实行严格的监督制度，五天查一次账，社中买猪给社员饲养，社员替社中工作人耕田，使社员和合作社取得极密切的联系。兴国上社区合作社注意对白区的贸易，胜利总社在短期内发展了九个支社分社，都是极光辉的例子。"①经过大会代表热烈讨论和评议，大会闭幕时分别给上述5个模范消费合作社授予奖旗和奖品。这5个模范消费合作社成为全苏区消费合作社学习的榜样。

模范党支部——兴国县高兴区黄岭乡党支部　该乡从1929年开始赤化，成立革命委员会，1930年初成立苏维埃政府，开始分配土地。全乡当年有人口800余人。该乡党支部在1931年秋只有党员6名，1932年8月发展到20多名，12月发展到70多名，1933年3月又发展到80多名。党支部干事会成员共5人，其中书记、副书记、组织、宣传、妇女各1人。支部下分4个党小组。这个乡党支部在土地革命斗争和苏区各项工作中，充分发挥了战斗堡垒作用，使全乡各方面工作

① 《红色中华》第133期第3版，1933年12月8日。

都走在全区甚至全县前头。在1933年3月苏区中央局组织部召开的闽赣两省组织工作会议上,重点推广了这个党支部的先进事迹和经验。《斗争》第5期还以“一个模范支部的工作报告”为题,专门介绍了这个党支部的情况和经验。

中央苏区各条战线上的先进模范,都成为苏区各级各类组织和广大干部群众学习的榜样,对苏区各方面的工作起到了极大的推动作用。

第五节 中央苏区的社会变革

一、政治领域的变革

中国共产党领导开展轰轰烈烈的土地革命斗争和苏维埃运动,既是工农大众与蒋介石国民党为代表的封建军阀、地主资产阶级之间展开的一场你死我活的阶级大搏斗,也是一场剧烈的社会大变革运动。这场社会大变革,在政治、经济、思想、文化和民众社会生活等各个领域全面展开,其实质是社会上层建筑与经济基础、生产关系与生产力之间相互关系的大调整。

苏区社会最根本的变革是在政治领域。

首先是国家的国体与政体发生了根本性改变。苏维埃革命以前,中国的国体名义上实行的是资产阶级的民主共和制,实际上是国民党为代表的大地主、大买办资产阶级的联合专政,国家政权掌握在以蒋介石为代表的少数官僚政客手中,而广大工农民众和城市小资产阶级处于被统治、被压迫和被剥削的地位。而在苏维埃区域建立的中华苏维埃共和国,是工农民主专政的新型民主国家,实行的是工农兵代表大会制度,国家政权完全掌握在占人口绝大多数的工农兵大众手中。一句话,国家政权的性质发生了根本性改变。

苏区社会各阶级的政治地位也发生了根本性改变。苏维埃革命以前,农村中占人口少数的地主、富农和土豪劣绅,占据着统治地位,他们凭借手中掌握的权力,控制着整个社会的政治、经济、文化生活,对广大贫苦工农实行沉重的压迫和残酷的剥削,广大贫苦工农毫无政治权力,成为受豪绅地主任意奴役和宰割的对象。苏维埃政权建立以后,原先占据统治地位的豪绅地主阶级,却变成了被统治阶级;而广大工农兵大众则充分享有各种政治民主权利,真正成为国家政权的主人。这种阶级地位的相互转换,真是翻天覆地。

苏区社会成分构成较之苏维埃革命前也发生了显著变化。苏维埃革命以前,赣西南、闽西地区的社会成分,除地主豪绅等剥削阶级和贫苦农民及城市贫民外,还有人数不寡的流氓无产阶级,包括僧侣、道士、地理阴阳先生、巫婆神汉、娼妓、讼棍以及诸如"三点会"、"大刀会"等绿林组织。在土地革命急风暴雨的冲刷下,社会上所有的流氓无产阶级,都受到冲击和改造,除闽西的一些"大刀会"被豪绅地主利用变成反革命武装外,其余的大都放弃了原来的职业,成为自食其力的劳动者,有些还参加了革命,成为革命队伍的一员。

苏区社会的治理模式也发生了革命性改变。在赣西南和闽西,苏维埃革命前,是从中央到地方的地主资产阶级政权与民间族权、神权结合一起,形成一个严密的统治网,对社会进行治理,而族权、神权本质上也是代表剥削阶级利益。这张统治网所维护的是有利于剥削阶级的社会秩序,根本罔顾处于社会最底层的广大普通民众的利益,从而导致社会黑暗混乱,民不聊生。而苏维埃革命以后,在苏维埃区域,由工农大众当家作主的苏维埃政权取代地主资产阶级政权,成为苏区社会秩序的管理者和社会生活的组织者;乡村中过去威严的宗族权利被打得粉碎,愚弄民众的神道权力也随着封建迷信的破除而销声匿迹,代之而起的是各种革命群众团体,如工会、青年团、贫农团、农民协会、妇女生活改善委员会、女工农妇代表会议、共产儿童团、革命互济会、消灭文盲协会等等，它们成为苏维埃政权治理社会的有力助手。这种完全适合中国国情的崭新的社会治理模式，不仅使苏区社会秩序井然，而且使社会生活清明健康。

“废弃司法范围内一切野蛮封建的遗迹”①，在彻底摧毁国民党政府和地主资产阶级旧法律基础上，创立苏维埃法律体系和司法制度，是苏区政治领域大变革的重要方面。苏维埃中央执行委员会与中央人民委员，先后制定颁布130余部法律法规，现代社会对法制建设所要求的各方面的法令法规，苏维埃都有所涉及，从而初步创建了具有阶级特征和时代特征的苏维埃法律体系，在一定程度上满足了苏维埃区域社会经济文化生活对法律的需求。苏维埃法律体系的创立，还为以后抗日战争和解放战争时期乃至新中国成立后，中国共产党领导建立具有中国特色的新民主主义法律体系和社会主义法律体系，奠定了基础。

苏区政治领域的大变革，还体现在广大劳动妇女的翻身解放方面。苏维埃革命以前，赣西南、闽西地区的广大劳动妇女同全中国的劳动妇女一样，处于社会的最底层，深受“三权”（封建政权、族权和夫权）压迫，不仅政治上和经济上毫无权利，在婚姻上也毫无自主权利可言。妇女是否同男子一样享有同等的社会地位，成为衡量社会进步与否的重要标志。苏维埃革命的开展和苏维埃政权的建立，使广大妇女梦寐以求的翻身解放诉求得以实现。在苏区，广大劳动妇女在政治上享有同男子一样的民主权利，已参与到社会管理各个领域之中；经济上因同样分得了土地而得到翻身，更因她们勇敢冲破旧观念旧礼教的束缚积极参加农业劳动、成为农业生产战线的生力军而受到社会的广

① 《中华苏维埃共和国中央执行委员会与人民委员会对第二次全国苏维埃代表大会的报告》，1934年1月24—25日，载江西省档案馆、中共江西省委党校党史教研室编：《中央革命根据地史料选编》（下），江西人民出版社1982年版，第313页。

泛尊重;《中华苏维埃共和国婚姻条例》的颁布实施,保障了广大妇女享有充分的婚姻自由;在文化生活方面,苏维埃政府更鼓励广大妇女积极参加各类学校和扫盲识字班,学习文化知识。所有这些权利的获得,广大妇女在革命前连想都不敢想。

二、经济领域的变革

经济是政治的基础。社会变革只有在经济领域的变革获得成功,才能巩固政治领域变革的成果。经济领域的变革,说到底就是调整生产关系与生产力之间的矛盾,将生产关系领域中那些阻碍生产力发展的部分革除掉,同时建立制度和体系,使生产关系能够适应生产力发展的需要,以促进和推动生产力的发展,增加社会物质财富,改善和提高人民的物质生活水平。

苏区经济领域的变革,主要体现在土地、金融、财政、税收、劳动、投资借贷等制度的改革、多种经济组织的建立和多种经济成分并存、农工商业的发展和人民生活改善等方面。

土地制度变革,就是在苏维埃政权领导下,打土豪,分田地,彻底废除原来的封建地主土地所有制,将其改变为农民土地所有制,真正实行"耕者有其田"。

金融制度变革,就是建立苏维埃国家银行体系,统一发行苏维埃货币,禁止一切伪币、杂币在苏区流通,以确保苏维埃金融的稳定和安全。

财政制度的变革,就是建立苏维埃统一的财政体系与财政制度、会计制度、国库制度、财政收支运作规则等,使苏区财政能够适应红军战争发展与苏区国计民生需要。

税收制度变革,主要是废除国民党统治时期的一切苛捐杂税,实行统一的累进税。毛泽东在第二次全苏大会报告中说:"苏维埃采取统一的累进税法,乃是世界上最优良税法,而一切资本主义国家所不敢采用或者不敢彻底采用的。至于国民党的税收,则是一篇绝大的糊涂帐。”①

劳动制度变革,主要是通过苏维埃劳动法的颁布和实施,建立苏维埃劳动制度,以保护苏区劳动者合法权益,促进苏区经济发展。

投资借贷制度变革,主要是在苏区工商业领域为一切合法投资者创造良好的投资环境和投资条件,促进苏区工商业发展繁荣。在金融借贷方面,废除一切形式的高利贷剥削,而允许非高利贷剥削的现金借贷存在。

多种经济组织的建立和发展,也是苏区经济领域变革的重要内容。苏维埃革命前,由于土地制度是封建地主阶级的土地所有制,广大缺地、少地的贫苦农民主要靠租赁地主土地耕种,承受高额地租剥削,因而生产方式基本上是一家一户为单位的小农经济。苏维埃革命后,农民获得了土地,生产积极性空前高涨。为了发展农业生产,苏维埃政府领导农民建立起耕田队、劳动互助社、犁牛合作社等互助合作组织,帮助农民解决劳力、耕牛、农具不足的困难。这些劳动合作组织为苏区农业生产的发展发挥了重要作用。此外,苏区在商品流通领域建立的消费合作社,在金融领域建立的信用合作社,在工业生产领域建立的各类生产合作社,苏维埃政府允许并鼓励国营经济、合作社经济、私有经济等各种经济成分并存发展。

所有这些变革措施,对于促进苏区农、工、商业的发展,都发挥了积极作用。随着生产关系的调整和生产力的发展,苏区民众的生活得到明显改善,生活水平明显得到提高。

三、文化教育和思想领域的变革

苏区的社会大变革,还在文化教育和思想领域展开。变革的结果,是苏区文化教育事业大发展,人们的思想观念发生了深刻变化。

---

① 江西省档案馆、中共江西省委党校党史教研室编:《中央革命根据地史料选编》(下),1982 年版,第 323 页。

正如毛泽东在第二次全苏大会报告中所指出："国民党统治下一切文化教育机关，是操在地主资产阶级手里的。他们的教育政策，是一方面实行反动的武断宣传，以消灭被压迫阶级的革命思想，一方面施行愚民政策，将工农群众排除于教育之外。反动国民党把教育经费拿了作为进攻革命的经费，学校大部停办，学生大部失学。因此在国民党统治之下，造成了人民的愚昧无知，全国文盲数目占全国人口百分之八十以上。"①在中央苏区所在的赣西南和闽西地区，革命前因经济落后，导致文化更加落后，受过教育、有一定文化知识的人更少，文盲人数占人口总数的比例高达90%左右，适龄儿童的入学率甚至只有10%左右。尽快改变文化教育领域的这种落后局面，成为摆在苏区党和政府面前一项重要而艰巨的任务。

苏维埃政府克服各种困难，通过大力创办列宁小学、劳动小学以及各种中等、高等学校，普遍举办各类干部培训班，广泛、持久地开展群众性扫盲识字运动，使苏区的文化教育事业在短时间内就得到迅速发展，达到让所有的适龄儿童能入学（日学和夜校）读书，让全体公民的科学文化素质都有所提高，让大多数文盲都能读书识字，让大批的领导干部都能迅速提高文化水平和领导水平。毛泽东在第二次全苏大会报告中谈到苏区文化教育事业发展时，高兴地说："谁要是跑到我们苏区来看一看，那他就立刻看见这里是一个自由光明的新天地。""这里一切文化教育机关是操在工农劳苦群众的手里，工农及其子女有享受教育的优先权。苏维埃政府用一切方法来提高工农的文化水平，为了这个目的，给予群众政治上与物质条件上的一切可能的帮助。因此，现在的苏维埃区域，虽然是处在残酷的国内战争环境，并且大都

① 毛泽东：《在第二次全国苏维埃代表大会上的报告》，1934年1月24日—25日，见江西省档案馆、中共江西省委党校党史教研室编：《中央革命根据地史料选编》（下），江西人民出版社1982年版，第328—329页。

是过去文化很落后的地方,但是已经在加速度的进行着革命的文化建设了。”[①]苏区教育事业飞速发展的历史事实,充分说明了这一点。

毛泽东在第二次全国苏维埃代表大会的报告中还说:“为着革命战争的胜利,为着苏维埃政权的巩固与发展,为着动员民众一切力量,加入于伟大的革命斗争,为着创造革命的新后代,苏维埃必须实行文化教育的改革,解除反动统治阶级加于工农群众精神上的桎梏,而创造新的工农的苏维埃文化。”[②]毛泽东所说的苏区文化教育的改革,主要是对国民党遗留下来的旧教育体系的改革,包括对教育制度、教育内容、教材教法等进行全面的改革。历史事实证明,苏维埃政府在对国民党旧教育的改造和改革方面,同样取得了令国民党政要也不得不佩服的骄人成就。

如果说苏区的教育是在对旧教育体系进行根本性改造的基础上发展起来的,那么苏区的文化艺术事业则是在一片荒芜中建立发展起来。苏维埃革命前,赣西南、闽西这片广大的地区只有几家小小报馆和几份发行量少得可怜的地方小报,更没有一家出版机构。而中央苏区创办发行的各类大小报刊竟多达130余种,仅在瑞金就聚集着10余家图书出版发行机构,出版发行的各类图书多达350余种数万册之多。至于戏剧歌舞等艺术,苏维埃革命前,赣西南、闽西只有少数几个被统治者视为“邪戏”的小戏班流落民间,还要遭受豪绅地主的百般欺凌,只能在乡间偷偷摸摸地演出,根本不许登大雅之堂。而在中央苏区,苏维埃戏剧歌舞活动则蓬勃发展,众多的大小剧团活跃于部队、机

---

① 毛泽东:《在第二次全国苏维埃代表大会上的报告》,1934年1月24日—25日,见江西省档案馆、中共江西省委党校党史教研室编:《中央革命根据地史料选编》(下),江西人民出版社1982年版,第329页。

② 毛泽东:《在第二次全国苏维埃代表大会上的报告》,1934年1月24日—25日,见江西省档案馆、中共江西省委党校党史教研室编:《中央革命根据地史料选编》(下),江西人民出版社1982年版,第328页。

关和乡村屋场，慷慨激昂、清脆悠扬的革命歌声飞扬于苏区的每个角落，革命文艺真如奇葩怒放，一片繁荣景象。

文化教育领域的大变革、大发展，迎来的是“人类精神解放绝大的胜利”①，是苏区军民思想观念的大变革。苏区有一首《十劝工农歌》，读之可窥苏区民众思想观念更新之一斑：

一劝工农要刷新，旧时恶俗已翻新，
土豪劣绅除干净，从此人人做好人。

二劝工农要本心，无田已变有田人，
前时受尽千般苦，还要低头让别人。

三劝工农莫争田，此田不是买来田，
可怜共产捐躯者，身死何曾得一钱。

四劝工农话莫多，闲言闲语起风波。
前时耕作土豪税，辛苦艰难又若何。

五劝工农莫乱哗，村中田地有参差，
十个手指有长短，远近好歹大概些。

六劝工农莫敢刁，自家担子自家挑，
共产主张要晓得，个个就是我同胞。

---

① 毛泽东：《在第二次全国苏维埃代表大会上的报告》，1934 年 1 月 24 日—25 日，见江西省档案馆、中共江西省委党校党史教研室编：《中央革命根据地史料选编》（下），江西人民出版社 1982 年版，第 331 页。

七劝工农要勤俭，莫争闲气莫歹心，
猪牛六畜要关顾，好把他人比自家。

八劝工农务全群，亲爱两字认分明，
莫分房派莫分姓，女子男丁共一心。

九劝工农要耐心，莫听小事乱纷纷，
共产成功真密诀，坚持到底是精神。

十劝工农唱此歌，此歌不是旧山歌，
记在心头唱在口，大家从此乐陶陶。①

正如歌中所唱的那样，经过党的宣传教育和土地革命风暴的洗礼，在苏区革命文化的熏陶下，苏区民众（主要是农民）中原来普遍存在的听天由命、自私狭隘、目光短浅、愚昧散漫的旧思想、旧观念，为坚决革命、不怕牺牲、无私奉献、奋勇争先的新思想、新观念所代替，并且在毛泽东、朱德、周恩来等的领导下，共同铸就了伟大的苏区革命精神。苏区人民思想观念的深刻变化，为苏维埃事业的迅猛发展提供了强大不竭的原动力。

四、民众社会生活的变革

随着苏区农民的翻身解放、新社会制度的建立和民众生活水平的提高，随着腐朽落后的旧意识旧观念逐渐被生机勃勃的新意识新观念所战胜、所取代，苏区民众传统的社会生活方式和生活习惯也逐步发生革命性变化，崭新的、充满生机和活力的健康的生活方式、生活习惯逐渐形成。苏区民众再也不是散沙一盘，除参加红军和苏维埃政府工作者外，其余无论男女老幼都积极参加到贫农团、农民协会、赤卫队、

① 谢济堂编：《中央苏区革命歌谣选集》，鹭江出版社1990年版，第61—62页。

少先队、儿童团,以及担架队、洗衣队、慰劳队、向导队、运输队等组织并积极地工作,人人努力为苏维埃作贡献;再也不像过去那样日出而作、日落而息,而是白天劳动,夜晚则积极参加夜校读书识字,参加列宁室、俱乐部的文化娱乐活动;再也不像过去那样不讲卫生、肮脏邋遢、生病不医、求神拜佛,而是注重卫生、相信科学了;再也不像过去那样买卖婚姻、带童养媳、打骂媳妇、缠裹小足了,而是妇女解放、男女平等、婚姻自由了。总之,苏区社会变得处处充满阳光,充满生机,充满活力。

苏区社会变革的结果,是苏区社会的大飞跃、大进步。

第十九章
中央苏区的肃反运动

第一节
整肃“AB 团”运动

一、AB 团的由来

中央苏区的肃反运动，溯其根源，是从赣西南整肃“AB 团”开始的。

何谓“AB 团”？整肃“AB 团”究竟是怎么回事？

“AB 团”是蒋介石、陈果夫于 1926 年 11 月底至 12 月间在南昌策划成立的一个以篡夺江西国民党省党部大权为目的的、反共反人民的国民党右派组织。主要创始人是段锡朋。取名“AB”，是英文 Anti - Bolshevik 的缩写，直译就是“反布尔什维克”之意，故“AB 团”是一个彻头彻尾的反布尔什维克的秘密政治集团。它的骨干成员是段锡朋、周利生、程天放、洪轨、巫启圣、曾华英、熊育锡、王礼锡、王冠英、罗时实等人。

AB 团成立后，段锡朋、程天放、洪轨等头目，在蒋介石支持、怂恿下，和国民党中央组织部采用“圈定”等卑劣手段，篡夺了国民党江西省党政大权，排挤了曾在国民党江西省党部担任重要领导职务的方志敏、罗石冰、李松风等共产党人和左派人士,并且在 1927 年 1 月至 3 月间肆无忌惮地制造了一连串镇压工农运动、屠杀工农领袖的血案。震惊全国的枪杀赣州总工会委员长陈赞贤的“三六惨案”,就是段锡朋等一伙 AB 团骨干分子蓄意制造的。其反革命气焰一时甚嚣尘上。

AB 团的倒行逆施,激起江西共产党人和国民党左派及广大工农群众的极大愤慨。为保卫江西国民革命胜利成果,将革命继续推向前进,1927 年 4 月 2 日,中共江西区委领导共青团江西区委、省学生总会、省总工会、省农协、省商会,以及国民党南昌市党部和群众团体,在朱德领导的南昌市公安局和军官教育团学员武装配合下,以共青团江西区委书记袁玉冰为总指挥,云集南昌百花洲,举行示威暴动,一举摧毁了 AB 团把持的江西国民党省党部,拘捕了程天放、巫启圣、曾华英等 30 余名 AB 团骨干分子,缴了国民党省党部纠察队武装。翌日,省、市 200 多个团体、3 万余民众在皇殿侧体育场批斗、公审了程天放等人,庆祝摧毁 AB 团省党部的胜利。在南昌猖獗一时的“AB 团”反动组织遂告覆灭,鸟飞兽散。

南昌“四二”暴动后,遭到毁灭性打击的 AB 团组织从此一蹶不振。AB 团首领程天放、周利生等以及后来被释放的 AB 团分子,逃散到南京、上海等地,继续从事反共反人民活动,但都各投其主,各奔前程,再也没有恢复 AB 团组织,更没有重建 AB 团组织。

AB 团解体后不复存在的事实,从几个 AB 团头目后来的自述中可得到证实。AB 团首领段锡朋 1931 年 4 月在国民党江西省党部纪念周演讲中称:“四二”以后,“AB 反赤团因以无形解散”,“在中央党务刊物,亦曾正式备载其事实”①。AB 团另一头目程天放后逃往台湾,在其撰写的《我所亲历的四二事变》一文中亦称:“迨四二事件发生,

① 《剿赤之意义和方略》,载《江西民国日报》1931 年 6 月 16 日。

省党部被摧毁，而AB团也解体，寿命仅三个月。”[1]AB团骨干分子王礼锡1933年亦说：“说到AB团，不过是前五年的一种政治组织，后来不久就解散了，如果现在还有AB团，那大概是死人复活的奇迹罢。”[2]AB团之所以未能得到恢复和重建，根本原因是“四一二”反革命政变后，蒋介石的党中央已开始“清党”，不允许有派别在党内合法存在，以集中加强国民党右派的统治。

但是，中共中央和江西的共产党组织并不了解AB团组织解体后不复存在的真实情况。因AB团以反共著称，中共中央对AB团始终保持高度的警惕，密切注视着AB团分子的动向。随后，又将所有国民党右派的反共反人民活动，均视为是AB团组织的活动。

1927年四一二蒋介石叛变革命后，国民党内部的派系纷争亦日趋激烈。江西的国民党党政大权，本来掌握在滇系军阀朱培德手里，而以汪精卫、陈公博为首的改组派，以国民党要员丁惟芬支持的原AB团分子洪轨、甘家馨组织的三民主义大同盟，以邓演达、黄琪翔、季芳组织的第三党，都在江西境内积极活动，争权夺势。蒋介石不甘心江西党政大权掌握在支持改组派的滇系军阀朱培德手里，于1928年初以“整顿党务”为名，向江西派出一个“党务指导委员会”（其9名成员中大部分均系原AB团分子），企图将江西党政大权夺回自己手中。可是，朱培德也不甘示弱，抓住“党务指导委员会”大多数成员是AB团分子这一把柄，声称江西不允许有另外的政治派别存在，反对AB团重返江西；并捕风捉影，夸大其词，向南京国民党中央报告，说AB团在赣

① 王健民：《中国共产党史稿》，第528页。

② 郑学稼：《中共富田事变真相》，第5页。

西的吉安等地大肆活动，制造派别和内乱，希望中央予以解决①。

朱培德从国民党内部派系斗争的政治需要制造出来的 AB 团在赣西"大肆活动"的假象，引起中共江西省委和中共中央领导机关的关注。他们深信 AB 团组织仍在江西存在和活动。1929 年 11 月 13 日，中共中央在给中共江西省委的信中声称："赣西方面群众经过长期的斗争，发展到苏维埃的建立，红军长期的存在，对于农村中封建势力，以及封建的上层政治力量——土豪劣绅，都有很大的摧毁；这部分封建残余力量由乡村逃到城市，形成更有组织的有计划的与军阀混合在一块，企图镇压革命势力，江西的 AB 团就是这些残余势力的乐园，并且 AB 团首先也是产生在赣西的，而第三党、改组派等，亦利用并且建筑在这一基础上与当地军阀汇合一同来破坏我们（如第三党潜入我们的指导机关之内）……现在赣西金汉鼎更依赖 AB 团，并且 AB 团与第三党、改组派的相互冲突，正表现这些他们内部一些不同的成分的矛盾。"②

中共江西省委巡视员张怀万 1930 年 4 月 5 日在给中央的报告中也说："吉安城市为赣西 AB 团活动的大本营，其中心在第五中学，宣传机关为吉安民国日报，他们的领袖为大的政客与豪绅地主，活动的对象为青年学生，他们分 A 团、B 团，即由我们的大校中校，组织系统与我们的一样，不过名字不同罢了。主要的任务，则为拥护蒋介石与南京政府，赣西各县市都有他的组织与活动，尤其以吉安、吉水、安福、

① 参见《胡兰畦回忆录》，四川人民出版社 1985 年版，第 198—204 页；《中共江西省委给中央的综合报告》，1928 年 4 月 15 日，中央档案馆、江西省档案馆编：《江西革命历史文件汇集 1927 年—1928 年》，1986 年内部印刷，第 204—205 页；《中共江西省委赤字通告（第七号）——江西政治趋势与党争取群众的策略和方针》，1929 年 2 月 3 日，中央档案馆、江西省档案馆编：《江西革命历史文件汇集 1929 年（一）》，1987 年内部印刷，第 32—33 页。

② 《中央给江西省委的指示信》，1929 年 11 月 13 日，中共江西省委党史研究室等编：《中央革命根据地历史资料文库·党的系统》第 1 册，中央文献出版社、江西人民出版社 2011 年版，第 671—672 页。

万安等县最为活跃。"①

然而,直到1930年4月,中共中央和江西党组织尽管认为AB团组织仍在赣"大肆活动",但反AB团的矛头始终对着外部的敌人——军阀与豪绅地主资产阶级。因为到1930年4月为止,江西共产党组织并没有发现AB团组织已混入共产党组织内部,只是声称"吉水的AB团在青年中活动,必须借用我们的名义,不然,便没有活动可能……他们更借李文林同志(红军领袖)的名字向学生欺骗,甚至造假信、假通告为蒙蔽青年方法。万安AB团和改组派相互利用我们脱离了同志来做领导和先锋"②。

值得注意的是,从1929年开始,联共(布)在党内开展了大反布哈林所谓"右倾机会主义"的斗争,并在党内大力开展"清党""肃反"运动。而且,共产国际执委会还发出指示要求中国党要坚决反对"改组派",并在党内开展"肃反斗争"。根据共产国际执委会的指示精神,中共中央时刻警惕着改组派、AB团、第三党混入共产党内部。1929年11月13日,中共中央在致江西省委信中就说:赣西"党的指导机关内已潜入富农或小地主的成分……另外如像第三党的分子潜入党的指导机关内,这自然是一个十分严重的问题"③;中央要求江西省党组织要"坚决的排斥富农小地主等入党"④;要求江西省委"特别在群众中

① 《张怀万巡视赣西南报告》,1930年4月5日,见江西省档案馆、中共江西省委党校党史教研室编:《中央革命根据地史料选编》(上),江西人民出版社1982年版,第187页。

② 《张怀万巡视赣西南报告》,1930年4月5日,见江西省档案馆、中共江西省委党校党史教研室编:《中央革命根据地史料选编》(上),江西人民出版社1982年版,第187—188页。

③ 《中央给江西省委的指示信》,1929年11月13日,《中央革命根据地历史资料文库·党的系统》第1册,中央文献出版社、江西人民出版社2011年版,第673页。

④ 《中央给江西省委的指示信》,1929年11月13日,《中央革命根据地历史资料文库·党的系统》第1册,中央文献出版社、江西人民出版社2011年版,第673页。

肃清改组派,第三党,AB 团的影响”①。

显然,这时的中共中央只是认为地主、富农、第三党分子“潜入党的指导机关”,而并未“发现”AB 团混入了共产党内部。但中央强调的要肃清“AB 团的影响”的指令,却为江西苏区后来整肃“AB 团”埋下了伏笔。

二、赣西南整肃“AB 团”

江西苏区整肃“AB 团”始于赣西南,1930 年 5 月部署展开,9 月进入高潮。

赣西南苏区在 1930 年 4 月底以前,尚未在党内开展肃 AB 团斗争。只是在 1930 年红四军前委主持召开的“二七”陂头会议上,提出“赣西赣南党内有一严重的危机,即地主富农充塞党的各级地方指导机关,党的政策完全是机会主义的政策,若不彻底肃清,不但不能执行党的伟大的政治任务,而且革命根本要遭失败”,号召党内革命同志起来,“打倒机会主义的政治领导,开除地主富农出党,使党迅速地布尔什维克化”②。陂头会议后,即以反“机会主义”为由,枪毙了所谓“四大党官”——郭士俊、罗万、刘秀启、郭象贤③。在 1930 年 2 月 15 日由红军共同前委、赣西南特委主持召开的赣南工作会议上,又认为“赣南同志,尤其兴国县同志,大部分负责者、活动者,都为地主富农分子”,结果开除了 6 位党的负责人的党籍,并处置了 10 余人。④ 这种将党内出身于地富剥削阶级家庭却经过革命斗争严峻考验的同志说成是“地

① 《中央给江西省委的指示信》,1929 年 11 月 13 日,《中央革命根据地历史资料文库·党的系统》第 1 册,中央文献出版社、江西人民出版社 2011 年版,第 674 页。

② 《前委通告第一号——联席会议的结论并宣告前委成立》,1930 年 2 月 16 日,江西省档案馆、中共江西省委党校党史教研室编:《中央革命根据地史料选编》(中),江西人民出版社 1982 年版,第 173 页。

③ 郭士俊、罗万、刘秀启、郭象贤都是赣西地方革命武装重要领导人。

④ 参见江西省档案馆、中共江西省委党校党史教研室编:《中央革命根据地史料选编》(上),江西人民出版社 1982 年版,第 201 页。

主富农分子”，而加以打击、处置甚至枪毙，显然是极其错误的，在江西苏区开了党内滥杀无辜的先河。

赣西南党组织最早声称“AB 团”已混入到共产党内部，是在 1930 年 5 月。中共赣西南特委在 1930 年 5 月 28 日发出的“列字第九号”《通告》中说：“党在群众中的领导力量到处尚感觉不够，西区儒林等地党内还有 AB 团分子做支部书记”①。在此期间，中共莲花县委、安福西区，以及纯化、兴国、于都桥头等地，这时均称发现“AB 团”已混入共产党和其他革命组织内部，并已开始了肃 AB 团斗争。

于是，从 1930 年 6 月开始，中共赣西南特委和赣西南苏维埃政府，将反 AB 团斗争作为“目前最迫切而且最重要的工作”。中共赣西南特委在 1930 年 6 月 12 日发出的“列字第十三号通告”中声称：“赣西南的反动势力到了最后五分钟，他只有用 AB 团、守望队、难民团等东西来欺骗群众，分裂革命势力，以苟延其反革命的残喘，我们要以很大力量消灭 AB 团、守望队的组织，一面阻挠农争。”通告强调：“尤其是西区、良村、崇贤、兴国、于都等地要特别留神。”②

1930 年 6 月 25 日，赣西南党团特委联合发出《反改组派 AB 团宣传大纲》。这个大纲对 AB 团是这样界定的：“AB 团是江西豪绅地主的封建组织，是江西地主豪绅的集合场，他们没有什么反革命主张，只是一味的争权夺利，升官发财为主义。”“AB 团是江西豪绅地主的代表，是江西工农劳苦群众最严重的敌人”。《宣传大纲》号召大家一致起来，肃清改组派 AB 团。怎样去“肃清改组派 AB 团”呢？大纲提出：第一，要扩大反改组派 AB 团的宣传。第二，要严密群众的组织，要求“以后凡赤色区域内政权机关都要管理群众，如发现群众中有动摇表

① 参见江西省档案馆、中共江西省委党校党史教研室编：《中央革命根据地史料选编》（上），江西人民出版社 1982 年版，第 599—600 页。

② 以上引文，均见江西省档案馆、中共江西省委党校党史教研室编：《中央革命根据地史料选编》（中），江西人民出版社 1982 年版，第 205 页。

现不好的分子,应捉拿交苏[维埃]政府究办,凡出来生疏的(人)经过赤色区域必须严格检查,如有嫌疑应即拘捕交苏维埃政府";"工农群众只有阶级之分,不要顾至亲戚朋友关系,凡是来到自己家里或发现其他地方有行动不对的人不论亲戚朋友,应报告苏维埃拿办"。第三,要实行赤色清乡,"检查行人,断绝交通,挨户检查,登记人口"。第四,实行赤色恐怖,"各级苏维埃应加紧肃清反革命的工作,捕杀豪绅地主反动富农分子以示警戒"。根据这个《宣传大纲》所提出的整肃办法,一时间,赣西南苏区竟将一些"动摇表现不好"的分子,或将一些少有来往、生疏"嫌疑"之人,以及"豪绅地主反动富农分子"统统当作"AB团"分子加以"拘捕"或"捕杀",人们普遍感到惊恐不安。不过,这个《宣传大纲》中还是提出了"单杀改组派 AB 团首领,不杀被压迫群众"的政策。①

从此时起,赣西南苏区整肃"AB 团"运动愈演愈烈。

当时捕杀 AB 团人数最多的是于都县。仅从 1930 年 5 月至 9 月,全县仅于南地区就捕杀所谓 AB 团分子 1000 余人。一个城关区,三四个月内被当作 AB 团分子杀掉的近 200 人②。当时掌握肃反大权的是中共东河行委秘书长兼中共于都县委书记黄维汉。他凭借主观臆想,对一切认为可疑的人,动辄拘捕,重刑逼供,偏听偏信,轻率杀人,将贡江水都染红了,于都人称其为"黄老虎"。

除于都县外,1930 年六七月间,"兴国、永丰、吉安西区、安福西南区都破有 AB 团的组织,尤其是吉安的 AB 团有二千余人,自首有六七

---

① 以上均引自江西省档案馆、中共江西省委党校党史教研室编:《中央革命根据地史料选编》(下),江西人民出版社 1982 年版,第 634—635 页。

② 参见于都县委党史办编:《于都人民革命史》,1995 年 9 月内部版,第 126 页。

百人”。①

1930年9月,赣西南苏区整肃AB团的斗争进入高潮。

是年9月16日,设在宁都县的中共赣西南东路行委发布《为肃清AB团告革命群众书》,宣称:“最近整个赣西南都破获了AB团的组织,捕杀了许多AB团的首领,供出了AB团的捣乱计划。”“东路AB团的组织,亦有很多,现正在着手进行破获AB团的工作,拘捕AB团的分子。”②9月24日,中共赣西南特委在吉安县陂头发布《紧急通告第二十号——动员党员群众彻底肃清AB团》。这个通告,是赣西南特委全面地大张旗鼓地肃AB团的动员令。通告通报了赣西南特委机关“破获”所谓AB团组织的经过:

> 团特委发行科朱家浩,因工作消极,言论行动表现不好,时常与AB团通书信,引起许多同志发生怀疑,同时因万安县委破获,AB团供告朱是团员,写信告知特委,特委即把他拿起审讯,在初坚决不肯承认,我们采用软硬兼施的办法严审他,才供出来,红旗社列宁青年社,赣西南政府,都有AB团的小组,组织赣西南AB团的总团长是谢兆元,当即把谢兆元及总团部的一切人员全部捉拿,严加审问,所有混入在党团特委和西南政府的AB团分子全部破获,并将各县区的组织通通供报出来了,兹已分途派人到各路去拿办,只要各同志及群众积极进行此项工作,赣西南的AB团组织,从此可以全部扑灭呢!③

---

① 《赣西南刘作抚同志(给中央的综合性)报告》,1930年7月22日,见江西省档案馆、中共江西省委党校党史教研室编:《中央革命根据地史料选编》(上),江西人民出版社1982年版,第248页。

② 江西省档案馆、中共江西省委党校党史教研室编:《中央革命根据地史料选编》(下),江西人民出版社1982年版,第637页。

③ 江西省档案馆、中共江西省委党校党史教研室编:《中央革命根据地史料选编》(下),江西人民出版社1982年版,第646—647页。

朱家浩、谢兆元是“采用软硬兼施的办法严审他，才供出来”而“破获”的。有了这个“突破口”，就开始进行“全部扑灭”的战斗了。《通告》根据软硬兼施逼供出来的所谓“口供”，编织出了AB团的组织系统：“全国总团部——各省团部——各地总团部——县团部——区团部——支部——小组”，“在各团部之下设秘书处，军事科（或部）组织科，宣传科，暗杀科，交通科，经济科，各科三三制”等等。《通告》还煞有介事地说：“赣西南的AB团已成立了临时总团部，各路设有办事处，兴国、泰和、永丰、吉安、吉水……各县都有县团部的组织，尤其是打入了各革命的团体里去，党团两特委及西南政府，各赤色邮局，各群众团体，都发展了他们的组织，赣西南总团部到各下级均已建立了交通路线，他们的组织，确实异常诡谲，这是值得我们注意的。”①

尤为严重的是，《通告》中提出了“彻底肃清AB团的具体方法”，即“破获”举措：“各级组织侦探队，负侦查平素形迹可疑目前表示恐怖不安的人应拿起追问”；“在日常斗争中，注意观察群众的行动以便破获AB团的组织”；“AB团非常阴险狡猾奸诈强硬，非用最残酷拷打，决不肯招供出来，必须要用软硬兼施的办法，去继续不断的严刑审问，忖度其说话的来源，找出线索，跟迹追问，主要的要使供出AB团组织以期根本消灭”；“检查私人来往信件，如发现可疑时必须提出追问”；“凡是时常邀人去茶楼酒馆或偏僻地方谈话的同志或群众，必须严密观察，或者假开其他会议研究问题，更加要十分留意，会议是否经过组织允许，是否有上级人员参加，讨论何种问题，发表的言论如何，随时随地，必须要向上级报告”。②

上述所谓“彻底肃清AB团的具体方法”，完全是从主观唯心主义

① 以上均引自江西省档案馆、中共江西省委党校党史教研室编：《中央革命根据地史料选编》（下），江西人民出版社1982年版，第642页。

② 江西省档案馆、中共江西省委党校党史教研室编：《中央革命根据地史料选编》（下），江西人民出版社1982年版，第649页。

出发，全凭主观臆断、猜测、推想、捕风捉影，夸大事实，并采用残酷拷打等手段，去审讯办案的。赣西南特委在整肃“AB 团”的过程中，竭力鼓动重口供，不重事实，不去考察一个人的全部历史、全部表现，仅凭一时一事、一言一行去认定敌我、好坏与是非，致使赣西南苏区肃 AB 团斗争愈演愈烈，陷入歧途。

更为荒唐的是，该《通告》还提出了两个骇人听闻的“杀无赦”：“A. 富农小资产阶级以上和流氓地痞的 AB 团杀无赦。B. 工农分子加入 AB 团有历史地位，而能力较活动的杀无赦。”[①]这两个“杀无赦”一颁布，一些地主富农和小资产阶级出身的党员干部和知识分子党员被咬供为 AB 团分子的，就难逃脱被诛杀的厄运。即使是工农出身的人，只要被咬供为 AB 团分子，也难逃脱被杀的命运。

中共赣西南特委 9 月通告发布后，赣西南苏区整肃 AB 团运动进入高潮，犹如烈火添薪，异常猛烈，到了乱捕滥杀的严重地步。肃 AB 团开始时，如像通告中所列举“破获”的“AB 团分子”朱家浩、谢兆元等，仅是因为“工作消极”“表现不好”而被捕杀；继而发展到凡上茶楼、下馆子的，在偏僻地方说说话的，地富和知识分子家庭出身的，私下谈恋爱的，有不正当两性关系的，说牢骚怪话的，消极怠工的，不愿开会的，夜间乱说梦话的，三三两两在一起交头接耳的，等等，都被视为 AB 团分子而遭捕杀。这样一来，“弄得人人自危，噤若寒蝉”[②]，“在三次战争中，省保卫处有一个奇怪的意见……公开的说，宁肯杀错一百，不肯放过一个”[③]。可见当时赣西南苏区肃“AB 团”荒唐到了何等

---

① 江西省档案馆、中共江西省委党校党史教研室编：《中央革命根据地史料选编》(下)，江西人民出版社 1982 年版，第 648—649 页。

② 江西省档案馆、中共江西省委党校党史教研室编：《中央革命根据地史料选编》(下)，江西人民出版社 1982 年版，第 649 页。

③ 江西省档案馆、中共江西省委党校党史教研室编：《中央革命根据地史料选编》(上)，江西人民出版社 1982 年版，第 480 页。

程度,简直是“草木皆兵”了。

三、红一方面军“黄陂肃反”

赣西南苏区整肃“AB 团”的浪潮,很快波及红一方面军。从 1930 年 11 月下旬开始,一场以打“AB 团”为主要目标的肃反运动在红军部队也大张旗鼓地开展起来了。

1930 年 10 月初以前,毛泽东由于率军在闽西活动,后来又与朱德一起率部进军南昌、攻打长沙,一直忙于军务,对赣西南苏区整肃 AB 团之事知之不多,也无暇过问。1930 年 10 月 4 日,毛泽东和朱德等指挥红一军团攻克吉安重镇,中共赣西南特委和赣西南苏维埃政府机关随即迁入吉安城。10 月 7 日,成立了曾山为主席的江西省苏维埃临时政府,接着又将赣西南党团特委及工会组织合并,成立了以李文林为书记的江西省行动委员会。这时,毛泽东与曾、李等过从甚密。从赣西南苏区党政领导人的汇报和有关文件中,毛泽东较为详细地得悉了赣西南苏区整肃 AB 团的情况,对赣西南苏区大量存在 AB 团的事情深信不疑。

1930 年 10 月 14 日晚,毛泽东在吉安城住地给南方局并转中共中央写了一封信,信中报告了红一军团攻占吉安等情况,在谈到赣西南苏区党政机关状况时说:

> 近来赣西南党全般【盘】的呈一非常严重的危机,全党完全是富农路线领导……党团两特委机关,赣西南苏维埃政府,红军学校,发现大批 AB 团分子,各级指导机关,无论内外多数为 AB 团富农所充塞领导机关……肃清富农领导,肃清 AB 团,赣西南党非来一番根本改造,决不能挽救这一危机,目前总前委正计划这一

工作,但恐为行动所阻,不能很好的完成,中央须大力注意和帮助。①

毛泽东是代表红一方面军总前委说这一番话,作这种判断的。这表明,红一方面军总前委已开始介入赣西南整肃 AB 团。

红一方面军总前委准备怎样帮助赣西南党“肃清富农领导”、“肃清 AB 团”,将赣西南党政机关“来一番根本改造”呢?总前委的构想是:“改造全部党的组织和团的组织重新建立,不使有一个富农反革命分子(AB 团)留在党内团内……这一改造,只有彻底平分土地,发动雇农贫农对富农的阶级斗争,以及动员对付反革命的阶级决战中,洗刷富农及一切怠工动摇分子等,提选积极的雇农贫农分子才有可能,同时在地方城市内(各县城特别是吉安城)……洗刷城市乡支部的一切小资产阶级动摇分子,提选坚决的无产分子。”同时,要“提出‘撤换违反贫苦工农利益的委员’,‘撤换违反苏维埃会议的委员’的口号,改选原有全部苏维埃政府,重新提选雇农贫农真正群众领袖为苏维埃委员,不使有一个富农反革命分子(AB 团)留在任何地方,留在任何一级苏维埃之内,这是因为赣西南各级的苏维埃政府充满着富农反革命分子的原故”。② 此外,还要“从政治上指出 AB 团各种欺骗阴谋,肃清在群众的影响,严厉的镇压 AB 团,处决 AB 团中一切活动分子”。并且特别提出“军队中应注意反 AB 团改组派”。③

---

① 《毛泽东给中央的信》,1930 年 10 月 14 日,中共江西省委党史研究室等编:《中央革命根据地历史资料文库·军事系统》第 9 册,中央文献出版社,江西人民出版社 2015 年版,第 505 页。

② 《目前政治形势与红一方面军及江西党的任务》(一方面军总前委与江西省行委联席会议决议),1930 年 10 月 26 日通过,中共江西省委党史研究室编:《江西党史资料》第 6 辑,1988 年 4 月内部版,第 199—200 页。

③ 《目前政治形势与红一方面军及江西党的任务》(一方面军总前委与江西省行委联席会议决议),1930 年 10 月 26 日通过,中共江西省委党史研究室编:《江西党史资料》第 6 辑,1988 年 4 月内部版,第 200 页。

显然，毛泽东和总前委关于赣西南各级党政机关“多数为 AB 团富农所充塞”、“赣西南各级的苏维埃政府充满着富农反革命分子”的这一判断，是完全不符合事实的，是有悖于“十万工农下吉安”的大好革命情势的。

但从上述对赣西南党组织“来一番根本改造”的措施可以看出，它与原来赣西南特委在第二十号紧急通告中所提出的措施是有所区别的。总前委的措施，着重从政治上摧毁 AB 团的根基，着重物色和提拔坚决革命的工农分子到党政领导机关，而不是将重点放在“软硬兼施”、逼供审讯方面。所以便出现了“自一九三〇年攻下吉安后，省及各县均成立肃反委员会，彼时肃委会惟一的工作，是拘捕土豪罚款，没有注意到消灭反革命派别的活动的工作。富田事变以前才开始注意到镇压反革命的工作，但是还是一种应付的工作方式，而没有负起有计划的消灭反革命派别的任务”①的现象。

从 1930 年 11 月开始，总前委根据罗坊联席会议关于“军队中应注意反 AB 团改组派”的决议精神，在红一方面军总政治部成立了肃反委员会。肃反委员会以年仅 27 岁的李韶九为主席，具体负责肃反事宜。

李韶九系湖南嘉禾人。1903 年生，1922 年参加革命工作。同年加入中国共产党。参加了北伐战争和南昌起义。1929 年后，任江西红军独立第二团团长，独立第三团党代表，红六军（后为红三军）第一纵队政治委员。参加了创建赣西南苏区的游击战争。1930 年 8 月后，任红一方面军总司令部秘书长、总政治部政务处处长。红一方面军总政治部成立肃反委员会后兼任主席。这时候的李韶九，年轻气盛，踌躇

① 《江西苏区中共省委工作总结报告（续二）》，1932 年 5 月，见江西省档案馆、中共江西省委党校党史教研室编：《中央革命根据地史料选编》（上），江西人民出版社 1982 年版，第 476—477 页。

满志,执掌了红军肃反的生杀大权。但据萧克等熟悉他的人称,李韶九是位"善于逢迎、品质很不好的人"。

这时,红一方面军根据总前委在罗坊会议作出的"诱敌深入"的战略决策,主力从樟树、峡江等地东渡赣江,向苏区腹地退却。但红军部队中有些人对总前委"诱敌深入"战略方针不甚理解,出现了发牢骚甚至谩骂、攻击总前委的现象;部队中有少数人因种种原因擅自离队开小差;刚从地方红军升编为主力红军的红二十二军,官兵中违犯纪律的现象屡屡发生;红四军和红十二军中的新战士,因缺乏锻炼和经验,遇到敌情临阵胆怯,出现不战而溃现象(部队中称为"发谣风")。这些现象出现本不足为奇,只要加强部队的思想政治工作,是可以遏制克服的。可是因受赣西南苏区肃"AB团"斗争的影响,红一方面军总前委领导人却错误地认为出现上述现象是"AB团"混入部队进行破坏的结果。面对国民党十万大军压境,决战在即,为纯洁部队,红一方面军总前委决定利用部队在黄陂、小布集结休整之机,在全方面军开展以整肃"AB团"为主要目标的肃反运动。这一运动史称"黄陂肃反"。

黄陂肃反开始后,除红一方面军总政治部成立了肃反委员会外,各军、师也成立了肃反委员会,团一级成立了肃反组织。当时总前委规定捕人由各团党委决定,如何处置由各师党委决定,毋须向军党委和总前委请示报告。随着肃反运动的深入开展,生杀大权又逐步"下放"到了连排。时任红二十二军肃反委员会主任的徐复祖回忆说:"敌情紧急,战机一触即发,整军肃反必须加速。而一时军部无法收容罪犯,就擅自把职权下放到连排各小组,面积太大了。上级领导不能深入下层参加审讯、调查、研究,发现问题,因而冤枉了一些好人。"①

肃反一开始,李韶九领导的肃反委员会,就采用、照搬赣西南苏区肃"AB团"那一套错误做法,大搞逼供信,其用刑法的程度,惨不忍睹。

---

① 徐复祖:《一九三〇年的艰苦斗争》(未刊稿,存于都县委党史办)。

据时任红四军第十二师师长萧克回忆说:“我部刚到宁都,军政治部就告诉我们,你们那里有 AB 团,并具体指出几个人,其中有师政治部宣传队队长和一个宣传员,这两个人是福建人,闽西苏区游击队编入红军的。就凭这一句话,根本没有别的材料,就把他俩抓起来了。提审他们时都不承认,一打,一审,他俩承认了,还供出十几个人的名字。又把那十几人抓起,再打,再审,又供出几十个。到十一月底十二月初,十二师共抓了一两百人。”该师第一批杀了 60 人。10 多天后的一个夜晚,该师党委和士兵代表决定再杀一批,有 60 多人。第 2 天一大早,师长萧克向军政治委员罗荣桓报告请示时,罗荣桓说:“杀多了吧,工农出身的可以让他们自首嘛!”在一旁的红四军军委秘书长黄益善也说:“杀多了!”萧克听后,马上往回赶,可是“犯人”已带到刑场集合了。萧克说:“先不要杀,等师党委重新研究以后再决定。”经研究结果,放了 30 余人,但还是杀了 20 多人。①

这次黄陂肃反,竟然肃到了红军总司令朱德的身边。康克清回忆说:1930 年 11 月底的一天,肃反委员会来人,说总司令的一个叫李少清的勤务员是“AB 团”,要把他带走。李少清才 15 岁,是农村来的,已有 1 年。他工作积极,吃苦耐劳,追求上进,忠厚老实。如果连他都成了“AB 团”反革命,我们还有谁可以相信呢?于是,康克清不顾一切地出来替他担保。可是肃反委员会执意要将李少清带走。康克清只得去搬总司令。朱德听后,来到肃反委员会那几个人面前严正地说:“他是个穷苦人家的孩子,跟我一年了,怎么可能是‘AB 团’?如果你们要从我这里抓他,必须拿出证据来。我不能允许你们随便到我这里抓人。”由于朱德的干预,李少清才幸免于难。②

---

① 以上转引自文宏整理:《关于富田事变及江西苏区的肃反问题》,载江西省政协文史委编:《江西文史资料》第二辑,1982 年 8 月内部版,第 109—110 页。

② 参见《康克清回忆录》,解放军出版社 1993 年 8 月版,第 70—71 页。

黄陂肃反历时仅10天左右,到1930年12月初基本结束。此次红军中破获AB团4400人以上,"杀了约两千"①。当时,红一方面军总人数仅4万余人。就是说,红一方面军4万余将士中,有1/10的人被打成AB团分子。而仅7000余人的红四军中,被打成AB团的就达一千三四百人,约占全军总人数的1/5,其中被杀的有一半。② 继黄陂肃反后,红一方面军在1931年二三月间又进行了一次肃反,打AB团。此次打AB团,全方面军共打出多少AB团,无确切统计,仅红四军第十二师,第2次又打了100多人。该师连同第一次黄陂"肃反"共打出AB团350余人。1个师尚如此,全军可见一斑。

当时,"肃反"的气氛极为紧张、神秘,谁要是对"肃反"中乱抓滥捕稍有异议,就会招来杀身之祸。时任红三军团第三师政治委员黄克诚回忆说:"第二次大规模肃反打'AB团'运动……由于有前一次的沉痛教训,我拒绝执行。但是,当时的肃反委员会权力大得很,我所在的第三师还是损失了一批干部。其中有不少是很优秀的干部。组织科长周鉴、政务科长盛农、宣传科长何笃才等,都是这次被肃的……何笃才等几个干部被肃之后,我更加意识到这种肃反路线是胡来。不久,肃反委员会又给第三师交来一份所谓'AB团'分子的名单,要按名单抓人进行审查处理。我就硬着头皮顶,坚决不肯抓人。我对肃反委员会的人说:以前是说地主富农钻进革命阵营破坏革命,要进行阶级决战,可是在你们所要抓捕的人当中,没有一个是地主富农,全部是经过我们自己培养起来的干部,他们怎么会是反革命呢?肃反委员会的人指着名单说,已经有人供出了他们,一定要抓起来审查。"尽管黄克诚竭力保护,后来肃反委员会还是将那些人抓捕处决了。黄克诚也因

① 参见文宏整理:《关于富田事变及江西苏区的肃反问题》,载江西省政协文史委编《江西文史资料》第二辑,1982年8月内部版,第110页。

② 参见文宏整理:《关于富田事变及江西苏区的肃反问题》,载江西省政协文史委编《江西文史资料》第二辑,1982年8月内部版,第110页。

抵制乱打AB团而被怀疑,有人诬指他也是AB团分子,或是“托陈取消派”,竟将他拘捕审查。幸亏军团长彭德怀发觉,出面干预,才将他释放。但是,黄克诚因此被撤销了第三师政治委员的职务。[①]

红军中大规模的整肃AB团运动,使红一方面军的有生力量遭受重大损失,肃反的恐惧不时令红军将士不寒而栗。

第二节 富田事变

一、富田事变的起因

赣西南苏区和红一方面军整肃AB团的狂澜,到1930年12月上旬出现了一场突变。这就是震惊中央苏区和全党全军的“富田事变”。

1930年11月底,红一方面军总前委肃反委员会在黄陂肃反打AB团的过程中,突然在宁都将江西省行委书记李文林以AB团重大嫌疑犯拘押起来。一时之间,江西党政机关内阴霾密布。总前委拘捕李文林是事出有因的。

李文林,江西吉水人,1926年加入中国共产党,曾参加南昌起义,后被组织派回赣西领导革命,曾任中共赣西特委委员兼秘书长、江西红军独立第二团团长,中共红二、四团行动委员会书记兼红二、四团政委,中共赣西南特委常委兼军委书记,赣西南苏维埃政府党团书记兼秘书长,江西省行委书记等职。他为创建赣西南苏区作出了重大贡献,是赣西南苏区主要领导人之一。

但是,早在1930年毛泽东主持召开的“二七”陂头联席会议期间,李文林在土地分配等问题上就与毛泽东意见相左。红四军前委书记毛泽东,对赣西南苏区建立红色政权后迟迟不发动群众分配土地,以

① 参见《黄克诚回忆录》,人民出版社1994年版,第99—102页。

及李文林等主张“按人口和劳动力为标准”分配土地十分不满，认为这是“富农路线”，是赣西南党内充斥地主富农干部的结果。当赣西南特委打AB团将豪绅地主与AB团等同起来时，毛泽东接受、认可了这种观点和做法，形成了赣西南党内充斥地富分子和AB团的看法。

1930年5月，李文林等人前往上海出席中央召开的全国苏维埃代表大会，接受并带回来了李立三“左”倾冒险错误主张。同年8月上旬，李文林主持召开中共赣西南特委第二次全委扩大会议（史称“二全会议”），贯彻李立三“左”倾错误主张。李文林、段良弼等人在这次会上不讨论土地革命问题，而以“反右倾”、“反保守”、“转变农民意识”为会议主题，斗争矛头直指毛泽东的正确主张，并竭力打击拥护毛泽东正确主张的中共赣西南特委书记刘士奇，集中火力对刘士奇开展斗争，还不许刘士奇申辩，最后决定开除刘士奇党籍，将刘士奇排挤出了赣西南苏区，并对中共赣西南特委实行改组。毛泽东得知“二全会议”结果后，极为不满，断定“二全会议”是李文林操纵召开的，是“AB团取消派的领袖包办了”，因而开始对以李文林为首的江西省行委（1930年10月中旬由原中共赣西南特委等改组成立）存有戒心，怀疑江西省行委存在AB团组织。

1930年10月4日红一军团攻克吉安城后，红军总司令部朱德等人“在那里发现了敌军司令部的重要文件……缴获的文件还涉及AB团……有一张收条便是东固——兴国苏区的一个地主用真名签字的。这一地区的共产党领袖之一李文林，就是这个地主的儿子。朱将军不敢相信李文林与AB团有关，可是文件上的确是他父亲的名字”①。此事毛泽东当然也知道。从这时起，红一方面军总前委负责人便开始怀

① 史沫特莱：《伟大的道路——朱德的生平和时代》，湖南人民出版社1979年版，第321—323页。

疑李文林及其父亲与国民党反共组织 AB 团有联系。[①]

1930 年 10 月下旬，红一方面军总前委与江西省行委在新余罗坊召开联席会议。讨论红军战略方针时，李文林作为省行委主要负责人，主张红军应坚决执行党中央“进攻南昌、九江，会师武汉”的既定计划，并极力主张红军应在袁水流域与敌人速打，反对红军主力东渡赣江，将敌人引进苏区内部。当红军主力按照“诱敌深入”战略方针向根据地腹地退却时，江西省行委李文林等负责人又到处造舆论，甚至张贴标语口号，继续反对和干扰红一方面军总前委“诱敌深入”的战略部署。毛泽东对此更为恼火，认为这是 AB 团在捣乱。

鉴于李文林的上述表现、行迹，毛泽东和总前委判断李文林系 AB 团重大嫌疑人物，李文林在劫难逃，进入总前委“肃反”视线。继而在黄陂“肃反”时，红军中 AB 团“要犯”刘天岳、曾昭汉、龙超清等在口供中又供出江西省行委内安了江西 AB 团省总团部，“段良弼、李白芳、谢汉昌等为其首要”。这一“证据”，更使毛泽东对江西省行委中存在“AB 团总团部”、潜伏着“AB 团首领”深信不疑。

于是，1930 年 12 月 3 日 12 时，全面领导军队和地方各项工作的红一方面军总前委给江西省行委发出一封指定交曾山、陈正人亲收的重要信件，要求立即在省行委整肃 AB 团，捉拿段良弼、李白芳、谢汉昌等“AB 团首要”。

红一方面军总政治部秘书长兼肃反委员会主任李韶九手持总政治部的这一“尚方宝剑”，立即率领红十二军一个连，离开黄陂前往富田。李韶九一行刚走，总前委又从“AB 团分子”口供中得到新的线索，于 12 月 5 日 11 时又发出一封《总前委给韶九同志并转省行委信》，派

① 后来查明，那张收条上的名字虽然与李文林的父亲同名同姓，但不是李文林的父亲，而是另外一个地主的名字，李文林与他没有丝毫关系。不过，这一事实真相是新中国成立以后才调查清楚的，毛泽东和朱德等人当时没有也不可能很快将此事调查清楚。

两位红军战士策马飞送富田，指令李韶九和省行委还要捉拿袁肇鸿等AB团要犯。

李韶九带着总前委的两封指令信，于12月7日下午到达富田，立即带领荷枪实弹的一连士兵把省行委重重包围，将段良弼、李白芳、刘万青、任心达、谢汉昌、金万邦、马铭、周勉8人全部捆绑、关押起来，随后严刑审讯，边审边抓，昼夜不停。

在李韶九等施行吊打、坐飞机、打地雷公、十指连心各种残酷刑罚的逼迫下，段良弼、李白芳等人被迫招供自己是AB团，并招出他们所认识的一些重要人物。12月8日，李韶九根据头天晚上段良弼、李白芳等人的口供，从省苏维埃政府政治保卫队、财政部、军事部、少先队及省行委内，又捉来十余人，施以同样的酷刑逼供。这一天，恰好李白芳、马铭、周勉三人的妻子来看望丈夫。李韶九不分青红皂白又将她们当作AB团捉起，使用香火烧阴户、小刀割乳等酷刑①，凌虐她们。

从12月7日下午到12日晚的5天时间内，李韶九等连续不断地捕捉、审讯、拷打、施刑，严加逼供，仅在省行委、省苏维埃政府及省政府政治保卫队内就破获AB团120名，要犯几十名，12月11日枪决24人。这种声势凶猛的乱捕滥杀，惨不忍睹的刑讯逼供，迅速造成省行委机关内人人自危的“红色恐怖”，终于直接导致了富田事变的发生。

二、富田事变的经过

12月8日，红一方面军总前委为加强肃AB团的领导力量，继派出李韶九前往富田外，又加派总前委秘书长古柏前往富田，与李韶九共同一起领导打AB团的斗争。12月9日，江西省行委常委、宣传部长陈正人带领红十二军一个排，到赣西行委传达总前委指示精神，改组赣西行委并逮捕赣西行委书记王怀。同日，李韶九把在省行委继续肃AB团的任务交给古柏等人负责，他则亲率红军1个排并携带抓来

---

① 《省行委紧急通告第9号》，1930年12月15日于永阳。内部档案资料。

的红二十军政治部主任谢汉昌，前往红二十军军部所在地——东固，帮助红二十军肃 AB 团。

红二十军是赣西南的一支地方红军武装，下辖一七二、一七三、一七四、一七五团。军长刘铁超，军政治委员曾炳春。全军这时正奉红一方面军总部命令，布置在东固至富田、值夏一线，监视吉安和兴国方向敌军动静。此前，李韶九在 12 月 7 日刑讯段良弼、谢昌汉等人时，已逼供出红二十军一七四团政治委员刘敌是“AB 团首领”。李韶九到东固后，先见到红二十军军长刘铁超，通报情况商量后，立即在军部开展捕捉、刑讯 AB 团的行动，发出通知令正在兴国泰和边界侦察地形，协同地方党做堵截国民党蒋蔡第十九路军东渡赣江之工作的刘敌速返东固。

刘敌 9 日接到通知，11 日即率一七四团一个营返抵东固。他先向军长刘铁超汇报了前方工作并请示有关问题。刘铁超一概不作答复，只谈 AB 团问题。李韶九软硬兼施，威逼刘敌承认自己是 AB 团。刘敌凭借自己与李韶九是湖南老乡的关系，假装与李韶九套近乎。李韶九果然态度有明显转变，安慰刘敌不要紧张，还亲热地拍着刘的肩膀。嘱咐刘应如何召开干，派人把刘敌叫到军部谈话。然后派传令兵送刘回营部。刘敌回营后反复思考，认定李韶九不是抓 AB 团，而是利用抓 AB 团之名，实现他们打击赣西南干部的阴谋，深为赣西南党的前途感到担心。

12 月 12 日早饭后，刘敌同营长张兴、政委梁学贻在密室开了个紧急会议。3 人一致认为李韶九抓 AB 团之举“是反布尔塞维克的阴谋”，决定采取“激烈行动”。随即集合队伍，发动一营官兵，迅速包围了军部，捉起了军长刘铁超(后脱逃)，放出了谢汉昌等所谓“AB 团要犯”。李韶九闻风逃走，其所带的 1 排人亦被缴械，时称红二十军一部

"东固暴动"。[①]

12日上午"东固暴动"后,刘敌等唯恐李韶九返至富田杀害那些被捕受刑的同志,下午即偕同谢汉昌率其所部马不停蹄地冲到富田。

刘敌一行在富田包围了省行委,收缴了看守人员的枪械,误抓了中央提款委员易尔士[②],释放了从7日下午到12日晚被抓起来严刑拷问但还没有被杀掉的近百名同志。仍在富田打AB团的古柏等闻风趁机撤走。这就是震惊苏区的"富田事变"。

事变当晚,刘敌、谢汉昌、段良弼、李白芳、丛允中、周勉、刘经化、高克念、贺子肃等,在富田举行紧急会议,讨论应对总前委此次整肃AB团的办法,提出了"打倒毛泽东,拥护朱德、彭德怀、黄公略"的口号。会上决定成立新的省行委,暂由段良弼负责;通缉曾山、陈正人、古柏、李韶九等人,将红二十军拉过河西边永阳镇,以防毛泽东、总前委派兵来攻。事变领导人还派人在富田到处刷写了"打倒毛泽东,拥护朱(德)、彭(德怀)、黄(公略)"的标语。12月13日上午,事变领导者在富田广场召开了士兵群众控诉大会。刘敌在会上带头呼喊"打倒毛泽东"、"拥护朱彭黄"、"拥护中国共产党"、"誓死拥护中央"、"拥护第三国际"等口号。中央提款委员易尔士被捆绑着参加大会,会后被押回省行委机关,段良弼、金万邦正在起草致朱德、彭德怀、黄公略的公开信,发现误捕了易尔士,立即给易松绑道歉,并请易谅解。

12月13日下午,为避免红军之间互相冲突和残杀,富田事变领导人带领红二十军及省行委、省苏维埃政府等机关人员离开富田,14日下午到达河西(赣江以西)之永阳镇驻扎,脱离了总前委的领导。13日晚队伍在赣江边之罗家渡宿营时,鉴于红二十军军长刘铁超已被事

① 以上对话均引自《刘敌给中央的报告》,1931年1月11日。内部档案资料。

② 易尔士即陈刚,四川富县人,时任中共中央交通局副局长,化名易尔士前来赣西南苏区传达中央指示并提款回中央。

变领导人关押，军政治委员曾炳春又请假在家养病，部队失去领导，事变领导人遂在宿营地开会，推举一七二团团长萧大鹏接任红二十军军长①。队伍从永阳开拔途中，事变领导人继续派人沿途刷写“打倒毛泽东、拥护朱彭黄”等内容的标语。经易尔士严正批评，事变领导人承认了这种做法不妥，并表示改正。14 日下午到达永阳后，事变领导人随即派人追赶陈正人，营救河西行委书记王怀，并与红军学校发生了冲突。

12 月 15 日，事变领导人在永阳召开了新成立的自认为“合法”的省行委（下称永阳省行委）第一次扩大会议。丛允中在会上报告了 12 月 7 日李韶九在富田抓人刑讯的原因和经过。易尔士传达了中共六届三中全会精神，报告了来江西苏区的任务，再次批评了“打倒毛泽东”口号的错误。扩大会接受了易尔士的批评，承认和检讨了“打倒毛泽东”口号的错误。但是，扩大会仍然认为毛泽东要对李韶九的错误负主要责任，建议中央撤销其总前委书记职务；认定李韶九是陷害同志的主要当事人，建议总前委开除其党籍、撤职查办；认为曾山、陈正人有严重错误，决定分别处以撤销其党内外所有职务、开除党籍拿办等。

在这次扩大会上，还作出了其他几项决定：

一是分析了敌情，建议总前委集中兵力马上出击、消灭敌人；决定红二十军及地方武装在河西以夺回吉安为总目标开展活动，袭扰和牵制敌军渡河。

二是决定继续开展反 AB 团斗争，要求各级党及群众机关组织肃清 AB 团委员会，肃清富农流氓路线，改造党团及政权机关。

三是决定派段良弼直接去上海找党中央；派丛允中随易尔士先到总前委报告事变经过，要求总前委撤销毛泽东书记职务，然后再去上

① 《易尔士给中央的报告》，1931 年 2 月 20 日。内部档案资料。

海,与段良弼会合,3人共同请求中央解决事变问题。

四是决定拨出200斤黄金交易尔士带往中央,拨2万元给红军学校第三分校。

五是决定将关押的红十二军副连长副政委、排长及一排士兵马上释放,让其归队。

从1930年12月15日至12月26日,事变领导人还以"江西省行委"名义,连续发出第九至第十四号《通告》。内容大都为攻击毛泽东诱敌深入的方针,揭露总前委的错误和李韶九刑讯逼供的恶劣手段,部署河西对敌作战等。

1930年12月20日,富田事变领导人以"江西省行委"名义,写了一封《致彭德怀转朱德、黄公略、滕代远的信》,由丛允中带往宁都县黄陂。丛允中因途中受阻,将此信秘密交由一名叫谢鹏飞的人带到宁都县东山坝红三军团驻地。谢鹏飞怕被别人发觉,将信交给红三军团前委秘书长周高潮后,未要收条转身就走了。这封信虽然揭露了李韶九刑讯逼供乱肃AB团的严重错误,但主要内容和动机是攻击毛泽东,蓄意挑拨离间彭德怀、朱德、黄公略、滕代远与毛泽东的关系,煽动朱、彭、黄、滕反对毛泽东。

尤为严重的是,丛允中还模仿毛泽东的笔迹,捏造了一封所谓毛泽东写给古柏的信件。丛允中捏造这封假信并派人将这一假信送到朱、彭、黄、滕手中,用心十分险恶,就是要挑拨朱、彭、黄、滕与毛泽东之间的关系,分裂一、三军团。幸亏彭德怀接信后,一眼识破了事变领导人的阴谋。他当即召集红三军团领导人开会,说明情况,表明自己和三军团坚决拥护毛泽东和总前委、维护红军团结的态度和决心,得到三军团所有领导人的赞同。随即彭德怀亲自起草了一个简短宣言,大意是:"富田事变是反革命性质的;打倒毛××,拥护朱彭黄,这就是阴谋分裂红军,破坏粉碎白军进攻的计划;一、三军团在总前委领导下团结一致，拥护毛泽东同志，拥护总前委领导。”①会后，彭德怀派一个班将宣言和丛允中捏造的假信一齐送交总前委处理。

1931年1月1日，永阳“省行委”召开了第二次扩大会议。除省行委常委参加会议外，李白芳、刘坚、周勉和湘东南行委代表黄仁、红军学校代表李天柱等参加了会议。扩大会议就红军学校学员训练和参加攻吉行动、攻吉准备工作、召集全省党代表会等问题作出了决议；并且决定拨一万元给红一方面军留守医院作伙食费。

由于赣南临时行委和湘东南行委的强烈反对，以及中共苏区中央局的批评指责，加上中共中央早已决定将全国苏维埃区域划分为七大特区（赣西南为其中之一），并于1931年1月17日在富田成立了以陈毅为书记的中共赣西南特区委，以取代原先的江西省行委组织，所以永阳“省行委”已无法活动，春节后即自行取消。永阳省行委取消后，事变领导人率领红二十军到永新一带开展革命活动。在艰苦环境和随时有被抓被杀的情况下，他们没有任何一部分投降敌人，也没有和敌人任何一部分进行联络，而是以攻打吉安为目标同敌人浴血奋战。

1931年4月，张云逸率领的广西左右江苏区红七军第五十八团和李明瑞率领的红七军第五十五团在永新会师。为配合中央苏区第二次反“围剿”斗争，红一方面军总前委决定成立以李明瑞为总指挥、滕代远为政治委员的河西总指挥部，统一指挥红七军、红二十军、湘赣独立师同敌人作战。3支红军紧密配合，首先攻打安福之敌，一举歼灭国民党军韩德勤第五十二师1个团，缴枪千余支。不久又攻打茶陵、攸县、酃县、遂川，连克5县，所向无敌，军威大振。② 在这些军事活动中，红二十军始终在党的领导下，为建立和保卫红色政权而勇敢战斗。

---

① 《彭德怀自述》，人民出版社1981年版，第165页。

② 袁任远：《从百色到湘赣》，载《中共党史资料》第14辑，中共中央党史资料出版社出版。

三、总前委对富田事变的定性

毛泽东和总前委自派出李韶九和古柏前往富田整肃江西省行委和红二十军中的 AB 团后，一直密切关注富田方面的情况。12 月 12 日“富田事变”发生后，消息迅速传到宁都县黄陂总前委驻地。随后，李韶九被捉、古柏被杀等种种传闻接踵而至。总前委机关甚至为古柏召开了追悼会。[①] 红一方面军总前委和军部领导人及广大指战员无不为事变的发生而震惊。

“富田事变”发生后，以毛泽东为主席的中国工农革命委员会，迅速作出反应，发布了六言体布告。

在布告末署名的，除主席毛泽东外，还有常委朱德、彭德怀、杨岳彬、滕代远、谭震林等。这份布告在苏区内广为散发张贴。布告中将“富田事变”定性为 AB 团“叛乱”，称事变领导者与参加者为“叛逆”、“反革命”。这是中国工农革命委员会对“富田事变”的最早定性。

1930 年 12 月 17 日，针对刘敌、段良弼等人喊出“打倒毛泽东，拥护朱彭黄”的分裂口号，朱德、彭德怀、黄公略在宁都县黄陂发表联合宣言，揭露“富田事变”领导者分裂革命势力的错误。12 月 18 日，朱德、彭德怀和黄公略 3 人，又联合发出一封致曾炳春、王怀、段起凤并转红二十军及其他负责诸同志的公开信，严肃指出：“目前决战在即，凡革命的布尔什维克同志，应站在共产党前委领导之下，一致团结，坚决消灭敌人。谁不执行这一任务，谁破坏这一任务，谁就是革命的罪人。”并号召富田事变一部分官兵及地方负责同志要“辨明真伪，分别是非，毅然决然肃清叛逆一致来归，参加决战”。

朱德、彭德怀、黄公略联合宣言和公开信的发表，充分说明红一方面军领导人和全军官兵在大敌当前的团结一致，抵制和挫败了“富田

---

① 曾碧漪：《我在富田事变中的经历》，载《回忆中央苏区》，江西人民出版社 1981 年版，第 203 页。

事变”领导人分裂红军的图谋，为即将到来的反“围剿”战略决战创造了具有决定性意义的条件和保证。

1930 年 12 月 20 日，红一方面军总前委针对“富田事变”领导人的错误言行，发表了一封答辩信。这封答辩信在苏区印发后，由于敌情紧迫，总前委忙于集中精力领导红一方面军进行反“围剿”决战，未再对富田事变发表过其他文告和决定、决议。但总前委的基本看法和定性，是认为“富田事变”是“AB 团取消派合作的叛变”行为。

四、苏区中央局的处理与苏区领导层的歧见

富田事变发生后 1 个月，1931 年 1 月 15 日，以项英为代理书记的中共苏区中央局在宁都县小布成立。项英是根据中共中央的决定，从上海来到中央苏区的。他刚到中央苏区，就遇到了处理“富田事变”的棘手问题。

以项英为首的苏区中央局成立第 2 天，即 1931 年 1 月 16 日，根据总前委报告之情况，发出了《中央局通告第二号——对富田事变的决议》。《通告》首先表明态度，完全同意总前委对富田事变所采取的斗争路线，并认为富田事变“客观上”是“反党的反革命的行动”。但通告对富田事变的起因、事变发动者与领导者是否都是 AB 团取消派、对赣西南苏区和红军中专靠逼供信打 AB 团的做法，与总前委的认识不尽相同。

关于富田事变的起因，苏区中央局认为这是赣西南党的路线和工作错误的必然结果。这些错误，主要是赣西南苏区党没有在土地斗争中将富农分子及代表富农意识及小资产阶级分子在斗争中洗刷出指导机关之外，尤其是没有以无产阶级的意识坚决将小资产阶级的意识克服和肃清，从而促进了党内无原则的小组织派别斗争发展，赣西南特委召开的二全会议，正是“无原则的小组织派别斗争”的结果，由此发展下去，遂造成这次反党反革命行动。这与总前委认定二全会议是 AB 团取消派联合操纵、富田事变是 AB 团取消派叛变革命的结论，是不一样的。

关于富田事变发动者和领导者是否都是AB团取消派，苏区中央局在通告中说，虽然段良弼、李伯芳（即李白芳——引者注）、谢汉昌等仍然打着红旗，声言拥护中央，但是富田事变在事实上毫无疑义的是一种反党反革命的行动，即使在组织上还没有证明他们全部是AB团取消派，但是他们反党破坏革命的行动，在客观上是与AB团取消派等的联合一致的反动行动。很明显，苏区中央局认为富田事变的发动者与领导者“在组织上还没有证明他们全部是AB团取消派”，就是说他们中至少有一部分是犯错误的革命同志。

关于赣西南苏区和红军中打AB团的一些做法，苏区中央局在通告中严肃指出：对于今后肃清AB团取消派等具体方法，必须根据一定事实和情形，绝对不能随便乱打乱杀，尤其防止一般小资产阶级报复主义的发生，也不能随便听人乱供乱咬，加以逮捕。

此后，苏区中央局代理书记项英经过一段时间的调查研究，更觉得总前委对富田事变的定性是不符合客观实际的。于是，苏区中央局在1931年2月19日发出的第十一号《通告》中又指出：

> 根据过去赣西南党的斗争历史和党的组织基础以及富田事变的客观行动事实，不能够得出一个唯心的结论，肯定说富田事变即是AB团取消派的暴动，更不能有事实去证明领导富田事变的全部人纯粹是AB团取消派，或者说他们已是自觉的与AB团取消派即公开联合战线来反党反革命。[①]

正是基于这一认识，项英主张用教育的方法、理智的方法、会议的方法解决党内已经激化了的矛盾。苏区中央局为教育挽救富田事变

① 《中共苏区中央局通告第十一号——纠正各级党部执行中央局决议的错误》，1931年2月19日。中共江西省委党史研究室等编：《中央革命根据地历史资料文库·党的系统》第2册，中央文献出版社、江西人民出版社2011年版，第1428页。

发动者与领导者，教育挽救所有犯错误的同志，同时为着教育全党同志，除发出苏区中央局第二号通告外，还发表了《告全党同志书》。在组织处理方面，中央局决定将富田事变的首领段良弼、李白芳、谢汉昌、刘敌、金万邦等开除党籍，同时决议开除李韶九的党籍（后未执行），对于参加富田事变的人或开除或警告。

1931 年 2 月 4 日，项英又以苏区中央局名义给中共赣西南特区委西路分委（由原赣西行委改组成立）全体同志写了一封长信，严肃深入地分析了富田事变的错误及事变后段良弼、丛允中等一些人的错误言行，苦口婆心地教育富田事变领导者参与者们抛弃原来错误的观点和立场，迅速转变到党的立场上来，承认错误，改正错误。苏区中央局还于 1931 年 2 月 19 日发出第十一号通告《纠正各级党部执行中央局决议的错误》，要求各级党部和全体党员坚决服从和严格执行中央局决议，纠正在富田事变问题上所有不正确的做法，以造成有利于党和红军的团结、有利于解决问题的客观环境。

与此同时，苏区中央局一方面责成富田事变时在家养病的红二十军政委曾炳春过河西，做红二十军官兵的说服教育工作，把队伍拉回河东；派朱昌偕、袁德生等同志到西路分委和湘东南特委传达苏区中央局决议精神和解决“富田事变”的意见，做好有关方面的说服教育工作；另一方面，又通知整肃 AB 团的领导人和“富田事变”的领导人，双方都到苏区中央局驻地宁都来开会，用会议的方法，分清是非，解决问题。历史证明，项英及苏区中央局的这些认识和做法是正确的。

然而，以毛泽东为书记的总前委，对以项英为代理书记的苏区中央局的上述处理主张不以为然，认为项英没有魄力，“完全是调和路线”，仍然坚持总前委的定性意见。这样，苏区领导层内的两种意见不能统一。因大战在即，毛泽东忙于军务，无暇争论。双方都期待着中央政治局拍板定案。

五、共产国际和中共中央政治局对富田事变的定性和处理

富田事变发生后,事变领导人决定派段良弼、丛允中组成代表团,会同易尔士去上海,向党中央汇报情况,请求中央解决问题。丛允中因途中受阻,未去成,返回河西苏区。段良弼于1931年1月4日出发,抵达上海后,与党中央取得了联系。党中央派共青团中央书记温裕成同段良弼谈了话。段良弼通过温裕成向党中央递交了近万字的书面材料。与此同时,富田事变直接组织者刘敌也于1月11日给中央写了一封近4000字长信。事变领导人还以江西省委名义,于1931年1月12日向党中央写了报告。此外,事变领导人还给苏区中央局报送了有关文件,并派朱亦岳与王珍两人前往苏区中央局汇报情况。

1931年2月9日,温裕成将了解到的情况向党中央和共产国际执委会远东局委员盖利斯作了汇报。2月10日,盖利斯给苏军总参谋长别尔津写信,报告了温裕成转述段良弼所汇报的一些情况:

> 一个由三名同志组成的代表团刚刚抵达(他们1月4日从那里出发),报告了负责我们江西运动的领导人中发生的重大分歧。据代表团报告说,毛泽东使朱德处于单纯执行命令的地位,剥夺了他作为总司令的几乎所有权力。毛指责省委书记(指江西省行委书记李文林——引者注)与"AB团"组织(地主富农等的恐怖组织)有联系,并提出解除他(四中全会选入中央的书记)职务的问题。表决时毛[泽东]显得很孤立,该书记仍留在自己的岗位上,于是毛[泽东]便开始指责整个省委。部分党委委员后来被20军解救了。毛[泽东]为此下令湖南部队(20军已开赴湘东)解除20军的武装。毛泽东的这项命令未被执行。
>
> 毛[泽东]同彭德怀在进攻方向问题上存在重大分歧。有过彭[德怀]不执行作战命令的情况。在代表团出发前,彭[德怀]同毛[泽东]还没有完全公开闹翻。这在某种程度上是朱德的功劳,他对彭[德怀]有影响力。老的政治指挥人员对毛[泽东]暗

暗不满。地方党组织几乎全都反对毛[泽东]。前敌委员会同他站在一起。①

1931 年 2 月 11 日,共产国际远东局另一名委员别斯帕洛夫同温裕成和秦邦宪谈话记录中,也有如下记载:

苏区代表团已到达上海。代表团中有江西(苏区)共青团省委书记。代表团是 1 月 3 日从那里出发的。他们通报了红军和党组织内发生的重大事件。温[裕成]同代表团谈了话,并向政治局作了汇报。

这些事件发生在 1930 年 12 月底。

代表团报告说:军阀发起第一次进攻时,毛泽东和朱德主张采取不战而放弃阵地的策略。例如放弃东固。农民中产生了很大的不满情绪。数万人同红军一起走了。空前未有的饥荒……省委立即召开了省委全会。全会决定建议红军指挥部开始同敌人作斗争。省委书记李文林同志把这一决定转达给了毛泽东和朱德同志。毛[泽东]把他抓了起来。此外,毛[泽东]还立即派出一个连去逮捕省委全体成员以及苏维埃政府的全部机关工作人员和政府成员。他们受到指控,说他们是反革命组织即所谓"AB 团"(反布尔什维克联盟)的成员,他们都受到严刑拷问。共青团区委书记(即段良弼——引者注)让看了他的伤势,他受了重伤。由于严刑拷问,他们招认了,尽管(据他们说)他们始终是反对"AB 团"的,从来也没有成为他们的成员。这个连还被毛[泽东]派往红 20 军。该军是由当地农民组成的,是从游击运动中涌现出来的,并处在省委的影响之下。毛[泽东]派去的这个连逮捕了该军的所有指挥员、政治委员和政治工作人员。在被捕的人中

① 中共中央党史研究室第一研究部编译:《联共(布)、共产国际与中国苏维埃运动(1927—1931)》第 10 卷,中央文献出版社 2002 年版,第 62—63 页。

有名声显赫的团长。当指控他,说他是“AB 团”成员时,他说:“这怎么可能呢?我已经在红军队伍里战斗这么久了,我全家人都被白军杀害了。”他被释放了,回到了团里,他召开了党的积极分子会议,并决定借助军事力量解放所有被捕者。这个团立即被派去,所有被捕者都被释放了。毛[泽东]的连由于宣传鼓动改变了自己的情绪,因为大家都怕毛[泽东],于是红 20 军(3000 多人,1000 多件武器)过了河。毛[泽东]火速派红 12 军去对付红 20 军。省委再次召开会议,决定不发起反对红 12 军的斗争,而是派一个代表团去它那里,建议毛[泽东]反对共同的敌人,在军事方面听从毛[泽东]的指挥。

红 13 军(应为红 12 军——引者注)相信了,没有采取行动。于是毛[泽东]派湘东一个团去对付 20 军。20 军又派代表团到这个团。该团也拒绝进攻。这时省委决定派代表团去中央。毛[泽东]知道这件事。

意见分歧早已出现。

毛[泽东]与彭德怀之间的意见分歧在占领长沙时就已经产生。毛[泽东]主张攻打南昌,而彭[德怀]主张攻打长沙。起先攻打南昌,红军遭到了失败。于是彭[德怀]带领自己的部队去攻打长沙,并两度占领该城,但毛[泽东]没有给彭[德怀]提供任何援助。他正是以此来解释攻打长沙失败的原因的。

由于军阀的进攻,又出现了意见分歧。占领吉安之后,红军获得 800 万墨西哥元和许多黄金。许多同志认为,现在可以开始打进攻战了。毛[泽东]反对这样做。他希望先取得军事储备和食品。他派小股部队到城市和农村,但两周内什么也没有筹集到。敌人进攻开始了,同志们想迎战。毛[泽东]说,应当避开。吉安未经战斗就放弃了。毛[泽东]提议去闽东南。这一命令下达到彭德怀那里时,彭在军内召开了会议。同志们说,如果毛[泽东]今后还坚持这种策略,那就应当同他断绝关系。彭德怀当时还很谨慎,他说,不能同毛[泽东]断绝关系等等。

毛[泽东]与省委之间也存在意见分歧。有一次毛[泽东]建议解散所有党组织,因为这些组织内有很多“AB 团”分子和富农。

……

朱德与毛[泽东]之间也有分歧。曾举行过一次有朱德、彭德怀、黄公略等指挥员参加的会议。朱德在这次会议上说,他不过是毛[泽东]手中的玩物,没有任何权力,毛泽东不拿他当回事,他什么事也干不了。彭[德怀]当时拍着桌子说:“你是懦夫,你为什么不斗争?”

党的积极分子也对毛[泽东]不满,因为他看来是个军事独裁者,他从不召开军事会议,独自发布命令,等等。①

共产国际执委会远东局的同志在初步了解到富田事变有关情况后,表态都较为谨慎。盖利斯在给别尔津的信中说:

代表团到上海来,是为了请中央解决问题。代表团认为,过错全在毛[泽东]身上。这一切在东固事件前就发生了。现在(2月 10 日)情况如何我不清楚。很难弄清楚,这里到底是谁的错,这一事件的起因在哪里。……我还没有同代表团谈,我昨天才得知此事。因此,我只好不作评论。我建议莫斯克文(周恩来——引者注)立即把问题提交政治局做出决定并立即派人去。决定大体应该是这样的。在中央局(两名中央委员和我)到达之前,停止任何意见分歧(的争论),一切都原封不动,应集中全部力量打退军阀又重新发动的攻势。中央局将对事件进行调查并将做出

① 中共中央党史研究室第一研究部编译:《联共(布)、共产国际与中国苏维埃运动(1927—1931)》第 10 卷,中央文献出版社 2002 年版,第 76—77 页。

决定。①

别斯帕洛夫和温裕成、秦邦宪在谈话中对段良弼递交的报告内容评价说：

> 在这份情报中，有些情况不符合实际。人们往往自己也不能对意见分歧问题说出什么肯定的东西。……对这些人不能完全信任。整个这一事件将由中央局派人进行审查。②

从盖利斯给别尔津的信和别斯帕洛夫同温裕成、秦邦宪的谈话记录可以看出：共产国际执委会远东局成员和中共中央领导人，对富田事变的表态之所以都显得谨慎，是因为他们认为对富田事变情况了解还不全面，对段良弼汇报的真实性存有疑问。为此，盖利斯和别斯帕洛夫建议中共中央政治局派人前往赣西南苏区，对富田事变问题进行调查处理。

在这种情况下，中共中央政治局于 1931 年 2 月 13 日召开会议，对赣西南苏区发生富田事变问题进行讨论。周恩来在会上提出：应立即去一训令，停止争论，一致向敌人作战。③ 2 月 16 日，中央政治局又召开会议，决定由周恩来、任弼时、王稼祥等组成一个小委员会，对富田事变问题进行研究后，将意见报告中央政治局。

就在这时，以中共湘东南特委书记刘士奇为首的代表团抵达上海，向党中央报告了富田事变情况，并带来了一批文件。与此同时，中央提款委员易尔士也经湖南长沙返回上海，向中央汇报事变经过情形。任弼时听取了他们的汇报后，于 1931 年 2 月 19 日向共产国际远

---

① 中共中央党史研究室第一研究部编译：《联共（布）、共产国际与中国苏维埃运动（1927—1931）》第 10 卷，中央文献出版社 2002 年版，第 63 页。

② 中共中央党史研究室第一研究部编译《联共（布）、共产国际与中国苏维埃运动（1927—1931）》第 10 卷，中央文献出版社 2002 年版，第 77 页。

③ 据中央文献研究室编：《周恩来年谱（1898—1949）》，人民出版社、中央文献出版社 1990 年版，第 203 页。

东局委员盖利斯、米夫和马雷舍夫作了汇报。任弼时说：

第二个代表团已经抵达上海，要向中央报告去年12月江西发生的一些事件。此外，出差去江西的中央提款员也回来了。代表团是由湘东南党委派出的，以党委书记①为首。……无论是在逮捕省委和红20军暴动之后几天离开东固的中央司库还是湖南委员会的代表团，在动身前都没有跟毛[泽东]打招呼，因此，我们还没有得到全面的通报。但这个代表团除作出通报外还带来了各种文件，这些文件大大有助于我们弄清这件事情。②

湘东南特委代表团给中央带来的文件包括："(1)朱[德]、彭[德怀]、黄[公略](彭[德怀]的政委)的声明；(2)他们告20军红军战士书；(3)毛[泽东]给省委书记的信；(4)20军暴动团长给中央的信；(5)毛[泽东]的呼吁书。"③

任弼时在向盖利斯、米夫和马雷舍夫汇报时谈到："湘东南委员会尽管不了解事件的真相，还是作出了反对暴动分子(指富田事变领导者——引者注)的决定：不承认永阳的省委，解除红20军湖南独立师的武装，支持毛[泽东]等。""新来的代表团指出，湘东南党委不认为第一个代表团(指段良弼——引者注)有权向中央作报告，说该代表团中的一位成员(代表团团长)是AB团分子。它举出许多事实来证明这一点：例如他曾反对分地、反对湖南独立师的行动、反对暴动的20军、反对枪毙一个明显的AB团分子等。"④

---

① 此处指刘士奇。

② 《盖利斯、米夫和马雷舍夫同任弼时谈话记录》，1931年2月19日于上海。见中共中央党史研究室第一研究部编译：《联共(布)、共产国际与中国苏维埃运动(1927—1931)》第10卷，中央文献出版社2002年版，第79页。

③ 中共中央党史研究室第一研究部编译：《联共(布)、共产国际与中国苏维埃运动(1927—1931)》第10卷，中央文献出版社2002年版，第80页。

④ 中共中央党史研究室第一研究部编译：《联共(布)、共产国际与中国苏维埃运动(1927—1931)》第10卷，中央文献出版社2002年版，第80页。

从任弼时向盖利斯、米夫和马雷舍夫汇报的谈话记录可以看出：通过听取湘东南特委代表团的汇报和阅读他们带来的5个文件，中央政治局得到了来自以毛泽东为书记的总前委及朱德、彭德怀等关于富田事变表态的一部分材料，并综合各方面情况进行了研究。中央政治局对富田事变的态度开始明朗起来。在2月19日盖利斯、米夫和马雷舍夫同任弼时谈话记录中说到："尽管关于江西所发生的一切还没有充分的材料，但根据第二个代表团提供的信息，第一个代表团，或AB团的或受AB团影响的代表团把我们都给迷惑了。""根据毛[泽东]、朱[德]、彭[德怀]等人在东固附近一起与军阀作战并且现在还在一起作战……来判断，从三人的声明中可以得出结论，他们之间没有重大分歧。AB团分子在制造分裂，他们做得非常狡猾。"这说明，中央政治局已认定段良弼向中央汇报的情况有许多事实不真实，富田事变领导人对毛泽东的许多指责是捏造的、不真实的。于是，"政治局已作出决定，赞同毛[泽东]在同阶级敌人斗争方面的路线"，但认为毛泽东反AB团的"行动有些过火"。①

就在2月19日同一天，共产国际执委会远东局委员雷利斯基同向忠发和周恩来也进行了内容大致相同的谈话。向忠发和周恩来向雷利斯基汇报说：

> 根据我们查实的情况可以得出结论，毛[泽东]和同他意见一致的同志执行的是一条同反革命，特别是"AB团"作斗争的正确路线。但同这些分子做斗争的方法并不总是正确的。毛[泽东]同志认为全都是"AB团"成员，他不做任何区分；"不应全都一锅煮"。我们决定给党的前委和毛[泽东]发一封信，指出：我们认为同"AB团"作斗争的方针是正确的，但我们不能对个别具体情

① 以上均引自中共中央党史研究室第一研究部编译：《联共(布)、共产国际与中国苏维埃运动(1927—1931)》第10卷，中央文献出版社2002年版，第82页。

况作出答复。正在前往当地的政治局代表[①]获得了广泛的权力，他可以审理所有这些事情，他同苏区中央局共同作出的决定对全体同志都具有约束力。在作出这样的决定前，同志们应该停止一切争论，齐心协力地工作。[②]

由于语言障碍等原因，雷利斯基还来不及阅读湘东南特委代表团带来的文件，因而在听了向忠发和周恩来汇报后，表态仍然比较谨慎。他说："你们给毛[泽东]和前委的信在寄去前请将草稿送给我们，以便协调一致。"雷利斯基强调："我觉得，不写路线和事实正确与否较为合适，因为不能根据表面消息作判断，而在通知中央代表前去后，要号召全体同志齐心协力地工作，同前线和苏区的反革命作斗争。"[③]

1931年2月20日，由周恩来、任弼时、王稼祥组成的小委员会向中央政治局正式报告，认为红一方面军总前委反"AB团"斗争是正确的，赣西南的"AB团"的确是反革命组织，但从阶级成分上看，尚有动摇及红军中不坚定分子，在客观上为"AB团"利用。至于总前委肃"AB团"的方法是否正确，"还不能做任何结论"。

中央政治局根据共产国际执委会远东局的意见，于是决定派出任弼时、王稼祥、顾作霖等3人组成中央代表团，前往江西苏区"全权调查解决这一问题"。

1931年2月23日，任弼时受中央委托起草的《致第一方面军总前委，江西省委，各特委，各地方党部的信——关于肃清苏区内反革命派与富田事变》发出。信中说：

不幸的富田事变，恰恰发生于敌人加紧向我们进攻而红军与

① 指项英。此时周恩来等还不知项英已抵达江西中央苏区。

② 中共中央党史研究室第一研究部编译：《联共（布）、共产国际与中国苏维埃运动（1927—1931）》第10卷，中央文献出版社2002年版，第84—85页。

③ 中共中央党史研究室第一研究部编译：《联共（布）、共产国际与中国苏维埃运动（1927—1931）》第10卷，中央文献出版社2002年版，第85页。

群众正在与敌人作艰苦作战的当儿，无论如何，总是给AB团活动的机会而涣散我们自己的。现在中央所得的关于富田事变的材料还不能算是齐备，尤其是没有得到总前委的正式报告，因此，中央特决定立即派出代表团前往苏区组织中央局，并委托代表团以全权调查与解决这一问题。在中央代表团没有到达以先，从总前委起，江西省委，各特委，各红军党部以至到各地党的支部都要立即停止这一争论，无条件的服从总前委的统一指导，一致的向敌人进行残酷的战争。中央代表团到达以后，中央局立即组织起来，各地党的组织与红军必须统一于这一指导之下，应绝对服从中央局关于这一事变的解决。①

这封信表明，中央政治局到此时为止，虽然表示坚定支持以毛泽东为书记的总前委工作，但对富田事变仍然没有作出定性处理。

1931年3月4日，中央政治局常委开会，正式决定中央代表团由任弼时、王稼祥、顾作霖3人组成，并要他们立即动身前往中央苏区，解决问题。

任弼时、王稼祥、顾作霖组成的中央代表团，根据中央政治局的指令，于1931年3月5日离开上海，经地下交通线于3月15日抵达闽西苏区永定虎岗。

任弼时一行抵达闽西苏区没几天，原先对富田事变表态一直比较谨慎的共产国际执委会远东局，于3月18日作出了《共产国际执委会远东局关于富田事变的决定》，明确将富田事变定性为是"反布尔什维克联盟策划和进行的反革命活动"。《决定》说：

看了我们所掌握的关于江西十二月事变的全部材料之后，远东局得出以下看法：

1. 红20军的暴动、该军解除军事学校和12军部分人员的武

① 《中共中央文件选集》第7册，中共中央党校出版社1991年版，第141页。

> 装、释放受到反布尔什维克联盟影响的、根据前委的命令所逮捕的省委、逮捕中央巡视员易尔士同志、提出诸如"打倒毛泽东!""朱德、彭德怀和黄公略万岁!"之类的口号等,实质上这毫无疑问是阶级敌人及其主要战斗组织——反布尔什维克联盟策划和进行的反革命活动,旨在消灭我们党的队伍和红军,消灭我们党和军队的领导。这一切都是为了便于南京的反革命派消灭红军和苏维埃运动而进行的。
>
> 一定数量的党员同志乃至整个红军支队(20 军)受到"AB 团分子"的蒙骗,被卷入到阶级敌人的这场罪恶活动中,这一事实决不能减轻这场活动的反革命本质。①

很明显,共产国际执委会远东局上述对富田事变的定性表态,与以毛泽东为书记的总前委对富田事变的定性是完全一致的。

《决定》对以毛泽东为书记的总前委处理富田事变的方针给予明确支持。《决定》说:"在毛泽东同志领导下的前委同阶级敌人作坚决斗争的方针基本上是正确的。这种同阶级敌人毫不妥协地作斗争的方针应该在今后贯彻下去。"同时严厉要求:"逃跑的永阳省委作为这次反革命活动的领导者应该立即解散,其活动应该停止。对它不听从这种要求的行为必须用毫不留情的符合革命利益的斗争进行回击。""现在的 20 军领导应该使全军返回红军并绝对执行总部的一切命令。不履行这一[要求]将会引起同该军的残酷武装斗争。""同时,革命军事委员会应该采取一切必要措施,把 20 军重新置于自己的控制之下,不允许我们的其他军事部队将来再发生这样的事情。同时它要为制止我们军事组织的分裂和分离承担全部责任。"《决定》还指出:"在召开省组织的党代表会议之前,由前委成立的现省委是享有充分权力的

① 中共中央党史研究室第一研究部编译:《联共(布)、共产国际与中国苏维埃运动(1927—1931)》第 10 卷,中央文献出版社 2002 年版,第 175 页。

省委。应委托该省委立即召开前委领导下的党代表会议。”《决议》说：“必须毫不含糊地宣布，任何党内分歧，无论是关于红军问题的还是关于我们的一般经济、土地和组织政策问题的分歧，都决不应引起不仅是军队的分裂，更不要说脱离，而且还不应造成拒绝执行最高军事指挥部指令的行为和军队纪律的下降。对于我们的党员拒绝履行这种起码的义务的行为，作出的反应应该是实行最严厉的惩罚。”①显然，共产国际执委会远东局提出的这些要求，有利于维护以毛泽东为书记的红一方面军总前委和江西苏区党组织的统一领导，有利于加强红军和苏区党组织的组织纪律建设。

《决定》认为“苏区的反革命是一股相当大的势力”，指示苏区今后在肃反工作中“前委和所有党团组织应该尽一切可能吸引广大劳动群众（工人、农业工人、战士和中农）参加这场将统治阶级及其代理人的反革命组织清除出苏区的斗争。必须特别重视肃反委员会的工作以及在军内外对该委员会的领导”；苏区肃反工作的具体任务是：“（1）消灭反布尔什维克联盟，使反革命不敢再抬头，再渗入苏区境内进行活动；（2）立即把一切反动分子、剥削分子和企业主分子，特别是一切旧职员清除出所有党、苏维埃、共青团、工会及其他群众组织；（3）建立连成一片的苏区，消灭苏区内的反革命策源地。这是还远没有完成的军事任务；（4）发动和组织城乡阶级斗争。”②共产国际执委会远东局的这些指示，必然进一步加剧苏区以后的反 AB 团斗争。

为什么共产国际执委会远东局在一个月前对富田事变表态十分谨慎，而时过一月之后却对富田事变作出这样的定性呢？原因主要有：第一，共产国际执委会远东局看了他们“所掌握的关于江西十二月

① 以上见中共中央党史研究室第一研究部编译：《联共（布）、共产国际与中国苏维埃运动（1927—1931）》第 10 卷，中央文献出版社 2002 年版，第 176—179 页。

② 以上见中共中央党史研究室第一研究部编译：《联共（布）、共产国际与中国苏维埃运动（1927—1931）》第 10 卷，中央文献出版社 2002 年版，第 176 页。

事变的全部材料”[①](包括富田事变领导人向中央递交的全部材料、段良弼向中央的口头汇报材料,以及湘东南特委代表团带交给中央的5个材料和易尔士向中央的汇报材料)之后,对富田事变的情况有了更全面、更充分的了解。第二,共产国际执委会远东局在阅读富田事变领导人向中央递交的材料以及段良弼向中央的口头汇报材料时,发现富田事变领导人对毛泽东的攻击、批评内容,有许多是子虚乌有的捏造事实,而共产国际执委会远东局对毛泽东一直是支持、信任的,这必然使共产国际执委会远东局对富田事变领导者产生反感。第三,共产国际执委会远东局在此期间十分关注中国苏区和红军的巩固扩大,不允许中共党内有任何削弱、破坏红军力量的行为发生。第四,受联共(布)党内肃反运动的影响。第五,共产国际执委会远东局书记米夫此时在指导中共工作时存在着明显的“左”倾错误倾向。历史事实证明,共产国际执委会远东局对富田事变的定性表态是错误的。

《共产国际执委会远东局关于富田事变的决定》,无疑成为中共中央政治局处理富田事变的权威依据。根据远东局决定,时隔10天,1931年3月28日,中共中央政治局讨论通过并发出了《关于富田事变的决议》。

《决议》按照远东局对富田事变定性的口径,跟着认定富田事变是“AB团所准备所执行(的)反革命行动”[②];《决议》对永阳省行委和红二十军提出的要求与远东局《决定》所提要求完全相同;《决议》对苏区今后肃反工作的指示,也与远东局《决定》的相关条文基本相同。一句话,《中共中央政治局关于富田事变的决议》基本上是远东局《决定》的翻版。

---

① 中共中央党史研究室第一研究部编译:《联共(布)、共产国际与中国苏维埃运动(1927—1931)》第10卷,中央文献出版社2002年版,第175页。

② 《中央政治局关于富田事变的决议》,1931年3月28日,见《中共中央文件选集》第7册,中共中央党校出版社1991年版,第203页。

中央政治局作出《关于富田事变的决议》时,任弼时、王稼祥、顾作霖一行正从闽西向江西苏区行进途中。当他们获悉共产国际执委会远东局和中央政治局已为富田事变性质作了结论、为解决富田事变定了基调后,赋有"全权调查与解决"富田事变使命的中央代表团,当然只能服从和执行远东局和中共中央的决议。1931 年 4 月 4 日前后,任弼时一行抵达瑞金,4 月中旬抵达苏区中央局和红一方面军总部驻地宁都县青塘。

1931 年 4 月 16 日,苏区中央局在宁都县青塘召开第一次扩大会议续会。中央代表团传达了中央决议精神。扩大会根据中央政治局《关于富田事变的决议》精神,又重新作出了一个《关于富田事变的决议》(以下称"苏区中央局第一次扩大会议关于富田事变决议")。这个决议按照远东局和中央政治局的口径,推倒了以项英为代理书记的苏区中央局对富田事变的定性和处理,重新认定富田事变是 AB 团领导的以"立三路线"为旗帜的反革命暴动。

在这个决议作出之前,苏区中央局根据李白芳、谢汉昌、金万邦、周勉、丛允中、刘经化、胡家驹、曾觉非等人的口供,列出了所谓赣西南 AB 团的组织系统。苏区中央局第一次扩大会议的这个决议,对此予以正式确认。决议案在完全肯定总前委整肃 AB 团路线的同时,认为以项英为代理书记的"中央局解决富田事变的路线完全是错误",是"脱离阶级立场的";"中央局根本没有指出富田事变是 AB 团领导的反革命暴动。反而肯定富田事变不是 AB 团暴动。这完全是模糊了富田事变的反革命性。又说富田事变是由无原则派别斗争演进而成的,更是大错特错。"①

决议案还批评并反对项英用教育和会议的方法解决问题的主张,

① 《中国共产党苏区中央局第一次扩大会议决议案第 4 号——关于富田事变决议》,1931 年 4 月 16 日。

指责这是“完全放松了反 AB 团的斗争”。后来,项英因被认为“解决富田事变,完全错误,认为是党内派别斗争,因此丧失信仰,工作魄力不够领导”等原因,被解除了苏区中央局代理书记职务,改由毛泽东任苏区中央局代理书记。[①]

六、富田事变领导人被处决与红二十军的解体

任弼时等中央三人团主持召开的苏区中央局第一次扩大会议对富田事变重新定性后,本来稍稍缓和了的肃 AB 团斗争,又急剧升温。

1931 年 4 月,苏区中央局和中央代表团组成了以周以栗为主席的审判委员会,在宁都县青塘对从河西来到苏区中央局检讨错误、解决问题的刘敌、李白芳、金万邦、丛允中等几十名所谓“AB 团要犯”全部拘捕监禁,公开审判。刘敌当即被处决。不几日,谢汉昌、李白芳、金万邦等人也相继被处决。丛允中等一时未处死刑,被监禁 1 年以后,也于 1932 年 5 月被处决。有的则被迫自杀身亡。就连富田事变时请假在家养病与事变毫无牵连,后又受苏区中央局委托过河西动员事变领导者回苏区中央局解决问题的红二十军政治委员曾炳春,也被拘捕。1932 年 5 月 30 日在公略县(今吉水县)水南乡,曾炳春被当作“AB 团首领”处决。

江西省行委书记李文林,在宁都黄陂以 AB 团重大嫌疑犯被拘捕后,一直拒不承认自己是“AB 团分子”。富田事变后,以项英为代理书记的苏区中央局将没有参与富田事变的李文林释放,派他到万泰县河东区委搞肃反工作。中央三人代表团到苏区后,李文林又再次被江西省肃反委员会以“混入肃反机关陷害共产党”的罪名拘捕。

1932 年 5 月 30 日,李文林这个赣西南苏区党和红军的早期卓越

① 《苏区中央局十月真电》,1931 年 10 月。中共江西省委党史研究室等编:《中央革命根据地历史资料文库 · 党的系统》第 2 册,中央文献出版社、江西人民出版社 2011 年版,第 1792 页。

领导人、曾被毛泽东誉为创造“李文林式”根据地的江西地方革命领袖，被苏维埃中央政府国家政治保卫局以所谓“重要的AB团要犯”罪名在万泰县古坪村被处决。临刑前，李文林还高呼“中国共产党万岁”的口号。①

后来，被以“AB团分子”罪名先后处决的苏区党政军重要人物有：龙超清（时任赣西南特委西路行委书记）、周勉（时任赣西南特委北路行委组织部长、省苏维埃政府财政部长）、刘经化（时任赣西赤卫军中路指挥部政委）、王怀（省行委常委、赣西行委书记）、段起凤（时任中国工农革命委员会委员、赣西南办事处主任）、刘其凡（时任省行委西路分委书记）、郭承禄（时任省行委赣南行委书记）、胡波（时任湘东南特委书记）、袁德生（时任湘赣省苏维埃政府主席、苏维埃中央政府执行委员）等。

被以“AB团分子”处决的县团级以上军政干部，计有四五十人，如胡灿、肖以佐、肖能岩、朱昌偕、马铭、彭文祥、刘家贤、李国达、胡启云、曾用生、张芳惠、肖葆全、黄家煌、鄢日新、余石生、李传煌、肖正湘、陈竞进、陈敏、鄢松山、刘真松、甘步衡、刘天干、袁振亚、刘沛云、刘森林、彦子清、谢月高、谢希安等。②

在“肃反”狂潮中，就连陈毅、黄克诚、李聚奎等红军领导人，都受到株连，险些被杀。

至于红二十军的命运，就更为惨烈。

对于红二十军的处罚，中共中央政治局在1931年3月28日的决议案中已有明示。1931年5月14日，中共中央又致信中共红七军前委，指示说：“中央决定将赣西南之二十军合编为七军，充实七军的力

① 《关于李文林被错杀的情况调查》，江西省委党史研究室编：《江西党史资料》第1辑，1987年内部版第323页。

② 据苏区有关各县的党史资料统计。

量，以统一军事的指挥，在改编二十军的过程中，应当注意的就是二十军的内部少数干部曾受了江西永阳省行委中一部分 AB 团的影响，曾经脱离了过去总前委的领导……前委在改编二十军时，应当很谨慎的、很周到的不使二十军的群众发生了误会，要把 AB 团的阴谋在群众中揭发出来，要把二十军中拥护总前委的可靠的干部和兵士群众夺取过来，合编为七军。”①

1931 年 7 月中旬，根据苏区中央局、临时总前委和红一方面军总部指令，一直在河西坚持游击斗争的红二十军，在代理军长萧大鹏率领下，同红七军一起，从河西苏区永阳等地出发，东渡赣江，路经兴国回到于都县北部桥头地区，准备参加反“围剿”作战。

未料，在 7 月 23 日这一天早晨，红一方面军总部武装成员以对二十军实行“整编”为名，命令红二十军从军长萧大鹏以下到副排长以上所有干部“全部集合”，到平安村（时称平安寨、平头寨）竹篙寨的祠堂“开会”，旋即被缴械、捆绑。随后，“绝大部分”以“AB 团分子”的罪名，分批在谢田河滩处死，只有极个别人幸免于难。② 红二十军的士兵则分散编入红七军。红二十军的番号遂被撤销。令人扼腕而叹的是，红二十军的几乎所有指挥员，不是牺牲在沙场，而是死在自己人的枪口之下。

从此，红二十军这支在赣西南苏区骁勇善战、战功卓著的红军武

---

① 《中共中央给红七军的信》，1931 年 5 月 14 日。中共江西省委党史研究室等编：《中央革命根据地历史资料文库·党的系统》第 2 册，中央文献出版社、江西人民出版社 2011 年版，第 1612 页。

② 红二十军副排长以上军官唯一幸存的，是时任红二十军一七二团副官长谢象晃。他沉痛地回忆说：“富田事变是湖南人李韶九带十二军一连人来富田大抓 AB 团逼出来的。到 1931 年 7 月，我们从赣县江口过河，经兴国高兴圩、兴国县城，到于都平头寨集中。到平头寨的一天早晨，令副排长以上干部全部集合，集合后全部被抓。我当然也被抓了起来。凡被抓的同志绝大部分都被杀了。我幸亏被杨至诚保下来，才免遭一死。”（见《谢象晃同志回忆富田事变》，1988 年 7 月 28 日，内部采访资料）。

装部队宣告解体，不复存在。

七、中共历史上的一起重大冤假错案

富田事变这起突发性事件的来龙去脉与始末经过，到此已清晰可见，但沉冤莫白。

历史事实证明：共产国际执委会远东局、中共中央政治局和苏区中央局第一次扩大会议作出的关于富田事变的一个决定和两个决议，把富田事变定性为“AB团领导的反革命暴动”，这个结论是与事实不符的。这是因为：

第一，在赣西南苏区，根本就不存在所谓的AB团组织，更不存在所谓AB团打入共产党和红军组织内部的事实。

如前所述，国民党右派AB团组织自成立后“寿命仅三个月”，早在1927年“四二暴动”后就销声匿迹、不复存在了。迄今为止，也从未发现当年中央苏区有任何AB团组织及其在党和红军中活动的证据。

第二，富田事变不是AB团领导的。铁的事实证明，富田事变领导人同AB团毫无关系，更不是什么“AB团分子”。

这里，略述富田事变领导人的简历：

刘敌，湖南醴陵县人。1927年加入中国共产党，是年冬任醴陵县南三区区委书记。1928年2月因湘东工作塌台来到江西莲花，任中共莲花县委组织科长、县委书记。后任宁冈县三区区委书记。1930年初红六军成立时任三支队政治委员，同年7月被赣西南特委派到红二十军工作，初任军委秘书长，10月攻克吉安后任一七四团政治委员。富田事变时任红二十军一七二团政治委员兼团委书记，直至1931年4月被处决。

谢汉昌，江西宁冈人。1926年加入中国共产党，1928年在红四军中工作。1929年调任兴国县东北特区区委书记。1930年任赣西南特委宣传部秘书、特委候补委员。不久调任红二十军政治部主任。富田事变后，继续领导红二十军进行革命斗争直至1931年4月被处决。

段良弼，湖南郴州人。1927 年冬参加湘南暴动，1928 年 4 月跟随朱德、陈毅部上井冈山，曾任红四军第二十八团连党代表。1930 年 3 月任共青团赣西南特委书记，10 月任中共江西省行委常委。富田事变后曾代理省行委书记。1931 年 1 月上旬，受永阳省行委指派到上海，向中共中央汇报富田事变情况。同年春离开上海赴日本留学，脱离革命队伍，但未投降变节。

李白芳，江西永新县人。1926 年加入中国共产党，曾任中共永新县委秘书。1929 年调赣西特委工作。1930 年 3 月任中共赣西南特委秘书长，10 月后代理省行委秘书长。富田事变后随红二十军在河西湘赣边坚持对敌斗争，直至 1931 年 4 月被处决。

金万邦，江西宁都县人。1925 年加入中国共产党，江西红军独立第二团创始人之一。曾任红二团政治部秘书、团委委员。1929 年任江西红军独立第四团中共团委书记。1930 年 6 月任赣西南红军学校校委书记，不久任赣西南特委东路行委书记、省苏维埃政府常委、军事部长，直至 1931 年 4 月被处决。

丛允中，江苏省人。1925 年加入中国共产党。大革命失败后从家乡来到赣南，参加领导赣南潭口农民武装暴动。1929 年任中共赣南特委委员兼宣传部长。1930 年 6 月后任赣南东河行委书记、南路行委书记。1930 年 10 月任江西省行委委员、常委兼组织部长和江西省苏维埃政府委员。富田事变后随红二十军过河西在湘赣边坚持对敌斗争，直至 1932 年 5 月被处决。

上述几个发动富田事变的头头以及其他所有参与富田事变的领导人，如萧大鹏、王怀、周勉等，都是经过长期革命斗争考验，在赣西南苏区享有一定威望的地方党政领导人。他们和 AB 团都毫无关系，没有任何“AB 团分子”或“首领”的证据。所以，说富田事变是 AB 团领导的，是毫无根据、子虚乌有的判断；把富田事变领导人以“AB 团反革命分子”的罪名处决是错误的。

第三，富田事变不是以“反革命”为目的的暴动，而是由肃反扩大化、简单化的错误，尤其是李韶九等人的严刑逼供直接引发的错误的武装对抗行动。

富田事变发动者刘敌刚从前方调回军部就被李韶九审问，脱身回到部队后也还没有暴动的打算，而是在营长张兴又被军部扣留后才愤而发动的。暴动以后虽然犯了一系列严重错误，但这与有组织、有计划以反革命为目的的暴动不能相提并论。刘敌、段良弼、谢汉昌等人，暴动后分别派人向总前委和中央报告事变经过，请求中央派人处理；向误捕的易尔士道歉并请他传达了中共六届三中全会精神；检讨了公开喊“打倒毛泽东”口号及其他一些过火行动；阻止向湘东南特委派来的湘赣独立师开火；并向中央检讨了暴动的错误，请求处罚；同意给中央提供 200 斤黄金解决中央经费困难；带走的红二十军没有任何一部分投降敌人，仍在河西继续作战；遵照苏区中央局的指示回来参加会议解决问题，以及最终红二十军回到了河东，等等。这些实际行动表明，富田事变领导人始终是向着党向着革命的，富田事变不是以反革命为目的的暴动。

第四，富田事变虽不是 AB 团领导的反革命暴动，但确犯有分裂党、分裂军队的严重错误。

富田事变领导者为了救出大批被冤屈的同志，采取武装对抗，这无疑是一个重大原则错误，但在当时的紧迫情况下，尚属情有可原。由于他们对毛泽东的错误认识，形成了反毛的思想基础，致使他们在蒋介石 10 万大军“围剿”苏区的决战前夕，不顾大局，拉走部队；并且提出“打倒毛泽东，拥护朱彭黄”的公开分裂总前委领导的口号；还自行宣布他们是“合法”的省行委，派人去联络各地党组织服从其领导，导致 1931 年 1 月中旬赣南行委领导人在信丰县城召开“反毛大会”，扩大革命队伍的分裂；造谣说“毛泽东反水”，伪造毛泽东给古柏的信，对总前委领导挑拨离间，等等。这些恶劣行径制造了混乱，损害了革命，构成了分裂党、分裂军队的严重错误。如果不是朱德、彭德怀、黄公略、滕代远等对革命的忠诚，分裂行为一旦得逞，后果是不堪设想的。

综上所述，原认定富田事变是 AB 团领导的反革命暴动的性质不能成立；对于富田事变领导人的错误，当时给予适当的党纪、军纪处分，是必须的；但简单地、不加区别地以“AB 团首领”、“反革命分子”的罪名，对他们予以处决，则是错误的。当然也应当看到，富田事变确实对革命造成了较大的影响和危害，在反“围剿”决战的激烈斗争情况下，总前委以及共产国际执委会远东局、中央政治局、苏区中央局做出这种错误的定性处理，是可以理解的。

第三节
闽西苏区整肃“社会民主党”

一、整肃“社会民主党”的由来

在赣西南苏区整肃 AB 团和富田事变发生之后，闽西苏区进行了一场整肃“社会民主党”的运动。

社会民主党原是巴黎公社失败后至 20 世纪初欧洲各国成立的政党组织，早期曾对工人运动起过积极作用，并组成过第二国际，以后除俄国社会民主工党（布尔什维克）以外，绝大多数蜕变为资产阶级政党。俄国布尔什维克党在列宁和斯大林领导下，曾长时间对机会主义的社会民主党展开斗争。共产国际也曾发出指示，要求各国共产党包括中国共产党在内，开展反对社会民主党等资产阶级政治派别的斗争。但是，当时在中国根本就未成立过“社会民主党”组织，在中国开展反对所谓“社会民主党”的斗争，实际上是无的放矢。

1930 年 12 月，在赣西南苏区大规模地开展整肃 AB 团运动的影响下，闽西苏维埃政府根据中共福建省委关于“巩固苏区，必须肃清反革命”的指示，成立了闽西苏维埃政府肃反委员会，由闽西苏维埃政府裁判部长林一株兼任主席，各县也相应成立了肃反委员会，在苏区部署开展肃反工作。

1931年初，闽西苏区新红十二军召开纪念国际共运领袖李卜克内西、卢森堡、列宁大会。李、卢都是德国社会民主党和第二国际的左派领袖。第二国际堕落为修正主义后，他们又与之进行了坚决斗争。在纪念大会上，当介绍李、卢是第二国际领导人、社会民主党党员时，有个叫吴挫哉的和几个缺乏国际共运知识的青年战士，突然呼喊了“拥护第二国际”、“社会民主党万岁”的口号。

这件事本不足为怪。可是，有人却将这些口号和呼口号战士的姓名汇报到了该师第一〇〇团政治委员林梅汀处。林梅汀对此未予理睬，告发者又将情况向闽西苏维埃政府报告。

闽西苏维埃政府肃反委员会主席林一株等人获知后，不察具体情况，小题大做，立即将呼喊口号的青年士兵当作“反革命”予以逮捕，还牵连到林梅汀等人。肃反委员会主观地认为闽西苏区存在一个“社会民主党”反革命派别，于是对所逮捕的人严刑审讯。那些被冤屈的红军指战员被迫屈打成招，胡乱供出傅柏翠①是闽西社会民主党特委书

① 傅柏翠，福建省上杭县人。早年参加同盟会和中华革命党。1927年9月加入中国共产党，任中共上杭县北四区支部书记、区委组织部部长。1928年6月参与领导上杭县蛟洋农民武装暴动，后任闽西暴动副总指挥、中共闽西特委军委委员、闽西红军第五十九团团长、红四军第四纵队司令员、中共红四军前委委员、红四军第四纵队党代表兼上杭县赤卫总队总队长、闽西苏维埃政府执行委员、财政经济部部长等职。1930年12月因拒绝组织分配的工作被开除出党，1931年3月脱离革命。后曾任国民党永定、宁化等县县长、保安团代理团长。1949年5月起义，重新参加革命队伍。新中国成立后曾任福建省人民法院院长、省政协委员、省人大常委会副主任等职。1986年1月重新加入中国共产党。1993年1月在福州逝世。

记，林梅汀[①]是特委宣传部长，黄洪是特委组织部长，江桂华、张德宗等是特委委员；并供出社会民主党的政治主张是“二五减租、劳资仲裁、开国民会议”等。此外，还胡乱供出与他们所谓“有关系”的60余人。其中，大多是闽西地方和红军中的领导骨干。

由此，闽西苏区开始了大规模的整肃“社会民主党”运动。

二、整肃“社会民主党”的恶果

1931年2月14日，闽西苏维埃政府召开各县苏维埃政府裁判委员会联席会议，专门讨论加强肃反工作问题。2月21日，闽西苏维埃政府裁判部连续发出裁字第一号、第二号通告，强调要健全和加强肃反组织，以迅速肃清苏维埃区域内的社会民主党等各种反革命政治派别。其中“裁字第二号”通告说：“最近本政府和各地捕获大批的国际社会民主党，审讯结果，揭破其种种阴谋。在整个反动政党——国际社会民主党没有全盘破获以前，各级政府应集中火力进行这一肃反工作，但首先须秘密审讯，特别注意他组织上、策略上，详加研讯，庶免漏网，除其重要负责人（如反动政党的特委委员，县委书记，组织科长，宣传科长等），应将人犯和口供一并解到本政府审办外，如非重要的反动党徒，可由各县苏裁肃委员处理。”[②]

这份通告表明：闽西苏维埃政府对所谓社会民主党的“反动党徒”的处置权，已下放到“各县苏裁肃委员”。

1931年3月1日，闽西苏维埃政府在永定县虎岗召开了“闽西工

---

① 林梅汀，福建永定县人。1926年参加革命。1928年加入中国共产党，同年6月参加永定县农民武装起义，后任中共永定县委委员、区苏维埃政府主席。参加了闽西苏区反“会剿”斗争。1930年任红十二军第一纵队第一支队政治委员。红十二军主力随红一军团行动后，留在闽西苏区坚持斗争，任新组建的红二十一军纵队政治委员。红二十一军编入新红十二军后，任该军第一〇〇团政治委员。

② 《福建革命历史文件汇集》（1931—1933）（苏）甲15，中央档案馆、福建省档案馆编，1986年内部版，第41—42页。

农兵审判社会民主党分子代表大会”。林梅汀等17名所谓“社会民主党”主犯受审判后,于3月2日被处以死刑。临刑前,蒙受冤屈的林梅汀等人高呼“打倒社会民主党”、“拥护中国共产党”等口号。所谓“闽西社会民主党特委书记”傅柏翠,因在上杭县蛟洋拥有自卫武装,闽西肃反委员会对他始终无可奈何。

为加紧肃社党斗争,1931年3月4日,闽西苏维埃政府又发出“裁字第三号”通告,说:“最近红军十二军发觉内部的反动组织(社会民主党)以后,半月来迭次破获该反动组织政党的各县组织,捕获很多的反动首领,他们反革命的活动,并不是部分的问题(与赣西南AB团同样的严重)……自红军十二军发觉这一反动组织以后,本政府曾经通告各级政府并布告号召群众一致动员肃清这一反革命的国际社会党。但各级政府对于这一工作还有取怀疑姑息态度,而不能坚决积极的领导群众一致动员肃反,这是非常错误的危险倾向。”通告要求闽西各级政府“应不要姑息、不要留感情的站在革命的立场严密查缉一切反动分子”。“加紧政治侦探工作,以极大的力量,破获国际社会民主党在闽西各地的活动,根本肃清他们的组织”。通告还宣布了对“社会民主党”等反革命派别的惩办原则:“如系埋藏在指导机关以及在红军中素常捣乱者枪决”;“反动政党党员素常造谣惑众勾结敌人者枪决”;“凡处决的应将他的罪恶,召集群众大会,宣布其反革命的罪状,由群众大会通告处决”。①

这个充满杀气的通告发布后一个月,即1931年4月4日,中共中央给中共闽粤赣边特委发来一封指示信,更给闽西苏区肃社党运动火上加油。这封指示信认为“敌人积极从各方面来向苏区红军进攻——普遍的白色恐怖积极的打入到党的组织内和红军中来从事破坏(闽西

① 中央档案馆、福建省档案馆编:《福建革命历史文件汇集》(1931—1933)(苏)甲15,1986年内部版,第49—52页。

的所谓社会民主党，江西的AB团以及其他地方的改组派等等），从蒋介石到傅柏翠都有整个的联系和计划的”；“必须肃清内部的——红军中、政府中、党部中的一切反革命分子，站在阶级立场上以最严厉的手段来镇压”①。

此后，由于王明“左”倾错误在闽西苏区的贯彻和“肃反中心论”的提出，闽西苏区整肃社会民主党错误的发展更为加剧。“肃反”成了一切工作的中心，各级政府、党组织、各群众团体组织、各裁肃委员都可以随意抓人杀人。特别是负责肃反工作的林一株②利用执掌的肃反大权，随意打击报复。在他的影响和怂恿下，一些人借肃社会民主党之机，大行宗派，挟嫌报复，使打击面越来越大。凡犯有“立三路线”错误者，对“立三路线”抱有怀疑态度者，出身地富家庭者，平时工作生活中有缺点错误者，都在怀疑肃杀之列。甚至还有被诬为参加了什么“十毫子运动”“食烟大同盟”“姑娘姐妹团”“找爱团”“膳食委员会”等，都被视为“社会民主党”的外围组织，而遭捕杀。③

乱肃滥杀“社会民主党”，造成闽西苏区内人人自危。这种险恶局面，自然引起闽西苏区广大干部、群众的极度恐慌和不满。一些干部群众和地方武装人员面对乱肃滥杀，为自保性命，便产生了“与其坐而

---

① 《闽西革命史文献资料》第五辑，中共龙岩地委党史资料征集委员会、龙岩行署文管会编，1984 年内部版，第 133—134 页。

② 林一株，福建龙岩县（今新罗区）人。集美师范学校毕业。1927 年加入中国共产党，任岩平宁宣传人员养成所军事教官。1928 年 11 月被选为中共龙岩县委委员、常委，任宣传部长。1929 年 2 月任中共龙岩县委秘书兼宣传部长，6 月当选为龙岩县革命委员会委员，9 月当选为龙岩县苏维埃政府执行委员。1930 年 2 月当选为闽西苏维埃政府执行委员，任秘书长，4 月任文化部长兼建设部长，9 月任裁判部长，10 月任全苏大会闽西准备委员会主席，11 月当选为闽西苏维埃政府执行委员会常委，仍任秘书长兼裁判部长，12 月兼任闽西肃反委员会主席。1931 年 9 月因制造闽西“社会民主党”错案犯有严重错误而被闽西政治保卫处判处死刑。

③ 参见中共福建省委党史委：《第二次国民革命战争时期闽西苏区“肃清社会民主党”事件情况简述》，载中央党史研究室编：《党史通讯》，1986 年第 5 期。

待毙，不如临死一拼”的想法，终于酿成了杭武第三区部分干部群众的武装对抗事件，史称“坑口暴动”。

坑口暴动发生在1931年5月27日晚。当时，闽西苏维埃政府巡视员罗寿春到该区巡视，督促“肃反”。驻坑口（今上杭溪口乡）的闽西苏维埃政府直属第三大队党代表何登南、大队长李真，对乱肃社会民主党持反对意见，于5月27日晚扣留了前来检查肃社党工作的罗寿春及区苏政府主席，释放了被关押的所谓“社会民主党分子”七八十人，并强迫罗寿春写信给杭武县苏维埃政府将坑口的“社党分子”押回坑口会审。杭武县苏维埃政府接信后把人押回坑口后，得悉第三大队要把这些被押人员放掉，不肯交释，于是双方交火。停火后，何登南、李真率部上山。有人主张就近投奔踞守古蛟的傅柏翠，李真不同意。于是，何、李在山上观望3天后，红十二军奉命从永定县虎岗开来“围剿”，何登南、李真及第三大队大部分战士都被以社会民主党罪名遭杀害。[①]

坑口事件发生后，闽西苏维埃政府于1931年5月30日发出通知，被迫宣布解散杭武县第三区苏维埃政府。这次事件的发生，不仅未能遏制闽西苏区肃社党事件，反而使之加快了步伐。闽西苏维埃政府于1931年6月5日发出第二十八号通告，提出：“肃反要迅速坚决，要捉的快捉，要杀的快杀，要放的快放，不可犹豫缓延。”[②]被称为“闽西社会民主党特委书记”的傅柏翠，原本就因种种原因在上杭县古蛟地区拥兵自卫，将上杭县北四区、北五区从苏区分离出去了，自被诬为社会民主党党首后，更迫使他与闽西共产党组织和苏维埃政府产生对抗情绪。附近苏区一些被诬为社党分子的人为求自保，也纷纷跑到古

---

① 参见《上杭人民革命史》，厦门大学出版社1989年版，第123页。

② 中央档案馆、福建省档案馆编：《福建革命历史文件汇集》（1931—1933）（苏）甲15，1986年内部版，第103—113页。

蛟地区躲避，投入傅柏翠门下。这样，上杭县古蛟地区便被视为是闽西社会民主党的巢穴。为肃清古蛟地区的社会民主党，捉拿党首傅柏翠，闽西肃反委员会主席林一株带领两千多名红军进攻古田和蛟洋。傅柏翠率领当地武装进行抵抗，公开分裂，并脱离了革命队伍。

错误的肃社党运动使闽西苏区遭受严重损失。闽西苏维埃政府35名执行委员中，半数以上被当作社会民主党分子错杀，新红十二军连以上干部半数以上被肃杀。整个闽西苏区被当作社党分子错杀的达6352人。[①] 闽西苏维埃政府主席张鼎丞、中共闽粤赣特委组织部长罗明等闽西革命斗争领袖，也被怀疑是社会民主党分子，险遭错杀。由于革命力量遭受损失，在国民党军队进攻下，闽西苏区由48个区缩小为22个区；闽西苏区的党员人数也由8000人锐减为5000人。

赣南的瑞金县党组织受闽西特委领导，“肃社党”运动又由闽西波及瑞金。当时，中共瑞金县委书记李添富是由中共闽粤赣边特委任命的一个“左”倾思想极为严重的人。闽西苏区开展肃社会民主党后，李添富毫无根据地盲目仿效闽西肃社会民主党做法，自任肃反委员会主任，在瑞金大规模开展整肃社会民主党运动。仅半年时间，瑞金全县被当作社会民主党分子遭冤杀的达435人，其中县委、县苏维埃政府部长以上领导干部28人，区、乡级干部77人。

三、共产国际远东局对闽西肃“社党”的担忧与闽西肃“社党”错误的遏制

闽西苏区林一株等人以闽西苏维埃政府名义大肃社会民主党的做法，使闽西苏维埃政府主席张鼎丞等人极为不满。1931年7月15日，根据中共苏区中央局政治保卫处的指示，撤销了林一株为首的闽西肃反委员会，新成立闽西苏维埃政府政治保卫处，由郭滴人任处长，

① 据《闽西“肃清社会民主党”历史冤案已平凡昭雪》，载中共党史研究室编：《党史通讯》1986年第5期。

主管肃反工作。

共产国际远东局通过阅读来自闽西苏区的材料，也发现闽西苏区整肃“社会民主党”存在问题。1931年6月10日，远东局成员雷利斯基从上海写信给共产国际执委会东方书记处，报告说：远东局曾要求中共中央“给闽西派去政治上坚定、熟悉当地人的同志，这样的同志才能在那里对我们的领导机构进行认真的清洗。这位同志要熟悉环境并弄清楚，我们在那里有没有遇到被我们的敌人利用的内部分歧。那里有没有这样的情况：我们的同志把每一位对分地或对我们对待商人的政策提出错误建议的农民当即宣布为反革命分子，从而真的把他推向了反革命营垒。我们认为这是完全可能的。说我们的组织90%属于社会民主党，这是不可能的。假如确实是这样，那么政权就会在社民党人手中，而不在我们手中。实际上一切都完全是另一种样子。不应对反革命估计不足，但如果对它估计过高，那就只会帮它的忙。顺便说一句，红军近来取得的胜利最有力地证明，劳动农民是跟我们走的”①。

中共中央根据共产国际远东局的意见，于1931年8月29日发出《致中共闽粤赣苏区省委的信》。该信虽然肯定闽西肃“社会民主党”是对的，但却严肃地指出：“把苏区内部的阶级斗争和肃反工作的对象只认为是社会民主党……这显然是把复杂的问题简单化了”；“把苏区一切不好的现象都只看到社会党的作用……仿佛一切工作都很好，只有社党成问题”；在肃社党中“差不多完全是一种惩办的方法”②。中央认为这些都是错误的，必须坚决纠正。同时，中共中央决定将支持林一株等人整肃“社会民主党”的中共闽粤赣边临时省委书记邓发

① 《共产国际、联共（布）与中国革命档案资料丛书》第10卷，中央文献出版社2002年版，第325页。

② 《中共中央文件选集》第7册，中共中央党校出版社1991年版，第350—351页。

(原任中共闽粤赣边特委书记)调离闽西,赴江西担任苏区中央局委员。

中共中央于8月29日发出的《致中共闽粤赣苏区省委的信》送达闽西苏区后,闽西党和苏维埃政府受到震动。罗明、张鼎丞、郭滴人等人根据群众揭发,发现和掌握了林一株等人利用肃社党之名,滥施职权、为非作歹的事实,于是采取果断措施,将林一株等人拘捕处决。这一举措,很快使闽西肃社党狂澜得到遏制,从而稳定了闽西苏区的政治局面。

与此同时,瑞金县乱肃社会民主党的错误,也被中共赣东特委和新任中共瑞金县委书记邓小平等坚决制止。滥施肃反大权的原瑞金县委书记兼肃反委员会主任李添富,也被瑞金党和人民公审、处决。

1931年11月,张鼎丞、郭滴人在出席"一苏大会"期间,向毛泽东和中共苏区中央局汇报了闽西苏区肃社会民主党中的错误做法。毛泽东听后,严肃地指出:"这样搞,不要敌人打,我们自己就会垮台。"①毛泽东指示立即停止肃社会民主党运动,纠正肃反错误,并由临时中央政府拨给5000多元作善后救济费。

1931年12月中旬,周恩来由上海前往瑞金途经闽西苏区时,目睹了闽西苏区肃社会民主党造成的严重恶果,十分痛心和焦急,12月18日致信中央政治局说:

> 我入苏区虽只三日,但沿途所经,已见到闽西解决社党所得的恶果是非常严重的。自然肃清社党是绝对正确的,然而他们处理方法之错误,如中央历次所指斥的殆有过之而无不及。群众之死于社党之罪的并不都是社党领袖,甚至因其与社党领袖假共党之名在一起开会的也被列为社党而杀了。因此,现在许多群众不敢与共党接近,恐怕结果又是社党。究竟社党与共党之别在哪

① 张鼎丞:《中国共产党创建闽西革命根据地》,福建人民出版社1980年版。

里，何种情形方可算罪，群众简直答不出。扩大红军，说群众不积极，十二军团长团政治委员亲口对我说闽西群众不好，而他们一下子便拘捕五六十人（在一百人之中，全部是农民而且多是贫农），给以严刑（只据别人一点口供，还说不打不招，等问审问清白，连释放都难，因为身体已伤），对群众将成如何影响！……据我在闽西所见到闽西党的最近决议及中区党的文件，都还只言反AB团反社党的成功，而未及他的错误。可见此事转变之难与问题之严重性。①

经周恩来严肃批评后，闽西苏区乱肃社会民主党的错误进一步得到遏制。

第四节 苏维埃中央政府成立后的肃反运动

一、周恩来、毛泽东纠正乱肃AB团的错误

如前所述，周恩来除及时纠正闽西肃社会民主党的错误外，对赣西南整肃AB团的斗争也予以密切关注，并领导纠正了乱肃AB团的错误。

周恩来早在1931年8月30日代中央起草的《中央给苏区中央局并红军总前委的信》中，就批评了中央苏区肃AB团斗争中存在的错误。他明确指出：

AB团是地主残余与富农的组织，但不是每一个地主残余或富农分子便一定是AB团，AB团是反革命的组织，但不是每一个反革命派别在苏区便一定是AB团；党的错误路线，农民中的落后意识，群众中党员中的不满情绪和腐化现象，常常被AB团拿来利

① 《周恩来书信选集》，中央文献出版社1988年版，第76—77页。

用，但不是每一个党的错误路线执行者和拥护者，每一个落后的农民，每一个犯有错误倾向或行动的党员或群众便一定是AB团；甚至党的正确路线和政策故可被AB团拿来故意做错来毁坏党的信用，但不是每一个将党的正确路线和政策做错了的党员或群众便一定都是AB团。[①]

周恩来在指示信中还要求苏区中央局和总前委在肃反时，既要反对“简单化的错误”，也要反对“扩大化的错误”，强调要建立有系统的肃反工作和政治保卫处的工作，选拔最得力的干部去担任这方面的工作。

自中央因处理富田事变解除项英的苏区中央局代理书记后，以毛泽东为代理书记的苏区中央局，在大量的事实面前，也逐步意识到苏区肃反斗争确实存在许多错误，认识到中央的批评和指示是正确的。在一苏大会期间，毛泽东就采取措施，制止和纠正了闽西肃社会民主党的错误。1931年12月5日，毛泽东主持的苏区中央局向苏区各级党组织发出了《中央局给各级党部的信——关于反AB团及其他反革命派别的斗争问题》。信中承认：

过去我们对于AB团的认识是太笼统了，是将AB团扩大化了。AB团是地主残余富农的组织，因此便把地主残余与富农都当作AB团看待了，AB团是要利用，并且利用了党的错误路线，因此便把错误路线的执行者与AB团问题连系起来认为他们有可能的都是AB团，AB团都是故意做错来破坏革命工作，因此便把一切犯错误的党员和群众立即与AB团问题连系起来，认为他们是不可靠的可能的是AB团，因为党内有些异己阶级出身的分子叛变，而加入AB团，因此便把一切从异己阶级出身来的分子，都认为可能的都是AB团了，并且把AB团扩大化到这样的程度……

① 《中共中央文件选集》第7册，中共中央党校出版社1991年版，第372—373页。

这一切是如何严重的错误啊!①

以毛泽东为首的苏区中央局在这封指示信中,承认“将AB团扩大化了”,犯了“严重的错误”,这是直面现实的务实态度。

苏区中央局在信中还坦陈:“对AB团认识上的错误,就产生了对AB团斗争方法上的错误”,“反AB团的斗争差不多完全缩小到‘打AB团’——捕获、审问、处置——的范围了,这里把反AB团的斗争简单化了”,“党内展开群众反对错误倾向思想反对错误行动的思想斗争,党内两条路线的斗争也差不多以‘打AB团’的方式来代替了,这种错误的发展,就形成所谓‘肃反中心论’……因此很多工作都集中到‘打AB团’了,这一切又是何等严重的错误啊!”

在这里,苏区中央局又承认了肃反“简单化”和“肃反中心论”的严重错误。

苏区中央局在信中还承认过去肃反时“过于相信供词,甚至反革命派有计划故意乱供的阴谋也不易察觉,审问的技术偏于‘肉刑苦打成招’的事实,确是有所不免。这样,使许多同志落入反革命派供词的迷雾中而失其正确判断的能力了,被供词所束缚不能自拔了。这样肃反工作唯心论的现象产生了,自然这样来‘打AB团’错了的事情是决不能说没有的,这又是我们应当如何警觉的事实啊”!

在这里,苏区中央局又承认了肃反中肉刑逼供、“苦打成招”的错误和事实。

苏区中央局在信中还说:在处置AB团方法上,“很少认清楚他们领袖与欺骗和被威胁的加入AB团的工农分子间的差别,而时常采取一律同样处置的方法,这是缺乏明确的阶级路线反映到肃反中的恶

① 《中央局给各级党部的信——关于反AB团及其他反革命派别的斗争问题》,1931年12月5日,见凌步机:《中央苏区时期毛泽东为纠正肃AB团错误所作的努力》,中共中央党史研究室主办:《中共党史研究》2002年第4期,第59页。

果，这又是如何严重的错误啊”！①

在这里，苏区中央局又承认了在肃反中将首领与群众不加区别、“同样处置”的“严重的错误”。

毛泽东、周恩来等党的领导人，是讲究实事求是、勇于自我批评、胸怀坦荡、光明磊落的无产阶级革命家。尽管他们在指导反AB团斗争中犯有这样那样的错误，但一旦他们认识到存在的错误，就勇于承认和纠正错误。这是难能可贵的。从苏区中央局的这一封以自我批评为主的指示信沉重的语气中，人们可以体味到毛泽东等共产党人对整肃AB团斗争中所犯错误造成的恶果甚感痛心和自责的心态。

这封指示信发出不久，毛泽东便于1931年12月13日主持召开苏维埃中央执行委员会非常会议，通过并颁布了《中华苏维埃共和国中央执行委员会训令(处理反革命案件和建立司法机关的暂行程序)》。《训令》中再次承认苏区“在过去的肃反工作中，不是没有错误的，临时中央政府严重的告诉各地各级苏维埃政府，各地过去的肃反工作，有许多地方是做得不对的，例如听到某个或某几个反革命分子的口供，没有充分的证据未经过侦查的工作，就进行捉人，审问的时候采用肉刑、‘苦打成招’的事，时常发现，处置犯人的时候，不分阶级成分，不分首要和附和，以致应当轻办的，却把他重办了(如不释放附和的工农分子)”。《训令》规定今后“一切反革命的案件，都归国家政治保卫局去侦查逮捕和预审，国家政治保卫局预审之后，以原告人资格，向国家司法机关(法院或裁判部)提起诉讼，由国家司法机关审讯和判决”。“一切反革命案件审讯(除国家政治保卫局得预审外)和审决(从宣告无罪到宣告死刑)之权，都属于国家司法机关。县一级司法机

① 以上均引自《中央局给各级党部的信——关于反AB团及其他反革命派别的斗争问题》，1931年12月5日，见凌步机：《中央苏区时期毛泽东为纠正肃AB团错误所作的努力》，中共中央党史研究室主办：《中共党史研究》2002年第4期，第59页。

关,无判决死刑之权。”①

这一《训令》的颁布,将苏区肃反工作纳入了苏维埃国家法制的轨道,从而有利于制止和防止肃反中乱捕滥杀现象发生。这是毛泽东领导苏区党和政府纠正肃反中的错误采取的一个重要举措。

1931 年 12 月底,周恩来经闽西苏区抵达瑞金。1932 年 1 月 7 日,周恩来和毛泽东一起共同主持召开中共苏区中央局会议,专门研究纠正苏区肃反错误问题。周恩来就苏区肃反工作问题作了报告。毛泽东完全同意周恩来的报告。会上,苏区中央局深刻检查了过去苏区的肃反工作。会议认为中央局对肃反工作的自我批评还不够,“还有些没有估计到的”,“对闽西肃反工作的估量则是错误的”②。

会议讨论通过了新的《苏区中央局关于苏区肃反工作决议案》。这个决议案是在 1931 年 12 月 5 日苏区中央局关于肃反工作错误的自我批评指示信基础上形成的。《决议案》指出:“中央局要以自我批评的精神,承认对于过去肃反工作中路线错误的领导责任。在总前委领导时期,对于镇压富田反革命暴动的处置,完全是正确的。但对 AB 团的认识与处置 AB 团的方法,便犯了许多上述的严重错误,种下了肃反工作的错误根基……后来中央局扩大会后……对于肃反工作的根本错误,并未了解和执行及时纠正,以致上述错误反继续发展和扩大起来,直到党大会尤其是中央局指示信后,才将过去肃反工作中的错误揭发出来,并指出了正确的出路。过去这些错误的表现,在地方工作中固然十分严重,即在红军中同样严重。”③《决议案》上述对苏区一年多来肃反工作的评价和批评,基本上是正确的,符合实际的。毛泽东对上述评价持赞同意见。

---

① 以上均见《中华苏维埃共和国法律文件选编》,江西人民出版社 1984 年版,第 279—280 页。

② 《中共中央文件选集》第 8 册,中共中央党校出版社 1991 年版,第 18 页。

③ 《中共中央文件选集》第 8 册,中共中央党校出版社 1991 年版,第 22—27 页。

关于苏区今后的肃反工作,《决议案》除重申苏区中央局12月5日指示信所提出的要求外,还强调:"苏维埃政府应颁布处理反革命犯条例和加入反革命派的分子自首自新条例,并以明令确立革命秩序与保障革命群众的权利,使广大工农劳苦群众不致因AB团、社党及一切反革命派别的捣乱与政权对他们的镇压,而发生任何恐慌和动摇。"并强调"须加紧执行肃反工作的检查。对过去执行肃反错误路线的分子或机关,如在党大会决议尤其在中央局指示信发出后仍不更改其错误的,须予以纪律上的制裁"。[①]

根据上述精神,苏区中央局于1932年1月25日对在肃反工作中滥用职权、大搞逼供信,犯有严重错误的原红一方面军政治部肃反委员会主席李韶九,给予留党察看六个月的处分,并撤销其职务,派到基层做群众工作。后来,李韶九曾担任江西省政治保卫局局长、红军总政治部秘书长、汀瑞卫戍区司令员、汀州军分区司令员等职。1934年10月中央红军主力长征时留在苏区参加游击斗争。1935年,此人在闽西被人处死。

二、李明瑞被杀和季、黄之死

苏维埃临时中央政府成立后,中央苏区乱捕滥杀"AB团"和"社会民主党"的错误,经毛泽东、周恩来等共同努力,得到一定程度的纠正。但是,也必须看到,无论是苏区中央局1931年12月5日关于肃"AB团"及其他反革命派别的斗争问题给各级党部的指示信,还是苏区中央局1932年1月7日关于肃反工作的决议案,都一再肯定江西AB团和闽西社会民主党的存在,肯定"过去反AB团斗争是正确的,是绝对必要的"[②];强调纠正过去肃反工作中的错误,不要使干部群众

① 《苏区中央局关于苏区肃反工作决议案》,1932年1月7日。见《中共中央文件选集》第8册,中共中央党校出版社1991年版,第22—27页。

② 《中共中央文件选集》第8册,中共中央党校出版社1991年版,第18页。

造成错觉,“以为过去工作做错了,现在连 AB 团,社党等也不要反对了,或者以为 AB 团,社党根本便没有这个东西……尤其要绝对防止一切反革命派别利用过去肃反工作的错误,向党和革命进攻,而重新活动起来,谁要忽视这一点,谁就是有意无意的帮助一切反革命派”。同时强调要“加紧党内两条战线上的斗争,尤其是反右倾”①等。这就不可避免地使苏区肃反工作中的错误难以得到彻底纠正,而继续重犯肃反扩大化错误。

正是在这种背景下,苏维埃中央政府成立前后,便发生了李明瑞被杀和季振同、黄中岳等被害的事件。

李明瑞,广西北流人。1896 年出生。云南陆军讲武堂韶州分校毕业。曾任桂军排长、连长、营长,国民政府南征第二路军团长,国民革命军第七军旅长,第十五师师长,广西军事特派员,第四编遣区主任,广西绥靖司令等职。北伐战争时期同中国共产党建立联系。1929 年返回广西后,邀请中共中央派共产党员到广西工作。中共中央代表邓小平就是此时应他邀请来到广西开展工作的。1930 年初,李明瑞加入中国共产党。同年 2 月在邓小平的领导下,他率广西警备第五大队在龙州起义,组成红八军,任红七军、红八军总指挥。1930 年 11 月,他与邓小平、张云逸一起,奉党中央命令率红七军向柳州、桂林出击,任中共红七军前委委员、红七军总指挥兼第五十八团团长。失利后率部向中央苏区转移,1931 年 2 月中旬,与邓小平一起率红七军第五十五团及五十八团一部千里转战到赣南崇义县。邓小平离开红七军到上海向中央汇报后,李明瑞率部转移到湘赣边永新县,与张云逸率领的红七军第五十八团重新会合。1931 年 4 月,任红一方面军河西总指挥部总指挥,与张云逸及红二十军代理军长萧大鹏一起,指挥红七军、红二十军和湘赣红军独立第一师与敌战斗,取得许多重大胜利,保卫和发

① 《中共中央文件选集》第 8 册,中共中央党校出版社 1991 年版,第 25 页。

展了湘赣边苏区。1931 年 7 月中旬，李明瑞与张云逸等一起，率红七军、红二十军东渡赣江，来到中央苏区兴国县。红二十军编入红七军后，李明瑞任红七军军长，率部参加了中央苏区第三次反“围剿”斗争。随后随红一方面军主力从兴国东进闽赣边，担负赤化会昌、于都、安远等县任务。

就是这样一位与党同心同德、经过艰苦革命斗争严峻考验的优秀的红军高级将领，因同红七军政治委员葛耀山有些歧见，产生不和，被诬告为是“改组派首领”，列为“肃反”对象。1931 年 10 月中旬的一天，他带领一个警卫班来到黄龙乡（今属于都县黄麟乡）朱田村检查连队工作时，被中央政治保卫局派来的一个武装排开枪打死在住地何屋。李明瑞的警卫班也被缴械。1945 年党的七大期间李明瑞得到平反昭雪。

季振同、黄中岳与赵博生一样，都是国民党第二十六路军宁都起义的重要领导人之一。起义后，季振同被中革军委委任为红五军团总指挥，黄中岳被委任为红五军团第十五军军长。1932 年春，季、黄二人被批准加入中国共产党。他们加入红军后，在起义部队整编、率部参加攻打赣州战役及后来黄中岳率红十五军编入东路军入闽作战中，都积极参加，经受了红军生活的考验。当然，作为曾是国民党军队的高级军官，在起义后难以完全适应红军艰苦斗争生活，对革命队伍中的一些制度和做法持有不同看法，甚或私下里发发牢骚怨言，偶尔邀集几个旧部好友聚首聊天，这都是正常的，不值得大惊小怪。季振同在起义后因军权旁落，心情郁闷，对人说过自己是“空头司令”的话。但他对中革军委派到红五军团任军团政治委员的萧劲光很尊重，常对萧诉说自己的心里话。1932 年三四月间，他曾对萧劲光说自己难以适应红军中的工作，希望能离开红军到苏联去“学习军事”。萧劲光立即将季的想法电告苏区中央局请示，苏区中央局同意了季出国学习的要求，并同意给季一些金子作路费。

恰好就在此时,国民党军队方面对季振同进行了策反。季振同原在西北军的老上级冯玉祥派其参谋长刘骥为代表与季联系。季振同将此事报告了萧劲光,萧即报告了苏区中央局,中央局亦同意季与刘见面。季还将国民党的一些策反信件送给萧劲光看,表明他“不为所动”。为出国学习,季振同离开军团部时,萧劲光为他开了欢送会。季把所有的东西都留下了,望远镜给了萧劲光,一匹膘骏的青鬃马也留下,后来送给了朱德总司令,枪也交了,警卫班也留下了,只带了一个保镖。萧劲光派人将他送到了瑞金。①

黄中岳受季的影响,在率军驻扎漳州期间,思想有些动摇,想离开红军,另谋去处,乘便做了一套便服,“准备开小差”②时用;还说过“我这次到前方去,干多少就多少,拖(拖枪)不动就算了”③的话,但没有任何“拖枪”“反水”行为。

可是,1932 年 5 月 5 日,国家政治保卫局执行部长李克农经周恩来批准,突然以“反革命”罪名在漳州将红十五军军长黄中岳、红十五军参谋长萧世俊逮捕。5 月 8 日,又以同样罪名将等待出国、请假到汀州视事的季振同逮捕。随后被捕的还有:李聘卿(红五军团经理处会计科长)、高达夫(红十五军经理处副处长)、朱冠甫(曾任红五军团参谋长、红校总教官)、张少宜(红十五军副军长、红校总教官)、刘佐华(冯玉祥与季振同联络代表)、蔡佩玉(红军学校俱乐部管理员)6 人。

1932 年 8 月 3 日至 4 日,苏维埃临时最高法庭在叶坪临时中央政府大厅对所谓“季黄反革命案”进行审讯。原告人李克农代表国家政治保卫局指控季、黄“参加宁暴根本就是投机的”,“随时隐藏着再做军阀梦、毁灭红五军团和宁暴光荣历史的反革命企图”④,并罗列了一

① 以上参见《萧劲光回忆录》,解放军出版社 1987 年版,第 114—116 页。
② 《红色中华》第 31 期第 6 版,1932 年 8 月 30 日。
③ 《红色中华》第 31 期第 6 版,1932 年 8 月 30 日。
④ 《红色中华》第 32 期第 10 版,1932 年 9 月 6 日。

大堆捕风捉影、莫须有的“罪状”。审讯结束时，临时最高法庭完全同意原告机关的诉讼意见，抓住季、黄等一些还没有构成事实的问题，判决如下：“季振同、黄中岳、萧世俊、张少宜、朱冠甫、高达夫、李聘卿、刘佐华八名执行枪决，并没收他们的一切财产。蔡佩玉监禁五年。”判决“是最后的，无上诉权”①。

按照司法程序，这一判决须送呈苏维埃中央执行委员会批准。中央执行委员会主席毛泽东和副主席项英都认为：“季黄等均是参加宁都暴动者，对革命不无相当功绩”；“季黄二人虽是此案的主谋者，但曾为宁都暴动领导人之一，应减刑免死”；“朱冠甫、高达夫、张少宜等三人曾参加宁都兵暴，并且不是此案的主谋者，可改为监禁”。于是，1932 年 8 月 10 日由毛泽东、项英签署的中央执行委员会决议案决议如下：季、黄二人“由死刑减为监禁十年”；朱、高、张三人“由死刑改为监禁八年”；其余刘佐华等四人“仍按原判执行”。②

判决后，季、黄二人一直监禁在瑞金九堡、麻田等地收容所。1934 年 10 月中央红军主力长征时，为纯洁内部，甩掉“包袱”，解除后顾之忧，国家政治保卫局将季振同、黄中岳等人处决于瑞金九堡大山中。

毛泽东对季、黄之死十分关心。据萧劲光回忆说：“延安时曾听毛主席讲过，把季、黄杀掉是不应该的。建国后，毛主席在中南海怀仁堂后厅的一次高干会议上又讲，季、黄在宁都起义中是有功的，没有他们，全部起义的胜利是不可能的，把他们处决是错误的。直到一九八二年，中央组织部对此案给予了复审，经过调查研究，对季振同、黄中岳给予公正的评价，并予以平反。”③

1924 年加入中国共产党、1929 年参加红军，曾任福建军区参谋

① 《红色中华》第 32 期第 10 版，1932 年 9 月 6 日。

② 《红色中华》第 32 期第 9 版，1932 年 9 月 6 日。

③ 《萧劲光回忆录》，解放军出版社 1987 年版，第 116 页。

长、红军学校训练部部长、红军第二步兵学校校长林野，也于 1934 年春在瑞金因肃反扩大化而遭错杀。1945 年中共七大期间追认为革命烈士。

三、临时中央迁瑞金后肃反错误的发展

1933 年 1 月，中共临时中央政治局领导人博古等从上海转移到瑞金，使王明“左”倾错误直接在中央苏区全面推行。在肃反问题上，他们置毛泽东、周恩来为纠正肃反扩大化错误的努力于不顾，指令各地加紧肃反工作，严厉镇压“反革命”。中央苏区肃反扩大化错误又开始升温，步入恶性发展的轨道。

1933 年 3 月 15 日，苏维埃临时中央政府根据博古等人的指令，发布《关于镇压内部反革命问题》的第二十一号训令。训令中通报了各地发生的一些“反革命的破坏活动”。这些在各地个别发生的事件，其中有许多其实并不是什么“反革命的破坏活动”，相互之间也没有什么必然的联系。但是，训令却认为这一切“已经明白证明敌人在苏区内是有计划的在组织反革命，从政治上经济上各方面进行破坏苏维埃革命破坏革命战争的毒计”①。训令批评各地苏维埃政府放松、放弃肃反工作，要求“各地政府及其肃反机关，要立即纠正这种错误”，“各区乡特别各城市之内，一遇有反革命分子潜藏及活动的事实，要采取坚决敏捷的办法，给他们以严厉的镇压，在环境紧张时候，要宣布临时的戒严……为了严厉镇压反革命，对于重要反革命分子，要不犹豫的迅速给以逮捕和处决”。② 训令还宣布对反革命犯，县裁判部判决其死刑后可不必等待上级批准即可先斩后奏，立即执行。

从 1933 年 6 月开始的中央苏区大规模查田运动中，又将查田、检察、肃反、打 AB 团搅在一起，同时又将肃反与扩红运动中反逃兵和

---

① 《中央革命根据地史料选编》下册第 671 页，江西人民出版社 1981 年版。

② 《中央革命根据地史料选编》下册第 672 页，江西人民出版社 1981 年版。

"归队"运动纠缠在一起。一些被查田运动查出的所谓地主、富农分子及他们的家属,出于对苏维埃运动极"左"政策的恐惧,纷纷逃往白区,其中许多人在逃跑途中被国家政治保卫局和苏区地方武装捕获后,即被当作反革命处决。在扩红运动中,一些思想觉悟不高、害怕过艰苦生活的人参加红军后又开小差逃跑回家的,也被当作破坏扩红的"反革命分子"遭到捕杀。

四、红军主力长征前后的肃反扩大化错误

1933 年 9 月,蒋介石调集 50 万军队,对中央苏区开始第五次大规模"围剿"。在采用"堡垒政策"对苏区加紧军事进攻的同时,国民党军政当局也不断地派遣特工谍报人员潜入苏区,进行侦察破坏,与其军事进攻相呼应。伴随着国民党军队的猖狂进攻和红军的节节后退,在赤白交界区域,也有一些人从苏区逃跑"反水",投奔国民党统治区域。在这种情况下,加紧苏区内部肃反,以巩固阵地,保卫苏区,是必要的。

但是,苏区领导者却夸大敌对势力,把肃反工作强调到不适当的程度。尤为严重的是,再次以法律规定的形式,将肃反的捕人、杀人权下放给县、区级政治保卫和肃反机关。1934 年 9 月在红军主力突围长征前夕,中央人民委员会发出《关于边区战区工作给各省县苏维埃的指示信》,强调:"如捉到一个反革命,我们就要在当地解决,用不到很多转弯与形式主义。"①为纯洁内部,不留"内患",根据中共中央和中央政府指示,国家政治保卫局和最高法院集中突击审判处决了一批在押人犯,其中包括季振同、黄中岳等所谓"反革命犯"在内,还包括在第四次反"围剿"战争中被俘后留在苏区任红军大学教官的国民党军第五十九师师长陈时骥。参加宁都起义后任中革军委总参谋部第五局(训练局)局长的边章伍,也差一点被当作"不可靠"分子遭错杀,幸亏

① 见《红色中华》第 237 期第 1 版,1934 年 9 月 23 日。

总参谋长叶剑英力保才幸免于难。

红军主力突围转移后,由于中央苏区面临的斗争环境更加严峻,留守苏区的中共中央分局和中央政府办事处进一步加强了肃反工作。据红军主力长征后留在苏区任赣南省职工会委员长的王贤选回忆说:“红军长征后,中央分局继续执行‘左’的肃反政策……项英同志当时有一个观点,就是对地主、富农、反革命,要坚决处理(处决)。他说:‘对于这些人,我们不杀他,他就会杀我们。’那时,于都梓山、潭头和会昌白鹅一带,还有一百四十多名地主、土豪和铲共团分子和其他危险分子。项英同志当面指示我处理掉这些人,以减轻后顾之忧,利于今后开展地下斗争。对于动摇分子和有叛变嫌疑的人,当时不管他是否已经逃跑叛变,只要几个领导人议论一下,也是可以处决的。”①

1934年12月20日,中央政府办事处又发出《动员工农群众,积极击杀革命叛徒》的紧急命令。命令规定对只有一般的自首行为或在敌军逼迫下做过一些错事的普通人民群众皆当作叛徒和反动分子予以击杀,显然是不适当的。

尤为错误的是,据时任赣南省登贤县苏维埃政府主席钟家瑶亲历所言,原宁都起义过来留在中央分局等机关工作的十几个同志,项英认为他们“靠不住”,于1935年2月下旬在没有任何证据的情况下,下令将他们杀害了。②

---

① 王贤选:《往事回忆——关于中央分局和中央政府办事处的点滴情况》,载《江西党史资料》第二辑,中共江西省委党史研究室1987年内部版,第194页。

② 《江西党史资料》第二辑,中共江西省委党史研究室1987年内部版,第214页。

第五节
中央苏区肃反运动错误产生的原因及其历史教训

一、苏区肃反错误的严重后果

中央苏区在肃反运动中长时期存在的严重的扩大化错误,尤其是江西苏区错误开展的整肃 AB 团斗争和闽西苏区错误开展的整肃社会民主党运动,使革命力量遭受严重损失。

江西苏区整肃 AB 团斗争,到底有多少人被错打为 AB 团分子,错杀了多少人?目前尚无确切统计。有关资料仅记载了如下一些情况:

“据不完全统计,在肃反运动中,永新县被当作 AB 团遭错杀的约 1800 人”①。1930 年 5 月至 1930 年 9 月,“于都南半县就有 1000 多人被当作 AB 团分子杀掉。一个城关区,就被杀了近 200 人”②。“于北区杀了 1000 多 AB 团”。“如雩北区像这样拘捕共计不下千余人,各县大都如是”③。“吉安西区 AB 团有二千余人,自首有七八百人”④。“万泰县不到十万人,杀了九百多人”⑤。寻乌县“据不完全统计,全县以‘AB 团’罪名被无辜杀害的有 3500 多人,仅留车一个区就杀了 151

① 《永新人民革命史》,1989 年内部版,第 156 页。

② 《于都人民革命史》,1995 年内部版,第 126 页。

③ 《江西苏区中共省委工作总结报告[续二]》,1932 年 5 月。载江西省档案馆、中共江西省委党校党史教研室编:《中央革命根据地史料选编》(上),江西人民出版社 1981 年版,第 479 页。

④ 《赣西南刘作抚同志〈给中央的综合性〉报告》,1930 年 7 月 22 日。载江西省档案馆、中共江西省委党校党史教研室编:《中央革命根据地史料选编》(上),江西人民出版社 1981 年版,第 248 页。

⑤ 文宏:《关于富田事变及江西苏区的肃反问题》。载《江西文史资料》第二辑,江西省政协文史委编,1982 年 8 月内部版,第 109—110 页。

人"[①]。"李韶九来到赣县肃反后,在白鹭杀害了几批从外县押来的所谓'犯人',在白鹭古坑一次就杀了200多人","当时县一级的机关干部几乎全部杀掉,仅剩下一个炊事员钟义谨未被杀害"[②]。"在整个肃反运动中,安远全县262人被错杀"[③]。"在肃反运动中,遂川籍干部被当作'AB团'遭错杀的有50多人。"包括县工农兵政府主席、泥腿县长王次淳。[④]"莲花县初当作'AB团'错杀的有1016人,其中有影响的领导干部在500人以上。"[⑤]"据不完全统计,永新县被错杀的有1890人,吉安县1100余人,莲花县800人以上,安福县300余人,酃县291人,宁冈县200余人,其中大多数都是身先士卒、战斗在第一线的领导干部。"[⑥]"瑞金全县以'社党分子'罪名被错杀的共有435人。"[⑦]

兴国、永丰、宁都等县被当作AB团分子杀掉的有多少人,目前未看到确切资料记载。

红军中打AB团,第一次在黄陂"一方面军打出四千四百余人";第二次仅红四军第十二师又打了100多人;第三次仅红二十军副排长以上干部被杀的近200人。

闽西苏区(含瑞金县)肃社会民主党错杀的有6787人。

在所谓"AB团"要犯袁肇鸿(茶陵游击队创始人)的家乡茶陵,"除袁肇鸿外,尚有1000余名干部、群众被错杀。中共茶陵县委第一任书记陈韶就是其中之一。"[⑧]

反"围剿"和长征前夕,又错杀了李明瑞、季振同、黄中岳等领导

① 《寻乌人民革命史》,2000年7月内部版,第54—55页。
② 《赣县人民革命史》,1996年内部版,第83页。
③ 《安远人民革命史》,中央文献出版社1995年版,第95页。
④ 《中国共产党遂川历史》,中共党史出版社2001年版,第124页。
⑤ 《中共萍乡地区史》,中共党史出版社2003年版,第430页。
⑥ 《湘赣革命根据地全史》,江西人民出版社2007年版,第181页。
⑦ 《瑞金人民革命史》,中央文献出版社1998年版,第58页。
⑧ 《中国共产党茶陵历史》,中共党史出版社2007年版,第194—195页。

人,以及一大批对查田运动不满和宁都起义留在机关工作的干部、群众。

这样,整个中央苏区被当作AB团和社会民主党分子错杀的,就可想而知了。据不完全统计,在中央苏区整肃"AB团"和"富田事变"狂潮中被错杀的苏区地区党政领导人和红军干部及群众,共计有3万人左右。

这么多人在肃反中遭错杀,给中央苏区的革命斗争造成的损失和危害该有多么严重！中共江西省委在1932年5月的总结报告中谈到干部问题时称:"在三次战争以后,肃反的结果……百分之九十以上的都被处决或被监禁或停止工作了,所以三次战争以后,即剩下了一些干部……都停止工作了,在区县两级中找不出一二个出来的。"①

当年江西省委的上述报告,足以说明:肃反扩大化错误给革命事业造成多么惨重的损失和危害,党和苏维埃政府在苏区人民心目中的形象和信誉造成多么严重的负面影响。

二、苏区肃反错误产生的原因及其历史教训

中国的土地革命运动,是劳苦工农群众在共产党领导下推翻以蒋介石为代表的地主资产阶级反动统治的革命斗争,是残酷激烈的阶级对抗。国民党反动政权绝对不甘心被革命力量赶下历史舞台,他们必然调动强大的反革命武装,一方面大规模地公开进攻苏区和红军,妄图扑灭苏区人民的革命烈火;一方面又必然秘密派遣力量潜入红色区域,暗中对新生的革命政权进行破坏。因此,新生红色政权建立以后,必然要在红色区域内部开展"肃反",以保卫新生的红色政权,保卫苏区人民生命财产安全。这当然是十分必要的。但这场"肃反"斗争被严重地扭曲了,严重扩大化了。

纵观中央苏区的肃反斗争,大体经历了四个阶段:

---

① 《江西苏区中共省委工作总结报告》,1932年5月,据赣州市档案馆馆藏件。

第一阶段(1930 年 5 月—1930 年 9 月):中共赣西南特委领导时期。这个时期,赣西南特委从 1930 年 5 月开始发动在赣西南苏区开展打 AB 团斗争,6、7、8 三个月全面铺开,9 月进入高潮,乱捕滥杀大批所谓 AB 团分子。但这时肃反尚未进入赣西南苏区党政领导机关。

第二阶段(1930 年 10 月—1931 年底):总前委和苏区中央局领导时期。这个时期,从 10 月初攻克吉安发现赣西南苏区党政领导机关的 AB 团线索,罗坊会议总前委作出"严厉的镇压 AB 团处决 AB 团中一切活动分子"、"军队中应注意反 AB 团"的决定,到 11 月间红一方面军的"黄陂肃反",12 月间"富田事变"发生及动荡,是为总前委领导时期。

1931 年 1 月上旬开始,苏区中央局和共产国际执委会远东局、中共中央政治局对富田事变作出定性处理,4 月处决富田事变头头,7 月红二十军解体,以及这期间和以后的大规模整肃斗争。与此同时,闽西从 1931 年 1 月开始整肃社会民主党并持续近一年,直到 12 月周恩来进入闽西苏区并出面干预和制止。1931 年这一年,属于苏区中央局领导时期。

第三阶段(1932 年初—1934 年秋):苏维埃中央政府和从博古为总负责人的中共中央局、中共中央政治局领导时期。这个时期,中央苏区的党和政府一方面采取措施制止和纠正乱打滥杀所谓 AB 团和社会民主党的错误,一方面又在查田、扩红、检察等工作领域中开展"肃反"斗争,大批驱逐和捕杀有逃离行为的地富分子,诛杀季振同、黄中岳等一批本不该杀的在押"人犯",再次重犯了肃反扩大化错误。

第四阶段(1934 年秋—1935 年春):红军主力长征后中共中央分局领导时期。这个时期,由于环境更加恶化,留守苏区的中共中央分局和中央政府办事处对苏区内的地主、富农和动摇变节分子,以及宁都起义过来留在苏区党政机关坚持游击斗争的人员,都予以处置、捕杀,使中央苏区又一次出现肃反扩大化错误。

从上述中央苏区肃反斗争的全过程来看,其中以赣西南苏区和红一方面军整肃AB团,以及处决富田事变参与者和红二十军副排长以上干部,情况最为复杂,后果最为严重,负面影响最大,教训最为深刻。

党和苏维埃政府当时在苏区肃反运动中的错误不是局部的、一时的。为什么当时肃反会犯如此严重的错误?既有客观方面的原因,也有主观方面的原因。

从客观方面来说,当时江西确曾有过AB团这一反动组织。由于当时的环境和条件所限,对于1927年4月AB团解体已不复存在的情况,无论是中共中央,还是江西省委,都是难以搞清也是无法搞清的。而AB团分子人还在,心不死,他们中有的人也确有可能继续在江西进行过反革命活动。对AB团时刻保持警惕的江西共产党组织从各种表象中得出结论,认为AB团还存在,并且已经打入共产党内部,这是可以理解的。要求江西共产党组织在那样的环境和条件下将AB团的来龙去脉调查得清清楚楚、准确无误,也是不现实的。此外,当时战争不断,环境紧张,苏区面临着敌人的破坏和渗透,肃清真正的反革命,是关系苏区存亡、安危的大事。在战事紧急的情况下开展肃反,要求迅速果断,客观上也使办案人员对所有案件难以进行深入细致的调查。这就必然导致大量肃反错案的发生。

从主观方面来说,一是受联共(布)"左"倾思潮的影响。共产国际大反"右倾"的行动和理论,以及共产国际关于要求中共坚决反对"改组派""AB团""第三党"等反革命派别的指示,成为中共大反AB团等反革命派别的理论和实践的依据。二是王明"左"倾错误的推行。王明"左"倾领导者们不察中国苏区实际,盲目执行共产国际指示,不断要求苏区各地加紧肃反运动,特别是草率地匆忙地给富田事变作最后定性处理,是苏区肃反错误产生的重要根源。三是中国共产党尚处幼年时期,红军也处于初创时期,一些领导人政治上还不够成熟,在处理党内矛盾和肃反斗争这些复杂政治问题方面缺乏经验,政策观念不强,感情用事,把复杂问题简单化。四是肃反中少数品质恶劣者如李韶九、林一株等的操纵。五是党内政治生活不健全,在频繁的战争环境中,党内领导层的党内民主集中制原则未能得到坚持,像肃反这类重大问题,未能冷静地听取各方意见,尤其是听不进不同意见,以至言路堵塞,助长了肃反扩大化错误的恶性发展。

造成苏区肃反错误的客观原因与主观原因相比较,主观原因是主要的、决定性的。

中央苏区肃反斗争的严重错误,给后人留下了极为沉痛、深刻的历史教训:

第一,任何时候都必须对敌我力量尤其是对自身革命队伍有一个基本的估量,要相信党的干部队伍和党员的大多数,正确对待党内斗争,防止个人专断和宗派主义。

如果说,在当时紧张激烈和险恶的环境下,处于秘密状态的共产党组织,难以完全调查掌握敌对营垒的情况还情有可原的话,那么在苏区内部,处于领导地位的共产党组织和决策层,竟然不相信自己的干部队伍、党员队伍的绝大多数是好的,是可以依靠和信赖的,尤其是对那些经过长期革命斗争考验、对党对革命一贯赤胆忠心的党员领导干部的大多数也不相信,反而认为党和苏维埃政权中"充斥地富和 AB 团分子",甚至以宗派主义的眼光去对待持不同意见的同志,主观武断,搞"家长制",把党内纷争视为敌我矛盾,做出令人痛心疾首的决策,这样的错误是不可原谅的。

第二,无论肃反和审理任何案件,都必须重事实,重调查研究,绝对不能轻信口供,搞刑讯逼供,以免发生冤假错案。

严刑拷打,刑讯逼供,这是封建社会官吏办案采取的手段,国民党法西斯也采用这种手段对付革命人民。无数事实证明,专凭刑讯逼供搞出来的口供定案,必然产生冤假错案。热衷于办案时大搞刑讯逼供所带来的整肃 AB 团严重后果,就是一个典型例证。李韶九之流在动用各种酷刑审讯逼供时，还鼓吹什么“宁肯杀错一百，不肯放过一个”的谬论，这样办案的结果，岂有不出冤假错案之理！毛泽东深刻地总结和吸取了这一沉痛教训。他在 1945 年 5 月 31 日“七大”作结论报告时说：“内战时期，我就打过 AB 团”，“那时候杀了许多人，应该肯定地说，许多人都杀错了。后来我们作了总结，重申废止肉刑，不要轻信口供。因为不废止肉刑，轻信口供，就要出乱子，一打一逼就供，一供就信，一信就搞坏了。”[①]邓小平也曾分析说：“红军时代……开始打 AB 团的时候，毛泽东同志也参加了，只是他比别人觉悟早，很快发现问题，总结经验教训，到延安时候就提出‘一个不杀，大部不抓’。在那种异常紧张的战争环境中，内部发现坏人，提高警惕是必要的。但是，脑子发热，分析不清，听到一个口供就相信了，这样就难于避免犯错误。”[②]

第三，任何时候都必须加强法制建设，坚持依法治国、治党、治军，切实做到有法可依，有法必依，执法必严，违法必究。

中央苏区的肃反工作，在苏维埃中央政府成立以前，基本上无法可依。对于确定反革命行为的定罪标准，肃反机关拘捕审查反革命嫌疑人（包括其他刑事犯罪嫌疑人）应依哪些程序，对反革命犯罪的审判程序以及量刑标准，乃至肃反机关的建立等重大问题，都没有明确的法律规定。这必然造成胡乱肃反的错误。苏维埃中央政府成立后，虽然也制定和颁布了一些有关肃反的法律、法令和条例，但是，由于肃反机关工作人员乃至整个苏维埃政府工作人员法制观念不强，认为按法律办事束缚手脚，影响工作，因而将其丢弃一旁。他们要求处决反革命分子必须“简化手续”，主张“靠群众运动肃反”，这就必然出现有法不依、违法不纠的现象，导致肃反中冤假错案的产生。

① 《毛泽东文集》第三卷，人民出版社 1996 年版，第 408 页。
② 《邓小平文选》第二卷，人民出版社 1994 年版，第 301 页。

第四，任何时候都必须建立一支党领导下的高素质的作风正派的执法队伍。

中央苏区肃反错误屡屡发生，与肃反队伍不纯、素质低下密切相关。像苏区“灾星”李韶九这样一个思想不纯、作风不正、品质很坏、年仅27岁的“钦差大臣”，竟执掌了赣西南苏区党政领导机关和红一方面军的肃反生杀大权，而且恣意横作、为非作歹1年之久，这个中的原因和教训值得深思。毛泽东和总前委在用人失误方面的责任是不可否认的。沉痛的历史教训告诉我们，必须切实加强执法队伍建设，严防那些思想作风不好的人进入执法队伍；要加强对执法队伍的政治思想教育和纪律作风教育；对执法队伍中违法违纪现象和少数害群之马，决不能姑息迁就，必须坚决绳之以法。只有这样，才能保证法律法令的贯彻执行，确保国家和社会的长治久安。

第二十章

中央苏区内王明“左”倾错误的全面推行

第一节 中共临时中央迁入瑞金

一、共产国际批准博古等中央领导人进入瑞金

1932 年冬，由于中共临时中央领导人博古等在党的白区工作方面推行脱离实际的“左”倾政策，使党在上海等白区城市的工作遭受重大损失。在此之前，顾顺章、向忠发及共青团中央的几个负责人相继叛变，中共河北省委、北平市委、唐山市委屡遭破坏，临时中央领导机关的安全受到严重威胁。为安全计，中共驻共产国际代表王明向共产国际执委会政治书记处政治委员会提议：“将中共中央、[中国]共青团中央和赤色工会总理事会（即全国总工会——引者注）从上海迁往中央苏区，在上海只留下这些机构的全权代表。”1932 年 12 月 3 日，共产国际执委会政治书记处政治委员会开会，同意采纳王明的建议[①]。

---

① 中共中央党史研究室第一研究部编：《共产国际、联共（布）与中国革命档案资料丛书》第 13 集，中共党史出版社 2007 年版，第 253 页。

根据共产国际意见，中共临时中央于1932年12月19日致电共产国际执委会政治书记处政治委员会，报告说："[中共]中央政治局和共青团以及总会的其他成员，包括伊思美洛夫、波戈列洛夫、梅尔库洛夫①和陈云逐渐地去中央苏区。"②共产国际很快同意了中共临时中央撤离上海转移到中央苏区瑞金的计划。

有计划的撤离工作从1932年底开始。首先是中共中央政治局候补委员、全国总工会委员长刘少奇，化名唐开元，于是年底离开上海，经广东汕头、大埔，来到中央苏区红都瑞金。

接着，中共临时中央宣传部长杨尚昆，也于1933年1月来到瑞金。共青团中央宣传部长凯丰（何克全）以及董必武、林伯渠、陈潭秋、罗迈（李维汉）、吴亮平等，都相继来到瑞金。

中共临时中央政治局常委张闻天、博古、陈云，是1933年1月初离开上海的。张闻天先行，化装成一个富商，在地下交通员陪同下，经汕头、大埔、长汀，于1933年1月中旬一路顺风来到了瑞金。几天后，时任中共临时中央政治局常委、中华全国总工会党团书记陈云、中共临时中央政治局总负责人博古，化装成商人，由中央交通局地下交通员护送，经汕头、大埔前往中央苏区。

为安全起见，在瑞金的苏区中央局派出国家政治保卫局的卓雄，带领一个武装便衣小分队，匆匆赶到大埔县的清溪交通站迎接和护送博古一行。博、陈一行途经永定县境时，在一座大山中突遇前来骚扰的国民党粤军和反动民团二三百人搜山，天又下起鹅毛大雪，满山皆白。小分队保护博古、陈云在山上一处挖过煤的废窑洞中隐蔽，卓雄带着小分队几名队员转移到另外的山头，又是打枪，又是甩手榴弹，

① 分别为：张闻天、秦邦宪、王云程。后王云程未去苏区。

② 《中共中央给共产国际执行委员会政治书记处政治委员会的电报》，1932年12月19日，见中共中央党史研究室第一研究部编：《共产国际、联共（布）与中国革命档案资料丛书》第13集，中共党史出版社2007年版，第281页。

"调虎离山"将敌人引开。博古和陈云在废窑洞里蹲了一天,当晚到达上杭县白砂。中共福建省委代理书记罗明和福建军区政治委员谭震林在此等候博古、陈云的到来。博、陈在白砂只休息了一晚,就骑马由小分队继续护送,于 1933 年 1 月底抵达瑞金。博古和张闻天住进了瑞金沙洲坝乡下霄村杨氏私祠。陈云先住在下霄村,后与刘少奇一起住在瑞金沙洲坝枣子排村。

博古等临时中央领导人离开上海后,留下卢福坦、李竹声等留守上海,成立了中共上海中央局,代中共中央领导白区党的工作。

二、新的中共中央局成立

年仅 24 岁的博古抵达瑞金后,即召集进入瑞金的中共临时中央政治局成员和原在苏区的中共苏区中央局成员开会。出席会议的有博古(秦邦宪)、洛甫(张闻天)、陈云、刘少奇和项英、任弼时、顾作霖、邓发。周恩来、朱德、王稼祥因在前方指挥第四次反"围剿"作战,未能参加会议。毛泽东一直在长汀养病,故未出席。

会议决定成立新的中共中央局,已进入瑞金的中共临时中央政治局成员和原在苏区的中共苏区中央局成员,为新成立的中共中央局成员,以博古为总负责人,博古、张闻天、陈云为常委。张闻天任中共中央局宣传部长兼中央党报委员会书记,任弼时(1933 年 5 月后为罗迈)任中共中央局组织部长,严重为秘书长。中共中央局机关设在瑞金下霄村杨氏私祠。

新的中共中央局成立后,原以任弼时为代理书记的中共苏区中央局并未公开宣布撤销,对外仍以中共苏区中央局名义行文,但实际领导中央苏区工作的是以博古为首的中共中央局。

新成立的中共中央局决定,将全总和全总苏区执行局合并,成立新的全总苏区中央执行局,刘少奇任委员长,陈云任副委员长、党团书记;共青团中央与少共苏区中央局合并,成立新的少共中央局,仍以顾作霖任书记(1933 年 4 月后改由凯丰任书记)。

新的中共中央局实际上就是以博古为首的中共临时中央在中央苏区的领导机构。

第二节
反“罗明路线”斗争的开展

一、反“罗明路线”的起因

博古等到瑞金后不久，将仍在长汀福音医院养病的毛泽东召回瑞金，要他主持苏维埃中央政府的工作。可是毛泽东回到瑞金不久，一场明为反“罗明路线”、实为暗整毛泽东的政治风暴，便迅猛地在福建省苏区刮了起来，随后席卷整个中央苏区。事情的起因要从宁都会议和毛泽东在福音医院养病说起。

苏区中央局宁都会议后，任弼时等拒绝中共临时中央和共产国际的意见，执意将毛泽东从前线召回，剥夺毛泽东对红军的领导权。1932 年 11 月下旬，任弼时委派中央苏区少年先锋队总队长王盛荣去上海，向博古等汇报了宁都会议的详细情况。博古担心苏区中央局因批评毛泽东而产生意见分歧，导致不团结。1932 年 11 月 23 日，临时中央以忧虑的口气致电苏区中央局询问：宁都会议后“进攻路线”执行如何？有否反对和抵制？中央局领导在策略上目前有所分歧否？领导人团结是否成问题？并且强调说：“我们坚主采取一切方法，根据党的路线，缩小争论；无严重破坏纪律之事，则绝不应采取任何组织结论。”[①]3 天后，任弼时以苏区中央局名义给临时中央复电称：对进攻路线“除毛同志最近来信仍表现有以准备为中心的意见外，并无其他反对与抵抗，不过在地方上，对进攻路线还不深刻了解与未坚决执行。

① 转引自中共中央文献研究室编：《任弼时年谱》，人民出版社、中央文献出版社 1993 年版，第 196 页。

中央局内部对总路线无分歧与争执，更无采取任何组织结论的意见”。[①] 这就是说，任弼时等告诉博古等临时中央领导人，在中央苏区，宁都会议后“对进攻路线还不深刻了解与未坚决执行”的，主要是“在地方上”的党组织领导人。于是，如何扫清来自地方上党组织领导人在贯彻执行进攻路线方面的障碍和阻力，必然成为博古等进入中央苏区后首先要解决的问题。福建省委代理书记罗明，便成为博古等的首要斗争目标。而罗明挨整，又和毛泽东在长汀福音医院养病紧密相关。

宁都会议后，被撤销红一方面军总政治委员军职的毛泽东来到福建长汀福音医院养病，顺便照看即将分娩的妻子贺子珍。当时同在福音医院养病的，还有江西省苏维埃政府副主席陈正人、苏维埃中央政府内务部部长周以栗。中共福建省委代理书记罗明，也在该院治疗腰伤。福建省委、省苏政府机关就在福音医院附近。

毛泽东虽在养病，但对福建苏区的工作仍很关心。因他仍是苏维埃中央政府主席，故常找罗明和张鼎丞、谭震林等领导人谈话，了解情况，指导工作。毛泽东对罗明说，福建和江西一样，应加紧开展广泛的地方游击战争，以配合主力红军的运动战，使主力红军能集中优势兵力，选择敌人弱点，实行各个击破，消灭敌人有生力量，粉碎敌人的第四次“围剿”。毛泽东还认为：边区和苏区中心区域的工作应有所区别。在杭永岩边区开展游击战争，牵制和打击漳州国民党第十九路军和广东陈济棠部队的进攻，对于粉碎敌人“围剿”、保卫中央苏区是十分重要的。

罗明认为毛泽东的意见很对，不待腰伤痊愈就出院工作，召集省委领导同志开会，传达毛泽东的意见。福建省委决定由省委常委、组

① 转引自中共中央文献研究室编：《任弼时年谱》，人民出版社、中央文献出版社 1993 年版，第 196 页。

织部长刘晓主持省委工作；罗明任特派员，作为省委全权代表，去杭、永、岩地区与方方、谭震林一起，成立中共前敌委员会，领导开展杭、永、岩地区的政治动员和军事行动。罗明还到长汀、新泉、上杭、永定等县，分别召开各县县委扩大会议，传达毛泽东指示，部署开展游击战争。

罗明到上杭县白砂后，与谭震林、方方等一起，卓有成效地领导开展了边区游击战争，稳定了这一地区局势。他还深入调查研究，结合福建苏区的实际情况，于 1933 年 1 月 21 日在新泉县写了《对工作的几点意见》寄给省委。接着，他又在上杭县的旧县城写了《关于杭永岩情形给闽粤赣省委的报告》送省委。同时，中共新泉县委书记杨文仲也给省委写信，对工作提出了自己的意见。信和报告从闽西的实际情况出发，提出闽西的地方红军应向敌人力量薄弱的闽西北发展；地方武装应开展灵活的游击战争，不与敌人硬拼，从打小仗、打胜仗中得到锻炼提高；扩大红军时应分边区和内地，闽西应以扩大红军独立师、团为主，充实地方武装，而不应将所有兵员都集中到主力兵团去，等等。这些意见和建议，无疑都是正确的。

博古等人从上海进入中央苏区到达白砂时，正在白砂指导工作的罗明等，利用吃饭前时间，向博古汇报工作，谈了自己的上述想法。博古听后甚感不快，劈头就问："你是省委代理书记，不领导全省工作，跑到杭、永、岩来干什么？"罗明随即答道："我是按照毛泽东同志的指示并经省委决定，来这里开展游击战争的。"博古听后一怔："毛泽东的指示？"随即转问罗明对中央的新指示即"进攻路线"有何意见，罗明说还没有听到传达。博古听后，更不高兴。当回答博古询问对苏区当前斗争意见时，罗明如实相告，说：苏区的革命斗争要和白区的抗日斗争结合起来，应根据苏维埃中央政府和军委会提出的抗日、民主和停止进攻苏区三条件，同各党派、各军队联合起来共同抗日。由于话不投机,不待罗明说完,年轻气盛的博古手一挥说:“吃饭了,不谈了。”①

博古、张闻天等到瑞金不久,罗明和杨文仲的上述3份报告和信也转到了中共中央局。博、张等看后,联想到在白砂与罗明的谈话内容,便断然认为这3份报告和信对革命是“悲观失望的”、“机会主义的”,是“退却逃跑路线”,等等。

尤其严重的是,罗明在1933年1月在上杭写给省委的《关于杭永岩情形给闽粤赣省委的报告》中,强调必须改变过去的那种“空洞说教”,强调要“切实保护群众利益,调动群众的斗争情绪和胜利信心”,随即斗胆说了一段十分尖锐的话:“如果我们不懂得这一点……那就请我们最好的领袖毛主席、项主席、周恩来同志、任弼时同志,或者到苏联去请斯大林同志,或者请列宁复活,一齐到上、下溪南,或者到其他已受摧残的地方去对群众大演讲三天三夜,加强政治宣传,我想也不能彻底转变群众斗争的情绪。”

这一下触怒了博古等中央领导人!“我们最好的领袖毛主席”,请列宁、斯大林来解决问题,这不是目无中央了么!难怪罗明在白砂谈话和报告中,左一个“毛泽东同志指示”,右一个“根据中央政府”如何如何,在博古等人看来,这个罗明简直太狂妄了,非狠狠整治不可。这也使博古等对任弼时所说“不过在地方上,对进攻路线还不深刻了解与未坚决执行”的话更加深信不疑,更加深感必须在“地方上”开展一场党内斗争,以扫清在苏区全面贯彻推行“进攻路线”的障碍。

于是,博古等人于2月上旬把在长汀的福建省委、省苏领导人刘晓、张鼎丞,找到瑞金来狠狠批了一顿,并决定在福建苏区开展反对以罗明为代表的“退却逃跑路线”的斗争。

二、反“罗明路线”的经过

1933年2月15日,博古主持中共中央局(对外称中共苏区中央

① 《罗明回忆录》,福建人民出版社1990年版,第131页。

局，下同）会议，作出《关于闽粤赣省委的决定》，断然认为闽粤赣“省委是处在一种非常严重的状态中，在省委内一小部分同志中，显然形成了以罗明同志为首的机会主义路线”①。在罗织了一大堆所谓的“机会主义”错误表现之后，《决定》宣布：

（一）在党内立刻开展反对以罗明同志为代表的机会主义路线的斗争，指出这一路线的露骨的表现就是以新泉县委书记杨文仲为代表的取消主义。

（二）省委对于这一路线的腐朽的自由主义态度，必须受到最严厉的打击，指出这种自由主义的态度与斗争的不坚决，实际是对于罗明路线的妥协与投降。

（三）立刻召集省的临时代表会议，尽量吸收中心支部的工人雇农同志参加，成立新的省委。

（四）在临时代表会议召集之前决定以陈寿昌刘晓钟友勋等同志为临时常委，处理一切工作。

（五）派中央局同志出席这一会议作报告并领导这一会议顺利进行。

（六）立刻撤销罗明同志省委代理书记及省委驻杭永岩全权代表工作。

（七）公布这一决定，并在各种党的会议上与党报上解释这一决定。②

1933年2月23日出版的苏区中央局理论刊物《斗争》第3期，刊登了中央局的这个《决定》，同时刊登了洛甫（张闻天）的批判文章《什么是罗明同志的机会主义路线？》还刊登了1933年2月20日作出的《中共中央局关于开展反罗明路线斗争的决议》。中共中央局同时改

① 《中共中央文件选集》第9册，中共中央党校出版社1991年版，第94页。
② 《中共中央文件选集》第9册，中共中央党校出版社1991年版，第94页。

组了共青团闽粤赣省委。

2 月 24 日,以陈寿昌为领导的中共闽粤赣省委临时常委会,在中共中央局高压之下,作出了《临时省委对〈中央局关于闽粤赣省委的决定〉的决议》,“责成各级党员(部)立刻召集各种会议讨论中央局的决定,并深刻的揭发罗明路线与对于这路线的自由主义态度的错误,而且这讨论一定要深入每一个支部与小组中去,要详细与具体向同志解释这些错误的实质,以及在实际工作中产生的恶果,而发动全党同志与之斗争”①。

2 月 26 日,工农红军学校召开第四期毕业学员中全体党员、团员及全校连以上干部党员、团员大会。博古亲自出席大会并作题为《拥护党的布尔什维克的进攻路线》的报告,对所谓“罗明路线”上纲上线地进行批判。这次大会根据博古等人的旨意,作出决议,建议给罗明、杨文仲两人以纪律上的严厉制裁。

所有这一切决定、决议、批判、制裁,都是突然袭击,未给罗明打任何招呼。罗明是在上杭县看到《斗争》的文章时才知道中央局已开展反“罗明路线”的斗争。后来,省委通知他立即从上杭回汀州。途中,罗明遇到省苏主席张鼎丞,便问:“我究竟犯了什么错误?”张鼎丞告诉他:他们说我们犯了路线错误,说我们不扩大红军,只顾打游击战争。罗明说,我们工作上有许多错误,但没有路线错误,如果是路线错误,为什么第三次反“围剿”取得了胜利,根据地得到这样快的扩大?我们并没有反对扩大主力红军,只是要求对中心区和边远区应有所区别。就是在杭、永、岩地区也没有说不能扩大主力红军,这哪里是什么路线错误?对此,罗明后来在回忆录中写道:

> 我回到汀州又接到通知,要我赶往瑞金进行检查。到瑞金

① 江西省档案馆、中共江西省委党校党史教研室编:《中央革命根据地史料选编》(中),江西人民出版社 1981 年版,第 384 页。

后，中央局几个干部找我谈话，批判我的“错误”。接着，一位中央负责同志和我谈话，对我进行批评。当时，我就问他：我自己提出并得到省委同意，由汀州赶到最艰苦的边缘县区参加游击战争，为什么说是“退却逃跑”呢？他说：从路线上说是“退却逃跑”，用辩证法看问题，事物都是发展的，例如过去打游击战争是需要的，现在再打就变成了“游击主义”了。他反问我，在边缘县区为什么不能和中心区一样扩大红军？我说，边缘县区要进行游击战争，随时打击敌人的进攻，不能和中心区一样，干部和群众在实践中总结经验，提出逐步地、分批地扩大主力红军。他当即武断地说：这是“富农路线”，你说听群众的呼声，就是这么听吗？我说：这是永定县金沙乡贫农会议从血的教训中总结出来的，正如列宁所说：“群众本身的政治经验，这是一切大革命的基本规律。”

后来，中央书记和我谈话。他劈头就说，你不承认有路线错误，还引用列宁的话来反驳，你们山沟里有什么马列主义？你说边缘区和中心区不能一样扩大主力红军；要采取逐步扩大的办法，是不是说我们不了解边缘区的实际情况，要我们去调查研究？这是你们狭隘的经验主义。你不承认是路线错误就开除你的党籍，撤销你的党内外一切职务。他还说，还有比你更高级的领导干部，也犯了同样错误。最后，他要我回福建在省党代会上进行检查。

我在瑞金期间，住在叶坪中央局的一个房间里，白天由中级干部开会批斗，晚上由一般干部开会批斗，一连批斗了好几天。有一天晚上，就在附近召开了一个中央机关干部批判“罗明路线”的大会，有几百人参加。当时大会很紧张，不断高呼口号。有个青年干部提出要把我枪决。后来中央局的杨尚昆同志上台讲话，作了解释，气氛才缓和下来。①

这位“中央书记”谈话中颇有深意的“还有比你更高级的领导干部，也犯了同样错误”的话，显然是指宁都会议后的毛泽东。一场反“罗明路线”的错误的党内斗争，就在福建苏区急风暴雨般地展开了。

三、反“罗明路线”的实质及其恶果

博古等一进入苏区，为什么就急急忙忙地要开展反“罗明路线”斗争？博古后来在党的七大发言时说得很明白：

> 苏区反对罗明路线，实际是反对毛主席在苏区的正确路线和作风。这个斗争扩大到整个中央苏区和周围的各个苏区，有福建的罗明路线，江西的罗明路线，闽赣的罗明路线，湘赣的罗明路线等等。这时的情形可以说：“教条有功，钦差弹冠相庆；正确有罪，右倾遍于国中。”②

毛泽东在1936年9月召开的一次中央政治局会议上，也说：

> 对干部问题，我只讲到一个问题，如罗明路线，究竟是怎样了，到现在还没有明显指出。他只是工作上的问题，不是路线问题。再还有些做了一件好事，还要说他做了一件坏事。如罗明路线在江西，更是说得过火，如对邓子恢、张鼎丞、曾山等同志的问题，对萧劲光的问题，还有很多，后来发现七个书记撤职。这些都说明过去对干部问题是有错误的。那时，有些人无形中说什么毛派，也是不对的。③

1945年毛泽东在《中国共产党第七次全国代表大会的工作方针》中又重提此事：“反罗明路线就是打击我的，事实上也是这样。”④

---

① 以上引自《罗明回忆录》，福建人民出版社1990年版，第132—133页。

② 博古在中国共产党第七次全国代表大会上的发言，1945年5月3日。

③ 转引自金冲及主编：《毛泽东传（1893—1949）》（上），中央文献出版社1996年版，第304页。

④ 《毛泽东在七大的报告和讲话集》，中央文献出版社1995年版，第14页。

显然,反对以毛泽东为代表的正确主张,扫清贯彻推行王明“左”倾“进攻路线”的障碍,在中央苏区加快全面推行“进攻路线”的步伐,这就是开展反“罗明路线”斗争的实质所在。

反“罗明路线”,就是“反毛”,就是“反对毛主席在苏区的正确路线”。

这场错误的党内斗争发动后,在福建苏区迅速蔓延,从省委、省苏由上而下,层层深入,一直扩展到乡苏维埃政府及基层党支部。福建省苏区先后被撤职的有省委书记1人,省苏维埃政府正副主席3人,省军区政委1人,军分区领导6人,团省委书记1人,县委书记和县苏维埃政府主席等县级干部14人;受到错误处分和点名批判的省、县级领导干部14人。福建苏区一大批资深党政军领导人,在这场政治旋风中都受到“无情打击”。除省委代理书记罗明被撤职外,刘晓、陈潭秋、张鼎丞、邓子恢、谭震林、郭滴人、李坚真、杨文仲、方方、陈荣、游端轩、霍步青、杨海如等,都受到错误的处置。受到批判打击的基层干部就更多。这些遭受打击的干部,都是积极拥护和执行毛泽东正确主张的同志。

第三节
反“江西罗明路线”斗争的开展

一、邓小平等人对“左”倾错误的抵制

反“罗明路线”的二月旋风,3月间又刮到了江西。

博古等人在开展反福建“罗明路线”斗争不久,又迫不及待地寻找目标,在江西苏区开展了反对以邓小平、毛泽覃、谢唯俊、古柏等为代表的所谓“江西罗明路线”的斗争。

邓小平自1931年8月到中央苏区后,先任中共瑞金县委书记,翌年5月调任中共会昌临时县委书记,7月出任中共会(昌)寻(乌)安

（远）中心县委（又称会昌中心县委）书记。

毛泽覃 1929 年 2 月因伤留在吉安东固疗养伤愈后，任中共东固区委书记，后任红六军政治部主任、中共吉安县委书记、中共永吉泰特委书记、中共苏区中央局代理秘书长，1931 年 12 月后任中共公略中心县委书记。

谢唯俊是井冈山斗争时期的老红军。1931 年 6 月至 11 月任中共赣东特委书记，1932 年起任江西军区宜乐军分区司令员。

古柏是毛泽东的亲密战友，曾任红四军前委和红一方面军总前委秘书长、中共会昌临时县委书记，1932 年 5 月任江西省苏维埃政府党团书记兼内务部长等职。

邓小平在中央苏区工作时，讲究实事求是，善于从实际出发去确定工作方针和方法。他早就对中共六届四中全会后王明等人提出的脱离中国革命实际的“左”倾路线、方针、政策不满，对王明等人借助共产国际东方部势力在党中央发号施令不满。他曾被人指为是“散布对于四中全会后中央领导的不信仰，实际就在反对共产国际和四中全会”①。他到中央苏区担任中共瑞金县委书记后，与时任中共赣东特委书记的谢唯俊紧密配合，采取果断措施制止和纠正了瑞金县乱肃“社会民主党”的错误，随后从瑞金县实际出发，采取一系列措施迅速稳定了全县局势，使全县工作走入正轨，为苏维埃共和国定都瑞金创造了条件。调到会昌县工作后，他以毛泽东为榜样，深入实际，调查研究，从边区的实际出发，努力贯彻执行毛泽东的一系列正确主张，使中央苏区“南大门”得到切实巩固。

古柏、谢唯俊长期在毛泽东领导下工作，他们一贯拥护和执行毛泽东的正确主张。如支持毛泽东提出的“抽多补少、抽肥补瘦，按人口平均分配”的土地政策；支持打土围、拔白点、努力准备第四次反“围

① 罗迈：《为党的路线而斗争》，见《斗争》第 12 期第 11 页，1933 年 5 月 20 日。

剿”战场的部署；反对红军攻打赣州这样的大中城市，赞同毛泽东提出的赣州撤围后红军应向赣东北和闽西北发展的主张；支持红军应负担打仗、筹款和做群众工作三大任务，反对取消红军筹款任务，将所有经济负担转移到苏区人民身上。毛泽覃是毛泽东的小弟弟，自然衷心拥护、支持毛泽东的正确主张，在任公略中心县委书记期间，他善于从边区实际出发制定工作方针和对敌策略，使边区日益巩固。

邓小平、毛泽覃、谢唯俊、古柏都是党内的务实派。他们四人有一个共同特点，就是：他们都对脱离实际的、空泛的“左”倾教条主义很反感，都为毛泽东遭受“左”倾教条主义者的批评指责鸣不平。在赣南会议前后，他们就批评那些从上海派来的脱离苏区实际的领导者们是“洋房子先生”，说他们是专门到苏区来“找岔子”的。针对有人批评毛泽东是“狭隘经验论”，他们针锋相对地反驳说：“大城市上产生了立三路线，我们苏区的山上，却全是马克思主义。”赣南会议后，他们继续在自己的领导岗位上和职责范围内，抵制王明“左”倾教条主义错误，“他们互相通讯，谈话和讨论，所谈的，写的，讨论的，并不是一般的政治问题”，而是与“左”倾“进攻路线”绝对相反的策略、口号等内容。①

由于邓、毛、谢、古敢于批评和抵制王明“左”倾教条主义错误，在江西苏区有很高的威信，被人誉为江西苏区的“四大金刚”。他们成为毛泽东正确主张的支持者，自然也就被博古等人视为推行“进攻路线”的绊脚石。

二、反“江西罗明路线”的发动

福建苏区开展反“罗明路线”后，“左”倾领导者们急于寻找机会在江西开展类似斗争。几经努力，他们终于从中共会昌县委的一份报

① 以上参见罗迈：《为党的路线而斗争》，《斗争》第12期第11—12页，1933年5月20日。

告中找到了借口。

这份报告是中共会昌县委书记罗屏汉于1932年12月21日写给中共江西省委的工作总结。报告中以自我批评的口吻检讨说,县委乃至中心县委都存在着严重的"纯粹防御"观念,没有主动向敌人出击,才导致"寻乌事件"的发生,致使会昌、寻乌、安远3县一些边区被敌军侵占。

"左"倾领导者如获至宝,抓住所谓的"寻乌事件"大做文章。"寻乌事件"到底是怎么回事呢?

此事发生在1932年11月下旬。当时,国民党粤军在会、寻、安3县苏区的周围都驻有重兵,总兵力约7个师。蒋介石对中央苏区发动第四次"围剿"后,担任国民党军赣粤闽湘边区"剿匪"副总司令的陈济棠,在蒋介石诱迫下,对会、寻、安3县苏区频频发动进攻。而在这一带苏区活动的红二十一军已准备离开这里参加第四次反"围剿"作战,留在会寻安苏区的只有江西军区第三作战分区的游击大队100余人和各县地方游击队、赤卫队,战斗力很弱,根本无力抵御国民党粤军7师之众的大举进犯。国民党粤军瞅准这个机会,分3路乘虚向会寻安3县发动猛烈进攻。其中向寻乌县进攻的一路敌军,占领了几乎整个寻乌县。面对敌军的猖狂进攻,中共会寻安中心县委书记邓小平,积极领导苏区群众实行坚壁清野,以灵活的游击战术与敌周旋,广泛开展游击战争。但由于敌我力量悬殊,寻乌县城被粤军占领。

寻乌失守后,会昌县委书记罗屏汉在给江西省委的报告中,认为是"纯粹消极防御"的结果,这显然是不符合客观实际的。会昌县委的报告送到江西省委后,未料,省委确认了这一观点。省委在给苏区中央局的报告中亦认为会寻安中心县委存在"纯粹防御"和"消极防御"的错误。这正给了"左"倾领导者们一个口实。1933年2月23日,一篇题为《什么是进攻路线?》的署名文章,在《斗争》第3期发表。文章指责“永吉泰与会寻安长期陷在纯粹防御的泥坑中”①，将寻乌事件的发生，说成是“纯粹防御”、“退却逃跑”的结果。

《什么是进攻路线?》一文发表后，中共江西省委迫于博古等人的压力，采取了两条措施：一是将邓小平从会寻安中心县委调到省委任宣传部长；二是于1933年2月28日致信会、寻、安县委，严厉批评会、寻、安中心县委的“纯粹防御路线”错误。邓小平奉调到省委报到后，受到曾同在法国留学的江西省委书记李富春的礼遇。1933年3月中旬，李富春派邓小平前往万泰、公略、永丰苏区巡视，代表省委解决那里的问题。邓小平在万、公、永的工作，得到江西省委的肯定。

江西省委对邓小平的态度，令博古等人十分不满。3月下旬，邓小平回到省委刚汇报完工作，就被博古等人叫到瑞金，名义是参加中共中央局会议，全面汇报会、寻、安3县的工作，实际是接受博古等人的面对面“审判”。会后，邓小平被迫向中央局递交了一份题为《会寻安工作检查》的检讨书。紧接着，中共中央局撇开江西省委，直接在会昌县筠门岭倒水湾召开会寻安三县党的积极分子会议。主持会议的张闻天代表中共中央局，在会上作政治报告和结论。会议集中“布尔什维克的火力”，对邓小平的所谓“错误”进行揭发和批判。3月31日，会议作出了《会寻安三县党积极分子会议决议》。《决议》写道：

> 会寻安三县，过去在以邓小平同志为首的中心县委的领导之下，执行了纯粹防御路线。这一路线在敌人大举进攻前面，完全表示悲观失望，对于群众的与党员同志的力量没有丝毫信心，以致一闻敌人进攻苏区的消息，立刻表示张惶失措，退却逃跑，甚至将整个寻乌县完全放弃交给广东军阀。这一路线显然同党的进攻路线丝毫没有相同的地方。这是在会寻安的罗明路线。说纯

① 《斗争》第3期第15页，1933年2月23日。

粹防御路线不是罗明路线的观点，是完全错误的。[1]

根据中共中央局的旨意，会议改组了会寻安中心县委，对会昌、寻乌、安远3县县委常委会也进行了改组。中共会昌中心县委书记改由积极反对“纯粹防御路线”的罗屏汉担任。

三、反“江西罗明路线”的升级

邓小平没有参加会、寻、安三县党积极分子大会。他受到的是“缺席审判”。

事情到此远未结束。会后，张闻天将自己在会上的政治报告和结论，改写成一篇《罗明路线在江西》的文章，在《斗争》第8期发表。文章劈头就说：“仔细地检查江西一些边区的工作，那我们立刻可以看到罗明路线不但在福建的杭永岩，而且也在江西。”[2]把邓小平当成了“江西罗明路线”的主要代表人物。文章还敲击了万泰、公略、永丰、乐安等边区县党组织，指令江西省委在全省开展反对“江西罗明路线”的斗争。

在博古等人的高压之下，1933年4月16日至4月22日，中共江西省委不得不在宁都七里村省委机关驻地，召开了一个“江西党三个月工作总结会议”。博古亲自带着刚刚来到中央苏区、连一点情况也不了解的罗迈（李维汉）参加这次会议，兴师问罪。李维汉在他的回忆录中写道：

> 到了宁都，博古找省委负责人谈话，要我在旁边听。那时，江西省委书记是李富春。博古说：毛泽覃、谢唯俊还与毛泽东通信，他们心里还不满，这是派别活动。当时，他们还没有提到古柏的名字。古柏是在扩大会议上展开斗争时才把他找来的。后来，博古要到前线去，叫我留下参加江西省委扩大会议。到这时，我才

① 《斗争》第8期第6—7页，1933年4月15日。

② 《斗争》第8期第1页，1933年4月15日。

知道福建反“罗明路线”，江西反邓、毛、谢、古，与毛泽东有关系。①

参加七里村大会的有江西省委委员、各县的县委书记，中心县委书记，省直机关党的负责人和军队中党的负责人，共200多人。会上，罗迈代表中共中央局作了题为《为党的路线而斗争——要肃清在江西的罗明路线，粉碎反党的派别和小组织》的政治报告。他在报告一开头，就说：

> 江西的罗明路线，是一条反共产国际的路线，是一条与党的进攻路线没有丝毫相同而完全相反的路线。这条路线根本不相信党的力量，不相信群众的力量，因而对于中国苏维埃运动，走上了悲观失望的取消主义的道路。②

会上，博古等“左”倾领导者们仅凭邓、毛、谢、古等人给毛泽东写过一二次信（这是很正常的），就诬指邓小平等不仅是“罗明路线在江西的创造者，同时是反党的派别和小组织的领袖”③。

这次会议开了7天。会议期间，罗迈等发动和组织与会者对邓、毛、谢、古进行一次又一次批判，强迫他们承认犯了“纯粹防御”、“退却逃跑”、“取消苏维埃革命”等错误，承认自己是“反党小组织派别的领袖”。会上宣布撤销邓、毛、谢、古4人党内外一切职务，还下了他们的枪。

这次会议后，反“江西罗明路线”的斗争在全省迅速铺开。随后，宜、乐、崇中心县委书记胡嘉宾等一大批地方党政干部，也受到批判，有些人被撤销了所任职务，致使江西党内人心惶惶。

四、邓、毛、谢、古的原则立场

邓小平、毛泽覃、谢唯俊、古柏等人，遭受“无情打击”后，坚持了马

---

① 李维汉：《回忆与研究》（上），中共党史资料出版社1986年版，第337页。

② 《斗争》第12期第8页，1933年5月20日。

③ 《斗争》第12期第8页，1933年5月20日。

克思主义者的原则立场。

邓小平等人在江西党三个月工作总结会议上，当会议主持人强迫他们作出书面检讨、承认自己的"错误"时，他们只承认自己在工作中存在缺点错误，但对于强加于他们头上的种种莫须有罪名，尤其是所谓"反党的派别和小组织"的活动，则一概不承认、不检讨。"左"倾领导者们当然不会放过邓小平等人。他们责令 4 人写出第二次书面检讨。为造成声势，1933 年 5 月 4 日，罗迈奉命又在工农红军学校召开的全校党团员活动分子会议上作了"反江西罗明路线"的报告，并且授意会议通过了《工农红军学校党团员活动分子会议关于江西罗明路线的决议》，威胁说："这些同志如果再不彻底纠正其错误，我们建议中央局把他们洗刷出布尔什维克的队伍。"①

然而，邓、毛、谢、古并未向高压屈服。他们如同第一次书面检讨一样，只承认自己在工作中确实存在的那些"错误"，而不承认什么"路线"问题、"小组织"问题及"反党派别"之类的指责。邓小平在书面检讨中写道："我觉得：第一是我感觉了解是错了，没有什么问题，第二是自己感觉到不会走到小组织的行动，不成严重问题。""左"倾领导者还算历史老账，诬指邓小平 1931 年 3 月中旬离开红七军去上海向党中央汇报是"逃出红七军"（事实是经过红七军前委讨论同意他去上海汇报的）。邓小平对此类不顾事实的指责，"一个字没提及"②。

博古等"左"倾领导者对邓、毛、谢、古拒不向他们屈服十分恼火。1933 年 5 月 5 日，他们责令江西省委作出了一个《对邓小平毛泽覃谢唯俊古柏四同志二次申明书的决议》。《决议》写道：

> 省委认为邓毛谢古四同志的第二次申明书与第一次申明书的内容没有任何不同，他们对省委的决议和谈话，只是以外交方

---

① 《斗争》第 12 期第 16 页，1933 年 5 月 20 日。

② 转引自罗迈：《为党的路线而斗争》，见《斗争》第 12 期第 13 页。

式来接受,他们反党的机会主义政纲和小组织的活动并没有在党的布尔什维克火力面前,解除武装,只是在党内残酷思想斗争中不得不暂时掩(偃)旗息鼓,而没有根本放弃其小组织的机会主义路线。

《决议》宣布,“(一)必须向党作第三次申明书”;“(二)邓小平同志,必须无保留的揭发他由第七军工作时起经过党大会经过会寻安工作直到第二次申明书止,一贯的机会主义和派别观念,以致派别活动,再不容许有任何掩藏”;“(三)谢毛古三同志,必须向党忠实的从历史根源彻底的揭发反党的小组织活动,和小组织的形成,以致全部机会主义政纲,同时必须采取必要的办法,宣布小组织的解散”;“(四)四同志在省委所指定的群众工作中艰苦地担负起自己的任务,来表现忠实的为党的路线而坚决斗争”。①

这4条指令,名义上是江西省委下的,实际上是以博古为首的中共中央局的意见。邓小平等人的态度依然如故。

五、“谢古邓毛剩小平”

由于邓小平等人毫不妥协地坚持马克思列宁主义的原则立场,博古等“左”倾领导人就在组织上对邓、毛、谢、古采取了严厉措施,撤销了他们所任的全部职务,将他们下放基层劳动。

毛泽覃劳动了一段时间,调回瑞金,在苏区互济总会任宣传部长。这是个闲差,没什么事干。后来,罗迈将他调到中央组织局工作。1934年10月红军主力突围长征时,毛泽覃被留在苏区坚持游击战争,1935年4月25日牺牲于瑞金黄鳝口红林山区。

古柏被撤职“改造”了一段时间,调回中央,分配到会昌县任扩红突击队长。他一如既往地坚持实事求是,在扩红时不搞强迫命令,未按时完成任务,中共中央组织局开除了他的党籍,后调任中央政府粮

① 《斗争》第12期第16页,1933年5月20日。

食部秘书。1934年10月红军主力突围长征时，他被留在苏区。1935年2月突围到广东的龙川县，同年3月6日牺牲于龙川县鸳鸯坑。

谢唯俊下放后一直在乐安县当一般干部，红军主力突围长征前夕才调到红军大学学习，后随野战军参加长征，到陕北后在一次战斗中牺牲。

邓小平的境遇也很糟。他被撤销了江西省委宣传部长职务，同时受到党内的“最后严重警告”处分，被派到乐安县南村区委当巡视员。南村区接近前线白区，中共中央局领导认为邓小平在前线工作更易“逃跑”，不放心，命令他返回省委机关。省委派他到宁都县赖村区石街乡“蹲点”，不久又将他调回到宁都县城附近的一个乡，接受劳动改造，有时连饭都吃不饱。

邓小平落难期间，得到王稼祥、贺昌、李富春、蔡畅等人的关照。时在江西省委妇女部工作的危秀英回忆说：

> 邓小平同志被撤职后，在宁都一个乡里劳动，蔡畅大姐分配我去那里了解几个妇女问题。临回宁都时，他对我说：“秀英，你要回省委去呀？”“告诉蔡大姐，我在这里吃不饱饭，肚子好饿。”我回去跟蔡大姐一说，大姐问，他还说了什么，我说：没说什么了，蔡大姐让我去她抽屉里看看还有没有钱。当时，他们每人分二分钱的伙食尾子，一分钱用来交党费，一分钱零用。我一共找出二分，李富春也找出二分。蔡大姐让我上街买二分钱的猪油，其余买大蒜、辣椒。东西买回来，蔡大姐炒菜，煮了一脸盆干饭，用禾草捂上，叫我去找小平同志来。叮嘱我们从厨房后门进，我跑回乡里，告诉小平，蔡大姐做了饭，请他去吃。他连声说走走走。我们一前一后进了厨房，蔡大姐又叫我到后门放哨，小平同志把一盆饭都吃了。①

---

① 危秀英的回忆，见《女英自述》，江西人民出版社1988年版，第260—261页。

邓小平身处逆境,除撤职劳动外,精神上备受折磨的是,在“左”倾领导者们的逼迫下,他的妻子阿金(金维映)与他分手、离婚。阿金是邓小平1931年在上海认识的,俩人同被中央派往江西中央苏区工作,在瑞金结为伉俪。说起来,阿金倒真是个女强人,一个出色、干练的女革命者,在苏区时任过中共于都县委书记、胜利县委书记。但在邓小平落难之际,她顶不住“左”倾高压,向邓小平提出离婚要求。邓小平是条硬汉,为了不使妻子受到牵连,毅然痛苦地在离婚报告上签了字。不久,阿金嫁给了魁岸的中央局组织部长罗迈。长征到陕北后,1938年她被送赴苏联治病。苏德战争爆发后,于1941年殁于莫斯科郊外的战乱之中,时年37岁。这是后话。

红军总政治部主任王稼祥,对邓小平的境遇深表同情。他同总政副主任贺昌等商量取得一致意见并征得博古认可后,将邓小平调到总政治部任秘书长。

两三个月后,邓小平感到没有什么实事可干,便主动请缨办报,重操当年在法国办报之旧业。于是,邓小平担任总政宣传部干事兼《红星》报主编。经过他精心运作和不懈努力,《红星》报内容丰富多彩,很有特色,深受苏区军民喜爱。邓小平主办《红星》报的佳话,在中国新闻史上留下了光辉的一页。本书第十五章对此已有评介,不复赘述。邓小平主编的《红星》报一直办到长征初期。遵义会议后,毛泽东进入了中央决策层,邓小平调任中央秘书长。

邓小平在中央苏区的落难与起用,是他一生政治生涯中的第一次“大起大落”。

中央苏区反“江西罗明路线”的斗争与反福建“罗明路线”的斗争一样,造成了严重恶果。一大批拥护和执行毛泽东正确主张的干部,受到错误打击和批判,被“洗刷”出各级党的领导机关,毛泽覃、谢唯俊、古柏三人还因此被贬职直至丢了性命。曾与邓、毛、谢、古一起在中央苏区工作过的林伯渠,在延安时回忆起江西反“罗明路线”的斗争

情景,感慨万千,沉痛地吟诗一首:

偶忆往事便心惊,
谢古邓毛剩小平。
割裁无情读八股,
江西路线有罗明。

第四节
反"罗明路线"斗争在苏区的扩大

一、反"罗明路线"斗争在建黎泰

1941 年 9 月 10 日毛泽东在延安召开的中共中央政治局扩大会议的讲话中曾说:"一九三三年反邓、毛、谢、古'右倾机会主义'的一篇文章,实际是指鸡骂狗的。当时认为'罗明路线'在福建,在江西,在建黎泰,整个中央苏区都弄成是'罗明路线'。"①

建黎泰中心县委是 1933 年 1 月成立的,亦称建宁中心县委,书记余泽鸿,隶属中共江西省委。1933 年 4 月底改隶新成立的中共闽赣省委。

中共建黎泰中心县委领导的建宁、黎川、泰宁 3 县,是红一方面军于 1932 年 10 月中旬发起建黎泰战役中收复和新开辟的苏区,3 县党组织的力量和群众基础都较薄弱,基层苏维埃政权刚刚建立,各项工作都开展得较迟,地方武装力量也不够强大。新成立的中共建黎泰中心县委,在书记余泽鸿领导下,从建黎泰苏区实际出发,提出了一些与老苏区不同的工作计划和政策措施。如提出编组赤卫军、少先队"在精不在多",先求质量再求数量;认为苏区还谈不到直接的反帝运动,"反帝拥苏同盟"和"互济会"组织的建立不要一哄而起等。这些意见

① 《文献和研究》,1985 年第 1 期。

和措施，其实都是符合实际的，是正确的。江西军区总指挥陈毅1933年4月初前往建黎泰苏区检查工作后，曾致电朱德、周恩来说到："建、黎、广武装过早集中，脱离当地致开小差，本身削弱，而当地群众无武装，致受会匪压迫，增长悲观失望。目前应普遍在边区争取剿匪，由繁殖并扩大当地游击队，深入阶级斗争，作为扩充成军的扩红基础。"① 陈毅的意见与余泽鸿的意见可谓不谋而合。由于政策措施得当，建黎泰苏区迅速得到巩固。

可是，博古等发动和领导开展的反福建"罗明路线"和反"江西罗明路线"的斗争，很快波及建黎泰苏区。1933年5月17日至19日，中共闽赣省委在省委书记顾作霖的直接领导下，举行建黎泰中心县委扩大会议，集中批判以余泽鸿为代表的所谓"建黎泰罗明路线"。他们抓住中心县委工作中的个别错误和刚刚发生的"泰宁事件"不放，武断地认为中心县委犯了"右倾机会主义"错误。

所谓"泰宁事件"，又称"高传遴事件"。高传遴是江西遂川人，井冈山时期的老红军，建黎泰少先师政治委员。1933年5月初，建黎泰模范少先师长杨遇春与驻守将乐县城的国民党军第五十六师私通，密谋叛变。5月12日，模范少先师分兵两路攻打将乐县万安和泰宁县朱口时，杨遇春事先将计划密送到将乐国民党军第五十六师，致使攻击万安的少先师一部遭受伏击。14日两路部队安全转移到邵武县将石墟会合后，杨遇春害怕阴谋败露，遂于当晚暗害了师政委高传遴和警卫员，只身逃到将乐县城叛变投敌。

在革命斗争中个别不坚定分子叛变投敌，这本不足为怪。中共闽赣省委却认为泰宁"高传遴事件"的发生是中心县委执行右倾逃跑错误的必然结果。他们据此大肆批判以中心县委书记余泽鸿为代表的"建黎泰罗明路线"，还追根寻源，认为余泽鸿在六届四中全会后对中

① 国防部办公厅档案处:《湘鄂赣1933年历史档案汇编》,1962年,第2页。

央和中央局领导不满，对开展反“罗明路线”斗争不满，对他进行“残酷斗争、无情打击”，撤销了余泽鸿的中心县委书记职务，还对建宁、黎川、泰宁3县委进行改组，一批地方基层干部被“洗刷”出党的领导机关。

二、反“罗明路线”斗争在粤赣省

粤赣省是1933年9月设立的。原会昌中心县委所领导的会昌(1933年8月会昌县分设为会昌、门岭、西江3县)和寻乌、安远等县，均划归粤赣省。

自从1933年3月底召开会寻安三县党积极分子会议开展反对“江西罗明路线”斗争以后，会、寻、安3县反“罗明路线”的斗争一直没有停止。中共粤赣临时省委成立后，又提出要继续开展反“罗明路线”斗争。不仅在原会、寻、安3县开展斗争，而且将这一斗争扩大到全省范围。1933年10月，中共粤赣临时省委召开了寻乌、安远两县活动分子会议。会议认为“二县领导机关是没有决心来同自己错误斗争，相反的，寻安二县委仍继续罗明路线的错误，特别是在广东军阀更积极向着西南战线进攻中，他们的机会主义罗明路线更露骨的暴露”①。会议对这两县的所谓机会主义分子展开无情斗争。

随后，省委撤销了寻乌县委书记胡荣佳、安远县委书记谢玉昆、信康县委书记胡发鑫的职务。紧接着在1933年11月29日开幕的粤赣省第一次党代表大会上，又批判了以胡(荣佳)、谢(玉昆)、胡(发鑫)、游(端轩)、吕(赤水)为代表的“机会主义”。游端轩是粤赣军区第三军分区司令员，吕赤水是粤赣军区第三军分区政治委员。他们率领地方武装在武平、上杭方向，与国民党粤军进行了坚决斗争。在一次战斗中因敌军兵力众多，进攻猛烈，他们率部撤退以保存实力，便被指责

① 刘晓:《寻乌安远二县活动分子会议总结》,1933年10月4日。载中共江西省委党史研究室编:《江西党史资料》第11辑,1989年内部版,第33页。

为"退却逃跑"、"机会主义",撤销了游、吕二人的职务,游被开除出党,后在瑞金遇害。继省党代会之后的粤赣省工农兵代表大会和各县相继召开的工农兵代表大会,也开展反"机会主义"斗争,撤换了寻乌县苏维埃政府主席赵寿华和副主席刘来源、安远县苏维埃政府主席薛寿达和内务部长孙荣盛等人。

反"罗明路线"斗争使粤赣省苏区干部人人自危,惶恐不安。

三、反"罗明路线"斗争在红军部队

除了在福建、江西苏区开展反"罗明路线"斗争,1933 年 11 月在红军部队中也开展了反对以萧劲光为代表的"罗明路线"的斗争。

萧劲光是个资深红军高级指挥员,曾在莫斯科东方大学、列宁格勒军政学院学习,为列宁守过灵。1930 年回国后奉命进入中央苏区,任过中央军事政治学校校长、红五军团政治委员等职。1933 年调任闽赣军区司令员、红七军团政治委员。1933 年 9 月,蒋介石对中央苏区发动第五次"围剿"。9 月 25 日,国民党军北路周浑元纵队 3 个师由南城、硝石首先向黎川县城发起进攻。黎川县城是闽赣省委、省苏维埃政府和闽赣军区驻地。敌军进攻前夕,省委、省苏维埃政府机关已撤出黎川城,省委书记顾作霖、省苏政府主席邵式平等领导人也已撤走。城内只留下一个消费合作社和一个只有 70 多人的军区教导队及一些地方游击队。显然,仅凭如此单薄的兵力,是无法坚守黎川县城的。9 月 28 日,在敌军即将形成合围之际,为避免不必要损失,萧劲光指挥教导队掩护伤病员和物资紧急往城外溪口转移后,最后他和教导队一起从城内撤出,转移到溪口。当日,黎川城被敌军占领。

黎川失守后,博古、李德等"左"倾领导人极为震惊,一方面调兵遣将企图收复黎川城,一方面命令萧劲光到资溪方向指挥地方部队开展游击战争,阻挠敌人前进。10 月 28 日,红七军团正式组建,中革军委任命萧劲光为红七军团政治委员。随即萧劲光率领该军第十九、二十、二十一师奔赴战场,参加由彭德怀、滕代远组织指挥的浒湾战斗,强攻敌筑有众多堡垒的坚固阵地。此战因彭德怀患病，由彭雪枫代指挥。战斗结果，红军未能取胜，红三军团伤亡700余人，红七军团亦伤亡300余人。

黎川失守与浒湾战斗失利，实际上都是“左”倾领导者错误军事指导的结果。可是，“左”倾错误推行者却把责任推给别人。浒湾战斗结束后，红一方面军总部和中革军委将战斗失利的责任强加于萧劲光头上，下令将他撤职，调往建宁总部审查。后来彭德怀主动承担了责任。可是，“左”倾错误领导人又以黎川失守为理由，指责萧劲光犯了“退却逃跑”错误，将他打成了“罗明路线在军队中的代表”。对此，萧劲光回忆说：

> 我被撤职送往建宁的当天晚上，前总的一位负责同志见了我，给了我一份《铁拳》。我一看，是《反萧劲光机会主义专号》，上边刊载着顾作霖等三位同志的文章。其中有一篇叫《反对红军中以萧劲光为代表的罗明路线》。很显然，这就是当时给我的问题确定的性质。看了文章，我感到许多说法与事实不符，心里很不是滋味。事情还未弄清楚，问题却已经定性了。我向这位负责同志进行了申辩。这位负责同志说，“虽然事实有出入，但是党已经决定在军队中开展反对以你为代表的右倾机会主义路线的斗争，以教育全党，你应该服从党的决定”。我说，“如果不讲事实，如果是这样的话，我还有什么话可讲呢?”以后便再也无人找我谈话了。
>
> 在建宁进行“审查”之后，我即被送往瑞金。到瑞金后，第一次参加党的活动分子会议，就开展了对我的斗争。会议的内容是“反对萧劲光机会主义”，由博古作报告。报告的内容与《铁拳》上文章的内容完全一样，有些地方更加扩大化，并提出“打倒蒋介石的走狗萧劲光”等等口号。以后，又在全军上下，运用报刊、漫画、演戏等各种形式，开展对我的批判斗争。后来，博古告诉我，

“党决定要公审你”。这样,在瑞金近一个月的时间,未经初审,便召开了公审大会。①

公审萧劲光于1934年1月6日上午在瑞金进行。临时最高法庭组成了临时最高军事审判法庭。尽管萧劲光在法庭上进行了有理有据的申辩,法庭还是判了他5年徒刑,且无上诉权。毛泽东和王稼祥对此判决十分气愤,竭力出面干预。毛泽东还派贺子珍到囚室探慰萧劲光。后来,萧劲光虽最终未被判徒刑,博古等人还是开除了他的党籍、军籍,将他调往红军学校任教,一直到长征。

据萧劲光、李井泉所言,当时受打击的并不是他一个人。众所周知的“邓、毛、谢、古”,这是“四大”;还有“四小”,就是萧劲光、陈正人、李井泉、余泽鸿。他们还把当时在军队中的一些政治委员都撤换了。“打击这一大批同志的目的,是打击以毛泽东同志为代表的正确路线,以压制党内、军内拥护毛泽东同志、反对王明‘左’倾冒险主义的同志。”②

遵义会议后,博古、李德下台,毛泽东出山后,经中央研究,周恩来找萧劲光谈话,宣布中央决定说:“你的问题过去搞错了,处分都不算数,恢复党籍、军籍,中央准备安排你的工作。”③不久,萧劲光被任命为红三军团参谋长,始平反昭雪。

第五节
查田运动

一、查田运动的提出

从1931年春起,中央苏区的土地斗争,就受到王明“左”倾错误的

① 《萧劲光回忆录》,解放军出版社1987年版,第139—140页。
② 《萧劲光回忆录》,解放军出版社1987年版,第141页。
③ 《萧劲光回忆录》,解放军出版社1987年版,第141页。

严重干扰。“左”倾错误领导者们在苏区强制推行“地主不分田，富农分坏田”等错误的土地政策，并且将这些错误政策写进了为一苏大会起草的《土地法》中。

毛泽东是竭力反对“左”倾错误土地政策的。他曾说：

> 地主不分田者，肉体上消灭地主之谓也，这是出于哪一条马列主义的？不给地主一份地去耕种，其结果，便是逼着他们去当绿色游击队，手执武器向苏维埃拼命，这有什么好处呢？富农分坏田，把富农降到赤贫，让这一部分也反对我们。在民主革命时期，在民主革命还未胜利时期，在强大敌人进攻、革命谁胜谁负还未决定时期，就要用不分田、分坏田的政策对待地主富农，这是属于哪一条列宁主义的呢？①

然而，毛泽东的正确意见却被“左”倾领导人指责为“非阶级路线”、“富农路线”，遭到错误批判。

第一次全苏大会通过并颁布了《中华苏维埃共和国土地法》后，迫于中共临时中央压力，为贯彻“地主不分田，富农分坏田”的政策，中央苏区从 1932 年 3 月开始酝酿发动“查田运动”。1932 年 5 月，江西省全省工农兵第一次代表大会通过的《土地问题决议案》中，提出不论老苏区和新苏区，都应组织查田委员会，检查土地分配情况。福建省苏维埃政府也于 1932 年 7 月 13 日颁布检查土地条例，要求在全闽西普遍进行一次“土地检查”，将地主和反革命富农、工头、老板、商人、和尚、道士、尼姑、算命地理先生等分到的土地和富农分到的好田，都清查出来，予以没收，交贫雇农“重新分配”。

但是，违背苏区实际的王明“左”倾土地政策，并未受到苏区干部群众的拥护。因此，尽管过了近 1 年时间，苏区的查田运动实际上没

① 毛泽东：《驳第三次“左”倾路线》，1941 年，《毛泽东文集》第二卷，人民出版社 1993 年版，第 342 页。

有全面开展起来。

二、大规模查田运动的开展

1933年1月底博古等来到中央苏区后，立即下令在整个中央苏区开展大规模的查田运动。

是年2月1日，中央土地部发出关于春耕计划的第二号训令，要求："田未分好，或分得不好的地方，如会昌、石城、安远、寻乌、博生、南康、新泉、宁化等县，要马上发动群众，重新分田，或彼此将田对调，土地分得更好的地方，要组织突击队、查田队去检查别区的或别县的土地，发动他们，重分或对调，限二月内全县田园，必须彻底分好，要使豪绅地主分不到一寸土地，富农分不到一坵好田。"①

1933年2月10日，博古在《红色中华》第51期发表题为《为着布尔什维克的春耕而斗争》一文，强调提出："彻底进行老苏区的查田运动与新发展区域中的迅速没收地主阶级土地及将其平均分配给雇农苦力贫农中农，必须使得土地革命的利益完全落在雇农贫农中农身上"，实行"正确的土地分配"，号召"动员我们一切力量，开展我们在各个战线上的全线的进攻"。

博古等人将开展查田运动的领导责任，交给苏维埃中央政府，并责成刚从长汀福音医院养病归来的中央政府主席毛泽东领导实施。毛泽东深知博古为"全线进攻"下令开展查田运动的目的，但碍于党内组织纪律的约束，只好服从安排，勉为其难。从1933年2月开始，他抽调中央土地部人员组成工作组，由王观澜带队，到瑞金云集区第四乡开展查田运动试点，摸清情况，取得经验。

1933年6月初，中央苏区的查田运动开始全面发动。

6月1日，苏维埃中央政府发出《关于查田运动的训令》。训令对查田运动的必要性和查田运动的领导责任、力量组织、工作部署及应

① 《红色中华》第52期第5版，1933年2月13日。

注意的问题等，都提出了要求。6月2日，中共中央局在听取了毛泽东和土地部副部长胡海关于查田试点情况汇报后，作出《关于查田运动的决议》。《决议》强调指出，要“彻底的解决”中央苏区的“土地问题”，要“没收地主的一切土地”，“收回富农的好田”，并要求把查田运动与“肃反与检举运动联系起来”。①

6月17日至21日，苏维埃中央政府在叶坪召开有瑞金、长汀等8县区以上苏维埃负责人员查田运动大会。6月25日至7月1日，又召开上述8县贫农团代表大会。江西省苏维埃政府也于7月21日至24日，召开了兴国、赣县等9县区以上苏维埃负责人员查田运动大会。

毛泽东在苏维埃中央政府召开的两个查田运动大会上，先后作了报告和总结，并在《红色中华》《斗争》等报刊发表《查田运动的初步总结》《查田运动的群众工作》等文章。他努力试图使查田运动按照正确的方向发展，强调指出：查田运动必须充分发动群众，“一切脱离群众的官僚主义命令主义工作方式，是查田运动最大的敌人”；必须坚决执行“以工人为领导者，依靠贫农，团结中农，去削弱富农，消灭地主”②的阶级路线，特别强调查田运动是“查阶级”，不是按亩查田，更不是重新分田；查阶级是查地主、富农阶级，决不是查中农、贫农、工人阶级，挨家挨户去查是绝对错误的；决定阶级成分，要十分谨慎，不要将中农弄成富农，将富农弄成地主，也不要将地主、富农弄成中农、贫农；如果过去有弄错了的，应该推翻原案。③

为此，毛泽东还主持制定了《怎样分析农村阶级》的文件，对划分阶级的标准作了明确统一的规定。毛泽东强调提出的这些原则精神，

① 《苏区中央局关于查田运动的决议》，1933年6月2日。见中共江西省委党史研究室等编：《中央革命根据地历史资料文库·党的系统》第4册，中央文献出版社、江西人民出版社2011年版，第2659—2662页。

② 毛泽东：《查田运动的群众工作》，见《斗争》第32期第5页，1933年10月28日。

③ 毛泽东：《查田运动的群众工作》，见《斗争》第32期第5页，1933年10月28日。

实际上都是与"左"倾领导人的旨意和主张相悖的。

查田运动大会以后，中央苏区的查田运动便轰轰烈烈地开展起来了。

三、毛泽东纠正查田运动中的"左"倾错误

查田运动6月部署，7月至9月3个月全面铺开，发展迅猛异常。

毛泽东由于受到"左"倾错误领导的排斥，没有充分的决策权力，很难按既定方针对查田运动进行有效的控制。运动迅猛开展起来后，"左"倾错误迅速占了上风，各地出现了乱划阶级成分、严重侵犯中农利益、消灭富农经济的现象。如将中农上升为富农、将富农上升为地主加以打击，在查阶级时往上查到二、三代甚至三、四代，因而将一些贫农搞成破产地主而没收其财产，有的贫农出身的干部、党员被开除工作、开除党籍。有的地方不是以剥削量去区别地主、富农或高利贷者，而是以剥削的种类(即土地剥削、劳动剥削、经济剥削)多寡去区别地主、富农或高利贷者，这样就"把稍微放点债，收点租，而大部分靠出卖劳动力为一家生活来源的工人当地主打了"①。据统计，查田运动开展后的3个月内，江西、福建和粤赣3省，就查出所谓的地主6988家、富农6638家。这些新查出的地主富农中，有相当大一部分是中农，甚至是贫雇农和工人。尤为严重的是，"左"倾领导者们还将查田运动与肃反运动及"洗刷"阶级异己分子搅在一起，将大量新查出的"地主富农分子"洗刷出革命队伍。这样乱划阶级成分的结果，使苏区群众产生反感，甚至引起恐慌。不少地方查田运动难以进行下去。

毛泽东很快发现运动中出现的问题。他在8月29日写的《查田运动的初步总结》一文中，一针见血地指出："左"倾错误是查田运动

① 刘少奇：《农业工会十县查田大会总结》，载《斗争》第34期第13页，1933年11月12日。

“严重的危险”①。博古等领导人也察觉到查田运动中出了不少差错，责成毛泽东纠正。毛泽东在大量调查研究和总结过去经验的基础上，起草了《关于土地斗争中一些问题的决定》。1933 年 10 月 10 日，这个决定以中央人民委员会（毛泽东兼任主席）第 49 号命令的形式颁布执行；同时颁布执行的还有毛泽东 6 月份领导制定的《怎样分析农村阶级》。

这两个文件运用马克思主义的基本观点，结合中国农村根据地实际，提出了准确划分阶级成分的正确意见。中央人民委员会在颁布第 49 号命令时规定：“凡在一九三三年十月十日以前各地处置之阶级成分有不符合本决定者，应即根据本决定予以变更。”②

中央人民委员会的命令颁布以后，各地对照文件，很快将错划的阶级成分予以纠正。如：胜利县查田运动前共有地主富农 1581 户，查田运动又查出 536 户；命令和两个文件下达后，共有 1300 余户下降为中农成分，下降面占地主富农总户数的 61%。瑞金县大柏地乡原有地主 21 户，下降成分的有 20 户；江背乡原有地主富农 50 户，两天就改正 33 户。会昌县沙心区改正 62 户，比查田运动查出的还多 24 户；高陂区在 1 个月内就改正 70 余户，超过查田运动查出的总数 1/3。于都县段屋区把 40 户地主富农改为中农贫农。

由于毛泽东主持制定的两个文件及命令的贯彻实施，查田运动中“左”倾错误基本上得到了遏制和纠正。

四、查田运动的严重不良后果

查田运动中大量被错划的地主、富农成分得到改正，这本是一件好事，体现了党和苏维埃政府实事求是、有错必纠的原则，得到广大工

① 见《斗争》第 24 期第 12 页，1933 年 8 月 29 日。

② 《中华苏维埃共和国中央政府人民委员会命令（第四十九号）》，1933 年 10 月 10 日，据中央档案馆保存件。

农群众的拥护和欢迎。

可是,“左”倾错误领导者却不能容忍这种“纠偏”继续下去。他们把改正错划阶级成分说成是地主富农“翻案”,是“反攻倒算”,把各级苏维埃政府贯彻执行《决定》和《怎样划分阶级成分》两个文件,批评为“右倾机会主义”。为此,在1934年1月中旬召开的中共六届五中全会上,毛泽东两次受到错误批评。接着在第二次全苏大会上,免去了毛泽东所兼任的中央人民委员会主席职务,改由张闻天担任。

1934年3月15日,张闻天主持的中央人民委员会发布了《中字第一号命令——关于继续开展查田运动的问题》。《命令》称:“许多地方苏维埃政府竟抛弃了继续开展查田的工作,而忙于‘纠正’过去在查田运动中甚至在查田运动前的一些过‘左’的错误,并且给了地主、富农以许多反攻的机会,地主、富农也利用《决定》中一些条文(特别是第一、第二、第三条)大肆活动,企图拿‘算阶级’来代替查阶级,拿数字的玩弄,来夺回他们过去所失去的土地与财产。”《命令》强调:“必须坚决打击以纠正过去‘左’的倾向为借口,而停止查田运动的右倾机会主义”,认为“右倾机会主义是目前的主要危险”。《命令》宣布:“不论地主、富农提出任何证据,不得翻案,已翻案者作为无效。”①这就在事实上宣布《决定》和《怎样划分农村阶级》等两个文件无效。查田运动又出现反复,陷入“左”倾错误泥坑。

中字第一号命令发布以后,各地在很短时间内将已纠正错划的阶级成分又统统改了回来,有些地主“只在那里开了一次群众大会,将已改的又翻过来”②。

查田运动中的“左”倾错误,产生了严重的不良后果。一是严重侵犯了中农的利益;二是过分打击了地主、富农;三是伤害了一大批干

① 《红色中华》第164期第11版,1934年3月20日。

② 见《红色中华》第187期。

部;四是影响了农业生产。许多贫农尤其是中农生怕查阶级查到自己头上,阶级“上升”,惴惴不安。许多地主、富农被逼上绝路,逃往白区,或上山为匪。地处边区的一些苏区,如于都县的小溪、会昌县的筠门岭、万泰县等地,甚至数万人或整村整乡的逃往白区,增加了敌对营垒的力量,使苏区内部的社会秩序动荡不安,农业生产受到极大影响,从而制约了根据地经济的发展,给正在进行的第五次反“围剿”战争增添了更多的困难。

第六节
“左”倾军事战略的推行

一、第四次反“围剿”后红一方面军在乐、宜间徘徊作战

红军第四次反“围剿”胜利后,敌我态势发生了很大变化。国民党“围剿”苏区的中路军,占据乐安、宜黄、南丰、南城和临川等县城固守,不敢轻易向苏区进犯。其东路军和南路军则基本上按兵不动。红一方面军如若抓住这一良机,在休整补充之后,集中优势兵力向东北方向发展,可诱动敌军在运动中歼灭之,同时依托赣东北苏区向闽浙皖边发展,巩固中央苏区。

可是,在瑞金的博古、项英、任弼时等人,在过去的一年多时间里一直坚决反对毛泽东的所谓“东北路线”,同时又念念不忘夺取吉安、抚州、南昌等中心城市;而共产国际东方部驻上海的政治代表和军事总顾问开始加强对中共和苏区红军军事行动计划的干预,同样反对红军采用“诱敌深入”苏区的战略战术。在这一背景下,博古、项英等人反其道而行之,命令红一方面军去进攻敌人固守的乐安、永丰、宜黄县城,与敌人争夺一城一地之得失。1933 年 3 月 25 日,结束草台冈战斗后未及休整的红一方面军,即匆匆北上,进攻乐安城。由于乐安守敌预有准备,战至 3 月 29 日仍未攻克。3 月 29 日,国民党军 5 个师增援

乐安，红军被迫从乐安撤围，改强攻为佯攻，主力改为攻击永丰县城，以图围城打援。但是，国民党军未敢出动，打援目的未达。红一方面军主力停留在永、乐间待机达两个月之久。6月4日，红一方面军总部乘宜黄城守敌换防之机，指挥部队攻打宜黄城，经3天战斗，虽毙伤部分敌军，终因守敌有备，又未克城，更未调动敌军。就这样，红军主力在永、乐、宜地域徘徊两个多月，毫无战绩。

自1933年5月中旬至6月上旬，红一方面军根据中革军委命令，利用在永、乐间待机的战争间隙，完成整编，将原来的小师小团改为大师大团建制，并撤销了军部编制，改由军团直接指挥各师。这次整编，减少了层次，便利了指挥，有利于部队战斗力的提高和开展大兵团运动战。

在此之前，项英为便于干预前方军事，于1933年5月8日以苏维埃中央人民委员会名义，加委博古、项英为中央革命军事委员会委员；同时根据共产国际东方部驻上海政治代表的建议，决定中革军委会机关从前方迁回瑞金，由项英代理中革军委主席。这样，博古、项英就把红军作战的最高决策权——中革军委主席之职，抓到了自己手里。他们利用手中的军事最高权力，更加有恃无恐地对前方军事横加干涉。

二、共产国际远东局和中共“左”倾领导人提出“分离作战”计划

1933年6月13日，博古、项英以中共中央局名义，将一份关于红军夏季作战的“长电”，通过电台发给了前方红一方面军领导人周恩来、朱德。这份长电，是刚到中国不久的共产国际东方部驻中共军事总顾问曼弗雷德·施特恩在上海拟定的。

早在1933年4月2日，共产国际远东局在致中央苏区的电报中就说：“我们也在考虑着手解决大约两个月后的进攻问题。在晚些时候我们将用电报发去我们的计划。”[①]远东局的计划，就是为博古、项英等所称之“中央指示今后作战的长电”[②]。

“长电”全文共约3400字。“长电”一开头便不容置疑地强调：“现在是确定我们最近时期基本任务的时候，我们在下面提纲挈领地说明今后的计划，望你们在适当的考虑之后，接受这一计划，作保障今后进行这一计划的必然过程中一切实行步骤与行动所根据的总路线。我们完全知道，新的形势，将给此种计划以许多纠正，阻止我们直接执行这一路线，这种牵制，当然是可能的，但我们不应拒绝执行这一计划。”并说“这一计划成功的先决条件”，是“我政治与军事的领导，同心一致的接受这一整个的计划”[③]。这一计划的主旨，是从战略上主张红一方面军在整个夏季应在东、西两个方向、两条战线上“分离作战”。具体规定以红五军团为主编成东方军，入闽作战；方面军主力第一、三两个军团，仍在抚河、赣江之间北线活动。作战任务分为3个阶段：

第一阶段，东方军以宁化、清流为总方向，消灭敌人新编第二师以及第四十九、第七十八师等部队；方面军主力一、三军团不作大的行动，主要破坏永丰、乐安、崇仁间敌军的联系，寻机歼灭抚河、赣江间敌军旅、团以下小部队。

第二阶段，东方军以清流、宁化区域向北进攻，以将乐为总方向，消灭敌人第五十六师、新编第四旅等部队；方面军主力一、三军团则向抚河方向发展，威胁南丰、南城、宜黄、乐安等县城，策应东方军作战。

---

① 《共产国际、联共(布)与中国革命档案资料丛书》第13卷，中共党史出版社2007年版，第371页。

② 《中央革命根据地历史资料文库·党的系统》第4册，中央文献出版社、江西人民出版社2010年版，第2668页。

③ 《中央革命根据地历史资料文库·党的系统》第4册，中央文献出版社、江西人民出版社2010年版，第2686—2687页。

第三阶段，东方军回师江西，前出至金溪县；方面军主力向东北前进，前出至崇仁县，会合东方军，一师一师地消灭敌人，集中全力进攻抚州，进而进攻南昌。

这是一个完全脱离苏区和红军实际的军事战略方针和行动计划。毛泽东后来评价说：实行这个计划，“两个拳头打人”，“把红军主力分割为二，企图在两个战略方向同时求胜。那时的结果是一个拳头置于无用，一个拳头打得很疲劳，而且没有当时可能取得的最大胜利。照我的意见，在有强大敌军存在的条件下，无论自己有多少军队，在一个时间内，主要的使用方向只应有一个，不应有两个”。①

中共中央局总负责人博古和中革军委代主席项英，对共产国际远东局制定的这一计划自然奉若圣旨，坚决拥护。他们根本抛弃弱小红军应集中优势兵力于一个主要作战方向的原则，1933 年 6 月 13 日在给周恩来、朱德转发“长电”的电文中，进一步发挥“长电”分离作战的构想，决定：“为切实执行这一作战计划，拟改令彭滕率三军团全部，去做东方军的基干，并拨驻汀州之模范师，上杭附近之第十九军、宁化独七师、十九师、二十师及长汀以北和闽赣边省地方部队等，归其统一指挥。”②

三、周恩来、朱德对“分离作战”计划的抵制

红一方面军领导人周恩来、朱德十分了解中央苏区的实际情况和红军的作战特长，对中央局转来的“长电”进行认真研究后，他们均对“长电”所拟作战计划持保留态度，更不同意博、项提议。6 月 14 日，周恩来电复中央局，说：入闽作战须估计到对清流、归化、将乐、邵武等地的攻击必须时日，六七两月正是给养最困难的时候，清流泉上一带

① 《毛泽东选集》第一卷，人民出版社 1991 年版，第 225 页。

② 《中共中央文件选集》第 9 册，中共中央党校出版社 1991 年版，第 232—235 页。

是贫瘠的地域,目前方面军已有断炊之虞,不知你们估计到否?①

博、项不仅不接受周恩来意见,反而对前方军事领导人给予严厉批评,认为周、朱对“长电”所提作战计划贯彻执行不力,限他们在24小时内对“长电”作出答复。6月16日,周恩来致电项英,除继续申述外,请求宽限答复时间。在此情况下,朱德与周恩来于6月17日电复中央局,不得不原则表示接受夏季作战计划的方针,6月18日又联名致电中央局,再次表示:“方面军主力一、三军团目前绝对不应分开”;“东方军应以五军团(一个师)、第三师、十四师三个师组成”,“如顾虑董、朱指挥力弱,或仍以萧劲光任政委,或由彭、滕指挥一、三军团,方面军指挥各部门东移,暂由我们直接去指挥东方军及七军团各师的行动”;同时指出东方军入闽作战是“酷暑远征,且多大山”,“在选择敌人方面攻清流将乐又陷于攻坚;我力量将不能与十九路军一个师的增援队决战”,主张“东方军以活动于建泰将乐邵光地区为合宜”,“这不仅较打卢兴邦十九路军易于求得补充,并容易求得运动战,且对于赣东北目前严重现象也给了直接援助”②。同一天,周恩来还单独致电博、项,说明“正因有沪电,关系全盘利害及前途,故在同意它的总路线下,须仔细考虑它提出的具体步骤是否能够达到它所预期的要求,而不致将两月时光空空过去,甚至影响到许多不对的减员与减弱战斗力。这须从敌情、地形、物质条件与我们的任务各方面加以估计”③。6月20日,周恩来、朱德再致电项英、博古等,坚持一、三军团留在江西作战,以五军团作东方军骨干速经广昌、建宁之南向宁化县北部安远

① 参见中共中央文献研究室编:《周恩来年谱(1898—1949)》,人民出版社、中央文献出版社1990年版,第247页。

② 《中共中央文件选集》第9册,中共中央党校出版社1991年版,第232—235页。

③ 《周恩来军事文选》第1卷,人民出版社1997年版,第297页。

市等地出击①。

博古、项英对周恩来、朱德一再对夏季作战计划提出不同意见十分恼火。他们固执己见，于6月22日连续给周、朱发出两个电报，严厉斥责说："现在已非我们从容讨论一个又一个计划的时「候」，请于接电后重新考虑接受上海整个计划及我们的提议，即以三军团代五军团并立即行动。"②面对如此蛮横的军委领导，周恩来只好于6月23日电复中共中央局，表示："绝对服从你们的命令，并立即执行。我要求在部队调动中回瑞一行，面陈不同意见或改在博生开军委会或中局会。因许多问题非电文所能详，许多批评完全不是我们愿（原）意也。"③

由此可见，在前线的周恩来、朱德同在后方的博古、项英在红军军事战略方针与行动计划上的不同意见对立，有多尖锐。

四、东方军入闽东征

1933年7月1日，中革军委代主席项英不顾前方军事领导人的不同意见，执意下达了《军委关于东方军之组成及干部配备和指挥关系的指示》："着以三军团（暂缺第六师）、十九师为东方军……任彭德怀兼东方军司令员，滕代远兼政委，为配合作战，三十四师及闽赣军区，宁清归分区，各独立师团营不论，归彭、滕就近指挥，并以袁国平兼东方军政治部主任，后东方军仍直接受一方面军朱周指挥，望各部通电联络。"④

---

① 《周恩来、朱德关于在分离作战方针下红军部署问题给中共临时中央的报告》，1933年6月20日。

② 《中央革命根据地历史资料文库·党的系统》第4卷，中央文献出版社、江西人民出版社2010年版，第2675页。

③ 《中央革命根据地历史资料文库·党的系统》第4卷，中央文献出版社、江西人民出版社2010年版，第2675页。

④ 据中共赣州市委党史办资料室保存件。

红军东方军组建后，于7月2日以红三军团第四师为左路，第五师为右路，直属队为中路，分别从江西广昌县之头陂、东坑、下坊地域冒雨向福建进军。7月5日，抵达宁化县西部的济村、禾口、茶湖冈地域。7月6日，东方军首长根据朱德、周恩来指示，下达了“迅速袭取泉上，准备打击其由清流来援之敌”的命令。

泉上位于宁化县东北部，扼宁化至归化（今明溪）交通要道。泉上周围筑有高8米、厚7米的土墙，并构筑有坚固工事，环墙外挖有河沟，沟外是一片水田。泉上镇内驻有国民党军卢兴邦新编第二师第三〇七团，另有宁化、清流、石城、长汀4个县地主武装400余人。镇内储有大批粮食、食盐等物资。攻占泉上，可扫除红军向闽西北扩大苏区的障碍，并缴获一大批物资，同时通过围城打援，相机消灭永安或连城方向来援之敌，乘胜攻占归化县城。

7月10日，正当东方军攻打泉上的计划顺利实施之时，处在后方瑞金的中革军委代主席项英，突然绕过红一方面军总部，直接电令东方军只留1个团围攻泉上，并要求从这个团中抽出一部兵力在当地游击队配合下向归化东北一带游击，巩固已占领的归化地域；令东方军主力移师至清流以南适当地点，截击清流撤退或连城增援之敌。

中革军委的这一指令，打乱了东方军原定围攻泉上的战斗部署，结果不仅会导致泉上土堡难以攻克，也达不到围城打援之目的，还解决不了部队给养。周恩来、朱德等得知这一情况，立即于7月11日致电项英，不同意改变原定作战部署，指出：在敌未动之先以红三军团主力过清流河猛进不妥，现三军团每日搜山征发，只吃两餐稀饭，尤不利这样行动。并指出：“闽省不利游击，各河流急水深，运动大兵团不便，加以天热多病，红三军团沿途已留下五百多病员。请你们决定部队行动时稍稍顾及此点。”[1]同日，在另一份给博古、项英、刘伯承的电报中，周恩来又陈述道：“我意如果敌情不出意外变化，行动步骤不宜扰乱，机动亦须与正在执行的战场方针相合。目前，三军团不断获得胜利，即由于我们依一贯方针，步步实施，而敌人处于被动步骤。在这里，除直接通知敌情与紧急危险时的处置外，项代主席请勿直接电令彭、滕、周、曾，使他们对上级整个部署无所适从，这是战斗中大忌。”[2]

博古、项英等根本听不进周恩来的意见，仍然我行我素，滥施权力，对前方军事行动横加干涉。周恩来忍无可忍，7 月 20 日再电项英，指出：“我们争论并非企图不同，更非执行上海计划不忠实，你何以喋喋虑此？在战术问题上须估计到当地敌情、地形与我兵力、给养条件等，我坚决执行已定步骤（每一步骤是有前后接应的）达到胜利。”[3]

由于周恩来、朱德力排来自后方的博古、项英的干扰和东方军首长彭德怀、滕代远的果敢指挥，7 月 19 日，东方军终于攻克泉上土堡，歼灭地主武装 400 余人，缴获步枪 925 支、轻重机枪 9 挺、短枪 71 支、迫击炮 2 门、各种子弹 5 万余发，以及大批粮食、食盐、现款和其他物资。同时还进占清流，收复大片地区，使宁化、清流、归化、建宁连成一片，胜利完成第一阶段作战任务。

东方军稍作休整后，又于 7 月 26 日从宁化、清流南下连城作战。7 月 30 日至 31 日，在连城朋口及莒溪歼敌第十九路军第七十八师两个团，8 月 2 日午后 4 时乘胜进占连城县城，8 月 3 日再在小陶追歼逃敌第七十八师 1 个团。总计在南下作战中共消灭敌第七十八师约 3

① 中共中央文献研究室、中国人民解放军军事科学院编：《周恩来军事文选》第 1 卷，人民出版社 1997 年版，第 300 页。

② 中共中央文献研究室、中国人民解放军军事科学院编：《周恩来军事文选》第 1 卷，人民出版社 1997 年版，第 300 页。

③ 中共中央文献研究室、中国人民解放军军事科学院编：《周恩来军事文选》第 1 卷，人民出版社 1997 年版，第 300 页。

个团,俘敌2000余人,缴枪2000余支、军粮1500余担,恢复了连城、朋口、新泉大片苏区。

根据前线敌我态势变化,红一方面军总部于8月15日电令东方军由连城地区北上顺昌、将乐、南平地区,发起第二阶段作战。

顺昌、将乐、南平一带地区,主要由国民党军第五十六师刘和鼎部和新编第四旅周志群部驻守。其分布是:第五十六师师部率第一六六旅一部在南平,第一六六旅主力在洋口、峡阳、顺昌;第一六七旅在建瓯、建阳;第一六八旅在将乐。新编第四旅在邵武一带。谭启秀的补充师在水口以东地区。

为加强东方军的作战力量,红一方面军总部根据中共中央局和中革军委指示,对东方军的编成进行了调整:红三军团第六师(由兴国模范师改编)归还建制,增调红二十一师第六十一团加入东方军,仍由彭德怀、滕代远指挥;另以红五军团第十三师和红二十师为抚东支队,由董振堂、朱瑞指挥,配合东方军作战。

8月16日,东方军由隔川、连城、文亨等地挥师北上。原属东方军指挥的第三十四师留驻南线,巩固连城地区。19日,东方军主力进至归化,23日进占夏茂地区。25日和26日,东方军先后进占洋口、峡阳,击溃敌第五十六师一部,缴获机枪4挺、火轮3艘、食盐7.5万公斤、现款3万余元以及大量军用品。接着,东方军所部连续进行围攻将乐、顺昌、南平的战斗,采用围城打援战术,于9月3日在夏道渡口歼敌援军第十九路军补充师1个营,击溃其2个营,缴获重机枪3挺、步枪100余支、汽车2辆、汽轮8艘、子弹4船、食盐3.5万公斤。9月18日,又在芹山战斗中歼敌十九路军第六十一师第三六六团,俘敌400余名,毙敌200余名,缴获敌军团旗1面、步枪500余支、机枪20余挺及大批军用物资。9月25日,因国民党军对黎川县城发动进攻,中革军委决定结束东方战线的作战。东方军遂向泰宁集中,准备返回江西作战。

从7月2日到9月25日，红军东方军在彭德怀、滕代远率领下，冒着酷暑远征，以高昂的斗志，克服各种困难，打了许多胜仗、恶仗，取得了“赤地千里、筹款百万”的重大胜利。但是正如毛泽东所分析的那样，由于红军主力“分离作战”，不能集中兵力使用，使东方军打得很疲劳，未能取得更大的胜利。

五、红军中央军在抚赣地区日趋被动

红军东方军入闽作战期间，红一方面军主力第一、五军团留在抚河、赣江间活动。其主要任务是破坏敌军的联系，进行钳制性作战，配合东方军行动。

1933年8月中旬，中革军委代主席项英发布训令，将红一军团与红五军团第十四师及独立第一、第二、第三、第四团，正式组成红军中央军，由红一军团军团长林彪和军团政治委员聂荣臻，分别兼任中央军司令员和政治委员。

由于红军实行“分离作战”，而且共产国际驻中共军事总顾问和中革军委代主席项英等赋予红一、五军团和中央军的任务，是配合行动，所以从1933年7月至9月间，这两支红军主力在抚赣地区日趋被动，基本处于无用状态，只进行过一些小的游击活动，仅8月31日的乌江战斗获得全歼敌第八十师的胜利。

乌江位于吉水县城东边约20公里的恩江左岸，是个较大的圩镇。当时，国民党军企图在中央苏区北线的赣江到抚河一线，构筑一条钢铁封锁线，在恩江沿岸的吉水县城附近驻有敌第九十三师，枫坪驻有敌第二十七师第八十旅，永丰县城驻有敌第十师、第八十三师、第二十七师各一部。8月29日，敌李思愬的第八十师进至枫坪与永丰县城之间的乌江修筑碉堡。此时，红一军团主力正好在乌江东南约20公里的茶口以东地区活动。敌第八十师的行动，很快为红一军团第一师侦悉。红一军团首长果断决定利用这一带地形有利于红军隐蔽的特点，以奇袭手段，消灭乌江这股敌人。8月30日，红一军团主力第一、二师秘密进至茶口、大桥附近。军团部命令第一师（不含第一团）于8月31日凌晨3时出发，经八江、桑园（今双源）绕至乌江西北，切断乌江至吉水的交通，并钳制枫坪敌军，战斗发起后由西向东攻击；命令第二师及第一师第一团，由第二师师长徐彦刚和政委胡阿林率领，经桑园从正面向乌江之敌展开攻击；军团长林彪和军团政委聂荣臻带领军团指挥机关随红二师跟进。当天部队展开后，适逢大雨如注，雷电交加。红军各部利用这一恶劣天气，出敌不意向敌发起猛烈攻击，很快对乌江之敌形成四面包围。至当日下午7时许，经4小时激战，敌人除一小部逃窜外，其余全部被歼，共消灭敌军4000余人，其中被击毙1000余人，俘虏2000多人，俘虏中包括敌第二三八旅旅长何文鼎和团营级军官多名，缴获步枪2000多支、重机枪52挺、迫击炮8门、无线电台2部及大批弹药和军用品。

六、共产国际远东局“分离作战”计划的严重错误

1933年夏中央苏区红一方面军“分离作战”计划从提出到实施，历时4个月。这期间，由红三军团等部组成的红军东方军在彭德怀、滕代远率领下，冒着酷暑远征，打了许多胜仗、恶仗，取得了歼敌万余、赤地千里、筹款百万的胜利；由红一、五军团等部组成的红军中央军，在周恩来、朱德和林彪、聂荣臻指挥下，也取得了乌江战斗胜利，消灭了一部分敌人。无论是红军东方军还是红军中央军，广大指战员在“分离作战”期间，都是斗志高昂，英勇作战，不畏艰险，不怕牺牲。这种革命精神必须充分肯定。

但是，必须指出：共产国际远东局制定并指导实施的“分离作战”计划，是一个严重脱离苏区和红军实际的错误的军事战略方针和行动计划。因为：

第一，“分离作战”计划违背了弱小红军必须集中兵力于一个方向打击敌人的原则。

毛泽东在《中国革命战争的战略问题》一文中说：“中国红军以弱

小者的姿态出现于内战的战场,其迭挫强敌震惊世界的战绩,依赖于兵力集中使用者甚大。无论哪一个大胜仗,都可以证明这一点";"无论在反攻或进攻,我们总是集结大力打敌一部"。还说:"我们的战略是'以一当十',我们的战术是'以十当一',这是我们制胜敌人的根本法则之一。"[①]但是,正如毛泽东所言:"集中兵力看来容易,实行颇难。人人皆知以多胜少是最好的办法,然而很多人不能做,相反地每每分散兵力,原因就在于指导者缺乏战略头脑,为复杂的环境所迷惑,因而被环境所支配,失掉自主能力,采取了应付主义。"[②]共产国际远东局不了解红军这一作战原则和特点,因而在制定"分离作战"计划时,自然不会考虑如何集中使用红军兵力去打击敌人;而博古、项英等既对集中使用红军兵力打击敌人这一作战原则和特点不了解、不熟悉,又迫于共产国际指示的威权和压力,因而在指导实施"分离作战"计划的过程中,也是根本不去考虑分散使用红军兵力的危害,更不会集中使用红军兵力打击敌人。聂荣臻(时任红一军团政治委员)在他的回忆录中写道:"相对弱小的红军,与强敌作战必须集中兵力。广大红军指战员,特别是高级指挥员,对此早已深有体会。所以接到'长电'以后,周恩来、朱德和我们各军团在前线的领导同志都反对这个计划。但当时在瑞金的临时中央、中央局和军委的一些领导同志,根本不接受前线同志们的意见,三令五申,必须执行'长电'。"[③]这就是历史对"分离作战"计划的结论。

第二,"分离作战"计划选择的进攻对象和进攻方向不恰当。

红军第四次反"围剿"胜利后,敌我态势发生了很大变化。国民党"围剿"苏区的中路军,占据乐安、宜黄、南丰、南城和临川等县城固守,

① 《毛泽东选集》第一卷,人民出版社 1991 年版,第 225 页。

② 《毛泽东选集》第一卷,人民出版社 1991 年版,第 222 页。

③ 《聂荣臻回忆录——红军时期》,《中共党史资料》第 5 辑,中共党史资料出版社,1983 年版,第 58 页。

不敢轻易向苏区进犯。其东路军和南路军则基本上按兵不动。在这种情势下，红一方面军应抓住这一良机，在休整补充之后，选择蒋系中央军为主要进攻对象，集中优势兵力向东北方向发展，这样便可诱动敌军在运动中歼灭之，同时依托赣东北苏区向闽浙皖边发展，巩固中央苏区。可是，共产国际远东局制定的“分离作战”计划，却将福建的国民党第十九路军及其所占地域为主要进攻对象和进攻方向。众所周知，福建第十九路军曾于1931年参加过“围剿”红军，“九一八”事变后调防上海。1932年1月28日，十九路军官兵进行了著名的“淞沪抗战”。蒋介石对十九路军的抗日行动极为不满，1932年6月将其调往福建与红军作战。十九路军驻防福建后，所部分驻福州、厦门附近和漳州、龙岩等地。十九路军最初在福建与红军地方部队作战取得一些胜果，也夺占了部分苏区，但后来与红军形成对峙局面，处于红军和蒋介石军队及粤军陈济棠势力的夹击之中，处境困难。1933年5月28日，中华苏维埃共和国中央执行委员会和中国工农红军革命军事委员会，“已发表致19路军呼吁书”①，呼吁十九路军响应苏维埃中央政府和红军革命军事委员会号召，在“立即停止进攻苏维埃区域”、“立即保证民众的民主权利”、“立即武装民众创立武装的义勇军，以保卫中国及争取中国的独立统一与领土的完整”三条件下，与红军签订停战协定，共同反日反蒋。十九路军总司令蔡廷锴为改善生存环境，权衡再三，遂于1933年6月主动通过廖仲恺遗孀何香凝女士，与共产国际执委会远东局取得联系，建议“通过廖夫人与共产国际代表机构进行谈判”，并表示“同意与红军一起作战，反对帝国主义和南京”②。在这种情况下，中央苏区红军不应该将第十九路军及其所据区域作为主

① 《共产国际、联共(布)与中国革命档案资料丛书》第13卷，中共党史出版社2007年版，第443页。

② 《共产国际、联共(布)与中国革命档案资料丛书》第13卷，中共党史出版社2007年版，第443页

要打击对象和进攻方向,而应该利用其与蒋介石集团的矛盾,通过统战手段与其接触,促使其放弃与红军为敌。然而,共产国际却将第十九路军视为更危险敌人,不仅反对红军与其接触,更把它列为重点打击对象。这显然是选错了进攻对象和进攻方向。诚然,同年9月间十九路军要求与红军谈判停战,红军东方军入闽作战给了其沉重打击固然是重要因素之一,但更主要的还是十九路军领导人早就有与红军合作的意愿。

第三,共产国际远东局对东方军入闽作战行动的指导和指挥严重脱离实际。

东方军入闽作战期间,共产国际远东局军事顾问们对东方军的具体作战行动,作了许多指示,实行遥控指挥。但他们的指示和指令,许多都是脱离苏区当时实际,令前线红军指挥员难以执行,给红军作战带来许多困难。彭德怀在关于这段历史的回忆录中写道:"不叫部队做群众工作,让立即去进攻连城,限时限刻到达,并指定攻击点(从北向南攻击)。你要改变他的错误部署,下级改变上级企图,必须完全负责,什么,什么。在这里联合兵团作战和独立兵团作战应加区别:前者应该严格些,后者应给予最大的机动权力,以便于灵活地完成任务。教条主义常不加区别,看成一个公式。"彭德怀还写道:"当时连城有十九路军之区寿年旅三个团,守着强固的野战工事,装备在当时白军中数第一等,有相当战斗力。我由北向南完全处于仰攻,难于接近。五、六月天气,在闽西其热如焚,带领侦察排侦察了一天,找不到攻击点。按其办法是完不成任务的,要完成任务必须机动,改变原计划。将情况电报司令部,得到批准,改为由南向北攻,这仍然不能完成任务,必须根本改变计划。"①后来,彭德怀果断改用围点打援战术,才取得朋口战斗胜利。东方军在入闽作战过程中,经常受到这样的错误指令掣

① 《彭德怀自述》,人民出版社1981年版,第180—181页。

肘。幸亏红一方面军领导人朱德、周恩来和东方军领导人彭德怀、滕代远善于从前线实际情况出发，灵活机动指挥战斗，才使东方军取得一连串战斗胜利。至于共产国际远东局为“分离作战”所拟第三阶段行动计划，则因其完全凭主观想象、主观意愿行事，完全脱离苏区实际，其结果必然因苏区战场形势改变而遭流产。

第四，“分离作战”计划的提出和实施，是共产国际东方部米夫和中共临时中央博古等人早前提出与推行“左”倾“进攻路线”的必然结果，对中央苏区即将到来的第五次反“围剿”准备工作造成了严重影响。

红军将福建十九路军作为主要打击对象和进攻方向，致使红军东方军和中央军天各一方，各奔战事，虽然取得了一些胜利，但未能大规模歼灭国民党军有生力量，进而对国民党军构成严重威胁。蒋介石有了充裕时间准备对中央苏区发动第五次“围剿”。而红军却没有利用第四次反“围剿”胜利后有利时机，运用灵活机动的战略战术，动员各方面力量，为第五次反“围剿”战争创造有利条件。这必然使红军在即将到来的第五次反“围剿”战争中处于被动地位。不仅如此，共产国际远东局军事总顾问施特恩在第五次反“围剿”初期“福建事变”反生期间，仍然念念不忘施行“分离作战”第三阶段行动计划，要求中央苏区红军西渡赣江向南昌发起进攻，差点使红军陷于灭顶之灾。

第二十一章

中央苏区红军第五次反“围剿”的失败

第一节 第五次反“围剿”的前期斗争

一、蒋介石发动第五次军事“围剿”

国民党军对中央苏区发动的第四次“围剿”遭到惨败后不久，蒋介石于1933年4月25日在南昌召集各军事长官与参谋人员会议，发表了题为《剿匪技能之研究》的讲话，强调“相机应变，知己知彼”，鼓励部下着力研究“今后剿匪的战术和战略”。同年5月初，蒋介石偕励志社总干事黄仁霖来到江西崇仁县城，召集驻赣部队副团长以上军官包括陈诚、罗卓英、吴奇伟等开会，大肆叫嚷：“中国的大患不在东北而在江西。江西的共匪是中国的心腹之患，如不剿灭，将死无葬身之地。有匪无我，有我无匪。如再侈言北上抗日者，即以抗命论罪。”[①]蒋介

① 宋瑞柯：《对中央苏区第四次围攻纪略》，原载全国政协《文史资料选辑》第四十五辑。转引自中共江西省委党史研究室编：《江西党史资料》第20辑，1991年12月内部版，第226页。

石回到南昌后，于5月13日至17日在南昌召开政治训练会。5月21日，重建国民政府军事委员会委员长南昌行营，总管“剿匪”指挥之职。

1933年6月8日至12日，蒋介石在南昌召开赣、闽、粤、湘、鄂五省“剿匪”军事会议，筹划对红军和苏区进行第五次“围剿”。会议确定了“战略攻势，战术守势”和“步步为营，节节推进，碉堡公路，连绵不断，经济封锁，滴水不漏”的策略方针。蒋介石根据柳维垣、戴岳等人提出的“堡垒政策”建议，在南昌行营内设立了碉堡专课，专门从事碉堡设计、指导事宜，随后颁布了具体实施办法。

为深入研讨新的“剿匪”战略战术，从1933年7月开始，蒋介石在庐山海会寺、白鹿洞等地举办“军官训练团”，用两个多月时间分批训练参加第五次“围剿”的排长以上国民党军官。蒋介石手书“军人魂”3个大字高悬在海会寺训练团团部辕门上；委任心腹干将陈诚为军官训练团团长，并不惜重金聘请赛克特等数名德国、意大利军官前来充任军事顾问；以“军学泰斗”、国民党陆军大学校长杨杰为庐山军官训练团总教官。蒋介石在牯岭饭店对全体教官和顾问说：“这次训练惟一的目的，就是要消灭赤匪，所以一切的设施，皆要以赤匪为对象。”蒋介石师承曾（国藩）、胡（林翼），练军兴学，强调“礼义廉耻”，精研“山地战术”。他并且亲自授意编写了一本《剿匪手本》，以及《剿匪要诀》《剿匪部队训练要旨》等，每个军官人手一册。每期开训，蒋介石都亲临讲堂，对军官们耳提面命，极力鼓吹“新精神”，叫嚷“不成功，便成仁”，灌输反共思想和“剿匪要诀”。参加庐山军官训练团受训、“洗脑”的学员共有7598人。结业前每人发佩一把刻有蒋介石题签“军人魂”3字的短剑。

国民党军对中央苏区的“围剿”采取了一些新的策略和手段：政治上，加强法西斯统治，确立“三分军事，七分政治”的原则，颁布《整理保甲方案》，在接近根据地的地区加紧建立保甲制度，实行“连坐法”，严密控制居民言行，使军事手段与政治手段紧密结合，推进和巩固军事“进剿”的成果。经济上，大举外债，加征捐税，发行“关税库券”，以充作内战经费；加强对苏区实行严密的经济、邮电和交通封锁，企图“车干塘水捉鱼”，困死、饿死苏区军民。蒋介石称“将匪区严密封锁，是我们最重要的战略。以后对于匪区封锁的种种办法，一定要严切实行，这一点比和土匪作战还更重要”，“必须做到‘使敌无粒米勺水接济，无蚍蜉蚊蚁之通报’的程度，所以凡属要紧的地方，无论隘路碉卡围塞岔路，如果有点怀疑封锁不严密的地方，我们一定要想种种方法去检查防范”。①

军事上，为适应与红军进行山地作战，蒋介石下令对部队进行整编，师以下撤销旅一级建制，每师直辖 3 个团，并在师、团两级增设侦察队，扩充运输队。军事力量方面，在保定等处招募新兵，扩编 10 余个师，并从各省抽调部队入赣，同时购进大批新式武器装备部队。

南昌行营对中央苏区第五次“围剿”的军事部署为：北路军总司令顾祝同，指挥第一、第二、第三路军，计 33 个师又 3 个旅及税警总团，担任对中央苏区的主攻。西路军总司令何键，指挥第一、二、三纵队共 9 个师又 3 个旅，以一部在莲花、酃县一带“围剿”湘赣边境永新、宁冈两县之红军；主力在阳新、大冶、通山、平江、万载、铜鼓一带湘鄂赣边境构筑封锁线，逐步围歼湘鄂赣苏区红军主力孔荷宠部和湘赣苏区红军主力蔡会文部；另以一团维护岳阳、长沙后方安全；待将湘赣、湘鄂赣苏区红军主力消灭后，全路军再向赣南推进，协助北路军“进剿”。南路军总司令陈济棠，指挥第一、二、三等 3 个军共 11 个师又 1 个旅，于赣粤边境之上杭、武平、寻乌、信丰、大余等县及赣州城间构筑绵密之碉堡群，防止红军南进或西渡赣江，并逐步向前推进，合力围攻赣南红军。空军 5 个队 100 余架飞机，部署于南昌、临川、南城一带，分别

① 蒋介石：《剿匪战术的要点》，1933 年 6 月 12 日，转引国民党军事委员会委员长南昌行营政训处编：《扫荡》旬刊第 24 期，1933 年 10 月 30 日出版。

担任通信、补给及侦察轰炸，协助地面部队进剿。此外，还有十九路军6个师和1个旅驻守福建，防止红军东进。

国民党军“围剿”江西苏区的军队，计达53个师又8个旅（不含福建十九路军所部）和5个航空队，总兵力50余万人。此外，国民党军还在南昌、武昌、洛阳、杭州等地设立新兵训练处，拟训练新兵150～200个团，以不断补充其“进剿”军主力。

二、红军反“围剿”的动员和准备

中央苏区党和红军领导人对国民党军即将发动的第五次“围剿”，早有察觉和准备。从1933年6月开始，中共中央局和苏维埃临时中央政府就领导苏区军民，着手进行第五次反“围剿”准备工作。

一是整编和扩充红军。1933年6月前完成了由小师小团改为大师大团的整编工作。整编后，红一军团辖第一、二、三师（第三师后划归红九军团），红三军团辖第四、五、六师，红五军团辖第十三、十四师（第十四师后划归红九军团），方面军直辖第二十三师和第三十四师。为发展壮大红军，从1933年5月至9月，中央苏区提出了“扩大百万铁的红军”口号，开展了大规模扩红运动，使红军总兵力增加到12万人。同年10月，还新组建了红七军团和红九军团。红七军团辖第十九、二十、二十一师，红九军团辖第三、第十四师。

二是广泛深入地进行政治动员。1933年7月24日，中共中央发表《关于帝国主义国民党第五次“围剿”与我们党的任务的决议》，号召全苏区人民积极参加革命战争，保卫苏维埃政权，提出了“粉碎敌人新的五次‘围剿’”、“保卫与扩大苏区”、“不让敌人蹂躏一寸苏区土地”、“争取苏维埃在全中国的胜利”等口号①。7月30日，中革军委发出《关于粉碎敌人五次“围剿”争取战争全部胜利的训令》，要求在

① 中央档案馆编：《中共中央文件选集》第9册，中共中央党校出版社1991年版，第276—277页

1934年1月前完成20个充足的新编师，并使每师有一个充足的补充团、建立16个独立师。8月15日，中共中央发表《为帝国主义瓜分中国与国民党的五次"围剿"告全国民众书》，号召全国人民紧急行动起来，支援红军粉碎国民党军对苏区的"围剿"。10月18日，苏维埃临时中央政府发布《为粉碎五次"围剿"紧急动员令》，要求各级政府"用尽全部力量来进行战争的动员"，"务使苏区每一工农，都要了解粉碎五次'围剿'战斗的意义，来热烈的踊跃的进行参战工作"。[①] 按照这一要求，各省、县、区、乡在召开工农兵代表大会时，都将战争动员列为会议的重要内容，并在全苏区军民中进行广泛深入的动员。

三是建立了从后方通往前线的3条后勤运输线，确保红军作战物资的补充和伤病员的后送。这3条运输线是：从瑞金、太雷、石城经建宁、泰宁至黎川为第一运输线；从瑞金、长胜、博生到广昌、南丰、康都为第二运输线；从胜利、兴国、龙岗至永丰、公略、万泰为第三运输线，划定赣、于、信、安、会、武等县担任西南线运输任务，连、清、新、汀、永、杭等县担任东南线运输任务。同时征调3.6万余名赤卫队员和少先队员随红军主力行动，支前作战。

三、反"围剿"错误方针的推行和李德的到来

面对国民党军第五次"围剿"的严峻形势，中央苏区的党的和红军领导人博古、项英等人，却采取了极为错误的对策和处置。

中央苏区红军第五次反"围剿"战争的军事作战行动决策权力，从一开始就完全掌握在博古、项英和共产国际东方部驻中共军事总顾问曼弗雷德·施特恩手中。曼弗雷德·施特恩对中央苏区军事行动提出的方针策略，大都严重脱离苏区实际。博古、项英等对曼弗雷德·施特恩的指示和建议却言听计从，总是"挟天子以令诸侯"，贯彻执行

---

① 江西省档案馆、中共江西省委党校党史研究室编：《中央革命根据地史料选编》(中)，江西人民出版社1982年版，第702页。

不遗余力。他们凭借自己掌握着的中共中央和中革军委的决策大权，既反对毛泽东、朱德、周恩来在历次反“围剿”作战中成功运用的“诱敌深入”、在运动中集中优势兵力歼灭敌人的战略战术，又不分析研究敌人即将实行的新的“围剿”策略，强令红军分成东方集团军和中央集团军，实行“分离作战”、“两个拳头打人”；提出“不让敌人蹂躏一寸苏区土地”、“御敌于国门之外”等口号，实行消极防御、同强敌打阵地战、拼消耗等错误的反“围剿”作战方针，导致中央苏区第五次反“围剿”一开局即陷于被动境地。

1933 年 9 月底，共产国际派任的中共军事顾问、年仅 33 岁的李德到达中央苏区，这就使共产国际军事总顾问的指令更具威权，贯彻执行得更加彻底，使错误的战略方针贯彻到第五次反“围剿”战争的全过程中，加剧了被动局势的恶化。

李德，原名奥托·布劳恩，俄文名字瓦格纳，笔名华夫，德国人。1900 年出生于德国慕尼黑。1919 年加入德国共产党后，在德共中央从事过情报工作，曾两次被捕入狱。1928 年越狱后到苏联，入伏龙芝军事学院学习。1932 年春毕业后，他以奥地利公民的身份携带护照由苏军总参谋部派遣，以旅游名义来到中国，从事营救苏军情报人员鲁格夫妇的特别任务。完成任务后，瓦格纳（布劳恩）于 1932 年 11 月来到上海，苏军总参谋部第四局指令他在行动和财务上接受共产国际东方部驻上海代表处领导。中共临时中央总负责人博古，在莫斯科时就与瓦格纳相识。博古不懂军事，便向共产国际东方部驻上海代表埃韦特请求派瓦格纳担任中共中央军事顾问。1932 年 12 月初，共产国际东方部驻上海代表埃韦特，向共产国际执行委员会政治书记处书记皮亚特尼茨基书面报告了瓦格纳（埃韦特称之为“邻居”）的到来，并说

“可能稍后我们要把他派到苏区去”①。1932 年 12 月 31 日，共产国际执行委员会政治书记处书记皮亚特尼茨基，致电共产国际联络部驻上海代表格伯特，指示说：“瓦格纳②应去苏区。行前发给他每月 200 元的薪金和去苏区的旅费。在那里他应从当地朋友们③那里领取薪金。”④这样，瓦格纳便被任命为共产国际驻中共中央军事顾问，并起了一个中文名字“李德”。1933 年 4 月，共产国际又给中共中央派来一位军事总顾问，他就是曼弗雷德·施特恩，这样李德（瓦格纳）又受军事总顾问曼弗雷德·施特恩节制。

1933 年初，博古等从上海向中央苏区转移时，李德亦打算以传教士身份秘密前来中央苏区，但因未能及时办理前往广东的护照而耽搁了行程，便留在上海收集、研究中央苏区军事资料，为其充当军事顾问作准备。1933 年 3 月 5 日，李德就中央苏区的军事形势问题给共产国际执行委员会政治书记处写了一个书面报告。他在报告中坦率地认为，国际上包括中共中央对中央苏区红军力量估计过高，有不少夸大宣传之处。同时他认为：“即便在组织了正规部队并以老苏区为根据地的地区，红军也还未完全摆脱游击战的思想和作战方法。这就使得红军能够轻而易举地夺取一些新的地区和防御较差的城市，但也很容易很快失守。他们回避决定性的战斗，不去强攻设防的据点。在这方

---

① 《埃韦特给皮亚特尼茨基的第 2 号报告》，1932 年 12 月初。转引中共党史研究室第一研究部编译：《共产国际、联共（布）与中国革命档案资料丛书》第 13 集，中共党史出版社 2007 年 9 月版，第 264 页。

② 即李德。

③ 即中共中央机关。

④ 《皮亚特尼茨基给格伯特的电报》，1932 年 12 月 31 日于莫斯科。转引中共党史研究室第一研究部编译：《共产国际、联共（布）与中国革命档案资料丛书》第 13 集，中共党史出版社 2007 年版，第 288 页。

面已有明显的转变,但还远远不够。”[①]由此可见,李德对苏区红军力量的估计还是比较客观、实际的,但他从一开始就对中央苏区红军的游击战和带游击性的运动战战略战术不屑一顾。

1933年9月,中共上海中央局为李德办理了公开由上海前往广东考察的护照,随后便由“红色牧师”、中共地下党员董健吾陪同前往汕头,地下交通站负责人陈彭年亲自护送。李德身穿紫红色短袖风衣,胸前佩挂银质十字架,俨然如奥地利基督教牧师。行前,中共上海中央局专门用秘电通告瑞金。博古将迎接和护送李德进入苏区的任务交给国家政治保卫局局长邓发。邓发又将此重任交给国家政治保卫第二大队大队长卓雄。卓雄受命后从长汀河田出发,星夜带领全副武装的小分队10余人,赶到大埔县青溪交通站,接到这位外国“神甫”。经六七个夜晚,走了几百里山路,经永定、上杭抵达才溪。在才溪等候的福建军区司令员谭震林,按中央命令将军区部队中支部书记以上的干部集中起来组织一个战斗团,迎接和护送李德于1933年9月底安全抵达瑞金。

李德到瑞金后,博古专门召集在瑞金的中央党政军主要负责人开了个欢迎会。作为共产国际直接派驻中共中央的军事顾问,李德受共产国际东方部驻中共军事总顾问曼弗雷德·斯特恩的节制,使共产国际对中共军事斗争的指示、建议在中共和中央苏区得到切实贯彻执行,这是李德的主要职责。共产国际对李德的职权作了限定(即“没有指示权力”)。但是,博古却将李德视为“太上皇”,擅自决定由李德主管红军军事战略、战役战术领导,同时负责部队训练和后勤组织;还决定李德可参加中央及军委的各种重要会议。所有军事上的重大问题

① 《布劳恩关于中央苏区军事形势的书面报告》,1933年3月5日于上海。转引中共党史研究室第一研究部编译:《共产国际、联共(布)与中国革命档案资料丛书》第13集,中共党史出版社2007年版,第340页。

都必须接受他的指导和监督。为便于李德工作、生活和安全保密，博古指令有关部门在瑞金下肖村中央局驻地对面的一片田塅中，专门为他建造了一幢二室一厅的房子（人称“独立房子”），供他居住和办公。军委还专门调来精通俄文的伍修权、王智涛充当翻译。在生活方面，给予优厚的特殊照顾，并由组织出面物色了一位在团中央局工作的广东姑娘萧月华做他的妻子。

这样，在中央苏区红军第五次反“围剿”一开始，博古就将红军的最高作战指挥大权交给了李德这个既不了解中国国情和红军特点、又毫无红军战争实践经验的外国革命者，这就为第五次反“围剿”失败埋下了祸根。

四、开局即失主动权

蒋介石精心策划和组织的对中央苏区的第五次“围剿”，从1933年9月下旬开始。他抓住红一方面军主力在福建和江西分离作战、中央苏区北线防御兵力薄弱之机，下令向中央苏区发动进攻。

蒋介石进攻中央苏区的主力是其北路军所辖33个师又3个旅，而北路军中的主力又是以陈诚为总指挥、薛岳为副总指挥的第三路军，共有18个师又1个补充旅，其任务是在第一、第二路军配合下，依托碉堡向广昌方向推进，寻求红一方面军主力作战。第三路军以14个师1个旅编为第五、第七、第八纵队，担负机动作战任务；另以4个师1个旅编为守备队，集结于南城、南丰地区，沿抚河两岸构筑碉堡封锁线。在抚州附近地区，还布置有第十三、第三十六、第八十五师为总预备队。9月25日，国民党北路军之第三路军第八纵队第五、第六、第九十六师，分别由南城、硝石向闽赣省委、省苏维埃政府驻地黎川县城进攻。

黎川位于赣东之闽赣边界地区，东连福建光泽、邵武，南达福建建宁、泰宁，西通赣东南丰、南城，北出赣东金溪、资溪，是沟通中央苏区与闽浙赣苏区联系要冲，战略地位十分重要。防守黎川县城的红军兵力，只有闽赣军区教导队70余人和一些地方武装，兵力十分薄弱。此时，由彭德怀、滕代远率领的红军东方军正在围攻将乐、顺昌；由林彪、聂荣臻率领的红军中央军还在永丰、乐安地区作战。中革军委仓促电令东方军迅速从将乐、顺昌地区北上泰宁地区，以图先消灭进逼黎川之敌，再会合抚河以西地区的红军部队，与敌在抚河会战。但都远水难解近渴。面对敌军进攻，闽赣军区司令员萧劲光，只好指挥部队掩护城内机关和人员物资撤离县城。9月28日，国民党军进占黎川城，在中央苏区北线撕开了一个口子，切断了中央苏区与赣东北苏区的联系。

黎川失守，诚然可惜。然而，红军只要采取适当措施调动敌人，在运动中予敌重创，不仅可以收复黎川城，还能为下一步反“围剿”作战创造条件。黎川失守当天，周恩来、朱德致电博古、项英，建议待东方军集中后，以一部佯攻黎川，吸引该敌；主力突击飞鸢敌之侧背，并以二十师突入金溪、浒湾之间，以调动敌于运动中给以各个消灭。可是，博古、项英震惊于黎川一城之失，越过方面军总部，直接命令彭德怀率东方军火速离闽返赣，收复黎川。10月2日，李德制定了红军硝石、资溪桥作战计划，以中革军委名义致电朱德、周恩来，命令东方军兼程北上，消灭硝石、资溪桥以及黎川附近之敌；命令中央军由永丰、乐安地区东移，攻击、钳制驻守南城、南丰之敌。朱德和周恩来认为硝石敌军已筑有坚固碉堡阵地，不易攻取，致电项英并转中共中央局，建议东方军和中央军两军主力必须迅速靠拢，创造条件后再与敌主力决战。项英却电复说中央军无论何种情况都不能过抚河，反对两军主力会合，继续执行“分离作战”方针。

10月6日，东方军在北上黎川途中，在黎川县东北的飞鸢，不期与敌北路第三路军第八纵队第十八旅遭遇，激战后将其两个团击溃，歼其一部。敌另一个团退守洵口，同敌第十七旅1个团会合。7日，东方军第四、五、二十师向洵口之敌发起猛攻，歼敌3个团（欠1个营），俘敌旅长葛钟山以下官兵1100余人，缴枪1100余支。

飞鸾、洵口遭遇战意外获胜后，红军本应根据敌人兵力部署变化，迅速创造和捕捉战机，在运动中歼灭更多敌人。博古、项英和李德等人却不听朱德、周恩来建议，坚持命令东方军进攻硝石。而国民党北路第三路军总指挥陈诚已料定红军必攻硝石，早已命令驻守硝石的第二十四师收缩兵力，构筑强固工事，迎击红军进攻；同时命令其驻黎川3个师和南丰、南城之敌各约4个师，随时准备驰援硝石。10月9日，东方军开始进攻硝石，连续攻击5日不克，伤亡1000余人。13日，敌第九、第十一、第十四、第九十四师，由南城进抵硝石；第九十、第六十七师等部进驻新丰街；第八纵队一部兵力由黎川向硝石开进。东方军已处于敌军四面包围之中。中革军委这才下令东方军停止进攻硝石，撤出战斗。

东方军从硝石撤出战斗后，国民党第三路军总指挥陈诚按照蒋介石训令，迅速调整兵力部署，命薛岳率部进占资溪桥，首先完成黎川、硝石之间的碉堡封锁线，尔后吸引红军进攻，企图将红军歼灭于资溪桥、硝石地区。10月17日，薛岳率第九、第十一、第十四、第九十四师等部，由硝石地区推进至潭头，次日先头部队进占资溪桥。周浑元亦同时以第六师第十八旅驻守黎川，自己亲率第五、第九十六师和第六师主力，开至资溪桥地区，归薛岳指挥。这样，在硝石至资溪桥不到20公里宽的地区，国民党军就集中了7个师又1个旅兵力，构筑堡垒，准备与红军决战。

博古、项英和李德等人不总结硝石战斗失利教训，亦不察敌军兵力部署新的变化，仍然按预定计划调集红一、三、五军团主力，并以红三军团为主攻，发起资溪桥战斗。10月22日，红军开始向资溪桥发起攻击。薛岳、周浑元十分谨慎，命令部队坚守阵地，很少出击。红军连续进攻4日，未能牵动国民党军，自己反遭重大损失，仅红五军团第十三师就减员过半。10月26日，红一方面军总部被迫下令停止战斗。

五、共产国际远东局和彭德怀等建议出击赣东北遭博古、项英拒绝

红军东方军硝石战斗后，共产国际执委会远东局发现红军已处于被动状态，遂于1933年10月14日致电中央苏区，提醒博古、项英和李德等人说：“在10月3日和5日之间以及7日和8日的最近十天里，敌人几个师的先遣队被我军牵制住了，出现了比较有利的条件，但我们未能打击周浑元第3纵队或罗卓英第5纵队的主力部队，这些有利条件未能加以利用，结果严重局势一个接一个地出现了。现在，当樊嵩甫的第2纵队和赵观涛的第1纵队的部分部队能够打击我们的右翼和后方，而陈诚的第4和第6兵团向东南推进的时候，这个机会又错过了。……如果我们停留在敌人集中向前推进的5个纵队的内线，几天之内局势将会恶化。选择撤退解决不了问题。既然我们的有生力量还没有受到触及，这种选择应该彻底抛弃。如果我们不能说服建议采取这种过早步骤的人，我们不仅会丧失行动自由，而且会使更大的计划受到威胁。因此，我们应该再次积极尝试打破敌人的计划。如果这种尝试还不成功，那时考虑撤退问题还为时不晚。”针对当时的敌我态势，远东局向中央苏区领导人建议：“（1）创造新局面，恢复行动自由。（2）改变敌人主攻方向，把敌军从中央苏区引开。（3）实行运动战，以赢得时间。（4）突破进攻者内线，击溃赵观涛或樊嵩甫纵队。（5）争取同我赣东北军队实行积极配合。这些行动计划是第一部分。时间约两周。兵力是东方军主力。”①

共产国际远东局这个计划的核心内容，是立即组织东方军突破国民党军内线，向赣东北方向出击，与赣东北红军紧密配合，调动敌军在运动中消灭之。这是红军由被动变主动的重要一招，比博古、李德等

① 《共产国际、联共（布）与中国革命档案资料丛书》第13卷，中共党史出版社2007年版，第546—547页。

坚持进行硝石、资溪桥战斗的愚蠢计划要好得多。1935 年 1 月 15 日至 17 日召开的遵义会议决议,有一段话说到:“共产国际在敌人五次‘围剿’开始时(前年 10 月来电)即向我们指出:‘我们的行动不应该采取阵地战的方式,而应该在敌人的两翼采取运动战’。”[①]遵义会议决议所说的共产国际“前年 10 月来电”,指的就是远东局上述致中央苏区电。

博古、项英对共产国际的这个计划,却表示拒绝。10 月 20 日,博古复电共产国际执委会远东局,答复说:“由于计划是建立在放弃内线作战和绕过敌人翼侧镶嵌推进的基础之上的,军事委员会不能同意这个计划。我们军事委员会认为,现在保存我们有生力量的情况下,我们的主要任务是保卫我们的主要地区。因此我们认为,将我们 85% 的有生力量绕过敌人翼侧推进和放弃内线作战,这种战术是极其危险的。”博古还报告说:“瓦格纳同志只是解释了你们的电报,但没有积极坚持执行这个电报。”[②]

10 月下旬和 11 月上旬,前线指挥员彭德怀、滕代远鉴于硝石、资溪桥两次战斗失利的教训,亦多次提出红军应集中兵力,脱离敌堡垒地带,向东北方向突击,依托赣东北苏区活动,进而威胁苏、浙、皖等国民党心脏地区,调动国民党军北进,在无堡垒地带实行攻击。毛泽东也提出过类似建议。可是,博古、项英、李德等人拒绝采纳这一建议,“博古批评这个建议,说是脱离中央苏区根据地的冒险主义”[③]。

博古、项英和李德等人不总结硝石战斗失利教训,亦不察敌军兵力部署新的变化,仍然按预定计划调集红一、三、五军团主力,并以红

① 《遵义会议文献》,人民出版社 1985 年版,第 9 页。

② 《秦邦宪给共产国际执行委员会远东局的电报》,1933 年 10 月 20 日。转引中共中央党史研究室第一研究部编译:《共产国际、联共(布)与中国革命档案资料丛书》第 13 集,中共党史出版社 2007 年版,第 556 页。

③ 彭德怀:《彭德怀自述》,人民出版社 1981 年版,第 184 页

三军团为主攻，发起资溪桥战斗。10 月 22 日，红军开始向资溪桥发起攻击。薛岳、周浑元十分谨慎，命令部队坚守阵地，很少出击。红军连续进攻 4 日，未能牵动国民党军，自己反遭重大损失，仅红五军团第十三师就减员过半。10 月 26 日，红一方面军总部被迫下令停止战斗。

博古、项英、李德等顽固坚持要红军在敌军堡垒群间寻战。资溪桥战斗后，他们指挥红军主力在南丰、南城、黎川和金溪之间敌堡垒地带左冲右突，强攻硬拼，先后于 11 月 11 日至 13 日进行了浒湾、八角亭战斗，11 月 17 日至 19 日进行了云盖山、大雄关战斗。每次战斗红军均遭受重大损失。其中浒湾战斗红三军团伤亡 700 余人，红七军团伤亡 300 余人；大雄关战斗中，红一军团第一师和第二师师长均负伤，第二师政治委员胡阿林负重伤后牺牲。

博古、项英、李德等“左”倾领导者们对于红军一次次失利，根本不愿从失败中总结吸取教训，反而将失利责任推给红一方面军和各军团领导，把浒湾战斗失利责任强加给闽赣军区司令员兼红七军团政治委员萧劲光身上。11 月 20 日，中革军委代主席项英以中革军委名义，就 10 月中旬战役失败问题致信红军师以上首长及司令部，强调说：敌人的堡垒“不是不可征服的障碍，如果原则上拒绝进攻这种堡垒，那便是拒绝战斗”①。

在此期间，中革军委于 1933 年 11 月中旬命令组建了红军西方军。西方军由红军工人师（欠 1 团）和独立第二、第三、第十三团等部组成。江西军区司令员陈毅任西方军司令员兼政治委员，郭天民任参谋长。西方军的任务是在中央苏区的西北战线，阻挡敌北路军第一路军的进攻，配合红一方面军作战。由于陈毅灵活机动的指挥，西方军

① 《中革军委关于十月中旬战役问题致师以上首长及司令部的一封信》，1933 年 11 月 20 日，载中共江西省委、中共江西省党史资料征集委员会：《江西党史资料》第 21 辑（上），1992 年，第 117 页。

以游击方式与敌周旋，牵制了敌军部分兵力，阻止了敌军在西北战线的推进速度。

第二节
福建事变

一、十九路军的媾和要求遭共产国际冷遇

在红军第五次反“围剿”初期，国民党第十九路军发动了震惊一时的“福建事变”（亦称“闽变”）。

十九路军曾于1931年参加过“围剿”红军，“九一八”事变后调防上海。1932年1月28日，十九路军官兵进行了著名的“淞沪抗战”。蒋介石对十九路军的抗日行动极为不满，1932年6月将其调往福建与红军作战。十九路军驻防福建后，所部分驻福州、厦门附近和漳州、龙岩等地，与红军形成对峙局面，处于红军和蒋介石军队及粤军陈济棠势力的夹击之中，处境困难。

中华苏维埃共和国中央执行委员会和中国工农红军革命军事委员会，在1933年5月28日发表呼吁十九路军与红军谈判、共同反蒋抗日的文告，得到十九路军响应。1933年6月，十九路军总司令蔡廷锴主动通过廖仲恺遗孀何香凝女士，与共产国际执委会远东局取得联系，建议“通过廖夫人与共产国际代表机构进行谈判”，并表示“同意与红军一起作战，反对帝国主义和南京”。1933年6月10日，共产国际执委会远东局通过绝密电报向共产国际执委会政治书记处书记皮亚特尼茨基报告了这一重要信息，并表示“我们将谨慎行事”①。

共产国际执委会政治书记处政治委员会得悉远东局提供的上述

① 中共中央党史研究室第一研究部编译：《共产国际、联共（布）与中国革命档案资料丛书》第13卷，中共党史出版社2007年版，第443页。

情况后，于 1933 年 6 月 24 日致电共产国际驻上海政治代表埃韦特，指示说：“不应当与第 19 路政府军司令进行任何谈判。当他真正开始与国民党和日本人进行斗争时，才有可能建立统一战线，而现在谈判会成为陷阱。建议您不要与任何人直接进行谈判。您应当从中国同志们那里获得信息。如果他们与什么人进行谈判，那么他们只能以中国共产党的名义进行。在各种重要情况下，他们都应与您商量，而您也应告知我们。总的来说，您应该只限于同中国共产党领导同志保持联系。”①1933 年 7 月 2 日，埃韦特给共产国际执委会书记皮亚特尼茨基回电表示：“我们认为，19 路军司令的建议是不严肃的。我们已建议[中共]中央谨慎行事。”②

1933 年 7 月至 9 月间，彭德怀、滕代远率红军东方军入闽作战，给了十九路军沉重打击。严酷的现实使十九路军领导人更感与红军停战合作之迫切。由于共产国际驻华机构不愿与十九路军直接接触谈判，十九路军领导人蒋光鼐、蔡廷锴便在 9 月 22 日红军东路军围攻福建延平期间，派出陈公培为代表，携带蒋、蔡于 9 月 16 日写给朱德、毛泽东的信，直接来到延平，求见彭德怀。蒋、蔡致朱德、毛泽东信函内容如下：

> 贵党及红军同胞，夙以反帝倒蒋为职志，此即证明贵党与敝军团在政治上有共同的目标，在军事上有提携之必要，特此委托陈公培同志与贵党为军事合作的磋商。敝军同志甚希望贵党及红军同胞予以最诚意的接谈。此致朱玉阶、毛润之两先生，钧此

① 中共中央党史研究室第一研究部编译：《共产国际、联共(布)与中国革命档案资料丛书》第 13 卷，中共党史出版社 2007 年版，第 445 页。

② 中共中央党史研究室第一研究部编译：《共产国际、联共(布)与中国革命档案资料丛书》第 13 卷，中共党史出版社 2007 年版，第 447 页。

致意,蒋光鼐、蔡廷锴。九月十六日。[①]

彭德怀于9月22日当天即将蒋、蔡求和一事电告中革军委和红一方面军总部。周恩来接彭德怀电报后,立即于同日18时致电中革军委代主席项英,提出与蒋、蔡代表接触会谈意见。随后周恩来又第2次致电军委项英代主席并彭德怀、滕代远,说:“蒋、蔡代表陈公培即吴明,此人为共党脱党者,常在各派中奔走倒蒋运动,并供给我们相当消息,吾常笑之为军阀的清客。如军委同意本二十二日十八时电办法,可由国平前往西芹与吴明面谈,更可探知更多内容。”[②]

彭德怀、滕代远接周恩来电报后,于22日21时就与蒋、蔡谈判之条件及所用之名义,致电项英、朱德、周恩来请示。9月23日8时,项英复电朱、周、彭、滕,同意派袁国平与陈公培谈判。彭德怀遂遵令热情接待了陈公培,并“给蒋光鼐、蔡廷锴写了信,告以反蒋抗日大计,请他们派代表到瑞金,同我们中央进行谈判”[③]。

这一史实说明,对于与十九路军的停战谈判,中共和红军领导机关的态度是积极的,并且有违共产国际意愿。

二、共产国际对谈判的指示

中共上海中央局向共产国际执委会远东局报告了十九路军向中共提出的谈判建议具体内容。在这种情况下,共产国际执委会遂不再反对中共与十九路军接触谈判。1933年9月27日和29日,共产国际执委会远东局分别从上海和莫斯科致电中共中央,对与十九路军谈判方针作出指示。其要义,就是要求中共对十九路军的合作不要过于真诚认真,而应立足于尽量对其利用并从内部瓦解之。9月27日从上海

---

① 此为彭德怀、滕代远于1933年9月22日19时抄录转告项英、朱德、周恩来的电文保存件。

② 中共中央文献研究室、中国人民解放军军事科学院编:《周恩来军事文选》第1卷,人民出版社1997年版,第309页

③ 彭德怀:《彭德怀自述》,人民出版社1981年版,第182页。

发出的电报告诫中共:“始终存在着 19 路军不执行停战条件的很大可能性。”因此“同 19 路军的谈判应尽快以令人满意的方式结束,特别是在与签订停战协定有关的军事问题上”,在谈判时“我们应该争取得到最多的东西”。[①] 9 月 29 日从莫斯科给中央苏区的电报更明确地指示说:“对 19 路军的策略应该是:(1)把游击队放在它的后方。(2)通过进行初步的非正式的谈判利用各种手段迷惑它,同时作出努力从内部瓦解它。(3)要表示出不同它的部队作战的愿望,并在它最近归还的土地上自由确定边界……我们应该推迟同 19 路军算账的时间。”[②]

共产国际关于与十九路军谈判合作的指导方针,博古等中共领导人不能不执行。

三、反蒋停战协定的签订和福建人民政府的成立

1933 年 10 月间,十九路军全权代表徐名鸿一行经闽西抵达瑞金。中共中央局与苏维埃中央政府派出潘健行(潘汉年)为全权代表与徐名鸿正式谈判。由于十九路军领导人对与中共和红军合作确实抱有诚意,所以在谈判过程中他们基本满足了中共和红军方面的要求。1933 年 10 月 26 日,双方代表在瑞金草签了《反日反蒋的初步协定》。《协定》的主要内容为:

> (一)双方立即停止军事行动,暂划定军事疆界线(如附件),各在该线不得控制主力部队,同时十九路军,必须运用各种方式排除或消灭存在福建与苏区接壤地间妨碍贯彻本协定之一切障碍势力。
>
> (二)双方恢复输出输入之商品贸易,并采取互助合作原则。
>
> (三)福建省政府及十九路军方面赞同福建境内革命的一切

---

① 中共中央党史研究室第一研究部编译:《共产国际、联共(布)与中国革命档案资料丛书》第 13 卷,中共党史出版社 2007 年版,第 606—608 页。

② 中共中央党史研究室第一研究部编译:《共产国际、联共(布)与中国革命档案资料丛书》第 13 卷,中共党史出版社 2007 年版,第 514—515 页。

组织之活动(如民众抗日反帝同盟,及革命民众一切武装组织),并允许出版,言论,结社,集会,罢工之自由。

(四)在初步协定签订后,福建省政府及十九路军即根据订定本协议原则发表反蒋宣言,并立即进行反日反蒋军事行动之准备。

(五)初步协定签订后,互派全权代表常川互驻,应由双方政府负责,保护该代表等人员之一切安全。

(六)双方人员有必要往来时,由各驻代表要求签发护照通行证,双方负保护安全之责。

(七)本协定在福建及十九路军方面反日反蒋军事布置未完成前,双方对于协定交涉应严守秘密,协定之公布须得双方之同意。

(八)在完成上述条件后,双方应于最短期间,另定反日反蒋具体作战协定。

(九)双方贸易关系,应依互助互惠之原则另定商业协定。

(十)本协定在双方全权代表签订草约后即发生效力,正式协定共计两份,经双方政府军事机关正式负责人签名盖章后,各执一份存照。①

潘汉年、徐名鸿代表各方草签协定后,双方即互派代表,开始履行协定内容。红军方面派驻福州的代表是潘汉年、黄火青;十九路军派驻长汀的代表为陈小航。11 月 27 日,十九路军代表陈小航与苏维埃中央政府代表张云逸及福建省苏维埃政府代表方方在长汀谈判,又签订了《闽西边界及交通条约》,规定了连城、龙岩、上杭、永定等地双方驻军地域范围;恢复通商并准许双方商人自由买卖;建立由龙岩到新泉和龙岗至金砂两条交通干线等。

① 《红色中华》第 149 期第 4 版,1934 年 2 月 14 日。

1933年11月20日，十九路军在福州南校场召开“中国人民临时代表大会”通电反蒋。22日宣布成立“中华共和国人民革命政府”（简称福建人民政府），设首府于福州，福建人民政府公推李济深为主席，以李济深、陈铭枢、陈友仁、蒋光鼐、蔡廷锴、戴戟、黄琪翔、徐谦、李章达、余心清、何公敢等11人为政府委员，下设各政府机构。福建人民政府成立后，改了年号，换了国旗，组了内阁，建了新党，并发表了宣言和政纲，提出了“反对以法西斯为灵魂的国民党”、“反对勾结日本帝国主义的国民党”、“取消党治，还政于民”、“发展民族资本，奖励工业建设”等主张。福建人民革命政府的成立，得到福建省各界民众的支持和拥护，一时震惊神州大地。

福建事变的发生，在蒋介石阵营也引起极大震动。据博古于1934年1月1日从瑞金发给共产国际执委会远东局的电报说：“蒋军第七纵队司令吴奇伟已派代表到福州，开始同我们的代表就互不侵犯问题进行秘密谈判，并表示了反蒋意图，他把密电码交给了我们的代表。同时蔡廷锴告诉我们的代表，蒋军中央纵队副司令、陈诚的助手薛岳也有这样的意图。”①中共中央已指示驻福州的代表与吴奇伟和薛岳方面接触，准备与他们谈判。

四、中共中央与共产国际对执行协定的不同态度

中共和红军方面，对于与十九路军签订的《反日反蒋的初步协定》执行是严肃的。1933年12月27日，中共中央在给共产国际执委会的电报中说：“19路军不愿意公布我们同它签订的协议，更希望不要急于拿出关于购买武器、交易量、交换各种商品的各种协议的证据。为了避免关系破裂和改善我们的军事状况，同时利用我们的战绩在斗争

① 中共中央党史研究室第一研究部编译：《共产国际、联共（布）与中国革命档案资料丛书》第14卷，中共党史出版社2007年版，第1页。

过程中得到较好巩固的情况，也为了工农的利益，我们满足了这些要求。”①

但是，共产国际执委会驻上海政治代表埃韦特，却以草率的态度对待协议的履行。他未经中共中央同意，甚至连中共中央驻上海的代表也不通知，就擅自以中共党负责人名义，接受英文刊物《中国论坛》和其他外国报纸记者采访，通报了中共和红军与十九路军签订的秘密协议和互不侵犯协议；在通报中对一些重要问题又犯了许多错误，对许多问题的阐述都与中共的意见背道而驰，如将蔡廷锴领导建立的新党组织和参与事变的社会民主派，说成是小资产阶级的政党等②。

埃韦特的这一举动，令中共中央处于非常被动和困难的境地。1933 年 12 月 27 日，中共中央致电共产国际执委会对此提出意见。可是，埃韦特却于同日致电共产国际执委会政治书记处书记皮亚特尼茨基，辩解说：“接受记者采访是因为需要尽快不失时机地在报刊上进行鼓动宣传以建立联系才发生的。谈话中所犯的错误可以通过逐步地说明党的观点加以纠正……为了我们的利益，需要以这种谨慎的方式向群众、哗变的士兵和 19 路军作出最低限度的通报。认为这个举动本身和所公布的立场可能导致关系破裂，这种意见是不对的。”③1934 年 1 月 2 日，共产国际执委会政治书记处政治委员会回电中共中央，接受中共中央的批评意见，认为埃韦特的“这种行为是绝对错误的”，并表示坚决谴责这种行为，要求中共中央与埃韦特一起“寻找纠正这

① 中共中央党史研究室第一研究部编译：《共产国际、联共（布）与中国革命档案资料丛书》第 13 卷，中共党史出版社 2007 年版，第 652 页。

② 中共中央党史研究室第一研究部编译：《共产国际、联共（布）与中国革命档案资料丛书》第 13 卷，中共党史出版社 2007 年版，第 652 页；《共产国际、联共（布）与中国革命档案资料丛书第 14 卷》，中共党史出版社 2007 年版，第 173 页。

③ 中共中央党史研究室第一研究部编译：《共产国际、联共（布）与中国革命档案资料丛书》第 13 卷，中共党史出版社 2007 年版，第 654 页。

种错误的方式方法”①。

福建事变发生，蒋介石心急如焚，十分害怕红军与十九路军联手对付国民党军队，担忧红军进至苏、浙、皖地区，在其心脏地域捅上一刀。为迅速镇压事变，蒋介石一面派人对十九路军一些将领游说，收买拉拢；一面从江西抽调北路军 9 个师，由沪宁杭地区抽调两个师，由北路军前敌总指挥兼第二路军总指挥蒋鼎文率领，入闽对十九路军进行“讨伐”，其对中央苏区的“围剿”部队，暂取守势。

福建事变为红军打破国民党军队的第五次“围剿”提供了一个极好的机会。毛泽东向博古等人提出，红军应抓住这一机会，组织有力兵团突击至以浙江为中心的苏浙皖赣地区去，将战略防御转为战略进攻，威胁敌之根本重地。彭德怀“写了一个电报给总政委转中央博古，建议：留五军团保卫中央苏区；集中一、三军团和七、九两个军团，向闽浙赣边区进军，依方志敏、邵式平根据地威胁南京、上海、杭州，支援十九路军的福建事变，推动抗日运动，破坏蒋介石的第五次‘围剿’计划”②。周恩来于 11 月 24 日致电中革军委，建议红军三、五军团侧击由江西入闽之国民党军队，开展游击战争，扰乱敌之后方，截击敌之联络运输。张闻天也认为应该与福建人民政府建立军事同盟，互相支援配合作战。这些建议和主张，都是打破蒋介石“围剿”、支援十九路军的良策。

但是，毛泽东、彭德怀、周恩来等的上述建议与主张，都没有得到共产国际的支持。

当十九路军同红军仍在媾和谈判时，共产国际执委会远东局于 1933 年 11 月 6 日从上海给中央苏区发来电报指示，对中央苏区红军

① 中共中央党史研究室第一研究部编译：《共产国际、联共(布)与中国革命档案资料丛书》第 14 卷，中共党史出版社 2007 年版，第 6 页。

② 彭德怀：《彭德怀自述》，人民出版社 1981 年版，第 184 页。

在12月份的作战行动作出如下部署:

(1)在抚河以东,12月将部署东方军,包括第5和第7军团、第10军团[①]、游击队和地方武装,所有这些力量作为一个战略兵团在集团军指挥员和兵团革命委员会的指挥下行动。这个兵团将承担与执行以前决定的“第三阶段”有关的所有任务。

(2)中央军将包括9军团,加上现在在中心地区活动的游击部队和在组建中的新的部队。领导和东方军一样。其任务主要是在游击队采取积极行动和在对敌进行侦察的情况下实行防御。

(3)南方军,包括3军团、22师,晚些时候还有第8军和南面所有其他部队。领导和其他兵团一样。任务是重开战役,出击粤军的西侧翼,把粤军和湘军分隔开。为此3军团要在良口地区的某个地方渡过赣江并先在西北方向发起战役(同东方军一起——见下一点)。稍晚些时候南方军改变方向向南,同自己的22师配合作战,该师将在南面从雩都到信丰的方向上推进。最终目的是摧毁粤军的西翼侧和占领到山口的地区。

(4)在3军团渡赣江的同时,1军团在万安地区某个地方也渡赣江,同3军团一起在西北方向采取行动。

晚些时候,削弱湘军之后,1军团一方面同我们在赣西北的部队建立联系,一方面作为西方军向北扩大作战行动,以便开辟通向南昌至九江铁路线的道路。

(5)上述计划,将为从渡赣江时算起约过两个月之后在北方进行的决战创造先决条件。这场战役将在东方军、中央军和西方军配合下进行。这期间南方军将为将来对付粤军的行动准备条件。

(6)应该作出决定:3军团或1军团应纳入西方军。最后我

① 即闽浙赣苏区红十军。

们的东方军约为我们所有兵力的20%，中央军约为15%，西方军约为35%，南方军约为25%，预备队约为5%。[①]

上述军事部署，后来被共产国际远东局另一名成员赖安称之为“湖南计划”[②]。很显然，共产国际远东局的上述建议，其真实意图是企图继续执行他们半年前为红军制定的“分离作战”第三阶段的作战任务，即创造条件进攻抚州、南昌等城市。这个所谓“湖南计划”对于中央苏区来说，完全是南辕北辙，脱离中央苏区实际。

当蒋介石调集重兵入闽讨伐十九路军时，共产国际执委会政治书记处政治委员会不仅不要求红军组织有力兵团，向入闽讨伐的蒋军出击，以援助十九路军；相反却建议红军设法让十九路军在邵武地区与蒋军发生冲突，希图他们两败俱伤以收渔人之利[③]。军事总顾问曼弗雷德·施特恩甚至主张红三军团以援助十九路军为借口，保持住漳平、屯岗(音)地区基地，以便将来便利红军在东北战线作战，同时封锁十九路军向广东撤退的道路；还要求红军加快瓦解十九路军之第四十九师，将该师士兵争取到红军方面来。

朱德、周恩来出于对革命事业、对苏维埃高度负责的责任心，于12月10日积极主动部署红三军团和红五军团在团村截击南进的国民党军第八纵队，以牵制蒋介石在福建的“讨伐”作战。团村战斗，红军毙伤敌近1000人，但红军亦伤亡巨大，红三军团第四师师长张锡龙和红五军团第十五师(少共国际师)师长吴高群牺牲。之后，周恩来、朱德

---

① 《共产国际执行委员会远东局给中央苏区的电报》，1933年11月6日。转引中共中央党史研究室第一研究部编译：《共产国际、联共(布)与中国革命档案资料丛书》第13卷，中共党史出版社2007年版，第594—595页。

② 《赖安给哈迪的信》(1934年6月4日于上海)，见中共中央党史研究室第一研究部编译：《共产国际、联共(布)与中国革命档案资料丛书》第14卷，中共党史出版社2007年版，第134页。

③ 中共中央党史研究室第一研究部编译：《共产国际、联共(布)与中国革命档案资料丛书》第14卷，中共党史出版社2007年版，第7—8页。

再次要求集中红一、三、五、九军团及红七军团一部，在闽赣边东山、德胜关间与敌决战，以求歼敌一二个师，以援助十九路军。

但是，博古、李德等迫于共产国际压力，没有同意周恩来、朱德请求，而是根据共产国际远东局11月6日电报指示要求，于12月20日下达了《关于转移突击方向和组织三个军及各军动作的指示》，将红军主力第一、三军团及4个独立团编成西方军，命令他们西进，向赣江边的永丰地区突击；只留红五军团和红七军团及少量地方部队编为东方军，留在建宁、泰宁、黎川、光泽、金溪一线游击；将第九军团及两个独立团编为中央军，在东方军左侧活动。结果，西进的一、三军团不仅反攻未成，反而因进攻固守碉堡的敌军而遭重大伤亡。东方军和中央军也毫无成绩。

为加强对前方红军作战行动的控制，使共产国际远东局的战略战术意图能更好地得到畅通无阻地贯彻执行，根据共产国际远东局的旨意，1933年底，中共中央局和中革军委决定再次撤销红一方面军建制，红一方面军领导人和领导机关从前方撤回瑞金，合并到中革军委机关。前方红军的军事行动，由中革军委（主要是共产国际军事顾问李德）直接指挥。

1934年1月初，蒋介石亲抵闽北建瓯前线，指挥入闽“讨伐”的军队向十九路军发起总攻。此时，共产国际执委会远东局驻中共军事总顾问曼弗雷德·施特恩仍持一种“坐山观虎斗”的超然态度，于1934年1月2日致电中共中央，要求由红五军团、红七军团等组成的东方军和第九军团互相靠近行动，防备蒋介石军队调过头来进攻主要苏区，并坚持要红一军团抽出1个师和2个独立团西渡赣江，在南昌至九江铁路线地区开展作战行动。[①]

此时,博古、李德等对十九路军的可能失败已预感有唇亡齿寒之虞。1 月 2 日,中革军委命令彭德怀、杨尚昆率红三军团由广昌头陂地区再次东进入闽,与红五军团一起组成东方军开展行动。这一措施尽管为时已晚,对十九路军也是一种援助。

然而,共产国际执委会远东局对援助十九路军仍持消极态度。1934 年 1 月 12 日,远东局致电中央苏区,分析说:“19 路军这个名义上独立的军事力量,有四种垮台的途径:(1)失败和向南京投降;(2)归并到闽东南受日本人鼓励的匪帮里,很明显,这些日本人是日本介入的先行者。(3)加入粤军。(4)寻求投奔红军的途径。”远东局强调:“为了能在这个过程中赢得更多的东西和尽可能防止出现另外三种前途,我们 3 军团应该选择永安这个最合适的地区作为作战基地。7 军团应从沙县进行增援,还需要你们已在一些战线上采取的游击战。我们在这里作战的基本原则是:不帮助 19 路军继续成为独立的因素,而要拖长同南京的实际斗争过程,以赢得时间把 19 路军的绝大部分士兵吸引到我们方面来获取它的武器。”[②]同一天,共产国际执委会远东局再次致电中央苏区,补充说:“福建目前的政权,最近必定要垮台。即使 19 路军主力采取军事行动,也无法阻止目前的迅速垮台、福建部分军政首领向南京的投降和另一些首领转到广东人方面……19 路军的垮台和南京同它的斗争,不仅使我们能够而且也使我们不得不作出最大的努力,去把 19 路军的部队吸引到我们方面来或使其脱离(19 路

① 《施特恩给中共中央的电报》,1934 年 1 月 2 日。转引中共中央党史研究室第一研究部编译:《共产国际、联共(布)与中国革命档案资料丛书》第 14 卷,中共党史出版社 2007 年版,第 1 页。

② 《共产国际执行委员会远东局给中央苏区的电报》,1934 年 1 月 12 日。转引中共中央党史研究室第一研究部编译:《共产国际、联共(布)与中国革命档案资料丛书》第 14 卷,中共党史出版社 2007 年版,第 14 页。

军），去获取武器，解除或动摇敌对部队的武装，歼灭地主武装，以及给予向前推进的南京军队以重大的打击。”远东局还在电报中要求中共“必须在士兵和群众面前更加有力地揭露福建军政首领的消极投降主义政策、他们同广东和南京的谈判和妥协、他们过去和目前的背叛行为和他们的整个政策”；认为“在目前形势下，最好是更广泛和更详细向士兵和群众说明红军同19路军签订的协议的基本内容和性质，指出同19路军签订协议，是在争取实施协议、继续同南京作斗争，同红军实行军事合作和把19路军争取到红军方面来等方面向后者施加影响的一个手段”①。

中共中央和中革军委此时没有完全按共产国际远东局指示行事。红三军团没有进驻永安城，而是于1月12日发起围攻沙县战斗，至1月25日攻克沙县城，毙伤国民党军新编第五十二师及地主武装700余人，俘敌1300余人，缴获各种枪支1500余支、炮8门、子弹10.8万发、炮弹2万余发，以及大量物资。

五、福建人民政府的覆亡

沙县战斗胜利仅仅是局部胜利，不能从根本上援助十九路军。在蒋介石“讨逆军”猛烈攻击下，1月15日福州陷落。福建人民政府和十九路军主力被迫退守闽南漳州、龙岩一带。十九路军一些将领在蒋介石的收买拉拢下，纷纷倒戈投蒋。1934年1月下旬，十九路军土崩瓦解。陈铭枢、蒋光鼐、蔡廷锴等逃往香港，其余残部被蒋介石收编。历时两个多月的福建人民政府宣告覆亡。

1934年1月27日，共产国际执委会东方部驻中共政治代表埃韦特在给共产国际执委会政治书记处书记皮亚特尼茨基的书面报告中，将十九路军的失败归结为两个原因：一是“19路军的投降政策”促使

① 中共中央党史研究室第一研究部编译：《共产国际、联共（布）与中国革命档案资料丛书》第14卷，中共党史出版社2007年版，第17—18页。

该部的撤退和部分部队转向南京方面；二是认为中共中央过于信守对与十九路军达成的协议进行保密的诺言，而没有广泛动员苏区群众和士兵去瓦解和争取十九路军士兵到红军方面来①。这完全是推卸责任，倒打一耙。

正是在这种背景下，中共中央和苏维埃中央政府才在福州陷落、福建人民革命政府已经失败的情况下，在 1934 年 2 月 14 日出版的《红色中华》报第 149 期，全文公布苏维埃中央政府与十九路军签订的 3 个“外交文件”。

红军打破国民党第五次“围剿”的一次极好机会，就这样被葬送了。

从上述史料和福建事变全过程可以看出，中共对福建事变的处置确有不当之处乃至存在错误。对此，中共和中革军委领导毫无疑问负有责任。但出现这些不当与错误，原因与责任都与共产国际密切相关。在一定程度上说，共产国际对这一错误的发生应负相当的责任。

第三节
中共六届五中全会和全苏二大的召开

一、全苏二大的筹备

在第五次反“围剿”期间，中央苏区召开了两次令人瞩目关注的重要会议——中共六届五中全会和第二次全国苏维埃代表大会。

自一苏大会召开、苏维埃中央政府成立以后近两年时间里，从中央到地方的各级苏维埃政权都得到进一步巩固，工农红军迅速发展壮

① 《埃韦特给皮亚特尼茨基的第 1 号报告》，1934 年 1 月 27 日。转引中共中央党史研究室第一研究部编译：《共产国际、联共（布）与中国革命档案资料丛书》第 14 卷，中共党史出版社 2007 年版，第 28—29 页。

大，苏区的各项建设事业长足发展，苏区人民物质文化生活水平得到改善和提高。而蒋介石国民党政府面对日益巩固和发展的苏维埃政权，却如坐针毡，千方百计地策划和组织对苏维埃中央政府所在的中央苏区，进行新的大规模"围剿"，企图将新生的苏维埃红色政权一举摧毁。中央苏区军民面临着极为严峻的考验。

正是在这种情势下，苏维埃中央执行委员会于1933年6月8日作出了关于召开第二次全国苏维埃代表大会的决议。决议指出："为了加强对全国革命的领导，使全国反帝国主义国民党的伟大斗争开展新的局面，为了总结两年以来全国苏维埃运动的经验，决定新的方针及改选中央执行委员会，必须召集第二次全国苏维埃代表大会。"①决议并明确提出和规定了"全苏二大"召开的时间、地点、材料准备、各级地方苏维埃改选、选举出席会议代表以及通知国统区革命群众团体派员参加大会等事宜。

根据决议要求，第二次全苏大会的筹备工作开始紧锣密鼓地进行。中央执行委员会专门成立了以梁柏台、赵宝成、谢觉哉等为委员的二苏大会筹备委员会，制定了工作计划，明确而详尽地规定了大会文件起草、选举细则和地方苏维埃组织条例的修改、地方苏维埃代表选举时间、人民委员会工作报告和大会决议案起草、大会会务准备等各项工作。②

按照大会准备委员会提出的准备工作和日程要求，全苏二大的各项准备工作都在紧张而有序地进行。

关于召开全苏二大各种文件的修订和颁布，1933年9月8日中央执行委员会颁布了修改后的选举细则，随后又颁布了《地方苏维埃暂行组织条例(草案)》。此外，重新划分行政区域的工作在9月底前基

① 《红色中华》第86期第2版，1933年6月17日。
② 《红色中华》第88期第1版，1933年6月23日。

本完成，中央苏区新增设粤赣省和长胜、西江、门岭、杨殷、龙冈、洛口、赤水、彭湃8个县，区、乡行政区域的调整，也适时完成。

选举工作按计划进行。1933年9月6日至9日，苏维埃中央政府召开了有福建、粤赣两省各县及瑞金直属县区以上内务部长（或副部长）、中央内务部选举运动训练班学员参加的选举运动大会。临时中央政府主席毛泽东在会上作了《今年的选举》重要报告，明确指出了此次选举的重要意义以及选举的要求、方法、步骤和应注意的问题；中央内务部代部长梁柏台作了《选举法》的报告。根据中央苏区的实际情况，1933年9月27日，苏维埃中央政府就选举的日期发出指示，具体规定：10月16日—10月25日为各市乡选举时间；10月26日—11月10日为召开区一级代表大会时间；11月11日—11月30日为召开县一级代表大会时间；12月1日—12月15日为召开省代表大会时间。至1933年12月底，各苏区的选举工作胜利结束。白区出席全苏二大的代表也已选出。与会代表成分及分布情况如下：

<table>
<tr><th>地　区</th><th>正式代表名额</th><th>候补代表名额</th><th>成　分</th></tr>
<tr><td>江　西</td><td>196</td><td>26</td><td rowspan="9">产业工人8人；
手艺工人24人；
苦力53人；
小商4人；
雇农122人；
贫农303人；
中农25人；
党员628人；
团员116人；
其他64人；
店员工人12人。</td></tr>
<tr><td>福　建</td><td>79</td><td>8</td></tr>
<tr><td>粤　赣</td><td>63</td><td>12</td></tr>
<tr><td>闽　赣</td><td>37</td><td></td></tr>
<tr><td>红　军</td><td>117</td><td>28</td></tr>
<tr><td>地方武装</td><td>13</td><td>9</td></tr>
<tr><td>湘　赣</td><td>43</td><td></td></tr>
<tr><td>闽浙赣</td><td>45</td><td></td></tr>
<tr><td>鄂豫皖</td><td>1</td><td></td></tr>
</table>

续表：

地　区	正式代表名额	候补代表名额	成　分
湘鄂赣	30		
四　川	1		
白　区	17		
少数民族	3		
中央一级	48		
合　计	693	83	

选举运动结束后，梁柏台撰写了《今年选举的初步总结》一文，总结说："这次选举确实得到了许多成绩，和第一次全苏大会的两次选举，有了显然不同的地方。"这主要表现在："宣传动员工作改善了"；"向选民作报告"一般地都进行了；"选民登记的工作要求达到了"；"公布候选人名单的做法执行了"；听取最广大群众的意见做到了。选举结果，"工人成分增加了"，"妇女代表超过了党的号召"，"各地乡代表的妇女一般的在百分之二十五以上"。[①] 在选举过程中，群众还提出了许多提案，将对改善各级苏维埃政府的工作发挥积极作用；同时将选举工作与战争动员工作紧密联系了起来。此次选举达到了预定目标。

为迎接全苏二大召开，苏维埃临时中央政府决定在瑞金沙洲坝新建一座大礼堂，供全苏二大会场使用；在叶坪建造红军烈士纪念塔、红军烈士纪念亭、红军检阅台，同时建造公略亭和博生堡，以纪念牺牲的红三军军长黄公略和宁都起义领导人赵博生。所有工程由钱壮飞设

① 梁柏台：《今年选举的初步总结》，见《红色中华》第139期第6版，1934年1月1日。

计,梁柏台担任施工总指挥。经过苏维埃政府和施工人员的积极努力,这些工程在全苏二大开幕时都如期竣工。

起草苏维埃中央执行委员会与中央人民委员会对全苏二大的工作报告,是一项最重要的准备工作。毛泽东亲自领导这项工作,中央政府秘书长谢觉哉具体负责。为更好地指导苏维埃地方政权建设,1933 年 11 月,毛泽东亲自进行了长冈乡调查和才溪乡调查,写出了《乡苏工作的模范(一)——长冈乡》和《乡苏工作的模范(二)——才溪乡》两个调查报告。中央人民委员会将其印发给出席全苏二大的代表人手一份。

全苏二大的会务工作和游艺活动准备也都顺利完成。

二、共产国际指导中共召开六届五中全会

在第二次全国苏维埃代表大会召开前夕,在瑞金沙洲坝乡召开了中共六届五中全会。

早在 1932 年 12 月 19 日,中共中央就致电共产国际执行委员会政治书记处政治委员会,提出:“我们建议在[中共]中央迁至中央苏区后召开第五次全会,以便总结近两年来的斗争经验,并确定目前的主要任务和苏维埃运动的策略。”①

此前,因共产国际执行委员会东方书记处已决定让王明回国去中央苏区主持中共中央工作,因而 1932 年 12 月 21 日共产国际执行委员会东方书记处即复电中共中央,表示:“中共中央五中全会只应在王明到来后召开,他应是这次全会上的主要报告人之一。”②第 2 天,即 1932 年 12 月 22 日,共产国际执行委员会政治书记处政治委员会又致电上海中共临时中央,询问:“王明能否直接去香港。你们能否从那里

① 中共中央党史研究室第一研究部编译:《共产国际、联共(布)与中国革命档案资料丛书》第 13 卷,中共党史出版社 2007 年 9 月第 1 版,第 281 页。

② 中共中央党史研究室第一研究部编译:《共产国际、联共(布)与中国革命档案资料丛书》第 13 卷,第 283 页。

把他及其夫人送到中央苏区？请立即回复。”[①]可是不知何种原因，王明始终未能回国，更未能来中央苏区，因此中共六届五中全会的召开时间也就迟迟不能决定。

1933年7月28日，共产国际执委会驻上海政治代表埃韦特在给共产国际执委会书记皮亚特尼茨基的第6号报告中称：“我们将在第二次苏维埃大会之前举行中共五中全会。”[②]1933年8月3日，共产国际执行委员会政治书记处政治委员会会议正式批准中共召开六届五中全会[③]。1933年10月，埃韦特在给中共中央的信中说：“当然，你们将决定在12月份能否举行全会，还有苏维埃代表大会。这基本上取决于军事形势。在这些问题上你们有充分的自由，你们不要用以前拟订的任何期限把自己束缚起来。一旦全会能够举行时，最好在[中共]中央政治局会议上作出决议，以便向全国党组织下达有威信的指示。”[④]

这次全会的召开时间，最后确定为第二次全苏大会开幕前的1934年1月中旬。

关于六届五中全会选举的中共中央领导机构候选人名单，中共中央与共产国际进行了反复磋商。

1932年12月27日，共产国际执委会国际联络部驻上海代表伯格特，在致共产国际执委会政治书记处书记皮亚特尼茨基的电报中，根据中共中央的意见，建议中共中央政治局由13名委员和5名候补委

① 中共中央党史研究室第一研究部编译：《共产国际、联共（布）与中国革命档案资料丛书》第13卷，中共党史出版社2007年9月第1版，第285页。

② 中共中央党史研究室第一研究部编译：《共产国际、联共（布）与中国革命档案资料丛书》第13卷，中共党史出版社2007年9月第1版，第465页。

③ 中共中央党史研究室第一研究部编译：《共产国际、联共（布）与中国革命档案资料丛书》第13卷，中共党史出版社2007年9月第1版，第472页。

④ 中共中央党史研究室第一研究部编译：《共产国际、联共（布）与中国革命档案资料丛书》第13卷，中共党史出版社2007年9月第1版，第583页。

员组成。这13名政治局委员是:第1号波戈列洛夫(即秦邦宪);第2号伊思美洛夫(即张闻天);第3号赵容(即康生);第4号陈云;第5号沃罗夫斯基(即黄平);第6号莫斯克文(即周恩来);第7号布林斯基(即任弼时);第8号项英;第9号邓发;第10号毛泽东;第11号jungend(即王云程,时任中国共青团书记);第12号王明,第13号斯皮里多夫(即张国焘)。关于中共中央书记处组成人员,伯格特在电报中建议由第1、2、4、6、7号(即秦邦宪、张闻天、陈云、周恩来、任弼时)5人组成,书记处书记由第1、6、8号(即秦邦宪、周恩来、项英)3人担任。该电报中还说:“改组将在[中央]苏区[中共中央]全会上进行。全会应增补10名新的[中央]委员。”①伯格特要求共产国际执委会书记处书记皮亚特尼茨基尽快电告对上述名单的意见和可能的变化。

1933年10月3日,共产国际执委会政治书记处政治委员会召开会议,研究了中共领导机构组成问题,会后于10月7日致电中共中央,说:“你们关于[中共中央]政治局和书记处组成人员的建议总的来说,我们认为是可以接受的。我们从你们的名单中取消了候选人卢福坦和罗登贤。最好让朱德和顾作霖进入政治局来代替他们。为明确起见,我们重复一下政治局组成人员:莫斯克文(周恩来——引者注,以下括号内名字均为引者注)、项英、布林斯基(任弼时)、波戈列洛夫(秦邦宪)、赵容(康生)、廖陈云(陈云)、张国焘、毛泽东、王明、伊思美洛夫(张闻天)、邓发、朱德和顾作霖。[中共]中央书记处可以由三人组成,但考虑到要到各处去,我们建议由以下五人组成:莫斯克文(周恩来)、项英、王明、张国焘和波戈列洛夫(秦邦宪)。请尽快讨论并告诉我们,你们有没有不同意见或新的建议、补充人选或其他人选,你们是否认为中央组成需要增补新的有威信的军队和苏维埃领导人。

① 中共中央党史研究室第一研究部编译:《共产国际、联共(布)与中国革命档案资料丛书》第13卷,中共党史出版社2007年9月第1版,第286—287页。

请电告。"①

中共中央经过慎重考虑,表示同意共产国际执委会政治书记处政治委员会关于中共中央政治局和书记处组成人员候选名单。1933 年 11 月 4 日,共产国际驻上海政治代表埃韦特,致电共产国际执委会政治书记处书记皮亚特尼茨基和中共驻共产国际代表团副团长康生,通报了中共中央的意见,同时代表共产国际东方部提出:建议政治局设候补委员,以李竹声(斯拉文)、王稼祥(科穆纳尔)和刘少奇 3 人为候选人;书记处成员因王明未回国,建议现在前线的周恩来、张国焘参加,同时建议张闻天和陈云也参加书记处为成员②。

以上公布的资料表明:(1)经过中共中央与共产国际反复磋商,确定提交给六届五中全会的中共中央政治局委员候选名单,共 13 人,即:周恩来、项英、任弼时、秦邦宪、康生、陈云、张国焘、毛泽东、王明、张闻天、邓发、朱德、顾作霖;(2)中共中央与共产国际原不打算设政治局候补委员,但共产国际驻上海政治代表埃韦特仍提议设政治局候补委员,并且提议以李竹声、王稼祥、刘少奇 3 人为候选人;(3)提交给六届五中全会的中共中央书记处候选名单,共 7 人,即:周恩来、项英、王明、张国焘、秦邦宪、张闻天、陈云。

1934 年 1 月 15 日至 18 日,中共中央在瑞金沙洲坝大埠村一幢清代寺庙中召开了六届五中全会。出席这次全会的有在瑞金的中共中央委员、候补中央委员,以及苏区各省委和白区各省委的代表。全会由中共中央局主持,博古负责领导。全会根据共产国际指示,主要讨论了《目前的形势与党的任务》《国民党区域中的工人阶级斗争与工会工作》和《中国苏维埃运动与它的任务》3 个报告。1 月 18 日,全会

① 中共中央党史研究室第一研究部编译:《共产国际、联共(布)与中国革命档案资料丛书》第 13 卷,中共党史出版社 2007 年 9 月第 1 版,第 542—543 页。

② 中共中央党史研究室第一研究部编译:《共产国际、联共(布)与中国革命档案资料丛书》第 13 卷,中共党史出版社 2007 年 9 月第 1 版,第 591 页。

一致通过了《中共五中全会政治决议案》《五中全会关于白色区域中经济斗争与工会工作的决议案》《五中全会给二次全苏大会党团的指令》等3个文件。周恩来致闭幕词。

六届五中全会补选了中央委员和候补委员。朱德、王稼祥、顾作霖、何克全(凯丰)、李竹声、方志敏等补选为中共中央委员;彭德怀、刘伯承、杨尚昆、李富春、李维汉、孔原、陈昌浩、黄甦等补选为候补中央委员。

六届五中全会正式选举的中央政治局正式委员是哪些人?过去出版的史书有说是12人[①];有说是秦邦宪、张闻天、周恩来、项英、王明、陈云、康生、任弼时、张国焘、毛泽东、顾作霖等11人当选[②]。这几种说法中,涉及有争议的,就是政治局正式委员中究竟有无王稼祥、朱德、顾作霖3人?上述新公布的共产国际和中共中央有关六届五中全会人事安排酝酿过程表明,朱德、顾作霖都是提交六届五中全会的中央政治局正式委员候选人,而王稼祥则是中央政治局候补委员候选人。无疑朱德、顾作霖都应在六届五中全会上当选为中央政治局正式委员。邓发在中共中央和共产国际的三次提名中,都是中央政治局正式委员候选人,理应在六届五中全会上当选为政治局正式委员。所以,从上述新公布的共产国际文献资料看,六届五中全会选举的中央政治局正式委员,应该是13人,即:周恩来、项英、任弼时、秦邦宪、康生、陈云、张国焘、毛泽东、王明、张闻天、邓发、朱德、顾作霖。

六届五中全会正式选举的中央政治局候补委员是那些人?1932年12月27日伯格特在致共产国际执委会书记处书记皮亚特尼茨基的电报中,只提出中央政治局候补委员5人,但未提具体候选名单。

---

① 马齐彬、黄少群、刘文军:《中央革命根据地史》,人民出版社1986年10月第1版,第493页;余伯流、凌步机:《中央苏区史》,江西人民出版社2001年版,第1083页。

② 王健英:《中共中央机关历史演变考实》,中共党史出版社2005年1月出版,第263页。

在1933年10月7日共产国际致中共中央的电报中,未提中央政治局候补委员一事。而1933年11月4日埃韦特致共产国际执委会政治书记处书记皮亚特尼茨基和康生的电报中,则建议增加李竹声、王稼祥、刘少奇3人为中央政治局候补委员候选人。所以,李竹声、王稼祥、刘少奇3人在六届五中全会上当选为中央政治局候补委员,是无疑义的。

对于毛泽东,上述公布的共产国际文献资料证明,在中共中央和共产国际的3次提名中,毛泽东都是中央政治局正式委员候选人。

六届五中全会选举的中共中央书记处,由哪些人组成?根据上述新公布的共产国际文献资料,可以认定秦邦宪、张闻天、周恩来、项英、陈云都在六届五中全会上当选为中央书记处成员;而王明、张国焘也应该在六届五中全会上当选为中央书记处成员。

在中共中央和共产国际开初的两次提名中,张闻天都没有被列入中共中央书记处成员候选名单。共产国际执委会政治书记处政治委员会在1933年10月7日向中共中央的提名中,陈云也不是中央书记处成员候选人。是共产国际驻上海政治代表埃韦特,在1933年11月4日给共产国际执委会政治书记处书记皮亚特尼茨基和康生的电报中,建议从工作需要出发,增加张闻天、陈云为中央书记处成员候选人。这就印证了张闻天自己所说在五中全会前后博古开始排挤他的说法[①]。

六届五中全会改选后的中央政治局,未设总书记,仍称总负责人,博古(秦邦宪)当选中央政治局总负责人。中共中央宣传部长仍为张闻天,组织部长仍为李维汉;原中共中央局白区工作部改设为中共中央白区工作部,仍由陈云兼任部长;还设立了中共中央妇女部,李坚珍

① 张闻天:《从福建事变到遵义会议》,中共中央党史资料征集委员会、中央档案馆编:《遵义会议文献》,人民出版社1985年1月第1版,第78页。

(李见珍)任部长。中共中央党报委员会仍由张闻天兼任书记。在全会上还成立了中央党务委员会,董必武任书记。

新的中共中央政治局组成后,原先成立的中共中央局即撤销,对外正式以中共中央委员会名义指导全党工作;但仍保留中共中央组织局这一组织形式,并仍由李维汉负责,作为中共中央处理日常事务的工作班子。

中共六届五中全会使王明“左”倾错误发展到了顶点。其错误集中体现在全会一致通过的《中共五中全会政治决议案》中。这个决议案是由共产国际代为起草的。共产国际执行委员会政治书记处政治委员会 1933 年 9 月 15 日会议第 334 号记录中说:“听取:36(52060——[共产国际执行委员会]东方地区书记处给中共五中全会的指示草案。决定:36——责成东方地区书记处把指示分为两部分。政治部分立即发给[中共]中央。军事部分先给专门研究军事问题的一些同志看看,然后发给[中共]中央,并指出,这不是指示,而只是建议,最后决定应由[中共]中央自己作出。”①1933 年 10 月,共产国际驻上海政治代表埃韦特在上海写给中共中央的信中也说到:“我们给你们寄去了五中全会的决议案。其中有许多重要问题没有作出全面的分析,而只是有所涉及。如果所有问题都作详细的分析,那文件会太长和太臃肿。不过如果你们认为有必要扩充某些部分或作改动或使之更具体,你们可以这样做。”②

这次全会不顾客观事实,过分夸大中国革命的大好形势,错误地认为:“中国的革命危机已到了新的尖锐的阶段——直接革命形势在中国存在着”,“粉碎五次围剿的斗争即是阻止中国走向殖民地道路的

---

① 中共中央党史研究室第一研究部编译:《共产国际、联共(布)与中国革命档案资料丛书》第 13 卷,中共党史出版社 2007 年 9 月第 1 版,第 496 页。

② 中共中央党史研究室第一研究部编译:《共产国际、联共(布)与中国革命档案资料丛书》第 13 卷,中共党史出版社 2007 年 9 月第 1 版,第 582 页。

斗争，即是争取苏维埃中国完全胜利的斗争”，“粉碎五次‘围剿’的决战”是“苏维埃道路与殖民地道路之间谁战胜谁的问题”。全会完全肯定中共六届四中全会以来王明等人所提出和推行的一系列“左”倾错误路线、方针、政策，完全肯定四中全会以来党内所进行的各次错误的“两条战线的斗争”；错误地把毛泽东在土地问题上一系列主张指责为“富农路线”，号召全党“集中火力反对主要危险的右倾机会主义”①。这次全会不仅给中央苏区的斗争带来严重后果，而且使中国革命遭受到严重损失。

如果说六届五中全会还有积极意义的话，那就是在这次全会上，毛泽东当选为中共中央政治局正式委员，坚持实事求是思想和工作作风的陈云、刘少奇分别当选为中央书记处成员（即中央政治局常委）和中央政治局候补委员，已逐渐从“左”倾营垒分化出来的张闻天和王稼祥分别当选为中央书记处成员和中央政治局候补委员。这就为后来遵义会议的胜利召开奠定了一定的组织基础。

三、全苏二大的召开

中共六届五中全会结束的第4天，第二次全国苏维埃代表大会于1934年1月22日在瑞金沙洲坝大礼堂隆重开幕。这次大会尽管存在五中全会的阴影，但在毛泽东和众多领导人的努力下，仍然取得了圆满成功。

全苏二大开幕当日清晨，首先在中央政府运动场举行隆重的阅兵典礼。下午2时，出席大会的693名正式代表和83名候补代表，以及1500余名旁听代表，还有高丽、安南、爪哇等地来宾，齐聚沙洲坝临时中央政府大礼堂，举行大会开幕式。苏维埃中央政府主席毛泽东庄严宣布大会开幕并致开幕词。博古、刘少奇、朱德、何克全（凯丰）分别代表中共中央、全总、红军和少共中央致词。随后，大会选举毛泽东等75

① 《目前的形势与党的任务决议》，载《斗争》第47期，1934年2月16日。

人为主席团成员。主席团之下设立秘书处、总务处、审查委员会等工作机构。大会通过了代表们提出的6项建议，即：张闻天提议以大会名义致电慰问和鼓励前方红军将士；吴亮平提议致电苏联的工人、集体农民表示友爱；博古提议选举斯大林、加里宁、莫洛托夫、特尔曼、长冈等为大会名誉主席团成员；刘少奇提议致电慰问东北义勇军；何克全提议致电慰问在国民党中的革命战士；康克清提议将群众慰劳大会代表的慰问品用一部分慰劳各医院残废院的伤病战士。大会宣读了各地发来的贺电。

大会预定会期17天，2月7日闭幕。主要议程有6项：毛泽东作《中央执行委员会与人民委员会对第二次全国苏维埃代表大会的报告》；朱德作《红军建设决议报告》；林伯渠作《经济建设决议报告》；吴亮平作《苏维埃建设决议报告》；通过宪法及各种法令；选举新的中央执行委员会。

毛泽东的报告，全文约46000字，于1月24日下午和25日上午用了整整两个半天才讲完。报告全面、系统地总结了临时中央政府成立后两年多来的施政情况和政权建设经验，提出了苏维埃运动今后的任务。与会代表对报告给予了充分的肯定。1月27日，毛泽东根据代表们讨论的情况，作了“中央执行委员会报告的总结”，着重强调了“关心群众生活，注意工作方法”问题。

1月29日，原安排林伯渠作《经济建设决议报告》，但“因得紧急敌情消息”，即蒋介石在镇压“福建事变”后，正积极准备向苏区发动新的大举进攻。为作好应敌准备，大会主席团决定缩短会期，改由毛泽东向大会作《关于紧急动员的报告》。毛泽东作完报告之后，大会主席团立即提议大会提前到2月1日闭幕，获得代表一致通过。于是，1月30日，代表们听取了朱德、林伯渠和吴亮平所作的专题报告，进行审议后通过。

1月31日，项英向大会作了关于修改宪法的报告。随后，大会主席团对各地代表的提案进行了说明,内容包括扩大红军、经济建设、政权建设、文化教育、婚姻法、优待红属等方面。张闻天提议将这些提案交由新一届中央执行委员会讨论执行。大会一致通过了《关于红军问题的决议案》《关于苏维埃经济建设的决议案》《中华苏维埃共和国宪法大纲》等决议;一致通过了《关于国旗、国徽、军旗的决定》。

大会对中华苏维埃共和国的国徽规定如下:在地球形上插交叉的镰刀与锤子,右为谷穗、左为麦穗架于地球形之下和两旁,地球之上为五角星。上书“中华苏维埃共和国”、“全世界无产阶级和被压迫的民族联合起来”。

大会规定中华苏维埃共和国的国旗为红色底子,横为五尺,直为三尺六寸,加国徽于其上,旗柄为白色。同时,大会还规定中国工农红军军旗为红色底子,横为五尺,直为三尺六寸,中为黄色的交叉镰刀锤子,右角上为黄色的五角星,旗柄为白色。

在1月31日的大会上,毛泽东主席代表中央政府亲自给“在战争动员工作中有特殊功绩地方的工农群众及红色战士”发了奖旗,其中有兴国模范县、瑞金县和红三军团等,并亲自题写了“模范兴国”4个大字赠送给兴国县苏维埃政府。

1934年2月1日,大会举行闭幕式。闭幕式由罗迈(李维汉)主持。首先选举第二届中央执行委员会。大会主席团提出了候选名单。这一名单是事先由各代表团提交大会主席团的,总计正式执行委员175人,候补执行委员35名(后经大会审议定为36名)。大会对执行委员会人数表决确定后,主席团推选罗迈宣读介绍每个候选人的姓名、性别、籍贯、党团关系、民族及现任职务,逐个征求代表们的意见。其中有5名候选人有代表对其提出质询,经解释说明后才通过。有一名候选人,因代表们对其工作历史不明而落选,当即进行了补缺。

最后,大会进行了总表决,选出了第二届中央执行委员会委员和候补委员。他们是:

中央执行委员 175 人：

博　古　陈绍禹　何克全　刘少奇　毛泽东　项　英　吴亮平
瞿秋白　周月林　金维映　黄发桂　谢玉钦　李富春　谢名仁
肖世榜　林国宋　黄长娇　蔡　畅　钟葆元　娄梦侠　张绩之
徐达志　曾　山　钟昌桃　刘启耀　钟循仁　李卓然　刘广臣
谢先策　朱　德　周恩来　王稼祥　刘伯承　贺　昌　何长工
滕代远　彭德怀　杨尚昆　林　彪　聂荣臻　董振堂　刘伯坚
黄　甦　蔡树藩　聂洪钧　王如痴　万永诚　陈　光　寻淮洲
罗瑞卿　张纯清　周建屏　周　昆　乐少华　陈阿金　袁国平
叶剑英　陈　毅　毕士悌　陈洪时　萧　克　孔荷宠　朱　瑞
刘畴西　徐彦刚　陈昌浩　徐向前　张国焘　张琴秋　贺　龙
关向应　夏　曦　宋白民　王维周　罗炳辉　洪　水　蔡　乾
张然和　余宏文　王世泰　潘士忠　姜阿三　张冠一　古大存
郑振芬　朱　琪　高俊亭　詹以锦　郑位三　王凤鸣　成仿吾
郭述申　张德三　祝维垣　顾作霖　邵式平　黄　道　朱兆祥
孔书安　刘　晓　钟世斌　傅才秀　周义开　刘明辉　熊仙璧
刘国珠　钟桂新　罗　迈　陈祥生　林伯渠　刘群先　胡　海
范乐春　曾洪易　巫子元　张太和　黄宜章　张鼎丞　李见珍
吴兰甫　吴必先　邱先英　张闻天　陈　云　王盛荣　邓　发
陈潭秋　潘汉年　黄加高　张云仙　张金楼　周少文　何振吾
陈寿昌　黄光保　谭余保　刘士杰　王　震　旷　彪　彭仁昌
任弼时　吴德峰　王秀章　熊国炳　余洪远　李维海　何　畏
李先念　曾广澜　周光坤　李成甲　陈子谦　方志敏　余汉朝
黄万生　汪金祥　关　英　涂振农　关春香　吴玉章　朱地元
杨其鑫　邓振询　何叔衡　高自立　梁柏台　徐特立　阮啸仙
邓颖超　董必武　赵　云　王贤选　罗梓铭　杨世珠　赖美玉

候补中央执行委员 36 人：

杨炳龙　谢振富　邱时凤　邓尧盛　董长胜　刘　毅　李美群
邹中才　徐顺洹　徐明富　叶德贵　邓子恢　朱荣生　贾　元
冯雪峰　李一氓　李克农　张爱萍　罗荣桓　李赐凡　颜立记
尹仁桂　刘燕玉　方敬和　谢炳煌　钟义瑾　黄富武　方振华
邹敦厚　廖汉华　龙春山　华新湘　周桂香　旷朱权　邓　萍
康克清①

大会还选出滕代远、罗荣桓、蔡畅、范乐春、王孚善、董必武、项英等35人为中央工农检察委员。

选举完毕，由毛泽东主席致闭幕词，并通过了《第二次全国苏维埃代表大会宣言》。

1934年2月2日上午，在瑞金叶坪红军广场举行红军烈士纪念塔、红军烈士纪念亭、红军检阅台、公略亭、博生堡落成揭幕典礼。参加典礼的有出席全苏二大的全体代表和当地群众数千人。中革军委主席朱德发表讲话，勉励大家"踏着革命先烈血迹前进"。党和红军、苏维埃国家领导人博古、毛泽东、周恩来、朱德、张闻天、项英、王稼祥、邓发、凯丰等为红军烈士纪念塔题词，都镌刻在纪念塔基座上。

毛泽东的题词是："在反对帝国主义与土地革命的伟大战争中，许多同志光荣地牺牲了！这些同志的牺牲，表现了无产阶级不可战胜的英勇，奠定了中华苏维埃共和国的基础；全中国工农劳苦群众，正在踏着这些同志的血迹前进，推翻帝国主义国民党的统治，争取苏维埃在全中国的胜利。"

朱德的题词是："世界工农群众，永远地记着，这是革命先烈的遗迹。"

周恩来的题词："红军烈士们的英勇血迹，凝结成铁的红军不可战

① 以上名单均据《中华苏维埃共和国中央执行委员会布告第一号》，1934年2月3日，载《红色中华》第148期第1版。

胜的力量,写下了国内战争光荣的历史,现在我们正处在革命与战争的烈火当中,我们要继续烈士的牺牲精神,为苏维埃在全中国的胜利,奋斗到底,为消灭帝国主义国民党流尽最后一滴血!"

博古的题词是一首诗:"你们奋斗!你们牺牲!你们冲锋!你们陷阵!为着人类与世界的光荣!为着苏维埃中国而斗争!你们的意志是最伟大的解放的旗帜!你们的姓名刻在工农大众的深心!让光耀的红星永远闪耀着这个塔顶!让革命的红旗展招飘扬在中国全境!"

张闻天的题词是:"创造一百万铁的红军打倒帝国主义,与中国地主资产阶级的统治,创造苏维埃的新中国——这是我们对于在革命战争中牺牲的英勇红色战士们的最好纪念!"

王稼祥的题词是:"烈士的血和肉,消灭数十万的白军,创造了数千里的苏区,你们是我们的模范,你们是我们的英雄,继续你们的牺牲精神,为苏维埃的中国奋斗到底!"

1934 年 2 月 3 日,举行第二届苏维埃中央执行委员会第一次会议。实到执行委员 79 人。会议由毛泽东主持。梁柏台首先报告了中央苏维埃组织法,经与会人员讨论,原则同意,委托新选出的主席团对详细条文修改后颁布。随后,会议根据中共六届五中全会的决定,正式选举苏维埃中央政府领导班子。

会议选举毛泽东、项英、张国焘、朱德、张闻天、博古、周恩来、瞿秋白、刘少奇、陈云、林伯渠、邓振询、朱地元、邓发、方志敏、罗迈、周月林等 17 人为中央执行委员会主席团成员。

毛泽东为中央执行委员会主席,项英、张国焘为中央执行委员会副主席。

同时,会议选举张闻天为中央人民委员会主席,毛泽东不再担任这一职务。这样,毛泽东就成了"中国的加里宁"(博古语)。因"中央和各部的实权都在人民委员会主席手里”,“实际上毛泽东已被架空了”①。

在人民委员会之下设立外交、军事、财政、国民经济、粮食、劳动、土地、司法、内务、教育、工农检察等11个人民委员部(委)为中央行政机关,任命:

王稼祥为外交人民委员;

朱德为军事人民委员;

林伯渠为财政人民委员;

吴亮平为国民经济人民委员;

陈潭秋为粮食人民委员;

邓振询为劳动人民委员;

高自立为土地人民委员;

梁柏台为司法人民委员;

曾山为内务人民委员;

瞿秋白为教育人民委员;

项英为工农检察人民委员。

同时选举朱德为中央革命军事委员会主席,周恩来、王稼祥为中央革命军事委员会副主席;选举阮啸仙为中央审计委员会主任;委任董必武为临时最高法庭主席②。

至此,第二次全国苏维埃代表大会及第二届中央执行委员会第一次会议圆满完成各项任务,胜利结束。

全苏二大的召开,是继一苏大会之后中华苏维埃共和国红色政权建设的又一辉煌成果。

---

① 李维汉:《回忆与研究》(上),中共党史资料出版社1986年版,第339、253页。

② 《中华苏维埃共和国中央执行委员会布告第一号》,1934年2月5日。存瑞金中央革命根据地纪念馆。

四、共产国际对全苏二大的关注

共产国际对于第二次全国苏维埃代表大会的召开，给予了关注，但未具体干预。共产国际远东局埃韦特在1933年7月28日给共产国际执委会东方书记处书记皮亚特尼茨基的报告中，只是说到：“12月11日在中央苏区将召开第二次全国苏维埃代表大会，因此共产党已经开始进行宣传工作。我把当地党的刊物上将发表的文章的草稿寄给您（发表时有稍许改动）。请您作出指示，以便在我们的国际报刊上和在《国际新闻通讯》上对大会作些报道。”①

由于交通困难等原因，第二次全苏大会的大部分文件，直到1934年9月，共产国际和中共驻共产国际代表团也没有收到。1934年9月16日，康生和王明写信给中共中央政治局，说：“五中全会的决议及第二次苏大会的文件，我们收到的只是一个政治决议及毛泽东同志的报告，其余五中全会及第二次苏大会的一切材料，没有收到，这些材料，我们要得到，以便研究与出版”。康生和王明在信中告知：“毛泽东同志的报告，中文的已经出版，绸制封面金字标题道林纸，非常美观，任何中国的书局，没有这样的美观的书，与这报告同时出版的是搜集了毛泽东同志三篇文章（我们这里只有他三篇文章）出了一个小小的文集，题名为经济建设与查田运动，装潢与报告是一样的。这些书籍，对于宣传中国苏维埃运动，有极大的作用，因此希望中央务必将五中全会的决议及第二次苏大会的一切文件，报告，决议，记事，报纸，照片，小册子，书籍，杂志统统迅速送给我们，这里的一切同志，如得到这些文件，如获至宝，而摆在你们机关里，却危险之极，希望你们无论如何给我们。”信中还说：“苏维埃大会选举的名单，在此地各报及各国党报以及我们的报纸都要发表宣传，但是中央怎么不送来，我们又不敢根

① 《共产国际、联共（布）与中国革命档案资料丛书》第13卷，中共党史出版社2007年版，第465页。

据敌人的报纸为依据，各国党天天向我们要，而我们无法供给。请中央无论如何告诉我们，并以后希望中央对于中国苏维埃政府的国际宣传，特别加以注意！”①

从这封信可以看出，无论是中共驻共产国际代表团，还是共产国际执委会东方书记处，都急切希望得到五中全会和第二次苏大会的全部材料，包括大会选举名单。这封信是写给上海中央局的。当它送达上海时，中央苏区的第五次反“围剿”斗争已经失败，中共中央、中央政府、中革军委等领导机关和中央红军主力，已经撤离中央苏区，踏上了艰难的战略转移之路。

第四节 第五次反“围剿”失败

一、国民党军队发动新的进攻

1934年1月下旬，蒋介石在镇压十九路军福建事变后，掉转枪口，下令其各“围剿”中央苏区的部队，分3路向中央苏区红军发动了新的进攻。

其部署是：东路军以蒋鼎文为总司令，卫立煌为前线总指挥，下辖第二、第五路军和总预备队，共16个师另1个旅、2个团，其任务是由福建沙县进攻归化、清流、泉上，企图占领石城、瑞金；北路军以顾祝同为总司令，陈诚为前线总指挥兼第三路总指挥，下辖第一、第三、第六、第二十、第二十六路军和总预备队，共25个师另2个旅、1个支队和3个团，其任务是由黎川向建宁苏区进攻，企图占领建宁、广昌和博生（今宁都）县。此外，北路军中还分出一支部队由薛岳为总指挥，由永

① 《共产国际、联共（布）与中国革命档案资料丛书》第14卷，中共党史出版社2007年版，第248—249页。

丰县经过荇田沙溪,目标是占领兴国县。

1934年1月22日,蒋介石由闽北建瓯回到南京。1月25日,陈诚根据蒋介石的命令,率领北路军主力,向建宁方向推进,寻求“荡平”中央苏区的突破口。

二、博古、李德推行节节抵御和“短促突击”战术

在国民党军队大举向苏区推进时,共产国际执委会远东局就中央苏区红军的作战行动问题,于1934年2月1日给中央苏区发来电报指示,其要旨就是要中央苏区红军坚持在内线作战,组织红五、七、九等军团和地方游击部队分头在北、东、南等3个方向阻击敌军进攻,主力红一、三军团则在泰宁重新发起对金坑方向设防敌军的进攻行动,以打破敌北路军对中央苏区的进攻。①

中共中央、中革军委和博古、李德等人,表示原则接受共产国际执委会远东局2月1日电报指示,但是不同意红一、三军团在泰宁发起对金坑方向设防敌军的进攻作战,而主张“最好的解决办法是,在敌人进攻最激烈的时候,同6、9军团一起给以打击”②。

博古、李德等命令红军采取的反“围剿”作战方针,是实行阵地战、堡垒战,节节防御,步步对抗。李德还抛出了一个“短促突击”的战术原则。李德解释说,所谓“短促突击”,就是主张在敌人修筑碉堡、步步为营向苏区推进的情况下,要求红军针锋相对地在重要城镇、大居民点、隘口要道等地构筑碉堡,派驻守备部队,以堡垒对堡垒,当敌人走出堡垒前进时,红军就乘其立足未稳予以出其不意的短促突击,以消灭敌人的有生力量。对这一所谓的新战术,李德在中革军委所办的

① 中共中央党史研究室第一研究部编译:《共产国际、联共(布)与中国革命档案资料丛书》第14卷,中共党史出版社2007年版,第57—59页。

② 《中共中央给中共上海中央局的电报》,1934年2月6日。转引中共中央党史研究室第一研究部编译:《共产国际、联共(布)与中国革命档案资料丛书》第14卷,中共党史出版社2007年版,第75页。

《革命与战争》杂志连篇累牍地发表文章加以鼓吹，博古则强令红军部队在反“围剿”战争中推行。

李德是个不懂中国红军战争规律和特点的“图上作业家”，只凭当时很不精确的地图指挥红军作战。时任李德俄文翻译的伍修权回忆说：“当时的地图大部分是一些简单的草图，误差较大，不够准确，李德也不问，所以他的指挥往往与前线的实际情况差距很大。图上看只有一百里路程，他也不问是山路还是平路，也不给部队留吃饭和休息的时间，敌情、气候和自然条件等等困难都不考虑，只凭比例尺量地图上的距离来推算路程，定下达到和投入战斗的时间，又常常不留余地。这给红军指战员的行动带来了很大的困难，有些困难是根本不可能克服的，常常使部队不能按时投入战斗，以致难免吃败仗。”①

在国民党强大军力的进攻面前，红军指战员按照博古、李德等的指挥和战术，虽浴血奋战，付出巨大牺牲，结果却是一个接一个败仗接踵而来——

1934 年 1 月 25 日，敌北路军第五纵队罗卓英部 4 个师进攻黎川和建宁两县间的横村、樟村，负责阵地防御的红五军团因防线太宽、兵力薄弱，战斗失利，被迫后撤。

1 月 27 日，红一、九军团和红三军团第四师，对进攻战略要地邱家隘、坪寮等地的敌第七十九师进行“短促突击”，由于援敌赶至对红军进行钳击，红军反击失利，不得不向南撤退。

2 月 9 日，红九军团在小公鸡山及熊家寨对进攻的敌第九十四师实行“短促突击”，因弹药用尽战斗失利，红一、九军团被迫向广昌方面撤退。

2 月 15 日，红一、三、五、九军团以“短促突击”战法，分别与敌战于凤翔峰、司令岩、芦坑等地，因兵力分散等原因，未能获胜。

---

① 《伍修权回忆录》，解放军出版社 1984 年版，第 71—72 页

2 月 24 日,敌东路军第十纵队攻占沙县,红七军团伤亡 400 余人。

2 月 25 日,红一军团等部为保卫建宁,在三甲嶂与敌人 3 个师激战 3 天,付出重大代价,仅击溃敌人 1 个师。

3 月 7 日,福建将乐县城失陷。

3 月 8 日至 3 月 17 日,红军第一、三、九军团先后在五都寨、寺前、东华山、白舍、马鞍寨、石下寨等地,与敌北路第三纵队主力“短促突击”,战斗失利,只得向广昌方向后退。仅南丰县三溪圩一战,红三军团就伤亡 3000 余人。

3 月 19 日,泰宁县城被敌东路军占领。

3 月 23 日,归化县城失守。红七军团和红三十四师损失 500 多人。

红军西方军司令员陈毅指挥的红军第二十一师、二十三师和第二、三、十三等独立团等部队,在西线战场上,采用李德的短促突击战术,也打得很艰苦,只得步步后退。

三、红军将领对“左”倾军事领导的批评和共产国际执委会的提醒

鉴于战局的连连失利,红军将领们对李德的所谓“短促突击”战术和指挥开始持怀疑态度,对第五次反“围剿”的前景极为忧虑。

1934 年 4 月 1 日深夜,红三军团军团长彭德怀在福建前线就作战方针等问题,给中革军委写信,对李德、博古的瞎指挥不点名地提出尖锐批评。他写道:“我们每一次接受军委电令,差不多完全没有一点思索的时间,甚至(连)请向导,下命令的电话都没有办法执行,战略决心迟疑也因为如此,甚至以超强度行军都不能赶到。”他呼吁:“每一战斗或战役均应(有)准确的时间估计,予前敌各首长,以可能余裕时间以最大的机动余地。”他强烈要求军委放弃“短促突击”战法,对这种战法“主力不应再留恋,这种留恋在任何方面会达到无谓的牺牲”。他还要求应尽量改善前线红军指战员的物质生活,要加强侦察情报工作和瓦解白军工作,并建议军委组织几个强有力的挺进游击队,深入敌人后方活动,破坏敌后联络线,牵制分散敌军兵力,以游击战战胜敌人。[①]

红一军团军团长林彪也于 1934 年 4 月 3 日以个人名义,写了一封《关于作战指挥和战略战术问题给军委的信》。他严厉批评了"短促突击"的战术,强烈要求军委改变目前这种"分路阻敌"打堡垒战的战术,"抓紧运动战的机会,而于运动战中以我主力军大量的消灭敌人,每次消灭他数个师"[②]。林彪开始是反对"短促突击"战术的,但两个多月后即 6 月 17 日,他忽然又写了一篇鼓吹性的《论短促突击》文章,"实际上是他这时的一个政治上的表态"[③]。

周恩来、朱德、刘伯承等红军领导人,都对李德、博古的错误指挥提出过批评意见,在粉碎敌人第五次"围剿"的战略战术上提出了许多有益的建议。

然而,这一切都未能奏效。

共产国际执行委员会政治书记处政治委员会,也察觉到远东局军事顾问和中共领导人对反"围剿"军事指挥存在问题。1934 年 2 月 11 日,共产国际执行委员会政治书记处政治委员会,就从莫斯科给共产国际执行委员会东方部驻中共政治代表埃韦特和军事总顾问施特恩,以及中共中央发来一份电报,提醒说:"我们觉得,我们指挥部的计划和措施,特别是在最近,几乎一直像是被敌人强加的,造成了对我们部队的多余的重新部署,由于经常转移使它们失去了积极参加战斗的能力。似应争取在我们已经取得一些成绩的地段歼灭敌人,不要试图在全线同时打击敌人。其实大家知道,我军常在运动战中而不是在突破敌人设防地区的战斗中取得很大胜利。应该充分利用我军的主要优

---

① 《彭德怀关于作战等问题给军委的信》,1934 年 4 月 1 日,转引中共江西省委党史研究室编:《江西党史资料》第 21 辑(上),1992 年,第 154—155 页。

② 转引自黄少群:《中区风云——中央苏区第一至五次反"围剿"战争史》,中共中央党校出版社,1991 年版,第 326 页。

③ 《聂荣臻回忆录》(上),解放军出版社 1984 年版,第 202 页。

势,即它机动作战和从侧翼突然进攻敌人的能力,而游击队同时从后方进攻敌人。重要的是要在歼灭敌人某一集团军方面取得决定性的胜利。”[1]共产国际执委会政治书记处政治委员会的这些意见是正确的,符合中央苏区的实际和红军作战的特长。1935 年 1 月通过的遵义会议决议曾对此评价说:“共产国际去年 2 月来电说得很对”,并说“单纯防御路线的领导者对于共产国际的这种指示是无法了解的”[2]。

但是,博古、李德等对于共产国际执委会政治书记处的二月指示根本不予采纳。他们一意孤行,顽固坚持实行那一套已被实践证明是十分有害的错误指挥。

四、共产国际执委会建议集中红军决战与广昌失守

对于中央苏区红军反“围剿”战争连连失利,共产国际执委会政治书记处政治委员会感到十分担忧。1934 年 3 月 25 日,他们从莫斯科给共产国际执委会东方部驻上海政治代表埃韦特和中共中央发来电报,说:“我们觉得,中央和全党未意识到中央苏区形势的严重性,未采取必要的措施来进行防御和粉碎[敌人]第六次‘围剿’(引注:即第五次‘围剿’)。必须动员和集中党的一切力量来解决这个任务。要击溃敌人一个进攻的集团军,以便有可能进行以后的积极作战行动,使敌人失去主动性。我们觉得,在黎川地区打击陈诚集团军是最有利的,不过你们应该从具体情况出发决定这个问题。”[3]共产国际执委会这个集中红军主力与敌决战的建议,有可取之处。但是它没有强调红军必须采取灵活的运动战术集中力量打击敌人,致使李德、博古将其

---

① 中共中央党史研究室第一研究部编译:《共产国际、联共(布)与中国革命档案资料丛书》第 14 卷,中共党史出版社 2007 年版,第 79 页。

② 中共江西省委党史研究室等编:《中央革命根据地历史资料文库·党的系统》第 5 卷,中央文献出版社、江西人民出版社 2010 年联合版,第 3524 页。

③ 见中共中央党史研究室第一研究部编译:《共产国际、联共(布)与中国革命档案资料丛书》第 14 卷,中共党史出版社 2007 年版,第 99 页。

理解为集中红军与敌作硬拼式决战，令人痛惜。

这时，红军防线已被迫退到广昌、建宁一线。敌东、北两路与西、南两路，已对中央苏区形成紧缩合围之势。蒋介石命陈诚调集11个师兵力，沿着盱江两岸，分成东、西两个纵队，准备向广昌进攻。

广昌是中央苏区北面门户，距瑞金不到150公里，战略地位十分重要。中革军委早在1933年冬就组织力量在南丰至广昌间修筑了堡垒工事，准备保卫广昌。鉴于共产国际执委会政治书记处政治委员会关于在黎川地区与敌陈诚集团军进行决战的提议已不可能实行，根据敌军进攻态势，博古、李德遂决定集中红一、三、五、九军团在广昌与敌决战，并提出了"保卫广昌就是保卫中国革命"、"将广昌变成中国的马德里"、"不是胜利，就是死亡"等动员口号。

国民党军投入广昌会战的兵力是11个师，其部署是：以第五纵队5个师为河西纵队，担任主攻，由罗卓英指挥；第三、第八纵队和第九十七师共5个师为河东纵队，担任助攻，由周浑元指挥。两个纵队进攻正面约5公里，采取梯次配置，夹盱江交替筑垒推进。第七十九、第九十八师工兵营随河东纵队跟进，准备随时在盱江架桥，保障两岸部队机动。陈诚亲率特务团、迫击炮营（欠1个连）、山炮营、别动队等部，随后跟进。

红军投入的是第一、三、五、九军团的全部兵力共9个师。为确保李德对此次会战的绝对指挥权，博古、李德以中共中央名义决定在广昌前线设立野战司令部，以朱德为司令员，博古亲任政治委员，李德一手操纵指挥，实际上成为司令员。周恩来则奉命在瑞金留守中革军委视事。

彭德怀等前线指挥员坚决反对广昌会战。彭德怀曾在广昌前线面见博古、李德，再三陈述："广昌是不能固守的，必须估计敌军技术装备。他们不相信，而相信他们自己构筑的永久工事。我说，在自己没有飞机大炮轰击的情况下，就算是比较坚固的野战工事，在今天敌军的装备下，是不起作用的。如果固守广昌，少则两天，多则三天，三军团一万二千人，将全部毁灭，广昌也就失守了。”[①]可是博古、李德只相信“自己构筑的永久工事”，决意进行广昌会战。他们命令彭德怀派1个团在广昌城构筑“永久工事”，与广昌城共存亡。

1934年4月10日，广昌会战打响。敌河东、河西两个纵队各5个师，轮番向红军阵地进攻。红一、三、五、九军团也分成河东、河西两路，全面抗击，节节抵御。敌军猛烈的炮火，将红军所谓“永久工事”炸得七零八落，守卫在堡垒内的红军战士，多数壮烈牺牲。至4月20日，敌河东、河西两个纵队分别推进到距广昌城15公里的地带。

为保卫危在旦夕的广昌城，红军野战司令部命令红一、三军团西渡盱江，进入广昌城西北一线高地，阻止敌河西纵队前进。26日，野战司令部下达了固守广昌城的作战命令。27日和28日，敌军向广昌城发起总攻。守备广昌城的红一、三军团与敌人苦战、血战一整天，阵地一个个被敌突破。4月27日深夜，博古、李德固守广昌城的梦想破灭，被迫下令撤退。4月28日上午9时30分，国民党军占领广昌城。

广昌会战历时18天，红军虽毙伤国民党军2626人，但红军却伤亡5093人，约占参战总人数的1/5。面对如此惨重损失，彭德怀十分愤慨，当面斥责李德是“崽卖爷田心不痛”。

广昌失守后，敌人叫嚷：“门户既开，堂奥难保。”国民党军队开始向中央苏区腹地推进。

五、筠门岭、建宁失守

广昌会战正酣之时，中央苏区的南大门筠门岭于4月21日失守。

筠门岭位于会昌县南部，与福建武平县交界，距红都瑞金仅100余公里，地势险要，战略地位同样十分重要。驻守筠门岭的是粤赣军区红军第二十二师3个团。该师是由粤赣军区地方部队升级新组建

---

① 彭德怀：《彭德怀自述》，人民出版社1981年版，第189页

起来的,战斗力较弱,而面对的是国民党粤桂军6个师。4月初,为配合北线国民党军向广昌进攻,粤桂军第一、二纵队向筠门岭发动进攻。中革军委命令红二十二师“死守筠门岭”。红二十二师官兵在师长程子华(后周子昆)、政委方强率领下与进攻之敌浴血奋战,终因寡不敌众,被迫于4月21日放弃阵地,撤退至筠门岭至会昌城间的站塘、李官山一线。

筠门岭失守后,中央政府主席毛泽东于4月下旬从瑞金来到设在会昌县文武坝的粤赣省委和粤赣军区司令部,一面养病,一面调查研究、指导工作。他亲自给红二十二师政委方强打电话,询问筠门岭战斗情况,表扬红二十二师指战员英勇顽强的战斗精神,指示他们把主力抽下来,总结经验,休整部队,改变过去那种死守硬拼的战术,组织小部队深入敌后开展灵活机动的游击战争,牵制和打击敌人;同时做好群众工作,动员和组织群众协助部队作战。粤赣军区和红二十二师根据毛泽东的指示,逐渐取得了游击战争的新胜利,使中央苏区南线形势很快稳定下来。

与毛泽东相反,博古等“左”倾领导者们却抓住筠门岭失守不放,指责红二十二师是“退却逃跑”,将师政委方强关进国家政治保卫局审查。该师六十五团团长魏协安、团政委商辑伍等一批干部被开除党籍,有的送交军事法庭受审,有的被枪毙。

国民党军在攻占筠门岭、广昌城后,又立即部署东路军和北路军会攻建宁城。

博古、李德等这时仍没有从广昌会战失败中吸取教训,也听不进红一军团首长的正确意见,仍像组织广昌会战那样,命令红一、九军团由广昌尖峰、白水(今赤水)镇东进建宁,会同在建宁地区的红五军团(欠第十三师)、红七军团,组成东方集团,负责保卫建宁城;命令红三军团和第十三、第二十三师及独立第四团,组成中央集团,在广昌县南部活动,阻敌南进。东方集团军首长林彪、聂荣臻于5月4日给中革军委写信，力陈红军应抛弃与敌拼消耗的阵地战法，尽力选择有利地形，捕捉运动歼敌机会，以求在运动中歼敌有生力量。他们的建议同样遭到博古、李德拒绝。林、聂只好按照军委意图，组织保卫建宁的战斗。

1934 年 5 月 12 日至 5 月 16 日，红军东方集团军在建宁城外与进攻之敌激战 5 天 5 晚，虽毙伤部分敌军，但自身也付出重大代价，阵地一再被敌突破。5 月 16 日，敌 8 个师在飞机大炮掩护下，会攻建宁城。红军被迫于当日 10 时左右放弃建宁城，向宁化地区转移。建宁城遂陷于敌手。

与此同时，在江西永丰地区向苏区进攻的国民党军第六纵队 5 个师，至 1934 年 5 月 1 日，也先后占领永丰县南部的沙溪、藤田和龙冈。

至此，国民党军已占领西起龙冈，中经广昌，东迄建宁、泰宁、归化、永安、连城，南至筠门岭一线。中央苏区大片领地丧失，面临的形势日益恶化。

六、“左”倾领导人的“全线防御”

蒋介石在进攻建宁得手后的第 3 天，即 1934 年 5 月 18 日，便电示其南路军总司令陈济棠，要求加强碉堡工事，防止红军西走。6 月 21 日，何键又在广州召开军事会议，传达蒋介石关于湖南、广东两省联合“剿共”的指令。

同时，蒋介石指示南昌行营调整军事部署，从 1934 年 6 月开始兵分 6 路，同时向中央苏区腹地进攻。六路进攻的部署是：

以北路军第八纵队 6 个师由泰和向兴国方向推进；

以第六路军第七纵队 4 个师由永丰县龙冈向兴国县古龙岗方向推进；

以第三路军第五纵队 4 个师首先进占广昌头陂等地，尔后集中第三、第五纵队和东路军第十纵队共 9 个师，由宁都向广昌的白水镇、驿前、石城的小松、琴江镇方向推进；

以东路军第二路军6个师由朋口、连城向汀州方向推进；

以南路军3个师由筠门岭向会昌、于都方向推进；

另以3个师集结于南丰、广昌地区为总预备队，伺机出动。

六路进攻的总兵力为31个师，总目标是：攻占红都瑞金。在加强地面进攻的同时，从6月开始，国民党军队飞机加强了对红都瑞金的轰炸，沙洲坝中央政府大礼堂和红军大学附近，多次被敌机炸弹击中。为安全计，中共中央、苏维埃中央政府和中革军委等中央党政军领导机关，只得从沙洲坝西移20多公里，转移到瑞金梅坑、云石山等地。

面对国民党军的六路进攻，红军本应及时采纳毛泽东建议，坚决转变战略战术，尽快向湖南中部广大无堡垒地区突围转移，机动作战，在运动中歼灭敌人，保卫苏区。可是，博古、李德根本听不进毛泽东的意见，仍然采取单纯防御战略。在李德负责制定的《五、六、七三个月战略计划》上，"根本没有提出这一问题"；在《八、九、十三个月战略计划》上，"虽是提出了这一问题，而且开始了退出苏区的直接准备，然而新计划的基本原则依然同当时应取的战略方针相反"①。根据李德的战略计划，中革军委命令红军部队分成6个作战方向，实行"六路分兵"、"全线抵御"。红军六路分兵部署是：

以红三军团第六师和第六十一团、第六十二团、赣江独立团，在兴国、泰和两县交界老营盘一线，抗击向兴国推进之敌北路军第八纵队6个师进攻；

以第二十三师及江西地方武装在永丰县龙冈以南地区，抗击向兴国县古龙冈方向推进之敌第六路军第七纵队4个师进攻；

以红五军团第十三师在广昌县头陂等地抗击向宁都县推进之敌第三路军第五纵队4个师进攻；

---

① 《中央关于反对敌人五次"围剿"的总结决议》(1935年1月17日政治局扩大会议通过)，载《遵义会议文献》，人民出版社1985年版，第17—18页。

以红三军团（欠第六师）、红五军团（欠第十三师）在广昌县南部白水、驿前和石城县小松、琴江镇一线抗击向石城县推进之敌第三、五、十纵队共9个师的进攻；

以红一军团、红九军团和独立第二十四师，在长汀县南部抗击由朋口、连城向长汀城方向推进之敌东路军第二路军6个师进攻；

以红二十二师在会昌城和筠门岭之间抗击由筠门岭向会昌、于都方向推进之敌南路军陈济棠部3个师进攻。

各个战线上的红军部队，与进攻之敌浴血苦战，都打得非常被动、艰苦，被迫节节后退，苏区日益缩小。

在北线，彭德怀、杨尚昆指挥的红三军团，在红五军团第三十四师和红一军团第十五师配合下，先后在广昌南部的高虎脑、万年亭等地，顽强抗击国民党军9个师的轮番进攻，给敌以重创，红三军团自身也伤亡四五千人（其中包括团以下干部近千人）。在此期间，打得最为惨烈的是高虎脑战斗。

高虎脑位于广昌县赤水（原称白水）之南。继7月22日大寨脑战斗之后，国民党军继续向南推进。红三军团第四、五师和红五军团第三十四师被迫退守高虎脑一带阵地防御，主阵地由红五师第十三团守备。南进的国民党军北路第三、十两个纵队6个主力师，从8月5日拂晓开始，从左、右两翼进攻高虎脑核心阵地。红军充分利用特殊地形，打退敌人6次轮番进攻。8月6日，敌两个纵队又向高虎脑阵地猛攻。红军与敌激战终日，击溃敌军8次冲锋，整个阵地火光冲天，血海翻飞，尸横遍野。8月7日，红军调整部署，集中兵力守卫主阵地，但工事被毁，子弹打光，遂退出战斗后撤。此役，红军毙伤敌军4000多人，自身也阵亡1315人。8月30日，国民党军队推进到石城县北部的桐江、小松一线，距石城县城仅几十公里。

在宁都方向防御战中，红五军团和红一军团各一部，先后在头陂、新安、白水（赤水）、大寨脑等地阻击国民党军7个师进攻。敌人攻势强大,红军被迫节节退却。8 月初,国民党军推进到广昌与宁都边界地带。

兴国方向,红军在陈毅、袁国平指挥下,在沙村及其以北地区连续 10 多次进行反击战斗,部队伤亡 2000 多人,未能阻止敌军推进。8 月 28 日,国民党军第八纵队向老营盘进攻。陈毅在指挥作战时腿部中弹负伤。不久,老营盘失守。

在汀州方向的防御作战中,红一军团和红九军团、红二十四师遵照朱德指示,在林彪、聂荣臻统一指挥下,采取运动防御、诱敌深入方针,在长汀南部的温坊战斗中,仅以伤亡 700 人的代价,毙伤敌 2000 余人,俘敌 2400 余人,缴获各种枪炮 1800 余支(门)、子弹 44 万发。但这次战斗的局部胜利,改变不了红军整体上的被动局面。

在南线,由于红二十二师领导认真执行毛泽东指示,采取积极的游击战术,并实施对国民党粤军的统战工作,加上陈济棠部持观望态度,战事较少,相对来说较为平静。

红军六路分兵节节抵御,迟滞了国民党军向中央苏区腹地推进的速度,为红军主力突围转移的秘密准备工作赢得了一定时间,但严重消耗了自身的有生力量。

至此,中央红军已难以在根据地内打破国民党军的第五次“围剿”。

七、第五次反“围剿”失败的根本原因

从中央苏区军民第五次反“围剿”准备工作情况和第一、二、三、四次反“围剿”斗争历史来看,中央苏区第五次反“围剿”斗争,是具备胜利条件的。但是,结果还是失败了。为什么会失败呢?其根本原因是什么?

是敌我力量对比过分悬殊吗?不是。从敌我兵力对比看,第一次反“围剿”时,国民党军 10 万人,红一方面军 4 万余人,兵力对比 2.5:1;第二次反“围剿”时,国民党军 20 万人,红一方面军是 3 万余人,兵力对比6∶1；第三次反“围剿”时，国民党军30万人，红一方面军不到3万人，兵力对比10∶1；第四次反“围剿”时，国民党军兵力40万人，红一方面军约7万人，兵力对比6∶1；而第五次反“围剿”时，国民党军50万人，红军总数约12万人，是4.2∶1。敌我兵力对比虽然悬殊，但第五次反“围剿”比第二、三、四次反“围剿”时却好得多。从红军反“围剿”的物资准备看，国民党军发动第五次“围剿”之时，正是中央苏区大规模开展经济建设、充裕战争物资的时期，也是中央苏区疆域最大、人口最多的全盛时期。从红军的后勤保障看，与前四次反“围剿”战争相比，红军后勤保障体系更趋完善有力。因此，只要方针政策正确，领导指挥得当，夺取第五次反“围剿”胜利是有一定可能的。

是党和苏维埃政府背离了“真心实意地为群众谋利益”的宗旨、红军的纪律遭到了破坏、党员干部不清正廉洁，而得不到群众拥护了吗？不是。第五次反“围剿”开始后不久，毛泽东就在第二次全苏大会上谆谆告诫苏区各级干部要“真心实意地为群众谋利益”，要“关心群众生活，注意工作方法”；苏区的反腐肃贪斗争，也在这段时期取得重大成绩，是苏区党和苏维埃干部作风最好的时期。事实上，苏区的人民群众，始终是相信和支持共产党、相信和支持苏维埃政府、相信和支持红军的。

是赣南、闽西地瘠民贫，共产党在这里开展连年的红军战争使苏区人力、物力、财力枯竭而无力支持第五次反“围剿”战争了吗？也不是。应该承认，1932年后由于取消了红军筹款任务而将支持战争的重负完全放在了苏区民众身上，加重了苏区民众负担；加上国民党对苏区实行严密经济封锁，使苏区物资供应日益紧缺困难，但直至1934年夏，还没有到完全枯竭的地步。共产国际执行委员会政治书记处政治委员会1934年6月16日致远东局埃韦特和中共中央的电文中，曾说到：“动员新的补充人员的过程证明，中央苏区的资源还没有枯竭。红军作战部队的抵抗能力、后方的情绪等,还没有引起人们的担心。”①遵义会议决议对共产国际的这一估计给予了肯定。毛泽东在《中国革命战争的战略问题》一文中也说到:“第五次没有打破‘围剿’而被迫突围时,还表现了不应有的仓卒从事。依情况还可以熬上两三个月,用以休整军队。”②毛泽东说“还可以熬上两三个月”,也就是说中央苏区的资源还可以支撑红军战争两三个月。事实上也是如此。1934 年 5 月至 9 月,是中央苏区第五次反“围剿”斗争最紧张、最激烈、最困难的 5 个月。而就在这 5 个月中,先后共有 8 万余名苏区青年参加红军,还有数万人参加长期运输队帮助红军作战。这 5 个月中,苏维埃中央政府还先后两次向苏区人民征集到 84 万担粮食。

是广大红军指战员们打仗不行了吗?更不是。中央红军广大指战员,在第五次反“围剿”斗争的全过程中,始终是不怕牺牲、英勇奋战的。比如说打得最惨烈的广昌保卫战,红军就有 5500 余人英勇牺牲或光荣负伤,其中红九军团的第十四师因战斗减员过多而被迫撤销番号,红三军团伤亡 2705 人,占全军团总人数的 1/4。这能说是他们打得不英勇吗?

其实,纵观 1932 年后中央苏区的斗争历史和第五次反“围剿”斗争全过程,不难发现,导致中央苏区第五次反“围剿”失败,最根本的原因有三个:

第一,是共产国际和中共“左”倾错误领导者在苏区强制推行“左”倾“进攻路线”、排斥毛泽东对苏区党和红军的正确领导而致。

在开辟建立中央苏区和苏维埃临时中央政府的斗争中,以毛泽东为代表的中国共产党人,将马克思主义普遍真理与中国革命实际、尤

① 中共中央党史研究室第一研究部编译:《共产国际、联共(布)与中国革命档案资料丛书》第 14 卷,中共党史出版社 2007 年出版,第 144 页。

② 《毛泽东选集》第一卷,人民出版社 1991 年版,第 235 页。

其是与中国农村实际紧密结合，制定并实行了一整套符合中国国情的正确的路线、方针和政策，在军事斗争中采用了正确的战略战术，才在短短的三年时间内，就建立了以瑞金为中心的中央苏区和苏维埃临时中央政府。可以说，没有毛泽东的正确领导，1931 年 11 月就不可能在瑞金建立苏维埃临时中央政府，也不可能使中央苏区得到巩固发展。

中国共产党偏偏在这个最重要的问题上犯了错误。王明等“左”倾教条主义者们在 1931 年 1 月召开的中共六届四中全会上台后，根本不懂也不顾中国国情，只知道教条式地照搬照套苏俄革命和建设的经验、做法，在政治、军事、经济、文化等各个领域，制定并强制在各革命根据地推行一整套脱离中国革命实际的错误路线、方针、政策。尤其是 1931 年冬后，共产国际东方部领导人米夫和中共临时中央，在中央苏区强制推行严重脱离苏区实际的、以进攻和夺取中心城市为主要目标的“左”倾“进攻路线”；同时，他们为扫除障碍“进攻路线”贯彻推行的阻力，对以毛泽东为代表的一大批坚持实事求是的共产党人开展“残酷斗争”、“无情打击”，完全将毛泽东排斥出了苏区党和红军的领导岗位。党的最高领导机关出了问题，党的路线错了，必然会使中国革命出问题。

历史是不允许假设的，但我们不妨“假设”一下：假如苏区中央局和中革军委按照毛泽东的主张，从 1932 年春开始，不是冒险地去攻打赣州等中心城市，而是乘国民党南京政府内部混乱、来不及组织发动对中央苏区第四次“围剿”的有利时机，在稳妥组织、布置好保卫中央苏区力量的同时，大胆地、果断地组织中央苏区红军主力向方志敏等领导的赣东北根据地靠拢，联合赣东北红军向闽西北和赣、浙、皖边出击，纵横驰骋于蒋介石和国民党政府的心脏地区，甚至深入杭嘉湖地区。其结果，必然吸引调动国民党军主力从江西中央苏区至浙、皖、苏地区。这样，不仅能使中央苏区和赣东北苏区得到巩固发展，而且还可以在皖南、浙西南和闽浙赣边建立发展新的广阔的苏维埃区域和红军游击区域。果真这样，那 1932 年以后中央苏区的斗争局面和斗争历史都将是另外一种样子。遗憾的是，历史没有按照这种“假设”发展，而是按照共产国际和中共临时中央所设计的“进攻路线”前行。

1932 年 3 月中旬，苏区中央局江口会议否定了毛泽东关于红军应向赣东北方向发展东出武夷的意见。30 余年后，朱德曾以非常遗憾的心情回忆此事，于 1964 年 2 月 9 日赋诗道：

不听仙人指，寻求武夷颠。
越过仙霞岭，早登天台山。
赣闽成一片，直到杭州湾。
出击求巩固，灭敌在此间。

朱德解释说：“这首诗第一句以下的各句，都是毛泽东当时的指示精神。1932 年春，王明‘左’倾机会主义路线推行攻打中心城市的错误方针，当时以红军一部攻打赣州，结果没有打下来。毛主席针对这种错误方针，提出向闽浙赣地区前进，在那里发展农村革命根据地。但这一正确主张，未被采纳。”[①]“左”倾错误领导者不采纳毛泽东的正确主张，结果就有了对毛泽东的错误批评和处置，就有了“宁都会议”召开，就有了后来的“分离作战”，就有了蒋介石对中央苏区第五次“围剿”的从容布置，就有了红军第五次反“围剿”错误战略方针和战略战术的提出和推行。正如毛泽东在《中国革命战争的战略问题》中所说：“一九三二年进攻中心城市的军事冒险主义，正是后来在对付敌人第五次‘围剿’中采取消极防御路线的根源。”[②]在这种情况下，中央苏区红军第五次反“围剿”斗争失败，也就势所必然了。

第二，是中央“左”倾领导者在第五次反“围剿”初期拒不采纳毛泽东、彭德怀等以及共产国际远东局关于组织红军有力兵团向赣东北

① 《朱德诗选集》，人民文学出版社 1977 年版，第 60 页。
② 《毛泽东选集》第一卷，人民出版社 1991 年版，第 198 页。

出击的建议而造成。

这方面的情况,在前文中已经详述。毛泽东在《中国革命战争的战略问题》中说到:"第五次反'围剿'进行两个月之后,当福建事变出现之时,红军主力无疑应该突进到以浙江为中心的苏浙皖赣地区去,纵横驰骋于杭州、苏州、南京、芜湖、南昌、福州之间,将战略防御转变为战略进攻,威胁敌之根本重地,向广大无堡垒地带寻求作战。用这种方法,就能迫使进攻江西南部福建西部地区之敌回援其根本重地,粉碎其向江西根据地的进攻,并援助福建人民政府,——这种方法是必能援助它的。此计不用,第五次'围剿'就不能打破,福建人民政府也只好倒台。到打了一年之久的时候,虽已不利于出浙江,但还可以向另一方向改取战略进攻,即以主力向湖南前进,不是经湖南向贵州,而是向湖南中部前进,调动江西敌人到湖南而消灭之。此计又不用,打破第五次'围剿'的希望就最后断绝,剩下长征一条路了。"①毛泽东的这一批评是完全正确的。

第三,是共产国际军事顾问曼弗雷德·施特恩和李德对反"围剿"战争蛮横干预和错误指挥造成的。

曼弗雷德·施特恩作为共产国际执委会的军事代表和驻中共中央军事总顾问,不仅对中共军事斗争具有指导权,而且对李德也有节制权。他没有进入中央苏区,而是寓居共产国际远东局在上海住所。他在中国工作整一年时间,指导中共军事斗争方面所作的工作,主要有:

一是在第四次反"围剿"后,为红一方面军制定了在乐安、永丰、宜黄、南丰等县城发起的"攻势战役"计划,致使红一方面军主力停留在永、乐、宜、南地域徘徊两个多月,毫无战绩。

二是为中央苏区红一方面军制定"分离作战"计划,并遥控操纵这

① 《毛泽东选集》第一卷,人民出版社 1991 年版,第 236 页。

一计划的实施。

三是在“福建事变”发生后，极力反对红一方面军以实际行动援助十九路军，反而南辕北辙，制定了一个所谓“湖南计划”，要中央苏区红军集中主力分路向湖南出击，威胁和进攻南昌。

四是极力反对中央苏区红军与广东国民党军陈济棠部开展停战谈判。

从这4件事情可以看出，曼弗雷德·施特恩在这一年中对中共军事工作和中央苏区红军作战行动的指导，都是严重脱离苏区实际的瞎指挥，给中国革命造成了严重损失。可以说，曼弗雷德·施特恩对中央苏区第五次反“围剿”失败，负有不可推卸的重要责任。

曼弗雷德·施特恩依仗自己是共产国际执行委员会派驻中共军事总顾问的权势，在指导中共军事斗争中，拒不采纳和贯彻共产国际执委会政治书记处的意见，对共产国际执委会代表、远东局书记埃韦特也不放在眼里。为此，埃韦特与施特恩之间一度关系紧张甚至发生矛盾冲突。1933年11月27日，埃韦特为此专门给共产国际执委会政治书记处书记皮亚特尼茨基发去电报，称：“已有两个月我们同弗雷德的工作进行得很糟糕。他要求采纳他的政治提法，理由是作战需要。他以否则他无法工作，他不想向中国同志暴露我们的分歧为借口，不接受对他的提法作出任何修改。如果我们不想停止工作(?)[①]，不想承认弗雷德的政治权威，那我请求您尽快发来一份电报，把他的工作限定在我们职权范围内的「一定」领域。”[②]

曼弗雷德·施特恩对中共和红军领导更是态度傲慢，专横跋扈，听不进中共和红军领导人的不同意见。中共中央和中革军委在执行

---

① 原文如此。

② 《共产国际、联共(布)与中国革命档案资料丛书》第13卷，中共党史出版社2007年版，第629页。

施特恩指示时,有时根据实际情况作出必要改动。埃韦特在1934年2月13日写给皮亚特尼茨基的信中,报告说:“最近频繁出现这样的情况:革命军事委员会[①]在实行弗雷德提出的建议时,往往做一些改动(有时是大的改动,有时是小的改动,但同样都具有重要意义)。这种情况以前也经常发生,但现在新的情况是,弗雷德对此作出的反应越来越多。暂时我应该听之,这是一回事。但如今这种反应开始采取这样的形式,其后果我必须及时地向您作出预告。”[②]

正如埃韦特所说,曼弗雷德·施特恩对中共中央和中革军委根据实际情况对他的指示作出必要更改的举动,十分恼火。1934年2月15日,曼弗雷德·施特恩曾拟写一份给中央苏区的电报,为自己在军事计划中的错误决定进行辩解,对中共中央和中革军委根据实际情况修改作战计划严厉指责说:“我倾向于怀疑,「中共」中央和革命军事委员会是否真的认为,来自上海的建议会导致‘破坏计划和损害对计划的信任’。我将继续做工作,尽我所能,我只请求正确解释我的建议。”[③]真是一副盛气凌人架势。

共产国际执委会政治书记处政治委员会对曼弗雷德·施特恩独断专横的工作态度十分不满意,1934年1月2日专门致电曼弗雷德·施特恩,严肃批评说:“从我们的电报中您可以得知,我们反对您的计划,并可以得知对您的职责的看法。为了避免发生这种误会[④],最好您去中央苏区。那里您可能更有用武之地……如果不能去那里,那就请您继续像以前那样给「中共」中央和革命军事委员会提建议,但不要求

① 中革军委。

② 《共产国际、联共(布)与中国革命档案资料丛书》第14卷,中共党史出版社2007年版,第81页。

③ 《共产国际、联共(布)与中国革命档案资料丛书》第14卷,中共党史出版社2007年版,第88页。

④ 指中共中央和中革军委对远东局军事计划的批评和改动。

他们必须执行这些建议。”[1]

但是,曼弗雷德·施特恩却拒不承认自己的错误,向皮亚特尼茨基写信为自己进行辩解,并反诬埃韦特限制他的权力。他不想去中央苏区,而是希望能到川陕苏区去。中共中央也希望共产国际执委会派他到川陕苏区充当军事顾问。远东局埃韦特和中共中央都希望共产国际执委会能另派一位懂军事的同志到上海,接替施特恩任军事总顾问[2]。鉴于曼弗雷德·施特恩对各方面关系都处于紧张状态,共产国际执委会政治书记处不得不于1934年4月将他召回莫斯科。

李德是一个根本不懂中国国情和红军作战特点的外国人,只会按照苏军教材上学到的知识,靠红军简单的军事地图指挥红军作战,是一个“图上作业家”。博古与李德一拍即合,在第五次反“围剿”斗争中推行“御敌于国门之外”、“以堡垒对保垒”“节节防御,步步抵抗”、“短促突击”等消极防御的战略战术,与强大的敌人打阵地战、堡垒战、消耗战。结果广大红军指战员在长达一年的反“围剿”斗争中,虽浴血奋战,付出重大牺牲,第五次反“围剿”战争仍然惨遭失败。

中央苏区第五次反“围剿”失败,给中国共产党和中国人民以惨痛的教训和深刻的启迪。其中最重要的一点,就是中国革命和建设都必须从实际出发,实事求是,不能盲目崇拜洋人,照搬外国经验和做法,盲从外人指手画脚,而必须依据中国国情,独辟蹊径,独立自主,自力更生。坚持走自己的道路。只有这样,才能在艰辛探索中胜利前行。

---

① 《共产国际、联共(布)与中国革命档案资料丛书》第14卷,中共党史出版社2007年版,第5页。

② 《共产国际、联共(布)与中国革命档案资料丛书》第14卷,中共党史出版社2007年版,第110页、第112页。

第二十二章

中央和红军主力战略转移

第一节

中共中央部署红军主力战略转移

一、中央书记处实行红军主力战略转移的决策及共产国际的态度

广昌失守后，毛泽东、彭德怀等对博古、李德的错误指挥提出了严厉批评。5 月 3 日，博古、李德、朱德等回到瑞金。随后，中革军委召开会议讨论广昌战役失败教训。张闻天在会上愤怒批评广昌保卫战"同敌人死拼，遭受不应有的损失，是不对的"[①]，批评博古过于重用李德，说"我们中国的事情不能完全依靠李德，自己要有点主意"[②]，认为广昌会战的直接指挥者应对失败负责。

红军反"围剿"决战一次次失败，苏区土地不断丧失，中央苏区红军第五次反"围剿"形势日益恶化。博古不得不于 1934 年 5 月下旬召开中共中央书记处会议，对反"围剿"形势进行讨论。

---

① 张闻天：《从福建事变到遵义会议》，1943 年 12 月 16 日，转引中共中央党史资料征集委员会、中央档案馆编：《遵义会议文献》，人民出版社 1995 年 1 月版，第 77 页。

② 程中原：《张闻天传》，当代中国出版社 1995 年版，第 176 页。

对今后红军反"围剿"作战方针，中共中央书记处提出了两种可能性向共产国际报告：一是红军主力"留在中央苏区，转入游击战争，将其作为我们斗争的最重要方法"；二是坚决"保卫中央苏区到最后，同时准备将我们的主力撤到另一个战场"①。中共中央将会议讨论的意见报告给共产国际远东局。

对于中共中央书记处提出的这两种可能性，共产国际远东局政治代表埃韦特认为"不应把[中共]中央指出的两种可能性截然对立起来"，他主张红军应留一部分主力在苏区组成游击兵团保卫苏区，而"我们的基本力量，只有在实行保卫的各种可能性都用尽之后并且在保存着我们大部分有生力量的情况下"，才应撤出苏区进行战略转移②。中共中央和共产国际远东局政治代表埃韦特，都各自将上述意见报请共产国际执委会政治书记处审议。

1934年6月16日，共产国际执行委员会政治书记处政治委员会致电埃韦特和中共中央，说："我们完全赞成你们目前根据对形势的正确评价而实行的计划。"指出："争取保存中央苏区的前途，是与在外部地区、在交通线上和靠近敌人设防地区的后方广泛开展游击战密切联系在一起的。不这样大规模地开展游击运动，在苏区内，机动能力非常有限的军队的处境，到今年秋季敌人发动新的攻势，作出最后努力来突破苏区的防线时，就会发生危机。"共产国际来电指示说："但是在夏季，红军若竭尽全力，是能够采取主动把业已形成的不利形势改变为有利的。为此，必须完成两项任务：(1)为防备不得不离开，要规定

① 《埃韦特给皮亚特尼茨基的报告》，1934年6月2日。转引中共中央党史研究室第一研究部编译：《共产国际、联共(布)与中国革命档案资料丛书》第14卷，中共党史出版社2007年版，第128页。

② 《埃韦特给皮亚特尼茨基的报告》，1934年6月2日。转引中共中央党史研究室第一研究部编译：《共产国际、联共(布)与中国革命档案资料丛书》第14卷，中共党史出版社2007年版，第128页。

加强在赣江西岸的基地,同这些地区建立固定的作战联系,成立运粮队和为红军建立粮食储备等;(2)现在就用自己的一部分经福建向东北方向发起战役,以期最后这些部队成为将来闽浙皖赣边区苏区的骨干力量,现在四省边境地区就有可观的游击行动和第10军的核心力量。这次战役,威胁蒋介石的主要基地和交通线,对保存中央苏区和便于其余部队向湖南方向撤离(如果我们不得不这样做的话),都具有很大的意义。"电报还指出:"动员新的补充人员的过程证明,中央苏区的资源还没有枯竭。红军作战部队的抵抗能力、后方的情绪等,还没有引起人们的担心。如果说主力部队可能需要暂时撤离中央苏区,为其做准备是适宜的,那么这样做也只是为了撤出有生力量,使之免遭打击。"①

共产国际6月16日来电,实际上同意了中共中央书记处关于红军主力在必要时撤离中央苏区的决策,并且强调:一是必须从现在起就开始为将来的撤离做必要的准备;二是必须派出一支强有力部队"经福建向东北方向发起战役",以牵制敌军;三是红军主力必要时"向湖南方向撤离";四是"中央苏区的资源还没有枯竭",红军还可以在中央苏区坚持一段时间,为红军主力撤离苏区赢得准备时间。随后发生的事实证明,共产国际的这个六月电报,成为中共中央组织实施中央红军战略转移的指导性文件。

二、最高"三人团"的组成

根据共产国际6月16日来电指示,博古于6月下旬召开中央政

① 中共中央党史研究室第一研究部编译:《共产国际、联共(布)与中国革命档案资料丛书》第14卷,中共党史出版社2007年出版,第143—144页。1935年1月中央政治局遵义会议通过的《中央关于反对敌人五次"围剿"的总结决议(遵义会议)》中说:"国际六月二十五日来电曾经这样指出:动员新的武装力量,这在中区并未枯竭,红军各部队的抵抗力及后方环境等,亦未足使我们惊慌失措……"遵义会议决议所说的"国际六月二十五日来电",实际上指的就是共产国际6月16日致埃韦特和中共中央的这个电报。

治局会议进行讨论。博古没有在会上提出讨论红军主力的战略转移问题，也没有传达共产国际关于同意红军主力突围转移的电报指示。在讨论中毛泽东发言，建议红军主力应尽速向外突围转移，转移的方向不宜往北，可以往西。会议没有接受这一主张，只是决定派红七军团作为抗日先遣队北上，派红六军团从湘赣苏区到湖南中部去，发展游击战争开辟新区①。

博古、李德等对突围转移的事情虽然秘而不宣，但却开始了撤离苏区突围转移的秘密准备工作。博古召开中央书记处会议，决定成立由博古、李德、周恩来组成的中央最高“三人团”，对红军主力撤离中央苏区突围转移秘密进行筹划。

“三人团”具体分工是：博古、李德负责制定政治、军事方面的行动计划，周恩来负责军事计划的实行。

为便于“三人团”秘密筹划，博古派中央书记处成员张闻天到闽赣省巡视；让中央书记处成员项英到于都去主持赣南军区和赣南战地委员会工作，同时着手筹备建立赣南省；红军总参谋长刘伯承因对李德的瞎指挥有意见，被撤换职务，派到红五军团任参谋长；中革军委主席、红军总司令朱德，也无权过问红军主力突围转移的计划。

三、红军战略转移的秘密准备

“三人团”成立后，最初决定将红军主力突围转移的时间定在是年10月底11月初。李德在其回忆录《中国纪事》中记述道：“八月计划预定突围日期是十月底十一月初，因为根据我们获得的情报，蒋介石企图在这期间集中力量发动新的进攻，突围的日期选择在这时，必然会使敌人扑个空。”“此外，从华南地区的地理气候上来考虑，这也是行军和作战最有利的时间。”②

---

① 金冲及主编：《毛泽东传(1893—1949)》(上)，中央文献出版社1991年版，第327页

② 李德：《中国纪事》，现代史料编刊社1980年版，第106页。

从1934年6月底7月初开始,在"一切为了保卫苏维埃"、"与敌人五次'围剿'决战"等口号掩护下,中央苏区开始了红军主力突围转移的秘密准备工作。

1. 扩大红军,补充兵员

早在1934年5月14日,中共中央和中革军委就发出通知,要求在5、6、7月扩大红军5万名。到6月30日,全中央苏区实际完成扩红任务62269名。9月1日,中共中央组织局、中革军委总动员武装部等5个单位,又联合发出通知,要求全苏区在9月间动员3万名新战士上前线。到9月27日止,实际完成18204名。这样,从这年5月中旬到同年9月间,整个中央苏区共动员80473名新战士充实到红军主力部队和地方部队。设在兴国、于都、宁都、瑞金等地的红军补充师、补充团,加紧对新兵进行军事训练。红一、三、五、八、九军团在突围转移前夕,都分别补充了数千名新战士。

为突围转移需要,中革军委于1934年9月21日发出命令,在兴国县古龙岗以红军第二十一师和第二十三师为基干部队,新组建红军第八军团,由周昆任军团长,黄甦任政治委员。同时,在瑞金县武阳新组建红军中央教导师,专门担负保卫中央党政军机关安全的任务。此外,中革军委于1934年9月10日下达命令,要求红军各军团迅速建立后方勤务组织,征调5000人组成运输队,准备随军行动。

2. 筹集军需物资和军费

广昌会战结束后,苏区的各类物资消耗殆尽,红军供给越来越困难。红军突围转移,必须补充大批军需物资,尤其是粮食和武器弹药。

为筹措军粮,中共中央和苏维埃中央政府先后于1934年6月2日和6月27日,两次发出紧急指示,要求无论如何要在7月15日前完成24万担谷的借谷计划。7月22日,中共中央和中央政府又决定向苏区群众借谷60万担。这两次筹粮计划都胜利完成。

为补充红军武器弹药,中共中央和中革军委委托中央书记处成员、全总苏区中央执行局党团书记陈云，专门负责苏区军工生产和军需供应。红军各兵工厂加班加点生产。中央政府发出号召，动员苏区人民将拾到和存留的子弹、子弹壳、铜、锡、土硝、旧铁等物资，卖给国家。从1934年6月到8月，全中央苏区共收集铜8.2万斤，子弹壳1.8万斤，子弹14.09万发，白硝1.53万斤。此外，还发动苏区群众收集被毯20680床、棉花8.6万余斤、军鞋20万双、米袋10万条。根据中革军委总卫生部的要求，中央外贸总局要求各外贸分局在两个月内突击采购10万元中西药品。其中分配给江口外贸分局的任务是6万元。江口外贸分局通过赣州商人和广大地下党员，顺利完成任务，采购回8万余元中西药品，确保了红军突围转移的医药需要。

为满足红军突围转移的军费需要，中央财政部突击筹款150余万元。国家银行原在石城烂泥坑建立了一个秘密“金库”，保存有一批战争缴获和打土豪筹集的金银器具。突围转移前夕，这些储备也全部取出，提供军用。

3. 设立赣南省

自筠门岭失守后，粤赣军区和粤赣省所辖地域日益缩小，仅剩会昌、西江、于都、登贤等县苏区。为适应这一变化了的情况，中革军委于1934年5月15日发布第18号命令，对中央苏区各军区、军分区设置作了调整，增设了赣南军区，任命中央政府副主席、中央书记处成员项英兼任赣南军区司令员兼政治委员。赣南军区下设两个作战分区，其任务是钳制赣州的国民党粤军，发展边境游击战争，并保持与河西湘赣苏区的联系。军委命令将原属粤赣军区指挥的独立第六团划归赣南军区指挥。为与赣南军区的军事任务相适应，1934年5月下旬，中共中央书记处决定在赣南军区的辖区内设立赣南动员区，项英兼任赣南动员区主任。中共中央还向赣南动员区派出中共中央宣传部副部长潘汉年、少共中央局宣传部长刘英负责的扩红突击队，分别到赣南动员区各县，开展扩红突击工作。6月下旬，中共中央又决定在赣南动员区的基础上，成立赣南战地委员会，项英兼主任，刘英及所辖各县县委书记为委员。赣南战地委员会办公机关设在于都县城。

1934 年 7 月，鉴于粤赣苏区不断失陷，同时为适应即将实行的红军主力突围转移需要，中共中央和中央政府决定在赣南战地委员会辖区内设立赣南省。组建工作从 7 月下旬开始，由项英负责。8 月上旬，中共中央和中央政府陆续向赣南省委、省苏维埃政府调派干部。中共赣南省委书记由原福建省苏维埃政府主席钟循仁担任，省委组织部长罗孟文，宣传部长潘汉年（后杨尚奎），白区工作部长张谨瑜（女），妇女部长刘莲仔。赣南省苏维埃政府主席钟世斌（原粤赣省苏维埃政府主席），副主席王孚善。省苏维埃政府下设各工作部门也迅速建立，工作人员大部分从粤赣省调来。少共赣南省委和省职工联合会等群团组织也相继建立。赣南省设立后，省委机关设在于都县城天主堂右侧平房，省苏维埃政府机关设在县城北门外何屋，赣南军区机关设在县城北门外舒屋。

赣南省设立后，粤赣省并未宣布撤销，粤赣省党政军领导机关亦未撤销，只是工作人员大部分调至赣南省，只留下省苏维埃政府副主席邓学林等少数领导干部和工作人员，继续领导会昌、西江以及筠门岭、寻乌、安远等县党政领导机关和地方武装，坚持斗争掩护红军主力突围转移。

第二节
抗日先遣队北上与红六军团西征

一、抗日先遣队北上

共产国际在 6 月 16 日给中共中央的来电中，曾指示红军“用自己的一部分经福建向东北方向发起战役，以期最后这些部队成为将来闽浙皖赣边区苏区的骨干力量”。在国民党军队向中央苏区腹地全面推进的严重时刻，为吸引国民党军队从中央苏区调回部分兵力，以减轻中央苏区压力，配合中央红军主力粉碎国民党军的“围剿”，中共中央、中央政府和中革军委根据共产国际来电指示，决定以红军第七军团组成抗日先遣队，北上闽浙皖赣边，开展抗日民主运动，发展群众游击战争，创造和建立新的根据地。

红军北上抗日先遣队仍以红七军团建制，寻淮洲任军团长，乐少华任政治委员，粟裕任参谋长，刘英任政治部主任，曾洪易为中共中央随军代表。中共中央和中革军委给北上抗日先遣队的任务是：第一，“最高度的在福建、浙江发展游击战争，创造游击区域，一直到福建、浙江、江西、安徽诸地界建立新的苏维埃根据地”；第二，“最高度的开展福建、浙江的反日运动”；第三，“消灭敌人后方的单个部队，特别是在福建、浙江边境上的单个部队”；第四，“深入到敌人远后方去经过闽江流域，一直到杭江铁路及安徽的南部，以吸引蒋敌将其兵力从中央苏区调回一部分到其后方去”。①

北上抗日先遣队的行动计划是：第一步，由瑞金出动，经连城以北、永安东南，到达福州、南平之间的闽江地域，并在红九军团配合下北渡闽江；第二步，渡过闽江后，经古田、庆元、遂昌向浙西前进，在有利条件下，协同红十军消灭浙赣边境地区敌人；第三步，8 月下旬后，在浙江及皖南地域，创建广大游击区及苏维埃根据地。

根据上述计划，1934 年 7 月初，红七军团由福建连城地区回到瑞金休整，部队改编为第一、第二、第三师，补充了 2000 多名新战士。全军团共 6000 余人，装备有 1200 余支枪和 6 门迫击炮。在出动前，中央为红七军团赶印了 160 余万份宣传材料，其中包括《中国工农红军北

① 《中共中央、中央政府、中革军委关于派红七军团以抗日先遣队名义向闽浙挺进的作战训令》，1934 年 7 月。见中共赣州市委党史工作办公室编：《中央红军长征从这里出发》，中共党史出版社，2004 年版，第 2 页。

上抗日宣言》《中国工农红军北上抗日先遣队告农民书》《中国能不能抗日?》《拥护红军北上抗日口号》等。1934 年 7 月 6 日晚,红七军团在红都军民热烈欢送下从瑞金出发。7 月 15 日,苏维埃中央政府和中革军委发表《为中国工农红军北上抗日先遣队北上抗日宣言》,为抗日先遣队的军事行动制造舆论与声势。

红七军团按预定计划东进福建,经长汀、连城、永安县境,7 月下旬进占闽中大田县城,随后获得尤溪口和樟板湖战斗胜利,缴获一批物资,歼敌 2 个连,俘敌 100 余人,缴枪 100 余支。7 月 30 日晚在红九军团掩护下偷渡闽江成功,胜利完成第一步计划。

红七军团渡过闽江后,本应按预定计划乘敌防备不严之机迅速北上浙西、皖南。但是,中革军委为求能调动更多的国民党军从中央苏区调走回援,突然改变计划令红七军团东进占领水口,在福州地下党组织策应下相机袭取福州。红七军团得令东进,8 月 7 日进抵福州西北部,当晚发起攻打福州的战斗。由于福州地下党组织力量太弱,敌人预有准备,红军攻城 3 日未克,只得撤退。

1934 年 8 月中旬,红七军团由桃源地区北上闽东游击区。在当地党组织和群众协助下,安置了伤病员,取得了攻占罗源县城、歼敌千余人的胜利。尔后继续北上浙西,一路势如破竹,于 9 月 3 日进入闽北苏区。红七军团领导人原拟利用闽北苏区有利条件,逐步向外发展,连接闽东,创造大块苏区,然后跳跃式地向浙西和皖南发展。可是中革军委却要求红七军团迅速北上浙西,破坏敌之铁路、公路交通运输线,扰乱敌根本重地后方,后又要求以浙西遂安为中心建立新苏区。为执行这一任务,红七军团在浙赣边和浙西地区来回游击活动,虽歼灭了一些敌人,但对敌之后方交通线未能进行大的破坏,反使自己处于敌军包围的困境之中。为避免更大损失和寻求新的发展,红七军团决定向皖南前进。不料中革军委又于 9 月 24 日致电红七军团,批评他们向皖南前进是“逃避”斗争,强令红七军团返回浙西遂安地区。可此时浙西敌情更趋严重,红七军团只得转向皖赣边,10 月 7 日前后在转移途中与中共皖赣边特委和皖赣边红军部队会合。10 月中旬,部队在皖南地区得到休整补充。10 月底先遣队冲过敌人两道封锁线,进入赣东北苏区德兴重溪,部队仅剩 2500 余人。11 月 4 日,根据中革军委电令,红七军团与赣东北苏区的红十军合编为红十军团。

二、红六军团西征

红六军团是湘赣苏区主力红军,1933 年 6 月由湘赣、湘鄂赣红军部队合编组成。下辖第十六师(由湘鄂赣红十六军改编)、第十七师(由湘赣红八军改编)、第十八师(由湘鄂赣红十八军改编)。组建后未成立军团部,暂由第十七师师部代行职权。

共产国际在 1934 年 6 月 16 日来电中,指示中央苏区红军主力在不得已情况下可“向湖南方向撤离”。为给即将进行的中央红军主力突围转移探路,同时为保存红六军团有生力量,中共中央、中革军委于 1934 年 7 月 23 日给湘赣苏区的红六军团下达训令,命令红六军团离开现在的湘赣苏区,转移到湖南中部去发展游击战争,创立新苏区,为中央红军主力将来向湖南西部转移探路,并建立落脚点。训令还规定了西征的路线、地域和行动计划。

西征的红六军团由中共湘赣省委书记任弼时任中央代表,萧克任军团长,王震任军团政治委员,李达任军团参谋长,张子意任军团政治部主任,并由任弼时、萧克、王震 3 人组成红六军团军政委员会,任弼时任主席。全军团辖第十七、十八两师,共 9758 人。

1934 年 8 月 7 日,红六军团从遂川县横石和新江口地区出发,突破遂川县衙前、五斗江敌军封锁线,8 月中旬抵达湖南桂东县寨前,后经资兴、郴县、桂阳、新田等县,8 月 23 日到达湘西南零陵东北地区。随后再经嘉禾县进入广西北部,9 月上旬在界首渡过湘江,11 日进入湘南城步县,10 月 24 日终于到达印江县木黄,与贺龙领导的第三师(原红二军团)会师,胜利完成战略转移任务,历时 80 余天,行程 5000

余公里。

三、突围前夕的兴国、石城阻击战

1934年8月27日，蒋介石对进攻中央苏区的国民党军各路部队下达了新的命令，要求"东北西路军预定9月份进剿到达之线，东路军到达长汀城，北路军到达石城、古龙岗与兴国之线"①。

中革军委从破译国民党军的电报②，获悉敌人的这一进攻部署，发现敌军已大大加快了进攻步伐，而红军主力预定突围转移的时间却定在10月底11月初。根据这一新的情况，"三人团"一方面采取措施加快准备工作，以便提前突围转移；一方面调整红军兵力部署，加强兴国、石城防线的防守力量，以阻止敌人向兴国、瑞金推进的速度。于是，从9月初至10月上旬，红军在兴国和石城方向，展开了突围转移前夕艰苦的阻击战。

在兴国方面：9月初，中革军委命令红五军团第十三师、三十四师从广昌、宁都一线，调往兴国西北的高兴圩以北、老营盘以南地区，与红三军团六师一起，阻击国民党军第八纵队第五师和第九十六师的进攻。9月中旬初，红一军团奉中革军委命令从长汀西移瑞金休整。中革军委副主席、"三人团"成员周恩来将红一军团军团长林彪、军团政治委员聂荣臻找到瑞金总部谈话，说明了中央已决定实行战略大转移，要求秘密作好准备，并做好保密工作；转移之前，红一军团必须先到兴国抗击与迟滞敌周浑元第八纵队的进攻，以便掩护各路红军到预定地域集结。随后，红一军团奉命赶到兴国高兴圩一带，从9月20日起，与红五军团并肩战斗，在高兴圩以北阻击敌周浑元纵队的进攻。直到9月30日，敌人才推进至高兴圩一线，打破了敌军在9月底占领

---

① 转引自李勇、张仲田编：《蒋介石年谱》，中共党史出版社1995年版，第222页。

② 李德在《中国纪事》中说："我们从破译的电报中获悉（这对我们来说当是极其重要的情报），蒋介石指示把发动新的大规模进攻的日期提前了大约一个月。"见李德《中国纪事》，现代史料编刊社1980年版，第108页。

兴国城的计划。与此同时，在兴国东北古龙岗地区的红八军团，也坚守在雄岭下阵地，阻击敌第六纵队5个师的进攻。

在石城方面：原在这一地域抗击国民党军第三、五、十纵队的是红三军团和红一军团第十五师（少共国际师）及独立第七团、独立第十一团。红军在石城与广昌县边境地区至石城县城之间的李腊石、石竹岭、西华山一线50里长的地域内，设置了3道防线。9月8日，中革军委给红三军团下达了“应阻石城以北敌人以保卫瑞金布置的指示”，要求在9月底以前坚决阻敌于石城以北，并指示红三军团首长“应最高度的节用有生兵力及物质资财”，“进行运动防御”，并明确告知“不要准备石城的防御战斗，而应准备全部的撤退”①。根据这一指示，红三军团首长对部队进行了紧急动员，对阻击战斗进行了周密布置。9月20日，中革军委又电令在兴国高兴地区阻敌的红三军团第六师撤离战场，东移石城，归还建制，参加石城阻击战。9月26日起，敌第十、第三、第五等纵队向红军在石城以上防线，连续发起猛攻。彭德怀、杨尚昆指挥部队利用3道防御工事，节节阻敌南进。直至10月6日，敌军才推进至石城县城附近。10月7日，红三军团在顽强阻击后主动后撤。当日中午12时许，敌第六师进占石城县城。

在东线长汀，红九军团与红军独立第二十四师一道，阻击东路敌军向长汀城推进。9月28日，红九军团按军委电令，将防务交给红二十四师，全军团撤至长汀南部钟屋村休整。

至1934年10月7日，中央苏区仅剩瑞金、兴国、于都、宁都、长汀、会昌6座苏区核心县城。其中兴国、长汀两县城，已处于敌军炮火威胁之下。

---

① 《朱德关于三军团应阻石城以北敌人以保卫瑞金布置的指示》，1934年9月8日。

第三节
红军主力和中央机关突围转移

一、突围转移前的直接准备工作

最高“三人团”在获悉国民党军即将提前向中央苏区腹地发起总攻的情报后,已意识到红都瑞金处于敌四面包围之中,形势极为险恶,决定将原定10月底11月初突围转移的计划提前实施。于是,“三人团”一方面命令红军部队在兴国、长汀等地阻敌前进,一方面制定了红军主力突围转移的具体行动计划。其要旨是:红军主力和中央党政军群领导机关,编成红军野战军,准备在10月下旬从南线突破国民党粤军封锁线,经湘桂边转移到湘西,与红二、六军团会合,在湘鄂川黔边创造新的根据地。

根据这个计划,“三人团”在仍然保密的情况下,从9月中旬开始,开展突围转移的直接准备工作:

一是命令各条战线红军在坚决抗击敌人进攻的同时,尽量减少部队伤亡,爱惜和节约使用兵力。9月10日,中革军委还发布命令,要求各军团必须在10月1日前组织好野战军后方勤务机关,加强运输队建设。9月15日,中革军委又公布《卫生机关编制的命令》,对各军团和各师、团卫生机关建设提出要求。

二是确定干部走留名单。中央党政军高级干部谁走谁留,由博古亲自确定;中央各部门走留人员名单,由各部门党团负责人和行政领导决定后报中央书记处审批;各省委的干部,由省委决定后报中央批准。凡是确定随军突围转移的人员名单,统一由中央组织局编队。中央和省级机关及红军部队中的女同志,由中共中央妇女部提出了一个30人的名单,然后组织她们体检,身体合格者随部队行动;中央领导人的夫人和在中央直属机关担任领导职务的女同志随军转移人员名单,由中央书记处和组织局决定,无须体检。所有随军转移的人员名单确定后,一直等到突围转移前一二天,才临时通知有关人员,使得大家缺乏必要的思想准备。博古等人在确定中央高级干部走留名单时,带有很强烈的宗派观念。博古利用这个机会,将那些他认为犯有"右"倾错误、不执行中央路线的人,尽量留下来,比如张鼎丞、邓子恢、谭震林、瞿秋白、贺昌、陈潭秋、何叔衡、毛泽覃等等。起初,甚至连毛泽东、王稼祥等人也以他们生病、负伤为由,不想将他们带走,在周恩来力争下,博古才同意让毛泽东[①]、王稼祥参加突围转移。当然,有些人是确因工作需要留下来的,如项英、梁柏台、刘伯坚、阮啸仙、周月林等;有些是因病或负伤而留下来的,如周以栗、陈正人、陈毅等。瞿秋白曾向张闻天表示希望"走",张随即向博古陈情,博古没有同意。

三是对红军主力和中央机关突围转移后中央苏区的游击斗争,作了一定部署。9 月 13 日,中革军委发布《改组各级军事部的命令》,要求:"第一,留在被敌人占领地方的县区军事部,立即分别改为县区游击队的司令部和政治部";"第二,在中心区域及边区的军事部之名义不变";"第三,如在边区和中心区域有被敌人侵犯之可能时,则即将军事部改为第一所述的组织";"第四,无论任何区域的军事指挥系统,都是依照各该军区,作战分区、县、区、乡游击队或其军事部的系统进行工作,以便统一指挥";"第五,在改组区该上级机关应协同所在地的党政机关要〔妥〕为审查分配一切干部的工作";"第六,各军区,各作战分区,各级军事部于接到此命令时,即着手改组;在被敌人占领的区域

① 见伍修权回忆录《我的历程》,解放军出版社 1984 年版,第 77 页,吴吉清回忆录《在毛主席身边的日子里》,江西人民出版社 1983 年版,第 172 页。康克清回忆说:长征前夕,朱德"在屋子里踱步,走到我身边低声说:'这一次,他们总算让毛泽东一起走啦。只要有毛泽东,我们总会有希望的。'"(见《康克清回忆录》,解放军出版社 1993 年版,第 121 页。)

和边区,限于九月二十五日以前改组完毕”。[1] 命令规定:各级军事部改组后,以县、区军事部长为县、区游击队司令员,县、区委书记兼游击队政治委员;在乡则以乡苏主席兼游击队长,乡支部书记兼政治委员。9 月 19 日,苏维埃中央人民委员会向中央苏区各省、县苏维埃发出《战区工作指示信》,对敌占区及即将为敌所占区域的游击战争发出指示,提出要求。9 月 30 日,中革军委还发布《巩固和扩大地方部队及自给问题的训令》,要求地方红军部队能为即将到来的游击战争作好准备。按照周恩来的要求,毛泽东还亲自组织编写了《关于游击队动作的指示》,共分 3 章 49 节,计 3 万余字,以中革军委名义铅印成册,下发给苏区各县、区游击司令部。

四是秘密派出国家政治保卫局保卫大队到赣南省的于都县、登贤县等红军预定集结地域,秘密侦察路线。准备担任湘赣军区司令员的中革军委副总参谋长张云逸,带领一个分队和一部电台,秘密前往湘赣苏区途经大余、崇义等县时,在当地游击队配合下,为红军野战军突围转移侦察敌情和道路交通情况,选择行军路线。

五是开始舆论宣传动员。9 月 29 日,中共中央书记处书记、中央人民委员会主席张闻天奉命在《红色中华》报第 239 期,发表题为《一切为了保卫苏维埃》的署名社论,指出红军将采取一切必要手段,比如大踏步突击到敌人后方作战等形式,来粉碎敌人的五次“围剿”,暗示中央红军主力即将突围转移。10 月 3 日,《红色中华》第 240 期发表了中共中央、苏维埃中央政府联合署名的《为发展群众游击战争告全苏区民众书》,号召苏区群众拿起武器,组织起来,广泛开展群众游击战争,保卫自己的土地和家园。

六是红军总政治部下发训令和指示,要求各军团和各师政治机关

① 赣州市委党史工作办公室资料室保存件:《中央革命军事委员会命令司字第四十四号》,1934 年 9 月 13 日。

要作好部队长途行军政治动员工作。10月9日,红军总政治部代主任李富春和副主任贺昌联合署名,下达指令,要求"在'迅速整理补充配合友军与全国革命力量准备反攻'的口号之下,进行部队整理补充与战斗准备","反对一切悲观失望的机会主义动摇"①。

七是指示国家政治保卫局和最高法院突击审判处决了一批在押犯人。

二、共产国际指示与陈济棠部谈判

1934年9月间,瑞金梅坑的中革军委驻地,突然出现一位神秘的广东来客。此人系国民党粤军首脑人物陈济棠派来瑞金要求与红军谈判的李氏密使。

陈济棠系地方军阀,曾经3次通电反蒋。他深知蒋介石奸险狡诈、反复无常,对他又打又拉,居心叵测。在第五次"围剿"中,陈济棠虽被封为南路军总司令,却一直力图偏安广东,稳居"南天王"宝座。他不想在江西替蒋介石卖命,消耗实力,所以两三年来他基本上将战线稳定在武平、寻乌、安远、信丰、赣县、南康、大余一线,未更多地向苏区腹地推进。1934年4月进攻筠门岭得手后,蒋介石曾传令"嘉奖",赏洋"劳军",并令陈济棠再接再厉,直捣会昌城。但陈济棠却以交通运输困难、机械无法运送、待公路筑成后遵命而婉拒。

共产国际执委会政治书记处的领导人,早就得知陈济棠对蒋介石存有二心,从1933年冬起,曾多次建议中共中央对陈济棠部展开统战工作。1933年11月22日,远东局政治代表埃韦特从上海发给共产国际执委会政治书记处书记皮亚特尼茨基的电报中曾说到:当时"在中央苏区,广州政府代表已开始进行停战谈判"。对于这次谈判,埃韦特

① 《总政治部关于巩固部队准备长途行军与战斗加强政治军事训练及群众等工作的指令》,1934年10月9日。见中共赣州市委党史工作办公室编:《中央红军长征从这里出发》,中共党史出版社,2004年10月版,第71页。

明确地给予肯定和支持。他的意见是:“友好地写上解决(粤军)从赣南撤退问题、暂时停止作战行动问题,不涉及封锁问题。”[1]第二天,即1933年11月23日,共产国际执委会政治书记处政治委员会就给埃韦特回电,明确表示:“如果广州人意在反对19路军,那我们就不该同他们谈判,以期不削弱19路军反日反蒋的立场。若是这种担心没有必要,那我们应提出暂时停战的以下条件:停止作战行动,取消封锁和从赣南撤出粤军。如果最后一项要求有造成谈判破裂的危险,作为非常措施,我们可以同意粤军撤到广东边界,并在广州人现在在江西所占领的地区建立中立区,但不能占苏区土地。”[2]很明显,远东局代表埃韦特和共产国际执委会政治书记处政治委员会的意见,都是正确的。

但是,在远东局内部,军事总顾问曼弗雷德·施特恩却极力反对与广东陈济棠部开展和谈。他的理由是:第一,陈济棠内部,有一些反陈济棠的势力同情支持福建十九路军事变,而陈济棠同这一部分人有矛盾。如果红军与陈济棠的代表举行谈判,实际是在支持陈济棠,反过来不利于红军同福建十九路军的合作。第二,红军在与陈济棠部谈判时得不到什么便宜,而陈济棠却可以从与红军停战谈判中捞到好处,有利于陈济棠在同其内部反对派争斗时获得优势,帮助巩固陈济棠的地位。施特恩认为这对红军不利。事实上,施特恩的这些理由是站不住脚的。他没有根据中央苏区当时所面临的局势从反“围剿”全局考虑问题,企图通过红军有限的游击活动就将陈济棠部队从赣南赶走。他说:“不是谈判而是游击行动,使我们有可能收复赣南。”[3]事实

---

① 《共产国际、联共(布)与中国革命档案资料丛书》第13卷,中共党史出版社2007年版,第625页。

② 《共产国际、联共(布)与中国革命档案资料丛书》第13卷,中共党史出版社2007年版,第626页。

③ 《共产国际、联共(布)与中国革命档案资料丛书》第13卷,中共党史出版社2007年版,第634页。

上,这只是他的一厢情愿而已。施特恩于1934年2月1日致电共产国际执委会政治书记处,再次对与广东陈济棠部进行谈判提出质疑。

埃韦特没有理睬施特恩的反对意见,坚定支持红军与广东陈济棠部谈判。在1934年2月1日给中央苏区的电报中,远东局建议中央苏区在军事上不宜将广东粤军作为重点防御对象,“如果在我们和广州之间的冲突不能避免,那么最好是向南突破到武平以西地区,占领一个地区后,不再继续进行对广州的行动,以便为将来在我们三项条件[①]基础上利用广东和南京之间的冲突创造前提条件”[②]。针对远东局军事总顾问施特恩对与广东粤军进行谈判的质疑,共产国际执委会政治书记处政治委员会1934年2月5日致电施特恩答复说:“从军事上考虑,我们认为同广州人谈判在以下条件下签订临时协议是可行的,也是所期望的:取消封锁,我方不作任何领土让步,并在签订任何协议的情况下保持高度的警惕性,以避免发生意想不到的事情和广州人方面的欺骗,保证我们实际上的行动自由。”[③]

然而,中共中央博古等人对于与陈济棠部开展谈判却缺乏信心,态度消极。1934年2月6日,博古等以中共中央名义答复共产国际远东局说:“根据我们的估计,同广东在我们三项条件基础上的谈判不会取得成果;在最近的将来将会是这样。”[④]

---

① 即1933年1月10日苏维埃临时中央政府、中革军委联合宣言中提出的与国内任何武装力量联合抗日三项条件:(1)立即停止进攻苏维埃区域;(2)立即保证民众的民主权利(集会结社出版言论之自由);(3)立即武装民众,创立武装的义勇军,以保卫中国及争取中国的独立统一与领土的完整。

② 《共产国际、联共(布)与中国革命档案资料丛书》第14卷,中共党史出版社2007年版,第58页。

③ 《共产国际、联共(布)与中国革命档案资料丛书》第14卷,中共党史出版社2007年版,第73页。

④ 《共产国际、联共(布)与中国革命档案资料丛书》第14卷,中共党史出版社2007年版,第74页。

可是事实恰恰相反。陈济棠早有与红军谈判媾和意图。特别是驻守中央苏区南线的红二十二师遵照毛泽东的指示,采用灵活的游击战术与国民党粤军周旋,接连歼灭粤军出来骚扰的小股部队,击毙敌营长朱省亚,全歼会昌周田"铲共团"后,粤军将领更感到与红军交战不利,便暗中派人前往红军部队试探媾和。陈济棠部的高级参谋杨幼敏,曾亲自将3万发子弹从筠门岭送往驻会昌的红军部队。眼看蒋介石从北、东、西3面步步向瑞金进逼,陈济棠猜测红军将迅速放弃赣南苏区,想和红军谈判的愿望更是迫不及待。

1934年9月间,陈济棠想方设法找到红军将领罗炳辉在广州做生意的小舅子,通过他给罗炳辉写信拉关系,随后又派出一名李姓密使,携带陈济棠给朱德、周恩来的一封亲笔密信,悄悄来到了瑞金。陈济棠在密信中说他准备派粤军总部少将参谋杨幼敏为谈判总代表,红军最好派粤赣军区司令员何长工为总代表,进行停战谈判。

这一次,周恩来、朱德决定紧紧抓住这个大好机会。他们很快接见了陈济棠派来的那位姓李的密使。通过交谈和阅读密信,周恩来和朱德都认为陈济棠要求和谈是有诚意的,果断决定抓住这一难得机会与陈济棠部谈判,力争达成停战协议,以便为红军主力即将开始的突围转移创造条件。博古对与粤军和谈也未提出反对意见。9月14日,博古发电报给共产国际执委会,报告说:"广东的代表仅作为联系的信使[已经来到],带来了具体的建议。我们让他给陈济棠带去了一封信,附有去年我们向第9(原文如此,似应为19——引者注)军提出的那些[协议]条件。"①

博古在电报中所说的"给陈济棠带去了一封信",是朱德给陈济棠写的一封交粤军密使带回的回信。朱德在信中写道:

① 《共产国际、联共(布)与中国革命档案资料丛书》第14卷,中共党史出版社2007年版,第236页。

“贵使李君来，借聆尊旨。”“年来，德与数十万红军战士苦战频年者，莫非为求得中国民族之彻底解放、领土完整及工农群众之解放耳。德等深知为达此目的，应与国内诸武装部队作战之联合。两年前苏维埃政府即宣告，任何部队，如能停止进攻苏区，给民众以民主权利及武装民众者，红军均愿与之订立反日作战协定。”“比者，先生与贵部已申合作反蒋抗日之意，德等当无不欢迎。”“为求事之速成，德本两年前政府宣言之宗旨，敢向足下为如下之提议：一、双方停止作战行动，而以赣州沿江至信丰而龙南、安远、寻乌、武平为分界线。上列诸城市及其附廓十里之处统归贵方管辖，线外贵军，尚祈令其移师反蒋。二、立即恢复双方贸易之自由。三、贵军目前及将来所辖境内，实现出版、言论、集会、结社之自由，释放反日及一切革命政治犯，切实实行武装民众。四、即刻开始反蒋贼卖国及法西斯阴谋之政治运动，并切实作反日反蒋之各项军事准备。五、请代购军火，并经门岭迅速运输。如蒙同意，尚希一面着手实行，一面派负责代表来瑞共同协商作战计划。日内德当派员至门岭黄师长处就近商谈。”“为顺畅通讯联络起见，务望约定专门密码、无线电呼号波长，且可接通会昌、门岭之电话。匆促陈辞，不尽一一。尚祈裁夺，伫候回示。”

共产国际执委会政治书记处政治委员会十分关注红军与陈济棠部的和谈，接到博古的电报后，9 月 23 日复电指示说：“向广州人提出我们曾向 19 路军提出的那些条件，这是不现实的，也是不正确的，会使我们丧失利用广州人和南京人之间矛盾的机会。作为主要条件，请提出援助红军军事装备，其中包括子弹。装备运到之后[我们可以]用现金[支付]。他们可以在交货地点或上海收取货款。第二个条件是取消经济封锁和帮助开展贸易。第三个条件是广州人从江西南部撤往广东边界，尤其是，从赣州、信丰和龙南等县撤出。请说明，这样就会使红军获得机动作战和保卫中央苏区的可能性。但是，如果签订的协议能保证广州人接受前两个条件,那就不应该坚持第三个条件。请务必向我们通报关于与广州人谈判的进展情况。”①

中共驻共产国际代表团也十分关注红军同陈济棠部的谈判。1934 年 9 月 17 日,博古致电共产国际执委会,报告说红军将在 10 月份集中力量向广东发起进攻战役。得知这一情况,王明和康生十分担心红军的这一举动会破坏与陈济棠部的和谈。9 月 28 日,王明和康生致电中央苏区和中共中央,表示:“我们不明白,你们为什么准备以主力对广州部队实施打击。须知,从你们的前几次报告来看,现在正在与广州人进行谈判,此外,即便我们现在不能利用,那么我们也应该为自己保留今后利用南京人和广州人之间矛盾的可能性,而现在向广州人进攻就会使我们失去这种可能性,并会使暂时还没有对我们实施积极作战的补充力量仇视我们,因此,请说明你们决定的理由。”②

共产国际的指示和王明、康生等人的意见,更坚定了中共中央、中革军委与陈济棠部谈判的决心与信心。1934 年 10 月 5 日,中革军委委派潘汉年、何长工两人为总代表,前往寻乌县罗塘镇,与国民党粤军总部少将参谋杨幼敏、第三军第一独立师师长黄任寰、第八师师长黄质文等秘密会谈。行前,朱德亲笔为两人写出了介绍信:

黄师长大鉴:

兹应贵总司令电约,特派潘健行、何长工两君为代表前来寻乌与贵方代表幼敏、宗盛两先生协商一切,予接洽拂为感!专此。

顺致

戎祺!

朱德手启

---

① 《共产国际、联共(布)与中国革命档案资料丛书》第 14 卷,中共党史出版社 2007 年版,第 253 页。

② 《共产国际、联共(布)与中国革命档案资料丛书》第 14 卷,中共党史出版社 2007 年版,第 255 页。

十月五日

临行前，周恩来对何长工说：长工同志，这是中央给你的重任，望你勇敢沉着，见机而作。周恩来还向何长工交代了联络密语等事项。军委副总参谋长叶剑英也嘱咐道：此去白区谈判，任务重大，谈成了，是很有益处的，要尽力而为；谈不成，也不要紧，关键是沉着灵活。①

共产国际执行委员会政治书记处政治委员会为确保红军与粤军谈判获得成功，10月8日再次致电中共中央，指示说："如果关于蒋介石在最近准备向广州人发起进攻的消息可靠，我们就应该力求与广州人签订军事协议。签订这个协议之后，我们不应该把它看作是一种策略手段，而应该真正积极参加同广州人联合反对蒋介石这个主要敌人的行动。不要重犯在福建事变期间所犯的错误，当时我们没有积极地支持第19路军。"②10月15日，王明和康生也致电中共中央，焦急地询问："红军主力是否已经离开中央苏区？现在情况怎样？同广州人的谈判结果如何？请立即告知。"③10月16日，王明又给中共中央发来电报，说："一切表明，最近在蒋介石和广州人之间可能爆发战争。如果他们之间爆发战争，那么，不管广州人和红军之间是否存在军事协定，红军都应该在反蒋前线的相应地段大力加强作战行动。应该认真考虑到，在中国目前条件下，蒋介石对其对手的每一次胜利，都意味着同时加强我们的主要敌人来对付红军。福建事变的教训清楚地证明了这一点。"④这表明，无论共产国际，还是王明、康生等人，都希望

① 《何长工回忆录》，解放军出版社1987年版，第327—328页。

② 《共产国际、联共（布）与中国革命档案资料丛书》第14卷，中共党史出版社2007年版，第272页。

③ 《共产国际、联共（布）与中国革命档案资料丛书》第14卷，中共党史出版社2007年版，第279页。

④ 《共产国际、联共（布）与中国革命档案资料丛书》第14卷，中共党史出版社2007年版，第280页。

红军同陈济棠部谈判能尽快获得成功。

何长工、潘汉年不负重托,按照周恩来、朱德的交代,两人在寻乌县罗塘镇一幢新建的二层小洋楼里,与粤军代表进行了3天3夜的紧张谈判,最后达成5项协议:

一、就地停战,取消敌对局面;

二、互通情报,用有线电通报;

三、解除封锁;

四、互相通商,必要时红军可在陈的防区设后方,建立医院;

五、必要时可以互相借道,红军有事行动事先告诉陈,陈部撤离40华里。红军人员进入陈部防区用陈部护照。①

为保密起见,协议只写在双方代表记事本上,并未形成正式文件。谈判期间,周恩来密电何长工:"长工,你喂的鸽子飞了。"何长工、潘汉年接电后,向粤方代表作了巧妙的解释,消除了对方的疑虑。话别之后,何、潘即离寻乌,返回会昌。

这个协议签订之时,中央红军主力已经集结在于都河北岸,即将突围进行战略转移。

事实证明,共产国际执委会政治书记处和远东局对于与陈济棠部停战谈判的判断和指导是符合时宜的。如果中共中央博古等人在1934年初采取行动,积极与粤军陈济棠部接触,开展和谈,第五次反"围剿"后期中央红军主力可能不至于陷入那么被动的局面。

三、于都集结

1934年9月17日,博古就中央红军主力撤离苏区突围转移一事,致电共产国际执行委员会请示。该电文如下:

> [中共]中央和革命军事委员会根据我们的总计划决定从10月初集中主要力量在江西的西南部对广东的力量实施进攻战役。

---

① 《何长工回忆录》,解放军出版社1987年版,第327—328页。

最终目的是向湖南南部和湘桂两省的边境地区撤退。全部准备工作将于10月1日前完成,我们的力量将在这之前转移并部署在计划实施战役的地方。我们期待……[①]这里不晚于9月底作出最后决定。波戈列洛夫[②]。9月17日。[③]

共产国际执行委员会政治书记处政治委员会收到博古9月17日请示电后,进行了研究,于9月30日从莫斯科给中共中央回电,答复如下:

考虑到这样一个情况,即今后只在江西进行防御战是不可能取得对南京军队的决定性胜利的,我们同意你们将主力调往湖南的计划。对南京的决定性行动只能在前面的湖南机动作战结束后采取,这意味着,首先歼灭何键的军队,这样我们的力量才能进一步壮大和巩固。但是在湖南作战的时候,应该同时完成其他一些任务:第一,为了在尽可能长的时间内对驻扎在那里的南京军队实施强有力的骚扰性打击,留在江西的部队要展开持久的[军事]行动,目的是干扰他们在湖南的行动;第二,组建独立的东方军,由第7、第10军团和来自中央苏区的另一个军团组成,目的是在东部四省交界处建立和发展一个强大的根据地,给蒋介石的军队在湖南方向上的集中造成困难,还可以隐蔽我们在湖南的主要计划;第三,我们认为把目前在汀州——连城地区活动的部队留在福建而不调往湖南是比较适宜的。这个军团应该组成独立的南方军,其任务是在厦门方向或者在东北方向进行机动作战,也是为了在闽赣边界地区建立自己的根据地。请确认电报是否收

① 原文如此。

② 秦邦宪,即博古。

③ 中共中央党史研究室第一研究部编译:《共产国际、联共(布)与中国革命档案资料丛书》第14卷,中共党史出版社2007年版,第251页。

到和解密。①

共产国际的这个电报,正式批准了中共中央关于红军主力撤离苏区突围转移的行动计划,并提醒要在撤离的同时在中央苏区及闽浙皖赣等苏区积极开展游击战争,以牵制和迷惑敌人。

博古向共产国际发出突围转移请示电的同时,中央"三人团"已经开始突围转移紧张的直接准备工作。1934 年 9 月 28 日,中革军委按预定计划,电令在福建长汀县南部作战的红九军团将防务阵地交给独立第二十四师,撤退至长汀县南部钟屋村休整,并补充新战士 1600 多人。9 月 30 日下午 3 时,红九军团按中革军委命令继续向长汀城移动。

突围转移的行动计划得到共产国际正式批准后,中央"三人团"正式开始了撤离苏区突围转移行动。突围转移行动的第一阶段是中共中央、中央政府、中革军委等机关撤离红都瑞金,红军各军团撤离战场,开至贡江(于都河)沿岸集结休整补充,做好突围转移的出发准备。为便于指挥和行动,中革军委将参加突围转移的中央机关和红军各军团统一编成红军野战军。中央机关和红军各军团集结情况如下:

军委第一野战纵队(军委纵队)和第二野战纵队(中央纵队):军委第一野战纵队由叶剑英任司令员兼政治委员。中央纵队由李维汉任司令员兼政治委员,邓发任副司令员兼副政治委员,张宗逊任参谋长。中央领导成员陈云、刘少奇、凯丰等分别任红五、八、九军团中央代表。10 月 10 日晚至 12 日晚,第一野战纵队和第二野战纵队分别从瑞金梅坑、云石山、九堡等地出发,开往贡江(于都河)北岸集结。10 月 13 日,两个野战纵队抵达于都县后,分别驻在于都县城东北的古田村至岭背、禾溪埠和高陂、麻地、黄龙(今黄麟)一带。军委总部机关和

① 中共中央党史研究室第一研究部编译:《共产国际、联共(布)与中国革命档案资料丛书》第 14 卷,中共党史出版社 2007 年版,第 256 页。

博古、周恩来、朱德等总部领导住在古田窑塘村。毛泽东已先行于9月下旬从瑞金云石山来到于都县调查研究指导工作，住在于都县城北门外何屋。10月初，毛泽东奉命返回瑞金处理中央政府各部门善后工作，10月10日离开云石山回到于都县城何屋。中央组织局临时将毛泽东编入军委第二野战纵队第三梯队。该梯队由军委工兵营、炮兵营和运输大队以及附属医院组成。

红一军团：原在兴国县高兴地区抗击敌人，10月6日19时30分接军委电令后，即将防务交给红五军团，10月7日晚全军团秘密移至兴国县东南的竹坝、洪门地域，8日晚开始经于都县仙下贯，10月11日抵达于都县东北部的段屋、宽田地域，军团部设在段屋铜锣湾。该军团第十五师原在石城县南部作战，10月9日也从驻地出发，于16日抵达宽田地域归建。10月12日至16日，全军团在集结地域休整补充，进行思想动员。

野战军10月10日至20日行动日程表①

日期 兵团	十日	十一日
军委纵队	从晚上出发，由田心向麻田圩前进。干部团晚上由九堡向宽田进。	从晚上出动，并应到达宽田。 从晚上出动，并于到达岭背圩后，即配置训练。

① 此表，按中国人民解放军档案馆提供的档案原件刊印，表后“1”项中所述“石、兴、会、雩路线图”及“赣南路线图”均缺。1934年10月12日8时半，中革军委主席朱德致电各军团、纵队，通知：“将该表规定野战军全部行动，按日推迟一天执行，但中央纵队仍于今十二号晚移动。”表中涉及“雩都”，均采用当时写法，不写作“于都”。

续表：

日期 兵团	十日	十一日
ⅠK	从九日晚上，由江背洞、社富、溪原于7号晚转移到集中地域（见图）15D从晚上出动，由固村、回龙转移到黄石罐地域。	在集中地整理、补充及军政训练。 15D从晚上出动并应到达翰林头、半裁地域。
ⅢK	在宁都南之第一作战地区，进行整顿和军政训练。	同 上
ⅤK	在兴国北面之现阵地，即在拉石寨以南及城隍以南之现阵地继续抗击周敌。 如敌前进时，则转移到文溪村西至水寨脑之后方地域。	同 上
ⅧK	从晚上由水南南路及石桥地域，转移到银坑、桥头地域。	从晚上出动，由桥头、银坑转移到杰村、澄龙、社富地域。
ⅨK	三师在桃黄隐蔽、休息、整理，并于当晚向武阳围前进。 二十二师主力仍于站塘，其65R则在茶梓地域肃清铲匪。	三师由晚上出动，到达会昌之北塘坊[珠]兰埠、木西坝地域。二十二师同上。
中央纵队	在梅坑编队。 教导师在瑞金附近进行军政训练。	同 上
	1. 与五、八军团用无线电联络。 2. 与其余的则用电话联络。	同 上

续表:

日期 兵团	十二日	十三日	十四日
军委纵队	从晚上出动，由宽田转移到古田圩，于岭背渡河。	仍留原地配置休息，并开始架设雩都到小溪的长途电话。干部团编入纵队，余同上。	仍在原地并进行补充侦察。在宁、会河会合处①即龙古嘴②到孟口地域准备渡河，完成一周粮食的准备。
ⅠK	同　上 十五师归还主力。	同　上	完成一切准备，工兵及侦察部队进行补充侦察，并准备由龙古嘴到龙江口③地域渡河。
ⅢK	晚上由原地出动，到达葛坳、曲阳、上脑地域。	晚上由现地出动，到达三贯、水头圩、车头圩地域。	完成一切准备，工兵及侦察部队进行补充侦察，并准备由孟口（不含）到三门滩（不含）地域渡河。
ⅤK	同　上 如敌前进时，则退至兴国北之牛形、象形及至西面之杨山地域。	同　上	同上。但在敌人大力压迫下可放弃兴国，转移到兴国以南地域。

①　指宁都河（梅江）和会昌河（贡水上游）合滙点，位于今于都县城东北约4公里处，该地今名白口。

②　应为龙舌嘴。下同。

③　未查到此地名。据红一军团行动地域判断，似指今于都县城以东18公里、无名小河与贡水汇合处。

续表：

日期 兵团	十二日	十三日	十四日
ⅧK	在集中地整理、补充并进行军政训练。	在原地动作同上。	同　上
ⅨK	三师及二十二师均同上。	三师及六十五团同上。二十二师在分区部队掩护下，转移到麻州地域。	完成一切准备，三师准备于会昌以北地域渡河，而二十二师准备于安远河之长沙圩附近渡河。
中央纵队	晚上由梅坑出动，到达麻地圩、富陂、黄龙。教导师则于当晚转移到西江地域。	中央纵队应完全集中到麻地圩、宽田、黄龙地域。	在东江口（不含）到洛口塘（不含）地域，进行补充侦察及准备渡河。
	1. 与3K、5K、8K无线电联络。 2. 与其余的用电话联络。	1. 与5K、8K无线电联络。 2. 其余的用电话。	同　上 各军团负责代表到总司令部受领命令。

续表：

日期 兵团	十五日	十六日	十七日
军委纵队	完成渡河准备,发下进攻命令。	从晚上渡雩都河并应到达新陂地域。	从晚上由原地转移到小溪地域。
ⅠK	在原地完成一切渡河准备。	从晚上于规定地域渡雩都河,并转移到梓山、里仁、梨村、梨邦桥地域。	从晚上由原地出动,转移到金竹、仁风圩及塘村地域。
ⅢK	从晚上出动,由原地域转移到古樟村、铺前岗、三门滩,并完成一切渡河准备。	从晚上于规定地域渡雩都河,并应到达新陂(不含)、罗家渡、大平(含)地域。	从晚上出发,转移到牛岭坳、牛岭及图岭地域。
ⅤK	转移到兴国以南约于增高山、竹坝、山田地域进行运动防御。	从晚上由原地出动,转移到杰村、社富、溪原地域,掩护队应位置于兴国之南。	从晚上转移到雩都以北地域,进行补充。
ⅧK	在原地。	从晚上由原地出动,转移到水仓前、石口、观音庙地域,并准备渡河。	从晚上由雩都(不含)、三门滩间渡河,并转移到大平、长罗、罗家渡地域。

续表：

日期 兵团	十五日	十六日	十七日
ⅨK	在原地。	在原地完成准备。	从晚间渡河，全部转移到桂林间、茶梓、河石地域，六十五团即归还主力。
中央纵队	在原地，但国局第一营集中于新陂。	应从晚间转移到东江口、洛口塘地域的东岸，准备渡河。	从晚上于东江口、洛口塘间渡河，转移到梓山、梨村、梨邦桥。国局一、三两营应集结金竹。
	1. 与3K、5K、8K用无线电。 2. 与其余用电话。 3. 代表联络。	1. 5K、8K及中央纵队无线电。 2. 其余用电话。	1. 与5K无线电。 2. 其余的用电话。
军委纵队	从晚上转移到图岭地域，并附两个迫击炮连及爆破连给三军团，附一个迫炮连给一军团。	从晚上转移到合头地域。	原地准备南移。

续表：

日期 兵团	十八日	十九日	二十日
ⅠK	主力在原地向金溪、新田之敌进行侦察，并向新田、重石间及石背圩方向派出别动队。	从晚上接近敌阵地，即进至金溪、金竹背以东及以北地域，唐[塘]村为1K与其他后续队之后方分界线。	进攻金溪、新田之敌，以求达到石背圩、林罗背(含)地域。
ⅢK	主力在原地向韩坊、固陂、大桥头之敌进行侦察，并向固陂、韩坊间与别室①方向派出别动队。	从晚上接近敌人阵地，到长渡坝、白室地域，牛岭为三军团之后方分界线。	进攻韩坊、固陂之敌，以求前出到平[坪]石、林罗背地域。
ⅤK	转移到雩都地域进行整理，并准备渡河。	从晚上于雩都、三门滩间渡河，并到达罗家渡、新陂、小溪及大平地域。	在原地向雩都河岸南派出警戒，并准备晚间南移。
ⅧK	晚上移到长罗、大平及牛岭坳(不含)地域。	从晚移至王母渡、立赖圩之间河的东岸，侦察敌人的渡河点，并准备渡河。	为协助3K攻韩坊，于晚间由王母渡、立赖间西渡，目的是在前出到大龙地域。

① 似指白室。

续表：

兵团 \ 日期	十五日	十六日	十七日
ⅨK	在原地，但向龙布、重石之敌派出侦察，并于其间派出别动队。	从晚间以一个师迫龙布，一个师进至金沙、水口并侦察龙布、重石之间到牛犬山的道路。	进攻龙布之敌，目的是在前出到重石、竹背间的道上，并箝制重石之敌。
中央纵队	从晚上移到乱石、上坪、大平圩、小溪（不含）地域。国局一、三两营归还本队。	从晚间移到仁凤［风］圩、金竹及牛岭、唐［塘］村（两不含）地域。	准备从晚上南移。
	同　上	1. 均用无线电。 2. 与1K、3K、中央纵队加徒涉［步］。	1. 与一、三军团用野战电话。 2. 其余的用无线电。

红三军团：10月7日9时半，中革军委主席朱德电令在石城县南部作战的红三军团："甲、三军团到十二号止，应在目前第一个集中地域进行人员、干部、弹药等的补充，在这时期应完成部队的整理。乙、在这时应加强军政训练，主要是演习进攻战术的动作，及步兵与机枪、迫击炮及工兵的协同动作。丙、三军团全部约于十二号晚出动，并于十四日晨到达第二集中地域（即集结在于都东北之水头圩、石溪圩、车头圩、禾田及仙露观〈即仙下贯——引注〉地域）。十五日晚，三军团

全部应准备备战前进。”①

红八军团:10月8日晚撤离兴国县古龙冈西北战场,9日在古龙冈集结,随后经于都县北部之平安、桥头、银坑南移,12日拂晓抵达兴国县南部之杰村、澄龙、社富地域集结补充。

红九军团:10月8日拂晓抵达瑞金县武阳。10月10日,全军团进抵会昌县珠栏埠地域再次休整和补充新兵,红二十二师归建。

红五军团最后撤离战场。10月7日红一军团撤离兴国县高兴战场后,红五军团奉命接替防务,留在高兴地区阻击敌人。10月14日,兴国县城失守。10月16日,军委电令红军独立第三团从于都县赶赴兴国。17日,红五军团将防务交给独立三团,随即撤出战斗,边行军边补充新兵和物资,经兴国县社富于19日晚到达于都县城西北部集结待命。

至10月17日,参加突围转移的红军野战军,已经全部在贡江(于都河)流域集结休整,补充完毕。红军在集结期间,除进行政治学习动员外,补充了大量兵员和物资。10月13日,中革军委发出指示,决定将江西补充第二团、第八团补充给一军团,江西补充第三团、第四团补充给三军团,江西补充第五团补充给五军团,于都补充第六团补充给八军团,于都补充第一团补充给九军团。以上总计给各军团补充新战士约9700人。

参加突围转移的红军将士及机关人员共86859人。据统计各部人员分别为:

红一军团:原有17280人,在于都补充2600人,合计19880人;

红三军团:原有15205人,在于都补充2600人,合计17805人;

红五军团:原有10868人,在于都补充1300人,合计12168人;

---

① 《朱德关于红三军团应在目前集中地域进行补充和军政训练致彭德怀、杨尚昆电》,1934年10月7日。转引赣州市党史办:《中央红军长征从这里出发》,中共党史出版社2004年版,第56页。

红八军团:原有 9022 人,在于都补充 1900 人,合计 10922 人;

红九军团:原有 10238 人,在于都补充 1300 人,合计 11538 人;

军委纵队(红安纵队):4693 人;

中央纵队(红章纵队):9853 人。

参加突围转移的野战军,共有步枪 29153 支,轻重机枪 651 挺,迫击炮 38 门,各种枪弹 137 万发。此外,还有中央兵工厂、造币厂等拆卸下来的大量机器、辎重以及石印机等,甚至一些破铜烂铁和擦拭机器的破布,也都被打包装箱,带着突围转移。军委第二纵队(即中央红章纵队)9853 人中,大约有 2/3 都是人拉肩扛笨重机器和破铜烂铁的挑夫运输人员,光挑子就有 3000 多副。

为保守军事秘密,中革军委于 10 月 13 日重新规定了各军团、各师代号:军委为“红星”,军委第一纵队为“红安”,第二纵队为“红章”;第一军团为“南昌”,第一师为“广昌”,第二师为“建昌”,第十五师为“都昌”;第三军团为“福州”,第四师为“赣州”,第五师为“苏州”,第六师为“汀州”;第五军团为“长安”,第十三师为“永安”,第三十四师为“吉安”;第八军团为“济南”,第二十一师为“定南”,第二十三师为“龙南”;第九军团为“汉口”,第三师为“洛口”,第二十二师为“巴口”。师的下属单位也由各军团自行确定代号。各军团及所属部队统以此代号与红军总部及相互间联络。

四、苏区人民的全力支援

中央红军野战军为什么要选在于都河北岸集结出发,开始战略转移呢?主要原因有:

第一,是由中央红军选择的突围转移方向和路线所决定。中央红军主力突破第一道封锁线的突破口,选择在于都县南边的安远、信丰、赣县三县边境一线。于都县离这个预定突破口较近,红军野战军在这里集结出发突围,能达到安全、隐蔽的目的。

第二,红军野战军战略转移出发时编成三路纵队,左路纵队为第

一、第九军团，右路纵队为第三、第八军团，中路纵队是中央领导机关编成的中央纵队。形象的说法，这种编队就像是抬轿子，左、右两路纵队就像两根轿杠，抬着、护卫着中间的中央纵队前进。根据这个安排和道路交通条件，中央领导机关只有从瑞金出发先到于都县城以北地域集结，才能使出发转移的部队按既定路线前进，而不致产生混乱。

第三，于都县距中央领导机关及第一、三、五、八军团战略转移前所处的位置，路程较为均等。选择于都河北岸为红军主力突围前的集结地域，便于红军各军团在大致相同的时间内，按计划撤离战场，开到指定地域集结，休整、补充，统一转移出发时间。

第四，于都县地处中央苏区腹地，革命开始早，群众基础好，红色政权巩固。在第五次反“围剿”后期，于都县是红军兵员的主要补充和训练基地，也是红军物资的补充基地。8 万多人的红军部队集结在于都，安全保密和人员、物资补充都有充分的保障。

红军野战军在于都等地集结休整期间，苏区人民倾其所有，全力支援红军突围转移。突出地表现在扩红参军、借谷征粮、抽调夫子、捐木架桥等。

在红军集结地于都县，苏区人民组织了大批慰劳队，带着鸡蛋、猪肉、草鞋等慰问品，热情慰问红军指战员；妇女们组织了许多洗衣队，帮助红军洗衣服。中共赣南省委、省苏维埃政府、赣南军区集中全力，动员和组织于都河沿岸群众，协助红军在于都城东门渡口、龙石嘴、赖公庙、龙门山、孟口等处架设 5 座浮桥。为支援红军架桥，于都县城居民几乎把家中所有的门板、木料甚至老人寿木，都捐献了出来。根据全总苏区中央执行局委员长刘少奇指示，中央苦力运输工会委员长王贤选与该会船排部的同志一起，组织苏区内所有的船只集中于都，帮助红军架设浮桥。为避免敌机侦察暴露目标，浮桥架设工作从每天下午 4 时开始，下午 8 时架通，次日凌晨拆除，不留痕迹。苏区船排工人们与红军工兵部队全力配合，每天都及时将浮桥架好，为红军夜渡于都河创造了有利条件。

为配合红军主力能安全集结和突围转移,苏区人民在中革军委和各级党政军组织指挥下,紧密配合红军,实行赤色戒严,严密封锁消息,并制造假象迷惑敌人,确保红军主力突围转移的秘密。

五、红军野战军踏上长征之路

突围转移的红军野战军编成左、中、右 3 路行军纵队:左纵队以红一军团为前锋,红九军团殿后;右纵队以红三军团为前锋,红八军团殿后;中路纵队为军委第一、二纵队;红五军团为总后卫。

10 月 17 日傍晚,突围转移的红军野战军开始夜渡于都河,踏上了漫漫长征路。夜渡于都河的具体情况如下:

左路前锋红一军团,从 17 日傍晚起在于都县梓山乡的长口、山峰坝和花桥等地渡过于都河(贡江),经磊石、禾丰(即梨邦桥)、上坪,19 日军团直属队和各师进抵仁风、金竹和安远县的唐村等地域宿营,20 日抵达安远县双芫等地域,并向信丰县金鸡、新田之国民党粤军阵地侦察。左路后卫红九军团,18 日晚在会昌县珠栏埠至会昌县城间渡过于都河(贡江),接着又在桂林江至渔翁埠间渡过安远河(濂江),19 日进抵安远县茶梓,20 日军团主力到达安远县龙布休息。

右路前锋红三军团,从 17 日傍晚起从于都县杨梅坳、禾坑塘、步前岗等地出发,在于都县孟口至三门滩间夜渡于都河,经于都县南部之新陂、小溪、马岭,21 日晨抵达赣县之小坋、长演坝地域。右路后卫红八军团,18 日晚从于都县仓前、五龙圩等地出发,在三军团渡河地点孟口至三门滩间渡过于都河,19 日抵达于都县罗家渡、大坪和赣县长洛间休息,20 日进抵赣县王母渡、立濑圩。

中路军委第一野战纵队,17 日傍晚从古田、岭背等地出发,在于都县孟口至龙舌嘴间(军委总司令部等机关和毛泽东、朱德、周恩来、博古、张闻天、李德等中央领导人在于都县城东门渡口)夜渡于都河,18 日在新陂宿营,19 日进抵小溪畲岭地域,20 日到达安远县合头休息。

军委第二野战纵队,18 日傍晚从于都县公馆、黄龙(今黄麟)等地出发,在于都县花桥至洛口塘之间夜渡于都河(贡江),19 日进抵于都县里仁、黎村、黎邦桥地域休息,20 日进至仁风、金竹、牛岭、唐村地域。

野战军总后卫红五军团,20 日傍晚从于都县城至步前岗等地出发,在于都城至罗坳塔脚下间夜渡于都河,21 日在于都县新陂、小溪、罗家渡、大坪地域宿营。

至 10 月 20 日,整个野战军已按计划全部进抵突破封锁线战斗打响前之阵地。

六、突破第一、二、三道封锁线

红军野战军突围转移,“败走麦城”,必须穿过国民党粤军的封锁线。10 月 18 日,中革军委主席朱德正式下达了关于野战军攻占信丰县古陂、新田地域的战斗命令。根据命令,21 日夜至 22 日晨,突破国民党粤军设置的第一道封锁线战斗正式打响。

国民党粤军设置的第一道封锁线,东起于安远、信丰,西北迄止赣州、南康、大余间,以桃江为天然屏障,南北长约 120 公里,东西宽约 50 公里。其兵力部署为:李振球第一师师部和第一团驻信丰县古陂,第二团分驻信丰县新田、金鸡,第三团和教导团分驻安远县重石、版石,第六团驻赣县王母渡;第二师教导团驻信丰县安息;第四师驻赣州;第五师驻南康县和大余县新城;第一军军长余汉谋率独立第二旅驻安远县城;另在大余县城驻有第一军教导团和特务营、别动队,在广东南雄县新田、乌迳驻有 1 个团,在南雄县城驻 2 个团和 1 个警卫旅,还配备有 1 个飞行大队。整个封锁线构筑了数百个碉堡,每段碉堡线上设置了铁丝网、深沟、暗堡 3 层防御工事。在防御线的最前沿,布置有当地反动靖卫团和“铲共团”把守。陈济棠称这条封锁线是“铜墙铁壁,坚不可摧”。

因何长工、潘汉年代表红军与粤军谈判达成秘密停战协议后,粤军谈判代表虽然将谈判结果报告给了陈济棠,但是陈济棠还来不及向前线部队下达相关停战命令,所以中央红军长征突破第一道封锁线时,仍然遇到粤军激烈抵抗,打得非常激烈。

突破封锁线战斗于10月21日上午10时许打响。红三军团前锋第四师向信丰县百石(即别室、白石)守敌发起攻击,当晚全歼该敌。战斗中红四师师长洪超被流弹击中牺牲。23日凌晨,红四师乘胜一举攻占信丰县古陂镇,守敌大部被歼灭,残敌逃向安息。担任右翼后卫的红八军团,也于22日随红三军团后侧跟进,在赣县王母渡击溃守敌,西渡桃江。

与红三军团发起攻击的同时,左前锋红一军团第一师第三团,也于21日下午4时向信丰县新田守敌发起进攻,歼敌300余人。当晚10时毙伤金鸡守敌200余人,占领金鸡圩。10月22日,红一军团第一、二师向信丰县西南全速追击,将溃退途中的粤军教导团拦截于信丰县石背山隘,毙俘敌各300余人,缴获大批辎重。担任左翼后卫的红九军团,紧随红一军团后跟进,扩大战果。

被红军左、右前锋击溃的各路粤军,纷纷逃至信丰县安息,与原在安息的守军会合,兵力约万余人,阻击红军。23日凌晨,红一军团和红三军团协同向安息守军发起强攻,毙敌1000余人,因敌增援部队赶到,未能攻占阵地。为争取时间突破封锁线,中革军委电令红一、三军团停止强攻,各派一部兵力牵制安息和信丰县城守敌,主力绕道坪石、铁石口、大塘埠一带,抢架浮桥,西渡桃江。

10月24日,随红一军团衔尾跟进的红九军团推进至安息时,被粤军1个团袭击,牺牲100余人。军团部指挥红三师第七团坚决反击,将敌击溃,占领安息圩,随后西渡桃江。同一天,军委第一、二野战纵队,在信丰县小河口渡过桃江。担任野战军总后卫的红五军团,也于同一天在赣县窑下一带西渡桃江。

至此,整个野战军全部渡过桃江,胜利突破了粤军第一道封锁线,向赣粤边界推进。10月26日,左前锋进入广东南雄县界址、乌迳一带,沿赣粤边界南侧向湘南推进;右前锋红三军团抵达信丰县油山,随后进入大余县境内，击溃大余县青龙驻敌，向崇义县上堡等地急进。这时，粤军第一军军长余汉谋急令驻赣州、南康和驻南雄、韶关的部队，由北、南两个方向向大余县逼近，企图夹击红军后续部队，并派飞机轰炸。红军展开英勇反击，红八、九、五军团和军委第一、二野战纵队迅速在大余县新城至南雄县乌迳一线渡过章江。

10 月 30 日，军委第一、二野战纵队和红八、九、五军团全部离开大余县境，由大余县横江、左拔一线进入崇义县，翻越大山，全部离开赣南，进入粤北，随后经湖南城口、汝城一线继续西进湘南。

当中央红军长征经过粤北时，中革军委于 10 月 26 日向野战军各部下达命令，称："现我方正与广东谈判，让出我军西进道路，敌方已有某种允诺。故当粤军自愿的撤退时，我军应勿追击及俘虏其官兵；但这仅限于当其自愿撤退时，并绝不能因此而削弱警觉性及经常的战斗准备。"①此时，陈济棠已令粤军主力后撤至大余、南雄及粤北一线，以防红军进入广东，并根据罗塘谈判达成的协议，明确电令其前方一线部队的任务是"保境安民"，规定"敌不向我开枪不准射击；敌不向我攻击不准出击"。而湖南国民党军何键部主力正分散各地"清剿"，进攻江西中央苏区的国民党军各路部队还远在赣南，湘南地区只有一些湖南地方部队防守，敌军兵力空虚。因此红军长征过粤北基本无战事，于 1934 年 11 月 5 日至 8 日从汝城、城口间顺利通过国民党军第二道封锁线；又于 11 月 13 日至 15 日在郴县、良田、宜章、乐昌之间顺利通过国民党军第三道封锁线，继续向湘桂边推进。

中央红军野战军胜利突破国民党军设置的第一、二、三道封锁线，开始了中央红军的伟大长征。纵观中央红军战略转移从决策到突破

① 《中革军委关于我方正与广东谈判让出西进道路，如粤军自愿撤退我军应勿追击的指示》，1934 年 10 月 7 日。转引赣州市党史办：《中央红军长征从这里出发》，中共党史出版社 2004 年版，第 116 页。

封锁线全过程历史，充分说明：第一，中共中央书记处和共产国际在广昌、建宁两城失守、中央苏区第五次反“围剿”失败已成定局的情况下，适时作出红军主力撤离苏区进行战略转移的决策，是完全正确的；第二，中央红军主力撤离苏区进行战略转移是有准备的，不是什么“仓促决定”；第三，中央红军野战军撤离中央苏区突破封锁线的行动，组织和指挥是严密有序的，不是什么“仓皇逃跑”；第四，在撤离苏区突破封锁线的过程中，广大红军指战员充分表现出了信念坚定、纪律严明、不畏牺牲、勇往直前的革命精神和战斗作风。

但是，正如遵义会议决议所指出，博古、李德等“左”倾领导者在组织领导红军主力撤离苏区战略转移初期，也犯有重大错误：第一是决策犹豫不决，过于迟疑；第二是战略转移不是以消灭敌人有生力量出发，而是以“大搬家”为目的，致使战略转移初期部队行动拖拖拉拉，遭受不应有的重大损失；第三是以“保密”为理由，在战略转移行动前没有做应有的解释、动员工作，留守苏区的同志也未能做好应付局势突然恶化的各项准备，导致红军主力撤离的苏区斗争遭致严重损失。这些沉痛教训，应该很好地记取。

七、遵义会议的伟大转折与中央红军胜利抵达陕北

红军野战军入湘后，蒋介石调集重兵在湘南道县地区设置了第四道封锁线。1934 年 11 月 27 日至 12 月 1 日，西进红军为抢渡湘江，与国民党军在湘江两岸展开空前惨烈的激战。8 万余人的红军部队损失惨重，渡过湘江后只剩下 3 万余人。红八军团渡过湘江后部队所剩无几，只得撤销建制。殿后掩护的红五军团第三十四师，被留在湘江东岸，全师覆没，师长陈树湘壮烈牺牲。

按中共中央“三人团”原定计划，红军渡过湘江后即北上湘西，与红二、六军团会合。蒋介石已看出红军意图，急调 20 万兵力在湘西南及黔东布置一个口袋阵，企图围歼红军于北上湘西途中。博古、李德没有察觉到国民党军部署变化，仍按原计划命令红军往敌人口袋里钻。危急时刻，毛泽东挺身而出，提出红军应立即转兵黔东，跳出敌人包围圈。在1934年12月中旬召开的中央政治局通道会议上，毛泽东的意见得到周恩来、张闻天和王稼祥的支持。12月18日在中央政治局黎平会议上，毛泽东的意见获得通过，会上作出了《关于在川黔边建立根据地的决议》。会后，红军经贵州腹地向黔北挺进，胜利渡过乌江，1935年1月7日进占遵义城。

在毛泽东和王稼祥、张闻天的积极推动和周恩来的支持下，1935年1月15—17日，在遵义城红军总司令部驻地召开了中央政治局扩大会议，结束了“左”倾教条主义对全党军事上的统治，党中央改由张闻天负总责，毛泽东当选为中央政治局常委。遵义会议后不久，即1935年3月中旬，在贵州的鸭溪、苟坝一带，中共中央政治局又决定由毛泽东、周恩来和王稼祥组成新的三人军事指挥小组，负责指挥红军的军事行动，从而实际上确立了毛泽东在红军中的领导地位。

遵义会议后，中央红军在毛泽东的指挥下，一改前段时间被动挨打、疲于奔命的艰难处境，以灵活机动的战略战术，与敌周旋，四渡赤水河，巧渡金沙江，顺利通过彝民区，强渡大渡河，飞夺泸定桥，翻越夹金大雪山，1935年6月12日与从川陕苏区长征来到川西的红四方面军先头部队，在懋功东南的达维胜利会师。两军会师后，在懋功以北的两河口召开政治局扩大会议，确定了红军主力全体北上创造川、陕、甘苏区根据地的战略方针。随后，党中央领导中央红军战胜了张国焘反对北上、公然分裂党分裂红军的错误，穿过荒无人烟的大草地，突破天险腊子口，终于于1935年10月19日胜利到达陕甘苏区的吴起镇，与陕北红军十五军团会师，完成了震惊世界的二万五千里长征。

红军长征的胜利，标志着党中央和中央红军完成了艰苦卓绝的战略转移任务，宣告了国民党蒋介石企图消灭中共中央和中央红军计划的破产。从此，中国共产党人在西北开始了开创中国革命和革命战争新局面的伟大斗争。

第二十三章

中央苏区的三年游击战争

第一节

游击战争的部署与准备

一、中央对开展红军游击战争的布置

中共中央最高“三人团”在筹划中央红军主力撤离苏区战略转移的过程中,对红军主力撤离后如何领导中央苏区军民继续开展游击战争,保卫苏区,作了安排和布置。中央人民委员会发出《战区工作指示信》,中革军委发出《改组各级军事部的命令》和《关于游击队动作的指示》,中共中央和中央政府联合发出《为发展群众游击战争告全苏区民众书》等。此外,在组织上也作了相应安排。

1934 年 9 月初,仍在赣南省委指导工作的项英,被中共中央书记处召回瑞金。9 月 7 日,中共中央和中央政府再次任命项英代替王稼祥为中华苏维埃共和国中央革命军事委员会副主席。10 月上旬,博古主持召开中共中央书记处会议,讨论决定:红军主力和中央领导机关突围转移后,在中央苏区成立中国共产党中央分局(以下简称中共中央分局)。中共中央分局由项英、陈毅、贺昌、陈潭秋、瞿秋白 5 人组成,项英为书记,陈潭秋为组织部长,瞿秋白为宣传部长。同时成立中

华苏维埃共和国中央政府办事处(以下简称中央政府办事处),以陈毅为主任,梁柏台为副主任。

中共中央书记处和中革军委还决定成立中央军区,由项英兼任司令员和政治委员,贺昌任政治部主任,龚楚任参谋长。中央军区司令部下设作战科(科长郭如岳)、情报科(科长严重)、交通科(兼中央政府办事处交通科,科长连得胜);中央军区政治部主任贺昌,下设组织部(部长史犹生)、宣传部(部长李翔梧)、破坏部(部长袁血卒)、地方游击政治部(主任袁血卒兼)、秘书处(处长林中伯);中央军区卫生部部长王立中,卫生部政治部主任张凯。

根据中共中央书记处决定,在苏区还成立了少共中央分局,李才莲任书记。

留在中央苏区坚持斗争的中央机关领导人员,还有原中央政府内务部部长周以栗(患肺病长期住院休养),原中央工农检察部部长何叔衡,中央审计委员会主任阮啸仙,原中央土地部部长、福建省苏维埃政府主席张鼎丞(二苏大会后任中央粮食部副部长),原中央财政部部长(1933 年冬任中央财政部副部长)邓子恢,原福建军区政治委员(长征前夕任国家政治保卫局红军工作部部长)谭震林,原江西省苏维埃政府副主席陈正人(患肺病长期住院休养),原中央土地部副部长胡海,原中央妇女生活改善委员会主任(1934 年任中央红色医院院长)周月林等。因中央政府办事处之下只成立了几个专门委员会,所以上述同志中多数人都未安排具体领导职务。此外,毛泽覃及其即将分娩的妻子贺怡,毛泽东和毛泽覃的岳父贺焕文、岳母文杜秀,周恩来的岳母杨振德等一些领导人的亲属,也都留在中央苏区。

留在苏区坚持游击战争的红军部队,有红军独立第二十四师,师长周建屏,政治委员杨英,政治部代主任袁血卒,下辖第七十、七十一、七十二团,约 2000 人、枪;还有 7 个红军独立团归中央军区直接指挥。独立师和独立团(含各省军区所辖独立团)总兵力约 1.6 万余人。加上各县独立营、游击队等,武装人员总人数约 3 万人。红军野战军突围转移前在红军医院治疗的伤病员和突围转移初期负伤的重伤员,共约 2.5 万余人,也留在苏区继续住院治疗。

红军野战军撤离苏区后,原中央苏区所辖江西、福建、闽赣、粤赣、赣南等 5 个省及瑞金、西江等直属县党、政、军领导机关和留守红军部队,均转为受中共中央分局、中央政府办事处和中央军区领导。具体情况是:

江西省:中共省委代理书记曾山,组织部长刘球贤,妇女部长谢玉钦;少共省委书记钟效培。省苏维埃政府主席刘启耀,副主席徐达志。江西军区司令员李赐凡,政治委员曾山(兼),参谋长薛子政,政治部主任黄志超。红军野战军撤离苏区突围长征时,江西省仍辖有兴国、胜利、博生(宁都)、洛口、石城、公略、万泰、永龙、乐宜崇等较为健全的县级党政军领导机关,1934 年 11 月又成立了中共公(略)万(泰)兴(国)特委。

福建省:中共省委书记兼军区政治委员万永诚,省苏维埃政府代理主席吴必先,福建军区司令员龙腾云。1934 年 10 月红九军团撤离福建苏区出发长征时,中共福建省委仍下辖有长汀、汀东、龙岩、代英、新杭、新汀杭、汀西、永和浦、兆征等中共县委。

闽赣省:中共省委书记赖昌祚,省苏维埃政府主席杨道明,闽赣军区司令员宋清泉、政治部主任彭祜、参谋长徐江汉。红军野战军撤离苏区时,中共闽赣省委仍辖有建宁、宁化、清流、归化、彭湃、泉上等中共县委。

粤赣省:中共省委和省苏维埃政府大部分工作人员在 1934 年 8 月调至新设立的赣南省工作,留守粤赣省的中共粤赣省委书记刘晓和粤赣军区司令员何长工等,在红军野战军撤离苏区转移时也奉命随野战军行动,只剩下省苏维埃政府副主席邓学林、省苏维埃政府裁判部部长许承芬与中共会昌县委书记陈长林等一起,在会昌县领导游击战争。

赣南省:中共省委书记钟循仁,省苏维埃政府主席钟世斌,赣南军区司令员蔡会文,军区政治委员钟循仁兼任,军区政治部主任刘伯坚。中共赣南省委辖有于都、登贤、赣县、杨殷、寻安会、信康赣、于西等7个中共县委,1934年11月又在杨殷、赣县苏区新成立中共杨赣特委,同年12月在小溪新成立中共信(丰)(南)康赣(县)(南)雄特委(后称中共赣粤边特委)。

直属县:红军野战军撤离苏区突围转移后,原直属于中共中央和中央政府领导的瑞金、西江两县党政组织,改为中央分局和中央政府办事处直属县。1934年11月中共中央分局和中央政府办事处转移到于都县宽田地区后,又以宽田为中心新设瑞西县,成立中共瑞西县委、县苏维埃政府。同年12月,为加强对上述3县游击战争领导,中央分局决定成立中共瑞西特委和瑞西军分区,将原中共闽赣省委书记赖昌祚调任中共瑞西特委书记,中央军区任命刘连标为瑞西军分区司令员。

根据中共中央书记处规定,与中央苏区毗邻的湘赣、湘鄂赣、闽浙赣等3个苏区的中共省委、省苏维埃政府和中共闽北分区委,亦受中共中央分局和中央政府办事处、中央军区直接领导。

湘赣省:中共省委书记陈洪时,省委副书记谭余保;省苏维埃政府主席谭余保,副主席萧行麟;湘赣军区总指挥彭辉明,政治委员陈洪时兼任。

湘鄂赣省:中共省委书记陈寿昌(1934年11月陈寿昌牺牲后由傅秋涛代理),省委副书记傅秋涛;省苏维埃政府主席何振吾(1934年11月后邓洪),副主席张金楼;湘鄂赣军区总指挥徐彦刚,政治委员陈寿昌(1934年11月后为傅秋涛)。

闽浙赣省(含闽北分区):中共省委书记万永诚;中央代表曾洪易;省苏维埃政府主席方志敏,副主席余金德、徐大妹;闽浙赣军区司令员方志敏,政治委员曾洪易。中共闽北分区委书记黄道,分区苏维埃政府主席祝维垣,闽北军分区司令员李德胜。

中共中央分局、中央政府办事处于1934年10月13日在瑞金云石山乡马道口村正式宣布成立,中央军区于10月22日根据中革军委电令宣布成立。这些机构成立后都设在原中共中央政治局驻地瑞金云石山乡马道口村,1934年11月上旬迁驻于都县宽田乡石含村、龙泉村,同年12月底又迁驻于都县黄龙乡(今黄麟乡)井塘村。

中共中央书记处赋予中央分局的主要任务,是掩护红军野战军安全突围转移,领导中央苏区及邻近的湘赣、湘鄂赣、闽浙赣等苏区开展游击战争,保卫苏区,保卫土地革命成果。

1934年10月8日,中共中央在给中共中央分局的《训令》中指出:为着粉碎敌人的第五次"围剿",主力红军必须突破敌人的封锁,深入敌后去进攻敌人,创建新的苏区,以吸引进攻中央苏区的敌人于主力红军周围,使中央苏区内部的红军、地方部队与广大群众去开展胜利的游击战争,来保卫苏区。"这种战斗的方式,就成为党目(前)的行动的方针。""中央苏区党的一切组织在中央这一总方针之下,自己各种工作所环绕的基本任务是发展广泛的游击战争,来反对敌人与保卫苏区,而游击战争应该并且必须成为目前战斗的主要方式。"①

中共中央在《训令》中指示中央分局和留守红军:"不是与敌人进行阵地的硬拼的战斗,而应该把这些主力与独立团营去培植、发展、辅助、团结群众的武装,缴获敌人的武装来武装自己与扩大自己。"②以

① 《中国共产党中央委员会给中央分局的训令》,见中国人民解放军历史资料丛书编审委员会编:《中国人民解放军历史资料丛书·南方三年游击战争·综合篇》,解放军出版社1995年版,第156页。

② 《中国共产党中央委员会给中央分局的训令》。见中国人民解放军历史资料丛书编审委员会编:《中国人民解放军历史资料丛书·南方三年游击战争·综合篇》,解放军出版社1995年版,第157页。

广泛的游击战争来打击敌人，保卫苏区，保卫土地革命的胜利果实；要求“党应该时刻依照环境的变化，来改变自己的组织与工作方式”，“县区的党与各个组织，应该立刻缩小机关，派遣大部分干部及非必需要的工作人员到游击队及地方工作中去”；“被敌占领的游击区域的党的领导机关，应该立即转入游击区域去，组织游击队，发动游击战争”；要在游击区群众中建立党的支部，“使游击队的活动与群众斗争配合起来”；同时“必须在所有的地方党部中进行秘密工作的准备……组织秘密支部干事会与分区委”，“必须审慎地考察与选择干部，不让反革命分子与政治上动摇分子混入秘密组织”①；等等。这些都是对的。

但是，中央在《训令》中又不切实际地要求中央分局和留守红军要“准备着在适当的时机重新组织大的军团。准备着胜利的反攻”②，而没有要求中央分局和留守红军准备应付艰苦复杂的环境，准备进行长期艰苦的游击战争，导致中央分局后来对斗争形势的估计判断过于乐观，不能适时地改变组织方式与斗争方式，使苏区游击战争受到惨重损失。

中共中央在给中共中央分局交代任务时，还要求留守红军必须掩护中央机关和红军主力安全突围转移，将瑞金、会昌、于都、宁都4个县城之间的“三角地区”，划为中央分局最基本的地区和必须最后坚持的阵地。

二、留守部队掩护野战军安全突围

中共中央分局、中央政府办事处和中央军区成立后，首先坚决执

① 《中国共产党中央委员会给中央分局的训令》。见中国人民解放军历史资料丛书编审委员会编：《中国人民解放军历史资料丛书·南方三年游击战争·综合篇》，解放军出版社1995年版，第158页。

② 《中国共产党中央委员会给中央分局的训令》。见中国人民解放军历史资料丛书编审委员会编：《中国人民解放军历史资料丛书·南方三年游击战争·综合篇》，解放军出版社1995年版，第158页。

行了中央所赋予的掩护红军野战军安全突围转移的任务，督率留守红军接替主力红军的全部防务，迟滞各路敌军向前推进，以确保红军野战军在于都河流域集结休整和突围转移的顺利进行。具体接防、阻滞情况如下：

东线战场：从 1934 年 9 月底开始，红二十四师和福建军区独立团奉中革军委命令，在长汀之南，阻击东路河田之敌李延年纵队前进，使红九军团从容退出阵地，开往瑞金、会昌集结。直至 1934 年 11 月 3 日，中革军委才致电项英，指示：“目前已无使用二十四师抗击李纵队之必要，而应灵活使用。”①

北线战场：红军独立七团、独立十一团和赤水、石城、太雷等县地方武装，从 10 月 7 日开始，先后接替红三军团和红十五师防务，在石城县南部阻击敌第三路军第三、第五纵队和敌东路军第十纵队向瑞金推进，使红三军团和红十五师先后安全撤出战斗，开向于都集结。10 月 9 日，中革军委主席朱德电令独立第七团首长，要求：“在陈敌由石城向南前进时，独七、独十一两团则向坪山及石城河南岸，沿石瑞大道节节抗退。”②10 月 13 日，朱德又致电项英：“石城方面独立七团应活动在石城、头陂之线，扰乱敌罗、樊两纵队向头陂集中”，“独十一团目前仍应在石城以南游击阻敌，严密封锁消息。”③驻守于广昌与宁都交界地区的江西军区独立一团和宁都(博生)、洛口、宜乐等县地方武装，

---

① 《中革军委关于敌占长汀、宁都后中央军区应采取的行动给项英的指示》，1934 年 11 月 3 日。见中国人民解放军历史资料丛书编审委员会编：《中国人民解放军历史资料丛书·南方三年游击战争·综合篇》，解放军出版社 1995 年版，第 187 页。

② 《朱德关于红十五师转移作战方向和独七、独十一团作战任务致彭绍辉等电》，1934 年 10 月 9 日。见中国人民解放军历史资料丛书编审委员会编：《中国人民解放军历史资料丛书·南方三年游击战争·综合篇》，解放军出版社 1995 年版，第 161 页。

③ 《朱德关于改变中央苏区各独立团行动部署致项英电》，1934 年 10 月 13 日。见中国人民解放军历史资料丛书编审委员会编：《中国人民解放军历史资料丛书·南方三年游击战争·综合篇》，解放军出版社 1995 年版，第 164 页。

担负阻击敌北路罗、樊纵队向宁都推进之任务。

西线战场:中革军委主席朱德在10月13日致项英电令中要求:江西军区“独二团在古龙冈以南及敌人左翼,独三团在古龙冈以南及敌人右翼积极活动,并严密封锁消息,以掩护我八军团的集中与移动。当十八号我五军团将由兴国向雩都移动时,独三团应于十七号移至兴国以南及东南,接替五军团的任务,并率领地方部队积极游击于兴国之敌两翼侧。当兴国、古龙冈两敌对向筑堡时,独二团应活动在古龙冈、兴国之线,破坏敌之筑堡”。① 10月18日,在兴国抗敌的红五军团依令撤出阵地向于都转移,当日朱德又致电红五军团首长董振堂、李卓然和中央分局书记项英,指示:董、李应以军委名义直接调动独三团、独十三团,限明十九日到达兴国城东南及西南地域,担任游击及迟滞敌周浑元纵队南下的任务,并要求项英:“项应严格督率各独立团遵守命令时间。”②

南线战场:赣南军区独立六团和独立十四团,奉中革军委命令直接配合野战军突破第一道封锁线的战斗。独立十团在筠门岭、会昌县以东地域,独立十五团和独立十六团在筠门岭、安远县之间和会昌县站塘、麻州地域阻击粤敌前进。10月22日红军野战军突围战斗打响前夕,中革军委又致电中央军区项英,要求责成赣南军区率领各地方独立部队深入到敌人撤退区域,“发动群众广泛的发展游击战争,并扰

① 《朱德关于改变中央苏区各独立团行动部署致项英电》,1934年10月13日。见中国人民解放军历史资料丛书编审委员会编:《中国人民解放军历史资料丛书·南方三年游击战争·综合篇》,解放军出版社1995年版,第164页。

② 《朱德关于红五军团转移到雩都地域并调独三、独十三团到兴国阻敌南下致董振堂、李卓然并项英电》,1934年10月18日。见中国人民解放军历史资料丛书编审委员会编:《中国人民解放军历史资料丛书·南方三年游击战争·综合篇》,解放军出版社1995年版,第173页。

击粤敌撤退”,“消灭铲匪”、后送野战军突围战斗的重伤病员等。①

为保证野战军和中央机关能安全集结和突围转移,中共中央分局、中央政府办事处还按照中共中央和中革军委指示,领导苏区军民实行赤色戒严,严密封锁消息,制造假象迷惑敌人。中央政府全套机关名称都被暂时保留下来。各部门、各机关被留下在苏区坚持斗争的负责人,继续照常领导各部门工作。各部门的工作任务和工作制度仍照旧执行。《红色中华》报继续以中华苏维埃共和国中央政府机关报的名义正常出版,宣传内容仍旧是扩红、征粮、优待红军家属等。这些措施有效地迷惑了敌人。到10月下旬,北路敌军占领宁都县城后,才确知红军主力已突围西进。东路敌人到11月上旬,还以为中共中央和苏维埃中央政府机关仍在中央苏区。据蒋介石南昌行营侍从室主任晏道刚在新中国成立后回忆,蒋介石直到1934年11月中旬,才彻底弄清中央红军主力西移的战略意图。

中央分局、中央政府办事处领导留守红军和苏区民众采取的上述措施,在各个战场上有效地阻击、迟滞着30余万国民党军队向苏区的进攻,解除了野战军集结休整及突围转移初期的后顾之忧,使野战军从容进抵湘南地区。

三、中央苏区的最后失陷与中央分局的战略转变

1934年10月下旬末,国民党军得知中央红军主力已突围西进。蒋介石除将其北路薛岳、周浑元两个纵队调去追击红军野战军外,其余20余万兵力仍留在中央苏区周围,从北、东、西3面加紧向中央苏区腹地进攻。

10月14日,北路敌第六路军第八纵队占领兴国县城。

---

① 《中革军委关于成立中央军区发动群众开展游击战争给项英的指示》。1934年10月22日。见中国人民解放军历史资料丛书编审委员会编:《中国人民解放军历史资料丛书·南方三年游击战争·综合篇》,解放军出版社1995年版,第177—178页。

10月26日，北路敌第三路军罗卓英部占领宁都县城。

11月1日，东路敌第九师、第十师占领长汀县城。

11月10日红都瑞金陷落，为敌东路第十师所占。

11月17日，北路敌第七十九师进占于都县城。

11月23日，东路敌第三师李玉堂部占领会昌县城。

11月26日、30日，福建清流、宁化两座县城也相继陷落。

至此，中央苏区所有县城全部被国民党军占领，中央苏区最后陷落。

国民党军进占中央苏区各县城和交通要点后，加紧构筑碉堡封锁线：一条是从广昌—石城—瑞金；一条是从广昌—宁都—瑞金—会昌筠门岭；一条是从长汀—瑞金；一条是从兴国—赣县江口—于都；一条是从兴国社富—杰村—于都水头—马安—兴国江背洞。这样，就将中央苏区分割成几大块。敌人在每大块之间又构筑纵横的封锁线，企图将留在苏区的红军和游击队围困在狭小地区内，进而分区“清剿”。

当红军野战军西进抵达湘南，国民党军已占领宁都、长汀后，中革军委于1934年11月3日致电项英，指示中央留守红军今后的行动方针：“一、一般的应放弃从正面的防御而应利用敌人前进的迅速和筑堡的短促，在敌人侧翼及后方发展游击战争。二、目前已无使用二十四师抗击李纵队之必要，而应灵活使用。在敌人一师以内行动的方向，二十四师行动的方式主要的应该是游击战争的方式，不过是在较大的范围内统一行动。三、江西、闽赣和福建军区应在敌人复杂的封锁线外行动。江西军区在石城、宁都、兴国以北行动；闽赣军区在汀州东北地域；福建军区在汀州东南及西南地域行动。四、现在中央分局及中央军区应由梅坑转移到宽田地域。”[①]中革军委的这一指示,虽然未要求中共中央分局和中央军区应迅速转变工作方式与斗争方式,将部队分散开展游击战争,但已明确指示留守红军一般地应放弃原来的正面防御战术,而应抓住时机在敌人侧翼及后方开展灵活机动的游击战争。

项英、陈毅等根据中革军委指示和敌军侵占苏区的行动部署,于1934年11月初率领中共中央分局、中央政府办事处和中央军区机关,撤离瑞金云石山马道口村,转移到于都县宽田地区的龙泉村和石含村。此时,陈毅等一些领导人清醒地认识到,中央苏区面临的形势已非常严峻,他们主张中共中央分局等领导机关和留守红军迅速改变斗争方式,组织苏区军民和留守部队灵活开展游击战争。然而中共中央分局书记、中央军区司令员兼政治委员项英虽然意识到局势严峻,但他对前途估计过于乐观,以为如同中共中央10月8日训令所说,待主力红军突围到了湘西,在那里打几个胜仗,就可将围攻苏区的国民党军队吸引到那里去。苏区军民只要能坚守两三个月,到那时来一个胜利的反攻,就可以一举恢复苏区。因此,他在完成掩护野战军安全突围转移任务后,虽然不再要求留守红军采用阵地战法,却不敢跳出中共中央和中革军委给留守红军划定的“三角地区”,更不敢将红军部队分散在各地灵活开展游击战争,而是仍然要求留守红军和各地党政机关人员,沿用苏区那一套工作方式和斗争方式,照旧地开会、发文件,照旧地扩红、征粮,照旧地组织大兵团打正规战。当东路国民党军第三师两个旅由瑞金向会昌孤军冒进时,中共中央分局和中央军区批准了红二十四师领导提出的作战计划,于11月22日集中红二十四师3

① 《中革军委关于敌占汀州、宁都后中央军区应采取的行动给项英的指示》,1934年11月3日。见中国人民解放军历史资料丛书编审委员会编:《中国人民解放军历史资料丛书·南方三年游击战争·综合篇》,解放军出版社1995年版,第187页。

个团和福建军区独立团及瑞金、会昌两县地方武装，在瑞金谢坊湾塘岗设伏，歼敌半个旅，击溃敌半个旅。这次战斗胜利，打击了国民党军占领红都瑞金后的嚣张气焰，鼓舞和兴奋了苏区军民斗志，但也在一定程度上助长了一些同志的盲目乐观情绪。

1934年12月中旬，项英从中革军委电报中得知，红军野战军已放弃去湘西与红二、六军团会合计划，改向贵州北部遵义地区前进。这时，他真正意识到局势已十分严重，几经考虑，终于接受陈毅等的建议，在于都县宽田主持召开中共中央分局会议，决定转变战略思想，改变斗争方式，广泛发动群众，开展灵活机动的游击战争。会后，中共中央分局和中央政府办事处、中央军区迅速采取一系列实行战略转变的措施：

一是向苏区干部正式传达10月8日中共中央给中央分局训令的内容，加强机关、部队的思想政治工作。中央军区政治部编写了《中共中央给中央分局训令的讨论提纲》，印发给部队排以上干部和地方党政干部学习，公开地深入宣传主力红军突围转移的重大意义，以及目前面临的形势和任务，要求广大干部战士认清形势，坚定革命信心；同时开展反对不良倾向的斗争，着重反对"失败主义"和右倾逃跑现象，努力巩固部队。12月29日，项英以中共中央分局名义，召开瑞金、瑞西两县党的活动分子会议。项英在会上作了题为《目前敌人"清剿"形势与党的紧急任务》报告，分析了粉碎敌人"清剿"的有利条件和困难，提出了粉碎敌人"清剿"的若干措施。

二是调整了党的组织领导机构，抽调一批得力干部到各地去加强领导。12月底，派张鼎丞回福建领导闽西南游击战争；调中共闽赣省委书记赖昌祚任新成立的中共瑞西特委书记，领导瑞金、瑞西和西江3县游击战争；另调中共赣南省委书记钟循仁到闽赣省任中共省委书记，调阮啸仙任中共赣南省委书记；派原中央政府土地部副部长胡海回吉安东固地区，任中共公(略)万(泰)兴(国)特委书记；派少共中央分局的李鹤鸣到胜利县领导游击战争；调中共赣南省委组织部长罗孟文到赣县、杨殷苏区，任新成立的中共杨赣特委书记兼杨赣军分区政治委员；以原赣粤边军政委员会主席李乐天和中共赣南省委宣传部长杨尚奎、少共赣南省委白区工作部长刘新潮（刘建华）等，在于都县小溪成立中共信康赣雄特委和信康赣雄军分区（后改称中共赣粤边特委和赣粤边军分区），以李乐天为书记兼军分区司令员和政治委员，率独立营700余人，挺进到信丰县油山地区开展游击战争。

三是加强对游击战争的布置和领导，对苏区、敌占区和敌人后方等不同地区，提出不同的要求。为了提高游击队负责人的游击战术水平，中共中央分局在宽田举办了数期游击训练班，中央军区建立了若干条通往敌占区的秘密交通线，以便及时掌握敌占区情况。

四是组织各地群众坚壁清野。中央兵工厂、造币厂、印刷厂的机械设备，在1934年11月间就秘密埋藏于宽田、上堡一带山区。1935年1月，又将中央被服厂的100余台缝纫机等设备，埋藏于会昌县白鹅乡梓坑村深山密林中。同时动员群众将水源破坏，将粮食和砻、碓、风车等碾米用具分散隐蔽。

五是疏散红军伤病员和老弱病残人员。红军野战军撤离苏区时，留下2.5万余名红军伤病员在中央苏区。1934年12月28日项英在给博古、朱德、周恩来的报告中说："由十月二十日到现在出（院）四千余人，残废与重伤已分散到群众家里，瑞西地区还有八九千轻伤病员，赣南河南共有一万以下，杨赣二千以下，兴、胜之间千余人。"①中共中央分局和中央政府办事处决定将这些一时难以伤愈出院的伤病员，分散安置在群众家中。赣南省和于都、瑞西等省、县党政机关，对妥善安置这些伤病员非常重视，做了大量工作。留在苏区的红军家属，如毛

① 见中国人民解放军历史资料丛书编审委员会编：《中国人民解放军历史资料丛书·南方三年游击战争·综合篇》，解放军出版社1995年版，第222页。

泽东的岳父母贺焕文夫妇及儿子毛岸红(即毛毛),林伯渠、邓子恢、刘伯坚、陆定一、古柏等人的儿女,傅连暲的妻儿,邓颖超的母亲等,都分别妥善疏散到白区或群众家中隐蔽。

上述措施,对开展和坚持苏区游击战争,起到了重要作用。但中共中央分局的战略转变仅仅是局部的。项英在总结这一阶段斗争经验教训时说:"虽然我们放弃了过去的阵地的防御战,转为运动战,由正规作战逐渐转向游击战争,在战术上采用游击队的动作,但在基本上没有认识当时整个斗争的实质,不能彻底转为纯粹的游击战争,还保留大兵团作战的方式,还偏于单纯的消极防御,更没有从各个时代的特性与变化,来认识当时游击战争的实质及其战术的特点。"①如1935 年 1 月间项英和中央军区组织的洋陂战斗、牛岭战斗,使红军游击队伤亡 1000 余人,红二十四师师长周建屏负重伤,留守红军部队元气大伤,中央分局面临的局势更加危急。

四、国民党的"三光政策"和复辟统治

红军主力和中央机关突围转移后,国民党军队迅速向苏区腹地推进。至 1935 年 1 月,中央苏区仅剩下于都南部少数几个区乡未被国民党军占领。

国民党军政当局为彻底"消灭"红军,在被占领的原苏区实行野蛮、疯狂的"三光政策"。他们每侵占一地,就纠集卷土重来的豪绅地主、流氓恶棍,组织"还乡团"、"暗杀队"、"义勇队"、"挨户团"、"靖卫团"、"搜山队"等反动武装,对苏区人民进行疯狂报复,狂叫"大乱三天,大杀三年","屋换石头,人要换种","斩草除根,诛家灭族"。敌人屠杀苏区人民,手段极为残忍、骇人听闻,如挖心、剥皮、肢解、分尸、碎

---

① 项英:《三年来坚持的游击战争》,1937 年 12 月 13 日。见中国人民解放军历史资料丛书编审委员会编:《中国人民解放军历史资料丛书 · 南方三年游击战争 · 综合篇》,解放军出版社 1995 年版,第 497 页。

割、悬梁、火烧、活埋、挖眼、割舌头、割耳朵、穿铁丝、灌辣椒水、剖肚取肠、割乳挖胸、沉潭落井、打地雷公、钉丁字架等数十种酷刑。不管男女老幼,均遭屠杀。赣南大恶霸、国民党独立三十三旅旅长黄镇中,残杀宁都、瑞金、于都、兴国、广昌、石城等县人民达数万人。在红都瑞金,国民党江西保安三团团长欧阳江,一个晚上屠杀 500 多名瑞金武阳群众;黄柏区菱角山一夜被杀 380 多人;南门岗一次枪杀了 500 多人;国民党瑞金县长邹光亚在云龙桥下一次屠杀了 120 多人;瑞金竹马岗被杀害的人数数以千计;瑞金叶坪村谢家祠和陈家祠被害的苏区群众尸体堆积如山。

据不完全统计,瑞金县有 18000 多人被屠杀;兴国县被杀 2142 人,被捕 6934 人,逃亡 3410 人;于都县被杀 3000 余人,其中禾丰地区保安团团长华品懋杀害的群众达 500 余人,沙心地区全家被杀绝的有 37 户;赣县田村一地被杀害 94 人,其中有 14 户被杀绝;寻乌县被杀害 4520 人,杀绝 900 余户;会昌县被杀害 972 人;石城县被屠杀的干部群众 576 人;广昌县被杀害 1000 余人;宁都县被杀害的有 1442 名干部和 3378 名群众;上犹县被杀害的干部 1466 人,群众 658 人。在敌人的血腥屠杀下,不少村庄被杀光,成了无人村。于都县联保主任舒育民将苏区干部尹清连逮捕后,施以酷刑,最后将其割成 4 块,投入河中;于都县水头区大恶霸邱润璜将红军战士朱昌隆放入一个大饭甑里活活蒸死;石城县丰山区反革命分子周寿松捉住区委书记廖祖贻后,将其双脚砍掉,眼睛挖掉,折磨致死;新坊区革命互济会主任温辉煌被捕后,敌人割下他的耳朵,强迫他吃掉,尔后又一刀一刀将他凌割至死。

国民党和豪绅地主对苏区人民实行疯狂的抢掠焚烧。据不完全统计,兴国县苏区干部群众被烧毁房屋 16461 间,抢走稻谷 23500 担,耕牛 7274 头,食油 201052 斤,银元 107349 元;宁都县被烧毁民房 24592 间,抢走粮食 28557 担,银元 86520 元,耕牛 2361 头;石城县被夺走的粮食 7295 担,耕牛 618 头,银元 231755 元;上犹县被夺走粮食

30820担,银元10662元,烧毁民房243间;会昌县被抢走粮食3492担,耕牛674头,银元4956元,焚烧房屋1293间;瑞金县城、安治、陶朱等地被焚民房1500余栋,武阳、瑞林被毁民房5000余栋,黄柏有408户被抢光。苏区大片村庄和圩镇遭劫掠之后,到处瓦砾成堆,断壁残垣,饿殍遍野。

国民党军占领苏区后,在政治上实现法西斯统治。各县设立了"清乡委员会"、"铲共委员会"、"没收委员会"等反动组织;全面实行保甲制,普遍编组保甲,强迫群众实行"十家联保"、"五户联坐";强迫制定"剿共公约"、"保安守则"、"公民条例",制定"一人通匪,十家连坐;一家窝匪,十家同祸",凡"通匪、济匪、窝匪者,一律格杀勿论";参加过红军和苏维埃政府工作过的人员,都被视为"共匪"、"匪民";强迫民众集体"自新",交纳"自新费"、"赎身费",交不出或捉去坐牢,或给地主豪绅做苦工抵押;许多红军的妻子被凌辱后卖到广东等地;散布红军被消灭的谣言,搜罗叛变革命分子进行破坏,等等。

国民党统治当局,还在经济上实行严密的封锁政策。群众生活必需的粮食、食盐,凭证限量供应,若超量购买,则以"通匪"、"济匪"论罪,即遭追查逮捕,甚至坐牢杀头。

国民党的复辟统治,使苏区广大人民群众陷入深重灾难之中。

第二节
中央苏区各省和中央直属县初期的游击斗争

一、江西省的游击斗争

红军主力撤离苏区时,中央分局书记项英在领导留守红军接替主力红军防务、掩护红军野战军安全突围转移的同时,于1934年10月18日在《红色中华》报发表署名文章,对苏区即将开展的群众游击战争作出布置,向苏区军民指出:"我们大部分的中心区域将要变成为战区，辽阔的战线将要在全中央苏区展开起来，我们将要在各方面与敌人进行最残酷的国内战争了！”他号召苏区群众：“全体武装起来，组织游击队，加入游击小组，发展最广泛的群众游击战争，来扰乱和牵制敌人，以阻止敌人侵入到我们中心地区，以配合主力红军作战，使我们的主力红军更容易取得最后的胜利，而且依靠着我们广大的群众游击战争，来胜利的保卫我们的苏区。”①

红军主力撤离苏区后不久，江西省党政军领导机构按中央规定，合并成立省军政委员会，以曾山为主席。同时对全省地方武装进行整编，充实补充了江西红军独立第一、二、三、四团。省级机关工作人员和省属红军部队，全部撤至宁都县北部的小布、安福山区。11 月，省军政委员会又决定在公略、万泰、兴国 3 县接邻地区成立中共公万兴特委，派省苏维埃政府副主席徐达志（徐牺牲后由胡海接任）任书记。同时，在兴国、胜利两县接邻处，新设兴胜县。

1934 年 10 月 26 日宁都县城被国民党军占领后，曾山和江西军区司令员李赐凡等率红军游击队二三千人，在宁都、永丰两县边界山区与敌周旋，几次被围，损失严重。12 月底，曾山在宁都小布树陂村召开会议，决定兵分 3 路从宁都突围到吉安东固去，会合后再去追赶主力红军，或突围到湘西去与贺龙部队会合。3 路突围结果，仅曾山所率一路到了东固。其余两路均被敌人包围打散。省苏维埃政府主席刘启耀负重伤后脱险。军区司令员李赐凡因腿伤行走不便在小布岩背脑英勇牺牲。中共江西省委组织部长刘球贤、少共江西省委组织部长李美群、省保卫局长娄梦侠等被俘在南昌被国民党杀害。

曾山所率的两个独立团转移到东固后，与中共公万兴特委书记胡

① 项英：《开展广泛的群众游击战争保卫中央苏区》，1934 年 10 月 18 日。见中国人民解放军历史资料丛书编审委员会编：《中国人民解放军历史资料丛书·南方三年游击战争·综合篇》，解放军出版社 1995 年版，第 167—168 页。

海率领的游击队会合,1935 年 2 月下旬又与罗孟文率领的中共杨赣特委和红军独立十三团在泰和县老营盘会合。经研究,他们决定分头突围到赣粤边去,与李乐天、杨尚奎领导的游击队会合。突围中,部队再次遭受重大损失,军区政治部主任黄知潮、少共江西省委书记钟效培等或亡或伤。仅曾山率省委机关少数人突围到吉水县境。为保存力量,曾山安排大家埋掉枪支,分头疏散隐蔽。

江西苏区所辖各县,都按中革军委第 44 号命令相继组建了县、区游击司令部和独立团、独立营或游击队。其中博生(宁都)县游击队发展到 500 余人、230 支枪,活动于宁都县西南的青塘山区。这个县的安福、梅江等区乡干部,也分别组织起 100 多人的游击队,活动于深山密林中,打击骚扰敌人。洛口县以党政机关干部和池布、前山等 9 个区的游击队为基础,组建起 300 多人的县游击队,在当地山区开展游击活动。长胜县以县政治保卫队和县党政机关人员组成的县独立营,有 300 多人、60 支步枪、14 挺手提机枪。该县各区乡游击队有 20 多支,总计游击队员 5000 多人。兴国、胜利以及新设立的兴胜县所辖独立营,分别有 300 多人。石城和太雷两县苏区失守后,两县党政机关人员分别编成县游击大队,后来又合并成立石太游击师,在石城县南部与敌人斗争。苏区江西省所辖的永丰、公略、万泰、乐安、宜黄、崇仁和广昌等县,在红军主力撤离前就已失陷。这些县都各自组建了独立团或独立营,有的组建了挺进游击队,挺进到敌后开展游击战争。上述各县游击武装,坚持斗争到 1935 年春夏间,先后都遭到失败。只有乐宜崇挺进队中的 100 余人,突围转移到湘赣边区与谭余保等领导的游击队会合,坚持斗争。

二、福建省的游击斗争

1934 年 11 月 1 日长汀城被国民党军占领之前,福建省党政军机关及福建军区所辖独立第十九、二十团共 4000 余人,全部转移到长汀县南部四都山区,坚持斗争。1935 年 2 月,毛泽覃受中共中央分局委派,率1连红军从于都县南部突围转移到四都与中共福建省委会合,并担任中共福建省委秘书长。此时,国民党军第三十六师在保安十四团钟绍葵部配合下,向四都山区发起进攻。中共福建省委书记万永诚拒绝毛泽覃等人的正确建议,仍坚持以大兵团方式作战,结果红十九团、二十团先后被击溃。1935年4月上旬,陷于国民党军重围之中的省委机关部队,被迫在长汀县西南边境的腊口分水坳分散突围。中共福建省委书记万永诚、福建军区司令员龙腾云率部在武平、会昌边境山区梅子坝与敌激战,万、龙英勇牺牲,部队官兵大部阵亡。毛泽覃率部突围到瑞金县黄蟮口(今黄田坑)山区,4月26日因叛徒告密遭袭击英勇牺牲。省苏维埃政府代理主席吴必先所率领的突围人员在长汀县濯田之鸡冠峰被敌包围,全部被打散或被俘、牺牲。

在此期间,苏区福建省所辖长汀、兆征、武平及上杭、新泉、永定等县游击武装,也各自为战,坚持游击斗争。1934年12月底,张鼎丞受中共中央分局委派回到福建与省委取得联系后,以中共福建省委代表身份,带领部分人员前往杭、永地区,领导游击斗争。途经上杭县通贤障云岭时,他会见上杭、长汀、新泉3县领导人,建议将3县领导机构合并,成立中共新汀杭县委和县苏维埃政府,3县武装也合并组建新汀杭游击纵队。随后,新泉独立营挺进游击队和池溪、新朋游击队共200多人也从新泉到障云岭会合,在这一带坚持斗争。回到永定后,张鼎丞一方面将永定县分散各地的几支游击队集中整训,成立永东游击司令部;一方面派人与在闽西南坚持斗争的原由中革军委直接指挥的独立红八团、红九团取得联系,1935年3月在永定县下洋的月流,成立了以张鼎丞为主席的闽西军政委员会,统一领导闽西的游击战争。

三、闽赣省、粤赣省、赣南省的游击斗争

闽赣省

闽赣军区于1934年10月下旬根据中革军委指示,对全省各县独立团、营及各军分区武装部队和军区直属部队进行整编,统一编成了闽赣独立第十二、十六、十七、十八4个团,各县另组建了游击队,开展游击战争。1935年1月,中共中央分局对中共闽赣省委主要领导人进行了调整。2月至3月,中共闽赣省委和闽赣军区率领武装部队和机关人员,在闽赣边境地区与敌周旋,后转入归化、泰宁与将乐3县交界的龙西山,坚持斗争。

1935年5月上旬,闽赣省机关和军区第一团转至尤溪、永泰、德化、仙游4县交界的紫山。这时,闽赣军区司令员宋清泉、政治部主任彭祜、参谋长徐江汉等人,在艰苦环境下思想动摇,对革命丧失信心,于5月8日分批将部队600余人拉下山准备投敌。途中,中共闽赣省委书记钟循仁、省苏维埃政府主席杨道明等人,识破了宋清泉等人的叛徒居心,夺路突围,后被打散。钟循仁、杨道明等隐姓埋名,削发为僧,隐藏于永泰县闟亭寺等寺观,直至全国解放。被宋清泉等人拉下山的队伍,于5月11日在仙游县度宽被国民党军第九师缴械。

1935年4月间在沙溪战斗中与闽赣军区失去联系的红十七团和十八团,由十八团团长邱尚聪、政委温含珍率领,返回宁化、清流、归化地区坚持斗争。7月,这支队伍与闽西红九团会合。此后,他们在龙岩、连城、宁洋地区继续坚持游击战争。原中共闽赣省委常委黄道和少共闽赣省委书记曾镜冰等人,突围转移到闽北山区坚持游击斗争。

粤赣省

粤赣省原辖会昌、寻乌、安远、门岭、西江、于都、信康等7县。1934年5月,西江县划为中央直属县;7月,于都、登贤(原信康县改称)两县划属赣南省。

1933年秋冬,寻乌、安远两县苏区相继被国民党粤军侵占。两县党政机关合并成立中共寻安县委和县苏维埃政府,武装力量分别编成寻乌挺进营和安远游击挺进队,深入敌占区开展游击活动。粤赣军区也派出军区政治部主任罗屏汉,带领挺进游击队深入兴宁、平远、寻乌、龙川等县边区开展游击活动。

1934 年 10 月红军主力撤离苏区后，留在苏区的省苏维埃政府副主席邓学林、省苏维埃政府裁判部长许承芬等，与中共会昌县委书记陈长林等一起，领导会昌县军民开展游击战争。11 月 23 日会昌县城失守后，会昌县游击司令部、政治保卫队和各区游击队 1000 多人，转移到会昌县西南龙车山和高兰山区，坚持斗争。1935 年 5 月，游击队被国民党军打散，邓学林、许承芬、陈长林等被俘牺牲。

赣南省

红军野战军撤离苏区时，赣南军区辖有独立第六团和 1 个教导营，约有 2000 余人、枪，战斗力较强。野战军突破第一道封锁线时，军区司令员蔡会文奉中革军委和中共中央分局命令，率军区司令部、政治部机关从于都城赶到小溪地域，指挥军区部队配合野战军的行动，做好突围野战军的伤员后送工作。野战军离开赣南后，军区又指挥部队乘胜跟进到安远、信丰地域，巩固刚收复的苏区。独立第六团曾一度收复安远县城，缴获大批物资。

1934 年 11 月上旬，国民党军第七十九师从兴国经赣县江口向于都县城进攻。赣南省党政机关被迫从城内撤出，先后转移到于都城南的里仁孝堂排、黎村烂泥垅和小溪左坑。于都县党政机关也从县城转移到县东潭口、梓山山区。在这期间，除独立第六团等骨干部队在安远、信丰肃清地方靖卫团、恢复巩固苏区外，军区教导营和于都独立营等部队，不断骚扰于都河南岸构筑碉堡的国民党第七十九师部队，使敌人至 1935 年 2 月中旬才构筑完成这一带的封锁线，从而掩护了中共中央分局、中央政府办事处等机关在宽田、井塘活动期间的安全。

1934 年 12 月间，国民党粤军余汉谋部 4 个师从粤北返回赣南，重新占据信丰、安远、大余、赣县（赣州）等县，并向于都、会昌苏区“清剿”。国民党军第七十七师也构筑了从兴国经杰村、南塘、江口至于都城的碉堡封锁线。1935 年 2 月，赣南省党政机关和赣南军区部队已被敌人封锁在于都县南部的禾丰地区。这时，项英、陈毅率中共中央分局机关和红二十四师也来到禾丰。此后，赣南省机关部队在中共中央分局统一指挥下，开始了分散突围行动（详情后叙）。

赣南省党政机关所在的于都县，在1934年10月下旬成立了游击司令部，组建了独立团，下设于东北、于西北两个游击司令部分部，另设于东南办事处，分别建立了数百人的骨干游击队。本月，县独立团改编为中央军区直辖独立第三团后，于都县又组建了一个独立营。这些游击武装和独立第三团及赣南军区教导营紧密配合，不断骚扰侵占于都苏区的国民党军队。1934年12月，经中共中央分局批准，在于西北地区新设立于西县，同时组建了于西县独立营。两个月后，该独立营在与国民党军激战中被打散，少数人突围到达信丰油山。于东南办事处工作人员和于都县独立营，也于1935年4月在于都县南部的畚岭山区被国民党粤军打散，县委书记钟先灿牺牲，少数人突围到了赣粤边。

登贤县原有1个独立营，另有1个茶梓区独立营。他们紧密配合红二十四师等红军部队作战。1935年2月根据中共中央分局和中共赣南省委指示，登贤县党政机关人员和两个独立营一起整编，成立挺进队，共370余人，由县委书记陈梦松、县苏政府主席钟家瑶率领，挺进到被粤军占领的安远、信丰边界地区游击。他们坚持斗争到4月间，后被敌人打散失败。

赣南省所属的杨殷、赣县两县苏区，合称为杨赣苏区。1934年11月，中共赣南省委在这块苏区成立了中共杨赣特委，同时设立军分区，补充加强了红军独立第十三团，全团600多人，有轻重机枪20余挺。两县在区、乡游击队基础上，分别新编了独立营。特委和军分区领导独立第十三团及两个县的独立营，采用灵活战术，先后取得里仁、龙坪、大都、江口棺材岭等战斗胜利，毙伤敌人数百名。1935年1月后，南面粤敌余汉谋部和北面的国民党军第七十七师，对杨赣苏区进行夹击，苏区全部沦陷。红军独立第十三团和两县独立营在敌重兵包围中东冲西突,连连受损。中共杨赣特委书记罗孟文负伤后离职隐蔽休养,代理特委书记赖福林、特委副书记王启生等16人不幸被俘,后被害于敌人狱中。

四、中央分局直属县的游击斗争

红军野战军撤离苏区后,瑞金、西江两县改为中共中央分局和中央政府办事处直属县。1934年10月下旬,中共中央分局又决定以于都宽田为中心设立瑞西县。这3县是中共中央分局必须最后坚守的"三角地区",战略地位十分重要。12月,中共中央分局决定成立中共瑞西特委和少共瑞西特委,调中共闽赣省委书记赖昌祚任中共瑞西特委书记;同时设立了瑞西军分区,刘连标为司令员;并组建了独立营,赖绍尧为营长。项英曾于1934年12月28日亲自召集瑞金、瑞西两县党的活动分子会议,布置该地区的游击战争。

红都瑞金被国民党军占领之前,瑞金县即成立了县游击司令部和县独立营。瑞金县党政机关和独立营撤退至县西部的铜钵山寨脑、朱坑。瑞金县游击司令部一分为二,分别成立瑞金河(绵江)河东、河西游击司令部。河东司令部以汀瑞边大山为依托开展游击活动;河西司令部以九堡铜钵山为依托,与红二十四师及红军独立七团、十一团等部队紧密配合打击敌人。1935年1月,瑞金独立营在黄竹坳与敌人打了一仗,获得胜利,得到中共中央分局通报表扬。与瑞金毗邻的西江县苏区,于1934年11月陷落,县游击司令部率县独立营和各区游击队,先在西江镇西部山区活动,1935年2月间转移到汀瑞边界南段的白竹寨山区,不久失败。

1935年2月上旬,国民党军集中3个师兵力,对铜钵山和瑞西县进行"清剿"。在这一地区坚持斗争的红军独立十一团及瑞金、瑞西两县游击队,同国民党军队开展游击斗争。3月,根据中共中央分局指示,中共瑞西特委书记赖昌祚率领特委独立营及瑞金县游击队向汀瑞边界突围。突围中,军分区司令员刘连标、中共瑞西特委保卫局长钟天禧英勇牺牲。瑞金县党政领导人杨世发、杨世珠等被打散。赖昌祚等少数人突出重围后,转移到罗汉岩、丝茅坪地区,后在汀瑞边坚持游击战争。

瑞西县党政机关人员和独立营数百人,在中共瑞西县委书记马德明率领下,突围到达汀瑞边界南段的白竹寨山区坚持斗争,后被敌打散。5月,马德明被俘,英勇就义。

五、中央分局对闽浙赣苏区红十军团行动的指导

北上抗日先遣队红七军团的行动,在1934年11月3日以前,一直由中革军委直接指挥。1934年11月4日,中革军委致电项英并红七军团及闽浙赣苏区党政军领导,指示将红七军团和红十军合编,成立红十军团,以刘畴西任军团长,乐少华任军团政治委员,曾洪易任中共闽浙赣省委书记兼闽浙赣军区政治委员,方志敏任闽浙赣军区司令员。军委在电令中明确宣布:“军区及新组成的十军团统受中央军区项司令员指挥,省委亦受中区分局领导并即由中央分局、军区依此电达方针,规定其具体布置。”①据此电令,中共中央分局与中央军区正式建立与中共闽浙赣省委和红十军团的领导关系。自11月初至1935年1月中旬,项英根据中革军委要求和闽浙赣苏区面临的形势与任务,多次向中共闽浙赣省委和红十军团领导发出电令,作出指示。

按理,红十军团和闽浙赣省委、军区能就近得到中央分局领导,应该于斗争有利。但是,由于项英对闽浙赣苏区和红十军团情况不熟悉,对野战军撤离后闽浙赣苏区和红十军团面临的新形势和新任务不了解,又不耐心征求闽浙赣苏区领导人意见,却又喜发号施令,对闽浙赣苏区和红十军团的指导必然脱离实际,甚至作出错误重大决策。1934年

① 《中革军委关于红七军团与红十军合编为红十军团及领导关系致项英等电》,1934年11月4日。见中国人民解放军历史资料丛书编审委员会编:《中国人民解放军历史资料丛书·南方三年游击战争·综合篇》,解放军出版社1995年版,第192页。

11 月 18 日项英以中央军区名义对红十军团的行动等问题作出的指示,就是错误的。项英在致方志敏等的电令中,要求“十军团决全部立即从玉、常间挺出铁道以北,首先活动于开、遂、衢、常间,并[以]一部积极破坏铁道,威胁衢州。调动围攻闽浙赣敌人,集结主力,坚决的争取运[动]战中消灭敌人,以创造皖浙边苏区”;为此,他不仅不同意将闽浙赣党政军领导机关向闽北苏区转移,还在电报中指示:“为了领导十军团与创造新苏区,决以方志敏、刘畴西、乐少华、聂洪钧、刘英五同志组织军政委员会,并以方为主席,随十军团行动。”并指示:“军区、省委仍留闽浙赣苏区,不应移闽北;由你们选定军区司令员,以独[立]师为基干,继续领导发展广泛的群众游击战争,保卫苏区。”①

对于中央分局和中央军区电令,闽浙赣苏区省委、军区和红十军团只有坚决执行。仅经过 6 天仓促准备,11 月 24 日,方志敏、刘畴西、乐少华、粟裕等率红十军团军团部暨第二十师(红十军团第十九师已先向浙皖边出击)撤离闽浙赣苏区首府葛源,向皖南出击,12 月 10 日抵达皖南歙县汤口,与第十九师会师。12 月 14 日,红十军团在谭家桥战斗中失利,红十九师师长寻淮洲重伤牺牲。随后,红十军团在皖南地区辗转活动半个多月,行动困难,在皖浙边创造新苏区计划难以实现。得知这些情况后,项英以中央分局和中央军区名义致电红十军团,要他们由皖南改向浙南行动。于是,红十军团领导决定,部队先回赣东北老区作短暂休整。不料,部队在返回赣东北途中遭敌重兵拦截,除军团政委乐少华、军团政治部主任刘英和军团参谋长粟裕率先头部队安全返抵德兴老区外,军团主力 2000 余人与敌血战 7 天 7 夜,大部牺牲、被俘,少部冲出重围。军团长刘畴西、第十九师师长王如痴和军政委员会主席

① 《中央军区关于十军团之行动任务及组织军政委员会等致方志敏等电》,1934 年 11 月 18 日。见中国人民解放军历史资料丛书编审委员会编:《中国人民解放军历史资料丛书·南方三年游击战争·综合篇》,解放军出版社 1995 年版,第 202 页。

方志敏等亦先后被俘，后在南昌被国民党反动派杀害。1935 年 1 月 20 日，项英致电朱德、周恩来，报告了红十军团失利和闽浙赣苏区情况，但他将红十军团失利原因，归咎于主要是红十军团领导“决心犹豫，避免作战，常失时机，影响士气极坏”[①]，而根本不检讨自己的领导责任。

在这期间，中央分局和中央军区发现中共闽浙赣省委书记兼闽浙赣军区政治委员曾洪易，存在严重的右倾逃跑思想，对闽浙赣苏区的游击战争造成严重妨碍，遂决定撤销曾洪易所任职务，并在闽浙赣苏区和中央苏区留守红军中开展反对曾洪易逃跑主义斗争。曾洪易后叛变投敌。

红十军团失败后，由于电报联系中断，自 1935 年 2 月初起，中央分局和中央军区无法再对闽浙赣苏区游击战争实施领导。

红军野战军撤离苏区后，中共中央分局领导的各省、县、区群众性游击战争，前后历时 8 个多月。这些群众性游击战争虽然大多数都失败了，但它有力地牵制了国民党军近 20 万兵力，掩护、策应了红军野战军突围转移，表现了苏区人民坚持革命、不屈不挠的斗争精神。

第三节 中央分局领导机关和留守红军的突围转移

一、中央书记处的“二月电示”

由于国民党军加紧对苏区进行分区“清剿”，1935 年 1 月底，中共中央分局面临的局势变得更加危急。此时，赣南省党政机关和红军部

① 《项英关于十军团、闽浙赣及闽北的情况致朱德、周恩来电》，1935 年 1 月 20 日。见中国人民解放军历史资料丛书编审委员会编：《中国人民解放军历史资料丛书·南方三年游击战争·综合篇》，解放军出版社 1995 年版，第 238 页。

队已被国民党粤军3个师包围封锁在于都南部狭小的仁风地区；中共中央分局与湘赣、闽浙赣、闽赣、江西等苏区的联系均已中断，分局和中央政府办事处等机关也被压缩在方圆仅二三十公里的黄龙（今于都县黄麟）井塘地区，如不迅速突围，有全军覆没危险。

在这紧急时刻，项英对于中共中央分局等党政机关的行动方向迟疑不决，曾于1935年1月27日、1月30日、2月1日、2月4日和2月5日，连续致电博古、朱德、周恩来，请求中共中央迅速给予明示。但因遵义会议后中央政治局常委尚未重新分工，博、洛尚未交接，中央对中央苏区及其他苏区游击斗争仍然无回电、无布置。

1935年2月5日，应项英屡电催促，中央政治局和中革军委在四川叙永县石厢子村（鸡鸣三省的地方）开会，完成了博、洛交接，讨论了中央苏区问题，并以中共中央书记处名义给项英和中共中央分局发来"万分火急"电报，指示说："政治局及军委讨论了中区问题，认为：（甲）分局应在中央苏区及其邻近苏区坚持游击战争，目前的困难是能够克服的。斗争的前途是有利的。对这一基本原则不许可任何动摇。（乙）要立即改变你们的组织方式与斗争方式，使与游击战争的斗争环境相适合，而目前许多庞大的后方机关部队组织及许多老的斗争方式是不适合的。（丙）成立革命军事委员会中区分会，以项英、陈毅、贺昌及其他二人组织之，项为主席。一切重要的军事问题可经过军委讨论，分局则讨论战略战术的基本方针。先此电达，决议详情续告。"①

根据中共中央书记处的电报指示，经研究，项英、陈毅首先安排身患肺结核病的中共中央分局委员、分局宣传部长瞿秋白和原中央政府工农检察部长、年老体弱的何叔衡，原中央政府财政部部长邓子恢，怀

---

① 《中共中央书记处关于中央苏区及其邻近苏区坚持游击战争给项英及中央分局的指示》，1935年2月5日。见中国人民解放军历史资料丛书编审委员会编：《中国人民解放军历史资料丛书·南方三年游击战争·综合篇》，解放军出版社1995年版，第251页。

有身孕的中共中央分局直属机关政治指导员张亮(项英之妻),2月9日离开分局驻地井塘村,由1个警卫排护送,经瑞金武阳和福建长汀,往上海方向突围转移;原中央红色医院院长、中央政府办事处副主任梁柏台的妻子周月林,受陈毅委托,先护送一批中央重要文件前往武阳地区隐蔽,然后与瞿秋白等一行会合转移。瞿秋白一行行至长汀县水口时遇敌围击,警卫排被打散,何叔衡英勇跳崖牺牲,瞿秋白被俘后在长汀城英勇就义,张亮、周月林被俘、判刑,仅邓子恢等人突出重围后到达永定与张鼎丞等会合。

1935年2月9日,项英又电告中革军委:“我们等中央决议,请急电告,以便执行,如再迟不能应付新的情况。”并告知军分会拟以“周建平(屏)及龚楚或杨英为委员,请批复”。① 同时,分局和办事处机关人员开始销毁、隐蔽文件档案资料。为避免被国民党军封锁包围,两三天后,项英、陈毅、贺昌等率领分局和办事处机关人员离开井塘村,在会昌县白鹅附近南渡贡水(于都河),转移到于都县南部禾丰(又名“黎邦桥”、“黎板桥”)地区,与赣南省机关部队会合。

1935年2月13日,中共中央书记处再次给中央分局发来详细电报指示。中央在电报中指出:“放在你们及中区全党面前的任务是坚持游击战争,是动员广大群众用游击战争坚忍的、顽强的反对敌人的堡垒主义与‘清剿’政策。”“中区党内存在着对时局与当前环境的悲观认识是不对的,震骇于一时的困难是不应该的,对游击战争的坚持性不足是最大危险。因此必须首先把这一斗争胜利前途的坚信放在你们及全体同志心目中,并向广大群众解释明白。”

关于中央苏区在游击战争中应该采取的组织方式与斗争方式,中

① 《项英关于拟以周建屏等为中区分会委员向中革军委的请示》,1935年2月9日。见中国人民解放军历史资料丛书编审委员会编:《中国人民解放军历史资料丛书·南方三年游击战争·综合篇》,解放军出版社1995年版,第252页。

央明确指示：

“（一）一连人左右的游击队，应是基干队的普通方式，这种基干队在中区及其附近，应有数百支。较大地区设置精干的独立营，仅在几个更好的地区设置更精干的独立团。依此部署之后，把那些多余的独立团营，都以小游击队的形式有计划地分散行动。环境有利则集合起来，不利又分散下去，短小精干是目前的原则。同时普遍发展群众的游击组，把多余枪弹分配给群众，最好的干部到游击队去。

“（二）游击队应紧密的联系群众，为群众切身利益斗争。给养依靠群众及部队自己解决。

“（三）在边境及敌后有计划的部署游击战争。上犹、崇义、南山、北［山］、油山、兴、龙、饶、和、浦等处要加派精干部队及好的领导人去。在这些地方开展游击战争，将给中区的斗争以极大的帮助。湘南游击区也应由你们去加强它，但不应以庞大部队远出，而应以相当部队依傍着中区配合发展。依野战军及红十军的经验，如你们以大部队远出，是没有胜利保障的。

“（四）彻底改变斗争方式，一般都应由苏区方式转变为游击区的方式。要加强秘密工作，使与游击战争联系起来，占领山地，灵活机动，伏击袭击，出奇制胜是游击战争的基本原则。蛮打硬干，过分损伤自己是错的。分兵抵御是没有结果的。突击运动及勉强使用纸币目前都不适宜了。

“（五）极大的给以地方党及游击部队以独立领导权，并培养他们这种能力，即使长期隔断，也要能独立存在。庞大的机关立即缩小或取消，负责人随游击队行动，得力干部分配到地方去。分局手里应有一独立团，利用蒋粤接合部，在赣南、闽西一带转动，最忌胶着一地。地方领导机关亦然。

“（六）确切地进行瓦解白军工作，把这一工作放在支部及游击队工作的头等地位。

“（七）选派许多适宜的干部到白区去，汕头、厦门、香港、上海及其他地方的工作，你们都应该设法去建立。”①

1935 年 2 月 23 日，中央书记处就分散开展游击战争问题，又给项英和中共中央分局来电补充指示，要求中共中央分局在执行中央指示中应注意下列问题：

“（一）行动前必须将行动的任务及目前的形势在干部中、在指战员中进行充分的解释与动员。在时间上许可时，应尽可能的给部队以相当休息训练与补充的时间。（二）所有出发游击的部队，必须绝对轻装，任何笨重的东西、行李都不应拿，以便利于迅速的运动。一切供给均应取之于活动地区。（三）每一部队不要拥挤很多的干部，即分局的一个团，也不应把分局的人都集中在一起。除项英、潭秋、贺昌三人外，其他同志可在其他的部队内负责工作。陈毅可独立领导一个独立团。分局带的工作人员全部不应超过十人。（四）苏区干部除分散到游击队去的外，应有一部分派回到被占领区域去，可能时最好是自己的家乡，隐藏在群众中，进行与建立秘密工作。（五）白区干部应尽量分散到白区，特别是邻近白区去。游击队携带的多余的干部，应留给地方党加强他们的领导。（六）对所有干部应解释清楚，万一被敌人冲散或隔断时，应有决心独立进行工作，顽强奋斗。（七）必须周密地建立秘密的交通网。（八）在游击活动中，必须特别反对关门主义，反对机械的使用老苏区的一切办法的倾向，广泛地进行发动群众的工作。知道利用一切开始时参加革命的小资产阶级分子。”②

---

① 《中共中央给中央分局的指示》，1935 年 2 月 13 日。见中国人民解放军历史资料丛书编审委员会编：《中国人民解放军历史资料丛书·南方三年游击战争·综合篇》，解放军出版社 1995 年版，第 253—254 页。

② 《中共中央给项英及中央分局的指示》，1935 年 2 月 23 日。见中国人民解放军历史资料丛书编审委员会编：《中国人民解放军历史资料丛书·南方三年游击战争·综合篇》，解放军出版社 1995 年版，第 258 页。

中共中央18天之内的4道电示，特别是1935年2月28日中共中央书记处又通过电报向中共中央分局传达了遵义会议决议精神，不仅极大地鼓舞了中央分局和留守红军坚持游击战争的斗争意志，坚定了必胜的信心，而且为中央苏区留守部队分散突围开展游击战争指明了方向。中央分局书记项英终于下定决心实行战略转变。

二、九路突围

根据中共中央的电报指示，项英、陈毅立即在于都县禾丰召开中央分局紧急会议，对部队突围作出部署，指挥被围困在于都县南部的近万名红军部队和地方工作人员，分成9路，从禾丰地区陆续出发，分散突围。2月19日和21日，项英两次致电博古、朱德、周恩来，汇报了贯彻执行中央指示情况和各路部队突围方向及中央分局的行动计划。

"九路突围"情况如下：

赣南省苏维埃政府副主席王孚善，率兴（宁）龙（川）寻（乌）安（远）挺进营400余人，经会昌、安远县边界向寻乌县方向突围。2月19日遭国民党粤军1个团截击，部队被打散，王孚善率50余人突围到广东梅县地区，又遇敌阻击遭到失败，王孚善牺牲。

中共中央分局组织部长陈潭秋和原福建军区司令员谭震林，率红二十四师4个连，突围到福建省委驻地长汀四都，后经河田、朱畲、才溪、紫金山，抵达永定县，与张鼎丞、邓子恢等会合。

中央政府办事处保卫局长汪金祥，率领红二十四师4个连到寻乌县南部和广东蕉岭、平远、武平一带开展游击战争。李天柱、孙发力率红二十四师另4个连，任务是依靠寻乌县南部原有游击区，向东江发展，与古大存取得联系。这两支部队经安远、会昌两县边界，2月25日抵会昌县南部清溪，遇国民党粤军独四师堵击，伤亡惨重。汪金祥、李天柱率剩下的二三十人突出重围，到达寻乌县南部。

中央军区参谋长龚楚和石衡中、史犹生，率领红二十四师七十一团前往湘南，收容野战军红三十四师失散部队，发展湘南游击区。2月

25 日，红七十一团在信丰县极富地区与国民党粤军交战后，安全抵达油山，留下 2 个连就地开展游击战争，余部由龚、石率领继续向湘南进发。但部队抵达湘粤边境郴县时，龚楚带一营人叛变投敌，余部留在湘南开展游击斗争。

红军独立第三团团长徐洪、政委张凯率领独立三团，到湘赣边和湘鄂赣边传达中共中央指示，并在该地坚持游击战争。该路在 2 月 25 日渡桃江时被敌截为两半。团长徐洪在突围途中牺牲。团政委张凯与一起突围的陈正人，率 100 多人抵达安远、寻乌南部山区，与周建屏、李天柱会合。在兴宁地区坚持游击斗争的原粤赣军区政治部主任罗屏汉率游击队六七十人，也前来与张凯等会合。5 月，李天柱因自己擦枪走火牺牲。陈正人、周建屏被安排离开寻乌，秘密经汕头转赴香港治病并寻找组织。随军突围的原中央政府内务部长周以栗在安远县牺牲。

毛泽覃率 1 个连突围到福建长汀县四都，与福建省委会合。1935 年 4 月，毛泽覃率一支游击队返回瑞金黄蟮口（今黄田坑）山区活动，被叛徒出卖牺牲。

少共中央分局书记李才莲，奉命率领独立七团，前往闽赣省委传达中共中央指示，开展游击战争。2 月下旬，他们在瑞金西部突围时，队伍被打散。李才莲率余部转到闽赣边，与中共瑞西特委书记赖昌祚所率部队会合。再次突围时，李才莲牺牲，赖昌祚等少数人突围到了汀瑞边山区。

中共赣南省委书记阮啸仙、省苏维埃政府主席钟世斌、赣南军区司令员蔡会文、军区政治部主任刘伯坚、少共赣南省委书记陈丕显和中央政府办事处副主任梁柏台等，率领独立六团及省委机关、中央工农剧社、《红色中华》报社等 2000 余人，留在于都南部山区坚持游击战争。3 月上旬往赣粤边突围时，部队在畚岭地区与国民党粤军第一军第一师第一团遭遇，激战后部队被冲散。刘伯坚和赣南军区政治部秘书廖昔昆、中央政府办事处交通科长连德胜等在安远县塘村鸭婆坑受伤被俘,3月21日在大余县城被国民党粤军杀害。梁柏台在突围时亦受伤被俘,押往大余县城后遇害。钟世斌在信丰县金鸡被俘后逃脱时牺牲。蔡会文、阮啸仙和陈丕显率部于3月6日冲破国民党粤军设置的牛岭、马岭封锁线。阮啸仙在信丰县上小埂被流弹击中牺牲。蔡会文率余部200余人与国民党粤军激战后,经定南县转至信丰县,4月上旬抵达油山。

项英、陈毅、贺昌率领的红二十四师第七十团,最后突围。他们将全团编为4个大队,向福建长汀地区转移。3月9日下午,贺昌率第三大队先行,袁血卒率第四大队跟进掩护,当晚渡过濂江(安远河),抵会昌县晓龙天门嶂时,遇国民党军第八十九师阻击,部队大部分牺牲或被打散,一部分人被俘。贺昌于3月10日晨在归庄壮烈牺牲。随队突围的红二十四师政委杨英亦牺牲。师长周建屏率少数人突出重围到达安远、寻乌县南部,与张凯等会合。袁血卒率少数人突出重围,后辗转抵达上海。

三、项英、陈毅上油山

1935年3月9日傍晚,项英坚持向中共中央发出最后一份电报后,命令埋掉电台,烧毁密码。随后,与陈毅一起,率领红二十四师第七十团两个大队,从于都县南部上坪山区出发,摸黑向东突围。是时天空漆黑,大雨倾盆,濂江河水猛涨,部队渡河受阻。陈毅只好率部于当晚返回上坪。项英所跟队伍走错道路,与陈毅失去联系,又遭遇国民党粤军阻击。天亮后,项英亦率部分人员撤回上坪,与陈毅会合。

这时,上坪山区已被国民党粤军四面包围,红军队伍很快被打散。陈毅在上坪山上巧遇原中共信丰县委书记曾纪财。曾纪财对赣粤边情况非常熟悉。陈毅曾于1930年夏秋间在信丰组建过红二十二军,并在那里创办过红军学校,他的前妻肖菊英(1931年牺牲)亦是信丰县城人,所以他对信丰的情况也比较熟悉。项、陈与曾纪财商议后,毅然决定改变原定突围计划，转而突围到赣粤边去寻找李乐天、杨尚奎等所率游击队。于是，项、陈召集剩余人员开会，安排他们分散向赣粤边突围转移。随后，项、陈二人由曾纪财带路，换上便衣，半夜从上坪出发，在赣县王母渡附近偷渡桃江，一路颠沛，于3月底辗转抵达信丰县峙山蛤蟆岭，后又安全转移到廖地村上了油山，与李乐天、杨尚奎等会合。

9路突围，损失惨重。牺牲了中共中央分局委员瞿秋白、贺昌和何叔衡、阮啸仙、刘伯坚、周以栗、梁柏台、钟世斌、毛泽覃、李才莲、李天柱、杨英等重要干部。大部分突围部队被打散失败，突出重围的不到三分之一。但值得庆幸的是，中共中央分局和中央政府办事处主要领导人项英、陈毅和陈潭秋、张鼎丞、邓子恢、谭震林、蔡会文、周建屏、陈正人等重要干部安然无恙。陆续突围抵达赣粤边、闽西南、汀瑞边和湘粤赣边的红军部队，也还有约2000人。这些革命力量得到保存，为今后各地游击战争的开展奠定了坚实的基础。

四、苏区游击战争初期的严重受挫

中央分局领导机关和留守红军九路突围，标志红军主力撤离后中央苏区最初半年多的群众性游击斗争遭受了严重挫折和重大损失。造成这种结果，既有客观方面的原因，更有主观方面的原因。

客观原因：

一是中共中央博古等“左”倾领导者在指导方针上，对红军主力撤离后中央苏区的游击斗争作了错误的布置。他们对于红军主力转移后中央苏区“数百万人的群众行动的政治目标，认为不是重要的问题”[①]；对红军主力转移后中央苏区的斗争具有何种重要的意义，应采取何种正确的斗争策略和斗争方法，斗争的前途如何等问题，“始终秘

① 《中共中央关于反对敌人五次“围剿”的总结决议——一九三五年一月十七日政治局会议通过》。

而不宣”①。为了主力红军和中央机关的安全转移,在一定时间内保守秘密是必要的。但是,不应该对党、政、军的各级主要领导干部保密,尤其不应该对中共中央分局和中央政府办事处的领导人保密。事实证明,这种做法使得中央苏区军民对红军主力转移后突然到来的严重形势,缺乏充分的思想准备与组织准备,因而不能适应新的斗争要求,遭受不应有的损失。同时,中央最高“三人团”划定宁都、瑞金、会昌、于都四座县城之间的“三角地区”为中共中央分局必须最后坚守的地区,要求中共中央分局执行保卫苏区、等待主力回师反攻。这样“划地为牢”,严重束缚了中共中央分局的手脚,使中共中央分局和中央政府办事处在完成了掩护野战军转移任务后,面临敌人封锁围困的严重形势时,不能迅速及时跳出“三角地区”,去开展灵活机动的游击战争,最终导致被围困在于都南部地区,使“九路突围”丧失最佳时机。

二是敌我力量对比悬殊,敌强我弱。红军野战军退出中央苏区后,进攻中央苏区的国民党军队仍有 20 余个正规师,超过 20 万兵力。1934 年 11 月底,蒋介石又将江西、福建两省划分为 12 个绥靖区,限期“分区清剿”。与此同时,国民党军每侵占一地,都搜罗地主豪绅流氓地痞组织“义勇队”、“铲共团”等反动武装,大肆烧杀抢掠,实行保甲连坐法西斯统治。而留在中央苏区的红军部队,仅有独立红二十四师和十几个独立团,约 1.6 万人。这些部队中的大部分指挥员和战斗员,都是红军主力兵团留下的伤病归队人员,武器装备差,战斗力不强。同时,红军野战军撤离时,留下 2.5 万名伤病员和一批干部家属。这些人员都要由中央分局和中央政府办事处疏散安置。由于持续一年之久的第五次反“围剿”战争和敌人的封锁,中央苏区的人力、物力、财力大量消耗,补充困难。敌我力量对比,显然是敌强我弱。红军主

① 《中共中央关于反对敌人五次“围剿”的总结决议——一九三五年一月十七日政治局会议通过》。

力和中央机关撤离之前,在“左”倾错误领导下拥有10万之众的主力红军尚不能保卫中央苏区;主力红军和中央机关撤离后要“保卫”中央苏区,其难度是可想而知的。

主观原因在于中共中央分局书记项英在工作中存在严重失误。主要表现在:

一是对红军野战军撤离后中央苏区面临形势的分析和估计不正确。正如项英自己后来所说:“对于当时整个斗争形势估计不足,没有清楚的估计到当野战军出动后,敌人绝不能根本放弃对于苏区的进攻,特别是彻底消灭的企图,固然野战军出动到湘西以后,进行反攻,建立苏区有大的发展的前途,很有可能将进攻中央苏区的敌人大部分被吸引到那方面去,便利于我们的斗争。可是,另一个很大的可能,而明显的摆在我们当前,就是如若野战军不能在湘西立脚或进行反攻不利时,就不能大大吸引敌人离开苏区,即或一部分敌人被吸引但仍然有相当力量来坚决消灭苏区和武装,这是极大可能而且是敌人必然的企图。……同时,对于主客观形势的估计,没有着重站在当时白区的地位,来估计主客观形势的可能发展,失掉了自己的独立性,把当前事态发展的重心依托在野战军方面。因此野战军一遇不能实现预定计图及时转变局势时,就影响我们整个斗争,造成不可挽救的局面。”① 项英向中央政治局沉痛地检查说:“正因为我们对于斗争形势估计的错误,没有深刻的明确的估计到,敌人有决心的消灭苏区和留在苏区的武装,自然忽视了当时斗争的严重性,自然不能估计到敌人一切可能进攻的手段,更不能明确的估计到斗争中可能的变化,和可能发生的前途,所以不能确定正确的行动方针。没有明确的行动方针,就不能决定正确的适应新的斗争方式,即或有了正确的方针也不能正确的

① 项英:《三年来坚持的游击战争》,1937年12月13日。见《南方三年游击战争·综合篇》,解放军出版社1995年12月出版,第496页。

运用到实际斗争中去以至造成不利的局势，影响整个斗争的前途，遭受最大的损失。"①

二是肤浅地理解和机械地执行中央对中共中央分局的指示和既定方针，没能根据实际情况，适时地领导苏区军民转变斗争方式和工作方式。一方面，是对于游击战争的理解肤浅，不深刻。项英说："虽然中央给我们以游击战争来保卫苏区的方针指示，但是我们对于这一方针的实际了解是肤浅的极不深刻的。……虽然我们放弃了过去的阵地的防御战，转为运动战，由正规作战逐渐转向游击战争，在战术上采用游击队的动作，但在基本上没有认识当时整个斗争的实质，不能彻底转为纯粹的游击战争，还保留大兵团作战的方式，还偏于单纯的消极防御，更没有从各个时代的特性与变化。[，]来认识当时游击战争的实质及其战术的特点……去进行游击战争。这样，在新的斗争环境下，就不能适应新的斗争。"②1934 年 12 月，中共中央分局虽然开始转变组织方式与斗争方式，但仍只是局部转变，离真正意义上的游击战争组织方式与斗争方式还相差甚远。另一方面，中共中央书记处和中革军委要求中共中央分局必须最后坚守宁都、瑞金、会昌、于都四座县城之间的"三角地区"，这是严重脱离苏区实际的布置。对于中央的这一要求，项英不察战争形势的变化，固执、机械地予以执行，结果是作茧自缚，自设牢笼。

三是关键时刻进行战略决策时犹豫不决，不能当机立断。1935 年 1 月底 2 月初，局势已十分危急。项英身为中央分局书记、中央军区司令员兼政治委员，本应当机立断，迅速组织留守苏区机关部队分散突围，以避免全军覆没。可在这关键时刻，项英却顾虑重重，优柔寡断，

① 项英：《三年来坚持的游击战争》，1937 年 12 月 13 日。见《南方三年游击战争·综合篇》，解放军出版社 1995 年 12 月出版，第 497 页。

② 项英：《三年来坚持的游击战争》，1937 年 12 月 13 日。见《南方三年游击战争·综合篇》，解放军出版社 1995 年 12 月出版，第 497 页。

一再坐等中央指示而不敢决断。幸好中央书记处于2月5日及时来电指示迅速分散突围开展游击战争，项英才召开中共中央分局紧急会议，研究和部署留守机关部队分散突围转移。

中共中央分局工作中的上述失误，给中央苏区的群众游击战争造成了重大损失，教训是深刻的。

一是党的领导机关尤其是党的主要领导人，在时局急剧变化的严重时刻，一定要实事求是，一切从实际出发，按照实际情况果断决策，适时提出工作方针，这是关系革命成败和党的事业能否兴旺的关键。

二是党的领导机关尤其是党的主要领导人，在领导工作中一定要自觉贯彻执行党的民主集中制原则，善于听取各方面意见，特别是要善于听取各种不同意见，择善而从。

三是党在任何时候都应当相信和依靠群众，坚持党的群众路线。

以项英、陈毅等为领导的中共中央分局，在中央机关和红军主力撤离苏区后的一段时间内，尽管在工作中存在严重失误，但与他们领导红军三年游击战争所建树的历史功绩相比，失误毕竟是次要的。

第四节
赣粤边等地的红军游击战争

一、赣粤边红军游击战争

按照中共中央分局的统一部署，自1935年3月至1937年秋，突围转移到赣粤边、湘粤赣边、汀瑞边和闽西南的红军游击队，在这些地区顽强地坚持艰苦卓绝的游击斗争。

中共中央分局书记项英、中央政府办事处主任陈毅，直接领导了赣粤边红军游击战争。

赣粤边游击区包括信丰、大余、南康、赣县、龙南、全南、定南和广东南雄等县，以信丰油山、大余北山和梅山为中心。这个地区除全南、定南两县外，其余各县早在1926年就分别建立了中共组织，1928年春在南康潭口、赣县大埠、信丰、南雄等地先后爆发过声势浩大的农民武装暴动，建立了革命武装，开展了打土豪、分田地斗争，建立了县级苏维埃政权，成为中央苏区的组成部分。1932年春国民党粤军侵占赣南，信丰、赣县、南康3县桃江以东地区先后被粤军所占，与大余、南雄、龙南等县一起，成为红军游击区域。1933年9月，苏区中共粤赣省委决定成立中共信康赣县委，以半公开活动方式，领导信康赣边区人民开展游击战争。1934年6月，为加强对赣粤边游击战争的领导，中央又决定成立以李乐天为主席的赣粤边军政委员会，其活动范围包括信、康、赣、余、雄和龙南、全南、定南等县。1934年12月底李乐天、杨尚奎等率700余人的游击队挺进信丰油山后，赣粤边游击根据地得到了巩固和扩大。

1935年3月底至4月上旬，项英、陈毅和蔡会文、陈丕显等所率突围部队先后抵达油山，与李乐天、杨尚奎等领导的游击队会合。此时，聚集在这一地区的红军游击队已达1400余人。

4月初，项英、陈毅在南雄县大岭下村召开中共信康赣雄特委与信康赣雄军分区领导干部会议，听取了李乐天等关于赣粤边情况汇报。项英、陈毅在表扬特委和军分区率部胜利抵达油山并站稳脚跟的同时，也诚恳批评了特委和军分区领导人中存在的盲目乐观情绪和在游击区照搬照套苏区工作方式的错误，要求大家认清形势，迅速转变斗争方式与工作方式。会上，项英、陈毅决定：派军分区参谋长向湘林率部分部队，到信丰县与安远县交界处接应中央苏区突围失散人员；同时派赣南军区司令员蔡会文率部前往南雄县北山待命。会议还决定将中共信康赣雄特委、信康赣雄军分区改为中共赣粤边特委和赣粤边军分区，仍以李乐天为特委书记兼军分区司令员和政治委员，杨尚奎为特委副书记，陈丕显参加特委领导，刘新潮（刘建华）为少共特委书记。

大岭下会议只开了1天,因敌情变化,第2天,项英、陈毅、李乐天、杨尚奎、蔡会文等率领特委和军分区机关及直属武装人员,从油山转移到大余县北山,在帽子峰下的长岭村,继续召开赣粤边干部会议(史称长岭会议)。这是一次对坚持赣粤边游击战争有十分重要意义的会议。参加会议的有近70人。会议传达学习了中共中央关于分兵开展游击战争的指示,分析了形势,研究部署了在赣粤边坚持和发展游击战争的方针和策略。项英在会上作了形势报告。他特别强调:不要认为中央苏区丧失了,革命就失败了,要坚决反对失败主义和悲观情绪,要坚定地树立革命必胜的信心。他还强调指出:要彻底转变斗争方式与工作方式,游击战争应以发动和领导群众斗争为主体,反对单纯打土豪。打土豪要严格地执行政策。陈毅也在会上发表重要讲话。他以革命的乐观主义对大家说:"我们要以游击战争的形式,坚持下来,同敌人斗,积蓄和保存力量,保存一部分干部,适当地利用机会发展,改善装备,扩大游击队,扩大根据地,创造新的条件,将来应付大的事变,迎接新的革命高潮。"他还说:"我们要进行两条路线的斗争,既反对盲动主义,也反对悲观失望。我们的正确路线是:保持干部,保持游击队,保持政治旗帜。插一杆红旗在山上,准备在适当的时候给敌人以打击,打破敌人的'围剿'来壮大自己。"[①]会议制定了"依靠群众,坚持斗争,积蓄力量,创造条件,迎接新的高潮"的斗争方针;决定军事上以南岭山脉为依托,以油山、北山为主要根据地,坚持长期的游击战争;强调在战术上以保存有生力量为主,反对硬打强敌,要采取袭击动作和打圈子等方式反击敌人的"清剿"。

长岭会议根据当前敌情和赣粤边的实际情况,对游击力量的部署进行了研究,决定将赣粤边分为5个相对独立又相互联系的游击区:

① 陈毅:《忆艰苦的三年游击战争》,转引陈毅等:《回忆中央苏区》,江西人民出版社1981年版,第515—516页。

即油山区、北山区、信康赣区、信南区、上(犹)崇(义)区;将红军和游击队编成4个大队和若干小队,分散开展游击战争:1. 蔡会文率两个大队向崇义、上犹县边境和湖南的汝城、桂东县一带发展,建立游击区,并设法与已进军湘南的原中央军区参谋长龚楚及中共湘赣省委取得联系。2. 赣粤边军分区政治部主任李国兴率1个大队到崇义县的文英、古亭一带发展游击区,把北山游击区与湘南游击区连成一片。3. 一个大队到大余县中北部的洪水寨、娘娘庙一带开展游击战争。4. 一个小队到南雄县西部山区活动。5. 一个小队留在北山随特委活动。6. 黄成则、张日清率1个小队到"三南"(龙南、全南、定南)扩大游击区。项英、陈毅分别化名为"老周"、"老刘",和李乐天、杨尚奎、陈丕显、刘新潮等赣粤边特委领导人一起,随特委和军分区司令部在北山行动,指挥各地游击战争。

长岭会议后,各游击队分头行动。此时,国民党粤军3个师在地方保安团配合下,对赣粤边游击区开始了严密封锁和大规模"清剿"。项英、陈毅和特委、军分区司令部在北山驻地棚洞村被敌发现,遭到突然袭击。项英、陈毅等安全脱险,一部分游击队员和工作人员在突围中牺牲,损失重大。此后,项英、陈毅、李乐天等决定进一步缩小机关,分散部队,只留下侦察班和特务班在身边,同时告别房屋,选择在大余、南雄两县交界处帽子峰西侧深山老林,搭竹(草)棚,住山洞,建立秘密营地,通过秘密交通线,与各地游击队联系,领导指挥游击战争。在项英、陈毅和中共赣粤边特委领导下,各地游击队隐蔽和保存了有生力量,并且采用各种灵活机动战术打击敌人,从而粉碎了国民党粤军制定的3个月消灭游击队的"清剿"计划。

1935年10月13日,已经叛变投敌的原中央军区参谋长龚楚带领一队国民党粤军,伪装成红军游击队,从湘南窜到赣粤边游击区,诱迫赣粤边特委后方主任何长林叛变后,又由何长林带路来到北山。北山游击队被龚、何诱骗集中在龙西石开会而遭围歼,牺牲30余人,仅八九人突围脱险。随后，叛徒龚楚、何长林又率领国民党粤军"抄剿"项英、陈毅驻地，幸亏游击队侦察员在与龚、何相遇时识破叛徒阴谋，机智报警，项、陈等得以迅速转移。

"北山事件"后，项英、陈毅、李乐天等率特委机关离开北山，转移到信丰县油山游击区活动。1935 年 12 月底，特委书记李乐天不幸牺牲。项英亲自兼任特委书记，与陈毅一起，领导游击队紧密依靠群众，使叛徒阴谋破产，并且彻底粉碎了国民党粤军发动的移民并村、封坑搜山、企图饿死冻死游击队、长达半年之久的更残酷"清剿"。1936 年 6 月"两广事变"发生，国民党粤军停止了对赣粤边游击区进攻，撤走了驻大余、信丰等地军队。项英、陈毅正确分析形势，抓住有利时机，领导游击队主动出击，积极活动，打击国民党地方反动势力，扩大发展了游击队和游击区域。从 1936 年 8 月至 1937 年 7 月，赣粤边游击队在项英、陈毅等领导下，又粉碎了国民党蒋军第四十六师对游击区先后发动的 3 次残酷"清剿"。

二、湘粤赣边游击战争

湘粤赣边游击区，亦称湘南游击区，包括江西上犹、崇义和湖南桂东、资兴、郴县、汝城、宜章等县。1935 年春，由方维夏、陈山领导的湘赣红军独立第四团余部 100 余人，张通领导的独四团另 1 个连，分别在桂东、新田等县活动。由龚楚率领的红二十四师第七十一团余部 100 余人，亦抵达桂东东边山、西边山地区。

1935 年 4 月，原赣南军区司令员蔡会文按照长岭会议决定和项英、陈毅意见，率领赣南省突围部队及红二十四师第七十团余部一起编成的两个大队约 300 余人，从北山经崇义、上犹，来到湘东南汝城、桂东一带，开展游击战争，设法与方维夏、陈山、张通等领导的独四团部队及龚楚所率部队取得了联系。不久，原红二十四师第七十团政治部主任游世雄也遵照项英、陈毅指示，率领赣粤边游击区北山游击队 100 余人，由南雄县进入湘南，与蔡会文部会合。

4 月下旬，蔡会文在崇义县与桂东县交界的赤水仙召开各游击队负责人会议，传达了中共中央分局长岭会议精神，研究了如何开展湘南游击战争问题。会议决定成立中共湘粤赣边特委，以陈山为书记，李国兴任组织部长，方维夏任宣传部长，蔡会文、龚楚（不久，龚率部分人员在郴县投敌叛变）、游世雄、罗荣、张通、王赤等为委员；同时决定将各部游击队合编为湘粤赣游击支队，蔡会文任支队长兼政委，游世雄任副政委，罗荣任参谋长，李国兴任政治部主任，支队部设在赤水仙，支队下辖 7 个大队，共七八百人。

赤水仙会议后，各游击大队根据特委和支队部的部署，抓住湘南敌军力量空虚有利时机，在东边山、西边山积极开展游击活动，寻找机会打击消灭敌人，取得一连串胜利。同时，特委和游击支队组织 8 个工作团，分赴湘粤赣边各县开展群众工作，恢复发展党的组织。经过半年多努力，以东边山、西边山为中心的方圆数百里游击区的游击战争得到蓬勃发展，游击支队力量也发展到有约千人，各县党组织所辖地方武装也普遍恢复建立起来。这期间，中共湘粤赣边特委和游击支队通过秘密交通线与中共中央分局项英、陈毅保持密切联系，经常获得项英、陈毅的指导，还与在湘赣边武功山地区坚持游击战争的中共湘赣省委取得了联系。

湘粤赣边红军游击战争的蓬勃发展，令国民党当局大为震惊。1935 年 11 月，国民党从广东、湖南、江西调集国民党正规部队和 10 余个保安团、“铲共队”，共 5 万余兵力，对湘粤赣边游击区进行残酷“清剿”。敌人将“清剿”重点放在湘粤赣边游击支队活动的东边山、西边山，以近 3 个师兵力，将蔡会文率领的游击支队领导机关及主力包围在东边山朱冠山一带。突围中，游击支队大部壮烈牺牲，蔡会文、陈山、周礼等领导人各率突围出来的一部分人分散行动。蔡会文率支队直属队转移到东边山崇义县上堡乡石坝子村。12 月 4 日因坏人告密，国民党粤军副师长彭霖生率 1 营兵力分两路突然前来石坝子搜村。

面对敌情,蔡会文不顾个人安危,命令分队长刘荃禄和警卫排长各率一部兵力分头突围,自己亲率通讯班10余名战士坚守村中掩护,一边打一边往村后高山纸棚撤退,吸引敌军火力,后又趁机转移到丫山山口田棚稍事休息。由于连续几天断粮,大家又饥又累,蔡会文派一名战士下山买粮。不料这名战士一下山即被俘叛变,带领敌人前来偷袭。蔡会文为掩护战士们突围,身负重伤,不幸被俘。敌人将蔡会文手脚捆住,中间穿一根竹杠抬着回去请功。抬至牛岭埂上,蔡会文从昏迷中苏醒过来,对敌人破口大骂。恼怒的敌人残忍地用刀将他的喉咙割断。蔡会文壮烈牺牲。

蔡会文牺牲后,王赤率领一支游击队在桂东、崇义边境活动,游世雄率领一支游击队在桂东、汝城边境活动,直至抗日战争爆发。

三、汀瑞边游击战争

汀瑞边游击区亦称闽赣边游击区。在这个地区坚持游击战争的有:中共瑞西特委书记赖昌祚和特委委员钟德胜率领的瑞金游击队;刘国兴率领的武阳游击队;张开荆、张悌、彭胜标、胡荣佳等领导的桃古游击队。

赖昌祚、钟德胜等于1935年4月率中共瑞西特委直属队及瑞金独立营部分人员,从瑞西铜钵山区突围到汀瑞边丝茅坪。5月,赖昌祚主持在丝茅坪召开主要干部会议,出席会议的有中共瑞西特委委员钟德胜、杨世珠和游击队的部分领导人。赖昌祚在会上清醒地分析了面对的严峻形势,要求与会者切实贯彻中共中央关于转变组织形式与斗争方式的紧急指示,以适应新形势下斗争的需要。会议制定了"保存力量,分散行动,以待时机"的行动方针,游击队在敌情特别严重时化整为零以保存自己,在时机有利时化零为整,打击反动势力。在斗争方式上,紧紧依靠群众,建立秘密联络点,逐渐恢复和发展地下党组织。同时选择群众基础好的山区,创造条件建立游击根据地,以便长期坚持边界游击战争。会后,赖昌祚率一部分武装留在罗汉岩地区活动，钟德胜率30余名游击队员转移到大柏地一带开展斗争。不幸的是，1936年10月，赖昌祚隐蔽在罗汉岩养病期间被叛徒杀害而牺牲。

武阳游击队由武阳区、下州区2支游击队合并组成，刘国兴任队长，原有100多人。由于国民党军队的连续进攻和"清剿"，游击队伤亡损失惨重，至1935年6月只剩下刘国兴、刘明生2人。但他们没有悲观气馁，总结经验，吸取教训，继续联系失散战友，秘密潜入乡村屋场联系群众，逐渐恢复发展党的组织，坚持斗争。1936年底，游击队又恢复到20余人。

桃古游击队是由彭胜标、胡荣佳领导的桃古区游击队及张悌领导的兆征县独立营余部和张开荆领导的瑞金游击队余部组成。他们坚持在瑞金、长汀两县边界山区开展游击斗争。1936年11月，为加强对游击根据地领导，在长汀县猪仔崠召开党员干部会议，决定成立了中共汀瑞县委，由胡荣佳任书记，彭胜标任副书记；同时决定将游击队改名为汀瑞游击队，由胡荣佳任队长，彭胜标任政委。

1937年1月，钟德胜率领瑞金游击队转战观音崠地区时，与胡荣佳、彭胜标、张开荆等领导的汀瑞游击队取得了联系。4月，两支游击队在猪仔崠胜利会合。随后，钟德胜又通过地方党组织关系，与刘国兴领导的武阳游击队取得联系。3支游击队更增添了斗志，增强了革命必胜的坚定信念。他们继续分散活动，又紧密配合，连连取得战斗胜利，迎来了全国抗战爆发。

四、闽西南游击战争

1935年4月，中共中央分局委员陈潭秋和谭震林等率部突围到闽西永定县，与张鼎丞、邓子恢、方方等会合。陈潭秋主持召开会议，传达了中共中央书记处关于苏区留守红军立即改变组织方式与斗争方式、分散开展游击战争的指示精神。经过讨论，会议确定了"开展广泛的、灵活的、群众性的、胜利的游击战争。在军事上粉碎敌人'清剿'，保存有生力量，锻炼现有部队；在政治上保持党的旗帜，保持党与群众的密切联系;在组织上保持党的纯洁性、战斗性,保持各地领导骨干的安全与团结"①的基本方针和任务。为了更好地实施对闽西南地区的统一领导,会议将原先成立的闽西军政委员会改称为闽西南军政委员会,仍以张鼎丞为主席,邓子恢任财政部长兼民运部长,谭震林为军事部长,郭义为任党务部长,朱森任参谋长,方方任政治部主任。整顿建立了永定、永东、杭代、龙岩、新长杭等 5 个中共县委,成立了闽西南交通站。会议还决定把闽西南军政委员会所属之红军游击队划分为 4 个作战分区:第一作战分区由红九团第二营和明光独立营组成,司令员罗忠毅,政委方方,活动范围是龙岩、连城、宁洋 3 县地区;第二作战分区由红九团第一、第三营和永东游击队组成,司令员吴胜,政委谢育才,活动范围是永定、平和以及广东大埔、饶平各县边区,并负责打通与闽粤边游击区红三团的联系;第三作战分区由红八团和龙岩游击队组成,司令员邱金声,政委邱织云,活动范围在龙岩、南靖、漳平 3 县边境地区;第四作战分区由红二十四师 100 余人、卓林大队以及永东、杭代、新汀杭等县独立营组成,在永定、上杭地区活动,由张鼎丞、谭震林直接指挥。

会后,军政委员会领导成员分散到各游击区领导斗争。中共中央分局委员陈潭秋由人护送,秘密前往汕头治伤(后转往上海、苏联)。游击队依靠群众,实行灵活机动的游击战术,在半年多时间内,打破了国民党军队两次"清剿"。1936 年 1 月,闽西南军政委员会根据日本帝国主义大举进犯华北地区的局势和从地下党获悉的党中央关于建立抗日反蒋统一战线的决议精神,决定将闽西南红军游击队改称为闽西南抗日讨蒋军,各县游击队改称为抗日义勇军。从 1936 年 2 月至

---

① 张鼎丞、邓子恢、谭震林:《闽西三年游击战争》。见中国人民解放军历史资料丛书编审委员会编《中国人民解放军历史资料丛书·南方三年游击战争·综合篇》,解放军出版社 1995 年版,第 720 页。

1937 年 3 月，闽西南抗日讨蒋军先后粉碎国民党军发动的 3 次大规模“清剿”。两年中先后 5 次反“清剿”胜利，歼灭了敌人大量有生力量，扩大了游击区，恢复发展了党组织，抗日讨蒋军也发展到 2000 余人。

第五节 红军游击队改编与新四军开赴抗日前线

一、红军游击队下山改编

1936 年 12 月，震惊中外的西安事变发生。中共中央从“逼蒋抗日”转为“联蒋抗日”，于 1937 年 2 月 10 日发表《中共中央给中国国民党三中全会电》，提出“停止内战，一致抗日”等五项要求和四项保证，以促进国共两党合作的实现，在全国引起巨大反响。

闽西南军政委员会从多种渠道获悉中共中央有关建立抗日民族统一战线的指示精神，经过认真研究，决定按照中央指示精神，努力在闽西南建立抗日民族统一战线。为此，闽西南军政委员会首先决定将原来的中华苏维埃共和国闽西南军政委员会改名为中华苏维埃人民共和国闽西南军政委员会，将闽西南抗日讨蒋军改名为人民抗日红军，游击队改名为人民抗日义勇队。军政委员会一方面派出方方前往延安向党中央汇报请示，一方面在闽西南地区广泛开展停止内战、一致抗日的和平宣传运动，主动向驻闽西南地区的国民党粤军和地方当局发出和平谈判呼吁。卢沟桥事变爆发后，全国人民抗日热情迅速高涨。经过努力，1937 年 7 月 10 日和 7 月 29 日，闽西南军政委员会派出邓子恢、谢育才前往龙岩，与国民党粤军代表谈判，终于达成停止内战、合作抗日协议。8 月底 9 月初，闽西南人民抗日红军和人民抗日义勇队，改编为闽西抗日义勇军第一支队。

卢沟桥事变爆发后，在赣粤边领导游击战争的项英、陈毅，也及时召开中共赣粤边特委干部会议，分析形势。由于未得中央指示，会后项英以个人名义撰写了《卢沟桥事变与抗日战争斗争高潮》文章，印发给干部学习讨论。7 月底，项英、陈毅又从一本香港出版的进步杂志《新学识》中，看到一篇介绍中国各党派的文章中，引用了 1937 年 5 月 3 日毛泽东在延安所作《为争取千百万群众进入抗日民族统一战线而斗争》的报告摘要，从中了解到中共中央为建立抗日民族统一战线而提出的各项方针政策。项英又以个人名义，撰写了《中国新的革命阶段与党的路线》的文章。他明确指出：目前中国革命已发展到抗日民族统一战线与国共两党重新合作阶段；现阶段的主要敌人是日本帝国主义，现阶段的中心任务是打倒日本帝国主义；而国共合作则是打倒日本帝国主义、保证抗战的主要力量；国共合作必须严格遵守党中央和毛泽东所指出的三个原则，即在特区和红军中保持党的领导权，在国共两党关系上保持党的独立性和批评自由，争取抗日战争的领导权。项英在文章中提出，特委和游击队必须遵照中央路线合作抗日，在上述 3 个条件下争取与国民党地方当局谈判；必须转变工作方式，力求公开开展群众工作，以推动抗日民族统一战线的建立①。这篇文章对于帮助游击队干部战士统一认识、转变思想，开启赣南乃至江西国共合作局面，起了重要作用。

1937 年 8 月 8 日，项英、陈毅以中共赣粤边特委和红军游击队名义，发表《赣粤边共产党游击队联合宣言》，8 月 20 日又以中共赣粤边特委名义分别致函国民党江西省政府主席熊式辉、赣州专员马葆珩、国民党驻军第四十六师师长戴嗣夏以及大余、信丰、南康、南雄等县县长，诚恳表明特委和游击队为争取民族解放、挽救国家危亡，愿意停止对国民党敌对行动，要求国民党政府实行抗战，停止进攻游击区，与游

① 项英：《三年来坚持的游击战争》，1937 年 12 月 7 日，见中国人民解放军历史资料丛书编审委员会编：《中国人民解放军历史资料丛书·南方三年游击战争·综合篇》，解放军出版社 1995 年版，第 539—540 页。

击队谈判,合作抗日。随后,赣粤边党组织和红军游击队在游击区广泛开展抗日救亡宣传。但是,国民党地方当局和驻军却借机制造"油山共匪要求投诚"等谣言,写信要求游击队负责人下山"自新""归顺"。特委和游击队给予坚决回击,发表《告赣南民众书》,向广大人民群众和各界人士宣传共产党和游击队抗日救亡主张,揭露国民党当局顽固坚持内战、反对合作抗日的嘴脸。同时召开干部会议,学习毛泽东有关合作抗日指示,正确认识国共合作形势,纠正和克服麻痹思想和关门主义倾向。

精诚所至,金石为开。赣粤边特委和游击队的合作抗日主张和诚意,终于触动国民党地方当局有识之士。8 月 27 日,国民党大余县长兼"江西省招抚委员会"副主任彭育英派人给项英、陈毅送来"咸秘代电"专函,要求红军游击队派员接洽谈判有关事项,并表示愿意通电湘粤赣边国民党各县军政当局解除封锁,以示诚信。9 月 3 日,陈毅复函彭育英,陈述国共两党合作抗日的重要意义及红军游击队的态度,驳斥国民党当局污蔑游击队的言论。9 月 4 日,彭育英函复陈毅,同意派代表谈判,并约定双方先在南雄县钟鼓岩接触商谈。9 月 6 日,陈毅按照约定来到钟鼓岩,彭育英也由大余县政府秘书鲁炯雯陪同如约来到钟鼓岩。双方会面后,就正式谈判的时间、地点、议程等作了具体安排。

9 月 8 日,陈毅作为中共赣粤边特委和红军游击队全权代表,到达大余县池江,与彭育英派出的全权代表鲁炯雯,在池江区署进行正式谈判,初步达成 7 项合作协议:1. 由大余县政府电告江西省三、四、八行政区各县停止武力进攻游击区;2. 释放共产党员和政治犯;3. 不得歧视共产党;4. 游击队正式改编为国军,听候中央建制调遣抗日;5. 红军原有政训及指导人员不动;6. 各地的红军游击队由项英、陈毅负责召集;7. 其他未决事宜由大余县政府派员陪同陈毅前往赣州与国民党军政当局谈判。

池江谈判成功后，陈毅来到大余县城再次与彭育英见面，并治疗腿疾。9 月 12 日，陈毅由彭育英陪同来到赣州，与国民党江西省政府代表熊滨、第四行政督察专员兼保安司令马葆珩及第四十六师代表谈判。谈判中，陈毅对国民党报纸的恶意宣传和驻军第四十六师代表发表的谬论，进行了义正词严地驳斥和坚决斗争，并向赣南国民党驻军及地方当局提交了《合作抗日意见书草案》，提出 7 款谈判条件：国民党地方当局停止进攻游击区；共产党和红军游击队及其辖区内群众停止一切反政府活动，竭诚拥护中央政府领导之抗日救国大计，双方停止敌对宣传活动；由赣粤边特委负责集中所有游击队听候政府当局派员点编，点编之一切经费由政府完全负担，点编后如同西北红军一样改编为国军开赴抗日战场并与国军待遇一律平等，服从政府指挥，但改编后部队军政干部仍由共产党特委推荐经军政当局加委；立即无条件释放关押的共产党人和一切政治犯；尚留在赣粤边的中共中央分局可以负责集中江西各游击区红军游击队进行改编，但政府当局需提供便利，并要求将赣粤边特委与当局谈判经过转知朱、毛；撤离并解散游击区内所有"铲共团"，另组新的人民壮丁队维持秩序治安；保证抗日救国之言论自由；减轻人民负担，保护游击区人民利益，说服人民群众按章正当纳税以充实抗日经费等。国民党方面也提出相应条件。经过反复协商，国民党方面基本接受陈毅所提条件，双方达成了进一步协议。

赣州谈判后，陈毅返回信丰油山，向项英和特委汇报谈判结果。9 月 20 日，项英由油山前往大余县城，会见彭育英。21 日，项英、陈毅复由彭育英陪同前往赣州，会见第四行政区专员马葆珩和第四十六师师长戴嗣夏，并再次举行谈判，就红军游击队集中点编等问题达成补充协议。9 月 24 日，项英为解决南方其他游击区红军游击队改编为抗日武装等问题而前往南昌，与国民党江西省政府谈判，解决了国民党军队从游击区撤退、国民党释放政治犯、南方其他游击队集中改编及赣州谈判的遗留问题。

项英在南昌期间，见到了八路军驻南昌办事处代表顾建业，并且与在南京的博古、叶剑英取得了联系，通过博古致电毛泽东，终于与党中央恢复了联系，直接获得了党中央指示及《国共合作宣言》等若干重要文件。9 月 28 日、29 日，项英以中共中央分局名义致信浙南游击区刘英和江西各地红军游击队，告知国共合作抗日及游击队改编事宜，宣布在南昌设立“南方红军游击队总接洽处”。10 月上旬，项英从南昌返回赣粤边，立即召开游击队负责人会议，传达中央指示，研究有关改编问题。

与此同时，陈毅代表中共中央分局前往湘赣边、皖浙赣边，陈丕显前往汀瑞边和南雄等县，罗绍曾前往湘南，杨尚奎前往兴国县，刘新潮（刘建华）前往寻乌县，寻找红军游击队和地下中共组织，传达中共中央有关国共合作的指示，与国民党当局谈判合作抗日事宜，通知游击队按时集中整训，听候改编。

项英、陈毅等离开赣粤边后，赣粤边等地红军游击队在中共赣粤边特委副书记杨尚奎领导下，从 10 月上旬开始陆续下山，在大余县池江集中整训，改编为江西抗日义勇军。

二、新四军的组建与挺进

卢沟桥事变爆发后，中共中央与国民党南京政府关于停止内战、合作抗日的谈判，加快了步伐。1937 年 8 月 1 日，中共中央发出《关于南方各游击区工作的指示》，提出了南方游击区实行战略转变的“新政策”。9 月下旬，中共中央驻宁代表博古、叶剑英等，在南京同国民党代表何应钦、张冲等谈判，就南方 8 省红军游击队改编成一个新军形成初议，10 月 2 日正式达成协议。10 月 12 日，国民政府军事委员会宣布将南方 8 省红军游击队改编成立国民革命军陆军新编第四军，并公布了叶挺为军长的任命。

奉中共中央指示，项英为接洽新四军成立事宜，于 1937 年 10 月

12日离开赣粤边，经南昌前往南京，转赴延安，向中共中央政治局汇报南方三年游击战争情况。1937年12月13日，中共中央政治局作出《对于南方游击区工作的决议》，充分、正确地肯定了中共中央分局和南方红军游击战争的历史功绩。《决议》说："政治局听了项英同志关于南方游击区的报告之后，认为项英同志及南方各游击区的同志在主力红军离开南方后，在极艰苦的条件下，长期坚持了英勇的游击战争，基本上正确的执行了党的路线，完成了党所给予他们的任务，以致能够保存各游击区在今天成为中国人民反日抗战的主要支点，使各游击队成为今天最好的抗日军队之一部。这是中国人民一个极可宝贵的胜利。"①《决议》还说："项英同志及南方各游击区主要的领导同志，以及在游击区长期艰苦斗争之各同志，他们的长期艰苦斗争精神与坚决为解放中国人民的意志，是全党的模范。政治局号召全党同志来学习这些同志的模范。"②

1937年12月14日，中共中央政治局决定撤销中共中央分局，新成立中共中央东南分局。至此，中共中央分局完成了党所交给的历史使命。

随后，项英根据中央关于组建新四军的指示，以中共中央东南分局书记、中央军委新四军分会主席身份，随同中央派往新四军工作的一批干部离开延安返回武汉、南昌，与叶挺等一起组建新四军军部，正式开展了新四军组建工作。

新四军军长叶挺，副军长项英，全军计有10300人。下辖第一、二、三、四4个支队，分别由陈毅、张鼎丞、张云逸、高敬亭任支队司令员。在中央苏区坚持游击战争的红军游击队，分别编入第一、第二支

① 见中国人民解放军历史资料丛书编审委员会编《中国人民解放军历史资料丛书·南方三年游击战争·综合篇》，解放军出版社1995年版，第564页。

② 见中国人民解放军历史资料丛书编审委员会编《中国人民解放军历史资料丛书·南方三年游击战争·综合篇》，解放军出版社1995年版，第564页。

队。其中赣粤边和湘南红军游击队编为新四军第一支队第二团第二营和第三营一部;闽西南红军游击队编为新四军第二支队第二、三团;汀瑞边红军游击队编为新四军第二支队第二团第二营。湘鄂赣、闽浙赣、闽东、湘赣等地的红军游击队分别编入第一、第三支队。鄂豫皖、豫南桐柏山红军游击队编为新四军第四支队。

1938 年 2 月 15 日,新四军第一支队第二团奉命离开大余池江,经赣州、樟树等地开赴皖南集中。3 月,新四军第二支队第二、三团离开闽西,开赴皖南。4 月 4 日,叶挺、项英率新四军军部人员离开南昌到皖南岩寺集中,奔赴抗日前线。时如陈毅诗云;

抗日旌旗战局开,大军东去薄燕台。

南方豪杰风雷动,团结救亡下山来。

从此,经过三年游击战争考验的南方红军游击健儿,走出深山老林,以新四军的勃勃英姿,纵横驰骋大江南北,开创抗日战争新局面。

[附录一]

中央苏区“龙虎榜”

——新中国成立初期省部级以上领导人名录

中央苏区藏龙卧虎，精英荟萃。在这片神奇的红土地上，走出了一大批人民共和国的开国元勋和治国安邦的栋梁之才。

毛泽东　周恩来　刘少奇　朱　德　陈　云　邓小平　任弼时
张闻天　董必武　林伯渠　彭德怀　林　彪　聂荣臻　刘伯承
罗荣桓　陈　毅　叶剑英　贺　龙[①]王稼祥　杨尚昆　胡耀邦
邓颖超　王　震　谢觉哉　罗瑞卿　滕代远　李维汉　曾　山
徐特立　陆定一　李克农　邓子恢　童小鹏　李富春　吴亮平
吴溉之　李六如　叶季壮　何长工　钱之光　杨立三　宋裕和
王　诤　贺　诚　傅连暲　刘少文　方　方　王观澜　陈正人
伍修权　雷经天　汪金祥　张宗逊　冯文彬　蔡　畅

（以上为新中国成立初期政务院政务委员、中共中央和政务院部长、副部长，各委员会主任、副主任，高院、高检、群团主要领导人）

谭震林　张鼎丞　宋任穷　李井泉　张际春　张云逸　古大存
王恩茂　黄克诚　黄火青　程子华　张启龙　欧阳钦　凯　丰
潘自力　贾拓夫　谭启龙　肖望东　陈丕显　曾希圣　刘　晓
王首道　杨尚奎　谢扶民　何　伟　陈漫远　苏振华　张经武
张国华　谭冠三　吴之圃　邵式平　邓　华　杨　勇　陈　赓
周士第　李卓然　粟　裕

① 贺龙于1927年8月在瑞金绵水中学加入中国共产党。

(以上为新中国成立初期各中央局、各大行政区、各省市区主要领导人)

元　帅(9位)

朱　德　彭德怀　林　彪　刘伯承　贺　龙　陈　毅　罗荣桓
聂荣臻　叶剑英

大　将(7位)

粟　裕　黄克诚　陈　赓　谭　政　萧劲光　张云逸　罗瑞卿

上　将(34位,以姓氏笔画为序,下同)

王　平　王　震　韦国清　邓　华　朱良才　刘亚楼　苏振华
李　达　李　涛　李天佑　李志民　李克农　李聚奎　杨　勇
杨至诚　杨成武　杨得志　宋任穷　宋时轮　张宗逊　张爱萍
陈士榘　陈伯钧　陈奇涵　周　桓　周士第　赵尔陆　郭天民
唐　亮　黄永胜　萧　克　萧　华　彭绍辉　赖传珠

中　将(106位)

丁秋生　王　诤　王必成　王宗槐　王秉璋　王道邦　王辉球
王紫峰　韦　杰　文年生　方　强　方正平　邓逸凡　孔石泉
甘渭汉　卢　胜　田维扬　邝任农　毕占云　匡裕民　朱　明
向仲华　庄　田　汤　平　刘　忠　刘少文　刘西元　刘兴元
刘先胜　刘志坚　刘浩天　刘道生　孙　毅　孙继先　杜　平
杨梅生　苏　静　李寿轩　李作鹏　李雪三　肖向荣　肖望东
肖新槐　旷伏兆　吴克华　吴法宪　吴信泉　吴富善　何德全
邱会作　邱创成　余秋里　张　震　张令彬　张国华　张经武
张南生　张翼翔　陈仁麒　陈正湘　欧阳文　欧阳毅　罗元发
罗舜初　周　彪　周玉成　周赤萍　周贯五　赵　镕　钟汉华
钟赤兵　饶子健　饶正锡　饶守坤　姚　喆　贺　诚　袁子钦
袁升平　莫文骅　聂鹤亭　郭化若　唐天际　唐延杰　黄火星

黄志勇　曹里怀　康志强　梁必业　梁兴初　韩　伟　韩振纪
彭　林　彭明治　彭嘉庆　覃　健　傅连暲　温玉成　曾国华
曾思玉　谢有法　赖　毅　蔡顺礼　廖容标　谭甫仁　谭希林
谭冠三

少　将(442 位)

丁　盛　丁甘如　丁荣昌　马　辉　马泽迎　王　直　王　胜
王　屏　王　谦　王力生　王元和　王六生　王云霖　王平水
王东保　王全珍　王茂全　王英高　王奇才　王定烈　王学清
王贵德　王香雄　王振祥　王智涛　王集成　王蕴瑞　王耀南
韦祖珍　毛少先　毛会义　方　正　方　槐　方　震　方国安
方国华　方国南　邓龙翔　邓克明　邓经纬　孔俊彪　孔瑞云
尹明亮　石敬平　石新安　龙　潜　龙飞虎　龙开富　龙书金
龙道权　龙福才　帅　荣　叶长庚　叶运高　叶青山　叶荫庭
叶楚屏　卢　克　卢仁灿　卢文新　卢绍武　白志文　兰庭辉
匡　斌　吕作松　吕黎平　朱虚之　朱耀华　伍生荣　任昌辉
刘　义　刘　丰　刘　昌　刘　昂　刘　放　刘　涌　刘　彬
刘　鹏　刘　福　刘　镇　刘大煜　刘子云　刘友光　刘文学
刘玉堂　刘世洪　刘世湘　刘永生　刘永源　刘华春　刘华香
刘兴隆　刘亨云　刘贤权　刘绍文　刘显宜　刘振球　刘清明
刘辉山　刘禄长　刘锦平　刘鹤孔　刘耀宗　齐钉根　江　文
江拥辉　江学彬　江夔元　汤光恢　兴　中　许　诚　孙文采
孙仪之　孙润华　孙超群　杜文达　杜西书　严　俊　严庆堤
巫金锋　苏　进　苏　鳌　苏启胜　李　元　李　平　李　治
李　基　李　铨　李　毅　李士才　李夫克　李木生　李化民
李长暲　李水清　李光辉　李兆炳　李呈瑞　李佐玉　李良汉
李桂林　李振邦　李致远　李资平　李继开　李梓斌　李辉高
李景瑞　李道之　杨　力　杨　卓　杨世明　杨汉林　杨永松

杨怀珠	杨尚儒	杨思禄	杨俊生	杨家保	杨辉图	肖　前
肖　森	肖　锋	肖大筌	肖元礼	肖文玖	肖远久	肖应堂
肖学林	肖荣昌	肖思明	吴　西	吴　岱	吴　烈	吴　彪
吴自立	吴保山	吴融峰	何　辉	何廷一	何运洪	何志远
何家产	何能彬	何敬之	邱　蔚	邱子明	邱先通	邱会魁
邱国光	邱相田	余　非	余光茂	谷广善	邹　衍	况开田
汪东兴	汪洪清	汪祖美	宋玉琳	宋景华	张　华	张　雄
张　瑞	张力雄	张万春	张云龙	张元培	张开荆	张太生
张日清	张文碧	张水发	张书祥	张平凯	张正光	张光华
张廷发	张汝光	张步峰	张松平	张英辉	张明远	张宜步
张树才	张济民	张海棠	张新华	张雍耿	张耀祠	陈　力
陈　熙	陈　德	陈士法	陈云中	陈坊仁	陈远波	陈茂辉
陈忠梅	陈信忠	陈美福	陈海涵	陈德先	林　伟	林茂源
林忠照	林接标	范阳春	幸元林	欧阳平	欧阳奕	欧致富
易耀彩	罗　云	罗　通	罗　斌	罗元炘	罗仁全	罗文华
罗文坊	罗有荣	罗华生	罗亦经	罗若遐	罗洪标	罗桂华
罗维道	金如柏	周　涌	周　彬	周　维	周子祯	周长胜
周志飞	周志刚	郑三生	郑旭煜	郑贵卿	郑效峰	孟庆山
胡云生	胡备文	赵国泰	赵复兴	赵章成	钟　伟	钟　池
钟　辉	钟人仿	钟元辉	钟文法	钟生溢	钟发生	钟发宗
钟贤文	钟国楚	钟明彪	钟炳昌	钟辉琨	候世奎	段德彰
洪　水	姜齐贤	姜茂生	姚国民	姚醒吾	贺东生	贺光华
贺俊侦	袁　光	袁　渊	袁也烈	袁佩爵	钱　江	徐光华
徐国珍	徐德操	殷承祯	翁祥初	郭成柱	郭廷万	郭延林
郭林祥	郭卓辛	郭金林	唐　明	唐子安	唐健如	涂则生
涂通今	资　凤	黄　萍	黄　霖	黄文明	黄玉昆	黄玉庭
黄有凤	黄连秋	黄作珍	黄忠诚	黄径琛	黄经耀	黄炜华

黄荣海　黄思沛　黄胜明　黄振棠　黄曹龙　黄朝天　黄惠良
黄鹄显　黄新友　黄德魁　曹丹辉　曹玉清　曹光琳　曹传赞
曹灿章　曹德连　龚兴贵　盛治华　康　庄　康　林　阎捷三
梁仁芥　梁玉振　梁达三　彭　盛　彭方复　彭寿生　彭显伦
彭胜标　彭德清　董永清　覃士勉　覃国翰　喻缦云　舒　行
鲁瑞林　童国贵　温先星　游好扬　游胜华　曾　征　曾　美
曾　涤　曾凡有　曾光明　曾传芳　曾庆良　曾如清　曾克林
曾育生　曾昭墉　曾保堂　曾新泮　曾雍雅　谢　良　谢　明
谢　斌　谢正浩　谢立全　谢忠良　谢国仪　谢胜坤　谢振华
谢家祥　谢福林　谢镗忠　赖达元　赖光勋　靳　虎　靳来川
蓝　侨　蓝文兆　雷　钦　雷永通　阙中一　蔡　永　蔡长风
蔡爱卿　裴周玉　廖成美　廖步云　廖昌金　廖冠贤　廖鼎祥
廖鼎琳　谭开云　熊　飞　熊　奎　熊兆仁　熊伯涛　熊梦飞
黎有章　黎同新　黎新民　潘世征　潘振武　戴正华　戴润生
魏洪亮

其他著名人士：

王幼平　黄　镇　耿　飙　姬鹏飞
（中华人民共和国首任驻外大使）

冯雪峰　成仿吾　石联星　赵品三　洪　水　毕士悌
（各界著名人士）

贺子珍　康克清　邓颖超　蔡　畅　曾　志　吴仲廉　彭　儒
李坚真　李伯钊　刘　英
（新中国成立后曾担任相当于省部级重要职务以上的著名女英）

[附录二]

中央苏区“英名碑”

——苏区时期县团级以上烈士名录

（一）牺牲病故的烈士（874 人）

二画

丁发政　丁纪修　丁伯霖

三画

马德明　马增桂　于兆龙　于定一　万永诚

四画

王　良　王　俊　王　珍　王　杰　王　烈　王　勇　王　透
王　棋　王　愚　王大标　王义万　王广建　王天奎　王友发
王文权　王仕槐　王玉洪　王世杰　王尔琢　王占春　王占元
王占彪　王立中　王永顺　王光道　王兴福　王兴旺　王如痴
王志逊　王孚善　王岐山　王怀德　王松青　王国勋　王明秀
王育文　王炳和　王炳良　王洪章　王昌焞　王树亚　王树秋
王海萍　王恶石　王桂千　王烈俊　王振铎　王家幼　王展成
王铭五　王富锡　王维元　王维信　王德兴　王德淮　云宗连
尤谦山　牛冠甫　毛毕虎　毛守先　毛连成　毛青流　毛泽覃
毛国雄　毛挺芳　毛科文　毛梅开　文元国　方　光　方　忠
方华根　方学元　方远沛　方志敏　方志慧　方杞茂　方金山
方荼亮　方树生　方维华　方维夏　尹子韶　尹世基　尹自勇
尹如桶　尹界基　邓　萍　邓　壹　邓友毅　邓文玉　邓民山
邓学林　邓由义　邓冬安　邓有言　邓财喜　邓其华　邓国钧
邓明山　邓宗海　邓希平　邓荣镜　邓相清　邓尝何　邓庭干

邓洪德　邓家煦　邓梗财　邓新安　邓湘尹　邓毅刚　孔凡树
孔凡瑞

五画

甘重宝　甘维民　古　柏　古达培　左　雄　左继林　左国强
石　奎　石　琳　石金山　石恒中　龙　云　龙　云　龙人云
龙中贵　龙芝道　龙志光　龙昌汉　龙振文　龙腾云　卢文钦
卢世英　卢成恩　卢问和　卢寿椿　卢宋兴　卢淦章　叶　蓉
叶元贵　叶凤山　叶明魁　叶修林　田桂祥　田海青　丘开聪
丘成贤　丘卓然　丘尚聪　丘织云　丘树欣　丘家源　包笑情
邝才诚　邝生荣　兰广平　兰广孚　兰维仁　冯　任　冯太兴
冯贞隆　冯栋才

六画

匡一心　匡丕照　毕士旺　毕功时　吕官印　吕德贤　朱义敏
朱云卿　朱由铿　朱亦岳　朱仲然　朱伯璜　朱忠诚　朱政权
朱积垒　朱锡绍　伍中豪　伍若兰　伍先球　危老仔　危辉春
刘　贤　刘　奎　刘　泰　刘　峰　刘　浩　刘　毅　刘干臣
刘士奇　刘士清　刘川金　刘大兰　刘才顺　刘之志　刘子星
刘太樟　刘文琪　刘斗刚　刘仁堪　刘玉芳　刘玉庭　刘世松
刘世萱　刘加贺　刘汉潮　刘汉雄　刘发任　刘成功　刘则容
刘廷荣　刘连标　刘安恭　刘孝书　刘光万　刘志光　刘志治
刘志敏　刘伯坚　刘作述　刘坤初　刘克崇　刘宜辉　刘忠恩
刘金定　刘肩三　刘孟槐　刘承禄　刘勃然　刘真发　刘桥茎
刘球贤　刘振亚　刘振邦　刘铁超　刘海云　刘笑如　刘家相
刘家鹤　刘培笃　刘雄武　刘辉霄　刘畴西　刘琴西　刘遂贤
刘瑞龙　刘瑞生　刘新民　刘碧辉　刘耀文　刘耀球　米建盛
江　福　江太兴　江仁富　江宋荣　江德皮　江源祥　许　卓
许世应　许绍武　许鹿鸣　许瑞芳　许承芬　农伯烈　寻淮洲

阮　山　阮华庭　阮啸仙　阮殿宣　孙　彪　孙大安　孙长清
孙发力　孙安定　孙步霞　孙金荣　麦农本　花春山　池达仪
连德胜

七画

严安华　苏月华　苏达清　苏光明　苏国瑞　杜中美　杜石养
杜慕南　杨　刚　杨　英　杨　澹　杨太义　杨开明　杨水生
杨次麟　杨志让　杨志和　杨金山　杨实科　杨春华　杨柳春
杨贵华　杨统升　杨桂林　杨梅生　杨景照　李　干　李　光
李　芬　李　灿　李　英　李　林　李　果　李　明　李　显
李　佩　李　骏　李　谦　李　靖　李　瑾　李力一　李大南
李大添　李三官　李才莲　李才志　李上达　李天柱　李云香
李介思　李书彬　李立民　李立国　李民风　李乐天　李达午
李先荣　李赤标　李连祥　李纯清　李青云　李苗保　李英华
李宗白　李国柱　李明光　李明辉　李鸣铁　李金泉　李学铭
李学溶　李树华　李忠炳　李春良　李美群　李俊泉　李俊通
李剑平　李修应　李振海　李爱群　李彩云　李棠萼　李赐凡
李锡圣　李翔梧　李弼庭　李新华　李福元　李崇葵　李端娥
吴　胜　吴开周　吴先喜　吴立仁　吴必先　吴礼明　吴异生
吴连生　吴良明　吴国清　吴宗泰　吴泷水　吴绍春　吴桂桥
吴奚满　吴高群　吴孟云　吴清培　吴耿模　吴静焘　旷文洪
邱　雄　邱洪玖　邱光庭　邱兴国　邱超群　邱觉生　何　莽
何开荣　何光复　何时达　何雨模　何挺颖　何思栋　何复生
何叔衡　何流桂　何翊奎　何新福　余　筠　余一之　余仁柱
余心清　余光复　余汉潮　余甲生　余泽鸿　余瑞祥　余德胜
犹迪生　邹　平　邹　奇　邹　福　邹明安　邹思孟　邹田亮
邹武春　邹春才　邹隆有　汪　群　汪木胜　沈述清　沈联雄
宋　群　宋乔生　宋奇峰　宋铁英　张　兴　张　威　张　涤

张　静	张一道	张子文	张子清	张云清	张日来	张日通
张书杜	张长水	张凤光	张方说	张世熙	张世瞻	张世杰
张连友	张连生	张尧阶	张赤男	张步清	张应候	张恩崇
张国汉	张国栋	张定中	张荣生	张益扬	张逢春	张绩之
张瑞标	张瑞明	张赓陶	张锡龙	张福升	张福禄	张醒民
张瑾瑜	陆汉英	陆如龙	陆秀荣	陈　一	陈　宏	陈　俊
陈　耿	陈　雄	陈　聪	陈义厚	陈长林	陈召南	陈东日
陈冬生	陈冬初	陈伟勋	陈达太	陈光华	陈先多	陈华堂
陈怀邦	陈红光	陈阿金	陈英琦	陈金泉	陈官年	陈春甫
陈树湘	陈国辉	陈复汉	陈洪辉	陈俊益	陈胜富	陈铁生
陈家纪	陈彩芹	陈彭年	陈盛才	陈葆元	陈智材	陈赞贤
陈毅安	邵有道					

八画

林　发	林　华	林生枝	林本熙	林东阳	林龙发	林福勋
欧阳健	易荡平	易烈优	罗　英	罗　毅	罗义妹	罗文彩
罗亚平	罗亚民	罗步云	罗怀盛	罗孟湖	罗春梅	罗柏松
罗屏汉	罗智仟	罗震廷	金学清	周　炎	周　群	周子安
周以栗	周正湘	周乐生	周兴洁	周寿南	周序龙	周振国
周高潮	周继尧	周彩星	周群标	郑　伦	郑士志	郑仁和
郑国勋	单圣先	宗孟平	宛希先	宛希俨	房　谋	练世珍

九画

赵　群	赵云龙	赵世嘉	赵忠赤	赵剑吾	赵博生	赵醒吾
赵宝成	胡　品	胡　底	胡　海	胡　浚	胡人俊	胡开林
胡少海	胡阿林	胡国清	胡金生	胡定国	胡冠南	胡家稻
明魁元	柯武东	咸　钦	钟　灵	钟　琼	钟　禧	钟飞涛
钟少锋	钟元洪	钟世斌	钟世校	钟世清	钟立彬	钟圣翔
钟先灿	钟伟剑	钟孝蔚	钟学高	钟荣汉	钟振滨	钟锡球

钟福元 段喜琏 段培钦 侯中英 愈 庚 俞荣华 饶化隆
饶福林 施 简 施德生 姜启化 姜振海 洪 基 洪 超
洪名贵 洪坤元 洪家云 姚礼晶 姚金香 贺 昌 贺水光
贺友仁 贺沉洋 贺国中 贺曙光 娄梦侠

十画

袁良惠 耿 凯 耿万敌 聂文虎 聂祖唐 莫延寿 桂先明
桂广泰 夏文开 顾作霖 钱壮飞 钱琪柱 徐 洪 徐 策
徐石林 徐达志 徐达月 徐赤生 徐迪生 徐彦刚 徐爱卿
殷 超 高达夫 高传遴 高克念 高武根 高静山 郭 贞
郭一清 郭义为 郭文清 郭汉钦 郭世磁 郭先达 郭定远
郭滴人 郭醉北 唐 浚 唐义贞 唐仁近 唐福东

十一画

黄 炎 黄 刚 黄 甦 黄 珍 黄子荣 黄开湘 黄云桥
黄公略 黄文通 黄立贵 黄永达 黄光裕 黄光伦 黄发泉
黄如英 黄仿日 黄全生 黄赤雄 黄秀英 黄怀仁 黄炎发
黄应龙 黄纯一 黄英特 黄治平 黄思彦 黄彦斌 黄益善
黄海波 黄冕昌 黄维耀 黄富武 萧 刚 萧 韶 萧凤鸣
萧云发 萧秀峰 萧君玉 萧牡丹 萧芳全 萧金才 萧明煜
萧菊英 萧瑞祥 萧桃明 萧猷生 曹达兴 曹仰山 曹其灿
曹顺兰 曹福海 曹景祥 曹德青 龚 楷 盛梦吾 常子杰
商辑五 梁心田 梁柏台 梁旷生

十二画

彭 雄 彭 遨 彭 城 彭 澎 彭文光 彭龙伯 彭竹峰
彭恭机 彭喜才 彭德轩 葛耀山 葛忠仁 董俊彦 董振堂
敬懋修 覃 耀 程俊杰 程翠林 傅长寿 曾 云 曾 彪
曾人超 曾士娥 曾不凡 曾开盛 曾天长 曾文辉 曾成龙
曾纪财 曾年奏 曾延生 曾佑源 曾昭汉 曾春鉴 曾省吾

曾家梅　曾海祥　曾继栋　曾德高　曾德恒　曾耀南　温发光
温学有　温含珍　游必安　游雪程　游端轩　谢才生　谢子修
谢文兴　谢玉昆　谢云龙　谢斗庚　谢有勋　谢名仁　谢名伟
谢远嵩　谢远祯　谢志修　谢秉琼　谢荫南　谢桂荣　谢持泮
谢振亚　谢唯俊　谢泰谦　谢海波　谢紫修　谢景德　谢惠光
揭君良　蒋世良　蓝相民　蓝海洲

十三画

赖传来　赖如昌　赖国盛　赖昌祚　赖荣传　赖经邦　赖信孚
赖森和　阙树槐　简载文　鲍　平　鲍德新

十四画

谭　徐　谭凤鸣　谭禄生　谭国清　蔡　中　蔡协民　蔡会文
蔡金彪　蔡梅祥　廖　涛　廖子清　廖开早　廖昔昆　廖贵潭
廖登清　廖维周　廖源芳　熊宏模　熊振声　熊惕辛　管永亮

十五画以上

潘　丽　潘子忠　潘心源　潘叶迪　黎良仕　黎盛根　颜军山
薛佐唐　薛寿达　霍步青　霍海元　戴　奇　戴元怀　戴福胜
戴德昌　魏　赤　魏协安　瞿秋白

(二)因肃反扩大化被错杀的烈士(214 人)

二画

丁拔群

三画

马　铭　马荣兰

四画

王　佐　王　怀　王之伦　王仰颜　王次淳　邓允庭　邓希平
邓乾元　邓海潮　尹绍伦　文子勤

五画

龙超清　卢开兰　卢其中　卢匿才　卢肇西　兰鸿翔　邝世淑
甘步衡

六画

朱义祖　朱以农　朱学玖　朱昌偕　朱映华　朱曦东　刘　敌
刘　逵　刘　黎　刘万清　刘天干　刘天岳　刘为美　刘世权
刘任武　刘克谟　刘秀启　刘秀堂　刘国和　刘其凡　刘泽民
刘沛云　刘明科　刘经化　刘真松　刘家贤　刘家辉　刘森林
刘瑞生　江桂华　许　进　许自钰　阮　迈　阮桂春　阮振鹏
汤维新　孙洪兴　祁　楼　任心达

七画

杨　超　杨斗文　杨成芙　杨舒翘　李文林　李长明　李火凤
李月波　李用之　李白芳　李传煌　李明瑞　李国玉　李国达
李贻谋　张　英　张　勋　张　浩　张双铭　张文焕　张少宜
张芳惠　张涌宾　张涤心　张瑞明　陈　义　陈　正　陈　敏
陈品三　陈奇淑　陈海贤　陈竞进　陈致中　陈继岩　陈婉如
吴　江　吴天骥　吴先民　吴庆云　邱　潮　邱达三　邱会培
邱伯琴　邱超群　杜子章　杜亚文　杜隆奎　汪耀蒽　佘　惠
余石生　余鲤庭　何皆松

八画

范尚英　范宜高　周　勉　周　赤　周明芳　周祥宾　周泰侃
周鉴清　罗　万　罗乐天　罗寿男　罗秀成　林　野　林一株
林国英　林梅汀　金万邦　徐宝裕　季振同

九画

钟元璋　钟先桐　钟声楼　钟燕堂　胡　灿　胡　波　胡竹青
胡启云　胡鸣岗　胡家驹　胡源生　贺可展　段奋夫　段起凤
段蔚林　赵冠鹏　赵秉寿　俞炳荣　彦子清　彦丕文

十画

徐丽源　郭士俊　郭承禄　郭松山　郭绍香　郭象贤　郭瑞麟
袁文才　袁振亚　袁德生　袁福昌　高静山　顾光理　凌甫东
鄢日新

十一画

黄中岳　黄步元　黄剑峰　黄家煌　黄继烈　黄维汉　萧大鹏
萧以佐　萧世俊　萧连彬　萧能岩　萧葆全　萧正湘　曹树良
崔建勋　梁鼎元

十二画

温招财　谢目高　谢芳湖　谢希安　谢育三　谢贤球　谢家禧
谢振春　曾广荣　曾正刚　曾用生　曾炳春　曾昭秀　曾昭汉
曾静池　彭　皋　彭文祥　彭显模

十三画

赖奎轩　赖桂祥　赖德全　阙保兴

十四画以上

管开炳　廖丕文　薛子章　戴树兴　戴希贤　魏　吾　魏宗周
魏伯刚　黎照杨

后　记

新世纪首年，适逢中国共产党诞辰80周年，又是中华苏维埃共和国成立暨中央革命根据地创建70周年。值此双重盛典之际，《中央苏区史》出版问世了。

《中央苏区史》一书是我们积20余年之功苦心经营而就的。从参编中央苏区史料选编、丛书，到跑遍赣南、闽西所属各县，我们始终不曾停歇，潜心研究，辛勤劳作，随后分别主笔撰写、主编出版了《毛泽东在中央苏区》《邓小平在赣南》《中央革命根据地史稿》《中华苏维埃共和国史》《中央苏区经济史》《中央苏区党的建设》《赣南人民革命史》等著作，算是为本书的形成奠定了较为坚实的基础。

作为江西的学者、红土地的儿子，虽拥有某种得天独厚的地域优势，但在中央苏区历史领域继续开展深层次、全方位的研究，依然是我们责无旁贷、不敢懈怠的使命。为了更好地总结中央苏区的历史经验，传承苏区时期的优良传统，为建设有中国特色社会主义提供一份精神产品，我们不揣浅陋，精诚合作，联袂撰写了这本学术专著。

修史当写“信史”。我们本着解放思想、实事求是原则，采用纵横交错、专题论列的方法，以一种新的视野和理念构筑框架、立章谋篇，并对许多过去研究较为薄弱、敏感而又少人问津的问题（诸如红四军党的“七大”、赣南会议、宁都会议、反腐倡廉、肃反运动、毛泽东退隐、邓小平落难，以及中央苏区的各项建设、人口面积、时期划分等），进行了深入细致的考证和探索，披露了许多鲜为人知的史实，并提出了我们的见解与评析,旨在学术上寻求新的突破。我们的初衷是忠于史实,秉笔直书,客观公允。倘若此书在史学界和老同志中能有一种“信史”的认同,便是我们最大的慰藉。本书虽不能妄称“全史”,却也是一部“详史”。详者,详实、详细、详尽也。详,自然是详略有当的,即详而不赘,略有不遗,该详则详,该略则略,鲜为人知的就详一些,众所周知的就略一点。上述所言能否如愿,尚祈老同志、专家学者和广大读者不吝赐教。

本书已收入“江西社会科学研究文库”,该文库是2000 年江西省社会科学院院长、省社联主席傅伯言研究员提议,在中共江西省委宣传部的大力支持下而创设的。“江西社会科学研究文库”评审编辑委员会、江西省社会科学院、江西省社联、省新闻出版局、省出版总社、中共赣州市委等机构和单位的领导、专家和同志们,为本书的课题立项、出版发行予以热情支持;江西人民出版社社长兼总编辑林学勤、副社长徐建国、总编室主任游道勤等同志鼎力相助;中共赣州市委还将此书列为建党 80 周年、中华苏维埃共和国成立 70 周年献礼书目;赣州市委党史办、瑞金中央革命根据地纪念馆等单位提供了系列照片;陈立明、邵天柱先生研究绘制了两幅地图。本书还吸取了近十余年来史学界尤其是中央文献研究室的最新研究成果(书中均一一标注),并得到学术界诸多同仁、朋友的照拂和关注。在此,我们一并致以诚挚的谢意!

谨以此书献给中国共产党诞辰 80 周年,中华苏维埃共和国成立暨中央革命根据地创建 70 周年。为了这片红土地,我们将毕生奋斗不息!

作者

2001 年 3 月

修订后记

《中央苏区史》一书自 2001 年出版问世以来,受到社会各界的广泛关注与好评,先后获 2002 年第十三届中国图书奖、2005 年江西省优秀理论成果奖等奖项。作为作者,我们甚感欣慰。

学无止境,学术研究亦无止境。《中央苏区史》出版问世 15 年来,对中央苏区历史的研究和宣传已有了深入的发展。随着中华苏维埃共和国成立暨中央革命根据地创建 70 周年、80 周年等重大纪念活动的开展和诸多学术研讨活动的举办,党中央、国务院关于支持赣南等原中央苏区经济社会振兴发展重大举措的推出,新的史料不断发掘披露,尤其是共产国际解密档案的公布,研究领域不断扩展,一些重大事件、重要问题的研究不断向纵深推进,新的研究成果不断问世,可谓繁花似锦,硕果累累。我们始终密切关注着这些研究的新进展、新成果,不断吸收新养料,以拓宽我们的视野,丰富我们的思想,深化我们的认知。

《中央苏区史》出版后,对中央苏区历史的研究,我们也没有停顿过、懈怠过,一直在探索着、努力着,先后著写出版了《中国苏区史》《中国共产党苏区执政的历史经验》《中央苏区军事史》《毛泽东与瑞金》《伟人之间——毛泽东与邓小平》《共和国之“根”——中华苏维埃共和国中央领导机构概览》等著作,参与主编出版了大型历史资料丛书《中央革命根据地历史资料文库》。现在回看 15 年前问世的《中央苏区史》,我们深知很多认识要与时俱进。加之此书 2001 年出版时印数有限,早已售罄,近年来众多朋友向我们索要,均无以相奉,甚是歉疚。因此,修订补充确有必要。

此次修订,重点增补了共产国际、联共(布)与中央苏区斗争历史紧密相关的重大史实和最新研究成果。中国共产党领导开展的中国苏维埃运动和建立、保卫中央苏区与中华苏维埃共和国的斗争,与共产国际、联共(布)有着什么样的关系？共产国际、联共(布)发挥着怎样的作用和影响？如何客观评价共产国际、联共(布)的功过？中国共产党人从中应吸取什么经验教训？这是史学界长期关注而又比较难予回答的问题。幸得中共中央党史研究室第一研究部编译出版了《共产国际、联共(布)与中国革命档案资料丛书》,将共产国际、联共(布)与中国革命与苏维埃运动密切相关的大量档案文献资料公开出版发布,为我们研究共产国际、联共(布)与中央苏区斗争的关系提供了极大便利。

近年来,我们围绕此课题撰写发表了系列专论,承担了 2012 年国家社科基金课题《共产国际、联共(布)与中国苏维埃革命研究》和瑞金市党史研究招标课题《共产国际、联共(布)与中央苏区》的研究任务。通过研究,我们发现,中央苏区发生的许多重大事件,诸如对“富田事变”的定性和处置、中共苏区中央局的成立与领导成员的调整、一苏大会的召开和苏维埃临时中央政府的建立、“左”倾“进攻路线”的提出和推行、宁都会议的召开、1933 年夏红军“分离作战”方针的制定和实施、对“福建事变”的处置、中共六届五中全会的召开、第五次反“围剿”的失败、中央红军撤离苏区战略转移的决策及与陈济棠部谈判,以及苏区宪法大纲、苏区土地、经济、劳动等政策的制定与贯彻执行,等等,都与共产国际、联共(布)有密切关系。此前我们对这些重大事件、重要问题的研究和认知,囿于文献资料的缺乏,许多方面都不够全面、客观。此次修订《中央苏区史》,我们将自己对上述重大事件和重要问题重新深入研究所获得的新认知和新感受,都补充到了书中,以期引起学界同仁和读者的关注。

修史当写“信史”。这是我们一贯恪守的理念,亦是此次修订一以贯之的宗旨。史书一定要经得起时间和历史的检验。忠于史实,秉笔直书,是我们学术上坚守的品性和不变的追求。

江西人民出版社领导对此书的重新出版很重视,给予了大力支持和帮助。中共党史出版社对此书的重新出版也给予了热情关注。在此,我们表示衷心感谢!

书中如有不当之处,切望识者指正。

作者

2016 年 9 月

图书在版编目(CIP)数据

中央苏区史:全2册/余伯流,凌步机著.—修订本.—南昌:
江西人民出版社,2016.12
ISBN 978-7-210-07512-7

Ⅰ.①中… Ⅱ.①余… ②凌… Ⅲ.①中央苏区-历史Ⅳ.①K269.4

中国版本图书馆CIP数据核字(2016)第316138号

中央苏区史:全2册
余伯流　凌步机　著
责任编辑:游道勤　陈才艳
书籍设计:同异文化传媒
出版:江西人民出版社
发行:各地新华书店
地址:江西省南昌市三经路47号附1号
编辑部电话:0791-86898115
发行部电话:0791-86898815
邮编:330006
网址:www.jxpph.com
E-mail:jxpph@tom.com
2017年5月第2版　2017年5月第1次印刷
开本:880mm×1230mm　1/32
印张:46　插页:24
字数:1200千字
ISBN 978-7-210-07512-7
定价:158.00元
承印厂:深圳市精彩印联合印务有限公司
赣版权登字—01—2017—190